Kisters-Kölkes, Dr. Meissner, Wörner

Texte zur betrieblichen Altersversorgung 2020

9. Auflage

Vorwort zur neunten Auflage

Betriebliche Altersversorgung (bAV) ist ein hochkomplexes Gebiet und wird geprägt durch das Betriebsrentengesetz (BetrAVG), allgemeine Arbeitsgesetze, Steuer-, Sozialversicherungs- und Versicherungsrecht, um die wichtigsten Gebiete anzusprechen.

Mit der vorliegenden Sammlung wollen die Herausgeber denjenigen, die sich mit der bAV auseinandersetzen, eine praktikable und übersichtliche Arbeitsgrundlage an die Hand geben, in der die wesentlichen Rechtsvorschriften zusammengefasst sind. Dabei wird nicht nur das Arbeits- und Zivilrecht berücksichtigt, sondern auch die anderen Rechtsgebiete.

Das zum 01.01.2018 in Kraft getretene Betriebsrentenstärkungsgesetz mit der Möglichkeit, reine Beitragszusagen und Optionssysteme über Tarifverträge umzusetzen, hat die steuerliche Förderung ausgeweitet. Diese steuerliche Förderung wurde teils korrigiert, teils auch erweitert durch das Jahressteuergesetz (umbenannt in Gesetz zur Vermeidung von Umsatzsteuerausfällen beim Handel mit Waren im Internet und zur Änderung weiterer steuerlicher Vorschriften vom 11.12.2018).

Aufgrund des Betriebsrentenstärkungsgesetzes haben auch die Spitzenverbände der Sozialversicherungsträger zu den gesetzlichen Neuregelungen Stellung genommen. Dieses Schreiben vom 21.11.2018 ist in die Textsammlung aufgenommen worden.

Wesentliche Änderungen im Versicherungsrecht hat es durch die Umsetzung der EbAV-II-Richtlinie gegeben. Diese seit dem 13.01.2019 geltenden Regelungen betreffen auch die bAV. In die §§ 234k ff. VAG wurden umfassende Informationspflichten aufgenommen.

Auch die Rechtsprechung des BVerfG zur Beitragspflicht von privat fortgeführten Direktversicherungs- und Pensionskassenversorgungen (06.09.2010 – 1 BvR 739/08 –, 28.09.2010 – 1 BvR 1660/08 –, 27.06.2018 – 1 BvR 100/15, 1 BvR 249/15 –) hat zu gesetzlichen Änderungen geführt (§ 229 SGB V). Hierzu wurde klargestellt, dass die gesetzliche Neuregelung auch für den Pensionsfonds gilt.

Mit dem GKV-Betriebsrentenfreibetragsgesetz werden solche Betriebsrentner, die in der gesetzlichen Krankenversicherung pflichtversichert sind, hinsichtlich ihrer Krankenkassenbeiträge entlastet, indem ab dem 01.01.2020 ein Freibetrag eingeräumt wird. Je geringer die Betriebsrente ist, umso mehr wirkt sich der Freibetrag aus.

Ob die Neuregelungen zur versicherungsförmigen Lösung in § 2 BetrAVG kurzfristig verabschiedet werden, stand bei Redaktionsschluss noch nicht fest.

Den Herausgebern ist bewusst, dass eine Auswahl getroffen werden musste. Sollten Sie als Leser etwas vermissen, sind wir für Ihre Hinweise dankbar – senden Sie uns einfach eine E-Mail an versicherungspraxis24@wolterskluwer.de.

Die Herausgeber

Margret Kisters-Kölkes   Dr. Henriette Meissner   Frank Wörner

Inhaltsverzeichnis

Vorwort zur neunten Auflage **3**

Kapitel 1: Arbeitsrecht **9**

1.1   Gesetz zur Verbesserung der betrieblichen Altersversorgung (Betriebsrentengesetz – BetrAVG) 9

1.2   Tarifvertragsgesetz (TVG) 36

1.3   Betriebsverfassungsgesetz (BetrVG) 40

1.4   Allgemeines Gleichbehandlungsgesetz (AGG) 44

1.5   Mindestlohngesetz – MiLoG 50

1.6   Bürgerliches Gesetzbuch (BGB) 52

1.7   Zivilprozessordnung (ZPO) 54

1.8   Aktiengesetz (AktG) 55

1.9   Umwandlungsgesetz (UmwG) 56

1.10   Grundgesetz für die Bundesrepublik Deutschland (GG) 56

1.11   Charta der Grundrechte der Europäischen Union 56

1.12   Konsolidierte Fassung des Vertrags über die Arbeitsweise der Europäischen Union (AEUV) 57

1.13   Richtlinie 2006/54/EG des Europäischen Parlaments und des Rates vom 5. Juli 2006 zur Verwirklichung des Grundsatzes der Chancengleichheit und Gleichbehandlung von Männern und Frauen in Arbeits- und Beschäftigungsfragen (Neufassung) 58

1.14   Richtlinie 2008/94/EG des Europäischen Parlaments und des Rates vom 22. Oktober 2008 über den Schutz der Arbeitnehmer bei Zahlungsunfähigkeit des Arbeitgebers 60

Kapitel 2: Einkommen- und Lohnsteuer **61**

2.1   Einkommensteuergesetz (EStG) 61

2.2   Abgabenordnung (AO) 124

2.3   Lohnsteuer-Richtlinien 2015 (LStR 2015) 125

2.4   Einkommensteuer-Richtlinien 2012 (EStR 2012) 131

2.5   Einkommensteuer-Hinweise 2017 (EStH 2017) 148

2.6   Maßgebendes Pensionsalter bei der Bewertung von Versorgungszusagen, Urteile des Bundesfinanzhofes (BFH) vom 11.09.2013 (BStBl 2016 II, S. 1008) und des Bundesarbeitsgerichtes (BAG) vom 15.05.2012 – 3 AZR 11/10 – und vom 13.01.2015 – 3 AZR 897/12 (BMF, 09.12.2016) 160

2.7   Steuerliche Förderung der betrieblichen Altersversorgung (BMF, 06.12.2017) 163

2.8   Einkommensteuerrechtliche Behandlung von Vorsorgeaufwendungen (BMF, 19.08.2013) 209

2.9   Lohnsteuer-Durchführungsverordnung (LStDV 1990) 210

2.10 Verordnung zur Durchführung der steuerlichen Vorschriften des Ein-kommensteuergesetzes zur Altersvorsorge und zum Rentenbezugs-mitteilungsverfahren sowie zum weiteren Datenaustausch mit der zentralen Stelle (Altersvorsorge-Durchführungsverordnung – AltvDV) . . . 212

2.11 Übertragung von Versorgungsverpflichtungen und Versorgungs-anwartschaften auf Pensionsfonds; Anwendung der Regelungen in § 4d Abs. 3 EStG und § 4e Abs. 3 EStG i. V. m. § 3 Nr. 66 EStG (BMF, 26.10.2006) 222

2.12 Betriebliche Altersversorgung; Übertragung von Versor-gungsverpflichtungen und Versorgungsanwartschaften auf Pensions-fonds, Anwendung der Regelungen in § 4d Abs. 3 EStG und § 4e Abs. 3 EStG i. V. m. § 3 Nr. 66 EStG (BMF, 10.07.2015). 224

2.13 Zusagen auf Leistungen der betrieblichen Altersversorgung; Bilanz-steuerrechtliche Berücksichtigung von überdurchschnittlich hohen Versorgungsanwartschaften (Überversorgung) (BMF, 03.11.2004) 227

2.14 Bilanzsteuerrechtliche Berücksichtigung von Versorgungsleistungen, die ohne die Voraussetzung des Ausscheidens aus dem Dienst-verhältnis gewährt werden, und von vererblichen Versorgungsanwart-schaften (BMF, 18.09.2017) 232

2.15 Bilanzsteuerrechtliche Berücksichtigung von Verpflichtungsüber-nahmen, Schuldbeitritten und Erfüllungsübernahmen mit vollständiger oder teilweiser Schuldfreistellung, Anwendung der Regelungen in § 4f und § 5 Abs. 7 Einkommensteuergesetz (EStG) (BMF 30.11.2017) 235

2.16 Steuerliche Gewinnermittlung; Bewertung von Pensionsrückstellungen nach § 6a EStG, Übergang auf die „Heubeck-Richttafeln 2018 G" (BMF, 19.10.2018) 243

2.17 Steuerliche Förderung der betrieblichen Altersversorgung; Wahlweise Verwendung von vermögenswirksamen Leistungen zum Zwecke der betrieblichen Altersversorgung und in diesem Zusammenhang gewährte Erhöhungsbeträge des Arbeitgebers (BMF 08.08.2019) 246

2.18 Betriebliche Altersversorgung; Versicherung bei Arbeitsunfähigkeit und Grundfähigkeitenversicherung (BMF 19.02.2019) 247

Kapitel 3: Körperschaftsteuer **248**

3.1 Körperschaftsteuergesetz (KStG) 248

3.2 Körperschaftsteuer-Durchführungsverordnung 1994 (KStDV 1994) 255

3.3 Körperschaftsteuer-Richtlinien 2015 (KStR 2015) 257

3.4 Körperschaftsteuer-Hinweise 2015 (KStH 2015). 262

3.5 Verzicht des Gesellschafter-Geschäftsführers einer Kapitalgesellschaft auf eine Pensionsanwartschaft als verdeckte Einlage (§ 8 Abs. 3 Satz 3 KStG); Verzicht auf künftig noch zu erdienende Pensions-anwartschaften (sog. Future Service) (BMF, 14.08.2012) 270

3.6 Probezeit vor Zusage einer Pension an den Gesellschafter-Geschäftsführer einer Kapitalgesellschaft (§ 8 Abs. 3 Satz 2 KStG) (BMF, 14.12.2012) 272

Kapitel 4: Sozialversicherung **274**

4.1 Sozialgesetzbuch Erstes Buch (SGB I) 274

4.2 Sozialgesetzbuch Viertes Buch (SGB IV) 274

4.3 Sozialgesetzbuch Fünftes Buch (SGB V) 287

4.4 Sozialgesetzbuch Sechstes Buch (SGB VI) 294

4.5 Sozialgesetzbuch Elftes Buch (SGB XI) 306

4.6 Sozialgesetzbuch Zwölftes Buch (SGB XII) 307

4.7 Verordnung über die sozialversicherungsrechtliche Beurteilung von Zuwendungen des Arbeitgebers als Arbeitsentgelt (Sozialversicherungsentgeltverordnung – SvEV) 309

4.8 Einheitliche Grundsätze zur Beitragsbemessung freiwilliger Mitglieder der gesetzlichen Krankenversicherung und weiterer Mitgliedergruppen sowie zur Zahlung und Fälligkeit der von Mitgliedern selbst zu entrichtenden Beiträge (Beitragsverfahrensgrundsätze Selbstzahler) 311

4.9 Katalog von Einnahmen und deren beitragsrechtliche Bewertung nach § 240 SGB V vom 20. November 2018 313

4.10 Besprechung des GKV-Spitzenverbandes zur beitragsrechtlichen Beurteilung von Leistungen aus betrieblichen Riester-Verträgen ab 1. Januar 2018 vom 11. Januar 2018 321

4.11 Rundschreiben des GKV-Spitzenverbandes zu Versicherungs-, beitrags- und melderechtliche Regelungen für Versorgungsbezüge, Arbeitseinkommen und gesetzliche Renten aus dem Ausland bei Versicherungspflichtigen vom 10. Juli 2018 323

4.12 Rundschreiben der Sozialversicherungsträger zur beitragsrechtlichen Beurteilung von Beiträgen zur bAV vom 21. November 2018 353

4.13 Rundschreiben des GKV-Spitzenverbandes zur beitragsrechtlichen Beurteilung von Leistungen aus betrieblichen Riester-Verträgen ab dem 01. Januar 2018 vom 11. Januar 2018 399

4.14 Rundschreiben des GKV-Spitzenverbandes zum Umfang der Beitragspflicht von Versorgungsbezügen nach § 229 SGB V vom 15. Oktober 2018 401

4.15 Einführung eines beitragsrechtlichen Freibetrages in der GKV auf Leistungen der betrieblichen Altersversorgung ab 1. Januar 2020 407

Kapitel 5: Handelsrecht **415**

5.1 Handelsgesetzbuch (HGB) 415

5.2 Einführungsgesetz zum Handelsgesetzbuch (EGHGB) 419

5.3 Verordnung über die Ermittlung und Bekanntgabe der Sätze zur Abzinsung von Rückstellungen (Rückstellungsabzinsungsverordnung – RückAbzinsV) 420

Kapitel 6: Versicherungsrecht **424**

6.1   Gesetz über den Versicherungsvertrag (Versicherungsvertragsgesetz –
           VVG). 424

6.2   Verordnung über Informationspflichten bei Versicherungsverträgen
           (VVG-Informationspflichtenverordnung –
           VVG-InfoV) 445

6.3   Gesetz über die Beaufsichtigung der Versicherungsunternehmen (Ver-
           sicherungsaufsichtsgesetz – VAG) 449

6.4   Verordnung über Informationspflichten in der betrieblichen Alters-
           versorgung, die von Pensionsfonds, Pensionskassen und ande-
           ren Lebensversicherungsunternehmen durchgeführt wird (VAG-
           Informationspflichtenverordnung – VAG-InfoV) 491

6.5   Verordnung betreffend die Aufsicht über Pensionsfonds und über die
           Durchführung reiner Beitragszusagen in der betrieblichen Altersver-
           sorgung (Pensionsfonds-Aufsichtsverordnung – PFAV) 496

Kapitel 7: Rechengrößen in der Sozialversicherung 2020 . . . . **508**

Kapitel 1:   Arbeitsrecht

1.1 Gesetz zur Verbesserung der betrieblichen Altersversorgung (Betriebsrentengesetz – BetrAVG)

Vom 19. Dezember 1974 (BGBl. I S. 3610)

Zuletzt geändert durch Artikel 6 Abs. 3 des Gesetzes vom 19. Dezember 2018 (BGBl. I S. 2672)

Erster Teil
Arbeitsrechtliche Vorschriften

Erster Abschnitt
Durchführung der betrieblichen Altersversorgung

§ 1 Zusage des Arbeitgebers auf betriebliche Altersversorgung

(1) [1]Werden einem Arbeitnehmer Leistungen der Alters-, Invaliditäts- oder Hinterbliebenenversorgung aus Anlass seines Arbeitsverhältnisses vom Arbeitgeber zugesagt (betriebliche Altersversorgung), gelten die Vorschriften dieses Gesetzes. [2]Die Durchführung der betrieblichen Altersversorgung kann unmittelbar über den Arbeitgeber oder über einen der in § 1b Abs. 2 bis 4 genannten Versorgungsträger erfolgen. [3]Der Arbeitgeber steht für die Erfüllung der von ihm zugesagten Leistungen auch dann ein, wenn die Durchführung nicht unmittelbar über ihn erfolgt.

(2) Betriebliche Altersversorgung liegt auch vor, wenn

1. der Arbeitgeber sich verpflichtet, bestimmte Beiträge in eine Anwartschaft auf Alters-, Invaliditäts- oder Hinterbliebenenversorgung umzuwandeln (beitragsorientierte Leistungszusage),

2. der Arbeitgeber sich verpflichtet, Beiträge zur Finanzierung von Leistungen der betrieblichen Altersversorgung an einen Pensionsfonds, eine Pensionskasse oder eine Direktversicherung zu zahlen und für Leistungen zur Altersversorgung das planmäßig zuzurechnende Versorgungskapital auf der Grundlage der gezahlten Beiträge (Beiträge und die daraus erzielten Erträge), mindestens die Summe der zugesagten Beiträge, soweit sie nicht rechnungsmäßig für einen biometrischen Risikoausgleich verbraucht wurden, hierfür zur Verfügung zu stellen (Beitragszusage mit Mindestleistung),

2a. der Arbeitgeber durch Tarifvertrag oder auf Grund eines Tarifvertrages in einer Betriebs- oder Dienstvereinbarung verpflichtet wird, Beiträge zur Finanzierung von Leistungen der betrieblichen Altersversorgung an einen Pensionsfonds, eine Pensionskasse oder eine Direktversicherung nach § 22 zu zahlen; die Pflichten des Arbeitgebers nach Abs. 1 Satz 3, § 1a Abs. 4 Satz 2, den §§ 1b bis 6 und 16 sowie die Insolvenzsicherungspflicht nach dem Vierten Abschnitt bestehen nicht (reine Beitragszusage),

3. künftige Entgeltansprüche in eine wertgleiche Anwartschaft auf Versorgungsleistungen umgewandelt werden (Entgeltumwandlung) oder

4. der Arbeitnehmer Beiträge aus seinem Arbeitsentgelt zur Finanzierung von Leistungen der betrieblichen Altersversorgung an einen Pensionsfonds, eine Pensionskasse oder eine Direktversicherung leistet und die Zusage des Arbeitgebers auch die Leistungen

9

aus diesen Beiträgen umfasst; die Regelungen für Entgeltumwandlung sind hierbei entsprechend anzuwenden, soweit die zugesagten Leistungen aus diesen Beiträgen im Wege der Kapitaldeckung finanziert werden.

§ 1a Anspruch auf betriebliche Altersversorgung durch Entgeltumwandlung

(1) [1]Der Arbeitnehmer kann vom Arbeitgeber verlangen, dass von seinen künftigen Entgeltansprüchen bis zu 4 vom Hundert der jeweiligen Beitragsbemessungsgrenze in der allgemeinen Rentenversicherung durch Entgeltumwandlung für seine betriebliche Altersversorgung verwendet werden. [2]Die Durchführung des Anspruchs des Arbeitnehmers wird durch Vereinbarung geregelt. [3]Ist der Arbeitgeber zu einer Durchführung über einen Pensionsfonds oder eine Pensionskasse (§ 1b Abs. 3) oder über eine Versorgungseinrichtung nach § 22 bereit, ist die betriebliche Altersversorgung dort durchzuführen; andernfalls kann der Arbeitnehmer verlangen, dass der Arbeitgeber für ihn eine Direktversicherung (§ 1b Abs. 2) abschließt. [4]Soweit der Anspruch geltend gemacht wird, muss der Arbeitnehmer jährlich einen Betrag in Höhe von mindestens einem Hundertsechzigstel der Bezugsgröße nach § 18 Abs. 1 des Vierten Buches Sozialgesetzbuch für seine betriebliche Altersversorgung verwenden. [5]Soweit der Arbeitnehmer Teile seines regelmäßigen Entgelts für betriebliche Altersversorgung verwendet, kann der Arbeitgeber verlangen, dass während eines laufenden Kalenderjahres gleich bleibende monatliche Beträge verwendet werden.

(1a) Der Arbeitgeber muss 15 Prozent des umgewandelten Entgelts zusätzlich als Arbeitgeberzuschuss an den Pensionsfonds, die Pensionskasse oder die Direktversicherung weiterleiten, soweit er durch die Entgeltumwandlung Sozialversicherungsbeiträge einspart.

(2) Soweit eine durch Entgeltumwandlung finanzierte betriebliche Altersversorgung besteht, ist der Anspruch des Arbeitnehmers auf Entgeltumwandlung ausgeschlossen.

(3) Soweit der Arbeitnehmer einen Anspruch auf Entgeltumwandlung für betriebliche Altersversorgung nach Abs. 1 hat, kann er verlangen, dass die Voraussetzungen für eine Förderung nach den §§ 10a, 82 Abs. 2 des Einkommensteuergesetzes erfüllt werden, wenn die betriebliche Altersversorgung über einen Pensionsfonds, eine Pensionskasse oder eine Direktversicherung durchgeführt wird.

(4) [1]Falls der Arbeitnehmer bei fortbestehendem Arbeitsverhältnis kein Entgelt erhält, hat er das Recht, die Versicherung oder Versorgung mit eigenen Beiträgen fortzusetzen. [2]Der Arbeitgeber steht auch für die Leistungen aus diesen Beiträgen ein. [3]Die Regelungen über Entgeltumwandlung gelten entsprechend.

§ 1b Unverfallbarkeit und Durchführung der betrieblichen Altersversorgung

(1) [1]Einem Arbeitnehmer, dem Leistungen aus der betrieblichen Altersversorgung zugesagt worden sind, bleibt die Anwartschaft erhalten, wenn das Arbeitsverhältnis vor Eintritt des Versorgungsfalls, jedoch nach Vollendung des 21. Lebensjahres endet und die Versorgungszusage zu diesem Zeitpunkt mindestens drei Jahre bestanden hat (unverfallbare Anwartschaft). [2]Ein Arbeitnehmer behält seine Anwartschaft auch dann, wenn er aufgrund einer Vorruhestandsregelung ausscheidet und ohne das vorherige Ausscheiden die Wartezeit und die sonstigen Voraussetzungen für den Bezug von Leistungen der betrieblichen Altersversorgung hätte erfüllen können. [3]Eine Änderung der Versorgungszusage oder ihre Übernahme durch eine andere Person unterbricht nicht den Ablauf der Fristen

nach Satz 1. [4]Der Verpflichtung aus einer Versorgungszusage stehen Versorgungsverpflichtungen gleich, die auf betrieblicher Übung oder dem Grundsatz der Gleichbehandlung beruhen. [5]Der Ablauf einer vorgesehenen Wartezeit wird durch die Beendigung des Arbeitsverhältnisses nach Erfüllung der Voraussetzungen der Sätze 1 und 2 nicht berührt. [6]Wechselt ein Arbeitnehmer vom Geltungsbereich dieses Gesetzes in einen anderen Mitgliedstaat der Europäischen Union, bleibt die Anwartschaft in gleichem Umfange wie für Personen erhalten, die auch nach Beendigung eines Arbeitsverhältnisses innerhalb des Geltungsbereichs dieses Gesetzes verbleiben.

(2) [1]Wird für die betriebliche Altersversorgung eine Lebensversicherung auf das Leben des Arbeitnehmers durch den Arbeitgeber abgeschlossen und sind der Arbeitnehmer oder seine Hinterbliebenen hinsichtlich der Leistungen des Versicherers ganz oder teilweise bezugsberechtigt (Direktversicherung), so ist der Arbeitgeber verpflichtet, wegen Beendigung des Arbeitsverhältnisses nach Erfüllung der in Abs. 1 Satz 1 und 2 genannten Voraussetzungen das Bezugsrecht nicht mehr zu widerrufen. [2]Eine Vereinbarung, nach der das Bezugsrecht durch die Beendigung des Arbeitsverhältnisses nach Erfüllung der in Abs. 1 Satz 1 und 2 genannten Voraussetzungen auflösend bedingt ist, ist unwirksam. [3]Hat der Arbeitgeber die Ansprüche aus dem Versicherungsvertrag abgetreten oder beliehen, so ist er verpflichtet, den Arbeitnehmer, dessen Arbeitsverhältnis nach Erfüllung der in Abs. 1 Satz 1 und 2 genannten Voraussetzungen geendet hat, bei Eintritt des Versicherungsfalles so zu stellen, als ob die Abtretung oder Beleihung nicht erfolgt wäre. [4]Als Zeitpunkt der Erteilung der Versorgungszusage im Sinne des Abs. 1 gilt der Versicherungsbeginn, frühestens jedoch der Beginn der Betriebszugehörigkeit.

(3) [1]Wird die betriebliche Altersversorgung von einer rechtsfähigen Versorgungseinrichtung durchgeführt, die dem Arbeitnehmer oder seinen Hinterbliebenen auf ihre Leistungen einen Rechtsanspruch gewährt (Pensionskasse und Pensionsfonds), so gilt Abs. 1 entsprechend. [2]Als Zeitpunkt der Erteilung der Versorgungszusage im Sinne des Abs. 1 gilt der Versicherungsbeginn, frühestens jedoch der Beginn der Betriebszugehörigkeit.

(4) [1]Wird die betriebliche Altersversorgung von einer rechtsfähigen Versorgungseinrichtung durchgeführt, die auf ihre Leistungen keinen Rechtsanspruch gewährt (Unterstützungskasse), so sind die nach Erfüllung der in Abs. 1 Satz 1 und 2 genannten Voraussetzungen und vor Eintritt des Versorgungsfalles aus dem Unternehmen ausgeschiedenen Arbeitnehmer und ihre Hinterbliebenen den bis zum Eintritt des Versorgungsfalles dem Unternehmen angehörenden Arbeitnehmern und deren Hinterbliebenen gleichgestellt. [2]Die Versorgungszusage gilt in dem Zeitpunkt als erteilt im Sinne des Abs. 1, von dem an der Arbeitnehmer zum Kreis der Begünstigten der Unterstützungskasse gehört.

(5) [1]Soweit betriebliche Altersversorgung durch Entgeltumwandlung einschließlich eines möglichen Arbeitgeberzuschusses nach § 1a Abs. 1a erfolgt, behält der Arbeitnehmer seine Anwartschaft, wenn sein Arbeitsverhältnis vor Eintritt des Versorgungsfalles endet; in den Fällen der Abs. 2 und 3

1. dürfen die Überschussanteile nur zur Verbesserung der Leistung verwendet,
2. muss dem ausgeschiedenen Arbeitnehmer das Recht zur Fortsetzung der Versicherung oder Versorgung mit eigenen Beiträgen eingeräumt und
3. muss das Recht zur Verpfändung, Abtretung oder Beleihung durch den Arbeitgeber ausgeschlossen werden.

[2]Im Fall einer Direktversicherung ist dem Arbeitnehmer darüber hinaus mit Beginn der Entgeltumwandlung ein unwiderrufliches Bezugsrecht einzuräumen.

§ 2 Höhe der unverfallbaren Anwartschaft

(1) [1]Bei Eintritt des Versorgungsfalles wegen Erreichens der Altersgrenze, wegen Invalidität oder Tod haben ein vorher ausgeschiedener Arbeitnehmer, dessen Anwartschaft nach § 1b fortbesteht, und seine Hinterbliebenen einen Anspruch mindestens in Höhe des Teiles der ohne das vorherige Ausscheiden zustehenden Leistung, der dem Verhältnis der Dauer der Betriebszugehörigkeit zu der Zeit vom Beginn der Betriebszugehörigkeit bis zum Erreichen der Regelaltersgrenze in der gesetzlichen Rentenversicherung entspricht; an die Stelle des Erreichens der Regelaltersgrenze tritt ein früherer Zeitpunkt, wenn dieser in der Versorgungsregelung als feste Altersgrenze vorgesehen ist, spätestens der Zeitpunkt der Vollendung des 65. Lebensjahres, falls der Arbeitnehmer ausscheidet und gleichzeitig eine Altersrente aus der gesetzlichen Rentenversicherung für besonders langjährig Versicherte in Anspruch nimmt. [2]Der Mindestanspruch auf Leistungen wegen Invalidität oder Tod vor Erreichen der Altersgrenze ist jedoch nicht höher als der Betrag, den der Arbeitnehmer oder seine Hinterbliebenen erhalten hätten, wenn im Zeitpunkt des Ausscheidens der Versorgungsfall eingetreten wäre und die sonstigen Leistungsvoraussetzungen erfüllt gewesen wären.

(2) [1]Ist bei einer Direktversicherung der Arbeitnehmer nach Erfüllung der Voraussetzungen des § 1b Abs. 1 und 5 vor Eintritt des Versorgungsfalls ausgeschieden, so gilt Abs. 1 mit der Maßgabe, daß sich der vom Arbeitgeber zu finanzierende Teilanspruch nach Abs. 1, soweit er über die von dem Versicherer nach dem Versicherungsvertrag auf Grund der Beiträge des Arbeitgebers zu erbringende Versicherungsleistung hinausgeht, gegen den Arbeitgeber richtet. [2]An die Stelle der Ansprüche nach Satz 1 tritt auf Verlangen des Arbeitgebers die von dem Versicherer auf Grund des Versicherungsvertrags zu erbringende Versicherungsleistung, wenn

1. spätestens nach 3 Monaten seit dem Ausscheiden des Arbeitnehmers das Bezugsrecht unwiderruflich ist und eine Abtretung oder Beleihung des Rechts aus dem Versicherungsvertrag durch den Arbeitgeber und Beitragsrückstände nicht vorhanden sind,
2. vom Beginn der Versicherung, frühestens jedoch vom Beginn der Betriebszugehörigkeit an, nach dem Versicherungsvertrag die Überschußanteile nur zur Verbesserung der Versicherungsleistung zu verwenden sind und
3. der ausgeschiedene Arbeitnehmer nach dem Versicherungsvertrag das Recht zur Fortsetzung der Versicherung mit eigenen Beiträgen hat.

[3]Der Arbeitgeber kann sein Verlangen nach Satz 2 nur innerhalb von 3 Monaten seit dem Ausscheiden des Arbeitnehmers diesem und dem Versicherer mitteilen. [4]Der ausgeschiedene Arbeitnehmer darf die Ansprüche aus dem Versicherungsvertrag in Höhe des durch Beitragszahlungen des Arbeitgebers gebildeten geschäftsplanmäßigen Deckungskapitals oder, soweit die Berechnung des Deckungskapitals nicht zum Geschäftsplan gehört, des nach § 169 Abs. 3 und 4 des Versicherungsvertragsgesetzes berechneten Wertes weder abtreten noch beleihen. [5]In dieser Höhe darf der Rückkaufswert auf Grund einer Kündigung des Versicherungsvertrags nicht in Anspruch genommen werden; im Falle einer Kündigung wird die Versicherung in eine prämienfreie Versicherung umgewandelt. [6]§ 169 Abs. 1 des Versicherungsvertragsgesetzes findet insoweit keine Anwendung. [7]Eine Abfindung des Anspruchs nach § 3 ist weiterhin möglich.

(3) [1]Für Pensionskassen gilt Abs. 1 mit der Maßgabe, daß sich der vom Arbeitgeber zu finanzierende Teilanspruch nach Abs. 1, soweit er über die von der Pensionskasse nach

dem aufsichtsbehördlich genehmigten Geschäftsplan oder, soweit eine aufsichtsbehördliche Genehmigung nicht vorgeschrieben ist, nach den allgemeinen Versicherungsbedingungen und den fachlichen Geschäftsunterlagen im Sinne des § 9 Abs. 2 Nr. 2 in Verbindung mit § 219 Abs. 3 Nr. 1 Buchstabe b des Versicherungsaufsichtsgesetzes (Geschäftsunterlagen) auf Grund der Beiträge des Arbeitgebers zu erbringende Leistung hinausgeht, gegen den Arbeitgeber richtet. [2]An die Stelle der Ansprüche nach Satz 1 tritt auf Verlangen des Arbeitgebers die von der Pensionskasse auf Grund des Geschäftsplans oder der Geschäftsunterlagen zu erbringende Leistung, wenn nach dem aufsichtsbehördlich genehmigten Geschäftsplan oder den Geschäftsunterlagen

1. vom Beginn der Versicherung, frühestens jedoch vom Beginn der Betriebszugehörigkeit an, Überschußanteile, die auf Grund des Finanzierungsverfahrens regelmäßig entstehen, nur zur Verbesserung der Versicherungsleistung zu verwenden sind oder die Steigerung der Versorgungsanwartschaften des Arbeitnehmers der Entwicklung seines Arbeitsentgelts, soweit es unter den jeweiligen Beitragsbemessungsgrenzen der gesetzlichen Rentenversicherungen liegt, entspricht und

2. der ausgeschiedene Arbeitnehmer das Recht zur Fortsetzung der Versicherung mit eigenen Beiträgen hat.

[3]Abs. 2 Satz 3 bis 7 gilt entsprechend.

(3a) Für Pensionsfonds gilt Abs. 1 mit der Maßgabe, dass sich der vom Arbeitgeber zu finanzierende Teilanspruch, soweit er über die vom Pensionsfonds auf der Grundlage der nach dem geltenden Pensionsplan im Sinne des § 237 Abs. 1 Satz 3 des Versicherungsaufsichtsgesetzes berechnete Deckungsrückstellung hinausgeht, gegen den Arbeitgeber richtet.

(4) Eine Unterstützungskasse hat bei Eintritt des Versorgungsfalls einem vorzeitig ausgeschiedenen Arbeitnehmer, der nach § 1b Abs. 4 gleichgestellt ist, und seinen Hinterbliebenen mindestens den nach Abs. 1 berechneten Teil der Versorgung zu gewähren.

(5) Bei einer unverfallbaren Anwartschaft aus Entgeltumwandlung tritt an die Stelle der Ansprüche nach Abs. 1, 3a oder 4 die vom Zeitpunkt der Zusage auf betriebliche Altersversorgung bis zum Ausscheiden des Arbeitnehmers erreichte Anwartschaft auf Leistungen aus den bis dahin umgewandelten Entgeltbestandteilen; dies gilt entsprechend für eine unverfallbare Anwartschaft aus Beiträgen im Rahmen einer beitragsorientierten Leistungszusage.

(6) An die Stelle der Ansprüche nach den Absätzen 2, 3, 3a und 5 tritt bei einer Beitragszusage mit Mindestleistung das dem Arbeitnehmer planmäßig zuzurechnende Versorgungskapital auf der Grundlage der bis zu seinem Ausscheiden geleisteten Beiträge (Beiträge und die bis zum Eintritt des Versorgungsfalls erzielten Erträge), mindestens die Summe der bis dahin zugesagten Beiträge, soweit sie nicht rechnungsmäßig für einen biometrischen Risikoausgleich verbraucht wurden.

§ 2a Berechnung und Wahrung des Teilanspruchs

(1) Bei der Berechnung des Teilanspruchs eines mit unverfallbarer Anwartschaft ausgeschiedenen Arbeitnehmers nach § 2 sind die Versorgungsregelung und die Bemessungsgrundlagen im Zeitpunkt des Ausscheidens zugrunde zu legen; Veränderungen, die nach dem Ausscheiden eintreten, bleiben außer Betracht.

(2) [1]Abweichend von Abs. 1 darf ein ausgeschiedener Arbeitnehmer im Hinblick auf den Wert seiner unverfallbaren Anwartschaft gegenüber vergleichbaren nicht ausgeschiede-

nen Arbeitnehmern nicht benachteiligt werden. [2]Eine Benachteiligung gilt insbesondere als ausgeschlossen, wenn

1. die Anwartschaft
   a) als nominales Anrecht festgelegt ist,
   b) eine Verzinsung enthält, die auch dem ausgeschiedenen Arbeitnehmer zugutekommt, oder
   c) über einen Pensionsfonds, eine Pensionskasse oder eine Direktversicherung durchgeführt wird und die Erträge auch dem ausgeschiedenen Arbeitnehmer zugutekommen, oder
2. die Anwartschaft angepasst wird
   a) um 1 Prozent jährlich,
   b) wie die Anwartschaften oder die Nettolöhne vergleichbarer nicht ausgeschiedener Arbeitnehmer,
   c) wie die laufenden Leistungen, die an die Versorgungsempfänger des Arbeitgebers erbracht werden, oder
   d) entsprechend dem Verbraucherpreisindex für Deutschland.

(3) [1]Ist bei der Berechnung des Teilanspruchs eine Rente der gesetzlichen Rentenversicherung zu berücksichtigen, so kann bei einer unmittelbaren oder über eine Unterstützungskasse durchgeführten Versorgungszusage das bei der Berechnung von Pensionsrückstellungen allgemein zulässige Verfahren zugrunde gelegt werden, es sei denn, der ausgeschiedene Arbeitnehmer weist die bei der gesetzlichen Rentenversicherung im Zeitpunkt des Ausscheidens erreichten Entgeltpunkte nach. [2]Bei einer Versorgungszusage, die über eine Pensionskasse oder einen Pensionsfonds durchgeführt wird, sind der aufsichtsbehördlich genehmigte Geschäftsplan, der Pensionsplan oder die sonstigen Geschäftsunterlagen zugrunde zu legen.

(4) Versorgungsanwartschaften, die der Arbeitnehmer nach seinem Ausscheiden erwirbt, dürfen nicht zu einer Kürzung des Teilanspruchs führen.

§ 3 Abfindung

(1) Unverfallbare Anwartschaften im Falle der Beendigung des Arbeitsverhältnisses und laufende Leistungen dürfen nur unter den Voraussetzungen der folgenden Absätze abgefunden werden.

(2) [1]Der Arbeitgeber kann eine Anwartschaft ohne Zustimmung des Arbeitnehmers abfinden, wenn der Monatsbetrag der aus der Anwartschaft resultierenden laufenden Leistung bei Erreichen der vorgesehenen Altersgrenze 1 vom Hundert, bei Kapitalleistungen zwölf Zehntel der monatlichen Bezugsgröße nach § 18 des Vierten Buches Sozialgesetzbuch nicht übersteigen würde. [2]Dies gilt entsprechend für die Abfindung einer laufenden Leistung. [3]Die Abfindung einer Anwartschaft bedarf der Zustimmung des Arbeitnehmers, wenn dieser nach Beendigung des Arbeitsverhältnisses ein neues Arbeitsverhältnis in einem anderen Mitgliedstaat der Europäischen Union begründet und dies innerhalb von drei Monaten nach Beendigung des Arbeitsverhältnisses seinem ehemaligen Arbeitgeber mitteilt. [4]Die Abfindung ist unzulässig, wenn der Arbeitnehmer von seinem Recht auf Übertragung der Anwartschaft Gebrauch macht.

(3) Die Anwartschaft ist auf Verlangen des Arbeitnehmers abzufinden, wenn die Beiträge zur gesetzlichen Rentenversicherung erstattet worden sind.

(4) Der Teil der Anwartschaft, der während eines Insolvenzverfahrens erdient worden ist, kann ohne Zustimmung des Arbeitnehmers abgefunden werden, wenn die Betriebstätigkeit vollständig eingestellt und das Unternehmen liquidiert wird.

(5) Für die Berechnung des Abfindungsbetrages gilt § 4 Abs. 5 entsprechend.

(6) Die Abfindung ist gesondert auszuweisen und einmalig zu zahlen.

§ 4 Übertragung

(1) Unverfallbare Anwartschaften und laufende Leistungen dürfen nur unter den Voraussetzungen der folgenden Absätze übertragen werden.

(2) Nach Beendigung des Arbeitsverhältnisses kann im Einvernehmen des ehemaligen mit dem neuen Arbeitgeber sowie dem Arbeitnehmer

1. die Zusage vom neuen Arbeitgeber übernommen werden oder
2. der Wert der vom Arbeitnehmer erworbenen unverfallbaren Anwartschaft auf betriebliche Altersversorgung (Übertragungswert) auf den neuen Arbeitgeber übertragen werden, wenn dieser eine wertgleiche Zusage erteilt; für die neue Anwartschaft gelten die Regelungen über Entgeltumwandlung entsprechend.

(3) [1]Der Arbeitnehmer kann innerhalb eines Jahres nach Beendigung des Arbeitsverhältnisses von seinem ehemaligen Arbeitgeber verlangen, dass der Übertragungswert auf den neuen Arbeitgeber oder auf die Versorgungseinrichtung nach § 22 des neuen Arbeitgebers übertragen wird, wenn

1. die betriebliche Altersversorgung über einen Pensionsfonds, eine Pensionskasse oder eine Direktversicherung durchgeführt worden ist und
2. der Übertragungswert die Beitragsbemessungsgrenze in der allgemeinen Rentenversicherung nicht übersteigt.

[2]Der Anspruch richtet sich gegen den Versorgungsträger, wenn der ehemalige Arbeitgeber die versicherungsförmige Lösung nach § 2 Abs. 2 oder 3 gewählt hat oder soweit der Arbeitnehmer die Versicherung oder Versorgung mit eigenen Beiträgen fortgeführt hat. [3]Der neue Arbeitgeber ist verpflichtet, eine dem Übertragungswert wertgleiche Zusage zu erteilen und über einen Pensionsfonds, eine Pensionskasse oder eine Direktversicherung durchzuführen. [4]Für die neue Anwartschaft gelten die Regelungen über Entgeltumwandlung entsprechend. [5]Ist der neue Arbeitgeber zu einer Durchführung über eine Versorgungseinrichtung nach § 22 bereit, ist die betriebliche Altersversorgung dort durchzuführen; die Sätze 3 und 4 sind in diesem Fall nicht anzuwenden.

(4) [1]Wird die Betriebstätigkeit eingestellt und das Unternehmen liquidiert, kann eine Zusage von einer Pensionskasse oder einem Unternehmen der Lebensversicherung ohne Zustimmung des Arbeitnehmers oder Versorgungsempfängers übernommen werden, wenn sichergestellt ist, dass die Überschussanteile ab Rentenbeginn entsprechend § 16 Abs. 3 Nr. 2 verwendet werden. [2]§ 2 Abs. 2 Satz 4 bis 6 gilt entsprechend.

(5) [1]Der Übertragungswert entspricht bei einer unmittelbar über den Arbeitgeber oder über eine Unterstützungskasse durchgeführten betrieblichen Altersversorgung dem Barwert der nach § 2 bemessenen künftigen Versorgungsleistung im Zeitpunkt der Übertragung; bei der Berechnung des Barwerts sind die Rechnungsgrundlagen sowie die anerkannten Regeln der Versicherungsmathematik maßgebend. [2]Soweit die betriebliche Altersversorgung über einen Pensionsfonds, eine Pensionskasse oder eine Direktversicherung durchgeführt worden ist, entspricht der Übertragungswert dem gebildeten Kapital im Zeitpunkt der Übertragung.

(6) Mit der vollständigen Übertragung des Übertragungswerts erlischt die Zusage des ehemaligen Arbeitgebers.

§ 4a Auskunftspflichten

(1) Der Arbeitgeber oder der Versorgungsträger hat dem Arbeitnehmer auf dessen Verlangen mitzuteilen,

1. ob und wie eine Anwartschaft auf betriebliche Altersversorgung erworben wird,
2. wie hoch der Anspruch auf betriebliche Altersversorgung aus der bisher erworbenen Anwartschaft ist und bei Erreichen der in der Versorgungsregelung vorgesehenen Altersgrenze voraussichtlich sein wird,
3. wie sich eine Beendigung des Arbeitsverhältnisses auf die Anwartschaft auswirkt und
4. wie sich die Anwartschaft nach einer Beendigung des Arbeitsverhältnisses entwickeln wird.

(2) [1]Der Arbeitgeber oder der Versorgungsträger hat dem Arbeitnehmer oder dem ausgeschiedenen Arbeitnehmer auf dessen Verlangen mitzuteilen, wie hoch bei einer Übertragung der Anwartschaft nach § 4 Abs. 3 der Übertragungswert ist. [2]Der neue Arbeitgeber oder der Versorgungsträger hat dem Arbeitnehmer auf dessen Verlangen mitzuteilen, in welcher Höhe aus dem Übertragungswert ein Anspruch auf Altersversorgung bestehen würde und ob eine Invaliditäts- oder Hinterbliebenenversorgung bestehen würde.

(3) [1]Der Arbeitgeber oder der Versorgungsträger hat dem ausgeschiedenen Arbeitnehmer auf dessen Verlangen mitzuteilen, wie hoch die Anwartschaft auf betriebliche Altersversorgung ist und wie sich die Anwartschaft künftig entwickeln wird. [2]Satz 1 gilt entsprechend für Hinterbliebene im Versorgungsfall.

(4) Die Auskunft muss verständlich, in Textform und in angemessener Frist erteilt werden.

Zweiter Abschnitt
Auszehrungsverbot

§ 5 Auszehrung und Anrechnung

(1) Die bei Eintritt des Versorgungsfalls festgesetzten Leistungen der betrieblichen Altersversorgung dürfen nicht mehr dadurch gemindert oder entzogen werden, daß Beträge, um die sich andere Versorgungsbezüge nach diesem Zeitpunkt durch Anpassung an die wirtschaftliche Entwicklung erhöhen, angerechnet oder bei der Begrenzung der Gesamtversorgung auf einen Höchstbetrag berücksichtigt werden.

(2) [1]Leistungen der betrieblichen Altersversorgung dürfen durch Anrechnung oder Berücksichtigung anderer Versorgungsbezüge, soweit sie auf eigenen Beiträgen des Versorgungsempfängers beruhen, nicht gekürzt werden. [2]Dies gilt nicht für Renten aus den gesetzlichen Rentenversicherungen, soweit sie auf Pflichtbeiträgen beruhen, sowie für sonstige Versorgungsbezüge, die mindestens zur Hälfte auf Beiträgen oder Zuschüssen des Arbeitgebers beruhen.

Dritter Abschnitt
Altersgrenze

§ 6 Vorzeitige Altersleistung

[1]Einem Arbeitnehmer, der die Altersrente aus der gesetzlichen Rentenversicherung als Vollrente in Anspruch nimmt, sind auf sein Verlangen nach Erfüllung der Wartezeit und

sonstiger Leistungsvoraussetzungen Leistungen der betrieblichen Altersversorgung zu gewähren. [2]Fällt die Altersrente aus der gesetzlichen Rentenversicherung wieder weg oder wird sie auf einen Teilbetrag beschränkt, so können auch die Leistungen der betrieblichen Altersversorgung eingestellt werden. [3]Der ausgeschiedene Arbeitnehmer ist verpflichtet, die Aufnahme oder Ausübung einer Beschäftigung oder Erwerbstätigkeit, die zu einem Wegfall oder zu einer Beschränkung der Altersrente aus der gesetzlichen Rentenversicherung führt, dem Arbeitgeber oder sonstigen Versorgungsträger unverzüglich anzuzeigen.

Vierter Abschnitt
Insolvenzsicherung

§ 7 Umfang des Versicherungsschutzes

(1) [1]Versorgungsempfänger, deren Ansprüche aus einer unmittelbaren Versorgungszusage des Arbeitgebers nicht erfüllt werden, weil über das Vermögen des Arbeitgebers oder über seinen Nachlaß das Insolvenzverfahren eröffnet worden ist, und ihre Hinterbliebenen haben gegen den Träger der Insolvenzsicherung einen Anspruch in Höhe der Leistung, die der Arbeitgeber aufgrund der Versorgungszusage zu erbringen hätte, wenn das Insolvenzverfahren nicht eröffnet worden wäre. [2]Satz 1 gilt entsprechend,

1. wenn Leistungen aus einer Direktversicherung aufgrund der in § 1b Abs. 2 Satz 3 genannten Tatbestände nicht gezahlt werden und der Arbeitgeber seiner Verpflichtung nach § 1b Abs. 2 Satz 3 wegen der Eröffnung des Insolvenzverfahrens nicht nachkommt,

2. wenn eine Unterstützungskasse oder ein Pensionsfonds die nach ihrer Versorgungsregelung vorgesehene Versorgung nicht erbringt, weil über das Vermögen oder den Nachlass eines Arbeitgebers, der der Unterstützungskasse oder dem Pensionsfonds Zuwendungen leistet (Trägerunternehmen), das Insolvenzverfahren eröffnet worden ist.

[3]§ 14 des Versicherungsvertragsgesetzes findet entsprechende Anwendung. [4]Der Eröffnung des Insolvenzverfahrens stehen bei der Anwendung der Sätze 1 bis 3 gleich

1. die Abweisung des Antrags auf Eröffnung des Insolvenzverfahrens mangels Masse,

2. der außergerichtliche Vergleich (Stundungs-, Quoten- oder Liquidationsvergleich) des Arbeitgebers mit seinen Gläubigern zur Abwendung eines Insolvenzverfahrens, wenn ihm der Träger der Insolvenzsicherung zustimmt,

3. die vollständige Beendigung der Betriebstätigkeit im Geltungsbereich dieses Gesetzes, wenn ein Antrag auf Eröffnung des Insolvenzverfahrens nicht gestellt worden ist und ein Insolvenzverfahren offensichtlich mangels Masse nicht in Betracht kommt.

(1a) [1]Der Anspruch gegen den Träger der Insolvenzsicherung entsteht mit dem Beginn des Kalendermonats, der auf den Eintritt des Sicherungsfalles folgt. [2]Der Anspruch endet mit Ablauf des Sterbemonats des Begünstigten, soweit in der Versorgungszusage des Arbeitgebers nicht etwas anderen bestimmt ist. [3]In den Fällen des Abs. 1 Satz 1 und 4 Nr. 1 und 3 umfaßt der Anspruch auch rückständige Versorgungsleistungen, soweit diese bis zu zwölf Monaten vor Entstehen der Leistungspflicht des Trägers der Insolvenzsicherung entstanden sind.

(2) [1]Personen, die bei Eröffnung des Insolvenzverfahrens oder bei Eintritt der nach Abs. 1 Satz 4 gleichstehenden Voraussetzungen (Sicherungsfall) eine nach § 1b unverfallbare Versorgungsanwartschaft haben, und ihre Hinterbliebenen haben bei Eintritt des Versor-

gungsfalls einen Anspruch gegen den Träger der Insolvenzsicherung, wenn die Anwartschaft beruht

1. auf einer unmittelbaren Versorgungszusage des Arbeitgebers oder
2. auf einer Direktversicherung und der Arbeitnehmer hinsichtlich der Leistungen des Versicherers widerruflich bezugsberechtigt ist oder die Leistungen aufgrund der in § 1b Abs. 2 Satz 3 genannten Tatbestände nicht gezahlt werden und der Arbeitgeber seiner Verpflichtung aus § 1b Abs. 2 Satz 3 wegen der Eröffnung des Insolvenzverfahrens nicht nachkommt.

[2]Satz 1 gilt entsprechend für Personen, die zum Kreis der Begünstigten einer Unterstützungskasse oder eines Pensionsfonds gehören, wenn der Sicherungsfall bei einem Trägerunternehmen eingetreten ist. [3]Die Höhe des Anspruchs richtet sich nach der Höhe der Leistungen nach § 2 Abs. 1 und 2 Satz 2, bei Unterstützungskassen nach dem Teil der nach der Versorgungsregelung vorgesehenen Versorgung, der dem Verhältnis der Dauer der Betriebszugehörigkeit zu der Zeit vom Beginn der Betriebszugehörigkeit bis zum Erreichen der in der Versorgungsregelung vorgesehenen festen Altersgrenze entspricht, es sei denn, § 2 Abs. 5 ist anwendbar. [4]Für die Berechnung der Höhe des Anspruchs nach Satz 3 wird die Betriebszugehörigkeit bis zum Eintritt des Sicherungsfalles berücksichtigt. [5]Bei Pensionsfonds mit Leistungszusagen gelten für die Höhe des Anspruchs die Bestimmungen für unmittelbare Versorgungszusagen entsprechend, bei Beitragszusagen mit Mindestleistung gilt für die Höhe des Anspruchs § 2 Abs. 6. [6]Bei der Berechnung der Höhe des Anspruchs sind Veränderungen der Versorgungsregelung und der Bemessungsgrundlagen, die nach dem Eintritt des Sicherungsfalles eintreten, nicht zu berücksichtigen; § 2a Abs. 2 findet keine Anwendung.

(3) [1]Ein Anspruch auf laufende Leistungen gegen den Träger der Insolvenzsicherung beträgt jedoch im Monat höchstens das Dreifache der im Zeitpunkt der ersten Fälligkeit maßgebenden monatlichen Bezugsgröße gemäß § 18 des Vierten Buches Sozialgesetzbuch. [2]Satz 1 gilt entsprechend bei einem Anspruch auf Kapitalleistungen mit der Maßgabe, daß zehn vom Hundert der Leistung als Jahresbetrag einer laufenden Leistung anzusetzen sind.

(4) [1]Ein Anspruch auf Leistungen gegen den Träger der Insolvenzsicherung vermindert sich in dem Umfang, in dem der Arbeitgeber oder sonstige Träger der Versorgung die Leistungen der betrieblichen Altersversorgung erbringt. [2]Wird im Insolvenzverfahren ein Insolvenzplan bestätigt, vermindert sich der Anspruch auf Leistungen gegen den Träger der Insolvenzsicherung insoweit, als nach dem Insolvenzplan der Arbeitgeber oder sonstige Träger der Versorgung einen Teil der Leistungen selbst zu erbringen hat. [3]Sieht der Insolvenzplan vor, daß der Arbeitgeber oder sonstige Träger der Versorgung die Leistungen der betrieblichen Altersversorgung von einem bestimmten Zeitpunkt an selbst zu erbringen hat, so entfällt der Anspruch auf Leistungen gegen den Träger der Insolvenzsicherung von diesem Zeitpunkt an. [4]Die Sätze 2 und 3 sind für den außergerichtlichen Vergleich nach Abs. 1 Satz 4 Nr. 2 entsprechend anzuwenden. [5]Im Insolvenzplan soll vorgesehen werden, daß bei einer nachhaltigen Besserung der wirtschaftlichen Lage des Arbeitgebers die vom Träger der Insolvenzsicherung zu erbringenden Leistungen ganz oder zum Teil vom Arbeitgeber oder sonstigen Träger der Versorgung wieder übernommen werden.

(5) [1]Ein Anspruch gegen den Träger der Insolvenzsicherung besteht nicht, soweit nach den Umständen des Falles die Annahme gerechtfertigt ist, daß es der alleinige oder über-

wiegende Zweck der Versorgungszusage oder ihre Verbesserung oder der für die Direktversicherung in § 1b Abs. 2 Satz 3 genannten Tatbestände gewesen ist, den Träger der Insolvenzsicherung in Anspruch zu nehmen. [2]Diese Annahme ist insbesondere dann gerechtfertigt, wenn bei Erteilung oder Verbesserung der Versorgungszusage wegen der wirtschaftlichen Lage des Arbeitgebers zu erwarten war, daß die Zusage nicht erfüllt werde. [3]Ein Anspruch auf Leistungen gegen den Träger der Insolvenzsicherung besteht bei Zusagen und Verbesserungen von Zusagen, die in den beiden letzten Jahren vor dem Eintritt des Sicherungsfalles erfolgt sind, nur

1. für ab dem 1. Januar 2002 gegebene Zusagen, soweit bei Entgeltumwandlung Beträge von bis zu 4 vom Hundert der Beitragsbemessungsgrenze in der allgemeinen Rentenversicherung für eine betriebliche Altersversorgung verwendet werden oder

2. für im Rahmen von Übertragungen gegebene Zusagen, soweit der Übertragungswert die Beitragsbemessungsgrenze in der allgemeinen Rentenversicherung nicht übersteigt.

(6) Ist der Sicherungsfall durch kriegerische Ereignisse, innere Unruhen, Naturkatastrophen oder Kernenergie verursacht worden, kann der Träger der Insolvenzsicherung mit Zustimmung der Bundesanstalt für Finanzdienstleistungsaufsicht die Leistungen nach billigem Ermessen abweichend von den Absätzen 1 bis 5 festsetzen.

§ 8 Übertragung der Leistungspflicht

(1) Ein Anspruch gegen den Träger der Insolvenzsicherung auf Leistungen nach § 7 besteht nicht, wenn eine Pensionskasse oder ein Unternehmen der Lebensversicherung sich dem Träger der Insolvenzsicherung gegenüber verpflichtet, diese Leistungen zu erbringen, und die nach § 7 Berechtigten ein unmittelbares Recht erwerben, die Leistungen zu fordern.

(2) [1]Der Träger der Insolvenzsicherung hat die gegen ihn gerichteten Ansprüche auf den Pensionsfonds, dessen Trägerunternehmen die Eintrittspflicht nach § 7 ausgelöst hat, im Sinne von Abs. 1 zu übertragen, wenn die Bundesanstalt für Finanzdienstleistungsaufsicht hierzu die Genehmigung erteilt. [2]Die Genehmigung kann nur erteilt werden, wenn durch Auflagen der Bundesanstalt für Finanzdienstleistungsaufsicht die dauernde Erfüllbarkeit der Leistungen aus dem Pensionsplan sichergestellt werden kann. [3]Die Genehmigung der Bundesanstalt für Finanzdienstleistungsaufsicht kann der Pensionsfonds nur innerhalb von drei Monaten nach Eintritt des Sicherungsfalles beantragen.

(3) [1]An die Stelle des Anspruchs gegen den Träger der Insolvenzsicherung nach § 7 tritt auf Verlangen des Berechtigten die Versicherungsleistung aus einer auf sein Leben abgeschlossenen Rückdeckungsversicherung, wenn die Versorgungszusage auf die Leistungen der Rückdeckungsversicherung verweist. [2]Das Wahlrecht des Berechtigten nach Satz 1 besteht nicht, sofern die Rückdeckungsversicherung in die Insolvenzmasse des Arbeitgebers fällt oder eine Übertragung des Anspruchs durch den Träger der Insolvenzsicherung nach Abs. 2 erfolgt. [3]Der Berechtigte hat das Recht, als Versicherungsnehmer in die Versicherung einzutreten und die Versicherung mit eigenen Beiträgen fortzusetzen; § 1b Abs. 5 Satz 1 Nr. 1 und § 2 Abs. 2 Satz 4 bis 6 gelten entsprechend. [4]Der Träger der Insolvenzsicherung informiert den Berechtigten über sein Wahlrecht nach Satz 1 und über die damit verbundenen Folgen für den Insolvenzschutz. [5]Das Wahlrecht erlischt sechs Monate nach Information durch den Träger der Insolvenzsicherung. [6]Der Versicherer informiert den Träger der Insolvenzsicherung unverzüglich über den Versicherungsnehmerwechsel.

§ 8a Abfindung durch den Träger der Insolvenzsicherung

[1]Der Träger der Insolvenzsicherung kann eine Anwartschaft ohne Zustimmung des Arbeitnehmers abfinden, wenn der Monatsbetrag der aus der Anwartschaft resultierenden laufenden Leistung bei Erreichen der vorgesehenen Altersgrenze 1 vom Hundert, bei Kapitalleistungen zwölf Zehntel der monatlichen Bezugsgröße nach § 18 des Vierten Buches Sozialgesetzbuch nicht übersteigen würde oder wenn dem Arbeitnehmer die Beiträge zur gesetzlichen Rentenversicherung erstattet worden sind. [2]Dies gilt entsprechend für die Abfindung einer laufenden Leistung. [3]Die Abfindung ist darüber hinaus möglich, wenn sie an ein Unternehmen der Lebensversicherung gezahlt wird, bei dem der Versorgungsberechtigte im Rahmen einer Direktversicherung versichert ist. [4]§ 2 Abs. 2 Satz 4 bis 6 und § 3 Abs. 5 gelten entsprechend.

§ 9 Mitteilungspflicht, Forderungs- und Vermögensübergang

(1) [1]Der Träger der Insolvenzsicherung teilt dem Berechtigten die ihm nach § 7 oder § 8 zustehenden Ansprüche oder Anwartschaften schriftlich mit. [2]Unterbleibt die Mitteilung, so ist der Anspruch oder die Anwartschaft spätestens ein Jahr nach dem Sicherungsfall bei dem Träger der Insolvenzsicherung anzumelden; erfolgt die Anmeldung später, so beginnen die Leistungen frühestens mit dem Ersten des Monats der Anmeldung, es sei denn, daß der Berechtigte an der rechtzeitigen Anmeldung ohne sein Verschulden verhindert war.

(2) [1]Ansprüche oder Anwartschaften des Berechtigten gegen den Arbeitgeber auf Leistungen der betrieblichen Altersversorgung, die den Anspruch gegen den Träger der Insolvenzsicherung begründen, gehen im Falle eines Insolvenzverfahrens mit dessen Eröffnung, in den übrigen Sicherungsfällen dann auf den Träger der Insolvenzsicherung über, wenn dieser nach Abs. 1 Satz 1 dem Berechtigten die ihm zustehenden Ansprüche oder Anwartschaften mitteilt. [2]Der Übergang kann nicht zum Nachteil des Berechtigten geltend gemacht werden. [3]Die mit der Eröffnung des Insolvenzverfahrens übergegangenen Anwartschaften werden im Insolvenzverfahren als unbedingte Forderungen nach § 45 der Insolvenzordnung geltend gemacht.

(3) [1]Ist der Träger der Insolvenzsicherung zu Leistungen verpflichtet, die ohne den Eintritt des Sicherungsfalls eine Unterstützungskasse erbringen würde, geht deren Vermögen einschließlich der Verbindlichkeiten auf ihn über; die Haftung für die Verbindlichkeiten beschränkt sich auf das übergegangene Vermögen. [2]Wenn die übergegangenen Vermögenswerte den Barwert der Ansprüche und Anwartschaften gegen den Träger der Insolvenzsicherung übersteigen, hat dieser den übersteigenden Teil entsprechend der Satzung der Unterstützungskasse zu verwenden. [3]Bei einer Unterstützungskasse mit mehreren Trägerunternehmen hat der Träger der Insolvenzsicherung einen Anspruch gegen die Unterstützungskasse auf einen Betrag, der dem Teil des Vermögens der Kasse entspricht, der auf das Unternehmen entfällt, bei dem der Sicherungsfall eingetreten ist. [4]Die Sätze 1 bis 3 gelten nicht, wenn der Sicherungsfall auf den in § 7 Abs. 1 Satz 4 Nr. 2 genannten Gründen beruht, es sei denn, daß das Trägerunternehmen seine Betriebstätigkeit nach Eintritt des Sicherungsfall nicht fortsetzt und aufgelöst wird (Liquidationsvergleich).

(3a) Abs. 3 findet entsprechende Anwendung auf einen Pensionsfonds, wenn die Bundesanstalt für Finanzdienstleistungsaufsicht die Genehmigung für die Übertragung der Leistungspflicht durch den Träger der Insolvenzsicherung nach § 8 Abs. 2 nicht erteilt.

(4) [1]In einem Insolvenzplan, der die Fortführung des Unternehmens oder eines Betriebes vorsieht, kann für den Träger der Insolvenzsicherung eine besondere Gruppe gebildet werden. [2]Sofern im Insolvenzplan nichts anderes vorgesehen ist, kann der Träger der Insolvenzsicherung, wenn innerhalb von drei Jahren nach der Aufhebung des Insolvenzverfahrens ein Antrag auf Eröffnung eines neuen Insolvenzverfahrens über das Vermögen des Arbeitgebers gestellt wird, in diesem Verfahren als Insolvenzgläubiger Erstattung der von ihm erbrachten Leistungen verlangen.

(5) Dem Träger der Insolvenzsicherung steht gegen den Beschluß, durch den das Insolvenzverfahren eröffnet wird, die sofortige Beschwerde zu.

§ 10 Beitragspflicht und Beitragsbemessung

(1) Die Mittel für die Durchführung der Insolvenzsicherung werden auf Grund öffentlich-rechtlicher Verpflichtung durch Beiträge aller Arbeitgeber aufgebracht, die Leistungen der betrieblichen Altersversorgung unmittelbar zugesagt haben oder eine betriebliche Altersversorgung über eine Unterstützungskasse, eine Direktversicherung der in § 7 Abs. 1 Satz 2 und Abs. 2 Satz 1 Nr. 2 bezeichneten Art oder einen Pensionsfonds durchführen.

(2) [1]Die Beiträge müssen den Barwert der im laufenden Kalenderjahr entstehenden Ansprüche auf Leistungen der Insolvenzsicherung decken zuzüglich eines Betrages für die aufgrund eingetretener Insolvenzen zu sichernden Anwartschaften, der sich aus dem Unterschied der Barwerte dieser Anwartschaften am Ende des Kalenderjahres und am Ende des Vorjahres bemisst. [2]Der Rechnungszinsfuß bei der Berechnung des Barwerts der Ansprüche auf Leistungen der Insolvenzsicherung bestimmt sich nach § 235 Abs. 1 Nr. 4 des Versicherungsaufsichtsgesetzes; soweit keine Übertragung nach § 8 Abs. 1 stattfindet, ist der Rechnungszinsfuß bei der Berechnung des Barwerts der Anwartschaften um ein Drittel höher. [3]Darüber hinaus müssen die Beiträge die im gleichen Zeitraum entstehenden Verwaltungskosten und sonstigen Kosten, die mit der Gewährung der Leistungen zusammenhängen, und die Zuführung zu einem von der Bundesanstalt für Finanzdienstleistungsaufsicht festgesetzten Ausgleichsfonds decken; § 193 des Versicherungsaufsichtsgesetzes bleibt unberührt. [4]Auf die am Ende des Kalenderjahres fälligen Beiträge können Vorschüsse erhoben werden. [5]In Jahren, in denen sich außergewöhnlich hohe Beiträge ergeben würden, kann zu deren Ermäßigung der Ausgleichsfonds in einem von der Bundesanstalt für Finanzdienstleistungsaufsicht zu genehmigenden Umfang herangezogen werden; außerdem können die nach den Sätzen 1 bis 3 erforderlichen Beiträge auf das laufende und die bis zu vier folgenden Kalenderjahre verteilt werden.

(3) Die nach Abs. 2 erforderlichen Beiträge werden auf die Arbeitgeber nach Maßgabe der nachfolgenden Beträge umgelegt, soweit sie sich auf die laufenden Versorgungsleistungen und die nach § 1b unverfallbaren Versorgungsanwartschaften beziehen (Beitragsbemessungsgrundlage); diese Beträge sind festzustellen auf den Schluß des Wirtschaftsjahrs des Arbeitgebers, das im abgelaufenen Kalenderjahr geendet hat:

1. Bei Arbeitgebern, die Leistungen der betrieblichen Altersversorgung unmittelbar zugesagt haben, ist Beitragsbemessungsgrundlage der Teilwert der Pensionsverpflichtung (§ 6a Abs. 3 des Einkommensteuergesetzes).

2. [1]Bei Arbeitgebern, die eine betriebliche Altersversorgung über eine Direktversicherung mit widerruflichem Bezugsrecht durchführen, ist Beitragsbemessungsgrundlage das geschäftsplanmäßige Deckungskapital oder, soweit die Berechnung des Deckungskapitals nicht zum Geschäftsplan gehört, die Deckungsrückstellung. [2]Für Versicherungen, bei denen der Versicherungsfall bereits eingetreten ist, und für Versi-

cherungsanwartschaften, für die ein unwiderrufliches Bezugsrecht eingeräumt ist, ist das Deckungskapital oder die Deckungsrückstellung nur insoweit zu berücksichtigen, als die Versicherungen abgetreten oder beliehen sind.

3. Bei Arbeitgebern, die eine betriebliche Altersversorgung über eine Unterstützungskasse durchführen, ist Beitragsbemessungsgrundlage das Deckungskapital für die laufenden Leistungen (§ 4d Abs. 1 Nr. 1 Buchstabe a des Einkommensteuergesetzes) zuzüglich des Zwanzigfachen der nach § 4d Abs. 1 Nr. 1 Buchstabe b Satz 1 des Einkommensteuergesetzes errechneten jährlichen Zuwendungen für Leistungsanwärter im Sinne von § 4d Abs. 1 Nr. 1 Buchstabe b Satz 2 des Einkommensteuergesetzes.

4. Bei Arbeitgebern, soweit sie betriebliche Altersversorgung über einen Pensionsfonds durchführen, ist Beitragsbemessungsgrundlage 20 vom Hundert des entsprechend Nr. 1 ermittelten Betrages.

(4) [1]Aus den Beitragsbescheiden des Trägers der Insolvenzsicherung findet die Zwangsvollstreckung in entsprechender Anwendung der Vorschriften der Zivilprozeßordnung statt. [2]Die vollstreckbare Ausfertigung erteilt der Träger der Insolvenzsicherung.

§ 10a Säumniszuschläge, Zinsen, Verjährung

(1) Für Beiträge, die wegen Verstoßes des Arbeitgebers gegen die Meldepflicht erst nach Fälligkeit erhoben werden, kann der Träger der Insolvenzsicherung für jeden angefangenen Monat vom Zeitpunkt der Fälligkeit an einen Säumniszuschlag in Höhe von bis zu eins vom Hundert der nacherhobenen Beiträge erheben.

(2) [1]Für festgesetzte Beiträge und Vorschüsse, die der Arbeitgeber nach Fälligkeit zahlt, erhebt der Träger der Insolvenzsicherung für jeden Monat Verzugszinsen in Höhe von 0,5 vom Hundert der rückständigen Beiträge. [2]Angefangene Monate bleiben außer Ansatz.

(3) [1]Vom Träger der Insolvenzsicherung zu erstattende Beiträge werden vom Tage der Fälligkeit oder bei Feststellung des Erstattungsanspruchs durch gerichtliche Entscheidung vom Tage der Rechtshängigkeit an für jeden Monate mit 0,5 vom Hundert verzinst. [2]Angefangene Monate bleiben außer Ansatz.

(4) [1]Ansprüche auf Zahlung der Beiträge zur Insolvenzsicherung gemäß § 10 sowie Erstattungsansprüche nach Zahlung nicht geschuldeter Beiträge zur Insolvenzsicherung verjähren in sechs Jahren. [2]Die Verjährungsfrist beginnt mit Ablauf des Kalenderjahres, in dem die Beitragspflicht entstanden oder der Erstattungsanspruch fällig geworden ist. [3]Auf die Verjährung sind die Vorschriften des Bürgerlichen Gesetzbuchs anzuwenden.

§ 11 Melde-, Auskunfts- und Mitteilungspflichten

(1) [1]Der Arbeitgeber hat dem Träger der Insolvenzsicherung eine betriebliche Altersversorgung nach § 1b Abs. 1 bis 4 für seine Arbeitnehmer innerhalb von 3 Monaten nach Erteilung der unmittelbaren Versorgungszusage, dem Abschluß einer Direktversicherung oder der Errichtung einer Unterstützungskasse oder eines Pensionsfonds mitzuteilen. [2]Der Arbeitgeber, der sonstige Träger der Versorgung, der Insolvenzverwalter und die nach § 7 Berechtigten sind verpflichtet, dem Träger der Insolvenzsicherung alle Auskünfte zu erteilen, die zur Durchführung der Vorschriften dieses Abschnitts erforderlich sind, sowie Unterlagen vorzulegen, aus denen die erforderlichen Angaben ersichtlich sind.

(2) [1]Ein beitragspflichtiger Arbeitgeber hat dem Träger der Insolvenzsicherung spätestens bis zum 30. September eines jeden Kalenderjahrs die Höhe des nach § 10 Abs. 3 für die Bemessung des Beitrages maßgebenden Betrages bei unmittelbaren Versorgungszusa-

gen und Pensionsfonds auf Grund eines versicherungsmathematischen Gutachtens, bei Direktversicherungen auf Grund einer Bescheinigung des Versicherers und bei Unterstützungskassen auf Grund einer nachprüfbaren Berechnung mitzuteilen. [2]Der Arbeitgeber hat die in Satz 1 bezeichneten Unterlagen mindestens 6 Jahre aufzubewahren.

(3) [1]Der Insolvenzverwalter hat dem Träger der Insolvenzsicherung die Eröffnung des Insolvenzverfahrens, Namen und Anschriften der Versorgungsempfänger und die Höhe ihrer Versorgung nach § 7 unverzüglich mitzuteilen. [2]Er hat zugleich Namen und Anschriften der Personen, die bei Eröffnung des Insolvenzverfahrens eine nach § 1 unverfallbare Versorgungsanwartschaft haben, sowie die Höhe ihrer Anwartschaft nach § 7 mitzuteilen.

(4) Der Arbeitgeber, der sonstige Träger der Versorgung und die nach § 7 Berechtigten sind verpflichtet, dem Insolvenzverwalter Auskünfte über alle Tatsachen zu erteilen, auf die sich die Mitteilungspflicht nach Abs. 3 bezieht.

(5) In den Fällen, in denen ein Insolvenzverfahren nicht eröffnet wird (§ 7 Abs. 1 Satz 4) oder nach § 207 der Insolvenzordnung eingestellt worden ist, sind die Pflichten des Insolvenzverwalters nach Abs. 3 vom Arbeitgeber oder dem sonstigen Träger der Versorgung zu erfüllen.

(6) Kammern und andere Zusammenschlüsse von Unternehmern oder anderen selbständigen Berufstätigen, die als Körperschaften des öffentlichen Rechts errichtet sind, ferner Verbände und andere Zusammenschlüsse, denen Unternehmer oder andere selbständige Berufstätige kraft Gesetzes angehören oder anzugehören haben, haben den Träger der Insolvenzsicherung bei der Ermittlung der nach § 10 beitragspflichtigen Arbeitgeber zu unterstützen.

(7) Die nach den Absätzen 1 bis 3 und 5 zu Mitteilungen und Auskünften und die nach Abs. 6 zur Unterstützung Verpflichteten haben die vom Träger der Insolvenzsicherung vorgesehenen Vordrucke zu verwenden.

(8) [1]Zur Sicherung der vollständigen Erfassung der nach § 10 beitragspflichtigen Arbeitgeber können die Finanzämter dem Träger der Insolvenzsicherung mitteilen, welche Arbeitgeber für die Beitragspflicht in Betracht kommen. [2]Die Bundesregierung wird ermächtigt, durch Rechtsverordnung mit Zustimmung des Bundesrates das Nähere zu bestimmen und Einzelheiten des Verfahrens zu regeln.

§ 12 Ordnungswidrigkeiten

(1) Ordnungswidrig handelt, wer vorsätzlich oder fahrlässig
1. entgegen § 11 Abs. 1 Satz 1, Abs. 2 Satz 1, Abs. 3 oder Abs. 5 eine Mitteilung nicht, nicht richtig, nicht vollständig oder nicht rechtzeitig vornimmt,
2. entgegen § 11 Abs. 1 Satz 2 oder Abs. 4 eine Auskunft nicht, nicht richtig, nicht vollständig oder nicht rechtzeitig erteilt oder
3. entgegen § 11 Abs. 1 Satz 2 Unterlagen nicht, nicht richtig, nicht vollständig oder nicht rechtzeitig vorlegt oder entgegen § 11 Abs. 2 Satz 2 Unterlagen nicht aufbewahrt.

(2) Die Ordnungswidrigkeit kann mit einer Geldbuße bis zu zweitausendfünfhundert Euro geahndet werden.

(3) Verwaltungsbehörde im Sinne des § 36 Abs. 1 Nr. 1 des Gesetzes über Ordnungswidrigkeiten ist die Bundesanstalt für Finanzdienstleistungsaufsicht.

§ 13

(weggefallen)

§ 14 Träger der Insolvenzsicherung

(1) [1]Träger der Insolvenzsicherung ist der Pensions-Sicherungs-Verein Versicherungsverein auf Gegenseitigkeit. [2]Er ist zugleich Träger der Insolvenzsicherung von Versorgungszusagen Luxemburger Unternehmen nach Maßgabe des Abkommens vom 22. September 2000 zwischen der Bundesrepublik Deutschland und dem Großherzogtum Luxemburg über Zusammenarbeit im Bereich der Insolvenzsicherung betrieblicher Altersversorgung.

(2) [1]Der Pensions-Sicherungs-Verein Versicherungsverein auf Gegenseitigkeit unterliegt der Aufsicht durch die Bundesanstalt für Finanzdienstleistungsaufsicht. [2]Soweit dieses Gesetz nichts anderes bestimmt, gelten für ihn die Vorschriften für kleine Versicherungsunternehmen nach den §§ 212 bis 216 des Versicherungsaufsichtsgesetzes und die auf Grund des § 217 des Versicherungsaufsichtsgesetzes erlassenen Rechtsverordnungen entsprechend. [3]Die folgenden Vorschriften gelten mit folgenden Maßgaben:

1. § 212 Abs. 2 Nr. 1 des Versicherungsaufsichtsgesetzes gilt mit der Maßgabe, dass § 30 des Versicherungsaufsichtsgesetzes Anwendung findet;
2. § 212 Abs. 3 Nr. 6 des Versicherungsaufsichtsgesetzes gilt ohne Maßgabe; § 212 Absatz 3 Nr. 7, 10 und 12 des Versicherungsaufsichtsgesetzes gilt mit der Maßgabe, dass die dort genannten Vorschriften auch auf die interne Revision Anwendung finden; § 212 Abs. 3 Nr. 13 des Versicherungsaufsichtsgesetzes gilt mit der Maßgabe, dass die Bundesanstalt für Finanzdienstleistungsaufsicht bei Vorliegen der gesetzlichen Tatbestandsmerkmale die Erlaubnis zum Geschäftsbetrieb widerrufen kann;
3. [1]§ 214 Abs. 1 des Versicherungsaufsichtsgesetzes gilt mit der Maßgabe, dass grundsätzlich die Hälfte des Ausgleichsfonds den Eigenmitteln zugerechnet werden kann. [2]Auf Antrag des Pensions-Sicherungs-Vereins Versicherungsverein auf Gegenseitigkeit kann die Bundesanstalt für Finanzdienstleistungsaufsicht im Fall einer Inanspruchnahme des Ausgleichsfonds nach § 10 Absatz 2 Satz 5 festsetzen, dass der Ausgleichsfonds vorübergehend zu einem hierüber hinausgehenden Anteil den Eigenmitteln zugerechnet werden kann; § 214 Abs. 6 des Versicherungsaufsichtsgesetzes findet keine Anwendung;
4. der Umfang des Sicherungsvermögens muss mindestens der Summe aus den Bilanzwerten der in § 125 Abs. 2 des Versicherungsaufsichtsgesetzes genannten Beträge und dem nicht den Eigenmitteln zuzurechnenden Teil des Ausgleichsfonds entsprechen;
5. § 134 Abs. 3 Satz 2 des Versicherungsaufsichtsgesetzes gilt mit der Maßgabe, dass die Aufsichtsbehörde die Frist für Maßnahmen des Pensions-Sicherungs-Vereins Versicherungsverein auf Gegenseitigkeit um einen angemessenen Zeitraum verlängern kann; § 134 Abs. 6 Satz 1 des Versicherungsaufsichtsgesetzes ist entsprechend anzuwenden;
6. § 135 Abs. 2 Satz 2 des Versicherungsaufsichtsgesetzes gilt mit der Maßgabe, dass die Aufsichtsbehörde die genannte Frist um einen angemessenen Zeitraum verlängern kann.

(3) [1]Der Bundesminister für Arbeit und Sozialordnung weist durch Rechtsverordnung mit Zustimmung des Bundesrates die Stellung des Trägers der Insolvenzsicherung der Kreditanstalt für Wiederaufbau zu, bei der ein Fonds zur Insolvenzsicherung der betrieblichen Altersversorgung gebildet wird, wenn

1. bis zum 31. Dezember 1974 nicht nachgewiesen worden ist, daß der in Abs. 1 genannte Träger die Erlaubnis der Aufsichtsbehörde zum Geschäftsbetrieb erhalten hat,

2. der in Abs. 1 genannte Träger aufgelöst worden ist oder

3. die Aufsichtsbehörde den Geschäftsbetrieb des in Abs. 1 genannten Trägers untersagt oder die Erlaubnis zum Geschäftsbetrieb widerruft.

[2]In den Fällen der Nummern 2 und 3 geht das Vermögen des in Abs. 1 genannten Trägers einschließlich der Verbindlichkeiten auf die Kreditanstalt für Wiederaufbau über, die es dem Fonds zur Insolvenzsicherung der betrieblichen Altersversorgung zuweist.

(4) [1]Wird die Insolvenzsicherung von der Kreditanstalt für Wiederaufbau durchgeführt, gelten die Vorschriften dieses Abschnittes mit folgenden Abweichungen:

1. In § 7 Abs. 6 entfällt die Zustimmung der Bundesanstalt für Finanzdienstleistungsaufsicht.

2. [1]§ 10 Abs. 2 findet keine Anwendung. [2]Die von der Kreditanstalt für Wiederaufbau zu erhebenden Beiträge müssen den Bedarf für die laufenden Leistungen der Insolvenzsicherung im laufenden Kalenderjahr und die im gleichen Zeitraum entstehenden Verwaltungskosten und sonstigen Kosten, die mit der Gewährung der Leistungen zusammenhängen, decken. [3]Bei einer Zuweisung nach Abs. 2 Nr. 1 beträgt der Beitrag für die ersten 3 Jahre mindestens 0,1 vom Hundert der Beitragsbemessungsgrundlage gemäß § 10 Abs. 3; der nicht benötigte Teil dieses Beitragsaufkommens wird einer Betriebsmittelreserve zugeführt. [4]Bei einer Zuweisung nach Abs. 2 Nr. 2 oder 3 wird in den ersten 3 Jahren zu dem Beitrag nach Nr. 2 Satz 2 ein Zuschlag von 0,08 vom Hundert der Beitragsbemessungsgrundlage gemäß § 10 Abs. 3 zur Bildung einer Betriebsmittelreserve erhoben. [5]Auf die Beiträge können Vorschüsse erhoben werden.

3. In § 12 Abs. 3 tritt an die Stelle der Bundesanstalt für Finanzdienstleistungsaufsicht die Kreditanstalt für Wiederaufbau.

[2]Die Kreditanstalt für Wiederaufbau verwaltet den Fonds im eigenen Namen. [3]Für Verbindlichkeiten des Fonds haftet sie nur mit dem Vermögen des Fonds. [4]Dieser haftet nicht für die sonstigen Verbindlichkeiten der Bank. [5]§ 11 Abs. 1 Satz 1 des Gesetzes über die Kreditanstalt für Wiederaufbau in der Fassung der Bekanntmachung vom 23. Juni 1969 (BGBl. I S. 573), das zuletzt durch Artikel 14 des Gesetzes vom 21. Juni 2002 (BGBl. I S. 2010) geändert worden ist, ist in der jeweils geltenden Fassung auch für den Fonds anzuwenden.

§ 15 Verschwiegenheitspflicht

[1]Personen, die bei dem Träger der Insolvenzsicherung beschäftigt oder für ihn tätig sind, dürfen fremde Geheimnisse, insbesondere Betriebs- oder Geschäftsgeheimnisse, nicht unbefugt offenbaren oder verwerten. [2]Sie sind nach dem Gesetz über die förmliche Verpflichtung nichtbeamteter Personen vom 2. März 1974 (Bundesgesetzbl. I S. 469, 547) von der Bundesanstalt für Finanzdienstleistungsaufsicht auf die gewissenhafte Erfüllung ihrer Obliegenheiten zu verpflichten.

Fünfter Abschnitt

Anpassung

§ 16 Anpassungsprüfungspflicht

(1) Der Arbeitgeber hat alle drei Jahre eine Anpassung der laufenden Leistungen der betrieblichen Altersversorgung zu prüfen und hierüber nach billigem Ermessen zu ent-

scheiden; dabei sind insbesondere die Belange des Versorgungsempfängers und die wirtschaftliche Lage des Arbeitgebers zu berücksichtigen.

(2) Die Verpflichtung nach Abs. 1 gilt als erfüllt, wenn die Anpassung nicht geringer ist als der Anstieg

1. des Verbraucherpreisindexes für Deutschland oder
2. der Nettolöhne vergleichbarer Arbeitnehmergruppen des Unternehmens

im Prüfungszeitraum.

(3) Die Verpflichtung nach Abs. 1 entfällt, wenn

1. der Arbeitgeber sich verpflichtet, die laufenden Leistungen jährlich um wenigstens eins vom Hundert anzupassen,
2. die betriebliche Altersversorgung über eine Direktversicherung im Sinne des § 1b Abs. 2 oder über eine Pensionskasse im Sinne des § 1b Abs. 3 durchgeführt wird und ab Rentenbeginn sämtliche auf den Rentenbestand entfallende Überschußanteile zur Erhöhung der laufenden Leistungen verwendet werden oder
3. eine Beitragszusage mit Mindestleistung erteilt wurde; Abs. 5 findet insoweit keine Anwendung.

(4) [1]Sind laufende Leistungen nach Abs. 1 nicht oder nicht in vollem Umfang anzupassen (zu Recht unterbliebene Anpassung), ist der Arbeitgeber nicht verpflichtet, die Anpassung zu einem späteren Zeitpunkt nachzuholen. [2]Eine Anpassung gilt als zu Recht unterblieben, wenn der Arbeitgeber dem Versorgungsempfänger die wirtschaftliche Lage des Unternehmens schriftlich dargelegt, der Versorgungsempfänger nicht binnen drei Kalendermonaten nach Zugang der Mitteilung schriftlich widersprochen hat und er auf die Rechtsfolgen eines nicht fristgemäßen Widerspruchs hingewiesen wurde.

(5) Soweit betriebliche Altersversorgung durch Entgeltumwandlung finanziert wird, ist der Arbeitgeber verpflichtet, die Leistungen mindestens entsprechend Abs. 3 Nr. 1 anzupassen oder im Falle der Durchführung über eine Direktversicherung oder eine Pensionskasse sämtliche Überschussanteile entsprechend Abs. 3 Nr. 2 zu verwenden.

(6) Eine Verpflichtung zur Anpassung besteht nicht für monatliche Raten im Rahmen eines Auszahlungsplans sowie für Renten ab Vollendung des 85. Lebensjahres im Anschluss an einen Auszahlungsplan.

Sechster Abschnitt
Geltungsbereich

§ 17 Persönlicher Geltungsbereich

(1) [1]Arbeitnehmer im Sinne der §§ 1 bis 16 sind Arbeiter und Angestellte einschließlich der zu ihrer Berufsausbildung Beschäftigten; ein Berufsausbildungsverhältnis steht einem Arbeitsverhältnis gleich. [2]Die §§ 1 bis 16 gelten entsprechend für Personen, die nicht Arbeitnehmer sind, wenn ihnen Leistungen der Alters-, Invaliditäts- oder Hinterbliebenenversorgung aus Anlaß ihrer Tätigkeit für ein Unternehmen zugesagt worden sind. [3]Arbeitnehmer im Sinne von § 1a Abs. 1 sind nur Personen nach den Sätzen 1 und 2, soweit sie aufgrund der Beschäftigung oder Tätigkeit bei dem Arbeitgeber, gegen den sich der Anspruch nach § 1a richten würde, in der gesetzlichen Rentenversicherung pflichtversichert sind.

(2) Die §§ 7 bis 15 gelten nicht für den Bund, die Länder, die Gemeinden sowie die Körperschaften, Stiftungen und Anstalten des öffentlichen Rechts, bei denen das Insolvenzverfahren nicht zulässig ist, und solche juristische Personen des öffentlichen Rechts,

bei denen der Bund, ein Land oder eine Gemeinde kraft Gesetzes die Zahlungsfähigkeit sichert.

(3) Gesetzliche Regelungen über Leistungen der betrieblichen Altersversorgung werden unbeschadet des § 18 durch die §§ 1 bis 16 und 26 bis 30 nicht berührt.

§ 18 Sonderregelungen für den öffentlichen Dienst

(1) Für Personen, die

1. bei der Versorgungsanstalt des Bundes und der Länder (VBL) oder einer kommunalen oder kirchlichen Zusatzversorgungseinrichtung versichert sind, oder

2. bei einer anderen Zusatzversorgungseinrichtung versichert sind, die mit einer der Zusatzversorgungseinrichtungen nach Nr. 1 ein Überleitungsabkommen abgeschlossen hat oder aufgrund satzungsrechtlicher Vorschriften von Zusatzversorgungseinrichtungen nach Nr. 1 ein solches Abkommen abschließen kann, oder

3. unter das Hamburgische Zusatzversorgungsgesetz oder unter das Bremische Ruhelohngesetz in ihren jeweiligen Fassungen fallen oder auf die diese Gesetze sonst Anwendung finden,

gelten die §§ 2, 2a Abs. 1, 3 und 4 sowie die §§ 5, 16, 27 und 28 nicht, soweit sich aus den nachfolgenden Regelungen nichts Abweichendes ergibt; § 4 gilt nicht, wenn die Anwartschaft oder die laufende Leistung ganz oder teilweise umlage- oder haushaltsfinanziert ist.

(2) Bei Eintritt des Versorgungsfalles vor dem 2. Januar 2002 erhalten die in Abs. 1 Nr. 1 und 2 bezeichneten Personen, deren Anwartschaft nach § 1b fortbesteht und deren Arbeitsverhältnis vor Eintritt des Versorgungsfalles geendet hat, von der Zusatzversorgungseinrichtung aus der Pflichtversicherung eine Zusatzrente nach folgenden Maßgaben:

1. [1]Der monatliche Betrag der Zusatzrente beträgt für jedes Jahr der aufgrund des Arbeitsverhältnisses bestehenden Pflichtversicherung bei einer Zusatzversorgungseinrichtung 2,25 vom Hundert, höchstens jedoch 100 vom Hundert der Leistung, die bei dem höchstmöglichen Versorgungssatz zugestanden hätte (Voll-Leistung). [2]Für die Berechnung der Voll-Leistung

   a) ist der Versicherungsfall der Regelaltersrente maßgebend,

   b) ist das Arbeitsentgelt maßgebend, das nach der Versorgungsregelung für die Leistungsbemessung maßgebend wäre, wenn im Zeitpunkt des Ausscheidens der Versicherungsfall im Sinne der Versorgungsregelung eingetreten wäre,

   c) findet § 2a Abs. 1 entsprechend Anwendung,

   d) ist im Rahmen einer Gesamtversorgung der im Falle einer Teilzeitbeschäftigung oder Beurlaubung nach der Versorgungsregelung für die gesamte Dauer des Arbeitsverhältnisses maßgebliche Beschäftigungsquotient nach der Versorgungsregelung als Beschäftigungsquotient auch für die übrige Zeit maßgebend,

   e) finden die Vorschriften der Versorgungsregelung über eine Mindestleistung keine Anwendung und

   f) [1]ist eine anzurechnende Grundversorgung nach dem bei der Berechnung von Pensionsrückstellungen für die Berücksichtigung von Renten aus der gesetzlichen Rentenversicherung allgemein zulässigen Verfahren zu ermitteln. [2]Hierbei ist das Arbeitsentgelt nach Buchstabe b zugrunde zu legen und – soweit während der Pflichtversicherung Teilzeitbeschäftigung bestand – diese nach Maßgabe der Versorgungsregelung zu berücksichtigen.

2. Die Zusatzrente vermindert sich um 0,3 vom Hundert für jeden vollen Kalendermonat, den der Versorgungsfall vor Vollendung des 65. Lebensjahres eintritt, höchstens jedoch um den in der Versorgungsregelung für die Voll-Leistung vorgesehenen Vomhundertsatz.

3. Übersteigt die Summe der Vomhundertsätze nach Nr. 1 aus unterschiedlichen Arbeitsverhältnissen 100, sind die einzelnen Leistungen im gleichen Verhältnis zu kürzen.

4. Die Zusatzrente muss monatlich mindestens den Betrag erreichen, der sich aufgrund des Arbeitsverhältnisses nach der Versorgungsregelung als Versicherungsrente aus den jeweils maßgeblichen Vomhundertsätzen der zusatzversorgungspflichtigen Entgelte oder der gezahlten Beiträge und Erhöhungsbeträge ergibt.

5. [1]Die Vorschriften der Versorgungsregelung über das Erlöschen, das Ruhen und die Nichtleistung der Versorgungsrente gelten entsprechend. [2]Soweit die Versorgungsregelung eine Mindestleistung in Ruhensfällen vorsieht, gilt dies nur, wenn die Mindestleistung der Leistung im Sinne der Nummer 4 entspricht.

6. [1]Verstirbt die in Abs. 1 genannte Person und beginnt die Hinterbliebenenrente vor dem 2. Januar 2002, erhält eine Witwe oder ein Witwer 60 vom Hundert, eine Witwe oder ein Witwer im Sinne des § 46 Abs. 1 des Sechsten Buches Sozialgesetzbuch 42 vom Hundert, eine Halbwaise 12 vom Hundert und eine Vollwaise 20 vom Hundert der unter Berücksichtigung der in diesem Absatz genannten Maßgaben zu berechnenden Zusatzrente; die §§ 46, 48, 103 bis 105 des Sechsten Buches Sozialgesetzbuch sind entsprechend anzuwenden. [2]Die Leistungen an mehrere Hinterbliebene dürfen den Betrag der Zusatzrente nicht übersteigen; gegebenenfalls sind die Leistungen im gleichen Verhältnis zu kürzen.

7. Versorgungsfall ist der Versicherungsfall im Sinne der Versorgungsregelung.

(2a) Bei Eintritt des Versorgungsfalles oder bei Beginn der Hinterbliebenenrente nach dem 1. Januar 2002 erhalten die in Abs. 1 Nr. 1 und 2 genannten Personen, deren Anwartschaft nach § 1b fortbesteht und deren Arbeitsverhältnis vor Eintritt des Versorgungsfalles geendet hat, von der Zusatzversorgungseinrichtung die nach der jeweils maßgebenden Versorgungsregelung vorgesehenen Leistungen.

(3) [1]Personen, auf die bis zur Beendigung ihres Arbeitsverhältnisses die Regelungen des Hamburgischen Zusatzversorgungsgesetzes oder des Bremischen Ruhelohngesetzes in ihren jeweiligen Fassungen Anwendung gefunden haben, haben Anspruch gegenüber ihrem ehemaligen Arbeitgeber auf Leistungen in sinngemäßer Anwendung des Abs. 2 mit Ausnahme von Abs. 2 Nr. 3 und 4 sowie Nr. 5 Satz 2; bei Anwendung des Hamburgischen Zusatzversorgungsgesetzes bestimmt sich der monatliche Betrag der Zusatzrente abweichend von Abs. 2 nach der nach dem Hamburgischen Zusatzversorgungsgesetz maßgebenden Berechnungsweise. [2]An die Stelle des Stichtags 2. Januar 2002 tritt im Bereich des Hamburgischen Zusatzversorgungsgesetzes der 1. August 2003 und im Bereich des Bremischen Ruhelohngesetzes der 1. März 2007.

(4) [1]Die Leistungen nach den Absätzen 2, 2a und 3 werden in der Pflichtversicherung jährlich zum 1. Juli um 1 Prozent erhöht. [2]In der freiwilligen Versicherung bestimmt sich die Anpassung der Leistungen nach der jeweils maßgebenden Versorgungsregelung.

(5) Besteht bei Eintritt des Versorgungsfalles neben dem Anspruch auf Zusatzrente nach Abs. 2 oder auf die in Abs. 3 oder Abs. 7 bezeichneten Leistungen auch Anspruch auf eine Versorgungsrente oder Versicherungsrente der in Abs. 1 Satz 1 Nr. 1 und 2 bezeichneten Zusatzversorgungseinrichtungen oder Anspruch auf entsprechende Versorgungs-

leistungen der Versorgungsanstalt der deutschen Kulturorchester oder der Versorgungsanstalt der deutschen Bühnen oder nach den Regelungen des Ersten Ruhegeldgesetzes, des Zweiten Ruhegeldgesetzes oder des Bremischen Ruhelohngesetzes, in deren Berechnung auch die der Zusatzrente zugrunde liegenden Zeiten berücksichtigt sind, ist nur die im Zahlbetrag höhere Rente zu leisten.

(6) Eine Anwartschaft auf Versorgungsleistungen kann bei Übertritt der anwartschaftsberechtigten Person in ein Versorgungssystem einer überstaatlichen Einrichtung in das Versorgungssystem dieser Einrichtung übertragen werden, wenn ein entsprechendes Abkommen zwischen der Zusatzversorgungseinrichtung oder der Freien und Hansestadt Hamburg oder der Freien Hansestadt Bremen und der überstaatlichen Einrichtung besteht.

(7) [1]Für Personen, die bei der Versorgungsanstalt der deutschen Kulturorchester oder der Versorgungsanstalt der deutschen Bühnen pflichtversichert sind, gelten die §§ 2 und 3, mit Ausnahme von § 3 Abs. 2 Satz 3, sowie die §§ 4, 5, 16, 27 und 28 nicht. [2]Bei Eintritt des Versorgungsfalles treten an die Stelle der Zusatzrente und der Leistungen an Hinterbliebene nach Abs. 2 und an die Stelle der Regelung in Abs. 4 die satzungsgemäß vorgesehenen Leistungen; Abs. 2 Nr. 5 findet entsprechend Anwendung. [3]Als pflichtversichert gelten auch die freiwillig Versicherten der Versorgungsanstalt der deutschen Kulturorchester und der Versorgungsanstalt der deutschen Bühnen.

(8) Gegen Entscheidungen der Zusatzversorgungseinrichtungen über Ansprüche nach diesem Gesetz ist der Rechtsweg gegeben, der für Versicherte der Einrichtung gilt.

(9) Bei Personen, die aus einem Arbeitsverhältnis ausscheiden, in dem sie nach § 5 Abs. 1 Satz 1 Nr. 2 des Sechsten Buches Sozialgesetzbuch versicherungsfrei waren, dürfen die Ansprüche nach § 2 Abs. 1 Satz 1 und 2 nicht hinter dem Rentenanspruch zurückbleiben, der sich ergeben hätte, wenn der Arbeitnehmer für die Zeit der versicherungsfreien Beschäftigung in der gesetzlichen Rentenversicherung nachversichert worden wäre; die Vergleichsberechnung ist im Versorgungsfall aufgrund einer Auskunft der Deutschen Rentenversicherung Bund vorzunehmen.

§ 18a Verjährung

[1]Der Anspruch auf Leistungen aus der betrieblichen Altersversorgung verjährt in 30 Jahren. [2]Ansprüche auf regelmäßig wiederkehrende Leistungen unterliegen der regelmäßigen Verjährungsfrist nach den Vorschriften des Bürgerlichen Gesetzbuchs.

Siebter Abschnitt
Betriebliche Altersversorgung und Tarifvertrag

Unterabschnitt 1
Tariföffnung; Optionssysteme

§ 19 Allgemeine Tariföffnungsklausel

(1) Von den §§ 1a, 2, 2a Abs. 1, 3 und 4, § 3, mit Ausnahme des § 3 Abs. 2 Satz 3, von den §§ 4, 5, 16, 18a Satz 1, §§ 27 und 28 kann in Tarifverträgen abgewichen werden.

(2) Die abweichenden Bestimmungen haben zwischen nichttarifgebundenen Arbeitgebern und Arbeitnehmern Geltung, wenn zwischen diesen die Anwendung der einschlägigen tariflichen Regelung vereinbart ist.

(3) Im Übrigen kann von den Bestimmungen dieses Gesetzes nicht zuungunsten des Arbeitnehmers abgewichen werden.

§ 20 Tarifvertrag und Entgeltumwandlung; Optionssysteme

(1) Soweit Entgeltansprüche auf einem Tarifvertrag beruhen, kann für diese eine Entgeltumwandlung nur vorgenommen werden, soweit dies durch Tarifvertrag vorgesehen oder durch Tarifvertrag zugelassen ist.

(2) [1]In einem Tarifvertrag oder auf Grund eines Tarifvertrages in einer Betriebs- oder Dienstvereinbarung kann geregelt werden, dass der Arbeitgeber für alle Arbeitnehmer oder für eine Gruppe von Arbeitnehmern des Unternehmens oder einzelner Betriebe eine automatische Entgeltumwandlung einführt, gegen die der Arbeitnehmer ein Widerspruchsrecht hat (Optionssystem). [2]Das Angebot des Arbeitgebers auf Entgeltumwandlung gilt als vom Arbeitnehmer angenommen, wenn er nicht widersprochen hat und das Angebot

1. in Textform und mindestens drei Monate vor der ersten Fälligkeit des umzuwandelnden Entgelts gemacht worden ist und
2. deutlich darauf hinweist,
   a) welcher Betrag und welcher Vergütungsbestandteil umgewandelt werden sollen und
   b) dass der Arbeitnehmer ohne Angabe von Gründen innerhalb einer Frist von mindestens einem Monat nach dem Zugang des Angebots widersprechen und die Entgeltumwandlung mit einer Frist von höchstens einem Monat beenden kann.

[3]Nichttarifgebundene Arbeitgeber können ein einschlägiges tarifvertragliches Optionssystem anwenden oder auf Grund eines einschlägigen Tarifvertrages durch Betriebs- oder Dienstvereinbarung die Einführung eines Optionssystems regeln; Satz 2 gilt entsprechend.

Unterabschnitt 2
Tarifvertrag und reine Beitragszusage

§ 21 Tarifvertragsparteien

(1) Vereinbaren die Tarifvertragsparteien eine betriebliche Altersversorgung in Form der reinen Beitragszusage, müssen sie sich an deren Durchführung und Steuerung beteiligen.

(2) [1]Die Tarifvertragsparteien sollen im Rahmen von Tarifverträgen nach Absatz 1 bereits bestehende Betriebsrentensysteme angemessen berücksichtigen. [2]Die Tarifvertragsparteien müssen insbesondere prüfen, ob auf der Grundlage einer Betriebs- oder Dienstvereinbarung oder, wenn ein Betriebs- oder Personalrat nicht besteht, durch schriftliche Vereinbarung zwischen Arbeitgeber und Arbeitnehmer, tarifvertraglich vereinbarte Beiträge für eine reine Beitragszusage für eine andere nach diesem Gesetz zulässige Zusageart verwendet werden dürfen.

(3) [1]Die Tarifvertragsparteien sollen nichttarifgebundenen Arbeitgebern und Arbeitnehmern den Zugang zur durchführenden Versorgungseinrichtung nicht verwehren. [2]Der durchführenden Versorgungseinrichtung dürfen im Hinblick auf die Aufnahme und Verwaltung von Arbeitnehmern nichttarifgebundener Arbeitgeber keine sachlich unbegründeten Vorgaben gemacht werden.

(4) Wird eine reine Beitragszusage über eine Direktversicherung durchgeführt, kann eine gemeinsame Einrichtung nach § 4 des Tarifvertragsgesetzes als Versicherungsnehmer an die Stelle des Arbeitgebers treten.

§ 22 Arbeitnehmer und Versorgungseinrichtung

(1) [1]Bei einer reinen Beitragszusage hat der Pensionsfonds, die Pensionskasse oder die Direktversicherung dem Versorgungsempfänger auf der Grundlage des planmäßig zuzurechnenden Versorgungskapitals laufende Leistungen der betrieblichen Altersversorgung zu erbringen. [2]Die Höhe der Leistungen darf nicht garantiert werden.

(2) [1]Die auf den gezahlten Beiträgen beruhende Anwartschaft auf Altersrente ist sofort unverfallbar. [2]Die Erträge der Versorgungseinrichtung müssen auch dem ausgeschiedenen Arbeitnehmer zugutekommen.

(3) Der Arbeitnehmer hat gegenüber der Versorgungseinrichtung das Recht,
1. nach Beendigung des Arbeitsverhältnisses
    a) die Versorgung mit eigenen Beiträgen fortzusetzen oder
    b) innerhalb eines Jahres das gebildete Versorgungskapital auf die neue Versorgungseinrichtung, an die Beiträge auf der Grundlage einer reinen Beitragszusage gezahlt werden, zu übertragen,
2. entsprechend § 4a Auskunft zu verlangen und
3. entsprechend § 6 vorzeitige Altersleistungen in Anspruch zu nehmen.

(4) [1]Die bei der Versorgungseinrichtung bestehende Anwartschaft ist nicht übertragbar, nicht beleihbar und nicht veräußerbar. [2]Sie darf vorbehaltlich des Satzes 3 nicht vorzeitig verwertet werden. [3]Die Versorgungseinrichtung kann Anwartschaften und laufende Leistungen bis zu der Wertgrenze in § 3 Absatz 2 Satz 1 abfinden; § 3 Absatz 2 Satz 2 gilt entsprechend.

(5) Für die Verjährung der Ansprüche gilt § 18a entsprechend.

§ 23 Zusatzbeiträge des Arbeitgebers

(1) Zur Absicherung der reinen Beitragszusage soll im Tarifvertrag ein Sicherungsbeitrag vereinbart werden.

(2) Bei einer reinen Beitragszusage ist im Fall der Entgeltumwandlung im Tarifvertrag zu regeln, dass der Arbeitgeber 15 Prozent des umgewandelten Entgelts zusätzlich als Arbeitgeberzuschuss an die Versorgungseinrichtung weiterleiten muss, soweit der Arbeitgeber durch die Entgeltumwandlung Sozialversicherungsbeiträge einspart.

§ 24 Nichttarifgebundene Arbeitgeber und Arbeitnehmer

Nichttarifgebundene Arbeitgeber und Arbeitnehmer können die Anwendung der einschlägigen tariflichen Regelung vereinbaren.

§ 25 Verordnungsermächtigung

[1]Das Bundesministerium für Arbeit und Soziales wird ermächtigt, im Einvernehmen mit dem Bundesministerium der Finanzen durch Rechtsverordnung Mindestanforderungen an die Verwendung der Beiträge nach § 1 Absatz 2 Nummer 2a festzulegen. [2]Die Ermächtigung kann im Einvernehmen mit dem Bundesministerium der Finanzen auf die Bundesanstalt für Finanzdienstleistungsaufsicht übertragen werden. [3]Rechtsverordnungen nach den Sätzen 1 und 2 bedürfen nicht der Zustimmung des Bundesrates.

Zweiter Teil
Übergangs- und Schlußvorschriften

§ 26

Die §§ 1 bis 4 und 18 gelten nicht, wenn das Arbeitsverhältnis oder Dienstverhältnis vor dem Inkrafttreten des Gesetzes beendet worden ist.

§ 26a Übergangsvorschrift zu § 1a Abs. 1a

§ 1a Abs. 1a gilt für individual- und kollektivrechtliche Entgeltumwandlungsvereinbarungen, die vor dem 1. Januar 2019 geschlossen worden sind, erst ab dem 1. Januar 2022.

§ 27

§ 2 Abs. 2 Satz 2 Nr. 2 und 3 und Abs. 3 Satz 2 Nr. 1 und 2 gelten in Fällen, in denen vor dem Inkrafttreten des Gesetzes die Direktversicherung abgeschlossen worden ist oder die Versicherung des Arbeitnehmers bei einer Pensionskasse begonnen hat, mit der Maßgabe, daß die in diesen Vorschriften genannten Voraussetzungen spätestens für die Zeit nach Ablauf eines Jahres seit dem Inkrafttreten des Gesetzes erfüllt sein müssen.

§ 28

§ 5 gilt für Fälle, in denen der Versorgungsfall vor dem Inkrafttreten des Gesetzes eingetreten ist, mit der Maßgabe, daß diese Vorschrift bei der Berechnung der nach dem Inkrafttreten des Gesetzes fällig werdenden Versorgungsleistungen anzuwenden ist.

§ 29

§ 6 gilt für die Fälle, in denen das Altersruhegeld der gesetzlichen Rentenversicherung bereits vor dem Inkrafttreten des Gesetzes in Anspruch genommen worden ist, mit der Maßgabe, daß die Leistungen der betrieblichen Altersversorgung vom Inkrafttreten des Gesetzes an zu gewähren sind.

§ 30

[1]Ein Anspruch gegen den Träger der Insolvenzsicherung nach § 7 besteht nur, wenn der Sicherungsfall nach dem Inkrafttreten der §§ 7 bis 15 eingetreten ist; er kann erstmals nach dem Ablauf von sechs Monaten nach diesem Zeitpunkt geltend gemacht werden. [2]Die Beitragspflicht des Arbeitgebers beginnt mit dem Inkrafttreten der §§ 7 bis 15.

§ 30a

(aufgehoben)

§ 30b

§ 4 Abs. 3 gilt nur für Zusagen, die nach dem 31. Dezember 2004 erteilt wurden.

§ 30c

(1) § 16 Abs. 3 Nr. 1 gilt nur für laufende Leistungen, die auf Zusagen beruhen, die nach dem 31. Dezember 1998 erteilt werden.

(1a) § 16 Abs. 3 Nr. 2 gilt auch für Anpassungszeiträume, die vor dem 1. Januar 2016 liegen; in diesen Zeiträumen bereits erfolgte Anpassungen oder unterbliebene Anpassungen, gegen die der Versorgungsberechtigte vor dem 1. Januar 2016 Klage erhoben hat, bleiben unberührt.

(2) § 16 Abs. 4 gilt nicht für vor dem 1. Januar 1999 zu Recht unterbliebene Anpassungen.

(3) § 16 Abs. 5 gilt nur für laufende Leistungen, die auf Zusagen beruhen, die nach dem 31. Dezember 2000 erteilt werden.

(4) Für die Erfüllung der Anpassungsprüfungspflicht für Zeiträume vor dem 1. Januar 2003 gilt § 16 Abs. 2 Nr. 1 mit der Maßgabe, dass an die Stelle des Verbraucherpreisindexes für Deutschland der Preisindex für die Lebenshaltung von 4-Personen-Haushalten von Arbeitern und Angestellten mit mittlerem Einkommen tritt.

§ 30d Übergangsregelung zu § 18

(1) [1]Ist der Versorgungsfall vor dem 1. Januar 2001 eingetreten oder ist der Arbeitnehmer vor dem 1. Januar 2001 aus dem Beschäftigungsverhältnis bei einem öffentlichen Arbeitgeber ausgeschieden und der Versorgungsfall nach dem 31. Dezember 2000 und vor dem 2. Januar 2002 eingetreten, sind für die Berechnung der Voll-Leistung die Regelungen der Zusatzversorgungseinrichtungen nach § 18 Abs. 1 Satz 1 Nr. 1 und 2 oder die Gesetze im Sinne des § 18 Abs. 1 Satz 1 Nr. 3 sowie die weiteren Berechnungsfaktoren jeweils in der am 31. Dezember 2000[1] geltenden Fassung maßgebend; § 18 Abs. 2 Nr. 1 Buchstabe b bleibt unberührt. [2]Die Steuerklasse III/O ist zugrunde zu legen. [3]Ist der Versorgungsfall vor dem 1. Januar 2001 eingetreten, besteht der Anspruch auf Zusatzrente mindestens in der Höhe, wie er sich aus § 18 in der Fassung vom 16. Dezember 1997 (BGBl. I S. 2998) ergibt.

(2) Die Anwendung des § 18 ist in den Fällen des Abs. 1 ausgeschlossen, soweit eine Versorgungsrente der in § 18 Abs. 1 Satz 1 Nr. 1 und 2 bezeichneten Zusatzversorgungseinrichtungen oder eine entsprechende Leistung aufgrund der Regelungen des Ersten Ruhegeldgesetzes, des Zweiten Ruhegeldgesetzes oder des Bremischen Ruhelohngesetzes bezogen wird, oder eine Versicherungsrente abgefunden wurde.

(2a) Für Personen, deren Beschäftigungsverhältnis vor dem 1. Januar 2002 vor Eintritt des Versorgungsfalls geendet hat und deren Anwartschaft nach § 1b fortbesteht, haben die in § 18 Abs. 1 Satz 1 Nr. 1 und 2 bezeichneten Zusatzversorgungseinrichtungen bei Eintritt des Versorgungsfalls nach dem 1. Januar 2002 die Anwartschaft für Zeiten bis zum 1. Januar 2002 nach § 18 Abs. 2 unter Berücksichtigung des § 18 Abs. 5 zu ermitteln.

(3) [1]Für Arbeitnehmer im Sinne des § 18 Abs. 1 Satz 1 Nr. 4, 5 und 6 in der bis zum 31. Dezember 1998 geltenden Fassung, für die bis zum 31. Dezember 1998 ein Anspruch auf Nachversicherung nach § 18 Abs. 6 entstanden ist, gilt Abs. 1 Satz 1 für die aufgrund der Nachversicherung zu ermittelnde Voll-Leistung entsprechend mit der Maßgabe, dass sich der nach § 2 zu ermittelnde Anspruch gegen den ehemaligen Arbeitgeber richtet. [2]Für den nach § 2 zu ermittelnden Anspruch gilt § 18 Abs. 2 Nr. 1 Buchstabe b entsprechend; für die übrigen Bemessungsfaktoren ist auf die Rechtslage am 31. Dezember 2000 abzustellen. [3]Leistungen der gesetzlichen Rentenversicherung, die auf einer Nachversicherung wegen Ausscheidens aus einem Dienstordnungsverhältnis beruhen, und Leistungen, die die zuständige Versorgungseinrichtung aufgrund von Nachversicherungen im Sinne des § 18 Abs. 6 in der am 31. Dezember 1998 geltenden Fassung gewährt, werden auf den

---

1 Anm. d. Red.: Die unklare Einfügeanweisung in Artikel 1 Nr. 16 Buchstabe a G. v. 17. August 2017 (BGBl. I S. 3214) wurde hier nur beim ersten Auftreten durchgeführt.

Anspruch nach § 2 angerechnet. [4]Hat das Arbeitsverhältnis im Sinne des § 18 Abs. 9 bereits am 31. Dezember 1998 bestanden, ist in die Vergleichsberechnung nach § 18 Abs. 9 auch die Zusatzrente nach § 18 in der bis zum 31. Dezember 1998 geltenden Fassung einzubeziehen.

§ 30e

(1) § 1 Abs. 2 Nr. 4 zweiter Halbsatz gilt für Zusagen, die nach dem 31. Dezember 2002 erteilt werden.

(2) [1]§ 1 Abs. 2 Nr. 4 zweiter Halbsatz findet auf Pensionskassen, deren Leistungen der betrieblichen Altersversorgung durch Beiträge der Arbeitnehmer und Arbeitgeber gemeinsam finanziert und die als beitragsorientierte Leistungszusage oder als Leistungszusage durchgeführt werden, mit der Maßgabe Anwendung, dass dem ausgeschiedenen Arbeitnehmer das Recht zur Fortführung mit eigenen Beiträgen nicht eingeräumt werden und eine Überschussverwendung gemäß § 1b Abs. 5 Nr. 1 nicht erfolgen muss. [2]Wird dem ausgeschiedenen Arbeitnehmer ein Recht zur Fortführung nicht eingeräumt, gilt für die Höhe der unverfallbaren Anwartschaft § 2 Abs. 5 entsprechend. [3]Für die Anpassung laufender Leistungen gelten die Regelungen nach § 16 Abs. 1 bis 4. [4]Die Regelung in Abs. 1 bleibt unberührt.

§ 30f

(1) [1]Wenn Leistungen der betrieblichen Altersversorgung vor dem 1. Januar 2001 zugesagt worden sind, ist § 1b Abs. 1 mit der Maßgabe anzuwenden, dass die Anwartschaft erhalten bleibt, wenn das Arbeitsverhältnis vor Eintritt des Versorgungsfalles, jedoch nach Vollendung des 35. Lebensjahres endet und die Versorgungszusage zu diesem Zeitpunkt
1. mindestens zehn Jahre oder
2. bei mindestens zwölfjähriger Betriebszugehörigkeit mindestens drei Jahre

bestanden hat; in diesen Fällen bleibt die Anwartschaft auch erhalten, wenn die Zusage ab dem 1. Januar 2001 fünf Jahre bestanden hat und bei Beendigung des Arbeitsverhältnisses das 30. Lebensjahr vollendet ist. [2]§ 1b Abs. 5 findet für Anwartschaften aus diesen Zusagen keine Anwendung.

(2) Wenn Leistungen der betrieblichen Altersversorgung vor dem 1. Januar 2009 und nach dem 31. Dezember 2000 zugesagt worden sind, ist § 1b Abs. 1 Satz 1 mit der Maßgabe anzuwenden, dass die Anwartschaft erhalten bleibt, wenn das Arbeitsverhältnis vor Eintritt des Versorgungsfalls, jedoch nach Vollendung des 30. Lebensjahres endet und die Versorgungszusage zu diesem Zeitpunkt fünf Jahre bestanden hat; in diesen Fällen bleibt die Anwartschaft auch erhalten, wenn die Zusage ab dem 1. Januar 2009 fünf Jahre bestanden hat und bei Beendigung des Arbeitsverhältnisses das 25. Lebensjahr vollendet ist.

(3) Wenn Leistungen der betrieblichen Altersversorgung vor dem 1. Januar 2018 und nach dem 31. Dezember 2008 zugesagt worden sind, ist § 1b Absatz 1 Satz 1 mit der Maßgabe anzuwenden, dass die Anwartschaft erhalten bleibt, wenn das Arbeitsverhältnis vor Eintritt des Versorgungsfalls, jedoch nach Vollendung des 25. Lebensjahres endet und die Versorgungszusage zu diesem Zeitpunkt fünf Jahre bestanden hat; in diesen Fällen bleibt die Anwartschaft auch erhalten, wenn die Zusage ab dem 1. Januar 2018 drei Jahre bestanden hat und bei Beendigung des Arbeitsverhältnisses das 21. Lebensjahr vollendet ist.

§ 30g

(1) [1]§ 2a Abs. 2 gilt nicht für Beschäftigungszeiten vor dem 1. Januar 2018. [2]Für Beschäftigungszeiten nach dem 31. Dezember 2017 gilt § 2a Abs. 2 nicht, wenn das Versorgungssystem vor dem 20. Mai 2014 für neue Arbeitnehmer geschlossen war.

(2) [1]§ 2 Abs. 5 gilt nur für Anwartschaften, die auf Zusagen beruhen, die nach dem 31. Dezember 2000 erteilt worden sind. [2]Im Einvernehmen zwischen Arbeitgeber und Arbeitnehmer kann § 2 Abs. 5 auch auf Anwartschaften angewendet werden, die auf Zusagen beruhen, die vor dem 1. Januar 2001 erteilt worden sind.

(3) § 3 findet keine Anwendung auf laufende Leistungen, die vor dem 1. Januar 2005 erstmals gezahlt worden sind.

§ 30h

§ 20 Abs. 1 gilt für Entgeltumwandlungen, die auf Zusagen beruhen, die nach dem 29. Juni 2001 erteilt werden.

§ 30i

(1) [1]Der Barwert der bis zum 31. Dezember 2005 aufgrund eingetretener Insolvenzen zu sichernden Anwartschaften wird einmalig auf die beitragspflichtigen Arbeitgeber entsprechend § 10 Abs. 3 umgelegt und vom Träger der Insolvenzsicherung nach Maßgabe der Beträge zum Schluss des Wirtschaftsjahres, das im Jahr 2004 geendet hat, erhoben. [2]Der Rechnungszinsfuß bei der Berechnung des Barwerts beträgt 3,67 vom Hundert.

(2) [1]Der Betrag ist in 15 gleichen Raten fällig. [2]Die erste Rate wird am 31. März 2007 fällig, die weiteren zum 31. März der folgenden Kalenderjahre. [3]Bei vorfälliger Zahlung erfolgt eine Diskontierung der einzelnen Jahresraten mit dem zum Zeitpunkt der Zahlung um ein Drittel erhöhten Rechnungszinsfuß nach der nach § 235 Nr. 4 des Versicherungsaufsichtsgesetzes erlassenen Rechtsverordnung, wobei nur volle Monate berücksichtigt werden.

(3) Der abgezinste Gesamtbetrag ist gemäß Abs. 2 am 31. März 2007 fällig, wenn die sich ergebende Jahresrate nicht höher als 50 Euro ist.

(4) Insolvenzbedingte Zahlungsausfälle von ausstehenden Raten werden im Jahr der Insolvenz in die erforderlichen jährlichen Beiträge gemäß § 10 Abs. 2 eingerechnet.

§ 30j Übergangsregelung zu § 20 Absatz 2

§ 20 Abs. 2 gilt nicht für Optionssysteme, die auf der Grundlage von Betriebs- oder Dienstvereinbarungen vor dem 1. Juni 2017 eingeführt worden sind.

§ 31

Auf Sicherungsfälle, die vor dem 1. Januar 1999 eingetreten sind, ist dieses Gesetz in der bis zu diesem Zeitpunkt geltenden Fassung anzuwenden.

§ 32

Dieses Gesetz tritt vorbehaltlich des Satzes 2 am Tag nach seiner Verkündung in Kraft. Die §§ 7 bis 15 treten am 1. Januar 1975 in Kraft.

1.2 Tarifvertragsgesetz (TVG)

In der Fassung der Bekanntmachung vom 25. August 1969 (BGBl. I S. 1323)

Zuletzt geändert durch Artikel 4f des Gesetzes vom 18. Dezember 2018 (BGBl. I S. 2651)

– Auszug –

§ 1 Inhalt und Form des Tarifvertrages

(1) Der Tarifvertrag regelt die Rechte und Pflichten der Tarifvertragsparteien und enthält Rechtsnormen, die den Inhalt, den Abschluß und die Beendigung von Arbeitsverhältnissen sowie betriebliche und betriebsverfassungsrechtliche Fragen ordnen können.

(2) Tarifverträge bedürfen der Schriftform.

§ 2 Tarifvertragsparteien

(1) Tarifvertragsparteien sind Gewerkschaften, einzelne Arbeitgeber sowie Vereinigungen von Arbeitgebern.

(2) Zusammenschlüsse von Gewerkschaften und von Vereinigungen von Arbeitgebern (Spitzenorganisationen) können im Namen der ihnen angeschlossenen Verbände Tarifverträge abschließen, wenn sie eine entsprechende Vollmacht haben.

(3) Spitzenorganisationen können selbst Parteien eines Tarifvertrags sein, wenn der Abschluß von Tarifverträgen zu ihren satzungsgemäßen Aufgaben gehört.

(4) In den Fällen der Abs. 2 und 3 haften sowohl die Spitzenorganisationen wie die ihnen angeschlossenen Verbände für die Erfüllung der gegenseitigen Verpflichtungen der Tarifvertragsparteien.

§ 3 Tarifgebundenheit

(1) Tarifgebunden sind die Mitglieder der Tarifvertragsparteien und der Arbeitgeber, der selbst Partei des Tarifvertrags ist.

(2) Rechtsnormen des Tarifvertrags über betriebliche und betriebsverfassungsrechtliche Fragen gelten für alle Betriebe, deren Arbeitgeber tarifgebunden ist.

(3) Die Tarifgebundenheit bleibt bestehen, bis der Tarifvertrag endet.

§ 4 Wirkung der Rechtsnormen

(1) [1]Die Rechtsnormen des Tarifvertrags, die den Inhalt, den Abschluß oder die Beendigung von Arbeitsverhältnissen ordnen, gelten unmittelbar und zwingend zwischen den beiderseits Tarifgebundenen, die unter den Geltungsbereich des Tarifvertrags fallen. [2]Diese Vorschrift gilt entsprechend für Rechtsnormen des Tarifvertrags über betriebliche und betriebsverfassungsrechtliche Fragen.

(2) Sind im Tarifvertrag gemeinsame Einrichtungen der Tarifvertragsparteien vorgesehen und geregelt (Lohnausgleichskassen, Urlaubskassen usw.), so gelten diese Regelungen auch unmittelbar und zwingend für die Satzung dieser Einrichtung und das Verhältnis der Einrichtung zu den tarifgebundenen Arbeitgebern und Arbeitnehmern.

(3) Abweichende Abmachungen sind nur zulässig, soweit sie durch den Tarifvertrag gestattet sind oder eine Änderung der Regelungen zugunsten des Arbeitnehmers enthalten.

(4) [1]Ein Verzicht auf entstandene tarifliche Rechte ist nur in einem von den Tarifvertragsparteien gebilligten Vergleich zulässig. [2]Die Verwirkung von tariflichen Rechten ist ausgeschlossen. [3]Ausschlußfristen für die Geltendmachung tariflicher Rechte können nur im Tarifvertrag vereinbart werden.

(5) Nach Ablauf des Tarifvertrags gelten seine Rechtsnormen weiter, bis sie durch eine andere Abmachung ersetzt werden.

§ 4a Tarifkollision

(1) Zur Sicherung der Schutzfunktion, Verteilungsfunktion, Befriedungsfunktion sowie Ordnungsfunktion von Rechtsnormen des Tarifvertrags werden Tarifkollisionen im Betrieb vermieden.

(2) [1]Der Arbeitgeber kann nach § 3 an mehrere Tarifverträge unterschiedlicher Gewerkschaften gebunden sein. [2]Soweit sich die Geltungsbereiche nicht inhaltsgleicher Tarifverträge verschiedener Gewerkschaften überschneiden (kollidierende Tarifverträge), sind im Betrieb nur die Rechtsnormen des Tarifvertrags derjenigen Gewerkschaft anwendbar, die zum Zeitpunkt des Abschlusses des zuletzt abgeschlossenen kollidierenden Tarifvertrags im Betrieb die meisten in einem Arbeitsverhältnis stehenden Mitglieder hat (Mehrheitstarifvertrag); wurden beim Zustandekommen des Mehrheitstarifvertrags die Interessen von Arbeitnehmergruppen, die auch von dem nach dem ersten Halbsatz nicht anzuwendenden Tarifvertrag erfasst werden, nicht ernsthaft und wirksam berücksichtigt, sind auch die Rechtsnormen dieses Tarifvertrags anwendbar. [3]Kollidieren die Tarifverträge erst zu einem späteren Zeitpunkt, ist dieser für die Mehrheitsfeststellung maßgeblich. [4]Als Betriebe gelten auch ein Betrieb nach § 1 Abs. 1 Satz 2 des Betriebsverfassungsgesetzes und ein durch Tarifvertrag nach § 3 Abs. 1 Nr. 1 bis 3 des Betriebsverfassungsgesetzes errichteter Betrieb, es sei denn, dies steht den Zielen des Absatzes 1 offensichtlich entgegen. [5]Dies ist insbesondere der Fall, wenn die Betriebe von Tarifvertragsparteien unterschiedlichen Wirtschaftszweigen oder deren Wertschöpfungsketten zugeordnet worden sind.

(3) Für Rechtsnormen eines Tarifvertrags über eine betriebsverfassungsrechtliche Frage nach § 3 Abs. 1 und § 117 Abs. 2 des Betriebsverfassungsgesetzes gilt Abs. 2 Satz 2 nur, wenn diese betriebsverfassungsrechtliche Frage bereits durch Tarifvertrag einer anderen Gewerkschaft geregelt ist.

(4) [1]Eine Gewerkschaft kann vom Arbeitgeber oder von der Vereinigung der Arbeitgeber die Nachzeichnung der Rechtsnormen eines mit ihrem Tarifvertrag kollidierenden Tarifvertrags verlangen. [2]Der Anspruch auf Nachzeichnung beinhaltet den Abschluss eines die Rechtsnormen des kollidierenden Tarifvertrags enthaltenden Tarifvertrags, soweit sich die Geltungsbereiche und Rechtsnormen der Tarifverträge überschneiden. [3]Die Rechtsnormen eines nach Satz 1 nachgezeichneten Tarifvertrags gelten unmittelbar und zwingend, soweit der Tarifvertrag der nachzeichnenden Gewerkschaft nach Abs. 2 Satz 2 nicht zur Anwendung kommt.

(5) [1]Nimmt ein Arbeitgeber oder eine Vereinigung von Arbeitgebern mit einer Gewerkschaft Verhandlungen über den Abschluss eines Tarifvertrags auf, ist der Arbeitgeber oder die Vereinigung von Arbeitgebern verpflichtet, dies rechtzeitig und in geeigneter Weise bekanntzugeben. [2]Eine andere Gewerkschaft, zu deren satzungsgemäßen Aufgaben der Abschluss eines Tarifvertrags nach Satz 1 gehört, ist berechtigt, dem Arbeitgeber oder der Vereinigung von Arbeitgebern ihre Vorstellungen und Forderungen mündlich vorzutragen.

§ 5 Allgemeinverbindlichkeit

(1) [1]Das Bundesministerium für Arbeit und Soziales kann einen Tarifvertrag im Einvernehmen mit einem aus je drei Vertretern der Spitzenorganisationen der Arbeitgeber und der Arbeitnehmer bestehenden Ausschuss (Tarifausschuss) auf gemeinsamen Antrag der Tarifvertragsparteien für allgemeinverbindlich erklären, wenn die Allgemeinverbindlicherklärung im öffentlichen Interesse geboten erscheint. [2]Die Allgemeinverbindlicherklärung erscheint in der Regel im öffentlichen Interesse geboten, wenn

1. der Tarifvertrag in seinem Geltungsbereich für die Gestaltung der Arbeitsbedingungen überwiegende Bedeutung erlangt hat oder
2. die Absicherung der Wirksamkeit der tarifvertraglichen Normsetzung gegen die Folgen wirtschaftlicher Fehlentwicklung eine Allgemeinverbindlicherklärung verlangt.

(1a) [1]Das Bundesministerium für Arbeit und Soziales kann einen Tarifvertrag über eine gemeinsame Einrichtung zur Sicherung ihrer Funktionsfähigkeit im Einvernehmen mit dem Tarifausschuss auf gemeinsamen Antrag der Tarifvertragsparteien für allgemeinverbindlich erklären, wenn der Tarifvertrag die Einziehung von Beiträgen und die Gewährung von Leistungen durch eine gemeinsame Einrichtung mit folgenden Gegenständen regelt:

1. den Erholungsurlaub, ein Urlaubsgeld oder ein zusätzliches Urlaubsgeld,
2. eine betriebliche Altersversorgung im Sinne des Betriebsrentengesetzes,
3. die Vergütung der Auszubildenden oder die Ausbildung in überbetrieblichen Bildungsstätten,
4. eine zusätzliche betriebliche oder überbetriebliche Vermögensbildung der Arbeitnehmer,
5. Lohnausgleich bei Arbeitszeitausfall, Arbeitszeitverkürzung oder Arbeitszeitverlängerung.

[2]Der Tarifvertrag kann alle mit dem Beitragseinzug und der Leistungsgewährung in Zusammenhang stehenden Rechte und Pflichten einschließlich der dem Verfahren zugrunde liegenden Ansprüche der Arbeitnehmer und Pflichten der Arbeitgeber regeln. [3]§ 7 Abs. 2 des Arbeitnehmer-Entsendegesetzes findet entsprechende Anwendung.

(2) Vor der Entscheidung über den Antrag ist Arbeitgebern und Arbeitnehmern, die von der Allgemeinverbindlicherklärung betroffen werden würden, den am Ausgang des Verfahrens interessierten Gewerkschaften und Vereinigungen der Arbeitgeber sowie den obersten Arbeitsbehörden der Länder, auf deren Bereich sich der Tarifvertrag erstreckt, Gelegenheit zur schriftlichen Stellungnahme sowie zur Äußerung in einer mündlichen und öffentlichen Verhandlung zu geben.

(3) Erhebt die oberste Arbeitsbehörde eines beteiligten Landes Einspruch gegen die beantragte Allgemeinverbindlicherklärung, so kann das Bundesministerium für Arbeit und Soziales dem Antrag nur mit Zustimmung der Bundesregierung stattgeben.

(4) [1]Mit der Allgemeinverbindlicherklärung erfassen die Rechtsnormen des Tarifvertrags in seinem Geltungsbereich auch die bisher nicht tarifgebundenen Arbeitgeber und Arbeitnehmer. [2]Ein nach Abs. 1a für allgemeinverbindlich erklärter Tarifvertrag ist vom Arbeitgeber auch dann einzuhalten, wenn er nach § 3 an einen anderen Tarifvertrag gebunden ist.

(5) [1]Das Bundesministerium für Arbeit und Soziales kann die Allgemeinverbindlicherklärung eines Tarifvertrags im Einvernehmen mit dem in Abs. 1 genannten Ausschuß aufheben, wenn die Aufhebung im öffentlichen Interesse geboten erscheint. [2]Die Abs. 2 und 3 gelten entsprechend. [3]Im übrigen endet die Allgemeinverbindlichkeit eines Tarifvertrags mit dessen Ablauf.

(6) Das Bundesministerium für Arbeit und Soziales kann der obersten Arbeitsbehörde eines Landes für einzelne Fälle das Recht zur Allgemeinverbindlicherklärung sowie zur Aufhebung der Allgemeinverbindlichkeit übertragen.

(7) [1]Die Allgemeinverbindlicherklärung und die Aufhebung der Allgemeinverbindlichkeit bedürfen der öffentlichen Bekanntmachung. [2]Die Bekanntmachung umfasst auch die von der Allgemeinverbindlicherklärung erfassten Rechtsnormen des Tarifvertrages.

§ 6 Tarifregister

Bei dem Bundesministerium für Arbeit und Soziales wird ein Tarifregister geführt, in das der Abschluß, die Änderung und die Aufhebung der Tarifverträge sowie der Beginn und die Beendigung der Allgemeinverbindlichkeit eingetragen werden.

...

§ 12 Spitzenorganisationen

[1]Spitzenorganisationen im Sinne dieses Gesetzes sind – unbeschadet der Regelung in § 2 – diejenigen Zusammenschlüsse von Gewerkschaften oder von Arbeitgebervereinigungen, die für die Vertretung der Arbeitnehmer- oder der Arbeitgeberinteressen im Arbeitsleben des Bundesgebiets wesentliche Bedeutung haben. [2]Ihnen stehen gleich Gewerkschaften und Arbeitgebervereinigungen, die keinem solchen Zusammenschluß angehören, wenn sie die Voraussetzungen des letzten Halbsatzes in Satz 1 erfüllen.

§ 12a Arbeitnehmerähnliche Personen

(1) Die Vorschriften dieses Gesetzes gelten entsprechend
1. für Personen, die wirtschaftlich abhängig und vergleichbar einem Arbeitnehmer sozial schutzbedürftig sind (arbeitnehmerähnliche Personen), wenn sie auf Grund von Dienst- oder Werkverträgen für andere Personen tätig sind, die geschuldeten Leistungen persönlich und im wesentlichen ohne Mitarbeit von Arbeitnehmern erbringen und
   a) überwiegend für eine Person tätig sind oder
   b) ihnen von einer Person im Durchschnitt mehr als die Hälfte des Entgelts zusteht, das ihnen für ihre Erwerbstätigkeit insgesamt zusteht; ist dies nicht voraussehbar, so sind für die Berechnung, soweit im Tarifvertrag nichts anderes vereinbart ist, jeweils die letzten sechs Monate, bei kürzerer Dauer der Tätigkeit dieser Zeitraum, maßgebend,
2. für die in Nr. 1 genannten Personen, für die die arbeitnehmerähnlichen Personen tätig sind, sowie für die zwischen ihnen und den arbeitnehmerähnlichen Personen durch Dienst- oder Werkverträge begründeten Rechtsverhältnisse.

(2) Mehrere Personen, für die arbeitnehmerähnliche Personen tätig sind, gelten als eine Person, wenn diese mehreren Personen nach der Art eines Konzerns (§ 18 des Aktiengesetzes) zusammengefaßt sind oder zu einer zwischen ihnen bestehenden Organisationsgemeinschaft oder nicht nur vorübergehenden Arbeitsgemeinschaft gehören.

(3) Die Abs. 1 und 2 finden auf Personen, die künstlerische, schriftstellerische oder journalistische Leistungen erbringen, sowie auf Personen, die an der Erbringung, insbesondere der technischen Gestaltung solcher Leistungen unmittelbar mitwirken, auch dann Anwendung, wenn ihnen abweichend von Abs. 1 Nr. 1 Buchstabe b erster Halbsatz von einer Person im Durchschnitt mindestens ein Drittel des Entgelts zusteht, das ihnen für ihre Erwerbstätigkeit insgesamt zusteht.

(4) Die Vorschrift findet keine Anwendung auf Handelsvertreter im Sinne des § 84 des Handelsgesetzbuchs.

...

1.3 Betriebsverfassungsgesetz (BetrVG)

In der Fassung der Bekanntmachung vom 25. September 2001 (BGBl. I S. 2518)

Zuletzt geändert durch Artikel 4e des Gesetzes vom 18. Dezember 2018 (BGBl. I S. 2651)

– Auszug –

...

§ 5 Arbeitnehmer

(1) [1]Arbeitnehmer (Arbeitnehmerinnen und Arbeitnehmer) im Sinne dieses Gesetzes sind Arbeiter und Angestellte einschließlich der zu ihrer Berufsausbildung Beschäftigten, unabhängig davon, ob sie im Betrieb, im Außendienst oder mit Telearbeit beschäftigt werden. [2]Als Arbeitnehmer gelten auch die in Heimarbeit Beschäftigten, die in der Hauptsache für den Betrieb arbeiten. [3]Als Arbeitnehmer gelten ferner Beamte (Beamtinnen und Beamte), Soldaten (Soldatinnen und Soldaten) sowie Arbeitnehmer des öffentlichen Dienstes einschließlich der zu ihrer Berufsausbildung Beschäftigten, die in Betrieben privatrechtlich organisierter Unternehmen tätig sind.

(2) Als Arbeitnehmer im Sinne dieses Gesetzes gelten nicht
1. in Betrieben einer juristischen Person die Mitglieder des Organs, das zur gesetzlichen Vertretung der juristischen Person berufen ist;
2. die Gesellschafter einer offenen Handelsgesellschaft oder die Mitglieder einer anderen Personengesamtheit, soweit sie durch Gesetz, Satzung oder Gesellschaftsvertrag zur Vertretung der Personengesamtheit oder zur Geschäftsführung berufen sind, in deren Betrieben;
3. Personen, deren Beschäftigung nicht in erster Linie ihrem Erwerb dient, sondern vorwiegend durch Beweggründe karitativer oder religiöser Art bestimmt ist;
4. Personen, deren Beschäftigung nicht in erster Linie ihrem Erwerb dient und die vorwiegend zu ihrer Heilung, Wiedereingewöhnung, sittlichen Besserung oder Erziehung beschäftigt werden;
5. der Ehegatte, der Lebenspartner, Verwandte und Verschwägerte ersten Grades, die in häuslicher Gemeinschaft mit dem Arbeitgeber leben.

(3) [1]Dieses Gesetz findet, soweit in ihm nicht ausdrücklich etwas anderes bestimmt ist, keine Anwendung auf leitende Angestellte. [2]Leitender Angestellter ist, wer nach Arbeitsvertrag und Stellung im Unternehmen oder im Betrieb
1. zur selbständigen Einstellung und Entlassung von im Betrieb oder in der Betriebsabteilung beschäftigten Arbeitnehmern berechtigt ist oder
2. Generalvollmacht oder Prokura hat und die Prokura auch im Verhältnis zum Arbeitgeber nicht unbedeutend ist oder
3. regelmäßig sonstige Aufgaben wahrnimmt, die für den Bestand und die Entwicklung des Unternehmens oder eines Betriebs von Bedeutung sind und deren Erfüllung besondere Erfahrungen und Kenntnisse voraussetzt, wenn er dabei entweder die Entscheidungen im Wesentlichen frei von Weisungen trifft oder sie maßgeblich beein-

flusst; dies kann auch bei Vorgaben insbesondere aufgrund von Rechtsvorschriften, Plänen oder Richtlinien sowie bei Zusammenarbeit mit anderen leitenden Angestellten gegeben sein.

[3]Für die in Absatz 1 Satz 3 genannten Beamten und Soldaten gelten die Sätze 1 und 2 entsprechend.

(4) Leitender Angestellter nach Abs. 3 Nr. 3 ist im Zweifel, wer

1. aus Anlass der letzten Wahl des Betriebsrats, des Sprecherausschusses oder von Aufsichtsratsmitgliedern der Arbeitnehmer oder durch rechtskräftige gerichtliche Entscheidung den leitenden Angestellten zugeordnet worden ist oder

2. einer Leitungsebene angehört, auf der in dem Unternehmen überwiegend leitende Angestellte vertreten sind, oder

3. ein regelmäßiges Jahresarbeitsentgelt erhält, das für leitende Angestellte in dem Unternehmen üblich ist, oder,

4. falls auch bei der Anwendung der Nr. 3 noch Zweifel bleiben, ein regelmäßiges Jahresarbeitsentgelt erhält, das das Dreifache der Bezugsgröße nach § 18 des Vierten Buches Sozialgesetzbuch überschreitet.

…

Fünfter Abschnitt
Gesamtbetriebsrat

§ 47 Voraussetzungen der Errichtung, Mitgliederzahl, Stimmengewicht

(1) Bestehen in einem Unternehmen mehrere Betriebsräte, so ist ein Gesamtbetriebsrat zu errichten.

(2) [1]In den Gesamtbetriebsrat entsendet jeder Betriebsrat mit bis zu drei Mitgliedern eines seiner Mitglieder; jeder Betriebsrat mit mehr als drei Mitgliedern entsendet zwei seiner Mitglieder. [2]Die Geschlechter sollen angemessen berücksichtigt werden.

(3) Der Betriebsrat hat für jedes Mitglied des Gesamtbetriebsrats mindestens ein Ersatzmitglied zu bestellen und die Reihenfolge des Nachrückens festzulegen.

(4) Durch Tarifvertrag oder Betriebsvereinbarung kann die Mitgliederzahl des Gesamtbetriebsrats abweichend von Absatz 2 Satz 1 geregelt werden.

(5) Gehören nach Abs. 2 Satz 1 dem Gesamtbetriebsrat mehr als vierzig Mitglieder an und besteht keine tarifliche Regelung nach Abs. 4, so ist zwischen Gesamtbetriebsrat und Arbeitgeber eine Betriebsvereinbarung über die Mitgliederzahl des Gesamtbetriebsrats abzuschließen, in der bestimmt wird, dass Betriebsräte mehrerer Betriebe eines Unternehmens, die regional oder durch gleichartige Interessen miteinander verbunden sind, gemeinsam Mitglieder in den Gesamtbetriebsrat entsenden.

(6) [1]Kommt im Fall des Absatzes 5 eine Einigung nicht zustande, so entscheidet eine für das Gesamtunternehmen zu bildende Einigungsstelle. [2]Der Spruch der Einigungsstelle ersetzt die Einigung zwischen Arbeitgeber und Gesamtbetriebsrat.

(7) [1]Jedes Mitglied des Gesamtbetriebsrats hat so viele Stimmen, wie in dem Betrieb, in dem es gewählt wurde, wahlberechtigte Arbeitnehmer in der Wählerliste eingetragen sind. [2]Entsendet der Betriebsrat mehrere Mitglieder, so stehen ihnen die Stimmen nach Satz 1 anteilig zu.

(8) Ist ein Mitglied des Gesamtbetriebsrats für mehrere Betriebe entsandt worden, so hat es so viele Stimmen, wie in den Betrieben, für die es entsandt ist, wahlberechtigte Arbeitnehmer in den Wählerlisten eingetragen sind; sind mehrere Mitglieder entsandt worden, gilt Abs. 7 Satz 2 entsprechend.

(9) Für Mitglieder des Gesamtbetriebsrats, die aus einem gemeinsamen Betrieb mehrerer Unternehmen entsandt worden sind, können durch Tarifvertrag oder Betriebsvereinbarung von den Absätzen 7 und 8 abweichende Regelungen getroffen werden.

...

Sechster Abschnitt
Konzernbetriebsrat

§ 54 Errichtung des Konzernbetriebsrats

(1) [1]Für einen Konzern (§ 18 Abs. 1 des Aktiengesetzes) kann durch Beschlüsse der einzelnen Gesamtbetriebsräte ein Konzernbetriebsrat errichtet werden. [2]Die Errichtung erfordert die Zustimmung der Gesamtbetriebsräte der Konzernunternehmen, in denen insgesamt mehr als 50 vom Hundert der Arbeitnehmer der Konzernunternehmen beschäftigt sind.

(2) Besteht in einem Konzernunternehmen nur ein Betriebsrat, so nimmt dieser die Aufgaben eines Gesamtbetriebsrats nach den Vorschriften dieses Abschnitts wahr.

...

§ 77 Durchführung gemeinsamer Beschlüsse, Betriebsvereinbarungen

(1) [1]Vereinbarungen zwischen Betriebsrat und Arbeitgeber, auch soweit sie auf einem Spruch der Einigungsstelle beruhen, führt der Arbeitgeber durch, es sei denn, dass im Einzelfall etwas anderes vereinbart ist. [2]Der Betriebsrat darf nicht durch einseitige Handlungen in die Leitung des Betriebs eingreifen.

(2) [1]Betriebsvereinbarungen sind von Betriebsrat und Arbeitgeber gemeinsam zu beschließen und schriftlich niederzulegen. [2]Sie sind von beiden Seiten zu unterzeichnen; dies gilt nicht, soweit Betriebsvereinbarungen auf einem Spruch der Einigungsstelle beruhen. [3]Der Arbeitgeber hat die Betriebsvereinbarungen an geeigneter Stelle im Betrieb auszulegen.

(3) [1]Arbeitsentgelte und sonstige Arbeitsbedingungen, die durch Tarifvertrag geregelt sind oder üblicherweise geregelt werden, können nicht Gegenstand einer Betriebsvereinbarung sein. [2]Dies gilt nicht, wenn ein Tarifvertrag den Abschluss ergänzender Betriebsvereinbarungen ausdrücklich zulässt.

(4) [1]Betriebsvereinbarungen gelten unmittelbar und zwingend. [2]Werden Arbeitnehmern durch die Betriebsvereinbarung Rechte eingeräumt, so ist ein Verzicht auf sie nur mit Zustimmung des Betriebsrats zulässig. [3]Die Verwirkung dieser Rechte ist ausgeschlossen. [4]Ausschlussfristen für ihre Geltendmachung sind nur insoweit zulässig, als sie in einem Tarifvertrag oder einer Betriebsvereinbarung vereinbart werden; dasselbe gilt für die Abkürzung der Verjährungsfristen.

(5) Betriebsvereinbarungen können, soweit nichts anderes vereinbart ist, mit einer Frist von drei Monaten gekündigt werden.

(6) Nach Ablauf einer Betriebsvereinbarung gelten ihre Regelungen in Angelegenheiten, in denen ein Spruch der Einigungsstelle die Einigung zwischen Arbeitgeber und Betriebsrat ersetzen kann, weiter, bis sie durch eine andere Abmachung ersetzt werden.

…

Dritter Abschnitt
Soziale Angelegenheiten

§ 87 Mitbestimmungsrechte

(1) Der Betriebsrat hat, soweit eine gesetzliche oder tarifliche Regelung nicht besteht, in folgenden Angelegenheiten mitzubestimmen:

1. Fragen der Ordnung des Betriebs und des Verhaltens der Arbeitnehmer im Betrieb;
2. Beginn und Ende der täglichen Arbeitszeit einschließlich der Pausen sowie Verteilung der Arbeitszeit auf die einzelnen Wochentage;
3. vorübergehende Verkürzung oder Verlängerung der betriebsüblichen Arbeitszeit;
4. Zeit, Ort und Art der Auszahlung der Arbeitsentgelte;
5. Aufstellung allgemeiner Urlaubsgrundsätze und des Urlaubsplans sowie die Festsetzung der zeitlichen Lage des Urlaubs für einzelne Arbeitnehmer, wenn zwischen dem Arbeitgeber und den beteiligten Arbeitnehmern kein Einverständnis erzielt wird;
6. Einführung und Anwendung von technischen Einrichtungen, die dazu bestimmt sind, das Verhalten oder die Leistung der Arbeitnehmer zu überwachen;
7. Regelungen über die Verhütung von Arbeitsunfällen und Berufskrankheiten sowie über den Gesundheitsschutz im Rahmen der gesetzlichen Vorschriften oder der Unfallverhütungsvorschriften;
8. Form, Ausgestaltung und Verwaltung von Sozialeinrichtungen, deren Wirkungsbereich auf den Betrieb, das Unternehmen oder den Konzern beschränkt ist;
9. Zuweisung und Kündigung von Wohnräumen, die den Arbeitnehmern mit Rücksicht auf das Bestehen eines Arbeitsverhältnisses vermietet werden, sowie die allgemeine Festlegung der Nutzungsbedingungen;
10. Fragen der betrieblichen Lohngestaltung, insbesondere die Aufstellung von Entlohnungsgrundsätzen und die Einführung und Anwendung von neuen Entlohnungsmethoden sowie deren Änderung;
11. Festsetzung der Akkord- und Prämiensätze und vergleichbarer leistungsbezogener Entgelte, einschließlich der Geldfaktoren;
12. Grundsätze über das betriebliche Vorschlagswesen;
13. Grundsätze über die Durchführung von Gruppenarbeit; Gruppenarbeit im Sinne dieser Vorschrift liegt vor, wenn im Rahmen des betrieblichen Arbeitsablaufs eine Gruppe von Arbeitnehmern eine ihr übertragene Gesamtaufgabe im Wesentlichen eigenverantwortlich erledigt.

(2) [1]Kommt eine Einigung über eine Angelegenheit nach Abs. 1 nicht zustande, so entscheidet die Einigungsstelle. [2]Der Spruch der Einigungsstelle ersetzt die Einigung zwischen Arbeitgeber und Betriebsrat.

…

1.4 Allgemeines Gleichbehandlungsgesetz (AGG)

Vom 14. August 2006 (BGBl. I S. 1897)

Zuletzt geändert durch Artikel 8 des Gesetzes vom 3. April 2013 (BGBl. I S. 610)

– Auszug –

§ 1 Ziel des Gesetzes

Ziel des Gesetzes ist, Benachteiligungen aus Gründen der Rasse oder wegen der ethnischen Herkunft, des Geschlechts, der Religion oder Weltanschauung, einer Behinderung, des Alters oder der sexuellen Identität zu verhindern oder zu beseitigen.

§ 2 Anwendungsbereich

(1) Benachteiligungen aus einem in § 1 genannten Grund sind nach Maßgabe dieses Gesetzes unzulässig in Bezug auf:
1. die Bedingungen, einschließlich Auswahlkriterien und Einstellungsbedingungen, für den Zugang zu unselbstständiger und selbstständiger Erwerbstätigkeit, unabhängig von Tätigkeitsfeld und beruflicher Position, sowie für den beruflichen Aufstieg,
2. die Beschäftigungs- und Arbeitsbedingungen einschließlich Arbeitsentgelt und Entlassungsbedingungen, insbesondere in individual- und kollektivrechtlichen Vereinbarungen und Maßnahmen bei der Durchführung und Beendigung eines Beschäftigungsverhältnisses sowie beim beruflichen Aufstieg,
3. den Zugang zu allen Formen und allen Ebenen der Berufsberatung, der Berufsbildung einschließlich der Berufsausbildung, der beruflichen Weiterbildung und der Umschulung sowie der praktischen Berufserfahrung,
4. die Mitgliedschaft und Mitwirkung in einer Beschäftigten- oder Arbeitgebervereinigung oder einer Vereinigung, deren Mitglieder einer bestimmten Berufsgruppe angehören, einschließlich der Inanspruchnahme der Leistungen solcher Vereinigungen,
5. den Sozialschutz, einschließlich der sozialen Sicherheit und der Gesundheitsdienste,
6. die sozialen Vergünstigungen,
7. die Bildung,
8. den Zugang zu und die Versorgung mit Gütern und Dienstleistungen, die der Öffentlichkeit zur Verfügung stehen, einschließlich von Wohnraum.

(2) [1]Für Leistungen nach dem Sozialgesetzbuch gelten § 33c des Ersten Buches Sozialgesetzbuch und § 19a des Vierten Buches Sozialgesetzbuch. [2]Für die betriebliche Altersvorsorge gilt das Betriebsrentengesetz.

(3) [1]Die Geltung sonstiger Benachteiligungsverbote oder Gebote der Gleichbehandlung wird durch dieses Gesetz nicht berührt. [2]Dies gilt auch für öffentlich-rechtliche Vorschriften, die dem Schutz bestimmter Personengruppen dienen.

(4) Für Kündigungen gelten ausschließlich die Bestimmungen zum allgemeinen und besonderen Kündigungsschutz.

§ 3 Begriffsbestimmungen

(1) [1]Eine unmittelbare Benachteiligung liegt vor, wenn eine Person wegen eines in § 1 genannten Grundes eine weniger günstige Behandlung erfährt, als eine andere Person in einer vergleichbaren Situation erfährt, erfahren hat oder erfahren würde. [2]Eine unmittelbare Benachteiligung wegen des Geschlechts liegt in Bezug auf § 2 Abs. 1 Nr. 1 bis 4

auch im Falle einer ungünstigeren Behandlung einer Frau wegen Schwangerschaft oder Mutterschaft vor.

(2) Eine mittelbare Benachteiligung liegt vor, wenn dem Anschein nach neutrale Vorschriften, Kriterien oder Verfahren Personen wegen eines in § 1 genannten Grundes gegenüber anderen Personen in besonderer Weise benachteiligen können, es sei denn, die betreffenden Vorschriften, Kriterien oder Verfahren sind durch ein rechtmäßiges Ziel sachlich gerechtfertigt und die Mittel sind zur Erreichung dieses Ziels angemessen und erforderlich.

...

(5) [1]Die Anweisung zur Benachteiligung einer Person aus einem in § 1 genannten Grund gilt als Benachteiligung. [2]Eine solche Anweisung liegt in Bezug auf § 2 Abs. 1 Nr. 1 bis 4 insbesondere vor, wenn jemand eine Person zu einem Verhalten bestimmt, das einen Beschäftigten oder eine Beschäftigte wegen eines in § 1 genannten Grundes benachteiligt oder benachteiligen kann.

§ 4 Unterschiedliche Behandlung wegen mehrerer Gründe

Erfolgt eine unterschiedliche Behandlung wegen mehrerer der in § 1 genannten Gründe, so kann diese unterschiedliche Behandlung nach den §§ 8 bis 10 und 20 nur gerechtfertigt werden, wenn sich die Rechtfertigung auf alle diese Gründe erstreckt, derentwegen die unterschiedliche Behandlung erfolgt.

§ 5 Positive Maßnahmen

Ungeachtet der in den §§ 8 bis 10 sowie in § 20 benannten Gründe ist eine unterschiedliche Behandlung auch zulässig, wenn durch geeignete und angemessene Maßnahmen bestehende Nachteile wegen eines in § 1 genannten Grundes verhindert oder ausgeglichen werden sollen.

§ 6 Persönlicher Anwendungsbereich

(1) [1]Beschäftigte im Sinne dieses Gesetzes sind
1. Arbeitnehmerinnen und Arbeitnehmer,
2. die zu ihrer Berufsbildung Beschäftigten,
3. Personen, die wegen ihrer wirtschaftlichen Unselbstständigkeit als arbeitnehmerähnliche Personen anzusehen sind; zu diesen gehören auch die in Heimarbeit Beschäftigten und die ihnen Gleichgestellten.

[2]Als Beschäftigte gelten auch die Bewerberinnen und Bewerber für ein Beschäftigungsverhältnis sowie die Personen, deren Beschäftigungsverhältnis beendet ist.

(2) [1]Arbeitgeber (Arbeitgeber und Arbeitgeberinnen) im Sinne dieses Abschnitts sind natürliche und juristische Personen sowie rechtsfähige Personengesellschaften, die Personen nach Abs. 1 beschäftigen. [2]Werden Beschäftigte einem Dritten zur Arbeitsleistung überlassen, so gilt auch dieser als Arbeitgeber im Sinne dieses Abschnitts. [3]Für die in Heimarbeit Beschäftigten und die ihnen Gleichgestellten tritt an die Stelle des Arbeitgebers der Auftraggeber oder Zwischenmeister.

(3) Soweit es die Bedingungen für den Zugang zur Erwerbstätigkeit sowie den beruflichen Aufstieg betrifft, gelten die Vorschriften dieses Abschnitts für Selbstständige und Organmitglieder, insbesondere Geschäftsführer oder Geschäftsführerinnen und Vorstände, entsprechend.

§ 7 Benachteiligungsverbot

(1) Beschäftigte dürfen nicht wegen eines in § 1 genannten Grundes benachteiligt werden; dies gilt auch, wenn die Person, die die Benachteiligung begeht, das Vorliegen eines in § 1 genannten Grundes bei der Benachteiligung nur annimmt.

(2) Bestimmungen in Vereinbarungen, die gegen das Benachteiligungsverbot des Abs. 1 verstoßen, sind unwirksam.

(3) Eine Benachteiligung nach Abs. 1 durch Arbeitgeber oder Beschäftigte ist eine Verletzung vertraglicher Pflichten.

§ 8 Zulässige unterschiedliche Behandlung wegen beruflicher Anforderungen

(1) Eine unterschiedliche Behandlung wegen eines in § 1 genannten Grundes ist zulässig, wenn dieser Grund wegen der Art der auszuübenden Tätigkeit oder der Bedingungen ihrer Ausübung eine wesentliche und entscheidende berufliche Anforderung darstellt, sofern der Zweck rechtmäßig und die Anforderung angemessen ist.

(2) Die Vereinbarung einer geringeren Vergütung für gleiche oder gleichwertige Arbeit wegen eines in § 1 genannten Grundes wird nicht dadurch gerechtfertigt, dass wegen eines in § 1 genannten Grundes besondere Schutzvorschriften gelten.

...

§ 10 Zulässige unterschiedliche Behandlung wegen des Alters

[1]Ungeachtet des § 8 ist eine unterschiedliche Behandlung wegen des Alters auch zulässig, wenn sie objektiv und angemessen und durch ein legitimes Ziel gerechtfertigt ist. [2]Die Mittel zur Erreichung dieses Ziels müssen angemessen und erforderlich sein. [3]Derartige unterschiedliche Behandlungen können insbesondere Folgendes einschließen:

1. die Festlegung besonderer Bedingungen für den Zugang zur Beschäftigung und zur beruflichen Bildung sowie besonderer Beschäftigungs- und Arbeitsbedingungen, einschließlich der Bedingungen für Entlohnung und Beendigung des Beschäftigungsverhältnisses, um die berufliche Eingliederung von Jugendlichen, älteren Beschäftigten und Personen mit Fürsorgepflichten zu fördern oder ihren Schutz sicherzustellen,

2. die Festlegung von Mindestanforderungen an das Alter, die Berufserfahrung oder das Dienstalter für den Zugang zur Beschäftigung oder für bestimmte mit der Beschäftigung verbundene Vorteile,

3. die Festsetzung eines Höchstalters für die Einstellung auf Grund der spezifischen Ausbildungsanforderungen eines bestimmten Arbeitsplatzes oder auf Grund der Notwendigkeit einer angemessenen Beschäftigungszeit vor dem Eintritt in den Ruhestand,

4. die Festsetzung von Altersgrenzen bei den betrieblichen Systemen der sozialen Sicherheit als Voraussetzung für die Mitgliedschaft oder den Bezug von Altersrente oder von Leistungen bei Invalidität einschließlich der Festsetzung unterschiedlicher Altersgrenzen im Rahmen dieser Systeme für bestimmte Beschäftigte oder Gruppen von Beschäftigten und die Verwendung von Alterskriterien im Rahmen dieser Systeme für versicherungsmathematische Berechnungen,

5. eine Vereinbarung, die die Beendigung des Beschäftigungsverhältnisses ohne Kündigung zu einem Zeitpunkt vorsieht, zu dem der oder die Beschäftigte eine Rente wegen Alters beantragen kann; § 41 des Sechsten Buches Sozialgesetzbuch bleibt unberührt,

6. Differenzierungen von Leistungen in Sozialplänen im Sinne des Betriebsverfassungs-
    gesetzes, wenn die Parteien eine nach Alter oder Betriebszugehörigkeit gestaffelte
    Abfindungsregelung geschaffen haben, in der die wesentlich vom Alter abhängenden
    Chancen auf dem Arbeitsmarkt durch eine verhältnismäßig starke Betonung des Le-
    bensalters erkennbar berücksichtigt worden sind, oder Beschäftigte von den Leistun-
    gen des Sozialplans ausgeschlossen haben, die wirtschaftlich abgesichert sind, weil
    sie, gegebenenfalls nach Bezug von Arbeitslosengeld, rentenberechtigt sind.

...

§ 12 Maßnahmen und Pflichten des Arbeitgebers

(1) [1]Der Arbeitgeber ist verpflichtet, die erforderlichen Maßnahmen zum Schutz vor Benachteiligungen wegen eines in § 1 genannten Grundes zu treffen. [2]Dieser Schutz umfasst auch vorbeugende Maßnahmen.

(2) [1]Der Arbeitgeber soll in geeigneter Art und Weise, insbesondere im Rahmen der beruflichen Aus- und Fortbildung, auf die Unzulässigkeit solcher Benachteiligungen hinweisen
und darauf hinwirken, dass diese unterbleiben. [2]Hat der Arbeitgeber seine Beschäftigten
in geeigneter Weise zum Zwecke der Verhinderung von Benachteiligung geschult, gilt
dies als Erfüllung seiner Pflichten nach Abs. 1.

(3) Verstoßen Beschäftigte gegen das Benachteiligungsverbot des § 7 Abs. 1, so hat der
Arbeitgeber die im Einzelfall geeigneten, erforderlichen und angemessenen Maßnahmen
zur Unterbindung der Benachteiligung wie Abmahnung, Umsetzung, Versetzung oder
Kündigung zu ergreifen.

(4) Werden Beschäftigte bei der Ausübung ihrer Tätigkeit durch Dritte nach § 7 Abs. 1
benachteiligt, so hat der Arbeitgeber die im Einzelfall geeigneten, erforderlichen und angemessenen Maßnahmen zum Schutz der Beschäftigten zu ergreifen.

(5) [1]Dieses Gesetz und § 61b des Arbeitsgerichtsgesetzes sowie Informationen über die
für die Behandlung von Beschwerden nach § 13 zuständigen Stellen sind im Betrieb oder
in der Dienststelle bekannt zu machen. [2]Die Bekanntmachung kann durch Aushang oder
Auslegung an geeigneter Stelle oder den Einsatz der im Betrieb oder der Dienststelle üblichen Informations- und Kommunikationstechnik erfolgen.

...

§ 15 Entschädigung und Schadensersatz

(1) [1]Bei einem Verstoß gegen das Benachteiligungsverbot ist der Arbeitgeber verpflichtet,
den hierdurch entstandenen Schaden zu ersetzen. [2]Dies gilt nicht, wenn der Arbeitgeber
die Pflichtverletzung nicht zu vertreten hat.

(2) [1]Wegen eines Schadens, der nicht Vermögensschaden ist, kann der oder die Beschäftigte eine angemessene Entschädigung in Geld verlangen. [2]Die Entschädigung darf bei
einer Nichteinstellung drei Monatsgehälter nicht übersteigen, wenn der oder die Beschäftigte auch bei benachteiligungsfreier Auswahl nicht eingestellt worden wäre.

(3) Der Arbeitgeber ist bei der Anwendung kollektivrechtlicher Vereinbarungen nur dann
zur Entschädigung verpflichtet, wenn er vorsätzlich oder grob fahrlässig handelt.

(4) [1]Ein Anspruch nach Abs. 1 oder 2 muss innerhalb einer Frist von zwei Monaten schriftlich geltend gemacht werden, es sei denn, die Tarifvertragsparteien haben etwas anderes
vereinbart. [2]Die Frist beginnt im Falle einer Bewerbung oder eines beruflichen Aufstiegs

mit dem Zugang der Ablehnung und in den sonstigen Fällen einer Benachteiligung zu dem Zeitpunkt, in dem der oder die Beschäftigte von der Benachteiligung Kenntnis erlangt.

(5) Im Übrigen bleiben Ansprüche gegen den Arbeitgeber, die sich aus anderen Rechtsvorschriften ergeben, unberührt.

(6) Ein Verstoß des Arbeitgebers gegen das Benachteiligungsverbot des § 7 Abs. 1 begründet keinen Anspruch auf Begründung eines Beschäftigungsverhältnisses, Berufsausbildungsverhältnisses oder einen beruflichen Aufstieg, es sei denn, ein solcher ergibt sich aus einem anderen Rechtsgrund.

...

Unterabschnitt 4
Ergänzende Vorschriften

§ 17 Soziale Verantwortung der Beteiligten

(1) Tarifvertragsparteien, Arbeitgeber, Beschäftigte und deren Vertretungen sind aufgefordert, im Rahmen ihrer Aufgaben und Handlungsmöglichkeiten an der Verwirklichung des in § 1 genannten Ziels mitzuwirken.

(2) ¹In Betrieben, in denen die Voraussetzungen des § 1 Abs. 1 Satz 1 des Betriebsverfassungsgesetzes vorliegen, können bei einem groben Verstoß des Arbeitgebers gegen Vorschriften aus diesem Abschnitt der Betriebsrat oder eine im Betrieb vertretene Gewerkschaft unter der Voraussetzung des § 23 Abs. 3 Satz 1 des Betriebsverfassungsgesetzes die dort genannten Rechte gerichtlich geltend machen; § 23 Abs. 3 Satz 2 bis 5 des Betriebsverfassungsgesetzes gilt entsprechend. ²Mit dem Antrag dürfen nicht Ansprüche des Benachteiligten geltend gemacht werden.

...

Abschnitt 3
Schutz vor Benachteiligung im Zivilrechtsverkehr

§ 19 Zivilrechtliches Benachteiligungsverbot

(1) Eine Benachteiligung aus Gründen der Rasse oder wegen der ethnischen Herkunft, wegen des Geschlechts, der Religion, einer Behinderung, des Alters oder der sexuellen Identität bei der Begründung, Durchführung und Beendigung zivilrechtlicher Schuldverhältnisse, die

1. typischerweise ohne Ansehen der Person zu vergleichbaren Bedingungen in einer Vielzahl von Fällen zustande kommen (Massengeschäfte) oder bei denen das Ansehen der Person nach der Art des Schuldverhältnisses eine nachrangige Bedeutung hat und die zu vergleichbaren Bedingungen in einer Vielzahl von Fällen zustande kommen oder

2. eine privatrechtliche Versicherung zum Gegenstand haben,

ist unzulässig.

(2) Eine Benachteiligung aus Gründen der Rasse oder wegen der ethnischen Herkunft ist darüber hinaus auch bei der Begründung, Durchführung und Beendigung sonstiger zivilrechtlicher Schuldverhältnisse im Sinne des § 2 Abs. 1 Nr. 5 bis 8 unzulässig.

(3) Bei der Vermietung von Wohnraum ist eine unterschiedliche Behandlung im Hinblick auf die Schaffung und Erhaltung sozial stabiler Bewohnerstrukturen und ausgewogener Siedlungsstrukturen sowie ausgeglichener wirtschaftlicher, sozialer und kultureller Verhältnisse zulässig.

(4) Die Vorschriften dieses Abschnitts finden keine Anwendung auf familien- und erbrechtliche Schuldverhältnisse.

(5) [1]Die Vorschriften dieses Abschnitts finden keine Anwendung auf zivilrechtliche Schuldverhältnisse, bei denen ein besonderes Nähe- oder Vertrauensverhältnis der Parteien oder ihrer Angehörigen begründet wird. [2]Bei Mietverhältnissen kann dies insbesondere der Fall sein, wenn die Parteien oder ihre Angehörigen Wohnraum auf demselben Grundstück nutzen. [3]Die Vermietung von Wohnraum zum nicht nur vorübergehenden Gebrauch ist in der Regel kein Geschäft im Sinne des Abs. 1 Nr. 1, wenn der Vermieter insgesamt nicht mehr als 50 Wohnungen vermietet.

§ 20 Zulässige unterschiedliche Behandlung

(1) [1]Eine Verletzung des Benachteiligungsverbots ist nicht gegeben, wenn für eine unterschiedliche Behandlung wegen der Religion, einer Behinderung, des Alters, der sexuellen Identität oder des Geschlechts ein sachlicher Grund vorliegt. [2]Das kann insbesondere der Fall sein, wenn die unterschiedliche Behandlung

(1) der Vermeidung von Gefahren, der Verhütung von Schäden oder anderen Zwecken vergleichbarer Art dient,

(2) dem Bedürfnis nach Schutz der Intimsphäre oder der persönlichen Sicherheit Rechnung trägt,

(3) besondere Vorteile gewährt und ein Interesse an der Durchsetzung der Gleichbehandlung fehlt,

(4) an die Religion eines Menschen anknüpft und im Hinblick auf die Ausübung der Religionsfreiheit oder auf das Selbstbestimmungsrecht der Religionsgemeinschaften, der ihnen zugeordneten Einrichtungen ohne Rücksicht auf ihre Rechtsform sowie der Vereinigungen, die sich die gemeinschaftliche Pflege einer Religion zur Aufgabe machen, unter Beachtung des jeweiligen Selbstverständnisses gerechtfertigt ist.

(2) [1]Kosten im Zusammenhang mit Schwangerschaft und Mutterschaft dürfen auf keinen Fall zu unterschiedlichen Prämien oder Leistungen führen. [2]Eine unterschiedliche Behandlung wegen der Religion, einer Behinderung, des Alters oder der sexuellen Identität ist im Falle des § 19 Abs. 1 Nr. 2 nur zulässig, wenn diese auf anerkannten Prinzipien risikoadäquater Kalkulation beruht, insbesondere auf einer versicherungsmathematisch ermittelten Risikobewertung unter Heranziehung statistischer Erhebungen.

...

Abschnitt 7
Schlussvorschriften

§ 31 Unabdingbarkeit

Von den Vorschriften dieses Gesetzes kann nicht zu Ungunsten der geschützten Personen abgewichen werden.

...

§ 33 Übergangsbestimmungen

(1) Bei Benachteiligungen nach den §§ 611a, 611b und 612 Abs. 3 des Bürgerlichen Gesetzbuchs oder sexuellen Belästigungen nach dem Beschäftigtenschutzgesetz ist das vor dem 18. August 2006 maßgebliche Recht anzuwenden.

(2) [1]Bei Benachteiligungen aus Gründen der Rasse oder wegen der ethnischen Herkunft sind die §§ 19 bis 21 nicht auf Schuldverhältnisse anzuwenden, die vor dem 18. August 2006 begründet worden sind. [2]Satz 1 gilt nicht für spätere Änderungen von Dauerschuldverhältnissen.

(3) [1]Bei Benachteiligungen wegen des Geschlechts, der Religion, einer Behinderung, des Alters oder der sexuellen Identität sind die §§ 19 bis 21 nicht auf Schuldverhältnisse anzuwenden, die vor dem 1. Dezember 2006 begründet worden sind. [2]Satz 1 gilt nicht für spätere Änderungen von Dauerschuldverhältnissen.

(4) [1]Auf Schuldverhältnisse, die eine privatrechtliche Versicherung zum Gegenstand haben, ist § 19 Abs. 1 nicht anzuwenden, wenn diese vor dem 22. Dezember 2007 begründet worden sind. [2]Satz 1 gilt nicht für spätere Änderungen solcher Schuldverhältnisse.

(5) [1]Bei Versicherungsverhältnissen, die vor dem 21. Dezember 2012 begründet werden, ist eine unterschiedliche Behandlung wegen des Geschlechts im Falle des § 19 Abs. 1 Nr. 2 bei den Prämien oder Leistungen nur zulässig, wenn dessen Berücksichtigung bei einer auf relevanten und genauen versicherungsmathematischen und statistischen Daten beruhenden Risikobewertung ein bestimmender Faktor ist. [2]Kosten im Zusammenhang mit Schwangerschaft und Mutterschaft dürfen auf keinen Fall zu unterschiedlichen Prämien oder Leistungen führen.

1.5 Mindestlohngesetz – MiLoG

Vom 14. August 2014 (BGBl. I S. 1348)

Zuletzt geändert durch Artikel 14 des Gesetzes vom 11. Juli 2019 (BGBl. I S. 1066)

– Auszug –

§ 1 Mindestlohn

(1) Jede Arbeitnehmerin und jeder Arbeitnehmer hat Anspruch auf Zahlung eines Arbeitsentgelts mindestens in Höhe des Mindestlohns durch den Arbeitgeber.

(2) [1]Die Höhe des Mindestlohns beträgt ab dem 1. Januar 2015 brutto 8,50 Euro[2] je Zeitstunde. [2]Die Höhe des Mindestlohns kann auf Vorschlag einer ständigen Kommission der Tarifpartner (Mindestlohnkommission) durch Rechtsverordnung der Bundesregierung geändert werden.

(3) [1]Die Regelungen des Arbeitnehmer-Entsendegesetzes, des Arbeitnehmerüberlassungsgesetzes und der auf ihrer Grundlage erlassenen Rechtsverordnungen gehen den Regelungen dieses Gesetzes vor, soweit die Höhe der auf ihrer Grundlage festgesetzten Branchenmindestlöhne die Höhe des Mindestlohns nicht unterschreitet. [2]Der Vorrang nach Satz 1 gilt entsprechend für einen auf der Grundlage von § 5 des Tarifvertragsgesetzes für allgemeinverbindlich erklärten Tarifvertrag im Sinne von § 4 Absatz 1 Nummer 1 sowie §§ 5 und 6 Absatz 2 des Arbeitnehmer-Entsendegesetzes.

…

---

2 Ab 01.01.2020: 9,35 Euro.

§ 3 Unabdingbarkeit des Mindestlohns

[1]Vereinbarungen, die den Anspruch auf Mindestlohn unterschreiten oder seine Geltend-machung beschränken oder ausschließen, sind insoweit unwirksam. [2]Die Arbeitnehmerin oder der Arbeitnehmer kann auf den entstandenen Anspruch nach § 1 Absatz 1 nur durch gerichtlichen Vergleich verzichten; im Übrigen ist ein Verzicht ausgeschlossen. [3]Die Verwirkung des Anspruchs ist ausgeschlossen.

…

§ 22 Persönlicher Anwendungsbereich

(1) [1]Dieses Gesetz gilt für Arbeitnehmerinnen und Arbeitnehmer. [2]Praktikantinnen und Praktikanten im Sinne des § 26 des Berufsbildungsgesetzes gelten als Arbeitnehmerin-nen und Arbeitnehmer im Sinne dieses Gesetzes, es sei denn, dass sie

1. ein Praktikum verpflichtend auf Grund einer schulrechtlichen Bestimmung, einer Aus-bildungsordnung, einer hochschulrechtlichen Bestimmung oder im Rahmen einer Ausbildung an einer gesetzlich geregelten Berufsakademie leisten,

2. ein Praktikum von bis zu drei Monaten zur Orientierung für eine Berufsausbildung oder für die Aufnahme eines Studiums leisten,

3. ein Praktikum von bis zu drei Monaten begleitend zu einer Berufs- oder Hochschul-ausbildung leisten, wenn nicht zuvor ein solches Praktikumsverhältnis mit demselben Ausbildenden bestanden hat, oder

4. an einer Einstiegsqualifizierung nach § 54a des Dritten Buches Sozialgesetzbuch oder an einer Berufsausbildungsvorbereitung nach §§ 68 bis 70 des Berufsbildungsgeset-zes teilnehmen.

[3]Praktikantin oder Praktikant ist unabhängig von der Bezeichnung des Rechtsverhältnis-ses, wer sich nach der tatsächlichen Ausgestaltung und Durchführung des Vertragsver-hältnisses für eine begrenzte Dauer zum Erwerb praktischer Kenntnisse und Erfahrungen einer bestimmten betrieblichen Tätigkeit zur Vorbereitung auf eine berufliche Tätigkeit unterzieht, ohne dass es sich dabei um eine Berufsausbildung im Sinne des Berufs-bildungsgesetzes oder um eine damit vergleichbare praktische Ausbildung handelt.

(2) Personen im Sinne von § 2 Absatz 1 und 2 des Jugendarbeitsschutzgesetzes ohne abgeschlossene Berufsausbildung gelten nicht als Arbeitnehmerinnen und Arbeitnehmer im Sinne dieses Gesetzes.

(3) Von diesem Gesetz nicht geregelt wird die Vergütung von zu ihrer Berufsausbildung Beschäftigten sowie ehrenamtlich Tätigen.

(4) [1]Für Arbeitsverhältnisse von Arbeitnehmerinnen und Arbeitnehmern, die unmittelbar vor Beginn der Beschäftigung langzeitarbeitslos im Sinne des § 18 Absatz 1 des Drit-ten Buches Sozialgesetzbuch waren, gilt der Mindestlohn in den ersten sechs Monaten der Beschäftigung nicht. [2]Die Bundesregierung hat den gesetzgebenden Körperschaften zum 1. Juni 2016 darüber zu berichten, inwieweit die Regelung nach Satz 1 die Wieder-eingliederung von Langzeitarbeitslosen in den Arbeitsmarkt gefördert hat, und eine Ein-schätzung darüber abzugeben, ob diese Regelung fortbestehen soll.

1.6 Bürgerliches Gesetzbuch (BGB)

In der Fassung der Bekanntmachung vom 2. Januar 2002 (BGBl. I S. 42, 2909, 2003 I S. 738)

Zuletzt geändert durch Artikel 1 des Gesetzes vom 1. Dezember 2019 (BGBl. I S. 2911)

– Auszug –

...

§ 195 Regelmäßige Verjährungsfrist

Die regelmäßige Verjährungsfrist beträgt drei Jahre.

...

§ 199 Beginn der regelmäßigen Verjährungsfrist und Verjährungshöchstfristen

(1) Die regelmäßige Verjährungsfrist beginnt, soweit nicht ein anderer Verjährungsbeginn bestimmt ist, mit dem Schluss des Jahres, in dem
1. der Anspruch entstanden ist und
2. der Gläubiger von den den Anspruch begründenden Umständen und der Person des Schuldners Kenntnis erlangt oder ohne grobe Fahrlässigkeit erlangen müsste.

(2) Schadensersatzansprüche, die auf der Verletzung des Lebens, des Körpers, der Gesundheit oder der Freiheit beruhen, verjähren ohne Rücksicht auf ihre Entstehung und die Kenntnis oder grob fahrlässige Unkenntnis in 30 Jahren von der Begehung der Handlung, der Pflichtverletzung oder dem sonstigen, den Schaden auslösenden Ereignis an.

(3) [1]Sonstige Schadensersatzansprüche verjähren
1. ohne Rücksicht auf die Kenntnis oder grob fahrlässige Unkenntnis in zehn Jahren von ihrer Entstehung an und
2. ohne Rücksicht auf ihre Entstehung und die Kenntnis oder grob fahrlässige Unkenntnis in 30 Jahren von der Begehung der Handlung, der Pflichtverletzung oder dem sonstigen, den Schaden auslösenden Ereignis an.

[2]Maßgeblich ist die früher endende Frist.

(3a) Ansprüche, die auf einem Erbfall beruhen oder deren Geltendmachung die Kenntnis einer Verfügung von Todes wegen voraussetzt, verjähren ohne Rücksicht auf die Kenntnis oder grob fahrlässige Unkenntnis in 30 Jahren von der Entstehung des Anspruchs an.

(4) Andere Ansprüche als die nach den Absätzen 2 bis 3a verjähren ohne Rücksicht auf die Kenntnis oder grob fahrlässige Unkenntnis in zehn Jahren von ihrer Entstehung an.

(5) Geht der Anspruch auf ein Unterlassen, so tritt an die Stelle der Entstehung die Zuwiderhandlung.

...

Abschnitt 6
Schuldübernahme

§ 414 Vertrag zwischen Gläubiger und Übernehmer

Eine Schuld kann von einem Dritten durch Vertrag mit dem Gläubiger in der Weise übernommen werden, dass der Dritte an die Stelle des bisherigen Schuldners tritt.

...

§ 613a Rechte und Pflichten bei Betriebsübergang

(1) [1]Geht ein Betrieb oder Betriebsteil durch Rechtsgeschäft auf einen anderen Inhaber über, so tritt dieser in die Rechte und Pflichten aus den im Zeitpunkt des Übergangs bestehenden Arbeitsverhältnissen ein. [2]Sind diese Rechte und Pflichten durch Rechtsnormen eines Tarifvertrags oder durch eine Betriebsvereinbarung geregelt, so werden sie Inhalt des Arbeitsverhältnisses zwischen dem neuen Inhaber und dem Arbeitnehmer und dürfen nicht vor Ablauf eines Jahres nach dem Zeitpunkt des Übergangs zum Nachteil des Arbeitnehmers geändert werden. [3]Satz 2 gilt nicht, wenn die Rechte und Pflichten bei dem neuen Inhaber durch Rechtsnormen eines anderen Tarifvertrags oder durch eine andere Betriebsvereinbarung geregelt werden. [4]Vor Ablauf der Frist nach Satz 2 können die Rechte und Pflichten geändert werden, wenn der Tarifvertrag oder die Betriebsvereinbarung nicht mehr gilt oder bei fehlender beiderseitiger Tarifgebundenheit im Geltungsbereich eines anderen Tarifvertrags dessen Anwendung zwischen dem neuen Inhaber und dem Arbeitnehmer vereinbart wird.

(2) [1]Der bisherige Arbeitgeber haftet neben dem neuen Inhaber für Verpflichtungen nach Absatz 1, soweit sie vor dem Zeitpunkt des Übergangs entstanden sind und vor Ablauf von einem Jahr nach diesem Zeitpunkt fällig werden, als Gesamtschuldner. [2]Werden solche Verpflichtungen nach dem Zeitpunkt des Übergangs fällig, so haftet der bisherige Arbeitgeber für sie jedoch nur in dem Umfang, der dem im Zeitpunkt des Übergangs abgelaufenen Teil ihres Bemessungszeitraums entspricht.

(3) Absatz 2 gilt nicht, wenn eine juristische Person oder eine Personenhandelsgesellschaft durch Umwandlung erlischt.

(4) [1]Die Kündigung des Arbeitsverhältnisses eines Arbeitnehmers durch den bisherigen Arbeitgeber oder durch den neuen Inhaber wegen des Übergangs eines Betriebs oder eines Betriebsteils ist unwirksam. [2]Das Recht zur Kündigung des Arbeitsverhältnisses aus anderen Gründen bleibt unberührt.

(5) Der bisherige Arbeitgeber oder der neue Inhaber hat die von einem Übergang betroffenen Arbeitnehmer vor dem Übergang in Textform zu unterrichten über:
1. den Zeitpunkt oder den geplanten Zeitpunkt des Übergangs,
2. den Grund für den Übergang,
3. die rechtlichen, wirtschaftlichen und sozialen Folgen des Übergangs für die Arbeitnehmer und
4. die hinsichtlich der Arbeitnehmer in Aussicht genommenen Maßnahmen.

(6) [1]Der Arbeitnehmer kann dem Übergang des Arbeitsverhältnisses innerhalb eines Monats nach Zugang der Unterrichtung nach Absatz 5 schriftlich widersprechen. [2]Der Widerspruch kann gegenüber dem bisherigen Arbeitgeber oder dem neuen Inhaber erklärt werden.

...

1.7 Zivilprozessordnung (ZPO)

In der Fassung der Bekanntmachung vom 5. Dezember 2005 (BGBl. I S. 3202, 2006 I S. 431, 2007 I S. 1781)

Zuletzt geändert durch Artikel 2 des Gesetzes vom 12. Dezember 2019 (BGBl. I S. 2633)

– Auszug –

...

§ 851c Pfändungsschutz bei Altersrenten

(1) Ansprüche auf Leistungen, die auf Grund von Verträgen gewährt werden, dürfen nur wie Arbeitseinkommen gepfändet werden, wenn

1. die Leistung in regelmäßigen Zeitabständen lebenslang und nicht vor Vollendung des 60. Lebensjahres oder nur bei Eintritt der Berufsunfähigkeit gewährt wird,
2. über die Ansprüche aus dem Vertrag nicht verfügt werden darf,
3. die Bestimmung von Dritten mit Ausnahme von Hinterbliebenen als Berechtigte ausgeschlossen ist und
4. die Zahlung einer Kapitalleistung, ausgenommen eine Zahlung für den Todesfall, nicht vereinbart wurde.

(2) ¹Um dem Schuldner den Aufbau einer angemessenen Alterssicherung zu ermöglichen, kann er unter Berücksichtigung der Entwicklung auf dem Kapitalmarkt, des Sterblichkeitsrisikos und der Höhe der Pfändungsfreigrenze, nach seinem Lebensalter gestaffelt, jährlich einen bestimmten Betrag unpfändbar auf der Grundlage eines in Absatz 1 bezeichneten Vertrags bis zu einer Gesamtsumme von 256.000 Euro ansammeln. ²Der Schuldner darf vom 18. bis zum vollendeten 29. Lebensjahr 2.000 Euro, vom 30. bis zum vollendeten 39. Lebensjahr 4.000 Euro, vom 40. bis zum vollendeten 47. Lebensjahr 4.500 Euro, vom 48. bis zum vollendeten 53. Lebensjahr 6.000 Euro, vom 54. bis zum vollendeten 59. Lebensjahr 8.000 Euro und vom 60. bis zum vollendeten 67. Lebensjahr 9.000 Euro jährlich ansammeln. ³Übersteigt der Rückkaufwert der Alterssicherung den unpfändbaren Betrag, sind drei Zehntel des überschießenden Betrags unpfändbar. ⁴Satz 3 gilt nicht für den Teil des Rückkaufwerts, der den dreifachen Wert des in Satz 1 genannten Betrags übersteigt.

(3) § 850e Nr. 2 und 2a gilt entsprechend.

§ 851d Pfändungsschutz bei steuerlich gefördertem Altersvorsorgevermögen

Monatliche Leistungen in Form einer lebenslangen Rente oder monatlicher Ratenzahlungen im Rahmen eines Auszahlungsplans nach § 1 Abs. 1 Satz 1 Nr. 4 des Altersvorsorgeverträge-Zertifizierungsgesetzes aus steuerlich gefördertem Altersvorsorgevermögen sind wie Arbeitseinkommen pfändbar.

...

1.8 Aktiengesetz (AktG)

Vom 6. September 1965 (BGBl. I S. 1089)

Zuletzt geändert durch Artikel 1 des Gesetzes vom 12. Dezember 2019 (BGBl. I S. 2637)

– Auszug –

...

§ 87 Grundsätze für die Bezüge der Vorstandsmitglieder

(1) [1]Der Aufsichtsrat hat bei der Festsetzung der Gesamtbezüge des einzelnen Vorstandsmitglieds (Gehalt, Gewinnbeteiligungen, Aufwandsentschädigungen, Versicherungsentgelte, Provisionen, anreizorientierte Vergütungszusagen wie zum Beispiel Aktienbezugsrechte und Nebenleistungen jeder Art) dafür zu sorgen, dass diese in einem angemessenen Verhältnis zu den Aufgaben und Leistungen des Vorstandsmitglieds sowie zur Lage der Gesellschaft stehen und die übliche Vergütung nicht ohne besondere Gründe übersteigen. [2]Die Vergütungsstruktur ist bei börsennotierten Gesellschaften auf eine nachhaltige und langfristige Entwicklung der Gesellschaft auszurichten. [3]Variable Vergütungsbestandteile sollen daher eine mehrjährige Bemessungsgrundlage haben; für außerordentliche Entwicklungen soll der Aufsichtsrat eine Begrenzungsmöglichkeit vereinbaren. [4]Satz 1 gilt sinngemäß für Ruhegehalt, Hinterbliebenenbezüge und Leistungen verwandter Art.

(2) [1]Verschlechtert sich die Lage der Gesellschaft nach der Festsetzung so, dass die Weitergewährung der Bezüge nach Absatz 1 unbillig für die Gesellschaft wäre, so soll der Aufsichtsrat oder im Falle des § 85 Absatz 3 das Gericht auf Antrag des Aufsichtsrats die Bezüge auf die angemessene Höhe herabsetzen. [2]Ruhegehalt, Hinterbliebenenbezüge und Leistungen verwandter Art können nur in den ersten drei Jahren nach Ausscheiden aus der Gesellschaft nach Satz 1 herabgesetzt werden. [3]Durch eine Herabsetzung wird der Anstellungsvertrag im übrigen nicht berührt. [4]Das Vorstandsmitglied kann jedoch seinen Anstellungsvertrag für den Schluß des nächsten Kalendervierteljahrs mit einer Kündigungsfrist von sechs Wochen kündigen.

(3) Wird über das Vermögen der Gesellschaft das Insolvenzverfahren eröffnet und kündigt der Insolvenzverwalter den Anstellungsvertrag eines Vorstandsmitglieds, so kann es Ersatz für den Schaden, der ihm durch die Aufhebung des Dienstverhältnisses entsteht, nur für zwei Jahre seit dem Ablauf des Dienstverhältnisses verlangen.

(4) Die Hauptversammlung kann auf Antrag nach § 122 Absatz 2 Satz 1 die nach § 87a Absatz 1 Satz 2 Nummer 1 festgelegte Maximalvergütung herabsetzen.

...

1.9 Umwandlungsgesetz (UmwG)

Vom 28. Oktober 1994 (BGBl. I S. 3210, 1995 I S. 428)

Zuletzt geändert durch Artikel 1 des Gesetzes vom 19. Dezember 2018 (BGBl. I S. 2694)

– Auszug –

...

§ 324 Rechte und Pflichten bei Betriebsübergang

§ 613a Abs. 1, 4 bis 6 des Bürgerlichen Gesetzbuchs bleibt durch die Wirkungen der Eintragung einer Verschmelzung, Spaltung oder Vermögensübertragung unberührt.

...

1.10 Grundgesetz für die Bundesrepublik Deutschland (GG)

In der im Bundesgesetzblatt Teil III, Gliederungsnummer 100-1, veröffentlichten bereinigten Fassung vom 23. Mai 1949

Zuletzt geändert durch Artikel 1 des Gesetzes vom 15. November 2019 (BGBl. I S. 1546)

– Auszug –

...

Art. 3 Gleichheit/Gleichberechtigung

(1) Alle Menschen sind vor dem Gesetz gleich.

(2) [1]Männer und Frauen sind gleichberechtigt. [2]Der Staat fördert die tatsächliche Durchsetzung der Gleichberechtigung von Frauen und Männern und wirkt auf die Beseitigung bestehender Nachteile hin.

(3) [1]Niemand darf wegen seines Geschlechtes, seiner Abstammung, seiner Rasse, seiner Sprache, seiner Heimat und Herkunft, seines Glaubens, seiner religiösen oder politischen Anschauungen benachteiligt oder bevorzugt werden. [2]Niemand darf wegen seiner Behinderung benachteiligt werden....

1.11 Charta der Grundrechte der Europäischen Union

ABl. Nr. C 202 vom 7. Juni 2016, S. 389

– Auszug –

...

Art. 21 Nichtdiskriminierung

(1) Diskriminierungen insbesondere wegen des Geschlechts, der Rasse, der Hautfarbe, der ethnischen oder sozialen Herkunft, der genetischen Merkmale, der Sprache, der Religion oder der Weltanschauung, der politischen oder sonstigen Anschauung, der Zugehörigkeit zu einer nationalen Minderheit, des Vermögens, der Geburt, einer Behinderung, des Alters oder der sexuellen Ausrichtung, sind verboten.

(2) Unbeschadet besonderer Bestimmungen der Verträge ist in ihrem Anwendungsbereich jede Diskriminierung aus Gründen der Staatsangehörigkeit verboten.

...

Art. 23 Gleichheit von Frauen und Männern

Die Gleichheit von Frauen und Männern ist in allen Bereichen, einschließlich der Beschäftigung, der Arbeit und des Arbeitsentgelts, sicherzustellen.

Der Grundsatz der Gleichheit steht der Beibehaltung oder der Einführung spezifischer Vergünstigungen für das unterrepräsentierte Geschlecht nicht entgegen.

...

1.12 Konsolidierte Fassung des Vertrags über die Arbeitsweise der Europäischen Union (AEUV)

(ABl. C 202 vom 7. Juni 2016, S. 1)

– Auszug –

...

Art. 157

(1) Jeder Mitgliedstaat stellt die Anwendung des Grundsatzes des gleichen Entgelts für Männer und Frauen bei gleicher oder gleichwertiger Arbeit sicher.

(2) Unter „Entgelt" im Sinne dieses Artikels sind die üblichen Grund- oder Mindestlöhne und -gehälter sowie alle sonstigen Vergütungen zu verstehen, die der Arbeitgeber aufgrund des Dienstverhältnisses dem Arbeitnehmer unmittelbar oder mittelbar in bar oder in Sachleistungen zahlt.

Gleichheit des Arbeitsentgelts ohne Diskriminierung aufgrund des Geschlechts bedeutet,
a) dass das Entgelt für eine gleiche nach Akkord bezahlte Arbeit aufgrund der gleichen Maßeinheit festgesetzt wird,
b) dass für eine nach Zeit bezahlte Arbeit das Entgelt bei gleichem Arbeitsplatz gleich ist.

(3) Das Europäische Parlament und der Rat beschließen gemäß dem ordentlichen Gesetzgebungsverfahren und nach Anhörung des Wirtschafts- und Sozialausschusses Maßnahmen zur Gewährleistung der Anwendung des Grundsatzes der Chancengleichheit und der Gleichbehandlung von Männern und Frauen in Arbeits- und Beschäftigungsfragen, einschließlich des Grundsatzes des gleichen Entgelts bei gleicher oder gleichwertiger Arbeit.

(4) Im Hinblick auf die effektive Gewährleistung der vollen Gleichstellung von Männern und Frauen im Arbeitsleben hindert der Grundsatz der Gleichbehandlung die Mitgliedstaaten nicht daran, zur Erleichterung der Berufstätigkeit des unterrepräsentierten Geschlechts oder zur Verhinderung bzw. zum Ausgleich von Benachteiligungen in der beruflichen Laufbahn spezifische Vergünstigungen beizubehalten oder zu beschließen.

...

1.13 Richtlinie 2006/54/EG des Europäischen Parlaments und des Rates vom 5. Juli 2006 zur Verwirklichung des Grundsatzes der Chancengleichheit und Gleichbehandlung von Männern und Frauen in Arbeits- und Beschäftigungsfragen (Neufassung)

ABl. L204 vom 26. Juli 2006, S. 23

DAS EUROPÄISCHE PARLAMENT UND DER RAT DER EUROPÄISCHEN UNION

gestützt auf den Vertrag zur Gründung der Europäischen Gemeinschaft, insbesondere auf Art. 141 Abs. 3, auf Vorschlag der Kommission, nach Stellungnahme des Europäischen Wirtschafts- und Sozialausschusses, gemäß dem Verfahren des Art. 251 des Vertrags, in Erwägung nachstehender Gründe:

...

(15) Der Gerichtshof hat bestätigt, dass, auch wenn die Beiträge männlicher und weiblicher Arbeitnehmer zu einem Rentensystem mit Leistungszusage unter Art. 141 des Vertrags fallen, Ungleichheiten bei den im Rahmen von durch Kapitalansammlung finanzierten Systemen mit Leistungszusage gezahlten Arbeitgeberbeiträgen, die sich aus der Verwendung je nach Geschlecht unterschiedlicher versicherungsmathematischer Faktoren ergeben, nicht im Lichte dieser Bestimmung beurteilt werden können.

(16) Beispielsweise ist bei durch Kapitalansammlung finanzierten Systemen mit Leistungszusage hinsichtlich einiger Punkte, wie der Umwandlung eines Teils der regelmäßigen Rentenzahlungen in Kapital, der Übertragung der Rentenansprüche, der Hinterbliebenenrente, die an einen Anspruchsberechtigten auszuzahlen ist, der im Gegenzug auf einen Teil der jährlichen Rentenbezüge verzichtet oder einer gekürzten Rente, wenn der Arbeitnehmer sich für den vorgezogenen Ruhestand entscheidet, eine Ungleichbehandlung gestattet, wenn die Ungleichheit der Beträge darauf zurückzuführen ist, dass bei der Durchführung der Finanzierung des Systems je nach Geschlecht unterschiedliche versicherungstechnische Berechnungsfaktoren angewendet worden sind.

(17) Es steht fest, dass Leistungen, die aufgrund eines betrieblichen Systems der sozialen Sicherheit zu zahlen sind, nicht als Entgelt gelten, insofern sie auf Beschäftigungszeiten vor dem 17. Mai 1990 zurückgeführt werden können, außer im Fall von Arbeitnehmern oder ihren anspruchsberechtigten Angehörigen, die vor diesem Zeitpunkt eine Klage bei Gericht oder ein gleichwertiges Verfahren nach geltendem einzelstaatlichen Recht angestrengt haben. Es ist daher notwendig, die Anwendung des Grundsatzes der Gleichbehandlung entsprechend einzuschränken.

...

TITEL I

ALLGEMEINE BESTIMMUNGEN

...

Art. 2 Begriffsbestimmungen

(1) Im Sinne dieser Richtlinie bezeichnet der Ausdruck

...

e) „Entgelt" die üblichen Grund- oder Mindestlöhne und -gehälter sowie alle sonstigen Vergütungen, die der Arbeitgeber aufgrund des Dienstverhältnisses dem Arbeitnehmer mittelbar oder unmittelbar als Geld- oder Sachleistung zahlt;

f) „betriebliche Systeme der sozialen Sicherheit" Systeme, die nicht durch die Richtlinie 79/7/EWG des Rates vom 19. Dezember 1978 zur schrittweisen Verwirklichung des Grundsatzes der Gleichbehandlung von Männern und Frauen im Bereich der sozialen Sicherheit geregelt werden und deren Zweck darin besteht, den abhängig Beschäftigten und den Selbständigen in einem Unternehmen oder einer Unternehmensgruppe, in einem Wirtschaftszweig oder den Angehörigen eines Berufes oder einer Berufsgruppe Leistungen zu gewähren, die als Zusatzleistungen oder Ersatzleistungen die gesetzlichen Systeme der sozialen Sicherheit ergänzen oder an ihre Stelle treten, unabhängig davon, ob der Beitritt zu diesen Systemen Pflicht ist oder nicht.

…

Art. 6 Persönlicher Anwendungsbereich

Dieses Kapitel findet entsprechend den einzelstaatlichen Rechtsvorschriften und/oder Gepflogenheiten Anwendung auf die Erwerbsbevölkerung einschließlich der Selbständigen, der Arbeitnehmer, deren Erwerbstätigkeit durch Krankheit, Mutterschaft, Unfall oder unverschuldete Arbeitslosigkeit unterbrochen ist, und der Arbeitssuchenden sowie auf die sich im Ruhestand befindlichen oder arbeitsunfähigen Arbeitnehmer und auf ihre anspruchsberechtigten Angehörigen.

Art. 7 Sachlicher Anwendungsbereich

(1) Dieses Kapitel findet Anwendung

a) auf betriebliche Systeme der sozialen Sicherheit, die Schutz gegen folgende Risiken bieten:
   i)   Krankheit,
   ii) Invalidität,
   iii) Alter, einschließlich vorzeitige Versetzung in den Ruhestand,
   iv) Arbeitsunfall und Berufskrankheit,
   v)   Arbeitslosigkeit;

b) auf betriebliche Systeme der sozialen Sicherheit, die sonstige Sozialleistungen in Form von Geld- oder Sachleistungen vorsehen, insbesondere Leistungen an Hinterbliebene und Familienleistungen, wenn diese Leistungen als vom Arbeitgeber aufgrund des Beschäftigungsverhältnisses an den Arbeitnehmer gezahlte Vergütungen gelten.

…

Art. 8 Ausnahmen vom sachlichen Anwendungsbereich

(1) Dieses Kapitel gilt nicht

a) für Einzelverträge Selbständiger,
b) für Systeme Selbständiger mit nur einem Mitglied,
c) im Fall von abhängig Beschäftigten für Versicherungsverträge, bei denen der Arbeitgeber nicht Vertragspartei ist,
d) für fakultative Bestimmungen betrieblicher Systeme der sozialen Sicherheit, die einzelnen Mitgliedern eingeräumt werden, um ihnen
   i)   entweder zusätzliche Leistungen

ii) oder die Wahl des Zeitpunkts, zu dem die regulären Leistungen für Selbständige einsetzen, oder die Wahl zwischen mehreren Leistungen

zu garantieren,

e) für betriebliche Systeme der sozialen Sicherheit, sofern die Leistungen durch freiwillige Beiträge der Arbeitnehmer finanziert werden.

(2) Diesem Kapitel steht nicht entgegen, dass ein Arbeitgeber Personen, welche die Altersgrenze für die Gewährung einer Rente aus einem betrieblichen System der sozialen Sicherheit, jedoch noch nicht die Altersgrenze für die Gewährung einer gesetzlichen Rente erreicht haben, eine Zusatzrente gewährt, damit der Betrag der gesamten Leistungen dem Betrag entspricht oder nahe kommt, der Personen des anderen Geschlechts in derselben Lage, die bereits das gesetzliche Rentenalter erreicht haben, gewährt wird, bis die Bezieher der Zusatzrente das gesetzliche Rentenalter erreicht haben.

Art. 9 Beispiele für Diskriminierung

(1) Dem Grundsatz der Gleichbehandlung entgegenstehende Bestimmungen sind solche, die sich unmittelbar oder mittelbar auf das Geschlecht stützen und Folgendes bewirken:

...

h) Gewährung unterschiedlicher Leistungsniveaus, es sei denn, dass dies notwendig ist, um versicherungstechnischen Berechnungsfaktoren Rechnung zu tragen, die im Fall von Festbeitragssystemen je nach Geschlecht unterschiedlich sind; bei durch Kapitalansammlung finanzierten Festleistungssystemen ist hinsichtlich einiger Punkte eine Ungleichbehandlung gestattet, wenn die Ungleichheit der Beträge darauf zurückzuführen ist, dass bei der Durchführung der Finanzierung des Systems je nach Geschlecht unterschiedliche versicherungstechnische Berechnungsfaktoren angewendet worden sind;

...

1.14 Richtlinie 2008/94/EG des Europäischen Parlaments und des Rates vom 22. Oktober 2008 über den Schutz der Arbeitnehmer bei Zahlungsunfähigkeit des Arbeitgebers

ABl. Nr. L 283 S. 36, geändert durch Art. 1 ÄndRL (EU) 2015/1794 vom 06. Oktober 2015 (ABl. Nr. L 263 S. 1)

DAS EUROPÄISCHE PARLAMENT UND DER RAT DER EUROPÄISCHEN UNION

gestützt auf den Vertrag zur Gründung der Europäischen Gemeinschaft, insbesondere auf Artikel 137 Absatz 2, auf Vorschlag der Kommission, nach Stellungnahme des Europäischen Wirtschafts- und Sozialausschusses1, nach Anhörung des Ausschusses der Regionen gemäß dem Verfahren des Artikels 251 des Vertrags 2, in Erwägung nachstehender Gründe:

...

(8) Zur Erleichterung der Feststellung von Insolvenzverfahren, insbesondere in grenzübergreifenden Fällen, sollte vorgesehen werden, dass die Mitgliedstaaten der Kommission und den anderen Mitgliedstaaten mitteilen, welche Arten von Insolvenzverfahren eine Eintrittspflicht der Garantieeinrichtung auslösen.

...

Kapitel 2:   Einkommen- und Lohnsteuer

2.1 Einkommensteuergesetz (EStG)

In der Fassung der Bekanntmachung vom 8. Oktober 2009 (BGBl. I S. 3366, 3862)

Zuletzt geändert durch Artikel 2 des Gesetzes vom 21. Dezember 2019 (BGBl. I S. 2886)

– Auszug –

...

§ 3

¹Steuerfrei sind

...

55. ¹der in den Fällen des § 4 Abs. 2 Nr. 2 und Abs. 3 des Betriebsrentengesetzes vom 19. Dezember 1974 (BGBl. I S. 3610), das zuletzt durch Artikel 8 des Gesetzes vom 5. Juli 2004 (BGBl. I S. 1427) geändert worden ist, in der jeweils geltenden Fassung geleistete Übertragungswert nach § 4 Abs. 5 des Betriebsrentengesetzes, wenn die betriebliche Altersversorgung beim ehemaligen und neuen Arbeitgeber über einen Pensionsfonds, eine Pensionskasse oder ein Unternehmen der Lebensversicherung durchgeführt wird; dies gilt auch, wenn eine Versorgungsanwartschaft aus einer betrieblichen Altersversorgung auf Grund vertraglicher Vereinbarung ohne Fristerfordernis unverfallbar ist. ²Satz 1 gilt auch, wenn der Übertragungswert vom ehemaligen Arbeitgeber oder von einer Unterstützungskasse an den neuen Arbeitgeber oder eine andere Unterstützungskasse geleistet wird. ³Die Leistungen des neuen Arbeitgebers, der Unterstützungskasse, des Pensionsfonds, der Pensionskasse oder des Unternehmens der Lebensversicherung auf Grund des Betrages nach Satz 1 und 2 gehören zu den Einkünften, zu denen die Leistungen gehören würden, wenn die Übertragung nach § 4 Abs. 2 Nr. 2 und Abs. 3 des Betriebsrentengesetzes nicht stattgefunden hätte;

55a. ¹die nach § 10 des Versorgungsausgleichsgesetzes vom 3. April 2009 (BGBl. I S. 700) in der jeweils geltenden Fassung (interne Teilung) durchgeführte Übertragung von Anrechten für die ausgleichsberechtigte Person zu Lasten von Anrechten der ausgleichspflichtigen Person. ²Die Leistungen aus diesen Anrechten gehören bei der ausgleichsberechtigten Person zu den Einkünften, zu denen die Leistungen bei der ausgleichspflichtigen Person gehören würden, wenn die interne Teilung nicht stattgefunden hätte;

55b. ¹der nach § 14 des Versorgungsausgleichsgesetzes (externe Teilung) geleistete Ausgleichswert zur Begründung von Anrechten für die ausgleichsberechtigte Person zu Lasten von Anrechten der ausgleichspflichtigen Person, soweit Leistungen aus diesen Anrechten zu steuerpflichtigen Einkünften nach den §§ 19, 20 und 22 führen würden. ²Satz 1 gilt nicht, soweit Leistungen, die auf dem begründeten Anrecht beruhen, bei der ausgleichsberechtigten Person zu Einkünften nach § 20 Abs. 1 Nr. 6 oder § 22 Nr. 1 Satz 3 Buchstabe a Doppelbuchstabe bb führen würden. ³Der Versorgungsträger der ausgleichspflichtigen Person hat den Versorgungsträger der ausgleichsberechtigten Person über die für die Besteuerung der Leistungen erforderlichen Grundlagen zu informieren. ⁴Dies gilt nicht, wenn der Versorgungsträger der ausgleichsberechtigten Person die Grundlagen bereits kennt oder aus den bei ihm vorhandenen Daten feststellen kann und dieser Umstand dem Versorgungsträger der ausgleichspflichtigen Person mitgeteilt worden ist;

55c. ¹Übertragungen von Altersvorsorgevermögen im Sinne des § 92 auf einen anderen auf den Namen des Steuerpflichtigen lautenden Altersvorsorgevertrag (§ 1 Absatz 1 Satz 1 Nummer 10 Buchstabe b des Altersvorsorgeverträge-Zertifizierungsgesetzes), soweit die Leistungen zu steuerpflichtigen Einkünften nach § 22 Nummer 5 führen würden. ²Dies gilt entsprechend

a) wenn Anwartschaften aus einer betrieblichen Altersversorgung, die über einen Pensionsfonds, eine Pensionskasse oder ein Unternehmen der Lebensversicherung (Direktversicherung) durchgeführt wird, lediglich auf einen anderen Träger einer betrieblichen Altersversorgung in Form eines Pensionsfonds, einer Pensionskasse oder eines Unternehmens der Lebensversicherung (Direktversicherung) übertragen werden, soweit keine Zahlungen unmittelbar an den Arbeitnehmer erfolgen,

b) wenn Anwartschaften der betrieblichen Altersversorgung abgefunden werden, soweit das Altersvorsorgevermögen zugunsten eines auf den Namen des Steuerpflichtigen lautenden Altersvorsorgevertrages geleistet wird,

c) wenn im Fall des Todes des Steuerpflichtigen das Altersvorsorgevermögen auf einen auf den Namen des Ehegatten lautenden Altersvorsorgevertrag übertragen wird, wenn die Ehegatten im Zeitpunkt des Todes des Zulageberechtigten nicht dauernd getrennt gelebt haben (§ 26 Absatz 1) und ihren Wohnsitz oder gewöhnlichen Aufenthalt in einem Mitgliedstaat der Europäischen Union oder einem Staat hatten, auf den das Abkommen über den Europäischen Wirtschaftsraum anwendbar ist; dies gilt auch, wenn die Ehegatten ihren vor dem Zeitpunkt, ab dem das Vereinigte Königreich Großbritannien und Nordirland nicht mehr Mitgliedstaat der Europäischen Union ist und auch nicht wie ein solcher zu behandeln ist, begründeten Wohnsitz oder gewöhnlichen Aufenthalt im Vereinigten Königreich Großbritannien und Nordirland hatten und der Vertrag vor dem 23. Juni 2016 abgeschlossen worden ist;

55d. Übertragungen von Anrechten aus einem nach § 5a Altersvorsorgeverträge-Zertifizierungsgesetz zertifizierten Vertrag auf einen anderen auf den Namen des Steuerpflichtigen lautenden nach § 5a Altersvorsorgeverträge-Zertifizierungsgesetz zertifizierten Vertrag;

55e. ¹die auf Grund eines Abkommens mit einer zwischen- oder überstaatlichen Einrichtung übertragenen Werte von Anrechten auf Altersversorgung, soweit diese zur Begründung von Anrechten auf Altersversorgung bei einer zwischen- oder überstaatlichen Einrichtung dienen. ²Die Leistungen auf Grund des Betrags nach Satz 1 gehören zu den Einkünften, zu denen die Leistungen gehören, die die übernehmende Versorgungseinrichtung im Übrigen erbringt;

56. ¹Zuwendungen des Arbeitgebers nach § 19 Abs. 1 Satz 1 Nr. 3 Satz 1 aus dem ersten Dienstverhältnis an eine Pensionskasse zum Aufbau einer nicht kapitalgedeckten betrieblichen Altersversorgung, bei der eine Auszahlung der zugesagten Alters-, Invaliditäts- oder Hinterbliebenenversorgung entsprechend § 82 Absatz 2 Satz 2 vorgesehen ist, soweit diese Zuwendungen im Kalenderjahr 2 Prozent der Beitragsbemessungsgrenze in der allgemeinen Rentenversicherung nicht übersteigen. ²Der in Satz 1 genannte Höchstbetrag erhöht sich ab 1. Januar 2020 auf 3 Prozent und

ab 1. Januar 2025 auf 4 Prozent der Beitragsbemessungsgrenze in der allgemeinen Rentenversicherung. ³Die Beträge nach den Sätzen 1 und 2 sind jeweils um die nach § 3 Nr. 63 Satz 1, 3 oder Satz 4 steuerfreien Beträge zu mindern;

...

63. ¹Beiträge des Arbeitgebers aus dem ersten Dienstverhältnis an einen Pensionsfonds, eine Pensionskasse oder für eine Direktversicherung zum Aufbau einer kapitalgedeckten betrieblichen Altersversorgung, bei der eine Auszahlung der zugesagten Alters-, Invaliditäts- oder Hinterbliebenenversorgungsleistungen entsprechend § 82 Absatz 2 Satz 2 vorgesehen ist, soweit die Beiträge im Kalenderjahr 8 Prozent der Beitragsbemessungsgrenze in der allgemeinen Rentenversicherung nicht übersteigen. ²Dies gilt nicht, soweit der Arbeitnehmer nach § 1a Abs. 3 des Betriebsrentengesetzes verlangt hat, dass die Voraussetzungen für eine Förderung nach § 10a oder Abschnitt XI erfüllt werden. ³Aus Anlass der Beendigung des Dienstverhältnisses geleistete Beiträge im Sinne des Satzes 1 sind steuerfrei, soweit sie 4 Prozent der Beitragsbemessungsgrenze in der allgemeinen Rentenversicherung, vervielfältigt mit der Anzahl der Kalenderjahre, in denen das Dienstverhältnis des Arbeitnehmers zu dem Arbeitgeber bestanden hat, höchstens jedoch zehn Kalenderjahre, nicht übersteigen. ⁴Beiträge im Sinne des Satzes 1, die für Kalenderjahre nachgezahlt werden, in denen das erste Dienstverhältnis ruhte und vom Arbeitgeber im Inland kein steuerpflichtiger Arbeitslohn bezogen wurde, sind steuerfrei, soweit sie 8 Prozent der Beitragsbemessungsgrenze in der allgemeinen Rentenversicherung, vervielfältigt mit der Anzahl dieser Kalenderjahre, höchstens jedoch zehn Kalenderjahre, nicht übersteigen.

63a. Sicherungsbeiträge des Arbeitgebers nach § 23 Absatz 1 des Betriebsrentengesetzes, soweit sie nicht unmittelbar dem einzelnen Arbeitnehmer gutgeschrieben oder zugerechnet werden;

...

65. ¹a) Beiträge des Trägers der Insolvenzsicherung (§ 14 des Betriebsrentengesetzes) zugunsten eines Versorgungsberechtigten und seiner Hinterbliebenen an eine Pensionskasse oder ein Unternehmen der Lebensversicherung zur Ablösung von Verpflichtungen, die der Träger der Insolvenzsicherung im Sicherungsfall gegenüber dem Versorgungsberechtigten und seinen Hinterbliebenen hat,

b) Leistungen zur Übernahme von Versorgungsleistungen oder unverfallbaren Versorgungsanwartschaften durch eine Pensionskasse oder ein Unternehmen der Lebensversicherung in den in § 4 Abs. 4 des Betriebsrentengesetzes bezeichneten Fällen,

c) der Erwerb von Ansprüchen durch den Arbeitnehmer gegenüber einem Dritten im Falle der Eröffnung des Insolvenzverfahrens oder in den Fällen des § 7 Abs. 1 Satz 4 des Betriebsrentengesetzes, soweit der Dritte neben dem Arbeitgeber für die Erfüllung von Ansprüchen auf Grund bestehender Versorgungsverpflichtungen oder Versorgungsanwartschaften gegenüber dem Arbeitnehmer und dessen Hinterbliebenen einsteht; dies gilt entsprechend, wenn der Dritte für Wertguthaben aus einer Vereinbarung über die Altersteilzeit nach dem Altersteilzeitgesetz vom 23. Juli 1996 (BGBl. I S. 1078), zuletzt geändert durch Artikel 234 der Verordnung vom 31. Oktober 2006 (BGBl. I S. 2407), in der jeweils geltenden Fassung oder auf Grund von Wertguthaben aus einem Arbeitszeitkonto in den im ersten Halbsatz genannten Fällen für den Arbeitgeber einsteht und

d) der Erwerb von Ansprüchen durch den Arbeitnehmer im Zusammenhang mit dem Eintritt in die Versicherung nach § 8 Absatz 3 des Betriebsrentengesetzes. [2]In den Fällen nach Buchstabe a, b und c gehören die Leistungen der Pensionskasse, des Unternehmens der Lebensversicherung oder des Dritten zu den Einkünften, zu denen jene Leistungen gehören würden, die ohne Eintritt eines Falles nach Buchstabe a, b und c zu erbringen wären. [3]Soweit sie zu den Einkünften aus nichtselbständiger Arbeit im Sinne des § 19 gehören, ist von ihnen Lohnsteuer einzubehalten. [4]Für die Erhebung der Lohnsteuer gelten die Pensionskasse, das Unternehmen der Lebensversicherung oder der Dritte als Arbeitgeber und der Leistungsempfänger als Arbeitnehmer. [5]Im Fall des Buchstaben d gehören die Versorgungsleistungen des Unternehmens der Lebensversicherung oder der Pensionskasse, soweit sie auf Beiträgen beruhen, die bis zum Eintritt des Arbeitnehmers in die Versicherung geleistet wurden, zu den sonstigen Einkünften im Sinne des § 22 Nummer 5 Satz 1; soweit der Arbeitnehmer in den Fällen des § 8 Absatz 3 des Betriebsrentengesetzes die Versicherung mit eigenen Beiträgen fortgesetzt hat, sind die auf diesen Beiträgen beruhenden Versorgungsleistungen sonstige Einkünfte im Sinne des § 22 Nummer 5 Satz 1 oder Satz 2;

66. Leistungen eines Arbeitgebers oder einer Unterstützungskasse an einen Pensionsfonds zur Übernahme bestehender Versorgungsverpflichtungen oder Versorgungsanwartschaften durch den Pensionsfonds, wenn ein Antrag nach § 4d Abs. 3 oder § 4e Abs. 3 gestellt worden ist;

…

§ 4b Direktversicherung

[1]Der Versicherungsanspruch aus einer Direktversicherung, die von einem Steuerpflichtigen aus betrieblichem Anlass abgeschlossen wird, ist dem Betriebsvermögen des Steuerpflichtigen nicht zuzurechnen, soweit am Schluss des Wirtschaftsjahres hinsichtlich der Leistungen des Versicherers die Person, auf deren Leben die Lebensversicherung abgeschlossen ist, oder ihre Hinterbliebenen bezugsberechtigt sind. [2]Das gilt auch, wenn der Steuerpflichtige die Ansprüche aus dem Versicherungsvertrag abgetreten oder beliehen hat, sofern er sich der bezugsberechtigten Person gegenüber schriftlich verpflichtet, sie bei Eintritt des Versicherungsfalls so zu stellen, als ob die Abtretung oder Beleihung nicht erfolgt wäre.

§ 4c Zuwendungen an Pensionskassen

(1) [1]Zuwendungen an eine Pensionskasse dürfen von dem Unternehmen, das die Zuwendungen leistet (Trägerunternehmen), als Betriebsausgaben abgezogen werden, soweit sie auf einer in der Satzung oder im Geschäftsplan der Kasse festgelegten Verpflichtung oder auf einer Anordnung der Versicherungsaufsichtsbehörde beruhen oder der Abdeckung von Fehlbeträgen bei der Kasse dienen. [2]Soweit die allgemeinen Versicherungsbedingungen und die fachlichen Geschäftsunterlagen im Sinne des § 219 Absatz 3 Nummer 1 Buchstabe b des Versicherungsaufsichtsgesetzes nicht zum Geschäftsplan gehören, gelten diese als Teil des Geschäftsplans.

(2) Zuwendungen im Sinne des Absatzes 1 dürfen als Betriebsausgaben nicht abgezogen werden, soweit die Leistungen der Kasse, wenn sie vom Trägerunternehmen unmittelbar erbracht würden, bei diesem nicht betrieblich veranlasst wären.

§ 4d Zuwendungen an Unterstützungskassen

(1) ¹Zuwendungen an eine Unterstützungskasse dürfen von dem Unternehmen, das die Zuwendungen leistet (Trägerunternehmen), als Betriebsausgaben abgezogen werden, soweit die Leistungen der Kasse, wenn sie vom Trägerunternehmen unmittelbar erbracht würden, bei diesem betrieblich veranlasst wären und sie die folgenden Beträge nicht übersteigen:

1. ¹bei Unterstützungskassen, die lebenslänglich laufende Leistungen gewähren:

    a) ¹das Deckungskapital für die laufenden Leistungen nach der dem Gesetz als Anlage 1 beigefügten Tabelle. ²Leistungsempfänger ist jeder ehemalige Arbeitnehmer des Trägerunternehmens, der von der Unterstützungskasse Leistungen erhält; soweit die Kasse Hinterbliebenenversorgung gewährt, ist Leistungsempfänger der Hinterbliebene eines ehemaligen Arbeitnehmers des Trägerunternehmens, der von der Kasse Leistungen erhält. ³Dem ehemaligen Arbeitnehmer stehen andere Personen gleich, denen Leistungen der Alters-, Invaliditäts- oder Hinterbliebenenversorgung aus Anlass ihrer ehemaligen Tätigkeit für das Trägerunternehmen zugesagt worden sind;

    b) ¹in jedem Wirtschaftsjahr für jeden Leistungsanwärter,

        aa) wenn die Kasse nur Invaliditätsversorgung oder nur Hinterbliebenenversorgung gewährt, jeweils 6 Prozent,

        bb) wenn die Kasse Altersversorgung mit oder ohne Einschluss von Invaliditätsversorgung oder Hinterbliebenenversorgung gewährt, 25 Prozent

        der jährlichen Versorgungsleistungen, die der Leistungsanwärter oder, wenn nur Hinterbliebenenversorgung gewährt wird, dessen Hinterbliebene nach den Verhältnissen am Schluss des Wirtschaftsjahres der Zuwendung im letzten Zeitpunkt der Anwartschaft, spätestens zum Zeitpunkt des Erreichens der Regelaltersgrenze der gesetzlichen Rentenversicherung erhalten können. ²Leistungsanwärter ist jeder Arbeitnehmer oder ehemalige Arbeitnehmer des Trägerunternehmens, der von der Unterstützungskasse schriftlich zugesagte Leistungen erhalten kann und am Schluss des Wirtschaftsjahres, in dem die Zuwendung erfolgt,

        aa) bei erstmals nach dem 31. Dezember 2017 zugesagten Leistungen das 23. Lebensjahr vollendet hat,

        bb) bei erstmals nach dem 31. Dezember 2008 und vor dem 1. Januar 2018 zugesagten Leistungen das 27. Lebensjahr vollendet hat oder

        cc) bei erstmals vor dem 1. Januar 2009 zugesagten Leistungen das 28. Lebensjahr vollendet hat;

        soweit die Kasse nur Hinterbliebenenversorgung gewährt, gilt als Leistungsanwärter jeder Arbeitnehmer oder ehemalige Arbeitnehmer des Trägerunternehmens, der am Schluss des Wirtschaftsjahres, in dem die Zuwendung erfolgt, das nach dem ersten Halbsatz maßgebende Lebensjahr vollendet hat und dessen Hinterbliebene die Hinterbliebenenversorgung erhalten können. ³Das Trägerunternehmen kann bei der Berechnung nach Satz 1 statt des dort maßgebenden Betrages den Durchschnittsbetrag der von der Kasse im Wirtschaftsjahr an Leistungsempfänger im Sinne des Buchstabens a Satz 2 gewährten Leistungen zugrunde legen. ⁴In diesem Fall sind Leistungsanwärter im Sinne des Satzes 2 nur die Arbeitnehmer oder ehemaligen Arbeitnehmer des Trägerunternehmens, die am Schluss des Wirtschaftsjahres, in dem die Zuwendung erfolgt, das 50. Lebensjahr vollendet haben. ⁵Dem Arbeitnehmer oder ehemaligen Arbeitnehmer als

Leistungsanwärter stehen andere Personen gleich, denen schriftlich Leistungen der Alters-, Invaliditäts- oder Hinterbliebenenversorgung aus Anlass ihrer Tätigkeit für das Trägerunternehmen zugesagt worden sind;

c) [1]den Betrag des Beitrages, den die Kasse an einen Versicherer zahlt, soweit sie sich die Mittel für ihre Versorgungsleistungen, die der Leistungsanwärter oder Leistungsempfänger nach den Verhältnissen am Schluss des Wirtschaftsjahres der Zuwendung erhalten kann, durch Abschluss einer Versicherung verschafft. [2]Bei Versicherungen für einen Leistungsanwärter ist der Abzug des Beitrages nur zulässig, wenn der Leistungsanwärter die in Buchstabe b Satz 2 und 5 genannten Voraussetzungen erfüllt, die Versicherung für die Dauer bis zu dem Zeitpunkt abgeschlossen ist, für den erstmals Leistungen der Altersversorgung vorgesehen sind, mindestens jedoch bis zu dem Zeitpunkt, an dem der Leistungsanwärter das 55. Lebensjahr vollendet hat, und während dieser Zeit jährlich Beiträge gezahlt werden, die der Höhe nach gleich bleiben oder steigen. [3]Das Gleiche gilt für Leistungsanwärter, die das nach Buchstabe b Satz 2 jeweils maßgebende Lebensjahr noch nicht vollendet haben, für Leistungen der Invaliditäts- oder Hinterbliebenenversorgung, für Leistungen der Altersversorgung unter der Voraussetzung, dass die Leistungsanwartschaft bereits unverfallbar ist. [4]Ein Abzug ist ausgeschlossen, wenn die Ansprüche aus der Versicherung der Sicherung eines Darlehens dienen. [5]Liegen die Voraussetzungen der Sätze 1 bis 4 vor, sind die Zuwendungen nach den Buchstaben a und b in dem Verhältnis zu vermindern, in dem die Leistungen der Kasse durch die Versicherung gedeckt sind;

d) den Betrag, den die Kasse einem Leistungsanwärter im Sinne des Buchstabens b Satz 2 und 5 vor Eintritt des Versorgungsfalls als Abfindung für künftige Versorgungsleistungen gewährt, den Übertragungswert nach § 4 Abs. 5 des Betriebsrentengesetzes oder den Betrag, den sie an einen anderen Versorgungsträger zahlt, der eine ihr obliegende Versorgungsverpflichtung übernommen hat.

[2]Zuwendungen dürfen nicht als Betriebsausgaben abgezogen werden, wenn das Vermögen der Kasse ohne Berücksichtigung künftiger Versorgungsleistungen am Schluss des Wirtschaftsjahres das zulässige Kassenvermögen übersteigt. [3]Bei der Ermittlung des Vermögens der Kasse ist am Schluss des Wirtschaftsjahres vorhandener Grundbesitz mit 200 Prozent der Einheitswerte anzusetzen, die zu dem Feststellungszeitpunkt maßgebend sind, der dem Schluss des Wirtschaftsjahres folgt; Ansprüche aus einer Versicherung sind mit dem Wert des geschäftsplanmäßigen Deckungskapitals zuzüglich der Guthaben aus Beitragsrückerstattung am Schluss des Wirtschaftsjahres anzusetzen, und das übrige Vermögen ist mit dem gemeinen Wert am Schluss des Wirtschaftsjahres zu bewerten. [4]Zulässiges Kassenvermögen ist die Summe aus dem Deckungskapital für alle am Schluss des Wirtschaftsjahres laufenden Leistungen nach der dem Gesetz als Anlage 1 beigefügten Tabelle für Leistungsempfänger im Sinne des Satzes 1 Buchstabe a und dem Achtfachen der nach Satz 1 Buchstabe b abzugsfähigen Zuwendungen. [5]Soweit sich die Kasse die Mittel für ihre Leistungen durch Abschluss einer Versicherung verschafft, ist, wenn die Voraussetzungen für den Abzug des Beitrages nach Satz 1 Buchstabe c erfüllt sind, zulässiges Kassenvermögen der Wert des geschäftsplanmäßigen Deckungskapitals aus der Versicherung am Schluss des Wirtschaftsjahres; in diesem Fall ist das zulässige Kassenvermögen nach Satz 4 in dem Verhältnis zu vermindern, in dem die Leistungen der Kasse durch die Versicherung gedeckt sind. [6]Soweit die Berechnung des Deckungskapitals nicht zum

Geschäftsplan gehört, tritt an die Stelle des geschäftsplanmäßigen Deckungskapitals der nach § 169 Absatz 3 und 4 des Versicherungsvertragsgesetzes berechnete Wert, beim zulässigen Kassenvermögen ohne Berücksichtigung des Guthabens aus Beitragsrückerstattung. [7]Gewährt eine Unterstützungskasse an Stelle von lebenslänglich laufenden Leistungen eine einmalige Kapitalleistung, so gelten 10 Prozent der Kapitalleistung als Jahresbetrag einer lebenslänglich laufenden Leistung;

2. [1]bei Kassen, die keine lebenslänglich laufenden Leistungen gewähren, für jedes Wirtschaftsjahr 0,2 Prozent der Lohn- und Gehaltssumme des Trägerunternehmens, mindestens jedoch den Betrag der von der Kasse in einem Wirtschaftsjahr erbrachten Leistungen, soweit dieser Betrag höher ist als die in den vorangegangenen fünf Wirtschaftsjahren vorgenommenen Zuwendungen abzüglich der in dem gleichen Zeitraum erbrachten Leistungen. [2]Diese Zuwendungen dürfen nicht als Betriebsausgaben abgezogen werden, wenn das Vermögen der Kasse am Schluss des Wirtschaftsjahres das zulässige Kassenvermögen übersteigt. [3]Als zulässiges Kassenvermögen kann 1 Prozent der durchschnittlichen Lohn- und Gehaltssumme der letzten drei Jahre angesetzt werden. [4]Hat die Kasse bereits zehn Wirtschaftsjahre bestanden, darf das zulässige Kassenvermögen zusätzlich die Summe der in den letzten zehn Wirtschaftsjahren gewährten Leistungen nicht übersteigen. [5]Für die Bewertung des Vermögens der Kasse gilt Nummer 1 Satz 3 entsprechend. [6]Bei der Berechnung der Lohn- und Gehaltssumme des Trägerunternehmens sind Löhne und Gehälter von Personen, die von der Kasse keine nicht lebenslänglich laufenden Leistungen erhalten können, auszuscheiden.

[2]Gewährt eine Kasse lebenslänglich laufende und nicht lebenslänglich laufende Leistungen, so gilt Satz 1 Nr. 1 und 2 nebeneinander. [3]Leistet ein Trägerunternehmen Zuwendungen an mehrere Unterstützungskassen, so sind diese Kassen bei der Anwendung der Nummern 1 und 2 als Einheit zu behandeln.

(2) [1]Zuwendungen im Sinne des Absatzes 1 sind von dem Trägerunternehmen in dem Wirtschaftsjahr als Betriebsausgaben abzuziehen, in dem sie geleistet werden. [2]Zuwendungen, die bis zum Ablauf eines Monats nach Aufstellung oder Feststellung der Bilanz des Trägerunternehmens für den Schluss eines Wirtschaftsjahres geleistet werden, können von dem Trägerunternehmen noch für das abgelaufene Wirtschaftsjahr durch eine Rückstellung gewinnmindernd berücksichtigt werden. [3]Übersteigen die in einem Wirtschaftsjahr geleisteten Zuwendungen die nach Absatz 1 abzugsfähigen Beträge, so können die übersteigenden Beträge im Wege der Rechnungsabgrenzung auf die folgenden drei Wirtschaftsjahre vorgetragen und im Rahmen der für diese Wirtschaftsjahre abzugsfähigen Beträge als Betriebsausgaben behandelt werden. [4]§ 5 Abs. 1 Satz 2 ist nicht anzuwenden.

(3) [1]Abweichend von Absatz 1 Satz 1 Nr. 1 Satz 1 Buchstabe d und Absatz 2 können auf Antrag die insgesamt erforderlichen Zuwendungen an die Unterstützungskasse für den Betrag, den die Kasse an einen Pensionsfonds zahlt, der eine ihr obliegende Versorgungsverpflichtung ganz oder teilweise übernommen hat, nicht im Wirtschaftsjahr der Zuwendung, sondern erst in den dem Wirtschaftsjahr der Zuwendung folgenden zehn Wirtschaftsjahren gleichmäßig verteilt als Betriebsausgaben abgezogen werden. [2]Der Antrag ist unwiderruflich; der jeweilige Rechtsnachfolger ist an den Antrag gebunden.

§ 4e Beiträge an Pensionsfonds

(1) Beiträge an einen Pensionsfonds im Sinne des § 236 des Versicherungsaufsichtsgesetzes dürfen von dem Unternehmen, das die Beiträge leistet (Trägerunternehmen), als Betriebsausgaben abgezogen werden, soweit sie auf einer festgelegten Verpflichtung beruhen oder der Abdeckung von Fehlbeträgen bei dem Fonds dienen.

(2) Beiträge im Sinne des Absatzes 1 dürfen als Betriebsausgaben nicht abgezogen werden, soweit die Leistungen des Fonds, wenn sie vom Trägerunternehmen unmittelbar erbracht würden, bei diesem nicht betrieblich veranlasst wären.

(3) [1]Der Steuerpflichtige kann auf Antrag die insgesamt erforderlichen Leistungen an einen Pensionsfonds zur teilweisen oder vollständigen Übernahme einer bestehenden Versorgungsverpflichtung oder Versorgungsanwartschaft durch den Pensionsfonds erst in den dem Wirtschaftsjahr der Übertragung folgenden zehn Wirtschaftsjahren gleichmäßig verteilt als Betriebsausgaben abziehen. [2]Der Antrag ist unwiderruflich; der jeweilige Rechtsnachfolger ist an den Antrag gebunden. [3]Ist eine Pensionsrückstellung nach § 6a gewinnerhöhend aufzulösen, ist Satz 1 mit der Maßgabe anzuwenden, dass die Leistungen an den Pensionsfonds im Wirtschaftsjahr der Übertragung in Höhe der aufgelösten Rückstellung als Betriebsausgaben abgezogen werden können; der die aufgelöste Rückstellung übersteigende Betrag ist in den dem Wirtschaftsjahr der Übertragung folgenden zehn Wirtschaftsjahren gleichmäßig verteilt als Betriebsausgaben abzuziehen. [4]Satz 3 gilt entsprechend, wenn es im Zuge der Leistungen des Arbeitgebers an den Pensionsfonds zu Vermögensübertragungen einer Unterstützungskasse an den Arbeitgeber kommt.

§ 4f Verpflichtungsübernahmen, Schuldbeitritte und Erfüllungsübernahmen

(1) [1]Werden Verpflichtungen übertragen, die beim ursprünglich Verpflichteten Ansatzverboten, -beschränkungen oder Bewertungsvorbehalten unterlegen haben, ist der sich aus diesem Vorgang ergebende Aufwand im Wirtschaftsjahr der Schuldübernahme und den nachfolgenden 14 Jahren gleichmäßig verteilt als Betriebsausgabe abziehbar. [2]Ist auf Grund der Übertragung einer Verpflichtung ein Passivposten gewinnerhöhend aufzulösen, ist Satz 1 mit der Maßgabe anzuwenden, dass der sich ergebende Aufwand im Wirtschaftsjahr der Schuldübernahme in Höhe des aufgelösten Passivpostens als Betriebsausgabe abzuziehen ist; der den aufgelösten Passivposten übersteigende Betrag ist in dem Wirtschaftsjahr der Schuldübernahme und den nachfolgenden 14 Wirtschaftsjahren gleichmäßig verteilt als Betriebsausgabe abzuziehen. [3]Eine Verteilung des sich ergebenden Aufwands unterbleibt, wenn die Schuldübernahme im Rahmen einer Veräußerung oder Aufgabe des ganzen Betriebes oder des gesamten Mitunternehmeranteils im Sinne der §§ 14, 16 Absatz 1, 3 und 3a sowie des § 18 Absatz 3 erfolgt; dies gilt auch, wenn ein Arbeitnehmer unter Mitnahme seiner erworbenen Pensionsansprüche zu einem neuen Arbeitgeber wechselt oder wenn der Betrieb am Schluss des vorangehenden Wirtschaftsjahres die Größenmerkmale des § 7g Absatz 1 Satz 2 Nummer 1 Buchstabe a bis c nicht überschreitet. [4]Erfolgt die Schuldübernahme in dem Fall einer Teilbetriebsveräußerung oder -aufgabe im Sinne der §§ 14, 16 Absatz 1, 3 und 3a sowie des § 18 Absatz 3, ist ein Veräußerungs- oder Aufgabeverlust um den Aufwand im Sinne des Satzes 1 zu vermindern, soweit dieser den Verlust begründet oder erhöht hat. [5]Entsprechendes gilt für den einen aufgelösten Passivposten übersteigenden Betrag im Sinne des Satzes 2. [6]Für den hinzugerechneten Aufwand gelten Satz 2 zweiter Halbsatz und Satz 3 entsprechend. [7]Der jeweilige Rechtsnachfolger des ursprünglichen Verpflichteten ist an die Aufwandsverteilung nach den Sätzen 1 bis 6 gebunden.

(2) Wurde für Verpflichtungen im Sinne des Absatzes 1 ein Schuldbeitritt oder eine Erfüllungsübernahme mit ganzer oder teilweiser Schuldfreistellung vereinbart, gilt für die vom Freistellungsberechtigten an den Freistellungsverpflichteten erbrachten Leistungen Absatz 1 Satz 1, 2 und 7 entsprechend.

…

§ 6a Pensionsrückstellung

(1) Für eine Pensionsverpflichtung darf eine Rückstellung (Pensionsrückstellung) nur gebildet werden, wenn und soweit

1. der Pensionsberechtigte einen Rechtsanspruch auf einmalige oder laufende Pensionsleistungen hat,

2. die Pensionszusage keine Pensionsleistungen in Abhängigkeit von künftigen gewinnabhängigen Bezügen vorsieht und keinen Vorbehalt enthält, dass die Pensionsanwartschaft oder die Pensionsleistung gemindert oder entzogen werden kann, oder ein solcher Vorbehalt sich nur auf Tatbestände erstreckt, bei deren Vorliegen nach allgemeinen Rechtsgrundsätzen unter Beachtung billigen Ermessens eine Minderung oder ein Entzug der Pensionsanwartschaft oder der Pensionsleistung zulässig ist, und

3. die Pensionszusage schriftlich erteilt ist; die Pensionszusage muss eindeutige Angaben zu Art, Form, Voraussetzungen und Höhe der in Aussicht gestellten künftigen Leistungen enthalten.

(2) Eine Pensionsrückstellung darf erstmals gebildet werden

1. vor Eintritt des Versorgungsfalls für das Wirtschaftsjahr, in dem die Pensionszusage erteilt wird, frühestens jedoch für das Wirtschaftsjahr, bis zu dessen Mitte der Pensionsberechtigte bei

   a) erstmals nach dem 31. Dezember 2017 zugesagten Pensionsleistungen das 23. Lebensjahr vollendet,

   b) erstmals nach dem 31. Dezember 2008 und vor dem 1. Januar 2018 zugesagten Pensionsleistungen das 27. Lebensjahr vollendet,

   c) erstmals nach dem 31. Dezember 2000 und vor dem 1. Januar 2009 zugesagten Pensionsleistungen das 28. Lebensjahr vollendet,

   d) erstmals vor dem 1. Januar 2001 zugesagten Pensionsleistungen das 30. Lebensjahr vollendet

   oder bei nach dem 31. Dezember 2000 vereinbarten Entgeltumwandlungen im Sinne von § 1 Absatz 2 des Betriebsrentengesetzes für das Wirtschaftsjahr, in dessen Verlauf die Pensionsanwartschaft gemäß den Vorschriften des Betriebsrentengesetzes unverfallbar wird,

2. nach Eintritt des Versorgungsfalls für das Wirtschaftsjahr, in dem der Versorgungsfall eintritt.

(3) [1]Eine Pensionsrückstellung darf höchstens mit dem Teilwert der Pensionsverpflichtung angesetzt werden. [2]Als Teilwert einer Pensionsverpflichtung gilt

1. [1]vor Beendigung des Dienstverhältnisses des Pensionsberechtigten der Barwert der künftigen Pensionsleistungen am Schluss des Wirtschaftsjahres abzüglich des sich auf denselben Zeitpunkt ergebenden Barwertes betragsmäßig gleich bleibender Jahresbeträge, bei einer Entgeltumwandlung im Sinne von § 1 Abs. 2 des Betriebsrentengesetzes mindestens jedoch der Barwert der gemäß den Vorschriften des Betriebsrentengesetzes unverfallbaren künftigen Pensionsleistungen am Schluss des Wirtschaftsjahres. [2]Die Jahresbeträge sind so zu bemessen, dass am Beginn des

Wirtschaftsjahres, in dem das Dienstverhältnis begonnen hat, ihr Barwert gleich dem Barwert der künftigen Pensionsleistungen ist; die künftigen Pensionsleistungen sind dabei mit dem Betrag anzusetzen, der sich nach den Verhältnissen am Bilanzstichtag ergibt. [3]Es sind die Jahresbeträge zugrunde zu legen, die vom Beginn des Wirtschaftsjahres, in dem das Dienstverhältnis begonnen hat, bis zu dem in der Pensionszusage vorgesehenen Zeitpunkt des Eintritts des Versorgungsfalls rechnungsmäßig aufzubringen sind. [4]Erhöhungen oder Verminderungen der Pensionsleistungen nach dem Schluss des Wirtschaftsjahres, die hinsichtlich des Zeitpunktes ihres Wirksamwerdens oder ihres Umfangs ungewiss sind, sind bei der Berechnung des Barwertes der künftigen Pensionsleistungen und der Jahresbeträge erst zu berücksichtigen, wenn sie eingetreten sind. [5]Wird die Pensionszusage erst nach dem Beginn des Dienstverhältnisses erteilt, so ist die Zwischenzeit für die Berechnung der Jahresbeträge nur insoweit als Wartezeit zu behandeln, als sie in der Pensionszusage als solche bestimmt ist. [6]Hat das Dienstverhältnis schon vor der Vollendung des nach Absatz 2 Nummer 1 maßgebenden Lebensjahres des Pensionsberechtigten bestanden, gilt es als zu Beginn des Wirtschaftsjahres begonnen, bis zu dessen Mitte der Pensionsberechtigte das nach Absatz 2 Nummer 1 maßgebende Lebensjahr vollendet; bei nach dem 31. Dezember 2000 vereinbarten Entgeltumwandlungen im Sinne von § 1 Absatz 2 des Betriebsrentengesetzes gilt für davor liegende Wirtschaftsjahre als Teilwert der Barwert der gemäß den Vorschriften des Betriebsrentengesetzes unverfallbaren künftigen Pensionsleistungen am Schluss des Wirtschaftsjahres;

2. nach Beendigung des Dienstverhältnisses des Pensionsberechtigten unter Aufrechterhaltung seiner Pensionsanwartschaft oder nach Eintritt des Versorgungsfalls der Barwert der künftigen Pensionsleistungen am Schluss des Wirtschaftsjahres; Nummer 1 Satz 4 gilt sinngemäß.

[3]Bei der Berechnung des Teilwertes der Pensionsverpflichtung sind ein Rechnungszinsfuß von 6 Prozent und die anerkannten Regeln der Versicherungsmathematik anzuwenden.

(4) [1]Eine Pensionsrückstellung darf in einem Wirtschaftsjahr höchstens um den Unterschied zwischen dem Teilwert der Pensionsverpflichtung am Schluss des Wirtschaftsjahres und am Schluss des vorangegangenen Wirtschaftsjahres erhöht werden. [2]Soweit der Unterschiedsbetrag auf der erstmaligen Anwendung neuer oder geänderter biometrischer Rechnungsgrundlagen beruht, kann er nur auf mindestens drei Wirtschaftsjahre gleichmäßig verteilt der Pensionsrückstellung zugeführt werden; Entsprechendes gilt beim Wechsel auf andere biometrische Rechnungsgrundlagen. [3]In dem Wirtschaftsjahr, in dem mit der Bildung einer Pensionsrückstellung frühestens begonnen werden darf (Erstjahr), darf die Rückstellung bis zur Höhe des Teilwertes der Pensionsverpflichtung am Schluss des Wirtschaftsjahres gebildet werden; diese Rückstellung kann auf das Erstjahr und die beiden folgenden Wirtschaftsjahre gleichmäßig verteilt werden. [4]Erhöht sich in einem Wirtschaftsjahr gegenüber dem vorangegangenen Wirtschaftsjahr der Barwert der künftigen Pensionsleistungen um mehr als 25 Prozent, so kann die für dieses Wirtschaftsjahr zulässige Erhöhung der Pensionsrückstellung auf dieses Wirtschaftsjahr und die beiden folgenden Wirtschaftsjahre gleichmäßig verteilt werden. [5]Am Schluss des Wirtschaftsjahres, in dem das Dienstverhältnis des Pensionsberechtigten unter Aufrechterhaltung seiner Pensionsanwartschaft endet oder der Versorgungsfall eintritt, darf die Pensionsrückstellung stets bis zur Höhe des Teilwertes der Pensionsverpflichtung gebildet werden; die für dieses Wirtschaftsjahr zulässige Erhöhung der Pensionsrückstellung

kann auf dieses Wirtschaftsjahr und die beiden folgenden Wirtschaftsjahre gleichmäßig verteilt werden. ⁶Satz 2 gilt in den Fällen der Sätze 3 bis 5 entsprechend.

(5) Die Absätze 3 und 4 gelten entsprechend, wenn der Pensionsberechtigte zu dem Pensionsverpflichteten in einem anderen Rechtsverhältnis als einem Dienstverhältnis steht.

…

§ 9a Pauschbeträge für Werbungskosten

¹Für Werbungskosten sind bei der Ermittlung der Einkünfte die folgenden Pauschbeträge abzuziehen, wenn nicht höhere Werbungskosten nachgewiesen werden:

1. a) von den Einnahmen aus nichtselbständiger Arbeit vorbehaltlich Buchstabe b:
    ein Arbeitnehmer-Pauschbetrag von 1.000 Euro;
   b) von den Einnahmen aus nichtselbständiger Arbeit, soweit es sich um Versorgungsbezüge im Sinne des § 19 Abs. 2 handelt:
    ein Pauschbetrag von 102 Euro;
2. (aufgehoben)
3. von den Einnahmen im Sinne des § 22 Nummer 1, 1a und 5:
    ein Pauschbetrag von insgesamt 102 Euro.

²Der Pauschbetrag nach Satz 1 Nr. 1 Buchstabe b darf nur bis zur Höhe der um den Versorgungsfreibetrag einschließlich des Zuschlags zum Versorgungsfreibetrag (§ 19 Abs. 2) geminderten Einnahmen, die Pauschbeträge nach Satz 1 Nr. 1 Buchstabe a und Nr. 3 dürfen nur bis zur Höhe der Einnahmen abgezogen werden.

…

§ 10 Sonderausgaben

(1) Sonderausgaben sind die folgenden Aufwendungen, wenn sie weder Betriebsausgaben noch Werbungskosten sind oder wie Betriebsausgaben oder Werbungskosten behandelt werden:

1. (aufgehoben)
2. a) Beiträge zu den gesetzlichen Rentenversicherungen oder zur landwirtschaftlichen Alterskasse sowie zu berufsständischen Versorgungseinrichtungen, die den gesetzlichen Rentenversicherungen vergleichbare Leistungen erbringen;
   b) Beiträge des Steuerpflichtigen
    aa) ¹zum Aufbau einer eigenen kapitalgedeckten Altersversorgung, wenn der Vertrag nur die Zahlung einer monatlichen, auf das Leben des Steuerpflichtigen bezogenen lebenslangen Leibrente nicht vor Vollendung des 62. Lebensjahres oder zusätzlich die ergänzende Absicherung des Eintritts der Berufsunfähigkeit (Berufsunfähigkeitsrente), der verminderten Erwerbsfähigkeit (Erwerbsminderungsrente) oder von Hinterbliebenen (Hinterbliebenenrente) vorsieht. ²Hinterbliebene in diesem Sinne sind der Ehegatte des Steuerpflichtigen und die Kinder, für die er Anspruch auf Kindergeld oder auf einen Freibetrag nach § 32 Absatz 6 hat. ³Der Anspruch auf Waisenrente darf längstens für den Zeitraum bestehen, in dem der Rentenberechtigte die Voraussetzungen für die Berücksichtigung als Kind im Sinne des § 32 erfüllt;
    bb) ¹für seine Absicherung gegen den Eintritt der Berufsunfähigkeit oder der verminderten Erwerbsfähigkeit (Versicherungsfall), wenn der Vertrag nur die Zahlung einer monatlichen, auf das Leben des Steuerpflichtigen bezogenen

lebenslangen Leibrente für einen Versicherungsfall vorsieht, der bis zur Vollendung des 67. Lebensjahres eingetreten ist. [2]Der Vertrag kann die Beendigung der Rentenzahlung wegen eines medizinisch begründeten Wegfalls der Berufsunfähigkeit oder der verminderten Erwerbsfähigkeit vorsehen. [3]Die Höhe der zugesagten Rente kann vom Alter des Steuerpflichtigen bei Eintritt des Versicherungsfalls abhängig gemacht werden, wenn der Steuerpflichtige das 55. Lebensjahr vollendet hat.

[2]Die Ansprüche nach Buchstabe b dürfen nicht vererblich, nicht übertragbar, nicht beleihbar, nicht veräußerbar und nicht kapitalisierbar sein. [3]Anbieter und Steuerpflichtiger können vereinbaren, dass bis zu zwölf Monatsleistungen in einer Auszahlung zusammengefasst werden oder eine Kleinbetragsrente im Sinne von § 93 Absatz 3 Satz 2 abgefunden wird. [4]Bei der Berechnung der Kleinbetragsrente sind alle bei einem Anbieter bestehenden Verträge des Steuerpflichtigen jeweils nach Buchstabe b Doppelbuchstabe aa oder Doppelbuchstabe bb zusammenzurechnen. [5]Neben den genannten Auszahlungsformen darf kein weiterer Anspruch auf Auszahlungen bestehen. [6]Zu den Beiträgen nach den Buchstaben a und b ist der nach § 3 Nr. 62 steuerfreie Arbeitgeberanteil zur gesetzlichen Rentenversicherung und ein diesem gleichgestellter steuerfreier Zuschuss des Arbeitgebers hinzuzurechnen. [7]Beiträge nach § 168 Abs. 1 Nr. 1b oder 1c oder nach § 172 Abs. 3 oder 3a des Sechsten Buches Sozialgesetzbuch werden abweichend von Satz 6 nur auf Antrag des Steuerpflichtigen hinzugerechnet;

3. [1]Beiträge zu
    a) [1]Krankenversicherungen, soweit diese zur Erlangung eines durch das Zwölfte Buch Sozialgesetzbuch bestimmten sozialhilfegleichen Versorgungsniveaus erforderlich sind und sofern auf die Leistungen ein Anspruch besteht. [2]Für Beiträge zur gesetzlichen Krankenversicherung sind dies die nach dem Dritten Titel des Ersten Abschnitts des Achten Kapitels des Fünften Buches Sozialgesetzbuch oder die nach dem Sechsten Abschnitt des Zweiten Gesetzes über die Krankenversicherung der Landwirte festgesetzten Beiträge. [3]Für Beiträge zu einer privaten Krankenversicherung sind dies die Beitragsanteile, die auf Vertragsleistungen entfallen, die, mit Ausnahme der auf das Krankengeld entfallenden Beitragsanteile, in Art, Umfang und Höhe den Leistungen nach dem Dritten Kapitel des Fünften Buches Sozialgesetzbuch vergleichbar sind; § 158 Absatz 2 des Versicherungsaufsichtsgesetzes gilt entsprechend. [4]Wenn sich aus den Krankenversicherungsbeiträgen nach Satz 2 ein Anspruch auf Krankengeld oder ein Anspruch auf eine Leistung, die anstelle von Krankengeld gewährt wird, ergeben kann, ist der jeweilige Beitrag um 4 Prozent zu vermindern;
    b) gesetzlichen Pflegeversicherungen (soziale Pflegeversicherung und private Pflege-Pflichtversicherung).

[2]Als eigene Beiträge des Steuerpflichtigen können auch eigene Beiträge im Sinne der Buchstaben a oder b eines Kindes behandelt werden, wenn der Steuerpflichtige die Beiträge des Kindes, für das ein Anspruch auf einen Freibetrag nach § 32 Absatz 6 oder auf Kindergeld besteht, durch Leistungen in Form von Bar- oder Sachunterhalt wirtschaftlich getragen hat, unabhängig von Einkünften oder Bezügen des Kindes. [3]Satz 2 gilt entsprechend, wenn der Steuerpflichtige die Beiträge für ein unterhaltsberechtigtes Kind trägt, welches nicht selbst Versicherungsnehmer ist, sondern der andere Elternteil. [4]Hat der Steuerpflichtige in den Fällen des Absatzes 1a Nummer 1

eigene Beiträge im Sinne des Buchstaben a oder des Buchstaben b zum Erwerb einer Krankenversicherung oder gesetzlichen Pflegeversicherung für einen geschiedenen oder dauernd getrennt lebenden unbeschränkt einkommensteuerpflichtigen Ehegatten geleistet, dann werden diese abweichend von Satz 1 als eigene Beiträge des geschiedenen oder dauernd getrennt lebenden unbeschränkt einkommensteuerpflichtigen Ehegatten behandelt. [5]Beiträge, die für nach Ablauf des Veranlagungszeitraums beginnende Beitragsjahre geleistet werden und in der Summe das Dreifache der auf den Veranlagungszeitraum entfallenden Beiträge überschreiten, sind in dem Veranlagungszeitraum anzusetzen, für den sie geleistet wurden;

3a. Beiträge zu Kranken- und Pflegeversicherungen, soweit diese nicht nach Nummer 3 zu berücksichtigen sind; Beiträge zu Versicherungen gegen Arbeitslosigkeit, zu Erwerbs- und Berufsunfähigkeitsversicherungen, die nicht unter Nummer 2 Satz 1 Buchstabe b fallen, zu Unfall- und Haftpflichtversicherungen sowie zu Risikoversicherungen, die nur für den Todesfall eine Leistung vorsehen; Beiträge zu Versicherungen im Sinne des § 10 Absatz 1 Nummer 2 Buchstabe b Doppelbuchstabe bb bis dd in der am 31. Dezember 2004 geltenden Fassung, wenn die Laufzeit dieser Versicherungen vor dem 1. Januar 2005 begonnen hat und ein Versicherungsbeitrag bis zum 31. Dezember 2004 entrichtet wurde; § 10 Absatz 1 Nummer 2 Satz 2 bis 6 und Absatz 2 Satz 2 in der am 31. Dezember 2004 geltenden Fassung ist in diesen Fällen weiter anzuwenden;

4. gezahlte Kirchensteuer; dies gilt nicht, soweit die Kirchensteuer als Zuschlag zur Kapitalertragsteuer oder als Zuschlag auf die nach dem gesonderten Tarif des § 32d Absatz 1 ermittelte Einkommensteuer gezahlt wurde;

5. [1]zwei Drittel der Aufwendungen, höchstens 4.000 Euro je Kind, für Dienstleistungen zur Betreuung eines zum Haushalt des Steuerpflichtigen gehörenden Kindes im Sinne des § 32 Absatz 1, welches das 14. Lebensjahr noch nicht vollendet hat oder wegen einer vor Vollendung des 25. Lebensjahres eingetretenen körperlichen, geistigen oder seelischen Behinderung außerstande ist, sich selbst zu unterhalten. [2]Dies gilt nicht für Aufwendungen für Unterricht, die Vermittlung besonderer Fähigkeiten sowie für sportliche und andere Freizeitbetätigungen. [3]Ist das zu betreuende Kind nicht nach § 1 Absatz 1 oder Absatz 2 unbeschränkt einkommensteuerpflichtig, ist der in Satz 1 genannte Betrag zu kürzen, soweit es nach den Verhältnissen im Wohnsitzstaat des Kindes notwendig und angemessen ist. [4]Voraussetzung für den Abzug der Aufwendungen nach Satz 1 ist, dass der Steuerpflichtige für die Aufwendungen eine Rechnung erhalten hat und die Zahlung auf das Konto des Erbringers der Leistung erfolgt ist;

6. (aufgehoben)

7. [1]Aufwendungen für die eigene Berufsausbildung bis zu 6.000 Euro im Kalenderjahr. [2]Bei Ehegatten, die die Voraussetzungen des § 26 Abs. 1 Satz 1 erfüllen, gilt Satz 1 für jeden Ehegatten. [3]Zu den Aufwendungen im Sinne des Satzes 1 gehören auch Aufwendungen für eine auswärtige Unterbringung. [4]§ 4 Absatz 5 Satz 1 Nummer 6b sowie § 9 Absatz 1 Satz 3 Nummer 4 und 5, Absatz 2, 4 Satz 8 und Absatz 4a sind bei der Ermittlung der Aufwendungen anzuwenden.

8. (aufgehoben)

9. 130 Prozent des Entgelts, höchstens 5.000 Euro, das der Steuerpflichtige für ein Kind, für das er Anspruch auf einen Freibetrag nach § 32 Abs. 6 oder auf Kindergeld hat, für dessen Besuch einer Schule in freier Trägerschaft oder einer überwiegend privat finanzierten Schule entrichtet, mit Ausnahme des Entgelts für Beherbergung,

Betreuung und Verpflegung. [2]Voraussetzung ist, dass die Schule in einem Mitgliedstaat der Europäischen Union oder in einem Staat belegen ist, auf den das Abkommen über den Europäischen Wirtschaftsraum Anwendung findet, und die Schule zu einem von dem zuständigen inländischen Ministerium eines Landes, von der Kultusministerkonferenz der Länder oder von einer inländischen Zeugnisanerkennungsstelle anerkannten oder einem inländischen Abschluss an einer öffentlichen Schule als gleichwertig anerkannten allgemein bildenden oder berufsbildenden Schul-, Jahrgangs- oder Berufsabschluss führt. [3]Der Besuch einer anderen Einrichtung, die auf einen Schul-, Jahrgangs- oder Berufsabschluss im Sinne des Satzes 2 ordnungsgemäß vorbereitet, steht einem Schulbesuch im Sinne des Satzes 1 gleich. [4]Der Besuch einer Deutschen Schule im Ausland steht dem Besuch einer solchen Schule gleich, unabhängig von ihrer Belegenheit. [5]Der Höchstbetrag nach Satz 1 wird für jedes Kind, bei dem die Voraussetzungen vorliegen, je Elternpaar nur einmal gewährt.

(1a) Sonderausgaben sind auch die folgenden Aufwendungen:

1. [1]Unterhaltsleistungen an den geschiedenen oder dauernd getrennt lebenden unbeschränkt einkommensteuerpflichtigen Ehegatten, wenn der Geber dies mit Zustimmung des Empfängers beantragt, bis zu 13.805 Euro im Kalenderjahr. [2]Der Höchstbetrag nach Satz 1 erhöht sich um den Betrag der im jeweiligen Veranlagungszeitraum nach Absatz 1 Nummer 3 für die Absicherung des geschiedenen oder dauernd getrennt lebenden unbeschränkt einkommensteuerpflichtigen Ehegatten aufgewandten Beiträge. [3]Der Antrag kann jeweils nur für ein Kalenderjahr gestellt und nicht zurückgenommen werden. [4]Die Zustimmung ist mit Ausnahme der nach § 894 der Zivilprozessordnung als erteilt geltenden bis auf Widerruf wirksam. [5]Der Widerruf ist vor Beginn des Kalenderjahres, für das die Zustimmung erstmals nicht gelten soll, gegenüber dem Finanzamt zu erklären. [6]Die Sätze 1 bis 5 gelten für Fälle der Nichtigkeit oder der Aufhebung der Ehe entsprechend. [7]Voraussetzung für den Abzug der Aufwendungen ist die Angabe der erteilten Identifikationsnummer (§ 139b der Abgabenordnung) der unterhaltenen Person in der Steuererklärung des Unterhaltsleistenden, wenn die unterhaltene Person der unbeschränkten oder beschränkten Steuerpflicht unterliegt. [8]Die unterhaltene Person ist für diese Zwecke verpflichtet, dem Unterhaltsleistenden ihre erteilte Identifikationsnummer (§ 139b der Abgabenordnung) mitzuteilen. [9]Kommt die unterhaltene Person dieser Verpflichtung nicht nach, ist der Unterhaltsleistende berechtigt, bei der für ihn zuständigen Finanzbehörde die Identifikationsnummer der unterhaltenen Person zu erfragen;

2. [1]auf besonderen Verpflichtungsgründen beruhende, lebenslange und wiederkehrende Versorgungsleistungen, die nicht mit Einkünften in wirtschaftlichem Zusammenhang stehen, die bei der Veranlagung außer Betracht bleiben, wenn der Empfänger unbeschränkt einkommensteuerpflichtig ist. [2]Dies gilt nur für

   a) Versorgungsleistungen im Zusammenhang mit der Übertragung eines Mitunternehmeranteils an einer Personengesellschaft, die eine Tätigkeit im Sinne der §§ 13, 15 Absatz 1 Satz 1 Nummer 1 oder des § 18 Absatz 1 ausübt,

   b) Versorgungsleistungen im Zusammenhang mit der Übertragung eines Betriebs oder Teilbetriebs, sowie

   c) Versorgungsleistungen im Zusammenhang mit der Übertragung eines mindestens 50 Prozent betragenden Anteils an einer Gesellschaft mit beschränkter Haftung, wenn der Übergeber als Geschäftsführer tätig war und der Übernehmer diese Tätigkeit nach der Übertragung übernimmt.

[3]Satz 2 gilt auch für den Teil der Versorgungsleistungen, der auf den Wohnteil eines Betriebs der Land- und Forstwirtschaft entfällt;

3. [1]Ausgleichsleistungen zur Vermeidung eines Versorgungsausgleichs nach § 6 Absatz 1 Satz 2 Nummer 2 und § 23 des Versorgungsausgleichsgesetzes sowie § 1408 Absatz 2 und § 1587 des Bürgerlichen Gesetzbuchs, soweit der Verpflichtete dies mit Zustimmung des Berechtigten beantragt und der Berechtigte unbeschränkt einkommensteuerpflichtig ist. [2]Nummer 1 Satz 3 bis 5 gilt entsprechend. [3]Voraussetzung für den Abzug der Aufwendungen ist die Angabe der erteilten Identifikationsnummer (§ 139b der Abgabenordnung) des Berechtigten in der Steuererklärung des Verpflichteten; Nummer 1 Satz 8 und 9 gilt entsprechend;

4. Ausgleichszahlungen im Rahmen des Versorgungsausgleichs nach den §§ 20 bis 22 und 26 des Versorgungsausgleichsgesetzes und nach den §§ 1587f, 1587g und 1587i des Bürgerlichen Gesetzbuchs in der bis zum 31. August 2009 geltenden Fassung sowie nach § 3a des Gesetzes zur Regelung von Härten im Versorgungsausgleich, soweit die ihnen zu Grunde liegenden Einnahmen bei der ausgleichspflichtigen Person der Besteuerung unterliegen, wenn die ausgleichsberechtigte Person unbeschränkt einkommensteuerpflichtig ist. [2]Nummer 3 Satz 3 gilt entsprechend.

(2) [1]Voraussetzung für den Abzug der in Absatz 1 Nummern 2, 3 und 3a bezeichneten Beträge (Vorsorgeaufwendungen) ist, dass sie

1. nicht in unmittelbarem wirtschaftlichen Zusammenhang mit steuerfreien Einnahmen stehen; ungeachtet dessen sind Vorsorgeaufwendungen im Sinne des Absatzes 1 Nummer 2, 3 und 3a zu berücksichtigen, soweit

   a) sie in unmittelbarem wirtschaftlichen Zusammenhang mit in einem Mitgliedstaat der Europäischen Union oder einem Vertragsstaat des Abkommens über den Europäischen Wirtschaftsraum erzielten Einnahmen aus nichtselbständiger Tätigkeit stehen,

   b) diese Einnahmen nach einem Abkommen zur Vermeidung der Doppelbesteuerung im Inland steuerfrei sind und

   c) der Beschäftigungsstaat keinerlei steuerliche Berücksichtigung von Vorsorgeaufwendungen im Rahmen der Besteuerung dieser Einnahmen zulässt;

   steuerfreie Zuschüsse zu einer Kranken- oder Pflegeversicherung stehen insgesamt in unmittelbarem wirtschaftlichen Zusammenhang mit den Vorsorgeaufwendungen im Sinne des Absatzes 1 Nummer 3,

2. geleistet werden an

   a) [1]Versicherungsunternehmen,

      aa) die ihren Sitz oder ihre Geschäftsleitung in einem Mitgliedstaat der Europäischen Union oder einem Vertragsstaat des Abkommens über den Europäischen Wirtschaftsraum haben und das Versicherungsgeschäft im Inland betreiben dürfen, oder

      bb) denen die Erlaubnis zum Geschäftsbetrieb im Inland erteilt ist.

      [2]Darüber hinaus werden Beiträge nur berücksichtigt, wenn es sich um Beträge im Sinne des Absatzes 1 Nummer 3 Satz 1 Buchstabe a an eine Einrichtung handelt, die eine anderweitige Absicherung im Krankheitsfall im Sinne des § 5 Absatz 1 Nummer 13 des Fünften Buches Sozialgesetzbuch oder eine der Beihilfe oder freien Heilfürsorge vergleichbare Absicherung im Sinne des § 193 Absatz 3 Satz 2 Nummer 2 des Versicherungsvertragsgesetzes gewährt. [3]Dies gilt entsprechend, wenn ein Steuerpflichtiger, der weder seinen Wohnsitz noch seinen gewöhnlichen

Aufenthalt im Inland hat, mit den Beiträgen einen Versicherungsschutz im Sinne des Absatzes 1 Nummer 3 Satz 1 erwirbt,

b) berufsständische Versorgungseinrichtungen,

c) einen Sozialversicherungsträger oder

d) einen Anbieter im Sinne des § 80.

[2]Vorsorgeaufwendungen nach Absatz 1 Nummer 2 Buchstabe b werden nur berücksichtigt, wenn die Beiträge zugunsten eines Vertrags geleistet wurden, der nach § 5a des Altersvorsorgeverträge-Zertifizierungsgesetzes zertifiziert ist, wobei die Zertifizierung Grundlagenbescheid im Sinne des § 171 Absatz 10 der Abgabenordnung ist.

(2a) [1]Bei Vorsorgeaufwendungen nach Absatz 1 Nummer 2 Buchstabe b hat der Anbieter als mitteilungspflichtige Stelle nach Maßgabe des § 93c der Abgabenordnung und unter Angabe der Vertrags- oder der Versicherungsdaten die Höhe der im jeweiligen Beitragsjahr geleisteten Beiträge und die Zertifizierungsnummer an die zentrale Stelle (§ 81) zu übermitteln. [2]§ 22a Absatz 2 gilt entsprechend. [3]§ 72a Absatz 4 und § 93c Absatz 4 der Abgabenordnung finden keine Anwendung.

(2b) [1]Bei Vorsorgeaufwendungen nach Absatz 1 Nummer 3 hat das Versicherungsunternehmen, der Träger der gesetzlichen Kranken- und Pflegeversicherung, die Künstlersozialkasse oder eine Einrichtung im Sinne des Absatzes 2 Satz 1 Nummer 2 Buchstabe a Satz 2 als mitteilungspflichtige Stelle nach Maßgabe des § 93c der Abgabenordnung und unter Angabe der Vertrags- oder der Versicherungsdaten die Höhe der im jeweiligen Beitragsjahr geleisteten und erstatteten Beiträge sowie die in § 93c Absatz 1 Nummer 2 Buchstabe c der Abgabenordnung genannten Daten mit der Maßgabe, dass insoweit als Steuerpflichtiger die versicherte Person gilt, an die zentrale Stelle (§ 81) zu übermitteln; sind Versicherungsnehmer und versicherte Person nicht identisch, sind zusätzlich die Identifikationsnummer und der Tag der Geburt des Versicherungsnehmers anzugeben. [2]Satz 1 gilt nicht, soweit diese Daten mit der elektronischen Lohnsteuerbescheinigung (§ 41b Absatz 1 Satz 2) oder der Rentenbezugsmitteilung (§ 22a Absatz 1 Satz 1 Nummer 4) zu übermitteln sind. [3]§ 22a Absatz 2 gilt entsprechend. [4]Zuständige Finanzbehörde im Sinne des § 72a Absatz 4 und des § 93c Absatz 4 der Abgabenordnung ist das Bundeszentralamt für Steuern. [5]Wird in den Fällen des § 72a Absatz 4 der Abgabenordnung eine unzutreffende Höhe der Beiträge übermittelt, ist die entgangene Steuer mit 30 Prozent des zu hoch ausgewiesenen Betrags anzusetzen.

(3) [1]Vorsorgeaufwendungen nach Absatz 1 Nummer 2 sind bis zu dem Höchstbeitrag zur knappschaftlichen Rentenversicherung, aufgerundet auf einen vollen Betrag in Euro, zu berücksichtigen. [2]Bei zusammenveranlagten Ehegatten verdoppelt sich der Höchstbetrag. [3]Der Höchstbetrag nach Satz 1 oder 2 ist bei Steuerpflichtigen, die

1. Arbeitnehmer sind und die während des ganzen oder eines Teils des Kalenderjahres

   a) in der gesetzlichen Rentenversicherung versicherungsfrei oder auf Antrag des Arbeitgebers von der Versicherungspflicht befreit waren und denen für den Fall ihres Ausscheidens aus der Beschäftigung auf Grund des Beschäftigungsverhältnisses eine lebenslängliche Versorgung oder an deren Stelle eine Abfindung zusteht oder die in der gesetzlichen Rentenversicherung nachzuversichern sind oder

   b) nicht der gesetzlichen Rentenversicherungspflicht unterliegen, eine Berufstätigkeit ausgeübt und im Zusammenhang damit auf Grund vertraglicher Vereinbarungen Anwartschaftsrechte auf eine Altersversorgung erworben haben, oder

2. Einkünfte im Sinne des § 22 Nr. 4 erzielen und die ganz oder teilweise ohne eigene Beitragsleistung einen Anspruch auf Altersversorgung erwerben,

um den Betrag zu kürzen, der, bezogen auf die Einnahmen aus der Tätigkeit, die die Zugehörigkeit zum genannten Personenkreis begründen, dem Gesamtbeitrag (Arbeitgeber- und Arbeitnehmeranteil) zur allgemeinen Rentenversicherung entspricht. [4]Im Kalenderjahr 2013 sind 76 Prozent der nach den Sätzen 1 bis 3 ermittelten Vorsorgeaufwendungen anzusetzen. [5]Der sich danach ergebende Betrag, vermindert um den nach § 3 Nr. 62 steuerfreien Arbeitgeberanteil zur gesetzlichen Rentenversicherung und einen diesem gleichgestellten steuerfreien Zuschuss des Arbeitgebers, ist als Sonderausgabe abziehbar. [6]Der Prozentsatz in Satz 4 erhöht sich in den folgenden Kalenderjahren bis zum Kalenderjahr 2025 um je 2 Prozentpunkte je Kalenderjahr. [7]Beiträge nach § 168 Abs. 1 Nr. 1b oder 1c oder nach § 172 Abs. 3 oder 3a des Sechsten Buches Sozialgesetzbuch vermindern den abziehbaren Betrag nach Satz 5 nur, wenn der Steuerpflichtige die Hinzurechnung dieser Beiträge zu den Vorsorgeaufwendungen nach Absatz 1 Nummer 2 Satz 7 beantragt hat.

(4) [1]Vorsorgeaufwendungen im Sinne des Absatzes 1 Nummer 3 und 3a können je Kalenderjahr insgesamt bis 2.800 Euro abgezogen werden. [2]Der Höchstbetrag beträgt 1.900 Euro bei Steuerpflichtigen, die ganz oder teilweise ohne eigene Aufwendungen einen Anspruch auf vollständige oder teilweise Erstattung oder Übernahme von Krankheitskosten haben oder für deren Krankenversicherung Leistungen im Sinne des § 3 Nummer 9, 14, 57 oder 62 erbracht werden. [3]Bei zusammen veranlagten Ehegatten bestimmt sich der gemeinsame Höchstbetrag aus der Summe der jedem Ehegatten unter den Voraussetzungen von Satz 1 und 2 zustehenden Höchstbeträge. [4]Übersteigen die Vorsorgeaufwendungen im Sinne des Absatzes 1 Nummer 3 die nach den Sätzen 1 bis 3 zu berücksichtigenden Vorsorgeaufwendungen, sind diese abzuziehen und ein Abzug von Vorsorgeaufwendungen im Sinne des Absatzes 1 Nummer 3a scheidet aus.

(4a) [1]Ist in den Kalenderjahren 2013 bis 2019 der Abzug der Vorsorgeaufwendungen nach Absatz 1 Nummer 2 Buchstabe a, Absatz 1 Nummer 3 und Nummer 3a in der für das Kalenderjahr 2004 geltenden Fassung des § 10 Abs. 3 mit folgenden Höchstbeträgen für den Vorwegabzug

Kalenderjahr	Vorwegabzug für den Steuerpflichtigen	Vorwegabzug im Fall der Zusammenveranlagung von Ehegatten
2013	2.100	4.200
2014	1.800	3.600
2015	1.500	3.000
2016	1.200	2.400
2017	900	1.800
2018	600	1.200
2019	300	600

zuzüglich des Erhöhungsbetrags nach Satz 3 günstiger, ist der sich danach ergebende Betrag anstelle des Abzugs nach Absatz 3 und 4 anzusetzen. [2]Mindestens ist bei Anwendung des Satzes 1 der Betrag anzusetzen, der sich ergeben würde, wenn zusätzlich noch die Vorsorgeaufwendungen nach Absatz 1 Nr. 2 Buchstabe b in die Günstigerprüfung einbezogen werden würden; der Erhöhungsbetrag nach Satz 3 ist nicht hinzuzurechnen. [3]Erhöhungsbetrag sind die Beiträge nach Absatz 1 Nr. 2 Buchstabe b, soweit sie nicht den um die Beiträge nach Absatz 1 Nr. 2 Buchstabe a und den nach § 3 Nr. 62 steuerfreien Arbeitgeberanteil zur gesetzlichen Rentenversicherung und einen diesem gleichgestellten steuerfreien Zuschuss verminderten Höchstbetrag nach Absatz 3 Satz 1 bis 3 überschreiten; Absatz 3 Satz 4 und 6 gilt entsprechend.

(4b) [1]Erhält der Steuerpflichtige für die von ihm für einen anderen Veranlagungszeitraum geleisteten Aufwendungen im Sinne des Satzes 2 einen steuerfreien Zuschuss, ist dieser den erstatteten Aufwendungen gleichzustellen. [2]Übersteigen bei den Sonderausgaben nach Absatz 1 Nummer 2 bis 3a die im Veranlagungszeitraum erstatteten Aufwendungen die geleisteten Aufwendungen (Erstattungsüberhang), ist der Erstattungsüberhang mit anderen im Rahmen der jeweiligen Nummer anzusetzenden Aufwendungen zu verrechnen. [3]Ein verbleibender Betrag des sich bei den Aufwendungen nach Absatz 1 Nummer 3 und 4 ergebenden Erstattungsüberhangs ist dem Gesamtbetrag der Einkünfte hinzuzurechnen. [4]Nach Maßgabe des § 93c der Abgabenordnung haben Behörden im Sinne des § 6 Absatz 1 der Abgabenordnung und andere öffentliche Stellen, die einem Steuerpflichtigen für die von ihm geleisteten Beiträge im Sinne des Absatzes 1 Nummer 2, 3 und 3a steuerfreie Zuschüsse gewähren oder Vorsorgeaufwendungen im Sinne dieser Vorschrift erstatten als mitteilungspflichtige Stellen, neben den nach § 93c Absatz 1 der Abgabenordnung erforderlichen Angaben, die zur Gewährung und Prüfung des Sonderausgabenabzugs nach § 10 erforderlichen Daten an die zentrale Stelle zu übermitteln. [5]§ 22a Absatz 2 gilt entsprechend. [6]§ 72a Absatz 4 und § 93c Absatz 4 der Abgabenordnung finden keine Anwendung.

(5) Durch Rechtsverordnung wird bezogen auf den Versicherungstarif bestimmt, wie der nicht abziehbare Teil der Beiträge zum Erwerb eines Krankenversicherungsschutzes im Sinne des Absatzes 1 Nummer 3 Buchstabe a Satz 3 durch einheitliche prozentuale Abschläge auf die zugunsten des jeweiligen Tarifs gezahlte Prämie zu ermitteln ist, soweit der nicht abziehbare Beitragsteil nicht bereits als gesonderter Tarif oder Tarifbaustein ausgewiesen wird.

(6) Absatz 1 Nummer 2 Buchstabe b Doppelbuchstabe aa ist für Vertragsabschlüsse vor dem 1. Januar 2012 mit der Maßgabe anzuwenden, dass der Vertrag die Zahlung der Leibrente nicht vor der Vollendung des 60. Lebensjahres vorsehen darf.

§ 10a Zusätzliche Altersvorsorge

(1) [1]In der inländischen gesetzlichen Rentenversicherung Pflichtversicherte können Altersvorsorgebeiträge (§ 82) zuzüglich der dafür nach Abschnitt XI zustehenden Zulage jährlich bis zu 2.100 Euro als Sonderausgaben abziehen; das Gleiche gilt für

1. Empfänger von inländischer Besoldung nach dem Bundesbesoldungsgesetz oder einem Landesbesoldungsgesetz,
2. Empfänger von Amtsbezügen aus einem inländischen Amtsverhältnis, deren Versorgungsrecht die entsprechende Anwendung des § 69e Abs. 3 und 4 des Beamtenversorgungsgesetzes vorsieht,
3. die nach § 5 Abs. 1 Satz 1 Nr. 2 und 3 des Sechsten Buches Sozialgesetzbuch versicherungsfrei Beschäftigten, die nach § 6 Abs. 1 Satz 1 Nr. 2 oder nach § 230 Abs. 2 Satz 2 des Sechsten Buches Sozialgesetzbuch von der Versicherungspflicht befreiten Beschäftigten, deren Versorgungsrecht die entsprechende Anwendung des § 69e Abs. 3 und 4 des Beamtenversorgungsgesetzes vorsieht,
4. Beamte, Richter, Berufssoldaten und Soldaten auf Zeit, die ohne Besoldung beurlaubt sind, für die Zeit einer Beschäftigung, wenn während der Beurlaubung die

Gewährleistung einer Versorgungsanwartschaft unter den Voraussetzungen des § 5 Abs. 1 Satz 1 des Sechsten Buches Sozialgesetzbuch auf diese Beschäftigung erstreckt wird, und

5. Steuerpflichtige im Sinne der Nummern 1 bis 4, die beurlaubt sind und deshalb keine Besoldung, Amtsbezüge oder Entgelt erhalten, sofern sie eine Anrechnung von Kindererziehungszeiten nach § 56 des Sechsten Buches Sozialgesetzbuch in Anspruch nehmen könnten, wenn die Versicherungsfreiheit in der inländischen gesetzlichen Rentenversicherung nicht bestehen würde,

wenn sie spätestens bis zum Ablauf des Beitragsjahres (§ 88) gegenüber der zuständigen Stelle (§ 81a) schriftlich eingewilligt haben, dass diese der zentralen Stelle (§ 81) jährlich mitteilt, dass der Steuerpflichtige zum begünstigten Personenkreis gehört, dass die zuständige Stelle der zentralen Stelle die für die Ermittlung des Mindesteigenbeitrags (§ 86) und die Gewährung der Kinderzulage (§ 85) erforderlichen Daten übermittelt und die zentrale Stelle diese Daten für das Zulageverfahren verarbeiten darf. [2]Bei der Erteilung der Einwilligung ist der Steuerpflichtige darauf hinzuweisen, dass er die Einwilligung vor Beginn des Kalenderjahres, für das sie erstmals nicht mehr gelten soll, gegenüber der zuständigen Stelle widerrufen kann. [3]Versicherungspflichtige nach dem Gesetz über die Alterssicherung der Landwirte stehen Pflichtversicherten gleich; dies gilt auch für Personen, die

1. eine Anrechnungszeit nach § 58 Absatz 1 Nummer 3 oder Nummer 6 des Sechsten Buches Sozialgesetzbuch in der gesetzlichen Rentenversicherung erhalten und

2. unmittelbar vor einer Anrechnungszeit nach § 58 Absatz 1 Nummer 3 oder Nummer 6 des Sechsten Buches Sozialgesetzbuch einer der im ersten Halbsatz, in Satz 1 oder in Satz 4 genannten begünstigten Personengruppen angehörten.

[4]Die Sätze 1 und 2 gelten entsprechend für Steuerpflichtige, die nicht zum begünstigten Personenkreis nach Satz 1 oder 3 gehören und eine Rente wegen voller Erwerbsminderung oder Erwerbsunfähigkeit oder eine Versorgung wegen Dienstunfähigkeit aus einem der in Satz 1 oder 3 genannten Alterssicherungssysteme beziehen, wenn unmittelbar vor dem Bezug der entsprechenden Leistungen der Leistungsbezieher einer der in Satz 1 oder 3 genannten begünstigten Personengruppen angehörte; dies gilt nicht, wenn der Steuerpflichtige das 67. Lebensjahr vollendet hat. [5]Bei der Ermittlung der dem Steuerpflichtigen zustehenden Zulage nach Satz 1 bleibt die Erhöhung der Grundzulage nach § 84 Satz 2 außer Betracht.

(1a) [1]Sofern eine Zulagenummer (§ 90 Abs. 1 Satz 2) durch die zentrale Stelle oder eine Versicherungsnummer nach § 147 des Sechsten Buches Sozialgesetzbuch noch nicht vergeben ist, haben die in Absatz 1 Satz 1 Nr. 1 bis 5 genannten Steuerpflichtigen über die zuständige Stelle eine Zulagenummer bei der zentralen Stelle zu beantragen. [2]Für Empfänger einer Versorgung im Sinne des Absatzes 1 Satz 4 gilt Satz 1 entsprechend.

(2) [1]Ist der Sonderausgabenabzug nach Absatz 1 für den Steuerpflichtigen günstiger als der Anspruch auf die Zulage nach Abschnitt XI, erhöht sich die unter Berücksichtigung des Sonderausgabenabzugs ermittelte tarifliche Einkommensteuer um den Anspruch auf Zulage. [2]In den anderen Fällen scheidet der Sonderausgabenabzug aus. [3]Die Günstigerprüfung wird von Amts wegen vorgenommen.

(3) [1]Der Abzugsbetrag nach Absatz 1 steht im Fall der Veranlagung von Ehegatten nach § 26 Abs. 1 jedem Ehegatten unter den Voraussetzungen des Absatzes 1 gesondert zu. [2]Gehört nur ein Ehegatte zu dem nach Absatz 1 begünstigten Personenkreis und ist der

andere Ehegatte nach § 79 Satz 2 zulageberechtigt, sind bei dem nach Absatz 1 abzugs-berechtigten Ehegatten die von beiden Ehegatten geleisteten Altersvorsorgebeiträge und die dafür zustehenden Zulagen bei der Anwendung der Absätze 1 und 2 zu berücksichti-gen. [3]Der Höchstbetrag nach Absatz 1 Satz 1 erhöht sich in den Fällen des Satzes 2 um 60 Euro. [4]Dabei sind die von dem Ehegatten, der zu dem nach Absatz 1 begünstigten Personenkreis gehört, geleisteten Altersvorsorgebeiträge vorrangig zu berücksichtigen, jedoch mindestens 60 Euro der von dem anderen Ehegatten geleisteten Altersvorsorge-beiträge. [5]Gehören beide Ehegatten zu dem nach Absatz 1 begünstigten Personenkreis und liegt ein Fall der Veranlagung nach § 26 Abs. 1 vor, ist bei der Günstigerprüfung nach Absatz 2 der Anspruch auf Zulage beider Ehegatten anzusetzen.

(4) [1]Im Fall des Absatzes 2 Satz 1 stellt das Finanzamt die über den Zulageanspruch nach Abschnitt XI hinausgehende Steuerermäßigung gesondert fest und teilt diese der zentralen Stelle (§ 81) mit; § 10d Abs. 4 Satz 3 bis 5 gilt entsprechend. [2]Sind Altersvorsor-gebeiträge zugunsten von mehreren Verträgen geleistet worden, erfolgt die Zurechnung im Verhältnis der nach Absatz 1 berücksichtigten Altersvorsorgebeiträge. [3]Ehegatten ist der nach Satz 1 festzustellende Betrag auch im Falle der Zusammenveranlagung jeweils getrennt zuzurechnen; die Zurechnung erfolgt im Verhältnis der nach Absatz 1 berück-sichtigten Altersvorsorgebeiträge. [4]Werden Altersvorsorgebeiträge nach Absatz 3 Satz 2 berücksichtigt, die der nach § 79 Satz 2 zulageberechtigte Ehegatte zugunsten eines auf seinen Namen lautenden Vertrages geleistet hat, ist die hierauf entfallende Steuerermäßi-gung dem Vertrag zuzurechnen, zu dessen Gunsten die Altersvorsorgebeiträge geleistet wurden. [5]Die Übermittlung an die zentrale Stelle erfolgt unter Angabe der Vertragsnum-mer und der Identifikationsnummer (§ 139b der Abgabenordnung) sowie der Zulage- oder Versicherungsnummer nach § 147 des Sechsten Buches Sozialgesetzbuch.

(5) [1]Nach Maßgabe des § 93c der Abgabenordnung hat der Anbieter als mitteilungs-pflichtige Stelle auch unter Angabe der Vertragsdaten die Höhe der im jeweiligen Bei-tragsjahr zu berücksichtigenden Altersvorsorgebeiträge sowie die Zulage- oder die Ver-sicherungsnummer nach § 147 des Sechsten Buches Sozialgesetzbuch an die zentrale Stelle zu übermitteln. [2]§ 22a Absatz 2 gilt entsprechend. [3]Die Übermittlung muss auch dann erfolgen, wenn im Fall der mittelbaren Zulageberechtigung keine Altersvorsorgebei-träge geleistet worden sind. [4]§ 72a Absatz 4 der Abgabenordnung findet keine Anwen-dung. [5]Die übrigen Voraussetzungen für den Sonderausgabenabzug nach den Absätzen 1 bis 3 werden im Wege der Datenerhebung und des automatisierten Datenabgleichs nach § 91 überprüft. [6]Erfolgt eine Datenübermittlung nach Satz 1 und wurde noch keine Zulagenummer (§ 90 Absatz 1 Satz 2) durch die zentrale Stelle oder keine Versicherungs-nummer nach § 147 des Sechsten Buches Sozialgesetzbuch vergeben, gilt § 90 Ab-satz 1 Satz 2 und 3 entsprechend.

(6) [1]Für die Anwendung der Absätze 1 bis 5 stehen den in der inländischen gesetz-lichen Rentenversicherung Pflichtversicherten nach Absatz 1 Satz 1 die Pflichtmitglieder in einem ausländischen gesetzlichen Alterssicherungssystem gleich, wenn diese Pflicht-mitgliedschaft

1. mit einer Pflichtmitgliedschaft in einem inländischen Alterssicherungssystem nach Ab-satz 1 Satz 1 oder 3 vergleichbar ist und

2. vor dem 1. Januar 2010 begründet wurde.

[2]Für die Anwendung der Absätze 1 bis 5 stehen den Steuerpflichtigen nach Absatz 1 Satz 4 die Personen gleich,

1. die aus einem ausländischen gesetzlichen Alterssicherungssystem eine Leistung erhalten, die den in Absatz 1 Satz 4 genannten Leistungen vergleichbar ist,

2. die unmittelbar vor dem Bezug der entsprechenden Leistung nach Satz 1 oder Absatz 1 Satz 1 oder 3 begünstigt waren und

3. die noch nicht das 67. Lebensjahr vollendet haben.

[3]Als Altersvorsorgebeiträge (§ 82) sind bei den in Satz 1 oder 2 genannten Personen nur diejenigen Beiträge zu berücksichtigen, die vom Abzugsberechtigten zugunsten seines vor dem 1. Januar 2010 abgeschlossenen Vertrags geleistet wurden. [4]Endet die unbeschränkte Steuerpflicht eines Zulageberechtigten im Sinne des Satzes 1 oder 2 durch Aufgabe des inländischen Wohnsitzes oder gewöhnlichen Aufenthalts und wird die Person nicht nach § 1 Absatz 3 als unbeschränkt einkommensteuerpflichtig behandelt, so gelten die §§ 93 und 94 entsprechend; § 95 Absatz 2 und 3 und § 99 Absatz 1 in der am 31. Dezember 2008 geltenden Fassung sind anzuwenden.

(7) Soweit nichts anderes bestimmt ist, sind die Regelungen des § 10a und des Abschnitts XI in der für das jeweilige Beitragsjahr geltenden Fassung anzuwenden.

...

§ 19

(1) [1]Zu den Einkünften aus nichtselbständiger Arbeit gehören

1. Gehälter, Löhne, Gratifikationen, Tantiemen und andere Bezüge und Vorteile für eine Beschäftigung im öffentlichen oder privaten Dienst;

1a. [1]Zuwendungen des Arbeitgebers an seinen Arbeitnehmer und dessen Begleitpersonen anlässlich von Veranstaltungen auf betrieblicher Ebene mit gesellschaftlichem Charakter (Betriebsveranstaltung). [2]Zuwendungen im Sinne des Satzes 1 sind alle Aufwendungen des Arbeitgebers einschließlich Umsatzsteuer unabhängig davon, ob sie einzelnen Arbeitnehmern individuell zurechenbar sind oder ob es sich um einen rechnerischen Anteil an den Kosten der Betriebsveranstaltung handelt, die der Arbeitgeber gegenüber Dritten für den äußeren Rahmen der Betriebsveranstaltung aufwendet. [3]Soweit solche Zuwendungen den Betrag von 110 Euro je Betriebsveranstaltung und teilnehmenden Arbeitnehmer nicht übersteigen, gehören sie nicht zu den Einkünften aus nichtselbständiger Arbeit, wenn die Teilnahme an der Betriebsveranstaltung allen Angehörigen des Betriebs oder eines Betriebsteils offensteht. [4]Satz 3 gilt für bis zu zwei Betriebsveranstaltungen jährlich. [5]Die Zuwendungen im Sinne des Satzes 1 sind abweichend von § 8 Absatz 2 mit den anteilig auf den Arbeitnehmer und dessen Begleitpersonen entfallenden Aufwendungen des Arbeitgebers im Sinne des Satzes 2 anzusetzen;

2. Wartegelder, Ruhegelder, Witwen- und Waisengelder und andere Bezüge und Vorteile aus früheren Dienstleistungen, auch soweit sie von Arbeitgebern ausgleichspflichtiger Personen an ausgleichsberechtigte Personen infolge einer nach § 10 oder § 14 des Versorgungsausgleichsgesetzes durchgeführten Teilung geleistet werden;

3. [1]laufende Beiträge und laufende Zuwendungen des Arbeitgebers aus einem bestehenden Dienstverhältnis an einen Pensionsfonds, eine Pensionskasse oder für eine Direktversicherung für eine betriebliche Altersversorgung. [2]Zu den Einkünften aus nichtselbständiger Arbeit gehören auch Sonderzahlungen, die der Arbeitgeber neben den laufenden Beiträgen und Zuwendungen an eine solche Versorgungseinrichtung leistet, mit Ausnahme der Zahlungen des Arbeitgebers

a) zur erstmaligen Bereitstellung der Kapitalausstattung zur Erfüllung der Solvabilitätskapitalanforderung nach den §§ 89, 213, 234g oder 238 des Versicherungsaufsichtsgesetzes,

b) zur Wiederherstellung einer angemessenen Kapitalausstattung nach unvorhersehbaren Verlusten oder zur Finanzierung der Verstärkung der Rechnungsgrundlagen auf Grund einer unvorhersehbaren und nicht nur vorübergehenden Änderung der Verhältnisse, wobei die Sonderzahlungen nicht zu einer Absenkung des laufenden Beitrags führen oder durch die Absenkung des laufenden Beitrags Sonderzahlungen ausgelöst werden dürfen,

c) in der Rentenbezugszeit nach § 236 Absatz 2 des Versicherungsaufsichtsgesetzes oder

d) in Form von Sanierungsgeldern;

Sonderzahlungen des Arbeitgebers sind insbesondere Zahlungen an eine Pensionskasse anlässlich

a) seines Ausscheidens aus einer nicht im Wege der Kapitaldeckung finanzierten betrieblichen Altersversorgung oder

b) des Wechsels von einer nicht im Wege der Kapitaldeckung zu einer anderen nicht im Wege der Kapitaldeckung finanzierten betrieblichen Altersversorgung.

[3]Von Sonderzahlungen im Sinne des Satzes 2 zweiter Halbsatz Buchstabe b ist bei laufenden und wiederkehrenden Zahlungen entsprechend dem periodischen Bedarf nur auszugehen, soweit die Bemessung der Zahlungsverpflichtungen des Arbeitgebers in das Versorgungssystem nach dem Wechsel die Bemessung der Zahlungsverpflichtung zum Zeitpunkt des Wechsels übersteigt. [4]Sanierungsgelder sind Sonderzahlungen des Arbeitgebers an eine Pensionskasse anlässlich der Systemumstellung einer nicht im Wege der Kapitaldeckung finanzierten betrieblichen Altersversorgung auf der Finanzierungs- oder Leistungsseite, die der Finanzierung der zum Zeitpunkt der Umstellung bestehenden Versorgungsverpflichtungen oder Versorgungsanwartschaften dienen; bei laufenden und wiederkehrenden Zahlungen entsprechend dem periodischen Bedarf ist nur von Sanierungsgeldern auszugehen, soweit die Bemessung der Zahlungsverpflichtungen des Arbeitgebers in das Versorgungssystem nach der Systemumstellung die Bemessung der Zahlungsverpflichtung zum Zeitpunkt der Systemumstellung übersteigt. [5]Es ist gleichgültig, ob es sich um laufende oder um einmalige Bezüge handelt und ob ein Rechtsanspruch auf sie besteht.

(2) [1]Von Versorgungsbezügen bleiben ein nach einem Prozentsatz ermittelter, auf einen Höchstbetrag begrenzter Betrag (Versorgungsfreibetrag) und ein Zuschlag zum Versorgungsfreibetrag steuerfrei. [2]Versorgungsbezüge sind

1. das Ruhegehalt, Witwen- oder Waisengeld, der Unterhaltsbeitrag oder ein gleichartiger Bezug

   a) auf Grund beamtenrechtlicher oder entsprechender gesetzlicher Vorschriften,

   b) nach beamtenrechtlichen Grundsätzen von Körperschaften, Anstalten oder Stiftungen des öffentlichen Rechts oder öffentlich-rechtlichen Verbänden von Körperschaften

   oder

2. in anderen Fällen Bezüge und Vorteile aus früheren Dienstleistungen wegen Erreichens einer Altersgrenze, verminderter Erwerbsfähigkeit oder Hinterbliebenenbezüge; Bezüge wegen Erreichens einer Altersgrenze gelten erst dann als Versorgungsbezü-

ge, wenn der Steuerpflichtige das 63. Lebensjahr oder, wenn er schwerbehindert ist, das 60. Lebensjahr vollendet hat.

[3]Der maßgebende Prozentsatz, der Höchstbetrag des Versorgungsfreibetrags und der Zuschlag zum Versorgungsfreibetrag sind der nachstehenden Tabelle zu entnehmen:

Jahr des Versor-gungsbeginns	Versorgungsfreibetrag		Zuschlag zum Ver-sorgungsfreibetrag in Euro
	in % der Versor-gungsbezüge	Höchstbetrag in Euro	
bis 2005	40,0	3.000	900
ab 2006	38,4	2.880	864
2007	36,8	2.760	828
2008	35,2	2.640	792
2009	33,6	2.520	756
2010	32,0	2.400	720
2011	30,4	2.280	684
2012	28,8	2.160	648
2013	27,2	2.040	612
2014	25,6	1.920	576
2015	24,0	1.800	540
2016	22,4	1.680	504
2017	20,8	1.560	468
2018	19,2	1.440	432
2019	17,6	1.320	396
2020	16,0	1.200	360
2021	15,2	1.140	342
2022	14,4	1.080	324
2023	13,6	1.020	306
2024	12,8	960	288
2025	12,0	900	270
2026	11,2	840	252
2027	10,4	780	234
2028	9,6	720	216
2029	8,8	660	198
2030	8,0	600	180
2031	7,2	540	162
2032	6,4	480	144
2033	5,6	420	126
2034	4,8	360	108
2035	4,0	300	90

Jahr des Versor-	Versorgungsfreibetrag		Zuschlag zum Ver-
gungsbeginns	in % der Versor-gungsbezüge	Höchstbetrag in Euro	sorgungsfreibetrag in Euro
2036	3,2	240	72
2037	2,4	180	54
2038	1,6	120	36
2039	0,8	60	18
2040	0,0	0	0

[4]Bemessungsgrundlage für den Versorgungsfreibetrag ist
a) bei Versorgungsbeginn vor 2005
    das Zwölffache des Versorgungsbezugs für Januar 2005,
b) bei Versorgungsbeginn ab 2005
    das Zwölffache des Versorgungsbezugs für den ersten vollen Monat,

jeweils zuzüglich voraussichtlicher Sonderzahlungen im Kalenderjahr, auf die zu diesem Zeitpunkt ein Rechtsanspruch besteht. [5]Der Zuschlag zum Versorgungsfreibetrag darf nur bis zur Höhe der um den Versorgungsfreibetrag geminderten Bemessungsgrundlage berücksichtigt werden. [6]Bei mehreren Versorgungsbezügen mit unterschiedlichem Bezugsbeginn bestimmen sich der insgesamt berücksichtigungsfähige Höchstbetrag des Versorgungsfreibetrags und der Zuschlag zum Versorgungsfreibetrag nach dem Jahr des Beginns des ersten Versorgungsbezugs. [7]Folgt ein Hinterbliebenenbezug einem Versorgungsbezug, bestimmen sich der Prozentsatz, der Höchstbetrag des Versorgungsfreibetrags und der Zuschlag zum Versorgungsfreibetrag für den Hinterbliebenenbezug nach dem Jahr des Beginns des Versorgungsbezugs. [8]Der nach den Sätzen 3 bis 7 berechnete Versorgungsfreibetrag und Zuschlag zum Versorgungsfreibetrag gelten für die gesamte Laufzeit des Versorgungsbezugs. [9]Regelmäßige Anpassungen des Versorgungsbezugs führen nicht zu einer Neuberechnung. [10]Abweichend hiervon sind der Versorgungsfreibetrag und der Zuschlag zum Versorgungsfreibetrag neu zu berechnen, wenn sich der Versorgungsbezug wegen Anwendung von Anrechnungs-, Ruhens-, Erhöhungs- oder Kürzungsregelungen erhöht oder vermindert. [11]In diesen Fällen sind die Sätze 3 bis 7 mit dem geänderten Versorgungsbezug als Bemessungsgrundlage im Sinne des Satzes 4 anzuwenden; im Kalenderjahr der Änderung sind der höchste Versorgungsfreibetrag und Zuschlag zum Versorgungsfreibetrag maßgebend. [12]Für jeden vollen Kalendermonat, für den keine Versorgungsbezüge gezahlt werden, ermäßigen sich der Versorgungsfreibetrag und der Zuschlag zum Versorgungsfreibetrag in diesem Kalenderjahr um je ein Zwölftel.

§ 19a

(aufgehoben)

§ 20

(1) [1]Zu den Einkünften aus Kapitalvermögen gehören

...

6. [1]der Unterschiedsbetrag zwischen der Versicherungsleistung und der Summe der auf sie entrichteten Beiträge (Erträge) im Erlebensfall oder bei Rückkauf des Vertrags bei Rentenversicherungen mit Kapitalwahlrecht, soweit nicht die lebenslange Rentenzahlung gewählt und erbracht wird, und bei Kapitalversicherungen mit Sparanteil, wenn

der Vertrag nach dem 31. Dezember 2004 abgeschlossen worden ist. [2]Wird die Versicherungsleistung nach Vollendung des 60. Lebensjahres des Steuerpflichtigen und nach Ablauf von zwölf Jahren seit dem Vertragsabschluss ausgezahlt, ist die Hälfte des Unterschiedsbetrags anzusetzen. [3]Bei entgeltlichem Erwerb des Anspruchs auf die Versicherungsleistung treten die Anschaffungskosten an die Stelle der vor dem Erwerb entrichteten Beiträge. [4]Die Sätze 1 bis 3 sind auf Erträge aus fondsgebundenen Lebensversicherungen, auf Erträge im Erlebensfall bei Rentenversicherungen ohne Kapitalwahlrecht, soweit keine lebenslange Rentenzahlung vereinbart und erbracht wird, und auf Erträge bei Rückkauf des Vertrages bei Rentenversicherungen ohne Kapitalwahlrecht entsprechend anzuwenden. [5]Ist in einem Versicherungsvertrag eine gesonderte Verwaltung von speziell für diesen Vertrag zusammengestellten Kapitalanlagen vereinbart, die nicht auf öffentlich vertriebene Investmentfondsanteile oder Anlagen, die die Entwicklung eines veröffentlichten Indexes abbilden, beschränkt ist, und kann der wirtschaftlich Berechtigte unmittelbar oder mittelbar über die Veräußerung der Vermögensgegenstände und die Wiederanlage der Erlöse bestimmen (vermögensverwaltender Versicherungsvertrag), sind die dem Versicherungsunternehmen zufließenden Erträge dem wirtschaftlich Berechtigten aus dem Versicherungsvertrag zuzurechnen; Sätze 1 bis 4 sind nicht anzuwenden. 6Satz 2 ist nicht anzuwenden, wenn

a) in einem Kapitallebensversicherungsvertrag mit vereinbarter laufender Beitragszahlung in mindestens gleichbleibender Höhe bis zum Zeitpunkt des Erlebensfalls die vereinbarte Leistung bei Eintritt des versicherten Risikos weniger als 50 Prozent der Summe der für die gesamte Vertragsdauer zu zahlenden Beiträge beträgt und

b) [1]bei einem Kapitallebensversicherungsvertrag die vereinbarte Leistung bei Eintritt des versicherten Risikos das Deckungskapital oder den Zeitwert der Versicherung spätestens fünf Jahre nach Vertragsabschluss nicht um mindestens 10 Prozent des Deckungskapitals, des Zeitwerts oder der Summe der gezahlten Beiträge übersteigt. [2]Dieser Prozentsatz darf bis zum Ende der Vertragslaufzeit in jährlich gleichen Schritten auf Null sinken.

[7]Hat der Steuerpflichtige Ansprüche aus einem von einer anderen Person abgeschlossenen Vertrag entgeltlich erworben, gehört zu den Einkünften aus Kapitalvermögen auch der Unterschiedsbetrag zwischen der Versicherungsleistung bei Eintritt eines versicherten Risikos und den Aufwendungen für den Erwerb und Erhalt des Versicherungsanspruches; insoweit findet Satz 2 keine Anwendung. [8]Satz 7 gilt nicht, wenn die versicherte Person den Versicherungsanspruch von einem Dritten erwirbt oder aus anderen Rechtsverhältnissen entstandene Abfindungs- und Ausgleichsansprüche arbeitsrechtlicher, erbrechtlicher oder familienrechtlicher Art durch Übertragung von Ansprüchen aus Versicherungsverträgen erfüllt werden. [9]Bei fondsgebundenen Lebensversicherungen sind 15 Prozent des Unterschiedsbetrages steuerfrei oder dürfen nicht bei der Ermittlung der Einkünfte abgezogen werden, soweit der Unterschiedsbetrag aus Investmenterträgen stammt;

(…)

§ 22 Arten der sonstigen Einkünfte

Sonstige Einkünfte sind

1. [1]Einkünfte aus wiederkehrenden Bezügen, soweit sie nicht zu den in § 2 Abs. 1 Nr. 1 bis 6 bezeichneten Einkunftsarten gehören; § 15b ist sinngemäß anzuwenden. [2]Wer-

den die Bezüge freiwillig oder auf Grund einer freiwillig begründeten Rechtspflicht oder einer gesetzlich unterhaltsberechtigten Person gewährt, so sind sie nicht dem Empfänger zuzurechnen; dem Empfänger sind dagegen zuzurechnen

a) Bezüge, die von einer Körperschaft, Personenvereinigung oder Vermögensmasse außerhalb der Erfüllung steuerbegünstigter Zwecke im Sinne der §§ 52 bis 54 der Abgabenordnung gewährt werden, und

b) Bezüge im Sinne des § 1 der Verordnung über die Steuerbegünstigung von Stiftungen, die an die Stelle von Familienfideikommissen getreten sind, in der im Bundesgesetzblatt Teil III, Gliederungsnummer 611-4-3, veröffentlichten bereinigten Fassung.

[3]Zu den in Satz 1 bezeichneten Einkünften gehören auch

a) Leibrenten und andere Leistungen,

    aa) [1]die aus den gesetzlichen Rentenversicherungen, der landwirtschaftlichen Alterskasse, den berufsständischen Versorgungseinrichtungen und aus Rentenversicherungen im Sinne des § 10 Abs. 1 Nr. 2 Buchstabe b erbracht werden, soweit sie jeweils der Besteuerung unterliegen. [2]Bemessungsgrundlage für den der Besteuerung unterliegenden Anteil ist der Jahresbetrag der Rente. [3]Der der Besteuerung unterliegende Anteil ist nach dem Jahr des Rentenbeginns und dem in diesem Jahr maßgebenden Prozentsatz aus der nachstehenden Tabelle zu entnehmen:

Jahr des Rentenbeginns	Besteuerungsanteil in %
bis 2005	50
ab 2006	52
2007	54
2008	56
2009	58
2010	60
2011	62
2012	64
2013	66
2014	68
2015	70
2016	72
2017	74
2018	76
2019	78
2020	80
2021	81
2022	82
2023	83
2024	84
2025	85

Jahr des Rentenbeginns	Besteuerungsanteil in %
2026	86
2027	87
2028	88
2029	89
2030	90
2031	91
2032	92
2033	93
2034	94
2035	95
2036	96
2037	97
2038	98
2039	99
2040	100

[4]Der Unterschiedsbetrag zwischen dem Jahresbetrag der Rente und dem der Besteuerung unterliegenden Anteil der Rente ist der steuerfreie Teil der Rente. [5]Dieser gilt ab dem Jahr, das dem Jahr des Rentenbeginns folgt, für die gesamte Laufzeit des Rentenbezugs. [6]Abweichend hiervon ist der steuerfreie Teil der Rente bei einer Veränderung des Jahresbetrags der Rente in dem Verhältnis anzupassen, in dem der veränderte Jahresbetrag der Rente zum Jahresbetrag der Rente steht, der der Ermittlung des steuerfreien Teils der Rente zugrunde liegt. [7]Regelmäßige Anpassungen des Jahresbetrags der Rente führen nicht zu einer Neuberechnung und bleiben bei einer Neuberechnung außer Betracht. [8]Folgen nach dem 31. Dezember 2004 Renten aus derselben Versicherung einander nach, gilt für die spätere Rente Satz 3 mit der Maßgabe, dass sich der Prozentsatz nach dem Jahr richtet, das sich ergibt, wenn die Laufzeit der vorhergehenden Renten von dem Jahr des Beginns der späteren Rente abgezogen wird; der Prozentsatz kann jedoch nicht niedriger bemessen werden als der für das Jahr 2005;

bb) [1]die nicht solche im Sinne des Doppelbuchstaben aa sind und bei denen in den einzelnen Bezügen Einkünfte aus Erträgen des Rentenrechts enthalten sind. [2]Dies gilt auf Antrag auch für Leibrenten und andere Leistungen, soweit diese auf bis zum 31. Dezember 2004 geleisteten Beiträgen beruhen, welche oberhalb des Betrags des Höchstbeitrags zur gesetzlichen Rentenversicherung gezahlt wurden; der Steuerpflichtige muss nachweisen, dass der Betrag des Höchstbeitrags mindestens zehn Jahre überschritten wurde; soweit hiervon im Versorgungsausgleich übertragene Rentenanwartschaften betroffen sind, gilt § 4 Abs. 1 und 2 des Versorgungsausgleichsgesetzes entsprechend. [3]Als Ertrag des Rentenrechts gilt für die gesamte Dauer des Rentenbezugs der Unterschiedsbetrag zwischen dem Jahresbetrag der Rente und dem Betrag, der sich bei gleichmäßiger Verteilung des Kapitalwerts der Rente auf ihre voraussichtliche Laufzeit ergibt; dabei ist der Kapitalwert nach dieser Laufzeit zu berechnen. [4]Der Ertrag des Rentenrechts (Ertragsanteil) ist aus der nachstehenden Tabelle zu entnehmen:

Bei Beginn der Rente vollendetes Lebensjahr des Rentenberechtigten	Ertragsanteil in %	Bei Beginn der Rente vollendetes Lebensjahr des Rentenberechtigten	Ertragsanteil in %
0 bis 1	59	51 bis 52	29
2 bis 3	58	53	28
4 bis 5	57	54	27
6 bis 8	56	55 bis 56	26
9 bis 10	55	57	25
11 bis 12	54	58	24
13 bis 14	53	59	23
15 bis 16	52	60 bis 61	22
17 bis 18	51	62	21
19 bis 20	50	63	20
21 bis 22	49	64	19
23 bis 24	48	65 bis 66	18
25 bis 26	47	67	17
27	46	68	16
28 bis 29	45	69 bis 70	15
30 bis 31	44	71	14
32	43	72 bis 73	13
33 bis 34	42	74	12
35	41	75	11
36 bis 37	40	76 bis 77	10
38	39	78 bis 79	9
39 bis 40	38	80	8
41	37	81 bis 82	7
42	36	83 bis 84	6
43 bis 44	35	85 bis 87	5
45	34	88 bis 91	4
46 bis 47	33	92 bis 93	3
48	32	94 bis 96	2
49	31	ab 97	1
50	30		

[5]Die Ermittlung des Ertrags aus Leibrenten, die vor dem 1. Januar 1955 zu laufen begonnen haben, und aus Renten, deren Dauer von der Lebenszeit mehrerer Personen oder einer anderen Person als des Rentenberechtigten abhängt, sowie aus Leibrenten, die auf eine bestimmte Zeit beschränkt sind, wird durch eine Rechtsverordnung bestimmt;

b) Einkünfte aus Zuschüssen und sonstigen Vorteilen, die als wiederkehrende Bezüge gewährt werden;

1a. Einkünfte aus Leistungen und Zahlungen nach § 10 Abs. 1a, soweit für diese die Voraussetzungen für den Sonderausgabenabzug beim Leistungs- oder Zahlungsverpflichteten nach § 10 Abs. 1a erfüllt sind;

2. Einkünfte aus privaten Veräußerungsgeschäften im Sinne des § 23;

3. [1]Einkünfte aus Leistungen, soweit sie weder zu anderen Einkunftsarten (§ 2 Abs. 1 Satz 1 Nr. 1 bis 6) noch zu den Einkünften im Sinne der Nummern 1, 1a, 2 oder 4 gehören, z.B. Einkünfte aus gelegentlichen Vermittlungen und aus der Vermietung beweglicher Gegenstände. [2]Solche Einkünfte sind nicht einkommensteuerpflichtig, wenn sie weniger als 256 Euro im Kalenderjahr betragen haben. [3]Übersteigen die Werbungskosten die Einnahmen, so darf der übersteigende Betrag bei Ermittlung des Einkommens nicht ausgeglichen werden; er darf auch nicht nach § 10d abgezogen werden. [4]Die Verluste mindern jedoch nach Maßgabe des § 10d die Einkünfte, die der Steuerpflichtige in dem unmittelbar vorangegangenen Veranlagungszeitraum oder in den folgenden Veranlagungszeiträumen aus Leistungen im Sinne des Satzes 1 erzielt hat oder erzielt; § 10d Abs. 4 gilt entsprechend;

4. [1]Entschädigungen, Amtszulagen, Zuschüsse zu Kranken- und Pflegeversicherungsbeiträgen, Übergangsgelder, Überbrückungsgelder, Sterbegelder, Versorgungsabfindungen, Versorgungsbezüge, die auf Grund des Abgeordnetengesetzes oder des Europaabgeordnetengesetzes, sowie vergleichbare Bezüge, die auf Grund der entsprechenden Gesetze der Länder gezahlt werden, und die Entschädigungen, das Übergangsgeld, das Ruhegehalt und die Hinterbliebenenversorgung, die auf Grund des Abgeordnetenstatuts des Europäischen Parlaments von der Europäischen Union gezahlt werden. [2]Werden zur Abgeltung des durch das Mandat veranlassten Aufwandes Aufwandsentschädigungen gezahlt, so dürfen die durch das Mandat veranlassten Aufwendungen nicht als Werbungskosten abgezogen werden. [3]Wahlkampfkosten zur Erlangung eines Mandats im Bundestag, im Europäischen Parlament oder im Parlament eines Landes dürfen nicht als Werbungskosten abgezogen werden. [4]Es gelten entsprechend

a) für Nachversicherungsbeiträge auf Grund gesetzlicher Verpflichtung nach den Abgeordnetengesetzen im Sinne des Satzes 1 und für Zuschüsse zu Kranken- und Pflegeversicherungsbeiträgen § 3 Nr. 62,

b) für Versorgungsbezüge § 19 Abs. 2 nur bezüglich des Versorgungsfreibetrags; beim Zusammentreffen mit Versorgungsbezügen im Sinne des § 19 Abs. 2 Satz 2 bleibt jedoch insgesamt höchstens ein Betrag in Höhe des Versorgungsfreibetrags nach § 19 Abs. 2 Satz 3 im Veranlagungszeitraum steuerfrei,

c) für das Übergangsgeld, das in einer Summe gezahlt wird, und für die Versorgungsabfindung § 34 Abs. 1,

d) für die Gemeinschaftssteuer, die auf die Entschädigungen, das Übergangsgeld, das Ruhegehalt und die Hinterbliebenenversorgung auf Grund des Abgeordnetenstatuts des Europäischen Parlaments von der Europäischen Union erhoben wird, § 34c Abs. 1; dabei sind die im ersten Halbsatz genannten Einkünfte für die entsprechende Anwendung des § 34c Abs. 1 wie ausländische Einkünfte und die Gemeinschaftssteuer wie eine der deutschen Einkommensteuer entsprechende ausländische Steuer zu behandeln;

5. [1]Leistungen aus Altersvorsorgeverträgen, Pensionsfonds, Pensionskassen und Direktversicherungen. [2]Soweit die Leistungen nicht auf Beiträgen, auf die § 3 Nr. 63, 63a, § 10a, Abschnitt XI oder Abschnitt XII angewendet wurden, nicht auf Zulagen im Sinne des Abschnitts XI, nicht auf Zahlungen im Sinne des § 92a Abs. 2 Satz 4 Nr. 1 und des § 92a Abs. 3 Satz 9 Nr. 2, nicht auf steuerfreien Leistungen nach § 3 Nr. 66 und nicht auf Ansprüchen beruhen, die durch steuerfreie Zuwendungen nach § 3 Nr. 56 oder die durch die nach § 3 Nr. 55b Satz 1 oder § 3 Nr. 55c steuerfreie Leistung aus einem neu begründeten Anrecht erworben wurden,

   a) ist bei lebenslangen Renten sowie bei Berufsunfähigkeits-, Erwerbsminderungs- und Hinterbliebenenrenten Nr. 1 Satz 3 Buchstabe a entsprechend anzuwenden,

   b) ist bei Leistungen aus Versicherungsverträgen, Pensionsfonds, Pensionskassen und Direktversicherungen, die nicht solche nach Buchstabe a sind, § 20 Abs. 1 Nr. 6 in der jeweils für den Vertrag geltenden Fassung entsprechend anzuwenden,

   c) unterliegt bei anderen Leistungen der Unterschiedsbetrag zwischen der Leistung und der Summe der auf sie entrichteten Beiträge der Besteuerung; § 20 Abs. 1 Nr. 6 Satz 2 gilt entsprechend.

[3]In den Fällen des § 93 Abs. 1 Satz 1 und 2 gilt das ausgezahlte geförderte Altersvorsorgevermögen nach Abzug der Zulagen im Sinne des Abschnitts XI als Leistung im Sinne des Satzes 2. [4]Als Leistung im Sinne des Satzes 1 gilt auch der Verminderungsbetrag nach § 92a Abs. 2 Satz 5 und der Auflösungsbetrag nach § 92a Abs. 3 Satz 5. [5]Der Auflösungsbetrag nach § 92a Abs. 2 Satz 6 wird zu 70 Prozent als Leistung nach Satz 1 erfasst. [6]Tritt nach dem Beginn der Auszahlungsphase zu Lebzeiten des Zulageberechtigten der Fall des § 92a Abs. 3 Satz 1 ein, dann ist

   a) innerhalb eines Zeitraums bis zum zehnten Jahr nach dem Beginn der Auszahlungsphase das Eineinhalbfache,

   b) innerhalb eines Zeitraums zwischen dem zehnten und 20. Jahr nach dem Beginn der Auszahlungsphase das Einfache

des nach Satz 5 noch nicht erfassten Auflösungsbetrags als Leistung nach Satz 1 zu erfassen; § 92a Abs. 3 Satz 9 gilt entsprechend mit der Maßgabe, dass als noch nicht zurückgeführter Betrag im Wohnförderkonto der noch nicht erfasste Auflösungsbetrag gilt. [7]Bei erstmaligem Bezug von Leistungen, in den Fällen des § 93 Abs. 1 sowie bei Änderung der im Kalenderjahr auszuzahlenden Leistung hat der Anbieter (§ 80) nach Ablauf des Kalenderjahres dem Steuerpflichtigen nach amtlich vorgeschriebenem Muster den Betrag der im abgelaufenen Kalenderjahr zugeflossenen Leistungen im Sinne der Sätze 1 bis 3 je gesondert mitzuteilen. [8]Werden dem Steuerpflichtigen Abschluss- und Vertriebskosten eines Altersvorsorgevertrages erstattet, gilt der Erstattungsbetrag als Leistung im Sinne des Satzes 1. [9]In den Fällen des § 3 Nr. 55a richtet sich die Zuordnung zu Satz 1 oder Satz 2 bei der ausgleichsberechtigten Person danach, wie eine nur auf die Ehezeit bezogene Zuordnung der sich aus dem übertragenen Anrecht ergebenden Leistung zu Satz 1 oder Satz 2 bei der ausgleichspflichtigen Person im Zeitpunkt der Übertragung ohne die Teilung vorzunehmen gewesen wäre. [10]Dies gilt sinngemäß in den Fällen des § 3 Nr. 55 und 55e. [11]Wird eine Versorgungsverpflichtung nach § 3 Nr. 66 auf einen Pensionsfonds übertragen und hat der Steuerpflichtige bereits vor dieser Übertragung Leistungen auf Grund dieser Versorgungsverpflichtung erhalten, so sind insoweit auf die Leistungen aus dem Pensionsfonds im Sinne des Satzes 1 die Beträge nach § 9a Satz 1 Nr. 1 und § 19 Abs. 2 entsprechend anzuwenden; § 9a Satz 1 Nr. 3 ist nicht anzuwenden. [12]Wird auf Grund einer internen Teilung nach § 10 des Versorgungsausgleichsgesetzes oder einer externen Teilung nach § 14 des Versorgungsausgleichsgesetzes ein Anrecht zugunsten der ausgleichsberechtigten Person begründet, so gilt dieser Vertrag insoweit zu dem gleichen Zeitpunkt als abgeschlossen wie der Vertrag der ausgleichspflichtigen Person, wenn die aus dem Vertrag der ausgleichspflichtigen Person ausgezahlten Leistungen zu einer Besteuerung nach Satz 2 führen. [13]Für Leistungen aus Altersvorsorgeverträgen nach § 93 Abs. 3 ist § 34 Abs. 1 entsprechend anzuwenden. [14]Soweit Begünstigungen, die mit denen in Satz 2 vergleichbar sind, bei der deutschen Besteuerung gewährt wurden, gelten die darauf beruhenden Leistungen ebenfalls als Leistung nach Satz 1. [15]§ 20 Abs. 1 Nr. 6 Satz 9 in der ab dem 27. Juli 2016 geltenden Fassung ist anzuwenden, soweit keine Steuerbefreiung nach den §§ 8 bis 12 des Investmentsteuergesetzes erfolgt ist.

§ 22a Rentenbezugsmitteilungen an die zentrale Stelle

(1) [1]Nach Maßgabe des § 93c der Abgabenordnung haben die Träger der gesetzlichen Rentenversicherung, die landwirtschaftliche Alterskasse, die berufsständischen Versorgungseinrichtungen, die Pensionskassen, die Pensionsfonds, die Versicherungsunternehmen, die Unternehmen, die Verträge im Sinne des § 10 Absatz 1 Nummer 2 Buchstabe b anbieten, und die Anbieter im Sinne des § 80 als mitteilungspflichtige Stellen der zentralen Stelle (§ 81) unter Beachtung der im Bundessteuerblatt veröffentlichten Auslegungsvorschriften der Finanzverwaltung folgende Daten zu übermitteln (Rentenbezugsmitteilung):

1. [1]die in § 93c Absatz 1 Nummer 2 Buchstabe c der Abgabenordnung genannten Daten mit der Maßgabe, dass der Leistungsempfänger als Steuerpflichtiger gilt. [2]Eine inländische Anschrift des Leistungsempfängers ist nicht zu übermitteln. [3]Ist der mitteilungspflichtigen Stelle eine ausländische Anschrift des Leistungsempfängers bekannt, ist diese anzugeben. [4]In diesen Fällen ist auch die Staatsangehörigkeit des Leistungsempfängers, soweit bekannt, mitzuteilen;

2. [1]je gesondert den Betrag der Leibrenten und anderen Leistungen im Sinne des § 22 Nummer 1 Satz 3 Buchstabe a Doppelbuchstabe aa und bb Satz 4 sowie Doppelbuchstabe bb Satz 5 in Verbindung mit § 55 Absatz 2 der Einkommensteuer-Durchführungsverordnung sowie im Sinne des § 22 Nummer 5 Satz 1 bis 3. [2]Der im Betrag der Rente enthaltene Teil, der ausschließlich auf einer Anpassung der Rente beruht, ist gesondert mitzuteilen;

3. Zeitpunkt des Beginns und des Endes des jeweiligen Leistungsbezugs; folgen nach dem 31. Dezember 2004 Renten aus derselben Versicherung einander nach, so ist auch die Laufzeit der vorhergehenden Renten mitzuteilen;

4. die Beiträge im Sinne des § 10 Absatz 1 Nummer 3 Buchstabe a Satz 1 und 2 und Buchstabe b, soweit diese von der mitteilungspflichtigen Stelle an die Träger der gesetzlichen Kranken- und Pflegeversicherung abgeführt werden;

5. die dem Leistungsempfänger zustehenden Beitragszuschüsse nach § 106 des Sechsten Buches Sozialgesetzbuch;

6. ab dem 1. Januar 2017 ein gesondertes Merkmal und ab dem 1. Januar 2019 zwei gesonderte Merkmale für Verträge, auf denen gefördertes Altersvorsorgevermögen

gebildet wurde; die zentrale Stelle ist in diesen Fällen berechtigt, die Daten dieser Rentenbezugsmitteilung im Zulagekonto zu speichern und zu verarbeiten;

7. ab dem 1. Januar 2019 die gesonderte Kennzeichnung einer Leistung aus einem Altersvorsorgevertrag nach § 93 Absatz 3.

[2]§ 72a Absatz 4 und § 93c Absatz 1 Nummer 3 der Abgabenordnung finden keine Anwendung.

(2) [1]Der Leistungsempfänger hat der mitteilungspflichtigen Stelle seine Identifikationsnummer sowie den Tag seiner Geburt mitzuteilen. [2]Teilt der Leistungsempfänger die Identifikationsnummer der mitteilungspflichtigen Stelle trotz Aufforderung nicht mit, übermittelt das Bundeszentralamt für Steuern der mitteilungspflichtigen Stelle auf deren Anfrage die Identifikationsnummer des Leistungsempfängers sowie, falls es sich bei der mitteilungspflichtigen Stelle um einen Träger der gesetzlichen Sozialversicherung handelt, auch den beim Bundeszentralamt für Steuern gespeicherten Tag der Geburt des Leistungsempfängers (§ 139b Absatz 3 Nummer 8 der Abgabenordnung), wenn dieser von dem in der Anfrage übermittelten Tag der Geburt abweicht und für die weitere Datenübermittlung benötigt wird; weitere Daten dürfen nicht übermittelt werden. [3]In der Anfrage dürfen nur die in § 139b Abs. 3 der Abgabenordnung genannten Daten des Leistungsempfängers angegeben werden, soweit sie der mitteilungspflichtigen Stelle bekannt sind. [4]Die Anfrage der mitteilungspflichtigen Stelle und die Antwort des Bundeszentralamtes für Steuern sind nach amtlich vorgeschriebenem Datensatz durch Datenfernübertragung über die zentrale Stelle zu übermitteln. [5]Die zentrale Stelle führt eine ausschließlich automatisierte Prüfung der ihr übermittelten Daten daraufhin durch, ob sie vollständig und schlüssig sind und ob das vorgeschriebene Datenformat verwendet worden ist. [6]Sie speichert die Daten des Leistungsempfängers nur für Zwecke dieser Prüfung bis zur Übermittlung an das Bundeszentralamt für Steuern oder an die mitteilungspflichtige Stelle. [7]Die Daten sind für die Übermittlung zwischen der zentralen Stelle und dem Bundeszentralamt für Steuern zu verschlüsseln. [8]Die mitteilungspflichtige Stelle darf die Identifikationsnummer sowie einen nach Satz 2 mitgeteilten Tag der Geburt nur verarbeiten, soweit dies für die Erfüllung der Mitteilungspflicht nach Absatz 1 Satz 1 erforderlich ist. [9]§ 93c der Abgabenordnung ist für das Verfahren nach den Sätzen 1 bis 8 nicht anzuwenden.

(3) Die mitteilungspflichtige Stelle hat den Leistungsempfänger jeweils darüber zu unterrichten, dass die Leistung der zentralen Stelle mitgeteilt wird.

(4) (aufgehoben)

(5) [1]Wird eine Rentenbezugsmitteilung nicht innerhalb der in § 93c Absatz 1 Nummer 1 der Abgabenordnung genannten Frist übermittelt, so ist für jeden angefangenen Monat, in dem die Rentenbezugsmitteilung noch aussteht, ein Betrag in Höhe von 10 Euro für jede ausstehende Rentenbezugsmitteilung an die zentrale Stelle zu entrichten (Verspätungsgeld). [2]Die Erhebung erfolgt durch die zentrale Stelle im Rahmen ihrer Prüfung nach § 93c Absatz 4 der Abgabenordnung. [3]Von der Erhebung ist abzusehen, soweit die Fristüberschreitung auf Gründen beruht, die die mitteilungspflichtige Stelle nicht zu vertreten hat. [4]Das Handeln eines gesetzlichen Vertreters oder eines Erfüllungsgehilfen steht dem eigenen Handeln gleich. [5]Das von einer mitteilungspflichtigen Stelle zu entrichtende Verspätungsgeld darf 50.000 Euro für alle für einen Veranlagungszeitraum zu übermittelnden Rentenbezugsmitteilungen nicht übersteigen.

...

§ 24a Altersentlastungsbetrag

[1]Der Altersentlastungsbetrag ist bis zu einem Höchstbetrag im Kalenderjahr ein nach einem Prozentsatz ermittelter Betrag des Arbeitslohns und der positiven Summe der Einkünfte, die nicht solche aus nichtselbständiger Arbeit sind. [2]Bei der Bemessung des Betrags bleiben außer Betracht:

1. Versorgungsbezüge im Sinne des § 19 Abs. 2;
2. Einkünfte aus Leibrenten im Sinne des § 22 Nr. 1 Satz 3 Buchstabe a;
3. Einkünfte im Sinne des § 22 Nr. 4 Satz 4 Buchstabe b;
4. Einkünfte im Sinne des § 22 Nr. 5 Satz 1, soweit § 22 Nr. 5 Satz 11 anzuwenden ist;
5. Einkünfte im Sinne des § 22 Nr. 5 Satz 2 Buchstabe a.

[3]Der Altersentlastungsbetrag wird einem Steuerpflichtigen gewährt, der vor dem Beginn des Kalenderjahres, in dem er sein Einkommen bezogen hat, das 64. Lebensjahr vollendet hatte. [4]Im Fall der Zusammenveranlagung von Ehegatten zur Einkommensteuer sind die Sätze 1 bis 3 für jeden Ehegatten gesondert anzuwenden. [5]Der maßgebende Prozentsatz und der Höchstbetrag des Altersentlastungsbetrags sind der nachstehenden Tabelle zu entnehmen:

Das auf die Vollendung des 64. Lebensjahres folgende Kalenderjahr	Altersentlastungsbetrag in % der Einkünfte	Höchstbetrag in Euro
2005	40,0	1.900
2006	38,4	1.824
2007	36,8	1.748
2008	35,2	1.672
2009	33,6	1.596
2010	32,0	1.520
2011	30,4	1.444
2012	28,8	1.368
2013	27,2	1.292
2014	25,6	1.216
2015	24,0	1.140
2016	22,4	1.064
2017	20,8	988
2018	19,2	912
2019	17,6	836
2020	16,0	760
2021	15,2	722
2022	14,4	684
2023	13,6	646
2024	12,8	608
2025	12,0	570

Das auf die Vollendung des 64. Lebensjahres folgende Kalenderjahr	Altersentlastungsbetrag in % der Einkünfte	Höchstbetrag in Euro
2026	11,2	532
2027	10,4	494
2028	9,6	456
2029	8,8	418
2030	8,0	380
2031	7,2	342
2032	6,4	304
2033	5,6	266
2034	4,8	228
2035	4,0	190
2036	3,2	152
2037	2,4	114
2038	1,6	76
2039	0,8	38
2040	0,0	0

...

§ 32 Kinder, Freibeträge für Kinder

(1) Kinder sind
1. im ersten Grad mit dem Steuerpflichtigen verwandte Kinder,
2. Pflegekinder (Personen, mit denen der Steuerpflichtige durch ein familienähnliches, auf längere Dauer berechnetes Band verbunden ist, sofern er sie nicht zu Erwerbszwecken in seinen Haushalt aufgenommen hat und das Obhuts- und Pflegeverhältnis zu den Eltern nicht mehr besteht).

(2) [1]Besteht bei einem angenommenen Kind das Kindschaftsverhältnis zu den leiblichen Eltern weiter, ist es vorrangig als angenommenes Kind zu berücksichtigen. [2]Ist ein im ersten Grad mit dem Steuerpflichtigen verwandtes Kind zugleich ein Pflegekind, ist es vorrangig als Pflegekind zu berücksichtigen.

(3) Ein Kind wird in dem Kalendermonat, in dem es lebend geboren wurde, und in jedem folgenden Kalendermonat, zu dessen Beginn es das 18. Lebensjahr noch nicht vollendet hat, berücksichtigt.

(4) [1]Ein Kind, das das 18. Lebensjahr vollendet hat, wird berücksichtigt, wenn es
1. noch nicht das 21. Lebensjahr vollendet hat, nicht in einem Beschäftigungsverhältnis steht und bei einer Agentur für Arbeit im Inland als Arbeitsuchender gemeldet ist oder
2. noch nicht das 25. Lebensjahr vollendet hat und
   a) für einen Beruf ausgebildet wird oder
   b) sich in einer Übergangszeit von höchstens vier Monaten befindet, die zwischen zwei Ausbildungsabschnitten oder zwischen einem Ausbildungsabschnitt und der Ableistung des gesetzlichen Wehr- oder Zivildienstes, einer vom Wehr- oder Zivil-

dienst befreienden Tätigkeit als Entwicklungshelfer oder als Dienstleistender im Ausland nach § 14b des Zivildienstgesetzes oder der Ableistung des freiwilligen Wehrdienstes nach § 58b des Soldatengesetzes oder der Ableistung eines freiwilligen Dienstes im Sinne des Buchstaben d liegt, oder

c) eine Berufsausbildung mangels Ausbildungsplatzes nicht beginnen oder fortsetzen kann oder

d) ein freiwilliges soziales Jahr oder ein freiwilliges ökologisches Jahr im Sinne des Jugendfreiwilligendienstegesetzes oder eine Freiwilligenaktivität im Rahmen des Europäischen Solidaritätskorps im Sinne der Verordnung (EU) Nr. 2018/1475 des Europäischen Parlaments und des Rates vom 2. Oktober 2018 zur Festlegung des rechtlichen Rahmens des Europäischen Solidaritätskorps sowie zur Änderung der Verordnung (EU) Nr. 1288/2013 und der Verordnung (EU) Nr. 1293/2013 sowie des Beschlusses Nr. 1313/2013/EU (ABl. L 250 vom 4.10.2018, S. 1) oder einen anderen Dienst im Ausland im Sinne von § 5 des Bundesfreiwilligendienstgesetzes oder einen entwicklungspolitischen Freiwilligendienst „weltwärts" im Sinne der Förderleitlinie des Bundesministeriums für wirtschaftliche Zusammenarbeit und Entwicklung vom 1. Januar 2016 oder einen Freiwilligendienst aller Generationen im Sinne von § 2 Absatz 1a des Siebten Buches Sozialgesetzbuch oder einen Internationalen Jugendfreiwilligendienst im Sinne der Richtlinie des Bundesministeriums für Familie, Senioren, Frauen und Jugend vom 25. Mai 2018 (GMBl S. 545) oder einen Bundesfreiwilligendienst im Sinne des Bundesfreiwilligendienstgesetzes leistet oder

3. wegen körperlicher, geistiger oder seelischer Behinderung außerstande ist, sich selbst zu unterhalten; Voraussetzung ist, dass die Behinderung vor Vollendung des 25. Lebensjahres eingetreten ist.

[2]Nach Abschluss einer erstmaligen Berufsausbildung oder eines Erststudiums wird ein Kind in den Fällen des Satzes 1 Nummer 2 nur berücksichtigt, wenn das Kind keiner Erwerbstätigkeit nachgeht. [3]Eine Erwerbstätigkeit mit bis zu 20 Stunden regelmäßiger wöchentlicher Arbeitszeit, ein Ausbildungsdienstverhältnis oder ein geringfügiges Beschäftigungsverhältnis im Sinne der §§ 8 und 8a des Vierten Buches Sozialgesetzbuch sind unschädlich.

(5) [1]In den Fällen des Absatzes 4 Satz 1 Nr. 1 oder Nr. 2 Buchstabe a und b wird ein Kind, das

1. den gesetzlichen Grundwehrdienst oder Zivildienst geleistet hat, oder

2. sich an Stelle des gesetzlichen Grundwehrdienstes freiwillig für die Dauer von nicht mehr als drei Jahren zum Wehrdienst verpflichtet hat, oder

3. eine vom gesetzlichen Grundwehrdienst oder Zivildienst befreiende Tätigkeit als Entwicklungshelfer im Sinne des § 1 Abs. 1 des Entwicklungshelfer-Gesetzes ausgeübt hat,

für einen der Dauer dieser Dienste oder der Tätigkeit entsprechenden Zeitraum, höchstens für die Dauer des inländischen gesetzlichen Grundwehrdienstes oder bei anerkannten Kriegsdienstverweigerern für die Dauer des inländischen gesetzlichen Zivildienstes über das 21. oder 25. Lebensjahr hinaus berücksichtigt. [2]Wird der gesetzliche Grundwehrdienst oder Zivildienst in einem Mitgliedstaat der Europäischen Union oder einem Staat, auf den das Abkommen über den Europäischen Wirtschaftsraum Anwendung findet, geleistet, so ist die Dauer dieses Dienstes maßgebend. [3]Absatz 4 Satz 2 und 3 gilt entsprechend.

(6) [1]Bei der Veranlagung zur Einkommensteuer wird für jedes zu berücksichtigende Kind des Steuerpflichtigen ein Freibetrag von 2.490 Euro für das sächliche Existenzminimum des Kindes (Kinderfreibetrag) sowie ein Freibetrag von 1.320 Euro für den Betreuungs- und Erziehungs- oder Ausbildungsbedarf des Kindes vom Einkommen abgezogen. [2]Bei Ehegatten, die nach den §§ 26, 26b zusammen zur Einkommensteuer veranlagt werden, verdoppeln sich die Beträge nach Satz 1, wenn das Kind zu beiden Ehegatten in einem Kindschaftsverhältnis steht. [3]Die Beträge nach Satz 2 stehen dem Steuerpflichtigen auch dann zu, wenn

1. der andere Elternteil verstorben oder nicht unbeschränkt einkommensteuerpflichtig ist oder
2. der Steuerpflichtige allein das Kind angenommen hat oder das Kind nur zu ihm in einem Pflegekindschaftsverhältnis steht.

[4]Für ein nicht nach § 1 Abs. 1 oder 2 unbeschränkt einkommensteuerpflichtiges Kind können die Beträge nach den Sätzen 1 bis 3 nur abgezogen werden, soweit sie nach den Verhältnissen seines Wohnsitzstaates notwendig und angemessen sind. [5]Für jeden Kalendermonat, in dem die Voraussetzungen für einen Freibetrag nach den Sätzen 1 bis 4 nicht vorliegen, ermäßigen sich die dort genannten Beträge um ein Zwölftel. [6]Abweichend von Satz 1 wird bei einem unbeschränkt einkommensteuerpflichtigen Elternpaar, bei dem die Voraussetzungen des § 26 Absatz 1 Satz 1 nicht vorliegen, auf Antrag eines Elternteils der dem anderen Elternteil zustehende Kinderfreibetrag auf ihn übertragen, wenn er, nicht jedoch der andere Elternteil, seiner Unterhaltspflicht gegenüber dem Kind für das Kalenderjahr im Wesentlichen nachkommt oder der andere Elternteil mangels Leistungsfähigkeit nicht unterhaltspflichtig ist. [7]Eine Übertragung nach Satz 6 scheidet für Zeiträume aus, für die Unterhaltsleistungen nach dem Unterhaltsvorschussgesetz gezahlt werden. [8]Bei minderjährigen Kindern wird der dem Elternteil, in dessen Wohnung das Kind nicht gemeldet ist, zustehende Freibetrag für den Betreuungs- und Erziehungs- oder Ausbildungsbedarf auf Antrag des anderen Elternteils auf diesen übertragen, wenn bei dem Elternpaar die Voraussetzungen des § 26 Absatz 1 Satz 1 nicht vorliegen. [9]Eine Übertragung nach Satz 8 scheidet aus, wenn der Übertragung widersprochen wird, weil der Elternteil, bei dem das Kind nicht gemeldet ist, Kinderbetreuungskosten trägt oder das Kind regelmäßig in einem nicht unwesentlichen Umfang betreut. [10]Die den Eltern nach den Sätzen 1 bis 9 zustehenden Freibeträge können auf Antrag auch auf einen Stiefelternteil oder Großelternteil übertragen werden, wenn dieser das Kind in seinen Haushalt aufgenommen hat oder dieser einer Unterhaltspflicht gegenüber dem Kind unterliegt. [11]Die Übertragung nach Satz 10 kann auch mit Zustimmung des berechtigten Elternteils erfolgen, die nur für künftige Kalenderjahre widerrufen werden kann.

…

§ 34 Außerordentliche Einkünfte

(1) [1]Sind in dem zu versteuernden Einkommen außerordentliche Einkünfte enthalten, so ist die auf alle im Veranlagungszeitraum bezogenen außerordentlichen Einkünfte entfallende Einkommensteuer nach den Sätzen 2 bis 4 zu berechnen. [2]Die für die außerordentlichen Einkünfte anzusetzende Einkommensteuer beträgt das Fünffache des Unterschiedsbetrags zwischen der Einkommensteuer für das um diese Einkünfte verminderte zu versteuernde Einkommen (verbleibendes zu versteuerndes Einkommen) und der Einkommensteuer für das verbleibende zu versteuernde Einkommen zuzüglich eines Fünftels dieser Einkünfte. [3]Ist das verbleibende zu versteuernde Einkommen negativ und das

zu versteuernde Einkommen positiv, so beträgt die Einkommensteuer das Fünffache der auf ein Fünftel des zu versteuernden Einkommens entfallenden Einkommensteuer. [4]Die Sätze 1 bis 3 gelten nicht für außerordentliche Einkünfte im Sinne des Abs. 2 Nr. 1, wenn der Steuerpflichtige auf diese Einkünfte ganz oder teilweise § 6b oder § 6c anwendet.

(2) Als außerordentliche Einkünfte kommen nur in Betracht:

1. Veräußerungsgewinne im Sinne der §§ 14, 14a Abs. 1, der §§ 16 und 18 Abs. 3 mit Ausnahme des steuerpflichtigen Teils der Veräußerungsgewinne, die nach § 3 Nr. 40 Buchstabe b in Verbindung mit § 3c Abs. 2 teilweise steuerbefreit sind;
2. Entschädigungen im Sinne des § 24 Nr. 1;
3. Nutzungsvergütungen und Zinsen im Sinne des § 24 Nr. 3, soweit sie für einen Zeitraum von mehr als drei Jahren nachgezahlt werden;
4. Vergütungen für mehrjährige Tätigkeiten; mehrjährig ist eine Tätigkeit, soweit sie sich über mindestens zwei Veranlagungszeiträume erstreckt und einen Zeitraum von mehr als zwölf Monaten umfasst.

(3) [1]Sind in dem zu versteuernden Einkommen außerordentliche Einkünfte im Sinne des Abs. 2 Nr. 1 enthalten, so kann auf Antrag abweichend von Abs. 1 die auf den Teil dieser außerordentlichen Einkünfte, der den Betrag von insgesamt 5 Millionen Euro nicht übersteigt, entfallende Einkommensteuer nach einem ermäßigten Steuersatz bemessen werden, wenn der Steuerpflichtige das 55. Lebensjahr vollendet hat oder wenn er im sozialversicherungsrechtlichen Sinne dauernd berufsunfähig ist. [2]Der ermäßigte Steuersatz beträgt 56 Prozent des durchschnittlichen Steuersatzes, der sich ergäbe, wenn die tarifliche Einkommensteuer nach dem gesamten zu versteuernden Einkommen zuzüglich der dem Progressionsvorbehalt unterliegenden Einkünfte zu bemessen wäre, mindestens jedoch 14 Prozent. [3]Auf das um die in Satz 1 genannten Einkünfte verminderte zu versteuernde Einkommen (verbleibendes zu versteuerndes Einkommen) sind vorbehaltlich des Abs. 1 die allgemeinen Tarifvorschriften anzuwenden. [4]Die Ermäßigung nach den Sätzen 1 bis 3 kann der Steuerpflichtige nur einmal im Leben in Anspruch nehmen. [5]Erzielt der Steuerpflichtige in einem Veranlagungszeitraum mehr als einen Veräußerungs- oder Aufgabegewinn im Sinne des Satzes 1, kann er die Ermäßigung nach den Sätzen 1 bis 3 nur für einen Veräußerungs- oder Aufgabegewinn beantragen. [6]Abs. 1 Satz 4 ist entsprechend anzuwenden.

...

§ 40 Pauschalierung der Lohnsteuer in besonderen Fällen

(1) [1]Das Betriebsstättenfinanzamt (§ 41a Abs. 1 Satz 1 Nr. 1) kann auf Antrag des Arbeitgebers zulassen, dass die Lohnsteuer mit einem unter Berücksichtigung der Vorschriften des § 38a zu ermittelnden Pauschsteuersatz erhoben wird, soweit

1. von dem Arbeitgeber sonstige Bezüge in einer größeren Zahl von Fällen gewährt werden oder
2. in einer größeren Zahl von Fällen Lohnsteuer nachzuerheben ist, weil der Arbeitgeber die Lohnsteuer nicht vorschriftsmäßig einbehalten hat.

[2]Bei der Ermittlung des Pauschsteuersatzes ist zu berücksichtigen, dass die in Absatz 3 vorgeschriebene Übernahme der pauschalen Lohnsteuer durch den Arbeitgeber für den Arbeitnehmer eine in Geldeswert bestehende Einnahme im Sinne des § 8 Abs. 1 darstellt (Nettosteuersatz). [3]Die Pauschalierung ist in den Fällen des Satzes 1 Nummer 1 ausgeschlossen, soweit der Arbeitgeber einem Arbeitnehmer sonstige Bezüge von mehr

als 1.000 Euro im Kalenderjahr gewährt. [4]Der Arbeitgeber hat dem Antrag eine Berechnung beizufügen, aus der sich der durchschnittliche Steuersatz unter Zugrundelegung der durchschnittlichen Jahresarbeitslöhne und der durchschnittlichen Jahreslohnsteuer in jeder Steuerklasse für diejenigen Arbeitnehmer ergibt, denen die Bezüge gewährt werden sollen oder gewährt worden sind.

(2) [1]Abweichend von Absatz 1 kann der Arbeitgeber die Lohnsteuer mit einem Pauschsteuersatz von 25 Prozent erheben, soweit er

1. [1]arbeitstäglich Mahlzeiten im Betrieb an die Arbeitnehmer unentgeltlich oder verbilligt abgibt oder Barzuschüsse an ein anderes Unternehmen leistet, das arbeitstäglich Mahlzeiten an die Arbeitnehmer unentgeltlich oder verbilligt abgibt. [2]Voraussetzung ist, dass die Mahlzeiten nicht als Lohnbestandteile vereinbart sind,

1a. oder auf seine Veranlassung ein Dritter den Arbeitnehmern anlässlich einer beruflichen Tätigkeit außerhalb seiner Wohnung und ersten Tätigkeitsstätte Mahlzeiten zur Verfügung stellt, die nach § 8 Absatz 2 Satz 8 und 9 mit dem Sachbezugswert anzusetzen sind,

2. Arbeitslohn aus Anlass von Betriebsveranstaltungen zahlt,

3. Erholungsbeihilfen gewährt, wenn diese zusammen mit Erholungsbeihilfen, die in demselben Kalenderjahr früher gewährt worden sind, 156 Euro für den Arbeitnehmer, 104 Euro für dessen Ehegatten und 52 Euro für jedes Kind nicht übersteigen und der Arbeitgeber sicherstellt, dass die Beihilfen zu Erholungszwecken verwendet werden,

4. Vergütungen für Verpflegungsmehraufwendungen anlässlich einer Tätigkeit im Sinne des § 9 Absatz 4a Satz 2 oder Satz 4 zahlt, soweit die Vergütungen die nach § 9 Absatz 4a Satz 3, 5 und 6 zustehenden Pauschalen um nicht mehr als 100 Prozent übersteigen,

5. [1]den Arbeitnehmern zusätzlich zum ohnehin geschuldeten Arbeitslohn unentgeltlich oder verbilligt Datenverarbeitungsgeräte übereignet; das gilt auch für Zubehör und Internetzugang. [2]Das Gleiche gilt für Zuschüsse des Arbeitgebers, die zusätzlich zum ohnehin geschuldeten Arbeitslohn zu den Aufwendungen des Arbeitnehmers für die Internetnutzung gezahlt werden,

6. [1]den Arbeitnehmern zusätzlich zum ohnehin geschuldeten Arbeitslohn unentgeltlich oder verbilligt die Ladevorrichtung für Elektrofahrzeuge oder Hybridelektrofahrzeuge im Sinne des § 6 Absatz 1 Nummer 4 Satz 2 zweiter Halbsatz übereignet. [2]Das Gleiche gilt für Zuschüsse des Arbeitgebers, die zusätzlich zum ohnehin geschuldeten Arbeitslohn zu den Aufwendungen des Arbeitnehmers für den Erwerb und die Nutzung dieser Ladevorrichtung gezahlt werden,

7. den Arbeitnehmern zusätzlich zum ohnehin geschuldeten Arbeitslohn unentgeltlich oder verbilligt ein betriebliches Fahrrad, das kein Kraftfahrzeug im Sinne des § 6 Absatz 1 Nummer 4 Satz 2 ist, übereignet.

[2]Der Arbeitgeber kann die Lohnsteuer mit folgenden Pauschsteuersätzen erheben:

1. mit einem Pauschsteuersatz von 15 Prozent für die nicht nach § 3 Nummer 15 steuerfreien

   a) Sachbezüge in Form einer unentgeltlichen oder verbilligten Beförderung eines Arbeitnehmers zwischen Wohnung und erster Tätigkeitsstätte sowie Fahrten nach § 9 Absatz 1 Satz 3 Nummer 4a Satz 3 oder

   b) Zuschüsse zu den Aufwendungen des Arbeitnehmers für Fahrten zwischen Wohnung und erster Tätigkeitsstätte oder Fahrten nach § 9 Absatz 1 Satz 3 Nummer 4a Satz 3, die zusätzlich zum ohnehin geschuldeten Arbeitslohn geleistet werden, soweit die Bezüge den Betrag nicht übersteigen, den der Arbeitnehmer nach § 9 Absatz 1 Satz 3 Nummer 4 und Absatz 2 als Werbungskosten geltend machen könnte, wenn die Bezüge nicht pauschal besteuert würden; diese pauschal besteuerten Bezüge mindern die nach § 9 Absatz 1 Satz 3 Nummer 4 Satz 2 und Absatz 2 abziehbaren Werbungskosten oder

2. mit einem Pauschsteuersatz von 25 Prozent anstelle der Steuerfreiheit nach § 3 Nummer 15 einheitlich für alle dort genannten Bezüge eines Kalenderjahres, auch wenn die Bezüge dem Arbeitnehmer nicht zusätzlich zum ohnehin geschuldeten Arbeitslohn gewährt werden; für diese pauschal besteuerten Bezüge unterbleibt eine Minderung der nach § 9 Absatz 1 Satz 3 Nummer 4 Satz 2 und Absatz 2 abziehbaren Werbungskosten.

[3]Die nach Satz 2 pauschalbesteuerten Bezüge bleiben bei der Anwendung des § 40a Absatz 1 bis 4 außer Ansatz. [4]Bemessungsgrundlage der pauschalen Lohnsteuer sind in den Fällen des Satzes 2 Nummer 2 die Aufwendungen des Arbeitgebers einschließlich Umsatzsteuer.

(3) [1]Der Arbeitgeber hat die pauschale Lohnsteuer zu übernehmen. [2]Er ist Schuldner der pauschalen Lohnsteuer; auf den Arbeitnehmer abgewälzte pauschale Lohnsteuer gilt als zugeflossener Arbeitslohn und mindert nicht die Bemessungsgrundlage. [3]Der pauschal besteuerte Arbeitslohn und die pauschale Lohnsteuer bleiben bei einer Veranlagung zur Einkommensteuer und beim Lohnsteuer-Jahresausgleich außer Ansatz. [4]Die pauschale Lohnsteuer ist weder auf die Einkommensteuer noch auf die Jahreslohnsteuer anzurechnen.

…

§ 40b Pauschalierung der Lohnsteuer bei bestimmten Zukunftssicherungsleistungen

(1) Der Arbeitgeber kann die Lohnsteuer von den Zuwendungen zum Aufbau einer nicht kapitalgedeckten betrieblichen Altersversorgung an eine Pensionskasse mit einem Pauschsteuersatz von 20 Prozent der Zuwendungen erheben.

(2) [1]Abs. 1 gilt nicht, soweit die zu besteuernden Zuwendungen des Arbeitgebers für den Arbeitnehmer 1.752 Euro im Kalenderjahr übersteigen oder nicht aus seinem ersten Dienstverhältnis bezogen werden. [2]Sind mehrere Arbeitnehmer gemeinsam in der Pensionskasse versichert, so gilt als Zuwendung für den einzelnen Arbeitnehmer der Teilbetrag, der sich bei einer Aufteilung der gesamten Zuwendungen durch die Zahl der begünstigten Arbeitnehmer ergibt, wenn dieser Teilbetrag 1.752 Euro nicht übersteigt; hierbei sind Arbeitnehmer, für die Zuwendungen von mehr als 2.148 Euro im Kalenderjahr geleistet werden, nicht einzubeziehen. [3]Für Zuwendungen, die der Arbeitgeber für den Arbeitnehmer aus Anlass der Beendigung des Dienstverhältnisses erbracht hat, vervielfältigt sich der Betrag von 1.752 Euro mit der Anzahl der Kalenderjahre, in denen das Dienstverhältnis des Arbeitnehmers zu dem Arbeitgeber bestanden hat; in diesem Fall ist Satz 2 nicht anzuwenden. [4]Der vervielfältigte Betrag vermindert sich um die nach Abs. 1 pauschal besteuerten Zuwendungen, die der Arbeitgeber in dem Kalenderjahr, in dem das Dienstverhältnis beendet wird, und in den sechs vorangegangenen Kalenderjahren erbracht hat.

(3) Von den Beiträgen für eine Unfallversicherung des Arbeitnehmers kann der Arbeitgeber die Lohnsteuer mit einem Pauschsteuersatz von 20 Prozent der Beiträge erheben, wenn mehrere Arbeitnehmer gemeinsam in einem Unfallversicherungsvertrag versichert

sind und der Teilbetrag, der sich bei einer Aufteilung der gesamten Beiträge nach Abzug der Versicherungsteuer durch die Zahl der begünstigten Arbeitnehmer ergibt, 62 Euro im Kalenderjahr nicht übersteigt.

(4) In den Fällen des § 19 Abs. 1 Satz 1 Nr. 3 Satz 2 hat der Arbeitgeber die Lohnsteuer mit einem Pauschsteuersatz in Höhe von 15 Prozent der Sonderzahlungen zu erheben.

(5) [1]§ 40 Abs. 3 ist anzuwenden. [2]Die Anwendung des § 40 Abs. 1 Satz 1 Nr. 1 auf Bezüge im Sinne des Abs. 1, des Abs. 3 und des Abs. 4 ist ausgeschlossen.

…

§ 52 Anwendungsvorschriften

(1) [1]Diese Fassung des Gesetzes ist, soweit in den folgenden Absätzen nichts anderes bestimmt ist, erstmals für den Veranlagungszeitraum 2020 anzuwenden. [2]Beim Steuerabzug vom Arbeitslohn gilt Satz 1 mit der Maßgabe, dass diese Fassung erstmals auf den laufenden Arbeitslohn anzuwenden ist, der für einen nach dem 31. Dezember 2019 endenden Lohnzahlungszeitraum gezahlt wird, und auf sonstige Bezüge, die nach dem 31. Dezember 2019 zufließen. [3]Beim Steuerabzug vom Kapitalertrag gilt Satz 1 mit der Maßgabe, dass diese Fassung des Gesetzes erstmals auf Kapitalerträge anzuwenden ist, die dem Gläubiger nach dem 31. Dezember 2019 zufließen.

…

(4) [1]§ 3 Nummer 5 in der am 30. Juni 2013 geltenden Fassung ist vorbehaltlich des Satzes 2 erstmals für den Veranlagungszeitraum 2013 anzuwenden. [2]§ 3 Nummer 5 in der am 29. Juni 2013 geltenden Fassung ist weiterhin anzuwenden für freiwillig Wehrdienst Leistende, die das Dienstverhältnis vor dem 1. Januar 2014 begonnen haben. [3]§ 3 Nummer 10 in der am 31. Dezember 2005 geltenden Fassung ist weiter anzuwenden für ausgezahlte Übergangsbeihilfen an Soldatinnen auf Zeit und Soldaten auf Zeit, wenn das Dienstverhältnis vor dem 1. Januar 2006 begründet worden ist. [4]Auf fortlaufende Leistungen nach dem Gesetz über die Heimkehrerstiftung vom 21. Dezember 1992 (BGBl. I S. 2094, 2101), das zuletzt durch Artikel 1 des Gesetzes vom 10. Dezember 2007 (BGBl. I S. 2830) geändert worden ist, in der jeweils geltenden Fassung ist § 3 Nummer 19 in der am 31. Dezember 2010 geltenden Fassung weiter anzuwenden. [5]§ 3 Nummer 26 und 26a in der Fassung des Artikels 2 des Gesetzes vom 11. Dezember 2018 (BGBl. I S. 2338) ist in allen offenen Fällen anzuwenden. [6]Für die Anwendung des § 3 Nummer 34 in der Fassung des Artikels 3 des Gesetzes vom 11. Dezember 2018 (BGBl. I S. 2338) ist das Zertifizierungserfordernis nach § 20 Absatz 2 Satz 2 in Verbindung mit § 20 Absatz 5 des Fünften Buches Sozialgesetzbuch für bereits vor dem 1. Januar 2019 begonnene unzertifizierte Gesundheitsmaßnahmen erstmals maßgeblich für Sachbezüge, die nach dem 31. Dezember 2019 gewährt werden. [7]§ 3 Nummer 37 in der Fassung des Artikels 3 des Gesetzes vom 11. Dezember 2018 (BGBl. I S. 2338) ist letztmals für den Veranlagungszeitraum 2030 anzuwenden, sowie beim Steuerabzug vom Arbeitslohn auf Vorteile, die in einem vor dem 1. Januar 2031 endenden Lohnzahlungszeitraum oder als sonstige Bezüge vor dem 1. Januar 2031 zugewendet werden. [8]§ 3 Nummer 40 ist erstmals anzuwenden für

1. Gewinnausschüttungen, auf die bei der ausschüttenden Körperschaft der nach Artikel 3 des Gesetzes vom 23. Oktober 2000 (BGBl. I S. 1433) aufgehobene Vierte Teil des Körperschaftsteuergesetzes nicht mehr anzuwenden ist; für die übrigen in § 3 Nummer 40 genannten Erträge im Sinne des § 20 gilt Entsprechendes;

2. Erträge im Sinne des § 3 Nummer 40 Satz 1 Buchstabe a, b, c und j nach Ablauf des ersten Wirtschaftsjahres der Gesellschaft, an der die Anteile bestehen, für das das Körperschaftsteuergesetz in der Fassung des Artikels 3 des Gesetzes vom 23. Oktober 2000 (BGBl. I S. 1433) erstmals anzuwenden ist.

[9]§ 3 Nummer 40 Satz 3 und 4 in der am 12. Dezember 2006 geltenden Fassung ist für Anteile, die einbringungsgeboren im Sinne des § 21 des Umwandlungssteuergesetzes in der am 12. Dezember 2006 geltenden Fassung sind, weiter anzuwenden. [10]§ 3 Nummer 40 Satz 3 erster Halbsatz in der am 1. Januar 2017 geltenden Fassung ist erstmals für den Veranlagungszeitraum 2017 anzuwenden; der zweite Halbsatz ist anzuwenden auf Anteile, die nach dem 31. Dezember 2016 dem Betriebsvermögen zugehen. [11]Bei vom Kalenderjahr abweichenden Wirtschaftsjahren ist § 3 Nummer 40 Buchstabe d Satz 2 in der am 30. Juni 2013 geltenden Fassung erstmals für den Veranlagungszeitraum anzuwenden, in dem das Wirtschaftsjahr endet, das nach dem 31. Dezember 2013 begonnen hat. [12]§ 3 Nummer 40a in der am 6. August 2004 geltenden Fassung ist auf Vergütungen im Sinne des § 18 Absatz 1 Nummer 4 anzuwenden, wenn die vermögensverwaltende Gesellschaft oder Gemeinschaft nach dem 31. März 2002 und vor dem 1. Januar 2009 gegründet worden ist oder soweit die Vergütungen in Zusammenhang mit der Veräußerung von Anteilen an Kapitalgesellschaften stehen, die nach dem 7. November 2003 und vor dem 1. Januar 2009 erworben worden sind. [13]§ 3 Nummer 40a in der am 19. August 2008 geltenden Fassung ist erstmals auf Vergütungen im Sinne des § 18 Absatz 1 Nummer 4 anzuwenden, wenn die vermögensverwaltende Gesellschaft oder Gemeinschaft nach dem 31. Dezember 2008 gegründet worden ist. [14]§ 3 Nummer 46 in der am 17. November 2016 geltenden Fassung ist erstmals anzuwenden auf Vorteile, die in einem nach dem 31. Dezember 2016 endenden Lohnzahlungszeitraum oder als sonstige Bezüge nach dem 31. Dezember 2016 zugewendet werden, und letztmals anzuwenden auf Vorteile, die in einem vor dem 1. Januar 2021 endenden Lohnzahlungszeitraum oder als sonstige Bezüge vor dem 1. Januar 2021 zugewendet werden. [15]Der Höchstbetrag nach § 3 Nummer 63 Satz 1 verringert sich um Zuwendungen, auf die § 40b Absatz 1 und 2 Satz 1 und 2 in der am 31. Dezember 2004 geltenden Fassung angewendet wird. [16]§ 3 Nummer 63 Satz 3 in der ab dem 1. Januar 2018 geltenden Fassung ist nicht anzuwenden, soweit § 40b Absatz 1 und 2 Satz 3 und 4 in der am 31. Dezember 2004 geltenden Fassung angewendet wird. [17]§ 3 Nummer 71 in der am 31. Dezember 2014 geltenden Fassung ist erstmals für den Veranlagungszeitraum 2013 anzuwenden. [18]§ 3 Nummer 71 in der Fassung des Artikels 1 des Gesetzes vom 27. Juni 2017 (BGBl. I S. 2074) ist erstmals für den Veranlagungszeitraum 2017 anzuwenden.

…

(8) § 4f in der Fassung des Gesetzes vom 18. Dezember 2013 (BGBl. I S. 4318) ist erstmals für Wirtschaftsjahre anzuwenden, die nach dem 28. November 2013 enden.

…

(26a) § 19 Absatz 1 Satz 1 Nummer 3 Satz 2 und 3 in der am 31. Dezember 2014 geltenden Fassung gilt für alle Zahlungen des Arbeitgebers nach dem 30. Dezember 2014.

…

(28) [1]Für die Anwendung des § 20 Absatz 1 Nummer 4 Satz 2 in der am 31. Dezember 2005 geltenden Fassung gilt Absatz 25 entsprechend. [2]Für die Anwendung von § 20 Absatz 1 Nummer 4 Satz 2 und Absatz 2b in der am 1. Januar 2007 geltenden Fassung gilt Absatz 25 entsprechend. [3]§ 20 Absatz 1 Nummer 6 in der Fassung des Gesetzes

vom 7. September 1990 (BGBl. I S. 1898) ist erstmals auf nach dem 31. Dezember 1974 zugeflossene Zinsen aus Versicherungsverträgen anzuwenden, die nach dem 31. Dezember 1973 abgeschlossen worden sind. [4]§ 20 Absatz 1 Nummer 6 in der Fassung des Gesetzes vom 20. Dezember 1996 (BGBl. I S. 2049) ist erstmals auf Zinsen aus Versicherungsverträgen anzuwenden, bei denen die Ansprüche nach dem 31. Dezember 1996 entgeltlich erworben worden sind. [5]Für Kapitalerträge aus Versicherungsverträgen, die vor dem 1. Januar 2005 abgeschlossen worden sind, ist § 20 Absatz 1 Nummer 6 in der am 31. Dezember 2004 geltenden Fassung mit der Maßgabe weiterhin anzuwenden, dass in Satz 3 die Wörter „§ 10 Absatz 1 Nummer 2 Buchstabe b Satz 5" durch die Wörter „§ 10 Absatz 1 Nummer 2 Buchstabe b Satz 6" ersetzt werden. [6]§ 20 Absatz 1 Nummer 6 Satz 3 in der Fassung des Artikels 1 des Gesetzes vom 13. Dezember 2006 (BGBl. I S. 2878) ist erstmals anzuwenden auf Versicherungsleistungen im Erlebensfall bei Versicherungsverträgen, die nach dem 31. Dezember 2006 abgeschlossen werden, und auf Versicherungsleistungen bei Rückkauf eines Vertrages nach dem 31. Dezember 2006. [7]§ 20 Absatz 1 Nummer 6 Satz 2 ist für Vertragsabschlüsse nach dem 31. Dezember 2011 mit der Maßgabe anzuwenden, dass die Versicherungsleistung nach Vollendung des 62. Lebensjahres des Steuerpflichtigen ausgezahlt wird. [8]§ 20 Absatz 1 Nummer 6 Satz 6 in der Fassung des Artikels 1 des Gesetzes vom 19. Dezember 2008 (BGBl. I S. 2794) ist für alle Versicherungsverträge anzuwenden, die nach dem 31. März 2009 abgeschlossen werden oder bei denen die erstmalige Beitragsleistung nach dem 31. März 2009 erfolgt. [9]Wird auf Grund einer internen Teilung nach § 10 des Versorgungsausgleichsgesetzes oder einer externen Teilung nach § 14 des Versorgungsausgleichsgesetzes ein Anrecht in Form eines Versicherungsvertrags zugunsten der ausgleichsberechtigten Person begründet, so gilt dieser Vertrag insoweit zu dem gleichen Zeitpunkt als abgeschlossen wie derjenige der ausgleichspflichtigen Person. [10]§ 20 Absatz 1 Nummer 6 Satz 7 und 8 ist auf Versicherungsleistungen anzuwenden, die auf Grund eines nach dem 31. Dezember 2014 eingetretenen Versicherungsfalles ausgezahlt werden. [11]§ 20 Absatz 2 Satz 1 Nummer 1 in der am 18. August 2007 geltenden Fassung ist erstmals auf Gewinne aus der Veräußerung von Anteilen anzuwenden, die nach dem 31. Dezember 2008 erworben wurden. [12]§ 20 Absatz 2 Satz 1 Nummer 3 in der am 18. August 2007 geltenden Fassung ist erstmals auf Gewinne aus Termingeschäften anzuwenden, bei denen der Rechtserwerb nach dem 31. Dezember 2008 stattgefunden hat. [13]§ 20 Absatz 2 Satz 1 Nummer 4, 5 und 8 in der am 18. August 2007 geltenden Fassung ist erstmals auf Gewinne anzuwenden, bei denen die zugrunde liegenden Wirtschaftsgüter, Rechte oder Rechtspositionen nach dem 31. Dezember 2008 erworben oder geschaffen wurden. [14]§ 20 Absatz 2 Satz 1 Nummer 6 in der am 18. August 2007 geltenden Fassung ist erstmals auf die Veräußerung von Ansprüchen nach dem 31. Dezember 2008 anzuwenden, bei denen der Versicherungsvertrag nach dem 31. Dezember 2004 abgeschlossen wurde; dies gilt auch für Versicherungsverträge, die vor dem 1. Januar 2005 abgeschlossen wurden, sofern bei einem Rückkauf zum Veräußerungszeitpunkt die Erträge nach § 20 Absatz 1 Nummer 6 in der am 31. Dezember 2004 geltenden Fassung steuerpflichtig wären. [15]§ 20 Absatz 2 Satz 1 Nummer 7 in der Fassung des Artikels 1 des Gesetzes vom 14. August 2007 (BGBl. I S. 1912) ist erstmals auf nach dem 31. Dezember 2008 zufließende Kapitalerträge aus der Veräußerung sonstiger Kapitalforderungen anzuwenden. [16]Für Kapitalerträge aus Kapitalforderungen, die zum Zeitpunkt des vor dem 1. Januar 2009 erfolgten Erwerbs zwar Kapitalforderungen im Sinne des § 20 Absatz 1 Nummer 7 in der am 31. Dezember 2008 anzuwendenden Fassung, aber nicht Kapitalforderungen im Sinne des § 20 Absatz 2 Satz 1 Nummer 4 in der am 31. Dezember 2008 anzuwendenden Fassung sind, ist § 20 Absatz 2 Satz 1 Nummer 7 nicht anzuwenden; für die bei der Veräußerung in Rechnung gestellten Stückzinsen ist Satz 15 anzuwenden; Kapitalforderungen im Sinne des § 20 Absatz 2 Satz 1 Nummer 4 in der am 31. Dezember 2008 anzuwendenden Fassung liegen auch vor, wenn die Rückzahlung nur teilweise garantiert ist oder wenn eine Trennung zwischen Ertrags- und Vermögensebene möglich erscheint. [17]Bei Kapitalforderungen, die zwar nicht die Voraussetzungen von § 20 Absatz 1 Nummer 7 in der am 31. Dezember 2008 geltenden Fassung, aber die Voraussetzungen von § 20 Absatz 1 Nummer 7 in der am 18. August 2007 geltenden Fassung erfüllen, ist § 20 Absatz 2 Satz 1 Nummer 7 in Verbindung mit § 20 Absatz 1 Nummer 7 vorbehaltlich der Regelung in Absatz 31 Satz 2 und 3 auf alle nach dem 30. Juni 2009 zufließenden Kapitalerträge anzuwenden, es sei denn, die Kapitalforderung wurde vor dem 15. März 2007 angeschafft. [18]§ 20 Absatz 4a Satz 3 in der Fassung des Artikels 1 des Gesetzes vom 8. Dezember 2010 (BGBl. I S. 1768) ist erstmals für Wertpapiere anzuwenden, die nach dem 31. Dezember 2009 geliefert wurden, sofern für die Lieferung § 20 Absatz 4 anzuwenden ist. [19]§ 20 Absatz 2 und 4 in der am 27. Juli 2016 geltenden Fassung ist erstmals ab dem 1. Januar 2017 anzuwenden. [20]§ 20 Absatz 1 in der am 27. Juli 2016 geltenden Fassung ist erstmals ab dem 1. Januar 2018 anzuwenden. [21]Investmenterträge nach § 20 Absatz 1 Nummer 6 Satz 9 sind

1. die nach dem 31. Dezember 2017 zugeflossenen Ausschüttungen nach § 2 Absatz 11 des Investmentsteuergesetzes,

2. die realisierten oder unrealisierten Wertveränderungen aus Investmentanteilen nach § 2 Absatz 4 Satz 1 des Investmentsteuergesetzes, die das Versicherungsunternehmen nach dem 31. Dezember 2017 dem Sicherungsvermögen zur Sicherung der Ansprüche des Steuerpflichtigen zugeführt hat, und

3. die realisierten oder unrealisierten Wertveränderungen aus Investmentanteilen nach § 2 Absatz 4 Satz 1 des Investmentsteuergesetzes, die das Versicherungsunternehmen vor dem 1. Januar 2018 dem Sicherungsvermögen zur Sicherung der Ansprüche des Steuerpflichtigen zugeführt hat, soweit Wertveränderungen gegenüber dem letzten im Kalenderjahr 2017 festgesetzten Rücknahmepreis des Investmentanteils eingetreten sind.

[22]Wird kein Rücknahmepreis festgesetzt, tritt der Börsen- oder Markpreis an die Stelle des Rücknahmepreises.

…

(30a) § 22a Absatz 2 Satz 2 in der am 1. Januar 2017 geltenden Fassung ist erstmals für die Übermittlung von Daten ab dem 1. Januar 2019 anzuwenden.

…

(37b) [1]§ 39b Absatz 2 Satz 5 Nummer 4 in der am 23. Juli 2015 geltenden Fassung ist erstmals anzuwenden auf laufenden Arbeitslohn, der für einen nach dem 30. November 2015 endenden Lohnzahlungszeitraum gezahlt wird, und auf sonstige Bezüge, die nach dem 30. November 2015 zufließen. [2]Bei der Lohnsteuerberechnung auf laufenden Arbeitslohn, der für einen nach dem 30. November 2015, aber vor dem 1. Januar 2016 endenden täglichen, wöchentlichen und monatlichen Lohnzahlungszeitraum gezahlt wird, ist zu berücksichtigen, dass § 39b Absatz 2 Satz 5 Nummer 4 in der am 23. Juli 2015 geltenden Fassung bis zum 30. November 2015 nicht angewandt wurde (Nachholung). [3]Das Bundesministerium der Finanzen hat dies im Einvernehmen mit den obersten

Finanzbehörden der Länder bei der Aufstellung und Bekanntmachung der geänderten Programmablaufpläne für 2015 zu berücksichtigen (§ 39b Absatz 6 und § 51 Absatz 4 Nummer 1a). [4]In den Fällen des § 24b Absatz 4 ist für das Kalenderjahr 2015 eine Veranlagung durchzuführen, wenn die Nachholung nach Satz 2 durchgeführt wurde.

...

(40) § 40b Absatz 1 und 2 in der am 31. Dezember 2004 geltenden Fassung ist weiter anzuwenden auf Beiträge für eine Direktversicherung des Arbeitnehmers und Zuwendungen an eine Pensionskasse, wenn vor dem 1. Januar 2018 mindestens ein Beitrag nach § 40b Absatz 1 und 2 in einer vor dem 1. Januar 2005 geltenden Fassung pauschal besteuert wurde.

...

§ 79 Zulageberechtigte

[1]Die in § 10a Abs. 1 genannten Personen haben Anspruch auf eine Altersvorsorgezulage (Zulage). [2]Ist nur ein Ehegatte nach Satz 1 begünstigt, so ist auch der andere Ehegatte zulageberechtigt, wenn

1. beide Ehegatten nicht dauernd getrennt leben (§ 26 Abs. 1),
2. beide Ehegatten ihren Wohnsitz oder gewöhnlichen Aufenthalt in einem Mitgliedstaat der Europäischen Union oder einem Staat haben, auf den das Abkommen über den Europäischen Wirtschaftsraum anwendbar ist,
3. ein auf den Namen des anderen Ehegatten lautender Altersvorsorgevertrag besteht,
4. der andere Ehegatte zugunsten des Altersvorsorgevertrags nach Nr. 3 im jeweiligen Beitragsjahr mindestens 60 Euro geleistet hat und
5. die Auszahlungsphase des Altersvorsorgevertrags nach Nr. 3 noch nicht begonnen hat.

[3]Satz 1 gilt entsprechend für die in § 10a Abs. 6 Satz 1 und 2 genannten Personen, sofern sie unbeschränkt steuerpflichtig sind oder für das Beitragsjahr nach § 1 Abs. 3 als unbeschränkt steuerpflichtig behandelt werden.

§ 80 Anbieter

Anbieter im Sinne dieses Gesetzes sind Anbieter von Altersvorsorgeverträgen gemäß § 1 Abs. 2 des Altersvorsorgeverträge-Zertifizierungsgesetzes sowie die in § 82 Abs. 2 genannten Versorgungseinrichtungen.

§ 81 Zentrale Stelle

Zentrale Stelle im Sinne dieses Gesetzes ist die Deutsche Rentenversicherung Bund.

§ 81a Zuständige Stelle

[1]Zuständige Stelle ist bei einem

1. Empfänger von Besoldung nach dem Bundesbesoldungsgesetz oder einem Landesbesoldungsgesetz die die Besoldung anordnende Stelle,
2. Empfänger von Amtsbezügen im Sinne des § 10a Abs. 1 Satz 1 Nr. 2 die die Amtsbezüge anordnende Stelle,
3. versicherungsfrei Beschäftigten sowie bei einem von der Versicherungspflicht befreiten Beschäftigten im Sinne des § 10a Abs. 1 Satz 1 Nr. 3 der die Versorgung gewährleistende Arbeitgeber der rentenversicherungsfreien Beschäftigung,

4. Beamten, Richter, Berufssoldaten und Soldaten auf Zeit im Sinne des § 10a Abs. 1 Satz 1 Nr. 4 der zur Zahlung des Arbeitsentgelts verpflichtete Arbeitgeber und

5. Empfänger einer Versorgung im Sinne des § 10a Abs. 1 Satz 4 die die Versorgung anordnende Stelle.

²Für die in § 10a Abs. 1 Satz 1 Nr. 5 genannten Steuerpflichtigen gilt Satz 1 entsprechend.

§ 82 Altersvorsorgebeiträge

(1) ¹Geförderte Altersvorsorgebeiträge sind im Rahmen des in § 10a Absatz 1 Satz 1 genannten Höchstbetrags

1. Beiträge,

2. Tilgungsleistungen,

die der Zulageberechtigte (§ 79) bis zum Beginn der Auszahlungsphase zugunsten eines auf seinen Namen lautenden Vertrags leistet, der nach § 5 des Altersvorsorgeverträge-Zertifizierungsgesetzes zertifiziert ist (Altersvorsorgevertrag). ²Die Zertifizierung ist Grundlagenbescheid im Sinne des § 171 Abs. 10 der Abgabenordnung. ³Als Tilgungsleistungen gelten auch Beiträge, die vom Zulageberechtigten zugunsten eines auf seinen Namen lautenden Altersvorsorgevertrags im Sinne des § 1 Absatz 1a Satz 1 Nummer 3 des Altersvorsorgeverträge-Zertifizierungsgesetzes erbracht wurden und die zur Tilgung eines im Rahmen des Altersvorsorgevertrags abgeschlossenen Darlehens abgetreten wurden. ⁴Im Fall der Übertragung von gefördertem Altersvorsorgevermögen nach § 1 Abs. 1 Satz 1 Nr. 10 Buchstabe b des Altersvorsorgeverträge-Zertifizierungsgesetzes in einen Altersvorsorgevertrag im Sinne des § 1 Abs. 1a Satz 1 Nr. 3 des Altersvorsorgeverträge-Zertifizierungsgesetzes gelten die Beiträge nach Satz 1 Nr. 1 ab dem Zeitpunkt der Übertragung als Tilgungsleistungen nach Satz 3; eine erneute Förderung nach § 10a oder Abschnitt XI erfolgt insoweit nicht. ⁵Tilgungsleistungen nach den Sätzen 1 und 3 werden nur berücksichtigt, wenn das zugrunde liegende Darlehen für eine nach dem 31. Dezember 2007 vorgenommene wohnungswirtschaftliche Verwendung im Sinne des § 92a Abs. 1 Satz 1 eingesetzt wurde. ⁶Bei einer Aufgabe der Selbstnutzung nach § 92a Absatz 3 Satz 1 gelten im Beitragsjahr der Aufgabe der Selbstnutzung auch die nach der Aufgabe der Selbstnutzung geleisteten Beiträge oder Tilgungsleistungen als Altersvorsorgebeiträge nach Satz 1. ⁷Bei einer Reinvestition nach § 92a Absatz 3 Satz 9 Nummer 1 gelten im Beitragsjahr der Reinvestition auch die davor geleisteten Beiträge oder Tilgungsleistungen als Altersvorsorgebeiträge nach Satz 1. ⁸Bei einem beruflich bedingten Umzug nach § 92a Absatz 4 gelten

1. im Beitragsjahr des Wegzugs auch die nach dem Wegzug und

2. im Beitragsjahr des Wiedereinzugs auch die vor dem Wiedereinzug

geleisteten Beiträge und Tilgungsleistungen als Altersvorsorgebeiträge nach Satz 1.

(2) ¹Zu den Altersvorsorgebeiträgen gehören auch

a) die aus dem individuell versteuerten Arbeitslohn des Arbeitnehmers geleisteten Beiträge an einen Pensionsfonds, eine Pensionskasse oder eine Direktversicherung zum Aufbau einer kapitalgedeckten betrieblichen Altersversorgung und

b) Beiträge des Arbeitnehmers und des ausgeschiedenen Arbeitnehmers, die dieser im Fall der zunächst durch Entgeltumwandlung (§ 1a des Betriebsrentengesetzes) finanzierten und nach § 3 Nr. 63 oder § 10a und diesem Abschnitt geförderten kapitalgedeckten betrieblichen Altersversorgung nach Maßgabe des § 1a Absatz 4, des

§ 1b Absatz 5 Satz 1 Nummer 2 und des § 22 Absatz 3 Nummer 1 Buchstabe a des Betriebsrentengesetzes selbst erbringt.

²Satz 1 gilt nur, wenn

1. a) vereinbart ist, dass die zugesagten Altersversorgungsleistungen als monatliche Leistungen in Form einer lebenslangen Leibrente oder als Ratenzahlungen im Rahmen eines Auszahlungsplans mit einer anschließenden Teilkapitalverrentung ab spätestens dem 85. Lebensjahr ausgezahlt werden und die Leistungen während der gesamten Auszahlungsphase gleich bleiben oder steigen; dabei können bis zu zwölf Monatsleistungen in einer Auszahlung zusammengefasst und bis zu 30 Prozent des zu Beginn der Auszahlungsphase zur Verfügung stehenden Kapitals außerhalb der monatlichen Leistungen ausgezahlt werden, und

    b) ein vereinbartes Kapitalwahlrecht nicht oder nicht außerhalb des letzten Jahres vor dem vertraglich vorgesehenen Beginn der Altersversorgungsleistung ausgeübt wurde, oder

2. bei einer reinen Beitragszusage nach § 1 Absatz 2 Nummer 2a des Betriebsrentengesetzes der Pensionsfonds, die Pensionskasse oder die Direktversicherung eine lebenslange Zahlung als Altersversorgungsleistung zu erbringen hat.

³Die §§ 3 und 4 des Betriebsrentengesetzes stehen dem vorbehaltlich des § 93 nicht entgegen.

(3) Zu den Altersvorsorgebeiträgen gehören auch die Beitragsanteile, die zur Absicherung der verminderten Erwerbsfähigkeit des Zulageberechtigten und zur Hinterbliebenenversorgung verwendet werden, wenn in der Leistungsphase die Auszahlung in Form einer Rente erfolgt.

(4) Nicht zu den Altersvorsorgebeiträgen zählen

1. Aufwendungen, die vermögenswirksame Leistungen nach dem Fünften Vermögensbildungsgesetz in der jeweils geltenden Fassung darstellen,

2. prämienbegünstigte Aufwendungen nach dem Wohnungsbau-Prämiengesetz in der Fassung der Bekanntmachung vom 30. Oktober 1997 (BGBl. I S. 2678), zuletzt geändert durch Artikel 5 des Gesetzes vom 29. Juli 2008 (BGBl. I S. 1509), in der jeweils geltenden Fassung,

3. Aufwendungen, die im Rahmen des § 10 als Sonderausgaben geltend gemacht werden,

4. Zahlungen nach § 92a Abs. 2 Satz 4 Nr. 1 und Abs. 3 Satz 9 Nr. 2 oder

5. Übertragungen im Sinne des § 3 Nummer 55 bis 55c.

(5) ¹Der Zulageberechtigte kann für ein abgelaufenes Beitragsjahr bis zum Beitragsjahr 2011 Altersvorsorgebeiträge auf einen auf seinen Namen lautenden Altersvorsorgevertrag leisten, wenn

1. der Anbieter des Altersvorsorgevertrags davon Kenntnis erhält, in welcher Höhe und für welches Beitragsjahr die Altersvorsorgebeiträge berücksichtigt werden sollen,

2. in dem Beitragsjahr, für das die Altersvorsorgebeiträge berücksichtigt werden sollen, ein Altersvorsorgevertrag bestanden hat,

3. im fristgerechten Antrag auf Zulage für dieses Beitragsjahr eine Zulageberechtigung nach § 79 Satz 2 angegeben wurde, aber tatsächlich eine Zulageberechtigung nach § 79 Satz 1 vorliegt,

4. die Zahlung der Altersvorsorgebeiträge für abgelaufene Beitragsjahre bis zum Ablauf von zwei Jahren nach Erteilung der Bescheinigung nach § 92, mit der zuletzt Er-

mittlungsergebnisse für dieses Beitragsjahr bescheinigt wurden, längstens jedoch bis zum Beginn der Auszahlungsphase des Altersvorsorgevertrages erfolgt und

5. der Zulageberechtigte vom Anbieter in hervorgehobener Weise darüber informiert wurde oder dem Anbieter seine Kenntnis darüber versichert, dass die Leistungen aus diesen Altersvorsorgebeiträgen der vollen nachgelagerten Besteuerung nach § 22 Nummer 5 Satz 1 unterliegen.

[2]Wurden die Altersvorsorgebeiträge dem Altersvorsorgevertrag gutgeschrieben und sind die Voraussetzungen nach Satz 1 erfüllt, so hat der Anbieter der zentralen Stelle (§ 81) die entsprechenden Daten nach § 89 Absatz 2 Satz 1 für das zurückliegende Beitragsjahr nach einem mit der zentralen Stelle abgestimmten Verfahren mitzuteilen. [3]Die Beträge nach Satz 1 gelten für die Ermittlung der zu zahlenden Altersvorsorgezulage nach § 83 als Altersvorsorgebeiträge für das Beitragsjahr, für das sie gezahlt wurden. [4]Für die Anwendung des § 10a Absatz 1 Satz 1 sowie bei der Ermittlung der dem Steuerpflichtigen zustehenden Zulage im Rahmen des § 2 Absatz 6 und des § 10a sind die nach Satz 1 gezahlten Altersvorsorgebeiträge weder für das Beitragsjahr nach Satz 1 Nummer 2 noch für das Beitragsjahr der Zahlung zu berücksichtigen.

§ 83 Altersvorsorgezulage

In Abhängigkeit von den geleisteten Altersvorsorgebeiträgen wird eine Zulage gezahlt, die sich aus einer Grundzulage (§ 84) und einer Kinderzulage (§ 85) zusammensetzt.

§ 84 Grundzulage

[1]Jeder Zulageberechtigte erhält eine Grundzulage; diese beträgt ab dem Beitragsjahr 2018 jährlich 175 Euro. [2]Für Zulageberechtigte nach § 79 Satz 1, die zu Beginn des Beitragsjahres (§ 88) das 25. Lebensjahr noch nicht vollendet haben, erhöht sich die Grundzulage nach Satz 1 um einmalig 200 Euro. [3]Die Erhöhung nach Satz 2 ist für das erste nach dem 31. Dezember 2007 beginnende Beitragsjahr zu gewähren, für das eine Altersvorsorgezulage beantragt wird.

§ 85 Kinderzulage

(1) [1]Die Kinderzulage beträgt für jedes Kind, für das gegenüber dem Zulageberechtigten Kindergeld festgesetzt wird, jährlich 185 Euro. [2]Für ein nach dem 31. Dezember 2007 geborenes Kind erhöht sich die Kinderzulage nach Satz 1 auf 300 Euro. [3]Der Anspruch auf Kinderzulage entfällt für den Veranlagungszeitraum, für den das Kindergeld insgesamt zurückgefordert wird. [4]Erhalten mehrere Zulageberechtigte für dasselbe Kind Kindergeld, steht die Kinderzulage demjenigen zu, dem gegenüber für den ersten Anspruchszeitraum (§ 66 Absatz 2) im Kalenderjahr Kindergeld festgesetzt worden ist.

(2) [1]Bei Eltern verschiedenen Geschlechts, die miteinander verheiratet sind, nicht dauernd getrennt leben (§ 26 Absatz 1) und ihren Wohnsitz oder gewöhnlichen Aufenthalt in einem Mitgliedstaat der Europäischen Union oder einem Staat haben, auf den das Abkommen über den Europäischen Wirtschaftsraum (EWR-Abkommen) anwendbar ist, wird die Kinderzulage der Mutter zugeordnet, auf Antrag beider Eltern dem Vater. [2]Bei Eltern gleichen Geschlechts, die miteinander verheiratet sind oder eine Lebenspartnerschaft führen, nicht dauernd getrennt leben (§ 26 Absatz 1) und ihren Wohnsitz oder gewöhnlichen Aufenthalt in einem Mitgliedstaat der Europäischen Union oder einem Staat haben, auf den das EWR-Abkommen anwendbar ist, ist die Kinderzulage dem Elternteil zuzuordnen, dem

gegenüber das Kindergeld festgesetzt wird, auf Antrag beider Eltern dem anderen Elternteil. ³Der Antrag kann für ein abgelaufenes Beitragsjahr nicht zurückgenommen werden.

§ 86 Mindesteigenbeitrag

(1) ¹Die Zulage nach den §§ 84 und 85 wird gekürzt, wenn der Zulageberechtigte nicht den Mindesteigenbeitrag leistet. ²Dieser beträgt jährlich 4 Prozent der Summe der in dem dem Kalenderjahr vorangegangenen Kalenderjahr

1. erzielten beitragspflichtigen Einnahmen im Sinne des Sechsten Buches Sozialgesetzbuch,
2. bezogenen Besoldung und Amtsbezüge,
3. in den Fällen des § 10a Abs. 1 Satz 1 Nr. 3 und Nr. 4 erzielten Einnahmen, die beitragspflichtig wären, wenn die Versicherungsfreiheit in der gesetzlichen Rentenversicherung nicht bestehen würde und
4. bezogenen Rente wegen voller Erwerbsminderung oder Erwerbsunfähigkeit oder bezogenen Versorgungsbezüge wegen Dienstunfähigkeit in den Fällen des § 10a Abs. 1 Satz 4,

jedoch nicht mehr als der in § 10a Abs. 1 Satz 1 genannte Höchstbetrag, vermindert um die Zulage nach den §§ 84 und 85; gehört der Ehegatte zum Personenkreis nach § 79 Satz 2, berechnet sich der Mindesteigenbeitrag des nach § 79 Satz 1 Begünstigten unter Berücksichtigung der den Ehegatten insgesamt zustehenden Zulagen. ³Auslandsbezogene Bestandteile nach den §§ 52 ff. des Bundesbesoldungsgesetzes oder entsprechender Regelungen eines Landesbesoldungsgesetzes bleiben unberücksichtigt. ⁴Als Sockelbetrag sind ab dem Jahr 2005 jährlich 60 Euro zu leisten. ⁵Ist der Sockelbetrag höher als der Mindesteigenbeitrag nach Satz 2, so ist der Sockelbetrag als Mindesteigenbeitrag zu leisten. ⁶Die Kürzung der Zulage ermittelt sich nach dem Verhältnis der Altersvorsorgebeiträge zum Mindesteigenbeitrag.

(2) ¹Ein nach § 79 Satz 2 begünstigter Ehegatte hat Anspruch auf eine ungekürzte Zulage, wenn der zum begünstigten Personenkreis nach § 79 Satz 1 gehörende Ehegatte seinen geförderten Mindesteigenbeitrag unter Berücksichtigung der den Ehegatten insgesamt zustehenden Zulagen erbracht hat. ²Werden bei einer in der gesetzlichen Rentenversicherung pflichtversicherten Person beitragspflichtige Einnahmen zu Grunde gelegt, die höher sind als das tatsächlich erzielte Entgelt oder die Entgeltersatzleistung, ist das tatsächlich erzielte Entgelt oder der Zahlbetrag der Entgeltersatzleistung für die Berechnung des Mindesteigenbeitrags zu berücksichtigen. ³Für die nicht erwerbsmäßig ausgeübte Pflegetätigkeit einer nach § 3 Satz 1 Nr. 1a des Sechsten Buches Sozialgesetzbuch rentenversicherungspflichtigen Person ist für die Berechnung des Mindesteigenbeitrags ein tatsächlich erzieltes Entgelt von 0 Euro zu berücksichtigen.

(3) ¹Für Versicherungspflichtige nach dem Gesetz über die Alterssicherung der Landwirte ist Abs. 1 mit der Maßgabe anzuwenden, dass auch die Einkünfte aus Land- und Forstwirtschaft im Sinne des § 13 des zweiten dem Beitragsjahr vorangegangenen Veranlagungszeitraums als beitragspflichtige Einnahmen des vorangegangenen Kalenderjahres gelten. ²Negative Einkünfte im Sinne des Satzes 1 bleiben unberücksichtigt, wenn weitere nach Abs. 1 oder Abs. 2 zu berücksichtigende Einnahmen erzielt werden.

(4) Wird nach Ablauf des Beitragsjahres festgestellt, dass die Voraussetzungen für die Gewährung einer Kinderzulage nicht vorgelegen haben, ändert sich dadurch die Berechnung des Mindesteigenbeitrags für dieses Beitragsjahr nicht.

(5) Bei den in § 10a Abs. 6 Satz 1 und 2 genannten Personen ist der Summe nach Abs. 1 Satz 2 die Summe folgender Einnahmen und Leistungen aus dem dem Kalenderjahr vorangegangenen Kalenderjahr hinzuzurechnen:

1. die erzielten Einnahmen aus der Tätigkeit, die die Zugehörigkeit zum Personenkreis des § 10a Abs. 6 Satz 1 begründet, und

2. die bezogenen Leistungen im Sinne des § 10a Abs. 6 Satz 2 Nr. 1.

§ 87 Zusammentreffen mehrerer Verträge

(1) [1]Zahlt der nach § 79 Satz 1 Zulageberechtigte Altersvorsorgebeiträge zugunsten mehrerer Verträge, so wird die Zulage nur für zwei dieser Verträge gewährt. [2]Der insgesamt nach § 86 zu leistende Mindesteigenbeitrag muss zugunsten dieser Verträge geleistet worden sein. [3]Die Zulage ist entsprechend dem Verhältnis der auf diese Verträge geleisteten Beiträge zu verteilen.

(2) [1]Der nach § 79 Satz 2 Zulageberechtigte kann die Zulage für das jeweilige Beitragsjahr nicht auf mehrere Altersvorsorgeverträge verteilen. [2]Es ist nur der Altersvorsorgevertrag begünstigt, für den zuerst die Zulage beantragt wird.

§ 88 Entstehung des Anspruchs auf Zulage

Der Anspruch auf die Zulage entsteht mit Ablauf des Kalenderjahres, in dem die Altersvorsorgebeiträge geleistet worden sind (Beitragsjahr).

§ 89 Antrag

(1) [1]Der Zulageberechtigte hat den Antrag auf Zulage nach amtlich vorgeschriebenem Vordruck bis zum Ablauf des zweiten Kalenderjahres, das auf das Beitragsjahr (§ 88) folgt, bei dem Anbieter seines Vertrages einzureichen. [2]Hat der Zulageberechtigte im Beitragsjahr Altersvorsorgebeiträge für mehrere Verträge gezahlt, so hat er mit dem Zulageantrag zu bestimmen, auf welche Verträge die Zulage überwiesen werden soll. [3]Beantragt der Zulageberechtigte die Zulage für mehr als zwei Verträge, so wird die Zulage nur für die zwei Verträge mit den höchsten Altersvorsorgebeiträgen gewährt. [4]Sofern eine Zulagenummer (§ 90 Abs. 1 Satz 2) durch die zentrale Stelle (§ 81) oder eine Versicherungsnummer nach § 147 des Sechsten Buches Sozialgesetzbuch für den nach § 79 Satz 2 berechtigten Ehegatten noch nicht vergeben ist, hat dieser über seinen Anbieter eine Zulagenummer bei der zentralen Stelle zu beantragen. [5]Der Antragsteller ist verpflichtet, dem Anbieter unverzüglich eine Änderung der Verhältnisse mitzuteilen, die zu einer Minderung oder zum Wegfall des Zulageanspruchs führt.

(1a) [1]Der Zulageberechtigte kann den Anbieter seines Vertrages schriftlich bevollmächtigen, für ihn abweichend von Absatz 1 die Zulage für jedes Beitragsjahr zu beantragen. [2]Absatz 1 Satz 5 gilt mit Ausnahme der Mitteilung geänderter beitragspflichtiger Einnahmen im Sinne des Sechsten Buches Sozialgesetzbuch entsprechend. [3]Ein Widerruf der Vollmacht ist bis zum Ablauf des Beitragsjahres, für das der Anbieter keinen Antrag auf Zulage stellen soll, gegenüber dem Anbieter zu erklären.

(2) [1]Der Anbieter ist verpflichtet,

a) die Vertragsdaten,

b) die Identifikationsnummer, die Versicherungsnummer nach § 147 des Sechsten Buches Sozialgesetzbuch, die Zulagenummer des Zulageberechtigten und dessen Ehegatten oder einen Antrag auf Vergabe einer Zulagenummer eines nach § 79 Satz 2 berechtigten Ehegatten,

c) die vom Zulageberechtigten mitgeteilten Angaben zur Ermittlung des Mindesteigenbeitrags (§ 86),

d) die Identifikationsnummer des Kindes sowie die weiteren für die Gewährung der Kinderzulage erforderlichen Daten,

e) die Höhe der geleisteten Altersvorsorgebeiträge und

f) das Vorliegen einer nach Absatz 1a erteilten Vollmacht

als die für die Ermittlung und Überprüfung des Zulageanspruchs und Durchführung des Zulageverfahrens erforderlichen Daten zu erfassen. [2]Er hat die Daten der bei ihm im Laufe eines Kalendervierteljahres eingegangenen Anträge bis zum Ende des folgenden Monats nach amtlich vorgeschriebenem Datensatz durch amtlich bestimmte Datenfernübertragung an die zentrale Stelle zu übermitteln. [3]Dies gilt auch im Fall des Absatzes 1 Satz 5. [4]§ 22a Absatz 2 gilt entsprechend.

(3) [1]Ist der Anbieter nach Absatz 1a Satz 1 bevollmächtigt worden, hat er der zentralen Stelle die nach Absatz 2 Satz 1 erforderlichen Angaben für jedes Kalenderjahr bis zum Ablauf des auf das Beitragsjahr folgenden Kalenderjahres zu übermitteln. [2]Liegt die Bevollmächtigung erst nach dem im Satz 1 genannten Meldetermin vor, hat der Anbieter die Angaben bis zum Ende des folgenden Kalendervierteljahres nach der Bevollmächtigung, spätestens jedoch bis zum Ablauf der in Absatz 1 Satz 1 genannten Antragsfrist, zu übermitteln. [3]Absatz 2 Satz 2 und 3 gilt sinngemäß.

§ 90 Verfahren

(1) [1]Die zentrale Stelle ermittelt auf Grund der von ihr erhobenen oder der ihr übermittelten Daten, ob und in welcher Höhe ein Zulageanspruch besteht. [2]Soweit der zuständige Träger der Rentenversicherung keine Versicherungsnummer vergeben hat, vergibt die zentrale Stelle zur Erfüllung der ihr nach diesem Abschnitt zugewiesenen Aufgaben eine Zulagenummer. [3]Die zentrale Stelle teilt im Falle eines Antrags nach § 10a Abs. 1a der zuständigen Stelle, im Falle eines Antrags nach § 89 Abs. 1 Satz 4 dem Anbieter die Zulagenummer mit; von dort wird sie an den Antragsteller weitergeleitet.

(2) [1]Die zentrale Stelle veranlasst die Auszahlung an den Anbieter zugunsten der Zulageberechtigten durch die zuständige Kasse. [2]Ein gesonderter Zulagenbescheid ergeht vorbehaltlich des Absatzes 4 nicht. [3]Der Anbieter hat die erhaltenen Zulagen unverzüglich den begünstigten Verträgen gutzuschreiben. [4]Zulagen, die nach Beginn der Auszahlungsphase für das Altersvorsorgevermögen von der zentralen Stelle an den Anbieter überwiesen werden, können vom Anbieter an den Anleger ausgezahlt werden. [5]Besteht kein Zulageanspruch, so teilt die zentrale Stelle dies dem Anbieter durch Datensatz mit. [6]Die zentrale Stelle teilt dem Anbieter die Altersvorsorgebeiträge im Sinne des § 82, auf die § 10a oder dieser Abschnitt angewendet wurde, durch Datensatz mit.

(3) [1]Erkennt die zentrale Stelle bis zum Ende des zweiten auf die Ermittlung der Zulage folgenden Jahres nachträglich, dass der Zulageanspruch ganz oder teilweise nicht besteht oder weggefallen ist, so hat sie zu Unrecht gutgeschriebene oder ausgezahlte Zulagen bis zum Ablauf eines Jahres nach der Erkenntnis zurückzufordern und dies dem Anbieter durch Datensatz mitzuteilen. [2]Bei bestehendem Vertragsverhältnis hat der Anbieter das Konto zu belasten. [3]Die ihm im Kalendervierteljahr mitgeteilten Rückforderungsbeträge hat er bis zum zehnten Tag des dem Kalendervierteljahr folgenden Monats in einem Betrag bei der zentralen Stelle anzumelden und an diese abzuführen. [4]Die Anmeldung nach Satz 3 ist nach amtlich vorgeschriebenem Vordruck abzugeben. [5]Sie gilt als Steueranmeldung im Sinne der Abgabenordnung.

(3a) [1]Erfolgt nach der Durchführung einer versorgungsrechtlichen Teilung eine Rückforderung von zu Unrecht gezahlten Zulagen, setzt die zentrale Stelle den Rückforderungsbetrag nach Absatz 3 unter Anrechnung bereits vom Anbieter einbehaltener und abgeführter Beträge gegenüber dem Zulageberechtigten fest, soweit

1. das Guthaben auf dem Vertrag des Zulageberechtigten zur Zahlung des Rückforderungsbetrags nach § 90 Absatz 3 Satz 1 nicht ausreicht und

2. im Rückforderungsbetrag ein Zulagebetrag enthalten ist, der in der Ehe- oder Lebenspartnerschaftszeit ausgezahlt wurde.

[2]Erfolgt nach einer Inanspruchnahme eines Altersvorsorge-Eigenheimbetrags im Sinne des § 92a Absatz 1 oder während einer Darlehenstilgung bei Altersvorsorgeverträgen nach § 1 Absatz 1a des Altersvorsorgeverträge-Zertifizierungsgesetzes eine Rückforderung zu Unrecht gezahlter Zulagen, setzt die zentrale Stelle den Rückforderungsbetrag nach Absatz 3 unter Anrechnung bereits vom Anbieter einbehaltener und abgeführter Beträge gegenüber dem Zulageberechtigten fest, soweit das Guthaben auf dem Altersvorsorgevertrag des Zulageberechtigten zur Zahlung des Rückforderungsbetrags nicht ausreicht. [3]Der Anbieter hat in diesen Fällen der zentralen Stelle die nach Absatz 3 einbehaltenen und abgeführten Beträge nach amtlich vorgeschriebenem Datensatz durch amtlich bestimmte Datenfernübertragung mitzuteilen.

(4) [1]Eine Festsetzung der Zulage erfolgt nur auf besonderen Antrag des Zulageberechtigten. [2]Der Antrag ist schriftlich innerhalb eines Jahres vom Antragsteller an den Anbieter zu richten; die Frist beginnt mit der Erteilung der Bescheinigung nach § 92, die die Ermittlungsergebnisse für das Beitragsjahr enthält, für das eine Festsetzung der Zulage erfolgen soll. [3]Der Anbieter leitet den Antrag der zentralen Stelle zur Festsetzung zu. [4]Er hat dem Antrag eine Stellungnahme und die zur Festsetzung erforderlichen Unterlagen beizufügen. [5]Die zentrale Stelle teilt die Festsetzung auch dem Anbieter mit. [6]Im Übrigen gilt Absatz 3 entsprechend.

(5) [1]Im Rahmen des Festsetzungsverfahrens kann der Zulageberechtigte bis zum rechtskräftigen Abschluss des Festsetzungsverfahrens eine nicht fristgerecht abgegebene Einwilligung nach § 10a Absatz 1 Satz 1 Halbsatz 2 gegenüber der zuständigen Stelle nachholen. [2]Über die Nachholung hat er die zentrale Stelle unter Angabe des Datums der Erteilung der Einwilligung unmittelbar zu informieren. [3]Hat der Zulageberechtigte im Rahmen des Festsetzungsverfahrens eine wirksame Einwilligung gegenüber der zuständigen Stelle erteilt, wird er so gestellt, als hätte er die Einwilligung innerhalb der Frist nach § 10a Absatz 1 Satz 1 Halbsatz 2 wirksam gestellt.

§ 90a

(aufgehoben)

§ 91 Datenerhebung und Datenabgleich

(1) [1]Für die Berechnung und Überprüfung der Zulage sowie die Überprüfung des Vorliegens der Voraussetzungen des Sonderausgabenabzugs nach § 10a übermitteln die Träger der gesetzlichen Rentenversicherung, die landwirtschaftliche Alterskasse, die Bundesagentur für Arbeit, die Meldebehörden, die Familienkassen und die Finanzämter der zentralen Stelle auf Anforderung unter Angabe der Identifikationsnummer (§ 139b der Abgabenordnung) des Steuerpflichtigen die bei ihnen vorhandenen Daten nach § 89 Abs. 2 durch Datenfernübertragung; für Zwecke der Berechnung des Mindesteigenbeitrags für ein Beitragsjahr darf die zentrale Stelle bei den Trägern der gesetzlichen Renten-

versicherung und der landwirtschaftlichen Alterskasse die bei ihnen vorhandenen Daten zu den beitragspflichtigen Einnahmen sowie in den Fällen des § 10a Abs. 1 Satz 4 zur Höhe der bezogenen Rente wegen voller Erwerbsminderung oder Erwerbsunfähigkeit erheben, sofern diese nicht vom Anbieter nach § 89 übermittelt worden sind; im Datenabgleich mit den Familienkassen sind auch die Identifikationsnummern des Kindergeldberechtigten und des Kindes anzugeben. [2]Für Zwecke der Überprüfung nach Satz 1 darf die zentrale Stelle die ihr übermittelten Daten mit den ihr nach § 89 Abs. 2 übermittelten Daten automatisiert abgleichen. [3]Führt die Überprüfung zu einer Änderung der ermittelten oder festgesetzten Zulage, ist dies dem Anbieter mitzuteilen. [4]Ergibt die Überprüfung eine Abweichung von dem in der Steuerfestsetzung berücksichtigten Sonderausgabenabzug nach § 10a oder der gesonderten Feststellung nach § 10a Abs. 4, ist dies dem Finanzamt mitzuteilen; die Steuerfestsetzung oder die gesonderte Feststellung ist insoweit zu ändern.

(2) [1]Die zuständige Stelle hat der zentralen Stelle die Daten nach § 10a Abs. 1 Satz 1 zweiter Halbsatz bis zum 31. März des dem Beitragsjahr folgenden Kalenderjahres durch Datenfernübertragung zu übermitteln. [2]Liegt die Einwilligung nach § 10a Abs. 1 Satz 1 zweiter Halbsatz erst nach dem in Satz 1 genannten Meldetermin vor, hat die zuständige Stelle die Daten spätestens bis zum Ende des folgenden Kalendervierteljahres nach Erteilung der Einwilligung nach Maßgabe von Satz 1 zu übermitteln.

§ 92 Bescheinigung

[1]Der Anbieter hat dem Zulageberechtigten jährlich bis zum Ablauf des auf das Beitragsjahr folgenden Jahres eine Bescheinigung nach amtlich vorgeschriebenem Muster zu erteilen über

1. die Höhe der im abgelaufenen Beitragsjahr geleisteten Altersvorsorgebeiträge (Beiträge und Tilgungsleistungen),
2. die im abgelaufenen Beitragsjahr getroffenen, aufgehobenen oder geänderten Ermittlungsergebnisse (§ 90),
3. die Summe der bis zum Ende des abgelaufenen Beitragsjahres dem Vertrag gutgeschriebenen Zulagen,
4. die Summe der bis zum Ende des abgelaufenen Beitragsjahres geleisteten Altersvorsorgebeiträge (Beiträge und Tilgungsleistungen),
5. den Stand des Altersvorsorgevermögens,
6. den Stand des Wohnförderkontos (§ 92a Abs. 2 Satz 1), sofern er diesen von der zentralen Stelle mitgeteilt bekommen hat, und
7. die Bestätigung der durch den Anbieter erfolgten Datenübermittlung an die zentrale Stelle im Fall des § 10a Abs. 5 Satz 1.

[2]Einer jährlichen Bescheinigung bedarf es nicht, wenn zu Satz 1 Nr. 1, 2, 6 und 7 keine Angaben erforderlich sind und sich zu Satz 1 Nr. 3 bis 5 keine Änderungen gegenüber der zuletzt erteilten Bescheinigung ergeben. [3]Liegen die Voraussetzungen des Satzes 2 nur hinsichtlich der Angabe nach Satz 1 Nr. 6 nicht vor und wurde die Geschäftsbeziehung im Hinblick auf den jeweiligen Altersvorsorgevertrag zwischen Zulageberechtigtem und Anbieter beendet, weil

1. das angesparte Kapital vollständig aus dem Altersvorsorgevertrag entnommen wurde oder
2. das gewährte Darlehen vollständig getilgt wurde,

bedarf es keiner jährlichen Bescheinigung, wenn der Anbieter dem Zulageberechtigten in einer Bescheinigung im Sinne dieser Vorschrift Folgendes mitteilt: „Das Wohnförderkonto erhöht sich bis zum Beginn der Auszahlungsphase jährlich um 2 Prozent, solange Sie keine Zahlungen zur Minderung des Wohnförderkontos leisten." [4]Der Anbieter kann dem Zulageberechtigten mit dessen Einverständnis die Bescheinigung auch elektronisch bereitstellen.

§ 92a Verwendung für eine selbst genutzte Wohnung

(1) [1]Der Zulageberechtigte kann das in einem Altersvorsorgevertrag gebildete und nach § 10a oder nach diesem Abschnitt geförderte Kapital in vollem Umfang oder, wenn das verbleibende geförderte Restkapital mindestens 3.000 Euro beträgt, teilweise wie folgt verwenden (Altersvorsorge-Eigenheimbetrag):

1. bis zum Beginn der Auszahlungsphase unmittelbar für die Anschaffung oder Herstellung einer Wohnung oder zur Tilgung eines zu diesem Zweck aufgenommenen Darlehens, wenn das dafür entnommene Kapital mindestens 3.000 Euro beträgt, oder

2. bis zum Beginn der Auszahlungsphase unmittelbar für den Erwerb von Pflicht-Geschäftsanteilen an einer eingetragenen Genossenschaft für die Selbstnutzung einer Genossenschaftswohnung oder zur Tilgung eines zu diesem Zweck aufgenommenen Darlehens, wenn das dafür entnommene Kapital mindestens 3.000 Euro beträgt, oder

3. bis zum Beginn der Auszahlungsphase unmittelbar für die Finanzierung eines Umbaus einer Wohnung, wenn
   a) das dafür entnommene Kapital
      aa) mindestens 6.000 Euro beträgt und für einen innerhalb eines Zeitraums von drei Jahren nach der Anschaffung oder Herstellung der Wohnung vorgenommenen Umbau verwendet wird oder
      bb) mindestens 20.000 Euro beträgt,
   b) das dafür entnommene Kapital zu mindestens 50 Prozent auf Maßnahmen entfällt, die die Vorgaben der DIN 18040 Teil 2, Ausgabe September 2011, soweit baustrukturell möglich, erfüllen, und der verbleibende Teil der Kosten der Reduzierung von Barrieren in oder an der Wohnung dient; die zweckgerechte Verwendung ist durch einen Sachverständigen zu bestätigen; und
   c) [1]der Zulageberechtigte oder ein Mitnutzer der Wohnung für die Umbaukosten weder eine Förderung durch Zuschüsse noch eine Steuerermäßigung nach § 35a in Anspruch nimmt oder nehmen wird noch die Berücksichtigung als außergewöhnliche Belastung nach § 33 beantragt hat oder beantragen wird und dies schriftlich bestätigt. [2]Diese Bestätigung ist bei der Antragstellung nach § 92b Absatz 1 Satz 1 gegenüber der zentralen Stelle abzugeben. 3Bei der Inanspruchnahme eines Darlehens im Rahmen eines Altersvorsorgevertrags nach § 1 Absatz 1a des Altersvorsorgeverträge-Zertifizierungsgesetzes hat der Zulageberechtigte die Bestätigung gegenüber seinem Anbieter abzugeben.

[2]Die DIN 18040 ist im Beuth-Verlag GmbH, Berlin und Köln, erschienen und beim Deutschen Patent- und Markenamt in München archivmäßig gesichert niedergelegt. [3]Die technischen Mindestanforderungen für die Reduzierung von Barrieren in oder an der Wohnung nach Satz 1 Nummer 3 Buchstabe b werden durch das Bundesministerium für Umwelt, Naturschutz, Bau und Reaktorsicherheit im Einvernehmen mit dem Bundesministerium der Finanzen festgelegt und im Bundesbaublatt veröffentlicht. [4]Sachverständige

im Sinne dieser Vorschrift sind nach Landesrecht Bauvorlageberechtigte sowie nach § 91 Absatz 1 Nummer 8 der Handwerksordnung öffentlich bestellte und vereidigte Sachverständige, die für ein Sachgebiet bestellt sind, das die Barrierefreiheit und Barrierereduzierung in Wohngebäuden umfasst, und die eine besondere Sachkunde oder ergänzende Fortbildung auf diesem Gebiet nachweisen. [5]Eine nach Satz 1 begünstigte Wohnung ist

1. eine Wohnung in einem eigenen Haus oder
2. eine eigene Eigentumswohnung oder
3. eine Genossenschaftswohnung einer eingetragenen Genossenschaft,

wenn diese Wohnung in einem Mitgliedstaat der Europäischen Union oder in einem Staat, auf den das Abkommen über den Europäischen Wirtschaftsraum (EWR-Abkommen) anwendbar ist, belegen ist und die Hauptwohnung oder den Mittelpunkt der Lebensinteressen des Zulageberechtigten darstellt; dies gilt auch für eine im Vereinigten Königreich Großbritannien und Nordirland belegene Wohnung, die vor dem Zeitpunkt, ab dem das Vereinigte Königreich Großbritannien und Nordirland nicht mehr Mitgliedstaat der Europäischen Union ist und auch nicht wie ein solcher zu behandeln ist, bereits begünstigt war, soweit für diese Wohnung bereits vor diesem Zeitpunkt eine Verwendung nach Satz 1 erfolgt ist und keine erneute beantragt wird. [6]Einer Wohnung im Sinne des Satzes 5 steht ein eigentumsähnliches oder lebenslanges Dauerwohnrecht nach § 33 des Wohnungseigentumsgesetzes gleich, soweit Vereinbarungen nach § 39 des Wohnungseigentumsgesetzes getroffen werden. [7]Bei der Ermittlung des Restkapitals nach Satz 1 ist auf den Stand des geförderten Altersvorsorgevermögens zum Ablauf des Tages abzustellen, an dem die zentrale Stelle den Bescheid nach § 92b ausgestellt hat. [8]Der Altersvorsorge-Eigenheimbetrag gilt nicht als Leistung aus einem Altersvorsorgevertrag, die dem Zulageberechtigten im Zeitpunkt der Auszahlung zufließt.

(2) [1]Der Altersvorsorge-Eigenheimbetrag, die Tilgungsleistungen im Sinne des § 82 Absatz 1 Satz 1 Nummer 2 und die hierfür gewährten Zulagen sind durch die zentrale Stelle in Bezug auf den zugrunde liegenden Altersvorsorgevertrag gesondert zu erfassen (Wohnförderkonto); die zentrale Stelle teilt für jeden Altersvorsorgevertrag, für den sie ein Wohnförderkonto (Altersvorsorgevertrag mit Wohnförderkonto) führt, dem Anbieter jährlich den Stand des Wohnförderkontos nach amtlich vorgeschriebenem Datensatz durch Datenfernübertragung mit. [2]Beiträge, die nach § 82 Absatz 1 Satz 3 wie Tilgungsleistungen behandelt wurden, sind im Zeitpunkt der unmittelbaren Darlehenstilgung einschließlich der zur Tilgung eingesetzten Zulagen und Erträge in das Wohnförderkonto aufzunehmen; zur Tilgung eingesetzte ungeförderte Beiträge einschließlich der darauf entfallenden Erträge fließen dem Zulageberechtigten in diesem Zeitpunkt zu. [3]Nach Ablauf eines Beitragsjahres, letztmals für das Beitragsjahr des Beginns der Auszahlungsphase, ist der sich aus dem Wohnförderkonto ergebende Gesamtbetrag um 2 Prozent zu erhöhen. [4]Das Wohnförderkonto ist zu vermindern um

1. Zahlungen des Zulageberechtigten auf einen auf seinen Namen lautenden zertifizierten Altersvorsorgevertrag nach § 1 Absatz 1 des Altersvorsorgeverträge-Zertifizierungsgesetzes bis zum Beginn der Auszahlungsphase zur Minderung der in das Wohnförderkonto eingestellten Beträge; der Anbieter, bei dem die Einzahlung erfolgt, hat die Einzahlung der zentralen Stelle nach amtlich vorgeschriebenem Datensatz durch Datenfernübertragung mitzuteilen; erfolgt die Einzahlung nicht auf den Altersvorsorgevertrag mit Wohnförderkonto, hat der Zulageberechtigte dem Anbieter, bei dem die Einzahlung erfolgt, die Vertragsdaten des Altersvorsorgevertrags mit Wohn-

förderkonto mitzuteilen; diese hat der Anbieter der zentralen Stelle zusätzlich mitzuteilen;

2. den Verminderungsbetrag nach Satz 5.

[5]Verminderungsbetrag ist der sich mit Ablauf des Kalenderjahres des Beginns der Auszahlungsphase ergebende Stand des Wohnförderkontos dividiert durch die Anzahl der Jahre bis zur Vollendung des 85. Lebensjahres des Zulageberechtigten; als Beginn der Auszahlungsphase gilt der vom Zulageberechtigten und Anbieter vereinbarte Zeitpunkt, der zwischen der Vollendung des 60. Lebensjahres und des 68. Lebensjahres des Zulageberechtigten liegen muss; ist ein Auszahlungszeitpunkt nicht vereinbart, so gilt die Vollendung des 67. Lebensjahres als Beginn der Auszahlungsphase; die Verschiebung des Beginns der Auszahlungsphase über das 68. Lebensjahr des Zulageberechtigten hinaus ist unschädlich, sofern es sich um eine Verschiebung im Zusammenhang mit der Abfindung einer Kleinbetragsrente auf Grund des § 1 Absatz 1 Satz 1 Nummer 4 Buchstabe a des Altersvorsorgeverträge-Zertifizierungsgesetzes handelt. [6]Anstelle einer Verminderung nach Satz 5 kann der Zulageberechtigte jederzeit in der Auszahlungsphase von der zentralen Stelle die Auflösung des Wohnförderkontos verlangen (Auflösungsbetrag). [7]Der Anbieter hat im Zeitpunkt der unmittelbaren Darlehenstilgung die Beträge nach Satz 2 erster Halbsatz und der Anbieter eines Altersvorsorgevertrags mit Wohnförderkonto hat zu Beginn der Auszahlungsphase den Zeitpunkt des Beginns der Auszahlungsphase der zentralen Stelle nach amtlich vorgeschriebenem Datensatz durch Datenfernübertragung spätestens bis zum Ablauf des zweiten Monats, der auf den Monat der unmittelbaren Darlehenstilgung oder des Beginns der Auszahlungsphase folgt, mitzuteilen. [8]Wird gefördertes Altersvorsorgevermögen nach § 93 Absatz 2 Satz 1 von einem Anbieter auf einen anderen auf den Namen des Zulageberechtigten lautenden Altersvorsorgevertrag vollständig übertragen und hat die zentrale Stelle für den bisherigen Altersvorsorgevertrag ein Wohnförderkonto geführt, so schließt sie das Wohnförderkonto des bisherigen Vertrags und führt es zu dem neuen Altersvorsorgevertrag fort. [9]Erfolgt eine Zahlung nach Satz 4 Nummer 1 oder nach Absatz 3 Satz 9 Nummer 2 auf einen anderen Altersvorsorgevertrag als auf den Altersvorsorgevertrag mit Wohnförderkonto, schließt die zentrale Stelle das Wohnförderkonto des bisherigen Vertrags und führt es ab dem Zeitpunkt der Einzahlung für den Altersvorsorgevertrag fort, auf den die Einzahlung erfolgt ist. [10]Die zentrale Stelle teilt die Schließung des Wohnförderkontos dem Anbieter des bisherigen Altersvorsorgevertrags mit Wohnförderkonto mit.

(2a) [1]Geht im Rahmen der Regelung von Scheidungsfolgen der Eigentumsanteil des Zulageberechtigten an der Wohnung im Sinne des Absatzes 1 Satz 5 ganz oder teilweise auf den anderen Ehegatten über, geht das Wohnförderkonto in Höhe des Anteils, der dem Verhältnis des übergegangenen Eigentumsanteils zum ursprünglichen Eigentumsanteil entspricht, mit allen Rechten und Pflichten auf den anderen Ehegatten über; dabei ist auf das Lebensalter des anderen Ehegatten abzustellen. [2]Hat der andere Ehegatte das Lebensalter für den vertraglich vereinbarten Beginn der Auszahlungsphase oder, soweit kein Beginn der Auszahlungsphase vereinbart wurde, das 67. Lebensjahr im Zeitpunkt des Übergangs des Wohnförderkontos bereits überschritten, so gilt als Beginn der Auszahlungsphase der Zeitpunkt des Übergangs des Wohnförderkontos. [3]Der Zulageberechtigte hat den Übergang des Eigentumsanteils der zentralen Stelle nachzuweisen. [4]Dazu hat er die für die Anlage eines Wohnförderkontos erforderlichen Daten des anderen Ehegatten mitzuteilen. [5]Die Sätze 1 bis 4 gelten entsprechend für Ehegatten, die im Zeitpunkt des Todes des Zulageberechtigten

1. nicht dauernd getrennt gelebt haben (§ 26 Absatz 1) und
2. ihren Wohnsitz oder gewöhnlichen Aufenthalt in einem Mitgliedstaat der Europäischen Union oder einem Staat hatten, auf den das Abkommen über den Europäischen Wirtschaftsraum anwendbar ist; dies gilt auch, wenn die Ehegatten ihren vor dem Zeitpunkt, ab dem das Vereinigte Königreich Großbritannien und Nordirland nicht mehr Mitgliedstaat der Europäischen Union ist und auch nicht wie ein solcher zu behandeln ist, begründeten Wohnsitz oder gewöhnlichen Aufenthalt im Vereinigten Königreich Großbritannien und Nordirland hatten und der Altersvorsorgevertrag vor dem 23. Juni 2016 abgeschlossen worden ist.

(3) [1]Nutzt der Zulageberechtigte die Wohnung im Sinne des Absatzes 1 Satz 5, für die ein Altersvorsorge-Eigenheimbetrag verwendet oder für die eine Tilgungsförderung im Sinne des § 82 Absatz 1 in Anspruch genommen worden ist, nicht nur vorübergehend nicht mehr zu eigenen Wohnzwecken, hat er dies dem Anbieter, in der Auszahlungsphase der zentralen Stelle, unter Angabe des Zeitpunkts der Aufgabe der Selbstnutzung anzuzeigen. [2]Eine Aufgabe der Selbstnutzung liegt auch vor, soweit der Zulageberechtigte das Eigentum an der Wohnung aufgibt. [3]Die Anzeigepflicht gilt entsprechend für den Rechtsnachfolger der begünstigten Wohnung, wenn der Zulageberechtigte stirbt. [4]Die Anzeigepflicht entfällt, wenn das Wohnförderkonto vollständig zurückgeführt worden ist, es sei denn, es liegt ein Fall des § 22 Nummer 5 Satz 6 vor. [5]Im Fall des Satzes 1 gelten die im Wohnförderkonto erfassten Beträge als Leistungen aus einem Altersvorsorgevertrag, die dem Zulageberechtigten nach letztmaliger Erhöhung des Wohnförderkontos nach Absatz 2 Satz 3 zum Ende des Veranlagungszeitraums, in dem die Selbstnutzung aufgegeben wurde, zufließen; das Wohnförderkonto ist aufzulösen (Auflösungsbetrag). [6]Verstirbt der Zulageberechtigte, ist der Auflösungsbetrag ihm noch zuzurechnen. [7]Der Anbieter hat der zentralen Stelle den Zeitpunkt der Aufgabe nach amtlich vorgeschriebenem Datensatz durch Datenfernübertragung spätestens bis zum Ablauf des zweiten Monats, der auf den Monat der Anzeige des Zulageberechtigten folgt, mitzuteilen. [8]Wurde im Fall des Satzes 1 eine Tilgungsförderung nach § 82 Absatz 1 Satz 3 in Anspruch genommen und erfolgte keine Einstellung in das Wohnförderkonto nach Absatz 2 Satz 2, sind die Beiträge, die nach § 82 Absatz 1 Satz 3 wie Tilgungsleistungen behandelt wurden, sowie die darauf entfallenden Zulagen und Erträge in ein Wohnförderkonto aufzunehmen und anschließend die weiteren Regelungen dieses Absatzes anzuwenden; Absatz 2 Satz 2 zweiter Halbsatz und Satz 7 gilt entsprechend. [9]Die Sätze 5 bis 7 sowie § 20 sind nicht anzuwenden, wenn

1. der Zulageberechtigte einen Betrag in Höhe des noch nicht zurückgeführten Betrags im Wohnförderkonto innerhalb von zwei Jahren vor dem Veranlagungszeitraum und von fünf Jahren nach Ablauf des Veranlagungszeitraums, in dem er die Wohnung letztmals zu eigenen Wohnzwecken genutzt hat, für eine weitere Wohnung im Sinne des Absatzes 1 Satz 5 verwendet,
2. der Zulageberechtigte einen Betrag in Höhe des noch nicht zurückgeführten Betrags im Wohnförderkonto innerhalb eines Jahres nach Ablauf des Veranlagungszeitraums, in dem er die Wohnung letztmals zu eigenen Wohnzwecken genutzt hat, auf einen auf seinen Namen lautenden zertifizierten Altersvorsorgevertrag zahlt; Absatz 2 Satz 4 Nummer 1 ist entsprechend anzuwenden,
3. die Ehewohnung auf Grund einer richterlichen Entscheidung nach § 1361b des Bürgerlichen Gesetzbuchs oder nach der Verordnung über die Behandlung der Ehewohnung und des Hausrats dem anderen Ehegatten zugewiesen wird,

4. der Zulageberechtigte krankheits- oder pflegebedingt die Wohnung nicht mehr bewohnt, sofern er Eigentümer dieser Wohnung bleibt, sie ihm weiterhin zur Selbstnutzung zur Verfügung steht und sie nicht von Dritten, mit Ausnahme seines Ehegatten, genutzt wird oder

5. der Zulageberechtigte innerhalb von fünf Jahren nach Ablauf des Veranlagungszeitraums, in dem er die Wohnung letztmals zu eigenen Wohnzwecken genutzt hat, die Selbstnutzung dieser Wohnung wieder aufnimmt.

[10]Satz 9 Nummer 1 und 2 setzt voraus, dass der Zulageberechtigte dem Anbieter, in der Auszahlungsphase der zentralen Stelle, die fristgemäße Reinvestitionsabsicht im Rahmen der Anzeige nach Satz 1 und den Zeitpunkt der Reinvestition oder die Aufgabe der Reinvestitionsabsicht anzeigt; in den Fällen des Absatzes 2a und des Satzes 9 Nummer 3 gelten die Sätze 1 bis 9 entsprechend für den anderen, geschiedenen oder überlebenden Ehegatten, wenn er die Wohnung nicht nur vorübergehend nicht mehr zu eigenen Wohnzwecken nutzt. [11]Satz 5 ist mit der Maßgabe anzuwenden, dass der Eingang der Anzeige der aufgegebenen Reinvestitionsabsicht, spätestens jedoch der 1. Januar

1. des sechsten Jahres nach dem Jahr der Aufgabe der Selbstnutzung bei einer Reinvestitionsabsicht nach Satz 9 Nummer 1 oder

2. des zweiten Jahres nach dem Jahr der Aufgabe der Selbstnutzung bei einer Reinvestitionsabsicht nach Satz 9 Nummer 2

als Zeitpunkt der Aufgabe gilt. [12]Satz 9 Nummer 5 setzt voraus, dass bei einer beabsichtigten Wiederaufnahme der Selbstnutzung der Zulageberechtigte dem Anbieter, in der Auszahlungsphase der zentralen Stelle, die Absicht der fristgemäßen Wiederaufnahme der Selbstnutzung im Rahmen der Anzeige nach Satz 1 und den Zeitpunkt oder die Aufgabe der Reinvestitionsabsicht nach Satz 10 anzeigt. [13]Satz 10 zweiter Halbsatz und Satz 11 gelten für die Anzeige der Absicht der fristgemäßen Wiederaufnahme der Selbstnutzung entsprechend.

(4) [1]Absatz 3 sowie § 20 sind auf Antrag des Steuerpflichtigen nicht anzuwenden, wenn er

1. die Wohnung im Sinne des Absatzes 1 Satz 5 auf Grund eines beruflich bedingten Umzugs für die Dauer der beruflich bedingten Abwesenheit nicht selbst nutzt; wird während dieser Zeit mit einer anderen Person ein Nutzungsrecht für diese Wohnung vereinbart, ist diese Vereinbarung von vornherein entsprechend zu befristen,

2. beabsichtigt, die Selbstnutzung wieder aufzunehmen und

3. die Selbstnutzung spätestens mit der Vollendung seines 67. Lebensjahres aufnimmt.

[2]Der Steuerpflichtige hat den Antrag bei der zentralen Stelle zu stellen und dabei die notwendigen Nachweise zu erbringen. [3]Die zentrale Stelle erteilt dem Steuerpflichtigen einen Bescheid über die Bewilligung des Antrags und informiert den Anbieter des Altersvorsorgevertrags mit Wohnförderkonto des Zulageberechtigten über die Bewilligung, eine Wiederaufnahme der Selbstnutzung nach einem beruflich bedingten Umzug und den Wegfall der Voraussetzungen nach diesem Absatz; die Information hat nach amtlich vorgeschriebenem Datensatz durch Datenfernübertragung zu erfolgen. [4]Entfällt eine der in Satz 1 genannten Voraussetzungen, ist Absatz 3 mit der Maßgabe anzuwenden, dass bei einem Wegfall der Voraussetzung nach Satz 1 Nr. 1 als Zeitpunkt der Aufgabe der Zeitpunkt des Wegfalls der Voraussetzung und bei einem Wegfall der Voraussetzung nach Satz 1 Nr. 2 oder Nr. 3 der Eingang der Mitteilung des Steuerpflichtigen nach Absatz 3 als Zeitpunkt der Aufgabe gilt, spätestens jedoch die Vollendung des 67. Lebensjahres des Steuerpflichtigen.

§ 92b Verfahren bei Verwendung für eine selbst genutzte Wohnung

(1) [1]Der Zulageberechtigte hat die Verwendung des Kapitals nach § 92a Abs. 1 Satz 1 spätestens zehn Monate vor dem Beginn der Auszahlungsphase des Altersvorsorgevertrags im Sinne des § 1 Abs. 1 Nr. 2 des Altersvorsorgeverträge-Zertifizierungsgesetzes bei der zentralen Stelle zu beantragen und dabei die notwendigen Nachweise zu erbringen. [2]Er hat zu bestimmen, aus welchen Altersvorsorgeverträgen der Altersvorsorge-Eigenheimbetrag ausgezahlt werden soll. [3]Die zentrale Stelle teilt dem Zulageberechtigten durch Bescheid und den Anbietern der in Satz 2 genannten Altersvorsorgeverträge nach amtlich vorgeschriebenem Datensatz durch Datenfernübertragung mit, bis zu welcher Höhe eine wohnungswirtschaftliche Verwendung im Sinne des § 92a Abs. 1 Satz 1 vorliegen kann.

(2) [1]Die Anbieter der in Abs. 1 Satz 2 genannten Altersvorsorgeverträge dürfen den Altersvorsorge-Eigenheimbetrag auszahlen, sobald sie die Mitteilung nach Abs. 1 Satz 3 erhalten haben. [2]Sie haben der zentralen Stelle nach amtlich vorgeschriebenem Datensatz durch Datenfernübertragung Folgendes spätestens bis zum Ablauf des zweiten Monats, der auf den Monat der Auszahlung folgt, anzuzeigen:
1. den Auszahlungszeitpunkt und den Auszahlungsbetrag,
2. die Summe der bis zum Auszahlungszeitpunkt dem Altersvorsorgevertrag gutgeschriebenen Zulagen,
3. die Summe der bis zum Auszahlungszeitpunkt geleisteten Altersvorsorgebeiträge und
4. den Stand des geförderten Altersvorsorgevermögens im Zeitpunkt der Auszahlung.

(3) [1]Die zentrale Stelle stellt zu Beginn der Auszahlungsphase und in den Fällen des § 92a Abs. 2a und 3 Satz 5 den Stand des Wohnförderkontos, soweit für die Besteuerung erforderlich, den Verminderungsbetrag und den Auflösungsbetrag von Amts wegen gesondert fest. [2]Die zentrale Stelle teilt die Feststellung dem Zulageberechtigten, in den Fällen des § 92a Abs. 2a Satz 1 auch dem anderen Ehegatten, durch Bescheid und dem Anbieter nach amtlich vorgeschriebenem Datensatz durch Datenfernübertragung mit. [3]Der Anbieter hat auf Anforderung der zentralen Stelle die zur Feststellung erforderlichen Unterlagen vorzulegen. [4]Auf Antrag des Zulageberechtigten stellt die zentrale Stelle den Stand des Wohnförderkontos gesondert fest. [5]§ 90 Abs. 4 Satz 2 bis 5 gilt entsprechend.

§ 93 Schädliche Verwendung

(1) [1]Wird gefördertes Altersvorsorgevermögen nicht unter den in § 1 Abs. 1 Satz 1 Nr. 4 und 10 Buchstabe c des Altersvorsorgeverträge-Zertifizierungsgesetzes oder § 1 Abs. 1 Satz 1 Nr. 4, 5 und 10 Buchstabe c des Altersvorsorgeverträge-Zertifizierungsgesetzes in der bis zum 31. Dezember 2004 geltenden Fassung genannten Voraussetzungen an den Zulageberechtigten ausgezahlt (schädliche Verwendung), sind die auf das ausgezahlte geförderte Altersvorsorgevermögen entfallenden Zulagen und die nach § 10a Abs. 4 gesondert festgestellten Beträge (Rückzahlungsbetrag) zurückzuzahlen. [2]Dies gilt auch bei einer Auszahlung nach Beginn der Auszahlungsphase (§ 1 Abs. 1 Satz 1 Nr. 2 des Altersvorsorgeverträge-Zertifizierungsgesetzes) und bei Auszahlungen im Falle des Todes des Zulageberechtigten. [3]Hat der Zulageberechtigte Zahlungen im Sinne des § 92a Abs. 2 Satz 4 Nr. 1 oder § 92a Abs. 3 Satz 9 Nr. 2 geleistet, dann handelt es sich bei dem hierauf beruhenden Altersvorsorgevermögen um gefördertes Altersvorsorgevermögen im Sinne des Satzes 1; der Rückzahlungsbetrag bestimmt sich insoweit nach der für die in das Wohnförderkonto eingestellten Beträge gewährten Förderung. [4]Eine Rückzahlungsverpflichtung besteht nicht für den Teil der Zulagen und der Steuerermäßigung,

a) der auf nach § 1 Abs. 1 Satz 1 Nr. 2 des Altersvorsorgeverträge-Zertifizierungsgesetzes angespartes gefördertes Altersvorsorgevermögen entfällt, wenn es in Form einer Hinterbliebenenrente an die dort genannten Hinterbliebenen ausgezahlt wird; dies gilt auch für Leistungen im Sinne des § 82 Abs. 3 an Hinterbliebene des Steuerpflichtigen;

b) der den Beitragsanteilen zuzuordnen ist, die für die zusätzliche Absicherung der verminderten Erwerbsfähigkeit und eine zusätzliche Hinterbliebenenabsicherung ohne Kapitalbildung verwendet worden sind;

c) der auf gefördertes Altersvorsorgevermögen entfällt, das im Falle des Todes des Zulageberechtigten auf einen auf den Namen des Ehegatten lautenden Altersvorsorgevertrag übertragen wird, wenn die Ehegatten im Zeitpunkt des Todes des Zulageberechtigten nicht dauernd getrennt gelebt haben (§ 26 Absatz 1) und ihren Wohnsitz oder gewöhnlichen Aufenthalt in einem Mitgliedstaat der Europäischen Union oder einem Staat hatten, auf den das Abkommen über den Europäischen Wirtschaftsraum (EWR-Abkommen) anwendbar ist; dies gilt auch, wenn die Ehegatten ihren vor dem Zeitpunkt, ab dem das Vereinigte Königreich Großbritannien und Nordirland nicht mehr Mitgliedstaat der Europäischen Union ist und auch nicht wie ein solcher zu behandeln ist, begründeten Wohnsitz oder gewöhnlichen Aufenthalt im Vereinigten Königreich Großbritannien und Nordirland hatten und der Vertrag vor dem 23. Juni 2016 abgeschlossen worden ist;

d) der auf den Altersvorsorge-Eigenheimbetrag entfällt.

(1a) [1]Eine schädliche Verwendung liegt nicht vor, wenn gefördertes Altersvorsorgevermögen auf Grund einer internen Teilung nach § 10 des Versorgungsausgleichsgesetzes oder auf Grund einer externen Teilung nach § 14 des Versorgungsausgleichsgesetzes auf einen zertifizierten Altersvorsorgevertrag oder eine nach § 82 Absatz 2 begünstigte betriebliche Altersversorgung übertragen wird; die auf das übertragene Anrecht entfallende steuerliche Förderung geht mit allen Rechten und Pflichten auf die ausgleichsberechtigte Person über. [2]Eine schädliche Verwendung liegt ebenfalls nicht vor, wenn gefördertes Altersvorsorgevermögen auf Grund einer externen Teilung nach § 14 des Versorgungsausgleichsgesetzes auf die Versorgungsausgleichskasse oder die gesetzliche Rentenversicherung übertragen wird; die Rechte und Pflichten der ausgleichspflichtigen Person aus der steuerlichen Förderung des übertragenen Anteils entfallen. [3]In den Fällen der Sätze 1 und 2 teilt die zentrale Stelle der ausgleichspflichtigen Person die Höhe der auf die Ehezeit im Sinne des § 3 Absatz 1 des Versorgungsausgleichsgesetzes oder die Lebenspartnerschaftszeit im Sinne des § 20 Absatz 2 des Lebenspartnerschaftsgesetzes entfallenden gesondert festgestellten Beträge nach § 10a Absatz 4 und die ermittelten Zulagen mit. [4]Die entsprechenden Beträge sind monatsweise zuzuordnen. [5]Die zentrale Stelle teilt die geänderte Zuordnung der gesondert festgestellten Beträge nach § 10a Absatz 4 sowie der ermittelten Zulagen der ausgleichspflichtigen und in den Fällen des Satzes 1 auch der ausgleichsberechtigten Person durch Feststellungsbescheid mit. [6]Nach Eintritt der Unanfechtbarkeit dieses Feststellungsbescheids informiert die zentrale Stelle den Anbieter durch einen Datensatz über die geänderte Zuordnung.

(2) [1]Die Übertragung von gefördertem Altersvorsorgevermögen auf einen anderen auf den Namen des Zulageberechtigten lautenden Altersvorsorgevertrag (§ 1 Abs. 1 Satz 1 Nr. 10 Buchstabe b des Altersvorsorgeverträge-Zertifizierungsgesetzes) stellt keine schädliche Verwendung dar. [2]Dies gilt sinngemäß in den Fällen des § 4 Abs. 2 und 3 des Betriebsrentengesetzes, wenn das geförderte Altersvorsorgevermögen auf eine der in § 82 Abs. 2

Buchstabe a genannten Einrichtungen der betrieblichen Altersversorgung zum Aufbau einer kapitalgedeckten betrieblichen Altersversorgung übertragen und eine lebenslange Altersversorgung entsprechend § 82 Absatz 2 Satz 2 vorgesehen ist, wie auch in den Fällen einer Übertragung nach § 3 Nummer 55c Satz 2 Buchstabe a. [3]In den übrigen Fällen der Abfindung von Anwartschaften der betrieblichen Altersversorgung gilt dies, soweit das geförderte Altersvorsorgevermögen zugunsten eines auf den Namen des Zulageberechtigten lautenden Altersvorsorgevertrages geleistet wird. [4]Auch keine schädliche Verwendung sind der gesetzliche Forderungs- und Vermögensübergang nach § 9 des Betriebsrentengesetzes und die gesetzlich vorgesehene schuldbefreiende Übertragung nach § 8 Absatz 1 des Betriebsrentengesetzes.

(3) [1]Auszahlungen zur Abfindung einer Kleinbetragsrente zu Beginn der Auszahlungsphase oder im darauffolgenden Jahr gelten nicht als schädliche Verwendung. [2]Eine Kleinbetragsrente ist eine Rente, die bei gleichmäßiger Verrentung des gesamten zu Beginn der Auszahlungsphase zur Verfügung stehenden Kapitals eine monatliche Rente ergibt, die 1 Prozent der monatlichen Bezugsgröße nach § 18 des Vierten Buches Sozialgesetzbuch nicht übersteigt. [3]Bei der Berechnung dieses Betrags sind alle bei einem Anbieter bestehenden Verträge des Zulageberechtigten insgesamt zu berücksichtigen, auf die nach diesem Abschnitt geförderte Altersvorsorgebeiträge geleistet wurden. [4]Die Sätze 1 bis 3 gelten entsprechend, wenn

1. nach dem Beginn der Auszahlungsphase ein Versorgungsausgleich durchgeführt wird und
2. sich dadurch die Rente verringert.

(4) [1]Wird bei einem einheitlichen Vertrag nach § 1 Absatz 1a Satz 1 Nummer 2 zweiter Halbsatz des Altersvorsorgeverträge-Zertifizierungsgesetzes das Darlehen nicht wohnungswirtschaftlich im Sinne des § 92a Absatz 1 Satz 1 verwendet, liegt zum Zeitpunkt der Darlehensauszahlung eine schädliche Verwendung des geförderten Altersvorsorgevermögens vor, es sei denn, das geförderte Altersvorsorgevermögen wird innerhalb eines Jahres nach Ablauf des Veranlagungszeitraums, in dem das Darlehen ausgezahlt wurde, auf einen anderen zertifizierten Altersvorsorgevertrag übertragen, der auf den Namen des Zulageberechtigten lautet. [2]Der Zulageberechtigte hat dem Anbieter die Absicht zur Kapitalübertragung, den Zeitpunkt der Kapitalübertragung bis zum Zeitpunkt der Darlehensauszahlung und die Aufgabe der Absicht zur Kapitalübertragung mitzuteilen. [3]Wird die Absicht zur Kapitalübertragung aufgegeben, tritt die schädliche Verwendung zu dem Zeitpunkt ein, zu dem die Mitteilung des Zulageberechtigten hierzu beim Anbieter eingeht, spätestens aber am 1. Januar des zweiten Jahres nach dem Jahr, in dem das Darlehen ausgezahlt wurde.

§ 94 Verfahren bei schädlicher Verwendung

(1) [1]In den Fällen des § 93 Abs. 1 hat der Anbieter der zentralen Stelle vor der Auszahlung des geförderten Altersvorsorgevermögens die schädliche Verwendung nach amtlich vorgeschriebenem Datensatz durch amtlich bestimmte Datenfernübertragung anzuzeigen. [2]Die zentrale Stelle ermittelt den Rückzahlungsbetrag und teilt diesen dem Anbieter durch Datensatz mit. [3]Der Anbieter hat den Rückzahlungsbetrag einzubehalten, mit der nächsten Anmeldung nach § 90 Abs. 3 anzumelden und an die zentrale Stelle abzuführen. [4]Der Anbieter hat die einbehaltenen und abgeführten Beträge der zentralen Stelle nach amtlich vorgeschriebenem Datensatz durch amtlich bestimmte Datenfernübertragung mitzuteilen und diese Beträge dem Zulageberechtigten zu bescheinigen; mit Einverständnis des

Zulageberechtigten kann die Bescheinigung elektronisch bereitgestellt werden. [5]In den Fällen des § 93 Abs. 3 gilt Satz 1 entsprechend.

(2) [1]Eine Festsetzung des Rückzahlungsbetrags erfolgt durch die zentrale Stelle auf besonderen Antrag des Zulageberechtigten oder sofern die Rückzahlung nach Absatz 1 ganz oder teilweise nicht möglich oder nicht erfolgt ist. [2]§ 90 Abs. 4 Satz 2 bis 6 gilt entsprechend; § 90 Absatz 4 Satz 5 gilt nicht, wenn die Geschäftsbeziehung im Hinblick auf den jeweiligen Altersvorsorgevertrag zwischen dem Zulageberechtigten und dem Anbieter beendet wurde. [3]Im Rückforderungsbescheid sind auf den Rückzahlungsbetrag die vom Anbieter bereits einbehaltenen und abgeführten Beträge nach Maßgabe der Bescheinigung nach Absatz 1 Satz 4 anzurechnen. [4]Der Zulageberechtigte hat den verbleibenden Rückzahlungsbetrag innerhalb eines Monats nach Bekanntgabe des Rückforderungsbescheids an die zuständige Kasse zu entrichten. [5]Die Frist für die Festsetzung des Rückzahlungsbetrags beträgt vier Jahre und beginnt mit Ablauf des Kalenderjahres, in dem die Auszahlung im Sinne des § 93 Abs. 1 erfolgt ist.

(3) [1]Sofern der zentralen Stelle für den Zulageberechtigten im Zeitpunkt der schädlichen Verwendung eine Meldung nach § 118 Absatz 1a des Zwölften Buches Sozialgesetzbuch zum erstmaligen Bezug von Hilfe zum Lebensunterhalt und von Grundsicherung im Alter und bei Erwerbsminderung vorliegt, teilt die zentrale Stelle zum Zeitpunkt der Mitteilung nach Absatz 1 Satz 2 der Datenstelle der Rentenversicherungsträger als Vermittlungsstelle die schädliche Verwendung durch Datenfernübertragung mit. [2]Dies gilt nicht, wenn das Ausscheiden aus diesem Hilfebezug nach § 118 Absatz 1a des Zwölften Buches Sozialgesetzbuch angezeigt wurde.

§ 95 Sonderfälle der Rückzahlung

(1) [1]Die §§ 93 und 94 gelten entsprechend, wenn
1. sich der Wohnsitz oder gewöhnliche Aufenthalt des Zulageberechtigten außerhalb der Mitgliedstaaten der Europäischen Union und der Staaten befindet, auf die das Abkommen über den Europäischen Wirtschaftsraum (EWR-Abkommen) anwendbar ist, oder wenn der Zulageberechtigte ungeachtet eines Wohnsitzes oder gewöhnlichen Aufenthaltes in einem dieser Staaten nach einem Abkommen zur Vermeidung der Doppelbesteuerung mit einem dritten Staat als außerhalb des Hoheitsgebiets dieser Staaten ansässig gilt und
2. entweder keine Zulageberechtigung besteht oder der Vertrag in der Auszahlungsphase ist.

[2]Satz 1 gilt nicht, sofern sich der Wohnsitz oder gewöhnliche Aufenthalt des Zulageberechtigten bereits seit dem 22. Juni 2016 ununterbrochen im Vereinigten Königreich Großbritannien und Nordirland befindet und der Vertrag vor dem 23. Juni 2016 abgeschlossen worden ist.

(2) [1]Auf Antrag des Zulageberechtigten ist der Rückzahlungsbetrag im Sinne des § 93 Absatz 1 Satz 1 zunächst bis zum Beginn der Auszahlung zu stunden. [2]Die Stundung ist zu verlängern, wenn der Rückzahlungsbetrag mit mindestens 15 Prozent der Leistungen aus dem Vertrag getilgt wird. [3]Die Stundung endet, wenn das geförderte Altersvorsorgevermögen nicht unter den in § 1 Abs. 1 Satz 1 Nr. 4 des Altersvorsorgeverträge-Zertifizierungsgesetzes genannten Voraussetzungen an den Zulageberechtigten ausgezahlt wird. [4]Der Stundungsantrag ist über den Anbieter an die zentrale Stelle zu richten. [5]Die zentrale Stelle teilt ihre Entscheidung auch dem Anbieter mit.

(3) Wurde der Rückzahlungsbetrag nach Absatz 2 gestundet und

1. verlegt der ehemals Zulageberechtigte seinen ausschließlichen Wohnsitz oder gewöhnlichen Aufenthalt in einen Mitgliedstaat der Europäischen Union oder einen Staat, auf den das Abkommen über den Europäischen Wirtschaftsraum (EWR-Abkommen) anwendbar ist, oder

2. sind der Rückzahlungsbetrag und die bereits entstandenen Stundungszinsen von der zentralen Stelle zu erlassen.

§ 96 Anwendung der Abgabenordnung, allgemeine Vorschriften

(1) [1]Auf die Zulagen und die Rückzahlungsbeträge sind die für Steuervergütungen geltenden Vorschriften der Abgabenordnung entsprechend anzuwenden. [2]Dies gilt nicht für § 163 der Abgabenordnung.

(2) [1]Hat der Anbieter vorsätzlich oder grob fahrlässig

1. unrichtige oder unvollständige Daten übermittelt oder

2. Daten pflichtwidrig nicht übermittelt,

obwohl der Zulageberechtigte seiner Informationspflicht gegenüber dem Anbieter zutreffend und rechtzeitig nachgekommen ist, haftet der Anbieter für die entgangene Steuer und die zu Unrecht gewährte Steuervergünstigung. [2]Dies gilt auch, wenn im Verhältnis zum Zulageberechtigten Festsetzungsverjährung eingetreten ist. [3]Der Zulageberechtigte haftet als Gesamtschuldner neben dem Anbieter, wenn er weiß, dass der Anbieter unrichtige oder unvollständige Daten übermittelt oder Daten pflichtwidrig nicht übermittelt hat. [4]Für die Inanspruchnahme des Anbieters ist die zentrale Stelle zuständig.

(3) Die zentrale Stelle hat auf Anfrage des Anbieters Auskunft über die Anwendung des Abschnitts XI zu geben.

(4) [1]Die zentrale Stelle kann beim Anbieter ermitteln, ob er seine Pflichten erfüllt hat. [2]Die §§ 193 bis 203 der Abgabenordnung gelten sinngemäß. [3]Auf Verlangen der zentralen Stelle hat der Anbieter ihr Unterlagen, soweit sie im Ausland geführt und aufbewahrt werden, verfügbar zu machen.

(5) Der Anbieter erhält vom Bund oder den Ländern keinen Ersatz für die ihm aus diesem Verfahren entstehenden Kosten.

(6) [1]Der Anbieter darf die im Zulageverfahren bekannt gewordenen Verhältnisse der Beteiligten nur für das Verfahren verwerten. [2]Er darf sie ohne Zustimmung der Beteiligten nur offenbaren, soweit dies gesetzlich zugelassen ist.

(7) [1]Für die Zulage gelten die Strafvorschriften des § 370 Abs. 1 bis 4, der §§ 371, 375 Abs. 1 und des § 376 sowie die Bußgeldvorschriften der §§ 378, 379 Abs. 1 und 4 und der §§ 383 und 384 der Abgabenordnung entsprechend. [2]Für das Strafverfahren wegen einer Straftat nach Satz 1 sowie der Begünstigung einer Person, die eine solche Tat begangen hat, gelten die §§ 385 bis 408, für das Bußgeldverfahren wegen einer Ordnungswidrigkeit nach Satz 1 die §§ 409 bis 412 der Abgabenordnung entsprechend.

§ 97 Übertragbarkeit

[1]Das nach § 10a oder Abschnitt XI geförderte Altersvorsorgevermögen einschließlich seiner Erträge, die geförderten laufenden Altersvorsorgebeiträge und der Anspruch auf die Zulage sind nicht übertragbar. [2]§ 93 Abs. 1a und § 4 des Betriebsrentengesetzes bleiben unberührt.

§ 98 Rechtsweg

In öffentlich-rechtlichen Streitigkeiten über die auf Grund des Abschnitts XI ergehenden Verwaltungsakte ist der Finanzrechtsweg gegeben.

…

§ 100 Förderbetrag zur betrieblichen Altersversorgung

(1) [1]Arbeitgeber im Sinne des § 38 Absatz 1 dürfen vom Gesamtbetrag der einzubehaltenden Lohnsteuer für jeden Arbeitnehmer mit einem ersten Dienstverhältnis einen Teilbetrag des Arbeitgeberbeitrags zur kapitalgedeckten betrieblichen Altersversorgung (Förderbetrag) entnehmen und bei der nächsten Lohnsteuer-Anmeldung gesondert absetzen. [2]Übersteigt der insgesamt zu gewährende Förderbetrag den Betrag, der insgesamt an Lohnsteuer abzuführen ist, so wird der übersteigende Betrag dem Arbeitgeber auf Antrag von dem Finanzamt, an das die Lohnsteuer abzuführen ist, aus den Einnahmen der Lohnsteuer ersetzt.

(2) [1]Der Förderbetrag beträgt im Kalenderjahr 30 Prozent des zusätzlichen Arbeitgeberbeitrags nach Absatz 3, höchstens 144 Euro. [2]In Fällen, in denen der Arbeitgeber bereits im Jahr 2016 einen zusätzlichen Arbeitgeberbeitrag an einen Pensionsfonds, eine Pensionskasse oder für eine Direktversicherung geleistet hat, ist der jeweilige Förderbetrag auf den Betrag beschränkt, den der Arbeitgeber darüber hinaus leistet.

(3) Voraussetzung für die Inanspruchnahme des Förderbetrags nach den Absätzen 1 und 2 ist, dass

1. der Arbeitslohn des Arbeitnehmers im Lohnzahlungszeitraum, für den der Förderbetrag geltend gemacht wird, im Inland dem Lohnsteuerabzug unterliegt;

2. der Arbeitgeber für den Arbeitnehmer zusätzlich zum ohnehin geschuldeten Arbeitslohn im Kalenderjahr mindestens einen Betrag in Höhe von 240 Euro an einen Pensionsfonds, eine Pensionskasse oder für eine Direktversicherung zahlt;

3. im Zeitpunkt der Beitragsleistung der laufende Arbeitslohn (§ 39b Absatz 2 Satz 1 und 2), der pauschal besteuerte Arbeitslohn (§ 40a Absatz 1 und 3) oder das pauschal besteuerte Arbeitsentgelt (§ 40a Absatz 2 und 2a) nicht mehr beträgt als
   a) 73,34 Euro bei einem täglichen Lohnzahlungszeitraum,
   b) 513,34 Euro bei einem wöchentlichen Lohnzahlungszeitraum,
   c) 2.200 Euro bei einem monatlichen Lohnzahlungszeitraum oder
   d) 26.400 Euro bei einem jährlichen Lohnzahlungszeitraum;

4. eine Auszahlung der zugesagten Alters-, Invaliditäts- oder Hinterbliebenenversorgungsleistungen entsprechend § 82 Absatz 2 Satz 2 vorgesehen ist;

5. sichergestellt ist, dass von den Beiträgen jeweils derselbe prozentuale Anteil zur Deckung der Vertriebskosten herangezogen wird; der Prozentsatz kann angepasst werden, wenn die Kalkulationsgrundlagen geändert werden, darf die ursprüngliche Höhe aber nicht überschreiten.

(4) [1]Für die Inanspruchnahme des Förderbetrags sind die Verhältnisse im Zeitpunkt der Beitragsleistung maßgeblich; spätere Änderungen der Verhältnisse sind unbeachtlich. [2]Abweichend davon sind die für den Arbeitnehmer nach Absatz 1 geltend gemachten Förderbeträge zurückzugewähren, wenn eine Anwartschaft auf Leistungen aus einer nach Absatz 1 geförderten betrieblichen Altersversorgung später verfällt und sich daraus eine Rückzahlung an den Arbeitgeber ergibt. [3]Der Förderbetrag ist nur zurückzugewähren, soweit er auf den Rückzahlungsbetrag entfällt. [4]Der Förderbetrag ist in der Lohn-

steuer-Anmeldung für den Lohnzahlungszeitraum, in dem die Rückzahlung zufließt, der an das Betriebsstättenfinanzamt abzuführenden Lohnsteuer hinzuzurechnen.

(5) Für den Förderbetrag gelten entsprechend:

1. die §§ 41, 41a, 42e, 42f und 42g,
2. die für Steuervergütungen geltenden Vorschriften der Abgabenordnung mit Ausnahme des § 163 der Abgabenordnung und
3. die §§ 195 bis 203 der Abgabenordnung, die Strafvorschriften des § 370 Absatz 1 bis 4, der §§ 371, 375 Absatz 1 und des § 376, die Bußgeldvorschriften der §§ 378, 379 Absatz 1 und 4 und der §§ 383 und 384 der Abgabenordnung, die §§ 385 bis 408 für das Strafverfahren und die §§ 409 bis 412 der Abgabenordnung für das Bußgeldverfahren.

(6) [1]Der Arbeitgeberbeitrag im Sinne des Absatzes 3 Nummer 2 ist steuerfrei, soweit er im Kalenderjahr 480 Euro nicht übersteigt. [2]Die Steuerfreistellung des § 3 Nummer 63 bleibt hiervon unberührt.

2.2 Abgabenordnung (AO)

In der Fassung der Bekanntmachung vom 1. Oktober 2002 (BGBl. I S. 3866, 2003 I S. 61)

Zuletzt geändert durch Artikel 9 des Gesetzes vom 21. Dezember 2019 (BGBl. I S. 2875)

– Auszug –

...

§ 15 AO – Angehörige

(1) Angehörige sind:

1. der Verlobte,
2. der Ehegatte oder Lebenspartner,
3. Verwandte und Verschwägerte gerader Linie,
4. Geschwister,
5. Kinder der Geschwister,
6. Ehegatten oder Lebenspartner der Geschwister und Geschwister der Ehegatten oder Lebenspartner,
7. Geschwister der Eltern,
8. Personen, die durch ein auf längere Dauer angelegtes Pflegeverhältnis mit häuslicher Gemeinschaft wie Eltern und Kind miteinander verbunden sind (Pflegeeltern und Pflegekinder).

(2) Angehörige sind die in Absatz 1 aufgeführten Personen auch dann, wenn

1. in den Fällen der Nummern 2, 3 und 6 die die Beziehung begründende Ehe oder Lebenspartnerschaft nicht mehr besteht;
2. in den Fällen der Nummern 3 bis 7 die Verwandtschaft oder Schwägerschaft durch Annahme als Kind erloschen ist;
3. im Fall der Nummer 8 die häusliche Gemeinschaft nicht mehr besteht, sofern die Personen weiterhin wie Eltern und Kind miteinander verbunden sind.

...

2.3 Lohnsteuer-Richtlinien 2015 (LStR 2015)

Vom 10. Dezember 2007 (BStBl I Sondernummer 1/2007)

Geändert durch Artikel 2 der Verwaltungsvorschrift zur Änderung der Lohnsteuer-Richtlinien 2013 vom 22. Oktober 2014 (BStBl I S. 1344)

– Auszug –

R 40b.1 Pauschalierung der Lohnsteuer bei Beiträgen zu Direktversicherungen und Zuwendungen an Pensionskassen für Versorgungszusagen, die vor dem 1.1.2005 erteilt wurden

Direktversicherung

(1) [1]Eine Direktversicherung ist eine Lebensversicherung auf das Leben des Arbeitnehmers, die durch den Arbeitgeber bei einem inländischen oder ausländischen Versicherungsunternehmen abgeschlossen worden ist und bei der der Arbeitnehmer oder seine Hinterbliebenen hinsichtlich der Versorgungsleistungen des Versicherers ganz oder teilweise bezugsberechtigt sind (→ § 1b Abs. 2 Satz 1 BetrAVG). [2]Dasselbe gilt für eine Lebensversicherung auf das Leben des Arbeitnehmers, die nach Abschluss durch den Arbeitnehmer vom Arbeitgeber übernommen worden ist. [3]Der Abschluss einer Lebensversicherung durch eine mit dem Arbeitgeber verbundene Konzerngesellschaft schließt die Anerkennung als Direktversicherung nicht aus, wenn der Anspruch auf die Versicherungsleistungen durch das Dienstverhältnis veranlasst ist und der Arbeitgeber die Beitragslast trägt. [4]Als Versorgungsleistungen können Leistungen der Alters-, Invaliditäts- oder Hinterbliebenenversorgung in Betracht kommen.

(2) [1]Es ist grundsätzlich gleichgültig, ob es sich um Kapitalversicherungen einschl. Risikoversicherungen, um Rentenversicherungen oder fondsgebundene Lebensversicherungen handelt. [2]Kapitallebensversicherungen mit steigender Todesfallleistung sind als Direktversicherung anzuerkennen, wenn zu Beginn der Versicherung eine Todesfallleistung von mindestens 10 % der Kapitalleistung im Erlebensfall vereinbart und der Versicherungsvertrag vor dem 1.8.1994 abgeschlossen worden ist. [3]Bei einer nach dem 31.7.1994 abgeschlossenen Kapitallebensversicherung ist Voraussetzung für die Anerkennung, dass die Todesfallleistung über die gesamte Versicherungsdauer mindestens 50 % der für den Erlebensfall vereinbarten Kapitalleistung beträgt. [4]Eine nach dem 31.12.1996 abgeschlossene Kapitallebensversicherung ist als Direktversicherung anzuerkennen, wenn die Todesfallleistung während der gesamten Laufzeit des Versicherungsvertrags mindestens 60 % der Summe der Beiträge beträgt, die nach dem Versicherungsvertrag für die gesamte Vertragsdauer zu zahlen sind. [5]Kapitalversicherungen mit einer Vertragsdauer von weniger als fünf Jahren können nicht anerkannt werden, es sei denn, dass sie im Rahmen einer Gruppenversicherung nach dem arbeitsrechtlichen Grundsatz der Gleichbehandlung abgeschlossen worden sind. [6]Dasselbe gilt für Rentenversicherungen mit Kapitalwahlrecht, bei denen das Wahlrecht innerhalb von fünf Jahren nach Vertragsabschluss wirksam werden kann, und für Beitragserhöhungen bei bereits bestehenden Kapitalversicherungen mit einer Restlaufzeit von weniger als fünf Jahren; aus Billigkeitsgründen können Beitragserhöhungen anerkannt werden, wenn sie im Zusammenhang mit der Anhebung der Pauschalierungsgrenzen durch das Steuer-Euroglättungsgesetz erfolgt sind. [7]Unfallversicherungen sind keine Lebensversicherungen, auch wenn bei Unfall mit Todesfolge eine Leistung vorgesehen ist. [8]Dagegen gehören Unfallzusatzversicherungen und Berufsunfähigkeitszusatzversicherungen, die im Zusammenhang mit Lebensver-

sicherungen abgeschlossen werden, sowie selbständige Berufsunfähigkeitsversicherungen und Unfallversicherungen mit Prämienrückgewähr, bei denen der Arbeitnehmer Anspruch auf die Prämienrückgewähr hat, zu den Direktversicherungen. [9]Die Bezugsberechtigung des Arbeitnehmers oder seiner Hinterbliebenen muss vom Versicherungsnehmer (Arbeitgeber) der Versicherungsgesellschaft gegenüber erklärt werden (→ § 159 des Versicherungsvertragsgesetzes – VVG). [10]Die Bezugsberechtigung kann widerruflich oder unwiderruflich sein; bei widerruflicher Bezugsberechtigung sind die Bedingungen eines Widerrufs steuerlich unbeachtlich. [11]Unbeachtlich ist auch, ob die Anwartschaft des Arbeitnehmers arbeitsrechtlich bereits unverfallbar ist.

Rückdeckungsversicherung

(3) [1]Für die Abgrenzung zwischen einer Direktversicherung und einer Rückdeckungsversicherung, die vom Arbeitgeber abgeschlossen wird und die nur dazu dient, dem Arbeitgeber die Mittel zur Leistung einer dem Arbeitnehmer zugesagten Versorgung zu verschaffen, sind regelmäßig die zwischen Arbeitgeber und Arbeitnehmer getroffenen Vereinbarungen (Innenverhältnis) maßgebend und nicht die Abreden zwischen Arbeitgeber und Versicherungsunternehmen (Außenverhältnis). [2]Deshalb kann eine Rückdeckungsversicherung steuerlich grundsätzlich nur anerkannt werden, wenn die nachstehenden Voraussetzungen sämtlich erfüllt sind:

1. Der Arbeitgeber hat dem Arbeitnehmer eine Versorgung aus eigenen Mitteln zugesagt, z. B. eine Werkspension.
2. Zur Gewährleistung der Mittel für diese Versorgung hat der Arbeitgeber eine Versicherung abgeschlossen, zu der der Arbeitnehmer keine eigenen Beiträge i. S. d. § 2 Abs. 2 Nr. 2 Satz 2 LStDV leistet.
3. [1]Nur der Arbeitgeber, nicht aber der Arbeitnehmer erlangt Ansprüche gegen die Versicherung. [2]Unschädlich ist jedoch die Verpfändung der Ansprüche aus der Rückdeckungsversicherung an den Arbeitnehmer, weil dieser bei einer Verpfändung gegenwärtig keine Rechte erwirbt, die ihm einen Zugriff auf die Versicherung und die darin angesammelten Werte ermöglichen. [3]Entsprechendes gilt für eine aufschiebend bedingte Abtretung des Rückdeckungsanspruchs, da die Abtretung rechtlich erst wirksam wird, wenn die Bedingung eintritt (§ 158 Abs. 1 des Bürgerlichen Gesetzbuches – BGB), und für die Abtretung des Rückdeckungsanspruchs zahlungshalber im Falle der Liquidation oder der Vollstreckung in die Versicherungsansprüche durch Dritte.

[3]Wird ein Anspruch aus einer Rückdeckungsversicherung ohne Entgelt auf den Arbeitnehmer übertragen oder eine bestehende Rückdeckungsversicherung in eine Direktversicherung umgewandelt, fließt dem Arbeitnehmer im Zeitpunkt der Übertragung bzw. Umwandlung ein lohnsteuerpflichtiger geldwerter Vorteil zu, der grundsätzlich dem geschäftsplanmäßigen Deckungskapital zuzüglich einer bis zu diesem Zeitpunkt zugeteilten Überschussbeteiligung i. S. d. § 153 VVG der Versicherung entspricht; § 3 Nr. 65 Satz 1 Buchstabe c EStG ist nicht anwendbar. [4]Entsprechendes gilt, wenn eine aufschiebend bedingte Abtretung rechtswirksam wird (→Satz 2 Nr. 3).

Pensionskasse

(4) [1]Als Pensionskassen sind sowohl rechtsfähige Versorgungseinrichtungen i. S. d. § 1b Abs. 3 Satz 1 BetrAVG als auch nichtrechtsfähige Zusatzversorgungseinrichtungen des öffentlichen Dienstes i. S. d. § 18 BetrAVG anzusehen, die den Leistungsberechtigten, insbesondere Arbeitnehmern und deren Hinterbliebenen, auf ihre Versorgungsleistungen

einen Rechtsanspruch gewähren. [2]Es ist gleichgültig, ob die Kasse ihren Sitz oder ihre Geschäftsleitung innerhalb oder außerhalb des Geltungsbereichs des Einkommensteuergesetzes hat. [3]Abs. 1 Satz 4 gilt sinngemäß.

Barlohnkürzung

(5) Für die Lohnsteuerpauschalierung nach § 40b EStG kommt es nicht darauf an, ob Beiträge oder Zuwendungen zusätzlich zum ohnehin geschuldeten Arbeitslohn oder auf Grund einer Vereinbarung mit dem Arbeitnehmer durch Herabsetzung des individuell zu besteuernden Arbeitslohns erbracht werden.

Voraussetzungen der Pauschalierung

(6) [1]Die Lohnsteuerpauschalierung setzt bei Beiträgen für eine Direktversicherung voraus, dass

1. die Versicherung nicht auf den Erlebensfall eines früheren als des 60. Lebensjahres des Arbeitnehmers abgeschlossen,
2. die Abtretung oder Beleihung eines dem Arbeitnehmer eingeräumten unwiderruflichen Bezugsrechts in dem Versicherungsvertrag ausgeschlossen und
3. eine vorzeitige Kündigung des Versicherungsvertrags durch den Arbeitnehmer ausgeschlossen

worden ist. [2]Der Versicherungsvertrag darf keine Regelung enthalten, nach der die Versicherungsleistung für den Erlebensfall vor Ablauf des 59. Lebensjahres fällig werden könnte. [3]Lässt der Versicherungsvertrag z. B. die Möglichkeit zu, Gewinnanteile zur Abkürzung der Versicherungsdauer zu verwenden, muss die Laufzeitverkürzung bis zur Vollendung des 59. Lebensjahres begrenzt sein. [4]Der Ausschluss einer vorzeitigen Kündigung des Versicherungsvertrags ist anzunehmen, wenn in dem Versicherungsvertrag zwischen dem Arbeitgeber als Versicherungsnehmer und dem Versicherer folgende Vereinbarung getroffen worden ist:

> „Es wird unwiderruflich vereinbart, dass während der Dauer des Dienstverhältnisses eine Übertragung der Versicherungsnehmer-Eigenschaft und eine Abtretung von Rechten aus diesem Vertrag auf den versicherten Arbeitnehmer bis zu dem Zeitpunkt, in dem der versicherte Arbeitnehmer sein 59. Lebensjahr vollendet, insoweit ausgeschlossen ist, als die Beiträge vom Versicherungsnehmer (Arbeitgeber) entrichtet worden sind."

[5]Wird anlässlich der Beendigung des Dienstverhältnisses die Direktversicherung auf den ausscheidenden Arbeitnehmer übertragen, bleibt die Pauschalierung der Direktversicherungsbeiträge in der Vergangenheit hiervon unberührt. [6]Das gilt unabhängig davon, ob der Arbeitnehmer den Direktversicherungsvertrag auf einen neuen Arbeitgeber überträgt, selbst fortführt oder kündigt. [7]Es ist nicht Voraussetzung, dass die Zukunftssicherungsleistungen in einer größeren Zahl von Fällen erbracht werden.

Bemessungsgrundlage der pauschalen Lohnsteuer

(7) [1]Die pauschale Lohnsteuer bemisst sich grundsätzlich nach den tatsächlichen Leistungen, die der Arbeitgeber für den einzelnen Arbeitnehmer erbringt. [2]Bei einer Verrechnung des Tarifbeitrags mit Überschussanteilen stellt deshalb der ermäßigte Beitrag die Bemessungsgrundlage für die pauschale Lohnsteuer dar. [3]Wird für mehrere Arbeitnehmer gemeinsam eine pauschale Leistung erbracht, bei der der Teil, der auf den einzelnen Arbeitnehmer entfällt, nicht festgestellt werden kann, ist dem einzelnen Arbeitnehmer der Teil der Leistung zuzurechnen, der sich bei einer Aufteilung der Leistung nach der Zahl der begünstigten Arbeitnehmer ergibt (→§ 2 Abs. 2 Nr. 3 Satz 3 LStDV). [4]Werden Leistungen

des Arbeitgebers für die tarifvertragliche Zusatzversorgung der Arbeitnehmer mit einem Prozentsatz der Bruttolohnsumme des Betriebs erbracht, ist die Arbeitgeberleistung Bemessungsgrundlage der pauschalen Lohnsteuer. [5]Für die Feststellung der Pauschalierungsgrenze (→Abs. 8) bei zusätzlichen pauschal besteuerbaren Leistungen für einzelne Arbeitnehmer ist die Arbeitgeberleistung auf die Zahl der durch die tarifvertragliche Zusatzversorgung begünstigten Arbeitnehmer aufzuteilen.

Pauschalierungsgrenze

(8) [1]Die Pauschalierungsgrenze von 1.752 Euro nach § 40b Abs. 2 Satz 1 EStG i. d. F. am 31.12.2004 kann auch in den Fällen voll ausgeschöpft werden, in denen feststeht, dass dem Arbeitnehmer bereits aus einem vorangegangenen Dienstverhältnis im selben Kalenderjahr pauschal besteuerte Zukunftssicherungsleistungen zugeflossen sind. [2]Soweit pauschal besteuerbare Leistungen den Grenzbetrag von 1.752 Euro überschreiten, müssen sie dem normalen Lohnsteuerabzug unterworfen werden.

Durchschnittsberechnung

(9) [1]Wenn mehrere Arbeitnehmer gemeinsam in einem Direktversicherungsvertrag oder in einer Pensionskasse versichert sind, ist für die Feststellung der Pauschalierungsgrenze eine Durchschnittsberechnung anzustellen. [2]Ein gemeinsamer Direktversicherungsvertrag liegt außer bei einer Gruppenversicherung auch dann vor, wenn in einem Rahmenvertrag mit einem oder mehreren Versicherern sowohl die versicherten Personen als auch die versicherten Wagnisse bezeichnet werden und die Einzelheiten in Zusatzvereinbarungen geregelt sind. [3]Ein Rahmenvertrag, der z. B. nur den Beitragseinzug und die Beitragsabrechnung regelt, stellt keinen gemeinsamen Direktversicherungsvertrag dar. [4]Bei der Durchschnittsberechnung bleiben Beiträge des Arbeitgebers unberücksichtigt, die nach § 3 Nr. 63 EStG steuerfrei sind oder wegen der Ausübung des Wahlrechts nach § 3 Nr. 63 Satz 2 zweite Alternative EStG individuell besteuert werden. [5]Im Übrigen ist wie folgt zu verfahren:

1. [1]Sind in der Direktversicherung oder in der Pensionskasse Arbeitnehmer versichert, für die pauschal besteuerbare Leistungen von jeweils insgesamt mehr als 2.148 Euro (§ 40b Abs. 2 Satz 2 EStG i. d. F. am 31.12.2004) jährlich erbracht werden, scheiden die Leistungen für diese Arbeitnehmer aus der Durchschnittsberechnung aus. [2]Das gilt z. B. auch dann, wenn mehrere Direktversicherungsverträge bestehen und die Beitragsanteile für den einzelnen Arbeitnehmer insgesamt 2.148 Euro übersteigen. [3]Die Erhebung der Lohnsteuer auf diese Leistungen richtet sich nach Abs. 8 Satz 2.

2. [1]Die Leistungen für die übrigen Arbeitnehmer sind zusammenzurechnen und durch die Zahl der Arbeitnehmer zu teilen, für die sie erbracht worden sind. [2]Bei einem konzernumfassenden gemeinsamen Direktversicherungsvertrag ist der Durchschnittsbetrag durch Aufteilung der Beitragszahlungen des Arbeitgebers auf die Zahl seiner begünstigten Arbeitnehmer festzustellen; es ist nicht zulässig, den Durchschnittsbetrag durch Aufteilung des Konzernbeitrags auf alle Arbeitnehmer des Konzerns zu ermitteln.

   a) [1]Übersteigt der so ermittelte Durchschnittsbetrag nicht 1.752 Euro, ist dieser für jeden Arbeitnehmer der Pauschalbesteuerung zugrunde zu legen. [2]Werden für den einzelnen Arbeitnehmer noch weitere pauschal besteuerbare Leistungen erbracht, dürfen aber insgesamt nur 1.752 Euro pauschal besteuert werden; im Übrigen gilt Abs. 8 Satz 2.

b) [1]Übersteigt der Durchschnittsbetrag 1.752 Euro, kommt er als Bemessungsgrundlage für die Pauschalbesteuerung nicht in Betracht. [2]Der Pauschalbesteuerung sind die tatsächlichen Leistungen zugrunde zu legen, soweit sie für den einzelnen Arbeitnehmer 1.752 Euro nicht übersteigen; im Übrigen gilt Abs. 8 Satz 2.

3. [1]Ist ein Arbeitnehmer

a) in mehreren Direktversicherungsverträgen gemeinsam mit anderen Arbeitnehmern,

b) in mehreren Pensionskassen oder

c) in Direktversicherungsverträgen gemeinsam mit anderen Arbeitnehmern und in Pensionskassen

versichert, ist jeweils der Durchschnittsbetrag aus der Summe der Beiträge für mehrere Direktversicherungen, aus der Summe der Zuwendungen an mehrere Pensionskassen oder aus der Summe der Beiträge zu Direktversicherungen und der Zuwendungen an Pensionskassen zu ermitteln. [2]In diese gemeinsame Durchschnittsbildung dürfen jedoch solche Verträge nicht einbezogen werden, bei denen wegen der 2.148-Euro-Grenze (→Nr. 1) nur noch ein Arbeitnehmer übrig bleibt; in diesen Fällen liegt eine gemeinsame Versicherung, die in die Durchschnittsberechnung einzubeziehen ist, nicht vor.

(10) Werden die pauschal besteuerbaren Leistungen nicht in einem Jahresbetrag erbracht, gilt Folgendes:

1. Die Einbeziehung der auf den einzelnen Arbeitnehmer entfallenden Leistungen in die Durchschnittsberechnung nach § 40b Abs. 2 Satz 2 EStG entfällt von dem Zeitpunkt an, in dem sich ergibt, dass die Leistungen für diesen Arbeitnehmer voraussichtlich insgesamt 2.148 Euro im Kalenderjahr übersteigen werden.

2. Die Lohnsteuerpauschalierung auf der Grundlage des Durchschnittsbetrags entfällt von dem Zeitpunkt an, in dem sich ergibt, dass der Durchschnittsbetrag voraussichtlich 1.752 Euro im Kalenderjahr übersteigen wird.

3. [1]Die Pauschalierungsgrenze von 1.752 Euro ist jeweils insoweit zu vermindern, als sie bei der Pauschalbesteuerung von früheren Leistungen im selben Kalenderjahr bereits ausgeschöpft worden ist. [2]Werden die Leistungen laufend erbracht, darf die Pauschalierungsgrenze mit dem auf den jeweiligen Lohnzahlungszeitraum entfallenden Anteil berücksichtigt werden.

Vervielfältigungsregelung

(11) [1]Die Vervielfältigung der Pauschalierungsgrenze nach § 40b Abs. 2 Satz 3 EStG steht in Zusammenhang mit der Beendigung des Dienstverhältnisses; ein solcher Zusammenhang ist insbesondere dann zu vermuten, wenn der Direktversicherungsbeitrag innerhalb von 3 Monaten vor dem Auflösungszeitpunkt geleistet wird. [2]Die Vervielfältigungsregelung gilt auch bei der Umwandlung von Arbeitslohn (→Abs. 5); nach Auflösung des Dienstverhältnisses kann sie ohne zeitliche Beschränkung angewendet werden, wenn die Umwandlung spätestens bis zum Zeitpunkt der Auflösung des Dienstverhältnisses vereinbart wird. [3]Die Gründe, aus denen das Dienstverhältnis beendet wird, sind für die Vervielfältigung der Pauschalierungsgrenze unerheblich. [4]Die Vervielfältigungsregelung kann daher auch in den Fällen angewendet werden, in denen ein Arbeitnehmer wegen Erreichens der Altersgrenze aus dem Dienstverhältnis ausscheidet. [5]Auf die vervielfältigte Pauschalierungsgrenze sind die für den einzelnen Arbeitnehmer in dem Kalenderjahren dem das Dienstverhältnis beendet wird, und in den sechs vorangegangenen Kalender-

jahren tatsächlich entrichteten Beiträge und Zuwendungen anzurechnen, die nach § 40b Abs. 1 EStG pauschal besteuert wurden. [6]Dazu gehören auch die 1.752 Euro übersteigenden personenbezogenen Beiträge, wenn sie nach § 40b Abs. 2 Satz 2 EStG in die Bemessungsgrundlage für die Pauschsteuer einbezogen worden sind. [7]Ist bei Pauschalzuweisungen ein personenbezogener Beitrag nicht feststellbar, ist als tatsächlicher Beitrag für den einzelnen Arbeitnehmer der Durchschnittsbetrag aus der Pauschalzuweisung anzunehmen.

Rückzahlung pauschal besteuerbarer Leistungen

(12) – unbesetzt –

(13) [1]Eine Arbeitslohnrückzahlung (negative Einnahme) ist anzunehmen, wenn der Arbeitnehmer sein Bezugsrecht aus einer Direktversicherung (z. B. bei vorzeitigem Ausscheiden aus dem Dienstverhältnis) ganz oder teilweise ersatzlos verliert und das Versicherungsunternehmen als Arbeitslohn versteuerte Beiträge an den Arbeitgeber zurückzahlt. [2]Zahlungen des Arbeitnehmers zum Wiedererwerb des verlorenen Bezugsrechts sind der Vermögenssphäre zuzurechnen; sie stellen keine Arbeitslohnrückzahlung dar.

(14) [1]Sind nach Abs. 13 Arbeitslohnrückzahlungen aus pauschal versteuerten Beitragsleistungen anzunehmen, mindern sie die gleichzeitig (im selben Kalenderjahr) anfallenden pauschal besteuerbaren Beitragsleistungen des Arbeitgebers, übersteigen in einem Kalenderjahr die Arbeitslohnrückzahlungen betragsmäßig die Beitragsleistungen des Arbeitgebers, ist eine Minderung der Beitragsleistungen im selben Kalenderjahr nur bis auf Null möglich. [2]Eine Minderung von Beitragsleistungen des Arbeitgebers aus den Vorjahren ist nicht möglich. [3]Der Arbeitnehmer kann negative Einnahmen aus pauschal versteuerten Beitragsleistungen nicht geltend machen.

(15) [1]Wenn Arbeitslohnrückzahlungen nach Abs. 13 aus teilweise individuell und teilweise pauschal versteuerten Beitragsleistungen herrühren, ist der Betrag entsprechend aufzuteilen. [2]Dabei kann aus Vereinfachungsgründen das Verhältnis zugrunde gelegt werden, das sich nach den Beitragsleistungen in den vorangegangenen fünf Kalenderjahren ergibt. [3]Maßgebend sind die tatsächlichen Beitragsleistungen; § 40b Abs. 2 Satz 2 EStG ist nicht anzuwenden. [4]Die lohnsteuerliche Berücksichtigung der dem Arbeitnehmer zuzurechnenden Arbeitslohnzahlung richtet sich nach folgenden Grundsätzen:

1. Besteht im Zeitpunkt der Arbeitslohnrückzahlung noch das Dienstverhältnis zu dem Arbeitgeber, der die Versicherungsbeiträge geleistet hat, kann der Arbeitgeber die Arbeitslohnrückzahlung mit dem Arbeitslohn des Kalenderjahres der Rückzahlung verrechnen und den so verminderten Arbeitslohn der Lohnsteuer unterwerfen.

2. [1]Soweit der Arbeitgeber von der vorstehenden Möglichkeit nicht Gebrauch macht oder machen kann, kann der Arbeitnehmer die Arbeitslohnrückzahlung wie Werbungskosten – ohne Anrechnung des maßgebenden Pauschbetrags für Werbungskosten nach § 9a Satz 1 Nr. 1 EStG – als Freibetrag (→ § 39a EStG) bilden lassen oder bei der Veranlagung zur Einkommensteuer geltend machen. [2]Erzielt der Arbeitnehmer durch die Arbeitslohnrückzahlung bei seinen Einkünften aus nichtselbständiger Arbeit einen Verlust, kann er diesen mit Einkünften aus anderen Einkunftsarten ausgleichen oder unter den Voraussetzungen des § 10d EStG den Verlustabzug beanspruchen.

(16) Die Abs. 13 bis 15 gelten für Zuwendungen an Pensionskassen sinngemäß.

2.4 Einkommensteuer-Richtlinien 2012 (EStR 2012)

Vom 16. Dezember 2005 (BStBl I Sondernummer 1/2005 S. 3)

Geändert durch Verwaltungsvorschrift vom 25. März 2013 (BStBl I S. 276)

– Auszug –

Einführung

(1) Die Einkommensteuer-Richtlinien in der geänderten Fassung (Einkommmensteuer-Änderungsrichtlinien 2012 – EStÄR 2012) sind Weisungen an die Finanzbehörden zur einheitlichen Anwendung des Einkommensteuerrechts, zur Vermeidung unbilliger Härten und zur Verwaltungsvereinfachung.

(2) Die EStÄR 2012 sind für die Veranlagung zur Einkommensteuer ab dem VZ 2012 anzuwenden. Die EStÄR 2012 sind auch für frühere VZ anzuwenden, soweit sie lediglich eine Erläuterung der Rechtslage darstellen.

(3) Anordnungen, die mit den nachstehenden Richtlinien im Widerspruch stehen, sind nicht mehr anzuwenden.

(4) Diesen Richtlinien liegt, soweit im Einzelnen keine andere Fassung angegeben ist, das Einkommensteuergesetz i. d. F. der Bekanntmachung vom 8.10.2009 (BGBl. I S. 3366, 3862), zuletzt geändert durch Artikel 1 des Gesetzes zur Änderung und Vereinfachung der Unternehmensbesteuerung und des steuerlichen Reisekostenrechts vom 20.2.2013 (BGBl. I S. 285), zu Grunde.

(5) Die Anordnungen, die in den Vorschriften über den Steuerabzug vom Arbeitslohn (Lohnsteuer) und in den dazu ergangenen Lohnsteuer-Richtlinien über die Ermittlung der Einkünfte aus nichtselbständiger Arbeit enthalten sind, gelten entsprechend auch für die Veranlagung zur Einkommensteuer.

R 4b Direktversicherung

Begriff

(1) [1]Eine Direktversicherung ist eine Lebensversicherung auf das Leben des Arbeitnehmers, die durch den Arbeitgeber abgeschlossen worden ist und bei der der Arbeitnehmer oder seine Hinterbliebenen hinsichtlich der Leistungen des Versicherers ganz oder teilweise bezugsberechtigt sind (→§ 1b Abs. 2 Satz 1 Betriebsrentengesetz). [2]Dasselbe gilt für eine Lebensversicherung auf das Leben des Arbeitnehmers, die nach Abschluss durch den Arbeitnehmer vom Arbeitgeber übernommen worden ist. [3]Dagegen liegt begrifflich keine Direktversicherung vor, wenn der Arbeitgeber für den Ehegatten eines verstorbenen früheren Arbeitnehmers eine Lebensversicherung abschließt. [4]Als Versorgungsleistungen können Leistungen der Alters-, Invaliditäts- oder Hinterbliebenenversorgung in Betracht kommen. [5]Es ist gleichgültig, ob es sich um Kapitalversicherungen – einschließlich Risikoversicherungen –, Rentenversicherungen oder fondsgebundene Lebensversicherungen handelt und welche →Laufzeit vereinbart wird. [6]Unfallversicherungen sind keine Lebensversicherungen, auch wenn bei Unfall mit Todesfolge eine Leistung vorgesehen ist. [7]Dagegen gehören Unfallzusatzversicherungen und Berufsunfähigkeitszusatzversicherungen, die im Zusammenhang mit Lebensversicherungen abgeschlossen werden, sowie selbständige Berufsunfähigkeitsversicherungen und Unfallversicherungen mit Prämienrückgewähr, bei denen der Arbeitnehmer Anspruch auf die Prämienrückgewähr hat, zu den Direktversicherungen.

(2) [1]Die Bezugsberechtigung des Arbeitnehmers oder seiner Hinterbliebenen muss vom Versicherungsnehmer (Arbeitgeber) der Versicherungsgesellschaft gegenüber erklärt werden (§ 159 VVG). [2]Die Bezugsberechtigung kann widerruflich oder unwiderruflich sein; bei widerruflicher Bezugsberechtigung sind die Bedingungen eines Widerrufes steuerlich unbeachtlich. [3]Unbeachtlich ist auch, ob die Anwartschaft des Arbeitnehmers arbeits-rechtlich bereits unverfallbar ist.

Behandlung bei der Gewinnermittlung

(3) [1]Die Beiträge zu Direktversicherungen sind sofort abziehbare Betriebsausgaben. [2]Eine Aktivierung der Ansprüche aus der Direktversicherung kommt beim Arbeitgeber vorbe-haltlich Satz 5 erst in Betracht, wenn eine der in § 4b EStG genannten Voraussetzungen weggefallen ist, z. B. wenn der Arbeitgeber von einem Widerrufsrecht Gebrauch gemacht hat. [3]In diesen Fällen ist der Anspruch grundsätzlich mit dem geschäftsplanmäßigen De-ckungskapital der Versicherungsgesellschaft zu aktivieren zuzüglich eines etwa vorhan-denen Guthabens aus Beitragsrückerstattungen; soweit die Berechnung des Deckungs-kapitals nicht zum Geschäftsplan gehört, tritt an die Stelle des geschäftsplanmäßigen Deckungskapitals der nach § 169 Abs. 4 VVG berechnete Zeitwert. [4]Die Sätze 1 bis 3 gelten auch für Versicherungen gegen Einmalprämie; bei diesen Versicherungen kommt eine Aktivierung auch nicht unter dem Gesichtspunkt der Rechnungsabgrenzung in Be-tracht, da sie keinen Aufwand für eine „bestimmte Zeit" (§ 5 Abs. 5 Satz 1 Nr. 1 EStG) darstellen. [5]Sind der Arbeitnehmer oder seine Hinterbliebenen nur für bestimmte Ver-sicherungsfälle oder nur hinsichtlich eines Teiles der Versicherungsleistungen bezugs-berechtigt, sind die Ansprüche aus der Direktversicherung insoweit zu aktivieren, als der Arbeitgeber bezugsberechtigt ist.

(4) [1]Die Verpflichtungserklärung des Arbeitgebers nach § 4b Satz 2 EStG muss an dem Bilanzstichtag schriftlich vorliegen, an dem die Ansprüche aus dem Versicherungsvertrag ganz oder zum Teil abgetreten oder beliehen sind. [2]Liegt diese Erklärung nicht vor, sind die Ansprüche aus dem Versicherungsvertrag dem Arbeitgeber zuzurechnen.

Sonderfälle

(5) Die Abs. 1 bis 4 gelten entsprechend für Personen, die nicht Arbeitnehmer sind, für die jedoch aus Anlass ihrer Tätigkeit für das Unternehmen Direktversicherungen abge-schlossen worden sind (§ 17 Abs. 1 Satz 2 Betriebsrentengesetz), z. B. Handelsvertreter und Zwischenmeister.

R 4c Zuwendungen an Pensionskassen

Pensionskassen

(1) Als Pensionskassen sind sowohl rechtsfähige Versorgungseinrichtungen i. S. d. →§ 1b Abs. 3 Satz 1 Betriebsrentengesetz als auch rechtlich unselbständige Zusatz-versorgungseinrichtungen des öffentlichen Dienstes i. S. d. § 18 Betriebsrentengesetz anzusehen, die den Leistungsberechtigten (Arbeitnehmer und Personen i. S. d. § 17 Abs. 1 Satz 2 Betriebsrentengesetz sowie deren Hinterbliebene) auf ihre Leistungen einen Rechtsanspruch gewähren.

Zuwendungen

(2) [1]Der Betriebsausgabenabzug kommt sowohl für laufende als auch für einmalige Zu-wendungen in Betracht. [2]Zuwendungen an eine Pensionskasse sind auch abziehbar, wenn die Kasse ihren Sitz oder ihre Geschäftsleitung im Ausland hat.

(3) [1]Zuwendungen zur Abdeckung von Fehlbeträgen sind auch dann abziehbar, wenn sie nicht auf einer entsprechenden Anordnung der Versicherungsaufsichtsbehörde beruhen. [2]Für die Frage, ob und in welcher Höhe ein Fehlbetrag vorliegt, ist das Vermögen der Kasse nach den handelsrechtlichen Grundsätzen ordnungsmäßiger Buchführung unter Berücksichtigung des von der Versicherungsaufsichtsbehörde genehmigten Geschäftsplans bzw. der in § 4c Abs. 1 Satz 2 EStG genannten Unterlagen anzusetzen. [3]Für Pensionskassen mit Sitz oder Geschäftsleitung im Ausland sind die für inländische Pensionskassen geltenden Grundsätze anzuwenden.

(4) [1]Zuwendungen an die Kasse dürfen als Betriebsausgaben nicht abgezogen werden, soweit die Leistungen der Kasse, wenn sie vom Trägerunternehmen unmittelbar erbracht würden, bei diesem nicht betrieblich veranlasst wären. [2]Nicht betrieblich veranlasst sind z. B. Leistungen der Kasse an den Inhaber (Unternehmer, Mitunternehmer) des Trägerunternehmens oder seine Angehörigen. [3]Für Angehörige gilt das Verbot nicht, soweit die Zuwendungen im Rahmen eines steuerlich anzuerkennenden Arbeitsverhältnisses gemacht werden (→R 4.8). [4]Die allgemeinen Gewinnermittlungsgrundsätze bleiben durch § 4c Abs. 2 EStG unberührt; auch bei nicht unter das Abzugsverbot fallenden Zuwendungen ist daher zu prüfen, ob sie nach allgemeinen Bilanzierungsgrundsätzen zu aktivieren sind, z. B. bei Zuwendungen, die eine Gesellschaft für ein Tochterunternehmen erbringt.

(5) [1]Für Zuwendungen, die vom Trägerunternehmen nach dem Bilanzstichtag geleistet werden, ist bereits zum Bilanzstichtag ein Passivposten zu bilden, sofern zu diesem Zeitpunkt eine entsprechende Verpflichtung besteht (Bestimmung in der Satzung oder im Geschäftsplan der Kasse, Anordnung der Aufsichtsbehörde). [2]Werden Fehlbeträge der Kasse abgedeckt, ohne dass hierzu eine Verpflichtung des Trägerunternehmens besteht, kann in sinngemäßer Anwendung des § 4d Abs. 2 EStG zum Bilanzstichtag eine Rückstellung gebildet werden, wenn innerhalb eines Monats nach Aufstellung oder Feststellung der Bilanz des Trägerunternehmens die Zuwendung geleistet oder die Abdeckung des Fehlbetrags verbindlich zugesagt wird.

R 4d Zuwendungen an Unterstützungskassen

Unterstützungskasse

(1) [1]Für die Höhe der abziehbaren Zuwendungen an die →Unterstützungskasse kommt es nicht darauf an, ob die Kasse von der Körperschaftsteuer befreit ist oder nicht. [2]Wegen der Zuwendungen an Unterstützungskassen bei Bildung von Pensionsrückstellungen für die gleichen Versorgungsleistungen an denselben Empfängerkreis →R 6a Abs. 15.

Leistungsarten

(2) [1]Bei den von der Kasse aus Anlass einer Tätigkeit für das Trägerunternehmen erbrachten Leistungen muss es sich um Leistungen der Alters-, Invaliditäts- oder Hinterbliebenenversorgung oder um Leistungen bei Arbeitslosigkeit oder zur Hilfe in sonstigen Notlagen handeln. [2]Für die Frage, ob Leistungen der betrieblichen Altersversorgung vorliegen, ist ausschließlich § 1 Betriebsrentengesetz maßgebend. [3]Werden Leistungen in Aussicht gestellt, die mit denen einer Kapitallebensversicherung mit steigender Todesfallleistung vergleichbar sind, müssen diese nicht die in den LStR geforderten Voraussetzungen an den Mindesttodesfallschutz erfüllen. [4]Der Bezug von Leistungen der Altersversorgung setzt mindestens die Vollendung des 60. Lebensjahres voraus; nur in berufsspezifischen Ausnahmefällen kann eine niedrigere Altersgrenze zwischen 55 und 60 in Betracht kommen. [5]Für Zusagen, die nach dem 31.12.2011 erteilt werden, tritt an die Stelle des 60.

Lebensjahres regelmäßig das 62. Lebensjahr. [6]Für andere als die vorgenannten Leistungen sind Zuwendungen im Sinne von § 4d EStG durch das Trägerunternehmen mit steuerlicher Wirkung nicht möglich. [7]Zu den lebenslänglich laufenden Leistungen gehören alle laufenden (wiederkehrenden) Leistungen, soweit sie nicht von vornherein nur für eine bestimmte Anzahl von Jahren oder bis zu einem bestimmten Lebensalter des Leistungsberechtigten vorgesehen sind. [8]Vorbehalte, nach denen Leistungen an den überlebenden Ehegatten bei einer Wiederverheiratung oder Invaliditätsrenten bei einer Wiederaufnahme einer Arbeitstätigkeit wegfallen, berühren die Eigenschaft der Renten als lebenslänglich laufende Leistung nicht. [9]Dasselbe gilt, wenn eine Invaliditätsrente bei Erreichen einer bestimmten Altersgrenze von einer Altersrente der Unterstützungskasse abgelöst wird. [10]Keine lebenslänglich laufenden Leistungen sind z. B. Überbrückungszahlungen für eine bestimmte Zeit, Waisenrenten, abgekürzte Invaliditätsrenten und zeitlich von vornherein begrenzte Leistungen an den überlebenden Ehegatten.

Zuwendungen zum Deckungskapital

(3) [1]Das Deckungskapital für die bereits laufenden Leistungen (§ 4d Abs. 1 Satz 1 Nr. 1 Satz 1 Buchstabe a EStG) kann der Kasse sofort bei Beginn der Leistungen oder, solange der Leistungsempfänger lebt, in einem späteren Wirtschaftsjahr in einem Betrag oder verteilt auf mehrere Wirtschaftsjahre zugewendet werden. [2]Mithin kann

1. das Deckungskapital für eine Rente an einen früheren Arbeitnehmer in dem Zeitraum, in dem der frühere Arbeitnehmer Leistungsempfänger ist,
2. das Deckungskapital für eine Rente an den überlebenden Ehegatten in dem Zeitraum, in dem dieser Leistungsempfänger ist, und
3. das Deckungskapital für eine Rente im Falle der Ehescheidung oder der Aufhebung einer eingetragenen Lebenspartnerschaft an den Ausgleichsberechtigten nach dem VersAusglG in dem Zeitraum, in dem dieser Leistungsempfänger ist,

zugewendet werden. [3]Das Deckungskapital für die Rente an den überlebenden Ehegatten kann selbst dann ungeschmälert zugewendet werden, wenn das Deckungskapital für die Rente an den früheren Arbeitnehmer bereits voll zugewendet war. [4]Auf die Anrechnung des im Deckungskapital für die Rente an den früheren Arbeitnehmer enthaltenen Anteiles für die Anwartschaft auf Rente an den überlebenden Ehegatten wird aus Praktikabilitätsgründen verzichtet. [5]Das für die Zuwendungen maßgebende Deckungskapital ist jeweils nach dem erreichten Alter des Leistungsempfängers zu Beginn der Leistungen oder zum Zeitpunkt der Leistungserhöhung und nach der Höhe der Jahresbeträge dieser Leistungen zu berechnen; das Alter des Leistungsberechtigten ist nach dem bürgerlichen Recht (§ 187 Abs. 2 Satz 2, § 188 Abs. 2 BGB) zu bestimmen. [6]Bei den am 1.1.1975 bereits laufenden Leistungen ist für die Bemessung weiterer Zuwendungen auf das Deckungskapital von der als Anlage 1 dem Einkommensteuergesetz beigefügten Tabelle und von dem Lebensalter auszugehen, das der Berechtigte am 1.1.1975 erreicht hat; auf das so ermittelte Deckungskapital sind die früheren Zuwendungen zum Deckungskapital anzurechnen. [7]Lässt sich in den Fällen, in denen ein Trägerunternehmen die nach dem Zuwendungsgesetz (ZuwG) vom 26.3.1952 (BGBl. I S. 206) höchstzulässigen Jahreszuwendungen nicht ausgeschöpft und die Zuwendungen nicht nach den im ZuwG aufgeführten Kategorien gegliedert hat, nicht mehr feststellen, welcher Teil dieser Zuwendungen auf das Deckungskapital vorgenommen wurde, kann das Trägerunternehmen die Gliederung der früheren Zuwendungen nach eigener Entscheidung vornehmen.

Zuwendungen zum Reservepolster

(4) [1]Für die Ermittlung der Höhe der zulässigen Zuwendungen zum Reservepolster nach § 4d Abs. 1 Satz 1 Nr. 1 Satz 1 Buchstabe b EStG besteht ein Wahlrecht. [2]Das Trägerunternehmen kann entweder von den jährlichen Versorgungsleistungen ausgehen, welche die jeweils begünstigten Leistungsanwärter im letzten Zeitpunkt der Anwartschaft, spätestens im Zeitpunkt des Erreichens der Regelaltersgrenze der gesetzlichen Rentenversicherung (§§ 35 und 235 SGB VI), nach dem Leistungsplan der Kasse erhalten können (Grundsatzregelung). [3]Stattdessen kann auch vom Durchschnittsbetrag der von der Kasse im Wirtschaftsjahr tatsächlich gewährten lebenslänglich laufenden Leistungen ausgegangen werden (Sonderregelung). [4]Das Trägerunternehmen hat in dem Wirtschaftsjahr, ab dem dieses Wahlrecht besteht bzw. in dem erstmals Leistungen über eine Unterstützungskasse zugesagt werden, zu entscheiden, ob die Ermittlung der Höhe der Zuwendungen zum Reservepolster nach der Grundsatzregelung oder der Sonderregelung erfolgen soll. [5]An die getroffene Wahl ist es grundsätzlich fünf Wirtschaftsjahre lang gebunden. [6]Die für das Wirtschaftsjahr zulässigen Zuwendungen zum Reservepolster ergeben sich, wenn auf den jeweils ermittelten Betrag die nach § 4d Abs. 1 Satz 1 Nr. 1 Satz 1 Buchstabe b Satz 1 EStG maßgebenden Prozentsätze angewandt werden; im Falle der Sonderregelung ist das Ergebnis mit der Anzahl der berücksichtigungsfähigen Leistungsanwärter zu vervielfältigen. [7]Wird die Zuwendungshöhe nach der Grundsatzregelung berechnet, sind die dem einzelnen Leistungsanwärter jeweils schriftlich zugesagten erreichbaren Leistungen nach den Verhältnissen am Ende des Wirtschaftsjahres der Kasse maßgebend. [8]Änderungen, die erst nach dem Bilanzstichtag wirksam werden, sind nur zu berücksichtigen, wenn sie am Bilanzstichtag bereits feststehen. [9]Die Leistungen sind jeweils bezogen auf die einzelnen zulässigen Zuwendungssätze getrennt zu erfassen, wobei im Falle des § 4d Abs. 1 Satz 1 Nr. 1 Satz 1 Buchstabe b Satz 1 Doppelbuchstabe aa EStG jeweils gesondert die Leistungen der Invaliditätsversorgung bzw. Hinterbliebenenversorgung und im Falle des Doppelbuchstabens bb die Leistungen der Altersversorgung zu berücksichtigen sind. [10]Wird die Zuwendungshöhe nach der Sonderregelung berechnet, ist vom Durchschnittsbetrag der von der Kasse in ihrem Wirtschaftsjahr tatsächlich gewährten lebenslänglich laufenden Leistungen auszugehen. [11]Zur Vereinfachung kann statt einer genaueren Berechnung als Durchschnittsbetrag der Betrag angenommen werden, der sich ergibt, wenn die Summe der im Wirtschaftsjahr der Kasse tatsächlich gezahlten lebenslänglich laufenden Leistungen durch die Zahl der am Ende ihres Wirtschaftsjahres vorhandenen berücksichtigungsfähigen Leistungsempfänger geteilt wird. [12]Auf diesen Durchschnittsbetrag sind die Zuwendungssätze von jeweils 25 %, 12 % oder 6 % anzuwenden.

Leistungsanwärter

(5) [1]Der Kreis der Leistungsanwärter umfasst grundsätzlich alle Arbeitnehmer und ehemaligen Arbeitnehmer des Trägerunternehmens, die von der Unterstützungskasse schriftlich zugesagte Leistungen erhalten können, soweit sie nicht bereits Empfänger lebenslänglich laufender Leistungen sind. [2]Bei Zusagen von Hinterbliebenenversorgung ohne Altersversorgung gilt die Person als Leistungsanwärter, bei deren Ableben die Hinterbliebenenversorgung einsetzt; hierbei ist nicht zu prüfen, ob Angehörige vorhanden sind, die Anspruch auf eine Versorgung haben. [3]Angehörige des Unternehmers oder von Mitunternehmern des Trägerunternehmens dürfen nur als Leistungsanwärter berücksichtigt werden, soweit ein steuerlich anzuerkennendes Arbeitsverhältnis (→R 4.8) vorliegt. [4]Personen, die mit einer unverfallbaren Anwartschaft aus dem Trägerunternehmen ausgeschieden sind, gehören unter den vorstehenden Voraus-

setzungen zu den Leistungsanwärtern, solange die Kasse mit einer späteren Inanspruchnahme zu rechnen hat; sofern der Kasse nicht bereits vorher bekannt ist, dass Leistungen nicht zu gewähren sind, braucht bei diesen Personen die Frage, ob die Kasse mit einer Inanspruchnahme zu rechnen hat, erst nach Erreichen der Altersgrenze geprüft zu werden. [5]Personen, bei denen bis zum Ablauf des auf das Erreichen der Altersgrenze folgenden Wirtschaftsjahres nicht feststeht, dass die Kasse mit einer Inanspruchnahme zu rechnen hat, gehören vom Ende dieses Wirtschaftsjahres an nicht mehr zu den Leistungsanwärtern.

Rückgedeckte Unterstützungskasse

Allgemeines

(6) [1]Soweit die Unterstützungskasse die einem Leistungsempfänger oder einem Leistungsanwärter zugesagten Leistungen ganz oder teilweise durch den Abschluss einer Versicherung abgesichert hat, liegt eine rückgedeckte Unterstützungskasse vor. [2]Ist der Betriebsausgabenabzug nach § 4d Abs. 1 Satz 1 Nr. 1 Satz 1 Buchstabe c EStG ausgeschlossen, können die Zuwendungen im Rahmen des § 4d Abs. 1 Satz 1 Nr. 1 Satz 1 Buchstabe a und b EStG abgezogen werden. [3]Die Voraussetzungen für den Betriebsausgabenabzug nach § 4d Abs. 1 Satz 1 Nr. 1 Satz 1 Buchstabe c EStG sind auch dann erfüllt, wenn die Unterstützungskasse ihre Ansprüche aus von ihr abgeschlossenen Rückdeckungsversicherungsverträgen an die begünstigten Arbeitnehmer verpfändet, denen sie Leistungen in Aussicht gestellt hat.

Zuwendungen für Leistungsempfänger

(7) [1]Werden die zugesagten Leistungen erst nach Eintritt des Versorgungsfalles rückgedeckt, können hierfür Einmalprämien mit steuerlicher Wirkung zugewendet werden. [2]§ 4d Abs. 1 Satz 1 Nr. 1 Satz 1 Buchstabe c Satz 2 bis 4 EStG ist nicht anzuwenden.

Zuwendungen für Leistungsanwärter

(8) [1]Das Trägerunternehmen kann den für den einzelnen Leistungsanwärter an die Kasse zugewendeten Betrag der Versicherungsprämie nur als Betriebsausgaben geltend machen, wenn die Unterstützungskasse laufende Prämien zu entrichten hat. [2]Dies ist bei Zusagen einer Altersversorgung der Fall, wenn es sich um eine Versicherung handelt, bei der in jedem Jahr zwischen Vertragsabschluss und Zeitpunkt, für den erstmals Leistungen der Altersversorgung vorgesehen sind, Prämien zu zahlen sind. [3]Der Zeitpunkt, für den erstmals Leistungen der Altersversorgung vorgesehen sind, darf nicht vor Vollendung des 55. Lebensjahres des begünstigten Leistungsanwärters liegen. [4]Werden Leistungen der Invaliditäts- oder Hinterbliebenenversorgung rückversichert, muss die abgeschlossene Versicherung eine Mindestlaufzeit bis zu dem Zeitpunkt haben, in dem der Leistungsanwärter sein 55. Lebensjahr vollendet. [5]Eine Versicherung mit kürzerer Laufzeit ist nur begünstigt, wenn feststeht, dass im Anschluss an die Laufzeit des Versicherungsvertrages eine Zusage auf Altersversorgung besteht; ist diese rückgedeckt, müssen die Voraussetzungen der Sätze 2 und 3 erfüllt sein. [6]Der Abzug der Zuwendungen als Betriebsausgabe ist in dem Wirtschaftsjahr ausgeschlossen, in dem die Kasse zu irgendeinem Zeitpunkt die Ansprüche aus der Versicherung zur Sicherung eines Darlehens verwendet. [7]Soweit einem Leistungsanwärter vor Vollendung des 28. Lebensjahres (bei erstmaliger Zusage vor dem 1.1.2001: des 30. Lebensjahres, bei erstmaliger Zusage nach dem 31.12.2008: des 27. Lebensjahres) Zusagen mit vertraglicher Unverfallbarkeit gewährt werden, können hierfür laufende Prämien als Zuwendungen nur berücksichtigt werden, wenn die Bestimmungen der vertraglichen Unverfallbarkeit mindestens den Berechnungsvorschriften des § 2 Betriebsrentengesetz entsprechen

Kürzung der als Betriebsausgabe abzugsfähigen Prämien

(9) [1]Laufende Prämien sind bezogen auf die notwendige und vereinbarte Versicherungssumme nur begünstigt, wenn sie der Höhe nach entweder gleich bleiben oder steigen. [2]Eine gleich bleibende Prämie liegt in diesen Fällen auch vor, wenn die von der Unterstützungskasse jährlich zu zahlende Prämie mit Gewinngutschriften aus dem Versicherungsvertrag verrechnet wird. [3]In diesen Fällen kann der Kasse nur der verbleibende Restbetrag steuerbegünstigt zugewendet werden. [4]Entsprechendes gilt, wenn die Gewinngutschriften durch die Kasse nicht mit fälligen Prämien verrechnet und auch nicht zur Erhöhung der Rückdeckungsquote hinsichtlich der bestehenden Zusage verwendet werden. [5]Beruht die Verminderung der Beiträge auf einer Änderung der Versorgungszusage und sind die Prämien nach der Vertragsänderung mindestens in konstanter Höhe bis zum Eintritt des Versorgungsfalles zu zahlen, sind die Zuwendungen weiterhin als Betriebsausgaben abzugsfähig; Entsprechendes gilt bei der Änderung von Entgeltumwandlungsvereinbarungen. [6]Eine Änderung der Versorgungszusage liegt auch dann vor, wenn der Arbeitgeber auf Verlangen des Arbeitnehmers eine Entgeltumwandlung im Wege einer vertraglichen Vereinbarung reduziert. [7]Dies gilt unabhängig davon, aus welchem Grund die Gehaltsumwandlung vermindert wird. [8]Sinkende Beiträge an eine rückgedeckte Unterstützungskasse führen auch dann (ausnahmsweise) nicht zu einer Versagung des Betriebsausgabenabzuges, wenn sich die Beitragsminderung aus gesetzlich vorgegebenen Faktoren ergibt (z. B. aus der Erhöhung der Beitragsbemessungsgrenzen in der gesetzlichen Rentenversicherung) und die Prämienzahlungen nach der Minderung mindestens in konstanter Höhe bis zum Eintritt des Versorgungsfalles zu leisten sind.

Nachweispflicht

(10) Das Trägerunternehmen hat die Voraussetzungen des § 4d Abs. 1 Satz 1 Nr. 1 Satz 1 Buchstabe c EStG im Jahr der Zuwendung nachzuweisen.

Zuwendungen für nicht lebenslänglich laufende Leistungen

(11) – unbesetzt –

Lohn- und Gehaltssumme

(12) [1]Zur Lohn- und Gehaltssumme i. S. d. § 4d Abs. 1 Satz 1 Nr. 2 EStG gehören alle Arbeitslöhne i. S. d. § 19 Abs. 1 Satz 1 Nr. 1 EStG, soweit sie nicht von der Einkommensteuer befreit sind. [2]Zuschläge für Mehrarbeit und für Sonntags-, Feiertags- und Nachtarbeit gehören zur Lohn- und Gehaltssumme, auch soweit sie steuerbefreit sind. [3]Wegen der Vergütungen an Personen, die nicht Arbeitnehmer sind, →Abs. 15.

Kassenvermögen der Unterstützungskasse

(13) [1]Zuwendungen an eine Unterstützungskasse sind beim Trägerunternehmen nur abziehbar, soweit am Schluss des Wirtschaftsjahres der Kasse das tatsächliche Kassenvermögen nicht höher ist als das zulässige Kassenvermögen (§ 4d Abs. 1 Satz 1 Nr. 1 Satz 2 bis 7 und Nr. 2 Satz 2 bis 6 EStG). [2]Dabei ist die Unterstützungskasse bei der Ermittlung ihres zulässigen Kassenvermögens nicht an die Bewertungsmethode gebunden, die das Trägerunternehmen bei der Ermittlung des Dotierungsrahmens zum Reservepolster (→Abs. 4) angewandt hat. [3]Weicht das Wirtschaftsjahr der Kasse von dem des Trägerunternehmens ab, ist für die Frage, ob das tatsächliche Kassenvermögen das zulässige Kassenvermögen übersteigt, das Wirtschaftsjahr der Kasse maßgebend, das vor dem Ende des Wirtschaftsjahres des Trägerunternehmens endet. [4]Bei Kassen, die sowohl lebenslänglich laufende als auch nicht lebenslänglich laufende Leistungen gewähren, ist

sowohl das tatsächliche als auch das zulässige Kassenvermögen für beide Gruppen von Leistungen gemeinsam festzustellen.

Sonderfälle

(14) [1]Bei Konzern- und Gruppenkassen ist die Bemessungsgrundlage für die Zuwendungen zum Reservepolster für jedes Trägerunternehmen gesondert nach den bei diesen Unternehmen vorliegenden Tatbeständen zu errechnen. [2]Die auf das einzelne Trägerunternehmen entfallenden Teile des tatsächlichen und zulässigen Kassenvermögens sind ebenfalls jeweils getrennt festzustellen.

(15) [1]Bei der Berechnung der Zuwendungen können neben den Arbeitnehmern auch Personen berücksichtigt werden, die nicht Arbeitnehmer sind, z. B. Handelsvertreter, wenn ihnen nach der Satzung der Unterstützungskasse Leistungen aus Anlass ihrer Tätigkeit für ein Trägerunternehmen zugesagt worden sind (§ 17 Abs. 1 Satz 2 Betriebsrentengesetz). [2]Die Provisionszahlungen oder sonstigen Entgelte an diese Personen sind zur Lohn- und Gehaltssumme i. S. d. § 4d Abs. 1 Satz 1 Nr. 2 EStG zu rechnen.

...

R 5.7 Rückstellungen

Bilanzieller Ansatz von Rückstellungen

(1) [1]Die nach den handelsrechtlichen Grundsätzen ordnungsmäßiger Buchführung gem. § 249 HGB anzusetzenden Rückstellungen sind auch in der steuerlichen Gewinnermittlung (Steuerbilanz) zu bilden, soweit eine betriebliche Veranlassung besteht und steuerliche Sondervorschriften, z. B. § 5 Abs. 2a , 3 , 4 , 4a, 4b , 6 und § 6a EStG, nicht entgegenstehen. [2]Ungeachtet des Abzugsverbotes des § 4 Abs. 5b EStG ist in der Steuerbilanz eine Gewerbesteuerrückstellung zu bilden; dadurch verursachte Gewinnauswirkungen sind außerbilanziell zu neutralisieren.

Rückstellungen für ungewisse Verbindlichkeiten

Grundsätze

(2) Eine Rückstellung für ungewisse Verbindlichkeiten ist nur zu bilden, wenn
1. es sich um eine Verbindlichkeit gegenüber einem anderen oder eine öffentlich-rechtliche Verpflichtung handelt,
2. die Verpflichtung vor dem Bilanzstichtag wirtschaftlich verursacht ist,
3. mit einer Inanspruchnahme aus einer nach ihrer Entstehung oder Höhe ungewissen Verbindlichkeit ernsthaft zu rechnen ist und
4. die Aufwendungen in künftigen Wirtschaftsjahren nicht zu Anschaffungs- oder Herstellungskosten für ein Wirtschaftsgut führen.

Verpflichtung gegenüber einem anderen

(3) [1]Die Bildung einer Rückstellung für ungewisse Verbindlichkeiten setzt – als Abgrenzung zur →Aufwandsrückstellung – eine Verpflichtung gegenüber einem anderen voraus. [2]Die Verpflichtung muss den Verpflichteten wirtschaftlich wesentlich belasten. [3]Die Frage, ob eine Verpflichtung den Stpfl. wesentlich belastet, ist nicht nach dem Aufwand für das einzelne Vertragsverhältnis, sondern nach der Bedeutung der Verpflichtung für das Unternehmen zu beurteilen.

Öffentlich-rechtliche Verpflichtung

(4) [1]Auch eine öffentlich-rechtliche Verpflichtung kann Grundlage für eine Rückstellung für ungewisse Verbindlichkeiten sein; zur Abgrenzung von nicht zulässigen reinen Aufwands-

rückstellungen ist jedoch Voraussetzung, dass die Verpflichtung hinreichend konkretisiert ist, d. h. es muss ein inhaltlich bestimmtes Handeln durch Gesetz oder Verwaltungsakt innerhalb eines bestimmbaren Zeitraums vorgeschrieben und an die Verletzung der Verpflichtung müssen Sanktionen geknüpft sein. [2]Ergibt sich eine öffentlich-rechtliche Verpflichtung nicht unmittelbar aus einem Gesetz, sondern setzt sie den Erlass einer behördlichen Verfügung (Verwaltungsakt) voraus, ist eine Rückstellung für ungewisse Verbindlichkeiten erst zu bilden, wenn die zuständige Behörde einen vollziehbaren Verwaltungsakt erlassen hat, der ein bestimmtes Handeln vorschreibt.

Wirtschaftliche Verursachung

(5) [1]Rückstellungen für ungewisse Verbindlichkeiten sind erstmals im Jahresabschluss des Wirtschaftsjahres zu bilden, in dem sie wirtschaftlich verursacht sind. [2]Die Annahme einer wirtschaftlichen Verursachung setzt voraus, dass der Tatbestand, an den das Gesetz oder der Vertrag die Verpflichtung knüpft, im Wesentlichen verwirklicht ist. [3]Die Erfüllung der Verpflichtung darf nicht nur an Vergangenes anknüpfen, sondern muss auch Vergangenes abgelten.

Wahrscheinlichkeit der Inanspruchnahme

(6) [1]Rückstellungen für ungewisse Verbindlichkeiten setzen in tatsächlicher Hinsicht voraus, dass die Verbindlichkeiten, die den Rückstellungen zu Grunde liegen, bis zum Bilanzstichtag entstanden sind oder aus Sicht am Bilanzstichtag mit einiger Wahrscheinlichkeit entstehen werden und der Stpfl. spätestens bei Bilanzaufstellung ernsthaft damit rechnen muss, hieraus in Anspruch genommen zu werden. [2]Die Wahrscheinlichkeit der Inanspruchnahme ist auf Grund objektiver, am Bilanzstichtag vorliegender und spätestens bei Aufstellung der Bilanz erkennbarer Tatsachen aus der Sicht eines sorgfältigen und gewissenhaften Kaufmanns zu beurteilen; es müssen mehr Gründe für als gegen die Inanspruchnahme sprechen.

Rückstellungen für Erfüllungsrückstand bei schwebenden Geschäften

Schwebende Geschäfte

(7) [1]Schwebende Geschäfte sind gegenseitige Verträge i. S. d. §§ 320 ff. BGB (z. B. Dauerschuldverhältnisse wie Arbeits- oder Mietverträge), die von den Beteiligten noch nicht voll erfüllt sind. [2]Noch zu erbringende unwesentliche Nebenleistungen stehen der Beendigung des Schwebezustandes nicht entgegen. [3]Verpflichtungen aus schwebenden Geschäften werden nicht passiviert, es sei denn, das Gleichgewicht von Leistung und Gegenleistung ist durch Erfüllungsrückstände gestört; in diesen Fällen sind Rückstellungen für Erfüllungsrückstand auszuweisen.

Erfüllungsrückstand

(8) [1]Ein Erfüllungsrückstand entsteht, wenn ein Vertragspartner seine Leistung erbracht hat, der andere Vertragspartner die entsprechende Gegenleistung jedoch noch schuldet. [2]Eine Fälligkeit der vertraglich noch geschuldeten Leistung zum Bilanzstichtag ist nicht erforderlich. [3]Erfüllungsrückstände eines Vermieters liegen z. B. vor, wenn sich die allgemeine Pflicht zur Erhaltung der vermieteten Sache in der Notwendigkeit einzelner Erhaltungsmaßnahmen konkretisiert hat und der Vermieter die Maßnahmen unterlässt. [4]Die wirtschaftliche Verursachung der Verpflichtung richtet sich nach Abs. 5.

...

R 6.11 Bewertung von Rückstellungen

...

Niedrigerer handelsrechtlicher Wert

(3) [1]Mit Ausnahme der Pensionsrückstellungen darf die Höhe der Rückstellung in der Steuerbilanz den zulässigen Ansatz in der Handelsbilanz nicht überschreiten. [2]Für den Gewinn, der sich aus der erstmaligen Anwendung des Gesetzes zur Modernisierung des Bilanzrechts (Bilanzrechtsmodernisierungsgesetz – BilMoG) vom 15.5.2009 (BGBl. I S. 1102) durch die Auflösung von Rückstellungen ergibt, die bereits in dem vor dem 1.1.2010 endenden Wirtschaftsjahr passiviert wurden, kann jeweils i. H v. 14/15 eine gewinnmindernde Rücklage passiviert werden, die in den folgenden vierzehn Wirtschaftsjahren jeweils mit mindestens 1/15 gewinnerhöhend aufzulösen ist (Auflösungszeitraum). [3]Besteht eine Verpflichtung, für die eine Rücklage passiviert wurde, bereits vor Ablauf des maßgebenden Auflösungszeitraums nicht mehr, ist die insoweit verbleibende Rücklage zum Ende des Wirtschaftsjahres des Wegfalls der Verpflichtung in vollem Umfang gewinnerhöhend aufzulösen; Entsprechendes gilt, wenn sich der Verpflichtungsumfang innerhalb des Auflösungszeitraums verringert.

...

Auflösung von Rückstellungen

(13) Rückstellungen sind aufzulösen, soweit die Gründe hierfür entfallen.

...

R 6a Rückstellungen für Pensionsverpflichtungen

Zulässigkeit von Pensionsrückstellungen

(1) [1]Nach § 249 HGB müssen für unmittelbare Pensionszusagen Rückstellungen in der Handelsbilanz gebildet werden. [2]Entsprechend dem Grundsatz der Maßgeblichkeit der Handelsbilanz hat die handelsrechtliche Passivierungspflicht die Passivierungspflicht für Pensionszusagen in der Steuerbilanz dem Grunde, aber nicht der Höhe nach zur Folge, wenn die Voraussetzungen des § 6a Abs. 1 und 2 EStG vorliegen. [3]Für laufende Pensionen und Anwartschaften auf Pensionen, die vor dem 1.1.1987 rechtsverbindlich zugesagt worden sind (Altzusagen), gilt nach Artikel 28 des Einführungsgesetzes zum HGB in der durch Gesetz vom 19.12.1985 (BGBl. I S. 2355, BStBl 1986 I S. 94) geänderten Fassung weiterhin das handels- und steuerrechtliche Passivierungswahlrecht; insoweit sind die Anweisungen in Abschnitt 41 EStR 1984 mit Ausnahme des Abs. 24 Satz 5 und 6 weiter anzuwenden. [4]Für die Frage, wann eine Pension oder eine Anwartschaft auf eine Pension rechtsverbindlich zugesagt worden ist, ist die erstmalige, zu einem Rechtsanspruch führende arbeitsrechtliche Verpflichtungserklärung maßgebend. [5]Für Pensionsverpflichtungen, für die der Berechtigte einen Rechtsanspruch auf Grund einer unmittelbaren Zusage nach dem 31.12.1986 erworben hat (→Neuzusagen), gelten die folgenden Absätze.

Rechtsverbindliche Verpflichtung

(2) [1]Eine rechtsverbindliche Pensionsverpflichtung ist z. B. gegeben, wenn sie auf Einzelvertrag, Gesamtzusage (Pensionsordnung), Betriebsvereinbarung, Tarifvertrag oder Besoldungsordnung beruht. [2]Bei Pensionsverpflichtungen, die nicht auf Einzelvertrag beruhen, ist eine besondere Verpflichtungserklärung gegenüber dem einzelnen Berech-

tigten nicht erforderlich. [3]Ob eine rechtsverbindliche Pensionsverpflichtung vorliegt, ist nach arbeitsrechtlichen Grundsätzen zu beurteilen. [4]Für ausländische Arbeitnehmer sind Pensionsrückstellungen unter den gleichen Voraussetzungen zu bilden wie für inländische Arbeitnehmer.

Schädlicher Vorbehalt

(3) [1]Ein schädlicher Vorbehalt i. S. d. § 6a Abs. 1 Nr. 2 EStG liegt vor, wenn der Arbeitgeber die Pensionszusage nach freiem Belieben, d. h. nach seinen eigenen Interessen ohne Berücksichtigung der Interessen des Pensionsberechtigten widerrufen kann. [2]Ein Widerruf nach freiem Belieben ist nach dem Urteil des Bundesarbeitsgerichtes (BAG) vom 14.12.1956 (BStBl 1959 I S. 258) gegenüber einem noch aktiven Arbeitnehmer im Allgemeinen zulässig, wenn die Pensionszusage eine der folgenden Formeln

„freiwillig und ohne Rechtsanspruch",

„jederzeitiger Widerruf vorbehalten",

„ein Rechtsanspruch auf die Leistungen besteht nicht",

„die Leistungen sind unverbindlich"

oder ähnliche Formulierungen enthält, sofern nicht besondere Umstände eine andere Auslegung rechtfertigen. [3]Solche besonderen Umstände liegen nicht schon dann vor, wenn das Unternehmen in der Vergangenheit tatsächlich Pensionszahlungen geleistet oder eine Rückdeckungsversicherung abgeschlossen hat oder Dritten gegenüber eine Verpflichtung zur Zahlung von Pensionen eingegangen ist oder wenn die unter den oben bezeichneten Vorbehalten gegebene Pensionszusage die weitere Bestimmung enthält, dass der Widerruf nur nach „billigem Ermessen" ausgeübt werden darf oder dass im Falle eines Widerrufes die gebildeten Rückstellungen dem Versorgungszweck zu erhalten sind. [4]Vorbehalte der oben bezeichneten Art in einer Pensionszusage schließen danach die Bildung von Rückstellungen für Pensionsanwartschaften aus. [5]Befindet sich der Arbeitnehmer bereits im Ruhestand oder steht er unmittelbar davor, ist der Widerruf von Pensionszusagen, die unter den oben bezeichneten Vorbehalten erteilt worden sind, nach dem BAG-Urteil vom 14.12.1956 nicht mehr nach freiem Belieben, sondern nur noch nach billigem Ermessen (→Abs. 4) zulässig. [6]Enthält eine Pensionszusage die oben bezeichneten allgemeinen Widerrufsvorbehalte, ist die Rückstellungsbildung vorzunehmen, sobald der Arbeitnehmer in den Ruhestand tritt; dies gilt auch hinsichtlich einer etwa zugesagten Hinterbliebenenversorgung.

Unschädlicher Vorbehalt

(4) [1]Ein unschädlicher Vorbehalt i. S. d. § 6a Abs. 1 Nr. 2 EStG liegt vor, wenn der Arbeitgeber den Widerruf der Pensionszusage bei geänderten Verhältnissen nur nach billigem Ermessen (§ 315 BGB), d. h. unter verständiger Abwägung der berechtigten Interessen des Pensionsberechtigten einerseits und des Unternehmens andererseits aussprechen kann. [2]Das gilt in der Regel für die Vorbehalte, die eine Anpassung der zugesagten Pensionen an nicht voraussehbare künftige Entwicklungen oder Ereignisse, insbesondere bei einer wesentlichen Verschlechterung der wirtschaftlichen Lage des Unternehmens, einer wesentlichen Änderung der Sozialversicherungsverhältnisse oder der Vorschriften über die steuerliche Behandlung der Pensionsverpflichtungen oder bei einer Treupflichtverletzung des Arbeitnehmers vorsehen. [3]Danach sind z. B. die folgenden Vorbehalte als unschädlich anzusehen:

1. als allgemeiner Vorbehalt:

   „Die Firma behält sich vor, die Leistungen zu kürzen oder einzustellen, wenn die bei Erteilung der Pensionszusage maßgebenden Verhältnisse sich nachhaltig so wesentlich geändert haben, dass der Firma die Aufrechterhaltung der zugesagten Leistungen auch unter objektiver Beachtung der Belange des Pensionsberechtigten nicht mehr zugemutet werden kann";

2. als spezielle Vorbehalte:

   „Die Firma behält sich vor, die zugesagten Leistungen zu kürzen oder einzustellen, wenn

   a) die wirtschaftliche Lage des Unternehmens sich nachhaltig so wesentlich verschlechtert hat, dass ihm eine Aufrechterhaltung der zugesagten Leistungen nicht mehr zugemutet werden kann, oder

   b) der Personenkreis, die Beiträge, die Leistungen oder das Pensionierungsalter bei der gesetzlichen Sozialversicherung oder anderen Versorgungseinrichtungen mit Rechtsanspruch sich wesentlich ändern, oder

   c) die rechtliche, insbesondere die steuerrechtliche Behandlung der Aufwendungen, die zur planmäßigen Finanzierung der Versorgungsleistungen von der Firma gemacht werden oder gemacht worden sind, sich so wesentlich ändert, dass der Firma die Aufrechterhaltung der zugesagten Leistungen nicht mehr zugemutet werden kann, oder

   d) der Pensionsberechtigte Handlungen begeht, die in grober Weise gegen Treu und Glauben verstoßen oder zu einer fristlosen Entlassung berechtigen würden",

oder inhaltlich ähnliche Formulierungen. [4]Hat der Arbeitnehmer die Möglichkeit, anstelle einer bisher zugesagten Altersversorgung eine Erhöhung seiner laufenden Bezüge zu verlangen, liegt hierin kein schädlicher Vorbehalt.

Vorbehalt (Sonderfälle)

(5) [1]In besonderen Vorbehalten werden oft bestimmte wirtschaftliche Tatbestände bezeichnet, bei deren Eintritt die zugesagten Pensionsleistungen gekürzt oder eingestellt werden können. [2]Es wird z. B. vereinbart, dass die Pensionen gekürzt oder eingestellt werden können, wenn der Umsatz, der Gewinn oder das Kapital eine bestimmte Grenze unterschreiten oder wenn mehrere Verlustjahre vorliegen oder wenn die Pensionsleistungen einen bestimmten Prozentsatz der Lohn- und Gehaltssumme überschreiten. [3]Diese Vorbehalte sind nur dann als unschädlich anzusehen, wenn sie in dem Sinne ergänzt werden, es müsse bei den bezeichneten Tatbeständen eine so erhebliche und nachhaltige Beeinträchtigung der Wirtschaftslage des Unternehmens vorliegen, dass es dem Unternehmen nicht mehr zumutbar ist, die Pensionszusage aufrechtzuerhalten, oder dass es aus unternehmerischer Verantwortung geboten erscheint, die Versorgungsleistungen einzuschränken oder einzustellen.

(6) [1]Der Vorbehalt, dass der Pensionsanspruch erlischt, wenn das Unternehmen veräußert wird oder aus anderen Gründen ein Wechsel des Unternehmers eintritt (sog. Inhaberklausel), ist steuerlich schädlich. [2]Entsprechendes gilt für Vorbehalte oder Vereinbarungen, nach denen die Haftung aus einer Pensionszusage auf das Betriebsvermögen beschränkt wird, es sei denn, es gilt eine gesetzliche Haftungsbeschränkung für alle Verpflichtungen gleichermaßen, wie z. B. bei Kapitalgesellschaften.

Schriftform

(7) [1]Für die nach § 6a Abs. 1 Nr. 3 EStG vorgeschriebene Schriftform kommt jede schriftliche Festlegung in Betracht, aus der sich der Pensionsanspruch nach Art und Höhe ergibt, z. B. Einzelvertrag, Gesamtzusage (Pensionsordnung), Betriebsvereinbarung, Tarifvertrag, Gerichtsurteil. [2]Bei Gesamtzusagen ist eine schriftliche Bekanntmachung in geeigneter Form nachzuweisen, z. B. durch ein Protokoll über den Aushang im Betrieb. [3]Die Schriftform muss am Bilanzstichtag vorliegen. [4]Für Pensionsverpflichtungen, die auf betrieblicher Übung oder auf dem →Grundsatz der Gleichbehandlung beruhen, kann wegen der fehlenden Schriftform keine Rückstellung gebildet werden; dies gilt auch dann, wenn arbeitsrechtlich (§ 1b Abs. 1 Satz 4 Betriebsrentengesetz) eine unverfallbare Anwartschaft besteht, es sei denn, dem Arbeitnehmer ist beim Ausscheiden eine schriftliche Auskunft nach § 4a Betriebsrentengesetz erteilt worden. [5]Pensionsrückstellungen müssen insoweit vorgenommen werden, als sich die Versorgungsleistungen aus der schriftlichen Festlegung dem Grunde und der Höhe nach ergeben. [6]Zahlungsbelege allein stellen keine solche Festlegung dar.

Beherrschende Gesellschafter-Geschäftsführer von Kapitalgesellschaften[1]

(8) [1]Für die Bildung von Pensionsrückstellungen für beherrschende Gesellschafter-Geschäftsführer von Kapitalgesellschaften ist zu unterstellen, dass die Jahresbeträge nach § 6a Abs. 3 Satz 2 Nr. 1 Satz 3 EStG vom Beginn des Dienstverhältnisses, frühestens vom nach Abs. 10 Satz 3 maßgebenden Alter, bis zur vertraglich vorgesehenen Altersgrenze, mindestens jedoch bis zum folgenden geburtsjahrabhängigen Pensionsalter aufzubringen sind:

für Geburtsjahrgänge	Pensionsalter
bis 1952	65
ab 1953 bis 1961	66
ab 1962	67

[2]Als Beginn des Dienstverhältnisses gilt der Eintritt in das Unternehmen als Arbeitnehmer. [3]Das gilt auch dann, wenn der Geschäftsführer die Pensionszusage erst nach Erlangung der beherrschenden Stellung erhalten hat. [4]Abs. 11 Satz 1, 3 bis 6, 8, 9 und 13 bis 15 ist nicht anzuwenden. [5]Für anerkannt schwer behinderte Menschen kann geburtsjahrabhängig eine vertragliche Altersgrenze wie folgt zugrunde gelegt werden:

für Geburtsjahrgänge	Pensionsalter
bis 1952	60
ab 1953 bis 1961	61
ab 1962	62

Ehegatten-Arbeitsverhältnisse

(9) – unbesetzt –

Höhe der Pensionsrückstellung

(10) [1]Als Beginn des Dienstverhältnisses ist ein früherer Zeitpunkt als der tatsächliche Dienstantritt zugrunde zu legen (sog. Vordienstzeiten), wenn auf Grund gesetzlicher Vor-

---

1 S. dazu auch das BMF-Schreiben vom 09.12.2016.

schriften Zeiten außerhalb des Dienstverhältnisses als Zeiten der Betriebszugehörigkeit gelten, z. B. § 8 Abs. 3 des Soldatenversorgungsgesetzes, § 6 Abs. 2 des Arbeitsplatzschutzgesetzes. [2]Bei der Ermittlung des Teilwertes einer Pensionsverpflichtung sind folgende Mindestalter zu beachten:

Erteilung der Pensionszusage	maßgebendes Mindestalter
vor dem 1.1.2001	30
nach dem 31.12.2000 und vor dem 1.1.2009	28
nach dem 31.12.2008	27

[3]Ergibt sich durch die Anrechnung von Vordienstzeiten ein fiktiver Dienstbeginn, der vor der Vollendung des nach Satz 2 maßgebenden Lebensjahres des Berechtigten liegt, gilt das Dienstverhältnis als zu Beginn des Wirtschaftsjahres begonnen, bis zu dessen Mitte der Berechtigte dieses Lebensjahr vollendet (→ § 6a Abs. 3 Satz 2 Nr. 1 letzter Satz EStG).

(11) [1]Bei der Ermittlung des Teilwertes der Pensionsanwartschaft ist das vertraglich vereinbarte Pensionsalter zugrunde zu legen (Grundsatz). [2]Der Stpfl. kann für alle oder für einzelne Pensionsverpflichtungen von einem höheren Pensionsalter ausgehen, sofern mit einer Beschäftigung des Arbeitnehmers bis zu diesem Alter gerechnet werden kann (erstes Wahlrecht). [3]Bei der Ermittlung des Teilwertes der Pensionsanwartschaft nach § 6a Abs. 3 EStG kann mit Rücksicht auf § 6 Betriebsrentengesetz anstelle des vertraglichen Pensionsalters nach Satz 1 für alle oder für einzelne Pensionsverpflichtungen als Zeitpunkt des Eintritts des Versorgungsfalles der Zeitpunkt der frühestmöglichen Inanspruchnahme der vorzeitigen Altersrente aus der gesetzlichen Rentenversicherung angenommen werden (zweites Wahlrecht). [4]Voraussetzung für die Ausübung des zweiten Wahlrechtes ist, dass in der Pensionszusage festgelegt ist, in welcher Höhe Versorgungsleistungen von diesem Zeitpunkt an gewährt werden. [5]Bei der Ausübung des zweiten Wahlrechtes braucht nicht geprüft zu werden, ob ein Arbeitnehmer die sozialversicherungsrechtlichen Voraussetzungen für die vorzeitige Inanspruchnahme der Altersrente erfüllen wird. [6]Das zweite Wahlrecht kann unabhängig von der Wahl des Pensionsalters für die Berechnung der unverfallbaren Versorgungsanwartschaften nach § 2 Betriebsrentengesetz ausgeübt werden. [7]Das erste Wahlrecht ist in der Bilanz des Wirtschaftsjahres auszuüben, in dem mit der Bildung der Pensionsrückstellung begonnen wird. [8]Das zweite Wahlrecht ist in der Bilanz des Wirtschaftsjahres auszuüben, in dem die Festlegung nach Satz 4 getroffen worden ist. [9]Hat der Stpfl. das zweite Wahlrecht ausgeübt und ändert sich danach der Zeitpunkt der, frühestmöglichen Inanspruchnahme der vorzeitigen Altersrente aus der gesetzlichen Rentenversicherung (z. B. Beendigung des Arbeitsverhältnisses), ist die Änderung zum Ende des betreffenden Wirtschaftsjahres zu berücksichtigen; ist in diesem Wirtschaftsjahr die Festlegung nach Satz 4 für den neuen Zeitpunkt nicht getroffen worden, ist das vertragliche Pensionsalter nach Satz 1 bei der Ermittlung des Teilwertes der Pensionsanwartschaft zugrunde zu legen. [10]Die gegenüber einem Berechtigten getroffene Wahl gilt einheitlich für die gesamte Pensionsverpflichtung, einschließlich einer etwaigen Entgeltumwandlung im Sinne von § 1 Abs. 2 Betriebsrentengesetz. [11]Der Rückstellungsbildung kann nur die Pensionsleistung zugrunde gelegt werden, die zusagegemäß bis zu dem Pensionsalter erreichbar ist, für das sich der Stpfl. bei Ausübung der Wahlrechte entscheidet. [12]Setzt der Arbeitnehmer nach Erreichen dieses Alters seine Tätigkeit fort und erhöht sich dadurch sein Ruhegehaltsanspruch, ist der Rückstellung in dem betreffenden Wirtschaftsjahr der Unterschiedsbetrag zwischen der nach den vorstehen-

den Sätzen höchstzulässigen Rückstellung (Soll-Rückstellung) und dem versicherungs-mathematischen Barwert der um den Erhöhungsbetrag vermehrten Pensionsleistungen zuzuführen. [13]Hat der Stpfl. bei der Ermittlung des Teilwertes einer Pensionsanwartschaft bereits bisher vom zweiten Wahlrecht Gebrauch gemacht, ist er bei einer Änderung des frühestmöglichen Pensionsalters auf Grund einer gesetzlichen Neuregelung auch künftig an diese Entscheidung gebunden; Satz 4 ist zu beachten. [14]Für die sich wegen der Änderung des frühestmöglichen Pensionsalters ergebende Änderung der Teilwerte der Pensionsanwartschaft gilt das Nachholverbot, das sich aus § 6a Abs. 4 EStG herleitet, nicht. [15]Liegen die in Satz 4 genannten Voraussetzungen für die Anwendung des zweiten Wahlrechtes am Bilanzstichtag nicht vor, ist das vertragliche Pensionsalter nach Satz 1 bei der Ermittlung des Teilwertes der Pensionsanwartschaft zugrunde zu legen.

Entgeltumwandlungen

(12) [1]Für Pensionsverpflichtungen, die auf nach dem 31.12.2000 vereinbarten Entgeltum-wandlungen im Sinne von § 1 Abs. 2 Betriebsrentengesetz beruhen, ist vor Vollendung des 28. Lebensjahres (für nach dem 31.12.2008 erstmals erteilte Pensionszusagen: des 27. Lebensjahres) des Pensionsberechtigten eine Rückstellung in Höhe des Barwerts der nach den §§ 1 und 2 Betriebsrentengesetz unverfallbaren künftigen Pensionsleistungen zu bilden (§ 6a Abs. 2 Nr. 1 zweite Alternative und § 6a Abs. 3 Satz 2 Nr. 1 Satz 6 zwei-ter Halbsatz EStG); nach Vollendung des 28. Lebensjahres (für nach dem 31.12.2008 erstmals erteilte Pensionszusagen: des 27. Lebensjahres) des Pensionsberechtigten ist für diese Pensionsverpflichtungen für die Ermittlung des Teilwertes nach § 6a Abs. 3 Satz 2 Nr. 1 Satz 1 EStG eine Vergleichsrechnung erforderlich. [2]Dabei sind der Wert nach § 6a Abs. 3 Satz 2 Nr. 1 Satz 1 erster Halbsatz EStG und der Barwert der unverfallbaren künftigen Pensionsleistungen zu berechnen; der höhere Wert ist anzusetzen. [3]Bei der Vergleichsrechnung sind die für einen Berechtigten nach dem 31.12.2000 vereinbarten Entgeltumwandlungen als Einheit zu behandeln. [4]Die Regelungen des Satzes 1 gelten nicht für Pensionsverpflichtungen, soweit sie auf Grund einer vertraglichen Vereinbarung unverfallbar sind.

Arbeitgeberwechsel

(13) Übernimmt ein Stpfl. in einem Wirtschaftsjahr eine Pensionsverpflichtung gegenüber einem Arbeitnehmer, der bisher in einem anderen Unternehmen tätig gewesen ist, unter gleichzeitiger Übernahme von Vermögenswerten, ist bei der Ermittlung des Teilwertes der Verpflichtung der Jahresbetrag i. S. d. § 6a Abs. 3 Satz 2 Nr. 1 EStG so zu bemessen, dass zu Beginn des Wirtschaftsjahres der Übernahme der Barwert der Jahresbeträge zusammen mit den übernommenen Vermögenswerten gleich dem Barwert der künftigen Pensionsleistungen ist; dabei darf sich kein negativer Jahresbetrag ergeben.

Berücksichtigung von Renten aus der gesetzlichen Rentenversicherung

(14) Sieht die Pensionszusage vor, dass die Höhe der betrieblichen Rente in bestimmter Weise von der Höhe der Renten aus der gesetzlichen Rentenversicherung abhängt, darf die Pensionsrückstellung in diesen Fällen nur auf der Grundlage der von dem Unter-nehmen nach Berücksichtigung der Renten aus der gesetzlichen Rentenversicherung tatsächlich noch selbst zu zahlenden Beträge berechnet werden.

Doppelfinanzierung

(15) [1]Wenn die gleichen Versorgungsleistungen an denselben Empfängerkreis sowohl über eine Pensions- oder Unterstützungskasse oder einen Pensionsfonds als auch über

Pensionsrückstellungen finanziert werden sollen, ist die Bildung einer Pensionsrückstellung nicht zulässig. [2]Eine schädliche Überschneidung liegt dagegen nicht vor, wenn es sich um verschiedene Versorgungsleistungen handelt, z. B. bei der Finanzierung der Invaliditäts-Renten über Pensions- oder Unterstützungskassen und der Altersrenten über Pensionsrückstellungen oder der Finanzierung rechtsverbindlich zugesagter Leistungen über Rückstellungen und darüber hinausgehender freiwilliger Leistungen über eine Unterstützungskasse.

Handelsvertreter

(16) [1]Sagt der Unternehmer dem selbständigen Handelsvertreter eine Pension zu, muss sich der Handelsvertreter die versprochene Versorgung nach § 89b Abs. 1 Satz 1 Nr. 3 HGB auf seinen Ausgleichsanspruch anrechnen lassen. [2]Die Pensionsverpflichtung des Unternehmers wird also durch die Ausgleichsverpflichtung nicht gemindert, es sei denn, es ist etwas anderes vereinbart.

Stichtagsprinzip

(17) [1]Für die Bildung der Pensionsrückstellung sind die Verhältnisse am Bilanzstichtag maßgebend. [2]Änderungen der Bemessungsgrundlagen, die erst nach dem Bilanzstichtag wirksam werden, sind zu berücksichtigen, wenn sie am Bilanzstichtag bereits feststehen. [3]Danach sind Erhöhungen von Anwartschaften und laufenden Renten, die nach dem Bilanzstichtag eintreten, in die Rückstellungsberechnung zum Bilanzstichtag einzubeziehen, wenn sowohl ihr Ausmaß als auch der Zeitpunkt ihres Eintritts am Bilanzstichtag feststehen. [4]Wird die Höhe der Pension z. B. von Bezugsgrößen der gesetzlichen Rentenversicherungen beeinflusst, sind künftige Änderungen dieser Bezugsgrößen, die am Bilanzstichtag bereits feststehen, z. B. die ab 1.1. des Folgejahres geltende Beitragsbemessungsgrenze, bei der Berechnung der Pensionsrückstellung zum Bilanzstichtag zu berücksichtigen. [5]Die für das Folgejahr geltenden Bezugsgrößen stehen in dem Zeitpunkt fest, in dem die jeweilige Sozialversicherungs-Rechengrößenverordnung im Bundesgesetzblatt verkündet wird.

Inventurerleichterung

(18) [1]Die Pensionsverpflichtungen sind grundsätzlich auf Grund einer körperlichen Bestandsaufnahme (Feststellung der pensionsberechtigten Personen und der Höhe ihrer Pensionsansprüche) für den Bilanzstichtag zu ermitteln. [2]In Anwendung von § 241 Abs. 3 HGB kann der für die Berechnung der Pensionsrückstellungen maßgebende Personenstand auch auf einen Tag (Inventurstichtag) innerhalb von drei Monaten vor oder zwei Monaten nach dem Bilanzstichtag aufgenommen werden, wenn sichergestellt ist, dass die Pensionsverpflichtungen für den Bilanzstichtag ordnungsgemäß bewertet werden können. [3]Es ist nicht zu beanstanden, wenn im Falle der Vorverlegung der Bestandsaufnahme bei der Berechnung der Pensionsrückstellungen wie folgt verfahren wird:

1. Die für den Inventurstichtag festgestellten Pensionsverpflichtungen sind bei der Berechnung der Pensionsrückstellungen für den Bilanzstichtag mit ihrem Wert vom Bilanzstichtag anzusetzen.
2. Aus Vereinfachungsgründen können bei der Berechnung der Pensionsrückstellungen für den Bilanzstichtag die folgenden Veränderungen der Pensionsverpflichtungen, die in der Zeit vom Inventurstichtag bis zum Bilanzstichtag eintreten, unberücksichtigt bleiben:
   a) Veränderungen, die auf biologischen Ursachen, z. B. Tod, Invalidität, beruhen;

b) Veränderungen durch normale Zu- oder Abgänge von pensionsberechtigten Personen oder durch Übergang in eine andere Gehalts- oder Pensionsgruppe, z. B. Beförderung. [2]Außergewöhnliche Veränderungen, z. B. Stilllegung oder Eröffnung eines Teilbetriebs, bei Massenentlassungen oder bei einer wesentlichen Erweiterung des Kreises der pensionsberechtigten Personen, sind bei der Rückstellungsberechnung für den Bilanz-Stichtag zu berücksichtigen.

[2]Allgemeine Leistungsänderungen für eine Gruppe von Verpflichtungen, die nicht unter Satz 1 Buchstabe a oder b fallen, sind bei der Rückstellungsberechnung für den Bilanzstichtag mindestens näherungsweise zu berücksichtigen; für den folgenden Bilanzstichtag ist der sich dann ergebende tatsächliche Wert anzusetzen.

3. Soweit Veränderungen der Pensionsverpflichtungen nach Nr. 2 bei der Berechnung der Rückstellungen für den Bilanzstichtag unberücksichtigt bleiben, sind sie zum nächsten Bilanzstichtag bis zur steuerlich zulässigen Höhe zu berücksichtigen.

4. Werden werterhöhende Umstände, die nach Nr. 2 bei der Berechnung der Rückstellungen für den Bilanzstichtag unberücksichtigt bleiben können, dennoch in die Rückstellungsberechnung einbezogen, sind bei der Rückstellungsberechnung, auch wertmindernde Umstände, die nach Nr. 2 außer Betracht bleiben können, zu berücksichtigen.

5. [1]Die Nummern 2 bis 4 gelten nicht, wenn bei einem Stpfl. am Inventurstichtag nicht mehr als 20 Pensionsberechtigte vorhanden sind. [2]Sie gelten ferner nicht für Vorstandsmitglieder und Geschäftsführer von Kapitalgesellschaften.

Ausscheiden eines Anwärters

(19) [1]Die Rückstellung für Pensionsverpflichtungen gegenüber einer Person, die mit einer unverfallbaren Versorgungsanwartschaft ausgeschieden ist, ist beizubehalten, solange das Unternehmen mit einer späteren Inanspruchnahme zu rechnen hat. [2]Sofern dem Unternehmen nicht bereits vorher bekannt ist, dass Leistungen nicht zu gewähren sind, braucht die Frage, ob mit einer Inanspruchnahme zu rechnen ist erst nach Erreichen der vertraglich vereinbarten Altersgrenze geprüft zu werden. [3]Steht bis zum Ende des Wirtschaftsjahres, das auf das Wirtschaftsjahr des Erreichens der Altersgrenze folgt, die spätere Inanspruchnahme nicht fest, ist die Rückstellung zu diesem Zeitpunkt aufzulösen.

Zuführung zur Pensionsrückstellung

(20) Nach § 249 HGB i. V. m. § 6a Abs. 4 EStG muss in einem Wirtschaftsjahr der Rückstellung der Unterschiedsbetrag zwischen dem Teilwert am Schluss des Wirtschaftsjahres und dem Teilwert am Schluss des vorangegangenen Wirtschaftsjahres zugeführt werden.

Auflösung der Pensionsrückstellung

(21) [1]Auflösungen oder Teilauflösungen in der Steuerbilanz sind nur insoweit zulässig, als sich die Höhe der Pensionsverpflichtung gemindert hat. [2]Wird die Pensionszusage widerrufen (→Abs. 3 bis 6), ist die Pensionsrückstellung in der nächstfolgenden Bilanz gewinnerhöhend aufzulösen und ist erst wieder zu passivieren, wenn die Zusage mit unschädlichen Vorbehalten wieder in Kraft gesetzt wird (z. B. durch rechtskräftiges Urteil oder Vergleich). [3]Ist die Rückstellung ganz oder teilweise aufgelöst worden, ohne dass sich die Pensionsverpflichtung entsprechend geändert hat, ist die Steuerbilanz insoweit unrichtig. [4]Dieser Fehler ist im Wege der Bilanzberichtigung (→R 4.4) zu korrigieren. [5]Dabei ist die Rückstellung in Höhe des Betrags anzusetzen, der nicht hätte aufgelöst werden dürfen, höchstens jedoch mit dem Teilwert der Pensionsverpflichtung.

(22) [1]Nach dem Zeitpunkt des vertraglich vorgesehenen Eintritts des Versorgungsfalles oder eines gewählten früheren Zeitpunktes (→zweites Wahlrecht, Abs. 11 Satz 3) ist die Pensionsrückstellung in jedem Wirtschaftsjahr in Höhe des Unterschiedsbetrag es zwischen dem versicherungsmathematischen Barwert der künftigen Pensionsleistungen am Schluss des Wirtschaftsjahres und der am Schluss des vorangegangenen Wirtschaftsjahres passivierten Pensionsrückstellung gewinnerhöhend aufzulösen; die laufenden Pensionsleistungen sind dabei als Betriebsausgaben abzusetzen. [2]Eine Pensionsrückstellung ist auch dann in Höhe des Unterschiedsbetrages nach Satz 1 aufzulösen, wenn der Pensionsberechtigte nach dem Zeitpunkt des vertraglich vorgesehenen Eintritts des Versorgungsfalles noch weiter gegen Entgelt tätig bleibt („technischer Rentner"), es sei denn, dass bereits die Bildung der Rückstellung auf die Zeit bis zu dem voraussichtlichen Ende der Beschäftigung des Arbeitnehmers verteilt worden ist (→Abs. 11). [3]Ist für ein Wirtschaftsjahr, das nach dem Zeitpunkt des vertraglich vorgesehenen Eintritts des Versorgungsfalles endet, die am Schluss des vorangegangenen Wirtschaftsjahres ausgewiesene Rückstellung niedriger als der versicherungsmathematische Barwert der künftigen Pensionsleistungen am Schluss des Wirtschaftsjahres, darf die Rückstellung erst von dem Wirtschaftsjahr ab aufgelöst werden, in dem der Barwert der künftigen Pensionsleistungen am Schluss des Wirtschaftsjahres niedriger ist als der am Schluss des vorangegangenen Wirtschaftsjahres ausgewiesene Betrag der Rückstellung. [4]In dem Wirtschaftsjahr, in dem eine bereits laufende Pensionsleistung herabgesetzt wird oder eine Hinterbliebenenrente beginnt, darf eine bisher ausgewiesene Rückstellung, die höher ist als der Barwert, nur bis zur Höhe dieses Barwerts aufgelöst werden.

Rückdeckungsversicherung

(23) [1]Eine aufschiebend bedingte Abtretung des Rückdeckungsanspruchs an den pensionsberechtigten Arbeitnehmer für den Fall, dass der Pensionsanspruch durch bestimmte Ereignisse gefährdet wird, z. B. bei Insolvenz des Unternehmens, wird – soweit er nicht im Insolvenzfall nach § 9 Abs. 2 Betriebsrentengesetz auf den Träger der Insolvenzsicherung übergeht – erst wirksam, wenn die Bedingung eintritt (§ 158 Abs. 1 BGB). [2]Die Rückdeckungsversicherung behält deshalb bis zum Eintritt der Bedingung ihren bisherigen Charakter bei. [3]Wird durch Eintritt der Bedingung die Abtretung an den Arbeitnehmer wirksam, wird die bisherige Rückdeckungsversicherung zu einer Direktversicherung.

2.5 Einkommensteuer-Hinweise 2017 (EStH 2017)

Amtliches Einkommensteuer-Handbuch 2017

– Auszug –

Hinweis 4d Zuwendungen an Unterstützungskassen

(1) Allgemeines

→BMF vom 28.11.1996 (BStBl I S. 1435):

1. Konzeptions- und Verwaltungskosten,
2. Leistungsanwärter und Leistungsempfänger,
3. Ermittlung der Rückdeckungsquote,
4. Verwendung von Gewinngutschriften,
5. Unterbrechung der laufenden Beitragszahlung oder Beitragseinstellung,
6. Rückdeckungsversicherungen für unter 30jährige Leistungsanwärter,

7. zulässiges Kassenvermögen bei abweichender Fälligkeit der Versorgungs- und Versicherungsleistungen,
8. Übergangsregelung nach § 52 Abs. 5 Satz 2 EStG a. F.,
9. zulässiges Kassenvermögen für nicht lebenslänglich laufende Leistungen,
10. tatsächliches Kassenvermögen und überhöhte Zuwendungen

Hinterbliebenenversorgung für den Lebensgefährten

→BMF vom 25.7.2002 (BStBl I S. 706)

Übertragung von Unterstützungskassenzusagen auf Pensionsfonds

Zur Übertragung von Unterstützungskassenzusagen auf Pensionsfonds nach § 4d Abs. 3 und § 4e Abs. 3 EStG i. V. m. § 3 Nr. 66 EStG BMF vom 26.10.2006 (BStBl I S. 709) und vom 10.7.2015 (BStBl I S. 544).

Überversorgung

Zur bilanzsteuerrechtlichen Berücksichtigung von überdurchschnittlich hohen Versorgungsanwartschaften (Überversorgung) BMF vom 3.11.2004 (BStBl I S. 1045) und vom 13.12.2012 (BStBl 2013 I S. 35).

→H 6a (17)

Unterstützungskasse

Eine Unterstützungskasse ist eine rechtsfähige Versorgungseinrichtung, die auf ihre Leistungen keinen Rechtsanspruch gewährt (→BFH vom 5.11.1992 – BStBl 1993 II S. 185, →§ 1b Abs. 4 Betriebsrentengesetz).

Versorgungsausgleich

Zu den Auswirkungen des Gesetzes zur Strukturreform des Versorgungsausgleiches (VAStrRefG) auf Unterstützungskassen →BMF vom 12.11.2010 (BStBl I S. 1303).

Zuwendungen

Zuwendungen i. S. d. § 4d EStG sind Vermögensübertragungen, die die Unterstützungskasse einseitig bereichern und nicht auf einem Leistungsaustausch beruhen. Es ist unerheblich, ob die Zuwendung auf einer Verpflichtung des Trägerunternehmens beruht oder freiwillig erfolgt (→BFH vom 5.11.1992 – BStBl 1993 II S. 185).

Hinweis 4d (2)

Lebenslänglich laufende Leistungen

Auch einmalige Kapitalleistungen einer Unterstützungskasse in geringem Umfang sind als lebenslänglich laufende Leistungen im Sinne von § 4d EStG anzusehen (→BFH vom 15.6.1994 – BStBl 1995 II S. 21).

Hinweis 4d (3)

▶ **Berechnungsbeispiel für die Zuwendung zum Deckungskapital:**

Deckungskapital zum 31.12.01 für die in 01 beginnenden laufenden Leistungen von jährlich 1.000 EUR an die männlichen Leistungsempfänger

A (63 Jahre):	12 x 1.000 EUR	=	12.000 EUR
B (58 Jahre):	13 x 1.000 EUR	=	13.000 EUR
			25.000 EUR

Der Kasse werden hiervon 01 nur 10.000 EUR zugewendet.

Im Wirtschaftsjahr 02 oder in späteren Wirtschaftsjahren können der Kasse für die Leistungen an diese Empfänger nach § 4d Abs. 1 Satz 1 Nr. 1 Satz 1 Buchstabe a EStG insgesamt 25.000 EUR – 10.000 EUR = 15.000 EUR zugewendet werden.

Hinweis 4d (4)

Ermittlungszeitpunkt

für die Höhe der Zuwendungen an eine Unterstützungskasse →BMF vom 7.1.1994 (BStBl I S. 18).

Näherungsverfahren

Zur Berücksichtigung von Renten aus der gesetzlichen Rentenversicherung →BMF vom 15.3.2007 (BStBl I S. 290) und vom 5.5.2008 (BStBl I S. 570).

Hinweis 4d (6-10)

Rückdeckungsversicherung

Der Betriebsausgabenabzug von Zuwendungen an eine rückgedeckte Unterstützungskasse nach § 4d Abs. 1 Satz 1 Nr. 1 Satz 1 Buchstabe c EStG ist bei einer Beleihung oder Abtretung von Ansprüchen aus der Rückdeckungsversicherung ausgeschlossen. Die Inanspruchnahme von Vorauszahlungen steht einer Beleihung gleich (→BFH von 28.2.2002 – BStBl II S. 358).

Zweifelsfragen bei Zuwendungen an rückgedeckte Unterstützungskassen

→BMF vom 31.1.2002 (BStBl I S. 214):

1. Versicherung gegen laufende Einmalbeträge
2. Sinkende Beiträge auf Grund einer Bemessung nach variablen Gehaltsbestandteilen

→H 4d (1) Allgemeines

Hinweis 4d (11)

▶ **Beispiel:**

Lohn- und Gehaltssumme des Trägerunternehmens im Wirtschaftsjahr 01	1.000.000 EUR
Die Zuwendung beträgt 01 1.000 EUR und liegt damit unter der möglichen Zuwendung von 0,2 % von 1.000.000 EUR =	2.000 EUR
Lohn- und Gehaltssumme 02 bis 05 je	1.200.000 EUR
Zuwendungen 02 bis 05 je 0,2 % von 1.200.000 EUR, zusammen	9.600 EUR
Kassenleistungen 01 bis 05 zusammen	4.000 EUR
Lohn- und Gehaltssumme 06	1.500.000 EUR
Tatsächliche Kassenleistungen 06	12.000 EUR

In 06 können der Kasse statt der normalen Zuwendung von 0,2 % von 1.500.000 EUR = 3.000 EUR zugewendet werden:

- die tatsächliche Kassenleistungen 06 von	12.000 EUR
- der aus den vorangegangenen 5 Wirtschaftsjahren noch nicht durch Leistungen aufgezehrten Zuwendungen (10.600 EUR – 4.000 EUR =)	6.600 EUR
	5.400 EUR

Hinweis 4d (13)

▶ **Beispiel:**

Tatsächliches Kassenvermögen einer Unterstützungskasse mit lebenslänglich laufenden und nicht lebenslänglich laufenden Leistungen am 31.12.02 vor der Zuwendung für 02 720.000 EUR.

Die Kasse zahlt an bereits laufenden jährlichen Altersrenten seit 01 an 14 Berechtigte insgesamt 33.600 EUR, d. h. durchschnittlich 2.400 EUR.

Das Deckungskapital hierfür betrug bei Beginn der Leistungen im Jahr 01 340.000 EUR, zum 31.12.02 336.000 EUR (340.000 EUR voll zugewendet).

Am 1.1.02 kommen 3 laufende Leistungen mit je 2.400 EUR Jahresrente hinzu (Alter der männlichen Berechtigten 65 Jahre). Die Kasse hat daneben insgesamt 80 Leistungsanwärter, denen nach dem 31.12.2000 vom Trägerunternehmen eine Zusage erteilt wurde. Diesen ist nach den Verhältnissen zum 31.12.02 eine Jahresrente von je 2.400 EUR zugesagt. 10 Leistungsanwärter haben am 31.12.02 das 28. Lebensjahr noch nicht vollendet. 10 Leistungsanwärter haben zu diesem Zeitpunkt das 50. Lebensjahr vollendet. Die Lohn- und Gehaltssumme des Trägerunternehmens beträgt in allen Jahren je 1.500.000 EUR.

Der Kasse können 02 folgende Beträge zugewendet werden:

a) Das Deckungskapital für die neu hinzugekommenen laufenden Leistungen in Höhe von 11 x 2.400 EUR x 3 =	79.200 EUR
b) Zuwendungen zum Reservepolster für lebenslänglich laufende Leistungen:	

aa) Nach dem Grundsatz:

2.400 EUR, hiervon 25 % (§ 4d Abs. 1 Satz 1 Nr. 1
Satz 1 Buchstabe b Satz 1 Doppelbuchstabe bb EStG) =
600 EUR, vervielfältigt mit der Zahl der berücksichtigungsfähigen Leistungsanwärter: 600 EUR x 70 =   42.000 EUR

bb) Nach der Sonderregelung:

Durchschnitt der laufenden Leistungen 02: 33.600 EUR +
(3 x 2.400 EUR) = 40.800 EUR : 17 Empfänger =
2.400 EUR, hiervon 25 % (§ 4d Abs. 1 Satz 1 Nr. 1
Satz 1 Buchstabe b Satz 1 Doppelbuchstabe bb EStG) =
600 EUR, vervielfältigt mit der Zahl der berücksichtigungsfähigen Leistungsanwärter: 600 EUR x 10 =   6.000 EUR

c) Zuwendungen für nicht lebenslängliche laufende Leistungen: 3.000 EUR
0,2 % von 1.500.000 EUR =

Der Zuwendungsumfang beträgt

- unter Berücksichtigung von b) aa)   124.200 EUR

- und unter Berücksichtigung von b) bb)   88.200 EUR.

Zulässiges Kassenvermögen am 31.12.02:

Deckungskapital für die laufenden Leistungen
(336.000 EUR + 79.200 EUR =)   415.200 EUR

Reservepolster für lebenslängliche laufende Leistungen

- nach b) aa) 42.000 EUR x 8 =   336.000 EUR

- nach b) bb) 6.000 EUR x 8 =   48.000 EUR

Reservepolster für nicht lebenslänglich laufende Leistungen
(1 % von 1.500.000 EUR =)   15.000 EUR

Das tatsächliche Kassenvermögen von bisher 720.000 EUR würde nach der Zuwendung von 124.200 EUR – b) aa) – insgesamt 844.200 EUR betragen und damit
das zulässige Kassenvermögen von (415.200 EUR + 336.000 EUR + 15.000 EUR)
766.200 EUR um 78.000 EUR übersteigen. Es sind deshalb nicht 124.200 EUR,
sondern nur (124.200 EUR – 78.000 EUR) 46.200 EUR der Zuwendungen als Betriebsausgaben abziehbar. Unter Berücksichtigung des Zuwendungsumfangs unter
b) bb) beträgt das zulässige Kassenvermögen nur (415.200 EUR + 48.000 EUR +
15.000 EUR) 478.200 EUR. In diesem Fall kann die Zuwendung in 02 nicht als Betriebsausgabe abgezogen werden.

Hinweis 4d (14)

Zuwendungen an mehrere Kassen

Leistet ein Trägerunternehmen Zuwendungen an mehrere Unterstützungskassen, sind
diese Kassen bei der Ermittlung der Höhe der steuerbegünstigten Zuwendungen im Sinne von § 4d EStG als Einheit zu behandeln (→§ 4d Abs. 1 Satz 3 EStG). Soweit danach
der Betriebsausgabenabzug nach § 4d Abs. 1 Satz 3 EStG beschränkt ist, gilt dies auch
für den Fall, dass bei getrennter Betrachtung infolge der Unterdotierung einer oder mehrerer Kassen der Abzug nicht beschränkt wäre. Daran ändert sich selbst dann nichts,

wenn sich der durch die Kassen begünstigte Kreis der Arbeitnehmer nicht überschneidet (→BFH vom 8.11.1989 – BStBl 1990 II S. 210).

...

Hinweis 6a (1)

Beihilfen an Pensionäre

Die Verpflichtung, Pensionären und aktiven Mitarbeitern während der Zeit ihres Ruhestandes in Krankheits-, Geburts- und Todesfällen Beihilfen zu gewähren, ist keine Pensionsverpflichtung (→BFH vom 30.1.2002 – BStBl 2003 II S. 279).

→ H 5.7 (5)

Einstandspflicht

Die Verpflichtung des Arbeitgebers, wegen des nicht ausreichenden Vermögens einer Unterstützungskasse für den Ausfall von Versorgungsleistungen gegenüber seinen Arbeitnehmern einstehen zu müssen, erfüllt die Voraussetzungen für eine Pensionsrückstellung nicht. Das gilt auch für Versorgungsverpflichtungen des Erwerbers eines Betriebs, auf den die Arbeitsverhältnisse mit den durch die Unterstützungskasse begünstigten Arbeitnehmern nach § 613a BGB übergegangen sind (→BFH vom 16.12.2002 – BStBl 2003 II S. 347).

Gewinnabhängige Pensionsleistungen

Am Bilanzstichtag bereits feststehende gewinnabhängige Pensionsleistungen sind bei der Bewertung einzubeziehen, wenn und soweit sie dem Grunde und der Höhe nach eindeutig bestimmt sind und die Erhöhung der Versorgungsleistungen schriftlich durch eine Ergänzung der Pensionszusage festgeschrieben wurde (→BMF vom 18.10.2013 – BStBl I S. 1268)

→H 6a (7) Schriftformerfordernis

Hinterbliebenenversorgung für den Lebensgefährten

→BMF vom 25.7.2002 (BStBl I S. 706)

Jahreszusatzleistungen

Für Jahreszusatzleistungen im Jahr des Eintritts des Versorgungsfalls darf eine Rückstellung nach § 6a EStG nicht gebildet werden →BMF vom 11.11.1999 (BStBl I S. 959, RdNr. 23).

Nur-Pensionszusagen

Für eine sog. Nur-Pensionszusagen kann keine Rückstellung nach § 6a EStG gebildet werden, wenn dieser Verpflichtung keine ernsthaft vereinbarte Entgeltumwandlung zugrunde liegt (→BMF vom 13.12.2012 – BStBl 2013 I S. 35).

Pensionsleistungen ohne Ausscheiden aus dem Dienstverhältnis

Zur bilanzsteuerrechtlichen Berücksichtigung von Versorgungsleistungen, die ohne die Voraussetzung des Ausscheidens aus dem Dienstverhältnis gewährt werden BMF vom 18.9.2017 (BStBl I S. 1293).

Pensionsverpflichtungen innerhalb einer GmbH & Co. KG

Zur Pensionszusage an einen Gesellschafter durch die Komplementär-GmbH →BMF vom 29.1.2008 (BStBl I S. 317), RdNrn. 12-14.)

Sagt die Komplementär-GmbH einer GmbH & Co. KG ihrem gesellschaftsfremden Geschäftsführer eine Pension zu und kann sie nach dem Gesellschaftsvertrag von der KG Ersatz der Versorgungsleistungen verlangen, ist die bei der GmbH zu bildende Pensionsrückstellung durch einen Aufwendungsersatzanspruch zu neutralisieren. Bei der KG ist eine Rückstellung für ungewisse Verbindlichkeiten zu bilden, deren Höhe sich nach § 6a EStG bestimmt (→BFH vom 7.2.2002 – BStBl 2005 II S. 88).

Personengesellschaft

Bilanzsteuerliche Behandlung von Pensionszusagen einer Personengesellschaft an einen Gesellschafter und dessen Hinterbliebene →BMF vom 29.1.2008 (BStBl I S. 317).

Schuldübernahmen, Schuldbeitritte und Erfüllungsübernahmen

Zur bilanziellen Berücksichtigung von Schuldübernahmen, Schuldbeitritten und Erfüllungsübernahmen mit vollständiger oder teilweiser Schuldfreistellung im Zusammenhang mit Pensionsverpflichtungen BMF vom 30.11.2017 (BStBl I S. 1619)

Vererbliche Versorgungsanwartschaften und Versorgungsleistungen

Sieht eine Pensionszusage die Vererblichkeit von Versorgungsanwartschaften oder Versorgungsleistungen vor und sind nach der Zusage vorrangig Hinterbliebene entsprechend der Rdnr. 287 des BMF vom 24.7.2013 (BStBl I S. 1022) Erben, ist die Pensionsverpflichtung nach § 6a EStG anzusetzen und zu bewerten. Im Vererbungsfall ist für die Bewertung der Leistungen, soweit sie nicht an Hinterbliebene im o. g. Sinne erbracht werden, § 6 EStG maßgebend (BMF vom 18.9.2017 – BStBl I S. 1293).

Versorgungsausgleich

Zu den Auswirkungen des Gesetzes zur Strukturreform des Versorgungsausgleiches (VAStrRefG) auf Pensionszusagen →BMF vom 12.11.2010 (BStBl I S. 1303).

Hinweis 6a (3)

Abfindungsklauseln

Zu schädlichen Abfindungsklauseln in Pensionszusagen →BMF vom 6.4.2005 (BStBl I S. 619) und vom 1.9.2005 (BStBl I S. 860).

Externe Versorgungsträger

Werden die künftigen Pensionsleistungen aus einer Versorgungszusage voraussichtlich von einem externen Versorgungsträger (z. B. Versorgungskasse) erbracht, scheidet die Bildung einer Rückstellung nach § 6a EStG aus (→BFH vom 5.4.2006 – BStBl II S. 688 und vom 8.10.2008 – BStBl 2010 II S. 186). Zur Anwendung der vorgenannten Urteile, zur Abgrenzung des sog. Umlageverfahrens vom sog. Erstattungsverfahren und allgemein zur Bildung von Pensionsrückstellungen nach § 6a EStG bei Erbringung der Versorgungsleistungen durch externe Versorgungsträger →BMF vom 26.1.2010 (BStBl I S. 138).

Übertragung auf eine Unterstützungskasse

Ist vereinbart, dass die Pensionsverpflichtung nach Eintritt des Versorgungsfalles auf eine Unterstützungskasse übertragen wird, kann eine Rückstellung nicht gebildet werden (→BMF vom 2.7.1999 – BStBl I S. 594).

Hinweis 6a (6)

Gewichtung des Widerrufsvorbehalts

Bei der Beurteilung, ob ein schädlicher oder unschädlicher Vorbehalt vorliegt, ist ein strenger Maßstab anzulegen (→BFH vom 6.10.1967 – BStBl 1968 II S. 90).

Hinweis 6a (7)

Grundsatz der Gleichbehandlung

Die wegen arbeitsrechtlicher Entscheidungen notwendige Ergänzung einer bestehenden Witwenversorgung um eine Witwerversorgung ist erst wirksam, wenn die Ergänzung schriftlich vorgenommen wurde.

Schriftformerfordernis

Voraussetzung für die steuerliche Anerkennung einer Pensionsrückstellung nach § 6a EStG ist u. a. eine schriftlich erteilte Pensionszusage. Die Vereinbarung muss neben dem Zusagezeitpunkt eindeutige und präzise Angaben zu Art, Form, Voraussetzungen und Höhe der in Aussicht gestellten künftigen Leistungen enthalten. Sofern es zur eindeutigen Ermittlung der in Aussicht gestellten Leistungen erforderlich ist, sind auch Angaben für die versicherungsmathematische Ermittlung der Höhe der Versorgungsverpflichtung (z. B. anzuwendender Rechnungszinsfuß oder anzuwendende biometrische Ausscheidewahrscheinlichkeiten) schriftlich festzulegen. Sind diese Angaben nicht vorhanden, scheidet die Bildung einer Pensionsrückstellung jedenfalls in der Steuerbilanz aus (→BMF vom 28.8.2001 – BStBl I S. 594).

Eine schriftliche Pensionszusage liegt auch dann vor, wenn der Verpflichtete eine schriftliche Erklärung mit dem erforderlichen Inhalt abgibt und der Berechtigte die Zusage nach den Regeln des Zivilrechtes (z. B. durch mündliche Erklärung) annimmt (→BFH vom 27.4.2005 – BStBl II S. 702).

Am Bilanzstichtag bereits feststehende gewinnabhängige Pensionsleistungen sind bei der Bewertung einzubeziehen, wenn und soweit sie dem Grunde und der Höhe nach eindeutig bestimmt sind und die Erhöhung der Versorgungsleistungen schriftlich durch eine Ergänzung der Pensionszusage gem. § 6a Abs. 1 Nr. 3 EStG festgeschrieben werden. Unabhängig vom maßgebenden Gewinnentstehungsjahr können die zusätzlichen Versorgungsleistungen wegen des Schriftformerfordernisses erstmals an dem der schriftlichen Festschreibung folgenden Bilanzstichtag bei der Rückstellungsbewertung berücksichtigt werden (→BMF vom 18.10.2013 – BStBl I S. 1268).

Hinweis 6a (8)

Vorgezogene Altersgrenze

Eine vertraglich vorgesehene geringere Altersgrenze als die in →R 6a Abs. 8 Satz 1 genannten Mindestpensionsalter kann für die Berechnung der Pensionsrückstellung nur dann zugrunde gelegt werden, wenn besondere Umstände nachgewiesen werden, die ein niedrigeres Pensionsalter rechtfertigen (→BFH vom 23.1.1991 – BStBl II S. 379).

Hinweis 6a (9)

Anerkennungsgrundsätze

An den Nachweis der Ernsthaftigkeit von Pensionszusagen an →Arbeitnehmer-Ehegatten sind mit Rücksicht auf die besonderen persönlichen Beziehungen der Vertragspartner strenge Anforderungen zu stellen. Es ist insbesondere zu prüfen, ob die Pensionszusage nach den Umständen des Einzelfalls dem Grunde und der Höhe nach angemessen ist (→BFH vom 14.7.1989 – BStBl II S. 969). Für Pensionszusagen, die im Rahmen eines steuerlich anzuerkennenden Arbeitsverhältnisses dem →Arbeitnehmer-Ehegatten gegeben werden, sind Pensionsrückstellungen zu bilden, wenn

1. eine ernstlich gewollte, klar und eindeutig vereinbarte Verpflichtung vorliegt,
2. die Zusage dem Grunde nach angemessen ist und
3. der Arbeitgeber-Ehegatte auch tatsächlich mit der Inanspruchnahme aus der gegebenen Pensionszusage rechnen muss.

(→BMF vom 4.9.1984 – BStBl I S. 495 und vom 9.1.1986 – BStBl I S. 7).

Arbeitnehmer-Ehegatten

Pensionszusagen zwischen Ehegatten, die im Rahmen von steuerlich anzuerkennenden Arbeitsverhältnissen (→R 4.8) erteilt werden, sind auch steuerlich zu beachten und berechtigen zur Bildung von Pensionsrückstellungen (→BVerfG vom 22.7.1970 – BStBl II S. 652).

Fremdvergleich

Eine betriebliche Veranlassung einer Pensionszusage an einen Arbeitnehmer, der naher Angehöriger des Arbeitgebers ist, ist nicht allein deshalb zu verneinen, weil keine fremden Arbeitnehmer mit vergleichbaren Tätigkeitsmerkmalen im Betrieb beschäftigt werden und auch bei anderen Betrieben gleicher Größenordnung keine vergleichbaren Beschäftigungsverhältnisse ermittelt werden können.

Maßgebend ist eine Gesamtwürdigung aller Umstände des konkreten Einzelfalls (→BFH vom 18.12.2001 – BStBl 2002 II S. 353).

Rückdeckungsversicherung

Prämienzahlungen für eine Rückdeckungsversicherung einer Pensionszusage an den Arbeitnehmer-Ehegatten können als Betriebsausgaben behandelt werden, wenn auch die Pensionszusage als rückstellungsfähig anerkannt werden kann (→BMF vom 4.9.1984 – BStBl I S. 495).

Verpflichtungsumfang

Für die Bildung der Pensionsrückstellung bei Pensionszusagen zwischen Ehegatten in Einzelunternehmen kommt nur eine Zusage auf Alters-, Invaliden- und Waisenrente in Betracht (→BMF vom 4.9.1984 – BStBl I S. 495).

Witwen-/Witwerversorgung

Eine Zusage auf Witwen- oder Witwerversorgung ist im Rahmen von Ehegatten-Pensionszusagen in Einzelunternehmen nicht rückstellungsfähig, da hier bei Eintritt des Versorgungsfalls Anspruch und Verpflichtung in einer Person zusammenfallen (→BMF vom 4.9.1984 – BStBl I S. 495); dies gilt auch dann, wenn in der Zusage vereinbart ist, dass sie durch eine mögliche Eheschließung oder Betriebsveräußerung nicht berührt wird.

Hinweis 6a (10)

Betriebsübergang

Für die Anwendung des § 613a BGB ist entscheidend, ob das im Zeitpunkt des Betriebsübergangs bestehende Dienstverhältnis als Arbeitsverhältnis anzusehen ist (→BFH vom 10.8.1994 – BStBl 1995 II S. 250).

Rechnungsgrundlagen

Zur Anerkennung unternehmensspezifischer und modifizierter biometrischer Rechnungs-grundlagen bei der Bewertung der Pensionsverpflichtungen nach § 6a EStG →BMF vom 9.12.2011 (BStBl I S. 1247).

Richttafeln 2005 G

→BMF vom 16.12.2005 (BStBl I S. 1054).

Tatsächlicher Dienstantritt

Bei der Ermittlung des Diensteintrittsalters ist – unabhängig vom Bestehen eines Rumpf-wirtschaftsjahres – auf den Beginn des Kalenderjahres des Diensteintritts abzustellen (→BFH vom 21.8.2007 – BStBl 2008 II S. 513). Als Beginn des Dienstverhältnisses ist grundsätzlich der tatsächliche Dienstantritt im Rahmen des bestehenden Dienstverhält-nisses anzusehen (→BFH vom 25.5.1988 – BStBl II S. 720); das Dienstverhältnis wird nicht unterbrochen, wenn der Stpfl. auf Grund gesetzlicher Vorschriften in die Pflichten des Dienstverhältnisses eintritt (z. B. § 613a BGB).

Verpflichtungsübernahmen, Schuldbeitritte und Erfüllungsübernahmen

BMF vom 30.11.2017 (BStBl I S. 1619)

Vordienstzeiten

Zur Berücksichtigung von vertraglichen Vordienstzeiten →BMF vom 22.12.1997 (BStBl I S. 1020) und →BFH vom 7.2.2002 (BStBl 2005 II S. 88).

Hinweis 6a (11)

Betriebliche Teilrenten

→BMF vom 25.4.1995 (BStBl I S. 250)

Pensionsalter

Zum maßgebenden Pensionsalter bei der Bewertung von Versorgungszusage
→BMF vom 9.12.2016 (BStBl I S. 1427)

Hinweis 6a (12)

Übertragung von Pensionszusagen auf Pensionsfonds

Zur Übertragung von Versorgungsverpflichtungen und Versorgungsanwartschaften auf Pensionsfonds nach § 4e Abs. 3 EStG i. V. m. § 3 Nr. 66 EStG →BMF vom 26.10.2006 (BStBl I S. 709) und vom 10.7.2015 (BStBl I S. 544).

Hinweis 6a (14)

Näherungsverfahren

Zur Berücksichtigung von Renten aus der gesetzlichen Rentenversicherung →BMF vom 15.3.2007 (BStBl I S. 290) und vom 5.5.2008 (BStBl I S. 570).

Hinweis 6a (15)

Überschneidung

Die Bildung von Pensionsrückstellungen und Zuwendungen an Pensions- und Unterstüt-zungskassen schließen sich gegenseitig aus (→BFH vom 22.1.1958 – BStBl III S. 186).

Hinweis 6a (17)

Mehrjährige Gehaltssteigerung (Beispiel):

Ein Arbeitnehmer hat eine Pensionszusage in Höhe von 10 % des letzten vor Eintritt des Versorgungsfalls bezogenen Gehalts. Am 10.12.01 wird rechtsverbindlich vereinbart, dass sich das derzeitige Gehalt von 3.000 EUR mit Wirkung vom 1.4.02 auf 3.150 EUR und mit Wirkung vom 1.2.03 auf 3.250 EUR erhöht. Die dadurch vereinbarten Erhöhungen des Pensionsanspruchs von 15 EUR monatlich zum 1.4.02 und von 10 EUR monatlich zum 1.2.03 sind bereits bei der Rückstellungsberechnung zum 31.12.01 zu berücksichtigen.

Steigerungen der Versorgungsansprüche

Fest zugesagte prozentuale Rentenerhöhungen sind bei der Bewertung der Pensionsrückstellung zu berücksichtigen (→BFH vom 17.5.1995 – BStBl 1996 II S. 423); Entsprechendes gilt für zugesagte prozentuale Steigerungen der Rentenanwartschaft (→BFH vom 25.10.1995 – BStBl 1996 II S. 403).

Mögliche künftige Anpassungen nach § 16 Abs. 1 Betriebsrentengesetz sind nicht rückstellungsfähig (→BFH vom 6.12.1995 – BStBl 1996 II S. 406).

Überversorgung

Zur bilanzsteuerrechtlichen Berücksichtigung von überdurchschnittlich hohen Versorgungsanwartschaften (Überversorgung) →BMF vom 3.11.2004 (BStBl I S. 1045) und vom 13.12.2012 (BStBl 2013 I S. 35).

Wird eine Versorgungszusage trotz dauerhaft reduzierter Aktivbezüge nicht ihrerseits vermindert, liegt eine Überversorgung vor, die zu einer Kürzung der Pensionsrückstellung nach § 6a EStG führt (→BFH vom 27.3.2012 – BStBl II S. 665).

Wertpapiergebundene Pensionszusagen

Pensionsrückstellungen können nur insoweit gebildet werden, als der Versorgungsanspruch auf die garantierte Mindestleistung entfällt. Zusätzliche Leistungen, die vom Wert bestimmter Wertpapiere (z. B. Fondsanteile, Aktien) zu einem festgelegten künftigen Zeitpunkt (z. B. Eintritt des Versorgungsfalles) abhängen, sind nicht zu berücksichtigen (→BMF vom 17.12.2002 – BStBl I S. 1397).

Hinweis 6a (19)

Ablösung der Rente

Bei der Bewertung einer Pensionsverpflichtung kann eine Ablösungsvereinbarung erst berücksichtigt werden, wenn sie feststeht (→BFH vom 7.4.1994 – BStBl II S. 740).

Hinweis 6a (20)

Nachholverbot

Das Nachholverbot gilt nicht, wenn am Schluss des vorangegangenen Wirtschaftsjahres eine Pensionsverpflichtung bestand, für die in der Vorjahresbilanz keine Rückstellung gebildet werden konnte. Entsprechendes gilt, wenn zwar in der Vorjahresbilanz eine Pensionsrückstellung gebildet werden, diese aber nur einen Teil der bestehenden Verpflichtung abdecken durfte (→BFH vom 8.10.2008 – BStBl 2010 I S. 186).

Ist eine Rückstellung nicht gebildet worden, weil ihr die BFH-Rechtsprechung entgegenstand, so führt die Aufgabe dieser Rechtsprechung nicht dazu, dass für die Zeit bis zur

Aufgabe dieser Rechtsprechung das Nachholverbot des § 6a Abs. 4 EStG gilt. Die Rückstellung kann spätestens in dem Jahr, in dem die Rechtsprechung aufgegeben wird, in vollem Umfang nachgeholt werden (→BFH vom 7.4.1994 – BStBl II S. 740).

Das Nachholverbot ist auch bei Pensionsrückstellungen anzuwenden, die in einem vorangegangenen Wirtschaftsjahr auf Grund einer zulässigen Bewertungsmethode niedriger als möglich bewertet worden sind (→BFH vom 10.7.2002 – BStBl 2003 II S. 936).

Beruht der fehlende oder fehlerhafte Ansatz einer Pensionsrückstellung auf einen Rechtsirrtum, ist das Nachholverbot anzuwenden. Das gilt unabhängig davon, ob nach den Umständen des jeweiligen Einzelfalles eine willkürliche Gewinnverschiebung anzunehmen ist (→BMF vom 11.12.2003 – BStBl I S. 746).

Wurde infolge eines Berechnungsfehlers eine Pensionsrückstellung in einer früheren Bilanz mit einem Wert angesetzt, der unterhalb des Teilwerts liegt, greift das Nachholverbot (→BFH vom 14.1.2009 – BStBl II S. 457).

Das Nachholverbot geht dem Grundsatz des formellen Bilanzzusammenhangs vor (→BFH vom 13.2.2008 – BStBl II S. 673).

Hinweis 6a (23)

Begriff der Rückdeckungsversicherung

Eine Rückdeckungsversicherung liegt vor, wenn

- dem Arbeitnehmer ausreichend bestimmt eine Versorgung aus den Mitteln des Arbeitgebers zugesagt ist,
- zur Gewährleistung der Mittel für die Ausführung dieser Versorgung eine Sicherung geschaffen ist,
- die Sicherung nicht zusätzlich den Belangen des Arbeitnehmers dient, sondern alleine oder überwiegend den Belangen des Arbeitgebers zu dienen bestimmt ist.

Das ist gewährleistet, wenn der Arbeitgeber Versicherungsnehmer, alleiniger Prämienzahler und Bezugsberechtigter auf die Versicherungsleistungen ist (→BFH vom 28.6.2001 – BStBl 2002 II S. 724).

Getrennte Bilanzierung

Der Rückdeckungsanspruch einerseits und die Pensionsverpflichtung andererseits stellen unabhängig voneinander zu bilanzierende Wirtschaftsgüter dar (→BFH vom 25.2.2004 – BStBl II S. 654). Eine Saldierung des Rückdeckungsanspruches mit der Pensionsrückstellung ist auch dann nicht zulässig, wenn eine solche nicht passiviert werden muss, weil es sich um eine Altzusage (→R 6a Abs. 1 Satz 3) handelt (→BFH vom 28.6.2001 – BStBl 2002 II S. 724). Auch bei Rückdeckung in voller Höhe (kongruente Rückdeckung) ist eine Saldierung nicht zulässig (→BFH vom 25.2.2004 – BStBl II S. 654).

Rückdeckungsanspruch

Ansprüche aus der Rückdeckung von Pensionsverpflichtungen sind als Forderungen grundsätzlich mit ihren Anschaffungskosten anzusetzen. Das sind die bis zum jeweiligen Bilanzstichtag vom Versicherungsnehmer unmittelbar aufgewendeten Sparanteile der Versicherungsprämien (Sparbeiträge) zzgl. der Zinsansprüche sowie der Guthaben aus Überschussbeteiligungen. Hierfür ist das vom Versicherer jeweils nachgewiesene Deckungskapital (Deckungsrückstellung) die Bewertungsgrundlage und der Bewertungsmaßstab. Hierzu gehören alle aus dem Versicherungsvertragsverhältnis resultierenden Ansprüche gegen den Versicherer (z. B. Guthaben aus Überschussbeteiligungen, verzinslichen Ansammlungen, Anwartschaft auf Hinterbliebenenleistungen usw.). Eine Begrenzung des Bilanzansatzes auf den Betrag der passivierten Pensionsrückstellung ist nicht zulässig (→BFH vom 25.2.2004 – BStBl II S. 654).

Der Anspruch aus der Rückdeckung einer Zusage auf Hinterbliebenenversorgung ist mit dem vom Versicherer nachgewiesenen Deckungskapital (Deckungsrückstellung) zu aktivieren (→BFH vom 9.8.2006 – BStBl II S. 762). Der Anspruch aus einer Kapitallebensversicherung, die mit einer Berufsunfähigkeits-Zusatzversicherung kombiniert ist, ist auch nach Eintritt der Berufsunfähigkeit als ein einheitliches Wirtschaftsgut zu aktivieren und mit dem Rechnungszinssatz zu bemessen, den der Versicherer für die Berechnung der Deckungsrückstellung für die Lebensversicherung verwendet hat (→BFH vom 10.6.2009 – BStBl 2010 II S. 32).

Teilwertabschreibung

Eine Teilwertabschreibung von Ansprüchen aus der Rückdeckung von Pensionsverpflichtungen kommt nur in Betracht, wenn besondere Anhaltspunkte vorliegen, die den Abschluss der Rückdeckungsversicherung als geschäftliche Fehlmaßnahme erscheinen lassen. Die Tatsache, dass der Rückkaufswert einer Versicherung das angesammelte Deckungskapital regelmäßig unterschreitet, rechtfertigt keine Teilwertabschreibung auf diesen Wert, solange der Rückkauf nicht beabsichtigt ist oder wenn der Rückkauf mit Rentenbeginn ausgeschlossen ist (→BFH vom 25.2.2004 – BStBl II S. 654).

Vereinfachungsregelung

Wegen einer Vereinfachungsregelung bei der Aktivierung des Rückdeckungsanspruches →BMF vom 30.06.1975 (BStBl I S. 716), A IV Abs. 25.

2.6 Maßgebendes Pensionsalter bei der Bewertung von Versorgungszusagen, Urteile des Bundesfinanzhofes (BFH) vom 11.09.2013 (BStBl 2016 II, S. 1008) und des Bundesarbeitsgerichtes (BAG) vom 15.05.2012 – 3 AZR 11/10 – und vom 13.01.2015 – 3 AZR 897/12 (BMF, 09.12.2016)

BMF-Schreiben vom 09. Dezember 2016 – IV C 6 – S 2176/07/10004 :003 – 2016/1112009

Der Bundesfinanzhof (BFH) und das Bundesarbeitsgericht (BAG) haben in drei Urteilen zu dem bei Versorgungszusagen maßgebenden Pensionsalter entschieden. Zu diesen Entscheidungen nehme ich nach Abstimmung mit den obersten Finanzbehörden der Länder wie folgt Stellung:

I. Maßgebendes Pensionsalter

1 Bei der bilanzsteuerrechtlichen Bewertung von Pensionszusagen nach § 6a Einkommensteuergesetz (EStG) ist grundsätzlich das Pensionsalter maßgebend, das in der jeweiligen Versorgungszusage festgeschrieben wurde; Änderungen erfordern eine schriftliche Anpassung der Pensionszusage (§ 6a Abs. 1 Nr. 3 EStG).

2 Wird in der Pensionszusage ausschließlich auf die Regelaltersgrenze in der gesetzlichen Rentenversicherung Bezug genommen (keine Angabe des Pensionsalters), ist als Pensionsalter die gesetzliche Regelaltersgrenze der Rückstellungsbewertung zugrunde zu legen, die am Bilanzstichtag für den Eintritt des Versorgungsfalles maßgebend ist; das

BMF-Schreiben vom 5. Mai 2008 (BStBl I S. 569) zur Anhebung der Altersgrenzen der gesetzlichen Rentenversicherung durch das RV-Altersgrenzenanpassungsgesetz vom 20. April 2007 ist weiterhin anzuwenden.

II. BFH-Urteil vom 11. September 2013 (BStBl 2016 II S. 1008) zur Bewertung von Pensionsverpflichtungen gegenüber Gesellschafter-Geschäftsführern

Der BFH hat mit Urteil vom 11. September 2013 (a. a. O.) entschieden, dass nach dem eindeutigen Wortlaut des § 6a EStG bei der Bewertung von Pensionsverpflichtungen hinsichtlich des Pensionsalters ausschließlich auf den in der Pensionszusage vorgesehenen Zeitpunkt des Eintritts des Versorgungsfalles abzustellen ist. Maßgebend seien dabei die Verhältnisse zum Zeitpunkt der Zusageerteilung. Abweichend von R 6a Abs. 8 EStR schreibe das Gesetz auch bei Versorgungszusagen gegenüber beherrschenden Gesellschafter-Geschäftsführern kein Mindestpensionsalter vor.   2

Die Grundsätze dieses BFH-Urteils sind über den entschiedenen Einzelfall hinaus in allen noch offenen vergleichbaren Fällen anzuwenden.   4

1. Pensionsrückstellungen nach § 6a EStG

R 6a Abs. 8 Satz 1 letzter Teilsatz und Satz 5 EStR zum Mindestpensionsalter bei der Bildung von Pensionsrückstellungen für beherrschende Gesellschafter-Geschäftsführer sind nicht weiter anzuwenden; das BMF-Schreiben vom 3. Juli 2009 (BStBl I S. 712) zur erstmaligen Anwendung von R 6a Abs. 8 EStR i. d. F. der Einkommensteuer-Änderungsrichtlinien 2008 (EStÄR 2008) wird aufgehoben. Abweichend von R 6a Abs. 8 Satz 4 EStR ist R 6a Abs. 11 Satz 1 EStR (grundsätzliche Zugrundelegung des vertraglich vereinbarten Pensionsalters) nunmehr anzuwenden. Es ist grundsätzlich zu unterstellen, dass die Jahresbeträge nach § 6a Abs. 3 Satz 2 Nr. 1 Satz 3 EStG vom Beginn des Dienstverhältnisses bis zur vertraglich vorgesehenen Altersgrenze aufzubringen sind. Das sog. zweite Wahlrecht nach R 6a Abs. 11 Satz 3 EStR kann nicht in Anspruch genommen werden.   5

In den Fällen, in denen bislang aufgrund des Mindestalters nach R 6a Abs. 8 EStR der vertraglich vereinbarte frühere Pensionsbeginn nicht berücksichtigt wurde, kann von einem späteren Pensionseintritt ausgegangen werden, sofern mit einer Beschäftigung des Berechtigten bis zu diesem Alter gerechnet werden kann (analoge Anwendung des sog. ersten Wahlrechtes, R 6a Abs. 11 Satz 2 EStR). Dieses einmalige Wahlrecht ist spätestens in der Bilanz des Wirtschaftsjahres auszuüben, das nach dem 9. Dezember 2016 beginnt.   6

2. Verdeckte Gewinnausschüttungen (vGA) bei Pensionszusagen an Gesellschafter-Geschäftsführer von Kapitalgesellschaften

Ist die Pensionsrückstellung dem Grunde und der Höhe nach zutreffend bilanziert, ist bei Zusagen an Gesellschafter-Geschäftsführer von Kapitalgesellschaften im zweiten Schritt zu prüfen, ob und inwieweit die Gewinnminderung aufgrund der Pensionsverpflichtung eine vGA darstellt.   7

Bei Neuzusagen nach dem 9. Dezember 2016 ist bei einer vertraglichen Altersgrenze von weniger als 62 Jahren davon auszugehen, dass keine ernsthafte Vereinbarung vorliegt (vGA dem Grunde nach). Zuführungen zur Pensionsrückstellung sind in voller Höhe vGA.   8

Bei zum 9. Dezember 2016 bereits bestehenden Zusagen gilt die R 38 Satz 8 KStR 2004 (Altersgrenze von 60 Jahren) weiter.

9 Bei beherrschenden Gesellschafter-Geschäftsführern ist bei Neuzusagen nach dem 9. Dezember 2016 grundsätzlich davon auszugehen, dass eine Pensionszusage insoweit unangemessen ist, als eine geringere vertragliche Altersgrenze als 67 Jahre vereinbart wird (vGA der Höhe nach). Zuführungen zur Pensionsrückstellung sind dann insoweit vGA, als diese nicht auf das 67. Lebensjahr, sondern auf das vertraglich vereinbarte geringere Pensionsalter berechnet werden. Den Steuerpflichtigen bleibt es aber unbenommen, die Fremdüblichkeit eines niedrigeren Pensionsalters darzulegen.

Bei zum 9. Dezember 2016 bereits bestehenden Zusagen wird es nicht beanstandet, wenn eine vertragliche Altersgrenze von mindestens 65 Jahren vereinbart wurde (BFH-Urteile vom 11. September 2013 (a. a. O.); vom 23. Januar 1991, I R 113/88, BStBl II S. 379; vom 28. April 1982, I R 51/76, BStBl II S. 612 und vom 23. Januar 1980, I R 12/77, BStBl II S. 304) oder nachträglich spätestens bis zum Ende des Wirtschaftsjahres vereinbart wird, das nach dem 9. Dezember 2016 beginnt. Ist eine vertragliche Altersgrenze von weniger als 65 Jahren vereinbart, gelten die Sätze 1 und 2 dieser Randnummer mit der Maßgabe entsprechend, dass für die Berechnung der vGA statt auf das 67. Lebensjahr auf das 65. Lebensjahr abzustellen ist.

10 Bei Neuzusagen nach dem 9. Dezember 2016 an beherrschende Gesellschafter-Geschäftsführer mit Behinderung im Sinne des § 2 Abs. 2 SGB IX ist es abweichend von Randnummer 9 nicht zu beanstanden, wenn eine vertragliche Altersgrenze von mindestens 62 Jahren zugrunde gelegt wird. Bei zum 9. Dezember 2016 bereits bestehenden Zusagen ist es nicht zu beanstanden, wenn eine vertragliche Altersgrenze von mindestens 60 Jahren zugrunde gelegt wird (R 38 Satz 7 KStR 2004).

11 Für die Frage, ob eine vGA vorliegt, ist grundsätzlich auf die Verhältnisse bei Erteilung der Zusage abzustellen (u. a. BFH-Urteil vom 31. März 2004, I R 65/03, BStBl II 2005 S. 664). Ein Statuswechsel vom nicht beherrschenden zum beherrschenden Gesellschafter begründet für sich alleine regelmäßig noch keinen Anlass zur Prüfung, ob das in der Zusage vereinbarte Pensionsalter durch das Gesellschaftsverhältnis veranlasst ist. Dies gilt jedoch nicht, wenn weitere Anhaltspunkte für eine mögliche Veranlassung durch das Gesellschaftsverhältnis hinzutreten (z. B. eine zeitliche Nähe von Erteilung der Zusage und Erwerb der beherrschenden Stellung). Wird die Zusage wesentlich geändert, ist stets auch im Hinblick auf das vereinbarte Pensionsalter erneut zu prüfen, ob die Pensionszusage durch das Gesellschaftsverhältnis veranlasst ist.

III. Auswirkungen der BAG-Urteile vom 15. Mai 2012 – 3 AZR 11/10 – und 13. Januar 2015 – 3 AZR 897/12 – auf Zusagen über Unterstützungskassen (§ 4d EStG) und unmittelbare Pensionszusagen (§ 6a EStG)

12 Nach den BAG-Urteilen vom 15. Mai 2012 – 3 AZR 11/10 – und vom 13. Januar 2015 – 3 AZR 897/12 – zu Gesamtversorgungssystemen ist die Bezugnahme auf die Vollendung des 65. Lebensjahres in einer vor dem Inkrafttreten des RV-Altersgrenzenanpassungsgesetzes vom 20. April 2007 (BGBl. I S. 554) entstandenen Versorgungsordnung regelmäßig dahingehend auszulegen, dass damit auf die Regelaltersgrenze in der gesetzlichen Rentenversicherung Bezug genommen wird.

Auch bei von der BAG-Rechtsprechung betroffenen Gesamtversorgungszusagen bleibt 13
bilanzsteuerrechtlich das schriftlich fixierte Pensionseintrittsalter maßgebend.

Soll aufgrund der BAG-Entscheidungen das bislang schriftlich vereinbarte Pensionsalter 14
geändert werden, ist diese Anpassung nach den allgemeinen Grundsätzen durch eine
schriftliche Änderung der betroffenen Zusagen zu dokumentieren (Schriftformerfordernis
gemäß § 4d Abs. 1 Satz 1 Nr. 1 Satz 1 Buchstabe b Satz 2 und 5 EStG bei Leistungsanwärtern sowie § 6a Abs. 1 Nr. 3 EStG bei Pensionszusagen); bei mit unverfallbaren Anwartschaften ausgeschiedenen Versorgungsberechtigten reicht eine betriebs-
öffentliche schriftliche Erklärung des Versorgungsverpflichteten aus (z. B. Veröffentlichung
im Bundesanzeiger, Aushang am „schwarzen Brett"). Es ist bilanzsteuerrechtlich nicht zu
beanstanden, wenn die betreffenden Versorgungszusagen spätestens bis zum Ende
des Wirtschaftsjahres angepasst werden, das nach dem 9. Dezember 2016 beginnt
(Übergangsfrist). Nach Ablauf der Übergangsfrist nicht nach den oben genannten
Grundsätzen angepasste Versorgungszusagen können aufgrund der o. g. Regelungen in
§ 4d und § 6a EStG mangels hinreichender Schriftform bilanzsteuerrechtlich nicht mehr
berücksichtigt werden; in der Steuerbilanz insoweit passivierte Pensionsrückstellungen
sind gewinnerhöhend aufzulösen. Dieses Schreiben wird im Bundessteuerblatt Teil I
veröffentlicht. Es steht auf den Internet-Seiten des Bundesministeriums der Finanzen
unter der Rubrik Steuern – Veröffentlichungen zu Steuerarten – Einkommensteuer – zur
Ansicht und zum Abruf bereit.

2.7 Steuerliche Förderung der betrieblichen Altersversorgung (BMF, 06.12.2017)

BMF-Schreiben vom 6. Dezember 2017 – IV C 5 – S 2333/17/10002

– Auszug –

Vor dem Hintergrund der Änderungen durch das Gesetz zur Stärkung der betrieblichen
Altersversorgung und zur Änderung anderer Gesetze (Betriebsrentenstärkungsgesetz)
vom 17. August 2017 (BGBl. I S. 3214, BStBl I S. 1278) nehme ich im Einvernehmen mit
den obersten Finanzbehörden der Länder zur steuerlichen Förderung der betrieblichen
Altersversorgung wie folgt Stellung:

I. Allgemeines

Betriebliche Altersversorgung liegt vor, wenn dem Arbeitnehmer aus Anlass seines 1
Arbeitsverhältnisses vom Arbeitgeber Leistungen **oder Beiträge** zur Absicherung
mindestens eines biometrischen Risikos (Alter, Tod, Invalidität) zugesagt werden und
Ansprüche auf diese Leistungen erst mit dem Eintritt des biologischen Ereignisses fällig
werden (§ 1 **des Betriebsrentengesetzes** – BetrAVG). Werden mehrere biometrische
Risiken abgesichert, ist aus steuerrechtlicher Sicht die gesamte Vereinbarung/Zusage
nur dann als betriebliche Altersversorgung anzuerkennen, wenn für alle Risiken die Vorgaben der Rz. 1 bis 7 beachtet werden. Keine betriebliche Altersversorgung in diesem
Sinne liegt vor, wenn vereinbart ist, dass ohne Eintritt eines biometrischen Risikos die
Auszahlung an beliebige Dritte (z. B. die Erben) erfolgt. Dies gilt für alle Auszahlungsformen (z. B. lebenslange Rente, Auszahlungsplan mit Restkapitalverrentung, Einmalkapitalauszahlung und ratenweise Auszahlung). Als Durchführungswege der betrieblichen

Altersversorgung kommen die Direktzusage (§ 1 Abs. 1 Satz 2 BetrAVG), die Unterstützungskasse (§ 1b Abs. 4 BetrAVG), die Direktversicherung (§ 1b Abs. 2 BetrAVG), die Pensionskasse (§ 1b Abs. 3 BetrAVG, **§ 232 des Versicherungsaufsichtsgesetzes – VAG**) oder der Pensionsfonds (§ 1b Abs. 3 BetrAVG, **§ 236 VAG**) in Betracht.

2   Nicht um betriebliche Altersversorgung handelt es sich, wenn der Arbeitgeber oder eine Versorgungseinrichtung dem nicht bei ihm beschäftigten Ehegatten eines Arbeitnehmers eigene Versorgungsleistungen zur Absicherung seiner biometrischen Risiken (Alter, Tod, Invalidität) verspricht, da hier keine Versorgungszusage aus Anlass eines Arbeitsverhältnisses zwischen dem Arbeitgeber und dem Ehegatten vorliegt (§ 1 BetrAVG).

3   Das biologische Ereignis ist bei der Altersversorgung das altersbedingte Ausscheiden aus dem Erwerbsleben, bei der Hinterbliebenenversorgung der Tod des Arbeitnehmers und bei der Invaliditätsversorgung der Invaliditätseintritt, **ohne dass es auf den Invaliditätsgrad ankommt.** Als Untergrenze für betriebliche Altersversorgungsleistungen bei altersbedingtem Ausscheiden aus dem Erwerbsleben gilt im Regelfall das 60. Lebensjahr. In Ausnahmefällen können betriebliche Altersversorgungsleistungen auch schon vor dem 60. Lebensjahr gewährt werden, so z. B. bei Berufsgruppen wie Piloten, bei denen schon vor dem 60. Lebensjahr Versorgungsleistungen üblich sind. Ob solche Ausnahmefälle (berufsspezifische Besonderheiten) vorliegen, ergibt sich aus Gesetz, Tarifvertrag oder Betriebsvereinbarung. Erreicht der Arbeitnehmer im Zeitpunkt der Auszahlung das 60. Lebensjahr, hat aber seine berufliche Tätigkeit noch nicht beendet, so ist dies bei den Durchführungswegen Direktversicherung, Pensionskasse und Pensionsfonds unschädlich. **Zur bilanzsteuerrechtlichen Berücksichtigung von Versorgungsleistungen, die ohne die Voraussetzung des Ausscheidens aus dem Dienstverhältnis gewährt werden, siehe BMF-Schreiben vom 18. September 2017 (BStBl I S. 1293).** Für Versorgungszusagen, die nach dem 31. Dezember 2011 erteilt werden, tritt an die Stelle des 60. Lebensjahres regelmäßig das 62. Lebensjahr (siehe auch BT-Drucksache 16/3794 vom 12. Dezember 2006, S. 31 unter „IV. Zusätzliche Altersvorsorge" zum RV-Altersgrenzenanpassungsgesetz vom 20. April 2007, **BGBl. I S. 554). Bei der für die steuerrechtliche Beurteilung maßgeblichen** Frage, zu welchem Zeitpunkt eine Versorgungszusage erteilt wurde, **ist grundsätzlich die zu einem Rechtsanspruch führende arbeitsrechtliche bzw. betriebsrentenrechtliche Verpflichtungserklärung des Arbeitgebers maßgebend (z. B. Einzelvertrag, Betriebsvereinbarung oder Tarifvertrag). Entscheidend ist danach nicht, wann Mittel an die Versorgungseinrichtung fließen. Bei kollektiven, rein arbeitgeberfinanzierten Versorgungsregelungen ist die Zusage daher in der Regel mit Abschluss der Versorgungsregelung bzw. mit Beginn des Dienstverhältnisses des Arbeitnehmers erteilt. Ist die erste Dotierung durch den Arbeitgeber erst nach Ablauf einer von vornherein arbeitsrechtlich festgelegten Wartezeit vorgesehen, so wird der Zusagezeitpunkt dadurch nicht verändert. Im Fall der ganz oder teilweise durch Entgeltumwandlung finanzierten Zusage gilt diese regelmäßig mit Abschluss der erstmaligen Gehaltsänderungsvereinbarung (vgl. auch Rz. 9 ff.) als erteilt. Liegen zwischen der Gehaltsänderungsvereinbarung und der erstmaligen Herabsetzung des Arbeitslohns mehr als 12 Monate, gilt die Versorgungszusage erst im Zeitpunkt der erstmaligen Herabsetzung als erteilt.**

4   Eine Hinterbliebenenversorgung im steuerlichen Sinne darf nur Leistungen an die Witwe/**den Witwer der Arbeitnehmerin**/des Arbeitnehmers, die Kinder im Sinne des

§ 32 Abs. 3, 4 Satz 1 Nr. 1 bis 3 und Abs. 5 EStG, den früheren Ehegatten oder die Lebensgefährtin/den Lebensgefährten vorsehen. Der Arbeitgeber hat bei Erteilung oder Änderung der Versorgungszusage zu prüfen, ob die Versorgungsvereinbarung insoweit generell diese Voraussetzungen erfüllt; ob im Einzelfall Hinterbliebene in diesem Sinne vorhanden sind, ist letztlich vom Arbeitgeber/Versorgungsträger erst im Zeitpunkt der Auszahlung der Hinterbliebenenleistung zu prüfen. Als Kind kann auch ein im Haushalt des Arbeitnehmers auf Dauer aufgenommenes Kind begünstigt werden, welches in einem Obhuts- und Pflegeverhältnis zu ihm steht und nicht die Voraussetzungen des § 32 EStG zu ihm erfüllt (Pflegekind/Stiefkind und faktisches Stiefkind). Dabei ist es – anders als bei der Gewährung von staatlichen Leistungen – unerheblich, ob noch ein Obhuts- und Pflegeverhältnis zu einem leiblichen Elternteil des Kindes besteht, der ggf. ebenfalls im Haushalt des Arbeitnehmers lebt. Es muss jedoch spätestens zu Beginn der Auszahlungsphase der Hinterbliebenenleistung eine schriftliche Versicherung des Arbeitnehmers vorliegen, in der, neben der geforderten namentlichen Benennung des Pflegekindes/Stiefkindes und faktischen Stiefkindes, bestätigt wird, dass ein entsprechendes Kindschaftsverhältnis besteht. Entsprechendes gilt, wenn ein Enkelkind auf Dauer im Haushalt der Großeltern aufgenommen und versorgt wird. Bei Versorgungszusagen, die vor dem 1. Januar 2007 erteilt wurden, sind für das Vorliegen einer begünstigten Hinterbliebenenversorgung die Altersgrenzen des § 32 EStG in der bis zum 31. Dezember 2006 geltenden Fassung (27. Lebensjahr) maßgebend. Der Begriff des/der Lebensgefährten/in ist als Oberbegriff zu verstehen, der auch die gleichgeschlechtliche Lebenspartnerschaft mit erfasst. Ob eine gleichgeschlechtliche Lebenspartnerschaft eingetragen wurde oder nicht, ist dabei zunächst unerheblich. Für Partner einer eingetragenen Lebenspartnerschaft besteht allerdings die Besonderheit, dass sie einander nach § 5 Lebenspartnerschaftsgesetz zum Unterhalt verpflichtet sind. Insoweit liegt eine mit der zivilrechtlichen Ehe vergleichbare Partnerschaft vor. Handelt es sich dagegen um eine andere Form der nicht ehelichen Lebensgemeinschaft, muss anhand der im BMF-Schreiben vom 25. Juli 2002 (BStBl I S. 706) genannten Voraussetzungen geprüft werden, ob diese als Hinterbliebenenversorgung anerkannt werden kann. Ausreichend ist dabei regelmäßig, dass spätestens zu Beginn der Auszahlungsphase der Hinterbliebenenleistung **eine Versicherung** des Arbeitnehmers **in Textform** vorliegt, in der neben der geforderten namentlichen Benennung des/der Lebensgefährten/in bestätigt wird, dass eine gemeinsame Haushaltsführung besteht.

Die Möglichkeit, andere als die in Rz. **4** genannten Personen als Begünstigte für den 5 Fall des Todes des Arbeitnehmers zu benennen, führt steuerrechtlich dazu, dass es sich nicht mehr um eine Hinterbliebenenversorgung handelt, sondern von einer Vererblichkeit der Anwartschaften auszugehen ist. Gleiches gilt, wenn z. B. bei einer vereinbarten Rentengarantiezeit die Auszahlung auch an andere als die in Rz. **4** genannten Personen möglich ist. Ist die Auszahlung der garantierten Leistungen nach dem Tod des Berechtigten hingegen ausschließlich an Hinterbliebene im engeren Sinne (Rz. 4) möglich, ist eine vereinbarte Rentengarantiezeit ausnahmsweise unschädlich. Ein Wahlrecht des Arbeitnehmers zur Einmal- oder Teilkapitalauszahlung ist in diesem Fall nicht zulässig. Es handelt sich vielmehr nur dann um unschädliche Zahlungen nach dem Tod des Berechtigten, wenn die garantierte Rente in unveränderter Höhe (einschließlich Dynamisierungen) an die versorgungsberechtigten Hinterbliebenen im engeren Sinne weiter gezahlt wird. Dabei ist zu beachten, dass die Zahlungen einerseits durch die garantierte Zeit und andererseits durch das Vorhandensein von entsprechenden Hinterbliebenen begrenzt werden. Die Zusammenfassung von bis zu zwölf Monatsleistungen in einer Auszahlung sowie die gesonderte Auszahlung der zukünftig in der Auszahlungsphase anfallenden Zinsen und Erträge sind dabei unschädlich. Im Fall **der Witwe/des Witwers** oder der Lebensgefährtin/des Lebensgefährten wird dabei nicht beanstandet, wenn anstelle der Zahlung der garantierten Rentenleistung in unveränderter Höhe das im Zeitpunkt des Todes des Berechtigten noch vorhandene „Restkapital" ausnahmsweise lebenslang verrentet wird. Die Möglichkeit, ein einmaliges angemessenes Sterbegeld an andere Personen als die in Rz. **4** genannten Hinterbliebenen auszuzahlen, führt nicht zur Versagung der Anerkennung als betriebliche Altersversorgung; bei Auszahlung ist das Sterbegeld gem. § 19 EStG oder § 22 Nr. 5 EStG zu besteuern (vgl. Rz. **145** ff.). Im Fall der Pauschalbesteuerung von Beiträgen für eine Direktversicherung nach § 40b EStG in der am 31. Dezember 2004 geltenden Fassung (§ 40b EStG a. F.) ist es ebenfalls unschädlich, wenn eine beliebige Person als Bezugsberechtigte für den Fall des Todes des Arbeitnehmers benannt wird. **Zur bilanzsteuerrechtlichen Berücksichtigung von vererblichen Versorgungsanwartschaften und Versorgungsleistungen siehe Rz. 11 des BMF-Schreibens vom 18. September 2017 (BStBl I S. 1293).**

6   Keine betriebliche Altersversorgung liegt vor, wenn zwischen Arbeitnehmer und Arbeitgeber die Vererblichkeit von Anwartschaften vereinbart ist. Auch Vereinbarungen, nach denen Arbeitslohn gutgeschrieben und ohne Abdeckung eines biometrischen Risikos zu einem späteren Zeitpunkt (z. B. bei Ausscheiden aus dem Dienstverhältnis) ggf. mit Wertsteigerung ausgezahlt wird, sind nicht dem Bereich der betrieblichen Altersversorgung zuzuordnen. Gleiches gilt, wenn von vornherein eine Abfindung der Versorgungsanwartschaft, z. B. zu einem bestimmten Zeitpunkt oder bei Vorliegen bestimmter Voraussetzungen, vereinbart ist und dadurch nicht mehr von der Absicherung eines biometrischen Risikos ausgegangen werden kann. Demgegenüber führt allein die Möglichkeit einer Beitragserstattung einschließlich der gutgeschriebenen Erträge bzw. einer entsprechenden Abfindung für den Fall des Ausscheidens aus dem Dienstverhältnis vor Erreichen der gesetzlichen Unverfallbarkeit und/oder für den Fall des Todes vor Ablauf einer arbeitsrechtlich vereinbarten Wartezeit sowie der Abfindung einer Witwenrente/Witwerrente für den Fall der Wiederheirat noch nicht zur Versagung der Anerkennung als betriebliche Altersversorgung. Ebenfalls unschädlich für das Vorliegen von betrieblicher Altersversorgung ist die Abfindung vertraglich unverfallbarer Anwartschaften; dies gilt sowohl bei Beendigung als auch während des bestehenden Arbeitsverhältnisses. Zu den steuerlichen Folgen im Auszahlungsfall siehe Rz. **145** ff.

7   Bei Versorgungszusagen, die vor dem 1. Januar 2005 erteilt **wurden, ist** es nicht zu beanstanden, wenn in den Versorgungsordnungen in Abweichung von **den** Rz. **1** ff. die Möglichkeit einer Elternrente oder der Beitragserstattung einschließlich der gutgeschriebenen Erträge an die in Rz. **4** genannten Personen im Fall des Versterbens vor Erreichen der Altersgrenze und in Abweichung von Rz. **34** lediglich für die zugesagte Altersversorgung, nicht aber für die Hinterbliebenen- oder Invaliditätsversorgung die Auszahlung in Form einer Rente oder eines Auszahlungsplans vorgesehen ist. Dagegen sind Versorgungszusagen, die nach dem 31. Dezember **2004 aufgrund** von Versorgungsordnungen erteilt werden, die die Voraussetzungen dieses Schreibens nicht erfüllen, aus steuerlicher Sicht nicht mehr als betriebliche Altersversorgung anzuerkennen; eine steuerliche Förderung ist hierfür nicht mehr möglich. Im Fall der nach § 40b EStG

a. F. pauschal besteuerten (Alt-)Direktversicherungen gilt nach Rz. **5** weiterhin keine Begrenzung bezüglich des Kreises der Bezugsberechtigten.

II. Lohnsteuerliche Behandlung von Zusagen auf Leistungen der betrieblichen Altersversorgung

1. Allgemeines

Der Zeitpunkt des Zuflusses von Arbeitslohn richtet sich bei einer durch Beiträge des **8** Arbeitgebers (einschließlich Entgeltumwandlung oder anderer Finanzierungsanteile des Arbeitnehmers, vgl. Rz. **26**) finanzierten betrieblichen Altersversorgung nach dem Durchführungsweg der betrieblichen Altersversorgung (vgl. auch R 40b.1 LStR zur Abgrenzung). Bei der Versorgung über eine Direktversicherung, eine Pensionskasse oder einen Pensionsfonds liegt Zufluss von Arbeitslohn im Zeitpunkt der Zahlung der Beiträge durch den Arbeitgeber an die entsprechende Versorgungseinrichtung vor. Erfolgt die Beitragszahlung durch den Arbeitgeber vor „Versicherungsbeginn", liegt ein Zufluss von Arbeitslohn jedoch erst im Zeitpunkt des „Versicherungsbeginns" vor. Die Einbehaltung der Lohnsteuer richtet sich nach § 38a Abs. 1 und 3 EStG (vgl. auch R 39b.2, 39b.5 und 39b.6 LStR). Bei der Versorgung über eine Direktzusage oder Unterstützungskasse fließt der Arbeitslohn erst im Zeitpunkt der Zahlung der Altersversorgungsleistungen an den Arbeitnehmer zu.

2. Entgeltumwandlung zugunsten betrieblicher Altersversorgung

Um durch Entgeltumwandlung finanzierte betriebliche Altersversorgung handelt es **9** sich, wenn Arbeitgeber und Arbeitnehmer vereinbaren, künftige Arbeitslohnansprüche zugunsten einer betrieblichen Altersversorgung herabzusetzen (Umwandlung in eine wertgleiche Anwartschaft auf Versorgungsleistungen – Entgeltumwandlung – § 1 Abs. 2 Nr. 3 BetrAVG).

Davon zu unterscheiden sind die eigenen Beiträge des Arbeitnehmers, zu deren Leistung **10** er aufgrund einer eigenen vertraglichen Vereinbarung mit der Versorgungseinrichtung originär selbst verpflichtet ist. Diese eigenen Beiträge des Arbeitnehmers zur betrieblichen Altersversorgung werden aus dem bereits zugeflossenen und versteuerten Arbeitsentgelt geleistet (vgl. auch Rz. **26**).

Eine Herabsetzung von Arbeitslohnansprüchen zugunsten betrieblicher Altersver- **11** sorgung ist steuerlich als Entgeltumwandlung auch dann anzuerkennen, wenn die in § 1 Abs. 2 Nr. 3 BetrAVG geforderte Wertgleichheit außerhalb versicherungsmathematischer Grundsätze berechnet wird. Entscheidend ist allein, dass die Versorgungsleistung zur Absicherung mindestens eines biometrischen Risikos (Alter, Tod, Invalidität) zugesagt und erst bei Eintritt des biologischen Ereignisses fällig wird.

Die Herabsetzung von Arbeitslohn (laufender Arbeitslohn, Einmal- und Sonderzahlungen) **12** zugunsten der betrieblichen Altersversorgung wird aus Vereinfachungsgründen grundsätzlich auch dann als Entgeltumwandlung steuerlich anerkannt, wenn die Gehaltsänderungsvereinbarung bereits erdiente, aber noch nicht fällig gewordene Anteile umfasst. Dies gilt auch, wenn eine Einmal- oder Sonderzahlung einen Zeitraum von mehr als einem Jahr betrifft.

13 Bei einer Herabsetzung laufenden Arbeitslohns zugunsten einer betrieblichen Altersversorgung hindert es die Annahme einer Entgeltumwandlung nicht, wenn der bisherige ungekürzte Arbeitslohn weiterhin Bemessungsgrundlage für künftige Erhöhungen des Arbeitslohns oder andere Arbeitgeberleistungen (wie z. B. Weihnachtsgeld, Tantieme, Jubiläumszuwendungen, betriebliche Altersversorgung) bleibt, die Gehaltsminderung zeitlich begrenzt oder vereinbart wird, dass der Arbeitnehmer oder der Arbeitgeber sie für künftigen Arbeitslohn einseitig ändern können.

3. Behandlung laufender Zuwendungen und Sonderzahlungen des Arbeitgebers an einen Pensionsfonds, eine Pensionskasse oder für eine Direktversicherung (§ 19 Abs. 1 Satz 1 Nr. 3 EStG)

a) Sonderzahlungen und Sanierungsgelder an umlagefinanzierte Pensionskassen

14 Laufende Zuwendungen sind regelmäßig fortlaufend geleistete Zahlungen des Arbeitgebers für eine betriebliche Altersversorgung an eine Pensionskasse, die nicht im Kapitaldeckungsverfahren, sondern im Umlageverfahren finanziert wird. Hierzu gehören insbesondere Umlagen an die Versorgungsanstalt des Bundes und der Länder – VBL – bzw. an eine kommunale Zusatzversorgungskasse.

15 Sonderzahlungen des Arbeitgebers sind insbesondere Zahlungen, die an die Stelle der bei regulärem Verlauf zu entrichtenden laufenden Zuwendungen treten oder neben laufenden Beiträgen oder Zuwendungen entrichtet werden und zur Finanzierung des nicht kapitalgedeckten Versorgungssystems dienen. Hierzu gehören beispielsweise Zahlungen, die der Arbeitgeber anlässlich seines Ausscheidens aus einem umlagefinanzierten Versorgungssystem, des Wechsels von einem umlagefinanzierten zu einem anderen umlagefinanzierten Versorgungssystem oder der Zusammenlegung zweier nicht kapitalgedeckter Versorgungssysteme zu leisten hat. **Keine Sonderzahlungen des Arbeitgebers sind hingegen Zahlungen, die der Arbeitgeber wirtschaftlich nicht trägt, sondern die mittels Entgeltumwandlung finanziert, als Eigenanteil des Arbeitnehmers oder Ähnliches erbracht werden.**

16 Beispiel zum Wechsel der Zusatzversorgungskasse (ZVK): Die ZVK A wird auf die ZVK B überführt. Der Umlagesatz der ZVK A betrug bis zur Überführung 6 % vom zusatzversorgungspflichtigen Entgelt. Die ZVK B erhebt nur 4 % vom zusatzversorgungspflichtigen Entgelt. Der Arbeitgeber zahlt nach der Überführung auf die ZVK B für seine Arbeitnehmer zusätzlich zu den 4 % Umlage einen festgelegten Betrag, durch den die Differenz bei der Umlagenhöhe (6 % zu 4 % vom zusatzversorgungspflichtigen Entgelt) ausgeglichen wird.

Bei dem Differenzbetrag, den der Arbeitgeber nach der Überführung auf die ZVK B zusätzlich leisten muss, handelt es sich um eine steuerpflichtige Sonderzahlung gem. § 19 Abs. 1 Satz 1 Nr. 3 Satz 2 Halbsatz 2 Buchstabe b EStG, die mit 15 % gem. § 40b Abs. 4 EStG pauschal zu besteuern ist.

17 Zu den nicht zu besteuernden Sanierungsgeldern gehören die Sonderzahlungen des Arbeitgebers, die er anlässlich der Umstellung der Finanzierung des Versorgungssystems von der Umlagefinanzierung auf die Kapitaldeckung für die bis zur Umstellung bereits entstandenen Versorgungsverpflichtungen oder -anwartschaften noch zu leisten hat. Glei-

ches gilt für die Zahlungen, die der Arbeitgeber im Fall der Umstellung auf der Leistungsseite für diese vor Umstellung bereits entstandenen Versorgungsverpflichtungen und -anwartschaften in das Versorgungssystem leistet. **Davon ist z. B. auszugehen, wenn**

- eine deutliche Trennung zwischen bereits entstandenen und neu entstehenden Versorgungsverpflichtungen sowie -anwartschaften sichtbar wird,
- der finanzielle Fehlbedarf zum Zeitpunkt der Umstellung hinsichtlich der bereits entstandenen Versorgungsverpflichtungen sowie -anwartschaften ermittelt wird und – dieser Betrag ausschließlich vom Arbeitgeber als Zuschuss geleistet wird.

▶ **Beispiel zum Sanierungsgeld:**   18

Die ZVK A stellt ihre betriebliche Altersversorgung auf der Finanzierungs- und Leistungsseite um. Bis zur Systemumstellung betrug die Umlage 6,2 % vom zusatzversorgungspflichtigen Entgelt. Nach der Systemumstellung beträgt die Zahlung insgesamt 7,7 % vom zusatzversorgungspflichtigen Entgelt. Davon werden 4 % zugunsten der nun im Kapitaldeckungsverfahren finanzierten Neuanwartschaften und 3,7 % für die weiterhin im Umlageverfahren finanzierten Anwartschaften einschließlich eines Sanierungsgeldes geleistet.

Die Ermittlung des nicht zu besteuernden Sanierungsgeldes erfolgt nach § 19 Abs. 1 Satz 1 Nr. 3 Satz 4 Halbsatz 2 EStG. Ein solches nicht zu besteuerndes Sanierungsgeld liegt nur vor, soweit der bisherige Umlagesatz überstiegen wird.

Zahlungen nach der Systemumstellung insgesamt	7,7 %
Zahlungen vor der Systemumstellung	<u>6,2 %</u>
nicht zu besteuerndes Sanierungsgeld	1,5 %

Ermittlung der weiterhin nach § 19 Abs. 1 Satz 1 Nr. 3 Satz 1 EStG grundsätzlich zu besteuernden Umlagezahlung:

nach der Systemumstellung geleistete Zahlung für das Umlageverfahren einschließlich des Sanierungsgeldes	3,7 %
nicht zu besteuerndes Sanierungsgeld	<u>1,5 %</u>
grundsätzlich zu besteuernde Umlagezahlung	2,2 %

Eine Differenzrechnung nach § 19 Abs. 1 Satz 1 Nr. 3 Satz 4 zweiter Halbsatz EStG entfällt, wenn es an laufenden und wiederkehrenden Zahlungen entsprechend dem periodischen Bedarf fehlt, also das zu erbringende Sanierungsgeld als Gesamtfehlbetrag feststeht und lediglich ratierlich getilgt wird.

b) Sonstige Sonderzahlungen des Arbeitgebers

Nicht zu besteuernder Arbeitslohn nach § 19 Abs. 1 Satz 1 Nr. 3 Satz 2 Halbsatz 1   19 Buchstabe b EStG sind Sonderzahlungen des Arbeitgebers an eine externe Versorgungseinrichtung (Pensionsfonds, Pensionskasse oder Direktversicherung), die neben den laufenden Beiträgen und Zuwendungen erbracht werden und

- der Wiederherstellung einer angemessenen Kapitalausstattung nach unvorhersehbaren Verlusten oder
- der Finanzierung der Verstärkung der Rechnungsgrundlagen aufgrund einer unvorhersehbaren und nicht nur vorübergehenden Änderung der Verhältnisse dienen.

Dabei dürfen die Sonderzahlungen nicht zu einer Absenkung des laufenden Beitrags führen oder durch eine Absenkung des laufenden Beitrags ausgelöst werden.

Die vorstehenden Voraussetzungen sind insbesondere beim Vorliegen folgender Sachverhalte dem Grunde nach erfüllt:

- Einbruch am Kapitalmarkt,
- Anstieg der Invaliditätsfälle,
- gestiegene Lebenserwartung,
- Niedrigzinsumfeld.

20 Um steuerpflichtigen Arbeitslohn handelt es sich hingegen bei Sonderzahlungen, die der Arbeitgeber an eine externe Versorgungseinrichtung der betrieblichen Altersversorgung erbringt

- wegen Verlusten aus Einzelgeschäften oder
- bei Fehlbeträgen, die durch früher gesetzte Risiken verursacht worden sind (z. B. Kalkulationsfehler, Insolvenzrisiken).

21 Die konkrete Höhe der nicht als Arbeitslohn zu besteuernden Sonderzahlungen des Arbeitgebers ist im jeweiligen Einzelfall unter Beachtung der versicherungs-aufsichtsrechtlichen Vorgaben durch einen Aktuar festzustellen.

22 Für die Anwendung des § 19 Abs. 1 Satz 1 Nr. 3 Satz 2 Halbsatz 1 Buchstabe b EStG ist es unerheblich, ob es sich bei der Sonderzahlung des Arbeitgebers um eine einmalige Kapitalzahlung oder um eine regelmäßige Zahlungen (z. B. einen satzungsmäßig vorgesehenen Sonderzuschlag) neben den laufenden Beiträgen und Zuwendungen handelt.

4. Steuerfreiheit nach § 3 Nr. 63 EStG

a) Steuerfreiheit nach § 3 Nr. 63 Satz 1 EStG

aa) Begünstigter Personenkreis

23 Zu dem durch § 3 Nr. 63 EStG begünstigten Personenkreis gehören alle Arbeitnehmer (§ 1 LStDV), unabhängig davon, ob sie in der gesetzlichen Rentenversicherung pflichtver-sichert sind oder nicht (z. B. beherrschende Gesellschafter-Geschäftsführer, geringfügig Beschäftigte, in einem berufsständischen Versorgungswerk Versicherte).

24 Die Steuerfreiheit setzt lediglich ein bestehendes erstes Dienstverhältnis voraus. Diese Voraussetzung kann auch erfüllt sein, wenn es sich um **ein weiterbestehendes Dienst-verhältnis ohne Anspruch auf Arbeitslohn (z. B. während der Elternzeit, der Pflege-zeit, des Bezugs von Krankengeld) oder** ein geringfügiges Beschäftigungsverhältnis oder eine Aushilfstätigkeit handelt, **bei der die Möglichkeit der Pauschalbesteuerung nach § 40a EStG in Anspruch genommen wird. In diesen Fällen ist, da die elek-tronischen Lohnsteuerabzugsmerkmale (ELStAM-Daten) nicht abgerufen werden, mittels Erklärung des Arbeitnehmers zu dokumentieren, dass es sich um ein erstes Dienstverhältnis handelt.** Die Steuerfreiheit **ist nicht** bei Arbeitnehmern zulässig, bei denen der Arbeitgeber den Lohnsteuerabzug nach der Steuerklasse VI vorgenommen hat.

bb) Begünstigte Aufwendungen

25 Zu den nach § 3 Nr. 63 EStG begünstigten Aufwendungen gehören nur Beiträge an Pensionsfonds, Pensionskassen und Direktversicherungen, die zum Aufbau einer

betrieblichen Altersversorgung (Rz. 1 ff.) im Kapitaldeckungsverfahren erhoben werden. Für Umlagen, die vom Arbeitgeber an eine Versorgungseinrichtung entrichtet werden, kommt die Steuerfreiheit nach § 3 Nr. 63 EStG dagegen nicht in Betracht (siehe aber § 3 Nr. 56 EStG, Rz. 76 ff.). Werden sowohl Umlagen als auch Beiträge im Kapitaldeckungsverfahren erhoben, gehören Letztere nur dann zu den begünstigten Aufwendungen, wenn eine getrennte Verwaltung und Abrechnung beider Vermögensmassen erfolgt (Trennungsprinzip).

Steuerfrei sind nur Beiträge des Arbeitgebers. Das sind diejenigen Beiträge, die vom Arbeitgeber als Versicherungsnehmer **(bzw. im Fall des § 21 Abs. 4 BetrAVG von einer gemeinsamen Einrichtung nach § 4 des Tarifvertragsgesetzes)** selbst geschuldet und an die Versorgungseinrichtung geleistet werden. Dazu gehören   26

- die Beiträge des Arbeitgebers, die zusätzlich zum ohnehin geschuldeten Arbeitslohn erbracht werden (rein arbeitgeberfinanzierte Beiträge), sowie
- alle im Gesamtversicherungsbeitrag des Arbeitgebers enthaltenen Finanzierungsanteile des Arbeitnehmers (BFH-Urteil vom 9. Dezember 2010 – VI R 57/08 –, BStBl II 2011 **S. 978) wie** z. B.
  - eine Eigenbeteiligung des Arbeitnehmers oder
  - die mittels Entgeltumwandlung finanzierten Beiträge (vgl. Rz. **9** ff.) **einschließlich der Leistungen des Arbeitgebers im Sinne des § 1a Abs. 1a und § 23 Abs. 2 BetrAVG[2], die er als Ausgleich für die ersparten Sozialversicherungsbeiträge in Folge einer Entgeltumwandlung erbringt.**

    Im Fall der Finanzierung der Beiträge durch eine Entgeltumwandlung ist die Beachtung des Mindestbetrags gem. § 1a BetrAVG für die Inanspruchnahme der Steuerfreiheit nicht erforderlich.

Beiträge des Arbeitnehmers, zu deren Leistung er aufgrund einer eigenen vertraglichen Vereinbarung mit der Versorgungseinrichtung originär selbst verpflichtet ist (sog. eigene Beiträge des Arbeitnehmers), sind dagegen vom Anwendungsbereich des § 3 Nr. 63 EStG ausgeschlossen, auch wenn sie vom Arbeitgeber an die Versorgungseinrichtung abgeführt werden.

---

2 Das Bundesministerium für Arbeit und Soziales weist in diesem Zusammenhang auf Folgendes hin:

§ 1a Abs. 1a und § 23 Abs. 2 BetrAVG sehen ausdrücklich vor, dass der Arbeitgeberzuschuss nur zu leisten ist, „soweit der Arbeitgeber durch die Entgeltumwandlung Sozialversicherungsbeiträge einspart". Ist das nicht der Fall, etwa wenn Entgelt oberhalb einer Beitragsbemessungsgrenze umgewandelt wird, ist insoweit auch kein Arbeitgeberzuschuss fällig. Wird Entgelt bspw. im Bereich zwischen der Beitragsbemessungsgrenze in der gesetzlichen Krankenversicherung und der Beitragsbemessungsgrenze in der gesetzlichen Rentenversicherung umgewandelt, kann der Arbeitgeber „spitz" abrechnen, er kann aber auch 15 % des umgewandelten Beitrags an die Versorgungseinrichtung weiterleiten. Wie die Weiterleitung des Arbeitgeberzuschusses an die Versorgungseinrichtung technisch umgesetzt wird, obliegt den Beteiligten. So kann der Arbeitgeberzuschuss zusätzlich zu dem vereinbarten Entgeltumwandlungsbetrag an die Versorgungseinrichtung weitergeleitet werden. Sofern die Versorgungseinrichtung nicht bereit ist, den Vertrag entsprechend anzupassen, kommt der Neuabschluss eines Vertrages nur für den Arbeitgeberzuschuss in Betracht. Denkbar ist aber auch z. B. eine Vereinbarung zwischen Arbeitgeber und Arbeitnehmer, wonach der an die Versorgungseinrichtung abzuführende Betrag gleich bleibt und künftig neben einem entsprechend verminderten umgewandelten Entgelt den Arbeitgeberzuschuss enthält.

27 Die Steuerfreiheit nach § 3 Nr. 63 EStG kann nur dann in Anspruch genommen werden, wenn der vom Arbeitgeber zur Finanzierung der zugesagten Versorgungsleistung gezahlte Beitrag nach bestimmten individuellen Kriterien dem einzelnen Arbeitnehmer zugeordnet wird. Allein die Verteilung eines vom Arbeitgeber gezahlten Gesamtbeitrags nach der Anzahl der begünstigten Arbeitnehmer genügt hingegen für die Anwendung des § 3 Nr. 63 EStG nicht. Für die Anwendung des § 3 Nr. 63 EStG ist nicht Voraussetzung, dass sich die Höhe der zugesagten Versorgungsleistung an der Höhe des eingezahlten Beitrags des Arbeitgebers orientiert, da der Arbeitgeber nach § 1 BetrAVG nicht nur **eine reine Beitragszusage,** eine Beitragszusage mit Mindestleistung oder eine beitragsorientierte Leistungszusage, sondern auch eine Leistungszusage erteilen kann.

28 Maßgeblich für die betragsmäßige Begrenzung der Steuerfreiheit auf **8 %** der Beitragsbemessungsgrenze in der allgemeinen Rentenversicherung ist auch bei einer Beschäftigung in den neuen Ländern oder Berlin (Ost) die in dem Kalenderjahr gültige Beitragsbemessungsgrenze (West). **Bei dem Höchstbetrag** des § 3 Nr. 63 Satz 1 EStG handelt es **sich um einen Jahresbetrag.** Eine zeitanteilige Kürzung **des Höchstbetrags** ist daher nicht vorzunehmen, wenn das Arbeitsverhältnis nicht während des ganzen Jahres besteht oder nicht für das ganze Jahr Beiträge gezahlt werden. **Der Höchstbetrag kann** erneut in Anspruch genommen werden, wenn der Arbeitnehmer **ihn** in einem vorangegangenen Dienstverhältnis bereits ausgeschöpft hat. Im Fall der Gesamtrechtsnachfolge und des Betriebsübergangs nach § 613a BGB kommt dies dagegen nicht in Betracht.

29 Soweit die Beiträge **den steuerfreien Höchstbetrag (8 % der Beitragsbemessungsgrenze in der allgemeinen Rentenversicherung [West] abzüglich der tatsächlich nach § 40b EStG a. F. pauschal besteuerten Beiträge; vgl. Rz. 85 ff.)** übersteigen, sind sie individuell zu besteuern. Für die individuell besteuerten Beiträge kann eine Förderung durch Sonderausgabenabzug nach § 10a und Zulage nach Abschnitt XI EStG in Betracht kommen (vgl. Rz. **66** ff.). Zur Übergangsregelung des **§ 52 Abs. 4 Satz 12 ff. EStG** siehe Rz. **85** ff.

30 Bei monatlicher Zahlung der Beiträge bestehen keine Bedenken, wenn **der Höchstbetrag** in gleichmäßige monatliche Teilbeträge aufgeteilt **wird.** Stellt der Arbeitgeber vor Ablauf des Kalenderjahres, z. B. bei Beendigung des Dienstverhältnisses fest, dass die Steuerfreiheit im Rahmen der monatlichen Teilbeträge nicht in vollem Umfang ausgeschöpft worden ist oder werden kann, muss eine ggf. vorgenommene Besteuerung der Beiträge rückgängig gemacht (spätester Zeitpunkt hierfür ist die Übermittlung oder Erteilung der Lohnsteuerbescheinigung) oder der monatliche Teilbetrag künftig so geändert werden, dass **der Höchstbetrag** ausgeschöpft **wird.**

31 Rein arbeitgeberfinanzierte Beiträge sind steuerfrei, soweit sie **den Höchstbetrag (8 % der Beitragsbemessungsgrenze in der allgemeinen Rentenversicherung [West] abzüglich der tatsächlich nach § 40b EStG a. F. pauschal besteuerten Beiträge; vgl. Rz. 85 ff.)** nicht übersteigen. **Der steuerfreie Höchstbetrag wird** zunächst durch diese Beiträge ausgefüllt. **Soweit der steuerfreie Höchstbetrag** dadurch nicht ausgeschöpft worden **ist,** sind die verbleibenden, auf den verschiedenen Finanzierungsanteilen des Arbeitnehmers beruhenden Beiträge des Arbeitgebers **zu berücksichtigen** (vgl. Rz. **26;** Leistungen des Arbeitgebers im Sinne des § 1a Abs. 1a und § 23 Abs. 2 BetrAVG, die er als Ausgleich für die ersparten Sozialversicherungsbeiträge infolge einer Entgeltumwandlung erbringt, sind dabei Teil der Entgeltumwandlung).

Beispiel: 32

steuerfreier Höchstbetrag (8 % BBG RV [West], angenommen 78.000 €)	6.240 €
abzgl. tatsächlich pauschal besteuerte Beiträge (angenommen Höchstbetrag)	./. 1.752 €
verbleiben als steuerfreies Volumen	= 4.488 €
abzüglich rein arbeitgeberfinanzierte Beiträge (angenommen)	./. 3.000 €
verbleiben als steuerfreies Volumen für Entgeltumwandlung	= 1.488 €

Die Anwendung der Pauschalbesteuerung nach § 40b EStG a. F. für Beiträge an 33
Pensionskassen und für Direktversicherungen (siehe Rz. 85 ff.) ist nicht erst nach
Übersteigen des steuerfreien Höchstbetrages von 8 % möglich, sondern mindert
das maximal steuerfreie Volumen (§ 52 Abs. 4 Satz 14 EStG).

cc) Begünstigte Auszahlungsformen

Voraussetzung für die Steuerfreiheit ist, dass die Auszahlung der zugesagten Alters-, Inva- 34
liditäts- oder Hinterbliebenenversorgungsleistungen in Form einer lebenslangen Rente
oder eines Auszahlungsplans mit anschließender lebenslanger Teilkapitalverrentung
(§ 1 Abs. 1 Satz 1 Nr. 4 Buchstabe a AltZertG) vorgesehen ist. **Davon ist auch bei
einer betrieblichen Altersversorgung in Form der reinen Beitragszusage (§§ 21 ff.
BetrAVG) auszugehen.** Im Hinblick auf die entfallende Versorgungsbedürftigkeit z. B.
für den Fall der Vollendung des 25. Lebensjahres der Kinder (siehe auch Rz. 4; bei
Versorgungszusagen, die vor dem 1. Januar 2007 erteilt wurden, ist grundsätzlich das
27. Lebensjahr maßgebend), der Wiederheirat der Witwe/des Witwers, dem Ende der
Erwerbsminderung durch Wegfall der Voraussetzungen für den Bezug (insbesondere bei
Verbesserung der Gesundheitssituation oder Erreichen der Altersgrenze) ist es nicht zu
beanstanden, wenn eine Rente oder ein Auszahlungsplan zeitlich befristet ist. Von einer
Rente oder einem Auszahlungsplan ist auch noch auszugehen, wenn bis zu 30 % des zu
Beginn der Auszahlungsphase zur Verfügung stehenden Kapitals außerhalb der monat-
lichen Leistungen ausgezahlt werden. Die zu Beginn der Auszahlungsphase zu treffende
Entscheidung und Entnahme des Teilkapitalbetrags aus diesem Vertrag (Rz. **210 des
BMF-Schreibens vom 21. Dezember 2017, BStBl 2018 I S. 93**) führt zur Besteuerung
nach § 22 Nr. 5 EStG. Allein die Möglichkeit, anstelle dieser Auszahlungsformen eine
Einmalkapitalauszahlung (100 % des zu Beginn der Auszahlungsphase zur Verfügung
stehenden Kapitals) zu wählen, steht der Steuerfreiheit noch nicht entgegen**; hieran wird
ungeachtet des BFH-Urteils vom 20. September 2016 – X R 23/15 – (BStBl 2017 II
S. 347) festgehalten.** Die Möglichkeit, eine Einmalkapitalauszahlung anstelle einer Rente
oder eines Auszahlungsplans zu wählen, gilt nicht nur für Altersversorgungsleistungen,
sondern auch für Invaliditäts- oder Hinterbliebenenversorgungsleistungen. Entscheidet
sich der Arbeitnehmer zugunsten einer Einmalkapitalauszahlung, so sind von diesem
Zeitpunkt an die Voraussetzungen des § 3 Nr. 63 EStG nicht mehr erfüllt und die Beitragsleistungen zu besteuern. Erfolgt die Ausübung des Wahlrechtes innerhalb des letzten Jahres vor dem altersbedingten Ausscheiden aus dem Erwerbsleben, so ist es aus
Vereinfachungsgründen nicht zu beanstanden, wenn die Beitragsleistungen weiterhin
nach § 3 Nr. 63 EStG steuerfrei belassen werden. Für die Berechnung der Jahresfrist
ist dabei auf das im Zeitpunkt der Ausübung des Wahlrechts vertraglich vorgesehene
Ausscheiden aus dem Erwerbsleben (vertraglich vorgesehener Beginn der Altersversorgungsleistung) abzustellen. Da die Auszahlungsphase bei der Hinterbliebenenleistung
erst mit dem Zeitpunkt des Todes des ursprünglich Berechtigten beginnt, ist es in die-

sem Fall aus steuerlicher Sicht nicht zu beanstanden, wenn das Wahlrecht im zeitlichen Zusammenhang mit dem Tod des ursprünglich Berechtigten ausgeübt wird. Bei Auszahlung oder anderweitiger wirtschaftlicher Verfügung ist der Einmalkapitalbetrag gem. § 22 Nr. 5 EStG zu besteuern (siehe dazu Rz. **148** ff.).

dd) Sonstiges

35 Eine Steuerfreiheit der Beiträge kommt nicht in Betracht, soweit es sich hierbei nicht um Arbeitslohn im Rahmen eines Dienstverhältnisses, sondern um eine verdeckte Gewinnausschüttung im Sinne des § 8 Abs. 3 Satz 2 KStG handelt. Die allgemeinen Grundsätze zur Abgrenzung zwischen verdeckter Gewinnausschüttung und Arbeitslohn sind hierbei zu beachten.

36 Bei Beiträgen an ausländische betriebliche Altersversorgungssysteme ist zu entscheiden, ob das ausländische Altersversorgungssystem mit einem Durchführungsweg der betrieblichen Altersversorgung nach dem deutschen Betriebsrentengesetz vergleichbar ist bzw. einem der Durchführungswege als vergleichbar zugeordnet werden kann. Entsprechende Beiträge sind steuerfrei nach § 3 Nr. 63 EStG, wenn

- das ausländische betriebliche Altersversorgungssystem vergleichbar mit dem Pensionsfonds, der Pensionskasse oder der Direktversicherung ist und
- auch die weiteren wesentlichen Kriterien für die steuerliche Anerkennung einer betrieblichen Altersversorgung im Inland erfüllt werden (u. a. Absicherung mindestens eines biometrischen Risikos – vgl. Rz. **1** –, enger Hinterbliebenenbegriff – vgl. Rz. **4** –, keine Vererblichkeit – vgl. Rz. **6** –, begünstigte Auszahlungsformen – vgl. Rz. **34**) und
- die ausländische Versorgungseinrichtung in vergleichbarer Weise den für inländische Versorgungseinrichtungen maßgeblichen Aufbewahrungs–, Mitteilungs- und Bescheinigungspflichten nach dem Einkommensteuergesetz und der Altersvorsorge-Durchführungsverordnung zur Sicherstellung der Besteuerung der Versorgungsleistungen im Wesentlichen nachkommt.

37 **Darüber hinaus kann sich die unmittelbare Anwendbarkeit des § 3 Nr. 63 EStG aus einer völkerrechtlichen Vereinbarung ergeben (z. B. Nr. 16 des Protokolls zum Doppelbesteuerungsabkommens [DBA] USA).**

38 **In Entsendungsfällen hat für die Beiträge des Arbeitgebers zur kapitalgedeckten betrieblichen Altersversorgung die Regelung des § 3 Nr. 63 EStG gegenüber den Regelungen eines DBA Vorrang.**

39 Unter den Voraussetzungen der Rz. **23** bis **35** sind auch die vom Arbeitgeber zusätzlich zum ohnehin geschuldeten Arbeitslohn erbrachten Beiträge an eine Zusatzversorgungskasse (wie z. B. zur Versorgungsanstalt der deutschen Bühnen – VddB –, zur Versorgungsanstalt der deutschen Kulturorchester – VddKO – oder zum Zusatzversorgungswerk für Arbeitnehmer in der Land- und Forstwirtschaft – ZLF –), die er nach der jeweiligen Satzung der Versorgungseinrichtung als Pflichtbeiträge für die Altersversorgung seiner Arbeitnehmer zusätzlich zu den nach § 3 Nr. 62 EStG steuerfreien Beiträgen zur gesetzlichen Rentenversicherung zu erbringen hat, ebenfalls im Rahmen des § 3 Nr. 63 EStG steuerfrei.

Die Steuerfreiheit nach § 3 Nr. 62 Satz 1 EStG kommt für diese Beiträge nicht in Betracht. Die Steuerbefreiung des § 3 Nr. 63 (und auch Nr. 56) EStG ist nicht nur der

Höhe, sondern dem Grunde nach vorrangig anzuwenden; die Steuerbefreiung nach § 3 Nr. 62 EStG ist bei Vorliegen von Zukunftssicherungsleistungen im Sinne des § 3 Nr. 63 (und auch Nr. 56) EStG daher auch dann ausgeschlossen, wenn die Höchstbeträge des § 3 Nr. 63 (und Nr. 56) EStG bereits voll ausgeschöpft werden.

b) Ausschluss der Steuerfreiheit nach § 3 Nr. 63 Satz 2 EStG

aa) Personenkreis

Auf die Steuerfreiheit können grundsätzlich nur Arbeitnehmer verzichten, die in   40 der gesetzlichen Rentenversicherung pflichtversichert sind (§§ 1a, 17 Abs. 1 Satz 3 BetrAVG). Alle anderen Arbeitnehmer können von dieser Möglichkeit nur dann Gebrauch machen, wenn der Arbeitgeber zustimmt.

bb) Höhe und Zeitpunkt der Ausübung des Wahlrechts

Soweit der Arbeitnehmer einen Anspruch auf Entgeltumwandlung nach § 1a BetrAVG   41 hat oder andere Finanzierungsanteile (vgl. Rz. **26**) zur betrieblichen Altersversorgung erbringt, ist eine individuelle Besteuerung dieser Beiträge auf Verlangen des Arbeitnehmers durchzuführen; die Beiträge sind dabei gleichrangig zu behandeln. **Der Arbeitnehmer kann sein Verlangen nach individueller Besteuerung (Verzicht auf die Steuerfreiheit) betragsmäßig oder prozentual begrenzen.** In allen anderen Fällen der Entgeltumwandlung (z. B. Entgeltumwandlungsvereinbarung aus dem Jahr 2001 oder früher) ist die individuelle Besteuerung der Beiträge hingegen nur aufgrund einvernehmlicher Vereinbarung zwischen Arbeitgeber und Arbeitnehmer möglich. Bei rein arbeitgeberfinanzierten Beiträgen kann auf die Steuerfreiheit nicht verzichtet werden (vgl. Rz. **31**).

Die Ausübung des Wahlrechts nach § 3 Nr. 63 Satz 2 EStG muss bis zu dem Zeitpunkt   42 erfolgen, zu dem die entsprechende Gehaltsänderungsvereinbarung steuerlich noch anzuerkennen ist (vgl. Rz. **12**). Eine nachträgliche Änderung der steuerlichen Behandlung der im Wege der Entgeltumwandlung finanzierten Beiträge ist nicht zulässig.

c) Vervielfältigungsregelung nach § 3 Nr. 63 Satz 3 EStG

Beiträge an einen Pensionsfonds, eine Pensionskasse oder für eine Direktversicherung,   43 die der Arbeitgeber aus Anlass der Beendigung des Dienstverhältnisses leistet, können im Rahmen des § 3 Nr. 63 **Satz 3** EStG – **zusätzlich zu den Beiträgen nach § 3 Nr. 63 Satz 1 EStG** – steuerfrei belassen werden. **Ein Zusammenhang mit der Beendigung des Dienstverhältnisses ist insbesondere dann zu vermuten, wenn der Beitrag innerhalb von drei Monaten vor dem Beendigungs-/Auflösungszeitpunkt geleistet wird. Die Vervielfältigungsregelung kann auch nach Beendigung des Dienstverhältnisses angewendet werden, wenn die Beitragsleistung oder Entgeltumwandlung spätestens bis zum Zeitpunkt der Beendigung des Dienstverhältnisses vereinbart wird.**

Die Höhe der Steuerfreiheit ist begrenzt auf den Betrag, der sich ergibt aus 4 %   44 **der Beitragsbemessungsgrenze in der allgemeinen Rentenversicherung (West) vervielfältigt mit der Anzahl der Kalenderjahre, in denen das Dienstverhältnis des Arbeitnehmers zu dem Arbeitgeber bestanden hat, höchstens zehn Kalenderjahre.**

45 Die Vervielfältigungsregelung steht jedem Arbeitnehmer aus demselben Dienstverhältnis insgesamt nur einmal zu. Werden die Beiträge statt als Einmalbeitrag in Teilbeträgen geleistet, sind diese so lange steuerfrei, bis der für den Arbeitnehmer maßgebende Höchstbetrag ausgeschöpft ist. Eine Anwendung der Vervielfältigungsregelung des § 3 Nr. 63 **Satz 3** EStG ist nicht möglich, **soweit** die Vervielfältigungsregelung des § 40b Abs. 2 Satz 3 und 4 EStG a. F. auf die Beiträge, die der Arbeitgeber aus Anlass der Beendigung des Dienstverhältnisses leistet, angewendet wird (vgl. Rz. **94 f.**). **Die hiernach pauschal besteuerten Beiträge und Zuwendungen sind folglich auf das steuerfreie Volumen anzurechnen.**

d) Nachholung der Steuerfreiheit nach § 3 Nr. 63 Satz 4 EStG

46 Beiträge im Sinne des § 3 Nr. 63 Satz 1 EStG, die für Kalenderjahre nachgezahlt werden, in denen das erste Dienstverhältnis ruhte, vom Arbeitgeber im Inland kein steuerpflichtiger Arbeitslohn bezogen wurde und in diesen Zeiten keine Beiträge im Sinne des § 3 Nr. 63 Satz 1 EStG geleistet wurden, sind steuerfrei, soweit sie 8 Prozent der Beitragsbemessungsgrenze in der allgemeinen Rentenversicherung (West), vervielfältigt mit der Anzahl dieser Kalenderjahre, höchstens jedoch zehn Kalenderjahre, nicht übersteigen. Eine Nachzahlung kommt beispielsweise in Betracht für Zeiten einer Entsendung ins Ausland, während der Elternzeit oder eines Sabbatjahres. Für die Berechnung des maximalen steuerfreien Volumens wird auf die Beitragsbemessungsgrenze des Jahres der Nachzahlung abgestellt und diese mit der Anzahl der zu berücksichtigenden Jahre multipliziert.

47 Im Zeitraum des Ruhens und im Zeitpunkt der Nachzahlung muss ein erstes Dienstverhältnis vorliegen (§ 3 Nr. 63 Satz 4 EStG). Der Nachweis, dass ein erstes Dienstverhältnis vorliegt, ist vom Arbeitgeber zu führen. Dieser kann z. B. über die abgerufenen ELStAM-Daten, eine Bescheinigung für den Lohnsteuerabzug oder eine schriftliche Bestätigung des Arbeitnehmers erfolgen (siehe dazu auch Rz. 24).

48 Die Nachholungsregelung ist eine Jahres-Regelung, d. h., es sind nur solche Kalenderjahre zu berücksichtigen, in denen vom 1. Januar bis zum 31. Dezember vom Arbeitgeber im Inland kein steuerpflichtiger Arbeitslohn bezogen wurde. Berücksichtigt werden dabei auch Kalenderjahre vor 2018, sofern die Nachzahlung ab dem 1. Januar 2018 erfolgt. Arbeitslöhne aus anderen Dienstverhältnissen (Steuerklasse VI oder pauschal besteuert) bleiben unberücksichtigt.

49 Die Nachholung muss im Zusammenhang mit dem Ruhen des Dienstverhältnisses stehen. Von einem solchen Zusammenhang kann ausgegangen werden, wenn die Beiträge spätestens bis zum Ende des Kalenderjahres, das auf das Ende der Ruhensphase folgt, nachgezahlt werden. Die Nachholung kann in einem Betrag oder in mehreren Teilbeträgen erfolgen. Bei Teilbeträgen gilt die Beitragsbemessungsgrenze des Jahres der ersten Teilzahlung. In dem Kalenderjahr, das auf das Ende der Ruhensphase folgt, können die Steuerbefreiungen nach § 3 Nr. 63 Satz 1 und 4 EStG nebeneinander in Anspruch genommen werden.

50 Übersteigen die nachgezahlten Beiträge das steuerfreie Volumen nach § 3 Nr. 63 Satz 4 EStG, können die übersteigenden Beiträge nach § 3 Nr. 63 Satz 1 EStG steuerfrei belassen werden, soweit der Höchstbetrag nach § 3 Nr. 63 Satz 1 EStG durch die laufenden Beiträge für das entsprechenden Kalenderjahr noch nicht ver-

braucht ist. Für Beiträge an eine Pensionskasse oder für eine Direktversicherung kommt ggf. auch die Pauschalbesteuerung nach § 40b Abs. 1 und Abs. 2 Satz 1 und 2 EStG a. F. in Betracht, sofern die Voraussetzungen für die Anwendung des § 40b EStG a. F. vorliegen (vgl. Rz. 85 bis 99).

5. Steuerfreiheit für Sicherungsbeiträge des Arbeitgebers nach § 3 Nr. 63a EStG

§ 3 Nr. 63a EStG gilt für Zusatzbeiträge des Arbeitgebers im Sinne des § 23 Abs. 1   51
BetrAVG, die den einzelnen Arbeitnehmern nicht unmittelbar gutgeschrieben oder zugerechnet, sondern zunächst zur Absicherung der reinen Beitragszusage genutzt werden. Diese Zusatzbeiträge bleiben im Zeitpunkt der Dotierung/Leistung des Arbeitgebers an die Versorgungseinrichtung steuerfrei. Soweit aus den nach § 3 Nr. 63a EStG steuerfeien Beiträgen dem Arbeitnehmer später Versorgungsleistungen oder andere Vorteile zufließen, sind diese vollständig nach § 22 Nr. 5 Satz 1 EStG zu besteuern (vgl. Rz. 148 ff.).

Für Zusatzbeiträge des Arbeitgebers, die den einzelnen Arbeitnehmern direkt   52
gutgeschrieben bzw. zugerechnet werden, gelten hingegen die gleichen steuerlichen Regelungen wie für die übrigen Beiträge des Arbeitgebers im Rahmen des Kapitaldeckungsverfahrens an einen Pensionsfonds, eine Pensionskasse oder für eine Direktversicherung zum Aufbau einer betrieblichen Altersversorgung (z. B. Steuerfreiheit nach § 3 Nr. 63 EStG, Förderung nach § 10a/Abschnitt XI EStG beim Arbeitnehmer).

6. Steuerfreiheit nach § 3 Nr. 65 EStG

Die sich aus § 3 Nr. 65 Satz 2 bis 4 EStG ergebenden Rechtsfolgen treten auch dann   53
ein, wenn die Auszahlungen unmittelbar vom Träger der Insolvenzsicherung an den Versorgungsberechtigten oder seine Hinterbliebenen vorgenommen werden. In diesem Fall ist der Träger der Insolvenzsicherung Dritter im Sinne des § 3 Nr. 65 Satz 4 EStG und daher zum Lohnsteuereinbehalt verpflichtet.

Nach § 8 Abs. 3 BetrAVG hat der Arbeitnehmer im Insolvenzfall des Arbeitgebers   54
das Recht, in eine für ihn abgeschlossene Rückdeckungsversicherung des Arbeitgebers oder der Unterstützungskasse als Versicherungsnehmer einzutreten und die Versicherung mit eigenen Beiträgen fortzusetzen. Macht der Arbeitnehmer von diesem Recht Gebrauch und tritt in die Versicherung ein, ist der Erwerb der Ansprüche aus der Rückdeckungsversicherung steuerfrei nach § 3 Nr. 65 Satz 1 Buchstabe d EStG. Die späteren Versorgungsleistungen aus der Rückdeckungsversicherung, in die der Arbeitnehmer nach § 3 Nr. 65 Satz 1 Buchstabe d EStG eingetreten ist, gehören insgesamt zu den sonstigen Einkünften nach § 22 Nr. 5 Satz 1 EStG (§ 3 Nr. 65 Satz 5 Halbsatz 1 EStG). Das Versicherungsunternehmen muss keinen Lohnsteuerabzug durchführen, sondern lediglich – wie sonst auch – die Rentenbezugsmitteilung an die zentrale Stelle übermitteln (§ 22a EStG). Dies gilt auch für beherrschende Gesellschafter-Geschäftsführer einer GmbH.

Führt der Arbeitnehmer die nach § 8 Abs. 3 BetrAVG übernommene Rück-   55
deckungsversicherung mit eigenen Beiträgen fort, sind die späteren Versorgungsleistungen nach § 22 Nr. 5 Satz 1 oder 2 EStG zu versteuern (§ 3 Nr. 65 Satz 5 Halbsatz 2 EStG). Die Leistungen, die auf geförderten Beiträgen beruhen, sind nach

§ 22 Nr. 5 Satz 1 EStG voll zu versteuern. Die Leistungen, die auf nicht geförderten Beiträgen beruhen, sind nach § 22 Nr. 5 Satz 2 Buchstabe a EStG entweder mit dem Ertragsanteil (lebenslangen Rentenleistungen sowie Berufsunfähigkeits–, Erwerbsminderungs- und Hinterbliebenenrenten) oder ggf. nach § 22 Nr. 5 Satz 2 Buchstabe b i. V. m. § 20 Abs. 1 Nr. 6 EStG (Kapitalleistungen) zu versteuern.

7. Steuerfreiheit nach § 3 Nr. 66 EStG

56 Voraussetzung für die Steuerfreiheit nach § 3 Nr. 66 EStG ist, dass vom Arbeitgeber ein Antrag nach § 4d Abs. 3 EStG oder § 4e Abs. 3 EStG gestellt worden ist. Die Steuerfreiheit nach § 3 Nr. 66 EStG gilt auch dann, wenn beim übertragenden Unternehmen keine Zuwendungen i. S. v. § 4d Abs. 3 EStG oder Leistungen im Sinne des § 4e Abs. 3 EStG im Zusammenhang mit der Übernahme einer Versorgungsverpflichtung durch einen Pensionsfonds anfallen. Bei einer entgeltlichen Übertragung von Versorgungsanwartschaften aktiver Beschäftigter kommt die Anwendung von § 3 Nr. 66 EStG nur für Zahlungen an den Pensionsfonds in Betracht, die für die bis zum Zeitpunkt der Übertragung bereits erdienten Versorgungsanwartschaften geleistet werden (sog. „Past-Service"); Zahlungen an den Pensionsfonds für zukünftig noch zu erdienende Anwartschaften (sog. „Future-Service") sind ausschließlich in dem begrenzten Rahmen des § 3 Nr. 63 EStG lohnsteuerfrei; zu weiteren Einzelheiten, insbesondere zur Abgrenzung von „Past-" und „Future-Service", siehe BMF-Schreiben vom 26. Oktober 2006 (BStBl I S. 709) **und vom 10. Juli 2015 (BStBl I S. 544)**. Erfolgt im Rahmen eines Gesamtplans zunächst eine nach § 3 Nr. 66 EStG begünstigte Übertragung der erdienten Anwartschaften auf einen Pensionsfonds und werden anschließend regelmäßig wiederkehrend (z. B. jährlich) die dann neu erdienten Anwartschaften auf den Pensionsfonds übertragen, sind die weiteren Übertragungen auf den Pensionsfonds nicht nach § 3 Nr. 66 EStG begünstigt, sondern nur im Rahmen des § 3 Nr. 63 EStG steuerfrei. Hinsichtlich des durch die Steuerbefreiungsvorschrift begünstigten Personenkreises vgl. Rz. **23**.

8. Steuerfreiheit nach § 3 Nr. 55 EStG

57 Gem. § 4 Abs. 2 Nr. 2 BetrAVG kann nach Beendigung des Arbeitsverhältnisses im Einvernehmen des ehemaligen mit dem neuen Arbeitgeber sowie dem Arbeitnehmer der Wert der vom Arbeitnehmer erworbenen Altersversorgung (Übertragungswert nach § 4 Abs. 5 BetrAVG) auf den neuen Arbeitgeber übertragen werden, wenn dieser eine wertgleiche Zusage erteilt. § 4 Abs. 3 BetrAVG gibt dem Arbeitnehmer für Versorgungszusagen, die nach dem 31. Dezember 2004 erteilt werden, das Recht, innerhalb eines Jahres nach Beendigung des Arbeitsverhältnisses von seinem ehemaligen Arbeitgeber zu verlangen, dass der Übertragungswert auf den neuen Arbeitgeber übertragen wird, wenn die betriebliche Altersversorgung beim ehemaligen Arbeitgeber über einen Pensionsfonds, eine Pensionskasse oder eine Direktversicherung durchgeführt worden ist und der Übertragungswert die im Zeitpunkt der Übertragung maßgebliche Beitragsbemessungsgrenze in der allgemeinen Rentenversicherung **(West)** nicht übersteigt.

58 Die Anwendung der Steuerbefreiungsvorschrift des § 3 Nr. 55 EStG setzt aufgrund des Verweises auf die Vorschriften des Betriebsrentengesetzes die Beendigung des bisherigen Dienstverhältnisses und ein anderes Dienstverhältnis voraus. Die Übernahme der Versorgungszusage durch einen Arbeitgeber, bei dem der Arbeitnehmer bereits beschäftigt ist, ist betriebsrentenrechtlich unschädlich und steht daher der Anwendung

der Steuerbefreiungsvorschrift nicht entgegen. § 3 Nr. 55 EStG und Rz. **57** gelten entsprechend für Arbeitnehmer, die nicht in der gesetzlichen Rentenversicherung pflichtversichert sind (z. B. beherrschende Gesellschafter-Geschäftsführer oder geringfügig Beschäftigte).

Die Steuerfreiheit gilt sowohl für Versorgungszusagen, die gesetzlich unverfallbar **59** **sind, als auch für Versorgungszusagen, die aufgrund vertraglicher Vereinbarungen mit oder ohne Fristerfordernis unverfallbar sind (§ 3 Nr. 55 Satz 1 Halbsatz 2 EStG).**

Der geleistete Übertragungswert ist nach § 3 Nr. 55 Satz 1 EStG steuerfrei, wenn die **60** betriebliche Altersversorgung sowohl beim ehemaligen Arbeitgeber als auch beim neuen Arbeitgeber über einen Pensionsfonds, eine Pensionskasse oder eine Direktversicherung durchgeführt wird. Es ist nicht Voraussetzung, dass beide Arbeitgeber auch den gleichen Durchführungsweg gewählt haben. Um eine Rückabwicklung der steuerlichen Behandlung der Beitragsleistungen an einen Pensionsfonds, eine Pensionskasse oder eine Direktversicherung vor der Übertragung (Steuerfreiheit nach § 3 Nr. 63, 66 EStG, individuelle Besteuerung, Besteuerung nach § 40b EStG) zu verhindern, bestimmt § 3 Nr. 55 Satz 3 EStG, dass die auf dem Übertragungsbetrag beruhenden Versorgungsleistungen weiterhin zu den Einkünften gehören, zu denen sie gehört hätten, wenn eine Übertragung nach § 4 BetrAVG nicht stattgefunden hätte. Der Übertragungswert ist gem. § 3 Nr. 55 Satz 2 EStG auch steuerfrei, wenn er vom ehemaligen Arbeitgeber oder von einer Unterstützungskasse an den neuen Arbeitgeber oder an eine andere Unterstützungskasse geleistet wird.

Die Steuerfreiheit des § 3 Nr. 55 EStG kommt jedoch nicht in Betracht, wenn die betrieb- **61** liche Altersversorgung beim ehemaligen Arbeitgeber als Direktzusage oder mittels einer Unterstützungskasse ausgestaltet war, während sie beim neuen Arbeitgeber über einen Pensionsfonds, eine Pensionskasse oder eine Direktversicherung abgewickelt wird. Dies gilt auch für den umgekehrten Fall. Ebenso kommt die Steuerfreiheit nach § 3 Nr. 55 EStG bei einem Betriebsübergang nach § 613a BGB nicht in Betracht, da in einem solchen Fall die Regelung des § 4 BetrAVG keine Anwendung findet.

Wird die betriebliche Altersversorgung sowohl beim alten als auch beim neuen Arbeit- **62** geber über einen Pensionsfonds, eine Pensionskasse oder eine Direktversicherung abgewickelt, liegt im Fall der Übernahme der Versorgungszusage nach § 4 Abs. 2 Nr. 1 BetrAVG lediglich ein Schuldnerwechsel und damit für den Arbeitnehmer kein lohnsteuerlich relevanter Vorgang vor. Entsprechendes gilt im Fall der Übernahme der Versorgungszusage nach § 4 Abs. 2 Nr. 1 BetrAVG, wenn die betriebliche Altersversorgung sowohl beim alten als auch beim neuen Arbeitgeber über eine Direktzusage oder Unterstützungskasse durchgeführt **wird.**

9. Steuerfreiheit nach § 3 Nr. 55c Satz 2 Buchstabe a EStG

Steuerfrei nach § 3 Nr. 55c Satz 2 Buchstabe a EStG ist die bei einem fort- **63** **bestehenden Dienstverhältnis vorgenommene Übertragung von Anwartschaften aus einer betrieblichen Altersversorgung, die über einen Pensionsfonds, eine Pensionskasse oder ein Unternehmen der Lebensversicherung (Direktversicherung) durchgeführt wird, wenn die Anwartschaft lediglich auf einen anderen Träger einer betrieblichen Altersversorgung in Form eines Pensionsfonds, einer Pensionskasse oder eines Unternehmens der Lebensversicherung (Direktver-**

sicherung) übertragen wird. Dies gilt nicht für Zahlungen, die unmittelbar an den Arbeitnehmer erfolgen. Die Übertragung führt zu keiner Novation (§ 20 Abs. 1 Nr. 6 EStG), wenn sich im Zusammenhang mit der Übertragung die vertraglichen Hauptpflichten (insbesondere die Versicherungslaufzeit, die Versicherungssumme, der Versicherungsbeitrag, die Beitragszahlungsdauer oder die abgesicherten biometrischen Risiken) nicht ändern.

10. Übernahme von Pensionsverpflichtungen gegen Entgelt durch Beitritt eines Dritten in eine Pensionsverpflichtung (Schuldbeitritt) oder Ausgliederung/ Abspaltung von Pensionsverpflichtungen

64 Bei der Übernahme von Pensionsverpflichtungen gegen Entgelt durch Beitritt eines Dritten in eine Pensionsverpflichtung (Schuldbeitritt) oder durch Ausgliederung von Pensionsverpflichtungen – ohne inhaltliche Veränderung der Zusage – handelt es sich weiterhin um eine Direktzusage des Arbeitgebers. Aus lohnsteuerlicher Sicht bleibt es folglich bei den für eine Direktzusage geltenden steuerlichen Regelungen, d. h., es liegen erst bei Auszahlung der Versorgungsleistungen – durch den Dritten bzw. durch die Pensionsgesellschaft anstelle des Arbeitgebers – Einkünfte im Sinne des § 19 EStG vor. Der Lohnsteuerabzug kann in diesem Fall mit Zustimmung des Finanzamts anstelle vom Arbeitgeber auch von dem Dritten bzw. der Pensionsgesellschaft vorgenommen werden (§ 38 Abs. 3a Satz 2 EStG). **Die vorstehenden Ausführungen gelten entsprechend, wenn es sich nach dem Umwandlungsgesetz nicht um eine Ausgliederung, sondern um eine Abspaltung handelt.**

65 Zu den lohnsteuerlichen Folgerungen der Übernahme der Pensionszusage eines beherrschenden Gesellschafter-Geschäftsführers gegen eine Ablösungszahlung und zum Wechsel des Durchführungswegs siehe aber BMF-Schreiben vom 4. Juli 2017 (BStBl I S. 883).

11. Förderung durch Sonderausgabenabzug nach § 10a EStG und Zulage nach Abschnitt XI EStG

66 Zahlungen **des Arbeitgebers** im Rahmen der betrieblichen Altersversorgung an einen Pensionsfonds, eine Pensionskasse oder eine Direktversicherung können als Altersvorsorgebeiträge durch Sonderausgabenabzug nach § 10a EStG und Zulage nach Abschnitt XI EStG gefördert werden (§ 82 Abs. 2 EStG). Die zeitliche Zuordnung der Altersvorsorgebeiträge im Sinne des § 82 Abs. 2 EStG richtet sich grundsätzlich nach den für die Zuordnung des Arbeitslohns geltenden Vorschriften (§ 38a Abs. 3 EStG; R 39b.2, 39b.5 und 39b.6 LStR).

67 Um Beiträge im Rahmen der betrieblichen Altersversorgung handelt es sich nur, wenn die Beiträge für eine vom Arbeitgeber aus Anlass des Arbeitsverhältnisses zugesagte Versorgungsleistung erbracht werden (§ 1 BetrAVG). Dies gilt unabhängig davon, ob die Beiträge

- ausschließlich vom Arbeitgeber finanziert werden,
- auf einer Entgeltumwandlung beruhen,
- andere im Gesamtversicherungsbeitrag des Arbeitgebers enthaltene Finanzierungsanteile des Arbeitnehmers sind (BFH-Urteil vom 9. Dezember 2010 VI R 57/08 –, BStBl II 2011 **S. 978) oder**

- eigene Beiträge des Arbeitnehmers sind, die er aus seinem bereits zugeflossenen und versteuerten Arbeitsentgelt zur Finanzierung der betrieblichen Altersversorgung leistet.

Im Übrigen sind **die** Rz. **2** ff. zu beachten.

Voraussetzung für die steuerliche Förderung ist neben der individuellen Besteuerung **68** der Beiträge, dass die Auszahlung der zugesagten Altersversorgungsleistung in Form einer lebenslangen Rente oder eines Auszahlungsplans mit anschließender lebenslanger Teilkapitalverrentung (§ 1 Abs. 1 Satz 1 Nr. 4 Buchstabe a AltZertG) vorgesehen ist. **Davon ist auch bei einer betrieblichen Altersversorgung in Form der reinen Beitragszusage (§§ 21 ff. BetrAVG) auszugehen.** Die steuerliche Förderung von Beitragsteilen, die zur Absicherung einer Invaliditäts- oder Hinterbliebenenversorgung verwendet werden, kommt nur dann in Betracht, wenn die Auszahlung in Form einer Rente (§ 1 Abs. 1 Satz 1 Nr. 4 Buchstabe a AltZertG; vgl. Rz. **34**) vorgesehen ist. Rente oder Auszahlungsplan in diesem Sinne liegt auch dann vor, wenn bis zu 30 % des zu Beginn der Auszahlungsphase zur Verfügung stehenden Kapitals außerhalb der monatlichen Leistungen ausgezahlt werden. Die zu Beginn der Auszahlungsphase zu treffende Entscheidung und Entnahme des Teilkapitalbetrags aus diesem Vertrag (Rz. **210 des BMF-Schreibens vom 21. Dezember 2017, BStBl 2018 I S. 93**) führt zur Besteuerung nach § 22 Nr. 5 EStG. Allein die Möglichkeit, anstelle dieser Auszahlungsformen eine Einmalkapitalauszahlung (100 % des zu Beginn der Auszahlungsphase zur Verfügung stehenden Kapitals) zu wählen, steht der Förderung noch nicht entgegen. Die Möglichkeit, eine Einmalkapitalauszahlung anstelle einer Rente oder eines Auszahlungsplans zu wählen, gilt nicht nur für Altersversorgungsleistungen, sondern auch für Invaliditäts- oder Hinterbliebenenversorgungsleistungen. Entscheidet sich der Arbeitnehmer zugunsten einer Einmalkapitalauszahlung, so sind von diesem Zeitpunkt an die Voraussetzungen des § 10a und Abschnitts XI EStG nicht mehr erfüllt und die Beitragsleistungen können nicht mehr gefördert werden. Erfolgt die Ausübung des Wahlrechtes innerhalb des letzten Jahres vor dem altersbedingten Ausscheiden aus dem Erwerbsleben, so ist es aus Vereinfachungsgründen nicht zu beanstanden, wenn die Beitragsleistungen weiterhin nach § 10a/Abschnitt XI EStG gefördert werden. Für die Berechnung der Jahresfrist ist dabei auf das im Zeitpunkt der Ausübung des Wahlrechts vertraglich vorgesehene Ausscheiden aus dem Erwerbsleben (vertraglich vorgesehener Beginn der Altersversorgungsleistung) abzustellen. Da die Auszahlungsphase bei der Hinterbliebenenleistung erst mit dem Zeitpunkt des Todes des ursprünglich Berechtigten beginnt, ist es in diesem Fall aus steuerlicher Sicht nicht zu beanstanden, wenn das Wahlrecht zu diesem Zeitpunkt ausgeübt wird. Bei Auszahlung des Einmalkapitalbetrags handelt es sich um eine schädliche Verwendung im Sinne des § 93 EStG (vgl. Rz. **167** f.), soweit sie auf steuerlich gefördertem Altersvorsorgevermögen beruht. Da es sich bei der Teil- bzw. Einmalkapitalauszahlung nicht um außerordentliche Einkünfte im Sinne des § 34 Abs. 2 **EStG handelt**, kommt eine Anwendung der Fünftelungsregelung des § 34 EStG auf diese Zahlungen nicht in Betracht **(BFH vom 20. September 2016 – X R 23/15 –, BStBl 2017 II S. 347, vgl. auch Rz. 149).**

Die aus bereits zugeflossenem Arbeitslohn des Arbeitnehmers geleisteten Beiträge an **69** einen Pensionsfonds, eine Pensionskasse oder eine Direktversicherung zum Aufbau einer kapitalgedeckten betrieblichen Altersversorgung, bei der eine Auszahlung der zugesagten Altersversorgungsleistung in Form einer Rente oder eines Auszahlungsplans

(§ 1 Abs. 1 Satz 1 Nr. 4 AltZertG) vorgesehen ist, zählen auch dann zu den Altersvorsorgebeiträgen im Sinne von § 82 Abs. 2 EStG, wenn der Arbeitslohn aufgrund eines **DBA** nicht in Deutschland, sondern in einem anderen Land der inländischen individuellen Besteuerung vergleichbar versteuert wird.

70 Beitragsleistungen, die aus nach § 40a EStG pauschal versteuertem Arbeitslohn erbracht werden, gehören nicht zu den Altersvorsorgebeiträgen nach § 82 Abs. 2 Satz 1 Buchstabe a EStG.

71 Altersvorsorgebeiträge im Sinne des § 82 Abs. 2 EStG sind auch die Beiträge des ehemaligen Arbeitnehmers, die dieser im Fall einer zunächst ganz oder teilweise durch Entgeltumwandlung finanzierten und nach § 3 Nr. 63 oder § 10a/Abschnitt XI EStG geförderten betrieblichen Altersversorgung nach der Beendigung des Arbeitsverhältnisses nach Maßgabe des § 1b Abs. 5 **Satz 1** Nr. 2 BetrAVG selbst erbringt. Dies gilt entsprechend in den Fällen der Finanzierung durch eigene Beiträge des Arbeitnehmers (vgl. Rz. **26**).

72 Die vom Steuerpflichtigen nach Maßgabe des § 1b Abs. 5 Satz 1 Nr. 2 BetrAVG selbst zu erbringenden Beiträge müssen nicht aus individuell versteuertem Arbeitslohn stammen (z. B. Finanzierung aus steuerfreiem Arbeitslosengeld). Gleiches gilt, soweit der Arbeitnehmer trotz eines weiter bestehenden Arbeitsverhältnisses keinen Anspruch auf Arbeitslohn mehr hat und die Beiträge nun selbst erbringt (z. B. während der Schutzfristen des § 3 Abs. 2 und § 6 Abs. 1 des Mutterschutzgesetzes, der Elternzeit, des Bezugs von Krankengeld oder auch § 1a Abs. 4 BetrAVG) oder aufgrund einer gesetzlichen Verpflichtung Beiträge zur betrieblichen Altersversorgung entrichtet werden (z. B. nach §§ 14a und 14b des Arbeitsplatzschutzgesetzes).

73 Voraussetzung für die Förderung durch Sonderausgabenabzug nach § 10a EStG und Zulage nach Abschnitt XI EStG ist in den Fällen der Rz. **71** f., dass der Steuerpflichtige zum begünstigten Personenkreis gehört. Die zeitliche Zuordnung dieser Altersvorsorgebeiträge richtet sich grundsätzlich nach § 11 Abs. 2 EStG.

74 Zu den begünstigten Altersvorsorgebeiträgen gehören nur Beiträge, die zum Aufbau einer betrieblichen Altersversorgung im Kapitaldeckungsverfahren erhoben werden. Für Umlagen, die an eine Versorgungseinrichtung gezahlt werden, kommt die Förderung dagegen nicht in Betracht. Werden sowohl Umlagen als auch Beiträge im Kapitaldeckungsverfahren erhoben, gehören Letztere nur dann zu den begünstigten Aufwendungen, wenn eine getrennte Verwaltung und Abrechnung beider Vermögensmassen erfolgt (Trennungsprinzip).

75 Die Versorgungseinrichtung hat dem Zulageberechtigten jährlich eine Bescheinigung zu erteilen (§ 92 EStG). Diese Bescheinigung muss u. a. den Stand des Altersvorsorgevermögens ausweisen (§ 92 Nr. 5 EStG). **Altersvorsorgevermögen kann immer nur dann vorliegen, wenn sich der Steuerpflichtige bewusst für die Förderung nach § 10a EStG und Abschnitt XI EStG entschieden hat. Dies ist dann der Fall, wenn der Steuerpflichtige seiner Versorgungseinrichtung in der Vergangenheit mitgeteilt hat oder mit Wirkung für die Zukunft mitteilt, dass er diese Förderung in Anspruch nehmen möchte und die Versorgungseinrichtung daraufhin ihre Pflichten als Anbieter nach § 80 EStG wahrnimmt. Ein Zulagenantrag muss nicht gestellt werden.** Bei einer Leistungszusage (§ 1 Abs. 1 Satz 2 Halbsatz 2 BetrAVG) und einer

beitragsorientierten Leistungszusage (§ 1 Abs. 2 Nr. 1 BetrAVG) kann stattdessen der Barwert der erdienten Anwartschaft bescheinigt werden.

12. Steuerfreiheit nach § 3 Nr. 56 EStG

a) Begünstigter Personenkreis

Die Rz. **23** f. gelten entsprechend.   76

b) Begünstigte Aufwendungen

Zu den nach § 3 Nr. 56 EStG begünstigten Aufwendungen gehören nur laufen- 77 de Zuwendungen des Arbeitgebers für eine betriebliche Altersversorgung an eine Pensionskasse, die nicht im Kapitaldeckungsverfahren, sondern im Umlageverfahren finanziert wird (wie z. B. Umlagen an die Versorgungsanstalt des Bundes und der Länder – VBL – bzw. an eine kommunale oder kirchliche Zusatzversorgungskasse). Soweit diese Zuwendungen nicht nach § 3 Nr. 56 EStG steuerfrei bleiben, können sie individuell oder nach § 40b Abs. 1 und 2 EStG pauschal besteuert werden. Im Übrigen gelten **die Rz. 27 f. und die** Rz. **30** bis **34** entsprechend. Danach sind z. B. der Arbeitnehmereigenanteil an einer Umlage und die sog. eigenen Beiträge des Arbeitnehmers nicht steuerfrei nach § 3 Nr. 56 EStG.

Werden von der Versorgungseinrichtung sowohl Zuwendungen/Umlagen als auch Bei- 78 träge im Kapitaldeckungsverfahren erhoben, ist § 3 Nr. 56 EStG auch auf die im Kapitaldeckungsverfahren erhobenen Beiträge anwendbar, wenn eine getrennte Verwaltung und Abrechnung beider Vermögensmassen (Trennungsprinzip, **Rz. 25**) nicht erfolgt.

Erfolgt eine getrennte Verwaltung und Abrechnung beider Vermögensmassen, ist die 79 Steuerfreiheit nach § 3 Nr. 63 EStG für die im Kapitaldeckungsverfahren erhobenen Beiträge vorrangig zu berücksichtigen. Dies gilt unabhängig davon, ob diese Beiträge rein arbeitgeberfinanziert sind, auf einer Entgeltumwandlung oder anderen im Gesamtversicherungsbeitrag des Arbeitgebers enthaltenen Finanzierungsanteilen des Arbeitnehmers beruhen. Die nach § 3 Nr. 63 EStG steuerfreien Beträge mindern den Höchstbetrag des § 3 Nr. 56 EStG (§ 3 Nr. 56 Satz 3 EStG). Zuwendungen nach § 3 Nr. 56 EStG sind daher nur steuerfrei, soweit die nach § 3 Nr. 63 EStG steuerfreien Beiträge den Höchstbetrag des § 3 Nr. 56 EStG unterschreiten. Eine Minderung nach § 3 Nr. 56 Satz 3 EStG ist immer nur in dem jeweiligen Dienstverhältnis vorzunehmen; die Steuerfreistellung nach § 3 Nr. 56 EStG bleibt somit unberührt, wenn z. B. erst in einem späteren ersten Dienstverhältnis Beiträge nach § 3 Nr. 63 EStG steuerfrei bleiben.

▶ **Beispiel:**   80

Arbeitgeber A **zahlt an** seine Zusatzversorgungskasse einen Betrag i. H. v.:

- 240 € (12 x 20 €) zugunsten einer getrennt verwalteten und abgerechneten kapitalgedeckten betrieblichen Altersversorgung und
- 1.680 € (12 x 140 €) zugunsten einer umlagefinanzierten betrieblichen Altersversorgung.

Der Beitrag i. H. v. 240 € ist steuerfrei gem. § 3 Nr. 63 EStG, denn der entsprechende Höchstbetrag wird nicht überschritten.

Von der Umlage sind **(bei einer angenommenen Beitragsbemessungsgrenze in der all-gemeinen Rentenversicherung [West] i. H. v. 78.000 €) 1.320 €** steuerfrei gem. § 3 Nr. 56 Satz 1 und 3 EStG (grundsätzlich 1 680 €, aber maximal **2** % der **Beitragsbemessungsgrenze** in der allgemeinen Rentenversicherung **[West]** i. H. v. **1.560 €** abzüglich 240 €). Die verbleibende Umlage i. H. v. **360 €** (1.680 € abzüglich **1.320 €**) ist individuell oder gem. § 40b Abs. 1 und 2 EStG pauschal zu besteuern.

81 Es bestehen keine Bedenken gegen eine auf das Kalenderjahr bezogene Betrachtung hinsichtlich der gem. § 3 Nr. 56 Satz 3 EStG vorzunehmenden Verrechnung, wenn sowohl nach § 3 Nr. 63 EStG steuerfreie Beiträge als auch nach § 3 Nr. 56 EStG steuer-freie Zuwendungen erbracht werden sollen. Stellt der Arbeitgeber vor Übermittlung der elektronischen Lohnsteuerbescheinigung fest (z. B. wegen einer erst im Laufe des Kalenderjahres vereinbarten nach § 3 Nr. 63 EStG steuerfreien Entgeltumwandlung aus einer Sonderzuwendung), dass die ursprüngliche Betrachtung nicht mehr zutreffend ist, hat er eine Korrektur vorzunehmen.

82 ▶ **Beispiel:**
Arbeitgeber A zahlt ab dem **1. Januar monatlich** an eine Zusatzversorgungskasse 140 € zugunsten einer umlagefinanzierten betrieblichen Altersversorgung; nach § 3 Nr. 63 EStG steuer-freie Beiträge werden nicht entrichtet. Aus dem Dezembergehalt (Gehaltszahlung **15. Dezember)** **wandelt** der Arbeitnehmer einen Betrag i. H. v. 240 € zugunsten einer kapitalgedeckten betrieb-lichen Altersversorgung um (wobei die Mitteilung an den Arbeitgeber am **5. Dezember erfolgt)**. Der Beitrag i. H. v. 240 € ist vorrangig steuerfrei nach § 3 Nr. 63 EStG.
Von der Umlage wurde bisher ein Betrag i. H. v. **1.430 €** (= 11 x **130 €** [2 % der angenommenen Beitragsbemessungsgrenze in der allgemeinen Rentenversicherung **[West] i. H. v. 78.000 € =** **1.560 €**, verteilt auf 12 Monate]) nach § 3 Nr. 56 EStG steuerfrei belassen.
Im Monat **Dezember ist** die steuerliche Behandlung der Umlagezahlung zu korrigieren, denn nur ein Betrag i. H. v. **1.320 €** (**1.560 €** abzüglich 240 €) kann **maximal im Kalenderjahr** steuerfrei **nach § 3 Nr. 56 EStG** gezahlt werden. Ein Betrag i. H. v. **110 €** (**1.430 €** abzüglich **1.320 €)** ist noch individuell oder pauschal zu besteuern. Der Arbeitgeber kann wahlweise den Lohn-steuerabzug der Monate **Januar bis November** korrigieren oder im **Dezember den** Betrag als sonstigen Bezug behandeln. Der Betrag für den Monat **Dezember i. H. v. 140 €** ist **vollständig** individuell oder pauschal zu besteuern.

13. Anwendung des § 40b EStG in der geltenden Fassung

83 § 40b EStG erfasst nur noch Zuwendungen des Arbeitgebers für eine betriebliche Alters-versorgung an eine Pensionskasse, die nicht im Kapitaldeckungsverfahren, sondern im Umlageverfahren finanziert wird (wie z. B. Umlagen an die Versorgungsanstalt des Bundes und der Länder – VBL – bzw. an eine kommunale oder kirchliche Zusatzver-sorgungskasse). Werden für den Arbeitnehmer solche Zuwendungen laufend geleistet, bleiben **diese zunächst** im Rahmen des § 3 Nr. 56 EStG steuerfrei. Die den Rahmen des § 3 Nr. 56 EStG übersteigenden Zuwendungen können dann nach § 40b Abs. 1 und 2 EStG pauschal besteuert **werden (zur Anwendung der Pauschalbesteuerung nach § 40b EStG a. F. für den Bereich der kapitalgedeckten betrieblichen Alters-versorgung vgl. Rz. 85 ff.). Werden** von einer Versorgungseinrichtung sowohl Umlagen als auch Beiträge im Kapitaldeckungsverfahren erhoben, ist § 40b EStG auch auf die im Kapitaldeckungsverfahren erhobenen Beiträge anwendbar, wenn eine getrennte

Verwaltung und Abrechnung beider Vermögensmassen (Trennungsprinzip, Rz. **25**) nicht erfolgt.

Zuwendungen des Arbeitgebers im Sinne des § 19 Abs. 1 Satz 1 Nr. 3 Satz 2 EStG an eine Pensionskasse sind in voller Höhe pauschal nach § 40b Abs. 4 EStG mit 15 % zu besteuern. Dazu gehören z. B. Gegenwertzahlungen **und Zahlungen im Erstattungsmodell** nach § 23a **und § 23c** der Satzung der Versorgungsanstalt des Bundes und der Länder – VBL – **oder nach § 15a und § 15b der AKA-Mustersatzung für die kommunalen und kirchlichen Zusatzversorgungskassen.** Für die Anwendung des § 40b Abs. 4 EStG ist es unerheblich, wenn an die Versorgungseinrichtung keine weiteren laufenden Beiträge oder Zuwendungen geleistet werden. **84**

14. Übergangsregelungen § 52 Abs. 4 Satz 12 ff. und Abs. 40 EStG zur Anwendung des § 3 Nr. 63 EStG sowie des § 40b EStG a. F.

a) Mindestens eine pauschal besteuerte Beitragsleistung vor dem 1. Januar 2018

Für die weitere Anwendung von § 40b Abs. 1 und 2 EStG a. F. ist als grundlegende personenbezogene Voraussetzung zunächst entscheidend, ob vor dem 1. Januar 2018 mindestens ein Beitrag des Arbeitgebers zum Aufbau einer kapitalgedeckten **85**

Altersversorgung an eine Pensionskasse oder Direktversicherung rechtmäßig nach § 40b Abs. 1 und 2 EStG a. F. pauschal besteuert wurde, weil die entsprechenden Beiträge aufgrund einer Versorgungszusage geleistet werden, die vor dem 1. Januar 2005 erteilt wurde (lediglich für die Frage der zulässigen Anwendung der Pauschalbesteuerung vor 2018 sind daher die Regelungen in den Rz. 349 ff. des BMF-Schreibens vom 24. Juli 2013 (BStBl I S. 1022), unter Berücksichtigung der Änderungen durch das BMF-Schreiben vom 13. Januar 2014 (BStBl I S. 97) und das BMF-Schreiben vom 13. März 2014 (BStBl I S. 554) weiter von Bedeutung).

Wurde für einen Arbeitnehmer vor dem 1. Januar 2018 mindestens ein Beitrag rechtmäßig nach § 40b EStG a. F. pauschal besteuert, liegen für diesen Arbeitnehmer die persönlichen Voraussetzungen für die weitere Anwendung des § 40b EStG a. F. sein ganzes Leben lang vor. Vertragsänderungen (z. B. Beitragserhöhungen), Neuabschlüsse, Änderungen der Versorgungszusage, Arbeitgeberwechsel etc. sind unbeachtlich. Im Fall eines Arbeitgeberwechsels genügt es, wenn der Arbeitnehmer gegenüber dem neuen Arbeitgeber nachweist, dass vor dem 1. Januar 2018 mindestens ein Beitrag an eine Pensionskasse oder eine Direktversicherung nach § 40b EStG a. F. pauschal besteuert wurde (beispielsweise durch eine Gehaltsabrechnung oder eine Bescheinigung eines Vorarbeitgebers bzw. des Versorgungsträgers). Der neue Arbeitgeber kann dann die in Betracht kommenden Beiträge zugunsten einer kapitalgedeckten Pensionskasse oder Direktversicherung im Sinne des R 40b.1 LStR ebenfalls weiterhin nach § 40b EStG a. F. pauschal besteuern. Übersteigen die Beiträge des Arbeitgebers den Pauschalierungshöchstbetrag von 1.752 €, sind diese unter den Voraussetzungen des § 3 Nr. 63 Satz 1 EStG i. V. m. § 52 Abs. 4 Satz 14 EStG steuerfrei (vgl. Rz. 31). Die Anwendung der Pauschalbesteuerung nach § 40b EStG a. F. für Beiträge an **86**

Pensionskassen und für Direktversicherungen ist somit nicht erst nach Übersteigen des steuerfreien Höchstbetrages von 8 % möglich, sondern mindert das maximal steuerfreie Volumen (§ 52 Abs. 4 Satz 14 EStG).

87 ▶ Beispiel 1:

Dem Arbeitnehmer A wurde vom Arbeitgeber B im Jahr 2000 eine Versorgungszusage über eine Pensionskasse und im Jahr 2010 in Form einer Direktversicherung erteilt. Die Beiträge für die Pensionskasse wurden – soweit sie die Steuerfreiheit nach § 3 Nr. 63 EStG überstiegen – bis zur Beendigung des Dienstverhältnisses am 30. Juni 2017 nach § 40b EStG a. F. pauschal besteuert. Die Beiträge für die Direktversicherung wurden aus individuell versteuertem Arbeitslohn geleistet. Nach einer Zeit der Arbeitslosigkeit (1. Juli 2017 bis 31. März 2018) nimmt A zum 1. April 2018 ein neues Beschäftigungsverhältnis beim Arbeitgeber C auf. C erteilt A eine neue Versorgungszusage über einen Pensionsfonds und übernimmt die Direktversicherung. A weist dem C nach, dass die Beiträge für die Pensionskasse in 2017 nach § 40b EStG a. F. pauschal besteuert wurden (Vorlage einer Gehaltsabrechnung).

Arbeitgeber C kann die Beiträge für die Direktversicherung bis zur Höhe von maximal 1.752 € nach § 40b EStG a. F. pauschal besteuern. Der Zeitpunkt der Erteilung der Versorgungszusage für die Direktversicherung ist ohne Bedeutung. Die Beiträge an den Pensionsfonds sind nach Maßgabe des § 3 Nr. 63 EStG steuerfrei.

88 ▶ Beispiel 2:

Dem Arbeitnehmer A wurde vom Arbeitgeber B im Jahr 2006 eine Versorgungszusage in Form einer Direktversicherung erteilt. Die Beiträge für die Direktversicherung waren bis zum 30. Juni 2017 steuerfrei nach § 3 Nr. 63 EStG. Nach einer Zeit der Arbeitslosigkeit (1. Juli 2017 bis 31. März 2018) nimmt A zum 1. April 2018 ein neues Beschäftigungsverhältnis beim Arbeitgeber C auf. C übernimmt die Direktversicherung und führt sie fort.

Arbeitgeber C kann die Beiträge für die Direktversicherung nicht nach § 40b EStG a. F. pauschal besteuern, da vor dem 1. Januar 2018 kein Beitrag nach § 40b Abs. 1 und 2 EStG a. F. pauschal besteuert wurde.

b) Weiteranwendung des § 40b Abs. 1 und 2 EStG a. F.

89 Neben diesen Vorgaben (s. Rz. 85 f.) ist Folgendes zu beachten:

90 Im Fall der Durchschnittsberechnung nach § 40b Abs. 2 Satz 2 EStG a. F. sind zur Ermittlung des verbleibenden steuerfreien Volumens nach § 3 Nr. 63 Satz 1 EStG grundsätzlich die auf den einzelnen Arbeitnehmer entfallenden Leistungen des Arbeitgebers mindernd anzurechnen. Hat der Arbeitgeber keine individuelle Zuordnung der auf den einzelnen Arbeitnehmer entfallenden Leistungen vorgenommen, bestehen keine Bedenken, wenn der Arbeitgeber aus Vereinfachungsgründen einheitlich für alle Arbeitnehmer den nach § 40b EStG a. F. pauschal besteuerten Durchschnittsbetrag berücksichtigt.

▶ **Beispiel 1:** 91

Der Arbeitgeber zahlt in einen Gruppendirektversicherungsvertrag 600 € jährlich für den Arbeitnehmer A und 2.000 € jährlich für den Arbeitnehmer B ein. Der Durchschnittsbetrag von 1.300 € (600 € zuzüglich 2.000 € : 2 Arbeitnehmer) wird mit 20 % pauschal besteuert. Das steuerfreie Volumen von 8 % der Beitragsbemessungsgrenze in der allgemeinen Rentenversicherung (West) ist beim Arbeitnehmer A um 600 € und beim Arbeitnehmer B um 2.000 € zu vermindern.

▶ **Beispiel 2:** 92

Der Arbeitgeber zahlt an seine Pensionskasse 3 % seiner Bruttolohnsumme als Beitrag für alle Arbeitnehmer. Der mit 20 % pauschal besteuerte auf jeden Arbeitnehmer entfallende Durchschnittsbetrag nach § 40b Abs. 2 Satz 2 EStG a. F. beträgt 1.500 €.

Das steuerfreie Volumen von 8 % der Beitragsbemessungsgrenze in der allgemeinen Rentenversicherung (West) wird bei allen Arbeitnehmern um 1.500 € gemindert.

Beiträge für eine Direktversicherung, die auch die Voraussetzungen des § 3 Nr. 63 93 EStG erfüllen, können nach § 40b Abs. 1 und 2 EStG a. F. pauschal besteuert werden, soweit der Arbeitnehmer zuvor gegenüber dem Arbeitgeber für diese Beiträge auf die Anwendung des § 3 Nr. 63 EStG verzichtet hat (§ 52 Abs. 40 Satz 2 EStG); der Verzicht gilt für die Dauer des jeweiligen Dienstverhältnisses. Im Fall eines späteren Arbeitgeberwechsels ist in den Fällen des § 4 Abs. 2 Nr. 1 und 2 BetrAVG die Weiteranwendung des § 40b EStG a. F. möglich, wenn der Arbeitnehmer dem Angebot des Arbeitgebers, die Beiträge weiterhin nach § 40b EStG a. F. pauschal zu versteuern, spätestens bis zur ersten Beitragsleistung zustimmt.

c) Verhältnis von § 3 Nr. 63 Satz 3 EStG und § 40b Abs. 1, Abs. 2 Satz 3 und 4 EStG a. F.

Begünstigte Aufwendungen (Rz. 25 ff.), die der Arbeitgeber aus Anlass der 94 Beendigung des Dienstverhältnisses leistet, können nach § 3 Nr. 63 Satz 3 EStG steuerfrei belassen oder nach § 40b Abs. 2 Satz 3 und 4 EStG a. F. pauschal besteuert werden.

Das steuerfreie Volumen von § 3 Nr. 63 Satz 3 EStG wird gemindert, soweit § 40b 95 Abs. 1 und Abs. 2 Satz 3 und 4 EStG a. F. auf die Beiträge, die der Arbeitgeber aus Anlass der Beendigung des Dienstverhältnisses leistet, angewendet wird (§ 52 Abs. 4 Satz 15 EStG). Die Pauschalbesteuerung nach § 40b Abs. 2 Satz 1 und 2 EStG a. F. berührt hingegen das steuerfreie Volumen des § 3 Nr. 63 Satz 3 EStG nicht.

▶ **Beispiel:** 96

steuerfreier Höchstbetrag
(maximal 10 Jahre x 4 % BBG RV [West], angen. 78.000 €)   31.200 €

abzgl. nach § 40b Abs. 2 Satz 3 und 4 EStG a. F. tatsächlich pauschal

besteuerte Beiträge z. B.   ./. 26.280 €

verbleiben als steuerfreies Volumen nach § 3 Nr. 63 Satz 3 EStG   = 4.920 €

Eine Anwendung von § 3 Nr. 63 Satz 3 EStG ist allerdings nicht möglich, soweit 97 der Arbeitnehmer bei Beiträgen für eine Direktversicherung auf die Anwendung der Steuerfreiheit nach § 3 Nr. 63 EStG für diese Beiträge zugunsten der Weiteranwendung des § 40b EStG a. F. verzichtet hatte (vgl. Rz. 93).

d) Verhältnis von § 3 Nr. 63 Satz 4 EStG und § 40b Abs. 1 und 2 Satz 1 und 2 EStG a. F.

98 Begünstigte Aufwendungen (Rz. 46), die der Arbeitgeber für Kalenderjahre nachzahlt, in denen das erste Dienstverhältnis ruhte, können nach § 3 Nr. 63 Satz 4 EStG sowie ggf. nach § 3 Nr. 63 Satz 1 EStG steuerfrei belassen oder nach § 40b Abs. 2 Satz 1 und 2 EStG a. F. pauschal besteuert werden (Rz. 50).

e) Verhältnis von § 3 Nr. 63 EStG und § 40b EStG a. F., wenn die betriebliche Altersversorgung nebeneinander bei verschiedenen Versorgungseinrichtungen durchgeführt wird

99 Leistet der Arbeitgeber nach § 3 Nr. 63 Satz 1 EStG begünstigte Beiträge an verschiedene Versorgungseinrichtungen, kann er § 40b EStG a. F. auf Beiträge an Pensionskassen und Direktversicherungen unabhängig von der zeitlichen Reihenfolge der Beitragszahlung anwenden, wenn die Voraussetzungen für die weitere Anwendung der Pauschalbesteuerung vorliegen.

15. BAV-Förderbetrag

a) Allgemeines

100 Mit § 100 EStG wird zum 1. Januar 2018 durch das Gesetz zur Stärkung der betrieblichen Altersversorgung und zur Änderung anderer Gesetze (Betriebsrentenstärkungsgesetz) vom 17. August 2017 (BGBl. I S. 3214, BStBl I S. 1278) ein neues Fördermodell zur betrieblichen Altersversorgung mittels BAV-Förderbetrag eingeführt. Der BAV-Förderbetrag ist ein staatlicher Zuschuss zu einem vom Arbeitgeber zusätzlich zum ohnehin geschuldeten Arbeitslohn geleisteten Beitrag zur betrieblichen Altersversorgung von Arbeitnehmern mit geringem Einkommen (Bruttoarbeitslohn von monatlich nicht mehr als 2.200 €). Gefördert werden Beiträge von mindestens 240 € bis höchstens 480 € im Kalenderjahr. Der staatliche Zuschuss beträgt 30 % des gesamten zusätzlichen Arbeitgeberbeitrags, also mindestens 72 € bis höchstens 144 € im Kalenderjahr. Er wird dem Arbeitgeber im Wege der Verrechnung mit der von ihm abzuführenden Lohnsteuer gewährt, grundsätzlich für den LohnsteuerAnmeldungszeitraum, dem der jeweilige Beitrag des Arbeitgebers zuzuordnen ist.

b) Grundlegende Voraussetzungen und Abwicklung (§ 100 Abs. 1 EStG)

101 Arbeitgeber im Sinne des § 38 Abs. 1 EStG dürfen für jeden begünstigten Arbeitnehmer (vgl. Rz. 106 ff.) mit einem ersten Dienstverhältnis vom Gesamtbetrag der einzubehaltenden Lohnsteuer einen Teilbetrag des Arbeitgeberbeitrags zur kapitalgedeckten betrieblichen Altersversorgung (BAV-Förderbetrag) entnehmen und bei der nächsten Lohnsteuer-Anmeldung gesondert absetzen.

102 Ist keine Lohnsteuer einzubehalten (weil der Arbeitslohn nicht steuerbelastet ist oder lediglich die Pauschalsteuer an die Deutsche Rentenversicherung Knapp-

schaft/Bahn/See zu entrichten ist) oder ist die vom Arbeitgeber einzubehaltende Lohnsteuer geringer als der BAV-Förderbetrag, kommt es mit der Lohnsteuer-Anmeldung zu einer Erstattung durch das Betriebsstättenfinanzamt.

Die Förderung beanspruchen kann somit nur ein Arbeitgeber, der dem Grunde nach zum Lohnsteuerabzug verpflichtet ist. Das sind inländische Arbeitgeber (§ 38 Abs. 1 Satz 1 Nr. 1 EStG), ausländische Verleiher (§ 38 Abs. 1 Satz 1 Nr. 2 EStG) und in den Fällen der Arbeitnehmerentsendung das in Deutschland ansässige aufnehmende Unternehmen, das den Arbeitslohn für die geleistete Arbeit wirtschaftlich trägt (§ 38 Abs. 1 Satz 2 EStG). 103

Der BAV-Förderbetrag setzt ein erstes Dienstverhältnis voraus (Steuerklassen I bis V oder die Bestimmung durch den Arbeitnehmer bei pauschal besteuertem Arbeitslohn; vgl. auch Rz. 24). Hierzu zählt auch ein weiterbestehendes Dienstverhältnis ohne Anspruch auf Arbeitslohn (z. B. während der Elternzeit, der Pflegezeit, des Bezugs von Krankengeld). Bei einem Arbeitgeberwechsel im Laufe des Jahres kann jeder Arbeitgeber den BAV-Förderbetrag jeweils bis zum Höchstbetrag ausschöpfen. 104

Durch den BAV-Förderbetrag wird die kapitalgedeckte betriebliche Altersversorgung bezuschusst. Werden sowohl Umlagen als auch Beiträge im Kapitaldeckungsverfahren erhoben, gehören Letztere nur dann zu den begünstigten Aufwendungen, wenn eine getrennte Verwaltung und Abrechnung beider Vermögensmassen erfolgt (Trennungsprinzip); s. Rz. 25. 105

c) Begünstigte Personen, Einkommensgrenze (§ 100 Abs. 3 Nr. 3 EStG)

Begünstigt sind alle Arbeitnehmer (§ 1 LStDV, also auch Auszubildende, Teilzeitbeschäftigte oder geringfügig Beschäftigte), deren laufender steuerpflichtiger Arbeitslohn im Zeitpunkt der Beitragsleistung innerhalb der von § 100 Abs. 3 Nr. 3 EStG festgelegten Einkommensgrenze (2.200 € monatlich, 73,34 € täglich, 513,34 € wöchentlich und 26.400 € bei jährlicher Lohnzahlung) liegt. Maßgebend ist dabei der laufende Arbeitslohn des Arbeitnehmers im jeweiligen Lohnabrechnungszeitraum, der Berechnungsgrundlage für die Lohnsteuerberechnung gem. § 39b Abs. 2 Satz 1 EStG ist. Bei einem täglichen (z. B. untermonatiger Eintritt in das Dienstverhältnis), wöchentlichen oder monatlichem Lohnzahlungszeitraum ist der Lohn daher nicht auf einen voraussichtlichen Jahresarbeitslohn hochzurechnen. Ergibt sich z. B. aufgrund einer rechtlich fehlerhaften Lohnabrechnung oder einer Lohnsteuer-Außenprüfung nachträglich eine Korrektur des laufenden Arbeitslohns mit der Folge, dass die Voraussetzungen für die Gewährung des BAV-Förderbetrags im jeweiligen Lohnzahlungszeitraum nicht vorlagen, sind die entsprechenden Lohnsteuer-Anmeldungen zu ändern (vgl. Rz. 114 und 142). 106

107 ► Beispiel:

Ein Arbeitnehmer ist seit 1. Januar beim Arbeitgeber A beschäftigt (Monatsarbeitslohn 4.000 €). Ab 16. April ist er im Ausland tätig und bezieht seitdem nach DBA steuerfreien Arbeitslohn. Im April betragen der steuerpflichtige und der steuerfreie Arbeitslohn jeweils 2.000 €.

Der Lohnzahlungszeitraum im April ist der Kalendermonat (R 39b.5 Abs. 2 Satz 3 LStR). Im April beträgt das maßgebliche Einkommen 2.000 €. Die Einkommensgrenze des § 100 Abs. 3 Nr. 3 EStG wird nicht überschritten.

108 Steuerfreie Lohnbestandteile (z. B. nach § 3 Nr. 63 EStG steuerfreie Beiträge zur betrieblichen Altersversorgung, steuerfreie Arbeitslohnteile nach DBA), sonstige Bezüge (§ 39b Abs. 3 EStG, auch R 39b.5 Abs. 4 Satz 2 LStR), unter die 44 €-Freigrenze oder den Rabattfreibetrag fallende Sachbezüge (§ 8 Abs. 2 Satz 11 und § 8 Abs. 3 EStG EStG) oder nach den §§ 37a, 37b, 40, 40b EStG oder § 40b EStG a. F. pauschal besteuerter Arbeitslohn bleiben bei der Prüfung der Einkommensgrenze unberücksichtigt.

109 Bei Teilzeitbeschäftigten und geringfügig Beschäftigten, bei denen die Lohnsteuer pauschal erhoben wird, gibt es keinen laufenden Arbeitslohn im Sinne des § 39b Abs. 2 Satz 1 und 2 EStG. Hier wird auf den pauschal besteuerten Arbeitslohn oder das pauschal besteuerte Arbeitsentgelt für den entsprechenden Lohnzahlungszeitraum abgestellt. Als sonstige Bezüge einzuordnende Arbeitsentgelt-/Arbeitslohnteile bleiben hier ebenfalls unberücksichtigt.

110 Zu dem durch den BAV-Förderbetrag begünstigten Personenkreis gehören alle Arbeitnehmer (§ 1 LStDV), unabhängig davon, ob sie in der gesetzlichen Rentenversicherung pflichtversichert sind oder nicht (z. B. beherrschende Gesellschafter-Geschäftsführer, geringfügig Beschäftigte, in einem berufsständischen Versorgungswerk Versicherte).

d) Begünstigte Aufwendungen, zusätzlicher Arbeitgeberbeitrag (§ 100 Abs. 3 Nr. 2 EStG)

111 Nach § 100 Abs. 3 Nr. 2 EStG kann der BAV-Förderbetrag nur für einen vom Arbeitgeber zusätzlich zum ohnehin geschuldeten Arbeitslohn erbrachten Beitrag zur betrieblichen Altersversorgung an einen Pensionsfonds, eine Pensionskasse oder für eine Direktversicherung beansprucht werden. Die zusätzlichen Beiträge können z. B. tarifvertraglich, durch eine Betriebsvereinbarung oder auch einzelvertraglich festgelegt sein. Im Gesamtversicherungsbeitrag des Arbeitgebers enthaltene Finanzierungsanteile des Arbeitnehmers sowie die mittels Entgeltumwandlung finanzierten Beiträge oder Eigenbeteiligungen des Arbeitnehmers sind – anders als bei § 3 Nr. 63 und § 10a/Abschnitt XI EStG (s. Rz. 26 und 67) – daher nicht begünstigt.

112 Nicht begünstigt sind auch die Leistungen des Arbeitgebers im Sinne des § 1a Abs. 1a und § 23 Abs. 2 BetrAVG, die er als Ausgleich für die ersparten Sozialversicherungsbeiträge infolge einer Entgeltumwandlung erbringt. Diese Beiträge werden steuerlich wie die zu Grunde liegende Entgeltumwandlung behandelt (s. a. Einzelbegründung zu § 1a Abs. 1a BetrAVG in der BT-Drs. 18/12612 und Einzelbegründung zu § 23 Abs. 2 BetrAVG in der BT-Drs. 18/11286). Nicht begünstigt

sind ferner Leistungen des Arbeitgebers im Sinne des § 23 Abs. 1 BetrAVG, die dem einzelnen Arbeitnehmer unmittelbar gutgeschrieben oder zugerechnet werden.

Die Förderung setzt des Weiteren voraus, dass der Arbeitgeber einen Mindestbetrag i. H. v. 240 € im Kalenderjahr geleistet hat. Wird der jährliche Mindestbetrag aus Gründen nicht erreicht, die zum Zeitpunkt der Inanspruchnahme des BAV-Förderbetrags nicht absehbar waren, beispielsweise weil der Arbeitgeber einen Monatsbetrag leistet und der Arbeitnehmer unerwartet aus dem Unternehmen ausscheidet, bevor der Mindestbetrag erreicht werden kann, ist der BAV-Förderbetrag nicht rückgängig zu machen (s. § 100 Abs. 4 Satz 1 EStG). Maximal begünstigt ist ein zusätzlicher Beitrag des Arbeitgebers i. H. v. 480 € im Kalenderjahr.

113

e) Verhältnisse im Zeitpunkt der Beitragsleistung

Für die Prüfung der Voraussetzungen des BAV-Förderbetrags sind immer nur die Verhältnisse im Zeitpunkt der Beitragsleistung maßgeblich (§ 100 Abs. 4 Satz 1 EStG). Sich nachträglich ergebende, rückwirkende Änderungen der Verhältnisse sind unbeachtlich. Die Regelung betrifft insbesondere Fälle mit schwankendem oder steigendem Arbeitslohn, rückwirkende Erhöhungen des Arbeitslohns sowie Fälle, in denen der Mindestbetrag nach § 100 Abs. 3 Nr. 2 EStG unvorhergesehen nicht erreicht wird. Etwas anderes gilt, wenn z. B. aufgrund einer rechtlich fehlerhaften Lohnabrechnung oder im Rahmen einer Lohnsteuer-Außenprüfung nachträglich festgestellt wird, dass der für die Einkommensgrenze nach § 100 Abs. 3 Nr. 3 EStG maßgebliche laufende Arbeitslohn unzutreffend ermittelt wurde.

114

▶ Beispiel 1:

Bei einem Arbeitnehmer beträgt im Januar der laufende Arbeitslohn 2.150 €. Der Arbeitgeber zahlt monatlich zum 10. des Monats einen zusätzlichen Arbeitgeberbeitrag von 40 € und nimmt mit der Lohnsteuer-Anmeldung für Januar den BAV-Förderbetrag in Anspruch. Im August wird eine Gehaltserhöhung von 3 % vereinbart, und zwar rückwirkend ab Juni. Der laufende Arbeitslohn beträgt daher ab Juni 2.214,50 €. Der Arbeitgeber zahlt weiterhin monatlich den zusätzlichen Arbeitgeberbeitrag.

Ab August kann der BAV-Förderbetrag nicht mehr in Anspruch genommen werden. Das Überschreiten der Einkommensgrenze ab August hat aber keinen Einfluss auf den bereits in den Monaten Januar bis Juli zulässigerweise in Anspruch genommenen BAV-Förderbetrag.

115

▶ Beispiel 2:

Bei einem Arbeitnehmer beträgt der laufende Arbeitslohn 2.150 €. Zusätzlich erhält der Arbeitnehmer steuerfreien Arbeitslohn von 200 €. Der Arbeitgeber zahlt monatlich zum 10. des Monats einen zusätzlichen Arbeitgeberbeitrag von 40 € und nimmt mit der Lohnsteuer-Anmeldung jeweils den BAV-Förderbetrag in Anspruch. Im Rahmen einer Lohnsteuer-Außenprüfung wird im folgenden Jahr festgestellt, dass die Voraussetzungen für die Steuerfreiheit im August nicht erfüllt sind.

Der BAV-Förderbetrag kann nicht in Anspruch genommen werden und ist zurückzuzahlen, weil der laufende Arbeitslohn unzutreffend ermittelt wurde. Die Lohnsteuer-Anmeldung für den Anmeldungszeitraum August des Vorjahres ist zu korrigieren.

116

117 ▶ Beispiel 3:

Der Arbeitgeber zahlt bei einem unbefristet beschäftigten Arbeitnehmer monatlich zum 10. des Monats einen zusätzlichen Arbeitgeberbeitrag i. H. v. 30 €. Der Arbeitgeber nimmt mit der Lohnsteuer-Anmeldung den BAV-Förderbetrag in Anspruch. Zum 1. Mai verlässt der Arbeitnehmer unerwartet das Unternehmen. Hierüber hat er den Arbeitgeber am 20. April informiert. Vom Arbeitgeber kann der zu zahlende Mindestbetrag von 240 € nicht mehr erreicht werden.

Das unerwartete Ausscheiden des Arbeitnehmers hat keinen Einfluss auf den bereits in den Monaten Januar bis April in Anspruch genommenen BAV-Förderbetrag (keine rückwirkende Korrektur).

118 ▶ Beispiel 4:

Der Arbeitgeber zahlt bei einem unbefristet beschäftigten Arbeitnehmer monatlich zum 10. des Monats einen zusätzlichen Arbeitgeberbeitrag i. H. v. 30 €. Der Arbeitgeber nimmt mit der Lohnsteuer-Anmeldung den BAV-Förderbetrag in Anspruch. Der Arbeitnehmer informiert seinen Arbeitgeber am 20. Januar über seine fristgemäße Kündigung zum 30. April des Jahres.

Das Ausscheiden des Arbeitnehmers hat keinen Einfluss auf den bereits im Monat Januar in Anspruch genommenen BAV-Förderbetrag (keine rückwirkende Korrektur). Ab Februar kann der BAV-Förderbetrag nicht mehr in Anspruch genommen werden, da der vom Arbeitgeber zu zahlende Mindestbetrag von 240 € (bei unveränderter Beitragszahlung) nicht mehr erreicht werden kann.

f) Höhe des BAV-Förderbetrags (§ 100 Abs. 2 EStG)

aa) Neue Vereinbarungen ab 2018

119 Der BAV-Förderbetrag beträgt im Kalenderjahr 30 % des begünstigten Arbeitgeberbeitrags, also mindestens 72 € bis höchstens 144 € (§ 100 Abs. 2 Satz 1 EStG). Der BAV-Förderbetrag ist ein Jahresbetrag. Für die Gewährung des BAV-Förderbetrags spielt es grundsätzlich keine Rolle, ob der zusätzliche Arbeitgeberbeitrag als Jahresbetrag, halb-, vierteljährlich, monatlich oder unregelmäßig gezahlt wird. Bei laufender oder unregelmäßiger Zahlung der Beiträge kann der BAV-Förderbetrag in entsprechenden Teilbeträgen bei der jeweiligen Lohnsteuer-Anmeldung geltend gemacht werden.

120 ▶ Beispiel:

Der Arbeitgeber zahlt vierteljährlich jeweils am 15. Januar, 15. April, 15. Juli und 15. Oktober einen zusätzlichen Arbeitgeberbeitrag i. H. v. 150 €.

Am 15. Januar, 15. April und 15. Juli beträgt der BAV-Förderbetrag jeweils 45 € (30 % von 150 €). Am 15. Oktober beträgt der BAV-Förderbetrag nur noch 9 €, denn bis dahin wurde der Höchstbetrag von 144 € bereits mit 135 € ausgeschöpft.

121 Wird der BAV-Förderbetrag dabei ganz oder teilweise unberechtigterweise in Anspruch genommen, z. B. weil sich aufgrund eines nachträglich festgestellten Fehlers (Rz. 114 ff.) herausstellt, dass die Einkommensgrenze überschritten ist, sind die jeweiligen Lohnsteuer-Anmeldungen zu ändern. Um solche Änderungen infolge nachträglich festgestellter Fehler zu vermeiden, bestehen keine Bedenken, wenn der auf die laufend oder unregelmäßig gezahlten Beiträge entfallende, recht-

mäßig zustehende BAV-Förderbetrag in einer Summe spätestens bei der letzten Lohnsteuer-Anmeldung für das entsprechende Kalenderjahr geltend gemacht wird.

▶ Beispiel 1:
122

Der Arbeitgeber zahlt monatlich jeweils am 15. einen zusätzlichen Arbeitgeberbeitrag i. H. v. 40 €. Der laufende Arbeitslohn für Arbeitnehmer A beträgt 2.150 €. Der Arbeitgeber macht den BAV-Förderbetrag von 12 € (30 % von 40 €) monatlich bei seiner Lohnsteuer-Anmeldung geltend. Im Oktober stellt er fest, dass der für August zu berücksichtigende laufende Arbeitslohn des A zutreffend 2.250 € betragen hat.

Der BAV-Förderbetrag durfte für August nicht in Anspruch genommen werden. Die entsprechende Lohnsteuer-Anmeldung für August ist zu korrigieren und der BAV-Förderbetrag i. H. v. 12 € zurückzuzahlen, weil der laufende Arbeitslohn für August unzutreffend ermittelt wurde.

▶ Beispiel 2:
123

Der Arbeitgeber zahlt monatlich jeweils am 15. einen zusätzlichen Arbeitgeberbeitrag i. H. v. 40 €. Der laufende Arbeitslohn für Arbeitnehmer A beträgt 2.150 €. Er macht vorerst den BAV-Förderbetrag nicht geltend. Im Oktober stellt er fest, dass der für August zu berücksichtigende laufende Arbeitslohn des A zutreffend 2.250 € beträgt und korrigiert die Lohnabrechnung. Für den Monat August liegen die Voraussetzungen für den BAV-Förderbetrag wegen Überschreitens der Einkommensgrenze somit nicht vor.

Der Arbeitgeber kann den ihm insgesamt zustehenden BAV-Förderbetrag i. H. v. 132 € (11 x 12 €) bei der Lohnsteuer-Anmeldung für Dezember in einer Summe geltend machen.

Wird der entsprechende Arbeitgeberbeitrag als Einmalbetrag im Kalenderjahr geleistet, müssen nur einmal (im Lohnzahlungszeitraum der Beitragsentrichtung) die Einkommensgrenze sowie die Erreichung des Mindestbetrags geprüft werden.
124

Stellt der Arbeitgeber vor Ablauf des Kalenderjahres fest, dass die Förderung nach § 100 EStG nicht vollständig beansprucht worden ist, muss eine anderweitige steuerliche Behandlung der Beiträge des Arbeitgebers zur betrieblichen Altersversorgung (z. B. § 3 Nr. 63 EStG oder § 40b EStG a. F.) rückgängig gemacht werden (spätester Zeitpunkt hierfür ist die Übermittlung oder Erteilung der Lohnsteuerbescheinigung) oder der monatliche Teilbetrag künftig so geändert werden, dass der BAV-Förderbetrag voll ausgeschöpft wird.
125

bb) Anwendung bei bereits bestehenden Vereinbarungen

In Fällen, in denen der Arbeitgeber bereits im Jahr 2016 einen zusätzlichen Arbeitgeberbeitrag an einen Pensionsfonds, eine Pensionskasse oder für eine Direktversicherung geleistet hat, ist der jeweilige BAV-Förderbetrag auf den Betrag beschränkt, den der Arbeitgeber über den bisherigen Beitrag hinaus leistet (§ 100 Abs. 2 Satz 2 EStG).
126

127 ▶ Beispiel 1:

Der Arbeitgeber zahlt seit mehreren Jahren einen zusätzlichen Arbeitgeberbeitrag i. H. v. jährlich 200 €. Er erhöht den Arbeitgeberbeitrag ab dem Jahr 2018 auf 240 €, um den Mindestbetrag zu erreichen.

Der BAV-Förderbetrag beträgt grundsätzlich 30 % von 240 € (= 72 €), wegen der Begrenzung nach § 100 Abs. 2 Satz 2 EStG jedoch nur 40 € (Erhöhung des Arbeitgeberbeitrags). Im Ergebnis wird trotz der Begrenzung also der Aufstockungsbetrag in vollem Umfang über den BAV-Förderbetrag finanziert. Der Beitrag des Arbeitgebers ist i. H. v. 240 € nach § 100 Abs. 6 EStG steuerfrei.

128 ▶ Beispiel 2:

Der Arbeitgeber zahlt seit mehreren Jahren einen zusätzlichen Arbeitgeberbeitrag i. H. v. jährlich 200 €. Er erhöht den Arbeitgeberbeitrag ab dem Jahr 2018 auf 300 €. Der BAV-Förderbetrag beträgt 30 % von 300 € (= 90 €). Es erfolgt keine Begrenzung nach § 100 Abs. 2 Satz 2 EStG, da der Arbeitgeberbeitrag um 100 € (also um mehr als 90 €) erhöht wird. Der Beitrag des Arbeitgebers ist i. H. v. 300 € nach § 100 Abs. 6 EStG steuerfrei.

129 ▶ Beispiel 3:

Der Arbeitgeber zahlt seit mehreren Jahren einen zusätzlichen Arbeitgeberbeitrag i. H. v. jährlich 350 €. Er erhöht den Arbeitgeberbeitrag ab dem Jahr 2018 um 144 € auf 494 €.

Der BAV-Förderbetrag beträgt 30 % von 480 € (= 144 €). Es erfolgt keine Begrenzung nach § 100 Abs. 2 Satz 2 EStG, da der Arbeitgeberbeitrag um 144 € erhöht wird. Im Ergebnis wird trotz der Begrenzung also der Aufstockungsbetrag in vollem Umfang über den BAV-Förderbetrag finanziert. Der Beitrag des Arbeitgebers ist i. H. v. 480 € nach § 100 Abs. 6 EStG steuerfrei. Für den den Höchstbetrag von 480 € übersteigenden Arbeitgeberbeitrag i. H. v. 14 € kommt die Steuerfreiheit nach § 3 Nr. 63 EStG in Betracht.

130 ▶ Beispiel 4:

Der Arbeitgeber zahlt seit mehreren Jahren einen zusätzlichen Arbeitgeberbeitrag i. H. v. jährlich 500 €. Er erhöht den Arbeitgeberbeitrag ab dem Jahr 2018 um 144 € auf 644 €.

Der BAV-Förderbetrag beträgt 30 % von 480 € (= 144 €). Es erfolgt keine Begrenzung nach § 100 Abs. 2 Satz 2 EStG, da der Arbeitgeberbeitrag um 144 € erhöht wird. Im Ergebnis wird trotz der Begrenzung also der Aufstockungsbetrag in vollem Umfang über den BAV-Förderbetrag finanziert. Der Beitrag des Arbeitgebers ist i. H. v. 480 € nach § 100 Abs. 6 EStG steuerfrei. Für den den Höchstbetrag von 480 € übersteigenden Arbeitgeberbeitrag i. H. v. 164 € kommt die Steuerfreiheit nach § 3 Nr. 63 EStG in Betracht.

131 Für die Begrenzung des BAV-Förderbetrags bei bereits bestehenden Versorgungsvereinbarungen wird auf das Referenzjahr 2016 abgestellt. Dadurch greift bei einer erst ab 2017 bestehenden betrieblichen Altersversorgung (z. B. Neueinstellung in 2017) die Begrenzung des § 100 Abs. 2 Satz 2 EStG nicht. Dies gilt entsprechend für alle Erhöhungen der zusätzlichen Arbeitgeberbeiträge ab 2017.

▶ Beispiel 1:   132

Der Arbeitgeber zahlte in 2016 einen zusätzlichen Arbeitgeberbeitrag i. H. v. jährlich 180 €. Er erhöht den Arbeitgeberbeitrag ab dem Jahr 2017 auf 240 €. In 2017 stellt er außerdem Arbeitnehmer A, B und C neu ein.

Der BAV-Förderbetrag beträgt grundsätzlich 30 % von 240 € (= 72 €). Für die neu eingestellten Arbeitnehmer A, B und C kann der Arbeitgeber den BAV-Förderbetrag in der vollen Höhe von 72 € beanspruchen. Für die restlichen Arbeitnehmer kann der Arbeitgeber wegen § 100 Abs. 2 Satz 2 EStG den BAV-Förderbetrag i. H. v. 60 € (Erhöhung des Arbeitgeberbeitrags) beanspruchen. Der Beitrag des Arbeitgebers ist bei allen Arbeitnehmern i. H. v. 240 € nach § 100 Abs. 6 EStG steuerfrei.

▶ Beispiel 2:   133

Der Arbeitgeber zahlte in 2016 einen zusätzlichen Arbeitgeberbeitrag i. H. v. jährlich 210 €. Er erhöht den Arbeitgeberbeitrag ab 2017 auf 300 €.

Der BAV-Förderbetrag beträgt 30 % von 300 € (= 90 €). Es erfolgt keine Begrenzung nach § 100 Abs. 2 Satz 2 EStG, da der Arbeitgeberbeitrag ab 2017 um 90 € erhöht wird. Im Ergebnis wird damit ab 2018 der Aufstockungsbetrag in vollem Umfang über den BAV-Förderbetrag finanziert. Der Beitrag des Arbeitgebers ist i. H. v. 300 € nach § 100 Abs. 6 EStG steuerfrei.

g) Weitere Voraussetzungen für die Inanspruchnahme (§ 100 Abs. 3 EStG)

aa) Lohnsteuerabzug im Inland (§ 100 Abs. 3 Nr. 1 EStG)

Nach § 100 Abs. 3 Nr. 1 EStG setzt die Inanspruchnahme des BAV-Förder- 134 betrags zudem voraus, dass der Arbeitslohn des Arbeitnehmers im Lohnzahlungszeitraum, für den der BAV-Förderbetrag geltend gemacht wird, im Inland dem Lohnsteuerabzug unterliegt. Hiervon ist beispielsweise auch während der Eltern- und Pflegezeit, des Bezugs von Krankengeld auszugehen, obgleich der zu besteuernde Arbeitslohn 0 € beträgt. Auf die Art der Steuerpflicht des Arbeitnehmers (unbeschränkt oder beschränkt einkommensteuerpflichtig bzw. als unbeschränkt einkommensteuerpflichtig zu behandeln) kommt es nicht an.

Eine Förderung ist hingegen ausgeschlossen für Arbeitnehmer, die ausschließ- 135 lich nach einem DBA steuerfreien Arbeitslohn beziehen. Nicht ausgeschlossen ist hingegen die Förderung für Arbeitnehmer, bei denen aufgrund eines DBA der Lohnsteuerabzug im Inland begrenzt ist (beispielsweise bei Grenzgängern aus der Schweiz auf 4,5 % des Bruttobetrags der Vergütungen).

bb) Auszahlungsform (§ 100 Abs. 3 Nr. 4 EStG)

Nach § 100 Abs. 3 Nr. 4 EStG setzt die Förderung mittels BAV-Förderbetrag zudem 136 voraus, dass die Auszahlung der Versorgungsleistungen in Form einer Rente oder eines Auszahlungsplans vorgesehen sein muss. Davon ist auch bei einer betrieblichen Altersversorgung in Form der reinen Beitragszusage (§§ 21 ff. BetrAVG) auszugehen. Allein die Möglichkeit, anstelle lebenslanger Altersversorgungsleistungen eine Kapitalauszahlung zu wählen, steht der Förderung über § 100 EStG noch nicht entgegen. Die Möglichkeit, eine Einmalkapitalauszahlung anstelle einer Rente oder eines Auszahlungsplans zu wählen, gilt auch für Invaliditäts-

oder Hinterbliebenenversorgungsleistungen. Entscheidet sich der Arbeitnehmer zugunsten einer Einmalkapitalauszahlung, so sind von diesem Zeitpunkt an die Voraussetzungen des § 100 EStG nicht mehr erfüllt, d. h., die Förderung entfällt und die Beitragsleistungen sind zu besteuern. Erfolgt die Ausübung des Wahlrechtes innerhalb des letzten Jahres vor dem altersbedingten Ausscheiden aus dem Erwerbsleben, so ist es aus Vereinfachungsgründen nicht zu beanstanden, wenn die Beitragsleistungen weiterhin nach § 100 EStG gefördert werden. Für die Berechnung der Jahresfrist ist dabei auf das im Zeitpunkt der Ausübung des Wahlrechts vertraglich vorgesehene Ausscheiden aus dem Erwerbsleben (vertraglich vorgesehener Beginn der Altersversorgungsleistung) abzustellen. Da die Auszahlungsphase bei der Hinterbliebenenleistung erst mit dem Zeitpunkt des Todes des ursprünglich Berechtigten beginnt, ist es in diesem Fall aus steuerlicher Sicht nicht zu beanstanden, wenn das Wahlrecht im zeitlichen Zusammenhang mit dem Tod des ursprünglich Berechtigten ausgeübt wird. Bei Auszahlung oder anderweitiger wirtschaftlicher Verfügung ist der Einmalkapitalbetrag gem. § 22 Nr. 5 Satz 1 EStG zu besteuern (siehe dazu Rz. 148 f.).

cc) Keine „Zillmerung" (§ 100 Abs. 3 Nr. 5 EStG)

137 Nach § 100 Abs. 3 Nr. 5 EStG kommt die steuerliche Förderung nur in Betracht, wenn sichergestellt ist, dass die Abschluss- und Vertriebskosten des Vertrages über die betriebliche Altersversorgung nur als fester Anteil der laufenden Beiträge einbehalten werden; die Finanzierung der Abschluss- und Vertriebskosten zulasten der ersten Beiträge („Zillmerung") ist förderschädlich. Bei am 1. Januar 2018 bereits bestehenden Verträgen kann die steuerliche Förderung ausnahmsweise in Anspruch genommen werden, sobald für die Restlaufzeit des Vertrages sichergestellt ist, dass

- die verbliebenen Abschluss- und Vertriebskosten und
- die ggf. neu anfallenden Abschluss- und Vertriebskosten

jeweils als fester Anteil der ausstehenden laufenden Beiträge einbehalten werden.

h) Rückgewährung des BAV-Förderbetrags (§ 100 Abs. 4 Satz 2 bis 4 EStG)

138 Verfällt die Anwartschaft auf Leistungen aus einer geförderten betrieblichen Altersversorgung, z. B. wenn das Dienstverhältnis zum Arbeitnehmer vor Ablauf der Unverfallbarkeitsfrist von drei Jahren endet (§ 1b Abs. 1 BetrAVG in der ab 1. Januar 2018 geltenden Fassung), und ergibt sich daraus eine ganz oder teilweise Rückzahlung der Beiträge an den Arbeitgeber, sind die entsprechende BAV-Förderbeträge zurück zu gewähren (§ 100 Abs. 4 Satz 2 bis 4 EStG).

139 Eine Verpflichtung zur Rückgewährung des BAV-Förderbetrages ergibt sich jedoch nur, soweit er auf den Rückzahlungsbetrag an den Arbeitgeber entfällt (§ 100 Abs. 4 Satz 3 EStG). Dies trägt dem Umstand Rechnung, dass nicht in allen Fällen mit der Verfallbarkeit der Anwartschaft Rückflüsse an den Arbeitgeber erfolgen. Dies kann z. B. der Fall sein bei einer verfallenen Invaliditäts- und Hinterbliebenenversorgung im Zusammenhang mit der Beitragszusage im Sinne des § 1 Abs. 2 Nr. 2a und § 21 ff. BetrAVG, bei der alle Beiträge im Kollektiv verblieben.

Die Rückgewährung des BAV-Förderbetrages erfolgt über die Lohnsteuer-An-   140
meldung für den Lohnzahlungszeitraum, in dem die Rückzahlung zufließt. Der
zurückzugewährende Förderbetrag ist der an das Betriebsstättenfinanzamt
abzuführenden Lohnsteuer hinzuzurechnen.

i)   Anwendbarkeit anderer Vorschriften (§ 100 Abs. 5 EStG)

Nach § 100 Abs. 5 EStG gelten beispielsweise die Regelungen zur Lohnsteuer-   141
Außenprüfung und zur lohnsteuerlichen Anrufungsauskunft entsprechend. Aber
auch bestimmte Regelungen der AO sind entsprechend beim BAV-Förderbetrag
anzuwenden. Das sind insbesondere die für Steuervergütungen geltenden Vorschriften und die Straf- und Bußgeldvorschriften der AO.

Wird bei einer Lohnsteuer-Außenprüfung festgestellt, dass bei einem Arbeit-   142
geber die Voraussetzungen für den BAV-Förderbetrag und die Absetzung der an
das Finanzamt abzuführenden Lohnsteuer nicht vorgelegen haben, werden die
entsprechenden Lohnsteuer-Anmeldungen geändert (denn die Lohnsteuer-Anmeldungen stehen als Steueranmeldungen einer Steuerfestsetzung unter dem
Vorbehalt der Nachprüfung gleich, § 169 i. V. m. § 164 AO).

j)   Steuerfreiheit des zusätzlich geleisteten Arbeitgeberbeitrags (§ 100 Abs. 6
     EStG)

Liegen sämtliche Fördervoraussetzungen des § 100 EStG für den zusätzlichen   143
Arbeitgeberbeitrag zur betrieblichen Altersversorgung vor, ist der Betrag maximal
bis zum förderfähigen Höchstbetrag i. H. v. 480 € steuerfrei nach § 100 Abs. 6
EStG. Liegen die Fördervoraussetzungen des § 100 EStG nicht vor, greift auch die
Steuerfreiheit nach § 100 Abs. 6 EStG nicht.

Die Steuerfreiheit nach § 100 Abs. 6 EStG hat Vorrang gegenüber der Steuerfreiheit   144
nach § 3 Nr. 63 EStG. Ein über den förderfähigen Höchstbetrag nach § 100 Abs. 6
EStG hinaus gezahlter zusätzlicher Arbeitgeberbeitrag ist somit in der Regel nach
§ 3 Nr. 63 EStG steuerfrei, sofern das entsprechende Volumen des § 3 Nr. 63 EStG
noch nicht anderweitig ausgeschöpft wurde.

III. Steuerliche Behandlung der Versorgungsleistungen

1. Allgemeines

Die Leistungen aus einer Versorgungszusage des Arbeitgebers können Einkünfte aus   145
nichtselbständiger Arbeit oder sonstige Einkünfte sein oder nicht der Besteuerung unterliegen.

2. Direktzusage und Unterstützungskasse

Versorgungsleistungen des Arbeitgebers aufgrund einer Direktzusage und Versorgungs-   146
leistungen einer Unterstützungskasse führen zu Einkünften aus nichtselbständiger Arbeit
(§ 19 EStG).

Werden solche Versorgungsleistungen nicht fortlaufend, sondern in einer Summe gezahlt,   147
handelt es sich um Vergütungen (Arbeitslohn) für mehrjährige Tätigkeiten im Sinne des

§ 34 Abs. 2 Nr. 4 EStG (vgl. BFH-Urteil vom 12. April 2007 **– VI R 6/02 –**, BStBl II S. 581), die bei Zusammenballung als außerordentliche Einkünfte nach § 34 Abs. 1 EStG zu besteuern sind. Die Gründe für eine Kapitalisierung von Versorgungsbezügen sind dabei unerheblich. Im Fall von Teilkapitalauszahlungen **in mehreren Kalenderjahren** ist dagegen der Tatbestand der Zusammenballung nicht erfüllt; eine Anwendung des § 34 EStG kommt daher für diese Zahlungen nicht in Betracht.

3. Direktversicherung, Pensionskasse und Pensionsfonds

a) Allgemeines

148 Die steuerliche Behandlung der Leistungen aus einer Direktversicherung, Pensionskasse und Pensionsfonds in der Auszahlungsphase erfolgt nach § 22 Nr. 5 EStG (lex specialis, vgl. Rz. **126 ff. des BMF-Schreibens vom 21. Dezember 2017, BStBl 2018 I S. 93**). Der Umfang der Besteuerung hängt davon ab, inwieweit die Beiträge in der Ansparphase durch die Steuerfreiheit nach § 3 Nr. 63 EStG (vgl. Rz. **23** ff.), **nach § 3 Nr. 63a EStG (vgl. Rz. 51 f.),** nach § 3 Nr. 66 EStG (vgl. Rz. **56**), **nach § 100 EStG (vgl. Rz. 100 ff.)** oder durch Sonderausgabenabzug nach § 10a EStG und Zulage nach Abschnitt XI EStG (vgl. Rz. **66** ff.) gefördert wurden oder die Leistungen auf steuerfreien Zuwendungen nach § 3 Nr. 56 EStG **oder auf der nach § 3 Nr. 55b Satz 1 oder § 3 Nr. 55c EStG steuerfreien Leistung aus einem neu begründeten Anrecht** basieren. Dies gilt auch für Leistungen aus einer ergänzenden Absicherung der Invalidität oder von Hinterbliebenen. Dabei ist grundsätzlich von einer einheitlichen Versorgungszusage und somit für den Aufteilungsmaßstab von einer einheitlichen Behandlung der Beitragskomponenten für Alter und Zusatzrisiken auszugehen. Ist nur die Absicherung von Zusatzrisiken Gegenstand einer Versorgungszusage, ist für den Aufteilungsmaßstab auf die gesamte Beitragsphase und nicht allein auf den letzten geleisteten Beitrag abzustellen. Zu den nicht geförderten Beiträgen gehören insbesondere die nach § 40b EStG a. F. pauschal besteuerten sowie die vor dem 1. Januar 2002 erbrachten Beiträge an eine Pensionskasse oder für eine Direktversicherung. Die Besteuerung erfolgt auch dann nach § 22 Nr. 5 EStG, wenn ein Direktversicherungsvertrag ganz oder teilweise privat fortgeführt wird.

149 Im Fall von Teil- bzw. Einmalkapitalauszahlungen handelt es sich nicht um außerordentliche Einkünfte im Sinne des **§ 34 Abs. 2 EStG.** Daher kommt eine Anwendung der Fünftelungsregelung des § 34 EStG auf diese Zahlungen nicht in Betracht **(BFH vom 20. September 2016 – X R 23/15 –, BStBl 2017 II S. 347).**

b) Leistungen, die ausschließlich auf nicht geförderten Beiträgen beruhen

150 **Leistungen, die** ausschließlich auf nicht geförderten Beiträgen beruhen, sind, wenn es sich um eine lebenslange Rente, eine Berufsunfähigkeits-, Erwerbsminderungs- oder um eine Hinterbliebenenrente handelt, als sonstige Einkünfte gem. § 22 Nr. 5 Satz 2 Buchstabe a i. V. m. § 22 Nr. 1 Satz 3 Buchstabe a Doppelbuchstabe bb EStG mit dem Ertragsanteil zu besteuern.

151 Handelt es sich um Renten im Sinne der **Rz. 150, die** die Voraussetzungen des § 10 Abs. 1 Nr. 2 Satz 1 Buchstabe b EStG erfüllen, sind diese als sonstige Einkünfte gem. § 22 Nr. 5 Satz 2 Buchstabe a i. V. m. § 22 Nr. 1 Satz 3 Buchstabe a Doppelbuchstabe aa EStG zu besteuern. Liegen die Voraussetzungen des § 10 Abs. 1 Nr. 2 Satz 1 Buch-

stabe b EStG nicht vor, erfolgt die Besteuerung gem. § 22 Nr. 5 Satz 2 Buchstabe a i. V. m. § 22 Nr. 1 Satz 3 Buchstabe a Doppelbuchstabe bb EStG mit dem Ertragsanteil.

Auf andere als die in **den** Rz. **150** f. genannten Leistungen (z. B. Kapitalauszahlungen, Teilraten aus Auszahlungsplänen, Abfindungen) sind die Regelungen in Rz. **145 des BMF-Schreibens vom 21. Dezember 2017 (BStBl 2018 I S. 93)** entsprechend anzuwenden. Wird bei einem vor dem 1. Januar 2012 abgeschlossenen Vertrag die Untergrenze für betriebliche Altersversorgungsleistungen bis auf das 62. Lebensjahr oder der Zeitpunkt des erstmaligen Bezugs von Altersversorgungsleistungen bei altersbedingtem Ausscheiden aus dem Erwerbsleben auf das 67. Lebensjahr erhöht (vgl. Rz. **3**) und dadurch die Laufzeit des Vertrages verlängert, führt dies allein zu keiner nachträglichen Vertragsänderung, wenn die Verlängerung einen Zeitraum von höchstens zwei Jahren umfasst. Eine entsprechende Verlängerung der Beitragszahlungsdauer ist zulässig. Eine Verlängerung der Laufzeit bzw. der Beitragszahlungsdauer infolge der Anhebung der Altersgrenze kann nur einmalig vorgenommen werden. | 152

Zu Leistungen aus einer reinen Risikoversicherung vgl. insoweit Rz. 7 des BMF-Schreibens vom 1. Oktober 2009 (BStBl I S. 1172)**, geändert durch die BMF-Schreiben vom 6. März 2012 (BStBl I S. 238), vom 18. Juni 2013 (BStBl I S. 768), vom 11. November 2016 (BStBl I S. 1238) und vom 29. September 2017 (BStBl I S. 1314).** | 153

c) Leistungen, die ausschließlich auf geförderten Beiträgen beruhen

Leistungen, die ausschließlich auf geförderten Beiträgen beruhen, unterliegen als sonstige Einkünfte nach § 22 Nr. 5 Satz 1 EStG in vollem Umfang der Besteuerung (vgl. auch Rz. **137 f. des BMF-Schreibens vom 21. Dezember 2017, BStBl 2018 I S. 93**). | 154

d) Leistungen, die auf geförderten und nicht geförderten Beiträgen beruhen

Beruhen die Leistungen sowohl auf geförderten als auch auf nicht geförderten Beiträgen, müssen die Leistungen in der Auszahlungsphase aufgeteilt werden (vgl. Rz. **139 ff. des BMF-Schreibens vom 21. Dezember 2017, BStBl 2018 I S. 93**). Für die Frage des Aufteilungsmaßstabs ist das BMF-Schreiben vom 11. November 2004 (BStBl I S. 1061) unter Berücksichtigung der Änderungen durch das BMF-Schreiben vom 14. März 2012 (BStBl I S. 311) anzuwenden. | 155

Soweit die Leistungen auf geförderten Beiträgen beruhen, unterliegen sie als sonstige Einkünfte nach § 22 Nr. 5 Satz 1 EStG in vollem Umfang der Besteuerung. Dies gilt unabhängig davon, ob sie in Form der Rente oder als Kapitalauszahlung geleistet werden. | 156

Soweit die Leistungen auf nicht geförderten Beiträgen beruhen, gelten die Regelungen in **den** Rz. **150** bis **153** entsprechend. | 157

e) Sonderzahlungen des Arbeitgebers nach § 19 Abs. 1 Satz 1 Nr. 3 EStG

Sonderzahlungen des Arbeitgebers im Sinne des § 19 Abs. 1 Satz 1 Nr. 3 Satz 2 EStG einschließlich der Zahlungen des Arbeitgebers zur **erstmaligen Bereitstellung der Kapitalausstattung zur** Erfüllung der Solvabilitätsvorschriften nach den **§§ 89, 213** auch i. V. m. den **§§ 234 und 238** VAG, **zur Wiederherstellung einer angemessenen Kapitalausstattung nach unvorhersehbaren Verlusten oder zur Finanzierung der** | 158

Verstärkung der Rechnungsgrundlagen aufgrund einer unvorhersehbaren und nicht nur vorübergehenden Änderung der Verhältnisse, der Zahlungen des Arbeitgebers in der Rentenbezugszeit nach § 236 Abs. 2 VAG und der Sanierungsgelder sind bei der Ermittlung des Aufteilungsmaßstabs nicht zu berücksichtigen. **Siehe im Übrigen Rz. 14 ff.**

f) Bescheinigungspflicht

159 Nach § 22 Nr. 5 Satz 7 EStG hat der Anbieter beim erstmaligen Bezug von Leistungen sowie bei Änderung der im Kalenderjahr auszuzahlenden Leistungen dem Steuerpflichtigen nach amtlich vorgeschriebenem **Muster** den Betrag der im abgelaufenen Kalenderjahr zugeflossenen Leistungen zu bescheinigen. In dieser Bescheinigung sind die Leistungen entsprechend den Grundsätzen in **den Rz. 137 ff. des BMF-Schreibens vom 21. Dezember 2017 (BStBl 2018 I S. 93)** gesondert auszuweisen.

g) Sonderregelungen

aa) Leistungen aus einem Pensionsfonds aufgrund der Übergangsregelung nach § 22 Nr. 5 Satz 11 EStG

160 Haben Arbeitnehmer schon von ihrem Arbeitgeber aufgrund einer Direktzusage oder von einer Unterstützungskasse laufende Versorgungsleistungen erhalten und ist diese Versorgungsverpflichtung nach § 3 Nr. 66 EStG auf einen Pensionsfonds übertragen worden, werden bei den Leistungsempfängern nach **§ 22 Nr. 5 Satz 11 EStG** weiterhin der Arbeitnehmer-Pauschbetrag i. H. v. 1.000 € (§ 9a Satz 1 Nr. 1 Buchstabe a EStG) bzw. der Pauschbetrag für Werbungskosten i. H. v. 102 € nach § 9a Satz 1 Nr. 1 Buchstabe b EStG und der Versorgungsfreibetrag sowie der Zuschlag zum Versorgungsfreibetrag (§ 19 Abs. 2 EStG) berücksichtigt. Dies gilt auch, wenn der Zeitpunkt des erstmaligen Leistungsbezugs und der Zeitpunkt der Übertragung der Versorgungsverpflichtung auf den Pensionsfonds in denselben Monat fallen. Die Leistungen unterliegen unabhängig davon als sonstige Einkünfte nach § 22 Nr. 5 Satz 1 EStG der Besteuerung. Die vorstehenden Ausführungen zur Berücksichtigung des Versorgungsfreibetrags und des Zuschlags zum Versorgungsfreibetrag gelten entsprechend für einen Hinterbliebenenbezug, der auf den Versorgungsbezug folgt.

161 Handelt es sich bereits beim erstmaligen Bezug der Versorgungsleistungen um Versorgungsbezüge im Sinne des § 19 Abs. 2 EStG, wird der Pauschbetrag nach § 9a Satz 1 Nr. 1 Buchstabe b EStG abgezogen; zusätzlich werden der Versorgungsfreibetrag und der Zuschlag zum Versorgungsfreibetrag mit dem für das Jahr des Versorgungsbeginns maßgebenden **Prozentsatz** und Beträgen berücksichtigt. Handelt es sich beim erstmaligen Bezug der Versorgungsleistungen nicht um Versorgungsbezüge im Sinne des § 19 Abs. 2 EStG, weil z. B. keine der Altersgrenzen in § 19 Abs. 2 EStG erreicht sind, ist lediglich der Arbeitnehmer-Pauschbetrag (§ 9a Satz 1 Nr. 1 Buchstabe a EStG) abzuziehen. Wird eine der Altersgrenzen in § 19 Abs. 2 EStG erst zu einem späteren Zeitpunkt erreicht, sind ab diesem Zeitpunkt der für dieses Jahr maßgebende Versorgungsfreibetrag und der Zuschlag zum Versorgungsfreibetrag abzuziehen sowie anstelle des Arbeitnehmer-Pauschbetrags der Pauschbetrag nach § 9a Satz 1 Nr. 1 Buchstabe b EStG. Ein Abzug des Versorgungsfreibetrags nach § 19 Abs. 2 EStG in der bis zum 31. Dezember 2004 geltenden Fassung kommt nach dem 31. Dezember 2004

nicht mehr in Betracht. Dies gilt unabhängig vom Zeitpunkt der Übertragung der Versorgungsverpflichtung auf den Pensionsfonds. Folgt ein Hinterbliebenenbezug einem Versorgungsbezug, sind die Rz. 180 ff. des BMF-Schreibens vom 19. August 2013 (BStBl I S. 1087) **in der jeweils aktuell gültigen Fassung** entsprechend anzuwenden.

bb) Arbeitgeberzahlungen infolge der Anpassungsprüfungspflicht nach § 16 BetrAVG

Leistungen des Arbeitgebers aufgrund der Anpassungsprüfungspflicht nach § 16 Abs. 1   162
BetrAVG, mit der die Leistungen einer Versorgungseinrichtung ergänzt werden, gehören zu den Einkünften nach § 19 Abs. 1 Satz 1 Nr. 2 EStG. Rz. **161** gilt entsprechend. Als Versorgungsbeginn im Sinne des § 19 Abs. 2 EStG ist der Beginn der Zahlung durch den Arbeitgeber anzusehen.

Erhöhen sich die Zahlungen des Arbeitgebers infolge der Anpassungsprüfungspflicht   163
nach § 16 BetrAVG, liegt eine regelmäßige Anpassung vor, die nicht zu einer Neuberechnung des Versorgungsfreibetrags und des Zuschlags zum Versorgungsfreibetrag führen.

Ändert sich die Höhe der Arbeitgeberzahlung unabhängig von der Anpassungsprüfungs-   164
pflicht, gilt Folgendes:

Übernimmt die Versorgungseinrichtung die Arbeitgeberzahlung nur zum Teil, ist dies als Anrechnungs-/Ruhensregelung im Sinne des § 19 Abs. 2 Satz 10 EStG anzusehen und führt zu einer Neuberechnung. Gleiches gilt für den Fall, dass die Versorgungseinrichtung die Zahlungen nicht mehr erbringen kann und sich die Arbeitgeberzahlung wieder erhöht.

Kann die Versorgungseinrichtung die Arbeitgeberzahlungen zunächst vollständig über-   165
nehmen und stellt diese später (z. B. wegen Liquiditätsproblemen) wieder ein, so dass der Arbeitgeber die Zahlungsverpflichtung wieder vollständig erfüllen muss, lebt der Anspruch wieder auf. Dies führt nicht zu einem neuen Versorgungsbeginn, so dass für die (Neu-)Berechnung des Versorgungsfreibetrags und des Zuschlags zum Versorgungsfreibetrag die „alte" Kohorte maßgebend ist.

cc) Beendigung einer betrieblichen Altersversorgung

Bei Beendigung einer nach § 3 Nr. 63 **oder § 100** EStG geförderten betrieblichen Alters-   166
versorgung gilt Folgendes:

Liegt eine betriebliche Altersversorgung im Sinne des BetrAVG vor und wird diese lediglich mit Wirkung für die Zukunft beendet, z. B. durch eine Abfindung (ggf. auch in Form der Beitragsrückerstattung), dann handelt es sich bei der Zahlung der Versorgungseinrichtung an den Arbeitnehmer um sonstige Einkünfte im Sinne des § 22 Nr. 5 EStG und nicht um Einkünfte nach § 19 EStG.

Im Fall einer kompletten Rückabwicklung des Vertragsverhältnisses mit Wirkung für die Vergangenheit handelt es sich bei der Zahlung der Versorgungseinrichtung an den Arbeitnehmer um eine Arbeitslohnzahlung im Sinne des § 19 Abs. 1 EStG, die im Zeitpunkt des Zuflusses nach den allgemeinen lohnsteuerlichen Grundsätzen behandelt wird.

Kündigt der Arbeitgeber vorzeitig einen nach § 40b EStG **a. F.** begünstigten Direktversicherungsvertrag und wird der Rückkaufswert im Hinblick auf ein unwiderrufliches bzw.

unverfallbares Bezugsrecht an den Arbeitnehmer ausgezahlt, ergeben sich aus diesem Vorgang keine lohnsteuerlichen Konsequenzen.

Im Gegensatz zur rückwirkenden Aufhebung einer Vereinbarung mit der Rechtsfolge, dass der Anspruch auf betriebliche Altersversorgung gänzlich untergeht, bewirkt die Abfindung des Anspruchs lediglich einen Rechtsverlust ab dem Zeitpunkt des Wirksamwerdens der Vereinbarung. Der Pauschalierung nach § 40b EStG a. F. steht die vorzeitige Kündigung durch den Arbeitnehmer entgegen. Eine Kündigung durch den Arbeitgeber ist dagegen unschädlich. Von einer Kündigung durch den Arbeitgeber ist auszugehen, wenn betriebliche Gründe (z. B. Liquiditätsschwierigkeiten) maßgebend waren oder die Kündigung durch den Arbeitgeber auf Wunsch des Arbeitnehmers erfolgt ist. Die Kündigung hat keine Auswirkung auf eine bis zu diesem Zeitpunkt erfolgte Pauschalierung nach § 40b EStG a. F.

IV. Schädliche Auszahlung von gefördertem Altersvorsorgevermögen

1. Allgemeines

167 Wird das nach § 10a/Abschnitt XI EStG steuerlich geförderte Altersvorsorgevermögen an den Arbeitnehmer nicht als Rente oder im Rahmen eines Auszahlungsplans ausgezahlt, handelt es sich grundsätzlich um eine schädliche Verwendung (§ 93 Abs. 1 EStG; **Rz. 195 ff. des BMF-Schreibens vom 21. Dezember 2017, BStBl 2018 I S. 93**). Im Bereich der betrieblichen Altersversorgung kann eine solche schädliche Verwendung dann gegeben sein, wenn Versorgungsanwartschaften abgefunden oder übertragen werden. Entsprechendes gilt, wenn der Arbeitnehmer im Versorgungsfall ein bestehendes Wahlrecht auf Einmalkapitalauszahlung ausübt (vgl. Rz. **68**).

168 Liegt eine schädliche Verwendung von gefördertem Altersvorsorgevermögen vor, gelten **die Rz. 202 ff. sowie 216 bis 239 des BMF-Schreibens vom 21. Dezember 2017 (BStBl 2018 I S. 93)**.

2. Abfindungen von Anwartschaften, die auf nach § 10a/Abschnitt XI EStG geförderten Beiträgen beruhen

169 Im Fall der Abfindung von Anwartschaften der betrieblichen Altersversorgung gem. § 3 BetrAVG handelt es sich gem. § 93 Abs. 2 Satz 3 EStG um keine schädliche Verwendung, soweit das nach § 10a/Abschnitt XI EStG geförderte Altersvorsorgevermögen zugunsten eines auf den Namen des Zulageberechtigten lautenden zertifizierten privaten Altersvorsorgevertrags geleistet wird. Der Begriff der Abfindung umfasst außerdem auch Abfindungen, die in arbeitsrechtlich zulässiger Weise außerhalb des Regelungsbereiches des § 3 BetrAVG erfolgen, wie z. B. den Fall der Abfindung ohne Ausscheiden aus dem Arbeitsverhältnis. Liegen die übrigen Voraussetzungen des § 93 Abs. 2 Satz 3 EStG vor, kann somit auch in anderen Abfindungsfällen als denen des § 3 BetrAVG gefördertes Altersvorsorgevermögen aus der betrieblichen Altersversorgung auf einen zertifizierten privaten Altersvorsorgevertrag übertragen werden, ohne dass eine schädliche Verwendung vorliegt.

3. Abfindungen von Anwartschaften, die auf steuerfreien oder nicht geförderten Beiträgen beruhen

Wird eine Anwartschaft der betrieblichen Altersversorgung abgefunden, die ganz oder teilweise auf nach § 3 Nr. 63, **63a,** 66 **oder § 100** EStG steuerfreien oder nicht geförderten Beiträgen beruht und zugunsten eines auf den Namen des Steuerpflichtigen lautenden zertifizierten Altersvorsorgevertrags geleistet wird, unterliegt der Abfindungsbetrag im Zeitpunkt der Abfindung nicht der Besteuerung (§ 3 Nr. 55c Satz 2 **Buchstabe b** EStG; Rz. **150 f des BMF-Schreibens vom 21. Dezember 2017, BStBl 2018 I S. 93).** Die Rz. **152 ff. des BMF-Schreibens vom 21. Dezember 2017 (BStBl 2018 I S. 93)** gelten entsprechend.   170

Wird der Abfindungsbetrag nicht entsprechend der Rz. **170** verwendet, erfolgt eine Besteuerung des Abfindungsbetrags im Zeitpunkt der Abfindung entsprechend den Grundsätzen der Rz. **150** bis **157**.   171

4. Portabilität

Bei einem Wechsel des Arbeitgebers kann der Arbeitnehmer für Versorgungszusagen, die nach dem 31. Dezember 2004 erteilt werden, gem. § 4 Abs. 3 BetrAVG verlangen, dass der bisherige Arbeitgeber den Übertragungswert (§ 4 Abs. 5 BetrAVG) auf eine Versorgungseinrichtung des neuen Arbeitgebers überträgt. Die Übertragung ist gem. § 93 Abs. 2 Satz 2 EStG dann keine schädliche Verwendung, wenn auch nach der Übertragung eine lebenslange Altersversorgung des Arbeitnehmers im Sinne des § 1 Abs. 1 Satz 1 Nr. 4 Buchstabe a AltZertG gewährleistet wird. Dies gilt auch, wenn der alte und neue Arbeitgeber sowie der Arbeitnehmer sich gem. § 4 Abs. 2 Nr. 2 BetrAVG freiwillig auf eine Übertragung der Versorgungsanwartschaften mittels Übertragungswert von einer Versorgungseinrichtung im Sinne des § 82 Abs. 2 EStG auf eine andere Versorgungseinrichtung im Sinne des § 82 Abs. 2 EStG verständigen.   172

Erfüllt die Versorgungseinrichtung des neuen Arbeitgebers nicht die Voraussetzungen des § 1 Abs. 1 Satz 1 Nr. 4 Buchstabe a AltZertG, gelten Rz. **150** bis **157** entsprechend.   173

5. Entschädigungsloser Widerruf eines noch verfallbaren Bezugsrechts

Hat der Arbeitnehmer für arbeitgeberfinanzierte Beiträge an eine Direktversicherung, eine Pensionskasse oder einen Pensionsfonds die Förderung durch Sonderausgabenabzug nach § 10a EStG und Zulage nach Abschnitt XI EStG erhalten und verliert er vor Eintritt der Unverfallbarkeit sein Bezugsrecht durch einen entschädigungslosen Widerruf des Arbeitgebers, handelt es sich um eine schädliche Verwendung im Sinne des § 93 Abs. 1 EStG. Das **Versicherungsunternehmen, die** Pensionskasse **oder der Pensionsfonds** hat der ZfA die schädliche Verwendung nach § 94 Abs. 1 EStG anzuzeigen. Die gutgeschriebenen Zulagen sind vom Anbieter einzubehalten. Darüber hinaus hat die ZfA den steuerlichen Vorteil aus dem Sonderausgabenabzug nach § 10a EStG beim Arbeitnehmer nach § 94 Abs. 2 EStG zurückzufordern. Der maßgebliche Zeitpunkt für die Rückforderung der Zulagen und des steuerlichen Vorteils ist der Zeitpunkt, in dem die den Verlust des Bezugsrechts begründenden Willenserklärungen (z. B. Kündigung oder Widerruf) wirksam geworden sind. Im Übrigen gilt R 40b.1 Abs. 13 ff. LStR.   174

175 Zahlungen, die das Versicherungsunternehmen, die Pensionskasse oder der Pensionsfonds an den Arbeitgeber leistet, weil der Arbeitnehmer für eine arbeitgeberfinanzierte betriebliche Altersversorgung vor Eintritt der Unverfallbarkeit sein Bezugsrecht verloren hat (z. B. bei vorzeitigem Ausscheiden aus dem Dienstverhältnis), stellen Betriebseinnahmen dar. **Die §§ 43 EStG ff. sind** in diesem Fall zu beachten.

V. Anwendungsregelung

176 **Dieses BMF-Schreiben ist mit Wirkung ab 1. Januar 2018 anzuwenden. Es wird im Bundessteuerblatt Teil I veröffentlicht und steht für eine Übergangszeit auf den Internet-Seiten des Bundesministeriums der Finanzen (www.bundesfinanzministerium.de) unter der Rubrik Themen – Steuern – Steuerarten – Lohnsteuer – BMF-Schreiben/Allgemeines und unter der Rubrik Themen – Steuern – Steuerarten – Einkommensteuer zur Ansicht und zum Abruf bereit.**

177 **Das BMF-Schreiben vom 25. November 2011 (BStBl I S. 1250) und Teil B des BMF-Schreibens vom 24. Juli 2013 (BStBl I S. 1022), geändert durch das BMF-Schreiben vom 13. Januar 2014 (BStBl I S. 97) und das BMF-Schreiben vom 13. März 2014 (BStBl I S. 554) werden zum 31. Dezember 2017 aufgehoben. Die Regelungen des BMF-Schreibens vom 24. Juli 2013 (a. a. O.) sind weiter zu beachten, wenn sie auch für Zeiträume ab dem 1. Januar 2018 Bedeutung haben.**

Auszug aus dem BMF-Schreiben vom 24. Juli 2013 (BStBl I S. 1022)

11. Übergangsregelungen § 52 Abs. 6 und 52b EStG zur Anwendung des § 3 Nr. 63 EStG und des § 40b EStG a. F.

a) Abgrenzung von Alt- und Neuzusage

349 Für die Anwendung von § 3 Nr. 63 Satz 3 EStG sowie § 40b Abs. 1 und 2 EStG a. F. kommt es darauf an, ob die entsprechenden Beiträge aufgrund einer Versorgungszusage geleistet werden, die vor dem 1. Januar 2005 (Altzusage) oder nach dem 31. Dezember 2004 (Neuzusage) erteilt wurde.

350 Für die Frage, zu welchem Zeitpunkt eine Versorgungszusage erstmalig erteilt wurde, ist grundsätzlich die zu einem Rechtsanspruch führende arbeitsrechtliche bzw. betriebsrentenrechtliche Verpflichtungserklärung des Arbeitgebers maßgebend (z. B. Einzelvertrag, Betriebsvereinbarung oder Tarifvertrag). Entscheidend ist danach nicht, wann Mittel an die Versorgungseinrichtung fließen. Bei kollektiven, rein arbeitgeberfinanzierten Versorgungsregelungen ist die Zusage daher in der Regel mit Abschluss der Versorgungsregelung bzw. mit Beginn des Dienstverhältnisses des Arbeitnehmers erteilt. Ist die erste Dotierung durch den Arbeitgeber erst nach Ablauf einer von vornherein arbeitsrechtlich festgelegten Wartezeit vorgesehen, so wird der Zusagezeitpunkt dadurch nicht verändert. Im Fall der ganz oder teilweise durch Entgeltumwandlung finanzierten Zusage gilt diese regelmäßig mit Abschluss der erstmaligen Gehaltsänderungsvereinbarung (vgl. auch Rz. **292** ff.) als erteilt. Liegen zwischen der Gehaltsänderungsvereinbarung und der erstmaligen Herabsetzung des Arbeitslohns mehr als 12 Monate, gilt die Versorgungszusage erst im Zeitpunkt der erstmaligen Herabsetzung als erteilt.

Die Änderung einer solchen Versorgungszusage stellt aus steuerrechtlicher Sicht unter 351
dem Grundsatz der Einheit der Versorgung insbesondere dann keine Neuzusage dar,
wenn bei ansonsten unveränderter Versorgungszusage:

- die Beiträge und/oder die Leistungen erhöht oder vermindert werden,
- die Finanzierungsform ersetzt oder ergänzt wird (rein arbeitgeberfinanziert, Entgeltumwandlung, **andere im Gesamtversicherungsbeitrag des Arbeitgebers
  enthaltene Finanzierungsanteile des Arbeitnehmers oder eigene Beiträge des
  Arbeitnehmers, vgl. Rz. 304**),
- der Versorgungsträger/Durchführungsweg gewechselt wird,
- die zu Grunde liegende Rechtsgrundlage gewechselt wird (z. B. bisher tarifvertraglich
  jetzt einzelvertraglich),
- eine befristete Entgeltumwandlung erneut befristet oder unbefristet fortgesetzt wird
  oder
- **in einer vor dem 1. Januar 2012 erteilten Zusage die Untergrenze für betriebliche Altersversorgungsleistungen bei altersbedingtem Ausscheiden aus dem
  Erwerbsleben um höchstens zwei Jahre bis maximal auf das 67. Lebensjahr
  erhöht wird. Dabei ist es unerheblich, ob dies zusammen mit einer Verlängerung der Beitragszahlungsdauer erfolgt (vgl. auch Rz. 376).**

Eine **Einordnung als** Altzusage **bleibt** auch im Fall der Übernahme der Zusage (Schuld- 352
übernahme) nach § 4 Abs. 2 Nr. 1 BetrAVG durch den neuen Arbeitgeber und bei
Betriebsübergang nach § 613a BGB **erhalten**.

Um eine Neuzusage handelt es sich neben den in Rz. **350** aufgeführten Fällen ins- 353
besondere,

- soweit die bereits erteilte Versorgungszusage um zusätzliche biometrische Risiken
  erweitert wird und dies mit einer Beitragserhöhung verbunden ist,
- im Fall der Übertragung der Zusage beim Arbeitgeberwechsel nach § 4 Abs. 2 Nr. 2
  und Abs. 3 BetrAVG.

Werden einzelne Leistungskomponenten der Versorgungszusage im Rahmen einer von 354
vornherein vereinbarten Wahloption verringert, erhöht oder erstmals aufgenommen (z. B.
Einbeziehung der Hinterbliebenenabsicherung nach Heirat) und kommt es infolge dessen nicht zu einer Beitragsanpassung, liegt keine Neuzusage, **sondern** weiterhin eine
Altzusage **vor**.

Gleichwohl ist es aus steuerlicher Sicht möglich, mehrere Versorgungszusagen neben- 355
einander, also neben einer Altzusage auch eine Neuzusage zu erteilen (z. B. „alte" Direktversicherung und „neuer" Pensionsfonds). **Dies gilt grundsätzlich unabhängig davon,
ob derselbe Durchführungsweg gewählt wird. Wird neben einer für alle Arbeitnehmer tarifvertraglich vereinbarten Pflichtversorgung z. B. erstmalig nach 2004
tarifvertraglich eine Entgeltumwandlung mit ganz eigenen Leistungskomponenten
zugelassen, liegt im Falle der Nutzung der Entgeltumwandlung insoweit eine
Neuzusage vor. Demgegenüber ist insgesamt von einer Altzusage auszugehen,
wenn neben einem „alten" Direktversicherungsvertrag (Abschluss vor 2005) ein
„neuer" Direktversicherungsvertrag (Abschluss nach 2004) abgeschlossen wird
und die bisher erteilte Versorgungszusage nicht um zusätzliche biometrische
Risiken erweitert wird (vgl. Rz. 351, 1. Spiegelstrich). Dies gilt auch, wenn der
„neue" Direktversicherungsvertrag bei einer anderen Versicherungsgesellschaft
abgeschlossen wird.**

356 Wurde vom Arbeitgeber vor dem 1. Januar 2005 eine Versorgungszusage erteilt (Altzusage) und im Rahmen eines Pensionsfonds, einer Pensionskasse oder Direktversicherung durchgeführt, bestehen aus steuerlicher Sicht keine Bedenken, wenn auch nach einer Übertragung auf einen neuen Arbeitgeber unter Anwendung des **„Abkommens zur Übertragung zwischen den Durchführungswegen Direktversicherungen, Pensionskassen oder Pensionsfonds bei Arbeitgeberwechsel"** oder vergleichbaren Regelungen zur Übertragung von Versicherungen in Pensionskassen oder Pensionsfonds weiterhin von einer Altzusage ausgegangen wird. Dies gilt auch, wenn sich dabei die bisher abgesicherten biometrischen Risiken ändern, ohne dass damit eine Beitragsänderung verbunden ist. Die Höhe des Rechnungszinses spielt dabei für die lohnsteuerliche Beurteilung keine Rolle. Es wird in diesen Fällen nicht beanstandet, wenn die Beiträge für die Direktversicherung oder an eine Pensionskasse vom neuen Arbeitgeber weiter pauschal besteuert werden (§ 52 Abs. 6 und 52b EStG i. V. m. § 40b EStG a. F.). Zu der Frage der Novation und des Zuflusses von Zinsen siehe Rz. 35 des BMF-Schreibens vom 22. August 2002 (BStBl I S. 827), Rz. 88 ff. des BMF-Schreibens vom 1. Oktober 2009 (BStBl I S. 1172) **und des BMF-Schreibens vom 6. März 2012 (BStBl I S. 238).**

357 Entsprechendes gilt, wenn der (Alt-)Vertrag unmittelbar vom neuen Arbeitgeber fortgeführt wird. Auch insoweit bestehen keine Bedenken, wenn weiterhin von einer Altzusage ausgegangen wird und die Beiträge nach § 40b EStG a. F. pauschal besteuert werden.

358 Wird eine vor dem 1. Januar 2005 abgeschlossene Direktversicherung (Altzusage) oder Versicherung in einer Pensionskasse nach § 2 Abs. 2 oder 3 BetrAVG infolge der Beendigung des Dienstverhältnisses auf den Arbeitnehmer übertragen (versicherungsvertragliche Lösung), dann von diesem zwischenzeitlich privat (z. B. während der Zeit einer Arbeitslosigkeit) und später von einem neuen Arbeitgeber wieder als Direktversicherung oder Pensionskasse fortgeführt, bestehen ebenfalls keine Bedenken, wenn unter Berücksichtigung der übrigen Voraussetzungen bei dem neuen Arbeitgeber weiterhin von einer Altzusage ausgegangen wird. Das bedeutet insbesondere, dass der Versicherungsvertrag trotz der privaten Fortführung und der Übernahme durch den neuen Arbeitgeber – abgesehen von den in Rz. **351** f. genannten Fällen – keine wesentlichen Änderungen erfahren darf. Der Zeitraum der privaten Fortführung sowie die Tatsache, ob in dieser Zeit Beiträge geleistet oder der Vertrag beitragsfrei gestellt wurde, ist insoweit unmaßgeblich. Es wird in diesen Fällen nicht beanstandet, wenn die Beiträge für die Direktversicherung oder Pensionskasse vom neuen Arbeitgeber weiter pauschal besteuert werden (§ 52 Abs. 6 und 52b EStG i. V. m. § 40b EStG a. F.).

b) Weiteranwendung des § 40b Abs. 1 und 2 EStG a. F.

359 Auf Beiträge zugunsten einer kapitalgedeckten betrieblichen Altersversorgung, die aufgrund von Altzusagen geleistet werden, kann § 40b Abs. 1 und 2 EStG a. F. unter folgenden Voraussetzungen weiter angewendet werden:

360 Beiträge für eine Direktversicherung, die die Voraussetzungen des § 3 Nr. 63 EStG nicht erfüllen, können weiterhin vom Arbeitgeber nach § 40b Abs. 1 und 2 EStG a. F. pauschal besteuert werden, ohne dass es hierfür einer Verzichtserklärung des Arbeitnehmers bedarf.

Beiträge für eine Direktversicherung, die die Voraussetzungen des § 3 Nr. 63 EStG   361
erfüllen, können nur dann nach § 40b Abs. 1 und 2 EStG a. F. pauschal besteuert
werden, wenn der Arbeitnehmer zuvor gegenüber dem Arbeitgeber für diese Beiträge
auf die Anwendung des § 3 Nr. 63 EStG verzichtet hat; dies gilt auch dann, wenn der
Höchstbetrag nach § 3 Nr. 63 Satz 1 EStG bereits durch anderweitige Beitragsleistungen
vollständig ausgeschöpft wird. Handelt es sich um rein arbeitgeberfinanzierte Beiträge
und wird die Pauschalsteuer nicht auf den Arbeitnehmer abgewälzt, kann von einer solchen Verzichtserklärung bereits dann ausgegangen werden, wenn der Arbeitnehmer der
Weiteranwendung des § 40b EStG a. F. bis zum Zeitpunkt der ersten Beitragsleistung
in 2005 nicht ausdrücklich widersprochen hat. In allen anderen Fällen ist eine Weiteranwendung des § 40b EStG a. F. möglich, wenn der Arbeitnehmer dem Angebot des
Arbeitgebers, die Beiträge weiterhin nach § 40b EStG a. F. pauschal zu versteuern, spätestens bis zum 30. Juni 2005 zugestimmt hat. Erfolgte die Verzichtserklärung erst nach
Beitragszahlung, kann § 40b EStG a. F. für diese Beitragszahlung/en nur dann weiter
angewendet und die Steuerfreiheit nach § 3 Nr. 63 EStG rückgängig gemacht werden,
wenn die Lohnsteuerbescheinigung im Zeitpunkt der Verzichtserklärung noch nicht übermittelt oder ausgeschrieben worden war. Im Fall eines späteren Arbeitgeberwechsels ist
in den Fällen des § 4 Abs. 2 Nr. 1 BetrAVG die Weiteranwendung des § 40b EStG a. F.
möglich, wenn der Arbeitnehmer dem Angebot des Arbeitgebers, die Beiträge weiterhin
nach § 40b EStG a. F. pauschal zu versteuern, spätestens bis zur ersten Beitragsleistung
zustimmt.

Beiträge an Pensionskassen können nach § 40b EStG a. F. insbesondere dann weiterhin   362
pauschal besteuert werden, wenn die Summe der nach § 3 Nr. 63 EStG steuerfreien
Beiträge und der Beiträge, die wegen der Ausübung des Wahlrechts nach § 3 Nr. 63
Satz 2 EStG individuell versteuert werden, 4 % der Beitragsbemessungsgrenze in
der allgemeinen Rentenversicherung übersteigt. Wurde im Fall einer Altzusage bisher
lediglich § 3 Nr. 63 EStG angewendet und wird der Höchstbetrag von 4 % der Beitragsbemessungsgrenze in der allgemeinen Rentenversicherung erst nach dem 31. Dezember 2004 durch eine Beitragserhöhung überschritten, ist eine Pauschalbesteuerung nach
§ 40b EStG a. F. für die übersteigenden Beiträge möglich. Der zusätzliche Höchstbetrag
von 1.800 EUR bleibt in diesen Fällen unberücksichtigt, da er nur dann zur Anwendung
gelangt, wenn es sich um eine Neuzusage handelt.

c) Verhältnis von § 3 Nr. 63 Satz 3 EStG und § 40b Abs. 1 und 2 Satz 1 und 2 EStG a. F.

Der zusätzliche Höchstbetrag von 1.800 EUR nach § 3 Nr. 63 Satz 3 EStG für eine Neu-   363
zusage kann dann nicht in Anspruch genommen werden, wenn die für den Arbeitnehmer
aufgrund einer Altzusage geleisteten Beiträge bereits nach § 40b Abs. 1 und 2 Satz 1
und 2 EStG a. F. pauschal besteuert werden. Dies gilt unabhängig von der Höhe der
pauschal besteuerten Beiträge und somit auch unabhängig davon, ob der Dotierungs-
rahmen des § 40b Abs. 2 Satz 1 EStG a. F. (1.752 EUR) voll ausgeschöpft wird oder
nicht. Eine Anwendung des zusätzlichen Höchstbetrags von 1.800 EUR kommt aber
dann in Betracht, wenn z. B. bei einem Beitrag zugunsten der Altzusage statt der Weiteranwendung des § 40b Abs. 1 und 2 Satz 1 und 2 EStG a. F. dieser Beitrag individuell
besteuert wird.

364 Werden für den Arbeitnehmer im Rahmen einer umlagefinanzierten betrieblichen Altersversorgung Zuwendungen an eine Pensionskasse geleistet und werden diese – soweit sie nicht nach § 3 Nr. 56 EStG steuerfrei bleiben (vgl. Rz. **340** ff.) – pauschal besteuert, ist § 40b Abs. 1 und 2 EStG anzuwenden. Dies gilt unabhängig davon, ob die umlagefinanzierten Zuwendungen aufgrund einer Alt- oder Neuzusage geleistet werden. Lediglich für den Bereich der kapitalgedeckten betrieblichen Altersversorgung wurde die Möglichkeit der Pauschalbesteuerung nach § 40b EStG grundsätzlich zum 1. Januar 2005 aufgehoben. Werden von einer Versorgungseinrichtung sowohl Umlagen als auch Beiträge im Kapitaldeckungsverfahren erhoben, wird die Inanspruchnahme des zusätzlichen Höchstbetrags von 1.800 EUR nach § 3 Nr. 63 Satz 3 EStG für getrennt im Kapitaldeckungsverfahren erhobene Beiträge (Rz. **303**) somit durch nach § 40b EStG pauschal besteuerte Zuwendungen zugunsten der umlagefinanzierten betrieblichen Altersversorgung nicht ausgeschlossen.

d) Verhältnis von § 3 Nr. 63 Satz 4 EStG und § 40b Abs. 1 und 2 Satz 3 und 4 EStG a. F.

365 Begünstigte Aufwendungen (Rz. **303** ff.), die der Arbeitgeber aus Anlass der Beendigung des Dienstverhältnisses nach dem 31. Dezember 2004 leistet, können entweder nach § 3 Nr. 63 Satz 4 EStG steuerfrei belassen oder nach § 40b Abs. 2 Satz 3 und 4 EStG a. F. pauschal besteuert werden. Für die Anwendung der Vervielfältigungsregelung des § 3 Nr. 63 Satz 4 EStG kommt es nicht darauf an, ob die Zusage vor oder nach dem 1. Januar 2005 erteilt wurde; sie muss allerdings die Voraussetzungen des § 3 Nr. 63 EStG erfüllen (vgl. insbesondere Rz. **312**). Die Anwendung von § 3 Nr. 63 Satz 4 EStG ist allerdings ausgeschlossen, wenn gleichzeitig § 40b Abs. 2 Satz 3 und 4 EStG a. F. auf die Beiträge, die der Arbeitgeber aus Anlass der Beendigung des Dienstverhältnisses leistet, angewendet wird. Eine Anwendung ist ferner nicht möglich, wenn der Arbeitnehmer bei Beiträgen für eine Direktversicherung auf die Steuerfreiheit der Beiträge zu dieser Direktversicherung zugunsten der Weiteranwendung des § 40b EStG a. F. verzichtet hatte (vgl. Rz. **359** ff.). Bei einer Pensionskasse hindert die Pauschalbesteuerung nach § 40b Abs. 1 und 2 Satz 1 und 2 EStG a. F. die Inanspruchnahme des § 3 Nr. 63 Satz 4 EStG nicht. Für die Anwendung der Vervielfältigungsregelung nach § 40b Abs. 2 Satz 3 und 4 EStG a. F. ist allerdings Voraussetzung, dass die begünstigten Aufwendungen zugunsten einer Altzusage geleistet werden. Da allein die Erhöhung der Beiträge und/oder Leistungen bei einer ansonsten unveränderten Versorgungszusage nach Rz. **351** noch nicht zu einer Neuzusage führt, kann die Vervielfältigungsregelung des § 40b EStG a. F. auch dann genutzt werden, wenn der Arbeitnehmer erst nach dem 1. Januar 2005 aus dem Dienstverhältnis ausscheidet. Die Höhe der begünstigten Beiträge muss dabei nicht bereits bei Erteilung dieser Zusage bestimmt worden sein. Entsprechendes gilt in den Fällen, in denen bei einer Altzusage bisher lediglich § 3 Nr. 63 EStG angewendet wurde und der Höchstbetrag von 4 % der Beitragsbemessungsgrenze in der allgemeinen Rentenversicherung erst durch die Beiträge, die der Arbeitgeber aus Anlass der Beendigung des Dienstverhältnisses nach dem 31. Dezember 2004 leistet, überschritten wird.

e) Keine weitere Anwendung von § 40b Abs. 1 und 2 EStG a. F. auf Neuzusagen

366 Auf Beiträge, die aufgrund von Neuzusagen geleistet werden, kann § 40b Abs. 1 und 2 EStG a. F. nicht mehr angewendet werden. Die Beiträge bleiben bis zur Höhe von

4 % der Beitragsbemessungsgrenze in der allgemeinen Rentenversicherung zuzüglich 1.800 EUR grundsätzlich nach § 3 Nr. 63 EStG steuerfrei.

f) Verhältnis von § 3 Nr. 63 EStG und § 40b EStG a. F., wenn die betriebliche Altersversorgung nebeneinander bei verschiedenen Versorgungseinrichtungen durchgeführt wird

Leistet der Arbeitgeber nach § 3 Nr. 63 Satz 1 EStG begünstigte Beiträge an verschiedene Versorgungseinrichtungen, kann er § 40b EStG a. F. auf Beiträge an Pensionskassen unabhängig von der zeitlichen Reihenfolge der Beitragszahlung anwenden, wenn die Voraussetzungen für die weitere Anwendung der Pauschalbesteuerung dem Grunde nach vorliegen. Allerdings muss zum Zeitpunkt der Anwendung des § 40b EStG a. F. bereits feststehen oder zumindest konkret beabsichtigt sein, die nach § 3 Nr. 63 Satz 1 EStG steuerfreien Beiträge in voller Höhe zu zahlen. Stellt der Arbeitgeber fest, dass die Steuerfreiheit noch nicht oder nicht in vollem Umfang ausgeschöpft worden ist oder werden kann, muss die Pauschalbesteuerung nach § 40b EStG a. F. – ggf. teilweise – rückgängig gemacht werden; spätester Zeitpunkt hierfür ist die Übermittlung oder Erteilung der Lohnsteuerbescheinigung. | 367

Im Jahr der Errichtung kann der Arbeitgeber für einen neu eingerichteten Durchführungsweg die Steuerfreiheit in Anspruch nehmen, wenn er die für den bestehenden Durchführungsweg bereits in Anspruch genommene Steuerfreiheit rückgängig gemacht und die Beiträge nachträglich bis zum Dotierungsrahmen des § 40b EStG a. F. (1.752 EUR) pauschal besteuert hat. | 368

2.8 Einkommensteuerrechtliche Behandlung von Vorsorgeaufwendungen (BMF, 19.08.2013)

BMF-Schreiben vom 19. August 2013 (BStBl I S. 1087), geändert durch BMF-Schreiben vom 24. Mai 2017 – IV C 3 – S 2221/16/10001 :004

Zum Sonderausgabenabzug für Beiträge nach § 10 Abs. 1 Nummer 2, 3 und 3a Einkommensteuergesetz (EStG) gilt im Einvernehmen mit den obersten Finanzbehörden der Länder Folgendes:

...

A. Abzug von Vorsorgeaufwendungen – § 10 EStG –

...

III. Gemeinsame Regelungen

...

4. Zufluss- und Abflussprinzip (§ 11 EStG)

Regelmäßig wiederkehrende Ausgaben (z. B. Versicherungsbeiträge) sind im Rahmen des Sonderausgabenabzugs grundsätzlich in dem Kalenderjahr anzusetzen, in dem sie geleistet wurden (allgemeines Abflussprinzip des § 11 Abs. 2 Satz 1 EStG). Eine Ausnahme von diesem Grundsatz wird durch § 11 Absatz 2 Satz 2 | 195

EStG normiert. Danach sind regelmäßig wiederkehrende Ausgaben, die kurze Zeit (Zeitraum von bis zu 10 Tagen) vor oder nach Beendigung des Kalenderjahres geleistet werden, abweichend vom Jahr des tatsächlichen Abflusses dem Jahr der wirtschaftlichen Zugehörigkeit zuzuordnen, wenn die Ausgaben kurze Zeit vor oder nach dem Jahreswechsel fällig werden (vgl. H 11 EStH „Allgemeines", Rz. 153 ff.).

196 ▶ Beispiel 1:

Der am 1. Januar 01 fällige Beitrag für den Monat Dezember 00 wird am 10. Januar 01 geleistet.

Grundsätzlich wäre der Beitrag im Kalenderjahr 01 (Zahlung im Jahr 01) anzusetzen. Da die laufenden Beitragszahlungen aber regelmäßig wiederkehrend sind und die hier aufgeführte Zahlung innerhalb des Zeitraums vom 22. Dezember bis 10. Januar fällig war und geleistet wurde, ist sie abweichend vom Jahr der Zahlung (01) dem Jahr der wirtschaftlichen Zugehörigkeit 00 zuzuordnen.

197 ▶ Beispiel 2:

Der am 15. Januar 01 fällige Beitrag für den Monat Dezember 00 wird am 5. Januar 01 geleistet.

Da die Fälligkeit des Dezemberbeitrags außerhalb des sog. „10-Tageszeitraums" liegt, ist die Zahlung vom 5. Januar 01 steuerlich dem Jahr 01 zuzuordnen.

198 Bei Erstellung der Datensätze haben die mitteilungspflichtigen Stellen für die zeitliche Zuordnung § 11 EStG zu beachten (vgl. in diesem Zusammenhang auch H 11 EStH).

…

2.9 Lohnsteuer-Durchführungsverordnung (LStDV 1990)

In der Fassung der Bekanntmachung vom 10. Oktober 1989 (BGBl. I S. 1848)

Zuletzt geändert durch Artikel 4 des Gesetzes vom 11. Dezember 2018 (BGBl. I S. 2338)

– Auszug –

…

§ 4 Lohnkonto

(1) …

(2) Bei jeder Lohnabrechnung ist im Lohnkonto Folgendes aufzuzeichnen:

…

7. das Vorliegen der Voraussetzungen für den Förderbetrag nach § 100 des Einkommensteuergesetzes;

8. [1]Bezüge, die nach den §§ 40 bis 40b des Einkommensteuergesetzes pauschal besteuert worden sind, und die darauf entfallende Lohnsteuer. [2]Lassen sich in den Fällen des § 40 Abs. 1 Satz 1 Nummer 2 und Absatz 2 des Einkommensteuergesetzes die auf den einzelnen Arbeitnehmer entfallenden Beträge nicht ohne weiteres ermitteln, so sind sie in einem Sammelkonto anzuschreiben. [3]Das Sammelkonto muß die

folgenden Angaben enthalten: Tag der Zahlung, Zahl der bedachten Arbeitnehmer, Summe der insgesamt gezahlten Bezüge, Höhe der Lohnsteuer sowie Hinweise auf die als Belege zum Sammelkonto aufzubewahrenden Unterlagen, insbesondere Zahlungsnachweise, Bestätigung des Finanzamts über die Zulassung der Lohnsteuerpauschalierung. [4]In den Fällen des § 40a des Einkommensteuergesetzes genügt es, wenn der Arbeitgeber Aufzeichnungen führt, aus denen sich für die einzelnen Arbeitnehmer Name und Anschrift, Dauer der Beschäftigung, Tag der Zahlung, Höhe des Arbeitslohns und in den Fällen des § 40a Abs. 3 des Einkommensteuergesetzes auch die Art der Beschäftigung ergeben. [5]Sind in den Fällen der Sätze 3 und 4 Bezüge nicht mit dem ermäßigten Kirchensteuersatz besteuert worden, so ist zusätzlich der fehlende Kirchensteuerabzug aufzuzeichnen und auf die als Beleg aufzubewahrende Unterlage hinzuweisen, aus der hervorgeht, daß der Arbeitnehmer keiner Religionsgemeinschaft angehört, für die die Kirchensteuer von den Finanzbehörden erhoben wird.

...

§ 5 Besondere Aufzeichnungs- und Mitteilungspflichten im Rahmen der betrieblichen Altersversorgung

(1) Der Arbeitgeber hat bei der Durchführung einer kapitalgedeckten betrieblichen Altersversorgung über eine Pensionskasse oder eine Direktversicherung im Fall des § 52 Abs. 40 des Einkommensteuergesetzes aufzuzeichnen, dass vor dem 1. Januar 2018 mindestens ein Beitrag nach § 40b Abs. 1 und 2 des Einkommensteuergesetzes in einer vor dem 1. Januar 2005 geltenden Fassung pauschal besteuert wurde.

(2) [1]Der Arbeitgeber hat der Versorgungseinrichtung (Pensionsfonds, Pensionskasse, Direktversicherung), die für ihn die betriebliche Altersversorgung durchführt, spätestens zwei Monate nach Ablauf des Kalenderjahres oder nach Beendigung des Dienstverhältnisses im Laufe des Kalenderjahres die für den einzelnen Arbeitnehmer geleisteten und

1. nach § 3 Nummer 56 und 63 sowie nach § 100 Abs. 6 Satz 1 des Einkommensteuergesetzes steuerfrei belassenen,
2. nach § 40b des Einkommensteuergesetzes in der am 31. Dezember 2004 geltenden Fassung pauschal besteuerten oder
3. individuell besteuerten

Beiträge mitzuteilen. [2]Ferner hat der Arbeitgeber oder die Unterstützungskasse die nach § 3 Nr. 66 des Einkommensteuergesetzes steuerfrei belassenen Leistungen mitzuteilen. [3]Die Mitteilungspflicht des Arbeitgebers oder der Unterstützungskasse kann durch einen Auftragnehmer wahrgenommen werden.

(3) [1]Eine Mitteilung nach Abs. 2 kann unterbleiben, wenn die Versorgungseinrichtung die steuerliche Behandlung der für den einzelnen Arbeitnehmer im Kalenderjahr geleisteten Beiträge bereits kennt oder aus den bei ihr vorhandenen Daten feststellen kann, und dieser Umstand dem Arbeitgeber mitgeteilt worden ist. [2]Unterbleibt die Mitteilung des Arbeitgebers, ohne dass ihm eine entsprechende Mitteilung der Versorgungseinrichtung vorliegt, so hat die Versorgungseinrichtung davon auszugehen, dass es sich insgesamt bis zu den in § 3 Nr. 56 oder 63 des Einkommensteuergesetzes genannten Höchstbeträgen um steuerbegünstigte Beiträge handelt, die in der Auszahlungsphase als Leistungen im Sinne von § 22 Nr. 5 Satz 1 des Einkommensteuergesetzes zu besteuern sind.

...

§ 8 Anwendungszeitraum

(1) Die Vorschriften dieser Verordnung in der Fassung des Artikels 2 des Gesetzes vom 13. Dezember 2006 (BGBl. I S. 2878) sind erstmals anzuwenden auf laufenden Arbeitslohn, der für einen nach dem 31. Dezember 2006 endenden Lohnzahlungszeitraum gezahlt wird, und auf sonstige Bezüge, die nach dem 31. Dezember 2006 zufließen.

(2) [1]§ 6 Abs. 3 und 4 sowie § 7 in der am 31. Dezember 2001 geltenden Fassung sind weiter anzuwenden im Falle einer schädlichen Verfügung vor dem 1. Januar 2002. [2]Die Nachversteuerung nach § 7 Abs. 1 Satz 1 unterbleibt, wenn der nachzufordernde Betrag 10 Euro nicht übersteigt.

(3) § 4 Abs. 2a ist für ab dem 1. Januar 2018 im Lohnkonto aufzuzeichnende Daten anzuwenden.

2.10 Verordnung zur Durchführung der steuerlichen Vorschriften des Einkommensteuergesetzes zur Altersvorsorge und zum Rentenbezugsmitteilungsverfahren sowie zum weiteren Datenaustausch mit der zentralen Stelle (Altersvorsorge-Durchführungsverordnung – AltvDV)

In der Fassung der Bekanntmachung vom 28. Februar 2005 (BGBl. I S. 487)

Zuletzt geändert durch Artikel 127 des Gesetzes vom 20. November 2019 (BGBl. I S. 1626)

§ 1 Datensätze

(1) Eine Übermittlung von Daten nach

1. § 10 Absatz 2a, 2b und 4b, den §§ 10a, 22a oder Abschnitt XI des Einkommensteuergesetzes,
2. § 32b Absatz 3 des Einkommensteuergesetzes, soweit auf § 22a des Einkommensteuergesetzes verwiesen wird, oder
3. dieser Verordnung

sowie eine nach diesen Vorschriften bestehende Anzeige- und Mitteilungspflicht zwischen den am Verfahren Beteiligten erfolgen in Form eines amtlich vorgeschriebenen Datensatzes.

(2) [1]Absatz 1 gilt nicht für

1. Mitteilungen an den Zulageberechtigten,
2. Mitteilungen des Zulageberechtigten nach § 10a oder Abschnitt XI des Einkommensteuergesetzes,
3. Anzeigen nach den §§ 5 und 13 oder
4. Mitteilungen nach den §§ 6, 10 Absatz 2 Satz 2 und § 11 Absatz 1 und 3.

[2]Wird die Mitteilung nach § 11 Abs. 1 und 3 über die zentrale Stelle übermittelt, ist Absatz 1 anzuwenden. [3]Die Mitteilung des Anbieters an den Zulageberechtigten nach § 90 Abs. 1 Satz 3 des Einkommensteuergesetzes kann mit der Bescheinigung nach § 92 des Einkommensteuergesetzes erfolgen.

§ 2 Technisches Übermittlungsformat

(1) Die Datensätze sind im XML-Format zu übermitteln.

(2) [1]Der codierte Zeichensatz für eine nach § 10a oder Abschnitt XI des Einkommensteuergesetzes oder nach einer im Abschnitt 2 dieser Verordnung vorzunehmenden Datenübermittlung hat vorbehaltlich der Sätze 2 und 3 den Anforderungen der DIN 66303, Ausgabe Juni 2000, zu entsprechen. [2]Die zentrale Stelle kann für einzelne oder alle Datensätze die Verwendung eines anderen Zeichensatzes und die dafür erforderliche Codierung bestimmen. [3]Der Zeitpunkt der erstmaligen Verwendung wird mindestens sechs Monate vorher durch das Bundesministerium der Finanzen im Bundessteuerblatt bekannt gegeben.

(3) [1]Der codierte Zeichensatz für eine Datenübermittlung nach

1. § 10 Absatz 2a, 2b und 4b oder § 22a des Einkommensteuergesetzes,
2. § 32b Absatz 3 des Einkommensteuergesetzes, soweit auf § 22a des Einkommensteuergesetzes verwiesen wird, oder
3. den Abschnitten 3 und 4 dieser Verordnung

hat vorbehaltlich des Satzes 2 den Anforderungen der ISO/IEC 8859-15, Ausgabe März 1999, zu entsprechen. [2]Absatz 2 Satz 2 und 3 gilt entsprechend.

§ 2a DIN- und ISO/IEC-Normen

DIN- und ISO/IEC-Normen, auf die in dieser Verordnung verwiesen wird, sind im Beuth-Verlag GmbH, Berlin und Köln, erschienen und beim Deutschen Patent- und Markenamt in München archivmäßig gesichert niedergelegt.

§ 3 Verfahren der Datenübermittlung, Schnittstellen

(1) Die Übermittlung der Datensätze hat durch Datenfernübertragung zu erfolgen.

(1a) [1]Bei der elektronischen Übermittlung sind die für den jeweiligen Besteuerungszeitraum oder -zeitpunkt bestimmten Schnittstellen ordnungsgemäß zu bedienen. [2]Die für die Datenübermittlung erforderlichen Schnittstellen und die dazugehörige Dokumentation werden über das Internet in einem geschützten Bereich der zentralen Stelle zur Verfügung gestellt.

(2) [1]Werden Mängel festgestellt, die eine ordnungsgemäße Übernahme der Daten beeinträchtigen, kann die Übernahme der Daten abgelehnt werden. [2]Der Absender ist über die Mängel zu unterrichten.

(3) Die technischen Einrichtungen für die Datenübermittlung stellt jede übermittelnde Stelle für ihren Bereich bereit.

§ 4 Übermittlung durch Datenfernübertragung

(1) [1]Bei der Datenfernübertragung sind dem jeweiligen Stand der Technik entsprechende Maßnahmen zur Sicherstellung von Datenschutz und Datensicherheit zu treffen, die insbesondere die Vertraulichkeit und Unversehrtheit der Daten sowie die Authentifizierung der übermittelnden und empfangenden Stelle gewährleisten. [2]Bei der Nutzung allgemein zugänglicher Netze sind Verschlüsselungsverfahren zu verwenden. [3]Die zentrale Stelle bestimmt das einzusetzende Verschlüsselungsverfahren, das dem jeweiligen Stand der Technik entsprechen muss.

(2) [1]Die zentrale Stelle bestimmt den zu nutzenden Übertragungsweg. [2]Hierbei soll der Übertragungsweg zugelassen werden, der von den an der Datenübermittlung Beteiligten gewünscht wird.

(3) ¹Die erforderlichen Daten können unter den Voraussetzungen der Artikel 28 und 29 der Verordnung (EU) 2016/679 des Europäischen Parlaments und des Rates vom 27. April 2016 zum Schutz natürlicher Personen bei der Verarbeitung personenbezogener Daten, zum freien Datenverkehr und zur Aufhebung der Richtlinie 95/46/EG (Datenschutz-Grundverordnung) (ABI. L 119 vom 4.5.2016, S. 1; L 314 vom 22.11.2016, S. 72) in der jeweils geltenden Fassung durch einen Auftragnehmer der übermittelnden Stelle an die zentrale Stelle übertragen werden. ²Geeignet ist ein Auftragnehmer, der die Anforderungen an den Datenschutz und die Datensicherheit gemäß dieser Verordnung erfüllt.

(4) Der nach Absatz 3 mit der Datenfernübertragung beauftragte Auftragnehmer gilt als Empfangsbevollmächtigter für Mitteilungen der zentralen Stelle an den Auftraggeber, solange dieser nicht widerspricht.

§ 5 Identifikation der am Verfahren Beteiligten

(1) Der Anbieter, die zuständige Stelle und die Familienkassen haben der zentralen Stelle auf Anforderung anzuzeigen:
1. die Kundenart,
2. den Namen und die Anschrift,
3. soweit erforderlich die E-Mail-Adresse,
4. die Telefon- und soweit vorhanden die Telefaxnummer,
5. die Betriebsnummer und
6. die Art der Verbindung.

(2) ¹Der Anbieter hat zusätzlich zu den in Absatz 1 aufgeführten Angaben eine Zertifizierungsnummer sowie die Bankverbindung, über welche die Zulagenzahlungen abgewickelt werden sollen, anzuzeigen. ²Hat der Anbieter ausschließlich Daten nach § 10 Absatz 2a, 2b und 4b des Einkommensteuergesetzes zu übermitteln, ist die Angabe der Bankverbindung nicht erforderlich.

(2a) Die Familienkassen haben zusätzlich zu den in Absatz 1 aufgeführten Angaben eine von ihnen im Außenverhältnis gegenüber dem Kindergeldempfänger verwendete Kurzbezeichnung der Familienkasse anzuzeigen.

(3) ¹Im Fall der Beauftragung eines Auftragnehmers (§ 4 Abs. 3) hat der Auftraggeber der zentralen Stelle auch die in Absatz 1 genannten Daten des Auftragnehmers anzuzeigen. ²Eine Mandanten- oder Institutionsnummer des Beteiligten beim Auftragnehmer ist ebenfalls anzuzeigen.

(4) Die am Verfahren Beteiligten (übermittelnde Stellen und ihre Auftragnehmer) erhalten von der zentralen Stelle eine Kundennummer und ein Passwort, die den Zugriff auf den geschützten Bereich des Internets der zentralen Stelle ermöglichen.

(5) Jede Änderung der in den Absätzen 1 bis 3 genannten Daten ist der zentralen Stelle von dem am Verfahren Beteiligten unter Angabe der Kundennummer (Absatz 4) unverzüglich anzuzeigen.

(6) Die Absätze 1 und 3 bis 5 gelten für die mitteilungspflichtigen Stellen im Sinne des § 10 Absatz 2a, 2b und 4b, § 22a Absatz 1 Satz 1 und § 32b Absatz 3 des Einkommensteuergesetzes entsprechend.

§ 6 Mitteilungspflichten des Arbeitgebers

(1) ¹Der Arbeitgeber hat der Versorgungseinrichtung (Pensionsfonds, Pensionskasse, Direktversicherung), die für ihn die betriebliche Altersversorgung durchführt, spätestens

zwei Monate nach Ablauf des Kalenderjahres oder nach Beendigung des Dienstverhältnisses im Laufe des Kalenderjahres mitzuteilen, in welcher Höhe die für den einzelnen Arbeitnehmer geleisteten Beiträge individuell besteuert wurden. [2]Die Mitteilungspflicht des Arbeitgebers kann durch einen Auftragnehmer wahrgenommen werden.

(2) Eine Mitteilung nach Absatz 1 kann unterbleiben, wenn die Versorgungseinrichtung dem Arbeitgeber mitgeteilt hat, dass

1. sie die Höhe der individuell besteuerten Beiträge bereits kennt oder aus den bei ihr vorhandenen Daten feststellen kann oder

2. eine Förderung nach § 10a oder Abschnitt XI des Einkommensteuergesetzes nicht möglich ist.

(3) Der Arbeitnehmer kann gegenüber der Versorgungseinrichtung für die individuell besteuerten Beiträge insgesamt auf die Förderung nach § 10a oder Abschnitt XI des Einkommensteuergesetzes verzichten; der Verzicht kann für die Zukunft widerrufen werden.

(4) Soweit eine Mitteilung nach Absatz 1 unterblieben ist und die Voraussetzungen des Absatzes 2 Nr. 1 nicht vorliegen oder der Arbeitnehmer nach Absatz 3 verzichtet hat, hat die Versorgungseinrichtung davon auszugehen, dass es sich nicht um Altersvorsorgebeiträge im Sinne des § 82 Abs. 2 des Einkommensteuergesetzes handelt.

§ 7 Besondere Mitteilungspflichten der zuständigen Stelle

(1) [1]Beantragt ein Steuerpflichtiger, der zu dem in § 10a Abs. 1 Satz 1 zweiter Halbsatz des Einkommensteuergesetzes bezeichneten Personenkreis gehört, über die für ihn zuständige Stelle (§ 81a des Einkommensteuergesetzes) eine Zulagenummer (§ 10a Abs. 1a des Einkommensteuergesetzes), übermittelt die zuständige Stelle die Angaben des Steuerpflichtigen an die zentrale Stelle. [2]Für Empfänger einer Versorgung im Sinne des § 10a Abs. 1 Satz 4 des Einkommensteuergesetzes gilt Satz 1 entsprechend.

(2) [1]Hat der Steuerpflichtige die nach § 10a Abs. 1 Satz 1 zweiter Halbsatz des Einkommensteuergesetzes erforderliche Einwilligung erteilt, hat die zuständige Stelle die Zugehörigkeit des Steuerpflichtigen zum begünstigten Personenkreis für das Beitragsjahr zu bestätigen und die für die Ermittlung des Mindesteigenbeitrags und für die Gewährung der Kinderzulage erforderlichen Daten an die zentrale Stelle zu übermitteln. [2]Sind für ein Beitragsjahr oder für das vorangegangene Kalenderjahr mehrere zuständige Stellen nach § 91 Abs. 2 des Einkommensteuergesetzes zur Meldung der Daten nach § 10a Abs. 1 Satz 1 zweiter Halbsatz des Einkommensteuergesetzes verpflichtet, meldet jede zuständige Stelle die Daten für den Zeitraum, für den jeweils das Beschäftigungs-, Amts- oder Dienstverhältnis bestand und auf den sich jeweils die zu übermittelnden Daten beziehen. [3]Gehört der Steuerpflichtige im Beitragsjahr nicht mehr zum berechtigten Personenkreis im Sinne des § 10a Abs. 1 Satz 1 zweiter Halbsatz des Einkommensteuergesetzes oder ist er nicht mehr Empfänger einer Versorgung im Sinne des § 10a Abs. 1 Satz 4 des Einkommensteuergesetzes oder hat er im Beitragsjahr erstmalig einen Altersvorsorgevertrag (§ 82 Abs. 1 des Einkommensteuergesetzes) abgeschlossen, hat die zuständige Stelle die für die Ermittlung des Mindesteigenbeitrags erforderlichen Daten an die zentrale Stelle zu übermitteln, wenn ihr eine Einwilligung des Steuerpflichtigen vorliegt. [4]Sind die zuständige Stelle und die Familienkasse verschiedenen juristischen Personen zugeordnet, entfällt die Meldung der kinderbezogenen Daten nach Satz 1. [5]In den anderen Fällen kann eine Übermittlung der Kinderdaten durch die zuständige Stelle entfallen, wenn sichergestellt ist, dass die Familienkasse die für die Gewährung der Kinderzulage erforderlichen

Daten an die zentrale Stelle übermittelt oder ein Datenabgleich (§ 91 Abs. 1 Satz 1 erster Halbsatz des Einkommensteuergesetzes) erfolgt.

(3) Hat die zuständige Stelle die für die Gewährung der Kinderzulage erforderlichen Daten an die zentrale Stelle übermittelt (§ 91 Abs. 2 des Einkommensteuergesetzes) und wird für diesen gemeldeten Zeitraum das Kindergeld insgesamt zurückgefordert, hat die zuständige Stelle dies der zentralen Stelle bis zum 31. März des Kalenderjahres, das dem Kalenderjahr der Rückforderung folgt, mitzuteilen.

§ 8

(weggefallen)

§ 9 Besondere Mitteilungspflicht der Familienkasse

Hat die zuständige Familienkasse der zentralen Stelle die Daten für die Gewährung der Kinderzulage übermittelt und wird für diesen gemeldeten Zeitraum das Kindergeld insgesamt zurückgefordert, hat die Familienkasse dies der zentralen Stelle unverzüglich mitzuteilen.

§ 10 Besondere Mitteilungspflichten des Anbieters

(1) [1]Der Anbieter hat die vom Antragsteller im Zulageantrag anzugebenden Daten sowie die Mitteilungen nach § 89 Abs. 1 Satz 5 des Einkommensteuergesetzes zu erfassen und an die zentrale Stelle zu übermitteln. [2]Erfolgt eine Datenübermittlung nach § 89 Abs. 3 des Einkommensteuergesetzes, gilt Satz 1 entsprechend.

(2) [1]Der Anbieter hat einen ihm bekannt gewordenen Tatbestand des § 95 Absatz 1 des Einkommensteuergesetzes der zentralen Stelle mitzuteilen. [2]Wenn dem Anbieter ausschließlich eine Anschrift des Zulageberechtigten außerhalb der Mitgliedstaaten der Europäischen Union und der Staaten, auf die das Abkommen über den Europäischen Wirtschaftsraum (EWR-Abkommen) anwendbar ist, bekannt ist, teilt er dies der zentralen Stelle mit.

(3) Der Anbieter hat der zentralen Stelle die Zahlung des nach § 90 Abs. 3 Satz 3 des Einkommensteuergesetzes abzuführenden Rückforderungsbetrages und des nach § 94 Abs. 1 Satz 3 des Einkommensteuergesetzes abzuführenden Rückzahlungsbetrages, jeweils bezogen auf den Zulageberechtigten, sowie die Zahlung von ihm geschuldeter Verspätungs- oder Säumniszuschläge mitzuteilen.

§ 11 Anbieterwechsel

(1) [1]Im Fall der Übertragung von Altersvorsorgevermögen nach § 1 Abs. 1 Satz 1 Nr. 10 Buchstabe b des Altersvorsorgeverträge-Zertifizierungsgesetzes sowie in den Fällen des § 93 Abs. 1 Satz 4 Buchstabe c, Abs. 1a Satz 1 oder Abs. 2 Satz 2 und 3 des Einkommensteuergesetzes hat der Anbieter des bisherigen Vertrags dem Anbieter des neuen Vertrags die in § 92 des Einkommensteuergesetzes genannten Daten einschließlich der auf den Zeitpunkt der Übertragung fortgeschriebenen Beträge im Sinne des § 19 Abs. 1 und 2 mitzuteilen. [2]Dies gilt auch bei einer Übertragung von ausschließlich ungefördertem Altersvorsorgevermögen, die mit einer Übertragung nach § 93 Absatz 1a Satz 1 des Einkommensteuergesetzes vergleichbar ist. [3]Bei der Übermittlung hat er die bisherige Vertragsnummer, die Zertifizierungsnummer und die Anbieternummer anzugeben. [4]Der Anbieter des bisherigen Vertrags kann die Mitteilung nach Satz 1 über die zentrale Stelle dem Anbieter des neuen Vertrags übermitteln. [5]Die zentrale Stelle leitet die Mitteilung ohne inhaltliche Prüfung an den Anbieter des neuen Vertrags. [6]Der Anbieter des bishe-

rigen Vertrags hat den Anbieter des neuen Vertrags über eine Abweisung eines Datensatzes nach § 12 Abs. 1 Satz 3 oder 4 unverzüglich zu unterrichten.

(2) Wird das Altersvorsorgevermögen im laufenden Beitragsjahr vollständig auf einen neuen Anbieter übertragen, ist dieser Anbieter zur Ausstellung der Bescheinigung nach § 92 des Einkommensteuergesetzes sowie zur Übermittlung der Daten nach § 10a Abs. 5 des Einkommensteuergesetzes an die zentrale Stelle für das gesamte Beitragsjahr verpflichtet.

(3) [1]Bei Übertragungen von Altersvorsorgevermögen nach Absatz 1 Satz 1 oder Satz 2 haben der Anbieter des bisherigen Vertrags sowie der Anbieter des neuen Vertrags die Übertragung der zentralen Stelle mitzuteilen. [2]Bei einer Übertragung von gefördertem Altersvorsorgevermögen nach § 82 Absatz 1 Satz 4 des Einkommensteuergesetzes hat der Anbieter des neuen Vertrags dies der zentralen Stelle ergänzend mitzuteilen. [3]Bei einer Übertragung von Altersvorsorgevermögen nach § 93 Absatz 1a Satz 2 des Einkommensteuergesetzes oder bei einer Übertragung von ausschließlich ungefördertem Altersvorsorgevermögen, die mit einer Übertragung nach § 93 Absatz 1a Satz 2 des Einkommensteuergesetzes vergleichbar ist, hat der Anbieter des bisherigen Vertrags die Übertragung der zentralen Stelle mitzuteilen. [4]Bei einer Übertragung nach § 93 Absatz 1a Satz 1 oder Satz 2 des Einkommensteuergesetzes oder bei einer Übertragung von ausschließlich ungefördertem Altersvorsorgevermögen, die mit einer Übertragung nach § 93 Absatz 1a Satz 1 oder Satz 2 des Einkommensteuergesetzes vergleichbar ist, hat der Anbieter des bisherigen Vertrags der zentralen Stelle außerdem die vom Familiengericht angegebene Ehezeit oder die Lebenspartnerschaftszeit mitzuteilen.

(4) [1]Wird Altersvorsorgevermögen auf Grund vertraglicher Vereinbarung nur teilweise auf einen anderen Vertrag übertragen, gehen Zulagen, Beiträge und Erträge anteilig auf den neuen Vertrag über. [2]Die Absätze 1 und 3 gelten entsprechend.

(5) (weggefallen)

§ 12 Besondere Mitteilungspflichten der zentralen Stelle gegenüber dem Anbieter

(1) [1]Die zentrale Stelle hat dem Anbieter das Ermittlungsergebnis (§ 90 Abs. 1 Satz 1 des Einkommensteuergesetzes) mitzuteilen. [2]Die Mitteilung steht unter dem Vorbehalt der Nachprüfung (§ 164 der Abgabenordnung). [3]Das Ermittlungsergebnis kann auch durch Abweisung des nach § 89 Abs. 2 des Einkommensteuergesetzes übermittelten Datensatzes, der um eine in dem vom Bundesministerium der Finanzen veröffentlichten Fehlerkatalog besonders gekennzeichnete Fehlermeldung ergänzt wird, übermittelt werden. [4]Ist der Datensatz nach § 89 Abs. 2 des Einkommensteuergesetzes auf Grund von unzureichenden oder fehlerhaften Angaben des Zulageberechtigten abgewiesen sowie um eine Fehlermeldung ergänzt worden und werden die Angaben innerhalb der Antragsfrist des § 89 Abs. 1 Satz 1 des Einkommensteuergesetzes von dem Zulageberechtigten an den Anbieter nicht nachgereicht, gilt auch diese Abweisung des Datensatzes als Übermittlung des Ermittlungsergebnisses.

(2) [1]Die zentrale Stelle hat dem Anbieter die Auszahlung der Zulage nach § 90 Abs. 2 Satz 1 des Einkommensteuergesetzes und § 15, jeweils bezogen auf den Zulageberechtigten, mitzuteilen. [2]Mit Zugang der Mitteilung nach Satz 1 entfällt der Vorbehalt der Nachprüfung der Mitteilung nach Absatz 1 Satz 2. [3]Die zentrale Stelle kann eine Mahnung (§ 259 der Abgabenordnung) nach amtlich vorgeschriebenem Datensatz an den Anbieter übermitteln.

(3) Wird der Rückzahlungsbetrag nach § 95 Abs. 3 Satz 1 des Einkommensteuergesetzes erlassen, hat die zentrale Stelle dies dem Anbieter mitzuteilen.

§ 13 Anzeigepflichten des Zulageberechtigten

(1) (aufgehoben)

(2) Liegt ein Tatbestand des § 95 Absatz 1 des Einkommensteuergesetzes vor, hat der Zulageberechtigte dies dem Anbieter auch dann anzuzeigen, wenn aus dem Vertrag bereits Leistungen bezogen werden.

§ 14 Nachweis der Rentenversicherungspflicht und der Höhe der maßgebenden Einnahmen

(1) [1]Weichen die Angaben des Zulageberechtigten zur Rentenversicherungspflicht oder zu den beitragspflichtigen Einnahmen oder zu der bezogenen Rente wegen voller Erwerbsminderung oder Erwerbsunfähigkeit im Sinne des Sechsten Buches Sozialgesetzbuch – Gesetzliche Rentenversicherung – in der Fassung der Bekanntmachung vom 19. Februar 2002 (BGBl. I S. 754, 1404, 3384), zuletzt geändert durch Artikel 5 des Gesetzes vom 23. Juli 2002 (BGBl. I S. 2787), in der jeweils geltenden Fassung von den nach § 91 Abs. 1 Satz 1 des Einkommensteuergesetzes übermittelten Angaben des zuständigen Sozialversicherungsträgers ab, sind für den Nachweis der Rentenversicherungspflicht oder die Berechnung des Mindesteigenbeitrags die Angaben des zuständigen Sozialversicherungsträgers maßgebend. [2]Für die von der landwirtschaftlichen Alterskasse übermittelten Angaben gilt Satz 1 entsprechend. [3]Wird abweichend vom tatsächlich erzielten Entgelt oder vom Zahlbetrag der Entgeltersatzleistung ein höherer Betrag als beitragspflichtige Einnahmen im Sinne des § 86 Abs. 1 Satz 2 Nr. 1 des Einkommensteuergesetzes berücksichtigt und stimmen der vom Zulageberechtigten angegebene und der bei dem zuständigen Sozialversicherungsträger ermittelte Zeitraum überein, ist Satz 1 insoweit nicht anzuwenden. [4]Im Festsetzungsverfahren ist dem Zulageberechtigten Gelegenheit zu geben, eine Klärung mit dem Sozialversicherungsträger herbeizuführen.

(2) Liegt der zentralen Stelle eine Bestätigung der zuständigen Stelle über die Zugehörigkeit des Zulageberechtigten zu dem in § 10a Abs. 1 Satz 1 Nr. 1 bis 5 und Satz 4 des Einkommensteuergesetzes genannten Personenkreis vor, gilt Absatz 1 entsprechend.

§ 15 Auszahlung der Zulage

[1]Die Zulagen werden jeweils am 15. der Monate Februar, Mai, August und November eines Jahres zur Zahlung angewiesen. [2]Zum jeweiligen Auszahlungstermin werden angewiesen:
a) Zulagen, die bis zum Ablauf des dem Auszahlungstermin vorangegangenen Kalendervierteljahres über den Anbieter beantragt worden sind und von der zentralen Stelle bis zum Ablauf des dem Auszahlungstermin vorangehenden Kalendermonats ermittelt wurden,
b) Erhöhungen von Zulagen, die bis zum Ablauf des dem Auszahlungstermin vorangehenden Kalendervierteljahres ermittelt oder festgesetzt wurden.

§ 16 Kleinbetragsgrenze für Rückforderungen gegenüber dem Zulageberechtigten

Ein Rückzahlungsbetrag nach § 94 Abs. 2 des Einkommensteuergesetzes, der nicht über den Anbieter zurückgefordert werden kann, wird nur festgesetzt, wenn die Rückforderung mindestens 10 Euro beträgt.

§ 17 Vollstreckung von Bescheiden über Forderungen der zentralen Stelle

[1]Bescheide über Forderungen der zentralen Stelle werden von den Hauptzollämtern vollstreckt. [2]Zuständig ist das Hauptzollamt, in dessen Vollstreckungsbezirk der Schuldner oder die Schuldnerin einen Wohnsitz oder gewöhnlichen Aufenthalt hat. [3]Mangelt es an einem Wohnsitz oder gewöhnlichen Aufenthalt im Inland, ist das Hauptzollamt Potsdam zuständig. [4]Über die Niederschlagung (§ 261 der Abgabenordnung) entscheidet die zentrale Stelle.

§ 18 Erteilung der Anbieterbescheinigungen

(1) Werden Bescheinigungen nach § 22 Nr. 5 Satz 7, § 92 oder § 94 Abs. 1 Satz 4 des Einkommensteuergesetzes mit Hilfe automatischer Einrichtungen erstellt, können Unterschrift und Namenswiedergabe des Anbieters oder des Vertretungsberechtigten fehlen.

(2) [1]Wird die Bescheinigung nach § 92 oder § 94 Abs. 1 Satz 4 des Einkommensteuergesetzes durch die Post übermittelt, ist das Datum der Aufgabe zur Post auf der Bescheinigung anzugeben. [2]Für die Berechnung der Frist nach § 90 Abs. 4 Satz 2 des Einkommensteuergesetzes ist § 122 Abs. 2 und 2a der Abgabenordnung sinngemäß anzuwenden.

§ 19 Aufzeichnungs- und Aufbewahrungspflichten

(1) [1]Der Anbieter nach § 1 Abs. 2 des Altersvorsorgeverträge-Zertifizierungsgesetzes hat für jedes Kalenderjahr Aufzeichnungen zu führen über
1. Namen und Anschrift des Anlegers,
2. Vertragsnummer und Vertragsdatum,
3. Altersvorsorgebeiträge, auf die § 10a oder Abschnitt XI des Einkommensteuergesetzes angewendet wurde,
4. dem Vertrag gutgeschriebene Zulagen,
5. dem Vertrag insgesamt gutgeschriebene Erträge,
6. Beiträge, auf die § 10a oder Abschnitt XI des Einkommensteuergesetzes nicht angewendet wurde,
7. Beiträge und Zulagen, die zur Absicherung der verminderten Erwerbsfähigkeit verwendet wurden,
8. Beiträge und Zulagen, die zur Hinterbliebenenabsicherung im Sinne des § 1 Abs. 1 Satz 1 Nr. 2 des Altersvorsorgeverträge-Zertifizierungsgesetzes oder § 1 Abs. 1 Satz 1 Nr. 6 des Altersvorsorgeverträge-Zertifizierungsgesetzes in der bis zum 31. Dezember 2004 geltenden Fassung verwendet wurden, und
9. die im Wohnförderkonto (§ 92a Abs. 2 Satz 1 des Einkommensteuergesetzes) zu berücksichtigenden Beträge.

[2]Werden zugunsten des Altersvorsorgevertrags auch nicht geförderte Beiträge geleistet, sind die Erträge anteilig den geförderten und den nicht geförderten Beiträgen zuzuordnen und entsprechend aufzuzeichnen. [3]Die auf den 31. Dezember des jeweiligen Kalenderjahres fortgeschriebenen Beträge sind gesondert aufzuzeichnen.

(2) [1]Für einen Anbieter nach § 80 zweite Alternative des Einkommensteuergesetzes gilt Absatz 1 sinngemäß. [2]Darüber hinaus hat er Aufzeichnungen zu führen über
1. Beiträge, auf die § 3 Nr. 63 des Einkommensteuergesetzes angewendet wurde; hierzu gehören auch die Beiträge im Sinne des § 5 Abs. 3 Satz 2 der Lohnsteuer-Durchführungsverordnung,

2. Beiträge, auf die § 40b des Einkommensteuergesetzes in der am 31. Dezember 2004 geltenden Fassung angewendet wurde, und

3. Leistungen, auf die § 3 Nr. 66 des Einkommensteuergesetzes angewendet wurde.

(3) ¹Für die Aufbewahrung der Aufzeichnungen nach den Absätzen 1 und 2, der Mitteilungen nach § 5 Abs. 2 der Lohnsteuer-Durchführungsverordnung und des Antrags auf Altersvorsorgezulage oder der einer Antragstellung nach § 89 Abs. 3 des Einkommensteuergesetzes zugrunde liegenden Unterlagen gilt § 147 Abs. 3 der Abgabenordnung entsprechend. ²Die Unterlagen sind spätestens am Ende des zehnten Kalenderjahres zu löschen oder zu vernichten, das auf die Mitteilung nach § 22 Nr. 5 Satz 7 des Einkommensteuergesetzes folgt. ³Satz 2 gilt nicht, soweit die Löschung oder Vernichtung schutzwürdige Interessen des Anlegers oder die Wahrnehmung von Aufgaben oder berechtigten Interessen des Anbieters beeinträchtigen würde.

(3a) Unterlagen über die Auszahlung des Altersvorsorge-Eigenheimbetrages im Sinne des § 92a Absatz 1 Satz 1 des Einkommensteuergesetzes sowie Unterlagen, die eine wohnungswirtschaftliche Verwendung im Sinne des § 92a Absatz 1 Satz 1 des Einkommensteuergesetzes nach dem 31. Dezember 2007 eines Darlehens im Sinne des § 1 Absatz 1a des Altersvorsorgeverträge-Zertifizierungsgesetzes nachweisen, sind für die Dauer von zehn Jahren nach der Auflösung oder der Schließung des für den Altersvorsorgevertrag geführten Wohnförderkontos (§ 92a Absatz 2 Satz 1 des Einkommensteuergesetzes) aufzubewahren.

(4) ¹Nach Absatz 3 Satz 1 und Absatz 3a aufzubewahrende schriftliche Unterlagen können als Wiedergabe auf einem Bild- oder anderen dauerhaften Datenträger aufbewahrt werden, wenn sichergestellt ist, dass

1. die Wiedergabe während der Dauer der Aufbewahrungsfrist verfügbar bleibt und innerhalb angemessener Zeit lesbar gemacht werden kann und

2. die lesbar gemachte Wiedergabe mit der schriftlichen Unterlage bildlich und inhaltlich übereinstimmt.

²Das Vorliegen der Voraussetzung nach Satz 1 Nr. 2 ist vor der Vernichtung der schriftlichen Unterlage zu dokumentieren.

(5) Sonstige Vorschriften über Aufzeichnungs- und Aufbewahrungspflichten bleiben unberührt.

(6) Der Anbieter hat der zentralen Stelle auf Anforderung den Inhalt der Aufzeichnungen mitzuteilen und die für die Überprüfung der Zulage erforderlichen Unterlagen zur Verfügung zu stellen.

§ 20

(aufgehoben)

§ 20a Vollstreckung von Bescheiden über Forderungen der zentralen Stelle

§ 17 gilt für Bescheide über Forderungen der zentralen Stelle im Rahmen des Rentenbezugsmitteilungsverfahrens nach § 22a des Einkommensteuergesetzes entsprechend.

§ 21 Erprobung des Verfahrens

(1) Die zentrale Stelle kann bei den mitteilungspflichtigen Stellen Daten nach § 22a Abs. 1 Satz 1 des Einkommensteuergesetzes erheben zum Zweck der Erprobung

1. des Verfahrens der Datenübermittlung von den mitteilungspflichtigen Stellen an die zentrale Stelle,
2. der bei der zentralen Stelle einzusetzenden Programme,
3. der Weiterleitung an die Finanzverwaltung und
4. der Weiterverarbeitung der Daten in der Finanzverwaltung.

(2) Das Bundeszentralamt für Steuern kann bei den mitteilungspflichtigen Stellen Daten nach § 22a Abs. 2 Satz 3 des Einkommensteuergesetzes in Verbindung mit § 139b Abs. 3 der Abgabenordnung erheben zum Zweck der Erprobung

1. des Verfahrens der Datenübermittlung von den mitteilungspflichtigen Stellen an das Bundeszentralamt für Steuern,
2. des Verfahrens der Datenübermittlung von dem Bundeszentralamt für Steuern an die mitteilungspflichtigen Stellen,
3. der vom Bundeszentralamt für Steuern und der zentralen Stelle einzusetzenden Programme, mit denen den mitteilungspflichtigen Stellen die Daten zur Verfügung gestellt werden.

(3) Die Datenübermittlung erfolgt durch Datenfernübertragung; § 4 Abs. 1 gilt entsprechend.

(4) [1]Die Daten dürfen nur für die in den Absätzen 1 und 2 genannten Zwecke verwendet werden. [2]Sie sind unmittelbar nach Beendigung der Erprobung, spätestens am 31. Dezember 2009, zu löschen.

§ 22

(aufgehoben)

§ 23 Erprobung des Verfahrens

§ 21 Absatz 1 dieser Verordnung gilt für die Erprobung des Verfahrens nach § 10 Absatz 2a, 2b und 4b des Einkommensteuergesetzes entsprechend mit der Maßgabe, dass die zentrale Stelle bei den mitteilungspflichtigen Stellen die Daten nach § 10 Absatz 2a, 2b und 4b des Einkommensteuergesetzes erheben kann.

§ 24 Mitteilungspflichten nach § 10 Abs. 4b des Einkommensteuergesetzes

[1]Die in § 10 Absatz 4b Satz 4 des Einkommensteuergesetzes genannten mitteilungspflichtigen Stellen haben der zentralen Stelle folgende Daten zu übermitteln:

1. die Höhe der im jeweiligen Zahlungsjahr geleisteten und zurückgeforderten steuerfreien Zuschüsse und der erstatteten Vorsorgeaufwendungen, jeweils gesondert betragsmäßig nach Art der Vorsorgeaufwendungen ausgewiesen,
2. den Beginn und das Ende des Zeitraums, für den der steuerfreie Zuschuss und die Erstattung der Vorsorgeaufwendungen erfolgt sind, und
3. das Jahr des Zuflusses oder Abflusses.

[2]Eine Mitteilungspflicht nach Satz 1 besteht nicht, wenn die mitteilungspflichtige Stelle der Finanzverwaltung die Zahlung der geleisteten und zurückgeforderten steuerfreien Zuschüsse und der erstatteten Vorsorgeaufwendungen bereits auf Grund anderer Vorschriften elektronisch mitzuteilen hat.

2.11 Übertragung von Versorgungsverpflichtungen und Versorgungsanwartschaften auf Pensionsfonds; Anwendung der Regelungen in § 4d Abs. 3 EStG und § 4e Abs. 3 EStG i. V. m. § 3 Nr. 66 EStG (BMF, 26.10.2006)

BMF-Schreiben vom 26. Oktober 2006 – IV B 2 – S 2144 – 57/06, BStBl 2006 I S. 709

Nach § 4e Abs. 3 Satz 1 EStG können auf Antrag die insgesamt erforderlichen Leistungen an einen Pensionsfonds zur teilweisen oder vollständigen Übernahme einer bestehenden Versorgungsverpflichtung oder Versorgungsanwartschaft durch den Pensionsfonds erst in den dem Wirtschaftsjahr der Übertragung folgenden zehn Wirtschaftsjahren gleichmäßig verteilt als Betriebsausgabe abgezogen werden. Werden Versorgungszusagen über eine Unterstützungskasse von einem Pensionsfonds übernommen, ist die Verteilungsregelung mit der Maßgabe anzuwenden, dass die im Zusammenhang mit der Übernahme erforderliche Zuwendung an die Unterstützungskasse erst in den dem Wirtschaftsjahr der Zuwendung folgenden zehn Wirtschaftsjahren gleichmäßig verteilt als Betriebsausgaben abgezogen werden können (§ 4d Abs. 3 EStG). Der Antrag nach § 4d Abs. 3 EStG oder § 4e Abs. 3 EStG führt nach Maßgabe der folgenden Regelungen zur Lohnsteuerfreiheit der entsprechenden Leistungen des Arbeitgebers oder der Unterstützungskasse an den Pensionsfonds (§ 3 Nr. 63, 66 EStG).

Für die Anwendung dieser Regelungen gilt nach Abstimmung mit den obersten Finanzbehörden der Länder Folgendes:

1. **Anwendungsbereich der Regelungen in § 3 Nr. 63 und 66 EStG i. V. m. § 4d Abs. 3 EStG und § 4e Abs. 3 EStG**
   a) Übertragung von Versorgungsverpflichtungen gegenüber Leistungsempfängern und von unverfallbaren Versorgungsanwartschaften ausgeschiedener Versorgungsberechtigter

1   Leistungen eines Arbeitgebers oder einer Unterstützungskasse an einen Pensionsfonds zur Übernahme bestehender Versorgungsverpflichtungen gegenüber Leistungsempfängern (laufende Rentenzahlungen) und unverfallbarer Versorgungsanwartschaften ausgeschiedener Versorgungsberechtigter sind insgesamt nach § 3 Nr. 66 EStG steuerfrei, wenn ein Antrag gemäß § 4d Abs. 3 EStG oder § 4e Abs. 3 EStG gestellt wird.

   b) Übertragung von Versorgungsanwartschaften aktiver Beschäftigter

2   Bei einer entgeltlichen Übertragung von Versorgungsanwartschaften aktiver Beschäftigter kommt die Anwendung von § 3 Nr. 66 EStG nur für Zahlungen an den Pensionsfonds in Betracht, die für die bis zum Zeitpunkt der Übertragung bereits erdienten Versorgungsanwartschaften geleistet werden.

3   Zahlungen an den Pensionsfonds für zukünftig noch zu erdienende Anwartschaften sind ausschließlich in dem begrenzten Rahmen des § 3 Nr. 63 EStG lohnsteuerfrei.

4   Die bis zum Zeitpunkt der Übertragung bereits erdienten, entgeltlich übertragenen Versorgungsanwartschaften sind grundsätzlich mit dem steuerlich ausfinanzierbaren Teil, mindestens aber in Höhe des zeitanteilig quotierten Versorgungsanteiles nach § 2 Abs. 1 oder Abs. 5a des Betriebsrentengesetzes (Gesetz zur Verbesserung der betrieblichen Altersversorgung – BetrAVG) zu berücksichtigen.

Soll eine Versorgungsanwartschaft eines Aktiven aus einer Pensionszusage 5
auf einen Pensionsfonds übertragen werden, ergibt sich der erdiente Teil der
Anwartschaft als Quotient des Teilwertes gem. § 6a Abs. 3 Satz 2 Nr. 1 EStG
zum Barwert der künftigen Pensionsleistungen, jeweils ermittelt auf den Übertragungszeitpunkt.

2. **Berücksichtigung der insgesamt erforderlichen Leistungen zur Übernahme von Versorgungsverpflichtungen oder Versorgungsanwartschaften**

Nach dem Sinn und Zweck der Regelungen in§ 4d Abs. 3 EStG und § 4e Abs. 3 6
EStG können alle Leistungen des Steuerpflichtigen im Sinne der Randnummern 1
und 2 im Zusammenhang mit der Übernahme von Versorgungsverpflichtungen oder
Versorgungsanwartschaften durch Pensionsfonds über den Verteilungszeitraum als
Betriebsausgaben abgezogen werden. Das gilt auch für nach § 3 Nr. 66 EStG begünstigte Leistungen (Randnummern 1 und 2), die nach dem Wirtschaftsjahr der
Übernahme der Versorgungsverpflichtung entstanden sind oder entrichtet werden
(z. B. nachträgliche zusätzliche Zuwendungen aufgrund einer nicht hinreichenden
Deckung durch den zum Übernahmezeitpunkt geleisteten Einmalbetrag). Der Antrag
auf Verteilung kann nur einheitlich für sämtliche Leistungen zur Übernahme einer Versorgungsverpflichtung oder Versorgungsanwartschaft gestellt werden. Wurden die
erstmaligen Aufwendungen im vollen Umfang Gewinn mindernd geltend gemacht, ist
auch eine Verteilung eventueller Nachschusszahlungen nicht möglich.

3. **Beginn des Verteilungszeitraumes**

Der zehnjährige Verteilungszeitraum beginnt bei einer Bilanzierung nach§ 4 Abs. 1 7
und § 5 EStG in dem dem Wirtschaftsjahr des Entstehens der Leistungsverpflichtung
folgenden Wirtschaftsjahr und bei einer Gewinnermittlung nach § 4 Abs. 3 EStG in
dem dem Jahr der Leistung folgenden Wirtschaftsjahr. Das gilt auch für die Verteilung
einer möglichen Nachschusszahlung, wobei es unerheblich ist, ob noch innerhalb
des ursprünglichen Zehnjahresraumes nach dem Wirtschaftsjahr der Übertragung
der Versorgungsverpflichtung oder Versorgungsanwartschaft oder erst zu einem späteren Zeitpunkt die Leistungsverpflichtung entsteht oder die Zahlung geleistet wird.

▶ 4. **Beispiel:**

Arbeitgeber A passiviert in der steuerlichen Gewinnermittlung zum 31. Dezem- 8
ber 2003 aufgrund einer Direktzusage zulässigerweise eine Pensionsrückstellung
nach § 6a EStG in Höhe von 100.000 EUR. In 2004 wird die Versorgungsanwartschaft von einem Pensionsfonds übernommen. A zahlt hierfür 150.000 EUR
(begünstigt nach § 3 Nr. 66 EStG, vgl. Randnummer 2) und stellt einen Antrag
nach § 4e Abs. 3 EStG auf Verteilung der Betriebsausgaben. Im Jahr 2010 leistet
A aufgrund einer Deckungslücke einen weiteren unter § 3 Nr. 66 EStG fallenden
Einmalbetrag von 30.000 EUR.

In 2004 ist die Rückstellung nach § 6a EStG Gewinn erhöhend aufzulösen. Da A
einen Antrag auf Verteilung der dem Grunde nach sofort abzugsfähigen Betriebsausgaben gestellt hat, mindern in 2004 im Ergebnis nur 100.000 EUR (= Höhe
der aufzulösenden Pensionsrückstellung, § 4e Abs. 3 Satz 3 EStG) den Gewinn.
Der verbleibende Betrag von 50.000 EUR (150.000 EUR – 100.000 EUR) ist dem
Gewinn 2004 außerbilanziell wieder hinzuzurechnen. In den Jahren 2005 bis 2014
ist der Gewinn um jeweils 1/10 x 50.000 EUR = 5.000 EUR außerbilanziell zu vermindern.

Auch die in 2010 geleistete Nachschusszahlung von 30.000 EUR ist aufgrund des für alle Leistungen im Zusammenhang mit der Übertragung bindenden Antrages nach § 4e Abs. 3 EStG zu verteilen. Demnach erhöht der Betrag von 30.000 EUR außerbilanziell den Gewinn in 2010. In den Jahren 2011 bis 2020 mindert sich der Gewinn außerbilanziell jährlich um je 1/10 x 30.000 EUR = 3.000 EUR. Hätte A die ursprüngliche Zahlung von 150.000 EUR vollumfänglich in 2004 als Betriebsausgabe geltend gemacht, hätte auch die in 2010 geleistete Nachschusszahlung nicht verteilt werden können.

2.12 Betriebliche Altersversorgung; Übertragung von Versorgungsverpflichtungen und Versorgungsanwartschaften auf Pensionsfonds, Anwendung der Regelungen in § 4d Abs. 3 EStG und § 4e Abs. 3 EStG i. V. m. § 3 Nr. 66 EStG (BMF, 10.07.2015)

BMF-Schreiben vom 10. Juli 2015 – IV C 6 – S 2144/07/100003 – BStBl 2015 I S. 544

Unter Bezugnahme auf das BMF-Schreiben vom 26. Oktober 2006 (BStBl I S. 709) zur Anwendung der Regelungen in § 4d Abs. 3 EStG und § 4e Abs. 3 EStG i. V. m. § 3 Nr. 66 EStG im Zusammenhang mit der Übertragung von Versorgungsverpflichtungen und Versorgungsanwartschaften auf Pensionsfonds nehme ich zur Berechnung des auf Antrag zu verteilenden Betriebsausgabenabzuges nach Abstimmung mit den obersten Finanzbehörden der Länder wie folgt Stellung:

1. Berücksichtigung von künftigen Rentenanpassungen gemäß § 16 Abs. 1 des Gesetzes zur Verbesserung der betrieblichen Altersversorgung (Betriebsrentengesetz – BetrAVG) bei der Ermittlung der erdienten Versorgungsanwartschaften

1   Bei einer entgeltlichen Übertragung von Versorgungsanwartschaften aktiver Beschäftigter kommt die Anwendung von § 3 Nr. 66 EStG nur für Zahlungen an den Pensionsfonds in Betracht, die für die bis zum Zeitpunkt der Übertragung bereits erdienten Versorgungsanwartschaften geleistet werden (Randnummer 2 des BMF-Schreibens vom 26. Oktober 2006, a. a. O.).

2   Künftige Rentenanpassungen für zum Zeitpunkt der Übertragung bereits erdiente Versorgungsanwartschaften stellen keine bestehende Verpflichtung im Sinne von § 4e Abs. 3 Satz 1 EStG dar, soweit sie noch nicht fest zugesagt sind. Aus Vereinfachungsgründen kann jedoch für Verpflichtungen, die einer Anpassungsprüfungspflicht gemäß § 16 Abs. 1 BetrAVG unterliegen, eine jährliche pauschale Erhöhung von bis zu einem Prozent berücksichtigt werden.

2. Ermittlung des erdienten Teils einer Pensionszusage nach § 6a EStG oder einer Zusage auf Unterstützungskassenleistungen nach § 4d EStG bei der Übertragung auf einen Pensionsfonds gemäß § 4e EStG

3   Die bis zum Zeitpunkt der Übertragung erdienten Versorgungsanwartschaften sind entsprechend den Regelungen in § 2 BetrAVG zu ermitteln. Dabei ist auf den jeweiligen Übertragungszeitpunkt abzustellen.

Soll nicht der erdiente Teil der zugesagten Versorgungsleistungen auf den Pensionsfonds 4
übertragen werden, sondern ein konstanter Alters-, Invaliden- und Hinterbliebenen-
rentenanspruch durch den Pensionsfondstarif abgedeckt werden, ist durch einen Barwertvergleich auf Basis aktueller, steuerlich anerkannter Rechnungsgrundlagen für die
Bewertung von Pensions-Verpflichtungen gemäß § 6a EStG die Gleichwertigkeit des
rechnerisch übertragungsfähigen sog. Past Service mit der auf den Pensionsfonds übertragenen Versorgung nachzuweisen.

Die körperschaftsteuerlichen Regelungen für beherrschende Gesellschafter-Geschäfts- 5
führer von Kapitalgesellschaften bleiben unberührt. Dies gilt insbesondere auch für das
Rückwirkungs- und Nachzahlungsverbot. Demzufolge können steuerlich zugesagte
Versorgungsleistungen und deren Erhöhungen erst ab dem Zeitpunkt der Zusage oder
Erhöhung erdient werden.

3. Maßgebende Rückstellung im Sinne von § 4e Abs. 3 Satz 3 EStG

Ist infolge der Übertragung einer Versorgungsverpflichtung oder Versorgungsanwart- 6
schaft auf einen Pensionsfonds eine Pensionsrückstellung aufzulösen (§ 4e Abs. 3 Satz 3
EStG), ist bei der Ermittlung der sofort als Betriebsausgaben abzugsfähigen Leistungen
auf die am vorangegangenen Bilanzstichtag gebildete Pensionsrückstellung abzustellen.
Weicht der Übertragungszeitpunkt vom Bilanzstichtag ab, kommt eine Zugrundelegung
der (fiktiven) Pensionsrückstellung, die zu diesem Zeitpunkt maßgebend wäre, auch
dann nicht in Betracht, wenn eine gebildete Rückstellung nicht aufzulösen ist (z. B. bei
einer Erhöhung der Pensionsleistungen nach dem letzten Bilanzstichtag und vor dem
Übertragungszeitpunkt).

Wird der erdiente Teil einer Versorgungsanwartschaft auf einen Pensionsfonds über- 7
tragen, ist der sofortige Betriebsausgabenabzug nach § 4e Abs. 3 Satz 3 EStG nur möglich, soweit die Auflösung der Pensionsrückstellung auf der Übertragung des erdienten
Teils auf den Pensionsfonds beruht.

▶ **Beispiel:** 8

Am 1. Januar 2014 wird der erdiente Teil einer Versorgungsanwartschaft eines aktiven
Anwärters aus einer Pensionszusage nach § 6a EStG auf einen Pensionsfonds und der
noch zu erdienende Teil auf eine rückgedeckte Unterstützungskasse übertragen (sog.
Kombinationsmodell). Am Übertragungsstichtag sind 60 % der Versorgungsleistungen
erdient. Die am Bilanzstichtag 31. Dezember 2013 passivierte Pensionsrückstellung
beträgt 100.000 EUR.

Nach der Systematik der Teilwertermittlung gemäß § 6a EStG wäre unmittelbar nach
der Übertragung des erdienten Teils auf den Pensionsfonds eine Pensionsrückstellung
für den nicht übertragenen Teil der Versorgungsleistungen in Höhe von 40.000 EUR zu
bilden. Die vollständige Auflösung der Pensionsrückstellung nach den Übertragungen
beruht somit in Höhe von 40.000 EUR nicht auf der Übertragung des erdienten Teils der
Versorgungsleistungen auf den Pensionsfonds, sondern auf der Übertragung des noch
zu erdienenden Teils auf die Unterstützungskasse. Folglich ist ein sofortiger Betriebsausgabenabzug nach § 4e Abs. 3 Satz 3 EStG nur in Höhe von 60.000 EUR möglich.

4. Zeitliche Anwendung

9 Die Regelungen dieses Schreibens gelten für alle noch offenen Fälle. Die Randnummern 4 und 5 des BMF-Schreibens vom 26. Oktober 2006 (a. a. O.), wonach die bereits erdienten Versorgungsanwartschaften auch mit dem höheren steuerlich ausfinanzierbaren Teil (Quotient des Teilwertes gem. § 6a Abs. 3 Satz 2 Nr. 1 EStG zum Barwert der künftigen Pensionsleistungen) im Übertragungszeitpunkt berücksichtigt werden können, können letztmals für Versorgungsanwartschaften angewendet werden, die vor dem 1. Januar 2016 auf einen Pensionsfonds übertragen werden.

10 Wird vor dem 1. Januar 2016 die Versorgungsanwartschaft aus einer Pensionszusage, bei der sich die Höhe der unverfallbaren Anwartschaft (zeitanteilig) nach § 2 Abs. 1 BetrAVG ermittelt, auf einen Pensionsfonds übertragen, ist ein Barwertvergleich im Sinne von Randnummer 4 nicht erforderlich, wenn ein konstanter Rentenanspruch auf Basis der zeitanteilig erdienten (m/n-) Altersrente auf den Pensionsfonds übertragen wird, auch wenn dieser nicht genau dem erdienten Teil der ursprünglich zugesagten Versorgungsleistungen entspricht (z. B. weil es sich dabei um eine steigende, dienstzeitabhängige Pensionszusage handelt). Eine steuerfreie Übertragung auf der Grundlage des steuerlich ausfinanzierbaren Teils (Quotient Teilwert/Barwert) der zugesagten Versorgungsleistungen ist in diesem Fall nicht zulässig. Dabei sind alle betroffenen Versorgungszusagen einheitlich zu behandeln.

11 ▶ **Beispiel:**

Die Pensionszusage sieht eine jährliche Altersrente in Höhe von 100 EUR je Dienstjahr sowie eine Invalidenrente in Höhe von 80 % der bei Eintritt der Invalidität erreichten Altersrente vor. Nach 10 von insgesamt 30 erreichbaren Dienstjahren wird die erdiente Anwartschaft am 31. Dezember 2013 auf einen Pensionsfonds übertragen.

Nach § 2 Abs. 1 BetrAVG sind zum Zeitpunkt der Übertragung arbeitsrechtlich 10/30 der Altersrente von 30 Dienstjahren × 100 EUR = 3 000 EUR sowie 10/30 der bis auf 3 000 EUR × 80 % steigenden Invalidenrente erdient. Berücksichtigt werden kann dementsprechend der konstante Rentenanspruch für den Pensionsfondstarif, also eine Altersrente von 100 EUR × 30 Dienstjahre × 10/30 = 1 000 EUR sowie eine Invalidenrente von 100 EUR × 80 % × 30 Dienstjahre × 10/30 = 800 EUR.

12 Randnummer 10 ist bei beitragsorientierten Leistungszusagen und Entgeltumwandlungen mit der Maßgabe anwendbar, dass an die Stelle des zeitanteilig erdienten Anteils der im jeweiligen Umwandlungszeitpunkt erreichte Altersrentenanspruch (§ 2 Abs. 5a BetrAVG) tritt. Die Klassifizierung als beitragsorientierte Zusage ist grundsätzlich auf arbeitsrechtlicher Basis vorzunehmen und kann sich beispielsweise aus der tatsächlichen Handhabung des Arbeitgebers bei Rentenmitteilungen oder bei Ausscheiden mit unverfallbarer Anwartschaft ergeben.

13 Bei der Übertragung von Versorgungsanwartschaften aus einer Zusage auf Unterstützungskassenleistungen nach § 4d EStG im Sinne von Randnummer 4 auf einen Pensionsfonds vor dem 1. Januar 2016 ist Randnummer 10 entsprechend anwendbar.

Dieses Schreiben steht auf den Internetseiten des Bundesministeriums der Finanzen unter der Rubrik Themen – Steuern – Steuerarten – Einkommensteuer zur Ansicht und zum Abruf bereit.

2.13 Zusagen auf Leistungen der betrieblichen Altersversorgung; Bilanzsteuerrechtliche Berücksichtigung von überdurchschnittlich hohen Versorgungsanwartschaften (Überversorgung) (BMF, 03.11.2004)

BMF-Schreiben vom 3. November 2004 – IV B 2 – S 2176 – 13/04, BStBl 2004 I S. 1045

Zur Frage der bilanzsteuerrechtlichen Berücksichtigung von überdurchschnittlich hohen Zusagen auf Leistungen der betrieblichen Altersversorgung nehme ich nach Abstimmung mit den obersten Finanzbehörden der Länder wie folgt Stellung:

I. Grundsatz

Überdurchschnittlich hohe Versorgungszusagen sind steuerrechtlich grundsätzlich 1 anzuerkennen, soweit die Zusagen betrieblich veranlasst sind und arbeitsrechtlich keine Reduzierung der Versorgungszusagen auf Grund planwidriger Überversorgung möglich ist (vgl. u. a. Urteile des Bundesarbeitsgerichtes vom 9. Juli 1985, BB 1986 S. 1088 und 28. Juli 1998, DB 1999 S. 389).

II. Versorgungszusagen über Direktversicherungen, Pensionskassen und Pensionsfonds

Der Betriebsausgabenabzug von Beiträgen an Direktversicherungen, Pensionskassen 2 und Pensionsfonds ergibt sich aus den §§ 4 Abs. 4, 4c und 4e des Einkommensteuergesetzes (EStG). Das gilt auch für überdurchschnittlich hohe Versorgungszusagen. Weitere Beschränkungen bestehen – vorbehaltlich Randnummer 21 – grundsätzlich nicht.

III. Zuwendungen an Unterstützungskassen und Direktzusagen (Pensionszusagen)

Zuwendungen an Unterstützungskassen für Leistungsanwärter können nach § 4d 3 Abs. 1 Satz 1 Nr. 1 Satz 1 Buchstabe b Satz 1 EStG nur nach den Verhältnissen am Schluss des Wirtschaftsjahres der Zuwendungen als Betriebsausgaben abgezogen werden. Änderungen, die erst nach dem Bilanzstichtag wirksam werden, sind nur zu berücksichtigen, wenn sie am Bilanzstichtag bereits feststehen (R 27a Abs. 4 Satz 8 Einkommensteuerrichtlinien – EStR). Liegen die Voraussetzungen einer rückgedeckten Unterstützungskasse im Sinne von § 4d Abs. 1 Satz 1 Nr. 1 Satz 1 Buchstabe c EStG vor, sind hinsichtlich der Zuwendungen für Leistungsanwärter oder Leistungsempfänger ebenfalls die Verhältnisse am Schluss des Wirtschaftsjahres maßgebend.

Nach § 6a Abs. 3 Satz 2 Nr. 1 Satz 4 EStG können bei der Teilwertberechnung von Ver- 4 sorgungsverpflichtungen gegenüber Pensionsberechtigten, deren Dienstverhältnis noch nicht beendet ist, Erhöhungen oder Verminderungen der Pensionsleistungen nach dem Schluss des Wirtschaftsjahres, die hinsichtlich des Zeitpunkts ihres Wirksamwerdens oder ihres Umfangs ungewiss sind, bei der Berechnung des Barwerts der künftigen Pensionsleistungen und der Jahresbeträge erst berücksichtigt werden, wenn sie eingetreten sind. Entsprechendes gilt beim Ansatz des Barwertes der künftigen Pensionsleistungen am Schluss des Wirtschaftsjahres nach Beendigung des Dienstverhältnisses unter Aufrechterhaltung der Pensionsanwartschaft oder nach Eintritt des Versorgungsfalles (§ 6a Abs. 3 Satz 2 Nr. 2 zweiter Teilsatz EStG).

5 Versorgungszusagen, die über die üblicherweise durch Betriebsrenten abgedeckten Einkommensausfälle hinaus gehen und entgegen den in den Randnummern 3 und 4 genannten Regelungen künftige Einkommens- und Lohnentwicklungen vorwegnehmen, können steuerlich nur berücksichtigt werden, soweit sie im Verhältnis zum letzten Aktivlohn angemessen sind (vgl. Urteile des Bundesfinanzhofes – BFH – vom 17. Mai 1995, BStBl 1996 II S. 420 und vom 31. März 2004, BStBl II S. 937 und S. 940).

IV. Unzulässige Vorwegnahme künftiger Einkommensentwicklungen durch überdurchschnittlich hohe betriebliche Versorgungszusagen

6 Die Frage, ob durch überdurchschnittlich hohe Versorgungszusagen künftige Einkommens- und Lohnentwicklungen vorweg genommen werden und somit ein Verstoß gegen die Regelungen in § 4d Abs. 1 Satz 1 Nr. 1 Satz 1 Buchstabe b und c EStG (Randnummer 3) oder § 6a Abs. 3 Satz 2 Nr. 1 Satz 4 EStG (Randnummer 4) vorliegt, richtet sich nach den Umständen des jeweiligen Einzelfalles. Maßgebend ist, ob unter Heranziehung objektiver Merkmale das überdurchschnittlich hohe Versorgungsniveau von vornherein beabsichtigt wurde oder eine Vorwegnahme künftiger Einkommens- und Lohnentwicklungen anzunehmen ist. Bei laufenden und ausfinanzierten Rentenleistungen kommt eine Vorwegnahme künftiger Lohnentwicklungen regelmäßig nicht in Betracht.

1. 75%-Grenze im Sinne der BFH-Rechtsprechung

7 Von einer möglichen Vorwegnahme künftiger Einkommensentwicklungen kann regelmäßig ausgegangen werden, wenn die sog. 75 %-Grenze im Sinne der BFH-Urteile vom 17. Mai 1995 und 31. März 2004 (a. a. O.) überschritten wird. Danach kann eine Vorwegnahme künftiger Einkommenstrends anzunehmen sein, soweit die insgesamt zugesagten Leistungen der betrieblichen Altersversorgung (Direktzusage, Direktversicherung, Pensionskasse, Unterstützungskasse und Pensionsfonds) zusammen mit einer zu erwartenden Rente aus der gesetzlichen Rentenversicherung höher sind als 75 % der Bezüge des Versorgungsberechtigten. Dabei ist es unerheblich, ob der Versorgungsverpflichtete für die Verpflichtung eine Rückdeckungsversicherung abgeschlossen oder die Ansprüche aus der Rückdeckungsversicherung an den Berechtigten verpfändet hat.

Bei der Prüfung der 75 %-Grenze sind folgende Bezugsgrößen maßgebend:

a) Grundsatz

8 Für die Höhe der insgesamt zugesagten Versorgungsleistungen und der Bezüge des Berechtigten sind die Verhältnisse am Bilanzstichtag maßgebend. Hat sich zu einem späteren Bilanzstichtag der Umfang der Stichtagsbezüge und/oder die Höhe der Ansprüche auf betriebliche Altersversorgung geändert, sind die geänderten Bezugsgrößen für diesen Bilanzstichtag zu berücksichtigen. Haben sich beispielsweise die laufenden Gehaltsansprüche des Berechtigten gemindert, gilt dies mit Ausnahme der in Randnummer 19 genannten Fälle unabhängig davon, welche Gründe für die Minderung dieser Ansprüche ausschlaggebend waren.

b) Bezüge des Versorgungsberechtigten

9 Es sind sämtliche Aktivbezüge des Versorgungsberechtigten am Bilanzstichtag zu berücksichtigen. Dabei ist es unerheblich, ob die Bezüge zu Rentenleistungen führen.

Die Aktivbezüge entsprechen dem Arbeitslohn i. s. d. § 2 Lohnsteuer-Durchführungsverordnung (LStDV).

Ist ein Leistungsanwärter mit unverfallbaren, nicht ausfinanzierten Versorgungsansprüchen ausgeschieden, sind die fiktiven Aktivbezüge zugrunde zu legen, die der Berechtigte erhalten hätte, wenn er nicht vorzeitig das Unternehmen verlassen hätte.   10

Soweit variable Gehaltsbestandteile (z. B. Tantiemen, Boni, Sachzuwendungen) einzubeziehen sind, ist der Durchschnitt dieser Bezüge aus den letzten fünf Jahren maßgebend.   11

▶ **Beispiel:**

Der Versorgungsberechtigte hat in den letzten 6 Jahren folgende Gehälter bezogen:

	1997	1998	1999
Grundgehalt:	3.000 EUR	3.100 EUR	3.300 EUR
Sonderzuwendungen:	500 EUR	0 EUR	1.000 EUR

	2000	2001	2002
Grundgehalt:	3.300 EUR	3.400 EUR	3.450 EUR
Sonderzuwendungen:	900 EUR	1.500 EUR	0 EUR

Zu prüfen ist die Zusage im Jahr 2002.

Bei der Prüfung der 75%-Grenze für 2002 sind als maßgebende Bezüge nicht nur das Grundgehalt von 3.450 EUR zu berücksichtigen, sondern auch der Durchschnitt der Sonderzuwendungen der letzten 5 Jahre. Dabei ist es unerheblich, dass der Versorgungsberechtigte in 2002 keine Sonderzuwendungen erhalten hat. Der Durchschnitt der Sonderzuwendungen beträgt

(0 EUR + 1.000 EUR + 900 EUR + 1.500 EUR + 0 EUR) / 5 = 680 EUR.

Somit ergeben sich für das Jahr 2002 maßgebende Bezüge in Höhe von

3.450 EUR + 680 EUR = 4.130 EUR.

c) Zugesagte Versorgungsleistungen

Für die Prüfung der 75 %-Grenze sind sämtliche am Bilanzstichtag vertraglich zugesagten Altersversorgungsansprüche (Direktzusage, Direktversicherung, Pensionskasse, Unterstützungskasse und Pensionsfonds) des Steuerpflichtigen im rechnerischen Pensionsalter (vgl. R 41 Abs. 12 EStR) einschließlich der zu erwartenden Rente aus der gesetzlichen Rentenversicherung maßgebend. Fest zugesagte Erhöhungen dieser Ansprüche während der Rentenlaufzeit zur Abgeltung von Verpflichtungen im Sinne von § 16 des Gesetzes zur Verbesserung der betrieblichen Altersversorgung (Betriebsrentengesetz – BetrAVG) bleiben dabei außer Betracht, soweit die jährlichen Steigerungsraten 3 % nicht übersteigen (BFH-Urteil vom 31. März 2004 I R 79/03, a. a. O.). Das gilt auch für Leistungen der Invaliditäts- und Hinterbliebenenversorgung.   12

Bei Beitragszusagen mit Mindestleistung im Sinne von § 1 Abs. 2 Nr. 2 BetrAVG ist auf die Mindestleistung im rechnerischen Pensionsalter abzustellen.   13

Sieht die Versorgungszusage an Stelle von lebenslänglich laufenden Leistungen eine einmalige Kapitalleistung vor, gelten 10 % der Kapitalleistung als Jahresbetrag einer lebenslänglich laufenden Leistung (analog § 4d Abs. 1 Satz 1 Nr. 1 Satz 7 EStG).   14

15 Es ist nicht zu beanstanden, wenn die Höhe der zu erwartenden Rente aus der gesetzlichen Rentenversicherung nach dem steuerlichen Näherungsverfahren zur Berücksichtigung von Sozialversicherungsrenten bei der Bewertung von Pensionsverpflichtungen und bei der Ermittlung der als Betriebsausgaben abzugsfähigen Zuwendungen an Unterstützungskassen (BMF-Schreiben vom 5. Oktober 2001, BStBl I S. 661, mit späteren Änderungen) berechnet wird. Unabhängig davon kann im Einzelfall die nachgewiesene Höhe der zu erwartenden Sozialversicherungsrente angesetzt werden.

d) Gehaltsabhängige Zusagen und Entgeltumwandlungen

16 Beruht die Versorgungszusage auf gehaltsabhängigen Leistungen, liegt ein Verstoß gegen das Stichtagsprinzip nach § 4d Abs. 1 Satz 1 Nr. 1 Satz 1 Buchstabe b und c EStG und § 6a Abs. 3 Satz 2 Nr. 1 Satz 4 EStG regelmäßig nicht vor. Gehaltsabhängige Versorgungsleistungen in diesem Sinne liegen nur dann vor, wenn die zugesagten Leistungen ausschließlich von einem erreichbaren, festgelegten Prozentsatz des letzten Aktivlohnes oder des Durchschnittes der letzten Aktivbezüge vor Eintritt des Versorgungsfalles abhängen (Endgehaltsplan) oder es sich ausschließlich um beitragsorientierte Versorgungszusagen im Sinne von § 1 Abs. 2 Nr. 1 BetrAVG handelt.

17 Wurden neben einem gehaltsabhängigen Bestandteil auch Festbetragsleistungen zugesagt, sind die auf die gehaltsabhängigen Leistungen entfallenden Bezüge in die Ermittlung der 75 %-Grenze einzubeziehen und nachfolgend von dem sich ergebenden Betrag abzusetzen.

18 Soweit die Versorgungsleistungen auf Entgeltumwandlungen beruhen, können die umgewandelten Entgelte und die diesen entsprechenden Versorgungsleistungen bei der Berechnung der 75 %-Grenze – vorbehaltlich der Randnummer 21 – unberücksichtigt bleiben.

▶ **Beispiel:**

Der Versorgungsberechtigte V (fremder Arbeitnehmer) erzielt nach den Verhältnissen am Bilanzstichtag folgende jährliche Bezüge:

vereinbartes Festgehalt:	80.000 EUR
abzgl. Entgeltumwandlungen über Direktzusage:	5.000 EUR
auszuzahlendes Entgelt:	75.000 EUR
versorgungsfähiges Entgelt („Schattengehalt"):	80.000 EUR

V hat keine Ansprüche aus der gesetzlichen Rentenversicherung. Der jährliche Versorgungsanspruch des V aus der Direktzusage setzt sich wie folgt zusammen:

a)   60% des versorgungsfähigen Entgeltes (80.000 EUR)

b)   15.000 EUR

c)   Leistungen aus den Entgeltumwandlungen

Der die gehaltsabhängigen Versorgungsleistungen zu a) betreffende Bestandteil des versorgungsfähigen Entgeltes ist in die Ermittlung der 75%-Grenze einzubeziehen und nachfolgend von dem sich ergebenden Betrag (Zwischenergebnis) abzusetzen. Die Entgeltumwandlungen zu c) bleiben vollständig unberücksichtigt. Lediglich hinsichtlich der Versorgungszusage zu b) kommt eine Vorwegnahme künftiger Lohnentwicklungen durch Überversorgung in Betracht.

Die maßgebenden Bezugsgrößen ermitteln sich wie folgt:

Versorgungsfähiges Entgelt:	80.000 EUR
abzgl. Entgeltumwandlungen über die Direktzusage:	5.000 EUR
maßgebende Aktivbezüge (§ 2 LStDV):	75.000 EUR
davon 75%:	56.250 EUR
ab gehaltsabhängiger Bestandteil der Zusage: 60% x 80.000 EUR:	48.000 EUR
verbleiben:	8.250 EUR
Festbetragsrente:	15.000 EUR
übersteigender Betrag:	**6.750 EUR**

Nur hinsichtlich des übersteigenden Betrages kann eine Vorwegnahme künftiger Lohnentwicklungen vorliegen. Maßgebend sind die Verhältnisse des Einzelfalles.

e) Wechsel Vollzeit-/Teilzeitbeschäftigungsverhältnis

Sinkt oder steigt das Gehaltsniveau **auf Grund eines Wechsels des Beschäftigungsgrades,** z. B. infolge eines Wechsels von einem Vollzeit- zu einem Teilzeitbeschäftigungsverhältnis, ergibt sich in Bezug auf das maßgebende volle (fiktive) Gehalt anstelle der 75 %-Grenze folgender prozentualer Grenzwert G:

$$G = [g \times (m_1/n)] + [g \times (b/100) \times (m_2/n)]$$

Erläuterungen

$g =$	bislang gültige Prozent-Grenze (vor dem erstmaligen Wechsel des Beschäftigungsgrades beträgt diese immer 75%)
$b =$	auf Grund des Wechsels des Beschäftigungsgrades geändertes Gehaltsniveau auf Basis des ursprünglichen Beschäftigungsgrades (= 100)
$m_1=$	Zeitraum, für den die bisherige Prozent-Grenze maßgebend war
$m_2=$	Zeitraum, für den die neue Prozent-Grenze maßgebend ist
$n =$	Gesamtlaufzeit des Dienst- oder sonstigen Rechtsverhältnisses

▶ **Beispiel:**

Der Versorgungsberechtigte N hat 20 Jahre ein (volles) Gehalt von monatlich 1.000 EUR (maßgebende Bezugsgröße) bezogen. Die letzten 5 Jahre bis zum Eintritt in den Ruhestand erhält er auf Grund des Wechsels in ein Teilzeitbeschäftigungsverhältnis nur noch 50% der vollen Bezüge. Aufgrund der Änderung des Gehaltsniveaus ist die 75%-Grenze auf den Grenzwert G wie oben anzupassen. Ab dem dem Wechsel des Beschäftigungsgrades folgenden Bilanzstichtag ergibt sich der folgende prozentuale Grenzwert in Bezug auf das maßgebende (fiktive) volle Gehalt von 1.000 EUR:

$$G = [75 \times (20/25)] + [75 \times (50/100) \times (5/25)] = [60] + [7,5] = 67,5\%$$

2. Steuerrechtliche Folgen bei Verstoß gegen das Stichtagsprinzip nach § 4d Abs. 1 Satz 1 Nr. 1 Satz 1 Buchstabe b und c EStG oder § 6a Abs. 3 Satz 2 Nr. 1 Satz 4 EStG

20 Ist von einer unzulässigen Vorwegnahme künftiger Einkommens- und Lohnentwicklungen auszugehen, kann die Verpflichtung beim Betriebsausgabenabzug nach § 4d EStG oder bei der Bewertung der Pensionsrückstellung nach § 6a EStG nur insoweit berücksichtigt werden, wie sie die 75 %-Grenze (Randnummer 7) nicht überschreitet.

V. Zusagen auf Leistungen der betrieblichen Altersversorgung an mitarbeitende Ehegatten und in einem anderen Rechtsverhältnis stehende Versorgungsberechtigte

21 Die Grundsätze über die steuerliche Anerkennung von Aufwendungen für die betriebliche Altersversorgung der mitarbeitenden Ehegatten bleiben unberührt.

22 Die dargestellten Regelungen gelten auch für Zusagen an Pensionsberechtigte, die in einem anderen Rechtsverhältnis als einem Dienstverhältnis stehen.

VI. Zeitliche Anwendung

23 Die Grundsätze dieses Schreibens gelten für alle noch offenen Fälle. Die sog. Vereinfachungsregelung (Aufwendungen des Versorgungsverpflichteten übersteigen nicht 30 % der Stichtagsbezüge, vgl. u. a. BFH-Urteil vom 16. Mai 1995, BStBl II S. 873, und Urteil vom 31. März 2004 I R 70/03, a. a. O., mit weiteren Nachweisen) ist letztmals für Wirtschaftsjahre anzuwenden, die vor dem 1. Januar 2005 beginnen.

2.14 Bilanzsteuerrechtliche Berücksichtigung von Versorgungsleistungen, die ohne die Voraussetzung des Ausscheidens aus dem Dienstverhältnis gewährt werden, und von vererblichen Versorgungsanwartschaften (BMF, 18.09.2017)

BMF-Schreiben vom 18. September 2017 – IV C 6 – S 2176/07/10006, BStBl 2017 I S. 1293

Der Bundesfinanzhof (BFH) hat mit Urteilen vom 5. März 2008 (BStBl 2015 II S. 409) und vom 23. Oktober 2013 (BStBl 2015 II S. 413) entschieden, dass Versorgungszusagen nicht den Charakter als betriebliche Altersversorgung verlieren, wenn Leistungen nicht von dem Ausscheiden des Begünstigten aus dem Dienstverhältnis abhängig gemacht werden. Der BFH stellt aber klar, dass Pensionsleistungen in erster Linie der Deckung des Versorgungsbedarfes dienen und folglich regelmäßig erst bei Wegfall der Bezüge aus der betrieblichen Tätigkeit gezahlt werden.

Zur bilanzsteuerrechtlichen Berücksichtigung von Versorgungsleistungen, die ohne die Voraussetzung des Ausscheidens aus dem Dienstverhältnis gewährt werden, und von vererblichen Versorgungsanwartschaften nehme ich nach Abstimmung mit den obersten Finanzbehörden der Länder wie folgt Stellung:

1. Grundsatz der Ausgeglichenheitsvermutung von Arbeitsleistung und Entgelt

Pensionsrückstellungen nach § 6a EStG können wegen der Ausgeglichenheitsvermutung   1
von Arbeitsleistung und Entgelt grundsätzlich nur auf Basis der nach dem Ausscheiden
aus dem Dienstverhältnis zu gewährenden Leistungen angesetzt und bewertet werden.

2. Versorgungszusagen ohne Aussagen zum Ausscheiden aus dem Dienstverhältnis als Voraussetzung für die Gewährung von Pensionsleistungen

Enthält eine Pensionszusage im Sinne von § 6a EStG keine Aussagen zum Ausscheiden   2
aus dem Dienstverhältnis als Voraussetzung für die Gewährung der Versorgungsleistungen nach Eintritt des Versorgungsfalles, ist davon auszugehen, dass zeitgleich
mit der Inanspruchnahme der Leistungen auch das Arbeitsverhältnis beendet wird. Die
Möglichkeit einer Ausübung des sog. zweiten Wahlrechtes nach R 6a Abs. 11 Satz 3 ff.
EStR bleibt davon unberührt. In der Anwartschaftsphase ist die Versorgungsverpflichtung
nach § 6a Abs. 3 Satz 2 Nummer 1 EStG zu bewerten.

Werden bei Eintritt der Invalidität oder bei Erreichen einer vereinbarten Altersgrenze die   3
schriftlich zugesagten Versorgungsleistungen gewährt, gilt der Versorgungsfall auch dann
als eingetreten, wenn das Arbeitsverhältnis weiter bestehen bleibt. Ab diesem Zeitpunkt
ist die Pensionsrückstellung nach § 6a Abs. 3 Satz 2 Nummer 2 EStG zu berechnen.

Randnummer 2 des BMF-Schreibens vom 11. November 1999 (BStBl I S. 959) ist nicht   4
weiter anzuwenden.

Beiträge an Direktversicherungen, Pensionskassen und Pensionsfonds sind unter den   5
Voraussetzungen der §§ 4 Abs. 4, 4c und 4e EStG unabhängig davon als Betriebsausgaben abzugsfähig, ob das Arbeitsverhältnis für den Erhalt der zugesagten Leistungen
beendet werden muss.

Zuwendungen an Unterstützungskassen sind nach Maßgabe des § 4d EStG abzugs-   6
fähig. Bei Zusagen auf lebenslänglich laufende Leistungen ist das Deckungskapital nach
§ 4d Abs. 1 Satz 1 Nummer 1 Satz 1 Buchstabe a EStG aber erst maßgebend, wenn der
Berechtigte aus dem Dienstverhältnis ausgeschieden ist, da nur ehemalige Arbeitnehmer
Leistungsempfänger im Sinne dieser Regelung sind.

3. Versorgungszusagen, die Versorgungsleistungen neben dem Arbeitslohn in Aussicht stellen

Steht bei Pensionszusagen, die den Bezug von Versorgungsleistungen neben dem lau-   7
fenden Arbeitslohn eröffnen oder vorsehen, der Ausscheidezeitpunkt noch nicht fest, ist
dieser wegen der Ausgeglichenheitsvermutung von Arbeitsleistung und Entgelt (Randnummer 1) sachgerecht zu schätzen und der Bewertung der Pensionsrückstellung nach
§ 6a EStG zugrunde zu legen. Ein Anhaltspunkt für die Schätzung kann die Regelaltersgrenze in der gesetzlichen Rentenversicherung oder das Ende des Anstellungsvertrages
sein. Die Randnummer 3 sowie die Randnummern 5 und 6 bei den Durchführungswegen
Direktversicherungen, Pensionskassen, Pensionsfonds und Unterstützungskassen gelten entsprechend.

4. Teilweise Inanspruchnahme von Versorgungsleistungen ohne Ausscheiden

8 Werden die zugesagten Versorgungsleistungen bei Erreichen einer bestimmten Altersgrenze oder bei Eintritt der Invalidität unter entsprechender Herabsetzung des Beschäftigungsgrades und des Arbeitslohns nur teilweise in Anspruch genommen, gilt der Versorgungsfall insoweit als eingetreten. In diesem Fall ist die Bewertung der Pensionsverpflichtung an Bilanzstichtagen zwischen der erstmaligen teilweisen Inanspruchnahme von Versorgungsleistungen und dem Erreichen des vom Steuerpflichtigen zulässigerweise gewählten Finanzierungsendalters (sog. rechnerisches Pensionsalter) für bilanzsteuerliche Zwecke aufzuteilen. Soweit Leistungen bereits gewährt werden, gilt Randnummer 3 entsprechend. Für die noch nicht laufenden Leistungen ist bis zum Erreichen des maßgebenden rechnerischen Pensionsalters weiterhin § 6a Abs. 3 Satz 2 Nummer 1 EStG maßgebend. Für Bilanzstichtage nach Erreichen des rechnerischen Pensionsalters bedarf es einer Aufteilung nicht, da in diesen Fällen die Bewertung der noch nicht laufenden Leistungen nach § 6a Abs. 3 Satz 2 Nummer 1 EStG (Teilwert eines sog. technischen Rentners) dem Barwert nach § 6a Abs. 3 Satz 2 Nummer 2 EStG entspricht. Die Nachholung von Fehlbeträgen gemäß § 6a Abs. 4 Satz 5 EStG ist nur insoweit zulässig, als der Versorgungsfall nach Satz 1 als eingetreten gilt.

9 Das BMF-Schreiben vom 25. April 1995 (BStBl I S. 250) zu Pensionsrückstellungen für betriebliche Teilrenten ist nicht weiter anzuwenden und wird aufgehoben.

5. Körperschaftsteuerliche Regelungen

10 Die körperschaftsteuerlichen Regelungen für Gesellschafter-Geschäftsführer von Kapitalgesellschaften bleiben unberührt (BFH-Urteile vom 5. März 2008, a. a. O. und vom 23. Oktober 2013, a. a. O.).

In der Anwartschaftsphase ist eine Pensionszusage an den Gesellschafter-Geschäftsführer, die zwar die Vollendung des vereinbarten Pensionsalters voraussetzt, nicht jedoch dessen Ausscheiden aus dem Betrieb oder die Beendigung des Dienstverhältnisses, körperschaftsteuerrechtlich grundsätzlich nicht zu beanstanden. Sie führt nicht von vornherein wegen Unüblichkeit oder fehlender Ernsthaftigkeit zu einer verdeckten Gewinnausschüttung.

In der Auszahlungsphase der Pension führt die parallele Zahlung von Geschäftsführergehalt und Pension – sowohl bei einem beherrschenden als auch bei einem nicht beherrschenden – Gesellschafter-Geschäftsführer zu einer verdeckten Gewinnausschüttung, soweit das Aktivgehalt nicht auf die Pensionsleistung angerechnet wird.

Die Grundsätze gelten sowohl bei monatlicher Pensionsleistung als auch bei Ausübung eines vereinbarten Kapitalwahlrechts bei Erreichen der vereinbarten Altersgrenze.

Die Auflösung der Pensionsrückstellung steht der Annahme einer verdeckten Gewinnausschüttung nicht entgegen. Eine verdeckte Gewinnausschüttung ist auch dann zu bejahen, wenn das Aktivgehalt und die Arbeitszeit nach Eintritt des Versorgungsfalls deutlich reduziert werden, da eine „Teilzeittätigkeit" mit dem Aufgabenbild eines Gesellschafter-Geschäftsführers nicht vereinbar ist.

6. Vererbliche Versorgungsanwartschaften und Versorgungsleistungen

Sieht eine Pensionszusage die Vererblichkeit von Versorgungsanwartschaften oder Ver- 11
sorgungsleistungen vor und sind nach der Zusage vorrangig Hinterbliebene entsprechend
der Randnummer 287 des BMF-Schreibens vom 24. Juli 2013 (BStBl I S. 1022) Erben,
ist die Pensionsverpflichtung nach § 6a EStG zu bewerten. Im Vererbungsfall ist für die
Bewertung der Leistungen, soweit sie nicht an Hinterbliebene im Sinne des Satzes 1
erbracht werden, § 6 EStG maßgebend.

2.15 Bilanzsteuerrechtliche Berücksichtigung von Verpflichtungsübernahmen, Schuldbeitritten und Erfüllungsübernahmen mit vollständiger oder teilweiser Schuldfreistellung, Anwendung der Regelungen in § 4f und § 5 Abs. 7 Einkommensteuergesetz (EStG) (BMF 30.11.2017)

BMF-Schreiben vom 30. November 2017 – IV C 6 – S 2133/14/10001, BStBl I 2017,
S. 1619

Der Bundesfinanzhof (BFH) hat in mehreren Urteilen entschieden, dass übernommene
Verpflichtungen beim Übernehmer keinen Ansatz- und Bewertungsbeschränkungen
unterliegen, sondern als ungewisse Verbindlichkeiten auszuweisen und mit den
„Anschaffungskosten" oder dem höheren Teilwert zu bewerten sind (Urteile vom
14. Dezember 2011 und 12. Dezember 2012, a. a. O.). Tritt ein Dritter neben den bisherigen Schuldner in die Verpflichtung ein (sog. Schuldbeitritt) und verpflichtet sich der
Dritte, den bisherigen Schuldner von der Verpflichtung freizustellen, kann der bisherige
Schuldner mangels Wahrscheinlichkeit der Inanspruchnahme weder eine Rückstellung
für die Verpflichtung passivieren, noch einen Freistellungsanspruch gegenüber dem
Schuldbeitretenden ansetzen (Urteil vom 26. April 2012, a. a. O.). Der BFH weicht somit
von den BMF-Schreiben vom 16. Dezember 2005 und 24. Juni 2011 (a. a. O.) ab. Für
Wirtschaftsjahre, die nach dem 28. November 2013 enden, sind indes die Regelungen des § 5 Abs. 7 EStG in der Fassung des AIFM-Steuer-Anpassungsgesetzes vom
18. Dezember 2013 (BGBl. I S. 4318; BStBl 2014 I S. 2) zu beachten, wonach der Übernehmer einer Verpflichtung die gleichen Bilanzierungsvorschriften zu beachten hat, die
auch für den ursprünglich Verpflichteten gegolten haben.

Zur Anwendung der Grundsätze der BFH-Rechtsprechung und zu den Auswirkungen
auf die o. g. BMF-Schreiben vom 16. Dezember 2005 und 24. Juni 2011 im Zusammenhang mit den gesetzlichen Neuregelungen in den §§ 4f und 5 Abs. 7 EStG nehme ich
nach Abstimmung mit den obersten Finanzbehörden der Länder wie folgt Stellung:

Verpflichtungen können entweder im Wege einer Schuldübernahme nach den §§ 414 ff. 1
Bürgerliches Gesetzbuch (BGB) oder durch Übernahme der mit der Verpflichtung verbundenen Lasten (Schuldbeitritte und Erfüllungsübernahmen mit vollständiger oder
teilweiser Schuldfreistellung) übernommen werden.

Übernommene Verpflichtungen, die beim ursprünglich Verpflichteten bilanzsteuerlichen 2
Ansatzverboten, -beschränkungen oder Bewertungsvorbehalten unterlegen haben, sind
in der steuerlichen Gewinnermittlung des Übernehmers oder dessen Rechtsnachfolger
nach Maßgabe des § 5 Abs. 7 EStG anzusetzen und zu bewerten. § 5 Abs. 7 EStG

gilt ausschließlich für am Bilanzstichtag bestehende Verpflichtungen, die aufgrund der Vorschriften des EStG (z. B. § 5 Abs. 2a bis 4b, Abs. 5 Satz 1 Nummer 2, § 6 Abs. 1 Nummer 3 und 3a sowie § 6a EStG) und des Körperschaftsteuergesetzes (KStG, z. B. Schwankungs- und Schadenrückstellungen nach § 20 KStG) nicht oder niedriger anzusetzen und zu bewerten sind als die für die Übernahme der Verpflichtung erhaltene Gegenleistung („Anschaffungskosten" i. S. d. BFH-Rechtsprechung).

3   Auf Seiten des Übertragenden kommt eine Verteilung des Aufwandes nach § 4f EStG nur dann in Betracht, wenn die Verpflichtung an dem der Übertragung vorangegangenen Bilanzstichtag bestand und die Verpflichtung beim Übernehmer oder dessen Rechtsnachfolger in den Anwendungsbereich des § 5 Abs. 7 EStG fällt oder § 5 Absatz 7 EStG zur Anwendung käme, wenn der Übernehmer dem deutschen Steuerrecht unterläge.

4   Ändert sich bei einer betrieblichen Altersversorgungszusage der Durchführungsweg (Direktzusage, Unterstützungskassenzusage, Direktversicherung, Pensionskasse oder Pensionsfonds), sind die §§ 4f und 5 Abs. 7 EStG nicht anzuwenden; das bei einer Übertragung von Versorgungsleistungen auf Pensionsfonds bestehende Wahlrecht zur Verteilung der Betriebsausgaben gemäß § 4d Abs. 3 und § 4e Abs. 3 i. V. m. § 3 Nummer 66 EStG bleibt unberührt.

I. Schuldübernahme nach §§ 414 ff. BGB

5   Eine Schuld kann von einem Dritten durch Vertrag mit dem Gläubiger in der Weise übernommen werden, dass der Dritte an die Stelle des bisherigen Schuldners tritt (§§ 414 ff. BGB). Verpflichtungen können einzeln oder im Rahmen einer entgeltlichen Betriebsübertragung übertragen werden oder kraft Gesetzes (z. B. nach § 613a BGB) auf einen Dritten übergehen.

1. Bilanzielle Behandlung beim Verpflichtungsübernehmer

a) Ansatz und Bewertung in Wirtschaftsjahren, die vor dem 29. November 2013 enden

6   In vor dem 29. November 2013 endenden Wirtschaftsjahren ist die o. g. BFH-Rechtsprechung zu beachten, wonach übernommene Verpflichtungen im Wirtschaftsjahr der Übernahme mit den „Anschaffungskosten" oder dem höheren Teilwert anzusetzen sind.

7   Auf Antrag können die Neuregelungen des § 5 Abs. 7 EStG (Randnummern 8 bis 10) bereits für vor dem 29. November 2013 endende Wirtschaftsjahre angewendet werden (§ 52 Abs. 9 Satz 2 EStG). Der Antrag ist nicht formgebunden und gilt durch den entsprechenden Ansatz in der steuerlichen Gewinnermittlung als ausgeübt.

b) Ansatz und Bewertung in Wirtschaftsjahren, die nach dem 28. November 2013 enden

8   In nach dem 28. November 2013 endenden Wirtschaftsjahren ist die Neuregelung in § 5 Abs. 7 EStG maßgebend (§ 52 Abs. 9 Satz 1 EStG). Der Übernehmer hat die gleichen Bilanzierungsvorschriften zu beachten, die auch für den ursprünglich Verpflichteten am Bilanzstichtag gegolten hätten, wenn er die Verpflichtung nicht übertragen hätte. Unterlag der ursprünglich Verpflichtete nicht dem deutschen Steuerrecht, ist der Wert maßgebend, der nach den Regelungen des EStG oder KStG anzusetzen gewesen wäre.

Dadurch wird sichergestellt, dass der Übernehmer entsprechend dem Sinn und Zweck der Regelungen in § 5 Abs. 7 EStG die Verpflichtung unter Berücksichtigung der steuerlichen Ansatz- und Bewertungsvorbehalte ansetzt (Randnummer 10).

Wurde eine Verpflichtung bereits mehrfach übertragen, ist derjenige ursprünglich verpflichtet im Sinne von § 5 Abs. 7 Satz 1 EStG, der die Schuld erstmalig begründet hat. 9

In der ersten für die Besteuerung maßgebenden Schlussbilanz nach der Übernahme sind 10 Verpflichtungen unter Berücksichtigung der steuerlichen Ansatz- und Bewertungsvorbehalte anzusetzen; insbesondere die Regelungen in § 5 Abs. 2a bis 4b, Abs. 5 Satz 1 Nummer 2, § 6 Abs. 1 Nummer 3 und 3a sowie § 6a EStG (vgl. Randnummern 26 bis 33 zu Pensionsverpflichtungen) sind zu beachten. Bilanzsteuerliche Wahlrechte (z. B. Teilwert- oder Pauschalwertverfahren bei Jubiläumsrückstellungen) können unabhängig von der Wahl des Rechtsvorgängers in Anspruch genommen werden.

c) Gewinnmindernde Rücklagen nach § 5 Abs. 7 Satz 5 und 6 EStG

Für den Gewinn, der sich aus der Anwendung von § 5 Abs. 7 EStG ergibt, kann 11 gemäß § 5 Abs. 7 Satz 5 EStG jeweils i. H. v. 14/15 eine gewinnmindernde Rücklage gebildet werden, die in den folgenden 14 Wirtschaftsjahren jeweils mit mindestens 1/14 gewinnerhöhend aufzulösen ist (Auflösungszeitraum). Wurde die Verpflichtung vor dem 14. Dezember 2011 übernommen, können 19/20 des Gewinns als Rücklage passiviert werden, die in den folgenden 19 Wirtschaftsjahren aufzulösen ist (§ 52 Abs. 9 Satz 3 EStG). Scheidet eine Verpflichtung vor Ablauf des Auflösungszeitraums aus dem Betriebsvermögen aus, ist eine für diese Verpflichtung noch nicht aufgelöste Rücklage gewinnerhöhend auszubuchen (§ 5 Abs. 7 Satz 6 EStG).

Die in Randnummer 11 genannten Verteilungszeiträume sind auch dann maßgebend, 12 wenn die Verpflichtung, für die eine Rücklage gebildet wurde, voraussichtlich bereits vor Ende des Auflösungszeitraums nicht mehr bestehen wird. In diesen Fällen kann aber die bei Ausscheiden erforderliche Auflösung der verbleibenden Rücklage dadurch vermieden werden, dass jährlich mehr als 1/14 oder 1/19 gewinnerhöhend aufgelöst werden (z. B. Verteilung über die tatsächliche Laufzeit der Verpflichtung).

Gewinn im Sinne von § 5 Abs. 7 Satz 5 EStG ist der Unterschiedsbetrag zwischen 13 den „Anschaffungskosten" zum Zeitpunkt der Übernahme der Verpflichtung und dem in der folgenden Schlussbilanz nach § 5 Abs. 7 EStG anzusetzenden niedrigeren Wert (Randnummer 10). Scheidet eine übernommene Verpflichtung bereits vor dem folgenden Bilanzstichtag aus dem Betriebsvermögen aus, kann für einen sich insoweit ergebenden Gewinn keine Rücklage gebildet werden (vgl. auch Randnummer 2).

▶ Beispiel 1

Unternehmer U pachtet seit dem 01.01.2003 für 20 Jahre ein unbebautes Grundstück und errichtet darauf eine betrieblich genutzte Lagerhalle. U hat sich verpflichtet, die Lagerhalle nach Ablauf des Pachtvertrages am 31.12.2022 abzureißen. Am Bilanzstichtag 31.12.2012 betragen die voraussichtlichen Abrisskosten 10.000 €. U hat für die Abrissverpflichtung eine Rückstellung für ungewisse Verbindlichkeiten passiviert. Da für das Entstehen der Verpflichtung im wirtschaftlichen Sinne der laufende Betrieb ursächlich ist (Nutzung der Lagerhalle), ist die Rückstellung nach § 6 Abs. 1 Nummer 3a Buchstabe d Satz 1 EStG zeitanteilig in gleichen Raten anzusammeln und nach § 6 Abs. 1 Nummer 3a Buchstabe e Satz 1 EStG abzuzinsen. Die von U zum 31.12.2012 passivierte Rückstellung beträgt bei einer Restlaufzeit von 10 Jahren und einem Abzinsungsfaktor von 0,585 (Tabelle 2 des BMFSchreibens vom 26. Mai 2005, BStBl I S. 699) zutreffend 10.000 € × 10/20 × 0,585 = 2.925 €.

Am 02.01.2013 übernimmt A (Wirtschaftsjahr = Kalenderjahr) mit Zustimmung des Verpächters den Pachtvertrag von U. Der von A an U zu zahlende Kaufpreis für die Lagerhalle beträgt 50.000 €. Die mit der übernommenen Abrissverpflichtung verbundenen Kosten werden entsprechend den voraussichtlichen Abrisskosten zum 31.12.2012 zutreffend auf 10.000 € geschätzt und mit dem Kaufpreis für die Lagerhalle verrechnet. A bucht den Geschäftsvorfall zutreffend wie folgt:

Betriebsanlage 50.000 € an Bank   40.000 €

                      Abrissverpflichtung   10.000 €

Bis zum Ende des Wirtschaftsjahres 2013 ergeben sich folgende Änderungen bei den prognostizierten Abrisskosten:

Variante a: keine

Variante b: 20.000 €

Variante c: 5.000 €

Die „Anschaffungskosten" der Abrissverpflichtung betragen 10.000 €. Am folgenden Bilanzstichtag 31.12.2013 ist diese Pflicht gemäß § 5 Abs. 7 Satz 1 EStG so zu bilanzieren, wie sie beim ursprünglich Verpflichteten U ohne Übertragung zu bilanzieren wäre. Demzufolge hat A für die Abrissverpflichtung eine Rückstellung für ungewisse Verbindlichkeiten zu passivieren und bei einer Restlaufzeit von 9 Jahren und einem Abzinsungsfaktor von 0,618 wie folgt zu bewerten:

Variante a: 10.000 € × 11/20 × 0,618 = 3.399 €

Variante b: 20.000 € × 11/20 × 0,618 = 6.798 €

Variante c: 5.000 € × 11/20 × 0,618 = 1.700 €

Es ergibt sich unter Berücksichtigung der bei Schuldübernahme eingebuchten Abrissverpflichtung von 10.000 € folgender Gewinn, für den i. H. v. 14/15 eine gewinnmindernde Rücklage gebildet werden kann:

Variante a: 10.000 € – 3.399 € = 6.601 € (Rücklage 6.161 €)

Variante b: 10.000 € – 6.798 € = 3.202 € (Rücklage 2.989 €)

Variante c: 10.000 € – 1.700 € = 8.300 € (Rücklage 7.747 €)

14   In den Fällen der Randnummer 6 (Passivierung der „Anschaffungskosten" in vor dem 29. November 2013 endenden Wirtschaftsjahren) ist Gewinn im Sinne von § 5 Abs. 7 Satz 5 EStG der Unterschiedsbetrag zwischen den letztmals passivierten „Anschaffungskosten" und dem am folgenden Bilanzstichtag erstmals nach § 5 Absatz 7 EStG angesetzten Wert (Randnummer 10). Randnummer 13 Satz 2 (keine Rücklage bei vor dem folgenden Bilanzstichtag ausscheidenden Verpflichtungen) gilt entsprechend.

15   Soweit die Steuer- oder Feststellungsbescheide des Wirtschaftsjahres der Verpflichtungsübernahme und die folgenden Steuer- oder Feststellungsbescheide bereits bestandskräftig sind, sind die Randnummern 6 bis 14 in der steuerlichen Gewinnermittlung des ersten noch änderbaren Steuer- oder Feststellungsbescheides anzuwenden.

2. Abzug des Aufwandes beim ursprünglich Verpflichteten (§ 4f Abs. 1 EStG)

a) Verteilung des Aufwandes

16   Ein Aufwand, der sich für den ursprünglich Verpflichteten in einem nach dem 28. November 2013 endenden Wirtschaftsjahr aus einem Übertragungsvorgang ergibt, kann gemäß § 4f Abs. 1 Satz 1 i. V. m. § 52 Abs. 8 EStG grundsätzlich nur auf das Jahr der Schuld-

übernahme und die folgenden 14 Wirtschaftsjahre gleichmäßig verteilt als Betriebsausgabe abgezogen werden. Die Verteilung des Aufwandes erfolgt durch außerbilanzielle Hinzurechnungen und Abrechnungen.

Ein zu verteilender Aufwand aus einem Übertragungsvorgang kann auch dann nicht mit Gewinnen aus anderen Geschäftsvorfällen verrechnet werden, wenn diese Gewinne in einem mittelbaren oder unmittelbaren Zusammenhang mit dem Aufwand aus dem Übertragungsvorgang stehen. 17

b) Gewinnerhöhend aufzulösende Passivposten im Sinne des § 4f Abs. 1 Satz 2 EStG

Sind infolge der Übertragung einer Verpflichtung in der steuerlichen Gewinnermittlung des Vorjahres ausgewiesene Passivposten wie Rückstellungen, Verbindlichkeiten und steuerliche Rücklagen (z. B. nach R 6.11 Abs. 3 EStR bei niedrigeren handelsrechtlichen Bilanzansätzen) gewinnerhöhend aufzulösen, ist der sich aus dem Übertragungsvorgang ergebende Aufwand in dem Wirtschaftsjahr der Übertragung nach § 4f Abs. 1 Satz 2 erster Halbsatz EStG in Höhe der aufgelösten Passivposten als Betriebsausgabe abzugsfähig. Dabei ist immer auf die am vorangegangenen Bilanzstichtag angesetzten Passivposten abzustellen, soweit die Auflösung auf der Übertragung der Verpflichtung beruht. Der Bilanzansatz in einer im Zusammenhang mit einem Umwandlungssteuervorgang erstellten steuerlichen Schlussbilanz ist insoweit unbeachtlich. Weicht der Übertragungszeitpunkt vom Bilanzstichtag ab, kommt eine Zugrundelegung fiktiver Passivposten, die zu diesem Zeitpunkt maßgebend gewesen wären, nicht in Betracht. Der übersteigende Aufwand ist auf das Jahr der Schuldübernahme und die folgenden 14 Wirtschaftsjahre gleichmäßig zu verteilen (§ 4f Abs. 1 Satz 2 EStG). Im Ergebnis ist ein Aufwand, der sich daraus ergibt, dass die Gegenleistung höher ist als die bislang in der steuerlichen Gewinnermittlung passivierte Verpflichtung, nur über 15 Jahre verteilt als Betriebsausgabe abzugsfähig. 18

c) Teilbetriebsaufgaben/-veräußerungen, Umwandlungen und Einbringungen

Bei der Veräußerung oder Aufgabe eines Teilbetriebes wird der Übertragungsaufwand nach § 4f Abs. 1 Satz 1 und 2 EStG nur verteilt, soweit er einen Verlust begründet oder erhöht (§ 4f Abs. 1 Satz 4 EStG). Der insoweit hinzugerechnete Aufwand ist wie bei einer im laufenden Wirtschaftsjahr erfolgten Schuldübertragung auf das Wirtschaftsjahr der Schuldübernahme und die nachfolgenden Wirtschaftsjahre zu verteilen, d. h. der sofort abzugsfähige Aufwand von 1/15 ist im Rahmen der Ermittlung des Veräußerungs- oder Aufgabegewinns nach § 16 Abs. 2 EStG zu berücksichtigen und der verbleibende Betrag auf die folgenden 14 Wirtschaftsjahre zu verteilen. Entsprechendes gilt bei Umwandlungen und Einbringungen von Teilbetrieben nach dem Umwandlungssteuergesetz. 19

d) Übertragung von (Teil-) Mitunternehmeranteilen

Eine Verpflichtung kann auch durch entgeltliche Übertragung von (Teil-) Mitunternehmeranteilen übertragen werden. Wird der gesamte Mitunternehmeranteil übertragen, unterbleibt nach § 4f Abs. 1 Satz 3 EStG eine Verteilung des sich ergebenden Aufwandes. 20

e) Ausnahmen von der Aufwandsverteilung

21 Die Verteilungsregelung gilt nach § 4f Abs. 1 Satz 3 EStG nicht für kleine und mittlere Betriebe im Sinne von § 7g EStG sowie für Betriebsveräußerungen und Betriebsaufgaben.

II. Übernahme von mit einer Verpflichtung verbundenen Lasten (Schuldbeitritte und Erfüllungsübernahmen mit vollständiger oder teilweiser Schuldfreistellung)

22 Bei Schuldbeitritten und Erfüllungsübernahmen mit vollständiger oder teilweiser Schuldfreistellung besteht das bisherige Vertragsverhältnis zwischen dem Freigestellten und dem Gläubiger der Verpflichtung unverändert fort. Der Übernehmer verpflichtet sich, den bislang alleine Verpflichteten von den künftigen Leistungspflichten ganz oder teilweise freizustellen.

1. Bilanzierung beim Übernehmer oder Beitretenden

23 Für die zu passivierende Freistellungsverpflichtung gelten die Randnummern 6 bis 15 entsprechend.

2. Bilanzielle Folgen beim Freistellungsberechtigten

24 Eine vom Freistellungsberechtigten bislang passivierte Rückstellung ist aufgrund fehlender Wahrscheinlichkeit der Inanspruchnahme gewinnerhöhend aufzulösen (BFH-Urteil vom 26. April 2012, a. a. O.). Der Freistellungsberechtigte hat in der steuerlichen Gewinnermittlung keinen Freistellungsanspruch gegenüber dem Freistellungsverpflichteten auszuweisen.

25 Ist die Gegenleistung für den Schuldbeitritt oder die Erfüllungsübernahme höher als die bislang passivierte Rückstellung, entsteht ein Aufwand im Sinne von § 4f Abs. 2 i. V. m. Abs. 1 EStG; die Randnummern 16 bis 18 gelten entsprechend. Bei Schuldbeitritten und Erfüllungsübernahmen kommen Ausnahmen von der Verteilungspflicht nach § 4f Abs. 1 Satz 3 EStG (vgl. Randnummer 21) nicht in Betracht, da gemäß § 4f Abs. 2 EStG nur die Sätze 1, 2 und 7 des Abs. 1 entsprechend gelten.

III. Schuldübernahmen, Schuldbeitritte und Erfüllungsübernahmen mit vollständiger oder teilweiser Schuldfreistellung im Zusammenhang mit Pensionsverpflichtungen im Sinne von § 6a EStG

26 Bei der Bewertung übernommener Pensionsverpflichtungen nach § 6a EStG können bilanzsteuerrechtliche Wahlrechte (insbesondere das Pensionsalter nach R 6a Abs. 11 EStR und die Wahl der biometrischen Rechnungsgrundlagen) unabhängig von der Entscheidung des Rechtsvorgängers in Anspruch genommen werden (vgl. Randnummer 10). Das sog. Nachholverbot nach § 6a Abs. 4 EStG gilt für bei einem Rechtsvorgänger entstandene Fehlbeträge in der ersten Schlussbilanz nach der Übernahme nicht.

27 In den Fällen der Übernahme von Pensionsverpflichtungen gegenüber Arbeitnehmern, die bisher in einem anderen Unternehmen tätig waren (Unternehmenswechsel), unter gleichzeitiger Übernahme von Vermögenswerten gilt für die Bewertung der Pensions-

verpflichtungen die Sonderregelung des § 5 Abs. 7 Satz 4 EStG: Bei der Ermittlung des Teilwertes der jeweiligen Verpflichtung ist der Jahresbetrag nach § 6a Abs. 3 Satz 2 Nummer 1 EStG so zu bemessen, dass zu Beginn des Wirtschaftsjahres der Übernahme der Barwert der Jahresbeträge zusammen mit den übernommenen Vermögenswerten gleich dem Barwert der künftigen Pensionsleistungen ist, wobei sich kein negativer Jahresbetrag ergeben darf. Das gilt unabhängig von der Anzahl der übernommenen Pensionsverpflichtungen. Bei Betriebsübergängen gemäß § 613a BGB kommt die Anwendung der Sonderregelung nach § 5 Abs. 7 Satz 4 EStG nicht in Betracht, da in diesen Fällen der neue Betriebsinhaber in die Rechte und Pflichten aus den bestehenden Arbeitsverhältnissen eintritt und kein Unternehmenswechsel erfolgt.

Wurde eine Pensionsverpflichtung bereits mehrfach übertragen und wurde bei mindestens einer der Übertragungen die in § 5 Abs. 7 Satz 4 EStG dargelegte Sonderregelung angewendet, ist abweichend von Randnummer 9 derjenige ursprünglich verpflichtet im Sinne von § 5 Abs. 7 Satz 1 EStG, der zuletzt die Sonderregelung angewendet hat. 28

Nach § 4f Abs. 1 Satz 3 zweiter Teilsatz EStG unterbleibt die Verteilung von Aufwand im Zusammenhang mit der Übertragung von Pensionsansprüchen von Versorgungsberechtigten, die zu einem neuen Arbeitgeber wechseln. Das gilt auch für Verpflichtungen aus Jubiläumszusagen, Altersteilzeitvereinbarungen und ähnlichen Verpflichtungen gegenüber dem Arbeitnehmer, die auf den neuen Arbeitgeber übertragen werden. In den Fällen des § 613a BGB ist § 4f Abs. 1 Satz 3 zweiter Teilsatz EStG aber nicht anzuwenden (vgl. Randnummer 27 letzter Satz). 29

▶ **Beispiel 2** 30

Arbeitgeber K (Wirtschaftsjahr = Kalenderjahr) hat seinem Arbeitnehmer Pensionsleistungen zugesagt und in seiner Steuerbilanz zum 31.12.2012 eine Pensionsrückstellung nach § 6a EStG i. H. v. 100.000 € zutreffend passiviert. Mit Vertrag vom 16.12.2013 vereinbart K mit F (Wirtschaftsjahr = Kalenderjahr) einen Schuldbeitritt mit Freistellungsverpflichtung und zahlt hierfür am 17.12.2013 150.000 € an F.

Wegen der Freistellungsverpflichtung des F ist nicht mehr davon auszugehen, dass K aus der Pensionsverpflichtung in Anspruch genommen wird. Die bislang passivierte Pensionsrückstellung nach § 6a EStG ist daher in der Bilanz zum 31.12.2013 gewinnerhöhend aufzulösen (BFH-Urteil vom 26. April 2012, a. a. O.). Die Zahlung von 150.000 € an F ist Betriebsausgabe, so dass sich im Ergebnis ein Verlust von 50.000 € ergibt. Dieser Verlust ist nach § 4f EStG über 15 Jahre zu verteilen, da der Aufwand in einem nach dem 28.11.2013 endenden Wirtschaftsjahr entstanden ist (vgl. § 52 Abs. 8 EStG). In den Wirtschaftsjahren 2013 bis 2027 können jeweils 1/15 × 50.000 € = 3.333 € als Betriebsausgabe abgezogen werden (außerbilanzielle Hinzurechnungen und Abrechnungen).

Die aufgrund des Schuldbeitrittes bei F zu passivierende Pensionsverpflichtung ist zunächst mit den „Anschaffungskosten" von 150.000 € anzusetzen (Buchung: Bank 150.000 € an Pensionsverpflichtung 150.000 €). Am folgenden Bilanzstichtag 31.12.2013 ist § 5 Abs. 7 Satz 2 EStG zu beachten. Die Freistellungsverpflichtung ist so zu bilanzieren, wie sie der ursprünglich alleine verpflichtete K am 31.12.2013 anzusetzen gehabt hätte (Pensionsrückstellung, Teilwert nach § 6a EStG zum 31.12.2013, hier angenommen 110.000 €). Nimmt F die Rücklagenregelung gemäß § 5 Abs. 7 Satz 5 EStG in Anspruch, kann der Gewinn aus dem Teilwertansatz nach § 6a EStG (150.000 € – 110.000 € = 40.000 €) zu 14/15 = 37.334 € als Rücklage passiviert werden. Es verbleibt ein Gewinn von 1/15 × 40.000 € = 2.666 €. Dementsprechend ergibt sich folgende Steuerbilanz:

Steuerbilanz F 31.12.2013

Aktiva		Passiva		
Bank	150.000 €	Schuldbeitrittsverpflichtung, § 6a EStG		110.000 €
		Rücklage § 5 Abs. 7 Satz 5 EStG		37.334 €
		Kapital		
		Anfangsbestand	0 €	
		+ Gewinn Ansatz § 6a EStG	2.666 €	2.666 €

31 Verpflichtet sich der Beitretende, den bislang alleine Verpflichteten von den künftigen Leistungspflichten gegenüber einem Anwärter ganz freizustellen, zahlt der bislang alleine Verpflichtete als Gegenleistung für den Schuldbeitritt aber zunächst nur ein Basisentgelt für die bis zum Beitritt erdiente Versorgungsanwartschaft und vergütet die nach diesem Stichtag erdienten Anwartschaften durch entsprechende Entgelterhöhungen, gilt als Wirtschaftsjahr des Schuldbeitrittes für die gesamte Pensionsverpflichtung das Wirtschaftsjahr, in dem die Verpflichtung zur Zahlung des Basisentgeltes gewinnwirksam wird. Die Verteilungs- und Rücklagenregelung der §§ 4f und 5 Abs. 7 EStG kommen aus Vereinfachungsgründen nur für das Basisentgelt in Betracht. Die in den dem Schuldbeitritt folgenden Wirtschaftsjahren für die neu erdienten Anwartschaften gezahlten Entgelterhöhungen sind beim bislang alleine Verpflichteten uneingeschränkt in voller Höhe als Betriebsausgabe abzugsfähig und beim Beitretenden in voller Höhe als Betriebseinnahme anzusetzen.

32 ▶ **Abwandlung Beispiel 2**

K zahlt am 17.12.2013 an F für den Schuldbeitritt zunächst nur ein Basisentgelt in Höhe des nach HGB-Grundsätzen ermittelten Barwertes der bis zum Schuldbeitritt erdienten Anwartschaft des noch im Unternehmen tätigen Versorgungsberechtigten (120.000 €). Die Vergütung der nach dem Schuldbeitritt erdienten Anwartschaft soll durch jährliche Entgelterhöhungen erfolgen.

K hat die bislang passivierte Pensionsrückstellung nach § 6a EStG i. H. v. 100.000 € in der Bilanz zum 31.12.2013 vollständig gewinnerhöhend aufzulösen, da er von der gesamten Versorgungsverpflichtung freigestellt wird. Das gezahlte Basisentgelt von 120.000 € ist bis zur Höhe der aufgelösten Rückstellung sofort als Betriebsausgabe abzugsfähig. Der übersteigende Betrag von 20.000 € ist in den Wirtschaftsjahren 2013 bis 2027 gleichmäßig verteilt abzuziehen. Die in den folgenden Jahren für die neu erdienten Anwartschaften gezahlten Entgelterhöhungen sind in voller Höhe Betriebsausgabe.

F hat zum 31.12.2013 die gesamte übernommene Verpflichtung nach § 6a EStG zu bewerten (110.000 €). Unter Berücksichtigung der erhaltenen Zahlung von 120.000 € ergibt sich ein Gewinn von 10.000 €, für den nach § 5 Abs. 7 Satz 5 EStG eine gewinnmindernde Rücklage gebildet werden kann, die über 15 Jahre zu verteilen ist. Die Entgelte in den Folgejahren sind jeweils in vollem Umfang gewinnwirksam.

33 Die Regelungen gemäß Randnummer 31 gelten entsprechend bei Erhöhungsbeträgen, die aufgrund des Bilanzrechtsmodernisierungsgesetzes gezahlt werden, wenn der bislang alleine Verpflichtete das handelsrechtliche Wahlrecht zur Verteilung der Rückstellungszuführung nach Artikel 65 Abs. 1 des Einführungsgesetzes zum Handelsgesetzbuch in Anspruch genommen hat.

IV. Zeitliche Anwendung

Dieses Schreiben gilt in allen noch offenen Fällen. Das BMF-Schreiben vom 16. Dezem- 34
ber 2005 (a. a. O.) zur bilanziellen Behandlung von Schuldbeitrittsvereinbarungen und
das BMF-Schreiben vom 24. Juni 2011 (a. a. O.) zu den bilanzsteuerrechtlichen Ansatz-
und Bewertungsvorbehalten bei der Übernahme von schuldrechtlichen Verpflichtungen
werden aufgehoben.

Hat der Freistellungsberechtigte abweichend von Randnummer 24 bislang aufgrund 35
der in Randnummer 34 genannten BMF-Schreiben eine Rückstellung und einen Freistellungsanspruch gegenüber dem Freistellungsverpflichteten angesetzt, ist es nicht
zu beanstanden, wenn Rückstellung und Anspruch spätestens in dem Wirtschaftsjahr
gewinnwirksam aufgelöst werden, das nach der Veröffentlichung dieses Schreibens im
Bundessteuerblatt endet. Die Betriebsausgabenverteilung gemäß § 4f Abs. 2 i. V. m.
Abs. 1 EStG kommt nur dann in Betracht, wenn die Vereinbarung auch ohne Anwendung
der in Randnummer 34 genannten BMF-Schreiben in nach dem 28. November 2013
endenden Wirtschaftsjahren zu einem Aufwand geführt hätte.

Dieses Schreiben wird im Bundessteuerblatt Teil I veröffentlicht.

2.16 Steuerliche Gewinnermittlung; Bewertung von Pensions-rückstellungen nach § 6a EStG, Übergang auf die „Heu-beck-Richttafeln 2018 G" (BMF, 19.10.2018)

BMF-Schreiben vom 19. Oktober 2018 – IV C 6 – S 2176/07/10004 : 001, BStBl I
2018, S. 1107

Bei der Bewertung von Pensionsrückstellungen sind u. a. die anerkannten Regeln der
Versicherungsmathematik anzuwenden (§ 6a Abs. 3 Satz 3 Einkommensteuergesetz –
EStG). Sofern in diesem Zusammenhang bislang die „Richttafeln 2005 G" von Professor
Klaus Heubeck verwendet wurden, ist zu beachten, dass diese durch die „Heubeck-
Richttafeln 2018 G" ersetzt wurden.

Das BMF-Schreiben vom 16. Dezember 2005 (BStBl I S. 1054) nimmt unter Bezugnahme auf das BMF-Schreiben vom 13. April 1999 (BStBl I S. 436) zum Übergang
auf neue oder geänderte biometrische Rechnungsgrundlagen bei der Bewertung von
Pensionsrückstellungen Stellung. Unter Berücksichtigung der in diesen Schreiben dargelegten Grundsätze ergibt sich für die Anwendung der neuen „Heubeck-Richttafeln
2018 G" in der steuerlichen Gewinnermittlung nach Abstimmung mit den obersten
Finanzbehörden der Länder Folgendes:

1. Steuerliche Anerkennung der „Heubeck-Richttafeln 2018 G"

Die „Heubeck-Richttafeln 2018 G" werden als mit den anerkannten versicherungs- 1
mathematischen Grundsätzen im Sinne von § 6a Abs. 3 Satz 3 EStG übereinstimmend
anerkannt.

2. Zeitliche Anwendung

Die „Heubeck-Richttafeln 2018 G" können erstmals der Bewertung von Pensionsrück- 2
stellungen am Ende des Wirtschaftsjahres zugrunde gelegt werden, das nach dem

20. Juli 2018 (Tag der Veröffentlichung der neuen Richttafeln) endet. Der Übergang hat einheitlich für alle Pensionsverpflichtungen und alle sonstigen versicherungs-mathematisch zu bewertende Bilanzposten des Unternehmens zu erfolgen. Die „Richt-tafeln 2005 G" können letztmals für das Wirtschaftsjahr verwendet werden, das vor dem 30. Juni 2019 endet.

3. Verteilung des Unterschiedsbetrages nach § 6a Abs. 4 Satz 2 EStG

3 Nach § 6a Abs. 4 Satz 2 EStG kann der Unterschiedsbetrag, der auf der erstmaligen Anwendung der „Heubeck-Richttafeln 2018 G" beruht, nur auf mindestens drei Wirt-schaftsjahre gleichmäßig verteilt der jeweiligen Pensionsrückstellung zugeführt werden (Verteilungszeitraum). Die gleichmäßige Verteilung ist sowohl bei positiven als auch bei negativen Unterschiedsbeträgen erforderlich. Bei einer Verteilung des Unterschieds-betrages auf drei Wirtschaftsjahre gilt Folgendes:

a) Zuführungen am Ende des Wirtschaftsjahres, für das die „Heubeck-Richt-tafeln 2018 G" erstmals anzuwenden sind (Übergangsjahr)

4 Am Ende des Wirtschaftsjahres, für das die neuen Rechnungsgrundlagen erstmals anzuwenden sind (Übergangsjahr), ist die jeweilige Pensionsrückstellung zunächst auf der Grundlage der bisherigen Rechnungsgrundlagen (z. B. „Richttafeln 2005 G") nach § 6a Abs. 3 und Abs. 4 Satz 1 und 3 bis 5 EStG zu ermitteln. Anschließend ist zu dem-selben Stichtag die so ermittelte Rückstellung um ein Drittel des Unterschiedsbetrages zwischen dem Teilwert der Pensionsverpflichtung am Ende des Übergangsjahres nach den „Heubeck-Richttafeln 2018 G" und den bisher verwendeten Rechnungsgrundlagen zu erhöhen oder – bei negativem Unterschiedsbetrag – zu vermindern.

Ist die Pensionsrückstellung, die sich nach Satz 1 ergibt (Ist-Rückstellung auf Grund-lage der bisherigen Rechnungsgrundlagen), niedriger als der Teilwert der Pensions-verpflichtung gemäß § 6a Abs. 3 EStG nach den bisherigen Rechnungsgrundlagen (Soll-Rückstellung), kann ein negativer Unterschiedsbetrag insoweit gekürzt werden (entsprechend R 6a Abs. 22 Satz 3 EStR 2012).

5 Die Verteilungsregelung gilt auch für Versorgungszusagen, die im Übergangsjahr erteilt werden; das insoweit beim Bundesfinanzhof anhängige Verfahren (Aktenzeichen XI R 34/16) bleibt abzuwarten.

b) Zuführungen im Folgejahr

6 In dem auf das Übergangsjahr folgenden Wirtschaftsjahr (Folgejahr) ist die Pensionsrück-stellung zunächst auf Grundlage der „Heubeck-Richttafeln 2018 G" nach § 6a Abs. 3 und Abs. 4 Satz 1 und 3 bis 5 EStG zu ermitteln. Die so berechnete Pensionsrückstellung ist um ein Drittel des Unterschiedsbetrages gemäß Randnummer 4 zu vermindern oder zu erhöhen.

7 Wird in einem Folgejahr eine Pensionszusage neu erteilt oder erhöht sich bei einer bestehenden Zusage die Verpflichtung, sind insoweit die Pensionsrückstellungen in vollem Umfang auf der Basis der „Heubeck-Richttafeln 2018 G" ohne Verteilung eines Unterschiedsbetrages zu bewerten.

c) Zuführungen im zweiten Folgejahr

In dem auf das Übergangsjahr folgenden zweiten Wirtschaftsjahr (zweites Folgejahr) ist 8
die Pensionsrückstellung auf Grundlage der „Heubeck-Richttafeln 2018 G" gemäß § 6a
Abs. 3 und Abs. 4 Satz 1 und 3 bis 5 EStG zu ermitteln. Eine Kürzung der Rückstellung
unterbleibt.

d) Arbeitgeberwechsel

Die Grundsätze der Randnummern 4 bis 8 gelten auch bei einem Übergang des Dienst- 9
verhältnisses im Übergangsjahr und Folgejahr auf einen neuen Arbeitgeber aufgrund
gesetzlicher Bestimmungen, z. B. nach § 613a BGB. In Fällen eines Arbeitgeberwechsels im Sinne von § 5 Abs. 7 Satz 4 EStG im Übergangsjahr oder in vorherigen Jahren hat der neue Arbeitgeber die Grundsätze der Randnummern 4 bis 8 entsprechend
zu berücksichtigen.

e) Billigkeitsregelung

Aus Billigkeitsgründen ist es nicht zu beanstanden, wenn der Unterschiedsbetrag für 10
sämtliche Pensionsverpflichtungen eines Betriebes anstelle der Berechnung nach den
Randnummern 4 bis 9 insgesamt als Differenz zwischen den Teilwerten nach den „Heubeck-Richttafeln 2018 G" und den bisherigen Rechnungsgrundlagen am Ende des Übergangsjahres ermittelt und dieser Gesamtunterschiedsbetrag in unveränderter Höhe auf
das Übergangsjahr und die beiden folgenden Wirtschaftsjahre gleichmäßig verteilt wird,
indem von der Summe der Pensionsrückstellungen nach den „Richttafeln 2018 G" am
Ende des Übergangsjahres zwei Drittel und am Ende des Folgejahres ein Drittel dieses
Gesamtunterschiedsbetrages abgezogen werden.

Hat sich der Bestand der Pensionsberechtigten im Folgejahr durch einen Übergang 11
des Dienstverhältnisses aufgrund einer gesetzlichen Bestimmung verändert, ist das für
dieses Wirtschaftsjahr zu berücksichtigende Drittel des Gesamtunterschiedsbetrages
entsprechend zu korrigieren.

Wird der maßgebende Unterschiedsbetrag über mehr als drei Wirtschaftsjahre gleich- 12
mäßig verteilt, gelten die Regelungen der Randnummern 4 bis 11 unter Berücksichtigung
der veränderten Zuführungsquoten und Übergangszeiträume entsprechend.

4. Andere Verpflichtungen, die nach § 6a EStG bewertet werden

Die Grundsätze dieses Schreibens gelten für andere Verpflichtungen, die nach den 13
Grundsätzen des § 6a EStG zu bewerten sind (z. B. Vorruhestandsleistungen), entsprechend.

Dieses Schreiben wird im Bundessteuerblatt Teil I veröffentlicht.

2.17 Steuerliche Förderung der betrieblichen Altersversorgung; Wahlweise Verwendung von vermögenswirksamen Leistungen zum Zwecke der betrieblichen Altersversorgung und in diesem Zusammenhang gewährte Erhöhungsbeträge des Arbeitgebers

BMF-Schreiben vom 08. August 2019 – IV C 5 – S 2333/19/10001, BStBl 2019 I S. 834

Unter Bezugnahme auf das Ergebnis der Erörterung mit den obersten Finanzbehörden der Länder und dem Bundesministerium für Arbeit und Soziales nehme ich zur wahlweisen Verwendung von vermögenswirksamen Leistungen zum Zwecke der betrieblichen Altersversorgung und zu in diesem Zusammenhang gewährten Erhöhungsbeträgen des Arbeitgebers wie folgt Stellung:

1. Allgemeines

Mit § 100 des Einkommensteuergesetzes (EStG) wurde zum 1. Januar 2018 durch das Gesetz zur Stärkung der betrieblichen Altersversorgung und zur Änderung anderer Gesetze (Betriebsrentenstärkungsgesetz) vom 17. August 2017 (BGBl. I Seite 3214, BStBl I Seite 1278) ein neues Fördermodell zur betrieblichen Altersversorgung mittels BAV-Förderbetrag eingeführt. Nach § 100 Absatz 3 Nummer 2 EStG kann der BAV-Förderbetrag nur für einen vom Arbeitgeber zusätzlich zum ohnehin geschuldeten Arbeitslohn erbrachten Beitrag zur betrieblichen Altersversorgung an einen Pensionsfonds, eine Pensionskasse oder für eine Direktversicherung beansprucht werden. Die zusätzlichen Beiträge können z. B. tarifvertraglich, durch eine Betriebsvereinbarung oder auch einzelvertraglich festgelegt sein. Im Gesamtversicherungsbeitrag des Arbeitgebers enthaltene Finanzierungsanteile des Arbeitnehmers sowie die mittels Entgeltumwandlung finanzierten Beiträge oder Eigenbeteiligungen des Arbeitnehmers sind nicht begünstigt (s. auch Rz. 111 des BMF-Schreibens vom 6. Dezember 2017, BStBl 2018 I Seite 147).

2. Wahlweise Verwendung von vermögenswirksamen Leistungen zum Zwecke der betrieblichen Altersversorgung und in diesem Zusammenhang gewährte Erhöhungsbeträge des Arbeitgebers

Macht ein Arbeitnehmer (z. B. aufgrund eines entsprechenden Tarifvertrags) von der Möglichkeit Gebrauch, zusätzliche vermögenwirksame Leistungen des Arbeitgebers für den Aufbau einer betrieblichen Altersversorgung über die Durchführungswege Pensionsfonds, Pensionskasse oder Direktversicherung im Rahmen einer Entgeltumwandlung zu verwenden, sind diese Beiträge unter den sonstigen Voraussetzungen nach § 3 Nummer 63 EStG steuerfrei.

Dies gilt auch für in diesem Zusammenhang gewährte Erhöhungsbeträge des Arbeitgebers (z. B. erhöhter Beitrag zur betrieblichen Altersversorgung i. H. v. 26 Euro statt vermögenswirksamer Leistungen i. H. v. 6,65 Euro) und für Erhöhungsbeträge des Arbeitgebers, die von einer zusätzlichen Entgeltumwandlung abhängen (z. B. erhöhter Beitrag zur betrieblichen Altersversorgung i. H. v. 50 Euro, wenn der Arbeitnehmer 13 Euro seines Arbeitslohns umwandelt).

Die zuvor genannten Beiträge zur betrieblichen Altersversorgung (für die betriebliche Altersversorgung verwendete vermögenswirksame Leistungen und Erhöhungsbeträge) erfüllen jedoch nicht die Voraussetzungen für den BAV-Förderbetrag. Die Voraussetzung „zusätzlich zum ohnehin geschuldeten Arbeitslohn" (§ 100 Absatz 3 Nummer 2 EStG) ist nicht erfüllt. Es entspricht im Übrigen auch nicht der Intention des Betriebsrenten-stärkungsgesetzes, entsprechende Beiträge, die auch zu einer Zuschusspflicht nach § 1a Absatz 1a und § 23 Absatz 2 des Betriebsrentengesetzes (BetrAVG) führen, zu fördern.

Dieses Schreiben wird im Bundessteuerblatt Teil I veröffentlicht.

2.18 Betriebliche Altersversorgung; Versicherung bei Arbeits-unfähigkeit und Grundfähigkeitenversicherung

BMF-Schreiben vom 19. Februar 2019 – IV C 5 - S 2333/18/10005, DOK 2019/0136608

– Auszug –

Die (lohn)steuerliche Anerkennung einer Versicherung im Rahmen der betrieblichen Altersversorgung lehnt sich an die arbeits-/betriebsrentenrechtliche Einordnung an (s. Rz. 1 ff. des BMF-Schreibens vom 7. Dezember 2017, BStBl 2018 I Seite 147). Danach muss die Zusage des Arbeitgebers einem im Betriebsrentengesetz – BetrAVG – geregelten Versorgungszweck dienen, die Leistungspflicht nach dem Inhalt der Zusage durch ein im Gesetz genanntes biologisches Ereignis ausgelöst werden und durch die vorgesehene Leistung ein im Gesetz angesprochenes biometrisches Risiko teilweise übernommen werden (BAG-Urteil vom 16. März 2010 – 3 AZR 594/09, Rn. 23 ff.).

Bei Eintritt einer Erwerbsminderung, Erwerbsunfähigkeit oder Berufsunfähigkeit wird das biometrische Risiko der Invalidität grundsätzlich erfüllt; die Versicherung dieser Risiken erfüllt die Voraussetzungen des Betriebsrentengesetzes. Demgegenüber stellt die Versicherung des Risikos einer längerfristigen Arbeitsunfähigkeit keine Absicherung des biometrischen Risikos „Invalidität" dar und dient folglich nicht einer betrieblichen Altersversorgung.

Eine Grundfähigkeitenversicherung dient der Absicherung des biometrischen Risikos „Invalidität", denn der Verlust einer Grundfähigkeit führt zum Eintritt eines Invaliditäts-grades. Eine Grundfähigkeitenversicherung erfüllt daher die Voraussetzungen des Betriebsrentengesetzes. Eine Versicherung, die das biometrische Risiko „Invalidität" absichert, erfüllt auch dann die Voraussetzungen des Betriebsrentengesetzes, wenn der Leistungsfall nicht zusätzlich daran geknüpft ist, dass der Arbeitnehmer tatsächlich durch den Eintritt des Invaliditätsgrades in seiner Berufsausübung beeinträchtigt ist. Eine solche Einschränkung lässt sich § 1 Absatz 1 Satz 1 BetrAVG nicht entnehmen. Es steht dem Arbeitgeber aber frei, in seiner Versorgungszusage und entsprechend in den versicherungsvertraglichen Vereinbarungen den Leistungsfall in diesem Sinne einzu-schränken.

Kapitel 3: Körperschaftsteuer

3.1 Körperschaftsteuergesetz (KStG)

In der Fassung der Bekanntmachung vom 15. Oktober 2002 (BGBl. I S. 4144)

Zuletzt geändert durch Artikel 7 des Gesetzes vom 12. Dezember 2019 (BGBl. I S. 2451)

– Auszug –

§ 5 Befreiungen

(1) [1]Von der Körperschaftsteuer sind befreit

...

3. rechtsfähige Pensions-, Sterbe- und Krankenkassen, die den Personen, denen die Leistungen der Kasse zugute kommen oder zugute kommen sollen (Leistungsempfängern), einen Rechtsanspruch gewähren, und rechtsfähige Unterstützungskassen, die den Leistungsempfängern keinen Rechtsanspruch gewähren,

    a) wenn sich die Kasse beschränkt

        aa) auf Zugehörige oder frühere Zugehörige einzelner oder mehrerer wirtschaftlicher Geschäftsbetriebe oder

        bb) auf Zugehörige oder frühere Zugehörige der Spitzenverbände der freien Wohlfahrtspflege (Arbeiterwohlfahrt-Bundesverband e.V., Deutscher Caritasverband e.V., Deutscher Paritätischer Wohlfahrtsverband e.V., Deutsches Rotes Kreuz, Diakonisches Werk – Innere Mission und Hilfswerk der Evangelischen Kirche in Deutschland sowie Zentralwohlfahrtsstelle der Juden in Deutschland e.V.) einschließlich ihrer Untergliederungen, Einrichtungen und Anstalten und sonstiger gemeinnütziger Wohlfahrtsverbände oder

        cc) auf Arbeitnehmer sonstiger Körperschaften, Personenvereinigungen und Vermögensmassen im Sinne der §§ 1 und 2; den Arbeitnehmern stehen Personen, die sich in einem arbeitnehmerähnlichen Verhältnis befinden, gleich;

        zu den Zugehörigen oder Arbeitnehmern rechnen jeweils auch deren Angehörige;

    b) [1]wenn sichergestellt ist, dass der Betrieb der Kasse nach dem Geschäftsplan und nach Art und Höhe der Leistungen eine soziale Einrichtung darstellt. [2]Diese Voraussetzung ist bei Unterstützungskassen, die Leistungen von Fall zu Fall gewähren, nur gegeben, wenn sich diese Leistungen mit Ausnahme des Sterbegeldes auf Fälle der Not oder Arbeitslosigkeit beschränken;

    c) wenn vorbehaltlich des § 6 die ausschließliche und unmittelbare Verwendung des Vermögens und der Einkünfte der Kasse nach der Satzung und der tatsächlichen Geschäftsführung für die Zwecke der Kasse dauernd gesichert ist;

    d) [1]wenn bei Pensions-, Sterbe- und Krankenkassen am Schluss des Wirtschaftsjahrs, zu dem der Wert der Deckungsrückstellung versicherungsmathematisch zu berechnen ist, das nach den handelsrechtlichen Grundsätzen ordnungsmäßiger Buchführung unter Berücksichtigung des Geschäftsplans sowie der allgemeinen Versicherungsbedingungen und der fachlichen Geschäftsunterlagen im Sinne des § 219 Absatz 3 Nummer 1 des Versicherungsaufsichtsgesetzes auszuweisende Vermögen nicht höher ist als bei einem Versicherungsverein auf Gegenseitigkeit die Verlustrücklage und bei einer Kasse anderer Rechtsform der dieser Rücklage entsprechende Teil des Vermögens. [2]Bei der Ermittlung des Vermögens ist eine Rückstellung für Beitragsrückerstattung nur insoweit abziehbar, als den Leistungsempfängern ein Anspruch auf die Überschussbeteiligung zusteht. [3]Übersteigt das Vermögen der Kasse den bezeichneten Betrag, so ist die Kasse nach Maßgabe des § 6 Abs. 1 bis 4 steuerpflichtig; und

e) [1]wenn bei Unterstützungskassen am Schluss des Wirtschaftsjahrs das Vermögen ohne Berücksichtigung künftiger Versorgungsleistungen nicht höher ist als das um 25 Prozent erhöhte zulässige Kassenvermögen. [2]Für die Ermittlung des tatsächlichen und des zulässigen Kassenvermögens gilt § 4d des Einkommensteuergesetzes. [3]Übersteigt das Vermögen der Kasse den in Satz 1 bezeichneten Betrag, so ist die Kasse nach Maßgabe des § 6 Abs. 5 steuerpflichtig;

4. kleinere Versicherungsvereine auf Gegenseitigkeit im Sinne des § 210 des Versicherungsaufsichtsgesetzes, wenn

a) ihre Beitragseinnahmen im Durchschnitt der letzten drei Wirtschaftsjahre einschließlich des im Veranlagungszeitraum endenden Wirtschaftsjahrs die durch Rechtsverordnung festzusetzenden Jahresbeträge nicht überstiegen haben oder

b) sich ihr Geschäftsbetrieb auf die Sterbegeldversicherung beschränkt und die Versicherungsvereine nach dem Geschäftsplan sowie nach Art und Höhe der Leistungen soziale Einrichtungen darstellen;

...

8. [1]öffentlich-rechtliche Versicherungs- und Versorgungseinrichtungen von Berufsgruppen, deren Angehörige auf Grund einer durch Gesetz angeordneten oder auf Gesetz beruhenden Verpflichtung Mitglieder dieser Einrichtung sind, wenn die Satzung der Einrichtung die Zahlung keiner höheren jährlichen Beiträge zulässt als das Zwölffache der Beiträge, die sich bei einer Beitragsbemessungsgrundlage in Höhe der doppelten monatlichen Beitragsbemessungsgrenze in der allgemeinen Rentenversicherung ergeben würden. [2]Ermöglicht die Satzung der Einrichtung nur Pflichtmitgliedschaften sowie freiwillige Mitgliedschaften, die unmittelbar an eine Pflichtmitgliedschaft anschließen, so steht dies der Steuerbefreiung nicht entgegen, wenn die Satzung die Zahlung keiner höheren jährlichen Beiträge zulässt als das Fünfzehnfache der Beiträge, die sich bei einer Beitragsbemessungsgrundlage in Höhe der doppelten monatlichen Beitragsbemessungsgrenze in der allgemeinen Rentenversicherung ergeben würden;

...

15. der Pensions-Sicherungs-Verein Versicherungsverein auf Gegenseitigkeit,

a) wenn er mit Erlaubnis der Versicherungsaufsichtsbehörde ausschließlich die Aufgaben des Trägers der Insolvenzsicherung wahrnimmt, die sich aus dem Gesetz zur Verbesserung der betrieblichen Altersversorgung vom 19. Dezember 1974 (BGBl. I S. 3610) ergeben, und

b) wenn seine Leistungen nach dem Kreis der Empfänger sowie nach Art und Höhe den in den §§ 7 bis 9, 17 und 30 des Gesetzes zur Verbesserung der betrieblichen Altersversorgung bezeichneten Rahmen nicht überschreiten;

...

22. [1]gemeinsame Einrichtungen der Tarifvertragsparteien im Sinne des § 4 Abs. 2 des Tarifvertragsgesetzes vom 25. August 1969 (BGBl. I S. 1323), die satzungsmäßige Beiträge auf der Grundlage des § 186a des Arbeitsförderungsgesetzes vom 25. Juni

1969 (BGBl. I S. 582) oder tarifvertraglicher Vereinbarungen erheben und Leistungen ausschließlich an die tarifgebundenen Arbeitnehmer des Gewerbezwigs oder an deren Hinterbliebene erbringen, wenn sie dabei zu nicht steuerbegünstigten Betrieben derselben oder ähnlicher Art nicht in größerem Umfang in Wettbewerb treten, als es bei Erfüllung ihrer begünstigten Aufgaben unvermeidlich ist. [2]Wird ein wirtschaftlicher Geschäftsbetrieb unterhalten, dessen Tätigkeit nicht ausschließlich auf die Erfüllung der begünstigten Tätigkeiten gerichtet ist, ist die Steuerbefreiung insoweit ausgeschlossen;

...

(2) Die Befreiungen nach Absatz 1 und nach anderen Gesetzen als dem Körperschaftsteuergesetz gelten nicht

1. für inländische Einkünfte, die dem Steuerabzug vollständig oder teilweise unterliegen; Entsprechendes gilt für die in § 32 Abs. 3 Satz 1 zweiter Halbsatz genannten Einkünfte,

2. für beschränkt Steuerpflichtige im Sinne des § 2 Nr. 1, es sei denn, es handelt sich um Steuerpflichtige im Sinne des Absatzes 1 Nr. 9, die nach den Rechtsvorschriften eines Mitgliedstaats der Europäischen Union oder nach den Rechtsvorschriften eines Staates, auf den das Abkommen über den Europäischen Wirtschaftsraum vom 3. Januar 1994 (ABl. EG Nr. L 1 S. 3), zuletzt geändert durch den Beschluss des Gemeinsamen EWR-Ausschusses Nr. 91/2007 vom 6. Juli 2007 (ABl. EU Nr. L 328 S. 40), in der jeweiligen Fassung Anwendung findet, gegründete Gesellschaften im Sinne des Artikels 54 des Vertrags über die Arbeitsweise der Europäischen Union oder des Artikels 34 des Abkommens über den Europäischen Wirtschaftsraum sind, deren Sitz und Ort der Geschäftsleitung sich innerhalb des Hoheitsgebiets eines dieser Staaten befindet, und mit diesen Staaten ein Amtshilfeabkommen besteht,

3. soweit § 38 Abs. 2 anzuwenden ist.

§ 6 Einschränkung der Befreiung von Pensions-, Sterbe-, Kranken- und Unterstützungskassen

(1) Übersteigt am Schluss des Wirtschaftsjahrs, zu dem der Wert der Deckungsrückstellung versicherungsmathematisch zu berechnen ist, das Vermögen einer Pensions-, Sterbe- oder Krankenkasse im Sinne des § 5 Abs. 1 Nr. 3 den in Buchstabe d dieser Vorschrift bezeichneten Betrag, so ist die Kasse steuerpflichtig, soweit ihr Einkommen anteilig auf das übersteigende Vermögen entfällt.

(2) Die Steuerpflicht entfällt mit Wirkung für die Vergangenheit, soweit das übersteigende Vermögen innerhalb von 18 Monaten nach dem Schluss des Wirtschaftsjahrs, für das es festgestellt worden ist, mit Zustimmung der Versicherungsaufsichtsbehörde zur Leistungserhöhung, zur Auszahlung an das Trägerunternehmen, zur Verrechnung mit Zuwendungen des Trägerunternehmens, zur gleichmäßigen Herabsetzung künftiger Zuwendungen des Trägerunternehmens oder zur Verminderung der Beiträge der Leistungsempfänger verwendet wird.

(3) Wird das übersteigende Vermögen nicht in der in Absatz 2 bezeichneten Weise verwendet, so erstreckt sich die Steuerpflicht auch auf die folgenden Kalenderjahre, für die der Wert der Deckungsrückstellung nicht versicherungsmathematisch zu berechnen ist.

(4) [1]Bei der Ermittlung des Einkommens der Kasse sind Beitragsrückerstattungen oder sonstige Vermögensübertragungen an das Trägerunternehmen außer in den Fällen des

Absatzes 2 nicht abziehbar. [2]Das Gleiche gilt für Zuführungen zu einer Rückstellung für Beitragsrückerstattung, soweit den Leistungsempfängern ein Anspruch auf die Überschussbeteiligung nicht zusteht.

(5) [1]Übersteigt am Schluss des Wirtschaftsjahrs das Vermögen einer Unterstützungskasse im Sinne des § 5 Abs. 1 Nr. 3 den in Buchstabe e dieser Vorschrift bezeichneten Betrag, so ist die Kasse steuerpflichtig, soweit ihr Einkommen anteilig auf das übersteigende Vermögen entfällt. [2]Bei der Ermittlung des Einkommens sind Zuwendungen des Trägerunternehmens nicht erhöhend und Versorgungsleistungen der Kasse sowie Vermögensübertragungen an das Trägerunternehmen nicht mindernd zu berücksichtigen.

(5a) [1]Unterstützungskassen in der Rechtsform der Kapitalgesellschaft können bis zum 31. Dezember 2016 auf amtlich vorgeschriebenem Vordruck einen positiven Zuwendungsbetrag erklären. [2]Dieser errechnet sich aus den Zuwendungen des Trägerunternehmens in den Veranlagungszeiträumen 2006 bis 2015 abzüglich der Versorgungsleistungen in diesem Zeitraum, soweit diese Zuwendungen und diese Versorgungsleistungen in dem steuerpflichtigen Teil des Einkommens der Kasse nach Absatz 5 Satz 1 enthalten waren. [3]Dabei gelten Versorgungsleistungen in den Veranlagungszeiträumen 2006 bis 2015 als vornehmlich aus Zuwendungen des Trägerunternehmens in diesem Zeitraum erbracht. [4]Ab dem Veranlagungszeitraum 2016 mindert sich das steuerpflichtige Einkommen der Kasse in Höhe des zum Schluss des vorherigen Veranlagungszeitraums festgestellten Betrags nach Satz 6; es mindert sich höchstens um einen Betrag in Höhe der im Wirtschaftsjahr getätigten Versorgungsleistungen. [5]Durch die Minderung darf das Einkommen nicht negativ werden. [6]Gesondert festzustellen sind,

1. der Zuwendungsbetrag auf den 31. Dezember 2015 und
2. der zum 31. Dezember des jeweiligen Folgejahres verbleibende Zuwendungsbetrag, der sich ergibt, wenn vom zum Schluss des Vorjahres festgestellten Betrag der Betrag abgezogen wird, um den sich das steuerpflichtige Einkommen im laufenden Veranlagungszeitraum nach den Sätzen 4 und 5 gemindert hat.

(6) [1]Auf den Teil des Vermögens einer Pensions-, Sterbe-, Kranken- oder Unterstützungskasse, der am Schluss des Wirtschaftsjahrs den in § 5 Abs. 1 Nr. 3 Buchstabe d oder e bezeichneten Betrag übersteigt, ist Buchstabe c dieser Vorschrift nicht anzuwenden. [2]Bei Unterstützungskassen gilt dies auch, soweit das Vermögen vor dem Schluss des Wirtschaftsjahrs den in § 5 Abs. 1 Nr. 3 Buchstabe e bezeichneten Betrag übersteigt.

§ 6a Einkommensermittlung bei voll steuerpflichtigen Unterstützungskassen

Bei Unterstützungskassen, die voll steuerpflichtig sind, ist § 6 Absatz 5 Satz 2 und Absatz 5a entsprechend anzuwenden.

…

§ 8 Ermittlung des Einkommens

(1) [1]Was als Einkommen gilt und wie das Einkommen zu ermitteln ist, bestimmt sich nach den Vorschriften des Einkommensteuergesetzes und dieses Gesetzes. [2]Bei Betrieben gewerblicher Art im Sinne des § 4 sind die Absicht, Gewinn zu erzielen, und die Beteiligung am allgemeinen wirtschaftlichen Verkehr nicht erforderlich. [3]Bei den inländischen öffentlich-rechtlichen Rundfunkanstalten beträgt das Einkommen aus dem Geschäft der Veranstaltung von Werbesendungen 16 Prozent der Entgelte (§ 10 Abs. 1 des Umsatzsteuergesetzes) aus Werbesendungen.

(2) Bei unbeschränkt Steuerpflichtigen im Sinne des § 1 Abs. 1 Nr. 1 bis 3 sind alle Einkünfte als Einkünfte aus Gewerbebetrieb zu behandeln.

(3) [1]Für die Ermittlung des Einkommens ist es ohne Bedeutung, ob das Einkommen verteilt wird. [2]Auch verdeckte Gewinnausschüttungen sowie Ausschüttungen jeder Art auf Genussrechte, mit denen das Recht auf Beteiligung am Gewinn und am Liquidationserlös der Kapitalgesellschaft verbunden ist, mindern das Einkommen nicht. [3]Verdeckte Einlagen erhöhen das Einkommen nicht. [4]Das Einkommen erhöht sich, soweit eine verdeckte Einlage das Einkommen des Gesellschafters gemindert hat. [5]Satz 4 gilt auch für eine verdeckte Einlage, die auf einer verdeckten Gewinnausschüttung einer dem Gesellschafter nahe stehenden Person beruht und bei der Besteuerung des Gesellschafters nicht berücksichtigt wurde, es sei denn, die verdeckte Gewinnausschüttung hat bei der leistenden Körperschaft das Einkommen nicht gemindert. [6]In den Fällen des Satzes 5 erhöht die verdeckte Einlage nicht die Anschaffungskosten der Beteiligung.

(4) (aufgehoben)

(5) Bei Personenvereinigungen bleiben für die Ermittlung des Einkommens Beiträge, die auf Grund der Satzung von den Mitgliedern lediglich in ihrer Eigenschaft als Mitglieder erhoben werden, außer Ansatz.

(6) Besteht das Einkommen nur aus Einkünften, von denen lediglich ein Steuerabzug vorzunehmen ist, so ist ein Abzug von Betriebsausgaben oder Werbungskosten nicht zulässig.

(7) [1]Die Rechtsfolgen einer verdeckten Gewinnausschüttung im Sinne des Absatzes 3 Satz 2 sind

1. bei Betrieben gewerblicher Art im Sinne des § 4 nicht bereits deshalb zu ziehen, weil sie ein Dauerverlustgeschäft ausüben;
2. [1]bei Kapitalgesellschaften nicht bereits deshalb zu ziehen, weil sie ein Dauerverlustgeschäft ausüben. [2]Satz 1 gilt nur bei Kapitalgesellschaften, bei denen die Mehrheit der Stimmrechte unmittelbar oder mittelbar auf juristische Personen des öffentlichen Rechts entfällt und nachweislich ausschließlich diese Gesellschafter die Verluste aus Dauerverlustgeschäften tragen.

[2]Ein Dauerverlustgeschäft liegt vor, soweit aus verkehrs-, umwelt-, sozial-, kultur-, bildungs- oder gesundheitspolitischen Gründen eine wirtschaftliche Betätigung ohne kostendeckendes Entgelt unterhalten wird oder in den Fällen von Satz 1 Nr. 2 das Geschäft Ausfluss einer Tätigkeit ist, die bei juristischen Personen des öffentlichen Rechts zu einem Hoheitsbetrieb gehört.

(8) [1]Werden Betriebe gewerblicher Art zusammengefasst, ist § 10d des Einkommensteuergesetzes auf den Betrieb gewerblicher Art anzuwenden, der sich durch die Zusammenfassung ergibt. [2]Nicht ausgeglichene negative Einkünfte der einzelnen Betriebe gewerblicher Art aus der Zeit vor der Zusammenfassung können nicht beim zusammengefassten Betrieb gewerblicher Art abgezogen werden. [3]Ein Rücktrag von Verlusten des zusammengefassten Betriebs gewerblicher Art auf die einzelnen Betriebe gewerblicher Art vor Zusammenfassung ist unzulässig. [4]Ein bei einem Betrieb gewerblicher Art vor der Zusammenfassung festgestellter Verlustvortrag kann nach Maßgabe des § 10d des Einkommensteuergesetzes vom Gesamtbetrag der Einkünfte abgezogen werden, den dieser Betrieb gewerblicher Art nach Beendigung der Zusammenfassung erzielt. [5]Die Einschränkungen der Sätze 2 bis 4 gelten nicht, wenn gleichartige Betriebe gewerblicher Art zusammengefasst oder getrennt werden. [6]Kommt es bei einem Betrieb gewerblicher Art,

der sich durch eine Zusammenfassung ergeben hat, innerhalb eines Zeitraums von fünf Jahren nach der Zusammenfassung zur Anwendung des § 3a des Einkommensteuergesetzes, ist § 3a Absatz 3 Satz 3 des Einkommensteuergesetzes entsprechend auf die in Satz 4 genannten Verlustvorträge anzuwenden.

(9) [1]Wenn für Kapitalgesellschaften Absatz 7 Satz 1 Nr. 2 zur Anwendung kommt, sind die einzelnen Tätigkeiten der Gesellschaft nach folgender Maßgabe Sparten zuzuordnen:

1. Tätigkeiten, die als Dauerverlustgeschäfte Ausfluss einer Tätigkeit sind, die bei juristischen Personen des öffentlichen Rechts zu einem Hoheitsbetrieb gehören, sind jeweils gesonderten Sparten zuzuordnen;

2. Tätigkeiten, die nach § 4 Abs. 6 Satz 1 zusammenfassbar sind oder aus den übrigen, nicht in Nummer 1 bezeichneten Dauerverlustgeschäften stammen, sind jeweils gesonderten Sparten zuzuordnen, wobei zusammenfassbare Tätigkeiten jeweils eine einheitliche Sparte bilden;

3. alle übrigen Tätigkeiten sind einer einheitlichen Sparte zuzuordnen.

[2]Für jede sich hiernach ergebende Sparte ist der Gesamtbetrag der Einkünfte getrennt zu ermitteln. [3]Die Aufnahme einer weiteren, nicht gleichartigen Tätigkeit führt zu einer neuen, gesonderten Sparte; Entsprechendes gilt für die Aufgabe einer solchen Tätigkeit. [4]Ein negativer Gesamtbetrag der Einkünfte einer Sparte darf nicht mit einem positiven Gesamtbetrag der Einkünfte einer anderen Sparte ausgeglichen oder nach Maßgabe des § 10d des Einkommensteuergesetzes abgezogen werden. [5]Er mindert jedoch nach Maßgabe des § 10d des Einkommensteuergesetzes die positiven Gesamtbeträge der Einkünfte, die sich in dem unmittelbar vorangegangenen und in den folgenden Veranlagungszeiträumen für dieselbe Sparte ergeben. [6]Liegen die Voraussetzungen des Absatzes 7 Satz 1 Nr. 2 Satz 2 ab einem Zeitpunkt innerhalb eines Veranlagungszeitraums nicht mehr vor, sind die Sätze 1 bis 5 ab diesem Zeitpunkt nicht mehr anzuwenden; hiernach nicht ausgeglichene oder abgezogene negative Beträge sowie verbleibende Verlustvorträge aus den Sparten, in denen Dauerverlusttätigkeiten ausgeübt werden, entfallen. [7]Liegen die Voraussetzungen des Absatzes 7 Satz 1 Nr. 2 Satz 2 erst ab einem bestimmten Zeitpunkt innerhalb eines Veranlagungszeitraums vor, sind die Sätze 1 bis 5 ab diesem Zeitpunkt anzuwenden; ein bis zum Eintritt der Voraussetzungen entstandener Verlust kann nach Maßgabe des § 10d des Einkommensteuergesetzes abgezogen werden; ein danach verbleibender Verlust ist der Sparte zuzuordnen, in denen keine Dauerverlustgeschäfte ausgeübt werden. [8]Der am Schluss eines Veranlagungszeitraums verbleibende negative Gesamtbetrag der Einkünfte einer Sparte ist gesondert festzustellen; § 10d Absatz 4 des Einkommensteuergesetzes gilt entsprechend. [9]Die §§ 3a und 3c Absatz 4 des Einkommensteuergesetzes sind entsprechend anzuwenden; § 3a Absatz 2 des Einkommensteuergesetzes ist für die Kapitalgesellschaft anzuwenden.

(10) [1]Bei Einkünften aus Kapitalvermögen ist § 2 Absatz 5b des Einkommensteuergesetzes nicht anzuwenden. [2]§ 32d Abs. 2 Satz 1 Nr. 1 Satz 1 und Nr. 3 Satz 1 und Satz 3 bis 6 des Einkommensteuergesetzes ist entsprechend anzuwenden; in diesen Fällen ist § 20 Abs. 6 und 9 des Einkommensteuergesetzes nicht anzuwenden.

…

§ 21 Beitragsrückerstattungen

(1) [1]Aufwendungen für Beitragsrückerstattungen und Direktgutschriften, die für das selbst abgeschlossene Geschäft gewährt werden, sind abziehbar

1. in dem nach Art der Lebensversicherung betriebenen Geschäft bis zu einem Höchst- betrag, der sich auf Grundlage des nach handelsrechtlichen Vorschriften ermittelten Jahresergebnisses für das selbst abgeschlossene Geschäft ohne Berücksichtigung eines Gewinnabführungsvertrages ermittelt. [2]Diese Grundlage erhöht sich um die für Beitragsrückerstattungen und Direktgutschriften aufgewendeten Beträge, soweit die Beträge das Jahresergebnis gemindert haben. [3]Sie mindert sich um den Nettoertrag des Eigenkapitals am Beginn des Wirtschaftsjahrs. [4]Als Eigenkapital gilt das nach den Vorschriften der auf Grund des § 39 des Versicherungsaufsichtsgesetzes erlassenen Verordnungen über die Berichterstattung von Versicherungsunternehmen zu ermit- telnde Eigenkapital zuzüglich 10 Prozent des ungebundenen Teils der Rückstellung für Beitragsrückerstattung. [5]Als Nettoertrag gilt 70 Prozent der Differenz zwischen Erträgen und Aufwendungen aus Kapitalanlagen, die anteilig auf das Eigenkapital ent- fallen. [6]Dabei sind die Kapitalanlagen auszusondern, bei denen das Anlagerisiko nicht vom Versicherungsunternehmen getragen wird. [7]Als Höchstbetrag mindestens ab- ziehbar sind die Aufwendungen, die auf Grund gesetzlicher Vorschriften zu gewähren sind. [8]Die Sätze 1 bis 7 sind für Pensionsfonds entsprechend anzuwenden,

2. in den übrigen Versicherungsgeschäften auf Grund des versicherungstechnischen Überschusses bis zur Höhe des Überschusses, der sich aus den Beitragseinnahmen nach Abzug aller anteiligen abziehbaren und nichtabziehbaren Betriebsausgaben einschließlich der Versicherungsleistungen, Rückstellungen und Rechnungsabgren- zungsposten ergibt. [2]Der Berechnung des Überschusses sind die auf das Wirt- schaftsjahr entfallenden Beitragseinnahmen und Betriebsausgaben des einzelnen Versicherungszweiges aus dem selbst abgeschlossenen Geschäft für eigene Rech- nung zugrunde zu legen.

[2]Der nach Satz 1 Nummer 1 für den Abzug maßgebliche Betrag ist in dem Verhältnis abziehbar, wie die für die Beitragsrückerstattung maßgeblichen Überschüsse am Kapital- anlageergebnis im Geltungsbereich dieses Gesetzes dem Grunde nach steuerpflichtig und nicht steuerbefreit sind. [3]Ist maßgeblicher Betrag der sich nach Satz 1 Nummer 1 Satz 7 ergebende Betrag, ist Satz 2 nur für Aufwendungen aus dem Kapitalanlageergeb- nis anzuwenden.

(2) § 6 Absatz 1 Nummer 3a des Einkommensteuergesetzes ist nicht anzuwenden.

§ 21a Deckungsrückstellungen

(1) [1]§ 6 Abs. 1 Nr. 3a Buchstabe e des Einkommensteuergesetzes ist von Versicherungs- unternehmen und Pensionsfonds mit der Maßgabe anzuwenden, dass Deckungsrück- stellungen im Sinne des § 341f des Handelsgesetzbuchs mit dem sich für die zugrunde liegenden Verträge aus der Bestimmung in Verbindung mit § 25 der Verordnung über die Rechnungslegung von Versicherungsunternehmen oder in Verbindung mit der auf Grund des § 240 Satz 1 Nummer 10 des Versicherungsaufsichtsgesetzes erlassenen Rechtsverordnung ergebenden Höchstzinssatz oder einem niedrigeren zulässigerweise verwendeten Zinssatz abgezinst werden können. [2]Für die von Schaden- und Unfallver- sicherungsunternehmen gebildeten Renten-Deckungsrückstellungen kann der Höchst- zinssatz, der sich auf Grund der nach § 217 Satz 1 Nummer 7 des Versicherungsauf- sichtsgesetzes erlassenen Rechtsverordnung ergibt, oder ein niedrigerer zulässigerweise verwendeter Zinssatz zugrunde gelegt werden.

(2) Soweit die in Absatz 1 genannten versicherungsrechtlichen Bestimmungen auf Ver- sicherungsunternehmen mit Sitz in einem anderen Mitgliedstaat der Europäischen Union

oder in einem anderen Vertragsstaat des EWR-Abkommens keine Anwendung finden, können diese entsprechend verfahren.

...

§ 34 Schlussvorschriften

(1) Diese Fassung des Gesetzes gilt, soweit in den folgenden Absätzen nichts anderes bestimmt ist, erstmals für den Veranlagungszeitraum 2020.

...

(8) [1]§ 21 Absatz 2 Satz 2 Nummer 1 ist für die Veranlagungszeiträume 2016 bis 2018 in der folgenden Fassung anzuwenden:

„1. die Zuführungen innerhalb des am Bilanzstichtag endenden Wirtschaftsjahrs und der vier vorangegangenen Wirtschaftsjahre. Der Betrag nach Satz 1 darf nicht niedriger sein als der Betrag, der sich ergeben würde, wenn das am 13. Dezember 2010 geltende Recht weiter anzuwenden wäre,".

[2]§ 21 in der Fassung des Artikels 7 des Gesetzes vom 11. Dezember 2018 (BGBl. I S. 2338) ist anzuwenden:

1. erstmals für den Veranlagungszeitraum 2019;
2. [1]auf bis zum 30. Juni 2019 zu stellenden, unwiderruflichen Antrag bereits für den Veranlagungszeitraum 2018. [2]Der Antrag nach Satz 1 kann nur gestellt werden, wenn es im Veranlagungszeitraum 2018 sonst zu einer Auflösung der Rückstellung für Beitragsrückerstattung nach § 21 Absatz 2 Satz 2 in der zum 31. Dezember 2017 geltenden Fassung kommen würde.

(8a) § 21a Absatz 1 in der am 1. Januar 2016 geltenden Fassung ist erstmals für den Veranlagungszeitraum 2016 anzuwenden.

(8b) § 24 in der Fassung des Artikels 6 des Gesetzes vom 12. Dezember 2019 (BGBl. I S. 2451) ist erstmals für den Veranlagungszeitraum 2019 anzuwenden.

(9) [1]§ 26 in der am 31. Dezember 2014 geltenden Fassung ist erstmals auf Einkünfte und Einkunftsteile anzuwenden, die nach dem 31. Dezember 2013 zufließen. [2]Auf vor dem 1. Januar 2014 zugeflossene Einkünfte und Einkunftsteile ist § 26 Absatz 2 Satz 1 in der am 31. Dezember 2014 geltenden Fassung in allen Fällen anzuwenden, in denen die Körperschaftsteuer noch nicht bestandskräftig festgesetzt ist.

...

3.2 Körperschaftsteuer-Durchführungsverordnung 1994 (KStDV 1994)

In der Fassung der Bekanntmachung vom 22. Februar 1996 (BGBl. I S. 365)

Zuletzt geändert durch Artikel 2 Abs. 11 des Gesetzes vom 1. April 2015 (BGBl. I S. 434)

§ 1 Allgemeines

Rechtsfähige Pensions-, Sterbe-, Kranken- und Unterstützungskassen sind nur dann eine soziale Einrichtung im Sinne des § 5 Abs. 1 Nr. 3 Buchstabe b des Gesetzes, wenn sie die folgenden Voraussetzungen erfüllen:

1. Die Leistungsempfänger dürfen sich in der Mehrzahl nicht aus dem Unternehmer oder dessen Angehörigen und bei Gesellschaften in der Mehrzahl nicht aus den Gesellschaftern oder deren Angehörigen zusammensetzen.
2. Bei Auflösung der Kasse darf ihr Vermögen vorbehaltlich der Regelung in § 6 des Gesetzes satzungsmäßig nur den Leistungsempfängern oder deren Angehörigen zugute kommen oder für ausschließlich gemeinnützige oder mildtätige Zwecke verwendet werden.
3. Außerdem müssen bei Kassen mit Rechtsanspruch der Leistungsempfänger die Voraussetzungen des § 2, bei Kassen ohne Rechtsanspruch der Leistungsempfänger die Voraussetzungen des § 3 erfüllt sein.

§ 2 Kassen mit Rechtsanspruch der Leistungsempfänger

(1) Bei rechtsfähigen Pensions- oder Sterbekassen, die den Leistungsempfängern einen Rechtsanspruch gewähren, dürfen die jeweils erreichten Rechtsansprüche der Leistungsempfänger vorbehaltlich des Abs. 2 die folgenden Beträge nicht übersteigen:

als Pension	25.769 Euro jährlich,
als Witwengeld	17.179 Euro jährlich,
als Waisengeld	5.154 Euro jährlich für jede Halbwaise,
	10.308 Euro jährlich für jede Vollwaise,
als Sterbegeld	7.669 Euro als Gesamtleistung.

(2) [1]Die jeweils erreichten Rechtsansprüche, mit Ausnahme des Anspruchs auf Sterbegeld, dürfen in nicht mehr als 12 vom Hundert aller Fälle auf höhere als die in Abs. 1 bezeichneten Beträge gerichtet sein. [2]Dies gilt in nicht mehr als 4 vom Hundert aller Fälle uneingeschränkt. [3]Im Übrigen dürfen die jeweils erreichten Rechtsansprüche die folgenden Beträge nicht übersteigen:

als Pension	38.654 Euro jährlich,
als Witwengeld	25.769 Euro jährlich,
als Waisengeld	7.731 Euro jährlich für jede Halbwaise,
	15.461 Euro jährlich für jede Vollwaise.

§ 3 Kassen ohne Rechtsanspruch der Leistungsempfänger

Rechtsfähige Unterstützungskassen, die den Leistungsempfängern keinen Rechtsanspruch gewähren, müssen die folgenden Voraussetzungen erfüllen:
1. Die Leistungsempfänger dürfen zu laufenden Beiträgen oder zu sonstigen Zuschüssen nicht verpflichtet sein.
2. Den Leistungsempfängern oder den Arbeitnehmervertretungen des Betriebs oder der Dienststelle muss satzungsgemäß und tatsächlich das Recht zustehen, an der Verwaltung sämtlicher Beträge, die der Kasse zufließen, beratend mitzuwirken.
3. Die laufenden Leistungen und das Sterbegeld dürfen die in § 2 bezeichneten Beträge nicht übersteigen.

§ 4 Kleinere Versicherungsvereine

Kleinere Versicherungsvereine auf Gegenseitigkeit im Sinne des § 210 des Versicherungsaufsichtsgesetzes sind von der Körperschaftsteuer befreit, wenn

1. ihre Beitragseinnahmen im Durchschnitt der letzten drei Wirtschaftsjahre einschließlich des im Veranlagungszeitraum endenden Wirtschaftsjahrs die folgenden Jahresbeträge nicht überstiegen haben:

    a) 797.615 Euro bei Versicherungsvereinen, die die Lebensversicherung oder die Krankenversicherung betreiben,

    b) 306.775 Euro bei allen übrigen Versicherungsvereinen, oder

2. sich ihr Geschäftsbetrieb auf die Sterbegeldversicherung beschränkt und sie im Übrigen die Voraussetzungen des § 1 erfüllen.

§ 5

(aufgehoben)

§ 6 Anwendungszeitraum

Die Körperschaftsteuer-Durchführungsverordnung in der am 1. Januar 2016 geltenden Fassung ist erstmals für den Veranlagungszeitraum 2016 anzuwenden.

...

3.3 Körperschaftsteuer-Richtlinien 2015 (KStR 2015)

Allgemeine Verwaltungsvorschrift zur Körperschaftsteuer vom 14. April 2016 (BStBl I Sondernummer 6/2016)

– Auszug –

R 5.2 Allgemeines zu Pensions-, Sterbe-, Kranken- und Unterstützungskassen

(1) [1]Als Pensionskassen sind sowohl die in § 1b Abs. 3 Satz 1 BetrAVG als solche bezeichneten rechtsfähigen Versorgungseinrichtungen als auch rechtlich unselbständige Zusatzversorgungseinrichtungen des öffentlichen Dienstes i. S. d. § 18 BetrAVG anzusehen, die den Leistungsberechtigten (Arbeitnehmer und Personen i. S. d. § 17 Abs. 1 Satz 2 BetrAVG sowie deren Hinterbliebene) auf ihre Leistungen einen Rechtsanspruch gewähren. [2]Bei Sterbekassen handelt es sich um Einrichtungen, welche die Versicherung auf den Todesfall unter Gewährung eines Rechtsanspruchs auf die Leistung betreiben. [3]Krankenkassen fallen unter die Vorschrift, wenn sie das Versicherungsgeschäft betriebsbezogen wahrnehmen. [4]Eine Unterstützungskasse ist eine rechtsfähige Versorgungseinrichtung, die auf ihre Leistungen keinen Rechtsanspruch gewährt (§ 1b Abs. 4 BetrAVG).

(2) Für die Steuerbefreiung genügt es, wenn die Voraussetzungen des § 5 Abs. 1 Nr. 3 Buchstabe d KStG am Ende des VZ erfüllt sind.

(3) [1]Die Art der Anlage oder Nutzung des Kassenvermögens darf nicht dazu führen, dass die Kasse sich durch die mit der Vermögensverwaltung verbundene Tätigkeit selbst einen weiteren satzungsgemäß nicht bestimmten Zweck gibt. [2]Kassen, die als Bauherr auftreten, werden körperschaftsteuerpflichtig, wenn sie sich durch diese Tätigkeit einen neuen Zweck setzen.

R 5.3 Leistungsempfänger bei Pensions-, Sterbe-, Kranken- und Unterstützungs- kassen

(1) [1]Steuerbefreite Kassen müssen sich auf Zugehörige oder frühere Zugehörige einzelner oder mehrerer wirtschaftlicher Geschäftsbetriebe oder der Spitzenverbände der freien Wohlfahrtspflege einschließlich deren Untergliederungen, Einrichtungen und Anstalten und sonstiger gemeinnütziger Wohlfahrtsverbände oder auf Arbeitnehmer sonstiger Körperschaften, Personenvereinigungen oder Vermögensmassen beschränken. [2]Unter dem Begriff der Zugehörigen sind einerseits Arbeitnehmer und die in einem arbeitnehmerähnlichen Verhältnis stehenden Personen zu verstehen, andererseits aber auch solche Personen, für die der Betrieb durch ihre soziale Abhängigkeit oder eine sonstige enge Bindung als Mittelpunkt der Berufstätigkeit anzusehen ist (z. B. Unternehmer und Gesellschafter). [3]Frühere Zugehörige müssen die Zugehörigkeit zu der Kasse durch ihre Tätigkeit in den betreffenden Betrieben oder Verbänden erworben haben. [4]Es ist nicht notwendig, dass die Kasse schon während der Zeit der Tätigkeit des Betriebsangehörigen bestanden hat. [5]Als arbeitnehmerähnliches Verhältnis ist i. d. R. ein Verhältnis von einer gewissen Dauer bei gleichzeitiger sozialer Abhängigkeit, ohne dass Lohnsteuerpflicht besteht, anzusehen. [6]Arbeitnehmer, die über den Zeitpunkt der Pensionierung hinaus im Betrieb beschäftigt werden, sind Zugehörige i. S. d. Gesetzes.

(2) Nach § 1 Nr. 1 KStDV darf die Mehrzahl der Personen, denen die Leistungen der Kasse zugutekommen sollen (Leistungsempfänger), sich nicht aus dem Unternehmer oder dessen Angehörigen und bei Gesellschaften nicht aus den Gesellschaftern oder deren Angehörigen zusammensetzen.

(3) [1]Der Pensions- oder Unterstützungskasse eines inländischen Unternehmens geht die Steuerfreiheit nicht dadurch verloren, dass zu ihren Leistungsempfängern Arbeitnehmer gehören, die das inländische Unternehmen zur Beschäftigung bei seinen ausländischen Tochtergesellschaften oder Betriebsstätten abgeordnet hat. [2]Auch die Mitgliedschaft anderer, auch ausländischer, Arbeitnehmer der ausländischen Tochtergesellschaften oder Betriebsstätten des inländischen Unternehmens ist für die Kasse steuerunschädlich, wenn für diese Arbeitnehmer von der ausländischen Tochtergesellschaft oder Betriebsstätte entsprechende Beiträge (Zuwendungen) an die Kasse des inländischen Unternehmens abgeführt werden.

(4) Bei Unterstützungskassen muss den Leistungsempfängern oder den Arbeitnehmervertretungen des Betriebs oder der Dienststelle satzungsgemäß und tatsächlich das Recht zustehen, an der Verwaltung sämtlicher Beträge, die der Kasse zufließen, beratend mitzuwirken.

R 5.4 Vermögensbindung bei Pensions-, Sterbe-, Kranken- und Unterstützungs- kassen

(1) [1]Bei Kassen, deren Vermögen bei ihrer Auflösung vorbehaltlich der Regelung in § 6 KStG satzungsgemäß für ausschließlich gemeinnützige oder mildtätige Zwecke zu verwenden ist, gilt § 61 Abs. 1 AO sinngemäß. [2]Bei einer Unterstützungskasse in der Rechtsform einer privatrechtlichen Stiftung ist es nicht zu beanstanden, wenn die Stiftung in ihre Verfassung die Bestimmung aufnimmt, dass das Stiftungskapital ungeschmälert zu erhalten ist, um dadurch zu verhindern, dass sie neben ihren Erträgen und den Zuwendungen vom Trägerunternehmen auch ihr Vermögen uneingeschränkt zur Erbringung ihrer laufenden Leistungen einsetzen muss. [3]In einer solchen Bestimmung ist kein Verstoß gegen

das Erfordernis der dauernden Vermögenssicherung für Zwecke der Kasse zu erblicken. [4]Durch die satzungsgemäß abgesicherte Vermögensbindung ist nämlich gewährleistet, dass das Stiftungsvermögen im Falle der Auflösung der Stiftung nicht an den Stifter zurückfließt, sondern nur den Leistungsempfängern oder deren Angehörigen zugutekommt oder für ausschließlich gemeinnützige oder mildtätige Zwecke zu verwenden ist.

(2) [1]Bei einer Darlehensgewährung der Unterstützungskasse an das Trägerunternehmen muss gewährleistet sein, dass die wirtschaftliche Leistungsfähigkeit des Betriebs in ausreichendem Maße für die Sicherheit der Mittel bürgt. [2]Ist diese Voraussetzung nicht gegeben, müssen die Mittel der Kasse in angemessener Frist aus dem Betrieb ausgesondert und in anderer Weise angelegt werden.

(3) [1]Nach § 1b Abs. 4 BetrAVG wird ein aus dem Betrieb vor Eintritt des Versorgungsfalles ausscheidender Arbeitnehmer, der seine betriebliche Altersversorgung von der Unterstützungskasse des Betriebs erhalten sollte, bei Erfüllung der Voraussetzungen hinsichtlich der Leistungen so gestellt, wie wenn er weiterhin zum Kreis der Begünstigten der Unterstützungskasse des Betriebs gehören würde. [2]Bei Eintritt des Versorgungsfalles hat die Unterstützungskasse dem früheren Arbeitnehmer und seinen Hinterbliebenen mindestens den nach § 2 Abs. 1 BetrAVG berechneten Teil der Versorgung zu gewähren (§ 2 Abs. 4 BetrAVG) oder den gem. § 2 Abs. 5a BetrAVG berechneten Teil der Versorgung bei ab dem 1.1.2001 erteilten Versorgungszusagen. [3]Diese Verpflichtung zur Gewährung von Leistungen an den vorzeitig ausgeschiedenen Arbeitnehmer bei Eintritt des Versorgungsfalles (§ 2 Abs. 4 BetrAVG) kann von der Unterstützungskasse wie folgt abgelöst werden:

1. Unter den Voraussetzungen des § 3 Abs. 2 bis 5 BetrAVG können nach § 2 BetrAVG unverfallbare Anwartschaften abgefunden werden. [2]Soweit unverfallbare Anwartschaften über den gesetzlichen Umfang hinaus vertraglich zugesichert wurden, ist eine Abfindung zulässig.

2. Unter den Voraussetzungen des § 4 Abs. 2, 4 und 5 BetrAVG kann die Verpflichtung mit Zustimmung des ausgeschiedenen Arbeitnehmers von jedem Unternehmen, bei dem der ausgeschiedene Arbeitnehmer beschäftigt wird, von einem Pensionsfonds, von einer Pensionskasse, von einem Unternehmen der Lebensversicherung oder einem öffentlich-rechtlichen Versorgungsträger übernommen werden.

[4]Vermögensübertragungen im Zusammenhang mit diesen Maßnahmen verstoßen nicht gegen die Voraussetzungen des § 5 Abs. 1 Nr. 3 Buchstabe c KStG.

(4) [1]Der Grundsatz der ausschließlichen und unmittelbaren Verwendung des Vermögens und der Einkünfte der Unterstützungskasse für die Zwecke der Kasse gilt nach § 6 Abs. 6 KStG nicht für den Teil des Vermögens, der am Schluss des Wj. den in § 5 Abs. 1 Nr. 3 Buchstabe e KStG bezeichneten Betrag übersteigt. [2]Auch für den Fall, dass ein Unternehmen den Arbeitnehmern, die bisher von der Unterstützungskasse versorgt werden sollten, eine Pensionszusage erteilt oder bisher von der Unterstützungskasse gewährte Leistungen von Fall zu Fall aufgrund einer entsprechenden Betriebsvereinbarung übernimmt, oder wenn eine Unterstützungskasse durch Änderung des Leistungsplans die Versorgungsleistungen einschränkt, gelten die Grundsätze des Satzes 1 nur für den überdotierten Teil des gesamten Kassenvermögens der Unterstützungskasse. [3]Insoweit ist eine Übertragung von Vermögen einer Unterstützungskasse auf das Trägerunternehmen zulässig. [4]Werden Versorgungsleistungen einer Unterstützungskasse durch Satzungsbeschluss in vollem Umfang ersatzlos aufgehoben, d. h., liegt kein Fall des Satzes 2

vor, entfällt die Steuerfreiheit der Kasse auch mit Wirkung für die Vergangenheit, soweit Steuerbescheide nach den Vorschriften der AO noch änderbar sind.

R 5.5 Leistungsbegrenzung

(1) [1]Bei der Prüfung, ob die erreichten Rechtsansprüche der Leistungsempfänger in nicht mehr als 12 % aller Fälle auf höhere als die in § 2 Abs. 1 KStDV bezeichneten Beträge gerichtet sind (§ 2 Abs. 2 KStDV), ist von den auf Grund der Satzung, des Geschäftsplans oder des Leistungsplans insgesamt bestehenden Rechtsansprüchen, also von den laufenden tatsächlich gewährten Leistungen und den Anwartschaften auszugehen. [2]Dabei ist jede in § 2 KStDV genannte einzelne Leistungsgruppe (Pensionen, Witwengelder, Waisengelder und Sterbegelder) für sich zu betrachten. [3]Nur bei Beschränkung auf die Höchstbeträge kann die Kasse als Sozialeinrichtung anerkannt werden.

(2) [1]Unterstützungskassen sind als Kassen ohne Rechtsanspruch der Leistungsempfänger zur Aufstellung eines Geschäftsplans i. S. d. VAG nicht verpflichtet. [2]Unterstützungskassen dürfen auch laufende Leistungen, z. B. zur Altersversorgung, gewähren, wenn die Voraussetzungen des § 5 Abs. 1 Nr. 3 Buchstabe b KStG und des § 3 Nr. 3 KStDV erfüllt sind. [3]Dabei dürfen Altersrenten, Witwengeld, Waisengeld und Sterbegeld ohne Rücksicht auf die wirtschaftlichen Verhältnisse des Leistungsempfängers gewährt werden. [4]Die laufenden Leistungen und das Sterbegeld dürfen die in § 2 KStDV bezeichneten Beträge nicht übersteigen. [5]Dagegen hat eine Unterstützungskasse, die jedem Zugehörigen eines Betriebs ohne Rücksicht auf seine wirtschaftlichen Verhältnisse einmalige Zuwendungen macht, keinen Anspruch auf die Steuerbefreiung. [6]Leistungsempfänger i. S. d. Vorschrift sind nach § 5 Abs. 1 Nr. 3 KStG die Personen, denen die Leistungen der Kasse zugutekommen oder zugutekommen sollen, also auch die Leistungsanwärter. [7]Daher gilt die Begrenzung der laufenden Leistungen nach § 3 Nr. 3 KStDV für die tatsächlich gezahlten Renten und die sich aus dem Leistungsplan ergebenden tatsächlichen Rentenanwartschaften. [8]Die Rentenanwartschaften sind mit den jeweils erreichten Beträgen anzusetzen.

(3) [1]Eine steuerbefreite Pensionskasse oder Unterstützungskasse kann anstelle einer laufenden Rente auch eine Kapitalabfindung zahlen. [2]Voraussetzung ist, dass die zu kapitalisierende Rente sich in den Grenzen der Höchstbeträge der §§ 2 und 3 KStDV hält und der Leistungsempfänger durch die Kapitalisierung nicht mehr erhält, als er insgesamt erhalten würde, wenn die laufende Rente gezahlt würde. [3]Der Berechnung der Kapitalabfindung darf daher nur ein Zinsfuß zugrunde gelegt werden, der auf die Dauer gesehen dem durchschnittlichen Zinsfuß entspricht. [4]Bei der Prüfung, ob sich die kapitalisierte Rente in den Grenzen der vorgenannten Höchstbeträge hält, ist von einem Zinssatz von 5,5 % auszugehen. [5]Im Übrigen ist die Kapitalabfindung nach den sonst steuerlich anerkannten Rechnungsgrundlagen zu berechnen.

...

R 8.5 Verdeckte Gewinnausschüttungen

Grundsätze der verdeckten Gewinnausschüttung

(1) [1]Eine vGA i. S. d. § 8 Abs. 3 Satz 2 KStG ist eine Vermögensminderung oder verhinderte Vermögensmehrung, die durch das Gesellschaftsverhältnis veranlasst ist, sich auf die Höhe des Unterschiedsbetrags i. S. d. § 4 Abs. 1 Satz 1 EStG auswirkt und nicht auf einem den gesellschaftsrechtlichen Vorschriften entsprechenden Gewinnverteilungs-

beschluss beruht. [2]Bei nicht buchführungspflichtigen Körperschaften ist auf die Einkünfte abzustellen. [3]Eine Veranlassung durch das Gesellschaftsverhältnis ist auch dann gegeben, wenn die Vermögensminderung oder verhinderte Vermögensmehrung bei der Körperschaft zugunsten einer nahestehenden Person erfolgt.

(2) [1]Im Verhältnis zwischen Gesellschaft und beherrschendem Gesellschafter ist eine Veranlassung durch das Gesellschaftsverhältnis i. d. R. auch dann anzunehmen, wenn es an einer zivilrechtlich wirksamen, klaren, eindeutigen und im Voraus abgeschlossenen Vereinbarung darüber fehlt, ob und in welcher Höhe ein Entgelt für eine Leistung des Gesellschafters zu zahlen ist, oder wenn nicht einer klaren Vereinbarung entsprechend verfahren wird. [2]Die beherrschende Stellung muss im Zeitpunkt der Vereinbarung oder des Vollzugs der Vermögensminderung oder verhinderten Vermögensmehrung vorliegen.

...

R 8.7 Rückstellungen für Pensionszusagen an Gesellschafter-Geschäftsführer von Kapitalgesellschaften

[1]Bei Pensionsverpflichtungen ist in einem ersten Schritt zu prüfen, ob und in welchem Umfang eine Rückstellung gebildet werden darf. [2]Ist eine Pensionszusage bereits zivilrechtlich unwirksam, ist die Pensionsrückstellung in der Handelsbilanz erfolgswirksam aufzulösen, dies ist maßgeblich für die steuerrechtliche Gewinnermittlung. [3]Daneben müssen die Voraussetzungen des § 6a EStG erfüllt sein; sind sie nicht erfüllt, ist die Pensionsrückstellung insoweit innerhalb der steuerrechtlichen Gewinnermittlung erfolgswirksam aufzulösen. [4]Die Regelungen in R 6a EStR sind für den Ansatz der Pensionsrückstellungen in der steuerrechtlichen Gewinnermittlung dem Grunde und der Höhe nach zu berücksichtigen. [5]Ist die Pensionsrückstellung dem Grunde und der Höhe nach zutreffend bilanziert, ist in einem zweiten Schritt zu prüfen, ob und inwieweit die Pensionsverpflichtung auf einer vGA beruht. [6]Bei dieser Prüfung sind insbesondere die Aspekte Ernsthaftigkeit, Erdienbarkeit und Angemessenheit zu prüfen.

...

R 8.9 Verdeckte Einlage

(1) Eine verdeckte Einlage i. S. d. § 8 Abs. 3 Satz 3 KStG liegt vor, wenn ein Gesellschafter oder eine ihm nahestehende Person der Körperschaft außerhalb der gesellschaftsrechtlichen Einlagen einen einlagefähigen Vermögensvorteil zuwendet und diese Zuwendung durch das Gesellschaftsverhältnis veranlasst ist.

(2) § 4 Abs. 1 Satz 1, § 6 Abs. 1 Nr. 5 EStG finden gem. § 8 Abs. 1 KStG auch auf Kapitalgesellschaften Anwendung, obwohl hier Einlegender und Empfänger der Einlage verschiedene Rechtsträger sind (finaler Einlagebegriff).

(3) [1]Voraussetzung für die Annahme einer verdeckten Einlage ist stets, dass die Zuwendung des Gesellschafters oder einer ihm nahestehenden Person durch das Gesellschaftsverhältnis veranlasst ist. [2]Eine Veranlassung durch das Gesellschaftsverhältnis ist nur dann gegeben, wenn ein Nichtgesellschafter bei Anwendung der Sorgfalt eines ordentlichen Kaufmanns den Vermögensvorteil der Gesellschaft nicht eingeräumt hätte, was grundsätzlich durch Fremdvergleich festzustellen ist.

(4) [1]Die Bewertung verdeckter Einlagen hat grundsätzlich mit dem Teilwert zu erfolgen (§ 8 Abs. 1 KStG i. V. m. § 6 Abs. 1 Nr. 5 und Abs. 6 EStG). [2]§ 6 Abs. 1 Nr. 5 Satz 1 Buchstabe b EStG findet keine Anwendung, weil die verdeckte Einlage von Anteilen an

einer Kapitalgesellschaft i. S. d. § 17 Abs. 1 Satz 1 EStG in eine Kapitalgesellschaft gem. § 17 Abs. 1 Satz 2 EStG beim Einlegenden einer Veräußerung gleichgestellt wird und es somit bei ihm zum Einlagezeitpunkt zu einer Besteuerung der stillen Reserven kommt. [3]Entsprechendes gilt in Fällen des § 20 Abs. 2 Satz 2 EStG für § 6 Abs. 1 Nr. 5 Satz 1 Buchstabe c EStG. [4]§ 6 Abs. 1 Nr. 5 Satz 1 Buchstabe a EStG ist in den Fällen zu beachten, in denen das eingelegte Wirtschaftsgut innerhalb der letzten drei Jahre vor dem Zeitpunkt der Zuführung angeschafft oder hergestellt worden ist, es sich aber nicht um eine verdeckte Einlage in eine Kapitalgesellschaft gem. § 23 Abs. 1 Satz 1 oder § 20 Abs. 2 Satz 2 EStG handelt, die als Veräußerung gilt und folglich im Einlagezeitpunkt ebenfalls zu einer Besteuerung der stillen Reserven führt.

(5) [1]Für die Qualifizierung von Leistungen als verdeckte Einlagen sind die Umstände maßgebend, die bestanden, als der Verpflichtete seine Zusage auf die Leistung gegeben hat. [2]Ändern sich diese Umstände durch das Ausscheiden nicht, dann sind die Leistungen auch nach dem Ausscheiden des bisherigen Gesellschafters weiterhin als verdeckte Einlagen zu qualifizieren.

3.4 Körperschaftsteuer-Hinweise 2015 (KStH 2015)

Amtliche Körperschaftsteuer-Handausgabe 2015

– Auszug –

...

Hinweis 5.2

Abgrenzung einer Pensionskasse und einer Unterstützungskasse

(→BFH vom 5.11.1992 – BStBl 1993 II S. 185)

Einschränkung der Befreiung

→§ 6 KStG und R 6

Hinweis 5.3

Angehörige

→BMF vom 25.7.2002 – BStBl I S. 706, vom 8.1.2003 – BStBl I S. 93 sowie vom 10.11.2011 – BStBl I S. 1084

Bevorzugung des Unternehmers

Eine rechtsfähige Unterstützungskasse ist nur dann nach § 5 Abs. 1 Nr. 3 KStG von der Körperschaftsteuer befreit, wenn sie eine soziale Einrichtung ist. Das ist nicht der Fall, wenn Unterstützungsempfänger auch die Unternehmer sind und die Leistungen der Kasse an die Unternehmer unverhältnismäßig hoch sind (→BFH vom 24.3.1970 – BStBl II S. 473).

Mitwirkungsrecht

Das satzungsmäßige Recht zur beratenden Mitwirkung darf nicht eingeschränkt sein. Insbesondere macht § 87 Abs. 1 Nr. 1 Betriebsverfassungsgesetz, der dem Betriebsrat das Recht zur Mitbestimmung bei der Verwaltung der Sozialeinrichtungen einräumt, die Voraussetzung des § 3 Nr. 2 KStDV nicht überflüssig (→BFH vom 20.9.1967 – BStBl 1968 II S. 24). Das Recht zu einer beratenden Mitwirkung kann auch in der Weise eingeräumt werden, dass satzungsmäßig und tatsächlich bei der Unterstützungskasse ein Beirat gebildet wird, dem Arbeitnehmer angehören. Diese müssen jedoch die Gesamtheit der Betriebszugehörigen repräsentieren, d. h. sie müssen von diesen unmittelbar oder mittelbar gewählt worden sein (→BFH vom 24.6.1981 – BStBl II S. 749). Diese Voraussetzung ist nicht erfüllt, wenn die Beiratsmitglieder letztlich von der Geschäftsleitung des Trägerunternehmens bestimmt werden. Eine Bestimmung durch die Geschäftsleitung des Trägerunternehmens ist auch gegeben, wenn der Beirat zwar durch die Mitgliederversammlung der Unterstützungskasse aus dem Kreis der Betriebsangehörigen gewählt wird, über die Zusammensetzung der Mitgliederversammlung jedoch der von der Geschäftsleitung des Trägerunternehmens eingesetzte Vorstand entscheidet (→BFH vom 10.6.1987 – BStBl 1988 II S. 27).

Versorgungsausgleich

Zur Auswirkung einer internen Teilung beim Versorgungsausgleich auf die Steuerfreiheit einer Unterstützungskasse; Ehegatte des Ausgleichsberechtigten als begünstigter Angehöriger i. S. d. § 5 Abs. 1 Nr. 3 KStG →BMF vom 10.11.2011 – BStBl I S. 1084.

Hinweis 5.4

Aufhebung der satzungsmäßigen Vermögensbindung

Wird die satzungsgemäße Vermögensbindung einer Kasse aufgehoben oder durch Übertragung nahezu des gesamten Vermögens verletzt, entfällt die Steuerfreiheit der Kasse auch mit Wirkung für die Vergangenheit (→BFH vom 15.12.1976 – BStBl 1977 II S. 490 und vom 14.11.2012 – BStBl 2014 II S. 44).

Mittelüberlassung an Träger der Kasse

Die Mittel einer Unterstützungskasse können gegen angemessene Verzinsung auch dem Betrieb zur Verfügung gestellt werden, der Träger der Kasse ist (→BFH vom 24.5.1973, IV R 39/68 – BStBl II S. 632 und vom 27.1.1977 – BStBl II S. 442). Ob die Verzinsung der Darlehensforderung angemessen ist, hängt von den Umständen des Einzelfalls ab. Wurde einer Unterstützungskasse vom Trägerunternehmen eine Darlehensforderung zugewendet, beruht die Darlehensforderung also nicht auf Leistungen der Kasse an das Trägerunternehmen, dann ist die Unverzinslichkeit oder unangemessen niedrige Verzinsung der Forderung für die Steuerbefreiung unschädlich, solange die Unterstützungskasse aus rechtlichen Gründen gehindert ist, eine angemessene Verzinsung durchzusetzen (→BFH vom 30.5.1990 – BStBl II S. 1000).

Mitunternehmerschaft einer Unterstützungskasse

Eine Kasse macht ihr Vermögen oder ihre Einkünfte anderen als ihren satzungsgemäßen Zwecken dienstbar, wenn sie sich als Mitunternehmer eines Gewerbebetriebs betätigt. Das Vermögen ist nämlich dann nicht dauernd gesichert, wenn es zu einem nicht unerheblichen Teil aus einem Mitunternehmeranteil besteht, da der Mitunternehmer die sich aus dem Handels- und Insolvenzrecht ergebenden Risiken trägt (→BFH vom 17.10.1979 – BStBl 1980 II S. 225).

Satzungsmäßige Festlegung der Verwendung des Vermögens

Eine ausreichende Vermögensbindung i. S. d. § 1 Nr. 2 KStDV liegt nicht vor, wenn die Satzung sich auf die allgemeine Bestimmung beschränkt, dass zur Verteilung des Vermögens der Kasse die Zustimmung des Finanzamts erforderlich ist (→BFH vom 20.9.1967 – BStBl 1968 II S. 24). Wird eine Unterstützungskasse in der Rechtsform einer GmbH betrieben, ist wegen der satzungsgemäß abzusichernden Vermögensbindung für den Fall der Liquidation der Unterstützungskassen-GmbH eine Rückzahlung der eingezahlten Stammeinlagen an das Trägerunternehmen ausgeschlossen (→BFH vom 25.10.1972 – BStBl 1973 II S. 79).

Hinweis 5.5

Gesamtleistung beim Sterbegeld

Zur Gesamtleistung einer Sterbekasse gehören auch Gewinnzuschläge, auf die die Berechtigten einen Rechtsanspruch haben (→BFH vom 20.11.1969 – BStBl 1970 II S. 227).

Nachweis als soziale Einrichtung

Es genügt, wenn bei Unterstützungskassen in anderer Weise als durch Aufstellung eines Geschäftsplans sichergestellt ist, dass die Kassen nach Art und Höhe ihrer Leistungen eine soziale Einrichtung darstellen, z. B. durch Aufnahme entsprechender Bestimmungen in die Satzung oder – bei Unterstützungskassen mit laufenden Leistungen – durch Aufstellung eines Leistungsplans (→BFH vom 18.7.1990 – BStBl II S. 1088).

Zuwendungen nach §§ 4c und 4d EStG. →R 4c und 4d EStR.

...

Hinweis 8.7

Angemessenheit

In die Prüfung der Angemessenheit der Gesamtbezüge des Gesellschafter-Geschäftsführers ist auch die ihm erteilte Pensionszusage einzubeziehen. Diese ist mit der fiktiven Jahresnettoprämie nach dem Alter des Gesellschafter-Geschäftsführers im Zeitpunkt der Pensionszusage anzusetzen, die er selbst für eine entsprechende Versicherung zu zahlen hätte, abzüglich etwaiger Abschluss- und Verwaltungskosten. Sieht die Pensionszusage spätere Erhöhungen vor oder wird sie später erhöht, ist die fiktive Jahresnettoprämie für den Erhöhungsbetrag auf den Zeitpunkt der Erhöhung der Pensionszusage zu berechnen; dabei ist von den Rechnungsgrundlagen auszugehen, die für die Berechnung der Pensionsrückstellung verwendet werden. Das gilt nicht für laufende Anpassungen an gestiegene Lebenshaltungskosten. Zur Ermittlung der Angemessenheitsgrenze für die Gesamtbezüge →BMF vom 14.10.2002 – BStBl I S. 972. Zur Überversorgung wegen überdurchschnittlich hoher Versorgungsanwartschaften und bei Nur-Pension →BMF vom 3.11.2004 – BStBl I S. 1045, Rn. 7, vom 13.12.2012 – BStBl 2013 I S. 35, BFH vom 31.3.2004 – BStBl II S. 937, und vom 28.4.2010 – BStBl 2013 II S. 41.

Erdienbarkeit

Die Zusage einer Pension an einen beherrschenden Gesellschafter-Geschäftsführer führt zu einer vGA, wenn der Zeitraum zwischen dem Zeitpunkt der Zusage der Pension und dem vorgesehenen Zeitpunkt des Eintritts in den Ruhestand weniger als 10 Jahre beträgt (→BFH vom 21.12.1994 – BStBl 1995 II S. 419 sowie →BMF vom 1.8.1996 – BStBl I S. 1138 und vom 9.12.2002 – BStBl I S. 1393).

Die Zusage einer Pension an einen nicht beherrschenden Gesellschafter-Geschäftsführer führt zu einer vGA, wenn

* der Zeitraum zwischen dem Zeitpunkt der Zusage der Pension und dem vorgesehenen Zeitpunkt des Eintritts in den Ruhestand weniger als 10 Jahre beträgt, oder

- dieser Zeitraum zwar mindestens drei Jahre beträgt, der Gesellschafter-Geschäftsführer dem Betrieb aber weniger als 12 Jahre angehörte (→BFH vom 24.1.1996 – BStBl 1997 II S. 440 und vom 15.3.2000 – BStBl II S. 504 und BMF vom 7.3.1997 – BStBl I S. 637).

Eine Pensionszusage muss zur Vermeidung einer vGA vor der Vollendung des 60. Lebensjahres des Gesellschafter-Geschäftsführers erteilt worden sein (→BFH vom 5.4.1995 – BStBl II S. 478).

Diese Grundsätze sind auch bei einer nachträglichen Erhöhung der Zusage anzuwenden (→BFH vom 23.9.2008 – BStBl 2013 II S. 39). Um eine nachträgliche Erhöhung kann es sich auch handeln, wenn ein endgehaltsabhängiges Pensionsversprechen infolge einer Gehaltsaufstockung mittelbar erhöht wird und das der Höhe nach einer Neuzusage gleichkommt (→BFH vom 20.5.2015 – BStBl 2015 II S. 1022).

Finanzierbarkeit

Zur Finanzierbarkeit von Pensionszusagen gegenüber Gesellschafter-Geschäftsführern →BFH vom 8.11.2000 – BStBl 2005 II S. 653, vom 20.12.2000 – BStBl 2005 II S. 657, vom 7.11.2001 – BStBl 2005 II S. 659, vom 4.9.2002 – BStBl 2005 II S. 662 und vom 31.3.2004 – BStBl 2005 II S. 664 sowie BMF vom 6.9.2005 – BStBl I S. 875.

Fortführung eines Dienstverhältnisses

Zur vGA bei Fortführung eines Dienstverhältnisses nach Eintritt des Versorgungsfalls →BFH vom 5.3.2008 – BStBl 2015 II S. 409 und vom 23.10.2013 – BStBl 2015 II S. 413.

Invaliditätsversorgung – dienstzeitunabhängig

Die Zusage einer dienstzeitunabhängigen Invaliditätsversorgung zugunsten eines Gesellschafter-Geschäftsführers i. H. v. 75 % des Bruttogehalts führt wegen Unüblichkeit zur vGA (→BFH vom 28.1.2004 – BStBl 2005 II S. 841).

Kapitalabfindung

Sagt eine Kapitalgesellschaft ihrem beherrschenden Gesellschafter-Geschäftsführer anstelle der monatlichen Rente „spontan" die Zahlung einer Kapitalabfindung der Versorgungsanwartschaft zu, so ist die gezahlte Abfindung regelmäßig vGA (→BFH vom 11.9.2013, I R 28/13, BStBl 2014 II S. 726 und →BFH vom 23.10.2013, I R 89/12, BStBl 2014 II S. 729). Bei nicht beherrschenden Gesellschafter-Geschäftsführern →BFH vom 28.4.2010, I R 78/08, BStBl 2013 II S. 41.

Lebenshaltungskosten

Zur Pensionserhöhung wegen gestiegener Lebenshaltungskosten →BFH vom 27.7.1988 – BStBl 1989 II S. 57.

Lebensgefährtin

Zur Pensionszusage zugunsten einer nichtehelichen Lebensgefährtin →BFH vom 29.11.2000 – BStBl 2001 II S. 204 sowie BMF vom 25.7.2002 – BStBl I S. 706 und vom 8.1.2003 – BStBl I S. 93.

Rückdeckungsversicherung

Beiträge, die eine GmbH für eine Lebensversicherung entrichtet, die sie zur Rückdeckung einer ihrem Gesellschafter-Geschäftsführer zugesagten Pension abgeschlossen hat, stellen auch dann keine vGA dar, wenn die Pensionszusage durch das Gesellschaftsverhältnis veranlasst ist (→BFH vom 7.8.2002 – BStBl 2004 II S. 131).

Tatsächliche Durchführung

Scheidet der beherrschende Gesellschafter-Geschäftsführer einer GmbH vor Ablauf der Erdienenszeit aus dem Unternehmen als Geschäftsführer aus, wird der Versorgungsvertrag tatsächlich nicht durchgeführt. Die jährlichen Zuführungen zu der für die Versorgungszusage gebildeten Rückstellung stellen deswegen regelmäßig vGA dar (→BFH vom 25.6.2014 – BStBl 2015 II S. 665).

Überversorgung

- **Nur-Pension.** Sog. Nur-Pensionszusagen führen regelmäßig zur sog. Überversorgung, so dass eine Rückstellung nach § 6a EStG zu Lasten des Steuerbilanzgewinns nicht gebildet werden darf (→BFH vom 9.11.2005 – BStBl 2008 II S. 523 und vom 28.4.2010 – BStBl 2013 II S. 41 sowie BMF vom 13.12.2012 – BStBl 2013 I S. 35). Die Zusage einer Nur-Pension ist im Übrigen durch das Gesellschaftsverhältnis veranlasst (→BFH vom 17.5.1995 – BStBl 1996 II S. 204 und vom 28.4.2010 – BStBl 2013 II S. 41 sowie BMF vom 28.1.2005 – BStBl I S. 387).
- **Reduzierung der Aktivbezüge.** →BFH vom 27.3.2012 – BStBl II S. 665 sowie BMF vom 3.11.2004 – BStBl I S. 1045.
- **Rentendynamik.** Zu fest zugesagten prozentualen Erhöhungen von Renten und Rentenanwartschaften →H 6a (17) Steigerungen der Versorgungsansprüche EStH.

Unverfallbarkeit

Zu Vereinbarungen über eine Unverfallbarkeit in Zusagen auf Leistungen der betrieblichen Altersversorgung an Gesellschafter-Geschäftsführer →BMF vom 9.12.2002 – BStBl I S. 1393 sowie BFH vom 26.6.2013 – BStBl 2014 II S. 174.

Warte-/Probezeit

Die Erteilung einer Pensionszusage unmittelbar nach der Anstellung und ohne die unter Fremden übliche Wartezeit ist in aller Regel durch das Gesellschaftsverhältnis veranlasst. Eine derartige Wartezeit ist bei bereits erprobten Geschäftsführern insbesondere in Fällen der Umwandlung nicht erforderlich (→BFH vom 15.10.1997 – BStBl 1999 II S. 316, vom 29.10.1997 – BStBl 1999 II S. 318, vom 24.4.2002 – BStBl II S. 670, vom 23.2.2005 – BStBl II S. 882, vom 28.4.2010 – BStBl 2013 II S. 41 und BFH vom 26.6.2013 – BStBl 2014 II S. 174 sowie BMF vom 14.12.2012 – BStBl 2013 I S. 58). Eine unter Verstoß gegen eine angemessene Probezeit erteilte Pensionszusage wächst auch nach Ablauf der angemessenen Probezeit nicht in eine fremdvergleichsgerechte Pensionszusage hinein (→BFH vom 28.4.2010 – BStBl 2013 II S. 41 sowie BMF vom 14.12.2012 – BStBl 2013 I S. 58).

Eine vGA kann bei einer unberechtigten Einbeziehung von Vordienstzeiten bei der Teilwertberechnung einer Pensionsrückstellung zu verneinen sein, wenn die Pensionszusage dem Grunde und der Höhe nach einem Fremdvergleich standhält (→BFH vom 18.4.2002 – BStBl 2003 II S. 149).

Wegfall einer Pensionsverpflichtung

Eine wegen Wegfalls der Verpflichtung gewinnerhöhend aufgelöste Pensionsrückstellung ist im Wege einer Gegenkorrektur nur um die tatsächlich bereits erfassten vGA der Vorjahre außerbilanziell zu kürzen (→BFH vom 21.8.2007 – BStBl 2008 II S. 277 sowie BMF vom 28.5.2002 – BStBl I S. 603).

...

Hinweis 8.9

Verdeckte Einlage

...

Anwendungsbereich

Der Anwendungsbereich verdeckter Einlagen ist auf solche Körperschaften beschränkt, die ihren Anteilseignern oder Mitgliedern kapitalmäßige oder mitgliedschaftsähnliche Rechte gewähren (→BFH vom 21.9.1989 – BStBl 1990 II S. 86).

Behandlung beim Gesellschafter

Die verdeckte Einlage eines Wirtschaftsguts in das Betriebsvermögen einer Kapitalgesellschaft führt auf der Ebene des Gesellschafters grundsätzlich zu nachträglichen Anschaffungskosten auf die Beteiligung an dieser Gesellschaft (→BFH vom 12.2.1980 – BStBl II S. 494 und vom 29.7.1997 – BStBl 1998 II S. 652).

Zu Anschaffungskosten einer Beteiligung bei verdeckter Einlage →§ 6 Abs. 6 Satz 2 und 3 EStG.

...

Einlage von Beteiligungen i. S. d. § 17 Abs. 1 Satz 1 EStG

Die Bewertung der verdeckten Einlage einer Beteiligung i. S. d. § 17 Abs. 1 Satz 1 EStG bei der aufnehmenden Körperschaft erfolgt mit dem Teilwert (→BMF vom 2.11.1998 – BStBl I S. 1227).

Einlagefähiger Vermögensvorteil

Gegenstand einer verdeckten Einlage kann nur ein aus Sicht der Gesellschaft bilanzierungsfähiger Vermögensvorteil sein. Dieser muss in der steuerrechtlichen Gewinnermittlung der Gesellschaft entweder

- zum Ansatz bzw. zur Erhöhung eines Aktivpostens oder
- zum Wegfall bzw. zur Minderung eines Passivpostens

geführt haben (→BFH vom 24.5.1984 – BStBl II S. 747).

Gegenstand einer verdeckten Einlage kann auch ein immaterielles Wirtschaftsgut, wie z. B. ein nicht entgeltlich erworbener Firmenwert sein. Wegen der Notwendigkeit der Abgrenzung der gesellschaftsrechtlichen von der betrieblichen Sphäre einer Kapitalgesellschaft tritt hier das Aktivierungsverbot des § 5 Abs. 2 EStG zurück (→BFH vom 24.3.1987 – BStBl II S. 705).

→H 8.9 Nutzungsvorteile; →H 8.9 Verzicht auf Tätigkeitsvergütungen.

...

Forderungsverzicht

Ein auf dem Gesellschaftsverhältnis beruhender Verzicht eines Gesellschafters auf seine nicht mehr vollwertige Forderung gegenüber seiner Kapitalgesellschaft führt bei dieser zu einer Einlage in Höhe des Teilwerts der Forderung. Dies gilt auch dann, wenn die entsprechende Verbindlichkeit auf abziehbare Aufwendungen zurückgeht. Der Verzicht des Gesellschafters auf eine Forderung gegenüber seiner Kapitalgesellschaft im Wege der verdeckten Einlage führt bei ihm zum Zufluss des noch werthaltigen Teils der Forderung. Eine verdeckte Einlage bei der Kapitalgesellschaft kann auch dann anzunehmen sein, wenn der Forderungsverzicht von einer dem Gesellschafter nahestehenden Person ausgesprochen wird (→BFH vom 9.6.1997 – BStBl 1998 II S. 307).

Die vorgenannten Grundsätze gelten auch dann, wenn auf eine Forderung verzichtet wird, die kapitalersetzenden Charakter hat (BFH vom 16.5.2001 – BStBl 2002 II S. 436).

Bei Darlehensverlust →BMF vom 21.10.2010 – BStBl I S. 832.

Forderungsverzicht gegen Besserungsschein

Verzichtet ein Gesellschafter auf eine Forderung gegen seine GmbH unter der auflösenden Bedingung, dass im Besserungsfall die Forderung wieder aufleben soll und ist der Verzicht durch das Gesellschaftsverhältnis veranlasst, liegt in Höhe des werthaltigen Teils der Forderung eine (verdeckte) Einlage vor. Die Erfüllung der Forderung nach Bedingungseintritt ist keine vGA, sondern gilt als zurückgewährte Einlage (→BMF vom 2.12.2003 – BStBl I S. 648).

Umfasst der Forderungsverzicht auch den Anspruch auf Darlehenszinsen, sind nach Bedingungseintritt Zinsen auch für die Dauer der Krise als Betriebsausgaben anzusetzen (→BFH vom 30.5.1990 – BStBl 1991 II S. 588).

Gesellschaftsrechtliches Interesse

→BFH vom 29.7.1997 – BStBl 1998 II S. 652.

Für die Prüfung der Frage, ob die Zuwendung gesellschaftsrechtlich veranlasst ist, ist ausschließlich auf den Zeitpunkt des Eingehens der Verpflichtung, nicht auf den Zeitpunkt des späteren Erfüllungsgeschäfts abzustellen. Eine gesellschaftsrechtliche Veranlassung kann somit selbst dann anzunehmen sein, wenn zum Zeitpunkt der Erfüllung der Verpflichtung ein Gesellschaftsverhältnis nicht mehr besteht (analog zur vGA; →BFH vom 14.11.1984 – BStBl 1985 II S. 227).

Gesellschaftsrechtliche Veranlassung

Die Veranlassung durch das Gesellschaftsverhältnis ist gegeben, wenn ein Nichtgesellschafter bei Anwendung der Sorgfalt eines ordentlichen Kaufmanns den Vermögensvorteil der Gesellschaft nicht eingeräumt hätte (→BFH vom 28.2.1956 – BStBl III S. 154, vom 19.2.1970 – BStBl II S. 442, vom 26.11.1980 – BStBl 1981 II S. 181, vom 9.3.1983 – BStBl II S. 744, vom 11.4.1984 – BStBl II S. 535, vom 14.11.1984 – BStBl 1985 II S. 227, vom 24.3.1987 – BStBl II S. 705 und vom 26.10.1987, – BStBl 1988 II S. 348).

...

Nahestehende Person

Die als verdeckte Einlage zu qualifizierende Zuwendung kann auch durch eine dem Gesellschafter nahestehende Person erfolgen, z. B. durch eine andere Tochtergesellschaft (→BFH vom 30.4.1968 – BStBl II S. 720, vom 9.6.1997 – BStBl 1998 II S. 307 und vom 12.12.2000 – BStBl 2001 II S. 234).

→H 8.5 III. Nahestehende Person.

...

Rückgewähr einer verdeckten Gewinnausschüttung

Die Rückgewähr einer vGA führt regelmäßig zur Annahme einer Einlage. Das gilt unabhängig davon, ob sich die Rückzahlungsverpflichtung aus einer Satzungsklausel oder aus gesetzlichen Vorschriften (z. B. §§ 30, 31 GmbHG) ergibt, oder ob sie seitens des Gesellschafters freiwillig erfolgt (→BFH vom 29.5.1996 – BStBl 1997 II S. 92, vom 31.5.2005 – BStBl 2006 II S. 132, sowie →BMF vom 6.8.1981 – BStBl I S. 599). →H 8.6 Rückgängigmachung.

Verdecktes Leistungsentgelt

Gleicht ein Gesellschafter durch Zuwendungen Nachteile einer Kapitalgesellschaft aus, die diese durch die Übernahme von Aufgaben erleidet, die eigentlich der Gesellschafter zu erfüllen hat, ist das Gesellschaftsverhältnis für die Leistung nicht ursächlich. Folglich liegt keine steuerfreie Vermögensmehrung in Form einer verdeckten Einlage, sondern vielmehr eine steuerpflichtige Betriebseinnahme vor (→BFH vom 9.3.1983 – BStBl II S. 744).

Verzicht auf Pensionsanwartschaftsrechte

Verzichtet der Gesellschafter aus Gründen des Gesellschaftsverhältnisses auf einen bestehenden Anspruch aus einer ihm gegenüber durch die Kapitalgesellschaft gewährten Pensionszusage, liegt hierin eine verdeckte Einlage begründet. Dies gilt auch im Falle eines Verzichts vor Eintritt des vereinbarten Versorgungsfalles hinsichtlich des bis zum Verzichtszeitpunkt bereits erdienten (Anteils des) Versorgungsanspruches. Der durch die Ausbuchung der Pensionsrückstellung bei der Kapitalgesellschaft zu erfassende Gewinn ist im Rahmen der Einkommensermittlung in Höhe des Werts der verdeckten Einlage wieder in Abzug zu bringen. Aus der Annahme einer verdeckten Einlage folgt andererseits beim Gesellschafter zwingend die Annahme eines Zuflusses von Arbeitslohn bei gleichzeitiger Erhöhung der Anschaffungskosten für die Anteile an der Kapitalgesellschaft (→BFH vom 9.6.1997 – BStBl 1998 II S. 307). Sowohl hinsichtlich der Bewertung der verdeckten Einlage als auch hinsichtlich des Zuflusses beim Gesellschafter ist auf den Teilwert der Pensionszusage abzustellen und nicht auf den gem. § 6a EStG ermittelten Teilwert der Pensionsrückstellung der Kapitalgesellschaft. Bei der Ermittlung des Teilwerts ist die Bonität der zur Pensionszahlung verpflichteten Kapitalgesellschaft zu berücksichtigen (→BFH vom 15.10.1997 – BStBl 1998 II S. 305).

Zum Verzicht auf künftig noch zu erdienende Pensionsanwartschaften (sog. Future Service) →BMF vom 14.8.2012 – BStBl I S. 874.

Verzicht auf Tätigkeitsvergütungen

Verzichtet der Gesellschafter (z. B. wegen der wirtschaftlichen Lage der Kapitalgesellschaft) als Geschäftsführer auf seine Tätigkeitsvergütungen, ist wie folgt zu unterscheiden:

*   Verzicht nach Entstehung:
    Verzichtet der Gesellschafter-Geschäftsführer nach Entstehung seines Anspruchs auf die Tätigkeitsvergütungen, wird damit der Zufluss der Einnahmen, verbunden mit der Verpflichtung zur Lohnversteuerung, nicht verhindert. Die Tätigkeitsvergütungen sind als Einnahmen aus nichtselbständiger Arbeit zu versteuern. Der Verzicht stellt demgegenüber eine – die steuerlichen Anschaffungskosten des Gesellschafters erhöhende – verdeckte Einlage dar (→BFH vom 19.7.1994 – BStBl 1995 II S. 362). Bestehen zum Zeitpunkt des Gehaltsverzichts Liquiditätsschwierigkeiten, berührt dies die Werthaltigkeit der Gehaltsforderung, so dass die verdeckte Einlage unter dem Nennwert ggf. sogar mit 0 Euro zu bewerten ist (→BFH vom 19.5.1993 – BStBl II S. 804, vom 19.7.1994, – BStBl 1995 II S. 362 und vom 9.6.1997 – BStBl 1998 II S. 307).
*   Verzicht vor Entstehung:
    Verzichtet der Gesellschafter-Geschäftsführer auf noch nicht entstandene Gehaltsansprüche, ergeben sich hieraus weder bei der Kapitalgesellschaft noch beim Gesellschafter-Geschäftsführer ertragsteuerliche Folgen (→BFH vom 24.5.1984 – BStBl II S. 747 und vom 14.3.1989 – BStBl II S. 633).

- Folgen eines Verzichts:
  Zur verdeckten Einlage in eine Kapitalgesellschaft und Zufluss von Gehaltsbestands-
  teilen bei einem Gesellschafter-Geschäftsführer einer Kapitalgesellschaft (→BFH-Ur-
  teile vom 3.2.2011 – BStBl 2014 II S. 493 und BStBl 2014 II S. 491 und BFH vom
  15.5.2013 – BStBl 2014 II S. 495 sowie →BMF vom 12.5.2014 – BStBl I S. 860).

Zuschuss zur Abdeckung eines Bilanzverlustes

Der zur Abdeckung eines Bilanzverlustes der Kapitalgesellschaft durch den Gesellschafter-Geschäftsführer geleistete Zuschuss stellt eine verdeckte Einlage dar (→BFH vom
12.2.1980 – BStBl II S. 494).

3.5 Verzicht des Gesellschafter-Geschäftsführers einer Kapital-gesellschaft auf eine Pensionsanwartschaft als verdeckte Einlage (§ 8 Abs. 3 Satz 3 KStG); Verzicht auf künftig noch zu erdienende Pensionsanwartschaften (sog. Future Service) (BMF, 14.08.2012)

BMF-Schreiben vom 14. August 2012 – IV C 2 – S 2743/10/10001 : 001, BStBl 2012 I
S. 874

Unter Bezugnahme auf die Erörterung mit den obersten Finanzbehörden der Länder gilt
zur ertragsteuerlichen Behandlung des Verzichts eines Gesellschafter-Geschäftsführers
auf eine Pensionsanwartschaft gegenüber seiner Kapitalgesellschaft Folgendes:

1 Nach dem BFH-Beschluss vom 9. Juni 1997 (GrS 1/94 – BStBl 1998 II Seite 307) führt
der durch das Gesellschaftsverhältnis veranlasste Verzicht eines Gesellschafter-Geschäftsführers auf eine werthaltige Forderung gegenüber seiner Kapitalgesellschaft zu
einer verdeckten Einlage nach § 8 Abs. 3 Satz 3 KStG in die Kapitalgesellschaft und zu
einem Zufluss von Einnahmen beim Gesellschafter-Geschäftsführer. Diese Grundsätze
gelten auch bei einem Verzicht des Gesellschafter-Geschäftsführers auf eine Pensionsanwartschaft. Für die Bewertung der verdeckten Einlage ist dabei nach dem BFH-Urteil
vom 15. Oktober 1997 (I R 58/93 – BStBl 1998 II Seite 305) auf den Teilwert der Pensionsanwartschaft des Gesellschafter-Geschäftsführers abzustellen und nicht auf den
gemäß § 6a EStG ermittelten Teilwert der Pensionsverbindlichkeit der Kapitalgesellschaft.
Der Teilwert ist dabei unter Beachtung der allgemeinen Teilwertermittlungsgrundsätze im
Zweifel nach den Wiederbeschaffungskosten zu ermitteln. Demnach kommt es darauf
an, welchen Betrag der Versorgungsberechtigte zu dem Zeitpunkt des Verzichtes hätte
aufwenden müssen, um eine gleich hohe Pensionsanwartschaft gegen einen vergleichbaren Schuldner zu erwerben. Dabei kann die Bonität des Forderungsschuldners berücksichtigt werden. Außerdem kann von Bedeutung sein, ob die Pension unverfallbar ist
oder ob sie voraussetzt, dass der Berechtigte bis zum Pensionsfall für den Verpflichteten
nichtselbständig tätig ist (BFH-Urteil vom 15. Oktober 1997 – I R 58/93 – BStBl 1998 II
Seite 305).

2 Im Falle des vollständigen Verzichts auf eine Pensionsanwartschaft vor Eintritt des Versorgungsfalls liegt eine verdeckte Einlage in Höhe des bis zum Verzichtszeitpunkt bereits
erdienten Anteils des Versorgungsanspruches vor. Bei einem teilweisen Verzicht ist eine
verdeckte Einlage insoweit anzunehmen, als der Barwert der bis zu dem Verzichtszeitpunkt bereits erdienten Versorgungsleistungen des Gesellschafter-Geschäftsführers den
Barwert der nach dem Teilverzicht noch verbleibenden Versorgungsleistungen übersteigt.

Dies gilt unabhängig davon, ob sich die Verzichtsvereinbarung der Bezeichnung nach nur auf künftig noch zu erdienende Anwartschaften (sog. Future Service) bezieht oder ob es sich dabei um eine durch das Gesellschaftsverhältnis veranlasste Änderung einer Pensionszusage handelt, die mit einer Reduzierung der bisher zugesagten Versorgungsleistungen verbunden ist.

Es wird nicht beanstandet, wenn als erdienter Teil der Versorgungsleistungen bei einer Leistungszusage an einen beherrschenden Gesellschafter-Geschäftsführer der Teilanspruch aus den bisher zugesagten Versorgungsleistungen angesetzt wird, der dem Verhältnis der ab Erteilung der Pensionszusage bis zum Verzichtszeitpunkt abgeleisteten Dienstzeit (s) einerseits und der ab Erteilung der Pensionszusage bis zu der in der Pensionszusage vorgesehenen festen Altersgrenze (t) andererseits entspricht (zeitanteilig erdienter Anwartschaftsbarwert ab Pensionszusage – s/t). Bei einem nicht beherrschenden Gesellschafter-Geschäftsführer ist insoweit nicht auf den Zeitpunkt der (erstmaligen) Erteilung einer Pensionszusage, sondern auf den Beginn des Dienstverhältnisses abzustellen (sog. m/n-Anwartschaftsbarwert). **3**

▶ **Beispiel:**
- Beherrschender Gesellschafter-Geschäftsführer einer GmbH, geb. 1. Januar 1960
- Diensteintritt in die GmbH am 1. Januar 1986
- Zusage am 1. Januar 1996 einer Alters- und Invalidenrente über 3.000 EUR/monatlich
- Pensionseintritt mit Vollendung des 66. Lebensjahres
- Herabsetzung der Versorgungsanwartschaft am 1. Januar 2011 auf 1.500 EUR/monatlich

Lösung:
Ermittlung des erdienten Anteils der Versorgungsleistungen zum Zeitpunkt der Herabsetzung:
Quotient nach Rz. 3: tatsächlich geleistete Dienstjahre ab Zusageerteilung (da beherrschend)/maximal mögliche Dienstjahre ab Zusageerteilung = 15/30 = 0,5
Erdienter Anteil zum 1. Januar 2011: 1.500 EUR/monatlich
Ergebnis:
Da die nach Herabsetzung noch verbleibenden Versorgungsleistungen genau dem bereits erdienten Anteil entsprechen, beträgt der Wert der verdeckten Einlage nach § 8 Abs. 3 Satz 3 KStG 0 EUR.

Bei der Berechnung des Barwerts der bis zum Verzichtszeitpunkt erdienten sowie des Barwerts der danach herabgesetzten Pensionsanwartschaft sind die gleichen, im Verzichtszeitpunkt anerkannten Rechnungsgrundlagen und anerkannten Regeln der Versicherungsmathematik anzuwenden. Es wird dabei für den Barwertvergleich nicht beanstandet, wenn die Rechnungsgrundlagen verwendet werden, die am vorangegangenen Bilanzstichtag der steuerlichen Bewertung der Pensionsverpflichtung zugrunde lagen. **4**

3.6 Probezeit vor Zusage einer Pension an den Gesellschafter-Geschäftsführer einer Kapitalgesellschaft (§ 8 Abs. 3 Satz 2 KStG) (BMF, 14.12.2012)

BMF-Schreiben vom 14. Dezember 2012 – IV C 2 – S 2742/10/10001, BStBl I 2013 S. 58

Nach dem Ergebnis der Erörterungen mit den obersten Finanzbehörden der Länder bitte ich zur Frage der Probezeit bei Pensionszusagen an Gesellschafter-Geschäftsführer von Kapitalgesellschaften folgende Auffassung zu vertreten:

Als Probezeit ist der Zeitraum zwischen Dienstbeginn und der erstmaligen Vereinbarung einer schriftlichen Pensionszusage (zusagefreie Zeit) zu verstehen. Der Zeitraum zwischen der Erteilung einer Pensionszusage und der erstmaligen Anspruchsberechtigung (versorgungsfreie Zeit) zählt nicht zur Probezeit.

1. Dauer der Probezeit

Für die steuerliche Beurteilung einer Pensionszusage ist regelmäßig eine Probezeit von zwei bis drei Jahren als ausreichend anzusehen. Die Erteilung der Pensionszusage an den Gesellschafter-Geschäftsführer unmittelbar nach der Anstellung und ohne die unter Fremden übliche Erprobung ist in der Regel nicht betrieblich, sondern durch das Gesellschaftsverhältnis veranlasst (BFH-Urteile vom 15. Oktober 1997 – I R 42/97 – BStBl 1999 II S. 316, vom 29. Oktober 1997 – I R 52/97 – BStBl 1999 II S. 318, vom 24. April 2002 – I R 18/01 – BStBl II S. 670, vom 23. Februar 2005 – I R 70/04 – BStBl II S. 882 und vom 28. April 2010 – I R 78/08 – BStBl 2013 II S. 41).

Ein ordentlicher und gewissenhafter Geschäftsleiter einer neu gegründeten Kapitalgesellschaft wird einem gesellschaftsfremden Geschäftsführer erst dann eine Pension zusagen, wenn er die künftige wirtschaftliche Entwicklung und damit die künftige wirtschaftliche Leistungsfähigkeit der Kapitalgesellschaft zuverlässig abschätzen kann (ständige Rechtsprechung des BFH, a. a. O.). Hierzu bedarf es in der Regel eines Zeitraums von wenigstens fünf Jahren.

Eine Probezeit ist bei solchen Unternehmen verzichtbar, die aus eigener Erfahrung Kenntnisse über die Befähigung des Geschäftsleiters haben und die die Ertragserwartungen aufgrund ihrer bisherigen unternehmerischen Tätigkeit hinreichend deutlich abschätzen können. Diese Kriterien sind bei einem Unternehmen erfüllt, das seit Jahren tätig war und lediglich sein Rechtskleid ändert, wie beispielsweise bei Begründung einer Betriebsaufspaltung oder einer Umwandlung (BFH-Urteile vom 29. Oktober 1997 – I R 52/97 – BStBl 1999 II S. 318 und vom 23. Februar 2005 – I R 70/04 – BStBl II S. 882) und der bisherige, bereits erprobte Geschäftsleiter das Unternehmen fortführt. Wird ein Unternehmen durch seine bisherigen leitenden Angestellten „aufgekauft" und führen diese Angestellten den Betrieb in Gestalt einer neu gegründeten Kapitalgesellschaft als Geschäftsführer fort (sog. Management-Buy-Out), so kann es ausreichen, wenn bis zur Erteilung der Zusagen nur rund ein Jahr abgewartet wird (BFH-Urteil vom 24. April 2002 – I R 18/01 – BStBl II S. 670).

2. Verstoß gegen die angemessene Probezeit

Eine unter Verstoß gegen eine angemessene Probezeit erteilte Pensionszusage ist durch das Gesellschaftsverhältnis veranlasst und führt nach den Grundsätzen des BMF-Schreibens vom 28. Mai 2002 (BStBl I S. 603) zu verdeckten Gewinnausschüttungen im Sinne des § 8 Abs. 3 Satz 2 KStG. Ausschlaggebend ist die Situation im Zeitpunkt der Zusage, so dass die Anwartschaft auch nach Ablauf der angemessenen Probezeit nicht zu einer fremdvergleichsgerechten Pensionszusage wird (BFH-Urteil vom 28. April 2010 – I R 78/08 – BStBl 2013 II S. 41). Das gilt auch dann, wenn die Pensionszusage in der Folgezeit geändert, also z. B. erhöht wird.

Die Möglichkeit einer Aufhebung der ursprünglichen und des Abschlusses einer neuen Pensionszusage nach Ablauf der angemessenen Probezeit bleibt hiervon unberührt.

Dieses Schreiben ersetzt das BMF-Schreiben vom 14. Mai 1999 (BStBl I S. 512). Tz. 2 gilt für Pensionsvereinbarungen, die nach dem 29. Juli 2010 (Datum der Veröffentlichung des Urteils vom 28. April 2010 – I R 78/08 – BStBl 2013 II S. 41 auf den Internetseiten des Bundesfinanzhofs) abgeschlossen worden sind.

Kapitel 4: Sozialversicherung

4.1 Sozialgesetzbuch Erstes Buch (SGB I)

In der Fassung der Bekanntmachung vom 11. Dezember 1975 (BGBl. I S. 3015)

Zuletzt geändert durch Artikel 28 des Gesetzes vom 12. Dezember 2019 (BGBl. I S. 2652)

– Auszug –

§ 15 Auskunft

...

(4) Die Träger der gesetzlichen Rentenversicherung sollen über Möglichkeiten zum Aufbau einer staatlich geförderten zusätzlichen Altersvorsorge produkt- und anbieterneutral Auskünfte erteilen.

4.2 Sozialgesetzbuch Viertes Buch (SGB IV)

In der Fassung der Bekanntmachung vom 12. November 2009 (BGBl. I S. 3710, 3973, 2011 I S. 363)

Zuletzt geändert durch Artikel 7a des Gesetzes vom 14. Dezember 2019 (BGBl. I S. 2789)

– Auszug –

§ 14 Arbeitsentgelt

(1) [1]Arbeitsentgelt sind alle laufenden oder einmaligen Einnahmen aus einer Beschäftigung, gleichgültig, ob ein Rechtsanspruch auf die Einnahmen besteht, unter welcher Bezeichnung oder in welcher Form sie geleistet werden und ob sie unmittelbar aus der Beschäftigung oder im Zusammenhang mit ihr erzielt werden. [2]Arbeitsentgelt sind auch Entgeltteile, die durch Entgeltumwandlung nach § 1 Abs. 2 Nr. 3 des Betriebsrentengesetzes für betriebliche Altersversorgung in den Durchführungswegen Direktzusage oder Unterstützungskasse verwendet werden, soweit sie 4 vom Hundert der jährlichen Beitragsbemessungsgrenze der allgemeinen Rentenversicherung übersteigen.

...

§ 15 Arbeitseinkommen

(1) [1]Arbeitseinkommen ist der nach den allgemeinen Gewinnermittlungsvorschriften des Einkommensteuerrechts ermittelte Gewinn aus einer selbständigen Tätigkeit. [2]Einkommen ist als Arbeitseinkommen zu werten, wenn es als solches nach dem Einkommensteuerrecht zu bewerten ist.

...

§ 17 Verordnungsermächtigung

(1) [1]Das Bundesministerium für Arbeit und Soziales wird ermächtigt, durch Rechtsverordnung mit Zustimmung des Bundesrates zur Wahrung der Belange der Sozialversicherung

und der Arbeitsförderung, zur Förderung der betrieblichen Altersversorgung oder zur Vereinfachung des Beitragseinzugs zu bestimmen,

1. dass einmalige Einnahmen oder laufende Zulagen, Zuschläge, Zuschüsse oder ähnliche Einnahmen, die zusätzlich zu Löhnen oder Gehältern gewährt werden, und steuerfreie Einnahmen ganz oder teilweise nicht als Arbeitsentgelt gelten,

2. dass Beiträge an Direktversicherungen und Zuwendungen an Pensionskassen oder Pensionsfonds ganz oder teilweise nicht als Arbeitsentgelt gelten,

3. wie das Arbeitsentgelt, das Arbeitseinkommen und das Gesamteinkommen zu ermitteln und zeitlich zuzurechnen sind,

4. den Wert der Sachbezüge nach dem tatsächlichen Verkehrswert im Voraus für jedes Kalenderjahr.

[2]Dabei ist eine möglichst weitgehende Übereinstimmung mit den Regelungen des Steuerrechts sicherzustellen.

(2) [1]Das Bundesministerium für Arbeit und Soziales bestimmt im Voraus für jedes Kalenderjahr durch Rechtsverordnung mit Zustimmung des Bundesrates die Bezugsgröße (§ 18). [2]Das Bundesministerium für Arbeit und Soziales wird ermächtigt, durch Rechtsverordnung mit Zustimmung des Bundesrates auch sonstige aus der Bezugsgröße abzuleitende Beträge zu bestimmen.

…

§ 18 Bezugsgröße

(1) Bezugsgröße im Sinne der Vorschriften für die Sozialversicherung ist, soweit in den besonderen Vorschriften für die einzelnen Versicherungszweige nichts Abweichendes bestimmt ist, das Durchschnittsentgelt der gesetzlichen Rentenversicherung im vorvergangenen Kalenderjahr, aufgerundet auf den nächsthöheren, durch 420 teilbaren Betrag.

(2) [1]Die Bezugsgröße für das Beitrittsgebiet (Bezugsgröße [Ost]) verändert sich zum 1. Januar eines jeden Kalenderjahres auf den Wert, der sich ergibt, wenn der für das vorvergangene Kalenderjahr geltende Wert der Anlage 1 zum Sechsten Buch durch den für das Kalenderjahr der Veränderung bestimmten Wert der Anlage 10 zum Sechsten Buch geteilt wird, aufgerundet auf den nächsthöheren, durch 420 teilbaren Betrag. [2]Für die Zeit ab 1. Januar 2025 ist eine Bezugsgröße (Ost) nicht mehr zu bestimmen.

(3) Beitrittsgebiet ist das in Artikel 3 des Einigungsvertrages genannte Gebiet.

§ 18a Art des zu berücksichtigenden Einkommens

(1) [1]Bei Renten wegen Todes sind als Einkommen zu berücksichtigen

1. Erwerbseinkommen,

2. Leistungen, die erbracht werden, um Erwerbseinkommen zu ersetzen (Erwerbsersatzeinkommen),

3. Vermögenseinkommen,

4. Elterngeld und

5. Aufstockungsbeträge und Zuschläge nach § 3 Nummer 28 des Einkommensteuergesetzes.

[2]Nicht zu berücksichtigen sind

1. Arbeitsentgelt, das eine Pflegeperson von dem Pflegebedürftigen erhält, wenn das Entgelt das dem Umfang der Pflegetätigkeit entsprechende Pflegegeld nach § 37 des Elften Buches nicht übersteigt,

2. Einnahmen aus Altersvorsorgeverträgen, soweit sie nach § 10a oder Abschnitt XI des Einkommensteuergesetzes gefördert worden sind,

3. Renten nach § 3 Nummer 8a des Einkommensteuergesetzes und

4. Arbeitsentgelt, das ein behinderter Mensch von einem Träger einer in § 1 Satz 1 Nummer 2 des Sechsten Buches genannten Einrichtung erhält.

[3]Die Sätze 1 und 2 gelten auch für vergleichbare ausländische Einkommen.

(2) Erwerbseinkommen im Sinne des Absatzes 1 Satz 1 Nr. 1 sind Arbeitsentgelt, Arbeitseinkommen und vergleichbares Einkommen.

(2a) Arbeitseinkommen im Sinne des Absatzes 2 Satz 1 ist die positive Summe der Gewinne oder Verluste aus folgenden Arbeitseinkommensarten:

1. Gewinne aus Land- und Forstwirtschaft im Sinne der §§ 13, 13a und 14 des Einkommensteuergesetzes in Verbindung mit § 15 Abs. 2,

2. Gewinne aus Gewerbebetrieb im Sinne der §§ 15, 16 und 17 des Einkommensteuergesetzes und

3. Gewinne aus selbständiger Arbeit im Sinne des § 18 des Einkommensteuergesetzes.

(3) [1]Erwerbsersatzeinkommen im Sinne des Absatzes 1 Satz 1 Nr. 2 sind

1. das Krankengeld, das Verletztengeld, das Versorgungskrankengeld, das Mutterschaftsgeld, das Übergangsgeld, das Pflegeunterstützungsgeld, das Kurzarbeitergeld, das Arbeitslosengeld, das Insolvenzgeld, das Krankentagegeld und vergleichbare Leistungen,

2. Renten der Rentenversicherung wegen Alters oder verminderter Erwerbsfähigkeit, die Erziehungsrente, die Knappschaftsausgleichsleistung, das Anpassungsgeld für entlassene Arbeitnehmer des Bergbaus und Leistungen nach den §§ 27 und 28 des Sozialversicherungs-Angleichungsgesetzes Saar,

3. Altersrenten und Renten wegen Erwerbsminderung der Alterssicherung der Landwirte, die an ehemalige Landwirte oder mitarbeitende Familienangehörige gezahlt werden,

4. die Verletztenrente der Unfallversicherung, soweit sie einen der Grundrente nach dem Bundesversorgungsgesetz entsprechenden Betrag übersteigt; eine Kürzung oder ein Wegfall der Verletztenrente wegen Anstaltspflege oder Aufnahme in ein Alters- oder Pflegeheim bleibt unberücksichtigt; bei einer Minderung der Erwerbsfähigkeit um 20 vom Hundert ist ein Betrag in Höhe von zwei Dritteln, bei einer Minderung der Erwerbsfähigkeit um 10 vom Hundert ist ein Betrag in Höhe von einem Drittel der Mindestgrundrente anzusetzen,

5. das Ruhegehalt und vergleichbare Bezüge aus einem öffentlich-rechtlichen Dienst- oder Amtsverhältnis oder aus einem versicherungsfreien Arbeitsverhältnis mit Anspruch auf Versorgung nach beamtenrechtlichen Vorschriften oder Grundsätzen, Altersgeld oder vergleichbare Alterssicherungsleistungen sowie vergleichbare Bezüge aus der Versorgung der Abgeordneten, Leistungen nach dem Bundesversorgungsteilungsgesetz und vergleichbare Leistungen nach entsprechenden länderrechtlichen Regelungen,

6. das Unfallruhegehalt und vergleichbare Bezüge aus einem öffentlich-rechtlichen Dienst- oder Amtsverhältnis oder aus einem versicherungsfreien Arbeitsverhältnis mit Anspruch auf Versorgung nach beamtenrechtlichen Vorschriften oder Grundsätzen sowie vergleichbare Bezüge aus der Versorgung der Abgeordneten; wird daneben kein Unfallausgleich gezahlt, gilt Nummer 4 letzter Teilsatz entsprechend,

7. Renten der öffentlich-rechtlichen Versicherungs- oder Versorgungseinrichtungen bestimmter Berufsgruppen wegen Minderung der Erwerbsfähigkeit oder Alters,

8. der Berufsschadensausgleich nach § 30 Abs. 3 bis 11 des Bundesversorgungsgesetzes und anderen Gesetzen, die die entsprechende Anwendung der Leistungsvorschriften des Bundesversorgungsgesetzes vorsehen,

9. Renten wegen Alters oder verminderter Erwerbsfähigkeit, die aus Anlass eines Arbeitsverhältnisses zugesagt worden sind sowie Leistungen aus der Versorgungsausgleichskasse,

10. Renten wegen Alters oder verminderter Erwerbsfähigkeit aus privaten Lebens- und Rentenversicherungen, allgemeinen Unfallversicherungen sowie sonstige private Versorgungsrenten.

[2]Kinderzuschuss, Kinderzulage und vergleichbare kindbezogene Leistungen bleiben außer Betracht. [3]Wird eine Kapitalleistung oder anstelle einer wiederkehrenden Leistung eine Abfindung gezahlt, ist der Betrag als Einkommen zu berücksichtigen, der bei einer Verrentung der Kapitalleistung oder als Rente ohne die Abfindung zu zahlen wäre.

(4) [1]Vermögenseinkommen im Sinne des Absatzes 1 Satz 1 Nr. 3 ist die positive Summe der positiven oder negativen Überschüsse, Gewinne oder Verluste aus folgenden Vermögenseinkommensarten:

1. a) Einnahmen aus Kapitalvermögen im Sinne des § 20 des Einkommensteuergesetzes; Einnahmen im Sinne des § 20 Abs. 1 Nr. 6 des Einkommensteuergesetzes in der ab dem 1. Januar 2005 geltenden Fassung sind auch bei einer nur teilweisen Steuerpflicht jeweils die vollen Unterschiedsbeträge zwischen den Versicherungsleistungen einerseits und den auf sie entrichteten Beiträgen oder den Anschaffungskosten bei entgeltlichem Erwerb des Anspruchs auf die Versicherungsleistung andererseits,

   b) Einnahmen aus Versicherungen auf den Erlebens- oder Todesfall im Sinne des § 10 Abs. 1 Nr. 2 Buchstabe b Doppelbuchstabe cc und dd des Einkommensteuergesetzes in der am 1. Januar 2004 geltenden Fassung, wenn die Laufzeit dieser Versicherungen vor dem 1. Januar 2005 begonnen hat und ein Versicherungsbeitrag bis zum 31. Dezember 2004 entrichtet wurde, es sei denn, sie werden wegen Todes geleistet; zu den Einnahmen gehören außerrechnungsmäßige und rechnungsmäßige Zinsen aus den Sparanteilen, die in den Beiträgen zu diesen Versicherungen enthalten sind, im Sinne des § 20 Abs. 1 Nr. 6 des Einkommensteuergesetzes in der am 21. September 2002 geltenden Fassung.

   [2]Bei der Ermittlung der Einnahmen ist als Werbungskostenpauschale der Sparer-Pauschbetrag abzuziehen,

2. Einnahmen aus Vermietung und Verpachtung im Sinne des § 21 des Einkommensteuergesetzes nach Abzug der Werbungskosten und

3. Gewinne aus privaten Veräußerungsgeschäften im Sinne des § 23 des Einkommensteuergesetzes, soweit sie mindestens 600 Euro im Kalenderjahr betragen.

§ 18b Höhe des zu berücksichtigenden Einkommens

(1) [1]Maßgebend ist das für denselben Zeitraum erzielte monatliche Einkommen. [2]Mehrere zu berücksichtigende Einkommen sind zusammenzurechnen. [3]Wird die Rente nur für einen Teil des Monats gezahlt, ist das entsprechend gekürzte monatliche Einkommen maßgebend. [4]Einmalig gezahltes Vermögenseinkommen gilt als für die dem Monat der Zahlung folgenden zwölf Kalendermonate als erzielt. [5]Einmalig gezahltes Vermögensein-

kommen ist Einkommen, das einem bestimmten Zeitraum nicht zugeordnet werden kann oder in einem Betrag für mehr als zwölf Monate gezahlt wird.

(2) [1]Bei Erwerbseinkommen und Erwerbsersatzeinkommen nach § 18a Abs. 3 Satz 1 Nr. 1 gilt als monatliches Einkommen im Sinne von Absatz 1 Satz 1 das im letzten Kalenderjahr aus diesen Einkommensarten erzielte Einkommen, geteilt durch die Zahl der Kalendermonate, in denen es erzielt wurde. [2]Wurde Erwerbseinkommen neben Erwerbsersatzeinkommen nach § 18a Abs. 3 Satz 1 Nr. 1 erzielt, sind diese Einkommen zusammenzurechnen; wurden diese Einkommen zeitlich aufeinander folgend erzielt, ist das Erwerbseinkommen maßgebend. [3]Die für einmalig gezahltes Arbeitsentgelt in § 23a getroffene zeitliche Zuordnung gilt entsprechend. [4]Für die Zeiten des Bezugs von Kurzarbeitergeld ist das dem Versicherungsträger gemeldete Arbeitsentgelt maßgebend. [5]Bei Vermögenseinkommen gilt als monatliches Einkommen im Sinne von Absatz 1 Satz 1 ein Zwölftel dieses im letzten Kalenderjahr erzielten Einkommens; bei einmalig gezahltem Vermögenseinkommen gilt ein Zwölftel des gezahlten Betrages als monatliches Einkommen nach Absatz 1 Satz 1. [6]Steht das zu berücksichtigende Einkommen des vorigen Kalenderjahres noch nicht fest, so wird das voraussichtlich erzielte Einkommen zugrunde gelegt.

(3) [1]Ist im letzten Kalenderjahr Einkommen nach Absatz 2 nicht oder nur Erwerbsersatzeinkommen nach § 18a Abs. 3 Satz 1 Nr. 1 erzielt worden, gilt als monatliches Einkommen im Sinne von Absatz 1 Satz 1 das laufende Einkommen. [2]Satz 1 gilt auch bei der erstmaligen Feststellung der Rente, wenn das laufende Einkommen im Durchschnitt voraussichtlich um wenigstens zehn vom Hundert geringer ist als das nach Absatz 2 maßgebende Einkommen; jährliche Sonderzuwendungen sind beim laufenden Einkommen mit einem Zwölftel zu berücksichtigen. [3]Umfasst das laufende Einkommen Erwerbsersatzeinkommen im Sinne von § 18a Abs. 3 Satz 1 Nr. 1, ist dieses nur zu berücksichtigen, solange diese Leistung gezahlt wird.

(4) Bei Erwerbsersatzeinkommen nach § 18a Abs. 3 Satz 1 Nr. 2 bis 10 gilt als monatliches Einkommen im Sinne von Absatz 1 Satz 1 das laufende Einkommen; jährliche Sonderzuwendungen sind beim laufenden Einkommen mit einem Zwölftel zu berücksichtigen.

(5) [1]Das monatliche Einkommen ist zu kürzen

1. bei Arbeitsentgelt um 40 vom Hundert, jedoch bei
   a) Bezügen aus einem öffentlich-rechtlichen Dienst- oder Amtsverhältnis oder aus einem versicherungsfreien Arbeitsverhältnis mit Anwartschaft auf Versorgung nach beamtenrechtlichen Vorschriften oder Grundsätzen und bei Einkommen, das solchen Bezügen vergleichbar ist, um 27,5 vom Hundert,
   b) Beschäftigten, die die Voraussetzungen des § 172 Abs. 1 des Sechsten Buches erfüllen, um 30,5 vom Hundert;
   das Arbeitsentgelt von Beschäftigten, die die Voraussetzungen des § 172 Abs. 3 oder § 276a des Sechsten Buches erfüllen, und Aufstockungsbeträge nach § 3 Abs. 1 Satz 1 Nr. 1 Buchstabe a des Altersteilzeitgesetzes werden nicht gekürzt, Zuschläge nach § 6 Abs. 2 des Bundesbesoldungsgesetzes werden um 7,65 vom Hundert gekürzt,
2. bei Arbeitseinkommen um 39,8 vom Hundert, bei steuerfreien Einnahmen im Rahmen des Halbeinkünfteverfahrens oder des Teileinkünfteverfahrens um 24,8 vom Hundert,
3. bei Leistungen nach § 18a Abs. 3 Satz 1 Nr. 7 um 27,5 vom Hundert bei Leistungsbeginn vor dem Jahre 2011 und um 29,6 vom Hundert bei Leistungsbeginn nach dem Jahre 2010,

4. bei Leistungen nach § 18a Abs. 3 Satz 1 Nr. 5 und 6 um 23,7 vom Hundert bei Leistungsbeginn vor dem Jahre 2011 und um 25 vom Hundert bei Leistungsbeginn nach dem Jahre 2010,

5. bei Leistungen nach § 18a Abs. 3 Satz 1 Nr. 9 um 17,5 vom Hundert; sofern es sich dabei um Leistungen handelt, die der nachgelagerten Besteuerung unterliegen, ist das monatliche Einkommen um 21,2 vom Hundert bei Leistungsbeginn vor dem Jahre 2011 und um 23 vom Hundert bei Leistungsbeginn nach dem Jahre 2010 zu kürzen,

6. bei Leistungen nach § 18a Abs. 3 Satz 1 Nr. 10 um 12,7 vom Hundert,

7. bei Vermögenseinkommen um 25 vom Hundert; bei steuerfreien Einnahmen nach dem Halbeinkünfteverfahren um 5 vom Hundert; bei Besteuerung nach dem gesonderten Steuertarif für Einkünfte aus Kapitalvermögen um 30 vom Hundert; Einnahmen aus Versicherungen nach § 18a Abs. 4 Nr. 1 werden nur gekürzt, soweit es sich um steuerpflichtige Kapitalerträge handelt,

8. bei Leistungen nach § 18a Absatz 3 Satz 1 Nummer 2 und 3 um 13 vom Hundert bei Leistungsbeginn vor dem Jahre 2011 und um 14 vom Hundert bei Leistungsbeginn nach dem Jahre 2010.

[2]Die Leistungen nach § 18a Absatz 3 Satz 1 Nummer 1 und 4 sind um den Anteil der vom Berechtigten zu tragenden Beiträge zur Bundesagentur für Arbeit und, soweit Beiträge zur sonstigen Sozialversicherung oder zu einem Krankenversicherungsunternehmen gezahlt werden, zusätzlich um 10 vom Hundert zu kürzen.

(5a) Elterngeld wird um den anrechnungsfreien Betrag nach § 10 des Bundeselterngeld- und Elternzeitgesetzes gekürzt.

(6) Soweit ein Versicherungsträger über die Höhe des zu berücksichtigenden Einkommens entschieden hat, ist diese Entscheidung auch für einen anderen Versicherungsträger bindend.

…

§ 22 Entstehen der Beitragsansprüche, Zusammentreffen mehrerer Versicherungsverhältnisse

(1) [1]Die Beitragsansprüche der Versicherungsträger entstehen, sobald ihre im Gesetz oder auf Grund eines Gesetzes bestimmten Voraussetzungen vorliegen. [2]Bei einmalig gezahltem Arbeitsentgelt sowie bei Arbeitsentgelt, das aus Arbeitszeitguthaben abgeleiteten Entgeltguthaben errechnet wird, entstehen die Beitragsansprüche, sobald dieses ausgezahlt worden ist. [3]Satz 2 gilt nicht, soweit das einmalig gezahlte Arbeitsentgelt nur wegen eines Insolvenzereignisses im Sinne des § 165 des Dritten Buches vom Arbeitgeber nicht ausgezahlt worden ist oder die Beiträge für aus Arbeitszeitguthaben abgeleiteten Entgeltguthaben schon aus laufendem Arbeitsentgelt gezahlt wurden.

(2) [1]Treffen beitragspflichtige Einnahmen aus mehreren Versicherungsverhältnissen zusammen und übersteigen sie die für das jeweilige Versicherungsverhältnis maßgebliche Beitragsbemessungsgrenze, so vermindern sie sich zum Zwecke der Beitragsberechnung nach dem Verhältnis ihrer Höhe so zueinander, dass sie zusammen höchstens die Beitragsbemessungsgrenze erreichen. [2]Die beitragspflichtigen Einnahmen aus dem jeweiligen Versicherungsverhältnis sind vor der Verhältnisrechnung nach Satz 1 auf die maßgebliche Beitragsbemessungsgrenze zu reduzieren. [3]Für die knappschaftliche Ren-

tenversicherung und die allgemeine Rentenversicherung sind die Berechnungen nach Satz 1 getrennt durchzuführen.

§ 23 Fälligkeit

(1) [1]Laufende Beiträge, die geschuldet werden, werden entsprechend den Regelungen der Satzung der Krankenkasse und den Entscheidungen des Spitzenverbandes Bund der Krankenkassen fällig. [2]Beiträge, die nach dem Arbeitsentgelt oder dem Arbeitseinkommen zu bemessen sind, sind in voraussichtlicher Höhe der Beitragsschuld spätestens am drittletzten Bankarbeitstag des Monats fällig, in dem die Beschäftigung oder Tätigkeit, mit der das Arbeitsentgelt oder Arbeitseinkommen erzielt wird, ausgeübt worden ist oder als ausgeübt gilt; ein verbleibender Restbeitrag wird zum drittletzten Bankarbeitstag des Folgemonats fällig. [3]Der Arbeitgeber kann abweichend von Satz 2 den Betrag in Höhe der Beiträge des Vormonats zahlen; für einen verbleibenden Restbetrag bleibt es bei der Fälligkeit zum drittletzten Bankarbeitstag des Folgemonats. [4]Sonstige Beiträge werden spätestens am Fünfzehnten des Monats fällig, der auf den Monat folgt, für den sie zu entrichten sind. [5]Die erstmalige Fälligkeit der Beiträge für die nach § 3 Satz 1 Nr. 1a des Sechsten Buches versicherten Pflegepersonen ist abhängig von dem Zeitpunkt, zu dem die Pflegekasse, das private Versicherungsunternehmen, die Festsetzungsstelle für die Beihilfe oder der Dienstherr bei Heilfürsorgeberechtigten die Versicherungspflicht der Pflegeperson festgestellt hat oder ohne Verschulden hätte feststellen können. [6]Wird die Feststellung in der Zeit vom Ersten bis zum Fünfzehnten eines Monats getroffen, werden die Beiträge erstmals spätestens am Fünfzehnten des folgenden Monats fällig; wird die Feststellung in der Zeit vom Sechzehnten bis zum Ende eines Monats getroffen, werden die Beiträge erstmals am Fünfzehnten des zweiten darauffolgenden Monats fällig; das Nähere vereinbaren die Spitzenverbände der beteiligten Träger der Sozialversicherung, der Verband der privaten Krankenversicherung e.V. und die Festsetzungsstellen für die Beihilfe.

(2) [1]Die Beiträge für eine Sozialleistung im Sinne des § 3 Satz 1 Nr. 3 des Sechsten Buches einschließlich Sozialleistungen, auf die die Vorschriften des Fünften und des Sechsten Buches über die Kranken- und Rentenversicherung der Bezieher von Arbeitslosengeld oder die Krankenversicherung der Bezieher von Arbeitslosengeld II entsprechend anzuwenden sind, werden am Achten des auf die Zahlung der Sozialleistung folgenden Monats fällig. [2]Die Träger der Rentenversicherung und die Bundesagentur für Arbeit können unbeschadet des Satzes 1 vereinbaren, dass die Beiträge zur Rentenversicherung aus Sozialleistungen der Bundesagentur für Arbeit zu den vom Bundesamt für Soziale Sicherung festgelegten Fälligkeitsterminen für die Rentenzahlungen im Inland gezahlt werden. [3]Die Träger der Rentenversicherung mit Ausnahme der Deutschen Rentenversicherung Knappschaft-Bahn-See als Träger der knappschaftlichen Rentenversicherung, die Bundesagentur für Arbeit und die Behörden des sozialen Entschädigungsrechts können unbeschadet des Satzes 1 vereinbaren, dass die Beiträge zur Rentenversicherung und nach dem Recht der Arbeitsförderung aus Sozialleistungen nach dem sozialen Entschädigungsrecht in voraussichtlicher Höhe der Beitragsschuld spätestens zum 30. Juni des laufenden Jahres und ein verbleibender Restbetrag zum nächsten Fälligkeitstermin gezahlt werden.

(2a) Bei Verwendung eines Haushaltsschecks (§ 28a Abs. 7) sind die Beiträge für das in den Monaten Januar bis Juni erzielte Arbeitsentgelt am 31. Juli des laufenden Jahres und für das in den Monaten Juli bis Dezember erzielte Arbeitsentgelt am 31. Januar des folgenden Jahres fällig.

(3) [1]Geschuldete Beiträge der Unfallversicherung werden am Fünfzehnten des Monats fällig, der dem Monat folgt, in dem der Beitragsbescheid dem Zahlungspflichtigen bekannt gegeben worden ist; Entsprechendes gilt für Beitragsvorschüsse, wenn der Bescheid hierüber keinen anderen Fälligkeitstermin bestimmt. [2]Die landwirtschaftliche Berufsgenossenschaft kann in ihrer Satzung von Satz 1 abweichende Fälligkeitstermine bestimmen. [3]Für den Tag der Zahlung und die zulässigen Zahlungsmittel gelten die für den Gesamtsozialversicherungsbeitrag geltenden Bestimmungen entsprechend. [4]Die Fälligkeit von Beiträgen für geringfügig Beschäftigte in Privathaushalten, die nach § 28a Abs. 7 der Einzugsstelle gemeldet worden sind, richtet sich abweichend von Satz 1 nach Absatz 2a.

(4) Besondere Vorschriften für einzelne Versicherungszweige, die von den Absätzen 1 bis 3 abweichen oder abweichende Bestimmungen zulassen, bleiben unberührt.

§ 23a Einmalig gezahltes Arbeitsentgelt als beitragspflichtige Einnahmen

(1) [1]Einmalig gezahltes Arbeitsentgelt sind Zuwendungen, die dem Arbeitsentgelt zuzurechnen sind und nicht für die Arbeit in einem einzelnen Entgeltabrechnungszeitraum gezahlt werden. [2]Als einmalig gezahltes Arbeitsentgelt gelten nicht Zuwendungen nach Satz 1, wenn sie

1. üblicherweise zur Abgeltung bestimmter Aufwendungen des Beschäftigten, die auch im Zusammenhang mit der Beschäftigung stehen,
2. als Waren oder Dienstleistungen, die vom Arbeitgeber nicht überwiegend für den Bedarf seiner Beschäftigten hergestellt, vertrieben oder erbracht werden und monatlich in Anspruch genommen werden können,
3. als sonstige Sachbezüge, die monatlich gewährt werden, oder
4. als vermögenswirksame Leistungen

vom Arbeitgeber erbracht werden. [3]Einmalig gezahltes Arbeitsentgelt ist dem Entgeltabrechnungszeitraum zuzuordnen, in dem es gezahlt wird, soweit die Absätze 2 und 4 nichts Abweichendes bestimmen.

(2) Einmalig gezahltes Arbeitsentgelt, das nach Beendigung oder bei Ruhen des Beschäftigungsverhältnisses gezahlt wird, ist dem letzten Entgeltabrechnungszeitraum des laufenden Kalenderjahres zuzuordnen, auch wenn dieser nicht mit Arbeitsentgelt belegt ist.

(3) [1]Das einmalig gezahlte Arbeitsentgelt ist bei der Feststellung des beitragspflichtigen Arbeitsentgelts für Beschäftigte zu berücksichtigen, soweit das bisher gezahlte beitragspflichtige Arbeitsentgelt die anteilige Beitragsbemessungsgrenze nicht erreicht. [2]Die anteilige Beitragsbemessungsgrenze ist der Teil der Beitragsbemessungsgrenze, der der Dauer aller Beschäftigungsverhältnisse bei demselben Arbeitgeber im laufenden Kalenderjahr bis zum Ablauf des Entgeltabrechnungszeitraumes entspricht, dem einmalig gezahltes Arbeitsentgelt zuzuordnen ist; auszunehmen sind Zeiten, die nicht mit Beiträgen aus laufendem (nicht einmalig gezahltem) Arbeitsentgelt belegt sind.

(4) [1]In der Zeit vom 1. Januar bis zum 31. März einmalig gezahltes Arbeitsentgelt ist dem letzten Entgeltabrechnungszeitraum des vergangenen Kalenderjahres zuzuordnen, wenn es vom Arbeitgeber dieses Entgeltabrechnungszeitraumes gezahlt wird und zusammen mit dem sonstigen für das laufende Kalenderjahr festgestellten beitragspflichtigen Arbeitsentgelt die anteilige Beitragsbemessungsgrenze nach Absatz 3 Satz 2 übersteigt. [2]Satz 1 gilt nicht für nach dem 31. März einmalig gezahltes Arbeitsentgelt, das nach Ab-

satz 2 einem in der Zeit vom 1. Januar bis zum 31. März liegenden Entgeltabrechnungszeitraum zuzuordnen ist.

(5) Ist der Beschäftigte in der gesetzlichen Krankenversicherung pflichtversichert, ist für die Zuordnung des einmalig gezahlten Arbeitsentgelts nach Absatz 4 Satz 1 allein die Beitragsbemessungsgrenze der gesetzlichen Krankenversicherung maßgebend.

...

§ 27 Verzinsung und Verjährung des Erstattungsanspruchs

(1) [1]Der Erstattungsanspruch ist nach Ablauf eines Kalendermonats nach Eingang des vollständigen Erstattungsantrags, beim Fehlen eines Antrags nach der Bekanntgabe der Entscheidung über die Erstattung bis zum Ablauf des Kalendermonats vor der Zahlung mit vier vom Hundert zu verzinsen. [2]Verzinst werden volle Euro-Beträge. [3]Dabei ist der Kalendermonat mit dreißig Tagen zugrunde zu legen.

...

§ 28a Meldepflicht

(1) [1]Der Arbeitgeber oder ein anderer Meldepflichtiger hat der Einzugsstelle für jeden in der Kranken-, Pflege-, Rentenversicherung oder nach dem Recht der Arbeitsförderung kraft Gesetzes Versicherten

1. bei Beginn der versicherungspflichtigen Beschäftigung,
2. bei Ende der versicherungspflichtigen Beschäftigung,
3. bei Eintritt eines Insolvenzereignisses,
4. (weggefallen)
5. bei Änderungen in der Beitragspflicht,
6. bei Wechsel der Einzugsstelle,
7. bei Anträgen auf Altersrenten oder Auskunftsersuchen des Familiengerichts in Versorgungsausgleichsverfahren,
8. bei Unterbrechung der Entgeltzahlung,
9. bei Auflösung des Arbeitsverhältnisses,
10. auf Anforderung der Einzugsstelle nach § 26 Absatz 4 Satz 2,
11. bei Antrag des geringfügig Beschäftigten nach § 6 Absatz 1b des Sechsten Buches auf Befreiung von der Versicherungspflicht,
12. bei einmalig gezahltem Arbeitsentgelt,
13. bei Beginn der Berufsausbildung,
14. bei Ende der Berufsausbildung,
15. bei Wechsel im Zeitraum bis zum 31. Dezember 2024 von einem Beschäftigungsbetrieb im Beitrittsgebiet zu einem Beschäftigungsbetrieb im übrigen Bundesgebiet oder umgekehrt,
16. bei Beginn der Altersteilzeitarbeit,
17. bei Ende der Altersteilzeitarbeit,
18. bei Änderung des Arbeitsentgelts, wenn die in § 8 Abs. 1 Nr. 1 genannte Grenze über- oder unterschritten wird,
19. bei nach § 23b Abs. 2 bis 3 gezahltem Arbeitsentgelt oder
20. bei Wechsel im Zeitraum bis zum 31. Dezember 2024 von einem Wertguthaben, das im Beitrittsgebiet und einem Wertguthaben, das im übrigen Bundesgebiet erzielt wurde,

eine Meldung zu erstatten. [2]Jede Meldung sowie die darin enthaltenen Datensätze sind mit einem eindeutigen Kennzeichen zur Identifizierung zu versehen. [3]Meldungen nach diesem Buch erfolgen, soweit nichts Abweichendes geregelt ist, durch elektronische Datenübermittlung (Datenübertragung); dabei sind Datenschutz und Datensicherheit nach dem jeweiligen Stand der Technik sicherzustellen und bei Nutzung allgemein zugänglicher Netze Verschlüsselungsverfahren zu verwenden. [4]Arbeitgeber oder andere Meldepflichtige haben ihre Meldungen durch Datenübertragung aus systemgeprüften Programmen oder mittels maschinell erstellter Ausfüllhilfen zu erstatten.

…

§ 28e Zahlungspflicht, Vorschuss

(1) [1]Den Gesamtsozialversicherungsbeitrag hat der Arbeitgeber und in den Fällen der nach § 7f Abs. 1 Satz 1 Nr. 2 auf die Deutsche Rentenversicherung Bund übertragenen Wertguthaben die Deutsche Rentenversicherung Bund zu zahlen. [2]Die Zahlung des vom Beschäftigten zu tragenden Teils des Gesamtsozialversicherungsbeitrags gilt als aus dem Vermögen des Beschäftigten erbracht. [3]Ist ein Träger der Kranken- oder Rentenversicherung oder die Bundesagentur für Arbeit der Arbeitgeber, gilt der jeweils für diesen Leistungsträger oder, wenn eine Krankenkasse der Arbeitgeber ist, auch der für die Pflegekasse bestimmte Anteil am Gesamtsozialversicherungsbeitrag als gezahlt; dies gilt für die Beiträge zur Rentenversicherung auch im Verhältnis der Träger der Rentenversicherung untereinander.

(2) [1]Für die Erfüllung der Zahlungspflicht des Arbeitgebers haftet bei einem wirksamen Vertrag der Entleiher wie ein selbstschuldnerischer Bürge, soweit ihm Arbeitnehmer gegen Vergütung zur Arbeitsleistung überlassen worden sind. [2]Er kann die Zahlung verweigern, solange die Einzugsstelle den Arbeitgeber nicht gemahnt hat und die Mahnfrist nicht abgelaufen ist. [3]Zahlt der Verleiher das vereinbarte Arbeitsentgelt oder Teile des Arbeitsentgelts an den Leiharbeitnehmer, obwohl der Vertrag nach § 9 Absatz 1 Nummer 1 bis 1b des Arbeitnehmerüberlassungsgesetzes unwirksam ist, so hat er auch den hierauf entfallenden Gesamtsozialversicherungsbeitrag an die Einzugsstelle zu zahlen. [4]Hinsichtlich der Zahlungspflicht nach Satz 3 gilt der Verleiher neben dem Entleiher als Arbeitgeber; beide haften insoweit als Gesamtschuldner.

(2a) [1]Für die Erfüllung der Zahlungspflicht, die sich für den Arbeitgeber knappschaftlicher Arbeiten im Sinne von § 134 Abs. 4 des Sechsten Buches ergibt, haftet der Arbeitgeber des Bergwerksbetriebes, mit dem die Arbeiten räumlich und betrieblich zusammenhängen, wie ein selbstschuldnerischer Bürge. [2]Der Arbeitgeber des Bergwerksbetriebes kann die Befriedigung verweigern, solange die Einzugsstelle den Arbeitgeber der knappschaftlichen Arbeiten nicht gemahnt hat und die Mahnfrist nicht abgelaufen ist.

(3) Für die Erfüllung der Zahlungspflicht des Arbeitgebers von Seeleuten nach § 13 Abs. 1 Satz 2 haften Arbeitgeber und Reeder als Gesamtschuldner.

(3a) [1]Ein Unternehmer des Baugewerbes, der einen anderen Unternehmer mit der Erbringung von Bauleistungen im Sinne des § 101 Abs. 2 des Dritten Buches beauftragt, haftet für die Erfüllung der Zahlungspflicht dieses Unternehmers oder eines von diesem Unternehmer beauftragten Verleihers wie ein selbstschuldnerischer Bürge. [2]Satz 1 gilt entsprechend für die vom Nachunternehmer gegenüber ausländischen Sozialversicherungsträgern abzuführenden Beiträge. [3]Absatz 2 Satz 2 gilt entsprechend.

(3b) [1]Die Haftung nach Absatz 3a entfällt, wenn der Unternehmer nachweist, dass er ohne eigenes Verschulden davon ausgehen konnte, dass der Nachunternehmer oder ein von ihm beauftragter Verleiher seine Zahlungspflicht erfüllt. [2]Ein Verschulden des Unternehmers ist ausgeschlossen, soweit und solange er Fachkunde, Zuverlässigkeit und Leistungsfähigkeit des Nachunternehmers oder des von diesem beauftragten Verleihers durch eine Präqualifikation nachweist, die die Eignungsvoraussetzungen nach § 8 der Vergabe- und Vertragsordnung für Bauleistungen Teil A in der Fassung der Bekanntmachung vom 20. März 2006 (BAnz. Nr. 94a vom 18. Mai 2006) erfüllt.

(3c) [1]Ein Unternehmer, der Bauleistungen im Auftrag eines anderen Unternehmers erbringt, ist verpflichtet, auf Verlangen der Einzugstelle Firma und Anschrift dieses Unternehmers mitzuteilen. [2]Kann der Auskunftsanspruch nach Satz 1 nicht durchgesetzt werden, hat ein Unternehmer, der einen Gesamtauftrag für die Erbringung von Bauleistungen für ein Bauwerk erhält, der Einzugsstelle auf Verlangen Firma und Anschrift aller Unternehmer, die von ihm mit der Erbringung von Bauleistungen beauftragt wurden, zu benennen.

(3d) [1]Absatz 3a gilt ab einem geschätzten Gesamtwert aller für ein Bauwerk in Auftrag gegebenen Bauleistungen von 275.000 Euro. [2]Für die Schätzung gilt § 3 der Vergabeverordnung vom 9. Januar 2001 (BGBl. I S. 110), die zuletzt durch Artikel 3 Abs. 1 des Gesetzes vom 16. Mai 2001 (BGBl. I S. 876) geändert worden ist.

(3e) [1]Die Haftung des Unternehmers nach Absatz 3a erstreckt sich in Abweichung von der dort getroffenen Regelung auf das von dem Nachunternehmer beauftragte nächste Unternehmen, wenn die Beauftragung des unmittelbaren Nachunternehmers bei verständiger Würdigung der Gesamtumstände als ein Rechtsgeschäft anzusehen ist, dessen Ziel vor allem die Auflösung der Haftung nach Absatz 3a ist. [2]Maßgeblich für die Würdigung ist die Verkehrsanschauung im Baubereich. [3]Ein Rechtsgeschäft im Sinne dieser Vorschrift, das als Umgehungstatbestand anzusehen ist, ist in der Regel anzunehmen,

a) wenn der unmittelbare Nachunternehmer weder selbst eigene Bauleistungen noch planerische oder kaufmännische Leistungen erbringt oder

b) wenn der unmittelbare Nachunternehmer weder technisches noch planerisches oder kaufmännisches Fachpersonal in nennenswertem Umfang beschäftigt oder

c) wenn der unmittelbare Nachunternehmer in einem gesellschaftsrechtlichen Abhängigkeitsverhältnis zum Hauptunternehmer steht.

[4]Besonderer Prüfung bedürfen die Umstände des Einzelfalles vor allem in den Fällen, in denen der unmittelbare Nachunternehmer seinen handelsrechtlichen Sitz außerhalb des Europäischen Wirtschaftsraums hat.

(3f) [1]Der Unternehmer kann den Nachweis nach Absatz 3b Satz 2 anstelle der Präqualifikation auch durch Vorlage einer Unbedenklichkeitsbescheinigung der zuständigen Einzugsstelle für den Nachunternehmer oder den von diesem beauftragten Verleiher erbringen. [2]Die Unbedenklichkeitsbescheinigung enthält Angaben über die ordnungsgemäße Zahlung der Sozialversicherungsbeiträge und die Zahl der gemeldeten Beschäftigten. [3]Die Bundesregierung berichtet unter Beteiligung des Normenkontrollrates über die Wirksamkeit und Reichweite der Generalunternehmerhaftung für Sozialversicherungsbeiträge im Baugewerbe, insbesondere über die Haftungsfreistellung nach Satz 1 und nach Absatz 3b, den gesetzgebenden Körperschaften im Jahr 2012.

(3g) [1]Für einen Unternehmer im Speditions-, Transport- und damit verbundenen Logistikgewerbe, der im Bereich der Kurier-, Express- und Paketdienste tätig ist und der einen anderen Unternehmer mit der Beförderung von Paketen beauftragt, gelten die Absätze 3a, 3b Satz 1, 3e und 3f entsprechend. [2]Absatz 3b Satz 2 gilt entsprechend mit der Maßgabe, dass die Präqualifikation die Voraussetzung erfüllt, dass der Nachunternehmer in einem amtlichen Verzeichnis eingetragen ist oder über eine Zertifizierung verfügt, die jeweils den Anforderungen des Artikels 64 der Richtlinie 2014/24/EU des Europäischen Parlaments und des Rates vom 26. Februar 2014 über die öffentliche Auftragsvergabe und zur Aufhebung der Richtlinie 2004/18/EG (ABl. L 94 vom 28.3.2014, S. 65), die zuletzt durch die Delegierte Verordnung (EU) 2017/2365 (ABl. L 337 vom 19.12.2017, S. 19) geändert worden ist, entsprechen. [3]Für einen Unternehmer, der im Auftrag eines anderen Unternehmers Pakete befördert, gilt Absatz 3c entsprechend. [4]Beförderung von Paketen im Sinne dieses Buches ist

a) die Beförderung adressierter Pakete mit einem Einzelgewicht von bis zu 32 Kilogramm, soweit diese mit Kraftfahrzeugen mit einem zulässigen Gesamtgewicht von bis zu 3,5 Tonnen erfolgt,

b) die stationäre Bearbeitung von adressierten Paketen bis zu 32 Kilogramm mit Ausnahme der Bearbeitung im Filialbereich.

(3h) Die Bundesregierung berichtet unter Beteiligung des Normenkontrollrates zum 31. Dezember 2023 über die Wirksamkeit und Reichweite der Haftung für Sozialversicherungsbeiträge für die Unternehmer im Speditions-, Transport- und damit verbundenen Logistikgewerbe, die im Bereich der Kurier-, Express- und Paketdienste tätig sind und einen anderen Unternehmer mit der Beförderung von Paketen beauftragen, insbesondere über die Haftungsfreistellung nach Absatz 3b und Absatz 3f Satz 1.

(4) Die Haftung umfasst die Beiträge und Säumniszuschläge, die infolge der Pflichtverletzung zu zahlen sind, sowie die Zinsen für gestundete Beiträge (Beitragsansprüche).

(5) Die Satzung der Einzugsstelle kann bestimmen, unter welchen Voraussetzungen vom Arbeitgeber Vorschüsse auf den Gesamtsozialversicherungsbeitrag verlangt werden können.

...

§ 28g Beitragsabzug

[1]Der Arbeitgeber und in den Fällen der nach § 7f Abs. 1 Satz 1 Nr. 2 auf die Deutsche Rentenversicherung Bund übertragenen Wertguthaben die Deutsche Rentenversicherung Bund hat gegen den Beschäftigten einen Anspruch auf den vom Beschäftigten zu tragenden Teil des Gesamtsozialversicherungsbeitrags. [2]Dieser Anspruch kann nur durch Abzug vom Arbeitsentgelt geltend gemacht werden. [3]Ein unterbliebener Abzug darf nur bei den drei nächsten Lohn- oder Gehaltszahlungen nachgeholt werden, danach nur dann, wenn der Abzug ohne Verschulden des Arbeitgebers unterblieben ist. [4]Die Sätze 2 und 3 gelten nicht, wenn der Beschäftigte seinen Pflichten nach § 28o Abs. 1 vorsätzlich oder grob fahrlässig nicht nachkommt oder er den Gesamtsozialversicherungsbeitrag allein trägt oder solange der Beschäftigte nur Sachbezüge erhält.

...

§ 114 Einkommen beim Zusammentreffen mit Renten wegen Todes

(1) Wenn der versicherte Ehegatte vor dem 1. Januar 2002 verstorben ist oder die Ehe vor diesem Tag geschlossen wurde und mindestens ein Ehegatte vor dem 2. Januar 1962 geboren ist, sind bei Renten wegen Todes als Einkommen zu berücksichtigen:

1. Erwerbseinkommen,
2. Leistungen, die auf Grund oder in entsprechender Anwendung öffentlich-rechtlicher Vorschriften erbracht werden, um Erwerbseinkommen zu ersetzen (Erwerbsersatzeinkommen), mit Ausnahme von Zusatzleistungen.

(2) Absatz 1 gilt auch für Erziehungsrenten, wenn der geschiedene Ehegatte vor dem 1. Januar 2002 verstorben ist oder die geschiedene Ehe vor diesem Tag geschlossen wurde und mindestens einer der geschiedenen Ehegatten vor dem 2. Januar 1962 geboren ist.

(3) [1]Erwerbsersatzeinkommen im Sinne des Absatzes 1 Nr. 2 sind Leistungen nach § 18a Abs. 3 Satz 1 Nr. 1 bis 8. [2]Als Zusatzleistungen im Sinne des Absatzes 1 Nr. 2 gelten Leistungen der öffentlich-rechtlichen Zusatzversorgungen sowie bei Leistungen nach § 18a Abs. 3 Satz 1 Nr. 2 der Teil, der auf einer Höherversicherung beruht.

(4) [1]Wenn der versicherte Ehegatte vor dem 1. Januar 2002 verstorben ist oder die Ehe vor diesem Tag geschlossen wurde und mindestens ein Ehegatte vor dem 2. Januar 1962 geboren ist, ist das monatliche Einkommen zu kürzen

1. bei Leistungen nach § 18a Abs. 3 Satz 1 Nr. 2, die nach den besonderen Vorschriften für die knappschaftliche Rentenversicherung berechnet sind, um 25 vom Hundert,
2. bei Leistungen nach § 18a Abs. 3 Satz 1 Nr. 5 und 6 um 42,7 vom Hundert bei Leistungsbeginn vor dem Jahre 2011 und um 43,6 vom Hundert bei Leistungsbeginn nach dem Jahre 2010 und
3. bei Leistungen nach § 18a Abs. 3 Satz 1 Nr. 7 um 29 vom Hundert bei Leistungsbeginn vor dem Jahre 2011 und um 31 vom Hundert bei Leistungsbeginn nach dem Jahre 2010.

[2]Dies gilt auch für Erziehungsrenten, wenn der geschiedene Ehegatte vor dem 1. Januar 2002 verstorben ist oder die geschiedene Ehe vor diesem Tag geschlossen wurde und mindestens einer der geschiedenen Ehegatten vor dem 2. Januar 1962 geboren ist.

(5) Bestand am 31. Dezember 2001 Anspruch auf eine Rente wegen Todes, ist das monatliche Einkommen bis zum 30. Juni 2002 zu kürzen

1. bei Arbeitsentgelt um 35 vom Hundert, bei Arbeitseinkommen um 30 vom Hundert, bei Bezügen aus einem öffentlich-rechtlichen Dienst- oder Amtsverhältnis oder aus einem versicherungsfreien Arbeitsverhältnis mit Anwartschaften auf Versorgung nach beamtenrechtlichen Vorschriften oder Grundsätzen und bei Einkommen, das solchen Bezügen vergleichbar ist, jedoch nur um 27,5 vom Hundert,
2. bei Leistungen nach § 18a Abs. 3 Satz 1 Nr. 2, die nach den besonderen Vorschriften für die knappschaftliche Rentenversicherung berechnet sind, um 25 vom Hundert und bei Leistungen nach § 18a Abs. 3 Satz 1 Nr. 7 um 27,5 vom Hundert,
3. bei Leistungen nach § 18a Abs. 3 Satz 1 Nr. 5 und 6 um 37,5 vom Hundert.

...

4.3 Sozialgesetzbuch Fünftes Buch (SGB V)

In der Fassung der Bekanntmachung vom 20. Dezember 1988 (BGBl. I S. 2477, 2482)

Zuletzt geändert durch Artikel 1 des Gesetzes vom 21. Dezember 2019 (BGBl. I S. 2913)

– Auszug –

...

§ 201 Meldepflichten bei Rentenantragstellung und Rentenbezug

(1) [1]Wer eine Rente der gesetzlichen Rentenversicherung beantragt, hat mit dem Antrag eine Meldung für die zuständige Krankenkasse einzureichen. [2]Der Rentenversicherungsträger hat die Meldung unverzüglich an die zuständige Krankenkasse weiterzugeben.

(2) Wählen versicherungspflichtige Rentner oder Hinterbliebene eine andere Krankenkasse, hat die gewählte Krankenkasse dies der bisherigen Krankenkasse und dem zuständigen Rentenversicherungsträger unverzüglich mitzuteilen.

(3) [1]Nehmen versicherungspflichtige Rentner oder Hinterbliebene eine versicherungspflichtige Beschäftigung auf, für die eine andere als die bisherige Krankenkasse zuständig ist, hat die für das versicherungspflichtige Beschäftigungsverhältnis zuständige Krankenkasse dies der bisher zuständigen Krankenkasse und dem Rentenversicherungsträger mitzuteilen. [2]Satz 1 gilt entsprechend, wenn das versicherungspflichtige Beschäftigungsverhältnis endet.

(4) Der Rentenversicherungsträger hat der zuständigen Krankenkasse unverzüglich mitzuteilen

1. Beginn und Höhe einer Rente der gesetzlichen Rentenversicherung, den Monat, für den die Rente erstmalig laufend gezahlt wird,
2. den Tag der Rücknahme des Rentenantrags,
3. bei Ablehnung des Rentenantrags den Tag, an dem über den Rentenantrag verbindlich entschieden worden ist,
4. Ende, Entzug, Wegfall und sonstige Nichtleistung der Rente sowie
5. Beginn und Ende der Beitragszahlung aus der Rente.

(5) [1]Wird der Bezieher einer Rente der gesetzlichen Rentenversicherung versicherungspflichtig, hat die Krankenkasse dies dem Rentenversicherungsträger unverzüglich mitzuteilen. [2]Satz 1 gilt entsprechend, wenn die Versicherungspflicht aus einem anderen Grund als den in Absatz 4 Nr. 4 genannten Gründen endet.

(6) [1]Die Meldungen sind auf maschinell verwertbaren Datenträgern oder durch Datenübertragung zu erstatten. [2]Der Spitzenverband Bund der Krankenkassen vereinbart mit der Deutschen Rentenversicherung Bund das Nähere über das Verfahren im Benehmen mit dem Bundesamt für Soziale Sicherung.

§ 202 Meldepflichten bei Versorgungsbezügen

(1) [1]Die Zahlstelle hat bei der erstmaligen Bewilligung von Versorgungsbezügen sowie bei Mitteilung über die Beendigung der Mitgliedschaft eines Versorgungsempfängers und in den Fällen des § 5 Absatz 1 Nummer 11b die zuständige Krankenkasse des Versorgungsempfängers zu ermitteln und dieser Beginn, Höhe, Veränderungen und Ende der Versorgungsbezüge und in den Fällen des § 5 Absatz 1 Nummer 11b den Tag der Antragstellung sowie in den Fällen von Versorgungsbezügen nach § 229 Absatz 1 Satz 1

Nummer 5 erster Halbsatz deren Vorliegen unverzüglich mitzuteilen. [2]Bei den am 1. Januar 1989 vorhandenen Versorgungsempfängern hat die Ermittlung der Krankenkasse innerhalb von sechs Monaten zu erfolgen. [3]Der Versorgungsempfänger hat der Zahlstelle seine Krankenkasse anzugeben und einen Kassenwechsel sowie die Aufnahme einer versicherungspflichtigen Beschäftigung anzuzeigen. [4]Die Krankenkasse hat der Zahlstelle von Versorgungsbezügen und dem Bezieher von Versorgungsbezügen unverzüglich die Beitragspflicht des Versorgungsempfängers und, soweit die Summe der beitragspflichtigen Einnahmen nach § 237 Satz 1 Nummer 1 und 2 die Beitragsbemessungsgrenze überschreitet, deren Umfang mitzuteilen. [5]Die Krankenkasse hat der Zahlstelle im Falle des Mehrfachbezugs von Versorgungsbezügen nach § 229 Absatz 1 Satz 1 Nummer 5 erster Halbsatz zusätzlich mitzuteilen, ob und in welcher Höhe der Freibetrag nach § 226 Absatz 2 Satz 2 anzuwenden ist.

(2) [1]Die Zahlstelle hat der zuständigen Krankenkasse die Meldung durch gesicherte und verschlüsselte Datenübertragung aus systemgeprüften Programmen oder mittels maschineller Ausfüllhilfen zu erstatten. [2]Die Krankenkasse hat nach inhaltlicher Prüfung alle fehlerfreien Angaben elektronisch zu verarbeiten. [3]Alle Rückmeldungen der Krankenkasse an die Zahlstelle erfolgen arbeitstäglich durch Datenübertragung. [4]Den Aufbau des Datensatzes, notwendige Schlüsselzahlen und Angaben legt der Spitzenverband Bund der Krankenkassen in Grundsätzen fest, die vom Bundesministerium für Arbeit und Soziales im Einvernehmen mit dem Bundesministerium für Gesundheit zu genehmigen sind; die Bundesvereinigung der Deutschen Arbeitgeberverbände ist anzuhören.

(3) [1]Die Zahlstellen haben für die Durchführung der Meldeverfahren nach diesem Gesetzbuch eine Zahlstellennummer beim Spitzenverband Bund der Krankenkassen elektronisch zu beantragen. [2]Die Zahlstellennummern und alle Angaben, die zur Vergabe der Zahlstellennummer notwendig sind, werden in einer gesonderten elektronischen Datei beim Spitzenverband Bund der Krankenkassen gespeichert. [3]Die Sozialversicherungsträger, ihre Verbände und ihre Arbeitsgemeinschaften, die Künstlersozialkasse, die Behörden der Zollverwaltung, soweit sie Aufgaben nach § 2 des Schwarzarbeitsbekämpfungsgesetzes oder nach § 66 des Zehnten Buches wahrnehmen, sowie die zuständigen Aufsichtsbehörden und die Arbeitgeber dürfen die ihnen von den Zahlstellen zur Erfüllung einer gesetzlichen Aufgabe nach diesem Buch übermittelten Zahlstellennummern verarbeiten, soweit dies für die Erfüllung einer gesetzlichen Aufgabe nach diesem Gesetzbuch erforderlich ist. [4]Andere Behörden, Gerichte oder Dritte dürfen die Zahlstellennummern verarbeiten, sofern sie nach anderen gesetzlichen Vorschriften zu deren Erhebung befugt sind und soweit dies für die Erfüllung einer gesetzlichen Aufgabe einer der in Satz 3 genannten Stellen erforderlich ist. [5]Das Nähere zum Verfahren und den Aufbau der Zahlstellennummer regeln die Grundsätze nach Absatz 2 Satz 4.

...

§ 205 Meldepflichten bestimmter Versicherungspflichtiger

Versicherungspflichtige, die eine Rente der gesetzlichen Rentenversicherung oder der Rente vergleichbare Einnahmen (Versorgungsbezüge) beziehen, haben ihrer Krankenkasse unverzüglich zu melden

1. Beginn und Höhe der Rente,
2. Beginn, Höhe, Veränderungen und die Zahlstelle der Versorgungsbezüge sowie
3. Beginn, Höhe und Veränderungen des Arbeitseinkommens.

§ 206 Auskunfts- und Mitteilungspflichten der Versicherten

(1) [1]Wer versichert ist oder als Versicherter in Betracht kommt, hat der Krankenkasse, soweit er nicht nach § 28o des Vierten Buches auskunftspflichtig ist,

1. auf Verlangen über alle für die Feststellung der Versicherungs- und Beitragspflicht und für die Durchführung der der Krankenkasse übertragenen Aufgaben erforderlichen Tatsachen unverzüglich Auskunft zu erteilen,

2. Änderungen in den Verhältnissen, die für die Feststellung der Versicherungs- und Beitragspflicht erheblich sind und nicht durch Dritte gemeldet werden, unverzüglich mitzuteilen.

[2]Er hat auf Verlangen die Unterlagen, aus denen die Tatsachen oder die Änderung der Verhältnisse hervorgehen, der Krankenkasse in deren Geschäftsräumen unverzüglich vorzulegen.

(2) Entstehen der Krankenkasse durch eine Verletzung der Pflichten nach Absatz 1 zusätzliche Aufwendungen, kann sie von dem Verpflichteten die Erstattung verlangen.

…

§ 220 Grundsatz

(1) [1]Die Mittel der Krankenversicherung werden durch Beiträge und sonstige Einnahmen aufgebracht; als Beiträge gelten auch Zusatzbeiträge nach § 242. [2]Darlehensaufnahmen sind nicht zulässig. [3]Die Aufsichtsbehörde kann im Einzelfall Darlehensaufnahmen bei Kreditinstituten zur Finanzierung des Erwerbs von Grundstücken für Eigeneinrichtungen nach § 140 sowie der Errichtung, der Erweiterung oder des Umbaus von Gebäuden für Eigeneinrichtungen nach § 140 genehmigen.

(2) [1]Der beim Bundesamt für Soziale Sicherung gebildete Schätzerkreis schätzt jedes Jahr bis zum 15. Oktober für das jeweilige Jahr und für das Folgejahr

1. die Höhe der voraussichtlichen beitragspflichtigen Einnahmen der Mitglieder der Krankenkassen,

2. die Höhe der voraussichtlichen jährlichen Einnahmen des Gesundheitsfonds,

3. die Höhe der voraussichtlichen jährlichen Ausgaben der Krankenkassen sowie

4. die voraussichtliche Zahl der Versicherten und der Mitglieder der Krankenkassen.

[2]Die Schätzung für das Folgejahr dient als Grundlage für die Festlegung des durchschnittlichen Zusatzbeitragssatzes nach § 242a, für die Zuweisungen aus dem Gesundheitsfonds nach den §§ 266 und 270 sowie für die Durchführung des Einkommensausgleichs nach § 270a. [3]Bei der Schätzung der Höhe der voraussichtlichen jährlichen Einnahmen bleiben die Beträge nach § 271 Absatz 1a außer Betracht.

(3) [1]Für das Haushalts- und Rechnungswesen einschließlich der Statistiken bei der Verwaltung des Gesundheitsfonds durch das Bundesamt für Soziale Sicherung gelten die §§ 67 bis 69, 70 Abs. 5, § 72 Abs. 1 und 2 Satz 1 erster Halbsatz, die §§ 73 bis 77 Absatz 1a Satz 1 bis 6 und § 79 Abs. 1 und 2 in Verbindung mit Abs. 3a des Vierten Buches sowie die auf Grund des § 78 des Vierten Buches erlassenen Rechtsverordnungen entsprechend. [2]Für das Vermögen gelten die §§ 80 und 85 des Vierten Buches entsprechend. [3]Die Bestellung des Wirtschaftsprüfers oder des vereidigten Buchprüfers zur Prüfung der Jahresrechnung des Gesundheitsfonds erfolgt durch die beim Bundesamt für Soziale Sicherung eingerichtete Prüfstelle im Einvernehmen mit dem Bundesministerium für Gesundheit und dem Bundesministerium der Finanzen. [4]Die Entlastung des Präsidenten oder der Präsidentin des Bundesamtes für Soziale Sicherung als Verwalter des

Gesundheitsfonds erfolgt durch das Bundesministerium für Gesundheit im Einvernehmen mit dem Bundesministerium der Finanzen.

...

§ 223 Beitragspflicht, beitragspflichtige Einnahmen, Beitragsbemessungsgrenze

(1) Die Beiträge sind für jeden Kalendertag der Mitgliedschaft zu zahlen, soweit dieses Buch nichts Abweichendes bestimmt.

(2) [1]Die Beiträge werden nach den beitragspflichtigen Einnahmen der Mitglieder bemessen. [2]Für die Berechnung ist die Woche zu sieben, der Monat zu dreißig und das Jahr zu dreihundertsechzig Tagen anzusetzen.

(3) [1]Beitragspflichtige Einnahmen sind bis zu einem Betrag von einem Dreihundertsechzigstel der Jahresarbeitsentgeltgrenze nach § 6 Abs. 7 für den Kalendertag zu berücksichtigen (Beitragsbemessungsgrenze). [2]Einnahmen, die diesen Betrag übersteigen, bleiben außer Ansatz, soweit dieses Buch nichts Abweichendes bestimmt.

...

§ 226 Beitragspflichtige Einnahmen versicherungspflichtig Beschäftigter

(1) [1]Bei versicherungspflichtig Beschäftigten werden der Beitragsbemessung zugrunde gelegt

1. das Arbeitsentgelt aus einer versicherungspflichtigen Beschäftigung,
2. der Zahlbetrag der Rente der gesetzlichen Rentenversicherung,
3. der Zahlbetrag der der Rente vergleichbaren Einnahmen (Versorgungsbezüge),
4. das Arbeitseinkommen, soweit es neben einer Rente der gesetzlichen Rentenversicherung oder Versorgungsbezügen erzielt wird.

[2]Dem Arbeitsentgelt steht das Vorruhestandsgeld gleich. [3]Bei Auszubildenden, die in einer außerbetrieblichen Einrichtung im Rahmen eines Berufsausbildungsvertrages nach dem Berufsbildungsgesetz ausgebildet werden, steht die Ausbildungsvergütung dem Arbeitsentgelt gleich.

(2) [1]Die nach Absatz 1 Satz 1 Nr. 3 und 4 zu bemessenden Beiträge sind nur zu entrichten, wenn die monatlichen beitragspflichtigen Einnahmen nach Absatz 1 Satz 1 Nr. 3 und 4 insgesamt ein Zwanzigstel der monatlichen Bezugsgröße nach § 18 des Vierten Buches übersteigen. [2]Überschreiten die monatlichen beitragspflichtigen Einnahmen nach Absatz 1 Satz 1 Nummer 3 und 4 insgesamt ein Zwanzigstel der monatlichen Bezugsgröße nach § 18 des Vierten Buches, ist von den monatlichen beitragspflichtigen Einnahmen nach § 229 Absatz 1 Satz 1 Nummer 5 ein Freibetrag in Höhe von einem Zwanzigstel der monatlichen Bezugsgröße nach § 18 des Vierten Buches abzuziehen; der abzuziehende Freibetrag ist der Höhe nach begrenzt auf die monatlichen beitragspflichtigen Einnahmen nach § 229 Absatz 1 Satz 1 Nummer 5; bis zum 31. Dezember 2020 ist § 27 Absatz 1 des Vierten Buches nicht anzuwenden.

(3) Für Schwangere, deren Mitgliedschaft nach § 192 Abs. 2 erhalten bleibt, gelten die Bestimmungen der Satzung.

(4) Bei Arbeitnehmern, die gegen ein monatliches Arbeitsentgelt bis zum oberen Grenzbetrag des Übergangsbereichs (§ 20 Absatz 2 des Vierten Buches) mehr als geringfügig beschäftigt sind, gilt der Betrag der beitragspflichtigen Einnahme nach § 163 Absatz 10 des Sechsten Buches entsprechend.

...

§ 229 Versorgungsbezüge als beitragspflichtige Einnahmen

(1) [1]Als der Rente vergleichbare Einnahmen (Versorgungsbezüge) gelten, soweit sie wegen einer Einschränkung der Erwerbsfähigkeit oder zur Alters- oder Hinterbliebenenversorgung erzielt werden,

1. Versorgungsbezüge aus einem öffentlich-rechtlichen Dienstverhältnis oder aus einem Arbeitsverhältnis mit Anspruch auf Versorgung nach beamtenrechtlichen Vorschriften oder Grundsätzen; außer Betracht bleiben
   a) lediglich übergangsweise gewährte Bezüge,
   b) unfallbedingte Leistungen und Leistungen der Beschädigtenversorgung,
   c) bei einer Unfallversorgung ein Betrag von 20 vom Hundert des Zahlbetrags und
   d) bei einer erhöhten Unfallversorgung der Unterschiedsbetrag zum Zahlbetrag der Normalversorgung, mindestens 20 vom Hundert des Zahlbetrags der erhöhten Unfallversorgung,

2. Bezüge aus der Versorgung der Abgeordneten, Parlamentarischen Staatssekretäre und Minister,

3. Renten der Versicherungs- und Versorgungseinrichtungen, die für Angehörige bestimmter Berufe errichtet sind,

4. Renten und Landabgaberenten nach dem Gesetz über die Alterssicherung der Landwirte mit Ausnahme einer Übergangshilfe,

5. Renten der betrieblichen Altersversorgung einschließlich der Zusatzversorgung im öffentlichen Dienst und der hüttenknappschaftlichen Zusatzversorgung; außer Betracht bleiben Leistungen aus Altersvorsorgevermögen im Sinne des § 92 des Einkommensteuergesetzes sowie Leistungen, die der Versicherte nach dem Ende des Arbeitsverhältnisses als alleiniger Versicherungsnehmer aus nicht durch den Arbeitgeber finanzierten Beiträgen erworben hat.

[2]Satz 1 gilt auch, wenn Leistungen dieser Art aus dem Ausland oder von einer zwischenstaatlichen oder überstaatlichen Einrichtung bezogen werden. [3]Tritt an die Stelle der Versorgungsbezüge eine nicht regelmäßig wiederkehrende Leistung oder ist eine solche Leistung vor Eintritt des Versicherungsfalls vereinbart oder zugesagt worden, gilt ein Einhundertzwanzigstel der Leistung als monatlicher Zahlbetrag der Versorgungsbezüge, längstens jedoch für einhundertzwanzig Monate.

(2) Für Nachzahlungen von Versorgungsbezügen gilt § 228 Abs. 2 entsprechend.

…

§ 240 Beitragspflichtige Einnahmen freiwilliger Mitglieder

(1) [1]Für freiwillige Mitglieder wird die Beitragsbemessung einheitlich durch den Spitzenverband Bund der Krankenkassen geregelt. [2]Dabei ist sicherzustellen, daß die Beitragsbelastung die gesamte wirtschaftliche Leistungsfähigkeit des freiwilligen Mitglieds berücksichtigt; sofern und solange Mitglieder Nachweise über die beitragspflichtigen Einnahmen auf Verlangen der Krankenkasse nicht vorlegen, gilt als beitragspflichtige Einnahmen für den Kalendertag der dreißigste Teil der monatlichen Beitragsbemessungsgrenze (§ 223). [3]Weist ein Mitglied innerhalb einer Frist von zwölf Monaten, nachdem die Beiträge nach Satz 2 auf Grund nicht vorgelegter Einkommensnachweise unter Zugrundelegung der monatlichen Beitragsbemessungsgrenze festgesetzt wurden, geringere Einnahmen nach, sind die Beiträge für die nachgewiesenen Zeiträume neu festzusetzen. [4]Für Zeiträume, für die der Krankenkasse hinreichende Anhaltspunkte dafür vorliegen, dass die

beitragspflichtigen Einnahmen des Mitglieds die jeweils anzuwendende Mindestbeitrags-bemessungsgrundlage nicht überschreiten, hat sie die Beiträge des Mitglieds neu festzusetzen. [5]Wird der Beitrag nach den Sätzen 3 oder 4 festgesetzt, gilt § 24 des Vierten Buches nur im Umfang der veränderten Beitragsfestsetzung.

(2) [1]Bei der Bestimmung der wirtschaftlichen Leistungsfähigkeit sind mindestens die Einnahmen des freiwilligen Mitglieds zu berücksichtigen, die bei einem vergleichbaren versicherungspflichtig Beschäftigten der Beitragsbemessung zugrunde zu legen sind. [2]Abstufungen nach dem Familienstand oder der Zahl der Angehörigen, für die eine Versicherung nach § 10 besteht, sind unzulässig. [3]Der zur sozialen Sicherung vorgesehene Teil des Gründungszuschusses nach § 94 des Dritten Buches in Höhe von monatlich 300 Euro darf nicht berücksichtigt werden. [4]Ebenfalls nicht zu berücksichtigen ist das an eine Pflegeperson weitergereichte Pflegegeld bis zur Höhe des Pflegegeldes nach § 37 Absatz 1 des Elften Buches. [5]Die §§ 223 und 228 Abs. 2, § 229 Abs. 2 und die §§ 238a, 247 Satz 1 und 2 und § 248 Satz 1 und 2 dieses Buches sowie § 23a des Vierten Buches gelten entsprechend.

(3) [1]Für freiwillige Mitglieder, die neben dem Arbeitsentgelt eine Rente der gesetzlichen Rentenversicherung beziehen, ist der Zahlbetrag der Rente getrennt von den übrigen Einnahmen bis zur Beitragsbemessungsgrenze zu berücksichtigen. [2]Soweit dies insgesamt zu einer über der Beitragsbemessungsgrenze liegenden Beitragsbelastung führen würde, ist statt des entsprechenden Beitrags aus der Rente nur der Zuschuß des Rentenversicherungsträgers einzuzahlen.

(4) [1]Als beitragspflichtige Einnahmen gilt für den Kalendertag mindestens der neunzigste Teil der monatlichen Bezugsgröße. [2]Für freiwillige Mitglieder, die Schüler einer Fachschule oder Berufsfachschule oder als Studenten an einer ausländischen staatlichen oder staatlich anerkannten Hochschule eingeschrieben sind oder regelmäßig als Arbeitnehmer ihre Arbeitsleistung im Umherziehen anbieten (Wandergesellen), gilt § 236 in Verbindung mit § 245 Abs. 1 entsprechend. [3]Satz 1 gilt nicht für freiwillige Mitglieder, die die Voraussetzungen für den Anspruch auf eine Rente aus der gesetzlichen Rentenversicherung erfüllen und diese Rente beantragt haben, wenn sie seit der erstmaligen Aufnahme einer Erwerbstätigkeit bis zur Stellung des Rentenantrags mindestens neun Zehntel der zweiten Hälfte dieses Zeitraums Mitglied oder nach § 10 versichert waren; § 5 Abs. 2 Satz 1 gilt entsprechend.

(4a) [1]Die nach dem Arbeitseinkommen zu bemessenden Beiträge werden auf der Grundlage des zuletzt erlassenen Einkommensteuerbescheides vorläufig festgesetzt; dabei ist der Einkommensteuerbescheid für die Beitragsbemessung ab Beginn des auf die Ausfertigung folgenden Monats heranzuziehen; Absatz 1 Satz 2 zweiter Halbsatz gilt entsprechend. [2]Bei Aufnahme einer selbstständigen Tätigkeit werden die Beiträge auf der Grundlage der nachgewiesenen voraussichtlichen Einnahmen vorläufig festgesetzt. [3]Die nach den Sätzen 1 und 2 vorläufig festgesetzten Beiträge werden auf Grundlage der tatsächlich erzielten beitragspflichtigen Einnahmen für das jeweilige Kalenderjahr nach Vorlage des jeweiligen Einkommensteuerbescheides endgültig festgesetzt. [4]Weist das Mitglied seine tatsächlichen Einnahmen auf Verlangen der Krankenkasse nicht innerhalb von drei Jahren nach Ablauf des jeweiligen Kalenderjahres nach, gilt für die endgültige Beitragsfestsetzung nach Satz 3 als beitragspflichtige Einnahme für den Kalendertag der 30. Teil der monatlichen Beitragsbemessungsgrenze. [5]Für die Bemessung der Beiträge aus Einnahmen aus Vermietung und Verpachtung gelten die Sätze 1, 3 und 4 entsprechend. [6]Die Sätze 1 bis 5 gelten nicht, wenn auf Grund des zuletzt erlassenen Einkommensteuerbescheides oder einer Erklärung des Mitglieds für den Kalendertag beitragspflichtige Einnahmen in Höhe des 30. Teils der monatlichen Beitragsbemessungsgrenze zugrunde gelegt werden.

(4b) [1]Der Beitragsbemessung für freiwillige Mitglieder sind 10 vom Hundert der monatlichen Bezugsgröße nach § 18 des Vierten Buches zugrunde zu legen, wenn der Anspruch auf Leistungen für das Mitglied und seine nach § 10 versicherten Angehörigen während eines Auslandsaufenthaltes, der durch die Berufstätigkeit des Mitglieds, seines Ehegatten, seines Lebenspartners oder eines seiner Elternteile bedingt ist, oder nach § 16 Abs. 1 Nr. 3 ruht. [2]Satz 1 gilt entsprechend, wenn nach § 16 Abs. 1 der Anspruch auf Leistungen aus anderem Grund für länger als drei Kalendermonate ruht, sowie für Versicherte während einer Tätigkeit für eine internationale Organisation im Geltungsbereich dieses Gesetzes.

(5) Soweit bei der Beitragsbemessung freiwilliger Mitglieder das Einkommen von Ehegatten oder Lebenspartnern nach dem Lebenspartnerschaftsgesetz, die nicht einer Krankenkasse nach § 4 Absatz 2 angehören, berücksichtigt wird, ist von diesem Einkommen für jedes gemeinsame unterhaltsberechtigte Kind, für das eine Familienversicherung wegen der Regelung des § 10 Absatz 3 nicht besteht, ein Betrag in Höhe von einem Drittel der monatlichen Bezugsgröße, für nach § 10 versicherte Kinder ein Betrag in Höhe von einem Fünftel der monatlichen Bezugsgröße abzusetzen.

…

§ 242a Durchschnittlicher Zusatzbeitragssatz

(1) Der durchschnittliche Zusatzbeitragssatz ergibt sich aus der Differenz zwischen den voraussichtlichen jährlichen Ausgaben der Krankenkassen und den voraussichtlichen jährlichen Einnahmen des Gesundheitsfonds, die für die Zuweisungen nach den §§ 266 und 270 zur Verfügung stehen, geteilt durch die voraussichtlichen jährlichen beitragspflichtigen Einnahmen der Mitglieder aller Krankenkassen, multipliziert mit 100.

(2) Das Bundesministerium für Gesundheit legt nach Auswertung der Ergebnisse des Schätzerkreises nach § 220 Absatz 2 die Höhe des durchschnittlichen Zusatzbeitragssatzes für das Folgejahr fest und gibt diesen Wert in Prozent jeweils bis zum 1. November eines Kalenderjahres im Bundesanzeiger bekannt.

§ 242b

(aufgehoben)

…

§ 248 Beitragssatz aus Versorgungsbezügen und Arbeitseinkommen

[1]Bei Versicherungspflichtigen gilt für die Bemessung der Beiträge aus Versorgungsbezügen und Arbeitseinkommen der allgemeine Beitragssatz. [2]Abweichend von Satz 1 gilt bei Versicherungspflichtigen für die Bemessung der Beiträge aus Versorgungsbezügen nach § 229 Absatz 1 Satz 1 Nummer 4 die Hälfte des allgemeinen Beitragssatzes und abweichend von § 242 Absatz 1 Satz 2 die Hälfte des kassenindividuellen Zusatzbeitragssatzes. [3]Veränderungen des Zusatzbeitragssatzes gelten für Versorgungsbezüge nach § 229 in den Fällen des § 256 Absatz 1 Satz 1 jeweils vom ersten Tag des zweiten auf die Veränderung folgenden Kalendermonats an.

…

4.4 Sozialgesetzbuch Sechstes Buch (SGB VI)

In der Fassung der Bekanntmachung vom 19. Februar 2002 (BGBl. I S. 754, 1404, 3384)

Zuletzt geändert durch Artikel 34 des Gesetzes vom 12. Dezember 2019 (BGBl. I S. 2652)

– Auszug –

...

§ 34 Voraussetzungen für einen Rentenanspruch und Hinzuverdienstgrenze

(1) Versicherte und ihre Hinterbliebenen haben Anspruch auf Rente, wenn die für die jeweilige Rente erforderliche Mindestversicherungszeit (Wartezeit) erfüllt ist und die jeweiligen besonderen versicherungsrechtlichen und persönlichen Voraussetzungen vorliegen.

(2) Anspruch auf eine Rente wegen Alters als Vollrente besteht vor Erreichen der Regelaltersgrenze nur, wenn die kalenderjährliche Hinzuverdienstgrenze von 6.300 Euro nicht überschritten wird.

(3) [1]Wird die Hinzuverdienstgrenze überschritten, besteht ein Anspruch auf Teilrente. [2]Die Teilrente wird berechnet, indem ein Zwölftel des die Hinzuverdienstgrenze übersteigenden Betrages zu 40 Prozent von der Vollrente abgezogen wird. [3]Überschreitet der sich dabei ergebende Rentenbetrag zusammen mit einem Zwölftel des kalenderjährlichen Hinzuverdienstes den Hinzuverdienstdeckel nach Absatz 3a, wird der überschreitende Betrag von dem sich nach Satz 2 ergebenden Rentenbetrag abgezogen. [4]Der Rentenanspruch besteht nicht, wenn der von der Rente abzuziehende Hinzuverdienst den Betrag der Vollrente erreicht.

(3a) [1]Der Hinzuverdienstdeckel wird berechnet, indem die monatliche Bezugsgröße mit den Entgeltpunkten (§ 66 Absatz 1 Nummer 1 bis 3) des Kalenderjahres mit den höchsten Entgeltpunkten aus den letzten 15 Kalenderjahren vor Beginn der ersten Rente wegen Alters vervielfältigt wird. [2]Er beträgt mindestens die Summe aus einem Zwölftel von 6.300 Euro und dem Monatsbetrag der Vollrente. [3]Der Hinzuverdienstdeckel wird jährlich zum 1. Juli neu berechnet.

(3b) [1]Als Hinzuverdienst sind Arbeitsentgelt, Arbeitseinkommen und vergleichbares Einkommen zu berücksichtigen. [2]Diese Einkünfte sind zusammenzurechnen. [3]Nicht als Hinzuverdienst gilt das Entgelt, das
1. eine Pflegeperson von der pflegebedürftigen Person erhält, wenn es das dem Umfang der Pflegetätigkeit entsprechende Pflegegeld im Sinne des § 37 des Elften Buches nicht übersteigt, oder
2. ein behinderter Mensch von dem Träger einer in § 1 Satz 1 Nummer 2 genannten Einrichtung erhält.

(3c) [1]Als Hinzuverdienst ist der voraussichtliche kalenderjährliche Hinzuverdienst zu berücksichtigen. [2]Dieser ist jeweils vom 1. Juli an neu zu bestimmen, wenn sich dadurch eine Änderung ergibt, die den Rentenanspruch betrifft. [3]Satz 2 gilt nicht in einem Kalenderjahr, in dem erstmals Hinzuverdienst oder nach Absatz 3e Hinzuverdienst in geänderter Höhe berücksichtigt wurde.

(3d) [1]Von dem Kalenderjahr an, das dem folgt, in dem erstmals Hinzuverdienst berücksichtigt wurde, ist jeweils zum 1. Juli für das vorige Kalenderjahr der tatsächliche Hinzuverdienst statt des bisher berücksichtigten Hinzuverdienstes zu berücksichtigen, wenn sich dadurch rückwirkend eine Änderung ergibt, die den Rentenanspruch betrifft. [2]In dem Kalenderjahr, in dem die Regelaltersgrenze erreicht wird, ist dies abweichend von Satz 1 nach Ablauf des Monats durchzuführen, in dem die Regelaltersgrenze erreicht wurde; dabei ist der tatsächliche Hinzuverdienst bis zum Ablauf des Monats des Erreichens der Regelaltersgrenze zu berücksichtigen. [3]Kann der tatsächliche Hinzuverdienst noch nicht nachgewiesen werden, ist er zu berücksichtigen, sobald der Nachweis vorliegt.

(3e) [1]Änderungen des nach Absatz 3c berücksichtigten Hinzuverdienstes sind auf Antrag zu berücksichtigen, wenn der voraussichtliche kalenderjährliche Hinzuverdienst um mindestens 10 Prozent vom bisher berücksichtigten Hinzuverdienst abweicht und sich dadurch eine Änderung ergibt, die den Rentenanspruch betrifft. [2]Eine Änderung im Sinne von Satz 1 ist auch der Hinzutritt oder der Wegfall von Hinzuverdienst. [3]Ein Hinzutritt von Hinzuverdienst oder ein höherer als der bisher berücksichtigte Hinzuverdienst wird dabei mit Wirkung für die Zukunft berücksichtigt.

(3f) [1]Ergibt sich nach den Absätzen 3c bis 3e eine Änderung, die den Rentenanspruch betrifft, sind die bisherigen Bescheide von dem sich nach diesen Absätzen ergebenden Zeitpunkt an aufzuheben. [2]Soweit Bescheide aufgehoben wurden, sind bereits erbrachte Leistungen zu erstatten; § 50 Absatz 3 und 4 des Zehnten Buches bleibt unberührt. [3]Nicht anzuwenden sind die Vorschriften zur Anhörung Beteiligter (§ 24 des Zehnten Buches), zur Rücknahme eines rechtswidrigen begünstigenden Verwaltungsaktes (§ 45 des Zehnten Buches) und zur Aufhebung eines Verwaltungsaktes mit Dauerwirkung bei Änderung der Verhältnisse (§ 48 des Zehnten Buches).

(3g) [1]Ein nach Absatz 3f Satz 2 zu erstattender Betrag in Höhe von bis zu 200 Euro ist von der laufenden Rente bis zu deren Hälfte einzubehalten, wenn das Einverständnis dazu vorliegt. [2]Der Aufhebungsbescheid ist mit dem Hinweis zu versehen, dass das Einverständnis jederzeit durch schriftliche Erklärung mit Wirkung für die Zukunft widerrufen werden kann.

(4) Nach bindender Bewilligung einer Rente wegen Alters oder für Zeiten des Bezugs einer solchen Rente ist der Wechsel in eine

1. Rente wegen verminderter Erwerbsfähigkeit,
2. Erziehungsrente oder
3. andere Rente wegen Alters

ausgeschlossen.

§ 35 Regelaltersrente

[1]Versicherte haben Anspruch auf Regelaltersrente, wenn sie

1. die Regelaltersgrenze erreicht und
2. die allgemeine Wartezeit erfüllt

haben. [2]Die Regelaltersgrenze wird mit Vollendung des 67. Lebensjahres erreicht.

§ 36 Altersrente für langjährig Versicherte

[1]Versicherte haben Anspruch auf Altersrente für langjährig Versicherte, wenn sie

1. das 67. Lebensjahr vollendet und
2. die Wartezeit von 35 Jahren erfüllt

haben. [2]Die vorzeitige Inanspruchnahme dieser Altersrente ist nach Vollendung des 63. Lebensjahres möglich.

§ 37 Altersrente für schwerbehinderte Menschen

[1]Versicherte haben Anspruch auf Altersrente für schwerbehinderte Menschen, wenn sie

1. das 65. Lebensjahr vollendet haben,
2. bei Beginn der Altersrente als schwerbehinderte Menschen (§ 2 Abs. 2 Neuntes Buch) anerkannt sind und
3. die Wartezeit von 35 Jahren erfüllt haben.

[2]Die vorzeitige Inanspruchnahme dieser Altersrente ist nach Vollendung des 62. Lebensjahres möglich.

§ 38 Altersrente für besonders langjährig Versicherte

Versicherte haben Anspruch auf Altersrente für besonders langjährig Versicherte, wenn sie

1. das 65. Lebensjahr vollendet und
2. die Wartezeit von 45 Jahren erfüllt

haben.

§ 39

(weggefallen)

§ 40 Altersrente für langjährig unter Tage beschäftigte Bergleute

Versicherte haben Anspruch auf Altersrente für langjährig unter Tage beschäftigte Bergleute, wenn sie

1. das 62. Lebensjahr vollendet und
2. die Wartezeit von 25 Jahren erfüllt

haben.

§ 41 Altersrente und Kündigungsschutz

[1]Der Anspruch des Versicherten auf eine Rente wegen Alters ist nicht als ein Grund anzusehen, der die Kündigung eines Arbeitsverhältnisses durch den Arbeitgeber nach dem Kündigungsschutzgesetz bedingen kann. [2]Eine Vereinbarung, die die Beendigung des Arbeitsverhältnisses eines Arbeitnehmers ohne Kündigung zu einem Zeitpunkt vorsieht, zu dem der Arbeitnehmer vor Erreichen der Regelaltersgrenze eine Rente wegen Alters beantragen kann, gilt dem Arbeitnehmer gegenüber als auf das Erreichen der Regelaltersgrenze abgeschlossen, es sei denn, dass die Vereinbarung innerhalb der letzten drei Jahre vor diesem Zeitpunkt abgeschlossen oder von dem Arbeitnehmer innerhalb der letzten drei Jahre vor diesem Zeitpunkt bestätigt worden ist. [3]Sieht eine Vereinbarung die Beendigung des Arbeitsverhältnisses mit dem Erreichen der Regelaltersgrenze vor, können die Arbeitsvertragsparteien durch Vereinbarung während des Arbeitsverhältnisses den Beendigungszeitpunkt, gegebenenfalls auch mehrfach, hinausschieben.

§ 42 Vollrente und Teilrente

(1) Versicherte können eine Rente wegen Alters in voller Höhe (Vollrente) oder als Teilrente in Anspruch nehmen.

(2) [1]Eine unabhängig vom Hinzuverdienst gewählte Teilrente beträgt mindestens 10 Prozent der Vollrente. [2]Sie kann höchstens in der Höhe in Anspruch genommen werden, die sich nach Anwendung von § 34 Absatz 3 ergibt.

(3) [1]Versicherte, die wegen der beabsichtigten Inanspruchnahme einer Teilrente ihre Arbeitsleistung einschränken wollen, können von ihrem Arbeitgeber verlangen, dass er mit ihnen die Möglichkeiten einer solchen Einschränkung erörtert. [2]Macht der Versicherte hierzu für seinen Arbeitsbereich Vorschläge, hat der Arbeitgeber zu diesen Vorschlägen Stellung zu nehmen.

Zweiter Titel Renten wegen verminderter Erwerbsfähigkeit

§ 43 Rente wegen Erwerbsminderung

(1) [1]Versicherte haben bis zum Erreichen der Regelaltersgrenze Anspruch auf Rente wegen teilweiser Erwerbsminderung, wenn sie
1. teilweise erwerbsgemindert sind,
2. in den letzten fünf Jahren vor Eintritt der Erwerbsminderung drei Jahre Pflichtbeiträge für eine versicherte Beschäftigung oder Tätigkeit haben und
3. vor Eintritt der Erwerbsminderung die allgemeine Wartezeit erfüllt haben.

[2]Teilweise erwerbsgemindert sind Versicherte, die wegen Krankheit oder Behinderung auf nicht absehbare Zeit außerstande sind, unter den üblichen Bedingungen des allgemeinen Arbeitsmarktes mindestens sechs Stunden täglich erwerbstätig zu sein.

(2) [1]Versicherte haben bis zum Erreichen der Regelaltersgrenze Anspruch auf Rente wegen voller Erwerbsminderung, wenn sie
1. voll erwerbsgemindert sind,
2. in den letzten fünf Jahren vor Eintritt der Erwerbsminderung drei Jahre Pflichtbeiträge für eine versicherte Beschäftigung oder Tätigkeit haben und
3. vor Eintritt der Erwerbsminderung die allgemeine Wartezeit erfüllt haben.

[2]Voll erwerbsgemindert sind Versicherte, die wegen Krankheit oder Behinderung auf nicht absehbare Zeit außerstande sind, unter den üblichen Bedingungen des allgemeinen Arbeitsmarktes mindestens drei Stunden täglich erwerbstätig zu sein. [3]Voll erwerbsgemindert sind auch
1. Versicherte nach § 1 Satz 1 Nr. 2, die wegen Art oder Schwere der Behinderung nicht auf dem allgemeinen Arbeitsmarkt tätig sein können, und
2. Versicherte, die bereits vor Erfüllung der allgemeinen Wartezeit voll erwerbsgemindert waren, in der Zeit einer nicht erfolgreichen Eingliederung in den allgemeinen Arbeitsmarkt.

(3) Erwerbsgemindert ist nicht, wer unter den üblichen Bedingungen des allgemeinen Arbeitsmarktes mindestens sechs Stunden täglich erwerbstätig sein kann; dabei ist die jeweilige Arbeitsmarktlage nicht zu berücksichtigen.

(4) Der Zeitraum von fünf Jahren vor Eintritt der Erwerbsminderung verlängert sich um folgende Zeiten, die nicht mit Pflichtbeiträgen für eine versicherte Beschäftigung oder Tätigkeit belegt sind:
1. Anrechnungszeiten und Zeiten des Bezugs einer Rente wegen verminderter Erwerbsfähigkeit,
2. Berücksichtigungszeiten,
3. Zeiten, die nur deshalb keine Anrechnungszeiten sind, weil durch sie eine versicherte Beschäftigung oder selbständige Tätigkeit nicht unterbrochen ist, wenn in den letzten sechs Kalendermonaten vor Beginn dieser Zeiten wenigstens ein Pflichtbeitrag für eine versicherte Beschäftigung oder Tätigkeit oder eine Zeit nach Nummer 1 oder 2 liegt,

4. Zeiten einer schulischen Ausbildung nach Vollendung des 17. Lebensjahres bis zu sieben Jahren, gemindert um Anrechnungszeiten wegen schulischer Ausbildung.

(5) Eine Pflichtbeitragszeit von drei Jahren für eine versicherte Beschäftigung oder Tätigkeit ist nicht erforderlich, wenn die Erwerbsminderung aufgrund eines Tatbestandes eingetreten ist, durch den die allgemeine Wartezeit vorzeitig erfüllt ist.

(6) Versicherte, die bereits vor Erfüllung der allgemeinen Wartezeit voll erwerbsgemindert waren und seitdem ununterbrochen voll erwerbsgemindert sind, haben Anspruch auf Rente wegen voller Erwerbsminderung, wenn sie die Wartezeit von 20 Jahren erfüllt haben.

...

Dritter Titel Renten wegen Todes

§ 46 Witwenrente und Witwerrente

(1) [1]Witwen oder Witwer, die nicht wieder geheiratet haben, haben nach dem Tod des versicherten Ehegatten Anspruch auf kleine Witwenrente oder kleine Witwerrente, wenn der versicherte Ehegatte die allgemeine Wartezeit erfüllt hat. [2]Der Anspruch besteht längstens für 24 Kalendermonate nach Ablauf des Monats, in dem der Versicherte verstorben ist.

(2) [1]Witwen oder Witwer, die nicht wieder geheiratet haben, haben nach dem Tod des versicherten Ehegatten, der die allgemeine Wartezeit erfüllt hat, Anspruch auf große Witwenrente oder große Witwerrente, wenn sie

1. ein eigenes Kind oder ein Kind des versicherten Ehegatten, das das 18. Lebensjahr noch nicht vollendet hat, erziehen,
2. das 47. Lebensjahr vollendet haben oder
3. erwerbsgemindert sind.

[2]Als Kinder werden auch berücksichtigt:

1. Stiefkinder und Pflegekinder (§ 56 Abs. 2 Nr. 1 und 2 Erstes Buch), die in den Haushalt der Witwe oder des Witwers aufgenommen sind,
2. Enkel und Geschwister, die in den Haushalt der Witwe oder des Witwers aufgenommen sind oder von diesen überwiegend unterhalten werden.

[3]Der Erziehung steht die in häuslicher Gemeinschaft ausgeübte Sorge für ein eigenes Kind oder ein Kind des versicherten Ehegatten, das wegen körperlicher, geistiger oder seelischer Behinderung außerstande ist, sich selbst zu unterhalten, auch nach dessen vollendetem 18. Lebensjahr gleich.

(2a) Witwen oder Witwer haben keinen Anspruch auf Witwenrente oder Witwerrente, wenn die Ehe nicht mindestens ein Jahr gedauert hat, es sei denn, dass nach den besonderen Umständen des Falles die Annahme nicht gerechtfertigt ist, dass es der alleinige oder überwiegende Zweck der Heirat war, einen Anspruch auf Hinterbliebenenversorgung zu begründen.

(2b) [1]Ein Anspruch auf Witwenrente oder Witwerrente besteht auch nicht von dem Kalendermonat an, zu dessen Beginn das Rentensplitting durchgeführt ist. [2]Der Rentenbescheid über die Bewilligung der Witwenrente oder Witwerrente ist mit Wirkung von diesem Zeitpunkt an aufzuheben; die §§ 24 und 48 des Zehnten Buches sind nicht anzuwenden.

(3) Überlebende Ehegatten, die wieder geheiratet haben, haben unter den sonstigen Voraussetzungen der Absätze 1 bis 2b Anspruch auf kleine oder große Witwenrente oder Witwerrente, wenn die erneute Ehe aufgelöst oder für nichtig erklärt ist (Witwenrente oder Witwerrente nach dem vorletzten Ehegatten).

(4) [1]Für einen Anspruch auf Witwenrente oder Witwerrente gelten als Heirat auch die Begründung einer Lebenspartnerschaft, als Ehe auch eine Lebenspartnerschaft, als Witwe und Witwer auch ein überlebender Lebenspartner und als Ehegatte auch ein Lebenspartner. [2]Der Auflösung oder Nichtigkeit einer erneuten Ehe entspricht die Aufhebung oder Auflösung einer erneuten Lebenspartnerschaft.

§ 47 Erziehungsrente

(1) Versicherte haben bis zum Erreichen der Regelaltersgrenze Anspruch auf Erziehungsrente, wenn

1. ihre Ehe nach dem 30. Juni 1977 geschieden und ihr geschiedener Ehegatte gestorben ist,
2. sie ein eigenes Kind oder ein Kind des geschiedenen Ehegatten erziehen (§ 46 Abs. 2),
3. sie nicht wieder geheiratet haben und
4. sie bis zum Tod des geschiedenen Ehegatten die allgemeine Wartezeit erfüllt haben.

(2) Geschiedenen Ehegatten stehen Ehegatten gleich, deren Ehe für nichtig erklärt oder aufgehoben ist.

(3) Anspruch auf Erziehungsrente besteht bis zum Erreichen der Regelaltersgrenze auch für verwitwete Ehegatten, für die ein Rentensplitting durchgeführt wurde, wenn

1. sie ein eigenes Kind oder ein Kind des verstorbenen Ehegatten erziehen (§ 46 Abs. 2),
2. sie nicht wieder geheiratet haben und
3. sie bis zum Tod des Ehegatten die allgemeine Wartezeit erfüllt haben.

(4) Für einen Anspruch auf Erziehungsrente gelten als Scheidung einer Ehe auch die Aufhebung einer Lebenspartnerschaft, als geschiedener Ehegatte auch der frühere Lebenspartner, als Heirat auch die Begründung einer Lebenspartnerschaft, als verwitweter Ehegatte auch ein überlebender Lebenspartner und als Ehegatte auch der Lebenspartner.

§ 48 Waisenrente

(1) Kinder haben nach dem Tod eines Elternteils Anspruch auf Halbwaisenrente, wenn

1. sie noch einen Elternteil haben, der unbeschadet der wirtschaftlichen Verhältnisse unterhaltspflichtig ist, und
2. der verstorbene Elternteil die allgemeine Wartezeit erfüllt hat.

(2) Kinder haben nach dem Tod eines Elternteils Anspruch auf Vollwaisenrente, wenn

1. sie einen Elternteil nicht mehr haben, der unbeschadet der wirtschaftlichen Verhältnisse unterhaltspflichtig war, und
2. der verstorbene Elternteil die allgemeine Wartezeit erfüllt hat.

(3) Als Kinder werden auch berücksichtigt:

1. Stiefkinder und Pflegekinder (§ 56 Abs. 2 Nr. 1 und 2 Erstes Buch), die in den Haushalt des Verstorbenen aufgenommen waren,
2. Enkel und Geschwister, die in den Haushalt des Verstorbenen aufgenommen waren oder von ihm überwiegend unterhalten wurden.

(4) [1]Der Anspruch auf Halb- oder Vollwaisenrente besteht längstens

1. bis zur Vollendung des 18. Lebensjahres oder
2. bis zur Vollendung des 27. Lebensjahres, wenn die Waise
   a) sich in Schulausbildung oder Berufsausbildung befindet oder
   b) sich in einer Übergangszeit von höchstens vier Kalendermonaten befindet, die zwischen zwei Ausbildungsabschnitten oder zwischen einem Ausbildungsabschnitt und der Ableistung des gesetzlichen Wehr- oder Zivildienstes oder der Ableistung eines freiwilligen Dienstes im Sinne des Buchstabens c liegt, oder
   c) einen freiwilligen Dienst im Sinne des § 32 Absatz 4 Satz 1 Nummer 2 Buchstabe d des Einkommensteuergesetzes leistet oder
   d) wegen körperlicher, geistiger oder seelischer Behinderung außerstande ist, sich selbst zu unterhalten.

[2]Eine Schulausbildung oder Berufsausbildung im Sinne des Satzes 1 liegt nur vor, wenn die Ausbildung einen tatsächlichen zeitlichen Aufwand von wöchentlich mehr als 20 Stunden erfordert. [3]Der tatsächliche zeitliche Aufwand ist ohne Bedeutung für Zeiten, in denen das Ausbildungsverhältnis trotz einer Erkrankung fortbesteht und damit gerechnet werden kann, dass die Ausbildung fortgesetzt wird. [4]Das gilt auch für die Dauer der Schutzfristen nach dem Mutterschutzgesetz.

(5) [1]In den Fällen des Absatzes 4 Nr. 2 Buchstabe a erhöht sich die für den Anspruch auf Waisenrente maßgebende Altersbegrenzung bei Unterbrechung oder Verzögerung der Schulausbildung oder Berufsausbildung durch den gesetzlichen Wehrdienst, Zivildienst oder einen gleichgestellten Dienst um die Zeit dieser Dienstleistung, höchstens um einen der Dauer des gesetzlichen Grundwehrdienstes oder Zivildienstes entsprechenden Zeitraum. [2]Die Ableistung eines freiwilligen Dienstes im Sinne von Absatz 4 Nr. 2 Buchstabe c ist kein gleichgestellter Dienst im Sinne von Satz 1.

(6) Der Anspruch auf Waisenrente endet nicht dadurch, dass die Waise als Kind angenommen wird.

...

§ 187b Zahlung von Beiträgen bei Abfindungen von Anwartschaften auf betriebliche Altersversorgung oder von Anrechten bei der Versorgungsausgleichskasse

(1) Versicherte, die bei Beendigung eines Arbeitsverhältnisses nach Maßgabe des Gesetzes zur Verbesserung der betrieblichen Altersversorgung eine Abfindung für eine unverfallbare Anwartschaft auf betriebliche Altersversorgung erhalten haben, können innerhalb eines Jahres nach Zahlung der Abfindung Beiträge zur allgemeinen Rentenversicherung bis zur Höhe der geleisteten Abfindung zahlen.

(1a) Absatz 1 gilt entsprechend für die Abfindung von Anrechten, die bei der Versorgungsausgleichskasse begründet wurden.

(2) Nach bindender Bewilligung einer Vollrente wegen Alters ist eine Beitragszahlung nicht zulässig, wenn der Monat abgelaufen ist, in dem die Regelaltersgrenze erreicht wurde.

...

§ 235 Regelaltersrente

(1) [1]Versicherte, die vor dem 1. Januar 1964 geboren sind, haben Anspruch auf Regelaltersrente, wenn sie

1. die Regelaltersgrenze erreicht und
2. die allgemeine Wartezeit erfüllt

haben. [2]Die Regelaltersgrenze wird frühestens mit Vollendung des 65. Lebensjahres erreicht.

(2) [1]Versicherte, die vor dem 1. Januar 1947 geboren sind, erreichen die Regelaltersgrenze mit Vollendung des 65. Lebensjahres. [2]Für Versicherte, die nach dem 31. Dezember 1946 geboren sind, wird die Regelaltersgrenze wie folgt angehoben:

Versicherte Geburtsjahr	Anhebung um Monate	auf Alter	
		Jahr	Monat
1947	1	65	1
1948	2	65	2
1949	3	65	3
1950	4	65	4
1951	5	65	5
1952	6	65	6
1953	7	65	7
1954	8	65	8
1955	9	65	9
1956	10	65	10
1957	11	65	11
1958	12	66	0
1959	14	66	2
1960	16	66	4
1961	18	66	6
1962	20	66	8
1963	22	66	10

[3]Für Versicherte, die

1. vor dem 1. Januar 1955 geboren sind und vor dem 1. Januar 2007 Altersteilzeitarbeit im Sinne der §§ 2 und 3 Abs. 1 Nr. 1 des Altersteilzeitgesetzes vereinbart haben oder
2. Anpassungsgeld für entlassene Arbeitnehmer des Bergbaus bezogen haben,

wird die Regelaltersgrenze nicht angehoben.

§ 236 Altersrente für langjährig Versicherte

(1) [1]Versicherte, die vor dem 1. Januar 1964 geboren sind, haben frühestens Anspruch auf Altersrente für langjährig Versicherte, wenn sie

1. das 65. Lebensjahr vollendet und
2. die Wartezeit von 35 Jahren erfüllt

haben. [2]Die vorzeitige Inanspruchnahme dieser Altersrente ist nach Vollendung des 63. Lebensjahres möglich.

(2) [1]Versicherte, die vor dem 1. Januar 1949 geboren sind, haben Anspruch auf diese Altersrente nach Vollendung des 65. Lebensjahres. [2]Für Versicherte, die nach dem 31. Dezember 1948 geboren sind, wird die Altersgrenze von 65 Jahren wie folgt angehoben:

Versicherte Geburtsjahr Geburtsmonat	Anhebung um Monate	auf Alter	
		Jahr	Monat
1949			
Januar	1	65	1
Februar	2	65	2
März – Dezember	3	65	3
1950	4	65	4
1951	5	65	5
1952	6	65	6
1953	7	65	7
1954	8	65	8
1955	9	65	9
1956	10	65	10
1957	11	65	11
1958	12	66	0
1959	14	66	2
1960	16	66	4
1961	18	66	6
1962	20	66	8
1963	22	66	10

[3]Für Versicherte, die

1. vor dem 1. Januar 1955 geboren sind und vor dem 1. Januar 2007 Altersteilzeitarbeit im Sinne der §§ 2 und 3 Abs. 1 Nr. 1 des Altersteilzeitgesetzes vereinbart haben oder
2. Anpassungsgeld für entlassene Arbeitnehmer des Bergbaus bezogen haben,

wird die Altersgrenze von 65 Jahren nicht angehoben.

(3) Für Versicherte, die

1. nach dem 31. Dezember 1947 geboren sind und
2. entweder
   a) vor dem 1. Januar 1955 geboren sind und vor dem 1. Januar 2007 Altersteilzeitarbeit im Sinne der §§ 2 und 3 Abs. 1 Nr. 1 des Altersteilzeitgesetzes vereinbart haben
   oder
   b) Anpassungsgeld für entlassene Arbeitnehmer des Bergbaus bezogen haben,

bestimmt sich die Altersgrenze für die vorzeitige Inanspruchnahme wie folgt:

Versicherte Geburtsjahr Geburtsmonat	Vorzeitige Inanspruchnahme möglich ab Alter	
	Jahr	Monat
1948		
Januar – Februar	62	11
März – April	62	10
Mai – Juni	62	9
Juli – August	62	8
September – Oktober	62	7
November – Dezember	62	6
1949		
Januar – Februar	62	5
März – April	62	4
Mai – Juni	62	3
Juli – August	62	2
September – Oktober	62	1
November – Dezember	62	0
1950 – 1963	62	0

§ 236a Altersrente für schwerbehinderte Menschen

(1) [1]Versicherte, die vor dem 1. Januar 1964 geboren sind, haben frühestens Anspruch auf Altersrente für schwerbehinderte Menschen, wenn sie

1. das 63. Lebensjahr vollendet haben,
2. bei Beginn der Altersrente als schwerbehinderte Menschen (§ 2 Abs. 2 Neuntes Buch) anerkannt sind und
3. die Wartezeit von 35 Jahren erfüllt haben.

[2]Die vorzeitige Inanspruchnahme dieser Altersrente ist frühestens nach Vollendung des 60. Lebensjahres möglich.

(2) [1]Versicherte, die vor dem 1. Januar 1952 geboren sind, haben Anspruch auf diese Altersrente nach Vollendung des 63. Lebensjahres; für sie ist die vorzeitige Inanspruchnahme nach Vollendung des 60. Lebensjahres möglich. [2]Für Versicherte, die nach dem 31. Dezember 1951 geboren sind, werden die Altersgrenze von 63 Jahren und die Altersgrenze für die vorzeitige Inanspruchnahme wie folgt angehoben:

Versicherte Geburtsjahr Geburtsmonat	Anhebung um Monate	auf Alter		Vorzeitige Inanspruchnahme möglich ab Alter	
		Jahr	Monat	Jahr	Monat
1952					
Januar	1	63	1	60	1
Februar	2	63	2	60	2
März	3	63	3	60	3
April	4	63	4	60	4
Mai	5	63	5	60	5
Juni – Dezember	6	63	6	60	6
1953	7	63	7	60	7
1954	8	63	8	60	8
1955	9	63	9	60	9
1956	10	63	10	60	10
1957	11	63	11	60	11
1958	12	64	0	61	0
1959	14	64	2	61	2
1960	16	64	4	61	4
1961	18	64	6	61	6
1962	20	64	8	61	8
1963	22	64	10	61	10

[3]Für Versicherte, die

1. am 1. Januar 2007 als schwerbehinderte Menschen (§ 2 Abs. 2 Neuntes Buch) anerkannt waren und
2. entweder
    a) vor dem 1. Januar 1955 geboren sind und vor dem 1. Januar 2007 Altersteilzeitarbeit im Sinne der §§ 2 und 3 Abs. 1 Nr. 1 des Altersteilzeitgesetzes vereinbart haben
    oder
    b) Anpassungsgeld für entlassene Arbeitnehmer des Bergbaus bezogen haben,

werden die Altersgrenzen nicht angehoben.

(3) Versicherte, die vor dem 1. Januar 1951 geboren sind, haben unter den Voraussetzungen nach Absatz 1 Satz 1 Nr. 1 und 3 auch Anspruch auf diese Altersrente, wenn sie bei Beginn der Altersrente berufsunfähig oder erwerbsunfähig nach dem am 31. Dezember 2000 geltenden Recht sind.

(4) Versicherte, die vor dem 17. November 1950 geboren sind und am 16. November 2000 schwerbehindert (§ 2 Abs. 2 Neuntes Buch), berufsunfähig oder erwerbsunfähig nach dem am 31. Dezember 2000 geltenden Recht waren, haben Anspruch auf diese Altersrente, wenn sie

1. das 60. Lebensjahr vollendet haben,
2. bei Beginn der Altersrente
   a) als schwerbehinderte Menschen (§ 2 Abs. 2 Neuntes Buch) anerkannt oder
   b) berufsunfähig oder erwerbsunfähig nach dem am 31. Dezember 2000 geltenden Recht sind und
3. die Wartezeit von 35 Jahren erfüllt haben.

§ 236b Altersrente für besonders langjährig Versicherte

(1) Versicherte, die vor dem 1. Januar 1964 geboren sind, haben frühestens Anspruch auf Altersrente für besonders langjährig Versicherte, wenn sie
1. das 63. Lebensjahr vollendet und
2. die Wartezeit von 45 Jahren erfüllt

haben.

(2) [1]Versicherte, die vor dem 1. Januar 1953 geboren sind, haben Anspruch auf diese Altersrente nach Vollendung des 63. Lebensjahres. [2]Für Versicherte, die nach dem 31. Dezember 1952 geboren sind, wird die Altersgrenze von 63 Jahren wie folgt angehoben:

Versicherte Geburtsjahr	Anhebung um Monate	auf Alter	
		Jahr	Monat
1953	2	63	2
1954	4	63	4
1955	6	63	6
1956	8	63	8
1957	10	63	10
1958	12	64	0
1959	14	64	2
1960	16	64	4
1961	18	64	6
1962	20	64	8
1963	22	64	10

...

§ 240 Rente wegen teilweiser Erwerbsminderung bei Berufsunfähigkeit

(1) Anspruch auf Rente wegen teilweiser Erwerbsminderung haben bei Erfüllung der sonstigen Voraussetzungen bis zum Erreichen der Regelaltersgrenze auch Versicherte, die
1. vor dem 2. Januar 1961 geboren und
2. berufsunfähig

sind.

(2) [1]Berufsunfähig sind Versicherte, deren Erwerbsfähigkeit wegen Krankheit oder Behinderung im Vergleich zur Erwerbsfähigkeit von körperlich, geistig und seelisch gesunden Versicherten mit ähnlicher Ausbildung und gleichwertigen Kenntnissen und Fähigkeiten auf weniger als sechs Stunden gesunken ist. [2]Der Kreis der Tätigkeiten, nach denen die Erwerbsfähigkeit von Versicherten zu beurteilen ist, umfasst alle Tätigkeiten, die ihren

Kräften und Fähigkeiten entsprechen und ihnen unter Berücksichtigung der Dauer und des Umfangs ihrer Ausbildung sowie ihres bisherigen Berufs und der besonderen Anforderungen ihrer bisherigen Berufstätigkeit zugemutet werden können. [3]Zumutbar ist stets eine Tätigkeit, für die die Versicherten durch Leistungen zur Teilhabe am Arbeitsleben mit Erfolg ausgebildet oder umgeschult worden sind. [4]Berufsunfähig ist nicht, wer eine zumutbare Tätigkeit mindestens sechs Stunden täglich ausüben kann; dabei ist die jeweilige Arbeitsmarktlage nicht zu berücksichtigen.

§ 241 Rente wegen Erwerbsminderung

(1) Der Zeitraum von fünf Jahren vor Eintritt der Erwerbsminderung oder Berufsunfähigkeit (§ 240), in dem Versicherte für einen Anspruch auf Rente wegen Erwerbsminderung drei Jahre Pflichtbeiträge für eine versicherte Beschäftigung oder Tätigkeit haben müssen, verlängert sich auch um Ersatzzeiten.

(2) [1]Pflichtbeiträge für eine versicherte Beschäftigung oder Tätigkeit vor Eintritt der Erwerbsminderung oder Berufsunfähigkeit (§ 240) sind für Versicherte nicht erforderlich, die vor dem 1. Januar 1984 die allgemeine Wartezeit erfüllt haben, wenn jeder Kalendermonat vom 1. Januar 1984 bis zum Kalendermonat vor Eintritt der Erwerbsminderung oder Berufsunfähigkeit (§ 240) mit

1. Beitragszeiten,
2. beitragsfreien Zeiten,
3. Zeiten, die nur deshalb nicht beitragsfreie Zeiten sind, weil durch sie eine versicherte Beschäftigung oder selbständige Tätigkeit nicht unterbrochen ist, wenn in den letzten sechs Kalendermonaten vor Beginn dieser Zeiten wenigstens ein Pflichtbeitrag, eine beitragsfreie Zeit oder eine Zeit nach Nummer 4, 5 oder 6 liegt,
4. Berücksichtigungszeiten,
5. Zeiten des Bezugs einer Rente wegen verminderter Erwerbsfähigkeit oder
6. Zeiten des gewöhnlichen Aufenthalts im Beitrittsgebiet vor dem 1. Januar 1992

(Anwartschaftserhaltungszeiten) belegt ist oder wenn die Erwerbsminderung oder Berufsunfähigkeit (§ 240) vor dem 1. Januar 1984 eingetreten ist. [2]Für Kalendermonate, für die eine Beitragszahlung noch zulässig ist, ist eine Belegung mit Anwartschaftserhaltungszeiten nicht erforderlich.

...

4.5 Sozialgesetzbuch Elftes Buch (SGB XI)

In der Fassung der Bekanntmachung vom 26. Mai 1994 (BGBl. I S. 1014)

Zuletzt geändert durch Artikel 2 des Gesetzes vom 21. Dezember 2019 (BGBl. I S. 2913)

– Auszug –

§ 57 Beitragspflichtige Einnahmen

(1) [1]Bei Mitgliedern der Pflegekasse, die in der gesetzlichen Krankenversicherung pflichtversichert sind, gelten für die Beitragsbemessung § 226 Absatz 1, 2 Satz 1 und Absatz 3 und 4 sowie die §§ 227 bis 232a, 233 bis 238 und § 244 des Fünften Buches sowie die §§ 23a und 23b Abs. 2 bis 4 des Vierten Buches. [2]Bei Personen, die Arbeitslosengeld II beziehen, ist abweichend von § 232a Abs. 1 Satz 1 Nr. 2 des Fünften Buches das

0,2266fache der monatlichen Bezugsgröße zugrunde zu legen und sind abweichend von § 54 Absatz 2 Satz 2 die Beiträge für jeden Kalendermonat, in dem mindestens für einen Tag eine Mitgliedschaft besteht, zu zahlen; § 232a Absatz 1a des Fünften Buches gilt entsprechend.

…

4.6 Sozialgesetzbuch Zwölftes Buch (SGB XII)

In der Fassung der Bekanntmachung vom 27. Dezember 2003 (BGBl. I S. 3022, 3023)

Zuletzt geändert durch Artikel 11 des Gesetzes vom 14. Dezember 2019 (BGBl. I S. 2789)

– Auszug –

…

§ 82 Begriff des Einkommens

(1) [1]Zum Einkommen gehören alle Einkünfte in Geld oder Geldeswert mit Ausnahme der Leistungen nach diesem Buch, der Grundrente nach dem Bundesversorgungsgesetz und nach den Gesetzen, die eine entsprechende Anwendung des Bundesversorgungsgesetzes vorsehen, und der Renten oder Beihilfen nach dem Bundesentschädigungsgesetz für Schaden an Leben sowie an Körper oder Gesundheit bis zur Höhe der vergleichbaren Grundrente nach dem Bundesversorgungsgesetz. [2]Einkünfte aus Rückerstattungen, die auf Vorauszahlungen beruhen, die Leistungsberechtigte aus dem Regelsatz erbracht haben, sind kein Einkommen. [3]Bei Minderjährigen ist das Kindergeld dem jeweiligen Kind als Einkommen zuzurechnen, soweit es bei diesem zur Deckung des notwendigen Lebensunterhaltes, mit Ausnahme der Bedarfe nach § 34, benötigt wird.

(2) [1]Von dem Einkommen sind abzusetzen

1. auf das Einkommen entrichtete Steuern,
2. Pflichtbeiträge zur Sozialversicherung einschließlich der Beiträge zur Arbeitsförderung,
3. Beiträge zu öffentlichen oder privaten Versicherungen oder ähnlichen Einrichtungen, soweit diese Beiträge gesetzlich vorgeschrieben oder nach Grund und Höhe angemessen sind, sowie geförderte Altersvorsorgebeiträge nach § 82 des Einkommensteuergesetzes, soweit sie den Mindesteigenbeitrag nach § 86 des Einkommensteuergesetzes nicht überschreiten, und
4. die mit der Erzielung des Einkommens verbundenen notwendigen Ausgaben.

[2]Erhält eine leistungsberechtigte Person aus einer Tätigkeit Bezüge oder Einnahmen, die nach § 3 Nummer 12, 26, 26a oder 26b des Einkommensteuergesetzes steuerfrei sind oder die als Taschengeld nach § 2 Nummer 4 des Bundesfreiwilligendienstgesetzes oder nach § 2 Absatz 1 Nummer 3 des Jugendfreiwilligendienstegesetzes gezahlt werden, ist abweichend von Satz 1 Nummer 2 bis 4 und den Absätzen 3 und 6 ein Betrag von bis zu 200 Euro monatlich nicht als Einkommen zu berücksichtigen. [3]Soweit ein Betrag nach Satz 2 in Anspruch genommen wird, gelten die Beträge nach Absatz 3 Satz 1 zweiter Halbsatz und nach Absatz 6 Satz 1 zweiter Halbsatz insoweit als ausgeschöpft.

(3) [1]Bei der Hilfe zum Lebensunterhalt und Grundsicherung im Alter und bei Erwerbsminderung ist ferner ein Betrag in Höhe von 30 vom Hundert des Einkommens aus selbständiger und nichtselbständiger Tätigkeit der Leistungsberechtigten abzusetzen, höchstens

jedoch 50 vom Hundert der Regelbedarfsstufe 1 nach der Anlage zu § 28. [2]Abweichend von Satz 1 ist bei einer Beschäftigung in einer Werkstatt für behinderte Menschen oder bei einem anderen Leistungsanbieter nach § 60 des Neunten Buches von dem Entgelt ein Achtel der Regelbedarfsstufe 1 nach der Anlage zu § 28 zuzüglich 50 vom Hundert des diesen Betrag übersteigenden Entgelts abzusetzen. [3]Im Übrigen kann in begründeten Fällen ein anderer als in Satz 1 festgelegter Betrag vom Einkommen abgesetzt werden.

(4) Bei der Hilfe zum Lebensunterhalt und Grundsicherung im Alter und bei Erwerbsminderung ist ferner ein Betrag von 100 Euro monatlich aus einer zusätzlichen Altersvorsorge der Leistungsberechtigten zuzüglich 30 vom Hundert des diesen Betrag übersteigenden Einkommens aus einer zusätzlichen Altersvorsorge der Leistungsberechtigten abzusetzen, höchstens jedoch 50 vom Hundert der Regelbedarfsstufe 1 nach der Anlage zu § 28.

(5) [1]Einkommen aus einer zusätzlichen Altersvorsorge im Sinne des Absatzes 4 ist jedes monatlich bis zum Lebensende ausgezahlte Einkommen, auf das der Leistungsberechtigte vor Erreichen der Regelaltersgrenze auf freiwilliger Grundlage Ansprüche erworben hat und das dazu bestimmt und geeignet ist, die Einkommenssituation des Leistungsberechtigten gegenüber möglichen Ansprüchen aus Zeiten einer Versicherungspflicht in der gesetzlichen Rentenversicherung nach den §§ 1 bis 4 des Sechsten Buches, nach § 1 des Gesetzes über die Alterssicherung der Landwirte, aus beamtenrechtlichen Versorgungsansprüchen und aus Ansprüchen aus Zeiten einer Versicherungspflicht in einer Versicherungs- und Versorgungseinrichtung, die für Angehörige bestimmter Berufe errichtet ist, zu verbessern. [2]Als Einkommen aus einer zusätzlichen Altersvorsorge gelten auch laufende Zahlungen aus

1. einer betrieblichen Altersversorgung im Sinne des Betriebsrentengesetzes,
2. einem nach § 5 des Altersvorsorgeverträge-Zertifizierungsgesetzes zertifizierten Altersvorsorgevertrag und
3. einem nach § 5a des Altersvorsorgeverträge-Zertifizierungsgesetzes zertifizierten Basisrentenvertrag.

[3]Werden bis zu zwölf Monatsleistungen aus einer zusätzlichen Altersvorsorge, insbesondere gemäß einer Vereinbarung nach § 10 Absatz 1 Nummer 2 Satz 3 erster Halbsatz des Einkommensteuergesetzes, zusammengefasst, so ist das Einkommen gleichmäßig auf den Zeitraum aufzuteilen, für den die Auszahlung erfolgte.

(6) Für Personen, die Leistungen der Hilfe zur Pflege, der Blindenhilfe oder Leistungen der Eingliederungshilfe nach dem Neunten Buch erhalten, ist ein Betrag in Höhe von 40 Prozent des Einkommens aus selbständiger und nichtselbständiger Tätigkeit der Leistungsberechtigten abzusetzen, höchstens jedoch 65 Prozent der Regelbedarfsstufe 1 nach der Anlage zu § 28.

(7) [1]Einmalige Einnahmen, bei denen für den Monat des Zuflusses bereits Leistungen ohne Berücksichtigung der Einnahme erbracht worden sind, werden im Folgemonat berücksichtigt. [2]Entfiele der Leistungsanspruch durch die Berücksichtigung in einem Monat, ist die einmalige Einnahme auf einen Zeitraum von sechs Monaten gleichmäßig zu verteilen und mit einem entsprechenden Teilbetrag zu berücksichtigen. [3]In begründeten Einzelfällen ist der Anrechnungszeitraum nach Satz 2 angemessen zu verkürzen. [4]Die Sätze 1 und 2 sind auch anzuwenden, soweit während des Leistungsbezugs eine Auszahlung zur Abfindung einer Kleinbetragsrente im Sinne des § 93 Absatz 3 Satz 2 des Einkommensteuergesetzes oder nach § 3 Absatz 2 des Betriebsrentengesetzes erfolgt und durch

den ausgezahlten Betrag das Vermögen überschritten wird, welches nach § 90 Absatz 2 Nummer 9 und Absatz 3 nicht einzusetzen ist.

…

4.7 Verordnung über die sozialversicherungsrechtliche Beurteilung von Zuwendungen des Arbeitgebers als Arbeitsentgelt (Sozialversicherungsentgeltverordnung – SvEV)

Vom 21. Dezember 2006 (BGBl. I S. 3385)

Zuletzt geändert durch Artikel 1 der Verordnung vom 29. November 2019 (BGBl. I S. 1997)

– Auszug –

§ 1 Dem sozialversicherungspflichtigen Arbeitsentgelt nicht zuzurechnende Zuwendungen

(1) ¹Dem Arbeitsentgelt sind nicht zuzurechnen:

1. einmalige Einnahmen, laufende Zulagen, Zuschläge, Zuschüsse sowie ähnliche Einnahmen, die zusätzlich zu Löhnen oder Gehältern gewährt werden, soweit sie lohnsteuerfrei sind; dies gilt nicht für Sonntags-, Feiertags- und Nachtarbeitszuschläge, soweit das Entgelt, auf dem sie berechnet werden, mehr als 25 Euro für jede Stunde beträgt,

2. sonstige Bezüge nach § 40 Abs. 1 Satz 1 Nr. 1 des Einkommensteuergesetzes, die nicht einmalig gezahltes Arbeitsentgelt nach § 23a des Vierten Buches Sozialgesetzbuch sind,

3. Einnahmen nach § 40 Abs. 2 des Einkommensteuergesetzes,

4. Beiträge nach § 40b des Einkommensteuergesetzes in der am 31. Dezember 2004 geltenden Fassung, die zusätzlich zu Löhnen und Gehältern gewährt werden; dies gilt auch für darin enthaltene Beiträge, die aus einer Entgeltumwandlung (§ 1 Abs. 2 Nr. 3 des Betriebsrentengesetzes) stammen,

4a. Zuwendungen nach § 3 Nr. 56 und § 40b des Einkommensteuergesetzes, die zusätzlich zu Löhnen und Gehältern gewährt werden und für die Satz 3 und 4 nichts Abweichendes bestimmen,

5. Beträge nach § 10 des Entgeltfortzahlungsgesetzes,

6. Zuschüsse zum Mutterschaftsgeld nach § 20 des Mutterschutzgesetzes,

7. in den Fällen des § 3 Abs. 3 der vom Arbeitgeber insoweit übernommene Teil des Gesamtsozialversicherungsbeitrags,

8. Zuschüsse des Arbeitgebers zum Kurzarbeitergeld und Saison-Kurzarbeitergeld, soweit sie zusammen mit dem Kurzarbeitergeld 80 Prozent des Unterschiedsbetrages zwischen dem Sollentgelt und dem Ist-Entgelt nach § 106 des Dritten Buches Sozialgesetzbuch nicht übersteigen,

9. steuerfreie Zuwendungen an Pensionskassen, Pensionsfonds oder Direktversicherungen nach § 3 Nr. 63 Satz 1 und 2 sowie § 100 Absatz 6 Satz 1 des Einkommensteuergesetzes im Kalenderjahr bis zur Höhe von insgesamt 4 Prozent der Beitragsbemessungsgrenze in der allgemeinen Rentenversicherung; dies gilt auch für darin enthaltene Beträge, die aus einer Entgeltumwandlung (§ 1 Abs. 2 Nr. 3 des Betriebsrentengesetzes) stammen,

10. Leistungen eines Arbeitgebers oder einer Unterstützungskasse an einen Pensionsfonds zur Übernahme bestehender Versorgungsverpflichtungen oder Versorgungsanwartschaften durch den Pensionsfonds, soweit diese nach § 3 Nr. 66 des Einkommensteuergesetzes steuerfrei sind,

11. steuerlich nicht belastete Zuwendungen des Beschäftigten zugunsten von durch Naturkatastrophen im Inland Geschädigten aus Arbeitsentgelt einschließlich Wertguthaben,

12. Sonderzahlungen nach § 19 Absatz 1 Satz 1 Nummer 3 Satz 2 bis 4 des Einkommensteuergesetzes der Arbeitgeber zur Deckung eines finanziellen Fehlbetrages an die Einrichtungen, für die Satz 3 gilt,

13. Sachprämien nach § 37a des Einkommensteuergesetzes,

14. Zuwendungen nach § 37b Abs. 1 des Einkommensteuergesetzes, soweit die Zuwendungen an Arbeitnehmer eines Dritten erbracht werden und diese Arbeitnehmer nicht Arbeitnehmer eines mit dem Zuwendenden verbundenen Unternehmens sind,

15. vom Arbeitgeber getragene oder übernommene Studiengebühren für ein Studium des Beschäftigten, soweit sie steuerrechtlich kein Arbeitslohn sind,

16. steuerfreie Aufwandsentschädigungen und die in § 3 Nummer 26 und 26a des Einkommensteuergesetzes genannten steuerfreien Einnahmen.

[2]Dem Arbeitsentgelt sind die in Satz 1 Nummer 1 bis 4a, 9 bis 11, 13, 15 und 16 genannten Einnahmen, Zuwendungen und Leistungen nur dann nicht zuzurechnen, soweit diese vom Arbeitgeber oder von einem Dritten mit der Entgeltabrechnung für den jeweiligen Abrechnungszeitraum lohnsteuerfrei belassen oder pauschal besteuert werden. [3]Die Summe der in Satz 1 Nr. 4a genannten Zuwendungen nach § 3 Nr. 56 und § 40b des Einkommensteuergesetzes, die vom Arbeitgeber oder von einem Dritten mit der Entgeltabrechnung für den jeweiligen Abrechnungszeitraum lohnsteuerfrei belassen oder pauschal besteuert werden, höchstens jedoch monatlich 100 Euro, sind bis zur Höhe von 2,5 Prozent des für ihre Bemessung maßgebenden Entgelts dem Arbeitsentgelt zuzurechnen, wenn die Versorgungsregelung mindestens bis zum 31. Dezember 2000 vor der Anwendung etwaiger Nettobegrenzungsregelungen eine allgemein erreichbare Gesamtversorgung von mindestens 75 Prozent des gesamtversorgungsfähigen Entgelts und nach dem Eintritt des Versorgungsfalles eine Anpassung nach Maßgabe der Entwicklung der Arbeitsentgelte im Bereich der entsprechenden Versorgungsregelung oder gesetzlicher Versorgungsbezüge vorsieht; die dem Arbeitsentgelt zuzurechnenden Beiträge und Zuwendungen vermindern sich um monatlich 13,30 Euro. [4]Satz 3 gilt mit der Maßgabe, dass die Zuwendungen nach § 3 Nr. 56 und § 40b des Einkommensteuergesetzes dem Arbeitsentgelt insoweit zugerechnet werden, als sie in der Summe monatlich 100 Euro übersteigen.

(2) In der gesetzlichen Unfallversicherung und in der Seefahrt sind auch lohnsteuerfreie Zuschläge für Sonntags-, Feiertags- und Nachtarbeit dem Arbeitsentgelt zuzurechnen; dies gilt in der Unfallversicherung nicht für Erwerbseinkommen, das bei einer Hinterbliebenenrente zu berücksichtigen ist.

...

4.8 Einheitliche Grundsätze zur Beitragsbemessung freiwilliger Mitglieder der gesetzlichen Krankenversicherung und weiterer Mitgliedergruppen sowie zur Zahlung und Fälligkeit der von Mitgliedern selbst zu entrichtenden Beiträge (Beitragsverfahrensgrundsätze Selbstzahler)

Vom 27. Oktober 2008, zuletzt geändert am 28. November 2018

– Auszug –

...

§ 2 Beitragsbemessungsgrundsätze

(1) [1]Die Beiträge werden nach den beitragspflichtigen Einnahmen des Mitglieds bemessen. [2]Die Beitragsbemessung hat die gesamte wirtschaftliche Leistungsfähigkeit des Mitglieds zu berücksichtigen. [3]Für versicherte Familienangehörige (§ 10 SGB V) werden Beiträge nicht erhoben. [4]Abstufungen nach dem Familienstand oder der Zahl der versicherten Familienangehörigen sind unzulässig.

(2) Für die Beitragsbemessung sind mindestens die Einnahmen des Mitglieds zu berücksichtigen, die bei einem vergleichbaren versicherungspflichtig Beschäftigten der Beitragsbemessung zugrunde zu legen sind.

(3) [1]Für Mitglieder, die neben dem Arbeitsentgelt eine Rente der gesetzlichen Rentenversicherung beziehen, ist der Zahlbetrag der Rente getrennt von den übrigen Einnahmen bis zur Beitragsbemessungsgrenze zugrunde zu legen. [2]Soweit dies insgesamt zu einer über der Beitragsbemessungsgrenze liegenden Beitragsbelastung führen würde, ist statt des entsprechenden Beitrags aus der Rente nur der Zuschuss des Rentenversicherungsträgers einzuzahlen.

(4) [1]Bei Mitgliedern, deren Ehegatte oder Lebenspartner nach dem LPartG nicht einer Krankenkasse (§ 4 Abs. 2 SGB V) angehört, setzen sich die beitragspflichtigen Einnahmen aus den eigenen Einnahmen und den Einnahmen des Ehegatten oder Lebenspartners zusammen. [2]Auf die Einnahmen des Ehegatten oder Lebenspartners sind die Grundsätze zur Bestimmung der beitragspflichtigen Einnahmen der Mitglieder, zur zeitlichen Zuordnung und Nachweisführung sinngemäß anzuwenden. [3]Von den Einnahmen des Ehegatten oder Lebenspartners ist für jedes gemeinsame unterhaltsberechtigte Kind,

1. für das eine Familienversicherung nur wegen der Regelung des § 10 Abs. 3 SGB V nicht besteht, monatlich ein Betrag in Höhe von einem Drittel,
2. für das eine Familienversicherung besteht, monatlich ein Betrag in Höhe von einem Fünftel

der monatlichen Bezugsgröße nach § 18 Abs. 1 SGB IV abzusetzen. [4]Für die Beitragsbemessung werden nacheinander die eigenen Einnahmen des Mitglieds und die Einnahmen des Ehegatten oder Lebenspartners bis zur Hälfte der sich aus der nach den Sätzen 1 bis 3 ergebenden Summe der Einnahmen, höchstens bis zu einem Betrag in Höhe der halben Beitragsbemessungsgrenze, berücksichtigt. [5]Die Sätze 1 bis 4 gelten nicht,

1. wenn die Einnahmen des Mitglieds die halbe Beitragsbemessungsgrenze oder die Einnahmen des Ehegatten oder Lebenspartners übersteigen,
2. wenn die Ehegatten oder Lebenspartner dauernd getrennt leben (§ 1361 BGB),
3. bei Rentenantragstellern für die Beitragsbemessung in der Zeit der Rentenantragstellung bis zum Beginn der Rente,

4. bei Personen, bei denen die Rentenzahlung eingestellt wird, bis zum Ablauf des Monats, in dem die Entscheidung über Wegfall oder Entzug der Rente unanfechtbar geworden ist,

5. bei Schwangeren, deren Mitgliedschaft nach § 192 Abs. 2 SGB V erhalten bleibt.

§ 3 Beitragspflichtige Einnahmen

(1) [1]Als beitragspflichtige Einnahmen sind das Arbeitsentgelt, das Arbeitseinkommen, der Zahlbetrag der Rente der gesetzlichen Rentenversicherung, der Zahlbetrag der Versorgungsbezüge sowie alle Einnahmen und Geldmittel, die für den Lebensunterhalt verbraucht werden oder verbraucht werden können, ohne Rücksicht auf ihre steuerliche Behandlung zugrunde zu legen. [2]Einnahmen, die nicht in Geld bestehen, sind entsprechend den für die Sachbezüge geltenden Regelungen der Sozialversicherungsentgeltverordnung zu bewerten. [3]Die Einnahmen sind nach wirtschaftlichen Gesichtspunkten abzugrenzen; eine die beitragspflichtigen Einnahmen mindernde Berücksichtigung von Zwecksetzungen einzelner Einnahmen findet nicht statt, es sei denn, die Einnahmen werden wegen ihrer Zwecksetzung kraft einer gesetzlichen Regelung bei Bewilligung von einkommensabhängigen Sozialleistungen im gesamten Sozialrecht nicht als Einkommen berücksichtigt. [4]Zuflüsse aus darlehensweise gewährten Geldleistungen gelten nicht als beitragspflichtige Einnahmen.

(1a) Einnahmen eines selbstständig Erwerbstätigen, die steuerrechtlich als Einkünfte aus nichtselbstständiger Arbeit behandelt werden, gelten als Arbeitseinkommen im Sinne von § 15 SGB IV.

(1b) [1]Einnahmen aus Vermietung und Verpachtung und Einnahmen aus Kapitalvermögen sind den beitragspflichtigen Einnahmen nach Abzug von Werbungskosten zuzurechnen. [2]Werbungskosten sind Aufwendungen zur Erwerbung, Sicherung und Erhaltung der Einnahmen. [3]Als Werbungskosten ist bei Einnahmen aus Kapitalvermögen ein Betrag von 51 Euro pro Kalenderjahr zu berücksichtigen, sofern keine höheren tatsächlichen Aufwendungen nachgewiesen werden.

(2) Für jeden Kalendertag der Mitgliedschaft ist 1/30 der dem Beitragsmonat nach § 5 zuzuordnenden beitragspflichtigen Einnahmen, maximal ein Betrag in Höhe von 1/30 der monatlichen Beitragsbemessungsgrenze, zu berücksichtigen.

(3) Als beitragspflichtige Einnahmen gilt für den Kalendertag mindestens der 90. Teil der monatlichen Bezugsgröße, soweit im SGB V und im SGB XI nichts Abweichendes bestimmt ist.

(4) § 226 Abs. 2 SGB V gilt nicht.

(5) Der GKV-Spitzenverband veröffentlicht mit dem Ziel einer einheitlichen Anwendung des Absatzes 1 einen Katalog von Einnahmen und deren beitragsrechtliche Bewertung.

§ 4 Weitere beitragspflichtige Einnahmen

Den beitragspflichtigen Einnahmen im Sinne des § 3 Abs. 1 zuzurechnen sind auch

1. Abfindungen, Entschädigungen oder ähnliche Leistungen, die wegen Beendigung des Arbeitsverhältnisses gezahlt werden,

2. Rentenabfindungen,

3. der Aufstockungsbetrag nach dem Altersteilzeitgesetz sowie der entsprechende Zuschlag zur Aufstockung der Bezüge nach beamtenrechtlichen Vorschriften oder Grundsätzen.

§ 5 Zuordnung der beitragspflichtigen Einnahmen

...

(4) Die in Form nicht regelmäßig wiederkehrender Leistungen gewährten Versorgungsbezüge, Leistungen aus einer befreienden Lebensversicherung sowie Leistungen von Versicherungsunternehmen, die wegen einer Einschränkung der Erwerbsfähigkeit oder zur Alters- oder Hinterbliebenenversorgung gezahlt werden, sind vom Zeitpunkt des auf die Auszahlung folgenden Monats dem jeweiligen Beitragsmonat mit einem 1/120 des Zahlbetrags der Leistung für 120 Monate zuzuordnen.

...

(6) Nachzahlungen von Renten aus der gesetzlichen Rentenversicherung sowie Nachzahlungen von Versorgungsbezügen sind dem jeweiligen Beitragsmonat zuzuordnen, für den die Renten oder Versorgungsbezüge nachgezahlt werden.

...

4.9 Katalog von Einnahmen und deren beitragsrechtliche Bewertung nach § 240 SGB V vom 20. November 2018

– Auszug –

Vorwort

Der vorliegende Katalog stellt eine alphabetische Auflistung von in der Praxis häufig vorkommenden Einnahmen und deren beitragsrechtliche Bewertung im Hinblick auf den Einkommensbegriff des § 240 Abs. 1 SGB V in Verbindung mit den einheitlichen Grundsätzen des GKV-Spitzenverbandes dar, ohne Anspruch auf Vollständigkeit zu erheben. Er dient für die Zeit ab dem 1. Januar 2009 der einheitlichen Beitragsbemessung bei freiwilligen Mitgliedern und anderen, deren Beitragsbemessung sich ebenfalls nach § 240 SGB V richtet.

Der Katalog befasst sich ausschließlich mit dem Begriff der Einnahmen, welche die wirtschaftliche Leistungsfähigkeit des Mitglieds im Sinne des § 240 Abs. 1 Satz 2 SGB V bzw. § 57 Abs. 4 Satz 1 SGB XI bestimmen. Andere Einkommensbegriffe in der Kranken- und Pflegeversicherung (z. B. Einnahmen zum Lebensunterhalt im Sinne des §§ 55 Abs. 2 und 3, 62 SGB V sowie § 40 Abs. 3 Satz 5 SGB XI) werden von diesem Katalog nicht erfasst.

Allgemeines

Für die Beitragsbemessung der freiwilligen Mitglieder ist nach § 240 Abs. 1 Satz 2 SGB V bzw. § 57 Abs. 4 Satz 1 SGB XI die gesamte wirtschaftliche Leistungsfähigkeit des freiwilligen Mitglieds zu berücksichtigen.

Mit der Berücksichtigung der gesamten wirtschaftlichen Leistungsfähigkeit ist die grundsätzliche Ausrichtung der Beitragsbelastung an der Gesamtheit der Einnahmen gemeint. Welche Einnahmen im Einzelnen hierunter fallen, ist im Gesetz nicht festgelegt. Aus den Gesetzesmaterialien, dem Wortlaut der Vorschrift, ihrer Zweckbestimmung und dem gesetzlichen Zusammenhang kann allerdings entnommen werden, dass der Beitragsbemessung alle Einnahmen und Geldmittel, die das Mitglied zum Lebensunterhalt verbraucht oder verbrauchen könnte, ohne Rücksicht auf die steuerliche Behandlung zugrunde zu legen sind.

Zu den beitragspflichtigen Einnahmen freiwilliger Mitglieder gehören zwingend das Arbeitsentgelt, das Arbeitseinkommen, die Renten aus der gesetzlichen Rentenversicherung und Versorgungsbezüge. Diese Bezüge sind bei versicherungspflichtig Beschäftigten der Beitragsbemessung zugrunde zu legen und deshalb nach § 240 Abs. 2 Satz 1 SGB V auch in der freiwilligen Krankenversicherung in Ansatz zu bringen. Den beitragspflichtigen Einnahmen grundsätzlich zuzurechnen sind ferner alle wiederkehrenden Bezüge, geldwerten Zuwendungen und sonstigen Einnahmen.

Da wegen der Vielzahl unterschiedlicher Einnahmearten eine abschließende konkrete Aufzählung aller beitragspflichtigen Einnahmen nicht möglich ist, benennen die vom GKV-Spitzenverband beschlossenen „Einheitliche Grundsätze zur Beitragsbemessung freiwilliger Mitglieder der gesetzlichen Krankenversicherung und weiterer Mitgliedergruppen sowie zur Zahlung und Fälligkeit der von Mitgliedern selbst zu entrichtenden Beiträge (Beitragsverfahrensgrundsätze Selbstzahler)" die einzelnen beitragspflichtigen Einnahmen nicht abschließend, sondern enthalten eine allgemeine, generalklauselartige Regelung, um sämtliche Einnahmen im vorstehenden Sinne beitragsrechtlich zu erfassen. Diese abstrakte Regelung erhält durch den vorliegenden Einnahmenkatalog eine konkrete Ausprägung.

Von dem Grundsatz, dass alle wiederkehrenden Bezüge, geldwerten Zuwendungen und sonstigen Einnahmen zu den beitragspflichtigen Einnahmen freiwilliger Mitglieder zählen, gelten folgende Ausnahmen:

- Die Einnahme unterliegt aufgrund einer gesetzlichen Regelung nicht der Beitragspflicht.
- Die Einnahme unterliegt aufgrund höchstrichterlicher Rechtsprechung nicht der Beitragspflicht.
- Die Einnahme unterliegt aufgrund einer konkretisierenden Regelung in den Beitragsverfahrensgrundsätzen Selbstzahler nicht der Beitragspflicht.
- Eine Einnahme, deren Bewertung auf erhebliche Schwierigkeiten stößt oder der sich im Gesetz keine eindeutigen Bewertungsmaßstäbe entnehmen lassen, unterliegt aufgrund höchstrichterlicher Rechtsprechung nur dann der Beitragspflicht, wenn die Beitragsverfahrensgrundsätze Selbstzahler eine entsprechende konkretisierende Regelung enthalten.
- Die Einnahme stellt lediglich einen Ersatz für entstandene Aufwendungen dar und besitzt daher keinen Einnahmencharakter mit der Konsequenz, dass sie nicht der Beitragspflicht unterliegt.
- Die Einnahme stellt lediglich eine steuerliche Vergünstigung dar und besitzt daher keinen Einnahmencharakter mit der Konsequenz, dass sie nicht der Beitragspflicht unterliegt.

Einnahmeart	Rechtsgrund-lage	Beitragspflicht	Regelung durch „Beitragsver-fahrensgrundsätze Selbstzahler"
...			
B			
Betriebsrente	§ 229 Abs. 1 Satz 1 Nr. 5 SGB V	ja	§§ 3 Abs. 1, 5 Abs. 2 Satz 1 und Abs. 4
D			
Direktversicherung	§ 229 Abs. 1 Satz 1		
• Rentenleistung aus Direktversicherung	Nr. 5 und Satz 3 SGB V	ja	§§ 3 Abs.1, 5 Abs. 2 Satz 1
• Kapitalleistung aus Direktversicherung		ja	§§ 3 Abs.1, 5 Abs. 4
K			
Kapitalabfindungen bzw. Kapitalleistungen von Versorgungsbezügen	§ 229 Abs. 1 Satz 1 Nr. 1 bis 5 i. V. m. Satz 3 SGB V	ja	§§ 3 Abs. 1, 5 Abs. 4
z. B. Kapitalabfindung von Versorgungsbezügen für Soldaten	§§ 28 – 35 SVG		
Kapitalleistung aus einer gemischt finanzierten Direktversicherung oder Versicherung bei einer Pensionskasse i.S. des BVerfG-Beschlusses vom 28.09.2010 – 1 BvR 1660/08 –, USK 2010-112, bzw. vom 27. Juni 2018 – 1 BvR 100/15 und 1 BvR 249/15 –, USK 2018-27			
• Versorgungsbezugsanteil	§ 229 Abs. 1 Satz 1 Nr. 5 i.V.m. Satz 3 SGB V	ja	§§ 3 Abs. 1, 5 Abs. 4
• Leistungen einer priva-ten Altersvorsorge		ja	§§ 3 Abs. 1, 5 Abs. 4

Einnahmeart	Rechtsgrund-lage	Beitragspflicht	Regelung durch „Beitragsver-fahrensgrundsätze Selbstzahler"
Kapitalleistung aus einer privaten Kapitallebensver-sicherung (ohne befreiende Kapitallebensversicherung), sofern keine Zuordnung zur betrieblichen Altersver-sorgung vorliegt			§§ 3 Abs. 1, 5 Abs. 3 Satz 3
• im Erlebensfall		ja, in Höhe des Kapitalertrags	
• im Todesfall		nein (Ver-mögensver-schiebung)	
Kapitalleistung aus einer privaten Rentenver-sicherung (sofern keine Zuordnung zur betrieb-lichen Altersversorgung vorliegt), darunter ins-besondere:		**ja (BSG-Urteil vom 27.01.2010 – B 12 RK 28/08 –, US. 2010-15)**	§§ 3 Abs. 1, 5 Abs. 4
• aufgeschobene private Rentenversicherung			
• Rentenversicherung mit Kapitalwahlrecht			
• Riester-Rentenver-sicherung			
• Rürup-Rentenversiche-rung			

Einnahmeart	Rechtsgrund-lage	Beitragspflicht	Regelung durch „Beitragsver-fahrensgrundsätze Selbstzahler"
Kapitalleistung aus einer privaten Risikover-sicherung, darunter ins-besondere: • Berufsunfähigkeitsver-sicherung • Erwerbsunfähigkeitsver-sicherung • Risikolebensver-sicherung • Unfallversicherung ohne garantierte Beitragsrück-zahlung		ja	§§ 3 Abs. 1, 5 Abs. 4
R			
Renten aus der gesetz-lichen Rentenversicherung	SGB VI, Art. 2 RÜG	ja	§§ 3 Abs. 1, 5 Abs. 2 Satz 1
Renten aus einer befreienden Kapitallebens-versicherung		**ja (analog zu BSG-Ur-teile vom 06.09.2001 – B 12 KR 40/00 R – und – B 12 KR 5/01 R –, US.** 2001-31)	§§ 3 Abs. 1, 5 Abs. 2 Satz 1

Einnahmeart	Rechtsgrundlage	Beitragspflicht	Regelung durch „Beitragsverfahrensgrundsätze Selbstzahler"
Renten aus einer gemischt finanzierten Direktversicherung			§§ 3 Abs. 1, 5 Abs. 2 Satz 1
oder Versicherung bei einer Pensionskasse i. S. d. BVerfG-Beschlusses vom 28.09.2010 – 1 BvR 1660/08 –, USK	**§ 229 Abs. 1 Satz 1** Nr. 5 SGB V		§§ 3 Abs. 1, 5 Abs. 2 Satz 1
2010-112, bzw. vom 27. Juni 2018 – 1 BvR 100/15 und 1 BvR 249/15 –, US. 2018-27			
• Versorgungsbezugsanteil		ja	
• Leistungen einer privaten Altersvorsorge		**ja (analog zu BSG-Urteile vom 06.09.2001 – B 12 KR 40/00 R – und – B 12 KR 5/01 R –,** US. 2001-31)	
Renten aus einer Höherversicherung	§ 280 SGB VI	ja	§§ 3 Abs. 1, 5 Abs. 2 Satz 1
Renten aus einer privaten Kapitallebensversicherung (ohne befreiende Kapitallebensversicherung), sofern keine Zuordnung zur betrieblichen Altersversorgung vorliegt		**ja (analog zu BSG-Urteile vom 06.09.2001 – B 12 KR 40/00 R – und – B 12 KR 5/01 R –,** US. 2001-31)	§§ 3 Abs. 1, 5 Abs. 2 Satz 1

Einnahmeart	Rechtsgrund-lage	Beitragspflicht	Regelung durch „Beitragsver-fahrensgrundsätze Selbstzahler"
(Leib- und Zeit-) Renten aus einer privaten Renten-versicherung (sofern keine Zuordnung zur betrieb-lichen Altersversorgung vorliegt), darunter ins-besondere: • aufgeschobene private Rentenversicherung • Rentenversicherung mit Kapitalwahlrecht • Riester-Rentenver-sicherung • Rürup-Rentenversiche-rung • Sofortrente		**ja (BSG-Urteil vom 10.10.2017 –** B 12 KR 16/16 R-, US. 2017-84)) Als Sonderfall s. unter Sofort-rente, finanziert aus einer mit ein Einhundert-zwanzigstel verbeitragten Kapitalleistung	§§ 3 Abs. 1, 5 Abs. 2 Satz 1
Renten aus einer privaten Risikoversicherung, dar-unter insbesondere: • Berufsunfähigkeitsver-sicherung • Erwerbsunfähigkeitsver-sicherung • Risikolebensver-sicherung • Unfallversicherung ohne garantierte Beitragsrück-zahlung		**ja (BSG-Urteil vom 06.09.2001 –** B 12 KR 14/00 R –, US. 2001-35)	§§ 3 Abs. 1, 5 Abs. 2 Satz 1
Renten aus Versorgungs- und Zusatzversorgungs-kassen		ja	§§ 3 Abs. 1, 5 Abs. 2 Satz 1
Renten der Alterssicherung der Landwirte	ALG	Ja	§§ 3 Abs. 1, 5 Abs. 2 Satz 1

Einnahmeart	Rechtsgrundlage	Beitragspflicht	Regelung durch „Beitragsverfahrensgrundsätze Selbstzahler"
Rentennachzahlung	§ 228 Abs. 2 SGB V	ja	§§ 3 Abs. 1, 5 Abs. 6
Renten von ausländischen Rentenversicherungsträgern	**§ 228 Abs. 1 Satz 2** SGB V	ja	§§ 3 Abs. 1, 5 Abs. 2 Satz 1 und Abs. 3
S			
Sofortrente aus einer privaten Rentenversicherung, finanziert aus einer mit ein Einhundertzwanzigstel verbeitragten Kapitalleistung		ja, in Höhe des Spitzbetrages = der ein Einhundertzwanzigstel der verbeitragten Kapitalleistung übersteigende Teil der Sofortrente (BSG-Urteil vom 10.10.2017 – B 12 KR 1/16 R –, USK 2017-83)	§§ 3 Abs. 1, 5 Abs. 2 Satz 1
V			
Versorgungsbezüge	§ 229 SGB V	ja	§§ 3 Abs. 1, 5 Abs. 2 Satz 1 und Abs. 4
Versorgungsbezüge, nachgezahlte	§ 229 Abs. 2 SGB V	ja	§§ 3 Abs. 1, 5 Abs. 6

4.10 Besprechung des GKV-Spitzenverbandes zur beitrags- rechtlichen Beurteilung von Leistungen aus betrieblichen Riester-Verträgen ab 1. Januar 2018 vom 11. Januar 2018

– Auszug –

1. Betroffene Altersvorsorgeleistungen

Nach § 229 Abs. 1 Satz 1 Nr. 5 zweiter Halbsatz SGB V bleiben „Leistungen aus Altersvorsorgevermögen im Sinne des § 92 des Einkommensteuergesetzes" (EStG) außer Betracht. Damit wird erreicht, dass Leistungen aus einer Riester-geförderten bAV genauso wie Leistungen aus einer Riestergeförderten reinen privaten Altersversorgung von den Versorgungsbezügen ausgenommen sind.

Nach § 92 Satz 1 EStG hat der Anbieter von Altersvorsorgeverträgen dem Zulageberechtigten jährlich eine Bescheinigung nach amtlich vorgeschriebenem Muster u. a. über den Stand des Altersvorsorgevermögens (im Rahmen der Riester-Förderung) zu erteilen. Die aus diesem Altersvorsorgevermögen resultierende Leistung ist von den Versorgungsbezügen nach § 229 Abs. 1 Nr. 5 SGB V ausgenommen.

Nach der Gesetzesbegründung müssen die Beiträge, die zu Leistungen aus Altersvorsorgevermögen im Sinne des § 92 EStG führen, (nur) dem Grunde nach förderfähig im Rahmen der Riester-Förderung sein, z. B. weil der Arbeitnehmer nach § 1a Abs. 3 Betriebsrentengesetz (BetrAVG) verlangt hat, dass die Voraussetzungen für eine Riester-Förderung erfüllt werden. Darauf, ob die Förderung tatsächlich erfolgt ist oder ob im Zeitpunkt der Beitragszahlung eine Förderberechtigung bestand, kommt es nicht an. Der Höchstbetrag des Sonderausgabenabzugs nach § 10a EStG für geförderte Beiträge ist hierbei folglich unbeachtlich. Altersvorsorgevermögen im vorgenannten Sinne kann also immer nur dann vorliegen, wenn sich die steuerpflichtige Person bewusst für die Riester-Förderung entschieden hat. Dies ist (nur) dann der Fall, wenn sie der Versorgungseinrichtung in der Vergangenheit mitgeteilt hat oder mit Wirkung für die Zukunft mitteilt, dass sie diese Förderung in Anspruch nehmen möchte und die Versorgungseinrichtung daraufhin ihre Pflichten als Anbieter nach § 80 EStG wahrnimmt. Ein Zulagenantrag muss nicht gestellt werden.

Wird das Altersvorsorgevermögen nach § 92 EStG nicht – wie üblich – als Rente oder im Rahmen eines Auszahlungsplans, sondern z. B. als Einmalkapitalbetrag, ausgezahlt, handelt es sich grundsätzlich um eine sog. schädliche Verwendung nach § 93 EStG. Die steuerliche Förderung ist dann – bis auf die in § 93 EStG aufgeführten Ausnahmefälle – zurückzuzahlen. Da es für die beitragsrechtliche Beurteilung jedoch nur auf die grundsätzliche Förderfähigkeit ankommt, sind auch Auszahlungen von nicht mehr gefördertem Altersvorsorgevermögen nach einer schädlichen Verwendung von Versorgungsbezügen ausgenommen. Gleiches gilt für Auszahlungen aus von vornherein zwar förderfähigem, aber tatsächlich ungefördertem Altersvorsorgevermögen.

In das Altersvorsorgevermögen nach § 92 EStG fließen nur die Beiträge ein, soweit der Arbeitnehmer nach § 3 Nr. 63 Satz 2 EStG zugunsten der Riester-Förderung auf die Steuerfreiheit nach § 3 Nr. 63 Satz 1 EStG verzichtet hat. Soweit zusätzlich Beiträge steuerfrei nach § 3 Nr. 63 Satz 1 EStG entrichtet worden sind, dürfen diese nicht in der Bescheinigung nach § 92 EStG abgebildet werden. Ansonsten würde es zu einer doppelten Beitragsfreistellung sowohl in der Anspar- als auch in der Auszahlungsphase kommen, was mit der Intention der Gesetzesänderung nicht im Einklang stehen würde.

Zu den begünstigten Altersvorsorgebeiträgen im Bereich der bAV gehören im Übrigen nur Beiträge, die zum Aufbau einer bAV im Kapitaldeckungsverfahren erhoben werden. Für Umlagen, die an eine Versorgungseinrichtung gezahlt werden, kommt die Förderung dagegen nicht in Betracht. Werden sowohl Umlagen als auch Beiträge im Kapitaldeckungsverfahren erhoben (wie z. B. bei der Versorgungsanstalt des Bundes und der Länder – VBL), gehören Letztere nur dann zu den begünstigten Aufwendungen, wenn eine getrennte Verwaltung und Abrechnung beider Vermögensmassen erfolgt (Trennungsprinzip).

2. Zeitweise Riester-Förderfähigkeit („Mischverträge")

Bestand für den Vertrag in der Ansparphase teilweise keine Riester-Förderfähigkeit (z. B. vor Einführung der Riester-Förderung durch das Altersvermögensgesetz zum 1. Januar 2002 oder vor der aktiven Entscheidung des Steuerpflichtigen für die Inanspruchnahme einer Riester-Förderung), kann es in der Auszahlungsphase nicht zu einer vollständigen Beitragsfreistellung der Leistung kommen, da für diese Zeiträume kein Altersvorsorgevermögen nach § 92 EStG vorliegt. Insoweit ist die spätere Altersleistung dann aufzuteilen in einen Teil, der auf Altersvorsorgevermögen nach § 92 EStG beruht (kein Versorgungsbezug), und in einen Teil, der nicht auf Altersvorsorgevermögen nach § 92 EStG beruht (Versorgungsbezug). Meldepflichtig im Rahmen des Zahlstellen-Meldeverfahrens ist nur der Teil der Leistung, der Versorgungsbezüge nach § 229 SGB V darstellt.

3. Inkrafttreten der Regelung am 1. Januar 2018

Die Änderung des § 229 Abs. 1 Satz 1 Nr. 5 SGB V ist ohne Übergangsregelung am 1. Januar 2018 in Kraft getreten und entfaltet damit ab diesem Zeitpunkt ihre beitrags- und melderechtlichen Wirkungen, die von den Zahlstellen und den Krankenkassen zu beachten sind. Betriebliche Riester-Renten werden damit weder von der Beitragspflicht als Versorgungsbezüge noch vom Zahlstellen-Meldeverfahren erfasst.

Sofern laufende Riester-Renten in vollem Umfang nicht mehr als Versorgungsbezüge gelten, haben die Zahlstellen eine Abmeldung zum 31. Dezember 2017 zu übermitteln. Verliert die Rentenleistung nur zum Teil die Eigenschaft eines Versorgungsbezuges, ist ab 1. Januar 2018 die geänderte Höhe des Versorgungsbezuges zu melden.

Bei einmaligen Leistungen (Kapitalabfindungen/-leistungen) aus einem betrieblichen Riester-Vertrag, die vor dem 1. Januar 2018 ausgezahlt wurden bzw. werden und die nach § 229 Abs. 1 Satz 3 SGB V für die Beitragsbemessung auf 120 Monate aufzuteilen sind, endete die Beitragspflicht am 31. Dezember 2017, sofern die Eigenschaft als Versorgungsbezug in vollem Umfang weggefallen ist. Sofern die einmalige Leistung nur zum Teil die Eigenschaft als Versorgungsbezug verloren hat, ist eine Aufteilung in einen Versorgungsbezugs- und einen Nichtversorgungsbezugs-Anteil erforderlich, aus dem sich für die Zeit ab 1. Januar 2018 für die Restdauer des 120-Monate-Zeitraums eine neue monatliche beitragspflichtige Einnahme ergibt; der Verlauf des 120-Monats-Zeitraums wird hierdurch nicht berührt. Dabei ist die Mindesteinnahmegrenze nach § 226 Abs. 2 SGB V (ab 1. Januar 2018: 152,25 EUR) zu beachten. Einer Änderung der ursprünglichen Meldung durch die Zahlstelle bedarf es nicht, sofern diese unter Geltung des zum Zeitpunkt der Auszahlung geltenden Rechts richtig abgegeben worden ist. Die Krankenkassen werden dann in beiden zuvor erwähnten Fallkonstellationen nur außerhalb des Zahlstellen-Meldeverfahrens durch die betroffene Person oder die Zahlstelle Kenntnis von der beitragsrechtlichen Änderung erhalten können. In diesen Fällen wird die Ausstellung einer Bescheinigung durch die Zahlstelle erforderlich sein, aus der hervorgeht, in welcher Höhe die ursprünglich ausgezahlte Kapitalleistung auf Altersvorsorgevermögen nach § 92 EStG beruht.

4. Anwendungsbereich des § 240 SGB V

Die Änderung des § 229 Abs. 1 Satz 1 Nr. 5 SGB V wirkt sich im Anwendungsbereich des § 240 SGB V in der Weise aus, dass die auf Altersvorsorgevermögen nach § 92 EStG beruhende Leistung nicht als Versorgungsbezug mit dem allgemeinen Beitragssatz, sondern als sonstiges Einkommen mit dem ermäßigten Beitragssatz der Beitragspflicht unterworfen wird. Ungeachtet dessen gilt für die zeitliche Zuordnung § 5 Abs. 4 der Beitragsverfahrensgrundsätze-Selbstzahler („120stel-Regelung"). Riester-Leistungen sind im Rahmen der Auskunfts- und Mitteilungspflichten außerhalb des Zahlstellen-Meldeverfahrens durch Bescheinigungen der Zahlstellen nachzuweisen.

4.11 Rundschreiben des GKV-Spitzenverbandes zu Versicherungs-, beitrags- und melderechtliche Regelungen für Versorgungsbezüge, Arbeitseinkommen und gesetzliche Renten aus dem Ausland bei Versicherungspflichtigen vom 10. Juli 2018

– Auszug –

A.1.1.6 Renten der betrieblichen Altersversorgung

A.1.1.6.1 Allgemeines

§ 229 Abs. 1 Satz 1 Nr. 5 SGB V nennt schließlich als Versorgungsbezüge die Renten der betrieblichen Altersversorgung (Betriebsrenten). Hierunter fallen die Leistungen der Alters-, Invaliditäts- oder Hinterbliebenenversorgung, die unmittelbar oder mittelbar aus Anlass eines früheren Arbeitsverhältnisses zufließen. Betriebliche Altersversorgung ist auf verschiedenen Durchführungswegen möglich. Das Betriebsrentenrecht (Gesetz zur Verbesserung der betrieblichen Altersversorgung – BetrAVG) sieht für die betriebliche Altersvorsorge die folgenden Durchführungswege vor:
- Pensionszusage bzw. Direktzusage (§ 1 Abs. 1 Satz 2 BetrAVG)
- Direktversicherung (§ 1b Abs. 2 BetrAVG),
- Pensionskasse (§ 1b Abs. 3 BetrAVG),
- Pensionsfonds (§ 1b Abs. 3 BetrAVG) und
- Unterstützungskasse (§ 1b Abs. 4 BetrAVG).

Betriebliche Altersversorgung liegt seit dem 1. Januar 2018 auch vor, wenn der Arbeitgeber eine reine Beitragszusage erteilt (§ 1 Abs. 2 Nr. 2a BetrAVG).

Unter den persönlichen Geltungsbereich des BetrAVG fallen nach § 17 Abs. 1 Satz 1 BetrAVG in der Regel Arbeitnehmer (Arbeiter, Angestellte, zur Berufsausbildung Beschäftigte). Das BetrAVG gilt nach § 17 Abs. 1 Satz 2 BetrAVG entsprechend für Personen, die nicht Arbeitnehmer sind, wenn ihnen Leistungen der Alters-, Invaliditäts- oder Hinterbliebenenversorgung aus Anlass ihrer Tätigkeit für ein Unternehmen zugesagt worden sind. Denkbar ist dies bei sog. Minderheitsgesellschaftern von Kapitalgesellschaften. Eine Entgeltumwandlung kann wiederum nur dann nach § 1a BetrAVG vom Arbeitgeber verlangt werden, soweit aufgrund der Beschäftigung oder Tätigkeit bei diesem Arbeitgeber Versicherungspflicht in der Rentenversicherung besteht (§ 17 Abs. 1 Satz 3 BetrAVG).

Nach der Rechtsprechung zur institutionellen Abgrenzung von Leistungen der betrieblichen Altersversorgung von denen der privaten Altersversorgung sind im Wege einer typisierenden Betrachtung Leistungen aus den o. g. Durchführungswegen von vornherein der betrieblichen Altersversorgung im Sinne des Beitragsrechts der GKV zuzuordnen. Voraussetzung ist, dass die Leistung vom Arbeitgeber selbst (Direktzusage), von einer Institution im Sinne des Betriebsrentenrechts (Unterstützungskasse, Pensionskasse, Pensionsfonds) oder im Rahmen einer Direktversicherung gewährt werden (Beschluss des Bundesverfassungsgerichts – BVerfG – vom 28. September 2010 – 1 BvR 1660/08 –, US. 2010-112, unter Hinweis auf das Urteil des BSG vom 12. November 2008 – B 12 KR 6/08 R –, US. 2008-125)

Für die Eigenschaft einer Einnahme als Versorgungsbezug ist allerdings nicht zwingend, dass einer der vorgenannten Durchführungswege vorliegt. In der Rechtsprechung des BSG ist der Begriff der betrieblichen Altersversorgung im Beitragsrecht der GKV gegenüber dem Begriff der betrieblichen Altersversorgung im Betriebsrentenrecht seit jeher als eigenständig verstanden worden. Wird die Rente nicht bereits institutionell vom Betriebsrentenrecht erfasst, ist sie gleichwohl als Rente der betrieblichen Altersversorgung im beitragsrechtlichen Sinne anzusehen, wenn ein enger Zusammenhang zwischen dem Erwerb dieser Rente und der früheren Beschäftigung besteht (vgl. zuletzt Urteile des BSG vom 23. Juli 2014 – B 12 KR 25/12 R, B 12 KR 26/12 R und B 12 KR 28/12 R –, US. 2014-115).

Kein Zusammenhang mit der früheren Beschäftigung besteht jedoch, wenn eine Einbindung des Arbeitgebers bei der Beschaffung der Altersvorsorge nicht erkennbar ist (z. B. bei der reinen privaten Altersvorsorge).

Aus dem Umstand, dass der Begriff der betrieblichen Altersversorgung im Sinne des Beitragsrechts der Krankenversicherung umfassender ist als der nach dem BetrAVG, folgt nach Ansicht des BSG, dass es für die Zuordnung der Leistungen der betrieblichen Altersversorgung zu den Versorgungsbezügen unerheblich ist, wer die Leistungen im Ergebnis finanziert hat (Urteile des BSG vom 21. August 1997 – 12 RK 35/96 –, US. 97159, vom 11. Oktober 2001 – B 12 KR 4/00 –, US. 2001-38 und vom 25. April 2012 – B 12 KR 26/10 R –, US. 2012-20). Dies bedeutet, dass die Leistungen selbst dann zu den Versorgungsbezügen gehören, wenn und soweit sie auf Beiträgen bzw. Finanzierungsanteilen des Arbeitnehmers beruhen. Das gilt auch insoweit, als es sich um Leistungen aufgrund einer Höher- oder Weiterversicherung in einer Pensionskasse handelt oder es um Leistungen aus einer Direktversicherung geht, die durch Entgeltumwandlung finanziert worden sind.

Allein die finanzielle Beteiligung des Arbeitgebers an einem Altersversorgungsvertrag des Arbeitnehmers kann eine von der institutionellen Abgrenzung abweichende Zurechnung zur betrieblichen Altersversorgung und damit zu Versorgungsbezügen nicht begründen, weil die Art der Finanzierung in diesem Zusammenhang nach der Rechtsprechung des BSG nicht als entscheidungserheblich angesehen werden kann (Urteil vom 30. März 2011 – B 12 KR 24/09 R –, US. 2011-23, unter Verweis auf das Urteil vom 5. Mai 2010 – B 12 KR 15/09 R –, US. 2010-54).

Tritt eine Einrichtung, die in Kooperation mit privaten Versicherungsunternehmen betriebliche Altersversorgung anbietet, lediglich als Vermittler von Versicherungsverträgen auf, ohne selbst Gläubiger oder Schuldner aus den abgeschlossenen Versicherungsverträgen zu werden, und verbleiben somit die Kernfunktionen des Versicherungsgeschäfts bei den dahinter stehenden Versicherungsunternehmen, so stellt diese Einrichtung keine Versorgungseinrichtung im Sinne des § 229 Abs. 1 Satz 1 Nr. 5 SGB V dar (Urteil des BSG vom 10. Oktober 2017 – B 12 KR 2/16 R –, US. 2017-85, zum Versorgungswerk der Presse GmbH). Dies schließt nicht aus, dass aus den Vertragsverhältnissen mit den dahinter stehenden Versicherungsunternehmen eine betriebliche Altersversorgung, z. B. in Form einer Direktversicherung, resultiert und die daraus erwachsenen Leistungen den Versorgungsbezügen zuzurechnen sind. Als Zahlstelle von Versorgungsbezügen im beitrags- und melderechtlichen Sinne (vgl. A.1.4 und A.2) ist dann nicht die als Vermittler auftretende Einrichtung, sondern das Versicherungsunternehmen, mit dem der Versicherungsvertrag zu Stande gekommen ist, anzusehen.

Aufgrund dieses eigenständigen beitragsrechtlichen Begriffs der betrieblichen Altersversorgung sind auch Zahlungen, die weder im Rahmen einer Direktversicherung noch von einer Einrichtung (Institution) des Betriebsrentenrechts geleistet werden, sondern z. B. aus Mitteln einer vom Arbeitgeber gegründeten Stiftung fließen, als Renten der betrieblichen Altersversorgung im Sinne des § 229 Abs. 1 Satz 1 Nr. 5 SGB V zu bewerten, sofern diese Zahlungen eine den Renten der gesetzlichen Rentenversicherung vergleichbare Einkommensersatzfunktion haben (vgl. BSG-Urteil vom 25. Mai 2011 – B 12 P 1/09 R –, US. 2011-34). Für die Annahme einer rentenvergleichbaren Einkommensersatzfunktion dieser aus Stiftungsmitteln gewährten „Altersrente" kommt es nach Ansicht des BSG darauf an, dass bei einer Gesamtbetrachtung der Leistungsvoraussetzungen in Verbindung mit dem Sicherungszweck die Übereinstimmungen mit den Renten der gesetzlichen Rentenversicherung überwiegen; die fehlende Relation der Leistung zur Stellung im Berufsleben und zur Höhe des Erwerbseinkommens stehe einer Rentenvergleichbarkeit nicht entgegen.

Auch können Verträge, die zwar der Arbeitnehmer als Versicherungsnehmer zur Altersversorgung abschließt (insbesondere Lebensversicherungen), bei denen jedoch der Arbeitgeber als Vermittler in die Beschaffung der – in der Regel finanziell vorteilhaften – Verträge eingebunden ist, aufgrund des Zusammenhangs mit dem Berufsleben der betrieblichen Altersversorgung zugeordnet werden.

Den Leistungen der betrieblichen Altersversorgung sind nach ausdrücklicher Bestimmung in § 229 Abs. 1 Satz 1 Nr. 5 SGB V die Leistungen aus Zusatzversorgungen im öffentlichen Dienst oder nach entsprechenden Regelungen sowie die hüttenknappschaftliche Zusatzversorgung gleichgestellt. Ebenfalls zur betrieblichen Altersversorgung gehört die Zusatzversorgung der Arbeitnehmer in der Land- und Forstwirtschaft.

Zu den bei der Beitragsbemessung zu berücksichtigenden Leistungen der betrieblichen Altersversorgung gehören insbesondere die Altersrenten einschließlich der Kinderzuschüsse sowie die Witwen-, Witwer- und Waisenrenten. Das Gleiche gilt für Weihnachtsgelder oder sonstige Einmalzahlungen und Zuschläge neben den eigentlichen Versorgungsbezügen, und zwar unabhängig davon, ob deren Zahlung in bestimmter Höhe in der Versorgungsregelung festgelegt ist oder ob die Zuwendungen ohne ausdrückliche Zusage vorbehaltlos in regelmäßiger Wiederkehr und in gleicher Höhe gezahlt werden.

Eine aufgrund eines Sozialplans im Fall des vorzeitigen Ausscheidens aus dem Betrieb gewährte Ausgleichszahlung, die zum Ausgleich der Rentenminderung wegen entgangener Versicherungszeiten vom Beginn der gesetzlichen Rente angezahlt wird, ist als

Rente der betrieblichen Altersversorgung und damit als Versorgungsbezug anzusehen. Es ist unerheblich, ob daneben auch Anspruch auf eine betriebliche Altersversorgung nach einem im Betriebsrentenrecht vorgesehenen Durchführungsweg besteht (Urteil des BSG vom 26. März 1996 – 12 RK 44/94 –, US. 9662).

Leistungen aus einer sog. befreienden Lebensversicherung, die der Arbeitnehmer abgeschlossen hatte und die Voraussetzung für die Befreiung von der Versicherungspflicht in der gesetzlichen Rentenversicherung war, sind nicht als Versorgungsbezüge im Sinne des § 229 Abs. 1 Satz 1 Nr. 5 SGB V anzusehen, und zwar selbst dann nicht, wenn der Arbeitgeber in Form eines Zuschusses an der Lastentragung des Lebensversicherungsvertrages beteiligt war (Urteil des BSG vom 5. Mai 2010 – B 12 KR 15/09 R –, US. 2010-54). Nach Ansicht des BSG ist es nicht geboten, im Wege der Analogie Leistungen aus privatrechtlichen (Renten-) Versicherungsverträgen beitragsrechtlich den Renten der gesetzlichen Rentenversicherung oder den Renten der betrieblichen Altersversorgung gleichzustellen, wenn sie faktisch eine Rente der gesetzlichen Rentenversicherung zu ersetzen scheinen. Dies gilt sowohl für den vom BSG entschiedenen Fall einer Kapitalleistung aus dem Versicherungsvertrag, als auch für laufende (Renten-)Leistungen.

Bei der Beitragsermittlung sind auch Leistungen zur Abgeltung gesetzlicher Ansprüche aus einem Arbeits- oder Dienstverhältnis (z. B. Ausgleichsansprüche nach § 89b HGB) zu berücksichtigen. Hierzu hat das BSG mit Urteil vom 10. März 1994 – 12 RK 30/91 –, US. 9412, entschieden, dass die an einen ehemaligen selbständigen Handelsvertreter aus Anlass des früheren Dienstverhältnisses gezahlte Altersversorgung als Rente der betrieblichen Altersversorgung im Sinne des § 229 Abs. 1 Satz 1 Nr. 5 SGB V der Beitragspflicht auch insoweit unterliegt, als damit Ausgleichsansprüche nach § 89b HGB abgegolten werden.

Keine Versorgungsbezüge im Sinne des § 229 Abs. 1 SGB V sind die Leistungen, die in der Regel nicht durch den Eintritt eines Versorgungsfalles ausgelöst werden und nur für einen kurzen Zeitraum (z. B. nur für wenige Monate) gewährt werden, da sie nicht der Versorgung des Begünstigten oder seiner Hinterbliebenen zu dienen bestimmt sind oder lediglich den betriebsbedingten Verlust des Arbeitsplatzes ausgleichen sollen und nicht anstelle eines Versorgungsbezuges gezahlt werden. Dazu können auch einmalig gezahlte Leistungen wie Treueprämien, Jubiläumsgaben, Tantiemen sowie Zuschüsse zu Krankheitskosten, Kuren, Operationskosten gehören.

Leistungen zur Abgeltung vertraglicher Ansprüche außerhalb eines Arbeits- oder Dienstverhältnisses, z. B. Veräußerungs- bzw. Kaufpreisleibrente (Leibrente, die auf der Übertragung eines Wirtschaftsgutes beruht), bleiben ebenfalls außer Betracht. Genauso verhält es sich mit einmaligen oder laufenden Erfindervergütungen, die ein Arbeitnehmer, ggf. neben der Betriebsrente, von seinem ehemaligen Arbeitgeber erhält, da derartigen Bezügen kein Versorgungscharakter zugeschrieben werden kann.

Bis zum Erreichen der Regelaltersgrenze können Rentenminderungen aufgrund einer vorzeitigen Inanspruchnahme einer Rente wegen Alters in der gesetzlichen Rentenversicherung unter bestimmten Voraussetzungen durch Zahlung von Beiträgen in die gesetzliche Rentenversicherung ausgeglichen werden (§ 187a SGB VI). Übernimmt der Arbeitgeber ganz oder teilweise eine derartige Beitragszahlung, kann diese, unabhängig davon, ob die Zahlung an den Arbeitnehmer oder direkt an den Rentenversicherungsträger vorgenommen wird, nicht den Versorgungsbezügen zugerechnet werden.

A.1.1.6.2 Umfang der Beitragspflicht bei privater Fortführung einer Direktversicherung oder einer Pensionskassenversorgung

A.1.1.6.2.1 Allgemeines

Leistungen der betrieblichen Altersversorgung sind beitragsrechtlich grundsätzlich als unteilbar anzusehen. Sie verlieren ihren Charakter als Versorgungsbezüge im Sinne des § 229 SGB V nicht deshalb, weil sie zum Teil oder ganz auf Leistungen des Arbeitnehmers bzw. Bezugsberechtigten beruhen (u. a. Urteile des BSG vom 12. Dezember 2007 – B 12 KR 6/06 R –, US. 2007-98, und B 12 KR 2/07 R –, US. 2007-81).

Etwas anderes gilt jedoch unter bestimmten Voraussetzungen für Leistungen aus Direktversicherungen. Aufgrund von Verfassungsbeschwerden gegen die beiden genannten Urteile des BSG vom 12. Dezember 2007 hatte sich das BVerfG mit der Frage zu befassen, ob die Erhebung von Beiträgen zur Kranken- und Pflegeversicherung bei Leistungen aus einer vom Arbeitgeber zugunsten des Arbeitnehmers geschlossenen Kapitallebensversicherung (Direktversicherung) aus der gesamten Kapitalleistung verfassungskonform ist, wenn deren Prämien teilweise vom Arbeitnehmer selbst (hier: nach dem Ende des Arbeitsverhältnisses) entrichtet wurden.

In dem Beschluss vom 28. September 2010 – 1 BvR 1660/08 –, US. 2010-112, hat das BVerfG zwar grundsätzlich an der typisierenden Zuordnung von Altersvorsorgeleistungen zu Leistungen der betrieblichen Altersversorgung im Beitragsrecht festgehalten, wenn und solange der institutionelle Rahmen des Betriebsrentenrechts genutzt wird. Die Grenzen zulässiger Typisierung würden jedoch überschritten, soweit auch Kapitalleistungen, die auf Beiträgen beruhen, die ein Arbeitnehmer nach Beendigung seiner Erwerbstätigkeit auf den Lebensversicherungsvertrag unter Einrücken in die Stellung des Versicherungsnehmers eingezahlt hat, der Beitragspflicht als Versorgungsbezug unterworfen werden. In diesem Fall bestehe kein Unterschied mehr zu Leistungen aus privaten Lebensversicherungen von Arbeitnehmern, welche (außerhalb des Anwendungsbereichs des § 240 SGB V) nicht der Beitragspflicht unterliegen. Auf die Einzahlungen des Bezugsberechtigten auf einen von ihm als Versicherungsnehmer fortgeführten Kapitallebensversicherungsvertrag fänden hinsichtlich der von ihm nach der Vertragsübernahme eingezahlten Beiträge die Bestimmungen des Betriebsrentenrechts keine Anwendung mehr.

Diese Grundsätze der Unterscheidung von betrieblichem und privatem Anteil von Leistungen aus einer Direktversicherung wurden vom BSG mit Urteilen vom 30. März 2011 – B 12 KR 16/10 R –, US. 2011-24, und – B 12 KR 24/09 R –, US. 2011-23, bestätigt. Danach ist eine Aufteilung der Gesamtversorgungsleistung aus einem Lebensversicherungsvertrag in einen betrieblichen Anteil (Versorgungsbezüge nach § 229 Abs. 1 Satz 1 Nr. 5 SGB V) und einen privaten Anteil dann vorzunehmen, wenn der Vertrag ursprünglich als Direktversicherung von einem Arbeitgeber als Versicherungsnehmer für den Arbeitnehmer als Bezugsberechtigten abgeschlossen wurde. Weitere Voraussetzung ist, dass der Vertrag nach dem Ende des Arbeitsverhältnisses von dem (ehemaligen) Arbeitnehmer als Versicherungsnehmer übernommen und von ihm bis zum Eintritt des Versicherungsfalls fortgeführt wurde. Soweit diese Tatbestände erfüllt sind, ist der Teil der Versorgungsleistung, der auf Beiträgen beruht, die Bezugsberechtigte als Versicherungsnehmer für die Zeit nach Beendigung seines Arbeitsverhältnisses auf den Lebensversicherungsvertrag eingezahlt hat, nicht als Versorgungsbezug im Sinne des § 229 SGB V anzusehen.

In dem Verfahren B 12 KR 24/09 R hat das BSG zudem klargestellt, dass es für die Abgrenzung nicht darauf ankommt, ob zunächst eine Direktversicherung vorlag, die vom Arbeitnehmer als Versicherungsnehmer fortgeführt wurde, oder ob zunächst der (ggf. spätere) Arbeitnehmer Versicherungsnehmer ist und dann der Arbeitgeber als Versicherungsnehmer die Versicherung als Direktversicherung fortführt. Entscheidendes Abgrenzungskriterium sei allein die Eigenschaft als Versicherungsnehmer; daher sei auch unerheblich, wie oft und in welcher Reihenfolge ein Versicherungsnehmerwechsel erfolge.

Von der zuvor genannten bisherigen Rechtsprechung des BSG ist ausschließlich die Direktversicherung erfasst. Mit Urteilen vom 23. Juli 2014 – B 12 KR 25/12 R, B 12 KR 26/12 und B 12 KR 28/12 R –, US. 2014-115, hat das BSG klargestellt, dass Leistungen, die von einer Pensionskasse gewährt werden, beitragsrechtlich stets in vollem Umfang Leistungen der betrieblichen Altersversorgung und damit Versorgungsbezüge darstellen. Dabei ist unerheblich, ob es sich um eine regulierte oder eine deregulierte Pensionskasse handelt und ob die Leistungen ganz oder teilweise auf eigenen Beiträgen des Versicherten beruhen. Dieses Ergebnis wird im Übrigen nach Auffassung des BSG auch durch die in der Regel von Anfang an bestehende Eigenschaft des Arbeitnehmers als Versicherungsnehmer nicht berührt.

Die Rechtsprechung des BSG zur Aufteilung der Gesamtversorgungsleistung in einen betrieblichen und einen privaten Anteil ist jedoch in den Fällen einer Direktzusage oder Unterstützungskasse entsprechend anzuwenden, bei denen der Arbeitnehmer nach § 8 Abs. 3 BetrAVG bei Insolvenz des Arbeitgebers die Rückdeckungsversicherung als Versicherungsnehmer übernimmt, statt den Pensions-Sicherungs-Verein VVaG (PSVaG) in Anspruch zu nehmen. Der Berechtigte hat dann das Recht, die Versicherung als Versicherungsnehmer mit eigenen Beiträgen fortzusetzen.

A.1.1.6.2.2 Berechnung des betrieblichen Anteils

Nach den genannten Urteilen des BSG vom 30. März 2011 ist die Höhe des beitragspflichtigen Versorgungsbezugs in rückschauender Betrachtung ausgehend von der tatsächlichen Gesamtablaufleistung zu ermitteln. Unter der Gesamtablaufleistung ist die Leistung unter Einschluss aller über die gesamte Laufzeit angesammelten Zinsgewinne und Überschussbeteiligungen einschließlich der Beteiligungen an den Bewertungsreserven und eventuell vereinbarter hierüber hinausgehender Sonderleistungen zu verstehen.

Nach Auffassung des BSG ist vorzugsweise eine prämienratierliche (beitragsproportionale) Berechnung durchzuführen. Bei dieser Berechnungsmethode wird ein Näherungswert für den Teil der Gesamtablaufleistung bestimmt, der auf den für den Zeitraum bzw. die Zeiträume der Versicherteneigenschaft des Arbeitgebers (oder mehrerer Arbeitgeber) gezahlten Prämien beruht:

$$\text{Versorgungsbezüge} = \frac{\text{P1} \times \text{Gesamtablaufleistung}}{\text{P2}}$$

P1 = Während der Versicherungsnehmereigenschaft des oder der Arbeitgeber(s) gezahlte Prämien

P2 = Insgesamt bis zur Vertragsbeendigung gezahlte Prämien

Hilfsweise ist nach den Vorgaben des BSG eine zeitratierliche Berechnung der Versorgungsbezüge zugelassen, soweit die zur prämienratierlichen Berechnung erforderlichen Prämiensummen auch nach Ausschöpfung aller Ermittlungsmöglichkeiten und Erkenntnisquellen nicht feststellbar sein sollten. Zeiten einer prämienfreien Versicherung sind hierbei herauszurechnen. Die zeitratierliche Berechnung ist nach folgender Formel vorzunehmen:

$$\text{Versorgungsbezüge} = \frac{\text{Z1} \times \text{Gesamtablaufleistung}}{\text{Z2}}$$

Z1 = Dauer der Versicherungsnehmereigenschaft des oder der Arbeitgeber(s), ggf. unter Abzug von prämienfreien Zeiten

Z2 = Gesamte Versicherungsdauer, ggf. unter Abzug von prämienfreien Zeiten

Das BSG schließt eine nachrangige Anwendung weiterer Berechnungsmodelle nicht explizit aus, sodass auf die nachfolgend genannten alternativen Verfahren ausgewichen werden kann, sofern die zuvor beschriebenen Verfahren nicht oder nur mit unvertretbarem Aufwand angewandt werden können. Zunächst kommt die Ermittlung einer fiktiven „beitragsfreien Leistung" als betrieblicher Teil der Gesamtablaufleistung in Frage. Dabei wird unterstellt, dass der Versicherungsvertrag mit dem Eintritt des ehemaligen Arbeitnehmers in die Versicherungsnehmerstellung beitragsfrei gestellt worden ist. Die sich daraus ergebende Leistung (von den Versicherungsunternehmen als „beitragsfreie Leistung" bezeichnet) ergibt dann die beitragsrechtlich relevanten Versorgungsbezüge. Ferner ist das sog. Riester-Wertstandsverfahren zu nennen, welches auf einer beitragsproportionalen Aufteilung beruht. Allerdings erfolgt dabei statt einer verhältnismäßigen Aufteilung über den gesamten Versicherungsverlauf (wie nach der erstgenannten Formel) eine jährliche Aktualisierung des Aufteilungsverhältnisses der für die Zeit(en) der Versicherungsnehmereigenschaft des Arbeitgebers bzw. der Arbeitgeber einerseits und für die Zeit(en) der Versicherungsnehmereigenschaft des Arbeitnehmers andererseits gezahlten Prämien. In diesem Fall ist es nicht erforderlich, dass beim Versicherungsunternehmen die gesamte Beitragshistorie vorgehalten wird.

Mit der Meldepflicht der Zahlstelle nach § 202 Abs. 1 SGB V geht die Aufgabe der Zahlstelle einher, den betrieblichen und meldepflichtigen Anteil der Gesamtablaufleistung festzustellen. Nach der in den vorgenannten Urteilen vom 30. März 2011 vom BSG dargelegten Auffassung hat die Zahlstelle die entsprechenden Werte einschließlich einer übersichtlichen und nachvollziehbaren Berechnung sowie die für die Berechnung maßgeblichen Regelungen vorzuhalten und Einzelheiten der Wertermittlung auf Nachfrage der Krankenkasse (oder in Streitverfahren des Gerichts) zu erläutern. Diese Nachweispflicht geht jedoch nicht so weit, dass die Zahlstelle in jedem derartigen Fall eine qualifizierte Mitteilung über die Berechnung der Versorgungsbezüge beizubringen hat. Die Zahlstelle muss jedoch in der Lage sein, die Berechnung in begründeten Fällen nachvollziehbar darzulegen. Diesen Anforderungen kommt die Zahlstelle dadurch nach, dass sie eine entsprechende qualifizierte Mitteilung für die Zahlstellenprüfung nach § 256 Abs. 3 SGB V vorhält. Die Zahlstelle ist darüber hinaus verpflichtet, bereits vorher eine derartige Mitteilung beizubringen, sofern dies die Krankenkasse in begründeten Fällen für erforderlich hält. Dies kommt insbesondere in Frage

- bei freiwillig Versicherten,
- in Widerspruchs- oder Sozialgerichtsverfahren und
- bei (anderen) Vorgängen, in denen sich seitens der Krankenkasse oder des Versicherten Zweifel hinsichtlich der gemeldeten Höhe der Versorgungsbezüge ergeben.

Aus der qualifizierten Mitteilung müssen die Berechnungsmethode, ggf. eine Begründung für die Anwendung einer alternativen Methode sowie – bei der Angabe der Methoden „fiktive beitragsfreie Leistung" oder „Riester-Wertstandsverfahren" – die Ausgangswerte für die Berechnung und die Berechnung an sich hervorgehen.

A.1.1.6.3 „Riester-Renten"

Beiträge zugunsten eines nach § 5 Altersvorsorgeverträge-Zertifizierungsgesetz (Alt-ZertG) zertifizierten Altersvorsorgevertrages werden nach § 82 Einkommensteuergesetz (EStG) im Rahmen der in § 10a EStG genannten Grenzen als Sonderausgaben und nach §§ 83 ff. EStG durch Zulagen steuerlich gefördert. Derartige steuerlich geförderte Verträge werden als Riester-Verträge und die daraus resultierenden – in der Regel monatlichen – Leistungen als Riester-Renten bezeichnet. Zahlungen im Rahmen der betrieblichen Altersversorgung nach dem Betriebsrentengesetz (BetrAVG) an einen Pensionsfonds, eine Pensionskasse oder eine Direktversicherung können als Altersvorsorgebeiträge ebenfalls durch Sonderausgabenabzug und Zulagen gefördert werden (vgl. § 82 Abs. 2 EStG), sodass es sich auch in diesen Fällen um eine „Riester-Förderung" handeln kann.

Riester-Renten, die ohne jegliche Beteiligung des Arbeitgebers allein vom Zulageberechtigten – unter Einschluss der staatlichen Zulagen – finanziert worden sind („private Riester-Renten"), fallen in den Bereich der reinen privaten Altersvorsorge und damit von vornherein nicht in den Anwendungsbereich des § 229 SGB V.

Nach der mit dem Gesetz zur Stärkung der betrieblichen Altersversorgung und zur Änderung anderer Gesetze (Betriebsrentenstärkungsgesetz) vom 17. August 2017 (BGBl. I Nr. 58, S. 3214) am 1. Januar 2018 in Kraft getretenen Ergänzung des § 229 Abs. 1 Satz 1 Nr. 5 SGB V bleiben „Leistungen aus Altersvorsorgevermögen im Sinne des § 92 des Einkommensteuergesetzes" (EStG) außer Betracht. Damit wird erreicht, dass Leistungen aus einer Riester-geförderten betrieblichen Altersversorgung („betriebliche Riester-Renten") genauso wie private Riester-Renten von den Versorgungsbezügen ausgenommen sind.

Nach § 92 Satz 1 EStG hat der Anbieter von Altersvorsorgeverträgen dem Zulageberechtigten jährlich eine Bescheinigung nach amtlich vorgeschriebenem Muster u. a. über den Stand des Altersvorsorgevermögens (im Rahmen der Riester-Förderung) zu erteilen. Die aus diesem Altersvorsorgevermögen resultierende Leistung ist von den Versorgungsbezügen nach § 229 Abs. 1 Nr. 5 SGB V ausgenommen.

Nach der Gesetzesbegründung müssen die Beiträge, die zu Leistungen aus Altersvorsorgevermögen im Sinne des § 92 EStG führen, (nur) dem Grunde nach förderfähig im Rahmen der Riester-Förderung sein, z. B. weil der Arbeitnehmer nach § 1a Abs. 3 Betriebsrentengesetz (BetrAVG) verlangt hat, dass die Voraussetzungen für eine Riester-Förderung erfüllt werden. Darauf, ob die Förderung tatsächlich erfolgt ist oder ob im Zeitpunkt der Beitragszahlung eine Förderberechtigung bestand, kommt es nicht an. Der Höchstbetrag des Sonderausgabenabzugs nach § 10a EStG für geförderte Beiträge ist hierbei folglich unbeachtlich. Das heißt: Altersvorsorgevermögen im vorgenannten Sinne kann also immer nur dann vorliegen, wenn sich die steuerpflichtige Person bewusst für die Riester-Förderung entschieden hat, indem sie einen entsprechend zertifizierten Altersvorsorgevertrag abgeschlossen hat. Dies ist (nur) dann der Fall, wenn sie der Versorgungseinrichtung in der Vergangenheit mitgeteilt hat oder mit Wirkung für die Zukunft mitteilt, dass sie diese Förderung in Anspruch nehmen möchte und die Versorgungseinrichtung daraufhin ihre Pflichten als Anbieter nach § 80 EStG wahrnimmt. Ein Zulagenantrag muss nicht gestellt werden.

Wird das Altersvorsorgevermögen nach § 92 EStG nicht – wie üblich – als Rente oder im Rahmen eines Auszahlungsplans, sondern z. B. als Einmalkapitalbetrag, ausgezahlt, handelt es sich grundsätzlich um eine sog. schädliche Verwendung nach § 93 EStG. Die steuerliche Förderung ist dann – bis auf die in § 93 EStG aufgeführten Ausnahmefälle – zurückzuzahlen. Da es für die beitragsrechtliche Beurteilung jedoch nur auf die grundsätzliche Förderfähigkeit ankommt, sind auch Auszahlungen von nicht mehr gefördertem Altersvorsorgevermögen nach einer schädlichen Verwendung von Versorgungsbezügen ausgenommen. Gleiches gilt für Auszahlungen aus von vornherein zwar förderfähigem, aber tatsächlich ungefördertem Altersvorsorgevermögen.

Bestand für den Vertrag in der Ansparphase teilweise keine Riester-Förderfähigkeit (z. B. vor Einführung der Riester-Förderung durch das Altersvermögensgesetz zum 1. Januar 2002 oder vor der aktiven Entscheidung des Steuerpflichtigen für die Inanspruchnahme der Riester-Förderung), kann es in der Auszahlungsphase nicht zu einer vollständigen Beitragsfreistellung der Leistung kommen, da für diese Zeiträume kein Altersvorsorgevermögen nach § 92 EStG vorliegt. Insoweit ist die spätere Altersleistung dann aufzuteilen in einen Teil, der auf Altersvorsorgevermögen nach § 92 EStG beruht (kein Versorgungsbezug), und in einen Teil, der nicht auf Altersvorsorgevermögen nach § 92 EStG beruht (Versorgungsbezug).

A.1.1.6.4 Übergangszahlungen

Zahlungen, die der Arbeitgeber einem (ehemaligen) Arbeitnehmer im rentennahen Alter für die Zeit zwischen dem Ende des Beschäftigungsverhältnisses und dem Eintritt in den gesetzlichen Ruhestand zahlt („Übergangszahlungen"), sind nach Auffassung des BSG nicht den Versorgungsbezügen zuzurechnen (Urteile vom 29. Juli 2015 – B 12 KR 4/14 R –, US. 2015-56, und – B 12 KR 18/14 R –, US. 2015-64). Für das BSG ist in Übereinstimmung mit der Rechtsprechung des Bundesarbeitsgerichts für die beitragsrechtliche Kategorisierung die objektive Zwecksetzung der Leistung maßgebend. Nur dann, wenn die Leistung der Sicherung des Lebensstandards nach dem Ausscheiden aus dem Erwerbsleben dient („Alterssicherungszweck"), kann es sich um Versorgungsbezüge handeln. Wird hingegen (wie dies typischerweise bei derartigen Übergangszahlungen der Fall ist) bei der Festlegung des Beginns von arbeitgeberseitigen Zuwendungen auf ein Lebensalter abgestellt, das nach der Verkehrsanschauung typischerweise nicht schon als Beginn des Ruhestandes gelten kann, so ist ein Alterssicherungszweck nach Ansicht des BSG bereits aus diesem Grund nicht gegeben; der Prüfung weiterer für einen Versorgungszweck und gegen einen (bloßen) „Überbrückungszweck" sprechender Merkmale bedürfe es dann nicht mehr. Im Hinblick auf diesen objektiv zu bestimmenden Charakter der Leistung ist zudem nicht relevant, welchen Charakter bzw. welche Funktion die Beteiligten der Leistung zum Zeitpunkt der Auszahlung nach subjektiven Gesichtspunkten zuschreiben und wie sie die Leistung bezeichnen.

Daraus folgt, dass Übergangszahlungen, die für die Zeit nach dem Ausscheiden aus einem Beschäftigungsverhältnis bis zum frühestmöglichen Beginn der Rente wegen Alters aus der gesetzlichen Rentenversicherung gewährt werden, keinen Alterssicherungszweck erfüllen. Sie sind damit nicht als Versorgungsbezüge anzusehen. Auf das Alter der betreffenden Person beim Beginn der Übergangszahlung kommt es nicht an. Dies gilt selbst dann, wenn für bestimmte Berufsgruppen die Beschäftigung typischerweise weit vor Beginn des Anspruchs auf eine gesetzliche Rente endet und die Zwischenzeit mit Übergangszahlungen überbrückt wird.

Die Leistungen, die ein Arbeitgeber an einen Arbeitnehmer nach dessen Ausscheiden aus dem Beschäftigungsverhältnis zunächst mit Überbrückungsfunktion bis zum Eintritt in den gesetzlichen Ruhestand, aber ohne vorgesehene Beendigung bei Renteneintritt zahlt, stellen zunächst keine Versorgungbezüge dar. Ab dem Zeitpunkt des Renteneintritts, spätestens ab Erreichen der Regelaltersgrenze sind sie jedoch als Versorgungsbezüge nach § 229 Abs. 1 Satz 1 Nr. 5 SGB V anzusehen, weil sich mit Renteneintritt bzw. Erreichen der Regelaltersgrenze der ursprüngliche Überbrückungszweck erledigt und die Leistung fortan Versorgungsfunktion hat (Urteil des BSG vom 20. Juli 2017 – B 12 KR 12/15 R –, US. 2017-29, hier: „betriebliches Ruhegeld"). Daraus folgt, dass der beitragsrechtliche Charakter einer Leistung im Kontext zu § 229 SGB V im zeitlichen Ablauf Veränderungen unterliegen kann.

Davon abzugrenzen sind Leistungen der betrieblichen Altersversorgung, die im Anschluss an das Beschäftigungsverhältnis anlässlich einer Einschränkung der Erwerbsfähigkeit gewährt werden und daher Versorgungsbezüge darstellen (z. B. Leistungen im Lufthansa-Konzern aufgrund dauerhafter Flugdienstuntauglichkeit des Cockpit- oder Kabinenpersonals).

Die Gewährung von Einkommensersatzleistungen, wie z. B. Arbeitslosengeld, Arbeitslosengeld II oder einer Rente wegen verminderter Erwerbsfähigkeit, in der Zeit des Bezuges der Übergangszahlung wirkt sich nicht auf die zuvor beschriebene beitragsrechtliche Bewertung der Übergangszahlung aus.

Ebenso wirkt es sich nicht auf den zuvor beschriebenen beitragsrechtlichen Charakter einer Übergangszahlung aus, wenn währenddessen ab einer für das Erreichen des Ruhestands typischen Altersgrenze die „reguläre" betriebliche Altersversorgung einsetzt und dann neben der Übergangszahlung gewährt wird. Betriebliche Altersversorgung und Übergangszahlung sind beitragsrechtlich getrennt voneinander zu betrachten.

Wird hingegen der Beginn einer Betriebsrente, die ab einer für den Eintritt in den Ruhestand typischen Altersgrenze einsetzen soll, vorgezogen, weil z. B. das Arbeitsverhältnis vorzeitig beendet wird, ändert sich dadurch nicht die ursprüngliche Zwecksetzung der Leistung. Aufgrund des nach wie vor anzunehmenden Alterssicherungszwecks ist die Leistung dann, und zwar von Beginn an, den Versorgungsbezügen zuzurechnen.

Wird der Arbeitnehmer bei Aufrechterhaltung des Arbeitsverhältnisses von der Arbeitsleistung freigestellt, ist die Übergangszahlung des Arbeitgebers regelmäßig als Arbeitsentgelt zu qualifizieren, da in diesem Fall das versicherungsrechtliche Beschäftigungsverhältnis bestehen bleibt (Urteile des BSG vom 24. September 2008 – B 12 KR 22/07 R–, US. 2008-79, und – B 12 KR 27/07 R-, US. 2008-95). Ein Versorgungsbezug liegt dann nicht vor.

...

A.1.1.7 Versorgungsbezüge aus dem Ausland

Nach § 229 Abs. 1 Satz 2 SGB V werden auch Versorgungsbezüge aus dem Ausland oder von zwischenstaatlichen oder überstaatlichen Einrichtungen als beitragspflichtige Einnahmen herangezogen. Dies gilt allerdings nur insoweit, als die Versorgungsbezüge in ihrem Charakter bzw. der Zielstellung einer der in § 229 Abs. 1 Satz 1 Nr. 1 bis 5 SGB V abschließend genannten Leistungen entsprechen. Hierzu zählen auch Versorgungsleistungen (Pensionen) der Europäischen Gemeinschaft an ihre früheren Beamten soweit dem nicht Sonderregelungen des EU-Rechts entgegenstehen. Gesetzliche Rentenleistungen aus ausländischen Rentensystemen sind dagegen nicht als Versorgungsbezüge im vorgenannten Sinne anzusehen.

Die beitragsrechtliche Zuordnung von Altersversorgungsleistungen aus dem Ausland zu gesetzlichen Renten aus dem Ausland und damit u. a. die Abgrenzung zu Versorgungsbezügen aus dem Ausland wird im Abschnitt C.1.1.2 behandelt. Bei der Beurteilung, ob es sich im konkreten Einzelfall um Versorgungsbezüge aus dem Ausland handelt, insbesondere ob es sich bei der zahlenden Stelle im Ausland nicht um einen Träger der gesetzlichen Rentenversicherung handelt, kann im Zweifelsfall auf ergänzende Auskünfte der Deutschen Verbindungsstelle Krankenversicherung Ausland (DVKA) zurückgegriffen werden.

A.1.1.8 Kapitalabfindungen und Kapitalleistungen

A.1.1.8.1 Allgemeines

In § 229 Abs. 1 Satz 3 SGB V wird für nicht regelmäßig wiederkehrende Leistungen, die entweder an die Stelle von laufenden Versorgungsbezügen treten („Kapitalabfindungen") oder die bereits vor Eintritt des Versicherungsfalls vereinbart oder zugesagt worden sind („originäre Kapitalleistungen", nachfolgend: „Kapitalleistungen"), eine besondere zeitliche Zuordnung bzw. Aufteilung dieser Leistung für die Beitragsbemessung vorgenommen. Gleichzeitig wird damit definiert, dass und unter welchen Bedingungen derartige Versorgungsleistungen überhaupt als Versorgungsbezüge gelten. Die Aussage in § 229 Abs. 1 Satz 3 SGB V bezieht sich zudem auf alle in den Sätzen 1 und 2 aufgeführten Arten von in- und ausländischen Versorgungsbezügen. Im Umkehrschluss fallen alle Versorgungsbezüge in Form von regelmäßig wiederkehrenden Leistungen (laufende und einmalige Bezüge) unter § 229 Abs. 1 Satz 1 und 2 SGB V.

Nach § 229 Abs. 1 Satz 3 SGB V gilt sowohl bei der Kapitalabfindung als auch bei der Kapitalleistung 1/120 der Leistung als monatlicher Zahlbetrag, längstens jedoch für 120 Monate, d.h. der Betrag wird für die Beitragsbemessung auf zehn Jahre verteilt. Die Frist von zehn Jahren beginnt mit dem Ersten des auf die Auszahlung der Leistung folgenden Kalendermonats und umfasst einen starren Zeitraum von 120 Monaten, und zwar unabhängig davon, ob zwischenzeitlich versicherungs- und beitragsrechtlich relevante Änderungen eintreten. So verlängert sich z. B. die Frist nicht, wenn zwischenzeitlich eine Familienversicherung besteht oder der Versicherungsschutz in der GKV gänzlich unterbrochen ist. Genauso wird der Lauf der Frist nicht beeinflusst, wenn z. B. eine Zeit lang keine Beiträge aus der fiktiven monatlichen Einnahme anfallen, weil durch andere vorrangig zu berücksichtigende beitragspflichtige Einnahmen bereits die Beitragsbemessungsgrenze überschritten wird.

A.1.1.8.2 Kapitalabfindungen

Tritt an die Stelle der (laufenden) Versorgungsbezüge eine nicht regelmäßig wiederkehrende Leistung, handelt es sich um eine Kapitalabfindung im Sinne des § 229 Abs. 1 Satz 3 erste Alternative SGB V.

Werden Versorgungsbezüge für einen Zeitraum von weniger als zehn Jahren abgefunden und anschließend laufend gezahlt, dann kann die Abfindung abweichend von der grundsätzlich starren Frist von 120 Monaten nur auf den entsprechenden kürzeren Zeitraum verteilt werden.

Wird die Kapitalabfindung in Raten ausgezahlt, ist in entsprechender Anwendung des Urteils des BSG vom 17. März 2010 – B 12 KR 5/09 R –, US. 2010-8, als beitragspflichtige Einnahme dennoch der Gesamtbetrag der Kapitalabfindung monatlich mit 1/120 zu berücksichtigen. Eventuelle Verzinsungen der einzelnen Raten, auf die ein Anspruch nach Eintritt des Versorgungsfalls entsteht, bleiben hierbei unberücksichtigt. Maßgeblich für die Ermittlung der beitragspflichtigen Einnahmen ist die mit Eintritt des Leistungsfalls insgesamt zustehende Kapitalabfindung.

Witwenabfindungen, die aus Anlass der Wiederverheiratung einer Witwe oder eines Witwers gewährt werden, sind aufgrund des fehlenden Versorgungszwecks nicht als Versorgungsbezüge anzusehen (BSG-Urteil vom 22. Mai 2003 – B 12 KR 12/02 R –, US. 2003-6).

Die Kapitalabfindung nach § 28 SVG an Soldaten im Ruhestand, mit der ein Teilbetrag (maximal 50 %) des Ruhegehaltes unter bestimmten Voraussetzungen abgefunden werden kann, stellt hingegen einen Versorgungsbezug nach § 229 Abs. 1 Satz 1 Nr. 1 i. V. m. Satz 3 SGB V dar, weil damit im weitesten Sinne ein Versorgungszweck erfüllt wird und die Leistung einen laufenden Versorgungsbezug ersetzt.

A.1.1.8.3 Kapitalleistungen

Als zweite in § 229 Abs. 1 Satz 3 SGB V beschriebene Variante werden auch die nicht regelmäßig wiederkehrenden Leistungen – nach der genannten Methode auf zehn Jahre verteilt – zur Betragsbemessung herangezogen, die von vornherein („originär") oder jedenfalls noch vor dem Versicherungsfall als Kapitalleistung vereinbart oder zugesagt worden sind.

Beitragspflicht besteht unabhängig davon, ob die Versorgungsleistung als originäre Kapitalzahlung ohne Wahlrecht zu Gunsten einer Rentenzahlung oder als Kapitalleistung mit Option zu Gunsten einer Rentenzahlung zugesagt wird.

Wird die Kapitalleistung in Raten ausgezahlt, ist als beitragspflichtige Einnahme dennoch der Gesamtbetrag der Kapitalleistung monatlich mit 1/120 zu berücksichtigen (Urteil des BSG vom 17. März 2010 – B 12 KR 5/09 R –, US. 2010-8). Eventuelle Verzinsungen der einzelnen Raten, auf die ein Anspruch nach Eintritt des Versorgungsfalls entsteht, bleiben hierbei unberücksichtigt. Maßgeblich für die Ermittlung der beitragspflichtigen Einnahmen ist die mit Eintritt des Leistungsfalls insgesamt zustehende Kapitalleistung.

Bei Direktversicherungen kann es vorkommen, dass wegen der im Versicherungsvertrag genannten Altersgrenze die Kapitalleistung bereits fließt, der Versicherte aber noch weiterhin beschäftigt ist. Auch in diesen Fällen beginnt der Zehn-Jahres-Zeitraum mit dem Ersten des auf die Auszahlung des Kapitalbetrages folgenden Kalendermonats. Soweit in dieser Zeit ein Beschäftigungsverhältnis ausgeübt wird, in dem das Arbeitsentgelt des Versicherten über der Beitragsbemessungsgrenze liegt, fallen aus der Kapitalleistung zunächst keine Beiträge an; der Zehn-Jahres-Zeitraum wird dadurch nicht verändert.

Wird die Kapitalleistung ganz oder teilweise zur Finanzierung einer Sofortrentenversicherung verwendet, steht dies der Beitragsbemessung nach § 229 Abs. 1 Satz 1 Nr. 5 i. V. m. Satz 3 SGB V nicht entgegen, denn Verfügungen des Berechtigten über die fällig gewordene Kapitalleistung beeinflussen deren Beitragspflicht nicht (Urteil des BSG v. 10. Oktober 2017 – B 12 KR 1/16 R –, US. 2017-83). Die Sofortrente stellt jedoch, obwohl sie aus einem Versorgungsbezug finanziert worden ist, selbst keinen Versorgungsbezug dar.

Sollte der Versorgungsempfänger vor Ablauf von zehn Jahren versterben, endet auch die Beitragspflicht. In diesen Fällen kann für die Hinterbliebenen eine eigene Beitragspflicht nur dann entstehen, wenn sie als Hinterbliebenenversorgung einen eigenen Kapitalbetrag beanspruchen können.

So wie laufende Ausgleichszahlungen des Arbeitgebers, die entgehende Ansprüche aus der gesetzlichen Rentenversicherung oder einer betrieblichen Altersversorgung ersetzen, als laufender Versorgungsbezug im Sinne des § 229 Abs. 1 Satz 1 Nr. 5 SGB V anzusehen sind (vgl. Urteil des BSG vom 26. März 1996 – 12 RK 44/94 –, US. 9662), gelten mit der gleichen Zielsetzung gewährte einmalige Ausgleichszahlungen („Abfindungszahlungen") ebenfalls als Versorgungsbezug, allerdings als Kapitalleistung im Sinne des § 229 Abs. 1 Satz 3 SGB V. Dies ist auch dann der Fall, wenn die Ausgleichszahlung nicht in einer Summe, sondern ratierlich zur Auszahlung gelangt.

Dem in einer Summe gezahlten „Ausgleich bei besonderen Altersgrenzen" nach § 48 BeamtVG an Beamte des Vollzugsdienstes, des Einsatzdienstes der Feuerwehr und im Flugverkehrskontrolldienst in Höhe des Fünffachen der Dienstbezüge des letzten Monats – begrenzt auf einen Höchstbetrag – ist ungeachtet der Zielsetzung dieser Zahlung ein Versorgungscharakter beizumessen. Der Ausgleich stellt damit eine vor Eintritt des Versicherungsfalls zugesagte Leistung (Kapitalleistung) im Sinne des § 229 Abs. 1 Satz 1 Nr. 1 i. V. m. Satz 3 SGB V dar. Dies gilt ebenso für den einmaligen Ausgleich nach § 38 SVG für Berufssoldaten, die vor Vollendung des 67. Lebensjahres in den Ruhestand getreten sind.

Die Aufteilung einer Versorgungsleistung in einen betrieblichen und einen privaten Teil bei „privater Fortführung" einer ursprünglich als Direktversicherung abgeschlossenen Lebensversicherung und umgekehrt, die hauptsächlich Kapitalleistungen betrifft, wird unter A.1.1.6.2 beschrieben.

A.1.1.8.4 Beitragsrechtliche Beurteilung von Abfindungen betrieblicher Altersversorgung einschließlich der Auszahlung von Rückkaufswerten

Im Fall der Abfindung einer unverfallbaren Anwartschaft auf Leistungen einer betrieblichen Altersversorgung (hier: Auszahlung der Deckungsrückstellung aus einer Direktversicherung in Form eines Einmalbetrags) geht nach dem BSG-Urteil vom 25. April 2012 – B 12 KR 26/10 R –, US. 2012-20, der Charakter einer Kapitalleistung als Versorgungsbezug nicht dadurch – nachträglich – verloren, wenn sie vor dem Eintritt des vertraglich vereinbarten Versicherungsfalls (hier: nach Vollendung des 60. Lebensjahres) ausgezahlt wird. Dem § 229 Abs. 1 Satz 3 SGB V sei nicht zu entnehmen, dass die Beitragspflicht von Kapitalleistungen den Eintritt des vertraglich vereinbarten Versicherungsfalls voraussetze. Vielmehr komme es dafür auf den Versorgungszweck bei Vereinbarung bzw. Zusage an. Nicht maßgebend ist, ob das vorzeitig ausgezahlte Kapital möglicherweise nicht mehr einem Versorgungszweck dient, sondern zur Deckung eines anderen Bedarfs verwendet wird.

Mit Urteil vom 25. August 2004 – B 12 KR 30/03 R –, US. 2004-29, hatte das BSG bereits entschieden, dass eine an den Arbeitnehmer im laufenden Beschäftigungsverhältnis gezahlte Abfindung erworbener Versorgungsanwartschaften aus einer Unterstützungskasse, deren Träger der Arbeitgeber ist, kein beitragspflichtiges Arbeitsentgelt im Sinne des § 14 Abs. 1 SGB IV darstellt. Vielmehr sei bei einer derartigen Abfindungsleistung bezüglich der Kranken- und Pflegeversicherung der Anwendungsbereich des § 229 SGB V eröffnet; daneben komme § 14 SGB IV von vornherein nicht als einschlägig in Betracht.

Unter Hinweis auf diese beiden BSG-Urteile hat das Landessozialgericht (LSG) Baden-Württemberg am 24. März 2015 – L 11 R 1130/14 – entschieden, dass es sich bei der Abfindung einer betrieblichen Altersversorgung (hier: Rückkaufswert einer Direktversicherung) auch während eines bestehenden Beschäftigungsverhältnisses nicht um Arbeitsentgelt im Sinne von § 14 SGB IV, sondern ausschließlich um einen Versorgungsbezug nach § 229 SGB V in Form einer Kapitalleistung handelt.

In den Urteilen vom 29. Juli 2015 – B 12 KR 4/14 R –, US. 2015-56, und – B 12 KR 18/14 R –, US. 2015-64, hat das BSG für einen abweichenden Sachverhalt (Übergangszahlungen, vgl. A.1.1.6.4) in Übereinstimmung mit der vorgenannten Rechtsprechung wiederholt deutlich gemacht, dass für die beitragsrechtliche Kategorisierung im Kontext zu § 229 SGB V die objektive Zwecksetzung der Leistung maßgebend ist.

Unter Berücksichtigung dieser Rechtsprechung vertreten die Spitzenorganisationen der Sozialversicherung die Auffassung, dass vor Eintritt des Versorgungsfalles gezahlte Abfindungen von gesetzlich oder vertraglich unverfallbaren oder verfallbaren Anwartschaften auf eine betriebliche Altersversorgung, einschließlich der Auszahlung von Rückkaufswerten, und zwar sowohl nach beendetem als auch bei bestehendem Beschäftigungsverhältnis, kein Arbeitsentgelt nach § 14 SGB IV darstellen, sondern dem Anwendungsbereich des § 229 SGB V (Versorgungsbezüge) zuzuordnen sind (Niederschrift über die Besprechung über Fragen des gemeinsamen Beitragseinzugs am 20. April 2016, Punkt 4). Nach diesen Grundsätzen ist spätestens bei Abfindungen von Versorgungsanwartschaften zu verfahren, die nach dem 30. Juni 2016 ausgezahlt werden.

Konkret handelt es sich dann um Versorgungsbezüge in Form einer Kapitalabfindung im Sinne des § 229 Abs. 1 Satz 1 Nr. 5 i. V. m. Satz 3 SGB V.

In dem vorgenannten Besprechungsergebnis wird bereits klargestellt, dass die beitragsrechtliche Zuordnung zu den Versorgungsbezügen nicht von dem Alter der betreffenden Person zum Zeitpunkt der Auszahlung abhängt. Auf einen engen zeitlichen Zusammenhang zwischen Auszahlung und Ausscheiden aus dem Erwerbsleben kommt es damit nicht (mehr) an.

Die zuvor beschriebene beitragsrechtliche Bewertung der Abfindung gilt auch dann, wenn diese aus einer – rechtlich zulässigen – Teilkündigung der betrieblichen Altersversorgung resultiert.

A.1.1.9 Hinterbliebenenversorgung

Als Versorgungsbezüge gelten auch die in § 229 Abs. 1 Satz 1 Nr. 1 bis 5 SGB V aufgeführten Leistungen, soweit sie zur Hinterbliebenenversorgung erzielt werden. Nicht definiert ist in diesem Zusammenhang, welche Personen als Hinterbliebene von dieser Regelung erfasst sind. So kann es vorkommen, dass eine Leistung, insbesondere aus einer betrieblichen Altersversorgung, nicht unbedingt an die Witwe, den Witwer oder die Waisen, sondern z. B. auch an die Eltern des Verstorbenen oder an dritte begünstigte Personen gezahlt werden.

Die Vorschrift des § 229 SGB V verfolgt im Kern die Absicht, Leistungen der Altersversorgung, die ihrem Wesen nach den Renten der gesetzlichen Rentenversicherung vergleichbar sind, als Versorgungsbezug der Beitragspflicht zu unterwerfen. Diesem Grundgedanken folgend gelten nur die Personen als Hinterbliebene in diesem Sinne, wenn sie unter den Personenkreis subsumiert werden können, der Anspruch auf eine Rente wegen Todes aus der gesetzlichen Rentenversicherung nach den §§ 46 oder 48 SGB VI hat (Witwen, Witwer und Waisen). Die Altersgrenzen für Waisenrenten in der gesetzlichen Rentenversicherung sind in diesem Zusammenhang nicht von Bedeutung. Ob im Einzelfall tatsächlich Anspruch auf eine derartige Rente der gesetzlichen Rentenversicherung besteht, ist in diesem Zusammenhang ohne Belang.

Die Zuordnung einer Versorgungsleistung an einen Hinterbliebenen zu den Versorgungsbezügen nach § 229 SGB V setzt im Übrigen nicht voraus, dass der Verstorbene zum Todeszeitpunkt gesetzlich krankenversichert war. Maßgebend ist allein, ob die bezugsberechtigte Person in der gesetzlichen Krankenversicherung beitragspflichtig ist (Urteil des BSG vom 25. April 2012 – B 12 KR 19/10 R –, US. 2012-19).

Erzielt ein Hinterbliebener aus einer im Rahmen betrieblicher Altersversorgung abgeschlossenen Lebensversicherung Leistungen (hier: Kapitalleistungen) aufgrund eines eigenen Bezugsrechts, so stellt die ihm ausgezahlte Versicherungssumme einen beitragspflichtigen Versorgungsbezug dar und gehört nicht zum beitragsfreien ererbten Vermögen des Hinterbliebenen (Urteil vom 5. März 2014 – B 12 KR 22/12 R –, US. 2014-12).

Sogenannte Sterbegelder oder Gnadenbezüge an Hinterbliebene werden im Abschnitt A.1.1.6.5 behandelt.

A.1.1.10 Mindesteinnahmegrenze

Beiträge aus Versorgungsbezügen und Arbeitseinkommen sind nach § 226 Abs. 2 SGB V nur zu entrichten, wenn die monatlichen beitragspflichtigen Einnahmen aus Versorgungsbezügen und Arbeitseinkommen insgesamt 1/20 der monatlichen Bezugsgröße nach § 18 Abs. 1 SGB IV übersteigen. Wird diese Mindesteinnahmegrenze lediglich durch eine Einmalzahlung überschritten, besteht aufgrund des für diese Art von Zahlung geltenden Zuflussprinzips im Zahlungsmonat Beitragspflicht, und zwar selbst dann, wenn die Mindesteinnahmegrenze bei einer Umrechnung der Einmalzahlung auf das Kalenderjahr nicht überschritten werden würde (Urteil des BSG vom 18. März 1993 – 8 RKn 2/92 –, US. 9309). Erhält ein Versicherter mehrere Versorgungsbezüge oder Versorgungsbezüge und Arbeitseinkommen, dann sind diese für die Beurteilung der Frage, ob die Grenze von 1/20 der monatlichen Bezugsgröße überschritten wird, zusammenzurechnen. Für eine Waisenrente aus der berufsständischen Versorgung gilt das selbst dann, wenn diese nach § 237 Satz 2 SGB V beitragsfrei ist.

Auf die (fiktiven) monatlichen beitragspflichtigen Einnahmen bei Kapitalabfindungen und Kapitalleistungen nach § 229 Abs. 1 Satz 3 SGB V findet § 226 Abs. 2 SGB V ebenso Anwendung. Deshalb unterbleibt die Beitragsentrichtung, wenn der monatliche Betrag 1/20 der Bezugsgröße nach § 18 Abs. 1 SGB IV nicht übersteigt. Werden daneben noch andere Versorgungsbezüge bezogen oder Arbeitseinkommen erzielt, findet in diesem Sinne eine Zusammenrechnung dieser Einnahmen statt.

§ 226 Abs. 2 SGB V gilt nicht für freiwillig versicherte Mitglieder sowie nicht für Pflichtversicherte nach § 5 Abs. 1 Nr. 13 SGB V (vgl. § 3 Abs. 4 Beitragsverfahrensgrundsätze Selbstzahler). Für beitragspflichtige Rentenantragsteller nach § 189 SGB V, bei denen die Anwendung des § 225 SGB V zur Beitragsfreiheit ausgeschlossen ist, wird die Mindesteinnahmegrenze ebenfalls nicht berücksichtigt.

Für Teilmonate ist die Mindesteinnahmegrenze nach § 226 Abs. 2 SGB V anteilig zu ermitteln. Hierbei ist der Monat mit 30 Tagen zu berücksichtigen. Die anteilige Mindesteinnahmegrenze ermittelt sich durch die Multiplikation der Kalendertage, in denen eine

Beitragspflicht besteht, mit dem dreißigsten Teil der monatlichen Mindesteinnahmegrenze nach § 226 Abs. 2 SGB V.

Beiträge aus Versorgungsbezügen und Arbeitseinkommen sind auch dann zu entrichten, wenn an sich der Mindestbetrag von 1/20 überschritten wird, die Differenz bis zur Beitragsbemessungsgrenze aber nicht höher ist als die Mindesteinnahmegrenze.

Sofern der Mindestbetrag erst unter Berücksichtigung einer Nachzahlung überschritten wird, sind von den Versorgungsbezügen Beiträge im Rahmen der Verjährung nachzuerheben.

Werden die Versorgungsbezüge nicht monatlich, sondern in größeren Zeitabständen ausgezahlt, ist für die Beitragsbemessung ein Monatsbetrag zu ermitteln. Ergibt sich hierbei ein Betrag von nicht mehr als 1/20 der monatlichen Bezugsgröße, so entfällt die Beitragsentrichtung. Sie entfällt aber nicht, wenn der Versorgungsbezug oder das Arbeitseinkommen an sich den Mindestbetrag überschreitet, die Differenz bis zur Beitragsbemessungsgrenze aber nicht höher ist als 1/20 der monatlichen Bezugsgröße.

A.1.1.11 Zeitliche Zuordnung

Nach dem sog. Entstehungsprinzip entstehen die Beitragsansprüche der Versicherungsträger, sobald ihre im Gesetz oder aufgrund eines Gesetzes bestimmten Voraussetzungen vorliegen (§ 22 Abs. 1 Satz 1 SGB IV).

Danach sind laufend gezahlte Versorgungsbezüge für die Bestimmung der Beitragsberechnungsfaktoren und damit für die Beitragsberechnung dem Zeitraum – in der Regel dem Monat – zuzuordnen, für den sie gezahlt werden.

Regelmäßig wiederkehrende Versorgungsbezüge, die in größeren Abständen als monatlich gewährt werden (z. B. jährliche Sonderzahlung an ehemalige Beamte), sind in entsprechender Anwendung des § 22 Abs. 1 Satz 2 SGB IV (Zuflussprinzip) für die Beitragsberechnung dem Monat zuzuordnen, in dem sie gezahlt werden.

Besonderheiten der zeitlichen Zuordnung von nicht regelmäßig wiederkehrenden Versorgungsbezügen im Sinne des § 229 Abs. 1 Satz 3 SGB V (Kapitalabfindungen und -leistungen) werden im Abschnitt A.1.1.8) behandelt. Ausführungen zur zeitlichen Zuordnung von nachgezahlten Versorgungsbezügen finden sich im Abschnitt A.1.4.4.

…

A.1.2 Beitragssatz

A.1.2.1 Beitragssatz in der Krankenversicherung

Nach § 248 SGB V gilt bei Versicherungspflichtigen für die Bemessung der Beiträge aus den Versorgungsbezügen der allgemeine Beitragssatz (nach § 241 SGB V). Dieser beträgt zurzeit 14,6 %. Veränderungen des Beitragssatzes wirken direkt mit Wirksamwerden der Beitragssatzveränderung.

Eine Besonderheit besteht für versicherungspflichtige Bezieher einer Rente nach dem Gesetz über die Alterssicherung der Landwirte (AdL-Renten), die nach § 229 Abs. 1 Satz 1 Nr. 4 SGB V als Versorgungsbezug gilt. Für sie ist die Hälfte des allgemeinen Beitragssatzes maßgebend (§ 248 Satz 2 SGB V).

Daneben sind auf Versorgungsbezüge Zusatzbeiträge in Höhe des kassenindividuellen Zusatzbeitragssatzes zu erheben, sofern die Satzung der Krankenkasse die Erhebung eines Zusatzbeitrages vorsieht (§ 242 Abs. 1 SGB V). Veränderungen des Zusatzbeitrags-satzes gelten für Versorgungsbezüge in den Fällen des § 256 Absatz 1 Satz 1 SGB V (Anwendung des Zahlstellenverfahrens) nach § 248 Satz 3 SGB V jeweils vom ersten Tag des zweiten auf die Veränderung folgenden Kalendermonats an. Nach der Gesetzesbe-gründung soll damit den Zahlstellen von Versorgungsbezügen eine Vorlaufzeit gegeben werden, um Beitragssatzveränderungen technisch umzusetzen. In den anderen Fällen, in denen die Krankenkasse den Zusatzbeitrag aus Versorgungsbezügen unmittelbar vom Versicherten erhebt (Selbstzahlerverfahren), wirken sich Veränderungen des Zusatzbei-tragssatzes hingegen ohne zeitliche Verzögerung aus.

Für pflichtversicherte Mitglieder der landwirtschaftlichen Krankenkasse gilt die gleiche Systematik, mit dem Unterschied, dass der durchschnittliche Zusatzbeitragssatz nach § 242a SGB V zu berücksichtigen ist (§ 39 Abs. 2 Satz 2 und 3, § 42 Abs. 4 Satz 1 und § 45 Abs. 2 Satz 2 KVLG 1989).

Die jeweils zutreffenden Beitragssätze werden im Fall der Beitragsabführung durch die Zahlstelle (Zahlstellenverfahren) vom systemgeprüften Abrechnungsprogramm oder der maschinellen Ausfüllhilfe in der Weise berücksichtigt, dass dabei auf die bei der ITSG GmbH geführte Beitragssatzdatei zugegriffen wird. Die Beitragssatzdatei enthält u. a. den für Versorgungsbezüge maßgebenden allgemeinen Beitragssatz sowie – unter Angabe des Wirkungszeitpunktes nach § 248 Satz 3 SGB V – die kassenindividuellen Zusatzbei-tragssätze aller Krankenkassen.

A.1.2.2 Beitragssatz in der Pflegeversicherung

A.1.2.2.1 Allgemeines

Der Beitragssatz in der Pflegeversicherung beträgt nach § 55 Abs. 1 Satz 1 SGB XI seit 1. Januar 2017 2,55 % der beitragspflichtigen Einnahmen.

Als Folge der Halbierung ihrer Leistungsansprüche (§ 28 Abs. 2 SGB XI) gilt bei Personen, die nach beamtenrechtlichen Vorschriften oder Grundsätzen bei Krankheit und Pflege einen eigenen Anspruch auf Beihilfe oder Heilfürsorge haben, die Hälfte des normalen Beitragssatzes (§ 55 Abs. 1 Satz 2 SGB XI) und damit seit 1. Januar 2017 1,275 %. Ein abgeleiteter Beihilfe- bzw. Heilfürsorgeanspruch reicht für die Beitragssatzvergünstigung dagegen nicht aus (Urteil des BSG vom 6. November 1997 – 12 RP 1/97 –, US. 9741).

Sofern das Zahlstellenverfahren Anwendung findet (vgl. A.1.4.2), ist es Aufgabe der Zahl-stelle, im Zusammenhang mit einer korrekten Berechnung und Zahlung der Beiträge fest-zustellen, ob der Versorgungsbezieher einen eigenen Anspruch auf Beihilfe oder Heilfür-sorge hat. Die Krankenkasse unterstützt jedoch die Zahlstelle dabei in der Weise, dass sie – sofern ihr dies bekannt ist – einen derartigen Beihilfe- bzw. Heilfürsorgeanspruch in der Meldung gegenüber der Zahlstelle angibt (vgl. A.2.4).

A.1.2.2.2 Beitragszuschlag zur Pflegeversicherung

Mitglieder haben ab Beginn des Monats nach Vollendung des 23. Lebensjahres einen Beitragszuschlag von 0,25 Beitragssatzpunkten zu zahlen, wenn sie keine Kinder haben oder hatten (§ 55 Abs. 3 SGB XI). Der Beitragssatz beträgt in diesen Fällen seit 1. Janu-ar 2017 2,8 %.

Von Personen, die nach beamtenrechtlichen Vorschriften oder Grundsätzen bei Krankheit und Pflege einen eigenen Anspruch auf Beihilfe oder Heilfürsorge haben, ist der Beitragszuschlag nach § 55 Abs. 3 SGB XI ebenfalls in voller Höhe zu zahlen, so dass der Beitragssatz bei Bestehen einer Beihilfeberechtigung seit 1. Januar 2017 1,525 % beträgt.

Der Beitragszuschlag nach § 55 Abs. 3 SGB XI gilt nicht für Mitglieder, die vor dem 1. Januar 1940 geboren sind. Der Beitragszuschlag ist danach ebenfalls nicht für Bezieher von Arbeitslosengeld II oder für Wehr und Zivildienstleistende (Nach Aussetzen des Grundwehr- und Zivildienstes durch des Wehrrechtsänderungsgesetz 2011 gilt Entsprechendes nur noch für die Personen, die den freiwilligen Wehrdienst nach § 58b Soldatengesetz ableisten) zu erheben. Werden jedoch noch andere beitragspflichtige Einnahmen bezogen, z. B. Rente, Versorgungsbezüge oder Arbeitseinkommen, unterliegen diese bei beiden Personengruppen ggf. der Zuschlagspflicht.

Von der Zuschlagspflicht befreit sind außerdem Mitglieder, die nachweisen, dass sie Eltern im Sinne des § 56 Abs. 1 Satz 1 Nr. 3 und Abs. 3 Nr. 2 und 3 SGB XI sind.

Als Eltern berücksichtigt werden neben den leiblichen Eltern auch Adoptiv-, Stief- und Pflegeeltern. Adoptiveltern sind vom Beitragszuschlag allerdings nicht ausgenommen, wenn das Kind bei Adoption die Altersgrenzen für die Familienversicherung bereits erreicht oder überschritten hat; Stiefeltern sind vom Beitragszuschlag nicht ausgenommen, wenn das Kind bei der Heirat des Elternteils des Kindes die Altersgrenzen für die Familienversicherung bereits erreicht oder überschritten oder wenn das Kind vor Erreichen dieser Altersgrenzen nicht in den gemeinsamen Haushalt mit dem Mitglied aufgenommen worden ist (§ 55 Abs. 3a SGB XI).

Der Nachweis der Elterneigenschaft ist vom Mitglied gegenüber der beitragsabführenden Stelle (bei Versorgungsempfängern gegenüber der Zahlstelle) und bei Selbstzahlern gegenüber der Pflegekasse zu erbringen, sofern dort nicht bereits aus einem anderen Grund die Elterneigenschaft bekannt ist.

Welche Unterlagen zum Nachweis der Elterneigenschaft geeignet sind, geht aus den Grundsätzlichen Hinweisen des GKV-Spitzenverbandes zum Beitragszuschlag für Kinderlose und Empfehlungen zum Nachweis der Elterneigenschaft in der jeweils aktuellen Fassung hervor.

Der Beitragszuschlag nach § 55 Abs. 3 SGB XI ist von der Zahlstelle ebenfalls von den Versorgungsbezügen einzubehalten. Kopien von Nachweisen über die Elterneigenschaft sind von den Zahlstellen u. a. wegen der Prüfungen nach § 256 Abs. 3 SGB V zu den entsprechenden Unterlagen zu nehmen und bis zum Ablauf von vier Kalenderjahren nach Beendigung des die Beitragszahlung zur Pflegeversicherung begründenden Versicherungsverhältnisses aufzubewahren. Ein gesonderter Nachweis des Beitragszuschlags ist nicht erforderlich.

A.1.3 Tragung der Beiträge

Die Beiträge zur Krankenversicherung aus Versorgungsbezügen für Versicherungspflichtige werden nach § 250 Abs. 1 Nr. 1 SGB V bzw. § 47 Abs. 1 KVLG 1989 ausschließlich vom Mitglied getragen. Dies gilt ebenso für die Zusatzbeiträge, die nach § 220 Abs. 1 Satz 1 zweiter Halbsatz SGB V als Beiträge zur Krankenversicherung gelten.

Die Beiträge zur Pflegeversicherung, einschließlich eines eventuell zu zahlenden Beitragszuschlags nach § 55 Abs. 3 SGB XI, sind vom Mitglied nach § 59 Abs. 1 Satz 1 SGB XI in voller Höhe allein zu tragen.

A.1.4 Zahlung der Beiträge

A.1.4.1 Allgemeines

Soweit gesetzlich nichts Abweichendes bestimmt ist, sind die Beiträge von demjenigen zu zahlen, der sie zu tragen hat (§ 252 Abs. 1 Satz 1 SGB V) – im Fall von Beiträgen aus Versorgungsbezügen also grundsätzlich vom Mitglied („Selbstzahlerverfahren"). § 256 Abs. 1 Satz 1 SGB V bestimmt als abweichende Sonderregelung, dass für Versicherungspflichtige, die eine Rente der gesetzlichen Rentenversicherung beziehen, die Zahlstellen der Versorgungsbezüge die Beiträge aus Versorgungsbezügen einzubehalten und an die zuständige Krankenkasse zu zahlen haben („Zahlstellenverfahren"). Da die Zusatzbeiträge nach § 220 Abs. 1 Satz 1 zweiter Halbsatz SGB V als Bestandteil der Krankenversicherungsbeiträge gelten, sind die Zusatzbeiträge gleichfalls, und zwar sowohl im Selbstzahler- als auch im Zahlstellenverfahren, von dieser Zahlungspflicht erfasst. Das bedeutet, dass die Zusatzbeiträge bei Anwendung des Zahlstellenverfahrens ebenso im Quellenabzugsverfahren erhoben werden.

Entsprechendes gilt nach § 60 Abs. 1 Satz 1 und 2 SGB XI für die Beiträge zur Pflegeversicherung aus Versorgungsbezügen.

Sowohl beim Zahlstellen- als auch beim Selbstzahlerverfahren werden die Beiträge zur Krankenversicherung an die nach § 28i SGB IV zuständige Einzugsstelle gezahlt. Das ist die Krankenkasse, die die Krankenversicherung (in der Zeit, für die Beiträge zu zahlen sind) durchführt bzw. durchgeführt hat. Die Krankenkasse, ausgenommen die landwirtschaftliche Krankenkasse, leitet die Beiträge arbeitstäglich an den Gesundheitsfonds weiter (§ 252 Abs. 2 Satz 2 und 3 SGB V). Die Zusatzbeiträge werden für den vom Bundesversicherungsamt verwalteten Einkommensausgleich nach § 270a SGB V verwendet.

Die Beiträge zur Pflegeversicherung aus Versorgungsbezügen werden ebenfalls an die zuständige Krankenkasse gezahlt und sind unverzüglich an die Pflegekasse weiterzuleiten (§ 60 Abs. 3 Satz 1 und 2 SGB XI).

A.1.4.2 Zahlung der Beiträge durch die Zahlstelle („Zahlstellenverfahren")

A.1.4.2.1 Allgemeines

Für Rentner, die nach § 5 Abs. 1 Nr. 11, 11a, 11b oder 12 SGB V oder nach anderen gesetzlichen Vorschriften krankenversicherungspflichtig sind, haben die Zahlstellen von Versorgungsbezügen die Beiträge zu ermitteln, von den Versorgungsbezügen einzubehalten und an die zuständige Krankenkasse abzuführen (§ 256 Abs. 1 SGB V), die diese an den Gesundheitsfonds weiterleitet. Dies schließt die Rentner ein, die nach § 5 Abs. 1 Nr. 13 SGB V versicherungspflichtig sind.

Als Rente der gesetzlichen Rentenversicherung im Sinne des § 256 Abs. 1 Satz 1 SGB V gelten neben Renten der allgemeinen Rentenversicherung auch die Renten der knappschaftlichen Rentenversicherung sowie Renten aus der Alterssicherung der Landwirte (vgl. § 23 SGB I). Bei Beziehern von Versorgungsbezügen, die eine Rente ausschließlich von einem ausländischen Rentenversicherungsträger beziehen und versicherungspflichtig sind (z. B. aufgrund eines Beschäftigungsverhältnisses), bewirkt die in § 228 Abs. 1 Satz 2 SGB V vorgenommene beitragsrechtliche Gleichstellung von ausländischen mit inländischen Renten der gesetzlichen Rentenversicherung, dass dann ebenfalls die Beitragsabführungspflicht durch die Zahlstelle nach § 256 Abs. 1 SGB V greift. Für freiwillig versicherte Rentner oder Versorgungsempfänger, die keine Rente der gesetzlichen

Rentenversicherung beziehen, ist ein Beitragsabzug durch die Zahlstelle im Gesetz nicht vorgesehen.

Für die versicherungspflichtigen Mitglieder der landwirtschaftlichen Krankenkasse gilt das Zahlstellenverfahren, und zwar unabhängig davon, ob eine Rente der gesetzlichen Rentenversicherung bezogen wird. Die Beiträge zur Krankenversicherung sind daher von der Zahlstelle der Versorgungsbezüge von den Versorgungsbezügen einzubehalten und an die landwirtschaftliche Krankenkasse zu zahlen (§ 50 Abs. 2 Satz 1 KVLG 1989). Da die landwirtschaftliche Krankenkasse wegen ihrer besonderen Finanzierungsbedingungen nicht am Gesundheitsfonds teilnimmt, erfolgt keine Weiterleitung der Beiträge an den Gesundheitsfonds.

Bei versicherungspflichtigen Rentnern haben die Zahlstellen von Versorgungsbezügen neben dem Krankenversicherungsbeitrag auch die Beiträge zur Pflegeversicherung – einschließlich des Beitragszuschlags für Kinderlose – einzubehalten und an die zuständige Krankenkasse zu zahlen.

Die Beitragsabführungspflicht nach § 256 Abs. 1 SGB V besteht grundsätzlich erst dann, wenn eine Rente bezogen wird. Erhält der Versicherte bereits während eines Rentenantragsverfahrens Versorgungsbezüge, greift das Zahlstellenverfahren also noch nicht. In den Fällen, bei denen mit an Sicherheit grenzender Wahrscheinlichkeit mit einer Bewilligung der Rente gerechnet werden kann, ist es mit Hinweis auf § 256 Abs. 2 Satz 5 SGB V vertretbar, wenn bereits in der Phase der Rentenantragstellung nach entsprechender Meldung der Krankenkasse das Zahlstellenverfahren praktiziert wird. Im Fokus stehen dabei die in § 225 Satz 1 Nr. 1 und 2 SGB V genannten Fälle der Beantragung von Hinterbliebenenrente aus der Versicherung einer Person, die bereits Rente bezogen hat.

Das SGB enthält keine Legaldefinition des Begriffs „Zahlstelle" im Sinne des § 256 Abs. 1 SGB V (und im Sinne des § 202 SGB V). Die Pflicht einer Zahlstelle zum Einbehalt und zur Zahlung der Beiträge im Zahlstellenverfahren (und im Übrigen zur Erstattung der Meldungen) ist daran gekoppelt, welche Stelle die Zahlung tatsächlich vornimmt. Dies hat beispielsweise zur Folge, dass bei der Zahlung aus einer Rückdeckungsversicherung (aus der eigentlich der Arbeitgeber bezugsberechtigt ist) direkt an den ehemaligen Arbeitnehmer, das Versicherungsunternehmen seine Eigenschaft als Zahlstelle im vorgenannten Sinne nicht verliert.

Zur Funktion einer Stelle, die betriebliche Altersversorgung vermittelt und nicht selbst durchführt, enthält Abschnitt A.1.1.6.1 Hinweise.

A.1.4.2.2 Nachweis der Beiträge

Die Zahlstellen haben die einbehaltenen (und abzuführenden) Beiträge der Krankenkasse spätestens zwei Arbeitstage vor der jeweiligen Fälligkeit der Beiträge nachzuweisen (§ 256 Abs. 1 Satz 3 SGB V i. V. m. § 28f Abs. 3 Satz 1 SGB IV). Nach § 256 Abs. 1 Satz 4 SGB V sind die Beitragsnachweise von den Zahlstellen zwingend durch Datenübertragung zu übermitteln. Für den Nachweis der Beiträge zur Pflegeversicherung gilt dies entsprechend (§ 60 Abs. 1 Satz 2 SGB XI).

Der Beitragsnachweis weist die von der Zahlstelle für den jeweiligen Monat zu entrichtenden Beiträge zur Krankenversicherung (getrennt nach den Beiträgen ohne Zusatzbeiträge einerseits und den Zusatzbeiträgen andererseits) und zur Pflegeversicherung aus. Eine Zuordnung der Beiträge zu einzelnen Versorgungsbeziehern ist nicht vorgesehen.

Nach § 256 Abs. 1 Satz 4 SGB V i. V. m. § 202 Abs. 2 Satz 1 SGB V hat die Zahlstelle der zuständigen Krankenkasse die Meldung (hier: den Beitragsnachweis) durch gesicherte und verschlüsselte Datenübertragung aus systemgeprüften Programmen oder mittels maschineller Ausfüllhilfen zu erstatten. Den Aufbau des Datensatzes, notwendige Schlüsselzahlen und Angaben legt nach Satz 2 des § 202 Abs. 2 SGB V der GKV-Spitzenverband in Grundsätzen fest, die vom Bundesministerium für Arbeit und Soziales im Einvernehmen mit dem Bundesministerium für Gesundheit zu genehmigen sind; die Bundesvereinigung der Deutschen Arbeitgeberverbände ist anzuhören.

Die Grundsätze legen fest, dass ein Beitragsnachweis-Datensatz für jeden Abrechnungszeitraum (Kalendermonat) zu übermitteln ist, in dem versicherungspflichtige Versorgungsbezieher, die eine Rente der gesetzlichen Rentenversicherung beziehen, bei der Krankenkasse gemeldet sind. Folglich kann es zu einem „Null-Beitragsnachweis" kommen, wenn für einzelne Abrechnungszeiträume ausnahmsweise keine Beiträge anfallen. Dadurch werden Beitragsschätzungen durch die Krankenkasse vermieden.

Einzelheiten zum Beitragsnachweis enthalten die „Grundsätze zum Aufbau der Datensätze für die Übermittlung von Beitragsnachweisen der Zahlstellen von Versorgungsbezügen durch Datenübertragung nach § 256 Abs. 1 Satz 4 SGB V" in der jeweils geltenden Fassung.

A.1.4.2.3 Nachträglicher Einbehalt von rückständigen Beiträgen

Ist bei der Zahlung der Versorgungsbezüge die Einbehaltung von Beiträgen – gleich aus welchem Grund – unterblieben, sind die rückständigen Beiträge zwingend durch die Zahlstelle aus den weiterhin zu zahlenden Versorgungsbezügen einzubehalten (§ 256 Abs. 2 Satz 1 i. V. m. § 255 Abs. 2 Satz 1 SGB V). Der nachträgliche Einbehalt der Beiträge aus den weiterhin zu zahlenden Versorgungsbezügen ist – abweichend von § 28g SGB IV – zeitlich nicht begrenzt (Urteil des BAG vom 12. Dezember 2006 – 3 AZR 806/05 –, US. 2006-85). Hierbei gilt die Aufrechnungsvorschrift des § 51 Abs. 2 SGB I entsprechend. Damit ist die Einbehaltung von Beiträgen bis zur Hälfte der laufenden Versorgungsbezüge zulässig, wenn die Person nicht nachweist, dass sie dadurch hilfebedürftig im Sinne der Vorschriften des SGB XII über die Hilfe zum Lebensunterhalt oder der Grundsicherung für Arbeitsuchende nach dem SGB II wird. Ist hiernach ein Beitragseinbehalt nicht möglich, unterrichtet die Zahlstelle der Versorgungsbezüge die Krankenkasse entsprechend. Auch in diesem Fall kann der Versicherte für die nachzuzahlenden Beiträge nicht unmittelbar durch die Krankenkasse in Anspruch genommen werden.

Lediglich in den Fällen, in denen Versorgungsbezüge nicht mehr laufend gezahlt werden, geht die Verpflichtung zum Beitragseinzug auf die Krankenkasse über (§ 256 Abs. 2 Satz 1 i. V. m. § 255 Abs. 2 Satz 2 SGB V).

Für die Ermittlung der Höhe der rückständigen und nachzuzahlenden Beiträge sind unter Beachtung des beitragsrechtlichen Entstehungsprinzips die in den einzelnen Monaten, in denen der Beitragsanspruch entstanden und für die eine Beitragsabführung unterblieben ist, geltenden Berechnungsfaktoren maßgebend.

Unabhängig davon, ob die Krankenkasse oder die Zahlstelle die Beiträge einbehält bzw. einzieht, sind die Regelungen über die Verjährung von Beitragsansprüchen nach § 25 SGB IV zu beachten.

Ungeachtet der gesetzlichen Verpflichtung der Zahlstelle, die laufenden sowie gegebenenfalls nachzuzahlenden Beiträge, von den laufenden Versorgungsbezügen einzubehalten und zu zahlen, nimmt die Zahlstelle im Hinblick auf eine Haftung für nicht entrichtete Beiträge nicht die gleiche Stellung ein wie der Arbeitgeber in Bezug auf die Zahlung des Gesamtsozialversicherungsbeitrags. Im Gegensatz zum Arbeitgeber ist die Zahlstelle von Versorgungsbezügen nicht Beitragsschuldnerin und kann daher im Fall von nicht einbehaltenen und nicht abgeführten Beiträgen von der Krankenkasse nicht in Anspruch genommen werden (vgl. Urteil des BSG vom 23. Mai 1989 – 12 RK 11/87 –, US. 8961 zum früheren § 393a Abs. 2 RVO). Besteht Streit über die Beitragspflicht von Versorgungsbezügen oder die Beitragshöhe, hat die Krankenkasse einen entsprechenden Feststellungsbescheid gegenüber dem Versicherten als Beitragsschuldner zu erlassen und die Zahlstelle darüber zu informieren, damit diese ihren Pflichten im Rahmen des § 256 SGB V nachkommen kann. In einem Rechtsstreit zwischen dem Versicherten und der Krankenkasse ist die Zahlstelle notwendig beizuladen (Urteil des BSG vom 20. Juli 1988 – 12 RK 12/88 und 12 RK 13/88 –, US. 8862). Selbst ein Verschulden der Zahlstelle von Versorgungsbezügen oder ein Fehlverhalten der Krankenkasse am unterbliebenen Beitragseinbehalt führt nicht zur Freistellung des Versicherten von der Beitragsentrichtung und von einem nachträglichen Beitragseinbehalt (Urteil des BSG vom 23. März 1993 – 12 RK 62/92 –, US. 9314).

A.1.4.2.4 Mehrere Versorgungsbezüge

Erhält der Versicherte Versorgungsbezüge von mehreren Zahlstellen und übersteigen die Versorgungsbezüge zusammen mit dem Zahlbetrag der Rente der gesetzlichen Rentenversicherung die Beitragsbemessungsgrenze, ist der Krankenkasse freigestellt, welche Zahlstelle sie vorrangig mit dem Beitragseinbehalt beauftragt. Nicht zulässig ist es, eine der beteiligten Zahlstellen mit der Beitragseinbehaltung für einen höheren Betrag als den von ihr gezahlten Versorgungsbezug zu beauftragen.

Optional kann die Krankenkasse eine verhältnismäßige Beitragsaufteilung vornehmen. Insoweit findet § 22 Abs. 2 SGB IV analog Anwendung, und zwar ungeachtet dessen, dass die Versorgungsbezüge für sich in der Regel kein Versicherungsverhältnis begründen. Hiernach findet eine Aufteilung der beitragspflichtigen Einnahmen statt. Bei Beteiligung einer AdL-Rente ist wegen des darauf entfallenden geringeren Beitragssatzes in der Krankenversicherung zwingend eine verhältnismäßige Beitragsaufteilung erforderlich. Die Rechtmäßigkeit dieser Verfahrensweise hat das BSG mit Urteil vom 17. Dezember 2014 – B 12 KR 23/12 R –, US. 2014-185, in einem Fall, in dem neben einer AdL-Rente eine Betriebsrente im Sinne von § 229 Abs. 1 Satz 1 Nr. 5 SGB V bezogen wurde, bestätigt.

Der beitragspflichtige Teil des einzelnen Versorgungsbezuges wird im Rahmen der Beitragsaufteilung nach folgender Formel berechnet:

$$\frac{VB \times BBG}{GVB}$$

VB = einzelner laufender monatlicher Versorgungsbezug, ggf. reduziert auf die maßgebliche Beitragsbemessungsgrenze

BBG = monatliche Beitragsbemessungsgrenze in der Kranken-/Pflegeversicherung

GVB = Summe der (ggf. auf die maßgebliche Beitragsbemessungsgrenze reduzierten) einzelnen laufenden monatlichen Versorgungsbezüge (Gesamtversorgungsbezüge)

Der jeweils maximale beitragspflichtige Teil der Versorgungsbezüge (VB-max) wird unter Zugrundelegung der gemeldeten (ungekürzten) beitragspflichtigen Einnahmen ermittelt und den Zahlstellen zurückgemeldet (vgl. A.2.4).

Die Beitragsaufteilung gilt ungeachtet des einheitlichen Beitragssatzes gleichermaßen für die Beiträge zur Pflegeversicherung.

A.1.4.2.5 Erstattung zu Unrecht gezahlter Beiträge

In § 256 Abs. 2 Satz 4 SGB V wird bestimmt, dass die Erstattung von Beiträgen der zuständigen Krankenkasse obliegt. Die Krankenkassen können nach § 256 Abs. 2 Satz 5 SGB V jedoch Abweichendes vereinbaren. Findet das Zahlstellenverfahren Anwendung, ist es nicht zwingend, dass die Krankenkasse die Erstattung der Beiträge durchführt. Sofern die Zahlstelle von sich aus die Erstattung im Wege einer Verrechnung mit den laufend einzubehaltenden Beiträgen durchführt, wird dies auch ohne eine explizite Vereinbarung mit der Krankenkasse akzeptiert, soweit der Erstattungsanspruch unstrittig ist (z. B. bei einer Meldung eines geringeren maximalen beitragspflichtigen Versorgungsbezugs durch die Krankenkasse für einen vergangenen Zeitraum).

Hat die Krankenkasse die Beiträge unmittelbar eingezogen, ist sie auch für die Erstattung von Beiträgen zuständig.

In beiden Fällen steht der Erstattungsanspruch nach § 26 Abs. 3 Satz 1 SGB IV dem zu, der die Beiträge getragen hat, im Fall der Beiträge aus Versorgungsbezügen also dem Versicherten. Zudem ist die Verjährungsfrist von 4 Jahren nach Ablauf des Kalenderjahres, in dem die Beiträge entrichtet worden sind (§ 27 Abs. 2 Satz 1 SGB IV), zu beachten.

A.1.4.3 Zahlung der Beiträge durch den Versicherten („Selbstzahlerverfahren")

Zahlstellen mit regelmäßig weniger als insgesamt 30 beitragspflichtigen Versorgungsempfängern können gemäß § 256 Abs. 4 SGB V bei jeder betroffenen Krankenkasse beantragen, dass sie nicht zur Beitragseinbehaltung und -abführung verpflichtet werden. Für die Beurteilung, ob die Zahlstelle weniger als 30 beitragspflichtige Versorgungsempfänger hat, ist die Gesamtzahl der beitragspflichtigen Versorgungsempfänger der Zahlstelle maßgebend, und zwar unabhängig von deren Krankenkassenzugehörigkeit. Da die Anzahl der beitragspflichtigen Versorgungsempfänger im Laufe eines Jahres schwanken kann, sollte hierbei auf die Verhältnisse am 1. Januar eines Jahres abgestellt werden. Für die Ermittlung der Anzahl der beitragspflichtigen Versorgungsempfänger sind auch solche versicherungspflichtigen Versorgungsempfänger zu berücksichtigen, für die die Zahlstelle keine Beiträge einzubehalten hat. Versicherungspflichtige, die keine Rente, wohl aber Versorgungsbezüge erhalten, sind demnach mitzuzählen, zumal den Zahlstellen für diese Versorgungsempfänger die Meldepflicht nach § 202 SGB V obliegt. Ebenfalls anzurechnen sind versicherungspflichtige Versorgungsempfänger, deren Einnahmen aus Versorgungsbezügen und ggf. Arbeitseinkommen insgesamt die Mindesteinnahmegrenze nach § 226 Abs. 2 SGB V nicht überschreiten. Freiwillig Versicherte bleiben dagegen unberücksichtigt.

In allen anderen Fällen, in denen der Beitragsabzug nicht der Zahlstelle obliegt, hat die Krankenkasse die Beiträge unmittelbar vom Versicherungspflichtigen einzuziehen. Das ist z. B. der Fall, wenn

- Beiträge von Versicherungspflichtigen zu erheben sind, die keine Rente beziehen; dies gilt nicht, soweit der Versicherte Versorgungsbezüge im Sinne von § 229 Abs. 1 Satz 1 Nr. 4 SGB V bezieht,
- der Beitragseinzug durch die Zahlstelle unterblieben ist und Versorgungsbezüge nicht mehr gezahlt werden,
- Beiträge aus Kapitalabfindungen oder Kapitalleistungen (§ 229 Abs. 1 Satz 3 SGB V) zu erheben sind oder
- ausländische Versorgungsbezüge der Beitragspflicht unterliegen (§ 229 Abs. 1 Satz 2 SGB V).

A.1.4.4 Nachzahlung von Versorgungsbezügen

Nach § 229 Abs. 2 SGB V in Verb. mit § 228 Abs. 2 SGB V gelten Nachzahlungen von Versorgungsbezügen als beitragspflichtige Einnahmen, soweit sie auf einen Zeitraum entfallen, in dem Anspruch auf Leistungen nach dem SGB V bestand. Ferner wird darin für Nachzahlungen von Versorgungsbezügen bestimmt, dass die Beiträge aus einer Nachzahlung als Beiträge für die Monate gelten, für die die Versorgungsbezüge nachgezahlt werden. Damit wird das in der Sozialversicherung grundsätzlich geltende Entstehungsprinzip für den Fall der Nachzahlung von Versorgungsbezügen ausdrücklich angeordnet. Allgemeine Grundlage für das Entstehungsprinzip ist § 22 Abs. 1 Satz 1 SGB IV; danach entstehen die Beitragsansprüche der Versicherungsträger, sobald die dafür im Gesetz oder auf Grund eines Gesetzes bestimmten Voraussetzungen vorliegen. Das Entstehungsprinzip bedeutet für laufende Versorgungsbezüge, dass diese beitragsrechtlich dem Zeitraum bzw. den einzelnen Abrechnungszeiträumen zuzuordnen sind, für den bzw. für die sie gewährt werden. Werden Versorgungsbezüge für vergangene Abrechnungszeiträume – aus welchem Grund auch immer – gezahlt, sind für die Bemessung der darauf entfallenden Beiträge grundsätzlich die für die einzelnen Abrechnungszeiträume geltenden Rechengrößen wie z. B. Beitragsbemessungsgrenze bzw. VB-max und Beitragssatz heranzuziehen.

Voraussetzung für die Berücksichtigung einer Nachzahlung von Versorgungsbezügen ist jedoch, dass sie, ggf. teilweise, einem Zeitraum zuzuordnen ist, in dem der Versorgungsbezieher Anspruch auf Leistungen nach dem SGB V hatte. Die Erhebung von Beiträgen aus einer Nachzahlung setzt also nicht unbedingt eine Mitgliedschaft in dem Nacherhebungszeitraum voraus. Eine Familienversicherung (für die ansonsten keine Beiträge erhoben werden, vgl. § 3 Satz 3 SGB V) oder Zeiten des nachgehenden Leistungsanspruchs nach § 19 Abs. 2 oder 3 SGB V lösen gleichfalls eine Beitragspflicht der Nachzahlung aus.

Um eine Nachzahlung im Sinne des § 229 Abs. 2 SGB V in Verb. mit § 228 Abs. 2 Satz 2 SGB V handelt es sich

- bei einer rückwirkenden Änderung eines laufenden oder einmaligen Versorgungsbezuges (insbesondere aufgrund von Dynamisierungen, Erhöhungen der Ruhegehälter im öffentlichen Dienst) sowie
- bei einem rückwirkenden Beginn bzw. bei einer rückwirkenden erstmaligen Bewilligung eines laufenden Versorgungsbezuges.

Die auf nachgezahlte Versorgungsbezüge entfallenden Beiträge werden in der Regel von der Zahlstelle bei der Auszahlung einbehalten und an die Krankenkasse gezahlt.

Bei einer Nachzahlung in Folge einer fehlerhaften Abrechnung eines laufenden oder einmaligen Versorgungsbezuges handelt es sich rechtsförmlich zwar nicht um eine Nachzahlung in dem vorstehend genannten engeren Sinne, sondern um eine Korrektur des von Anfang an fehlerhaft ermittelten Anspruchs; gleichwohl ergeben sich daraus verfahrenspraktisch die gleichen beitrags- und melderechtlichen Auswirkungen.

Die aus der Nachzahlung resultierenden Beiträge schlagen sich im Beitragsnachweis für den Auszahlungsmonat nieder. Mit der Nachzahlung geht ferner grundsätzlich eine zeitraumbezogene Korrektur der Meldungen nach § 202 Abs. 1 Satz 1 SGB V für den Nachzahlungszeitraum durch die Zahlstelle einher.

A.1.4.5 Auszahlung für mehrere Monate

Sofern Versorgungsbezüge jeweils für mehrere Monate, z. B. für ein Kalendervierteljahr, ausgezahlt werden, ist der Auszahlungsbetrag nach dem Entstehungsprinzip wie bei Nachzahlungen (vgl. A.1.4.4) beitragsrechtlich den betreffenden einzelnen Monaten zuzuordnen. In der Regel wird sich auch bei dieser Auszahlungsweise ein monatlicher Betrag der Versorgungsbezüge bestimmen lassen. Dies gilt unabhängig davon, ob die Auszahlung im Voraus oder im Nachhinein erfolgt.

Abweichend von der zeitlichen Zuordnung des Auszahlbetrages richtet sich die Fälligkeit bei Anwendung des Zahlstellenverfahrens nach dem Zeitpunkt der Auszahlung (vgl. A.1.4.7). Da Beitragszahlung und Beitragsnachweis zeitlich zusammenfallen müssen, sind die gesamten auf die im größeren Abstand gezahlten Versorgungsbezüge entfallenden Beiträge in dem Beitragsnachweis für den Monat der Auszahlung auszuweisen, und zwar auch im Fall der Auszahlung im Voraus.

Werden grundsätzlich monatlich zustehende Versorgungsbezüge in größeren Abständen, z. B. viertel-, halb- oder jährlich, im Voraus gezahlt, gilt für die beitragsrechtliche Zuordnung eben falls das Entstehungsprinzip. Fällig werden die Beiträge aus dem gesamten Auszahlungsbetrag – bei Anwendung des Zahlstellenverfahrens – allerdings bereits am 15. des Folgemonats der Auszahlung. Zu diesem Zeitpunkt bereits feststehende Änderungen von beitragsrechtlich relevanten Rechengrößen (z. B. des gesetzlichen Beitragssatzes oder des kassenindividuellen Zusatzbeitragssatzes) sind dann bereits bei der Bemessung der Beiträge zu berücksichtigen.

Mit der Fälligkeit von Beiträgen geht einher, dass der Beitrag auf der Grundlage der zu diesem Zeitpunkt geltenden Verhältnisse, einschließlich der Rechengrößen, abschließend zu bestimmen ist. Dieser Grundsatz führt dazu, dass bei Zahlungen im Voraus nachfolgende Änderungen beitragsrechtlich relevanter Parameter zu keiner nachträglichen Änderung der Beiträge und damit weder zu einer Nacherhebung, noch zu einer Erstattung von Beiträgen führen. Nachträgliche Korrekturen der Beiträge könnten im Rahmen des Zahlstellenverfahrens ohnehin frühestens bei der nächsten Auszahlung der Versorgungsbezüge stattfinden. Die Regelung des § 256 Abs. 2 Satz 1 SGB V i. V. m. § 255 Abs. 2 Satz 1 SGB V, die einen Einbehalt von rückständigen Beiträgen aus den weiterhin zu zahlenden Versorgungsbezügen vorsieht, findet jedoch nur dann Anwendung, wenn die Einbehaltung von Beiträgen bei der Zahlung von Versorgungsbezügen unterblieben ist – was auf die zuvor beschriebene Fallkonstellation nicht zutrifft.

A.1.4.6 Fälligkeit der Beiträge

Die von der Zahlstelle einbehaltenen Beiträge werden am 15. des Folgemonats der Auszahlung der Versorgungsbezüge fällig (§ 256 Abs. 1 Satz 2 SGB V). Dies gilt auch für Versorgungsbezüge, die in größeren Zeitabständen als monatlich – im Voraus oder im Nachhinein – gezahlt werden. Als Zeitpunkt der Auszahlung ist der Zeitpunkt des Geldabflusses auf dem Konto der Zahlstelle (Zeitpunkt der Wertstellung) anzusehen.

Für die nicht von der Zahlstelle einzubehaltenden und abzuführenden Beiträge der pflichtversicherten Versorgungsbezieher gilt § 23 Abs. 1 SGB IV. Nach Satz 1 wird der Fälligkeitstag durch die Regelungen der Satzung bzw. den GKV-Spitzenverband bestimmt; als spätester Zahltag kann der Fünfzehnte des Monats vorgesehen werden, der auf den Monat folgt, für den die Beiträge zu entrichten sind. Nach der entsprechenden Regelung in den Beitragsverfahrensgrundsätzen Selbstzahler des GKV-Spitzenverbandes (hier: § 10 Abs. 1) sind diese Beiträge zur Kranken- und Pflegeversicherung bis zum 15. des dem Beitragsmonat folgenden Monats zu zahlen. Nach der für die landwirtschaftliche Krankenkasse geltenden Satzungsregelung sind die Beiträge spätestens am drittletzten Bankarbeitstag des Monats fällig, für den sie zu zahlen sind. In Fällen der Erstbewilligung von Versorgungsbezügen sind die Beiträge aus den nachgezahlten Versorgungsbezügen erst mit dem nächstfolgenden Fälligkeitstag nach der Auszahlung fällig. Für die Erhebung von Säumniszuschlägen gilt § 24 Abs. 1 und 2 SGB IV.

A.1.5 Beitragsüberwachung

Nach § 256 Abs. 3 SGB V ist die Entrichtung der Beiträge aus Versorgungsbezügen durch die zuständige Krankenkasse zu überwachen. Die Überwachung erstreckt sich auf die Feststellung der Höhe der Versorgungsbezüge und der hierauf entfallenden Beiträge sowie auf deren ordnungsgemäße Einbehaltung und Abführung. Zu diesem Zweck erklärt § 256 Abs. 3 SGB V die Vorschrift des § 98 Abs. 1 Satz 2 SGB X (gemeint ist aber offenbar § 98 Abs. 1 Satz 3 SGB X) für entsprechend anwendbar. Dies bedeutet, dass die Zahlstellen verpflichtet sind, der Krankenkasse die Geschäftsbücher und Listen oder andere Unterlagen, aus denen die für die Beitragserhebung relevanten Daten hervorgehen, vorzulegen. Sofern bei einer Zahlstelle die Geschäftsräume zugleich die private Wohnung des ehemaligen Arbeitgebers sind, kommt eine Vorlage der entsprechenden Unterlagen nur in den Geschäftsräumen der Krankenkasse in Betracht.

Hat eine Zahlstelle an mehrere Krankenkassen Beiträge zu entrichten, so haben die betroffenen Krankenkassen zu vereinbaren, dass eine dieser Krankenkassen die Beitragsüberwachung für die beteiligten Krankenkassen übernimmt (§ 256 Abs. 3 Satz 1 SGB V).

Einzelheiten zur Beitragsüberwachung der Krankenkassen bei den Zahlstellen, einschließlich der Aufteilung der Prüfkontingente auf die Krankenkassenarten, enthalten die Grundsätzlichen Hinweise „Überwachung des Beitrags- und Meldeverfahrens zur Kranken- und Pflegeversicherung für Empfänger von Versorgungsbezügen (Zahlstellen-Beitragsüberwachungsverfahren)" des GKV-Spitzenverbandes in der jeweils geltenden Fassung. In diesen Grundsätzlichen Hinweisen ist außerdem festgelegt, welche Angaben die Zahlstellendatei über die Zahlstellen – insbesondere für die Zwecke der Beitragsüberwachung – enthält.

A.2 Meldungen

A.2.1 Allgemeines

Die Meldepflichten der Zahlstelle, des Versicherten sowie der Krankenkasse bei Versorgungsbezügen regelt § 202 SGB V. Die in diesem Zusammenhang abzugebenden Meldungen sollen eine reibungslose Abwicklung des Beitragsverfahrens gewährleisten. Die Meldung zur gesetzlichen Krankenversicherung schließt die Meldung zur sozialen Pflegeversicherung ein (vgl. § 50 Abs. 1 Satz 2 zweiter Halbsatz SGB XI).

Von den Meldepflichten sind, im Unterschied zur Beitragsabführungspflicht nach § 256 SGB V, alle bei einer Krankenkasse versicherten Versorgungsempfänger erfasst, unabhängig davon, ob sie pflicht-, freiwillig oder familienversichert sind. Dies entspricht dem Normzweck der Vorschrift des § 202 SGB V, der darin besteht, eine rechtzeitige, korrekte und vollständige Erfassung der Versorgungsbezüge nicht nur für die Beitragsbemessung, sondern – im Fall der Familienversicherung – auch für die versicherungsrechtliche Prüfung zu sichern.

Die Meldungen zwischen den Zahlstellen von Versorgungsbezügen und den Krankenkassen werden verpflichtend durch elektronische Datenübertragung übermittelt. Die Meldungen sind entweder durch gesicherte und verschlüsselte Datenübertragung aus systemgeprüften Programmen oder mittels systemgeprüfter maschineller Ausfüllhilfen zu erstatten. Den Aufbau des Datensatzes, notwendige Schlüsselzahlen und Angaben legt der GKV-Spitzenverband Bund in Grundsätzen fest, die vom Bundesministerium für Arbeit und Soziales im Einvernehmen mit dem Bundesministerium für Gesundheit zu genehmigen sind; die Bundesvereinigung der Deutschen Arbeitgeberverbände ist anzuhören (§ 202 Abs. 2 SGB V). Auf dieser Ermächtigungsgrundlage basieren die „Grundsätze zum Zahlstellen-Meldeverfahren nach § 202 Absatz 2 Fünftes Buch Sozialgesetzbuch" – einschließlich der Datensatzbeschreibung – des GKV-Spitzenverbandes in der jeweils geltenden Fassung.

Ergänzend dazu dient die „Verfahrensbeschreibung zum maschinell unterstützten Zahlstellen Meldeverfahren (ZMV)" des GKV-Spitzenverbandes in der jeweils geltenden Fassung den Zahlstellen als Handlungshilfe. In der Verfahrensbeschreibung werden die Meldatbestände im Detail beschrieben und anhand von Fallbeispielen erläutert.

Für die Durchführung des Meldeverfahrens haben die Zahlstellen eine Zahlstellennummer beim GKV-Spitzenverband zu beantragen. Die Zahlstellennummern und alle Angaben, die zur Vergabe der Zahlstellennummer notwendig sind, werden in einer gesonderten elektronischen Datei („Zahlstellendatei") beim GKV-Spitzenverband gespeichert. Das Nähere zum Verfahren und den Aufbau der Zahlstellennummer regeln nach § 202 Abs. 3 SGB V die Grundsätze nach § 202 Abs. 2 Satz 4 SGB V. Mit der Vergabe der Zahlstellennummer und der Führung der Zahlstellendatei hat der GKV-Spitzenverband die Informationstechnische Servicestelle der gesetzlichen Krankenversicherung GmbH (ITSG) beauftragt. Die Zahlstellennummer kann von der Zahlstelle elektronisch über ein systemgeprüftes Entgeltabrechnungs- bzw. Zahlstellenprogramm oder über eine maschinelle Ausfüllhilfe bei der ITSG beantragt werden.

Beim Zahlstellen-Meldeverfahren als Dialogverfahren zwischen Zahlstelle und Krankenkasse ist immer die für die jeweilige Kassenart zuständige Datenannahme- und -weiterleitungsstelle (DAV) und nach Wahl der Meldestelle auch der Kommunikationsserver der GKV (KomServer) zwischengeschaltet; Zahlstelle und Krankenkasse stehen in keinem direkten Dialog.

A.2.2 Meldungen des Versorgungsempfängers

Nach § 202 Abs. 1 Satz 3 SGB V haben Empfänger von Versorgungsbezügen der Zahlstelle ihre Krankenkasse anzugeben, einen Krankenkassenwechsel mitzuteilen sowie die Aufnahme einer versicherungspflichtigen Beschäftigung anzuzeigen. Dadurch wird die Zahlstelle in die Lage versetzt, ihre Meldepflicht gegenüber der zuständigen Krankenkasse zu erfüllen.

Auch gegenüber der Krankenkasse haben Versorgungsempfänger Melde- bzw. Mitteilungspflichten zu erfüllen. Für Versicherungspflichtige, die eine Rente der gesetzlichen Rentenversicherung beziehen, resultiert diese Meldepflicht – hinsichtlich Beginn, Höhe und Veränderungen – aus der dafür geschaffenen Spezialvorschrift des § 205 Nr. 2 SGB V. Für die anderen Versorgungsempfänger, insbesondere für freiwillig Versicherte, resultieren diese Mitteilungspflichten aus der allgemeinen Vorschrift des § 206 SGB V. Grundlage für die insoweit bestehende Meldepflicht für die Durchführung der Familienversicherung stellt § 10 Abs. 6 SGB V sowie die darauf basierenden Einheitlichen Grundsätze des GKV-Spitzenverbandes zum Meldeverfahren bei Durchführung der Familienversicherung ("Fami-Meldegrundsätze") in der jeweils geltenden Fassung dar.

Bedeutsam ist die Meldepflicht des Versicherten jedoch nur, soweit die Zahlstelle ihrer Meldepflicht (vgl. A.2.3) nicht oder noch nicht nachgekommen ist, weil ihr z. B. die zuständige Krankenkasse nicht bekannt war oder, wenn der Empfänger der Versorgungsbezüge erst nach deren Zubilligung (z. B. durch Aufnahme einer Beschäftigung) gesetzlich krankenversichert wird.

A.2.3 Meldungen der Zahlstelle

Um eine möglichst frühzeitige beitragsrechtliche Erfassung der Versorgungsbezüge zu erreichen, hat die Zahlstelle nach § 202 Abs. 1 Satz 1 SGB V die zuständige Krankenkasse/Pflegekasse des Versorgungsempfängers von sich aus zu ermitteln und ihr

- Beginn,
- Höhe,
- Veränderungen und
- Ende

der Versorgungsbezüge unverzüglich zu melden. Dies schließt Versorgungsbezüge in Form einer Kapitalleistung oder Kapitalabfindung mit der Besonderheit ein, dass als Beginn der Auszahlungszeitpunkt, als Höhe der gesamte Auszahlungsbetrag und als Ende das anzunehmende Ende der Beitragspflicht (vgl. A.1.1.8) zu melden ist. Darüber hinaus hat die Zahlstelle im Zusammenhang mit dem zutreffenden Beitragssatz in der Pflegeversicherung anzugeben, ob der Versorgungsempfänger nach beamtenrechtlichen Vorschriften oder Grundsätzen bei Krankheit und Pflege einen eigenen Anspruch auf Beihilfe oder Heilfürsorge hat.

Die Meldepflicht knüpft unmittelbar an den Begriff der Versorgungsbezüge nach § 229 SGB V an. Sofern also eine Versorgungsleistung nur zum Teil einen Versorgungsbezug nach § 229 SGB V darstellt (z. B. bei Aufteilung der Leistung aus einer Direktversicherung in einen betrieblichen und einen privaten Teil oder bei Minderung einer Unfallversorgung nach § 229 Abs. 1 Satz 1 Nr. 1 Buchst. c oder d SGB V), ist nur der unter § 229 SGB V fallende Teil der Versorgungsleistung meldepflichtig, und zwar selbst dann, wenn im Anwendungsbereich des § 240 SGB V dennoch die gesamte Versorgungsleistung – als sonstige Einnahme – eine beitragspflichtige Einnahme darstellt.

Im Übrigen sind Versorgungsbezüge in vollständiger Höhe (soweit sie von § 229 SGB V erfasst sind) zu melden, und zwar unabhängig davon, ob sie, z. B. wegen Anwendung der Mindesteinnahmegrenze des § 226 Abs. 2 SGB V oder der Beitragsbemessungsgrenze, nicht oder teilweise nicht beitragspflichtig sind.

Bei laufenden Versorgungsbezügen ist sowohl in der Meldung über den Beginn des Versorgungsbezugs als auch in einer Änderungsmeldung unabhängig von der beitragsrechtlichen Beurteilung immer die Höhe des (vollen) monatlichen Betrags der Versorgungsbezüge anzugeben. Dies gilt auch in Fällen, in denen nicht der volle Betrag zur Auszahlung gelangt, nur für einen Teilmonat Beitragspflicht besteht, die Versorgungsbezüge in größeren Zeitabständen als monatlich (z. B. vierteljährlich) gezahlt oder die Versorgungsbezüge in einem Betrag nachgezahlt werden.

Zusätzlich zu laufenden Versorgungsbezügen gewährte einmalige Zahlungen (Sonderzahlungen) sind – abweichend von Kapitalabfindungen oder originären Kapitalleistungen – beitragsrechtlich dem Monat zuzuordnen, in dem sie ausgezahlt werden. Dadurch ergibt sich eine in den Meldungen zu dokumentierende Änderung des Betrages von Versorgungsbezügen für den Monat der Auszahlung.

Da die Krankenkasse in allen Fällen, in denen der Einbehalt der Beiträge durch die Zahlstelle stattfindet, die Höhe des maximal beitragspflichtigen Versorgungsbezuges überwacht und diesen Betrag unter bestimmten Bedingungen der Zahlstelle in der Meldung angibt, haben die Zahlstellen nicht nur in den Selbstzahler-Fällen, sondern auch in allen Fällen des Zahlstellenverfahrens, und zwar nicht nur bei Bezug von mehreren Versorgungsbezügen, generell Veränderungen des Versorgungsbezugs der Krankenkasse zu melden. Als Veränderung im vorgenannten Sinne gilt jede Änderung des Zahlbetrags, auch soweit sich die Änderung auf einen in der Vergangenheit liegenden Zeitraum bezieht. Änderungsmeldungen sind auch dann zu erstatten, wenn sich der Zahlbetrag der Versorgungsbezüge durch Gewährung einer Einmalzahlung erhöht. In diesen Fällen ist einmal für den Monat, in dem die Einmalzahlung gewährt wird, eine Meldung abzugeben; darüber hinaus muss für die anschließende Zeit wiederum der laufende Versorgungsbezug gemeldet werden.

Bei in Raten zur Auszahlung gelangenden Kapitalleistungen oder -abfindungen ist – der beitragsrechtlichen Bewertung folgend (vgl. A.1.1.8.2 bzw. A.1.1.8.3) – einmalig der Gesamtbetrag der Leistung zu melden.

Die Zahlstellen haben die Meldungen nach § 202 Abs. 1 Satz 1 SGB V unverzüglich abzugeben.

Damit die Zahlstelle zum Zeitpunkt der Bewilligung/Festsetzung eines laufenden Versorgungsbezuges bereits über alle kranken- und pflegeversicherungsrechtlich relevanten Daten verfügt und diese berücksichtigen kann, besteht für sie die Option, bereits vor diesem Zeitpunkt im Rahmen des maschinellen Meldeverfahrens vorab eine Meldung („Vorabbescheinigung") an die Krankenkasse zu übermitteln, um von ihr die entsprechenden beitragsrechtlich relevanten Daten zu erhalten. In einem weiteren Schritt erfolgt die eigentliche Anmeldung mit Angabe des tatsächlichen Beginns des Versorgungsbezuges.

Die „Grundsätze zum Zahlstellen-Meldeverfahren nach § 202 Absatz 2 Fünftes Buch Sozialgesetzbuch" sehen neben An-, Ab- und Änderungsmeldungen auch – optionale – Bestandsmeldungen vor. Dabei handelt es sich um Meldungen, die die Zahlstelle zu einem bestimmten Stichtagsmonat für jeden einzelnen bei der jeweiligen Krankenkasse versicherten Versorgungsbezieher – unter Angabe der Höhe des Versorgungsbezugs – auf eigene Initiative oder auf Anforderung der Krankenkasse, in der Regel einmal jährlich, erstattet. Dadurch wird beiden am Zahlstellen Meldeverfahren beteiligten Seiten ein regelmäßiger Abgleich der versicherten Versorgungsbezieher und zudem neben dem eigentlichen Beitragsüberwachungsverfahren (§ 256 Abs. 3 SGB V) eine gewisse – relativ zeitnahe – Kontrolle der beitragspflichtigen Einnahmen ermöglicht.

A.2.4 Meldungen der Krankenkasse

Die Krankenkasse ist nach § 202 Abs. 1 Satz 4 SGB V verpflichtet, der Zahlstelle unverzüglich

- die „Beitragspflicht" des Versorgungsempfängers und
- deren Umfang (VB-max)

mitzuteilen. Nach der ab 1. Januar 2017 geltenden Rechtslage ist der Umfang der Beitragspflicht nur noch dann zu melden, wenn die Rente der gesetzlichen Rentenversicherung und die Versorgungsbezüge zusammen die Beitragsbemessungsgrenze überschreiten und die Versorgungsbezüge nicht in voller Höhe der Beitragspflicht unterliegen.

Bei Kapitalleistungen/-abfindungen entfällt von vornherein eine derartige Rückmeldung der Krankenkasse, da in diesem Fall keine Beitragsabführungspflicht der Zahlstelle besteht und es zu keinen Folgemeldungen der Zahlstelle kommt.

Unter Beitragspflicht in dem vorstehenden Sinne ist nicht die Beitragspflicht an sich, sondern vielmehr die Beitragsabführungspflicht der Zahlstelle nach § 256 SGB V, also die Anwendung des Zahlstellenverfahrens, zu verstehen. Die Beitragsabführungspflicht wird verneint, wenn die Beitragsbemessungsgrenze der Kranken- und Pflegeversicherung bereits durch andere beitragspflichtige Einnahmen erreicht wird. Bei Überschreiten der Beitragsbemessungsgrenze und gleichzeitigem Mehrfachbezug von Versorgungsbezügen kann die Krankenkasse im Interesse aller Beteiligten die Beiträge direkt vom Versicherten erheben; in diesen Fällen wird eine Beitragsabführungspflicht ebenfalls verneint.

Die Angabe zur Beitragsabführungspflicht wird jedoch nicht davon beeinflusst, ob der monatliche Versorgungsbezug die Mindesteinnahmegrenze des § 226 Abs. 2 SGB V nicht überschreitet. In diesen Fällen zeigt die Krankenkasse der Zahlstelle mit dem Kennzeichen „Mehrfachbezug" (in unterschiedlichen Ausprägungen) an, ob die Mindesteinnahmegrenze zusammen mit anderen Versorgungsbezügen oder mit Arbeitseinkommen überschritten wird und damit dennoch Beiträge einzubehalten und abzuführen sind. Gegebenenfalls hat die Zahlstelle eigenständig zu überwachen, ob – möglicherweise in einzelnen Monaten – der Zahlbetrag der von ihr allein gezahlten Versorgungsbezüge die Mindesteinnahmegrenze überschreitet.

Der Umfang der Beitragspflicht, das heißt der Betrag, bis zu dem der Versorgungsbezug unter Berücksichtigung der Rangfolge der Einnahmearten und der Beitragsbemessungsgrenze (vgl. §§ 230, 238 SGB V) maximal beitragspflichtig ist (VB-max), wird der Zahlstelle im Fall der Beitragsabführungspflicht nicht nur einmalig zu Beginn des Versorgungsbezuges, sondern auch bei jeder Veränderung dieses Wertes mitgeteilt. Im Regelfall erfolgt eine Anpassung jeweils zum 1. Januar (Änderung der Beitragsbemessungsgrenze in der Kranken- und Pflegeversicherung) und zum 1. Juli (Erhöhung der gesetzlichen Rente). Den von der Krankenkasse übermittelten VB-max hat die Zahlstelle im Regelfall zwingend für die Beitragsberechnung zu berücksichtigen; eine eigenständige (parallele) Ermittlung des VB-max durch die Zahlstelle kommt nicht in Betracht. Ab 1. Januar 2017 gilt dies nur noch dann, wenn die Rente der gesetzlichen Rentenversicherung und die Versorgungsbezüge zusammen die Beitragsbemessungsgrenze überschreiten.

Die Ermittlung des VB-max durch die Krankenkasse setzt voraus, dass sämtliche Veränderungen in der Höhe des laufenden Versorgungsbezugs der Krankenkasse gemeldet werden.

Darüber hinaus ist der Bezieher von Versorgungsbezügen unverzüglich über die Beitragspflicht, den Umfang der Beitragspflicht und die für die Versorgungsbezüge maßgebenden Beitragssätze zur Krankenversicherung und Pflegeversicherung zu unterrichten.

Eine Mitteilung über das Ende der Beitragspflicht ist im Gesetz nicht vorgeschrieben. Um Überzahlungen von Beiträgen zu vermeiden, meldet die Krankenkasse der Zahlstelle jedoch auch das Ende der Beitragspflicht.

...

4.12 Rundschreiben der Sozialversicherungsträger zur beitragsrechtlichen Beurteilung von Beiträgen zur bAV vom 21. November 2018

...

2 Allgemeines

Der Aufbau einer betrieblichen Altersversorgung ist nach dem Gesetz zur Verbesserung der betrieblichen Altersversorgung (Betriebsrentengesetz – BetrAVG) durch kapitalgedeckte oder umlagefinanzierte Altersversorgungssysteme in verschiedenen Durchführungswegen möglich. Dabei ist zwischen arbeitgeber-, arbeitnehmer- und mischfinanzierter betrieblicher Altersversorgung zu unterscheiden.

Die beitragsrechtliche Beurteilung von Beiträgen und Zuwendungen zum Aufbau betrieblicher Altersversorgung richtet sich nach der Verordnung über die sozialversicherungsrechtliche Beurteilung von Zuwendungen des Arbeitgebers als Arbeitsentgelt (Sozialversicherungsentgeltverordnung – SvEV) und § 14 Abs. 1 Satz 2 SGB IV. Nach der Sozialversicherungsentgeltverordnung hängt die beitragsrechtliche Beurteilung maßgebend von der steuerrechtlichen Behandlung dieser Beiträge und Zuwendungen ab. Die steuerrechtlichen Grundsätze dieser Behandlung hat das Bundesministerium der Finanzen in seinem Schreiben zur steuerlichen Förderung der betrieblichen Altersversorgung (GZ: IV C 5 – S 2333/17/10002) dargelegt, das in seiner Fassung vom 06.12.2017 den steuerrechtlichen Ausführungen dieses Rundschreibens zu Grunde liegt.

3 Betriebliche Altersversorgung

3.1 Begriff der betrieblichen Altersversorgung

Betriebliche Altersversorgung liegt vor, wenn dem Arbeitnehmer aus Anlass seines Arbeitsverhältnisses vom Arbeitgeber Leistungen zur Absicherung mindestens eines biometrischen Risikos (Alter, Invalidität, Tod) zugesagt werden und Ansprüche auf diese Leistungen erst mit dem Eintritt des biologischen Ereignisses fällig werden (§ 1 BetrAVG). Das biologische Ereignis ist bei der Altersversorgung das altersbedingte Ausscheiden aus dem Arbeitsleben, bei der Invaliditätsversorgung der Invaliditätseintritt und bei der Hinterbliebenenversorgung der Tod des Arbeitnehmers. Der Zweck der Leistung muss die Versorgung beim Ausscheiden aus dem Arbeitsleben sein. Altersversorgungsleistungen werden grundsätzlich nur dann als betriebliche Altersversorgung anerkannt, wenn sie frühestens mit dem 60. Lebensjahr beginnen. Bei bestimmten Berufsgruppen (z. B. Piloten), bei denen schon vor dem 60. Lebensjahr Versorgungsleistungen üblich sind, können betriebliche Altersversorgungsleistungen auch schon vor dem 60. Lebensjahr gewährt werden, **wenn sich diese berufsspezifischen Besonderheiten aus einem Gesetz, Tarifvertrag oder einer Betriebsvereinbarung ergeben.**

Die entsprechenden Leistungen müssen dem Arbeitnehmer verbindlich zugesagt werden. Dies ist auch bei der beitragsorientierten Leistungszusage (§ 1 Abs. 2 Nr. 1 BetrAVG), der Beitragszusage mit Mindestleistung (§ 1 Abs. 2 Nr. 2 BetrAVG), der Entgeltumwandlung in eine wertgleiche Versorgungsanwartschaft (§ 1 Abs. 2 Nr. 3 BetrAVG) oder der Zahlung von Eigenbeträgen des Arbeitnehmers (§ 1 Abs. 2 Nr. 4 BetrAVG) der Fall. Der Arbeitgeber steht für die Erfüllung der zugesagten Leistungen auch dann ein, wenn die Durchführung nicht unmittelbar über ihn erfolgt (§ 1 Satz 3 BetrAVG). Etwas anderes gilt bei der seit 01.01.2018 möglichen reinen Beitragszusage (§ 1 Abs. 2 Nr. 2a BetrAVG). Diese sieht lediglich vor, dass der Arbeitgeber durch Tarifvertrag oder aufgrund eines Tarifvertrages in einer Betriebs- oder Dienstvereinbarung verpflichtet wird, Beiträge zur Finanzierung von Leistungen der betrieblichen Altersversorgung an einen Pensionsfonds, eine Pensionskasse oder eine Direktversicherung zu zahlen, wobei die Höhe der Leistungen jedoch nicht garantiert wird (§ 22 Abs. 1 Satz 2 BetrAVG).

Eine betriebliche Altersversorgung liegt nicht vor, wenn zwischen Arbeitnehmer und Arbeitgeber die Vererblichkeit von Anwartschaften vereinbart ist. Auch Vereinbarungen, nach denen Arbeitsentgelt gutgeschrieben und ohne Abdeckung eines biometrischen Risikos zu einem späteren Zeitpunkt (z. B. bei Ausscheiden aus dem Beschäftigungsverhältnis) ggf. mit Wertsteigerung ausgezahlt wird, sind nicht dem Bereich der betrieblichen Altersversorgung zuzuordnen. Gleiches gilt, wenn von vornherein eine Abfindung der Versorgungsanwartschaft, z. B. zu einem bestimmten Zeitpunkt oder bei Vorliegen bestimmter Voraussetzungen, vereinbart ist und dadurch nicht mehr von der Absicherung eines biometrischen Risikos ausgegangen werden kann. **Demgegenüber führt allein die Möglichkeit einer Beitragserstattung einschließlich der gutgeschriebenen Erträge bzw. einer entsprechenden Abfindung für den Fall des Ausscheidens aus dem Dienstverhältnis vor Erreichen der gesetzlichen Unverfallbarkeit und/oder für den Fall des Todes vor Ablauf einer arbeitsrechtlich vereinbarten Wartezeit sowie der Abfindung einer Witwenrente/Witwerrente für den Fall der Wiederheirat noch nicht zur Versagung der Anerkennung als betriebliche Altersversorgung. Ebenfalls unschädlich für das Vorliegen von betrieblicher Altersversorgung ist die Abfindung vertraglich unverfallbarer Anwartschaften; dies gilt sowohl bei Beendigung als auch während des bestehenden Arbeitsverhältnisses. Bei Versorgungszusagen, die vor 2005 erteilt wurden, ist es nicht zu beanstanden, wenn in den Versorgungsordnungen die Möglichkeit einer Elternrente oder der Beitragserstattung einschließlich der gutgeschriebenen Erträge im Fall des Versterbens vor Erreichen der Altersgrenze und lediglich für die zugesagte Altersversorgung, nicht aber für die Hinterbliebenen- oder Invaliditätsversorgung die Auszahlung in Form einer Rente oder eines Auszahlungsplans vorgesehen ist.**

Besteht Einvernehmen zwischen den Beteiligten ist eine Mitnahme der Anwartschaften, die über einen Pensionsfonds, eine Pensionskasse oder eine Direktversicherung erworben worden sind, möglich. Außerdem haben Beschäftigte das Recht, dass von ihnen beim ehemaligen Arbeitgeber bzw. dessen Versorgungseinrichtung aufgebaute Betriebs-rentenkapital zum neuen Arbeitgeber bzw. zu dessen Versorgungseinrichtung mitzuneh-men (Portabilität).

Um Lücken in der betrieblichen Altersversorgung zu vermeiden, können Beschäftigte ihre Betriebsrentenansprüche, die in einem Pensionsfonds, einer Pensionskasse oder einer Direktversicherung durchgeführt worden sind, auch dann weiter aufbauen, wenn sie z. B. wegen längerer Krankheit oder während der Elternzeit kein Arbeitsentgelt beziehen (§ 1a Abs. 4 BetrAVG). Dies betrifft sowohl die Fälle der Entgeltumwandlung nach § 1 Abs. 2 Nr. 3 BetrAVG als auch die Fälle, in denen Eigenbeiträge nach § 1 Abs. 2 Nr. 4 BetrAVG geleistet werden.

3.2 Durchführungswege der betrieblichen Altersversorgung

In der betrieblichen Altersversorgung gibt es fünf Durchführungswege:

3.2.1 Direktzusage (§ 1 Abs. 1 Satz 2 BetrAVG)

Bei einer Pensions- oder Direktzusage verspricht der Arbeitgeber seinen Arbeitnehmern bei Eintritt des Versorgungsfalles unmittelbar Leistungen, d. h. ohne Einschaltung eines externen Versorgungsträgers. Deshalb wird diese Altersversorgung auch Firmenrente ge-nannt. Bei dieser Form der betrieblichen Altersversorgung werden grundsätzlich keine Beiträge an eine dritte Stelle gezahlt. Während der Zeit vor Eintritt des Versorgungsfalls fließt also kein Geld. Der Arbeitgeber bildet für seinen Betrieb in der Bilanz so genannte Pensionsrückstellungen nach § 6a EStG. Diese Rückstellungen vermindern steuerrecht-lich den Gewinn des Unternehmens mit dem Ergebnis größerer Liquidität. Der Arbeitneh-mer kann sich an der Finanzierung beteiligen. Beim Eintritt des Versorgungsfalles hat der Arbeitnehmer einen direkten Anspruch gegen den Arbeitgeber.

3.2.2 Unterstützungskasse (§ 1b Abs. 4 BetrAVG)

Die Unterstützungskasse ist – häufig in der Rechtsform einer GmbH, eines eingetragenen Vereins oder einer Stiftung – eine rechtlich selbständige Versorgungseinrichtung, die nicht der Versicherungsaufsicht unterliegt (interner Durchführungsweg). Finanziert wird die Unterstützungskasse durch Zuwendungen der Arbeitgeber als Trägerunternehmen und aus eigenen Kapitalerträgen. Sie gewährt den Arbeitnehmern der Trägerunternehmen keinen Rechtsanspruch auf die Versorgungsleistungen. Diese kann der Arbeitnehmer nur gegenüber dem Trägerunternehmen geltend machen. Der Arbeitnehmer kann sich an der Finanzierung beteiligen.

3.2.3 Direktversicherung (§ 1b Abs. 2 BetrAVG)

Die Direktversicherung ist eine Lebensversicherung auf das Leben des Arbeitnehmers, die durch den Arbeitgeber bei einem Versicherungsunternehmen abgeschlossen wird und bei der der Arbeitnehmer oder seine Hinterbliebenen ein unmittelbares Bezugsrecht auf die Versorgungsleistung gegenüber dem externen Versicherer haben (externer Durch-führungsweg). Bei dieser Form der betrieblichen Altersversorgung hat der Arbeitnehmer einen Rechtsanspruch auf Versorgungsleistungen gegenüber dem externen Versicherer. Die Finanzierung erfolgt durch den Arbeitgeber, ggf. auch unter Beteiligung des Arbeit-nehmers.

3.2.4 Pensionskasse (§ 1b Abs. 3 BetrAVG)

Eine Pensionskasse ist ein rechtlich selbständiger Versicherungsverein auf Gegenseitigkeit, deren Träger ein oder mehrere Arbeitgeber sein können (externer Durchführungsweg). Die Arbeitnehmer haben einen Rechtsanspruch auf die zugesagten Leistungen. Die Finanzierung erfolgt über Zuwendungen der Trägerunternehmen und aus Vermögenserträgen. Eine Beteiligung des Arbeitnehmers ist möglich.

3.2.5 Pensionsfonds (§ 1b Abs. 3 BetrAVG, § 112 VAG)

Bei dem Pensionsfonds handelt es sich um eine rechtlich selbständige Versorgungseinrichtung, die dem Versorgungsberechtigten auf seine Leistungen einen unmittelbaren Rechtsanspruch gegenüber dem Pensionsfonds gewährt (externer Durchführungsweg). Er wird durch Einzahlungen des Arbeitgebers bzw. des Arbeitnehmers finanziert.

3.3 Finanzierung der betrieblichen Altersversorgung

Nach den ursprünglichen Vorstellungen des Gesetzgebers im BetrAVG vom 19.12.1974 sollte der Aufwand zur betrieblichen Altersvorsorge zwar ausschließlich vom Arbeitgeber geleistet werden. An den Aufwendungen für die betriebliche Altersversorgung werden jedoch die Arbeitnehmer seit Jahren verstärkt beteiligt.

Die Aufwendungen für die betriebliche Altersversorgung werden regelmäßig vom Arbeitnehmer durch Umwandlung von Arbeitsentgelt finanziert. Hierbei besteht die Möglichkeit der für Arbeitnehmer und Arbeitgeber steuer- und beitragsfreien Entgeltumwandlung. Dabei sind bei einer Entgeltumwandlung zugunsten einer betrieblichen Altersversorgung die umgewandelten Entgeltbestandteile **bis zu 8 % der Beitragsbemessungsgrenze der allgemeinen Rentenversicherung (West) nach § 3 Nr. 63 EStG steuerfrei (2018 = 520 EUR monatlich bzw. 6.240 EUR jährlich) und diese** bis zu insgesamt 4 % der Beitragsbemessungsgrenze der allgemeinen Rentenversicherung (West) nicht dem Arbeitsentgelt hinzuzurechnen und damit beitragsfrei (2018 = 260 EUR monatlich bzw. 3.120 EUR jährlich). Die Beitragsfreiheit gilt nach § 14 Abs. 1 Satz 2 SGB IV für die Direktzusage und Unterstützungskasse sowie nach § 1 Abs. 1 Satz 1 Nr. 9 SvEV **i. V. mit § 3 Nr. 63 Satz 1 und 2 oder § 100 Abs. 6 Satz 1 EStG** für die kapitalgedeckte Pensionskasse, den Pensionsfonds und die Direktversicherung.

Neben der arbeitgeber- und arbeitnehmerfinanzierten betrieblichen Altersversorgung bestehen auch mischfinanzierte Altersversorgungssysteme. Um eine Mischfinanzierung handelt es sich insbesondere dann, wenn sowohl der Arbeitgeber als auch der Arbeitnehmer Aufwendungen für die betriebliche Altersversorgung zu dem gleichen Durchführungsweg erbringen.

4 Entgeltumwandlung

4.1 Bruttoentgeltumwandlung und Nettoentgeltverwendung

Um eine durch Entgeltumwandlung nach § 1 Abs. 2 Nr. 3 BetrAVG finanzierte betriebliche Altersversorgung handelt es sich, wenn Arbeitgeber und Arbeitnehmer z. B. durch eine Änderungsvereinbarung zum Arbeitsvertrag vereinbaren, dass künftig anstelle eines Teils des Entgeltanspruchs eine **wertgleiche** Versorgungszusage des Arbeitgebers tritt. Dadurch wird der Arbeitentgeltanspruch entsprechend gemindert. Die Vereinbarung ist zu den Entgeltunterlagen zu nehmen (im Rahmen des § 8 Abs. 1 Satz 1 Nr. 10 und 11 BVV).

▶ **Beispiel 1:**

Arbeitgeber und Arbeitnehmer vereinbaren im Juni, dass der Arbeitgeber vom 01.07. an den Bruttoentgeltanspruch des Arbeitnehmers in Höhe von 2.000 EUR um 200 EUR mindert und in diesem Umfang eine Versorgungszusage abgibt.

Lösung

Das beitragspflichtige Bruttoentgelt des Arbeitnehmers beträgt vom 01.07. an 1.800 EUR.

Von der Entgeltumwandlung zu unterscheiden sind die sog. Eigenbeiträge des Arbeitnehmers nach § 1 Abs. 2 Nr. 4 BetrAVG, **wenn** der Arbeitnehmer **aufgrund einer eigenen vertraglichen Vereinbarung mit einer Versorgungseinrichtung** aus seinem bereits zugeflossenen und versteuerten Arbeitsentgelt Beiträge zur Finanzierung der betrieblichen Altersversorgung leistet (Nettoentgeltverwendung). In diesem Fall bleibt der Arbeitsentgeltanspruch des Arbeitnehmers unverändert bestehen. **Dies gilt auch dann, wenn diese Eigenbeiträge vom Arbeitgeber an die Versorgungseinrichtung abgeführt werden. Der Entgeltumwandlung vergleichbar ist hingegen, wenn die Eigenbeiträge lediglich Bestandteil des aufgrund alleiniger vertraglicher Vereinbarung des Arbeitgebers mit einer Versorgungseinrichtung vom Arbeitgeber zu zahlenden Gesamtbeitrages zu einer kapitalgedeckten betrieblichen Altersversorgung sind und der Arbeitnehmer keine eigene vertragliche Verpflichtung gegenüber der Versorgungseinrichtung hat.**

▶ **Beispiel 2:**

Arbeitgeber und Arbeitnehmer verabreden, dass der Arbeitgeber vom 01.07. an berechtigt ist, von dem aus dem Bruttoentgeltanspruch des Arbeitnehmers in Höhe von 2.000 EUR auszuzahlenden Nettoentgelt einen Betrag in Höhe von 200 EUR unmittelbar an einen externen Versorgungsträger abzuführen, mit dem der Arbeitnehmer eine eigene vertragliche Vereinbarung getroffen hat.

Lösung

Das beitragspflichtige Bruttoentgelt des Arbeitnehmers beträgt vom 01.07. an weiterhin 2.000 EUR.

Eine Herabsetzung von Entgeltansprüchen zugunsten betrieblicher Altersversorgung ist als Entgeltumwandlung auch dann anzuerkennen, wenn die in § 1 Abs. 2 Nr. 3 BetrAVG geforderte Wertgleichheit außerhalb versicherungsmathematischer Grundsätze berechnet wird. Entscheidend ist hierfür allein, dass die Versorgungsleistung zur Absicherung mindestens eines biometrischen Risikos (Alter, Invalidität, Tod) zugesagt und erst bei Eintritt des biologischen Ereignisses fällig wird. Bei einer Herabsetzung laufenden Arbeitsentgelts zugunsten einer betrieblichen Altersversorgung liegt eine Entgeltumwandlung ebenfalls vor, wenn das bisherige ungekürzte Arbeitsentgelt weiterhin Bemessungsgrundlage für künftige Erhöhungen des Arbeitsentgelts oder anderer Arbeitgeberleistungen (z. B. Weihnachtsgeld, Tantieme, Jubiläumszuwendung) bleibt und die Entgeltminderung zeitlich begrenzt oder vereinbart wird, dass der Arbeitnehmer oder der Arbeitgeber sie bei künftigen Entgelterhöhungen einseitig ändern können.

Sofern Arbeitnehmer ihren arbeitsrechtlichen Anspruch auf Entgeltumwandlung geltend machen, findet der Mindestentgeltumwandlungsbetrag in Höhe von 1/160 der Bezugsgröße nach § 18 Abs. 1 SGB IV Anwendung (§ 1a Abs. 1 Satz 4 BetrAVG). Der Mindestentgeltumwandlungsbetrag gilt nicht, wenn Arbeitgeber auf freiwilliger Basis die Entgeltumwandlung ermöglichen.

4.2 Anspruch auf Entgeltumwandlung

Nach § 1a Abs. 1 Satz 1 BetrAVG kann der Arbeitnehmer von seinem Arbeitgeber verlangen, dass von seinen künftigen Arbeitsentgeltansprüchen bis zu 4 % der Beitragsbemessungsgrenze der allgemeinen Rentenversicherung durch Entgeltumwandlung für seine betriebliche Altersversorgung verwendet werden.

Einen Anspruch auf Entgeltumwandlung haben Arbeitnehmer, die auf Grund ihrer Beschäftigung bei einem Arbeitgeber, gegen den sich der Anspruch auf Entgeltumwandlung richten würde, in der gesetzlichen Rentenversicherung pflichtversichert sind (§ 17 Abs. 1 BetrAVG). Nicht in der gesetzlichen Rentenversicherung pflichtversicherte Beschäftigte besitzen demzufolge grundsätzlich keinen Anspruch auf Entgeltumwandlung. Allerdings wird eine laufende Entgeltumwandlung auch dann als zulässig erachtet, wenn dadurch das Bruttoarbeitsentgelt unter die Geringfügigkeitsgrenze sinkt und **sich der Arbeitnehmer in der dann geringfügig entlohnten** Beschäftigung **von der Rentenversicherungspflicht befreien lässt.** Demzufolge ist eine Entgeltumwandlung auch in einer von vornherein geringfügig entlohnten Beschäftigung möglich**, in der eine Befreiung von der Rentenversicherungspflicht besteht.**

4.3 Entgeltumwandlung und Tarifvorrang

Nach § **20 Abs. 1** BetrAVG kann ein Entgeltumwandlungsanspruch in Bezug auf Entgeltansprüche, die auf einem Tarifvertrag beruhen, nur geltend gemacht werden, wenn dies durch Tarifvertrag vorgesehen oder durch Tarifvertrag zugelassen ist (Tarifvorrang). In diesem Zusammenhang bedeutet „Tarifvertrag vorgesehen", dass der Tarifvertrag selbst die Entgeltumwandlung zulassen muss. „Tarifvertrag zulassen" bedeutet, dass der Tarifvertrag eine Öffnungsklausel enthalten muss, welche über Einzelverträge oder Betriebsvereinbarungen die Entgeltumwandlung zulässt. **Darüber hinaus kann seit 01.01.2018 durch Tarifvertrag oder auf Grund eines Tarifvertrages in einer Betriebs- oder Dienstvereinbarung eine verpflichtende Entgeltumwandlung geregelt werden, die der einzelne Arbeitnehmer aber ablehnen kann (sog. „Opting-Out"- bzw. „Optionsmodelle" nach § 20 Abs. 2 BetrAVG).**

Das Arbeitsentgelt beruht nur dann auf einer tarifvertraglichen Grundlage, wenn sowohl Arbeitgeber als auch Arbeitnehmer tarifgebunden sind. Der Arbeitgeber ist tarifgebunden, wenn er dem tarifschließenden Arbeitgeberverband angehört oder er einen Firmentarifvertrag geschlossen hat. Der Arbeitnehmer ist tarifgebunden, wenn er Mitglied der tarifschließenden Gewerkschaft ist. Für nicht tarifgebundene Arbeitnehmer (keine Gewerkschaftsmitgliedschaft) beruht das Arbeitsentgelt im rechtlichen Sinne nicht auf tariflicher Grundlage; dies gilt selbst dann, wenn das Arbeitsentgelt „nach Tarif" gezahlt wird.

▶ **Beispiel:**

Ein tarifgebundener Arbeitnehmer hat einen monatlichen Arbeitsentgeltanspruch von 2.000 EUR. Nach dem Tarifvertrag über Altersvorsorge darf bei Anwendung des Pensionskassenverfahrens Arbeitsentgelt maximal bis 4 % der jährlichen Beitragsbemessungsgrenze der allgemeinen Rentenversicherung ausschließlich aus Urlaubsgeld, Jahressonderzahlung und vermögenswirksamen Leistungen umgewandelt werden. Gleichwohl wandelt der Arbeitnehmer monatlich einen gleich bleibenden Betrag von 180 EUR zugunsten der betrieblichen Altersvorsorge um.

Monat	Januar	Februar	März	April
Arbeitsentgelt nach Tarifvertrag	2.000 EUR	2.000 EUR	2.000 EUR	2.000 EUR
Umwandlungsbetrag	180 EUR	180 EUR	180 EUR	180 EUR
Überstunden (tariflich)		100 EUR		
Tantieme			1.000 EUR	
Urlaubsgeld				300 EUR
Bruttoarbeitsentgeltanspruch	1.820 EUR	1.920 EUR	2.820 EUR	2.120 EUR
beitragspflichtiges Arbeitsentgelt	2.000 EUR	2.100 EUR	2.820 EUR	2.120 EUR

Lösung:

Für Arbeitsentgelt tarifgebundener Arbeitnehmer, das aus einer Beschäftigung bei tarifgebundenen Arbeitgebern auf Grund einer nicht tariflich zugelassenen Entgeltumwandlung für die betriebliche Altersvorsorge an eine Pensionskasse gezahlt wird, besteht dennoch in Höhe des Tariflohns Beitragspflicht.

4.3.1 Tarifvertrag bzw. Öffnungsklausel zur Entgeltumwandlung liegt vor

Sieht der Tarifvertrag Regelungen zur Entgeltumwandlung vor oder enthält er eine entsprechende Öffnungsklausel, ist es für den Anspruch nach § 1a BetrAVG unerheblich, ob der Arbeitnehmer einer Tarifbindung unterliegt oder nicht. Für nicht tarifgebundene Arbeitnehmer wird regelmäßig in deren einzelarbeitsvertraglichen Vereinbarungen auf Tarifverträge Bezug genommen (**§ 24 BetrAVG**). Der Entgeltumwandlungsanspruch auf Grund solcher Bezugnahmeklauseln in den Arbeitsverträgen ist wie bei tarifgebundenen Arbeitnehmern zu beurteilen. Insoweit kann jeder Arbeitnehmer den Anspruch auf Entgeltumwandlung verwirklichen.

4.3.2 Tarifvertrag bzw. Öffnungsklausel zur Entgeltumwandlung liegt nicht vor

Ein tarifgebundener Arbeitnehmer kann mangels Tarifvertrag zur Entgeltumwandlung oder entsprechender Öffnungsklausel sein Recht auf Entgeltumwandlung nicht durchsetzen. Er kann aber über- und außertarifliche Arbeitsentgelte zugunsten einer betrieblichen Altersversorgung umwandeln, weil derartige Entgeltteile nicht der Tarifbindung unterliegen. Nicht tarifgebundene Arbeitnehmer, bei denen regelmäßig Bezugnahmeklauseln in den Arbeitsverträgen enthalten sind, werden zwar nicht unmittelbar auf Grund eines Tarifvertrages, aber auf Grund der einzelvertraglichen Regelung „nach Tarif" bezahlt. Sie können jederzeit Entgelte in eine betriebliche Altersversorgung umwandeln, da der Tarifvorrang nach § 20 Abs. 1 BetrAVG nicht eingreift. Dies gilt selbst dann, wenn im Arbeitsvertrag auf die tariflichen Bestimmungen Bezug genommen wird. Allein durch die Bezugnahme auf den Tarifvertrag werden diese Entgeltbestandteile nicht zu Tariflohn.

In Tarifverträgen kann nach § **19 Abs. 1** BetrAVG, der u. a. § 1a BetrAVG für tarifdispositiv erklärt, auch zum Nachteil der Arbeitnehmer von der Regelung des Rechtsanspruchs auf Entgeltumwandlung abgewichen und durch die Tarifvertragsparteien der Anspruch auf Entgeltumwandlung ausgeschlossen werden. Von dieser Möglichkeit haben z. B. die Tarifvertragsparteien bestimmter Bereiche des öffentlichen Dienstes Gebrauch gemacht (§ 26 Abs. 5 und § 40 Abs. 4 des Tarifvertrages Altersversorgung (ATV) i. V. mit Ziffer 1.3 des Altersvorsorgeplans). Um betriebseinheitliche Versorgungsbedingungen zu ermöglichen, kann nach § **19 Abs. 2** BetrAVG im Arbeitsvertrag nicht tarifgebundener Arbeitnehmer auf entsprechende abweichende Bestimmungen in Tarifverträgen Bezug genommen werden, wodurch auch sie vom Ausschluss der Entgeltumwandlung erfasst werden können.

4.3.3 Tarifvertrag ist für allgemein verbindlich erklärt

Wird ein Tarifvertrag vom Bundesministerium für Arbeit und Soziales für allgemein verbindlich erklärt, unterliegt auch ein nicht tarifgebundener Arbeitnehmer der Wirkung dieses Tarifvertrages. Eine Entgeltumwandlung ohne entsprechende Tarifvertragsregelung bzw. Tariföffnungsklausel ist dann ausgeschlossen.

4.3.4 Außer- und übertarifliche Arbeitsentgelte

Außer- und übertarifliche Arbeitsentgelte (Entgeltteile, die nicht tariflich vereinbart sind) beruhen selbst bei tarifgebundenen Arbeitnehmern nicht auf einem Tarifvertrag. Sieht eine tarifvertragliche Regelung eine Entgeltumwandlung vor und wird durch diese Regelung der Höchstbetrag für die Entgeltumwandlung ausgeschöpft, bleibt für eine weitergehende Entgeltumwandlung – bezogen auf außer- und übertarifliche Entgelte – kein zusätzlicher Spielraum. Hier greift der Tarifvorrang nach § **20 Abs. 1** BetrAVG indirekt ein.

4.4 Arbeitgeberzuschuss bei Entgeltumwandlung

Werden Beiträge zugunsten einer kapitalgedeckten betrieblichen Altersversorgung an einen Pensionsfonds, eine Pensionskasse oder eine Direktversicherung aus einer Entgeltumwandlung gezahlt, hat der Arbeitgeber zusätzlich einen Arbeitgeberzuschuss in Höhe von 15 % des umgewandelten Arbeitsentgelts zu der betrieblichen Altersversorgung zu zahlen, soweit er durch die Entgeltumwandlung Sozialversicherungsbeiträge einspart (§§ 1a Abs. 1a bzw. 23 Abs. 2 BetrAVG). Die Verpflichtung zur Zahlung des Arbeitgeberzuschusses gilt für vor dem 01.01.2019 geschlossene Entgeltumwandlungsvereinbarungen ab dem 01.01.2022 (§ 26a BetrAVG in der Fassung ab 01.01.2019). Für die ab 01.01.2019 geschlossenen Entgeltumwandlungsvereinbarungen gilt die Verpflichtung vorbehaltlich einer anderslautenden tarifvertraglichen Regelung nach § 19 Abs. 1 BetrAVG. Bei Entgeltumwandlungsvereinbarungen zur betrieblichen Altersversorgung in der neuen Form der reinen Beitragszusage nach § 1 Abs. 2 Nr. 2a BetrAVG gilt die Verpflichtung, die nicht tarifdispositiv ist, ab Beginn der Entgeltumwandlung (§ 23 Abs. 2 BetrAVG).

Zu den betreffenden Sozialversicherungsbeiträgen zählen nach Auffassung der Sozialversicherungsträger neben den Arbeitgeberanteilen am Gesamtsozialversicherungsbeitrag zur gesetzlichen Kranken-, Pflege-, Renten- und Arbeitslosenversicherung auch der Arbeitgeberzuschuss zur Rentenversicherung an berufsständische Versorgungseinrichtungen sowie zur freiwilligen bzw. privaten Kranken- und Pflegeversicherung und Pauschalbeiträge für geringfügig entlohnt Beschäftigte.

Umlagen zur Unfallversicherung und nach dem Aufwendungsausgleichsgesetz sowie Insolvenzgeldumlagen zählen hingegen nicht zu den betreffenden Sozialversicherungsbeiträgen.

Unterschreiten die eingesparten Sozialversicherungsbeiträge 15 % des umgewandelten Arbeitsentgelts (z. B. bei Arbeitsentgelten nah an der Beitragsbemessungsgrenze der allgemeinen Rentenversicherung oder bei Arbeitnehmern, die nicht in allen Zweigen der Sozialversicherung versicherungspflichtig sind) ist die Pflicht zur Zahlung des Arbeitgeberzuschusses auf den Betrag der eingesparten Sozialversicherungsbeiträge begrenzt. Der ggf. auf den Arbeitgeberzuschuss entfallende Sozialversicherungsbeitrag wirkt sich nicht auf die Mindesthöhe des Arbeitgeberzuschusses aus.

Ob Sozialversicherungsbeiträge eingespart werden, ist im Monat des Entstehens der Beitragsansprüche zu beurteilen. Nach § 22 Abs. 1 SGB IV entstehen die Beitragsansprüche aus laufendem Arbeitsentgelt, wenn der Anspruch auf das Arbeitsentgelt besteht und aus einmalig gezahltem Arbeitsentgelt, wenn dieses Arbeitsentgelt gezahlt wird. Die Beiträge werden nach § 23 Abs. 1 Satz 2 SGB IV in dem Monat fällig, in dem der Anspruch auf das laufende Arbeitsentgelt besteht bzw. einmalig gezahltes Arbeitsentgelt gezahlt wird. Der maßgebende Umfang der Einsparung der Sozialversicherungsbeiträge ergibt sich daher aus der konkreten beitragsrechtlichen Auswirkung der Entgeltumwandlung von laufendem oder einmalig gezahltem Arbeitsentgelt auf das beitragspflichtige Arbeitsentgelt in dem Monat der Entgeltabrechnung, in dem die Entgeltumwandlung erfolgt. Dabei ist auch in Monaten mit laufendem und daneben einmalig gezahltem Arbeitsentgelt darauf abzustellen, ob der Arbeitgeberbeitragsanteil insgesamt ohne die Entgeltumwandlung höher gewesen wäre.

Für eine Jahresbetrachtung zur Ermittlung des maßgebenden Umfangs der Einsparung von Sozialversicherungsbeiträgen, die auch den beitragspflichtigen Umfang schwankender Arbeitsentgelte oder von Einmalzahlungen berücksichtigen würde, fehlt es an einer entsprechenden Rechtsgrundlage. Zudem würde die dann maßgebende Prognose der jährlichen Einsparung zu weiteren Auslegungsfragen hinsichtlich der Anforderungen an die Prognosegenauigkeit sowie dem Umgang mit unzutreffenden Prognosen führen.

Demnach kann bspw. bei einem monatlichen Arbeitsentgelt in Höhe der Beitragsbemessungsgrenze eine monatliche beitragsfreie Entgeltumwandlung zur monatlichen Einsparung von Sozialversicherungsbeiträgen und somit zur Arbeitgeberzuschusspflicht führen, die Beitragseinsparung jedoch durch eine spätere, im Rahmen des § 23a SGB IV beitragspflichtige, Einmalzahlung (z. B. Urlaubs- oder Weihnachtsgeld) teilweise oder vollständig aufgehoben werden. Unabhängig von der arbeitsrechtlichen Zulässigkeit einer Korrektur der Arbeitgeberzuschussgewährung ist eine rückwirkende Korrektur beitragsrechtlicher Konsequenzen aus der vorherigen Arbeitgeberzuschussgewährung nicht möglich, da im Zeitpunkt der jeweiligen Entgeltabrechnung die beitragsrechtliche Behandlung zutreffend war.

Nach Auffassung des Bundesministeriums für Arbeit und Soziales bestehen keine arbeitsrechtlichen Bedenken, wenn Arbeitgeber und Arbeitnehmer zur Sicherstellung eines gleichbleibenden Gesamtbetrages zur betrieblichen Altersversorgung vereinbaren, dass dieser verstetigte Gesamtbetrag zukünftig neben einem entsprechend verminderten umgewandelten Entgelt den Arbeitgeberzuschuss enthält (vgl. Fußnote zur Rz. 26 des in Ziff. 2 angeführten Schreibens des Bundesministeriums der Finanzen vom 06.12.2017). Hierdurch würde selbst bei schwankenden Arbeitsentgelten ein unter Berücksichtigung des Arbeitgeberzuschusses gleichbleibender Gesamtbetrag zur betrieblichen Altersversorgung möglich, wenn eine Entgeltumwandlung in Höhe der Differenz des im maßgebenden Entgeltabrechnungszeitraum darauf entfallenden Arbeitgeberzuschusses und des Gesamtbetrages zur betrieblichen Altersversorgung vereinbart wird.

5 Kapitalgedeckte betriebliche Altersversorgung

5.1 Steuerrechtliche Behandlung der Aufwendungen

5.1.1 Pensionsfonds, Pensionskasse und Direktversicherung

5.1.1.1 Steuerfreiheit der Beiträge an einen Pensionsfonds, eine Pensionskasse oder für eine Direktversicherung nach § 3 Nr. 63 EStG

5.1.1.1.1 Steuerfreibetrag

Für Beiträge des Arbeitgebers an einen Pensionsfonds, eine Pensionskasse oder für eine Direktversicherung zum Aufbau einer kapitalgedeckten betrieblichen Altersversorgung **bestand bis 2017** Steuerfreiheit nach § 3 Nr. 63 Satz 1 EStG soweit sie im Kalenderjahr 4 % der Beitragsbemessungsgrenze der allgemeinen Rentenversicherung nicht überstiegen. **Durch das Betriebsrentenstärkungsgesetz wurde ab 01.01.2018 der Freibetrag auf 8 % der Beitragsbemessungsgrenze der allgemeinen Rentenversicherung angehoben** (in den alten und neuen Bundesländern einheitlich 2018 jährlich 6.240 EUR bzw. monatlich 520 EUR). Der zusätzliche Steuerfreibetrag nach § 3 Nr. 63 Satz 3 EStG i. d. F. bis 31.12.2017 in Höhe von 1.800 EUR für Beiträge, die vom Arbeitgeber auf Grund einer nach dem 31.12.2004 erteilten Versorgungszusage geleistet worden sind, ist dafür entfallen.

Aus Anlass der Beendigung einer Beschäftigung gezahlte Beiträge an einen Pensionsfonds, eine Pensionskasse oder für eine Direktversicherung sind nach § 3 Nr. 63 Satz 3 EStG steuerfrei, soweit sie 4 % der Beitragsbemessungsgrenze der allgemeinen Rentenversicherung, vervielfältigt mit der Anzahl der Kalenderjahre der Beschäftigung, allerdings ab 01.01.2018 mit höchstens zehn Kalenderjahren, nicht übersteigen. Eine Anrechnung von nach § 3 Nr. 63 Satz 1 EStG steuerfreien Beiträgen erfolgt seit 01.01.2018 nicht mehr.

Zudem besteht seit 01.01.2018 die Möglichkeit, Beiträge an einen Pensionsfonds, eine Pensionskasse oder eine Direktversicherung nach § 3 Nr. 63 Satz 4 EStG für Zeiten steuerfrei nachzuzahlen, in denen das Beschäftigungsverhältnis ruhte und im Inland kein steuerpflichtiger Arbeitslohn bezogen wurde (z. B. aufgrund einer Entsendung, einer Elternzeit oder eines Sabbaticals). Die steuerfreie Nachzahlung ist bis zu 8 % der Beitragsbemessungsgrenze der allgemeinen Rentenversicherung vervielfältigt mit der Anzahl der Kalenderjahre, in denen die Beschäftigung ruhte, maximal 10 Kalenderjahre, möglich.

5.1.1.1.2 Voraussetzungen für die Steuerfreiheit

Die Steuerfreiheit setzt ein bestehendes erstes Dienstverhältnis voraus, bei dem es sich auch um ein geringfügiges Beschäftigungsverhältnis oder eine Aushilfstätigkeit handeln kann. **Diese Voraussetzung kann auch erfüllt sein, wenn es sich um ein weiterbestehendes Dienstverhältnis ohne Anspruch auf Arbeitslohn (z. B. während der Elternzeit, der Pflegezeit, des Bezugs von Krankengeld) handelt.** Arbeitnehmer, deren Arbeitsentgelt bei einem Arbeitgeber nach der Steuerklasse VI versteuert wird, gehören nicht zu dem von § 3 Nr. 63 EStG begünstigten Personenkreis.

Die Steuerfreiheit ist grundsätzlich auf Versorgungszusagen beschränkt, die die Auszahlung der Versorgungsleistungen in Form einer lebenslangen monatlichen Rente oder eines Versorgungsplanes mit Restverrentung vorsehen. **Davon ist auch bei einer betrieblichen Altersversorgung in Form der reinen Beitragszusage (§ 22 BetrAVG) auszugehen.**

Allein die Möglichkeit, anstelle der vorgenannten Auszahlungsformen eine Einmalkapitalauszahlung (100 % des zu Beginn der Auszahlungsphase zur Verfügung stehenden Kapitals) zu wählen, steht der Steuerfreiheit noch nicht entgegen. Hieran hält die Finanzverwaltung ungeachtet des BFH-Urteils vom 20.09.2016 – X R 23/15 – (BStBl 2017 II S. 347) fest. Die Möglichkeit, eine Einmalkapitalauszahlung anstelle einer Rente oder eines Auszahlungsplans zu wählen, gilt nicht nur für Altersversorgungsleistungen, sondern auch für Invaliditäts- oder Hinterbliebenenversorgungsleistungen. Entscheidet sich der Arbeitnehmer zugunsten einer Einmalkapitalauszahlung, so sind von diesem Zeitpunkt an die Voraussetzungen des § 3 Nr. 63 EStG nicht mehr erfüllt und die Beitragsleistungen zu besteuern. Erfolgt die Ausübung des Wahlrechtes innerhalb des letzten Jahres vor dem altersbedingten Ausscheiden aus dem Erwerbsleben, so wird es von der Finanzverwaltung aus Vereinfachungsgründen nicht beanstandet, wenn die Beitragsleistungen weiterhin nach § 3 Nr. 63 EStG steuerfrei belassen werden. Für die Berechnung der Jahresfrist wird dabei auf das im Zeitpunkt der Ausübung des Wahlrechts vertraglich vorgesehene Ausscheiden aus dem Erwerbsleben (vertraglich vorgesehener Beginn der Altersversorgungsleistung) abgestellt. Da die Auszahlungsphase bei der Hinterbliebenenleistung erst mit dem Zeitpunkt des Todes des ursprünglich Berechtigten beginnt, wird es in diesem Fall aus steuerlicher Sicht nicht beanstandet, wenn das Wahlrecht im zeitlichen Zusammenhang mit dem Tod des ursprünglich Berechtigten ausgeübt wird. Bei Auszahlung oder anderweitiger wirtschaftlicher Verfügung ist der Einmalkapitalbetrag nach § 22 Nr. 5 EStG zu besteuern.

Nach § 3 Nr. 63 EStG können auch Beiträge **an ausländische betriebliche Altersversorgungssysteme steuerfrei sein, wenn diese mit inländischen** Pensionsfonds, Pensionskassen und Direktversicherungen **sowie deren Leistungen vergleichbar sind und die ausländische Versorgungseinrichtung in vergleichbarer Weise den für inländische Versorgungseinrichtungen maßgeblichen Aufbewahrungs-, Mitteilungs- und Bescheinigungspflichten nach dem Einkommensteuergesetz und der Altersvorsorge-Durchführungsverordnung zur Sicherstellung der Besteuerung der Versorgungsleistungen im Wesentlichen nachkommt.** Eine entsprechende steuerliche Anerkennung hat auch beitragsrechtlich Auswirkungen in der Sozialversicherung.

Arbeitgeberaufwendungen zu einem umlagefinanzierten Altersversorgungssystem (z. B. VBL) werden nicht von der Steuerfreiheit nach § 3 Nr. 63 EStG erfasst. Werden sowohl Aufwendungen im Umlageverfahren als auch Beiträge im Kapitaldeckungsverfahren erbracht, gehören letztere nur dann zu den steuerfreien Arbeitgeberbeiträgen, wenn eine getrennte Verwaltung und Abrechnung beider Vermögensmassen erfolgt (Trennungsprinzip).

5.1.1.1.3 Steuerfreie Aufwendungen

Steuerfrei sind sowohl die Beiträge des Arbeitgebers, die zusätzlich zum ohnehin geschuldeten Arbeitslohn erbracht werden (rein arbeitgeberfinanzierte Beiträge), als auch die **im Gesamtversicherungsbeitrag des Arbeitgebers enthaltenen Finanzierungsanteile des Arbeitnehmers. Zu diesen Finanzierungsanteilen des Arbeitnehmers zählt die Finanzverwaltung**

- die Beiträge des Arbeitnehmers, die durch Entgeltumwandlung finanziert werden,
- die Eigenbeiträge des Arbeitnehmers nach § 1 Abs. 2 Nr. 4 BetrAVG,
- die Arbeitgeberzuschüsse nach § 1a Abs. 1a bzw. § 23 Abs. 2 BetrAVG bei Entgeltumwandlung.

Die Steuerfreiheit rein arbeitgeberfinanzierter Beiträge ist gegenüber **den im Gesamtversicherungsbeitrag des Arbeitgebers enthaltenen Finanzierungsanteilen des Arbeitnehmers** vorrangig. Danach sind beim Freibetrag zunächst die arbeitgeberfinanzierten Beiträge und sofern der Freibetrag nicht ausgeschöpft worden ist, die auf **den Finanzierungsanteilen des Arbeitnehmers** beruhenden Beiträge zu berücksichtigen.

▶ **Beispiel:**

Der Arbeitgeber hat eine Pensionskasse. Er zahlt jährlich 3.600 EUR und der Arbeitnehmer durch Entgeltumwandlung 2.800 EUR in diese Pensionskasse ein.

Lösung:

Die Steuerfreiheit nach § 3 Nr. 63 Satz 1 EStG ist auf 8 % der Beitragsbemessungsgrenze der allgemeinen Rentenversicherung (das sind im Jahr 2018 = 6.240 EUR) begrenzt. Nach dem Steuerrecht ist bei der Steuerfreiheit nach § 3 Nr. 63 Satz 1 EStG der arbeitgeberfinanzierte Beitrag vorrangig gegenüber der Entgeltumwandlung des Arbeitnehmers. Der Beitrag des Arbeitnehmers ist deshalb in 2018 in Höhe von 2.640 EUR (6.240 EUR − 3.600 EUR) steuerfrei. Der Restbetrag von 160 EUR (2.800 EUR − 2.640 EUR) ist individuell zu versteuern.

Bei dem Höchstbetrag des § 3 Nr. 63 Satz 1 EStG handelt es sich um einen Jahresbetrag. Eine zeitanteilige Kürzung des Höchstbetrags ist daher nicht vorzunehmen, wenn das Arbeitsverhältnis nicht während des ganzen Jahres besteht oder nicht für das ganze Jahr Beiträge gezahlt werden. Der Höchstbetrag kann erneut in Anspruch genommen werden, wenn der Arbeitnehmer ihn in einem vorangegangenen Dienstverhältnis bereits ausgeschöpft hat. Im Fall der Gesamtrechtsnachfolge und des Betriebsübergangs nach § 613a BGB kommt dies dagegen nicht in Betracht.

Bei monatlicher Zahlung der Beiträge kann der Höchstbetrag in gleichmäßige monatliche Teilbeträge aufgeteilt werden. Stellt der Arbeitgeber vor Ablauf des Kalenderjahres, z. B. bei Beendigung des Dienstverhältnisses fest, dass die Steuerfreiheit im Rahmen der monatlichen Teilbeträge nicht in vollem Umfang ausgeschöpft worden ist oder werden kann, muss eine ggf. vorgenommene Besteuerung der Beiträge rückgängig gemacht (spätester Zeitpunkt hierfür ist die Übermittlung oder Erteilung der Lohnsteuerbescheinigung) oder der monatliche Teilbetrag im laufenden Kalenderjahr so geändert werden, dass der Höchstbetrag ausgeschöpft wird.

Der steuerfreie Höchstbetrag nach § 3 Nr. 63 Satz 1 EStG verringert sich jedoch nach **§ 52 Abs. 4 Satz 14 EStG**[1] um Beiträge zu einer Pensionskasse oder Direktversicherung, die nach § 40b Abs. 1 und 2 EStG a. F. pauschal besteuert werden. Dies gilt unabhängig von der Höhe der pauschal besteuerten Beiträge. **Die Reduzierung des steuerfreien Höchstbetrages durch die pauschal besteuerten Beiträge erfolgt zunächst für die rein arbeitgeberfinanzierten Beiträge. Der hiernach verbleibende Steuerfreibetrag ist auf die Finanzierungsanteile des Arbeitnehmers anzuwenden.**

5.1.1.2 Pauschalbesteuerung der Beiträge an eine Pensionskasse oder für eine Direktversicherung nach § 40b EStG a. F.

5.1.1.2.1 Grenzbetrag

Auf Beiträge zugunsten einer kapitalgedeckten betrieblichen Altersversorgung aus einer Pensionskasse oder Direktversicherung kann **unter bestimmten Voraussetzungen** § 40b Abs. 1 und 2 EStG a. F. (am 31.12.2004 geltende Fassung) angewendet werden.

Die Lohnsteuer wird hiernach mit einem Pauschsteuersatz in Höhe von 20 % erhoben, soweit die Beiträge die Entgeltgrenze von 1.752 EUR im Kalenderjahr nicht überschreiten. Sind mehrere Arbeitnehmer gemeinsam in einem Direktversicherungsvertrag (Gruppenversicherung) versichert, so gilt auch ein höherer Beitrag für den einzelnen Arbeitnehmer, wenn der Durchschnittsbetrag, der sich bei einer Aufteilung der gesamten Beiträge durch die Zahl der begünstigten Arbeitnehmer ergibt, 1.752 EUR nicht übersteigt; hierbei sind Arbeitnehmer, für die Beiträge von mehr als 2.148 EUR im Kalenderjahr geleistet werden, nicht einzubeziehen (vgl. § 40b Abs. 2 Satz 2 EStG a. F.).

Im Fall der Durchschnittsberechnung nach § 40b Abs. 2 Satz 2 EStG a. F. sind zur Ermittlung des verbleibenden steuerfreien Volumens nach § 3 Nr. 63 Satz 1 EStG grundsätzlich die auf den einzelnen Arbeitnehmer entfallenden Leistungen des Arbeitgebers mindernd anzurechnen. Hat der Arbeitgeber keine individuelle Zuordnung der auf den einzelnen Arbeitnehmer entfallenden Leistungen vorgenommen, bestehen nach Auffassung der Finanzverwaltung keine Bedenken, wenn der Arbeitgeber aus Vereinfachungsgründen einheitlich für alle Arbeitnehmer den nach § 40b EStG a. F. pauschal besteuerten Durchschnittsbetrag berücksichtigt.

▶ **Beispiel 1:**

Der Arbeitgeber zahlt in einen Gruppenversicherungsvertrag jährlich 600 EUR für den Arbeitnehmer A und 2.000 EUR für den Arbeitnehmer B ein. Für jeden Arbeitnehmer wird der Durchschnittsbetrag i. H. v. 1.300 EUR mit 20 % pauschal besteuert.

Lösung:

Der Steuerfreibetrag nach § 3 Nr. 63 Satz 1 EStG ist beim Arbeitnehmer A um 600 EUR und bei Arbeitnehmer B um 2.000 EUR zu vermindern.

---

1 **Jetzt § 52 Abs. 4 Satz 12 EStG.**

▶ **Beispiel 2:**

Der Arbeitgeber zahlt an eine Pensionskasse 3 % seiner Bruttolohnsumme als Beitrag für alle Arbeitnehmer. Der auf jeden Arbeitnehmer entfallende und mit 20 % pauschal besteuerte Durchschnittsbetrag beträgt 1.500 EUR.

Lösung:

Der Steuerfreibetrag nach § 3 Nr. 63 Satz 1 EStG wird bei jedem Arbeitnehmer um 1.500 EUR vermindert.

5.1.1.2.2 Voraussetzungen für die Pauschalbesteuerung

Die Pauschalbesteuerung der Beiträge nach § 40b EStG a. F. ist nach § 52 Abs. 40 EStG möglich, wenn vor dem 01.01.2018 mindestens ein Beitrag des Arbeitgebers rechtmäßig nach § 40b EStG in einer vor dem 01.01.2005 geltenden Fassung pauschal besteuert wurde, weil die entsprechenden Beiträge auf Grund einer Versorgungszusage geleistet wurden, die vor dem 01.01.2005 erteilt wurde (zur Definition dieser Altzusage vgl. Ziffer 5.1.2.2 des Rundschreibens in seiner vorherigen Fassung vom 25.09.2008).

Wurde für einen Arbeitnehmer vor dem 01.01.2018 mindestens ein Beitrag rechtmäßig nach § 40b EStG in einer vor dem 01.01.2005 geltenden Fassung pauschal besteuert, liegen für diesen Arbeitnehmer die persönlichen Voraussetzungen für die weitere Anwendung des § 40b EStG a. F. sein ganzes Leben lang vor. Vertragsänderungen (z. B. Beitragserhöhungen), Neuabschlüsse, Änderungen der Versorgungszusage, Arbeitgeberwechsel etc. sind unbeachtlich. Im Fall eines Arbeitgeberwechsels genügt es, wenn der Arbeitnehmer gegenüber dem neuen Arbeitgeber nachweist, dass vor dem 01.01.2018 mindestens ein Beitrag an eine Pensionskasse oder eine Direktversicherung nach § 40b EStG in einer vor dem 01.01.2005 geltenden Fassung pauschal besteuert wurde (beispielsweise durch eine Gehaltsabrechnung oder eine Bescheinigung eines Vorarbeitgebers bzw. des Versorgungsträgers). Der neue Arbeitgeber kann dann die in Betracht kommenden Beiträge zugunsten einer kapitalgedeckten Pensionskasse oder Direktversicherung ebenfalls weiterhin nach § 40b EStG a. F. pauschal besteuern.

Übersteigen die Beiträge des Arbeitgebers den Pauschalierungshöchstbetrag, sind diese unter den Voraussetzungen des § 3 Nr. 63 Satz 1 EStG i. V. m. § 52 Abs. 4 Satz 14 EStG[2] in Höhe der Differenz vom Pauschalierungshöchstbetrag bis zum Steuerfreibetrag nach § 3 Nr. 63 Satz 1 EStG steuerfrei.

▶ **Beispiel:**

Dem Arbeitnehmer wurde von Arbeitgeber A eine Versorgungszusage über eine Pensionskasse im Jahr 2000 und in Form einer Direktversicherung im Jahr 2010 erteilt. Die Beiträge zur Pensionskasse wurden, soweit sie die Steuerfreiheit nach § 3 Nr. 63 EStG überstiegen bis zur Beendigung des Dienstverhältnisses in 2017 nach § 40b EStG a. F. pauschal besteuert. Die Beiträge zur Direktversicherung wurden aus versteuerten Arbeitslohn geleistet. Nach einer Zeit der Arbeitslosigkeit nimmt der Arbeitnehmer bei Arbeitgeber B im April 2018 ein neues Beschäftigungsverhältnis auf. Arbeitgeber B erteilt dem Arbeitnehmer eine neue Versorgungszusage über einen Pensionsfonds und

---

2 **Jetzt § 52 Abs. 4 Satz 12 EStG.**

übernimmt die Direktversicherung. Der Arbeitnehmer weist dem Arbeitgeber durch eine Gehaltsabrechnung nach, dass die Beiträge für die Pensionskasse vor 2018 nach § 40b EStG a. F. pauschal besteuert wurden.

Lösung:

Arbeitgeber B kann die Beiträge für die Direktversicherung nach § 40b EStG a. F. pauschal besteuern. Der Zeitpunkt der Erteilung der Versorgungszusage für die Direktversicherung ist ohne Bedeutung. Die Beiträge an den Pensionsfonds sind nach Maßgabe des § 3 Nr. 63 EStG steuerfrei.

5.1.1.2.3 Direktversicherungen

Beiträge für eine Direktversicherung, die auch die Voraussetzungen des § 3 Nr. 63 Satz 1 EStG erfüllen, können nach § 40b Abs. 1 und 2 EStG a. F. pauschal besteuert werden, soweit der Arbeitnehmer zuvor gegenüber dem Arbeitgeber für diese Beiträge auf die Anwendung des § 3 Nr. 63 EStG verzichtet hat (**§ 52 Abs. 40 Satz 2 EStG**); der Verzicht gilt für die Dauer des jeweiligen Dienstverhältnisses. Bei einem späteren Arbeitgeberwechsel **ist in den Fällen des § 4 Abs. 2 Nr. 1 und 2 BetrAVG (Übertragung unverfallbarer Anwartschaften) die Weiteranwendung des § 40b EStG a. F. möglich, wenn der Arbeitnehmer dem Angebot des Arbeitgebers, die Beiträge weiterhin nach § 40b EStG a. F. pauschal zu versteuern, spätestens bis zur ersten Beitragsleistung zustimmt.**[3]

5.1.1.3 Steuerfreie Zusagen neben pauschal besteuerten Zusagen

Leistet der Arbeitgeber nach § 3 Nr. 63 Satz 1 EStG begünstigte Beiträge an verschiedene Versorgungseinrichtungen, kann er § 40b EStG a. F. auf Beiträge an Pensionskassen und Direktversicherungen unabhängig von der zeitlichen Reihenfolge der Beitragszahlung anwenden, wenn die Voraussetzungen für die weitere Anwendung der Pauschalbesteuerung vorliegen.

5.1.1.4 Steuerfreiheit nach § 100 Abs. 6 EStG

5.1.1.4.1 Voraussetzungen

Beiträge des Arbeitgebers zugunsten einer kapitalgedeckten betrieblichen Altersversorgung aus einem Pensionsfonds, einer Pensionskasse oder einer Direktversicherung für Arbeitnehmer mit geringerem Verdienst, die i. H. v. 240 bis 480 EUR im Kalenderjahr (20 bis 40 EUR im Monat) zusätzlich zum geschuldeten Arbeitslohn gezahlt werden, sind nach § 100 Abs. 6 EStG steuerfrei, wenn die Voraussetzungen für den Förderbetrag zur betrieblichen Altersversorgung nach § 100 EStG (BAV-Förderbetrag) erfüllt sind.

Die Steuerfreiheit nach § 100 Abs. 6 EStG hat Vorrang gegenüber der Steuerfreiheit nach § 3 Nr. 63 EStG und wird nicht auf den Steuerfreibetrag nach § 3 Nr. 63 EStG angerechnet. Für einen über den Steuerfreibetrag nach § 100 Abs. 6 EStG hinaus gezahlten Arbeitgeberbeitrag findet somit § 3 Nr. 63 EStG Anwendung, soweit der Steuerfreibetrag nach § 3 Nr. 63 EStG noch nicht anderweitig ausgeschöpft wurde.

---

3 Diese Notwendigkeit einer Verzichtserklärung ist nach § 52 Abs. 40 Satz 2 EStG ersatzlos entfallen.

5.1.1.4.2 BAV-Förderbetrag für Arbeitgeber

Arbeitgeber, die Beiträge zugunsten einer kapitalgedeckten betrieblichen Altersversorgung aus einem Pensionsfonds, einer Pensionskasse oder einer Direktversicherung im Sinne des § 3 Nr. 63 EStG (vgl. insbesondere auch Abschn. 5.1.1.1.2) für Arbeitnehmer mit geringerem Verdienst zahlen, können hierfür einen Förderbetrag (BAV-Förderbetrag) erhalten, der von der einzubehaltenden Lohnsteuer für den Arbeitnehmer entnommen werden kann. Übersteigt der BAV-Förderbetrag die einzubehaltende Lohnsteuer, kann der übersteigende Betrag auf Antrag vom Betriebsstättenfinanzamt erstattet werden (§ 100 Abs. 1 EStG).

Anspruch auf den BAV-Förderbetrag besteht nach § 100 Abs. 3 EStG nur dann, wenn

*   der Arbeitnehmer lohnsteuerpflichtigen bzw. (bei Teilzeitbeschäftigten oder geringfügig Beschäftigten) pauschal besteuerten Arbeitslohn bezieht,
*   der Arbeitgeber die Beiträge zusätzlich zum Arbeitslohn und mindestens in Höhe von 240 EUR zahlt,
*   der laufende monatliche Arbeitslohn 2.200 EUR nicht übersteigt (Verdienstgrenze),
*   die Auszahlung der zugesagten Versorgungsleistung in Form einer Rente oder eines Auszahlungsplanes vorgesehen ist und
*   die Abschluss- und Vertriebskosten des Vertrages über die betriebliche Altersversorgung nur als fester Anteil der laufenden Beiträge einbehalten werden.

Da der BAV-Förderbetrag nur für vom Arbeitgeber zusätzlich zum ohnehin geschuldeten Arbeitslohn erbrachte Beiträge zur betrieblichen Altersversorgung beansprucht werden kann, die z. B. tarifvertraglich, durch eine Betriebsvereinbarung oder auch einzelvertraglich festgelegt sein können, sind die im Gesamtversicherungsbeitrag des Arbeitgebers enthaltenen Finanzierungsanteile des Arbeitnehmers sowie die mittels Entgeltumwandlung finanzierten Beiträge oder Eigenbeteiligungen des Arbeitnehmers – anders als bei § 3 Nr. 63 und § 10a/Abschnitt XI EStG – daher nicht begünstigt. Dies gilt auch für den Arbeitgeberzuschuss bei Entgeltumwandlung nach § 1a Abs. 1a und § 23 Abs. 2 BetrAVG, die er als Ausgleich für die ersparten Sozialversicherungsbeiträge infolge der Entgeltumwandlung erbringt. Diese Beiträge werden steuerlich wie die zu Grunde liegende Entgeltumwandlung behandelt. Nicht begünstigt sind ferner Sicherungsbeiträge des Arbeitgebers nach § 23 Abs. 1 BetrAVG, die dem einzelnen Arbeitnehmer unmittelbar gutgeschrieben oder zugerechnet werden.

Die Verdienstgrenze beträgt 73,34 EUR bei einem täglichen, 513,34 EUR bei einem wöchentlichen und 26.400 EUR bei einem jährlichen Lohnzahlungszeitraum. Maßgebend ist demnach der laufende Arbeitslohn im jeweiligen Lohnabrechnungszeitraum. Eine Hochrechnung auf einen voraussichtlichen Jahreslohn erfolgt nicht. Steuerfreie Lohnbestandteile, sonstige Bezüge, unter die 44 EUR-Freigrenze oder den Rabattfreibetrag (§ 8 Abs. 2 Satz 11 und Abs. 3 EStG) fallende Sachbezüge oder nach den §§ 37a, 37b, 40, 40b EStG oder § 40b EStG a. F. pauschal besteuerter Arbeitslohn bleiben bei der Prüfung der Verdienstgrenze unberücksichtigt.

Wird der Arbeitgeberbeitrag als Einmalbetrag im Kalenderjahr geleistet, müssen nur einmal (im Lohnzahlungszeitraum der Beitragsentrichtung) die Verdienstgrenze sowie die Erreichung des Mindestbetrags geprüft werden.

Da die Abschluss- und Vertriebskosten des Vertrages über die betriebliche Altersversorgung nur als fester Anteil der laufenden Beiträge einbehalten werden dürfen, ist die Finanzierung der Abschluss- und Vertriebskosten zulasten der ersten
Beiträge ("Zillmerung") förderschädlich. Bei am 01.01.2018 bereits bestehenden
Verträgen kann die steuerliche Förderung ausnahmsweise in Anspruch genommen
werden, sobald für die Restlaufzeit des Vertrages sichergestellt ist, dass die verbliebenen Abschluss- und Vertriebskosten und die ggf. neu anfallenden Abschluss-
und Vertriebskosten jeweils als fester Anteil der ausstehenden laufenden Beiträge
einbehalten werden.

5.1.1.4.3 Höhe des BAV-Förderbetrages

Der BAV-Förderbetrag beträgt 30 % des förderfähigen Arbeitgeberbeitrags zur betrieblichen Altersversorgung, maximal 144 EUR im Kalenderjahr.

Bei einem Arbeitgeberwechsel im Laufe eines Kalenderjahres kann jeder Arbeitgeber den BAV-Förderbetrag jeweils bis zum Höchstbetrag ausschöpfen.

	Arbeitgeberbeitrag		BAV-Förderbetrag	
	monatlich	jährlich	monatlich	jährlich
Mindestbetrag	20 EUR	240 EUR	6 EUR	72 EUR
Höchstbetrag	40 EUR	480 EUR	12 EUR	144 EUR

Da der BAV-Förderbetrag ein Jahresbetrag ist, spielt es grundsätzlich keine Rolle,
ob der Arbeitgeberbeitrag als Jahresbetrag, halb-, vierteljährlich, monatlich oder
unregelmäßig gezahlt wird. Bei laufender oder unregelmäßiger Zahlung der Arbeitgeberbeiträge kann der BAV-Förderbetrag in entsprechenden Teilbeträgen bei der
jeweiligen Lohnsteuer-Anmeldung oder in einer Summe spätestens bei der letzten
Lohnsteuer-Anmeldung für das Kalenderjahr geltend gemacht werden.

▶ Beispiel:

Der Arbeitgeber zahlt monatlich jeweils am 15. einen zusätzlichen Arbeitgeberbeitrag
von 40 EUR. Der laufende Arbeitslohn beträgt 2.150 EUR. Er macht vorerst den BAV-
Förderbetrag nicht geltend. Im August beträgt der laufende Arbeitslohn 2.250 EUR.
Für den Monat August liegen die Voraussetzungen für den BAV-Förderbetrag wegen
Überschreitens der Verdienstgrenze somit nicht vor.

Lösung:

Der Arbeitgeber kann den ihm insgesamt zustehenden BAV-Förderbetrag i. H. v.
132 EUR (11 x 12 EUR) bei der Lohnsteuer-Anmeldung für Dezember in einer Summe
geltend machen und dabei berücksichtigen, dass die Voraussetzungen für den BAV-
Förderbetrag im August nicht erfüllt waren.

Stellt der Arbeitgeber vor Ablauf des Kalenderjahres fest, dass der BAV-Förderbetrag nicht vollständig beansprucht worden ist, muss eine anderweitige steuerliche Behandlung der Beiträge des Arbeitgebers zur betrieblichen Altersversorgung
(z. B. nach § 3 Nr. 63 EStG oder § 40b EStG a. F.) rückgängig gemacht werden
(spätester Zeitpunkt hierfür ist die Übermittlung oder Erteilung der Lohnsteuerbescheinigung) oder der monatliche Teilbetrag künftig so geändert werden, dass der
BAV-Förderbetrag voll ausgeschöpft wird.

5.1.1.4.4 Begrenzung des BAV-Förderbetrages in Bestandsfällen

Wurde für den Arbeitnehmer bereits 2016 ein zusätzlicher Arbeitgeberbeitrag zur betrieblichen Altersversorgung an einen Pensionsfonds, eine Pensionskasse oder für eine Direktversicherung gezahlt, ist der jeweilige BAV-Förderbetrag auf den Betrag begrenzt, den der Arbeitgeber über diesen Betrag hinaus zahlt (§ 100 Abs. 2 EStG).

▶ **Beispiel 1:**

Der Arbeitgeber zahlt seit mehreren Jahren einen zusätzlichen Arbeitgeberbeitrag von jährlich 200 EUR. Er erhöht den Arbeitgeberbeitrag ab dem Jahr 2018 auf 240 EUR, um den Mindestbetrag zu erreichen.

Lösung:

Der BAV-Förderbetrag beträgt grundsätzlich 30 % von 240 EUR = 72 EUR. Er ist jedoch aufgrund der Arbeitgeberleistung in 2016 i. H. v. 200 EUR nach § 100 Abs. 2 Satz 2 EStG auf den Erhöhungsbetrag dieser Leistung also 40 EUR begrenzt. Im Ergebnis wird trotz der Begrenzung der Aufstockungsbetrag in vollem Umfang über den BAV-Förderbetrag finanziert. Der Beitrag des Arbeitgebers ist i. H. v. 240 EUR nach § 100 Abs. 6 EStG steuerfrei.

▶ **Beispiel 2:**

Der Arbeitgeber zahlt seit mehreren Jahren einen zusätzlichen Arbeitgeberbeitrag von jährlich 200 EUR. Er erhöht den Arbeitgeberbeitrag ab dem Jahr 2018 auf 300 EUR.

Lösung:

Der BAV-Förderbetrag beträgt 30 % von 300 EUR = 90 EUR. Es erfolgt keine Begrenzung nach § 100 Abs. 2 Satz 2 EStG, da der Arbeitgeberbeitrag um 100 EUR (also um mehr als 90 EUR) erhöht wird. Der Beitrag des Arbeitgebers ist i. H. v. 300 EUR nach § 100 Abs. 6 EStG steuerfrei.

▶ **Beispiel 3:**

Der Arbeitgeber zahlt seit mehreren Jahren einen zusätzlichen Arbeitgeberbeitrag von jährlich 350 EUR. Er erhöht den Arbeitgeberbeitrag ab dem Jahr 2018 um 144 EUR auf 494 EUR.

Lösung:

Der BAV-Förderbetrag beträgt 30 % von 480 EUR = 144 EUR. Es erfolgt keine Begrenzung nach § 100 Abs. 2 Satz 2 EStG, da der Arbeitgeberbeitrag um 144 EUR erhöht wird. Im Ergebnis wird also der Aufstockungsbetrag in vollem Umfang über den BAV-Förderbetrag finanziert. Der Beitrag des Arbeitgebers ist i. H. v. 480 EUR nach § 100 Abs. 6 EStG steuerfrei. Für den den Höchstbetrag von 480 EUR übersteigenden Arbeitgeberbeitrag i. H. v. 14 EUR kommt die Steuerfreiheit nach § 3 Nr. 63 EStG in Betracht.

▶ **Beispiel 4:**

Der Arbeitgeber zahlt seit mehreren Jahren einen zusätzlichen Arbeitgeberbeitrag von jährlich 500 EUR. Er erhöht den Arbeitgeberbeitrag ab dem Jahr 2018 um 144 EUR auf 644 EUR.

Lösung:

Der BAV-Förderbetrag beträgt 30 % von 480 EUR = 144 EUR. Es erfolgt keine Begrenzung nach § 100 Abs. 2 Satz 2 EStG, da der Arbeitgeberbeitrag um 144 EUR erhöht wird. Im Ergebnis wird also der Aufstockungsbetrag in vollem Umfang über den BAV-Förderbetrag finanziert. Der Beitrag des Arbeitgebers ist i. H. v. 480 EUR nach § 100 Abs. 6 EStG steuerfrei. Für den, den Höchstbetrag von 480 EUR übersteigenden, Arbeitgeberbeitrag i. H. v. 164 EUR kommt die Steuerfreiheit nach § 3 Nr. 63 EStG in Betracht.

Da für die Begrenzung des BAV-Förderbetrags bei bereits bestehenden Versorgungsvereinbarungen auf das Referenzjahr 2016 abgestellt wird, greift bei einer erst ab 2017 bestehenden betrieblichen Altersversorgung (z. B. Neueinstellung in 2017) die Begrenzung des § 100 Abs. 2 Satz 2 EStG nicht. Dies gilt für Erhöhungen der zusätzlichen Arbeitgeberbeiträge bei bereits bestehenden Versorgungsvereinbarungen ab 2017 entsprechend.

▶ **Beispiel 5:**

Der Arbeitgeber zahlt seit mehreren Jahren einen zusätzlichen Arbeitgeberbeitrag von jährlich 180 EUR. Er erhöht den Arbeitgeberbeitrag ab dem Jahr 2017 um 60 EUR auf 240 EUR. In 2017 stellt er außerdem drei Arbeitnehmer neu ein.

Lösung:

Der BAV-Förderbetrag beträgt grundsätzlich 30 % von 240 EUR = 72 EUR. Für die 2017 neu eingestellten Arbeitnehmer kann der Arbeitgeber den BAV-Förderbetrag in der vollen Höhe von 72 EUR beanspruchen. Für die zuvor eingestellten Arbeitnehmer kann der Arbeitgeber nach § 100 Abs. 2 Satz 2 EStG den BAV-Förderbetrag nur i. H. v. 60 EUR (Erhöhung des Arbeitgeberbeitrags) beanspruchen. Der Beitrag des Arbeitgebers ist bei allen Arbeitnehmern i. H. v. 240 EUR nach § 100 Abs. 6 EStG steuerfrei.

▶ **Beispiel 6:**

Der Arbeitgeber zahlt seit mehreren Jahren einen zusätzlichen Arbeitgeberbeitrag von jährlich 210 EUR. Er erhöht den Arbeitgeberbeitrag ab dem Jahr 2017 um 90 EUR auf 300 EUR.

Lösung:

Der BAV-Förderbetrag beträgt 30 % von 300 EUR = 90 EUR. Es erfolgt keine Begrenzung nach § 100 Abs. 2 Satz 2 EStG, da der Arbeitgeberbeitrag ab 2017 um 90 EUR erhöht wurde. Der Beitrag des Arbeitgebers ist i. H. v. 300 EUR nach § 100 Abs. 6 EStG steuerfrei.

5.1.1.4.5 Rückwirkende Feststellung geänderter Verhältnisse

Für die Prüfung der Voraussetzungen des BAV-Förderbetrags sind immer nur die Verhältnisse im Zeitpunkt der Arbeitgeberbeitragsleistung maßgeblich (§ 100 Abs. 4 Satz 1 EStG). Sich nachträglich ergebende, rückwirkende Änderungen der Verhältnisse sind unbeachtlich. Dies betrifft insbesondere Fälle mit schwankendem oder steigendem Arbeitslohn, rückwirkende Erhöhungen des Arbeitslohns sowie Fälle, in denen der Arbeitgeberbeitrag den Mindestbetrag unvorhergesehen nicht erreicht.

Etwas anderes gilt, wenn z. B. aufgrund einer rechtlich fehlerhaften Lohnabrechnung oder im Rahmen einer Lohnsteuer-Außenprüfung nachträglich festgestellt wird, dass der für die Prüfung der Nichtüberschreitung der Verdienstgrenze maßgebliche laufende Arbeitslohn unzutreffend ermittelt wurde. Wird dabei festgestellt, dass die Verdienstgrenze überschritten und der BAV-Förderbetrag zu Unrecht in Anspruch genommen wurde, sind die jeweiligen Lohnsteuer-Anmeldungen zu korrigieren und der BAV-Förderbetrag zurückzuzahlen.

▶ **Beispiel 1:**

Bei einem Arbeitnehmer beträgt im Januar der laufende Arbeitslohn 2.150 EUR. Der Arbeitgeber zahlt monatlich zum 10. des Monats einen zusätzlichen Arbeitgeberbeitrag von 40 EUR und nimmt mit der Lohnsteuer-Anmeldung für Januar den BAV-Förderbetrag in Anspruch. Im August wird eine Gehaltserhöhung von 3 % vereinbart, und zwar rückwirkend ab Juni. Der laufende Arbeitslohn beträgt daher ab Juni 2.214,50 EUR. Der Arbeitgeber zahlt weiterhin monatlich den zusätzlichen Arbeitgeberbeitrag.

Lösung:

Ab August kann der BAV-Förderbetrag nicht mehr in Anspruch genommen werden. Das Überschreiten der Verdienstgrenze ab August hat aber keinen Einfluss auf den bereits in den Monaten Januar bis Juli zulässigerweise in Anspruch genommenen BAV-Förderbetrag.

▶ **Beispiel 2:**

Bei einem Arbeitnehmer beträgt der laufende Arbeitslohn 2.150 EUR. Zusätzlich erhält der Arbeitnehmer steuerfreien Arbeitslohn von 200 EUR. Der Arbeitgeber zahlt monatlich zum 10. des Monats einen zusätzlichen Arbeitgeberbeitrag von 40 EUR und nimmt mit der Lohnsteuer-Anmeldung jeweils den BAV-Förderbetrag in Anspruch. Im Rahmen einer Lohnsteuer-Außenprüfung wird im folgenden Jahr festgestellt, dass die Voraussetzungen für die Steuerfreiheit des zusätzlichen Arbeitslohns im August nicht erfüllt sind.

Lösung:

Der BAV-Förderbetrag kann nicht in Anspruch genommen werden und ist zurückzuzahlen, weil der laufende Arbeitslohn unzutreffend ermittelt wurde. Die Lohnsteuer-Anmeldung für den Anmeldungszeitraum August des Vorjahres ist zu korrigieren.

▶ **Beispiel 3:**

Der Arbeitgeber zahlt bei einem unbefristet beschäftigten Arbeitnehmer monatlich zum 10. des Monats einen zusätzlichen Arbeitgeberbeitrag von 30 EUR. Der Arbeitgeber nimmt mit der Lohnsteuer-Anmeldung den BAV-Förderbetrag in Anspruch. Zum 1. Mai verlässt der Arbeitnehmer unerwartet das Unternehmen. Hierüber hat er den Arbeitgeber am 20. April informiert. Vom Arbeitgeber kann der zu zahlende Mindestbetrag von 240 EUR nicht mehr erreicht werden.

Lösung:

Das unerwartete Ausscheiden des Arbeitnehmers hat keinen Einfluss auf den bereits in den Monaten Januar bis April in Anspruch genommenen BAV-Förderbetrag (keine rückwirkende Korrektur).

► **Beispiel 4:**

Der Arbeitgeber zahlt bei einem unbefristet beschäftigten Arbeitnehmer monatlich zum 10. des Monats einen zusätzlichen Arbeitgeberbeitrag von 30 EUR. Der Arbeitgeber nimmt mit der Lohnsteuer-Anmeldung den BAV-Förderbetrag in Anspruch. Der Arbeitnehmer informiert seinen Arbeitgeber am 20. Januar über seine fristgemäße Kündigung zum 30. April des Jahres.

Lösung:

Das Ausscheiden des Arbeitnehmers hat keinen Einfluss auf den bereits im Monat Januar in Anspruch genommenen BAV-Förderbetrag (keine rückwirkende Korrektur). Ab Februar kann der BAV-Förderbetrag nicht mehr in Anspruch genommen werden, da der vom Arbeitgeber zu zahlende Mindestbetrag von 240 EUR (bei unveränderter Beitragszahlung) nicht mehr erreicht werden kann.

5.1.1.4.6 Rückzahlung des BAV-Förderbetrages

Verfällt eine Anwartschaft auf Leistungen aus einer geförderten betrieblichen Altersversorgung, z. B. wenn das Dienstverhältnis zum Arbeitnehmer vor Ablauf der Unverfallbarkeitsfrist von drei Jahren endet (§ 1b Abs. 1 BetrAVG in der ab 01.01.2018 geltenden Fassung), und ergibt sich daraus eine ganz oder teilweise Rückzahlung der Beiträge an den Arbeitgeber, sind die entsprechenden BAV-Förderbeträge zurück zu gewähren (§ 100 Abs. 4 Satz 2 bis 4 EStG).

Eine Verpflichtung zur Rückgewährung des BAV-Förderbetrages ergibt sich jedoch nur, soweit er auf den Rückzahlungsbetrag an den Arbeitgeber entfällt (§ 100 Abs. 4 Satz 3 EStG). Dies trägt dem Umstand Rechnung, dass nicht in allen Fällen mit der Verfallbarkeit der Anwartschaft Rückflüsse an den Arbeitgeber erfolgen. Dies kann z. B. der Fall sein bei einer verfallenen Invaliditäts- und Hinterbliebenenversorgung im Zusammenhang mit der Beitragszusage im Sinne des § 1 Abs. 2 Nr. 2a und § 21 ff. BetrAVG, bei der alle Beiträge im Kollektiv verbleiben.

5.1.2 Direktzusage und Unterstützungskasse

Rückstellungen für Direktzusagen bzw. Zuwendungen an Unterstützungskassen des Arbeitgebers sind keine Einnahmen im steuerrechtlichen Sinne. Dies gilt auf Grund des im Steuerrecht geltenden Zuflussprinzips, auch für Beträge, die im Zusammenhang mit Entgeltumwandlungen zu Direktzusagen bzw. Unterstützungskassen des Arbeitgebers geleistet werden.

5.2 Sozialversicherungsrechtliche Auswirkungen

5.2.1 Steuerfreie Zuwendungen an Pensionskassen, Pensionsfonds und für Direktversicherungen

5.2.1.1 Sozialversicherungsrechtlicher Freibetrag

Nach § 1 Abs. 1 Satz 1 Nr. 9 SvEV sind die nach § 3 Nr. 63 Satz 1 **und 2 sowie § 100 Abs. 6 Satz 1** EStG steuerfreien Zuwendungen an Pensionskassen, Pensionsfonds und für Direktversicherungen (vgl. Ziffern 5.1.1.1.3 und 5.1.1.4) im Kalenderjahr bis zu **insgesamt** 4 % der Beitragsbemessungsgrenze der allgemeinen Rentenversicherung **(in den alten und neuen Bundesländern einheitlich 2018 jährlich 3.120 EUR bzw. monatlich 260 EUR)** nicht dem sozialversicherungspflichtigen Arbeitsentgelt zuzurechnen und somit beitragsfrei. Dieser sozialversicherungsrechtliche Freibetrag gilt auch für darin enthaltene Beträge, die aus einer Entgeltumwandlung stammen (§ 1 Abs. 1 Satz 1 Nr. 9 SvEV).

Die Aufwendungen können sowohl aus laufendem Arbeitsentgelt als auch aus Einmalzahlungen finanziert werden.

5.2.1.2 Berücksichtigung des Freibetrags

Bei dem Freibetrag ist zu beachten, dass es sich hierbei um einen echten Freibetrag handelt, d. h., dass nur der den Freibetrag übersteigende Betrag sozialversicherungspflichtig ist, **soweit dieser zusammen mit dem übrigen Arbeitsentgelt die Beitragsbemessungsgrenze nicht übersteigt.**

Der Freibetrag ist stets vom Bruttoarbeitsentgelt und nicht von dem auf die Beitragsbemessungsgrenze begrenzten Arbeitsentgelt in Abzug zu bringen. Dies bedeutet, dass sich bei einem Arbeitnehmer mit einem monatlichen Bruttoarbeitsentgelt von mindestens **6.760** EUR (in den alten Bundesländern im Kalenderjahr **2018**) keinerlei Auswirkungen auf die beitragsrechtliche Beurteilung ergeben, wenn für diesen Arbeitnehmer jeweils ein monatlicher Freibetrag von **260** EUR in Anspruch genommen wird, da das für die Beitragsberechnung maßgebende Arbeitsentgelt in Höhe von (**6.760** EUR – **260** EUR =) **6.500** EUR die Beitragsbemessungsgrenze (West) nicht unterschreitet. Etwas anderes gilt, wenn der Freibetrag z. B. en bloc in Anspruch genommen wird.

Die folgenden Beispiele für Entgeltumwandlungen für den Durchführungsweg Pensionskasse gelten entsprechend für steuerfreie Entgeltumwandlungen zugunsten einer betrieblichen Altersversorgung im Wege einer Direktzusage, einer Unterstützungskassenversorgung, eines Pensionsfonds und einer Direktversicherung.

► **Beispiel 1:**

(monatlich gleich bleibende Berücksichtigung des Freibetrags)

Beschäftigung in 2018 gegen ein mtl. Arbeitsentgelt von	3.100 EUR
Entgeltumwandlung (Pensionskasse) von mtl.	280 EUR

Lösung:

Laufendes Arbeitsentgelt nach Entgeltumwandlung	2.820 EUR
mtl. Freibetrag: 4 % von 78.000 EUR = 3.120 EUR : 12 = 260 EUR Sozialversicherungspflichtiger Betrag der Entgeltumwandlung (280 EUR – 260 EUR)	20 EUR
Sozialversicherungspflichtiges Arbeitsentgelt	2.840 EUR

► **Beispiel 2:**

(jeweils maximale Berücksichtigung des möglichen Freibetrags)

Beschäftigung in 2018 gegen ein mtl. Arbeitsentgelt von	3.100 EUR
Entgeltumwandlung (Pensionskasse) von mtl.	280 EUR

Lösung:

Maximaler Freibetrag: 4 % von 78.000 EUR = 3.120 EUR

Arbeitsentgelt im Sinne der Sozialversicherung in den Monaten:

Januar bis November

mtl. 3.100 EUR – 280 EUR (Entgeltumwandlung = Freibetrag) (verbrauchter
Freibetrag insgesamt: 280 EUR x 11 Monate = 3.080 EUR, verbleibender
Freibetrag 3.120 EUR – 3.080 EUR = 40 EUR)   2.820 EUR

Dezember

3.100 EUR – 280 EUR (Entgeltumwandlung) es steht aber nur noch ein
Freibetrag von 40 EUR zur Verfügung, also beträgt das sozialversicherungs-
pflichtige Arbeitsentgelt   3.060 EUR

▶ **Beispiel 3:**

(monatlich gleich bleibende Berücksichtigung des Freibetrags)

Beschäftigungsverhältnis vom 01.03.2018 an gegen ein mtl. Arbeitsentgelt von   6.900 EUR

Zulässige Entgeltumwandlung (Pensionskasse) von mtl.   500 EUR

Lösung:

Maximaler Freibetrag: 4 % von 78.000 EUR =   3.120 EUR

Kontinuierlich berücksichtigungsfähiger Freibetrag (Jahresbetrag 3.120 EUR :
10 Beschäftigungsmonate im Kalenderjahr)   312 EUR

Arbeitsentgelt nach Entgeltumwandlung (6.900 EUR – 500 EUR)   6.400 EUR

Sozialversicherungspflichtiger Betrag der Entgeltumwandlung (500 EUR –
312 EUR)   188 EUR

Arbeitsentgelt i. S. der Sozialversicherung   6.588 EUR

Für die Bemessung der Beiträge zur Renten- und Arbeitslosenversicherung
maßgebendes Arbeitsentgelt (begrenzt auf Beitragsbemessungsgrenze)   6.500 EUR

▶ **Beispiel 4:**

(jeweils maximale Berücksichtigung des möglichen Freibetrags)

Beschäftigungsverhältnis vom 01.03.2018 an gegen ein mtl. Arbeitsentgelt von   6.000 EUR

Zulässige Entgeltumwandlung (Pensionskasse) von mtl.   500 EUR

Lösung:

maximaler Freibetrag: 4 % von 78.000 EUR =   3.120 EUR

Arbeitsentgelt i.S. der Sozialversicherung in den Monaten:

März 2018 bis August 2018

mtl. 6.000 EUR – 500 EUR (Entgeltumwandlung = Freibetrag) (verbrauchter
Freibetrag insgesamt: 500 EUR x 6 Monate = 3.000 EUR, verbleibender Freibetrag 120 EUR)   5.500 EUR

September 2018

6.000 EUR – 500 EUR (Entgeltumwandlung), als Rest-Freibetrag stehen
nur noch 120 EUR zur Verfügung, also 6.000 EUR – 120 EUR = 5.880 EUR
Arbeitsentgelt im Sinne der Sozialversicherung   5.880 EUR

Oktober 2018 bis Dezember 2018

6.000 EUR – 500 EUR (Entgeltumwandlung) es steht kein Freibetrag mehr
zur Verfügung, also bleibt das Arbeitsentgelt in voller Höhe beitragspflichtig   6.000 EUR

▶ **Beispiel 5:**

(jeweils maximale Berücksichtigung des möglichen Freibetrags)

Beschäftigungsverhältnis vom 01.03.2018 an gegen ein mtl. Arbeitsentgelt
von   6.000 EUR

Zulässige Entgeltumwandlung (Pensionskasse) als Einmalbetrag in einem
beliebigen Monat (hier: Dezember 2018)   6.000 EUR

Lösung:

maximaler Freibetrag: 4 % von 78.000 EUR =   3.120 EUR

Arbeitsentgelt im Sinne der Sozialversicherung in den Monaten:

März 2018 bis November 2018 mtl.   6.000 EUR

Dezember 2018

6.000 EUR – 6.000 EUR (Entgeltumwandlung) als Freibetrag stehen nur
3.120 EUR zur Verfügung, also: 6.000 EUR – 3.120 EUR =   2.880EUR

Die Beiträge zur Renten- und Arbeitslosenversicherung werden berechnet aus 2.880 EUR, obwohl im Dezember 2018 kein Arbeitsentgelt fließt. Die Arbeitnehmeranteile am Gesamtsozialversicherungsbeitrag können mit der nächsten Entgeltabrechnung einbehalten werden.

Wurde der Freibetrag in monatlichen Teilbeträgen berücksichtigt und kann er aufgrund einer vorzeitigen Beendigung der Beschäftigung nicht mehr in voller Höhe ausgeschöpft werden, ist eine rückwirkende Berücksichtigung des verbleibenden Freibetrages in abgelaufenen Entgeltabrechnungszeiträumen mit der Folge nachträglicher zusätzlicher Beitragsfreiheit nicht möglich, da in das zum Zeitpunkt der Entgeltabrechnung rechtmäßig abgewickelte Versicherungsverhältnis nicht mehr rückwirkend eingegriffen werden darf.

5.2.1.3 Arbeitgeberbezogener Steuerfreibetrag

Für die Inanspruchnahme der Steuerfreiheit wird auf eine arbeitgeberbezogene Betrachtung abgestellt. D. h., wechselt der Arbeitnehmer im Laufe des Kalenderjahres sein erstes Dienstverhältnis, kann im neuen Dienstverhältnis der Höchstbetrag des § 3 Nr. 63 EStG erneut in Anspruch genommen werden. Diese Regelung wurde in der Sozialversicherung nachvollzogen. Die in § 1 Abs. 1 Satz 1 Nr. 9 SvEV enthaltene Formulierung „insgesamt" bezieht sich auf die Durchführungswege Pensionsfonds, Pensionskasse und Direktversicherung, die bei einem Arbeitgeber in der Summe mit höchstens 4 % der Beitragsbemessungsgrenze der allgemeinen Rentenversicherung beitragsfrei geleistet werden können.

5.2.1.4 Steuerrechtliche Vervielfältigungsregelungen

Zusätzlich zu dem Freibetrag nach § 3 Nr. 63 Satz 1 EStG sehen § 3 Nr. 63 Satz 3 **und 4** EStG Steuerfreibeträge für Beiträge vor, die vom Arbeitgeber aus Anlass der Beendigung der Beschäftigung des Arbeitnehmers **oder für Zeiten des ruhenden Beschäftigungsverhältnisses** gezahlt werden (vgl. Ziffer 5.1.1.1.1). Durch die Bezugnahme in § 1 Abs. 1 Satz 1 Nr. 9 SvEV auf § 3 Nr. 63 Satz 1 und 2 EStG ist klargestellt, dass diese Steuerfreistellung in der Sozialversicherung nicht (**auch nicht im Rahmen des § 1 Abs. 1 Satz 1 Nr. 1 SvEV**) zur Beitragsfreiheit führt. Abfindungen für den Verlust des Arbeitsplatzes im Sinne der Rechtsprechung des Bundessozialgerichts vom 21.02.1990 – 12 RK 20/88 – (USK. 9010) gehören jedoch nicht zum Arbeitsentgelt im Sinne der Sozialversicherung.

5.2.1.5 Arbeitgeberzuschuss bei Entgeltumwandlung

Zu den steuerfreien Zuwendungen zählen auch die Arbeitgeberzuschüsse nach § 1a Abs. 1a bzw. § 23 Abs. 2 BetrAVG bei Entgeltumwandlung (vgl. Ziffer 5.1.1.1.3), die dieser grundsätzlich zu zahlen hat, wenn er durch die Entgeltumwandlung Sozialversicherungsbeiträge einspart (vgl. Ziffer 4.4).

Wird durch den Arbeitgeberzuschuss der beitragsrechtliche Freibetrag überschritten, ist der den Freibetrag übersteigende Teil dem beitragspflichtigen Arbeitsentgelt zuzurechnen.

Dies gilt aufgrund des in der Sozialversicherung geltenden Entstehungsprinzips auch dann, wenn der Arbeitgeberzuschuss nicht gezahlt wird, aber ein arbeitsrechtlicher Anspruch darauf besteht.

► Beispiel 1:

Beschäftigung in 2018 gegen ein monatliches Arbeitsentgelt von	3.500 EUR
Entgeltumwandlung (Pensionskasse) von mtl.	240 EUR
Arbeitgeberzuschuss von 15% der Entgeltumwandlung	36 EUR
Lösung:	
laufendes Arbeitsentgelt nach Entgeltumwandlung (3.500 EUR – 240 EUR)	3.260 EUR
mtl. Freibetrag in 2018: 260 EUR	
beitragspflichtiger Betrag der Entgeltumwandlung (240 EUR – 260 EUR	0 EUR
beitragspflichtiger Arbeitgeberzuschuss (240 EUR + 36 EUR – 260 EUR)	16 EUR
Sozialversicherungspflichtiges Arbeitsentgelt	3.276 EUR

► Beispiel 2:

Beschäftigung in 2018 gegen ein monatliches Arbeitsentgelt von	6.250 EUR
Entgeltumwandlung (Pensionskasse) von mtl.,	250 EUR
Arbeitgeberzuschuss von maximal der eingesparten SV-Beiträge (RV: 9,3 % von 250 EUR = 23,25 EUR, AlV: 1,5 % von 250 EUR = 3,75 EUR; 15 % der Entgeltumwandlung von 37,50 EUR > Summe der eingesparten SVBeiträge von 27 EUR)	27 EUR
Lösung:	
laufendes Arbeitsentgelt nach Entgeltumwandlung	6.000 EUR
mtl. Freibetrag in 2018: 260 EUR	
beitragspflichtiger Betrag der Entgeltumwandlung (250 EUR – 260 EUR)	0 EUR
beitragspflichtiger Arbeitgeberzuschuss (250 EUR + 27 EUR – 260 EUR)	17 EUR
Sozialversicherungspflichtiges Arbeitsentgelt	6.017 EUR

Übernimmt der Arbeitgeber den auf den beitragspflichtigen Arbeitgeberzuschuss entfallenden Arbeitnehmerbeitragsanteil, liegt ein beitragspflichtiger geldwerter Vorteil vor. Die Übernahme des auf diesen geldwerten Vorteil entfallenden Arbeitnehmerbeitrags wird nicht als beitragspflichtig angesehen.

5.2.1.6 Arbeitgeberbeitrag für Arbeitnehmer mit geringerem Verdienst

Übersteigt der Arbeitgeberbeitrag für Arbeitnehmer mit geringem Verdienst (vgl. Ziffer 5.1.1.4) den Steuerfreibetrag nach § 100 Abs. 6 EStG von 480 EUR im Kalenderjahr, ist der diesen Freibetrag übersteigende Arbeitgeberbeitrag nach § 3 Nr. 63 Satz 1 EStG bis zu 8 % der Beitragsbemessungsgrenze der allgemeinen Rentenversicherung steuerfrei.

Während neben dem Steuerfreibetrag nach § 100 Abs. 6 EStG demnach auch der volle Steuerfreibetrag nach § 3 Nr. 63 Satz 1 EStG in Anspruch genommen werden kann, kann der beitragsrechtliche Freibetrag nach § 1 Abs. 1 Satz 1 Nr. 9 SvEV nur einmal in Anspruch genommen werden. Demnach kann für Arbeitnehmer mit geringem Verdienst neben der Inanspruchnahme des steuer- und beitragsfreien Arbeitgeberbeitrages nach § 100 Abs. 6 EStG von bis zu 480 EUR nur in Höhe der Differenz bis 4 % der Beitragsbemessungsgrenze der allgemeinen Rentenversicherung im Kalenderjahr ein höherer Arbeitgeberbeitrag oder eine Entgeltumwandlung beitragsfrei erfolgen.

Bei dem Förderbetrag für den Arbeitgeber handelt es sich nicht um einen geldwerten Vorteil für den Arbeitnehmer, der der Beitragspflicht unterliegen könnte.

▶ Beispiel:

Beschäftigung in 2018 gegen ein monatliches Arbeitsentgelt von	2.200 EUR
Arbeitgeberbeitrag nach § 100 Abs. 6 EStG von mtl.	40 EUR
Entgeltumwandlung (Direktversicherung) von mtl.	230 EUR

Lösung:

laufendes Arbeitsentgelt nach Entgeltumwandlung (2.200 EUR – 230 EUR)	1.970 EUR
mtl. Freibetrag in 2018: 260 EUR – 40 EUR = 220 EUR	
beitragspflichtiger Betrag der Entgeltumwandlung (230 EUR – 220 EUR)	10 EUR
Sozialversicherungspflichtiges Arbeitsentgelt	1.980 EUR

5.2.2 Pauschal besteuerte Zuwendungen an Pensionskassen und für Direktversicherungen

5.2.2.1 Pauschalierungsbetrag und sozialversicherungsrechtlicher Freibetrag

Nach § 40b EStG a. F. pauschal besteuerte Zuwendungen an eine Pensionskasse und für eine Direktversicherung (vgl. Ziffer 5.1.1.2) werden nach § 1 Abs. 1 Satz 1 Nr. 4 SvEV nicht dem sozialversicherungspflichtigen Arbeitsentgelt zugerechnet und sind somit beitragsfrei, wenn sie zusätzlich zum Arbeitsentgelt gewährt werden. Dies gilt auch für darin enthaltene Beträge, die aus einer Entgeltumwandlung von Einmalzahlungen stammen.

Der sich aus § 1 Abs. 1 Satz 1 Nr. 4 SvEV ergebende sozialversicherungsrechtliche Freibetrag in Höhe des Pauschalierungshöchstbetrages von 1.752 EUR / 2.148 EUR im Jahr, findet neben dem sich aus § 1 Abs. 1 Satz 1 Nr. 9 SvEV ergebenden sozialversicherungsrechtlichen Freibetrag in Höhe von 4% der Beitragsbemessungsgrenze der allgemeinen Rentenversicherung Anwendung. Eine gegenseitige Anrechnung der sozialversicherungsrechtlichen Freibeträge erfolgt nicht.

5.2.2.2 Direktversicherung ohne Rentenleistung i. S. des § 3 Nr. 63 Satz 1 EStG

Beiträge zu Direktversicherungen, die die Voraussetzungen des § 3 Nr. 63 Satz 1 EStG nicht erfüllen (keine Rentenleistung oder kein Auszahlungsplan vorgesehen), sind nach § 1 Abs. 1 Satz 1 Nr. 4 SvEV sozialversicherungsrechtlich dann kein Arbeitsentgelt,

- wenn sie nach § 40b EStG a. F. pauschal besteuert werden und
- es sich um zusätzliche Leistungen des Arbeitgebers handelt, die neben dem laufenden Arbeitsentgelt gezahlt

werden.

Da Einmalzahlungen zu diesen Direktversicherungen als zusätzlich zum laufenden Arbeitsentgelt erbracht erachtet werden, können auch diese bei pauschaler Besteuerung im Rahmen des § 1 Abs. 1 Satz 1 Nr. 4 SvEV bis zu 1.752 EUR / 2.148 EUR beitragsfrei für die Direktversicherungen verwendet werden. Einmalzahlungen, die – ungeachtet der arbeitsrechtlichen Zulässigkeit – in jedem Kalendermonat zu einem Zwölftel zur Auszahlung gelangen, verlieren allerdings ihren Charakter als einmalig gezahltes Arbeitsentgelt im Sinne des § 23a SGB IV und sind damit als laufendes Arbeitsentgelt zu qualifizieren.

Sofern demnach für pauschal besteuerte Direktversicherungsbeiträge laufendes Arbeitsentgelt verwendet wird, führt dies nicht zu einer Minderung des beitragspflichtigen Arbeitsentgelts. Das heißt, dass die aus dem laufenden Arbeitsentgelt finanzierten Beiträge für eine entsprechende Direktversicherung auch bei einer vorgenommenen Pauschalbesteuerung der Beitragspflicht unterliegen. Im Falle der Verwendung einer Einmalzahlung für die Beitragszahlung zur Direktversicherung darf die beitragspflichtige Einmalzahlung auch nur um den Betrag der pauschal besteuerten Beitragsleistung gekürzt werden. Ist die Einmalzahlung niedriger als die Beitragsleistung, kann folglich nur der Zahlbetrag der Einmalzahlung beitragsfrei belassen werden, da eine Umwandlung von laufendem Arbeitsentgelt in Beitragsleistungen für die Direktversicherung nicht zu einer Minderung des beitragspflichtigen Arbeitsentgelts führt (Nettoentgeltverwendung).

Soweit der Arbeitgeber zusätzlich zum Arbeitsentgelt gezahlte Direktversicherungsbeiträge während der Elternzeit oder des Grundwehr- bzw. Zivildienstes weiterhin zahlt, werden diese dennoch als „zusätzliche" Leistung des Arbeitgebers angesehen, obwohl sie in dieser Zeit die einzige Arbeitgeberleistung darstellen.

Die Regelung in § 1 Abs. 1 Satz 1 Nr. 4 SvEV, wonach auch die in den – zusätzlich zu Löhnen und Gehältern gewährten – pauschal besteuerten Direktversicherungsbeiträgen enthaltenen Beträge aus einer Entgeltumwandlung nicht dem Arbeitsentgelt zugerechnet werden, bezieht sich lediglich auf die vor dieser gesetzlichen Klarstellung zum 01.01.2009 zugelassene beitragsfreie Verwendung von Einmalzahlungen für Direktversicherungsbeiträge. Eine darüber hinausgehende Möglichkeit der beitragsfreien Entgeltumwandlung von laufendem Arbeitsentgelt wird damit nicht zugelassen, da es in diesen Fällen weiterhin an der erforderlichen Zusätzlichkeit der Direktversicherungsbeiträge fehlt.

Die vorgenannten Voraussetzungen für die Beitragsfreiheit der Entgeltumwandlung zu einer Direktversicherung nach § 1 Abs. 1 Satz 1 Nr. 4 SvEV gelten auch für Direktversicherungen, die im Rahmen des § 52 Abs. 40 EStG erstmals nach 2017 nach § 40b EStG a. F. pauschal besteuert werden.

5.2.2.3 Direktversicherung mit Rentenleistung i. S. des § 3 Nr. 63 Satz 1 EStG

Bei Direktversicherungsverträgen, die die Voraussetzungen des § 3 Nr. 63 Satz 1 EStG erfüllen (Rentenleistung oder Auszahlungsplan vorgesehen), ist für die Beiträge zu der Direktversicherung kraft Gesetzes vorrangig die Steuerfreiheit auszuschöpfen (**§ 52 Abs. 40 Satz 2 EStG**). Die Beiträge zu dieser Direktversicherung sind über § 1 Abs. 1 Satz 1 Nr. 9 SvEV bis zu 4 % der Beitragsbemessungsgrenze der allgemeinen Rentenversicherung dem Arbeitsentgelt in der Sozialversicherung nicht hinzuzurechnen und damit beitragsfrei. Das gilt auch für Entgeltumwandlungen unabhängig davon, ob sie aus laufendem oder einmalig gezahltem Arbeitsentgelt finanziert werden.

Soweit der Arbeitnehmer jedoch nach § 52 Abs. 4 Satz 12 EStG auf die Steuerfreiheit nach § 3 Nr. 63 EStG zugunsten der Pauschalbesteuerung nach § 40b EStG a. F. verzichtet hat, ist nur der Teil der Direktversicherungsbeiträge nicht dem Arbeitsentgelt hinzuzurechnen, der aus einmalig gezahltem Arbeitsentgelt finanziert wird.[4]

5.2.2.4 Pensionskasse

Für Zuwendungen an eine Pensionskasse, die nach § 40b a. F. EStG pauschal besteuert werden, gelten die Aussagen unter Ziffer 5.2.2.2 entsprechend.

5.2.3 Direktzusage und Unterstützungskasse

Da Rückstellungen für Direktzusagen und Beiträge zu Unterstützungskassen des Arbeitgebers keine Einnahmen im steuerrechtlichen Sinne sind, handelt es sich auch nicht um Arbeitsentgelt nach § 14 Abs. 1 SGB IV. Die Arbeitgeberrückstellungen und -beiträge sind daher beitragsfrei.

Beiträge, die vom Arbeitnehmer im Zusammenhang mit Entgeltumwandlungen zu Direktzusagen des Arbeitgebers und Unterstützungskassen geleistet werden, gelten nach § 14 Abs. 1 Satz 2 SGB IV bis zu 4 % der Beitragsbemessungsgrenze der allgemeinen Rentenversicherung nicht als Arbeitsentgelt, wobei es unerheblich ist, ob die Aufwendungen aus laufendem Arbeitsentgelt oder aus Einmalzahlungen finanziert werden.

5.2.4 Sicherungsbeitrag für Beitragszusage

Für die neue Zusageform der betrieblichen Altersversorgung als reine Beitragszusage (§ 1 Abs. 2 Nr. 2a BetrAVG) soll als Ausgleich für den Wegfall der Einstandspflicht des Arbeitgebers für die Versorgungsleistung im Tarifvertrag vereinbart werden, dass der Arbeitgeber einen Sicherungsbeitrag zahlt (§ 23 Abs. 1 BetrAVG). Der Sicherungsbeitrag kann dazu genutzt werden, die Versorgungsleistung (Betriebsrente) etwa dadurch zusätzlich abzusichern, dass die Versorgungseinrichtung einen höheren Kapitaldeckungsgrad oder eine konservativere Kapitalanlage realisiert; im Rahmen eines kollektiven Sparmodells kann er auch zum Aufbau kollektiven Kapitals verwendet werden.

Der Sicherungsbeitrag ist nach § 3 Nr. 63a EStG steuerfrei, soweit er nicht unmittelbar dem einzelnen Beschäftigten direkt gutgeschrieben oder zugerechnet wird. Bei diesen Beiträgen handelt es sich daher nicht um einen geldwerten Vorteil für den Beschäftigten. Beitragspflichtiges Arbeitsentgelt in der Sozialversicherung liegt nicht vor. Werden Sicherungsbeiträge hin-gegen nicht lediglich für die zusätzliche

---

4 § 52 Abs. 40 Satz 2 EStG sowie die Notwendigkeit des Arbeitnehmerverzichts zur Anwendung des § 3 Nr. 63 EStG entfallen. Vielmehr kann dann der Arbeitgeber auch bei Direktversicherungen entscheiden, ob er die Pauschalbesteuerung nach § 40b EStG a. F. anwendet, wenn die Voraussetzungen dafür vorliegen.

Absicherung der reinen Beitragszusage gezahlt, sondern dem einzelnen Beschäftigten direkt gutgeschrieben oder zugerechnet, gelten die allgemeinen steuer- und beitragsrechtlichen Regelungen für Beiträge zur kapitalgedeckten betrieblichen Altersversorgung.

5.2.5 Entgeltumwandlung während Altersteilzeit

Eine beitragsfreie und nicht zu einem Störfall führende Verwendung von Wertguthaben für eine Entgeltumwandlung ist gesetzlich nicht ausdrücklich geregelt (§§ 7 Abs. 1a, 23b SGB IV). Unter bestimmten Voraussetzungen ist eine nicht zu einem Störfall führende Entgeltumwandlung jedoch möglich.

Bei Altersteilzeitarbeit mit diskontinuierlicher Verteilung der Arbeitszeit (Blockmodell) ist Voraussetzung, dass der Arbeitgeber während der Arbeitsphase die Hälfte des Vollzeitarbeitsentgelts (vor der Entgeltumwandlung) ins Wertguthaben einstellt und festgelegt wird, dass auch während der Freistellungsphase aus diesem Wertguthaben eine entsprechende Entgeltumwandlung erfolgt. Dabei muss die Entgeltumwandlung nicht bereits zu Beginn der Arbeitsphase einsetzen. Es ist ausreichend, wenn mindestens im letzten Monat der Arbeitsphase mit der Entgeltumwandlung begonnen wird. Eine tatsächliche und ausschließliche Entgeltumwandlung während der Freistellungsphase ist nicht möglich.

Die Entgeltumwandlungsbeträge sind während der Arbeits- und Freistellungsphase veränderbar (z. B. auf Grund von Dynamisierungsregelungen oder der Reduzierung der Entgeltumwandlungsbeträge). Dies schließt auch die Beendigung der Entgeltumwandlung während der Freistellungsphase ein. Eine „spiegelbildliche" Entgeltumwandlung bezogen auf die Höhe und/oder die Zeit ist nicht erforderlich. Auch eine ausschließlich in der Arbeitsphase erfolgende Entgeltumwandlung ist möglich. Da für die Berechnung der zusätzlichen Beiträge zur Rentenversicherung (§ 163 Abs. 5 SGB VI) das Arbeitsentgelt nach der Entgeltumwandlung als Regelarbeitsentgelt zugrunde zu legen ist, wirkt sich die Beendigung der Entgeltumwandlung entsprechend auf die zusätzlichen Rentenversicherungsbeiträge aus.

Ein Störfall führt immer dazu, dass das nicht dem eigentlichen Verwendungszweck zugeführte Wertguthaben der Störfallbeitragsberechnung unterliegt. Werden lediglich einzelne Teile eines Gesamtwertguthabens nicht vereinbarungsgemäß, d. h. nicht für eine versicherte Freistellungsphase verwendet, führt dies nicht dazu, dass das Gesamtwertguthaben vollständig verbeitragt werden muss. Soweit eine Entgeltumwandlung ausschließlich während der Freistellungsphase der Altersteilzeit erwogen wird ist zu beachten, dass diese Entgeltumwandlung bezüglich der Umwandlungshöhe eine Störfallbeitragsberechnung nach sich zieht. Diese führt bei monatlich vorgenommener Entgeltumwandlung in der Konsequenz u. a. zu einer monatlichen Meldung zur Sozialversicherung (Störfallmeldung; Grund der Abgabe 55).

Bei einer Altersteilzeit mit kontinuierlicher Reduzierung der Altersteilzeitarbeit (Teilzeitmodell) kann eine beitragsfreie Entgeltumwandlung jederzeit vereinbart, geändert oder beendet werden.

5.2.6 Arbeitgeberleistungen im Sinne des § 23c Abs. 1 SGB IV

Nach § 23c **Abs. 1** SGB IV gelten Zuschüsse des Arbeitgebers zum Kranken-, Verletzten-, Übergangs-, **Pflegeunterstützungs-** oder Krankentagegeld sowie sonstige Einnahmen aus einer Beschäftigung, die für die Zeit des Bezugs von Kranken-, Krankentage-,

Versorgungskranken-, Verletzten-, Übergangs-, **Pflegeunterstützungs-,** Mutterschafts-, Erziehungs- oder Elterngeld weiter erzielt werden, unter bestimmten Voraussetzungen als beitragspflichtiges Arbeitsentgelt. Die für Zeiten des Bezugs von Sozialleistungen weitergezahlten Beiträge, die nach § 1 Abs. 1 Satz 1 Nr. 9 SvEV nicht zum Arbeitsentgelt zu rechnen sind, können dabei von vornherein als Arbeitsentgelt ausgeschlossen werden. Auf eine stufenweise Prüfung (zunächst Feststellung der beitragspflichtigen Einnahmen nach § 23c **Abs. 1** SGB IV) und anschließende Anwendung von § 1 Abs. 1 Satz 1 Nr. 9 SvEV kann verzichtet werden.

6 Umlagefinanzierte betriebliche Altersversorgung

6.1 Steuerrechtliche Behandlung von Pensionskassenumlagen

Laufende Zuwendungen des Arbeitgebers sind nach § 19 Abs. 1 Satz 1 Nr. 3 Satz 1 EStG aus dem ersten Dienstverhältnis an eine Pensionskasse zum Aufbau einer nicht kapitalgedeckten betrieblichen Altersversorgung steuerfrei. Voraussetzung ist, dass die Auszahlung der zugesagten Alters-, Invaliditäts- oder Hinterbliebenenversorgung in Form einer Rente oder eines Auszahlungsplans (§ 1 Abs. 1 Satz 1 Nr. 4 des Altersvorsorgeverträge-Zertifizierungsgesetzes) vorgesehen ist. Diese Steuerfreiheit gilt jedoch nur, soweit die Zuwendungen (derzeit) im Kalenderjahr 2 % der Beitragsbemessungsgrenze in der allgemeinen Rentenversicherung nicht übersteigen.

Dieser Steuerfreibetrag beträgt somit **2018** monatlich **130** EUR (bzw. jährlich **1.560** EUR). Anstelle der monatlich gleichbleibenden Berücksichtigung des Steuerfreibetrags im sog. Verteilmodell, wird im sog. Aufzehrmodell zu Beginn des Jahres der jeweils höchstmögliche Teil des Jahressteuerfreibetrags berücksichtigt, bis dieser vollständig aufgebraucht ist. **Ab 2020** steigt der Steuerfreibetrag auf **3 % und ab 2025** auf 4 % der Beitragsbemessungsgrenze in der allgemeinen Rentenversicherung.

Die steuerfreien Beträge der umlagefinanzierten Versorgungssysteme sind um die nach § 3 Nr. 63 Satz 1, 3 oder 4 EStG steuerfreien Beträge der kapitalgedeckten betrieblichen Altersversorgung zu mindern (§ 3 Nr. 56 Satz 3 EStG); allerdings bleibt die Möglichkeit der Pauschalbesteuerung nach § 40b Abs. 1 EStG bestehen.

6.2 Sozialversicherungsrechtliche Beurteilung von Pensionskassenumlagen

6.2.1 Beitragsrechtliche Berücksichtigung der Steuerfreiheit

Die beitragsrechtliche Beurteilung der Zuwendungen richtet sich nach § 1 Abs. 1 Satz 1 Nr. 4a sowie der Sätze 3 und 4 SvEV.

Für die beitragsrechtliche Beurteilung gelten folgende Regelungen:
a) Nach § 1 Abs. 1 Satz 1 Nr. 4a SvEV sind die Zuwendungen, soweit sie nach § 3 Nr. 56 EStG steuerfrei sind oder nach § 40b EStG pauschal besteuert werden, dem beitragspflichtigen Arbeitsentgelt nicht hinzuzurechnen, wenn sie zusätzlich zu Löhnen und Gehältern gewährt werden. Diese Beitragsfreiheit wird allerdings für Zuwendungen zu Pensionskassen mit einer besonderen Versorgungsregelung i. S. des § 1 Abs. 1 Satz 3 SvEV (Versorgungsregelung sieht mindestens bis zum 31. Dezember 2000 vor der Anwendung etwaiger Nettobegrenzungsregelungen eine allgemein erreichbare Gesamtversorgung von mindestens 75 Prozent des gesamtversorgungsfähigen Entgelts und nach dem Eintritt des Versorgungsfalles eine Anpassung nach Maßgabe der Entwicklung der Arbeitsentgelte im Bereich der entsprechenden Versor-

gungsregelung oder gesetzlicher Versorgungsbezüge vor) durch § 1 Abs. 1 Sätze 3 und 4 SvEV eingeschränkt bzw. aufgehoben.

b) Für Zuwendungen zu Pensionskassen mit einer besonderen Versorgungsregelung i. S. des § 1 Abs. 1 Satz 3 SvEV ist die Summe aus dem nach § 3 Nr. 56 EStG steuerfreien und dem nach § 40b EStG pauschal besteuerten Anteil der Zuwendung, höchstens jedoch monatlich 100 EUR, bis zur Höhe von 2,5 % des für ihre Bemessung maßgebenden Entgelts – vermindert um 13,30 EUR – dem Arbeitsentgelt zuzurechnen (Hinzurechnungsbetrag nach § 1 Abs. 1 Satz 3 SvEV). Soweit der Umlagesatz den Betrag von 2,5 % nicht erreicht, tritt bei der Ermittlung des Hinzurechnungsbetrags dieser Umlagesatz an die Stelle des Faktors von 2,5 %.

c) Ist nach § 1 Abs. 1 Satz 3 SvEV ein beitragsrechtlicher Hinzurechnungsbetrag zu ermitteln, sind darüber hinaus die Zuwendungen nach § 3 Nr. 56 und § 40b EStG, die in der Summe monatlich 100 EUR übersteigen, ebenfalls dem Arbeitsentgelt zuzurechnen (§ 1 Abs. 1 Satz 4 SvEV).

Aus diesen Vorgaben ergibt sich folgende Beurteilung für den geldwerten Vorteil der Zuwendung:

- Zunächst ist zu berücksichtigen, dass die Teile der Zuwendung, die die Summe aus dem steuerfreien Anteil und dem höchstmöglichen pauschal besteuerbaren Betrag übersteigen, von vornherein bereits individuell steuer- und beitragspflichtig sind.
- Der steuerfreie und der pauschal besteuerbare Anteil der Zuwendung sind zu addieren und grundsätzlich nicht dem Arbeitsentgelt zuzurechnen.
- Aus dieser Summe ist bis zu einem Betrag in Höhe von 100 EUR ein Hinzurechnungsbetrag zu bilden und dem Arbeitsentgelt zuzurechnen, wenn eine besondere Versorgungsregelung i. S. des § 1 Abs. 1 Satz 3 SvEV besteht.
- Ist ein Hinzurechnungsbetrag zu bilden und übersteigt die Summe aus steuerfreier und pauschal besteuerbarer Zuwendung den Betrag von 100 EUR, ist der über 100 EUR hinausgehende Betrag in vollem Umfang ebenfalls dem Arbeitsentgelt zuzurechnen.

▶ **Beispiel 1:**

Zusatzversorgungspflichtiges Arbeitsentgelt	3.500,00 EUR
Arbeitgeberumlage (8,5 %)	297,50 EUR
Es besteht keine Versorgungsregelung i. S. des § 1 Abs. 1 Satz 3 SvEV.	
Ermittlung eines von vornherein steuer- und beitragspflichtigen Anteils:	
Gesamtbetrag der Umlage:	297,50 EUR
./. steuerfreier Anteil nach § 3 Nr. 56 EStG (6.500 EUR x 2 %)	130,00 EUR
./. pauschal besteuerter Anteil	146,00 EUR
= individuell steuerpflichtiger und beitragspflichtiger Anteil:	21,50 EUR
Beitragspflichtiges Arbeitsentgelt insgesamt:	
laufendes Arbeitsentgelt	3.500,00 EUR
individuell steuer- und beitragspflichtiger Anteil	21,50 EUR
=	3.521,50 EUR

► **Beispiel 2:**

Zusatzversorgungspflichtiges Arbeitsentgelt	3.500,00 EUR
Umlage (8,26 %)	289,10 EUR
Arbeitgeberanteil (6,45 %)	225,75 EUR
Arbeitnehmerbeitrag (1,81%)	63,35 EUR

a) Ermittlung eines von vornherein steuer- und beitragspflichtigen Anteils:

Arbeitgeberanteil der Umlage:	225,75 EUR
./. steuerfreier Anteil nach § 3 Nr. 56 EStG (6.500 EUR x 2 %)	130,00 EUR
./. pauschal besteuerter Anteil[5]	92,03 EUR
= individuell steuerpflichtiger und beitragspflichtiger Anteil:	3,72 EUR

b) Ermittlung des beitragspflichtigen Anteils der Umlage nach § 1 Abs. 1 Satz 4 i. V. m. Abs. 1 Satz 3 und Abs. 1 Satz 1 Nr. 4a SvEV:

Steuerfreier Anteil nach § 3 Nr. 56 EStG (6.500 EUR x 2 %)	130,00 EUR
+ pauschal besteuerter Anteil	92,03 EUR
=	222,03 EUR
./. Grenzbetrag nach § 1 Abs. 1 Satz 3 SvEV	100,00 EUR
= beitragspflichtige Einnahme nach § 1 Abs. 1 Satz 4 SvEV	122,03 EUR

c) Ermittlung des beitragspflichtigen Hinzurechnungsbetrags nach § 1 Abs. 1 Satz 3 SvEV:

(100,00 EUR : 6,45 x 100 =) 1550,39 EUR x 2,5 %	38,76 EUR
./.	13,30 EUR
=	25,46 EUR

d) Beitragspflichtiges Arbeitsentgelt insgesamt:

laufendes Arbeitsentgelt		3.500,00 EUR
Zusätzliche beitragspflichtige Einnahme aus a) bis c):		
individuell steuer- und beitragspflichtiger Anteil	3,72 EUR	
+ Grenzbetrag n. § 1 Abs. 1 Satz 4 SvEV übersteigender Anteil	122,03 EUR	
+ Hinzurechnungsbetrag nach § 1 Abs. 1 Satz 3 SvEV	25,46 EUR	
insgesamt	151,21 EUR	151,21 EUR
=		3.651,21 EUR

---

5 Von dem vom Arbeitgeber zu tragenden Teil der Umlage werden 92,03 EUR pauschal versteuert (§ 37 Abs. 2 Tarifvertrag Altersversorgung – ATV für die Beschäftigten des Tarifgebiets West bei Zugehörigkeit zur VBL). Ansonsten liegt der Grenzbetrag bei 89,48 EUR (§ 16 Abs. 2 ATV). Soweit Arbeitgeber des öffentlichen Dienstes (z. B. Sparkassen) den vollen Pauschalierungsbetrag des § 40b EStG in Höhe von 146 EUR bzw. 179 EUR monatlich ausschöpfen, ist dieser Betrag anstelle von 92,03 EUR oder 89,48 EUR anzusetzen.

▶ **Beispiel 3:**

Zusatzversorgungspflichtiges Arbeitsentgelt	2.200,00 EUR
Umlage (8,26 %)	181,72 EUR
Arbeitgeberanteil (6,45 %)	141,90 EUR
Arbeitnehmerbeitrag (1,81%)	39,82 EUR

a) Ermittlung eines individuell steuer- und beitragspflichtigen Anteils entfällt

b) Ermittlung des beitragspflichtigen Anteils der Umlage nach § 1 Abs. 1 Satz 4 i. V. m. Abs. 1 Satz 3 und Abs. 1 Satz 1 Nr. 4a SvEV:

Steuerfreier Anteil nach § 3 Nr. 56 EStG (6.500 EUR x 2 %)	130,00 EUR
+ pauschal besteuerter Anteil (141,90 EUR – 130,00 EUR)	11,90 EUR
=	141,90 EUR
./. Grenzbetrag nach § 1 Abs. 1 Satz 3 SvEV	100,00 EUR
= beitragspflichtige Einnahme nach § 1 Abs. 1 Satz 4 SvEV	41,90 EUR

c) Ermittlung des beitragspflichtigen Hinzurechnungsbetrags nach § 1 Abs. 1 Satz 3 SvEV:

(100,00 EUR : 6,45 x 100 =) 1.550,39 EUR x 2,5 % =	38,76 EUR
./.	13,30 EUR
	25,46 EUR

d) Beitragspflichtiges Arbeitsentgelt insgesamt:

laufendes Arbeitsentgelt		3.000,00 EUR
Zusätzliche beitragspflichtige Einnahme aus a) bis c):		
individuell steuer- und beitragspflichtiger Anteil	0,00 EUR	
+ Grenzbetrag n. § 1 Abs. 1 Satz 4 SvEV übersteigender Anteil	41,90 EUR	
+ Hinzurechnungsbetrag nach § 1 Abs. 1 Satz 3 SvEV	25,46 EUR	
insgesamt	67,36 EUR	67,36 EUR
=		3.067,36 EUR

▶ **Beispiel 4:**

Zusatzversorgungspflichtiges Arbeitsentgelt	1.000,00 EUR
Umlage (8,26 %)	82,60 EUR
Arbeitgeberanteil (6,45 %)	64,50 EUR
Arbeitnehmerbeitrag (1,81 %)	18,10 EUR

a) Ermittlung eines von vornherein steuer- und beitragspflichtigen Anteils entfällt

b) Ermittlung des beitragspflichtigen Anteils der Umlage nach § 1 Abs. 1 Satz 4 i. V. m. Abs. 1 Satz 3 und Abs. 1 Satz 1 Nr. 4a SvEV:

Steuerfreier Anteil nach § 3 Nr. 56 EStG	82,60 EUR
+ pauschal besteuerter Anteil (0 EUR)	0 EUR
=	82,60 EUR
./. Grenzbetrag nach § 1 Abs. 1 Satz 3 SvEV	100,00 EUR

= beitragspflichtige Einnahme nach § 1 Abs. 1 Satz 4 SvEV 0,00 EUR c) Ermittlung des beitragspflichtigen Hinzurechnungsbetrags nach § 1 Abs. 1 Satz 3 SvEV:

c) Ermittlung des beitragspflichtigen Hinzurechnungsbetrags nach § 1 Abs. 1 Satz 3 SvEV:

(64,50 EUR : 6,45 x 100 =) 1.000 EUR x 2,5 %   25,00 EUR

./.   13,30 EUR

                                                            11,70 EUR

d) Beitragspflichtiges Arbeitsentgelt insgesamt:

laufendes Arbeitsentgelt   1.000,00 EUR

Zusätzliche beitragspflichtige Einnahme aus a) bis c):

individuell steuer- und beitragspflichtiger Anteil   0,00 EUR

+ Grenzbetrag n. § 1 Abs. 1 Satz 4 SvEV übersteigen-
der Anteil   0,00 EUR

+ Hinzurechnungsbetrag nach § 1 Abs. 1 Satz 3 SvEV   11,70 EUR

insgesamt   11,70 EUR   11,70 EUR

=   1.011,70 EUR

► **Beispiel 5:**

Zusatzversorgungspflichtiges Arbeitsentgelt   820,00 EUR

Umlage (8,26 %)   67,73 EUR

Arbeitgeberanteil (6,45 %)   52,89 EUR

Arbeitnehmerbeitrag (1,81%)   14,84 EUR

a) Ermittlung eines von vornherein steuer- und beitragspflichtigen Anteils entfällt

b) Ermittlung des beitragspflichtigen Anteils der Umlage nach § 1 Abs. 1 Satz 4 i. V. m. Abs. 1 Satz 3 und Abs. 1 Satz 1 Nr. 4a SvEV entfällt

c) Ermittlung des beitragspflichtigen Hinzurechnungsbetrags nach § 1 Abs. 1 Satz 3 SvEV:

(52,89 EUR : 6,45 x 100 =) 820,00 EUR x 2,5%   20,50 EUR

./.   13,30 EUR

                                                            7,20 EUR

d) Beitragspflichtiges Arbeitsentgelt insgesamt:

laufendes Arbeitsentgelt   820,00 EUR

Zusätzliche beitragspflichtige Einnahme aus a) bis c):

individuell steuer- und beitragspflichtiger Anteil   0,00 EUR

+ Grenzbetrag n. § 1 Abs. 1 Satz 4 SvEV übersteigen-
der Anteil   0,00 EUR

+ Hinzurechnungsbetrag nach § 1 Abs. 1 Satz 3 SvEV   7,20 EUR

insgesamt   7,20 EUR   7,20 EUR

=   827,20 EUR

Ein geldwerter Vorteil auf Basis des Hinzurechnungsbetrags nach § 1 Abs. 1 Satz 3 SvEV kann dem Arbeitnehmer nur zugerechnet werden, wenn ihm dieser Vorteil auch tatsächlich zu Gute kommt. Deshalb ist in den Fällen, in denen der Umlagesatz weniger als 2,5 % beträgt, dem Arbeitsentgelt nach § 1 Abs. 1 Satz 3 SvEV nur ein Vomhundertsatz des zusatzversorgungspflichtigen Arbeitsentgelts hinzuzurechnen, der der Höhe nach dem vom Arbeitgeber zu tragenden Umlagesatz entspricht. Der hiernach ermittelte Hinzurechnungsbetrag vermindert sich gemäß § 1 Abs. 1 Satz 3 SvEV zweiter Halbsatz monatlich um 13,30 EUR.

► **Beispiel 6:**

Zusatzversorgungspflichtiges Arbeitsentgelt	2.000,00 EUR
Arbeitgeberumlage (1 %)	20,00 EUR

a) Ermittlung eines individuell steuer- und beitragspflichtigen Anteils entfällt

b) Ermittlung des beitragspflichtigen Anteils der Umlage nach § 1 Abs. 1 Satz 4 i. V. m. Abs. 1 Satz 3 und Abs. 1 Satz 1 Nr. 4a SvEV:

Steuerfreier Anteil nach § 3 Nr. 56 EStG	20,00 EUR
+ pauschal besteuerter Anteil	0,00 EUR
=	20,00 EUR
./. Grenzbetrag nach § 1 Abs. 1 Satz 3 SvEV	100,00 EUR
= beitragspflichtige Einnahme nach § 1 Abs. 1 Satz 4 SvEV	0,00 EUR

c) Ermittlung des beitragspflichtigen Hinzurechnungsbetrags nach § 1 Abs. 1 Satz 3 SvEV:

(20 EUR : 1 x 100 =) 2.000 EUR x 1,0 %	20,00 EUR
./.	13,30 EUR
	6,70 EUR

d) Beitragspflichtiges Arbeitsentgelt insgesamt:

laufendes Arbeitsentgelt		2.000,00 EUR
Zusätzliche beitragspflichtige Einnahme aus a) bis c):		
individuell steuer- und beitragspflichtiger Anteil:	0,00 EUR	
+ Grenzbetrag nach § 1 Abs. 1 Satz 4 SvEV übersteigender Anteil:	0,00 EUR	
+ Hinzurechnungsbetrag nach § 1 Abs. 1 Satz 3 SvEV	6,70 EUR	
insgesamt	6,70 EUR	6,70 EUR
=		2.006,70 EUR

Wird der Steuerfreibetrag nach § 3 Nr. 56 EStG nicht in gleichbleibender Höhe jeden Monat (sog. Verteilmodell), sondern zu Beginn des Jahres in jeweils maximaler Höhe des Jahressteuerfreibetrags berücksichtigt, bis dieser vollständig aufgebraucht ist (sog. Aufzehrmodell), wirkt sich dies entsprechend auf die Ermittlungsschritte zur Feststellung des beitragsrechtlichen Anteils der Zuwendung aus. Das steuer- und beitragspflichtige Arbeitsentgelt erhöht sich dabei beim Aufzehrmodell in den Monaten, in denen auf Grund des verbrauchten Steuerfreibetrags lediglich von der (begrenzten) Pauschalbesteuerung nach § 40b EStG Gebrauch gemacht werden kann.

6.2.2 Aufrechnung steuerfreier Aufwendungen

6.2.2.1 Unmittelbare Aufrechnung

Werden sowohl Zuwendungen für eine umlagefinanzierte Pensionskasse als auch Aufwendungen für eine kapitalgedeckte betriebliche Altersversorgung erbracht, ist zu berücksichtigen, dass die Steuerfreiheit nach § 3 Nr. 63 EStG der Steuerfreiheit nach § 3 Nr. 56 EStG vorgeht. Dies gilt unabhängig davon, ob die nach § 3 Nr. 63 EStG steuerfreien Beträge arbeitgeberfinanziert sind oder auf einer Entgeltumwandlung aus dem Bruttoarbeitsentgelt des Arbeitnehmers beruhen. Nach § 3 Nr. 56 Satz 3 EStG mindern die nach § 3 Nr. 63 EStG steuerfreien Beträge den steuerfreien Höchstbetrag des § 3 Nr. 56 EStG. Die Zuwendungen für eine umlagefinanzierte Pensionskasse sind daher nach § 3 Nr. 56 EStG nur steuerfrei, soweit die nach § 3 Nr. 63 EStG steuerfreien Aufwendungen (Aufwendungen des Arbeitgebers für eine kapitalgedeckte Altersversorgung in den Durchführungswegen Direktversicherung, Pensionsfonds oder – kapitalgedeckte – Pensionskasse oder entsprechende Aufwendungen des Arbeitnehmers aus einer Entgeltumwandlung) den steuerfreien Höchstbetrag nach § 3 Nr. 56 EStG von derzeit 2 % der Beitragsbemessungsgrenze der allgemeinen Rentenversicherung unterschreiten.

Soweit sich der nach § 3 Nr. 56 EStG steuerfreie Höchstbetrag um den Betrag der nach § 3 Nr. 63 EStG steuerfreien Aufwendungen verringert, ergibt sich folgende Beurteilung (Vergleichsberechnung):

a) Ist die Differenz größer als der Arbeitgeberbeitrag zur umlagefinanzierten Pensionskasse, so bleibt der Arbeitgeberbeitrag zur umlagefinanzierten Pensionskasse in voller Höhe nach § 3 Nr. 56 EStG steuerfrei.

b) Ist die Differenz geringer als der Arbeitgeberbeitrag zur umlagefinanzierten Pensionskasse, dann wird der Arbeitgeberbeitrag zur umlagefinanzierten Pensionskasse nur noch in Höhe des Unterschiedsbetrags zwischen dem Betrag von 2 % der Beitragsbemessungsgrenze der allgemeinen Rentenversicherung und den nach § 3 Nr. 63 EStG steuerfreien Aufwendungen im Rahmen § 3 Nr. 56 EStG steuerfrei belassen. Der Restbetrag der Arbeitgeberumlage wird entweder individuell steuerpflichtig oder kann pauschal besteuert werden.

c) Das Ergebnis der steuerlichen Beurteilung ist Ausgangsbasis für die Ermittlung des sozialversicherungsrechtlichen Hinzurechnungsbetrags.

▶ **Beispiel 1:**

Aufbau der Altersversorgung durch umlagefinanzierte und kapitalgedeckte Pensionskasse

Alleinige Beitragstragung des Arbeitgebers zur umlagefinanzierten Pensionskasse (Umlage 1 %)

Aufwendungen zur kapitalgedeckten Pensionskasse in Höhe von 1 %, die jeweils vom Arbeitgeber und vom Arbeitnehmer zur Hälfte getragen werden.

Die Arbeitnehmeraufwendungen werden **nicht** durch eine Entgeltumwandlung aus dem Bruttoarbeitsentgelt finanziert.

Zusatzversorgungspflichtiges Entgelt =	2.000,00 EUR
vom Arbeitgeber zu tragende Umlage (1 %) =	20,00 EUR
Aufwendungen des Arbeitgebers zur kapitalgedeckten Pensionskasse 0,5 % von 2.000,00 EUR =	10,00 EUR

Lösung:

Steuerliche Beurteilung:

Die Aufwendungen des Arbeitgebers in Höhe von 10,00 EUR zur kapitalgedeckten Pensionskasse sind nach § 3 Nr. 63 EStG steuerfrei.

Vergleichsberechnung: 130,00 EUR ./. 10,00 EUR = 120,00 EUR.

Die Differenz von 120,00 EUR übersteigt den Arbeitgeberbeitrag zur umlagefinanzierten Pensionskasse (20,00 EUR). Damit bleibt der Betrag von 20,00 EUR in voller Höhe nach § 3 Nr. 56 EStG steuerfrei und bildet die Ausgangsbasis für die Ermittlung des sv-pflichtigen Anteils.

Sozialversicherungsrechtliche Beurteilung:

a) Ermittlung eines individuell steuer- und beitragspflichtigen Anteils entfällt

b) Ermittlung des beitragspflichtigen Anteils der Umlage nach § 1 Abs. 1 Satz 4 in Verb. mit Abs. 1 Satz 3 und Abs. 1 Satz 1 Nr. 4 SvEV:

Steuerfreier Anteil nach § 3 Nr. 56 EStG	20,00 EUR
+ pauschal besteuerter Anteil	0,00 EUR
=	20,00 EUR
./. Grenzbetrag nach § 1 Abs. 1 Satz 3 SvEV	100,00 EUR
= beitragspflichtige Einnahme nach § 1 Abs. 1 Satz 4 SvEV	0,00 EUR

c) Ermittlung des beitragspflichtigen Hinzurechnungsbetrags nach § 1 Abs. 1 Satz 3 SvEV:

(20 EUR : 1 x 100 =) 2.000 EUR x 1,0 v.H. =	20,00 EUR
./.	13,30 EUR
	6,70 EUR

d) Beitragspflichtiges Arbeitsentgelt insgesamt:

laufendes Arbeitsentgelt		2.000,00 EUR
Zusätzliche beitragspflichtige Einnahme aus a) bis c):		
individuell steuer- und beitragspflichtiger Anteil:	0,00 EUR	
+ Grenzbetrag n. § 1 Abs. 1 Satz 4 SvEV übersteigender Anteil:	0,00 EUR	
+ Hinzurechnungsbetrag nach § 1 Abs. 1 Satz 3 SvEV	6,70 EUR	
insgesamt	6,70 EUR	6,70 EUR
=		2.006,70 EUR

▶ **Beispiel 2:**

Aufbau der Altersversorgung durch umlagefinanzierte und kapitalgedeckte Pensionskasse
Alleinige Beitragstragung des Arbeitgebers zur umlagefinanzierten Pensionskasse (Umlage 2 %)
Aufwendungen zur kapitalgedeckten Pensionskasse in Höhe von 5 %, die jeweils vom Arbeitgeber und vom Arbeitnehmer zur Hälfte getragen werden.
Die Arbeitnehmeraufwendungen werden nicht durch eine Entgeltumwandlung aus dem Bruttoarbeitsentgelt finanziert.

Zusatzversorgungspflichtiges Entgelt =	3.500,00 EUR
vom Arbeitgeber zu tragende Umlage (2 %) =	70,00 EUR
Aufwendungen des Arbeitgebers zur kapitalgedeckten Pensionskasse 2,5 % von 3.500,00 EUR =	87,50 EUR

Lösung:

Steuerliche Beurteilung:
Die Aufwendungen des Arbeitgebers in Höhe von 70,00 EUR zur kapitalgedeckten Pensionskasse sind nach § 3 Nr. 63 EStG steuerfrei.
Vergleichsberechnung: 130,00 EUR ./. 87,50 EUR = 42,50 EUR.
Die Differenz von 42,50 EUR ist geringer als der Arbeitgeberbeitrag zur umlagefinanzierten Pensionskasse (70,00 EUR). Damit ist der Arbeitgeberbeitrag zur umlagefinanzierten Pensionskasse nur noch in Höhe von 42,50 EUR nach § 3 Nr. 56 EStG steuerfrei. Der Restbetrag von 27,50 EUR wird nach § 40b EStG pauschal besteuert. Die Summe der Beträge aus 42,50 EUR und 27,50 EUR bildet die Ausgangsbasis für die Ermittlung des sv-pflichtigen Anteils.

Sozialversicherungsrechtliche Beurteilung:

a) Ermittlung eines individuell steuer- und beitragspflichtigen Anteils entfällt

b) Ermittlung des beitragspflichtigen Anteils der Umlage nach § 1 Abs. 1 Satz 4 i. V. m. Abs. 1 Satz 3 und Abs. 1 Satz 1 Nr. 4a SvEV:

Steuerfreier Anteil nach § 3 Nr. 56 EStG	42,50 EUR
+ pauschal besteuerter Anteil	27,50 EUR
=	70,00 EUR
./. Grenzbetrag nach § 1 Abs. 1 Satz 3 SvEV	100,00 EUR
= beitragspflichtige Einnahme nach § 1 Abs. 1 Satz 4 SvEV	0,00 EUR

c) Ermittlung des beitragspflichtigen Hinzurechnungsbetrags nach § 1 Abs. 1 Satz 3 SvEV:

(70 EUR : 2 x 100 =) 3.500 EUR x 2,0 v.H. =	70,00 EUR
./.	13,30 EUR
	56,70 EUR

d) Beitragspflichtiges Arbeitsentgelt insgesamt:

laufendes Arbeitsentgelt		3.500,00 EUR
Zusätzliche beitragspflichtige Einnahme aus a) bis c):		
individuell steuer- und beitragspflichtiger Anteil:	0,00 EUR	
+ Grenzbetrag n. § 1 Abs. 1 Satz 4 SvEV übersteigender Anteil:	0,00 EUR	
+ Hinzurechnungsbetrag nach § 1 Abs. 1 Satz 3 SvEV	56,70 EUR	
insgesamt	56,70 EUR	56,70 EUR
=		3.556,70 EUR

► **Beispiel 3:**

Aufbau der Altersversorgung durch umlagefinanzierte Pensionskasse und kapitalgedeckte Pensionskasse.

Alleinige Beitragstragung des Arbeitgebers zur umlagefinanzierten Pensionskasse (Umlage 5 %) Finanzierung der kapitalgedeckten Pensionskasse durch Arbeitnehmeraufwendungen auf der Basis einer Entgeltumwandlung aus dem Bruttoarbeitsentgelt mtl. in Höhe von 150 EUR Bei Pauschalbesteuerung werden die Höchstgrenzen des § 40b EStG ausgeschöpft.

Zusatzversorgungspflichtiges Entgelt =	2.500,00 EUR
vom Arbeitgeber zu tragende Umlage (5 %) =	125,00 EUR
Entgeltumwandlung zur kapitalgedeckten Pensionskasse	150,00 EUR

Lösung:

Steuerliche Beurteilung:

Die Aufwendungen des Arbeitnehmers in Höhe von 100,00 EUR zur kapitalgedeckten Pensionskasse sind nach § 3 Nr. 63 EStG steuerfrei.

Vergleichsberechnung: 130,00 EUR ./. 150 EUR = 0,00 EUR

Die aus der Entgeltumwandlung finanzierten steuerfreien Aufwendungen übersteigen den Betrag von 130,00 EUR. Damit kommt für die Arbeitgeberaufwendungen zur umlagefinanzierten Pensionskasse eine Steuerfreiheit nach § 3 Nr. 56 EStG nicht in Betracht.

Sozialversicherungsrechtliche Beurteilung:

a) Ermittlung eines individuell steuer- und beitragspflichtigen Anteils:

Gesamtbetrag der Umlage:	125,00 EUR
./. steuerfreier Anteil nach § 3 Nr. 56 EStG	0,00 EUR
./. pauschal besteuerter Anteil	125,00 EUR
= individuell steuerpflichtiger und beitragspflichtiger Anteil:	0,00 EUR

b) Ermittlung des beitragspflichtigen Anteils der Umlage nach § 1 Abs. 1 Satz 4 i. V. m. Abs. 1 Satz 3 und Abs. 1 Satz 1 Nr. 4a SvEV:

Steuerfreier Anteil nach § 3 Nr. 56 EStG	0,00 EUR
+ pauschal besteuerter Anteil	125,00 EUR
=	125,00 EUR
./. Grenzbetrag nach § 1 Abs. 1 Satz 3 SvEV	100,00 EUR
= beitragspflichtige Einnahme nach § 1 Abs. 1 Satz 4 SvEV	25,00 EUR

c) Ermittlung des beitragspflichtigen Hinzurechnungsbetrags nach § 1 Abs. 1 Satz 3 SvEV:

(100 EUR : 5 x 100 =) 2.000 EUR x 2,5 % =	50,00 EUR
./.	13,30 EUR
	36,70 EUR

d) Beitragspflichtiges Arbeitsentgelt insgesamt

laufendes Arbeitsentgelt		2.500,00 EUR
./. Entgeltumwandlung		100,00 EUR
Zusätzliche beitragspflichtige Einnahme aus a) bis c):		
individuell steuer- und beitragspflichtiger Anteil:	0,00 EUR	
+ Grenzbetrag n. § 1 Abs. 1 Satz 4 SvEV übersteigen-der Anteil:	25,00 EUR	
+ Hinzurechnungsbetrag nach § 1 Abs. 1 Satz 3 SvEV	36,70 EUR	
insgesamt	61,70 EUR	61,70 EUR
=		2.461,70 EUR

6.2.2.2 Nachträgliche Aufrechnung

Wird die Steuerfreiheit von Aufwendungen für eine kapitalgedeckte betriebliche Altersversorgung nach § 3 Nr. 63 EStG erst im Nachhinein im Zuge einer Einmalzahlung in Anspruch genommen und wurden die Zuwendungen zu einer umlagefinanzierten Pensionskasse monatlich nach § 3 Nr. 56 Satz 1 und 2 EStG bereits steuerfrei gestellt, wird die „Nichtbesteuerung" der Zuwendungen – ggf. vollständig – rückgängig gemacht. Der zunächst erfolgten Berechnung des beitragspflichtigen geldwerten Vorteils aus den Zuwendungen wird in der nachträglichen Betrachtung die Grundlage nicht entzogen. Eine Rückwirkung ist in der Sozialversicherung auf Grund des Eingriffsverbots in abgewickelte Versicherungsverhältnisse ausgeschlossen.

Demnach verbleibt es bei der im Rahmen des § 1 Abs. 1 Satz 1 Nr. 4a ggf. i. V. m. Satz 3 und 4 SvEV im Zeitpunkt der Beitragsfälligkeit festgestellten Beitragspflicht der Zuwendungen. Dies gilt auch dann, wenn zu Beginn des Kalenderjahres von vornherein feststeht, dass der Arbeitnehmer bei Gewährung einer Einmalzahlung (z. B. im November eines Jahres) von der Entgeltumwandlung Gebrauch machen und somit die steuerliche Rückabwicklung eintreten wird.

6.2.3 Arbeitgeberleistungen im Sinne des § 23c Abs. 1 SGB IV

Nach § 23c **Abs. 1** SGB IV gelten Zuschüsse des Arbeitgebers zum Kranken-, Verletzten-, Übergangs-, **Pflegeunterstützungs-,** oder Krankentagegeld sowie sonstige Einnahmen aus einer Beschäftigung, die für die Zeit des Bezugs von Kranken-, Krankentage-, Versorgungskranken-, Verletzten-, Übergangs-, **Pflegeunterstützungs-,** Mutterschafts-, Erziehungs- oder Elterngeld weiter erzielt werden, unter bestimmten Voraussetzungen als beitragspflichtiges Arbeitsentgelt.

Die für Zeiten des Bezugs von Sozialleistungen und der Zuschusszahlungen des Arbeitgebers zu den Sozialleistungen weitergezahlten Zuwendungen, die nach § 1 Abs. 1 Satz 1 Nr. 4a SvEV nicht zum Arbeitsentgelt zu rechnen sind, können dabei von vornherein als Arbeitsentgelt ausgeschlossen werden. Auf eine stufenweise Prüfung (zunächst Feststellung der beitragspflichtigen Einnahmen nach § 23c **Abs. 1** SGB IV) und anschließende Anwendung von § 1 Abs. 1 Satz 1 Nr. 4a SvEV kann verzichtet werden. Dies gilt auch für den individuell zu versteuernden sowie für den 100 EUR übersteigenden steuerfreien und pauschal besteuerten Anteil der Zuwendung. Diese Anteile gehören zwar zum beitragspflichtigen Arbeitsentgelt; sie sind jedoch im Rahmen des § 23c **Abs. 1** SGB IV nicht zu berücksichtigen, da diese Einnahmen quasi Ausfluss der Zuschusszahlung zur Sozialleistung sind. Der Hinzurechnungsbetrag nach § 1 Abs. 1 Satz 3 SvEV ist in diesem Zusammenhang als „Nebenleistung" des dem Hinzurechnungsbetrag zu Grunde liegenden Teils der Umlage als „Hauptleistung" ebenfalls nicht zu berücksichtigen. Darüber hinaus handelt es sich bei dem Hinzurechnungsbetrag nicht um eine arbeitgeberseitige Leistung, sodass eine Anwendung des § 23c **Abs. 1** SGB IV hier ausscheidet.

Die Ausführungen gelten allerdings nicht, wenn neben dem Zuschuss zur Sozialleistung und den Zuwendungen weitere arbeitgeberseitige Leistungen für die Zeit des Bezugs der Sozialleistung gezahlt werden und diese zusammen das Nettoarbeitsentgelt um mehr als 50 EUR übersteigen. In diesen Fällen unterliegt der gesamte das Vergleichs-Nettoarbeitsentgelt übersteigende Betrag, zuzüglich des Hinzurechnungsbetrages nach § 1 Abs. 1 Satz 3 SvEV, auch der Beitragspflicht.

6.3 Zuwendungen in Teilentgeltzeiträumen

Soweit Versorgungsregelungen für Zeiten des Entgeltersatzleistungsbezugs in Monaten, in denen nur ein Teilarbeitsentgelt gezahlt wird (sog. Randmonate), für die Berechnung der Zuwendungen die Ermittlung eines fiktiven Arbeitsentgelts vorsehen, wird für den Teilzeitraum der Entgeltersatzleistung ein fiktives Urlaubsentgelt berechnet und dem tatsächlichen Teilarbeitsentgelt hinzugerechnet (fiktive Bemessungsgrundlage). Bei der Ermittlung des dem beitragspflichtigen Arbeitsentgelt hinzuzurechnenden Teils der Zuwendung ist insbesondere für die Berechnung des Hinzurechnungsbetrages nach § 1 Abs. 1 Satz 3 SvEV von der (fiktiven) Bemessungsgrundlage der Zuwendung auszugehen.

6.4 Kürzungsbetrag von 13,30 EUR

Der nach § 1 Abs. 1 Satz 3 SvEV zu ermittelnde Hinzurechnungsbetrag beinhaltet eine Reduzierung um 13,30 EUR[6]. Bei diesem Kürzungsbetrag handelt es sich um einen monatlichen Maximalbetrag. Eine Übertragung nicht ausgeschöpfter Anteile dieses Betrages (z. B. bei einem monatlichen Arbeitsentgelt von 500 EUR) auf zukünftige Monate ist nicht möglich.

7 Mehrere Durchführungswege

Werden mehrere Durchführungswege nebeneinander praktiziert (z. B. Direktzusage bzw. Unterstützungskassenversorgung neben Pensionskasse, Pensionsfonds oder Direktversicherung), gelten für jeden Durchführungsweg die in den Gesetzen oder Verordnungen genannten Grenzen.

Werden jedoch mehrere in den maßgebenden Einzelvorschriften gemeinsam genannte Durchführungswege wie Direktzusage und Unterstützungskassenversorgung (§ 14 Abs. 1 Satz 2 SGB IV) oder Pensionskasse, Pensionsfonds und Direktversicherung (§ 1 Abs. 1 Satz 1 Nr. 9 SvEV i. V. m. § 3 Nr. 63 EStG) nebeneinander praktiziert, kann der sozialversicherungsrechtliche Freibetrag je Einzelvorschrift nur ein Mal berücksichtigt werden.

Entsprechendes gilt für die Gesamtbeiträge der nach § 3 Nr. 56 EStG steuerfreien bzw. nach § 40b EStG pauschal besteuerbaren Anlageformen. Dabei zählen § 40b EStG a. F. und § 40b EStG n.F. als zwei Vorschriften. Das bedeutet, dass Beiträge nach § 40b EStG a. F. an eine Direktversicherung und nach § 40b EStG zu einer Pensionskasse mit jeweils 1.752 EUR pauschal besteuert werden können und bei Erfüllung der Voraussetzungen von § 1 Abs. 1 Satz 1 Nr. 4 und 4a SvEV dem Arbeitsentgelt nicht zuzurechnen sind.

Bei einer Kumulierung der maßgebenden Freibeträge berechnet sich demnach der kalenderjährlich maximal anzusetzende Freibetrag eines Arbeitnehmers aus 2 x 4 % der Beitragsbemessungsgrenze der allgemeinen Rentenversicherung sowie aus dem nach § 40b EStG in der jeweils geltenden Fassung pauschal besteuerten Betrag von 2 x 1.752 EUR (2018: 2 x 3.120 EUR + 2 x 1.752 EUR = 9.744 EUR). Dabei ist zu berücksichtigen, dass der nach § 3 Nr. 56 EStG steuerfreie Betrag in Höhe von derzeit maximal 1.560 EUR im Jahr um den nach § 3 Nr. 63 EStG steuerfrei gewährten Betrag gemindert wird (§ 3 Nr. 56 Satz 3 EStG).

Eine weitere Erhöhung des Freibetrages durch eine getrennte Betrachtung der Arbeitgeberaufwendungen für eine Pensionskasse, einen Pensionsfonds oder eine Direktversicherung einerseits und der Arbeitnehmeraufwendungen aus Entgeltumwandlung zu diesen Durchführungswegen andererseits ist nicht möglich.

---

6 In der Vergangenheit wurde teilweise auch der Betrag ohne Reduzierung um den Kürzungsbetrag als Hinzurechnungsbetrag bezeichnet.

Durchführungs-wege	maximal steuerbe-günstigt je Kalen-derjahr pro erstem Dienstverhältnis	maximal mögliche Sozialversicherungs-freiheit je Kalenderjahr pro erstem Dienst-verhältnis	
		bei Arbeitgeber-leistungen	bei Entgelt-umwandlung
Pensionskasse und Pensionsfonds	insgesamt 8% der BBG (2018= 6.240 EUR) steuer-frei (§ 3 Nr. 63 S. 1 EStG)	insgesamt 4 % der BBG (2018 = 3.120 EUR) (§ 1 Abs. 1 S. 1 Nr. 9 SvEV)	insgesamt 4 % der BBG (2018 = 3.120 EUR) (§ 1 Abs. 1 S. 1 Nr. 9 SvEV)
+	+	+	+
Direktversicherung i. S. § 40b EStG a. F.	1.752 EUR (bzw. 2.148 EUR) pauschal besteuer-bar (§ 40b EStG a. F. i. V. m. § 52 Abs. 40 EStG)	1.752 EUR (bzw. 2.148 EUR) (§ 1 Abs. 1 S. 1 Nr. 4 SvEV)	aus Einmalzahlun-gen 1.752 EUR (bzw. 2.148 EUR) (§ 1 Abs. 1 S. 1 Nr. 4 SvEV)
Pensionskasse (Umlageverfahren)	2 % der BBG (2018 = 1.560 EUR) steuerfrei (§ 3 Nr. 56 EStG) + 1.752 EUR (bzw. 2.148 EUR) pauschal besteuer-bar (§ 40b EStG n.F.)	2 % der BBG (2018 = 1.560 EUR) (§ 1 Abs. 1 S. 1 Nr. 4a SvEV)	
+	+	+	
Direktversicherung i. S. § 40b EStG a. F.	1.752 EUR (bzw. 2.148 EUR) pauschal besteuer-bar (§ 40b EStG a. F. i. V. m. § 52 Abs. 40 EStG.)	1.752 EUR (bzw. 2.148 EUR) (§ 1 Abs. 1 S. 1 Nr. 4 SvEV)	aus Einmalzahlun-gen 1.752 EUR (bzw. 2.148 EUR) (§ 1 Abs. 1 S. 1 Nr. 4 SvEV)
Pensionskasse (Umlageverfahren) z. B. steuerfreier Höchstbetrag nach § 3 Nr. 56 EStG wird durch steuer-freie Beiträge nach § 3 Nr. 63 S.1 EStG überschritten	1.752 EUR (bzw. 2.148 EUR) pau-schal besteuerbar (§ 40b EStG n.F.)	1.752 EUR (bzw. 2.148 EUR) (§ 1 Abs. 1 S. 1 Nr. 4a SvEV)	

Durchführungs-wege	maximal steuerbe-günstig je Kalen-derjahr pro erstem Dienstverhältnis	maximal mögliche Sozialversicherungs-freiheit je Kalenderjahr pro erstem Dienstverhältnis	
		bei Arbeitgeber-leistungen	bei Entgelt-umwandlung
+ Pensionskasse	+ 8% der BBG (2018 = 6.240 EUR) steuerfrei (§ 3 Nr. 63 S. 1 EStG)	+ 4 % der BBG (2018 = 3.120 EUR) (§ 1 Abs. 1 S. 1 Nr. 9 SvEV)	4 % der BBG (2018 = 3.120 EUR) (§ 1 Abs. 1 S. 1 Nr. 9 SvEV)
+ Direktversicherung i. S. § 40b EStG a. F.	+ 1.752 EUR (bzw. 2.148 EUR) pau-schal besteuerbar (§ 40b EStG a. F. i. V. m. § 52 Abs. 40 EStG)	+ 1.752 EUR (bzw. 2.148 EUR) (§ 1 Abs. 1 S. 1 Nr. 4 SvEV)	+ aus Einmalzahlun-gen 1.752 EUR (bzw. 2.148 EUR) (§ 1 Abs. 1 S. 1 Nr. 4 SvEV)
Pensionskasse und Pensionsfonds sowie Direktversicherung i. S. § 3 Nr. 63 EStG	1.752 EUR (bzw. 2.148 EUR) pau-schal besteuerbar (§ 40b EStG a. F. i. V. m. § 52 Abs. 40 EStG)	insgesamt 4 % der BBG (2018 = 3.120 EUR) (§ 1 Abs. 1 S. 1 Nr. 9 SvEV)	insgesamt 4 % der BBG (2018 = 3.120 EUR) (§ 1 Abs. 1 S. 1 Nr. 9 SvEV)
Direktzusage und Unterstützungs-kasse (§ 11 EStG)	unbegrenzt steuer-frei (BMF-Schreiben vom 04.02.2000 und 16.01.2001)	unbegrenzt bei-tragsfrei, da keine Arbeitsentgelt-eigenschaft vorliegt	insgesamt 4 % der BBG (2018 = 3.120 EUR) (§ 14 Abs. 1 S. 2 SGB IV)

8 Entgeltumwandlung und Jahresarbeitsentgelt in der Krankenversicherung

Die Minderung des beitragspflichtigen Arbeitsentgelts durch Entgeltumwandlungen wirkt sich gleichermaßen bei der Ermittlung des für die Beurteilung der Krankenversicherungs-pflicht maßgebenden regelmäßigen Jahresarbeitsentgelts aus, d. h., die umgewandelten Entgeltbestandteile bleiben, soweit sie nicht zum beitragspflichtigen Arbeitsentgelt gehö-ren, auch bei der Berechnung des regelmäßigen Jahresarbeitsentgelts im Sinne des § 6 Abs. 1 Nr. 1 i. V. m. Abs. 6 oder Abs. 7 SGB V außer Betracht.

Arbeitnehmer, die wegen Überschreitens der Jahresarbeitsentgeltgrenze krankenver-sicherungsfrei sind und deren regelmäßiges Jahresarbeitsentgelt auf Grund einer Ent-geltumwandlung die auf sie anzuwendende Jahresarbeitsentgeltgrenze nicht mehr über-steigt, werden krankenversicherungspflichtig. Die Krankenversicherungspflicht beginnt bei Umwandlung von Einmalzahlungen mit dem Tag, an dem der Arbeitnehmer die Ent-geltumwandlung gegenüber seinem Arbeitgeber wirksam erklärt. Dies gilt auch dann, wenn die Erklärung bereits erhebliche Zeit vor dem erstmaligen Beginn der Entgeltumwandlung abgegeben wird, z. B. wenn bereits zu Beginn eines Kalenderjahres die Umwandlung des im November oder Dezember zustehenden Weihnachtsgeldes erklärt wird. Bei Umwandlung von laufendem Arbeitsentgelt tritt die Krankenversicherungspflicht ggf. mit dem Monat ein, in dem erstmals laufendes Arbeitsentgelt umgewandelt wird.

Sofern die Erklärung zur Entgeltumwandlung widerrufen wird, ist das regelmäßige Jahresarbeitsentgelt vom Zeitpunkt des Widerrufs an neu zu berechnen. Wegen eines möglichen Ausscheidens aus der Krankenversicherungspflicht sind die Regelungen des § 6 Abs. 1 Nr. 1 i. V. m. Abs. 4 SGB V zu beachten.

9 Sanierungsgelder und vergleichbare Sonderzahlungen

Zu den Einkünften aus nichtselbständiger Arbeit gehören nach § 19 Abs. 1 Nr. 3 Satz 2 erster Halbsatz EStG zwar auch Sonderzahlungen, die der Arbeitgeber neben den laufenden Beiträgen und Zuwendungen an Pensionsfonds, Pensionskassen oder für eine Direktversicherung an eine Versorgungseinrichtung leistet. Hiervon ausgenommen sind jedoch Zahlungen des Arbeitgebers

a) zur erstmaligen Bereitstellung der Kapitalausstattung zur Erfüllung der Solvabilitätskapitalanforderung nach den §§ 89, 213, auch in Verbindung mit den §§ 234 und 238 des Versicherungsaufsichtsgesetzes,

b) zur Wiederherstellung einer angemessenen Kapitalausstattung nach unvorhersehbaren Verlusten oder zur Finanzierung der Verstärkung der Rechnungsgrundlagen auf Grund einer unvorhersehbaren und nicht nur vorübergehenden Änderung der Verhältnisse, wobei die Sonderzahlungen nicht zu einer Absenkung des laufenden Beitrags führen oder durch die Absenkung des laufenden Beitrags Sonderzahlungen ausgelöst werden dürfen,

c) in der Rentenbezugszeit nach § 236 Absatz 2 des Versicherungsaufsichtsgesetzes oder

d) in Form von Sanierungsgeldern.

Diese Sonderzahlungen zur Deckung eines finanziellen Fehlbetrages der Versorgungseinrichtungen zählen nach § 1 Abs. 1 Satz 1 Nr. 12 SvEV nicht zum sozialversicherungspflichtigen Arbeitsentgelt und sind demnach beitragsfrei.

10 Übertragung von Versorgungsansprüchen

10.1 Bei Arbeitgeberwechsel

Die Übertragung von Versorgungsanwartschaften und Versorgungsverpflichtungen in Fällen des Arbeitgeberwechsels (Portabilität) ist in § 4 Abs. 2 BetrAVG geregelt. Eine Übertragung der Betriebsrentenanwartschaften kann in der Weise erfolgen, dass entweder die Versorgungszusage vom neuen Arbeitgeber übernommen wird (§ 4 Abs. 2 Nr. 1 BetrAVG) oder der Wert der vom Arbeitnehmer erworbenen unverfallbaren Anwartschaften auf den neuen Arbeitgeber übertragen wird und dieser dem Arbeitnehmer eine dem Übertragungswert wertgleiche Zusage gibt (§ 4 Abs. 2 Nr. 2 BetrAVG). In diesem Fall gelten für die neue Anwartschaft die Regelungen für die Entgeltumwandlung, d. h. diese ist sofort unverfallbar und damit insolvenzgeschützt.

Der Arbeitnehmer hat ein Recht auf Übertragung, wenn die betriebliche Altersvorsorge bisher über einen Pensionsfonds, eine Pensionskasse oder eine Direktversicherung durchgeführt worden ist (§ 4 Abs. 3 Nr. 1 BetrAVG). Dieses Recht kann nur ein Jahr nach dem Ausscheiden beim alten Arbeitgeber geltend gemacht werden und der Anspruch auf Übertragung ist auf Anwartschaften begrenzt, deren Wert die im Jahr der Übertragung geltende Beitragsbemessungsgrenze der allgemeinen Rentenversicherung (**2018: 78.000 EUR**) nicht übersteigt.

Aus der Übertragung nach § 4 Abs. 2 Nr. 2 und Abs. 3 BetrAVG ergeben sich keine steuerlichen Folgen. Der vom bisherigen Arbeitgeber nach § 4 Abs. 5 BetrAVG gezahlte Übertragungswert ist nach § 3 Nr. 55 Satz 1 EStG steuerfrei, wenn die betriebliche Altersversorgung sowohl beim alten als auch beim neuen Arbeitgeber bei einem Pensionsfonds, einer Pensionskasse oder einer Direktversicherung durchgeführt wird. **Dabei muss es sich nicht um den gleichen Durchführungsweg handeln. Der Übertragungswert ist nach § 3 Nr. 55 Satz 2 EStG auch dann steuerfrei, wenn die Übertragung vom ehemaligen Arbeitgeber oder einer Unterstützungskasse an den neuen Arbeitgeber oder eine neue Unterstützungskasse erfolgt.**

Die Steuerfreiheit des § 3 Nr. 55 EStG kommt jedoch nicht in Betracht, wenn die betriebliche Altersversorgung beim ehemaligen Arbeitgeber als Direktzusage oder mittels einer Unterstützungskasse ausgestaltet war, während sie beim neuen Arbeitgeber über einen Pensionsfonds, eine Pensionskasse oder eine Direktversicherung abgewickelt wird. Dies gilt auch für den umgekehrten Fall. Ebenso kommt die Steuerfreiheit bei einem Betriebsübergang nach § 613a BGB nicht in Betracht, da in einem solchen Fall die Regelung des § 4 BetrAVG keine Anwendung findet.

Wird die betriebliche Altersversorgung sowohl beim alten als auch beim neuen Arbeitgeber über einen Pensionsfonds, eine Pensionskasse oder eine Direktversicherung abgewickelt, liegt im Fall der Übernahme der Versorgungszusage nach § 4 Abs. 2 Nr. 1 BetrAVG lediglich ein Schuldnerwechsel und damit für den Arbeitnehmer kein lohnsteuerlich relevanter Vorgang vor. Entsprechendes gilt im Fall der Übernahme der Versorgungszusage nach § 4 Abs. 2 Nr. 1 BetrAVG, wenn die betriebliche Altersversorgung sowohl beim alten als auch beim neuen Arbeitgeber über eine Direktzusage oder Unterstützungskasse durchgeführt wird.

Auf Grund der Steuerfreiheit nach § 3 Nr. 55 EStG handelt es sich bei dem Übertragungswert nicht um Arbeitsentgelt im Sinne der Sozialversicherung (§ 1 Abs. 1 Satz 1 Nr. 1 SvEV). **Dies gilt auch dann, wenn die Übernahme der Versorgungszusage nach § 4 Abs. 2 Nr. 1 BetrAVG lediglich ein Schuldnerwechsel darstellt.**

10.2 Während einer Beschäftigung

Wird bei einem fortbestehenden Dienstverhältnis eine Übertragung von Anwartschaften aus einer betrieblichen Altersversorgung, die über einen Pensionsfonds, eine Pensionskasse oder ein Unternehmen der Lebensversicherung (Direktversicherung) durchgeführt wird, vorgenommen, ist diese nach § 3 Nr. 55c Satz 2 Buchstabe a EStG steuerfrei, wenn die Anwartschaft lediglich auf einen anderen Träger einer betrieblichen Altersversorgung in Form eines Pensionsfonds, einer Pensionskasse oder eines Unternehmens der Lebensversicherung (Direktversicherung) übertragen wird. Dies gilt nicht für Zahlungen, die unmittelbar an den Arbeitnehmer erfolgen.

Auf Grund dieser Steuerfreiheit handelt es sich bei dem Übertragungswert nicht um Arbeitsentgelt im Sinne der Sozialversicherung (§ 1 Abs. 1 Satz 1 Nr. 1 SvEV).

10.3 Leistungen zur Übernahme von Versorgungsansprüchen

Leistungen eines Arbeitgebers oder einer Unterstützungskasse an einen Pensionsfonds zur Übernahme bestehender Versorgungsverpflichtungen oder Versorgungsanwartschaften durch den Pensionsfonds, sind nach § 3 Nr. 66 EStG steuerfrei, wenn ein Antrag nach § 4d Abs. 3 oder § 4e Abs. 3 EStG gestellt worden ist.

Die Steuerfreiheit gilt auch dann, wenn beim übertragenden Unternehmen keine Zuwendungen i. S. v. § 4d Abs. 3 EStG oder Leistungen im Sinne des § 4e Abs. 3 EStG im Zusammenhang mit der Übernahme einer Versorgungsverpflichtung durch einen Pensionsfonds anfallen. Bei einer entgeltlichen Übertragung von Versorgungsanwartschaften aktiver Beschäftigter kommt die Anwendung von § 3 Nr. 66 EStG nur für Zahlungen an den Pensionsfonds in Betracht, die für die bis zum Zeitpunkt der Übertragung bereits erdienten Versorgungsanwartschaften geleistet werden (sog. „Past-Service"); Zahlungen an den Pensionsfonds für zukünftig noch zu erdienende Anwartschaften (sog. „Future-Service") sind ausschließlich in dem begrenzten Rahmen des § 3 Nr. 63 EStG lohnsteuerfrei.

Diese steuerfreien Leistungen sind nach § 1 Abs. 1 Satz 1 Nr. 10 SvEV nicht zum sozialversicherungspflichtigen Arbeitsentgelt zu zählen.

Für die Übertragung von Versorgungsanwartschaften aus einer Unterstützungskasse auf eine Pensionskasse fehlt es hingegen an vergleichbaren Regelungen zur Beitragsfreiheit. Diese übertragenen Versorgungsanwartschaften sind daher zum sozialversicherungspflichtigen Arbeitsentgelt zu zählen.

11 Abfindung von Versorgungsanwartschaften

Abfindungen von Versorgungsanwartschaften sind nicht zum sozialversicherungspflichtigen Arbeitsentgelt nach § 14 SGB IV zu zählen.

Bei den im Rahmen einer betrieblichen Altersversorgung vereinbarten oder zugesagten Leistungen, die bei Eintritt des Versorgungsfalles vom Arbeitgeber selbst (Direktzusage), von einer Institution im Sinne des Betriebsrentenrechts (Unterstützungskasse, Pensionskasse, Pensionsfonds) oder im Rahmen einer Direktversicherung zu gewähren sind, handelt es sich nach der sogenannten institutionellen Abgrenzung um Versorgungsbezüge nach § 229 SGB V (vgl. Beschluss des Bundesverfassungsgerichts vom 28.09.2010 – 1 BvR 1660/08 sowie u. a. Urteil des Bundessozialgerichts vom 12.11.2008 – B 12 KR 6/08 R).

Die Eigenschaft der Abfindungszahlung als Versorgungsbezug geht durch eine Auszahlung noch vor Eintritt des vertraglich vereinbarten Versicherungs- bzw. Versorgungsfalles nicht verloren. Dies gilt unabhängig von dem Alter der betreffenden Person zum Zeitpunkt der Auszahlung. Entscheidend für die Zuordnung zu § 229 SGB V ist allein der ursprünglich vereinbarte Versorgungszweck.

Damit sind Abfindungen von Versorgungsanwartschaften, die in den Durchführungswegen Direktzusage, Unterstützungskasse, Pensionskasse, Pensionsfonds oder Direktversicherung aufgebaut wurden, ausschließlich dem sachlichen Anwendungsbereich der Versorgungsbezüge nach § 229 SGB V zuzurechnen, mit der Folge, dass sie kein Arbeitsentgelt nach § 14 SGB IV sind. Obwohl diese Zuordnung allein auf einer Rechtsvorschrift der gesetzlichen Krankenversicherung (§ 229 SGB V) gründet, gilt der Ausschluss der Arbeitsentgelteigenschaft nicht nur für die Beiträge zur Kranken- und Pflegeversicherung, sondern auch für die Beiträge zur

Renten- und Arbeitslosenversicherung. Für die Zuordnung als Versorgungsbezug ist es unerheblich, ob von der Abfindung Kranken- und Pflegeversicherungsbeiträge tatsächlich erhoben werden (können). Entsprechende Abfindungszahlungen an nicht gesetzlich krankenversicherte Arbeitnehmer zählen deshalb ebenso nicht zum beitragspflichtigen Arbeitsentgelt.

4.13 Rundschreiben des GKV-Spitzenverbandes zur beitragsrechtlichen Beurteilung von Leistungen aus betrieblichen Riester-Verträgen ab dem 01. Januar 2018 vom 11. Januar 2018

– Auszug –

1. Betroffene Altersvorsorgeleistungen

Nach § 229 Abs. 1 Satz 1 Nr. 5 zweiter Halbsatz SGB V bleiben „Leistungen aus Altersvorsorgevermögen im Sinne des § 92 des Einkommensteuergesetzes" (EStG) außer Betracht. Damit wird erreicht, dass Leistungen aus einer Riester-geförderten bAV genauso wie Leistungen aus einer Riester-geförderten reinen privaten Altersversorgung von den Versorgungsbezügen ausgenommen sind.

Nach § 92 Satz 1 EStG hat der Anbieter von Altersvorsorgeverträgen dem Zulageberechtigten jährlich eine Bescheinigung nach amtlich vorgeschriebenem Muster u. a. über den Stand des Altersvorsorgevermögens (im Rahmen der Riester-Förderung) zu erteilen. Die aus diesem Altersvorsorgevermögen resultierende Leistung ist von den Versorgungsbezügen nach § 229 Abs. 1 Nr. 5 SGB V ausgenommen.

Nach der Gesetzesbegründung müssen die Beiträge, die zu Leistungen aus Altersvorsorgevermögen im Sinne des § 92 EStG führen, (nur) dem Grunde nach förderfähig im Rahmen der Riester-Förderung sein, z. B. weil der Arbeitnehmer nach § 1a Abs. 3 Betriebsrentengesetz (BetrAVG) verlangt hat, dass die Voraussetzungen für eine Riester-Förderung erfüllt werden. Darauf, ob die Förderung tatsächlich erfolgt ist oder ob im Zeitpunkt der Beitragszahlung eine Förderberechtigung bestand, kommt es nicht an. Der Höchstbetrag des Sonderausgabenabzugs nach § 10a EStG für geförderte Beiträge ist hierbei folglich unbeachtlich. Altersvorsorgevermögen im vorgenannten Sinne kann also immer nur dann vorliegen, wenn sich die steuerpflichtige Person bewusst für die Riester-Förderung entschieden hat. Dies ist (nur) dann der Fall, wenn sie der Versorgungseinrichtung in der Vergangenheit mitgeteilt hat oder mit Wirkung für die Zukunft mitteilt, dass sie diese Förderung in Anspruch nehmen möchte und die Versorgungseinrichtung daraufhin ihre Pflichten als Anbieter nach § 80 EStG wahrnimmt. Ein Zulagenantrag muss nicht gestellt werden.

Wird das Altersvorsorgevermögen nach § 92 EStG nicht – wie üblich – als Rente oder im Rahmen eines Auszahlungsplans, sondern z. B. als Einmalkapitalbetrag, ausgezahlt, handelt es sich grundsätzlich um eine sog. schädliche Verwendung nach § 93 EStG. Die steuerliche Förderung ist dann – bis auf die in § 93 EStG aufgeführten Ausnahmefälle – zurückzuzahlen. Da es für die beitragsrechtliche Beurteilung jedoch nur auf die grundsätzliche Förderfähigkeit ankommt, sind auch Auszahlungen von nicht mehr gefördertem Altersvorsorgevermögen nach einer schädlichen Verwendung von Versorgungsbezügen ausgenommen. Gleiches gilt für Auszahlungen aus von vornherein zwar förderfähigem, aber tatsächlich ungefördertem Altersvorsorgevermögen.

In das Altersvorsorgevermögen nach § 92 EStG fließen nur die Beiträge ein, soweit der Arbeitnehmer nach § 3 Nr. 63 Satz 2 EStG zugunsten der Riester-Förderung auf die Steuerfreiheit nach § 3 Nr. 63 Satz 1 EStG verzichtet hat. Soweit zusätzlich Beiträge steuerfrei nach § 3 Nr. 63 Satz 1 EStG entrichtet worden sind, dürfen diese nicht in der Bescheinigung nach § 92 EStG abgebildet werden. Ansonsten würde es zu einer doppelten Beitragsfreistellung sowohl in der Anspar- als auch in der Auszahlungsphase kommen, was mit der Intention der Gesetzesänderung nicht im Einklang stehen würde.

Zu den begünstigten Altersvorsorgebeiträgen im Bereich der bAV gehören im Übrigen nur Beiträge, die zum Aufbau einer bAV im Kapitaldeckungsverfahren erhoben werden. Für Umlagen, die an eine Versorgungseinrichtung gezahlt werden, kommt die Förderung dagegen nicht in Betracht. Werden sowohl Umlagen als auch Beiträge im Kapitaldeckungsverfahren erhoben (wie z. B. bei der Versorgungsanstalt des Bundes und der Länder – VBL), gehören Letztere nur dann zu den begünstigten Aufwendungen, wenn eine getrennte Verwaltung und Abrechnung beider Vermögensmassen erfolgt (Trennungsprinzip).

2. Zeitweise Riester-Förderfähigkeit („Mischverträge")

Bestand für den Vertrag in der Ansparphase teilweise keine Riester-Förderfähigkeit (z. B. vor Einführung der Riester-Förderung durch das Altersvermögensgesetz zum 1. Januar 2002 oder vor der aktiven Entscheidung des Steuerpflichtigen für die Inanspruchnahme einer Riester-Förderung), kann es in der Auszahlungsphase nicht zu einer vollständigen Beitragsfreistellung der Leistung kommen, da für diese Zeiträume kein Altersvorsorgevermögen nach § 92 EStG vorliegt. Insoweit ist die spätere Altersleistung dann aufzuteilen in einen Teil, der auf Altersvorsorgevermögen nach § 92 EStG beruht (kein Versorgungsbezug), und in einen Teil, der nicht auf Altersvorsorgevermögen nach § 92 EStG beruht (Versorgungsbezug). Meldepflichtig im Rahmen des Zahlstellen-Meldeverfahrens ist nur der Teil der Leistung, der Versorgungsbezüge nach § 229 SGB V darstellt.

3. Inkrafttreten der Regelung am 1. Januar 2018

Die Änderung des § 229 Abs. 1 Satz 1 Nr. 5 SGB V ist ohne Übergangsregelung am 1. Januar 2018 in Kraft getreten und entfaltet damit ab diesem Zeitpunkt ihre beitrags- und melderechtlichen Wirkungen, die von den Zahlstellen und den Krankenkassen zu beachten sind. Betriebliche Riester-Renten werden damit weder von der Beitragspflicht als Versorgungsbezüge noch vom Zahlstellen-Meldeverfahren erfasst.

Sofern laufende Riester-Renten in vollem Umfang nicht mehr als Versorgungsbezüge gelten, haben die Zahlstellen eine Abmeldung zum 31. Dezember 2017 zu übermitteln. Verliert die Rentenleistung nur zum Teil die Eigenschaft eines Versorgungsbezuges, ist ab 1. Januar 2018 die geänderte Höhe des Versorgungsbezuges zu melden.

Bei einmaligen Leistungen (Kapitalabfindungen/-leistungen) aus einem betrieblichen Riester-Vertrag, die vor dem 1. Januar 2018 ausgezahlt wurden bzw. werden und die nach § 229 Abs. 1 Satz 3 SGB V für die Beitragsbemessung auf 120 Monate aufzuteilen sind, endete die Beitragspflicht am 31. Dezember 2017, sofern die Eigenschaft als Versorgungsbezug in vollem Umfang weggefallen ist. Sofern die einmalige Leistung nur zum Teil die Eigenschaft als Versorgungsbezug verloren hat, ist eine Aufteilung in einen Versorgungsbezugs- und einen Nichtversorgungsbezugs-Anteil erforderlich, aus dem sich für die Zeit ab 1. Januar 2018 für die Restdauer des 120-Monate-Zeitraums eine neue monatliche beitragspflichtige Einnahme ergibt; der Verlauf des 120-Monats-Zeitraums wird hierdurch nicht berührt. Dabei ist die Mindesteinnahmegrenze nach § 226 Abs. 2 SGB V (ab 1. Januar 2018: 152,25 EUR) zu beachten. Einer Änderung der ursprünglichen Meldung durch die Zahlstelle bedarf es nicht, sofern diese unter Geltung des zum Zeitpunkt der Auszahlung geltenden Rechts richtig abgegeben worden ist. Die Krankenkassen werden dann in beiden zuvor erwähnten Fallkonstellationen nur außerhalb des Zahlstellen-Meldeverfahrens durch die betroffene Person oder die Zahlstelle Kenntnis von der beitragsrechtlichen Änderung erhalten können. In diesen Fällen wird die Ausstellung einer Bescheinigung durch die Zahlstelle erforderlich sein, aus der hervorgeht, in welcher Höhe die ursprünglich ausgezahlte Kapitalleistung auf Altersvorsorgevermögen nach § 92 EStG beruht.

4. Anwendungsbereich des § 240 SGB V

Die Änderung des § 229 Abs. 1 Satz 1 Nr. 5 SGB V wirkt sich im Anwendungsbereich des § 240 SGB V in der Weise aus, dass die auf Altersvorsorgevermögen nach § 92 EStG beruhende Leistung nicht als Versorgungsbezug mit dem allgemeinen Beitragssatz, sondern als sonstiges Einkommen mit dem ermäßigten Beitragssatz der Beitragspflicht unterworfen wird. Ungeachtet dessen gilt für die zeitliche Zuordnung § 5 Abs. 4 der Beitragsverfahrensgrundsätze-Selbstzahler („120stel-Regelung"). Riester-Leistungen sind im Rahmen der Auskunfts- und Mitteilungspflichten außerhalb des Zahlstellen-Meldeverfahrens durch Bescheinigungen der Zahlstellen nachzuweisen.

4.14 Rundschreiben des GKV-Spitzenverbandes zum Umfang der Beitragspflicht von Versorgungsbezügen nach § 229 SGB V vom 15. Oktober 2018

– Auszug –

1. Wesentliche Inhalte des Beschlusses des BVerfG vom 27. Juni 2018

Beide Beschwerdeführer in den Verfahren waren in ihrem Erwerbsleben vorübergehend bei einem Unternehmen des Bankgewerbes beschäftigt. Ihr jeweiliger Arbeitgeber meldete sie zur Pensionskasse BVV Versicherungsverein des Bankgewerbes auf Gegenseitigkeit (a. G.) an. Mit Abschluss des Versicherungsvertrages wurden jeweils sowohl das vertragschließende Unternehmen als auch der versicherte Angestellte Mitglied der Pensionskasse und Versicherungsnehmer. Nach dem Ausscheiden aus dem Arbeitsverhältnis setzten die Beschwerdeführer ihre Versicherung als Einzelmitglieder in der Pensionskasse und alleinige Versicherungsnehmer freiwillig fort und kamen für die Beiträge in den Versicherungsverträgen allein auf.

Nach Auffassung des BVerfG überschreitet die bislang vorgenommene Unterscheidung zwischen privater und betrieblicher Altersversorgung allein nach der auszahlenden Institution („Institutionsprinzip") bei Pensionskassen in der Rechtsform eines Versicherungsvereins auf Gegenseitigkeit die Grenze einer zulässigen Typisierung, wenn – wie hier – die Zahlungen auf einem nach Beendigung des Arbeitsverhältnisses geänderten oder ab diesem Zeitpunkt neu abgeschlossenen Lebensversicherungsvertrag zwischen der Pensionskasse und dem Versicherten beruhen, an dem der frühere Arbeitgeber nicht mehr beteiligt ist und in den nur der Versicherte Beiträge einbezahlt hat. Obwohl der frühere Arbeitnehmer nach dem Ende des Arbeitsverhältnisses weiterhin eine Einrichtung der betrieblichen Altersversorgung nutze, werde in diesem Fall der institutionelle Rahmen des Betriebsrentenrechts verlassen und der Versicherungsvertrag nach Beendigung des Arbeitsverhältnisses aus dem Betriebsbezug gelöst. Die Einzahlungen des Versicherten auf diesen Vertrag (-steil) unterliegen nicht mehr dem Schutz des Betriebsrentenrechts und unterscheiden sich nur unwesentlich von Einzahlungen auf anfänglich privat abgeschlossene Lebensversicherungsverträge.

2. Umsetzung des Beschlusses des BVerfG vom 27. Juni 2018

Nach § 31 Abs. 1 Bundesverfassungsgerichtsgesetz (BVerfGG) sind die Krankenkassen an den Beschluss vom 27. Juni 2018 gebunden und zur Umsetzung in den einschlägigen Fällen verpflichtet.

2.1 Anwendungsfälle

Aus dem Beschluss des BVerfG lassen sich folgende Voraussetzungen ableiten, unter denen der Teil der laufenden oder einmaligen Leistung einer Pensionskasse, der auf Beiträgen beruht, die der Bezugsberechtigte als Versicherungsnehmer für die Zeit nach Beendigung seines Arbeitsverhältnisses auf den Lebensversicherungsvertrag eingezahlt hat, nicht als Versorgungsbezug im Sinne des § 229 SGB V (privater Anteil) anzusehen ist:

a. Die bei der Pensionskasse unter Beteiligung des Arbeitgebers zustande gekommene Versicherung wurde nach dem Ende des Arbeitsverhältnisses freiwillig fortgesetzt, indem

    aa. der Versicherungsvertrag geändert und insoweit von dem (ehemaligen) Arbeitnehmer als alleiniger Versicherungsnehmer fortgeführt oder

    bb. ab diesem Zeitpunkt von dem (ehemaligen) Arbeitnehmer ein neuer Versicherungsvertrag abgeschlossen wurde.

b. Der Arbeitgeber ist nach dem Ende des Arbeitsverhältnisses an dem geänderten oder neu abgeschlossenen Versicherungsvertrag nicht mehr beteiligt.

c. Die Beiträge für die Zeit nach dem Ende des Arbeitsverhältnisses hat ausschließlich der ehemalige Arbeitnehmer geleistet.

Ist nach einer Zeit der privaten Fortsetzung des Versicherungsvertrages durch den Eintritt der Person in ein Arbeitsverhältnis erneut ein Arbeitgeber an dem Versicherungsvertrag bei der Pensionskasse beteiligt, findet ein Wechsel von der privaten in die (erneute) betriebliche Altersversorgung statt.

Zahlt der Arbeitnehmer während des Arbeitsverhältnisses über die Pflichtbeiträge hinaus zusätzliche bzw. freiwillig Beiträge zur Erhöhung des Versorgungsanspruchs an die Pensionskasse, stellt der dadurch generierte erhöhte Versorgungsanspruch keinen privaten Anteil im vorgenannten Sinne dar und ist damit nicht von der Eigenschaft eines Versorgungsbezuges nach § 229 SGB V ausgenommen.

Die vorstehenden Ausführungen gelten gleichermaßen für Versorgungsleistungen an Hinterbliebene.

Auch wenn dem Beschluss des BVerfG zwei Sachverhalte zugrunde lagen, in denen eine regulierte Pensionskasse in der Rechtsform eines Versicherungsvereins auf Gegenseitigkeit (VVaG) betroffen war, zu der nur ein bestimmter Kreis von Arbeitgebern Zugang hat, enthält der Beschluss keine Anhaltspunkte dafür, dass die Entscheidung nicht auch auf deregulierte Pensionskassen in der Rechtsform einer Aktiengesellschaft, die keine derartige Beschränkung vorsehen, anwendbar ist. Im Gegenteil: Die Ausführungen in der Beschlussbegründung (vgl. Randnummer 20) stützen die Ausweitung des Anwendungsbereichs auf deregulierte Pensionskassen. Dafür spricht zudem, dass der Arbeitnehmer, der bei einer regulierten Pensionskasse bereits von Anfang an neben dem Arbeitgeber Versicherungsnehmer ist, bei einer deregulierten Pensionskasse (wie bei einer Direktversicherung) erst mit der privaten Fortführung des Vertrages in die Stellung des Versicherungsnehmers einrückt.

2.2 Auswirkungen auf die Beitragspflicht

In den unter 2.1 beschriebenen Anwendungsfällen ist die Versorgungsleistung einer Pensionskasse in einen betrieblichen Anteil, der sich aus dem Versicherungsvertrag während des Arbeitsverhältnisses ergibt (Versorgungsbezüge nach § 229 SGB V) und einen privaten Anteil, der sich aus dem Versicherungsvertrag(steil) nach dem Arbeitsverhältnis ergibt (keine Versorgungsbezüge nach § 229 SGB V) aufzuteilen.

Diese vom BVerfG vorgenommene beitragsrechtliche Bewertung entfaltet Rechtswirkung sowohl für die Zukunft als auch für die Vergangenheit. Damit sind sowohl Fälle des zukünftigen Beginns bzw. Bezuges, des laufenden Bezuges als auch des in der Vergangenheit liegenden und beendeten Bezuges von Versorgungsleistungen betroffen. Für die Vergangenheit ergibt sich jedoch insofern eine Einschränkung, als der Anspruch auf Erstattung zu Unrecht entrichteter Beiträge verjährt sein kann (vgl. 2.6).

Bei Versicherungspflichtigen stellt nur der betriebliche Anteil der Versorgungsleistung als Versorgungsbezüge eine beitragspflichtige Einnahme dar. Im Anwendungsbereich des § 240 SGB V (freiwillige Versicherung, Mitgliedschaft als Rentenantragsteller und Auffang-Versicherungspflicht) hingegen unterliegt sowohl der betriebliche Anteil (Versorgungsbezüge), als auch der private Anteil (sonstige Einnahme) der Beitragspflicht (vgl. 2.5).

Die mit der Meldepflicht der Zahlstelle einhergehende Aufteilung der Versorgungsleistung in einen betrieblichen und einen privaten Anteil ist Aufgabe der jeweiligen Pensionskasse. Zur Frage, welche Berechnungsmethodik hierbei anzuwenden ist, enthält der Beschluss des BVerfG vom 27. Juni 2018 keine expliziten Aussagen. Es spricht nichts dagegen, dass die Aufteilung nach den gleichen Grundsätzen vorgenommen werden kann wie bei privat fortgeführten Direktversicherungen (vgl. Grundsätzliche Hinweise „Versicherungs-, beitrags- und melderechtliche Regelungen für Versorgungsbezüge, Arbeitseinkommen und gesetzliche Renten aus dem Ausland bei Versicherungspflichtigen" vom 10. Juli 2018, Abschnitt A.1.1.6.2.2). Die weiteren in diesem Abschnitt gemachten Ausführungen zur Nachweispflicht der Zahlstelle hinsichtlich der vorgenommenen Berechnung (Stichwort: „Qualifizierter Nachweis nach Bedarf in bestimmten Fällen") finden auf Pensionskassen ebenso Anwendung.

2.3 Auswirkungen auf die künftige Beitragszahlung

Soweit die Beiträge nach § 256 SGB V von der Zahlstelle an die Krankenkasse gezahlt werden (Zahlstellenverfahren), hat die Zahlstelle Beiträge zukünftig in Neu- und Bestandsfällen nur noch aus dem betrieblichen Anteil der Versorgungsleistung einzubehalten und an die Krankenkasse zu zahlen. In Bestandsfällen geht mit der erforderlichen Änderungsmeldung zeitgleich eine Änderung des Beitragseinbehalts einher.

Bei pflicht- oder freiwillig versicherten selbstzahlenden Versorgungsbeziehern (Selbstzahlerverfahren) werden die Beiträge unter Berücksichtigung der gemeldeten Höhe des laufenden oder einmaligen Versorgungsbezuges und des maßgebenden Zeitpunktes von der Krankenkasse festgesetzt.

2.4 Besonderheiten in der freiwilligen Versicherung

Soweit der Anwendungsbereich des § 240 SGB V betroffen ist, wird in der Kranken-versicherung der betriebliche Anteil der Versorgungsleistung als Versorgungsbezug mit dem allgemeinen Beitragssatz sowie dem Zusatzbeitragssatz und der private Anteil der Versorgungsleistung als sonstige Einnahme mit dem ermäßigten Beitragssatz sowie dem Zusatzbeitragssatz belegt. Bei Kapitalleistungen/-abfindungen gilt für die zeitliche Zuord-nung beider Anteile der Versorgungsleistung die 120-Monats-Regelung nach § 5 Abs. 4 Beitragsverfahrensgrundsätze Selbstzahler.

Da der private Anteil der Versorgungsleistung von der Zahlstelle nicht gemeldet wird (vgl. 2.3), ermittelt die Krankenkasse bei der Feststellung der beitragspflichtigen Einnahmen im Anwendungsbereich des § 240 SGB V, ob im Fall eines gemeldeten Versorgungsbezuges (von einer Pensionskasse oder aus einer Direktversicherung) die gesamte Versorgungs-leistung einen privaten Anteil enthält, von dem ebenfalls Beiträge zu erheben sind.

2.5 Auswirkungen auf die Meldepflicht der Zahlstellen

Im Rahmen des Zahlstellen-Meldeverfahrens hat die Zahlstelle der Krankenkasse nach § 202 Abs. 1 Satz 1 SGB V u. a. Höhe und Veränderungen der Versorgungsbezüge (im Sinne des § 229 SGB V) mitzuteilen. Der private Anteil der Versorgungsleistung wird dem-zufolge von der Meldepflicht nicht erfasst.

Bei zukünftig beginnenden laufenden Rentenzahlungen oder zukünftigen Auszahlungen von Kapitalleistungen/-abfindungen von Pensionskassen ist daher nur der betriebliche Anteil der Versorgungsleistung zu melden.

Soweit sich eine beitragsrechtliche Rückwirkung ergibt, geht damit grundsätzlich auch die Notwendigkeit einer Korrektur der bereits abgegebenen Meldungen einher (vgl. Grundsätze zum Zahlstellen-Meldeverfahren nach § 202 Absatz 2 Fünftes Buch Sozial-gesetzbuch in der aktuellen Fassung vom 17. Oktober 2017, Ziffer 2.3). Damit sind Mel-dungen der Zahlstellen und Krankenkassen, die aufgrund der bisher in voller Höhe als Versorgungsbezug eingestuften – jedoch teilbaren – laufenden und einmalig gezahlten Leistungen von Pensionskassen abgegeben worden sind, grundsätzlich zu stornieren und mit der zutreffenden Höhe des Versorgungsbezuges (betrieblicher Anteil) neu abzu-geben, und zwar gegenüber der zum Zeitpunkt der ursprünglichen Abgabe der Meldung jeweils zuständigen Krankenkasse. Dies gilt für die Zeit ab Einführung des maschinellen Meldeverfahrens, in der Regel also ab 2011 (unabhängig von der Verjährung des Bei-tragserstattungsanspruchs).

In den Fällen, in denen der Versorgungsbezieher verstorben ist, haben die Zahlstellen nicht zwingend eine Meldekorrektur von sich aus vorzunehmen. Diese ist jedoch dann vorzunehmen, wenn ein Erbe dies gegenüber der Zahlstelle oder im Wege eines Antrages auf Beitragserstattung gegenüber der Krankenkasse verlangt.

Grundsätzlich ist zwar die Krankenkasse für die Erstattung von Beiträgen zuständig; die Korrektur der Meldungen hat jedoch in den Fällen, in denen die Beiträge – gegebenenfalls zeitweise – im Rahmen des Zahlstellenverfahrens abgeführt worden sind, in der Regel eine Rückrechnung der Beiträge in der Abrechnung und eine Auskehrung des dadurch entstandenen Beitragsguthabens durch die Zahlstelle zur Folge.

Für die Korrektur von Meldungen für laufende Versorgungsbezüge, für die eine Beitrags-abführungspflicht bestand, gilt folgende Besonderheit: Da der Anspruch auf Erstattung von Beiträgen grundsätzlich für die Zeit vor dem 1. Januar 2014 verjährt ist (sofern die

Verjährung nicht gehemmt wurde), hat die Zahlstelle bei der Korrektur dieser Meldungen für Zeiten vor dem 1. Januar 2014 sicherzustellen, dass eine Erstattung von Beiträgen gegenüber dem Versorgungsbezieher frühestens ab 1. Januar 2014 stattfindet. Ist dies nicht sichergestellt, darf die Zahlstelle diese Meldungen frühestens für die Zeit ab 1. Januar 2014 korrigieren. Zur Sicherstellung einer einheitlichen Verfahrensweise sind auch in den Fällen, in denen bereits ein laufender Versorgungsbezug in der Zeit ab 2014 rückwirkend ab einem Zeitpunkt vor 2014 zugebilligt worden ist, Meldungen frühestens für die Zeit ab 1. Januar 2014 zu korrigieren.

Kann die Meldekorrektur erst im Jahr 2019 vorgenommen werden, wird den Pensionskassen eingeräumt, die Beiträge dennoch im Wege einer Korrektur der Meldungen bis 1. Januar 2014 zurückzurechnen.

Für die Erstattung von Beiträgen ist – bei Pflicht- und freiwillig Versicherten – die vierjährige Verjährungsfrist nach § 27 Abs. 2 SGB IV zu berücksichtigen. Damit ist der Anspruch auf Erstattung von Beiträgen, die im Kalenderjahr 2013 gezahlt wurden, grundsätzlich mit Ablauf des Jahres 2017 verjährt. Für die Hemmung der Verjährung, insbesondere durch einen schriftlichen Erstattungsantrag oder die Erhebung eines Widerspruchs, gilt § 27 Abs. 3 SGB IV. Die Verjährung ist auch in den Fällen zu beachten, in denen die Krankenkasse ihren zugrundeliegenden Beitragsbescheid bzw. ihre Beitragsbescheide nach § 44 SGB X für einen länger zurückliegenden Zeitraum zurücknimmt.

Sind Versorgungsbezüge für den Monat Dezember 2013 im Januar 2014 ausgezahlt worden, ist die Erstattung zu Unrecht entrichteter Beiträge aufgrund der damals noch geltenden Regelung zur Fälligkeit der Beiträge grundsätzlich für die Zeit ab 1. Dezember 2013 noch nicht verjährt. Dementsprechend wäre dieser Stichtag für die Korrektur der Meldungen im Sinne des vorangegangenen Absatzes zu berücksichtigen.

Ist der Versorgungsbezieher verstorben, ist eine Korrektur der für ihn erstatteten Meldungen durch die Zahlstelle in der Regel erst auf Veranlassung des erstattungsberechtigten Erben oder der Krankenkasse vorzunehmen.

2.6 Erstattung von Beiträgen

Nach § 256 Abs. 2 Satz 4 SGB V obliegt die Erstattung von Beiträgen der zuständigen Krankenkasse. Die Erstattung steht demjenigen zu, der die Beiträge getragen hat, also dem Mitglied. Dies gilt für zu Unrecht gezahlte Beiträge sowohl im Zahlstellen- als auch im Selbstzahlerverfahren.

Soweit im Anwendungsbereich des § 240 SGB V in der Vergangenheit zu hohe Beiträge verlangt und gezahlt worden sind, sind diese nach § 26 Abs. 2 und 3 SGB IV gleichermaßen an das Mitglied zu erstatten. Erstattungsfähig sind die sich aus der Differenz zwischen allgemeinem und ermäßigtem Beitragssatz ergebenden Beiträge auf den privaten Anteil der Versorgungsleistung.

Für die Erstattung von Beiträgen ist – bei Pflicht- und freiwillig Versicherten – die vierjährige Verjährungsfrist nach § 27 Abs. 2 SGB IV zu berücksichtigen. Damit ist der Anspruch auf Erstattung von Beiträgen, die im Kalenderjahr 2013 gezahlt wurden, grundsätzlich mit Ablauf des Jahres 2017 verjährt. Für die Hemmung der Verjährung, insbesondere durch einen schriftlichen Erstattungsantrag oder die Erhebung eines Widerspruchs, gilt § 27 Abs. 3 SGB IV. Die Verjährung ist auch in den Fällen zu beachten, in denen die Krankenkasse ihren zugrundeliegenden Beitragsbescheid bzw. ihre Beitragsbescheide nach § 44 SGB X für einen länger zurückliegenden Zeitraum zurücknimmt.

Soweit die Zahlstelle für laufende Versorgungsbezüge, für die eine Beitragsabführungspflicht besteht bzw. bestand, eine Korrektur der Meldungen vornimmt, geht damit eine Rückrechnung und Erstattung der Beiträge durch die Zahlstelle einher. In diesen Fällen dürfen bei einer Korrektur von Meldungen durch die Zahlstelle im Jahr 2018 die Beiträge frühestens ab 1. Januar 2014 bzw. 1. Dezember 2013 durch die Zahlstelle zurückgerechnet und erstattet werden. Kann die Meldekorrektur erst im Jahr 2019 vorgenommen werden, wird den Pensionskassen eingeräumt, die Beiträge dennoch im Wege einer Korrektur der Meldungen bis 1. Januar 2014 bzw. 1. Dezember 2013 zurückzurechnen; insofern wird unterstellt, dass die betroffenen Personen ansonsten noch im Jahr 2018 die Erstattung der Beiträge bei der Krankenkasse beantragt hätten und die Verjährung gehemmt worden wäre.

Die von der Zahlstelle zurückgerechneten bzw. erstatteten Beiträge sind im Beitragsnachweis für den Folgemonat vom Beitrags-Soll im Wege der Verrechnung in Abzug zu bringen. Dies kann in Einzelfällen zu einem „NullBeitragsnachweis" führen; die restlichen erstatteten Beiträge sind dann mit dem Beitragsnachweis für den übernächsten Monat zu verrechnen.

Soweit die Beiträge nicht als Folge der Meldekorrektur von der Zahlstelle erstattet werden können, ist die Krankenkasse für die Prüfung und Erstattung der Beiträge zuständig. Die Erstattung wird dann grundsätzlich auf Antrag des betroffenen Mitglieds vorgenommen. Soweit sich der Nachweis des betrieblichen Teils der Versorgungsleistung nicht bereits aus der Gegenüberstellung der stornierten und neuen Meldung(en) ergibt, ist als Nachweis eine formlose Bestätigung der Pensionskasse über die Höhe des betrieblichen und des privaten Anteils der laufenden Versorgungsleistung (ggf. mit Änderungen) für den jeweils maßgebenden Erstattungszeitraum erforderlich. Aus Gründen der Gleichbehandlung wird empfohlen, in diesen Fällen, in denen die Erstattung der Beiträge von der Krankenkasse vorgenommen wird, das Jahr 2014 ebenfalls in die Erstattung einzubeziehen, wenn die Erstattung durch eine Meldekorrektur der Zahlstelle oder einen Erstattungsantrag erst im Jahr 2019 angestoßen wird und die Verjährung nicht bereits vorher gehemmt wurde.

War die betroffene Person in dem Zeitraum, für den Beiträge zu erstatten sind, bei mehreren Krankenkassen versichert, ist bei jeder dieser Krankenkassen ein Erstattungsantrag zu stellen.

In allen Fällen, in denen der Versicherte gegenüber der Krankenkasse die Erstattung von Beiträgen aus laufenden Versorgungsleistungen für Zeiträume begehrt, für die die Krankenkasse der Zahlstelle eine Beitragsabführungspflicht gemeldet hat, hat der Versicherte eine schriftliche Bestätigung der Pensionskasse vorzulegen, für welchen Versorgungsbezug und für welche Zeiträume Beiträge bereits von der Zahlstelle zurückgerechnet worden sind oder noch zurückgerechnet werden oder dass keine Beiträge von der Zahlstelle zurückgerechnet werden. In Zweifelsfällen tauschen sich Zahlstelle und Krankenkasse zusätzlich aus, damit sichergestellt ist, dass keine doppelte Beitragserstattung stattfindet.

Die Fälle, in denen aufgrund der Teilbarkeit der Versorgungsleistung eine Rückrechnung der Beiträge durch die Pensionskasse vorgenommen wurde, sind im Rahmen der Beitragsüberwachung nach § 256 Abs. 3 SGB V einer Prüfung zu unterziehen.

4.15 Einführung eines beitragsrechtlichen Freibetrages in der GKV auf Leistungen der betrieblichen Altersversorgung ab 1. Januar 2020

– Auszug –

1. Freibetrag für Leistungen der bAV

Überschreiten die Versorgungsbezüge (§ 229 Abs. 1 Satz 1 Nr. 1 bis 5 SGB V) und das Arbeitseinkommen insgesamt im Monat die Mindesteinnahmegrenze (Freigrenze) von 1/20 der monatlichen Bezugsgröße (2020: 159,25 EUR), ist nach § 226 Abs. 2 Satz 2 SGB V von den monatlichen beitragspflichtigen Einnahmen nach § 229 Abs. 1 Satz 1 Nr. 5 SGB V, also (nur) von Renten der bAV („Betriebsrenten"), ab 1. Januar 2020 ein Freibetrag in Höhe von 1/20 der monatlichen Bezugsgröße abzuziehen. Zu den Renten der bAV gehören ebenso die Zusatzversorgung im öffentlichen Dienst (einschließlich der kirchlichen Altersversorgung) sowie die hüttenknappschaftliche Zusatzversorgung.

Beispiel 1		
bAV	400,00 €	
Die Freigrenze von 159,25 € wird überschritten.		
Beitragspflichtige Einnahmen:	KV	PV
bAV	400,00 €	400,00 €
Abzug des Freibetrags	- 159,25 €	./.
	= 240,75 €	= 400,00 €

Der Freibetrag ist der Höhe nach ausdrücklich begrenzt auf die monatlichen beitragspflichtigen Einnahmen nach § 229 Abs. 1 Satz 1 Nr. 5 SGB V und damit nicht übertragbar auf andere Versorgungsbezugsarten oder andere Einnahmearten. Für Arbeitseinkommen sowie die sonstigen Versorgungsbezüge nach § 229 Abs. 1 Satz 1 Nr. 1 bis 4 SGB V bleibt die Rechtslage auch über den 31. Dezember 2019 hinaus unverändert. Es gilt weiterhin die Freigrenze nach § 226 Abs. 2 Satz 1 SGB V; der neue Freibetrag nach § 226 Abs. 2 Satz 2 SGB V bleibt außer Ansatz. Damit sind aus Versorgungsbezügen und Arbeitseinkommen auch dann Beiträge zu zahlen, wenn nach Abzug des Freibetrags von Betriebsrenten die Summe der Versorgungsbezüge und des Arbeitseinkommens die Freigrenze nicht übersteigen.

Beispiel 2		
bAV	120,00 €	
sonstiger Versorgungsbezug	140,00 €	
	= 260,00 €	
Die Freigrenze von 159,25 € wird überschritten.		
Beitragspflichtige Einnahmen:	KV	PV
bAV	120,00 €	120,00 €
Abzug des Freibetrags	- 120,00 €	./.
	= 0,00 €	= 120,00 €
sonstiger Versorgungsbezug	140,00 €	140,00 €
gesamt	= 140,00 €	= 260,00 €

Die Änderung wird inhaltsgleich im Beitragsrecht der landwirtschaftlichen Krankenversicherung nachvollzogen (§ 39 Abs. 2 Satz 2 und § 45 Abs. 2 Satz 2 2. KVLG 1989).

2. Freibetrag auf versicherungspflichtige Mitglieder begrenzt

Der neue Freibetrag wird in der freiwilligen Krankenversicherung – wie die bisherige Freigrenze auch – nicht für anwendbar erklärt. § 240 Abs. 2 Satz 5 SGB V verweist weiterhin nicht auf § 226 Abs. 2 SGB V. Anders als in der Pflichtversicherung gilt in der freiwilligen Krankenversicherung die Maxime, dass die Beitragsbelastung bzw. Beitragsbemessung die gesamte wirtschaftliche Leistungsfähigkeit des Mitglieds zu berücksichtigen hat. Die neue Regelung findet damit ausschließlich für krankenversicherungspflichtige Personen, ausgenommen die Personen in der Auffang-Versicherungspflicht nach § 5 Abs. 1 Nr. 13 SGB V, Anwendung.

Bei Rentenantragstellern, die als Pflichtmitglieder gelten, werden die Beiträge wie bei freiwillig versicherten Mitgliedern bemessen (§ 239 Satz 3 SGB V). Rentenantragsteller, die nach § 225 SGB V grundsätzlich beitragsfrei sind, haben jedoch Beiträge aus Versorgungsbezügen und Arbeitseinkommen zu zahlen. Für sie wird § 226 Abs. 2 SGB V ausdrücklich für anwendbar erklärt, sodass bei ihnen der Freibetrag bei Leistungen der bAV zu berücksichtigen ist.

3. Freibetrag auch bei Leistungen der bAV aus dem Ausland und bei Kapitalabfindungen/-leistungen

Durch die Gleichstellungsregelung des § 229 Abs. 1 Satz 2 SGB V findet der Freibetrag ebenso bei Versorgungsbezügen aus dem Ausland Anwendung, sofern diese der bAV zuzuordnen sind („Leistungen dieser Art").

Bei Kapitalabfindungen und Kapitalleistungen (§ 229 Abs. 1 Satz 3 SGB V) aus einer bAV ist der Freibetrag von der monatlichen beitragspflichtigen Einnahme (1/120 der Leistung) ebenso in Abzug zu bringen.

4. Auswirkung des Freibetrags bei nach § 5 Abs. 1 Nr. 9 und 10 SGB V versicherungspflichtigen Studenten und Praktikanten

Dieser Personenkreis hat nach § 236 Abs. 2 SGB V grundsätzlich auch Beiträge aus einer Rente der gesetzlichen Rentenversicherung, aus Versorgungsbezügen und aus Arbeitseinkommen zu zahlen. Beiträge aus diesen Einnahmen sind jedoch nur zu entrichten, soweit sie den „Studenten-Beitrag" (§ 236 Abs. 1 SGB V i. V. m. § 245 Abs. 1 SGB V) übersteigen. § 226 Abs. 2 SGB V wird ausdrücklich für anwendbar erklärt. Damit wirkt sich der Freibetrag auf eine Leistung der bAV entsprechend mindernd auf die in diesem Zusammenhang relevanten Beiträge aus einer solchen Einnahme aus.

Beispiel 3	
angenommener Zusatzbeitragssatz: 1,0 v. H.	
Der Beitragszuschlag für Kinderlose zur PV ist zu zahlen.	
bAV	400,00 €
Die Freigrenze von 159,25 € wird überschritten.	
Rente der gesetzl. RV	300,00 €

Beitragspflichtige Einnahmen für den Vergleich der Beiträge:	KV	PV
bAV	400,00 €	400,00 €
Abzug des Freibetrags	- 159,25 €	./.
	= 240,75 €	= 400,00 €
Rente der gesetzl. RV	300,00 €	300,00 €
Beiträge:	KV	PV
„Studenten-Beiträge"	83,48 €	24,55 €
aus der bAV	37,56 €	13,20 €
aus der Rente der gesetzl. RV (Versichertenanteil)	23,40 €	9,90 €
	= 60,96 €	= 23,10 €

Vergleichsergebnis:

Da die Summe der Beiträge aus der Leistung der bAV und der Rente der gesetzlichen Rentenversicherung den Studenten-Beitrag weder in der Kranken- noch in der Pflegeversicherung übersteigt, sind aus der Leistung der bAV in beiden Versicherungszweigen keine Beiträge zusätzlich zu den StudentenBeiträgen zu zahlen.

5. Berücksichtigung des Freibetrags bei Überschreiten der Beitragsbemessungsgrenze (BBG)

5.1 Grundsatz

Der Freibetrag ist nach der gesetzlichen Regelung „von den monatlichen beitragspflichtigen Einnahmen nach § 229 Absatz 1 Satz 1 Nummer 5 [SGB V]" abzuziehen. Dies bedeutet jedoch nicht, dass in den Fällen, in denen die Betriebsrente (zusammen mit anderen beitragspflichtigen Einnahmen) die monatliche BBG übersteigt, die Betriebsrente auf die BBG gekürzt wird und dann erst der Freibetrag abzuziehen ist. Vielmehr ist der Freibetrag von der dem Grunde nach beitragspflichtigen Leistung der bAV in einem ersten Schritt abzuziehen und erst im zweiten Schritt auf die BBG zu begrenzen. Der für die Beitragsbemessung zur Krankenversicherung heranzuziehende Zahlbetrag der Versorgungsbezüge nach § 229 Abs. 1 Satz 1 Nr. 5 SGB V ist mithin der unter Abzug des Freibetrags maßgebende Betrag.

Beispiel 4		
bAV	2.600,00 €	
Rente der gesetzl. RV	2.500,00 €	
	= 5.100,00 €	
Beitragspflichtige Einnahmen:	KV	PV
bAV	2.600,00 €	2.600,00 €
Abzug des Freibetrags	- 159,25 €	./.
	= 2.440,75 €	= 2.600,00 €

Rente der gesetzl. RV	2.500,00 €	2.500,00 €
gesamt	= 4.940,75 €	= 5.100,00 €
Ergebnis: BBG	4.687,50 €	4.687,50 €

Beispiel 5		
bAV	1.700,00 €	
sonstiger VB	1.100,00 €	
Rente der gesetzl. RV	2.000,00 €	
	= 4.800,00 €	
Beitragspflichtige Einnahmen:	KV	PV
bAV	1.700,00 €	1.700,00 €
Abzug des Freibetrags	- 159,25 €	./.
	= 1.540,75 €	= 1.700,00 €
sonstiger VB	1.100,00 €	1.100,00 €
Rente der gesetzl. RV	2.000,00 €	2.000,00 €
gesamt	= 4.640,75 €	= 4.800,00 €
Ergebnis: BBG nur in der PV	4.640,75 €	4.687,50 €

5.2 Auswirkungen auf die Beitragspflicht von weiteren Versorgungsbezügen und Arbeitseinkommen

In den Fällen, in denen neben der Betriebsrente im Sinne des § 229 Abs. 1 Satz 1 Nr. 5 SGB V noch weitere Einnahmen (sonstige Versorgungsbezüge und/oder Arbeitseinkommen) bezogen werden und es infolge der Zusammenrechnung mit den die Versicherungspflicht begründenden Einnahmen (Arbeitsentgelt oder Rente der gesetzlichen Rentenversicherung) insgesamt zu einem Überschreiten der BBG kommt, werden Leistungen der bAV gleichermaßen nicht mit ihrem Zahlbetrag sondern mit dem Betrag nach Abzug des Freibetrags berücksichtigt. Im Ergebnis führt dies in diesen Sachverhaltskonstellationen dazu, dass die (aufgrund der Rangfolge der Einnahmearten ggf. nachrangigen) Einnahmen, die zuvor aufgrund der Reduzierung der beitragspflichtigen Einnahmen auf die BBG (teilweise) unberücksichtigt blieben, nunmehr der Beitragspflicht in dem um den eingeräumten Freibetrag erweiterten Umfang unterworfen sind.

Beispiel 6	
bAV	2.000,00 €
Rente der gesetzl. RV	2.000,00 €
Arbeitseinkommen	1.000,00 €
	= 5.000,00 €

Beitragspflichtige Einnahmen:	KV	PV
bAV	2.000,00 €	2.000,00 €
Abzug des Freibetrags	- 159,25 €	./.
	= 1.840,75 €	= 2.000,00 €
Rente der gesetzl. RV	2.000,00 €	2.000,00 €
	3.840,75 €	4.000,00 €
Differenz zur BBG	846,75 €	687,50 €
Beitragspflichtiger Anteil des Arbeitseinkommens:	846,75 €	687,50 €

5.3 Aufteilung mehrerer Versorgungsbezüge

Wird die BBG durch eine Betriebsrente und einen (ranggleichen) anderen Versorgungsbezug überschritten (vgl. Beispiel 5), ist es für die Berücksichtigung des Freibetrags in der Regel nicht relevant, ob eine verhältnismäßige Aufteilung der Versorgungsbezüge in analoger Anwendung des § 22 Abs. 2 Satz 1 und 2 SGB IV stattfindet oder ein Versorgungsbezug in voller Höhe und der andere nur bis zur BBG berücksichtigt wird.

Soweit jedoch unterschiedliche Beitragssätze zu berücksichtigen sind (halber Beitragssatz auf Renten aus der Alterssicherung der Landwirte), hat zwingend eine verhältnismäßige Aufteilung stattzufinden. Der Abzug des Freibetrags von der Leistung der bAV ist dann vor der verhältnismäßigen Aufteilung vorzunehmen.

Die verfahrenstechnische Zuordnung und ggf. Aufteilung des Freibetrages auf mehrere Leistungen der bAV wird unter Ziffer 6 behandelt.

5.4 Relevante beitragspflichtige Einnahme im Rahmen der Beitragserstattung nach § 230 SGB V

Im Rahmen der Beitragserstattungen nach § 230 Abs. 1 und Abs. 2 SGB V ist – jedenfalls bezogen auf die Beiträge zur Krankenversicherung – die Leistung der bAV gleichfalls nicht mit ihrem Zahlbetrag, sondern mit dem Betrag nach Abzug des Freibetrags zu berücksichtigen. Die weiteren zu berücksichtigenden Einnahmen werden somit in einem entsprechend erweiterten Umfang der Beitragspflicht unterworfen.

6. Gleichzeitiger Bezug mehrerer Leistungen der bAV

Das Gesetz trifft keine Aussage darüber, von welcher Leistung der bAV der Freibetrag abzuziehen ist, wenn von mehreren gleichzeitig bezogenen Leistungen der bAV Beiträge zu erheben sind. Betroffen sind die Sachverhalte, bei denen Pflichtversicherte mehrere Betriebsrenten von unterschiedlichen Zahlstellen erhalten, sowie die Sachverhalte, bei denen von Leistungen der bAV sowohl Beiträge im Zahlstellenverfahren als auch Beiträge im Selbstzahlerverfahren erhoben werden. Grundsätzlich bleibt es der Krankenkasse überlassen, welcher Leistung bzw. welchen Leistungen sie in welcher Höhe den Freibetrag zuordnet; letztlich wird dies in aller Regel auch davon abhängig sein, welche der im Raum stehenden Leistungen der betrieblichen Altersversorgung zeitlich zuerst bezogen wird. Wir empfehlen jedoch von einer Quotelung oder verhältnismäßigen Aufteilung abzusehen, zumal sie nach unserer Einschätzung in den anzupassenden Verfahren zu unnötigen Friktionen führen können. In der Konsequenz sollte der Freibetrag grundsätzlich nur einer Leistung der bAV zugeordnet werden; sofern in den Fällen des Mehrfachbezugs der Zahlbetrag der einen Leistung der bAV für eine vollständige Ausschöpfung des Frei-betrages nicht ausreicht, wäre demnach ein verbleibender Rest-Freibetrag der weiteren Leistung der bAV zuzuordnen.

Beispiel 7

bAV 1	130,00 €	
bAV 2	70,00 €	
	= 200,00 €	

Die Freigrenze von 159,25 € wird überschritten.

Variante A:

Beitragspflichtige Einnahmen:	KV	PV
bAV 1	130,00 €	130,00 €
Abzug des Freibetrags	- 130,00 €	./.
	= 0,00 €	= 130,00 €
bAV 2	70,00 €	70,00 €
Abzug des Rest-Freibetrags	- 29,25 €	./.
	= 40,75 €	= 70,00 €
gesamt	= 40,75 €	= 200,00 €

Variante B:

Beitragspflichtige Einnahmen:	KV	PV
bAV 2	70,00 €	70,00 €
Abzug des Freibetrags	- 70,00 €	./.
	= 0,00 €	= 70,00 €
bAV 1	130,00 €	130,00 €
Abzug des Rest-Freibetrags	- 89,25 €	./.
	= 40,75 €	= 130,00 €
gesamt	= 40,75 €	= 200,00 €

7. Erweiterung der Meldepflichten von Zahlstellen und Krankenkassen

Durch eine Änderung des § 202 Abs. 1 SGB V wird erreicht, dass die Zahlstellen der Versorgungsbezüge in den Fällen, in denen es sich um eine – laufende oder kapitalisierte – Leistung der bAV handelt, in der Meldung an die Krankenkasse zusätzlich das Vorliegen einer solchen Leistung anzuzeigen haben. Die Krankenkassen haben im Fall des Mehr-fachbezuges von Leistungen der bAV den Zahlstellen zusätzlich zurückzumelden, ob und in welcher Höhe der Freibetrag nach § 226 Abs. 2 Satz 2 SGB V von der jeweiligen Zahl-stelle anzuwenden ist.

Dies bedeutet insbesondere, dass in den Fällen des Einfachbezuges einer Betriebsrente die Zahlstellen den Freibetrag im Rahmen der Berechnung der Beiträge zur Krankenver-sicherung selbstständig und zeitnah anzuwenden haben.

Die neuen Meldepflichten treffen sowohl auf Neufälle als auch auf Bestandsfälle zu. Das heißt auch, dass die Zahlstellen in den Bestandsfällen laufender Leistungen der bAV eine Bestandsmeldung zum 1. Januar 2020 mit der Kennzeichnung „bAV" abzugeben haben. Die Bestandsfälle, in denen die Auszahlung einer Kapitalabfindung/leistung aus der bAV vor dem 1. Januar 2020 erfolgt ist und der beitragsrelevante 120-Monats-Zeitraum in die Zeit ab 1. Januar 2020 hineinragt, sind allerdings von der neuen Meldepflicht der Zahlstellen nicht erfasst.

8. Umsetzung der neuen Regelung

Die gesetzlichen Änderungen treten am 1. Januar 2020 in Kraft. Betroffen hiervon sind nicht nur Neufälle mit einem Beginn der Betriebsrente oder – bei einer Kapitalabfindung/-leistung – mit Eintritt des Versicherungsfalls ab 1. Januar 2020, sondern auch Bestandsfälle.

Es steht außer Frage, dass die Erwartungshaltung der betroffenen Mitglieder hinsichtlich einer auch seitens der Politik kommunizierten zeitnahen Umsetzung der intendierten Beitragsentlastung hoch ist. Gleichwohl ist davon auszugehen, dass die erforderlichen Anpassungen der IT-Umgebungen sowohl auf Seiten der Krankenkassen als auch auf Seiten der Zahlstellen einige Vorlaufzeit in Anspruch nehmen wird; hierauf gilt es in der Kommunikation mit den betroffenen Mitgliedern hinzuweisen.

Sofern Sachverhalte angesprochen sind, in denen lediglich ein bAV-Bezug vorliegt, dürfte sich nicht zuletzt aufgrund der wiederholten Hinweise des GKV-Spitzenverbandes im Zuge des Anhörungsverfahrens eine etwas zeitnähere Umsetzung abzeichnen. Hintergrund ist der Umstand, dass die Krankenkassen lediglich in den Fällen des Mehrfachbezuges von Leistungen der bAV zur Rückmeldung an die Zahlstellen zum Freibetrag verpflichtet sind. Im Ergebnis können die Zahlstellen in den Fällen, in denen sie keine Rückmeldung der Krankenkasse über einen Mehrfachbezug von Versorgungsbezügen erhalten haben und daher von einem Einfachbezug ausgehen können, auch ohne Anpassung des Zahlstellen-Meldeverfahrens den Freibetrag im Rahmen der Beitragsberechnung selbstständig und zeitnah anwenden.

Ein Abzug des Freibetrags von der Betriebsrente durch die Zahlstelle ohne entsprechende Meldung der Krankenkasse darf jedenfalls – in Neu- und Bestandfällen – nur in den Fällen des Einfachbezuges vorgenommen werden, da ansonsten (einschließlich der Erhebung von Beiträgen aufgrund einer Kapitalabfindung/-leistung) nicht sichergestellt wäre, dass der Abzug insgesamt nur einmal vorgenommen wird.

In den Fällen des Mehrfachbezuges ist allerdings zu erwarten, dass aufgrund der erforderlichen Softwareanpassungen bei den Zahlstellen und den Krankenkassen eine Berücksichtigung des Freibetrags, dann jedoch rückwirkend ab 1. Januar 2020, voraussichtlich Anfang 2021 umgesetzt werden kann. Damit werden in der Regel Beitragsrückrechnungen verbunden sein. Dies wird auch gelten, wenn sich Überzahlungen ergeben, weil der Tatbestand des Mehrfachbezugs im Laufe des Jahres 2020 weggefallen ist oder erst im Laufe des Jahres hinzutritt.

In den Fällen der Beitragserhebung aus Kapitalleistungen der bAV durch die Krankenkassen, und zwar sowohl in den Fällen des Einfachbezuges als auch in den Fällen des Mehrfachbezuges, wird eine Korrektur der Beiträge, ggf. rückwirkend ab 1. Januar 2020, ebenfalls erst nach Anpassung und Einsatz der Software bei den Krankenkassen durchgeführt werden können. Bis dahin wird der Freibetrag bei der Erhebung der Beiträge (und damit in den Beitragsbescheiden) in der Regel noch keine Berücksichtigung finden.

Der Anstoß zur Korrektur der Beitragsberechnung und damit zur Rückrechnung bzw. Erstattung der zu Unrecht entrichteten Beiträge durch die Zahlstellen oder – in den Fällen einer Kapitalleistung – durch die Krankenkassen wird dann, voraussichtlich Anfang 2021, mit der rückwirkenden Meldung der Zahlstellen mit dem Kennzeichen „bAV" (und – bei Betriebsrenten – mit sich anschließender Rückmeldung der Krankenkasse zum Freibetrag) erfolgen.

Bei Kapitalleistungen vor 2020, die von den Zahlstellen nicht mehr mit dem Kennzeichen „bAV" versehen werden, empfehlen wir den Krankenkassen, anhand der Bezeichnung der Zahlstelle zu prüfen, ob es sich, was der Regelfall sein dürfte, bei dem gemeldeten Versorgungsbezug um eine Leistung der bAV handelt und der Freibetrag – frühestens ab 1. Januar 2020 – berücksichtigt werden kann. Gegebenenfalls ist das Mitglied oder die Zahlstelle um Nachweise hierzu zu bitten.

Bei der Gewährung von Versorgungsbezügen aus dem Ausland haben die Krankenkassen auf der Grundlage der ihnen vorliegenden Nachweise über die Leistung zu entscheiden, ob es sich um eine den Leistungen der bAV vergleichbare Leistung aus dem Ausland handelt. Gegebenenfalls sind weitere Nachweise anzufordern.

Vor dem Hintergrund der zwingend erforderlichen Vorlaufzeiten für eine Umsetzung der Neuregelungen schließt das Gesetz eine Verzinsung der insoweit zu Unrecht entrichteten Beiträge bis 31. Dezember 2020 ausdrücklich aus.

9. Korrektur von Beitragsbescheiden

Bescheide der Krankenkassen über Beiträge aus Kapitalleistungen der bAV für Zeiten ab 1. Januar 2020, die den anzuwendenden Freibetrag noch nicht berücksichtigt haben, sind, soweit sie rechtswidrig und nicht begünstigend sind, nach § 44 SGB X oder § 48 SGB X für die Vergangenheit zurückzunehmen bzw. aufzuheben. Eines Widerspruchs bedarf es für die Rücknahme oder Aufhebung des Bescheides nicht.

Für den Erlass der Bescheide unter Vorbehalt des Widerrufs oder in Form einstweiliger bzw. vorläufiger Festsetzung sehen wir weder eine rechtliche Grundlage noch einen Bedarf.

10. Weitere Vorgehensweise

Die weiteren erforderlichen Umsetzungsnotwendigkeiten werden seitens des GKV-Spitzenverbandes gemeinsam mit Vertretern der Zahlstellen von Versorgungsbezügen zeitnah angegangen. Im Fokus steht dabei naturgemäß die Anpassung des Zahlstellen-Meldeverfahrens. Die Gespräche hierzu werden im Januar 2020 beginnen und nach unserer Einschätzung zügig abgeschlossen werden. Selbstverständlich werden wir auch hierüber zu gegebener Zeit entsprechend informieren.

Kapitel 5: Handelsrecht

5.1 Handelsgesetzbuch (HGB)

In der im Bundesgesetzblatt Teil III, Gliederungsnummer 4100-1, veröffentlichten bereinigten Fassung

Zuletzt geändert durch Artikel 3 des Gesetzes vom 12. Dezember 2019 (BGBl. I S. 2637)

– Auszug –

...

§ 246 Vollständigkeit. Verrechnungsverbot

(1) [1]Der Jahresabschluss hat sämtliche Vermögensgegenstände, Schulden, Rechnungsabgrenzungsposten sowie Aufwendungen und Erträge zu enthalten, soweit gesetzlich nichts anderes bestimmt ist. [2]Vermögensgegenstände sind in der Bilanz des Eigentümers aufzunehmen; ist ein Vermögensgegenstand nicht dem Eigentümer, sondern einem anderen wirtschaftlich zuzurechnen, hat dieser ihn in seiner Bilanz auszuweisen. [3]Schulden sind in die Bilanz des Schuldners aufzunehmen. [4]Der Unterschiedsbetrag, um den die für die Übernahme eines Unternehmens bewirkte Gegenleistung den Wert der einzelnen Vermögensgegenstände des Unternehmens abzüglich der Schulden im Zeitpunkt der Übernahme übersteigt (entgeltlich erworbener Geschäfts- oder Firmenwert), gilt als zeitlich begrenzt nutzbarer Vermögensgegenstand.

(2) [1]Posten der Aktivseite dürfen nicht mit Posten der Passivseite, Aufwendungen nicht mit Erträgen, Grundstücksrechte nicht mit Grundstückslasten verrechnet werden. [2]Vermögensgegenstände, die dem Zugriff aller übrigen Gläubiger entzogen sind und ausschließlich der Erfüllung von Schulden aus Altersversorgungsverpflichtungen oder vergleichbaren langfristig fälligen Verpflichtungen dienen, sind mit diesen Schulden zu verrechnen; entsprechend ist mit den zugehörigen Aufwendungen und Erträgen aus der Abzinsung und aus dem zu verrechnenden Vermögen zu verfahren. [3]Übersteigt der beizulegende Zeitwert der Vermögensgegenstände den Betrag der Schulden, ist der übersteigende Betrag unter einem gesonderten Posten zu aktivieren.

(3) [1]Die auf den vorhergehenden Jahresabschluss angewandten Ansatzmethoden sind beizubehalten. [2]§ 252 Abs. 2 ist entsprechend anzuwenden.

...

§ 249 Rückstellungen

(1) [1]Rückstellungen sind für ungewisse Verbindlichkeiten und für drohende Verluste aus schwebenden Geschäften zu bilden. [2]Ferner sind Rückstellungen zu bilden für
1. im Geschäftsjahr unterlassene Aufwendungen für Instandhaltung, die im folgenden Geschäftsjahr innerhalb von drei Monaten, oder für Abraumbeseitigung, die im folgenden Geschäftsjahr nachgeholt werden,
2. Gewährleistungen, die ohne rechtliche Verpflichtung erbracht werden.

(2) [1]Für andere als die in Absatz 1 bezeichneten Zwecke dürfen Rückstellungen nicht gebildet werden. [2]Rückstellungen dürfen nur aufgelöst werden, soweit der Grund hierfür entfallen ist.

...

§ 252 Allgemeine Bewertungsgrundsätze

(1) Bei der Bewertung der im Jahresabschluß ausgewiesenen Vermögensgegenstände und Schulden gilt insbesondere folgendes:

1. Die Wertansätze in der Eröffnungsbilanz des Geschäftsjahrs müssen mit denen der Schlußbilanz des vorhergehenden Geschäftsjahrs übereinstimmen.

2. Bei der Bewertung ist von der Fortführung der Unternehmenstätigkeit auszugehen, sofern dem nicht tatsächliche oder rechtliche Gegebenheiten entgegenstehen.

3. Die Vermögensgegenstände und Schulden sind zum Abschlußstichtag einzeln zu bewerten.

4. Es ist vorsichtig zu bewerten, namentlich sind alle vorhersehbaren Risiken und Verluste, die bis zum Abschlußstichtag entstanden sind, zu berücksichtigen, selbst wenn diese erst zwischen dem Abschlußstichtag und dem Tag der Aufstellung des Jahresabschlusses bekanntgeworden sind; Gewinne sind nur zu berücksichtigen, wenn sie am Abschlußstichtag realisiert sind.

5. Aufwendungen und Erträge des Geschäftsjahrs sind unabhängig von den Zeitpunkten der entsprechenden Zahlungen im Jahresabschluß zu berücksichtigen.

6. Die auf den vorhergehenden Jahresabschluss angewandten Bewertungsmethoden sind beizubehalten.

(2) Von den Grundsätzen des Absatzes 1 darf nur in begründeten Ausnahmefällen abgewichen werden.

§ 253 Zugangs- und Folgebewertung

(1) [1]Vermögensgegenstände sind höchstens mit den Anschaffungs- oder Herstellungskosten, vermindert um die Abschreibungen nach den Absätzen 3 bis 5, anzusetzen. [2]Verbindlichkeiten sind zu ihrem Erfüllungsbetrag und Rückstellungen in Höhe des nach vernünftiger kaufmännischer Beurteilung notwendigen Erfüllungsbetrages anzusetzen. [3]Soweit sich die Höhe von Altersversorgungsverpflichtungen ausschließlich nach dem beizulegenden Zeitwert von Wertpapieren im Sinn des § 266 Abs. 2 A. III. 5 bestimmt, sind Rückstellungen hierfür zum beizulegenden Zeitwert dieser Wertpapiere anzusetzen, soweit er einen garantierten Mindestbetrag übersteigt. [4]Nach § 246 Abs. 2 Satz 2 zu verrechnende Vermögensgegenstände sind mit ihrem beizulegenden Zeitwert zu bewerten. [5]Kleinstkapitalgesellschaften (§ 267a) dürfen eine Bewertung zum beizulegenden Zeitwert nur vornehmen, wenn sie von keiner der in § 264 Absatz 1 Satz 5, § 266 Absatz 1 Satz 4, § 275 Absatz 5 und § 326 Absatz 2 vorgesehenen Erleichterungen Gebrauch machen. [6]Macht eine Kleinstkapitalgesellschaft von mindestens einer der in Satz 5 genannten Erleichterungen Gebrauch, erfolgt die Bewertung der Vermögensgegenstände nach Satz 1, auch soweit eine Verrechnung nach § 246 Absatz 2 Satz 2 vorgesehen ist.

(2) [1]Rückstellungen mit einer Restlaufzeit von mehr als einem Jahr sind abzuzinsen mit dem ihrer Restlaufzeit entsprechenden durchschnittlichen Marktzinssatz, der sich im Falle von Rückstellungen für Altersversorgungsverpflichtungen aus den vergangenen zehn Geschäftsjahren und im Falle sonstiger Rückstellungen aus den vergangenen sieben Geschäftsjahren ergibt. [2]Abweichend von Satz 1 dürfen Rückstellungen für Altersversorgungsverpflichtungen oder vergleichbare langfristig fällige Verpflichtungen pauschal mit dem durchschnittlichen Marktzinssatz abgezinst werden, der sich bei einer angenommenen Restlaufzeit von 15 Jahren ergibt. [3]Die Sätze 1 und 2 gelten entsprechend für auf Rentenverpflichtungen beruhende Verbindlichkeiten, für die eine Gegenleistung nicht mehr zu erwarten ist. [4]Der nach den Sätzen 1 und 2 anzuwendende Abzinsungszinssatz

wird von der Deutschen Bundesbank nach Maßgabe einer Rechtsverordnung ermittelt und monatlich bekannt gegeben. [5]In der Rechtsverordnung nach Satz 4, die nicht der Zustimmung des Bundesrates bedarf, bestimmt das Bundesministerium der Justiz und für Verbraucherschutz im Benehmen mit der Deutschen Bundesbank das Nähere zur Ermittlung der Abzinsungszinssätze, insbesondere die Ermittlungsmethodik und deren Grundlagen, sowie die Form der Bekanntgabe.

(3) [1]Bei Vermögensgegenständen des Anlagevermögens, deren Nutzung zeitlich begrenzt ist, sind die Anschaffungs- oder die Herstellungskosten um planmäßige Abschreibungen zu vermindern. [2]Der Plan muss die Anschaffungs- oder Herstellungskosten auf die Geschäftsjahre verteilen, in denen der Vermögensgegenstand voraussichtlich genutzt werden kann. [3]Kann in Ausnahmefällen die voraussichtliche Nutzungsdauer eines selbst geschaffenen immateriellen Vermögensgegenstands des Anlagevermögens nicht verlässlich geschätzt werden, sind planmäßige Abschreibungen auf die Herstellungskosten über einen Zeitraum von zehn Jahren vorzunehmen. [4]Satz 3 findet auf einen entgeltlich erworbenen Geschäfts- oder Firmenwert entsprechende Anwendung. [5]Ohne Rücksicht darauf, ob ihre Nutzung zeitlich begrenzt ist, sind bei Vermögensgegenständen des Anlagevermögens bei voraussichtlich dauernder Wertminderung außerplanmäßige Abschreibungen vorzunehmen, um diese mit dem niedrigeren Wert anzusetzen, der ihnen am Abschlussstichtag beizulegen ist. [6]Bei Finanzanlagen können außerplanmäßige Abschreibungen auch bei voraussichtlich nicht dauernder Wertminderung vorgenommen werden.

(4) [1]Bei Vermögensgegenständen des Umlaufvermögens sind Abschreibungen vorzunehmen, um diese mit einem niedrigeren Wert anzusetzen, der sich aus einem Börsen- oder Marktpreis am Abschlussstichtag ergibt. [2]Ist ein Börsen- oder Marktpreis nicht festzustellen und übersteigen die Anschaffungs- oder Herstellungskosten den Wert, der den Vermögensgegenständen am Abschlussstichtag beizulegen ist, so ist auf diesen Wert abzuschreiben.

(5) [1]Ein niedrigerer Wertansatz nach Absatz 3 Satz 5 oder 6 und Absatz 4 darf nicht beibehalten werden, wenn die Gründe dafür nicht mehr bestehen. [2]Ein niedrigerer Wertansatz eines entgeltlich erworbenen Geschäfts- oder Firmenwertes ist beizubehalten.

(6) [1]Im Falle von Rückstellungen für Altersversorgungsverpflichtungen ist der Unterschiedsbetrag zwischen dem Ansatz der Rückstellungen nach Maßgabe des entsprechenden durchschnittlichen Marktzinssatzes aus den vergangenen zehn Geschäftsjahren und dem Ansatz der Rückstellungen nach Maßgabe des entsprechenden durchschnittlichen Marktzinssatzes aus den vergangenen sieben Geschäftsjahren in jedem Geschäftsjahr zu ermitteln. [2]Gewinne dürfen nur ausgeschüttet werden, wenn die nach der Ausschüttung verbleibenden frei verfügbaren Rücklagen zuzüglich eines Gewinnvortrags und abzüglich eines Verlustvortrags mindestens dem Unterschiedsbetrag nach Satz 1 entsprechen. [3]Der Unterschiedsbetrag nach Satz 1 ist in jedem Geschäftsjahr im Anhang oder unter der Bilanz darzustellen.

…

§ 277 Vorschriften zu einzelnen Posten der Gewinn- und Verlustrechnung

…

(5) [1]Erträge aus der Abzinsung sind in der Gewinn- und Verlustrechnung gesondert unter dem Posten „Sonstige Zinsen und ähnliche Erträge" und Aufwendungen gesondert unter dem Posten „Zinsen und ähnliche Aufwendungen" auszuweisen. [2]Erträge aus der Wäh-

rungsumrechnung sind in der Gewinn- und Verlustrechnung gesondert unter dem Posten „Sonstige betriebliche Erträge" und Aufwendungen aus der Währungsumrechnung gesondert unter dem Posten „Sonstige betriebliche Aufwendungen" auszuweisen.

...

§ 285 Sonstige Pflichtangaben

Ferner sind im Anhang anzugeben:

...

9. für die Mitglieder des Geschäftsführungsorgans, eines Aufsichtsrats, eines Beirats oder einer ähnlichen Einrichtung jeweils für jede Personengruppe
   a) [1]die für die Tätigkeit im Geschäftsjahr gewährten Gesamtbezüge (Gehälter, Gewinnbeteiligungen, Bezugsrechte und sonstige aktienbasierte Vergütungen, Aufwandsentschädigungen, Versicherungsentgelte, Provisionen und Nebenleistungen jeder Art). [2]In die Gesamtbezüge sind auch Bezüge einzurechnen, die nicht ausgezahlt, sondern in Ansprüche anderer Art umgewandelt oder zur Erhöhung anderer Ansprüche verwendet werden. [3]Außer den Bezügen für das Geschäftsjahr sind die weiteren Bezüge anzugeben, die im Geschäftsjahr gewährt, bisher aber in keinem Jahresabschluss angegeben worden sind. [4]Bezugsrechte und sonstige aktienbasierte Vergütungen sind mit ihrer Anzahl und dem beizulegenden Zeitwert zum Zeitpunkt ihrer Gewährung anzugeben; spätere Wertveränderungen, die auf einer Änderung der Ausübungsbedingungen beruhen, sind zu berücksichtigen;
   b) [1]die Gesamtbezüge (Abfindungen, Ruhegehälter, Hinterbliebenenbezüge und Leistungen verwandter Art) der früheren Mitglieder der bezeichneten Organe und ihrer Hinterbliebenen. [2]Buchstabe a Satz 2 und 3 ist entsprechend anzuwenden. [3]Ferner ist der Betrag der für diese Personengruppe gebildeten Rückstellungen für laufende Pensionen und Anwartschaften auf Pensionen und der Betrag der für diese Verpflichtungen nicht gebildeten Rückstellungen anzugeben;
   c) die gewährten Vorschüsse und Kredite unter Angabe der Zinssätze, der wesentlichen Bedingungen und der gegebenenfalls im Geschäftsjahr zurückgezahlten oder erlassenen Beträge sowie die zugunsten dieser Personen eingegangenen Haftungsverhältnisse;

...

24. zu den Rückstellungen für Pensionen und ähnliche Verpflichtungen das angewandte versicherungsmathematische Berechnungsverfahren sowie die grundlegenden Annahmen der Berechnung, wie Zinssatz, erwartete Lohn- und Gehaltssteigerungen und zugrunde gelegte Sterbetafeln;
25. im Fall der Verrechnung von Vermögensgegenständen und Schulden nach § 246 Abs. 2 Satz 2 die Anschaffungskosten und der beizulegende Zeitwert der verrechneten Vermögensgegenstände, der Erfüllungsbetrag der verrechneten Schulden sowie die verrechneten Aufwendungen und Erträge; Nummer 20 Buchstabe a ist entsprechend anzuwenden;

...

5.2 Einführungsgesetz zum Handelsgesetzbuch (EGHGB)

In der im Bundesgesetzblatt Teil III, Gliederungsnummer 4101-1, veröffentlichten bereinigten Fassung

Zuletzt geändert durch Artikel 4 des Gesetzes vom 12. Dezember 2019 (BGBl. I S. 2637)

– Auszug –

…

Art. 28 Pensionen und ähnliche Verpflichtungen

(1) [1]Für eine laufende Pension oder eine Anwartschaft auf eine Pension auf Grund einer unmittelbaren Zusage braucht eine Rückstellung nach § 249 Abs. 1 Satz 1 des Handelsgesetzbuchs nicht gebildet zu werden, wenn der Pensionsberechtigte seinen Rechtsanspruch vor dem 1. Januar 1987 erworben hat oder sich ein vor diesem Zeitpunkt erworbener Rechtsanspruch nach dem 31. Dezember 1986 erhöht. [2]Für eine mittelbare Verpflichtung aus einer Zusage für eine laufende Pension oder eine Anwartschaft auf eine Pension sowie für eine ähnliche unmittelbare oder mittelbare Verpflichtung braucht eine Rückstellung in keinem Fall gebildet zu werden.

(2) Bei Anwendung des Abs. 1 müssen Kapitalgesellschaften die in der Bilanz nicht ausgewiesenen Rückstellungen für laufende Pensionen, Anwartschaften auf Pensionen und ähnliche Verpflichtungen jeweils im Anhang und im Konzernanhang in einem Betrag angeben.

…

Art. 67 Übergangsregelungen zum Bilanzrechtsmodernisierungsgesetz

(1) [1]Soweit auf Grund der geänderten Bewertung der laufenden Pensionen oder Anwartschaften auf Pensionen eine Zuführung zu den Rückstellungen erforderlich ist, ist dieser Betrag bis spätestens zum 31. Dezember 2024 in jedem Geschäftsjahr zu mindestens einem Fünfzehntel anzusammeln. [2]Ist auf Grund der geänderten Bewertung von Verpflichtungen, die die Bildung einer Rückstellung erfordern, eine Auflösung der Rückstellungen erforderlich, dürfen diese beibehalten werden, soweit der aufzulösende Betrag bis spätestens zum 31. Dezember 2024 wieder zugeführt werden müsste. [3]Wird von dem Wahlrecht nach Satz 2 kein Gebrauch gemacht, sind die aus der Auflösung resultierenden Beträge unmittelbar in die Gewinnrücklagen einzustellen. [4]Wird von dem Wahlrecht nach Satz 2 Gebrauch gemacht, ist der Betrag der Überdeckung jeweils im Anhang und im Konzernanhang anzugeben.

(2) Bei Anwendung des Abs. 1 müssen Kapitalgesellschaften, Kreditinstitute und Finanzdienstleistungsinstitute im Sinn des § 340 des Handelsgesetzbuchs, Versicherungsunternehmen und Pensionsfonds im Sinn des § 341 des Handelsgesetzbuchs, eingetragene Genossenschaften und Personenhandelsgesellschaften im Sinn des § 264a des Handelsgesetzbuchs die in der Bilanz nicht ausgewiesenen Rückstellungen für laufende Pensionen, Anwartschaften auf Pensionen und ähnliche Verpflichtungen jeweils im Anhang und im Konzernanhang angeben.

…

(4) [1]Niedrigere Wertansätze von Vermögensgegenständen, die auf Abschreibungen nach § 253 Abs. 3 Satz 3, § 253 Abs. 4 des Handelsgesetzbuchs oder nach den §§ 254, 279

Abs. 2 des Handelsgesetzbuchs in der bis zum 28. Mai 2009 geltenden Fassung beruhen, die in Geschäftsjahren vorgenommen wurden, die vor dem 1. Januar 2010 begonnen haben, können unter Anwendung der für sie geltenden Vorschriften in der bis zum 28. Mai 2009 geltenden Fassung fortgeführt werden. [2]Wird von dem Wahlrecht nach Satz 1 kein Gebrauch gemacht, sind die aus der Zuschreibung resultierenden Beträge unmittelbar in die Gewinnrücklagen einzustellen; dies gilt nicht für Abschreibungen, die im letzten vor dem 1. Januar 2010 beginnenden Geschäftsjahr vorgenommen worden sind.

...

5.3 Verordnung über die Ermittlung und Bekanntgabe der Sätze zur Abzinsung von Rückstellungen (Rückstellungsabzinsungsverordnung – RückAbzinsV)

Vom 18. November 2009 (BGBl. I S. 3790)

Geändert durch Artikel 9 des Gesetzes vom 11.03.2016 (BGBl. I S. 396)

Auf Grund des § 253 Abs. 2 Satz 4 und 5 des Handelsgesetzbuchs in der im Bundesgesetzblatt Teil III, Gliederungsnummer 4100-1, veröffentlichten bereinigten Fassung, der durch Artikel 1 Nr. 10 des Gesetzes vom 25. Mai 2009 (BGBl. I S. 1102) neu gefasst worden ist, verordnet das Bundesministerium der Justiz im Benehmen mit der Deutschen Bundesbank:

§ 1 Abzinsung von Rückstellungen

Rückstellungen für Verpflichtungen gemäß § 253 Abs. 2 Satz 1 und 2 des Handelsgesetzbuchs werden auf der Grundlage der Abzinsungszinssätze abgezinst, die von der Deutschen Bundesbank nach Maßgabe dieser Verordnung mit zwei Nachkommastellen ermittelt und bekannt gemacht werden. Die Zinssätze werden aus einer um einen Aufschlag erhöhten Null-Kupon-Euro-Zinsswapkurve ermittelt.

§ 2 Datengrundlage

Die Null-Kupon-Euro-Zinsswapkurve wird auf der Grundlage von Euro-Festzins-Swapsätzen mit den Laufzeiten ein bis zehn Jahre, zwölf, 15, 20, 25, 30, 40 und 50 Jahre berechnet. Die verwendeten Zeitreihen sind veröffentlichte Vortagsendstände für aus einer Reihe von Swap-Anbietern zusammengesetzte beste Geldkurse mit Verzinsung auf der Basis von 30 zu 360 Zinsberechnungstagen. Die Swapsätze für die ganzjährigen Laufzeiten zwischen den genannten Laufzeiten werden interpoliert. Die Berechnung des Aufschlags erfolgt anhand eines breiten Rendite-Indexes für auf Euro lautende Unternehmensanleihen aller Laufzeiten mit einer hochklassigen Bonitätseinstufung. Die Daten können von internationalen Finanzdatenanbietern bezogen werden. Es ist ausreichend, die Daten nur eines Finanzdatenanbieters heranzuziehen.

§ 3 Berechnungsgrundlagen und deren Abkürzungen

Die Zins-Swapsätze mit jährlicher Verzinsung werden wie folgt bezeichnet:

$S_t =$ Festzins-Swapsatz mit Laufzeit t in Jahren,

$N_t =$ Null-Kupon-Swapsatz mit Laufzeit t und Zinszahlung erst am Laufzeitende,

$T_{t1,t2} =$ impliziter Null-Kupon-Termin-Swapsatz mit Laufzeit von t 1 bis t 2.

§ 4 Umrechnung von Festzins-Swapsätzen in Null-Kupon-Swapsätze

Die Null-Kupon-Swapsätze werden aus den Festzins-Swapsätzen mit Hilfe der Null-Kupon-Anleihen-Entbündelung (Bootstrapping) abgeleitet, und sind dadurch charakterisiert, dass die Fälligkeitstermine im Jahresabstand aufeinanderfolgen und mit den Kuponterminen zusammenfallen. Für den Gegenwartswert eines Festzins-Swaps mit Laufzeit t gilt:

$$\sum_{t=1}^{t-1} \frac{S_t}{(1+N_i)^i} + \frac{1+S_t}{(1+N_t)^t} = 1.$$

Der Festzins-Swapsatz mit einer Laufzeit von einem Jahr entspricht dem Null-Kupon-Swapsatz mit einer einjährigen Laufzeit; $S_1 = N_1$. Die weiteren ganzjährigen Null-Kupon-Swapsätze werden wie folgt schrittweise berechnet:

$$N_t = \left(\frac{1+S_t}{\left(1 - \sum_{i=1}^{t-1} \frac{S_t}{(1+N_i)^i}\right)} \right) - 1, \quad t=2,3, \dots .$$

§ 5 Interpolation fehlender Laufzeiten

(1) Der implizite Termin-Swapsatz aus Null-Kupon-Swapsätzen mit Laufzeitbeginn t über eine Laufzeit von einem Jahr (der Termin-Swapsatz zwischen t und $t + 1$) wird wie folgt berechnet:

$$T_{t,t+1} = \frac{(1+N_{t+1})^{t+1}}{(1+N_t)^t} - 1.$$

(2) Für Laufzeiten über zehn Jahre werden nicht alle jährlichen Festzins-Swapsätze verwendet. Die dazwischenliegenden ganzjährigen Laufzeiten werden aus den verwendeten Laufzeiten zwölf, 15, 20, 25, 30, 40 und 50 Jahre abgeleitet. Für die Interpolation wird die Annahme getroffen, dass die Termin-Swapsätze für die dazwischenliegenden Laufzeiten konstant sind. Die fehlenden Null-Kupon-Swapsätze mit Laufzeit $t2$ werden dann mit der nachstehenden Methode ermittelt.

Der Gegenwartswert eines Festzins-Swaps mit Laufzeit $t3$ stellt sich wie folgt dar, wobei S_1, S_2, ..., S_{t1} und S_{t3} sowie N_1, N_2, ..., N_{t1} bekannt sind, $t1 < t2 < t3$ und $t2 - t1 \geq 1$ sind:

$$\frac{S_{t3}}{1+N_1} + \frac{S_{t3}}{(1+N_2)^2} + \dots + \frac{1+S_{t3}}{(1+N_{t3})^{t3}} = 1.$$

Annahmegemäß gilt:

$$T_{t1,t2} = T_{t2,t3} = T_{t1,t3}.$$

$$S_{t3} \left[\sum_{i=1}^{t1} \frac{1}{(1+N_i)^i} + \frac{1}{(1+N_{t1})^{t1}} \sum_{j=1}^{(t3-t1)} \frac{1}{(1+T_{t1,t3})^j} \right] + \frac{1}{(1+N_{t1})^{t1}} \frac{1}{(1+T_{t1,t3})^{(t3-t1)}} = 1.$$

Der Termin-Swapsatz ($T_{t1,t3}$) wird in der letzten Gleichung, da der Swapsatz mit Laufzeit $t3$ (S_{t3}) und die Null-Kupon-Swapsätze N_1 bis N_{t1} bekannt sind, mittels eines numerischen Verfahrens (Newton-Verfahren) berechnet. Danach wird der Null-Kupon-Swapsatz mit Laufzeit $t\,2$ (N_{t2}) durch das Einsetzen des Termin-Swapsatzes $T_{t1,t3}$ in die folgende Gleichung bestimmt:

$$(1+N_{t2})^{t2} \quad = (1+N_{t2-1})^{t2-1}\,(1+T_{t2-1,t2})$$
$$= (1+N_{t1})^{t1}\,(1+T_{t1,t3})^{(t2-t1)}.$$

§ 6 Berechnung des Aufschlags

Zur Berechnung des Aufschlags wird die Rendite des Unternehmensanleihenindexes über die vergangenen 84 Monatsendstände arithmetisch gemittelt. Weiterhin wird die durchschnittliche Laufzeit der im Index enthaltenen Anleihen über den gleichen Zeitraum berechnet. Für diese durchschnittliche Laufzeit wird der Null-Kupon-Swapsatz ermittelt (bei nicht ganzjährigen Laufzeiten durch lineare Interpolation), auch dieser aus dem arithmetischen Mittel der letzten 84 Monatsendstände der Swapsätze. Dann wird der Abstand zwischen der gemittelten Unternehmensanleihenrendite und dem laufzeitgleichen gemittelten Null-Kupon-Swapsatz berechnet. Dieser Abstand erhöht als Aufschlag die gemittelte Null-Kupon-Euro-Zinsswapkurve über deren gesamte Laufzeit. Dabei sind U_z die Rendite des Unternehmensanleihenindexes, tz die durchschnittliche Laufzeit der Anleihen des Indexes und N_{tz} der Null-Kupon-Swapsatz mit Laufzeit t zum Zeitpunkt z. Der Aufschlag (A_z) ergibt sich wie folgt:

$$\overline{tz} = \frac{1}{84} \sum_{j=z-83}^{z} t_j\,,$$

$$\overline{U}_z = \frac{1}{84} \sum_{j=z-83}^{z} U_j\,,$$

$$\overline{N}_{\overline{tz}} = \frac{1}{84} \sum_{j=z-83}^{z} N_{\overline{tz},j}\,,$$

$$A_z = \overline{U}_z - \overline{N}_{\overline{tz}}\,.$$

Der Abzinsungszinssatz mit Laufzeit t zum Zeitpunkt z (AS_{tz}) ergibt sich dann als Summe vom jeweiligen gemittelten Null-Kupon-Swapsatz und dem für diesen Zeitpunkt einheitlichen Aufschlag:

$$AS_{tz} = \overline{N}_{tz} + A_z\,.$$

§ 6a Berechnung des Aufschlags bei Rückstellungen für Altersversorgungsverpflichtungen

Für die Berechnung des Aufschlags bei Rückstellungen für Altersversorgungsverpflichtungen nach § 253 Abs. 2 Satz 1 und 2 des Handelsgesetzbuchs treten bei der Anwendung des § 6 an die Stelle von 84 Monatsendständen 120 Monatsendstände.

§ 7 Bekanntgabe

Auf Basis der Daten des letzten Handelstages des Monats veröffentlicht die Deutsche Bundesbank monatlich die Null-Kupon-Euro-Zinsswapsätze und die Abzinsungszinssätze für die ganzjährigen Laufzeiten von einem Jahr bis 50 Jahre auf ihrer Internetseite www.bundesbank.de.

§ 8 Inkrafttreten

Diese Verordnung tritt am Tag nach der Verkündung in Kraft.

§ 8 Übergangsvorschrift zum Gesetz zur Umsetzung der Wohnimmobilienkreditrichtlinie und zur Änderung handelsrechtlicher Vorschriften

§ 6a in der Fassung des Gesetzes zur Umsetzung der Wohnimmobilienkreditrichtlinie und zur Änderung handelsrechtlicher Vorschriften vom 11. März 2016 (BGBl. I S. 396) ist erstmals auf die Berechnung des Aufschlags zum 17. März 2016 anzuwenden. Die Deutsche Bundesbank berechnet die Abzinsungszinssätze für Rückstellungen für Altersversorgungsverpflichtungen nach Maßgabe des § 6a in der ab dem 17. März 2016 geltenden Fassung auch rückwirkend auf Basis der Daten des jeweils letzten Handelstages des Monats ab einschließlich Januar 2015 und veröffentlicht die so berechneten Abzinsungszinssätze zusätzlich auf ihrer Internetseite.

Kapitel 6: Versicherungsrecht

6.1 Gesetz über den Versicherungsvertrag (Versicherungs-vertragsgesetz – VVG)

Vom 23. November 2007 (BGBl. I S. 2631)

Zuletzt geändert durch Artikel 2 des Gesetzes vom 30.11.2019 (BGBl. I S. 1942)

– Auszug –

§ 1 Vertragstypische Pflichten

[1]Der Versicherer verpflichtet sich mit dem Versicherungsvertrag, ein bestimmtes Risiko des Versicherungsnehmers oder eines Dritten durch eine Leistung abzusichern, die er bei Eintritt des vereinbarten Versicherungsfalles zu erbringen hat. [2]Der Versicherungsnehmer ist verpflichtet, an den Versicherer die vereinbarte Zahlung (Prämie) zu leisten.

§ 1a Vertriebstätigkeit des Versicherers

(1) [1]Der Versicherer muss bei seiner Vertriebstätigkeit gegenüber Versicherungsnehmern stets ehrlich, redlich und professionell in deren bestmöglichem Interesse handeln. [2]Zur Vertriebstätigkeit gehören

1. Beratung,
2. Vorbereitung von Versicherungsverträgen einschließlich Vertragsvorschlägen,
3. Abschluss von Versicherungsverträgen,
4. Mitwirken bei Verwaltung und Erfüllung von Versicherungsverträgen, insbesondere im Schadensfall.

(2) Absatz 1 gilt auch für die Bereitstellung von Informationen über einen oder mehrere Versicherungsverträge auf Grund von Kriterien, die ein Versicherungsnehmer über eine Website oder andere Medien wählt, ferner für die Erstellung einer Rangliste von Versicherungsprodukten, einschließlich eines Preis- und Produktvergleichs oder eines Rabatts auf den Preis eines Versicherungsvertrags, wenn der Versicherungsnehmer einen Versicherungsvertrag direkt oder indirekt über eine Website oder ein anderes Medium abschließen kann.

(3) [1]Alle Informationen im Zusammenhang mit der Vertriebstätigkeit einschließlich Werbemitteilungen, die der Versicherer an Versicherungsnehmer oder potenzielle Versicherungsnehmer richtet, müssen redlich und eindeutig sein und dürfen nicht irreführend sein. [2]Werbemitteilungen müssen stets eindeutig als solche erkennbar sein.

§ 2 Rückwärtsversicherung

(1) Der Versicherungsvertrag kann vorsehen, dass der Versicherungsschutz vor dem Zeitpunkt des Vertragsschlusses beginnt (Rückwärtsversicherung).

(2) [1]Hat der Versicherer bei Abgabe seiner Vertragserklärung davon Kenntnis, dass der Eintritt eines Versicherungsfalles ausgeschlossen ist, steht ihm ein Anspruch auf die Prämie nicht zu. [2]Hat der Versicherungsnehmer bei Abgabe seiner Vertragserklärung davon Kenntnis, dass ein Versicherungsfall schon eingetreten ist, ist der Versicherer nicht zur Leistung verpflichtet.

(3) Wird der Vertrag von einem Vertreter geschlossen, ist in den Fällen des Absatzes 2 sowohl die Kenntnis des Vertreters als auch die Kenntnis des Vertretenen zu berücksichtigen.

(4) § 37 Abs. 2 ist auf die Rückwärtsversicherung nicht anzuwenden.

§ 3 Versicherungsschein

(1) Der Versicherer hat dem Versicherungsnehmer einen Versicherungsschein in Textform, auf dessen Verlangen als Urkunde, zu übermitteln.

(2) Wird der Vertrag nicht durch eine Niederlassung des Versicherers im Inland geschlossen, ist im Versicherungsschein die Anschrift des Versicherers und der Niederlassung, über die der Vertrag geschlossen worden ist, anzugeben.

(3) [1]Ist ein Versicherungsschein abhandengekommen oder vernichtet, kann der Versicherungsnehmer vom Versicherer die Ausstellung eines neuen Versicherungsscheins verlangen. [2]Unterliegt der Versicherungsschein der Kraftloserklärung, ist der Versicherer erst nach der Kraftloserklärung zur Ausstellung verpflichtet.

(4) [1]Der Versicherungsnehmer kann jederzeit vom Versicherer Abschriften der Erklärungen verlangen, die er mit Bezug auf den Vertrag abgegeben hat. [2]Benötigt der Versicherungsnehmer die Abschriften für die Vornahme von Handlungen gegenüber dem Versicherer, die an eine bestimmte Frist gebunden sind, und sind sie ihm nicht schon früher vom Versicherer übermittelt worden, ist der Lauf der Frist vom Zugang des Verlangens beim Versicherer bis zum Eingang der Abschriften beim Versicherungsnehmer gehemmt.

(5) Die Kosten für die Erteilung eines neuen Versicherungsscheins nach Absatz 3 und der Abschriften nach Absatz 4 hat der Versicherungsnehmer zu tragen und auf Verlangen vorzuschießen.

§ 4 Versicherungsschein auf den Inhaber

(1) Auf einen als Urkunde auf den Inhaber ausgestellten Versicherungsschein ist § 808 des Bürgerlichen Gesetzbuchs anzuwenden.

(2) [1]Ist im Vertrag bestimmt, dass der Versicherer nur gegen Rückgabe eines als Urkunde ausgestellten Versicherungsscheins zu leisten hat, genügt, wenn der Versicherungsnehmer erklärt, zur Rückgabe außerstande zu sein, das öffentlich beglaubigte Anerkenntnis, dass die Schuld erloschen sei. [2]Satz 1 ist nicht anzuwenden, wenn der Versicherungsschein der Kraftloserklärung unterliegt.

§ 5 Abweichender Versicherungsschein

(1) Weicht der Inhalt des Versicherungsscheins von dem Antrag des Versicherungsnehmers oder den getroffenen Vereinbarungen ab, gilt die Abweichung als genehmigt, wenn die Voraussetzungen des Absatzes 2 erfüllt sind und der Versicherungsnehmer nicht innerhalb eines Monats nach Zugang des Versicherungsscheins in Textform widerspricht.

(2) [1]Der Versicherer hat den Versicherungsnehmer bei Übermittlung des Versicherungsscheins darauf hinzuweisen, dass Abweichungen als genehmigt gelten, wenn der Versicherungsnehmer nicht innerhalb eines Monats nach Zugang des Versicherungsscheins in Textform widerspricht. [2]Auf jede Abweichung und die hiermit verbundenen Rechtsfolgen ist der Versicherungsnehmer durch einen auffälligen Hinweis im Versicherungsschein aufmerksam zu machen.

(3) Hat der Versicherer die Verpflichtungen nach Absatz 2 nicht erfüllt, gilt der Vertrag als mit dem Inhalt des Antrags des Versicherungsnehmers geschlossen.

(4) Eine Vereinbarung, durch die der Versicherungsnehmer darauf verzichtet, den Vertrag wegen Irrtums anzufechten, ist unwirksam.

§ 6 Beratung des Versicherungsnehmers

(1) [1]Der Versicherer hat den Versicherungsnehmer, soweit nach der Schwierigkeit, die angebotene Versicherung zu beurteilen, oder der Person des Versicherungsnehmers und dessen Situation hierfür Anlass besteht, nach seinen Wünschen und Bedürfnissen zu befragen und, auch unter Berücksichtigung eines angemessenen Verhältnisses zwischen Beratungsaufwand und der vom Versicherungsnehmer zu zahlenden Prämien, zu beraten sowie die Gründe für jeden zu einer bestimmten Versicherung erteilten Rat anzugeben. [2]Er hat dies unter Berücksichtigung der Komplexität des angebotenen Versicherungsvertrags zu dokumentieren.

(2) Für die Übermittlung des erteilten Rats und der Gründe hierfür gilt § 6a.

(3) [1]Der Versicherungsnehmer kann auf die Beratung und Dokumentation nach den Absätzen 1 und 2 durch eine gesonderte schriftliche Erklärung verzichten, in der er vom Versicherer ausdrücklich darauf hingewiesen wird, dass sich ein Verzicht nachteilig auf seine Möglichkeit auswirken kann, gegen den Versicherer einen Schadensersatzanspruch nach Absatz 5 geltend zu machen. [2]Handelt es sich um einen Vertrag im Fernabsatz im Sinn des § 312c des Bürgerlichen Gesetzbuchs, kann der Versicherungsnehmer in Textform verzichten.

(4) [1]Die Verpflichtung nach Absatz 1 Satz 1 besteht auch nach Vertragsschluss während der Dauer des Versicherungsverhältnisses, soweit für den Versicherer ein Anlass für eine Nachfrage und Beratung des Versicherungsnehmers erkennbar ist; Absatz 3 Satz 2 gilt entsprechend. [2]Der Versicherungsnehmer kann im Einzelfall auf eine Beratung durch schriftliche Erklärung verzichten.

(5) [1]Verletzt der Versicherer eine Verpflichtung nach Absatz 1, 2 oder 4, ist er dem Versicherungsnehmer zum Ersatz des hierdurch entstehenden Schadens verpflichtet. [2]Dies gilt nicht, wenn der Versicherer die Pflichtverletzung nicht zu vertreten hat.

(6) Die Absätze 1 bis 5 sind auf Versicherungsverträge über ein Großrisiko im Sinn des § 210 Absatz 2 nicht anzuwenden, ferner dann nicht, wenn der Vertrag mit dem Versicherungsnehmer von einem Versicherungsmakler vermittelt wird.

§ 6a Einzelheiten der Auskunftserteilung

(1) Der nach § 6 zu erteilende Rat und die Gründe hierfür sind dem Versicherungsnehmer wie folgt zu übermitteln:
1. auf Papier;
2. in klarer, genauer und für den Versicherungsnehmer verständlicher Weise;
3. in einer Amtssprache des Mitgliedstaats, in dem das Risiko belegen ist oder in dem die Verpflichtung eingegangen wird, oder in jeder anderen von den Parteien vereinbarten Sprache und
4. unentgeltlich.

(2) Abweichend von Absatz 1 Nummer 1 dürfen die Auskünfte dem Versicherungsnehmer auch über eines der folgenden Medien erteilt werden:

1. über einen anderen dauerhaften Datenträger als Papier, wenn die Nutzung des dauerhaften Datenträgers im Rahmen des getätigten Geschäfts angemessen ist und der Versicherungsnehmer die Wahl zwischen einer Auskunftserteilung auf Papier oder auf einem dauerhaften Datenträger hatte und sich für diesen Datenträger entschieden hat oder

2. über eine Website, wenn der Zugang für den Versicherungsnehmer personalisiert wird oder wenn folgende Voraussetzungen erfüllt sind:

   a) die Erteilung dieser Auskünfte über eine Website ist im Rahmen des getätigten Geschäfts angemessen;

   b) der Versicherungsnehmer hat der Auskunftserteilung über eine Website zugestimmt;

   c) dem Versicherungsnehmer wurden die Adresse der Website und die dortige Fundstelle der Auskünfte elektronisch mitgeteilt;

   d) es ist gewährleistet, dass diese Auskünfte auf der Website so lange verfügbar bleiben, wie sie für den Versicherungsnehmer vernünftigerweise abrufbar sein müssen.

(3) ¹Die Auskunftserteilung mittels eines anderen dauerhaften Datenträgers als Papier oder über eine Website im Rahmen eines getätigten Geschäfts wird als angemessen erachtet, wenn der Versicherungsnehmer nachweislich regelmäßig Internetzugang hat. ²Die Mitteilung einer E-Mail-Adresse seitens des Versicherungsnehmers für die Zwecke dieses Geschäfts gilt als solcher Nachweis.

(4) Handelt es sich um einen telefonischen Kontakt, werden, selbst wenn sich der Versicherungsnehmer dafür entschieden hat, die Auskünfte gemäß Absatz 2 auf einem anderen dauerhaften Datenträger als Papier zu erhalten, die Auskünfte dem Versicherungsnehmer gemäß Absatz 1 oder Absatz 2 unmittelbar nach Abschluss des Versicherungsvertrags erteilt.

§ 7 Information des Versicherungsnehmers

(1) ¹Der Versicherer hat dem Versicherungsnehmer rechtzeitig vor Abgabe von dessen Vertragserklärung seine Vertragsbestimmungen einschließlich der Allgemeinen Versicherungsbedingungen sowie die in einer Rechtsverordnung nach Absatz 2 bestimmten Informationen in Textform mitzuteilen. ²Die Mitteilungen sind in einer dem eingesetzten Kommunikationsmittel entsprechenden Weise klar und verständlich zu übermitteln. ³Wird der Vertrag auf Verlangen des Versicherungsnehmers telefonisch oder unter Verwendung eines anderen Kommunikationsmittels geschlossen, das die Information in Textform vor der Vertragserklärung des Versicherungsnehmers nicht gestattet, muss die Information unverzüglich nach Vertragsschluss nachgeholt werden; dies gilt auch, wenn der Versicherungsnehmer durch eine gesonderte schriftliche Erklärung auf eine Information vor Abgabe seiner Vertragserklärung ausdrücklich verzichtet.

(2) ¹Das Bundesministerium der Justiz und für Verbraucherschutz wird ermächtigt, im Einvernehmen mit dem Bundesministerium der Finanzen und durch Rechtsverordnung ohne Zustimmung des Bundesrates zum Zweck einer umfassenden Information des Versicherungsnehmers festzulegen,

1. welche Einzelheiten des Vertrags, insbesondere zum Versicherer, zur angebotenen Leistung und zu den Allgemeinen Versicherungsbedingungen sowie zum Bestehen eines Widerrufsrechts, dem Versicherungsnehmer mitzuteilen sind,

2. welche weiteren Informationen dem Versicherungsnehmer bei der Lebensversicherung, insbesondere über die zu erwartenden Leistungen, ihre Ermittlung und Berechnung, über eine Modellrechnung sowie über die Abschluss- und Vertriebskosten und die Verwaltungskosten, soweit eine Verrechnung mit Prämien erfolgt, und über sonstige Kosten mitzuteilen sind,

3. welche weiteren Informationen bei der Krankenversicherung, insbesondere über die Prämienentwicklung und -gestaltung sowie die Abschluss- und Vertriebskosten und die Verwaltungskosten, mitzuteilen sind,

4. was dem Versicherungsnehmer mitzuteilen ist, wenn der Versicherer mit ihm telefonisch Kontakt aufgenommen hat und

5. in welcher Art und Weise die Informationen zu erteilen sind.

[2]Bei der Festlegung der Mitteilungen nach Satz 1 sind die vorgeschriebenen Angaben nach der Richtlinie 92/49/EWG des Rates vom 18. Juni 1992 zur Koordinierung der Rechts- und Verwaltungsvorschriften für die Direktversicherung (mit Ausnahme der Lebensversicherung) sowie zur Änderung der Richtlinien 73/239/EWG und 88/357/EWG (Dritte Richtlinie Schadenversicherung) (ABl. L 228 vom 11.8.1992, S. 1) und der Richtlinie 2002/65/EG des Europäischen Parlaments und des Rates vom 23. September 2002 über den Fernabsatz von Finanzdienstleistungen an Verbraucher und zur Änderung der Richtlinie 90/619/EWG des Rates und der Richtlinien 97/7/EG und 98/27/EG (ABl. L 271 vom 9.10.2002, S. 16) zu beachten. [3]Bei der Festlegung der Mitteilungen nach Satz 1 sind ferner zu beachten:

1. die technischen Durchführungsstandards, die die Europäische Aufsichtsbehörde für das Versicherungswesen und die betriebliche Altersversorgung nach der Richtlinie (EU) 2016/97 des Europäischen Parlaments und des Rates vom 20. Januar 2016 über Versicherungsvertrieb (Neufassung) (ABl. L 26 vom 2.2.2016, S. 19; L 222 vom 17.8.2016, S. 114) erarbeitet und die von der Kommission der Europäischen Union nach Artikel 15 der Verordnung (EU) Nr. 1094/2010 des Europäischen Parlaments und des Rates vom 24. November 2010 zur Errichtung einer Europäischen Aufsichtsbehörde (Europäische Aufsichtsbehörde für das Versicherungswesen und die betriebliche Altersversorgung), zur Änderung des Beschlusses Nr. 716/2009/EG und zur Aufhebung des Beschlusses 2009/79/EG der Kommission (ABl. L 331 vom 15.12.2010, S. 48), die zuletzt durch die Verordnung (EU) Nr. 258/2014 (ABl. L 105 vom 8.4.2014, S. 1) geändert worden ist, erlassen worden sind,

2. die delegierten Rechtsakte, die von der Kommission nach Artikel 29 Absatz 4 Buchstabe b und Artikel 30 Absatz 6 der Richtlinie (EU) 2016/97, jeweils in Verbindung mit Artikel 38 der Richtlinie (EU) 2016/97, erlassen worden sind.

(3) In der Rechtsverordnung nach Absatz 2 ist ferner zu bestimmen, was der Versicherer während der Laufzeit des Vertrags in Textform mitteilen muss; dies gilt insbesondere bei Änderungen früherer Informationen, ferner bei der Krankenversicherung bei Prämienerhöhungen und hinsichtlich der Möglichkeit eines Tarifwechsels sowie bei der Lebensversicherung mit Überschussbeteiligung hinsichtlich der Entwicklung der Ansprüche des Versicherungsnehmers.

(4) Der Versicherungsnehmer kann während der Laufzeit des Vertrags jederzeit vom Versicherer verlangen, dass ihm dieser die Vertragsbestimmungen einschließlich der Allgemeinen Versicherungsbedingungen in einer Urkunde übermittelt; die Kosten für die erste Übermittlung hat der Versicherer zu tragen.

(5) ¹Die Absätze 1 bis 4 sind auf Versicherungsverträge über ein Großrisiko im Sinn des § 210 Absatz 2 nicht anzuwenden. ²Ist bei einem solchen Vertrag der Versicherungsnehmer eine natürliche Person, hat ihm der Versicherer vor Vertragsschluss das anwendbare Recht und die zuständige Aufsichtsbehörde in Textform mitzuteilen.

§ 7a Querverkäufe

(1) Wird ein Versicherungsprodukt zusammen mit einem Nebenprodukt oder einer Nebendienstleistung, das oder die keine Versicherung ist, als Paket oder als Teil eines Pakets oder derselben Vereinbarung angeboten, hat der Versicherer den Versicherungsnehmer darüber zu informieren, ob die Bestandteile getrennt voneinander gekauft werden können; ist dies der Fall, stellt er eine Beschreibung der Bestandteile der Vereinbarung oder des Pakets zur Verfügung und erbringt für jeden Bestandteil einen gesonderten Nachweis über Kosten und Gebühren.

(2) Wird ein Paket angeboten, dessen Versicherungsdeckung sich von der Versicherungsdeckung beim getrennten Erwerb seiner Bestandteile unterscheidet, stellt der Versicherer dem Versicherungsnehmer eine Beschreibung der Bestandteile des Pakets und der Art und Weise zur Verfügung, wie ihre Wechselwirkung die Versicherungsdeckung ändert.

(3) ¹Ergänzt ein Versicherungsprodukt eine Dienstleistung, die keine Versicherung ist, oder eine Ware als Teil eines Pakets oder derselben Vereinbarung, bietet der Versicherer dem Versicherungsnehmer die Möglichkeit, die Ware oder die Dienstleistung gesondert zu kaufen. ²Dies gilt nicht, wenn das Versicherungsprodukt Folgendes ergänzt:
1. eine Wertpapierdienstleistung oder Anlagetätigkeit im Sinne des Artikels 4 Absatz 1 Nummer 2 der Richtlinie 2014/65/EU des Europäischen Parlaments und des Rates,
2. einen Kreditvertrag im Sinne des Artikels 4 Nummer 3 der Richtlinie 2014/17/EU des Europäischen Parlaments und des Rates oder
3. ein Zahlungskonto im Sinne des Artikels 2 Nummer 3 der Richtlinie 2014/92/EU des Europäischen Parlaments und des Rates.

(4) Versicherer haben in den Fällen der Absätze 1 bis 3 die Wünsche und Bedürfnisse des Versicherungsnehmers im Zusammenhang mit den Versicherungsprodukten, die Teil des Pakets oder derselben Vereinbarung sind, zu ermitteln.

(5) ¹Wird eine Restschuldversicherung als Nebenprodukt oder als Teil eines Pakets oder derselben Vereinbarung angeboten, ist der Versicherungsnehmer eine Woche nach Abgabe seiner Vertragserklärung für das Versicherungsprodukt erneut in Textform über sein Widerrufsrecht zu belehren. ²Das Produktinformationsblatt ist dem Versicherungsnehmer mit dieser Belehrung erneut zur Verfügung zu stellen. ³Die Widerrufsfrist beginnt nicht vor Zugang dieser Unterlagen.

§ 7b Information bei Versicherungsanlageprodukten

(1) ¹Bei Produkten, die Versicherungsanlageprodukte im Sinne von Artikel 2 Absatz 1 Nummer 17 der Richtlinie (EU) 2016/97 sind, sind dem Versicherungsnehmer angemessene Informationen über den Vertrieb von Versicherungsanlageprodukten und sämtliche Kosten und Gebühren rechtzeitig vor Abschluss des Vertrags zur Verfügung zu stellen. ²Diese Informationen enthalten mindestens das Folgende:
1. wenn eine Beratung erfolgt, die Information darüber, ob dem Versicherungsnehmer eine regelmäßige Beurteilung der Eignung des Versicherungsanlageprodukts, das diesem Versicherungsnehmer empfohlen wird, gemäß § 7c geboten wird;

2. geeignete Leitlinien und Warnhinweise zu den mit Versicherungsanlageprodukten oder mit bestimmten vorgeschlagenen Anlagestrategien verbundenen Risiken;
3. Informationen über den Vertrieb des Versicherungsanlageprodukts, einschließlich der Beratungskosten und der Kosten des dem Versicherungsnehmer empfohlenen Versicherungsanlageprodukts;
4. wie der Versicherungsnehmer Zahlungen leisten kann, einschließlich Zahlungen Dritter.

(2) [1]Die Informationen über alle Kosten und Gebühren, einschließlich Kosten und Gebühren im Zusammenhang mit dem Vertrieb des Versicherungsanlageprodukts, die nicht durch das zugrunde liegende Marktrisiko verursacht werden, sind in zusammengefasster Form zu erteilen; die Gesamtkosten sowie die kumulative Wirkung auf die Anlagerendite müssen verständlich sein; ferner ist dem Versicherungsnehmer auf sein Verlangen eine Aufstellung der Kosten und Gebühren zur Verfügung zu stellen. [2]Diese Informationen werden dem Versicherungsnehmer während der Laufzeit der Anlage regelmäßig, mindestens aber jährlich, zur Verfügung gestellt.

§ 7c Beurteilung von Versicherungsanlageprodukten; Berichtspflicht

(1) [1]Bei einer Beratung zu einem Versicherungsanlageprodukt hat der Versicherer zu erfragen:
1. Kenntnisse und Erfahrungen des Versicherungsnehmers im Anlagebereich in Bezug auf den speziellen Produkttyp oder den speziellen Typ der Dienstleistung,
2. die finanziellen Verhältnisse des Versicherungsnehmers, einschließlich der Fähigkeit des Versicherungsnehmers, Verluste zu tragen, und
3. die Anlageziele, einschließlich der Risikotoleranz des Versicherungsnehmers.

[2]Der Versicherer darf dem Versicherungsnehmer nur Versicherungsanlageprodukte empfehlen, die für diesen geeignet sind und insbesondere dessen Risikotoleranz und dessen Fähigkeit, Verluste zu ertragen, entsprechen. [3]Ein Paket von Dienstleistungen oder Produkten, die gemäß § 7a gebündelt sind, darf der Versicherer bei einer Anlageberatung nur empfehlen, wenn das gesamte Paket für den Kunden geeignet ist.

(2) [1]Der Versicherer hat stets zu prüfen, ob das Versicherungsprodukt für den Versicherungsnehmer angemessen ist. [2]Zur Beurteilung der Zweckmäßigkeit muss der Versicherer von dem Versicherungsnehmer Informationen über seine Kenntnisse und Erfahrung im Anlagebereich in Bezug auf den speziellen Produkttyp oder den speziellen Typ der Dienstleistung erfragen. [3]Wird ein Paket entsprechend § 7a angeboten, hat der Versicherer zu berücksichtigen, ob das Paket angemessen ist. [4]Ist der Versicherer der Auffassung, dass das Produkt für den Versicherungsnehmer unangemessen ist, warnt er den Versicherungsnehmer. [5]Macht der Versicherungsnehmer die in Absatz 1 Satz 1 genannten Angaben nicht oder macht er unzureichende Angaben zu seinen Kenntnissen und seiner Erfahrung, warnt ihn der Versicherer, dass er wegen unzureichender Angaben nicht beurteilen kann, ob das in Betracht gezogene Produkt für ihn angemessen ist. [6]Diese Warnungen können in einem standardisierten Format erfolgen.

(3) Versicherer können, wenn sie keine Beratung gemäß Absatz 1 leisten, Versicherungsanlageprodukte ohne die in Absatz 2 vorgesehene Prüfung vertreiben, wenn die folgenden Bedingungen erfüllt sind:
1. die Tätigkeiten beziehen sich auf eines der folgenden Versicherungsanlageprodukte:
   a) Verträge, die ausschließlich Anlagerisiken aus Finanzinstrumenten mit sich bringen, die nicht als komplexe Finanzinstrumente im Sinne der Richtlinie 2014/65/EU

gelten und keine Struktur aufweisen, die es dem Versicherungsnehmer erschwert, die mit der Anlage einhergehenden Risiken zu verstehen, oder

b) andere nicht komplexe Versicherungsanlagen;

2. die Vertriebstätigkeit erfolgt auf Veranlassung des Versicherungsnehmers;

3. der Versicherungsnehmer wurde eindeutig darüber informiert, dass der Versicherer bei der Erbringung der Vertriebstätigkeit die Angemessenheit der angebotenen Versicherungsanlageprodukte nicht geprüft hat; eine derartige Warnung kann in standardisierter Form erfolgen;

4. der Versicherer kommt seinen Pflichten zur Vermeidung von Interessenkonflikten nach.

(4) [1]Der Versicherer erstellt eine Aufzeichnung der Vereinbarungen mit dem Versicherungsnehmer über die Rechte und Pflichten der Parteien sowie die Bedingungen, zu denen das Versicherungsunternehmen Dienstleistungen für den Versicherungsnehmer erbringt. [2]Die Rechte und Pflichten der Vertragsparteien können durch einen Verweis auf andere Dokumente oder Rechtstexte geregelt werden.

(5) [1]Der Versicherer muss dem Versicherungsnehmer angemessene Berichte über die erbrachten Dienstleistungen auf einem dauerhaften Datenträger zur Verfügung stellen. [2]Diese Berichte enthalten regelmäßige Mitteilungen an den Versicherungsnehmer, die die Art und die Komplexität der jeweiligen Versicherungsanlageprodukte sowie die Art der für den Versicherungsnehmer erbrachten Dienstleistung berücksichtigen, und gegebenenfalls die Kosten, die mit den getätigten Geschäften und den erbrachten Dienstleistungen verbunden sind. [3]Erbringt der Versicherer eine Beratungsleistung zu einem Versicherungsanlageprodukt, stellt er dem Versicherungsnehmer vor Vertragsabschluss auf einem dauerhaften Datenträger eine Erklärung zur Verfügung, in der die erbrachte Beratungsleistung und die dabei berücksichtigten Präferenzen, Ziele und anderen kundenspezifischen Merkmale aufgeführt sind. [4]§ 6a findet Anwendung; über eine Website kann die Erklärung jedoch nicht erbracht werden. [5]Wenn der Versicherungsvertrag unter Verwendung eines Fernkommunikationsmittels abgeschlossen wird und die vorherige Aushändigung der Angemessenheitserklärung nicht möglich ist, kann der Versicherer dem Versicherungsnehmer die Angemessenheitserklärung auf einem dauerhaften Datenträger unverzüglich nach Abschluss des Versicherungsvertrags zur Verfügung stellen, sofern die folgenden Bedingungen erfüllt sind:

1. der Versicherungsnehmer hat dieser Vorgehensweise zugestimmt und

2. der Versicherer hat dem Versicherungsnehmer angeboten, den Zeitpunkt des Vertragsabschlusses zu verschieben, damit der Versicherungsnehmer die Angemessenheitserklärung vorher erhalten kann.

[6]Hat der Versicherer dem Versicherungsnehmer mitgeteilt, dass er eine regelmäßige Beurteilung der Eignung vornehmen werde, muss der regelmäßige Bericht jeweils eine aktualisierte Erklärung dazu enthalten, inwieweit das Versicherungsanlageprodukt den Präferenzen, Zielen und anderen kundenspezifischen Merkmalen des Versicherungsnehmers entspricht.

§ 7d Beratung, Information und Widerruf bei bestimmten Gruppenversicherungen

[1]Der Versicherungsnehmer eines Gruppenversicherungsvertrags für Restschuldversicherungen hat gegenüber der versicherten Person die Beratungs- und Informationspflichten eines Versicherers. [2]Die versicherte Person hat die Rechte eines Versicherungsnehmers, insbesondere das Widerrufsrecht. [3]Über dieses Widerrufsrecht ist eine Woche nach Ab-

gabe der Vertragserklärung erneut in Textform zu belehren. [4]Das Produktinformationsblatt ist mit dieser Belehrung erneut zur Verfügung zu stellen. [5]Die Widerrufsfrist beginnt nicht vor Zugang dieser Unterlagen.

§ 8 Widerrufsrecht des Versicherungsnehmers

(1) [1]Der Versicherungsnehmer kann seine Vertragserklärung innerhalb von 14 Tagen widerrufen. [2]Der Widerruf ist in Textform gegenüber dem Versicherer zu erklären und muss keine Begründung enthalten; zur Fristwahrung genügt die rechtzeitige Absendung.

(2) [1]Die Widerrufsfrist beginnt zu dem Zeitpunkt, zu dem folgende Unterlagen dem Versicherungsnehmer in Textform zugegangen sind:

1. der Versicherungsschein und die Vertragsbestimmungen einschließlich der Allgemeinen Versicherungsbedingungen sowie die weiteren Informationen nach § 7 Abs. 1 und 2 und

2. eine deutlich gestaltete Belehrung über das Widerrufsrecht und über die Rechtsfolgen des Widerrufs, die dem Versicherungsnehmer seine Rechte entsprechend den Erfordernissen des eingesetzten Kommunikationsmittels deutlich macht und die den Namen und die ladungsfähige Anschrift desjenigen, gegenüber dem der Widerruf zu erklären ist, sowie einen Hinweis auf den Fristbeginn und auf die Regelungen des Absatzes 1 Satz 2 enthält.

[2]Der Nachweis über den Zugang der Unterlagen nach Satz 1 obliegt dem Versicherer.

(3) [1]Das Widerrufsrecht besteht nicht

1. bei Versicherungsverträgen mit einer Laufzeit von weniger als einem Monat,

2. bei Versicherungsverträgen über vorläufige Deckung, es sei denn, es handelt sich um einen Fernabsatzvertrag im Sinn des § 312c des Bürgerlichen Gesetzbuchs,

3. bei Versicherungsverträgen bei Pensionskassen, die auf arbeitsvertraglichen Regelungen beruhen, es sei denn, es handelt sich um einen Fernabsatzvertrag im Sinn des § 312c des Bürgerlichen Gesetzbuchs,

4. bei Versicherungsverträgen über ein Großrisiko im Sinn des § 210 Absatz 2.

[2]Das Widerrufsrecht erlischt, wenn der Vertrag von beiden Seiten auf ausdrücklichen Wunsch des Versicherungsnehmers vollständig erfüllt ist, bevor der Versicherungsnehmer sein Widerrufsrecht ausgeübt hat.

(4) Im elektronischen Geschäftsverkehr beginnt die Widerrufsfrist abweichend von Absatz 2 Satz 1 nicht vor Erfüllung auch der in § 312i Absatz 1 Satz 1 des Bürgerlichen Gesetzbuchs geregelten Pflichten.

(5) [1]Die nach Absatz 2 Satz 1 Nr. 2 zu erteilende Belehrung genügt den dort genannten Anforderungen, wenn das Muster der Anlage zu diesem Gesetz in Textform verwendet wird. [2]Der Versicherer darf unter Beachtung von Absatz 2 Satz 1 Nr. 2 in Format und Schriftgröße von dem Muster abweichen und Zusätze wie die Firma oder ein Kennzeichen des Versicherers anbringen.

§ 9 Rechtsfolgen des Widerrufs

(1) [1]Übt der Versicherungsnehmer das Widerrufsrecht nach § 8 Abs. 1 aus, hat der Versicherer nur den auf die Zeit nach Zugang des Widerrufs entfallenden Teil der Prämien zu erstatten, wenn der Versicherungsnehmer in der Belehrung nach § 8 Abs. 2 Satz 1 Nr. 2 auf sein Widerrufsrecht, die Rechtsfolgen des Widerrufs und den zu zahlenden Betrag hingewiesen worden ist und zugestimmt hat, dass der Versicherungsschutz vor Ende der

Widerrufsfrist beginnt; die Erstattungspflicht ist unverzüglich, spätestens 30 Tage nach Zugang des Widerrufs zu erfüllen. [2]Ist der in Satz 1 genannte Hinweis unterblieben, hat der Versicherer zusätzlich die für das erste Jahr des Versicherungsschutzes gezahlten Prämien zu erstatten; dies gilt nicht, wenn der Versicherungsnehmer Leistungen aus dem Versicherungsvertrag in Anspruch genommen hat.

(2) [1]Hat der Versicherungsnehmer sein Widerrufsrecht nach § 8 wirksam ausgeübt, ist er auch an einen mit dem Versicherungsvertrag zusammenhängenden Vertrag nicht mehr gebunden. [2]Ein zusammenhängender Vertrag liegt vor, wenn er einen Bezug zu dem widerrufenen Vertrag aufweist und eine Dienstleistung des Versicherers oder eines Dritten auf der Grundlage einer Vereinbarung zwischen dem Dritten und dem Versicherer betrifft. [3]Eine Vertragsstrafe darf weder vereinbart noch verlangt werden.

§ 10 Beginn und Ende der Versicherung

Ist die Dauer der Versicherung nach Tagen, Wochen, Monaten oder einem mehrere Monate umfassenden Zeitraum bestimmt, beginnt die Versicherung mit Beginn des Tages, an dem der Vertrag geschlossen wird; er endet mit Ablauf des letzten Tages der Vertragszeit.

§ 11 Verlängerung, Kündigung

(1) Wird bei einem auf eine bestimmte Zeit eingegangenen Versicherungsverhältnis im Voraus eine Verlängerung für den Fall vereinbart, dass das Versicherungsverhältnis nicht vor Ablauf der Vertragszeit gekündigt wird, ist die Verlängerung unwirksam, soweit sie sich jeweils auf mehr als ein Jahr erstreckt.

(2) [1]Ist ein Versicherungsverhältnis auf unbestimmte Zeit eingegangen, kann es von beiden Vertragsparteien nur für den Schluss der laufenden Versicherungsperiode gekündigt werden. [2]Auf das Kündigungsrecht können sie einvernehmlich bis zur Dauer von zwei Jahren verzichten.

(3) Die Kündigungsfrist muss für beide Vertragsparteien gleich sein; sie darf nicht weniger als einen Monat und nicht mehr als drei Monate betragen.

(4) Ein Versicherungsvertrag, der für die Dauer von mehr als drei Jahren geschlossen worden ist, kann vom Versicherungsnehmer zum Schluss des dritten oder jedes darauf folgenden Jahres unter Einhaltung einer Frist von drei Monaten gekündigt werden.

§ 12 Versicherungsperiode

Als Versicherungsperiode gilt, falls nicht die Prämie nach kürzeren Zeitabschnitten bemessen ist, der Zeitraum eines Jahres.

§ 13 Änderung von Anschrift und Name

(1) [1]Hat der Versicherungsnehmer eine Änderung seiner Anschrift dem Versicherer nicht mitgeteilt, genügt für eine dem Versicherungsnehmer gegenüber abzugebende Willenserklärung die Absendung eines eingeschriebenen Briefes an die letzte dem Versicherer bekannte Anschrift des Versicherungsnehmers. [2]Die Erklärung gilt drei Tage nach der Absendung des Briefes als zugegangen. [3]Die Sätze 1 und 2 sind im Fall einer Namensänderung des Versicherungsnehmers entsprechend anzuwenden.

(2) Hat der Versicherungsnehmer die Versicherung in seinem Gewerbebetrieb genommen, ist bei einer Verlegung der gewerblichen Niederlassung Absatz 1 Satz 1 und 2 entsprechend anzuwenden.

§ 14 Fälligkeit der Geldleistung

(1) Geldleistungen des Versicherers sind fällig mit der Beendigung der zur Feststellung des Versicherungsfalles und des Umfanges der Leistung des Versicherers notwendigen Erhebungen.

(2) [1]Sind diese Erhebungen nicht bis zum Ablauf eines Monats seit der Anzeige des Versicherungsfalles beendet, kann der Versicherungsnehmer Abschlagszahlungen in Höhe des Betrags verlangen, den der Versicherer voraussichtlich mindestens zu zahlen hat. [2]Der Lauf der Frist ist gehemmt, solange die Erhebungen infolge eines Verschuldens des Versicherungsnehmers nicht beendet werden können.

(3) Eine Vereinbarung, durch die der Versicherer von der Verpflichtung zur Zahlung von Verzugszinsen befreit wird, ist unwirksam.

§ 15 Hemmung der Verjährung

Ist ein Anspruch aus dem Versicherungsvertrag beim Versicherer angemeldet worden, ist die Verjährung bis zu dem Zeitpunkt gehemmt, zu dem die Entscheidung des Versicherers dem Anspruchsteller in Textform zugeht.

§ 16 Insolvenz des Versicherers

(1) Wird über das Vermögen des Versicherers das Insolvenzverfahren eröffnet, endet das Versicherungsverhältnis mit Ablauf eines Monats seit der Eröffnung; bis zu diesem Zeitpunkt bleibt es der Insolvenzmasse gegenüber wirksam.

(2) Die Vorschriften des Versicherungsaufsichtsgesetzes über die Wirkungen der Insolvenzeröffnung bleiben unberührt.

§ 17 Abtretungsverbot bei unpfändbaren Sachen

Soweit sich die Versicherung auf unpfändbare Sachen bezieht, kann eine Forderung aus der Versicherung nur auf solche Gläubiger des Versicherungsnehmers übertragen werden, die diesem zum Ersatz der zerstörten oder beschädigten Sachen andere Sachen geliefert haben.

§ 18 Abweichende Vereinbarungen

Von § 3 Abs. 1 bis 4, § 5 Abs. 1 bis 3, den §§ 6 bis 9 und 11 Abs. 2 bis 4, § 14 Abs. 2 Satz 1 und § 15 kann nicht zum Nachteil des Versicherungsnehmers abgewichen werden.

…

§ 59 Begriffsbestimmungen

(1) [1]Versicherungsvermittler im Sinn dieses Gesetzes sind Versicherungsvertreter und Versicherungsmakler. [2]Die §§ 1a, 6a, 7a, 7b und 7c gelten für Versicherungsvermittler entsprechend. [3]Versicherungsvermittler ist auch, wer eine Vertriebstätigkeit im Sinne von § 1a Absatz 2 ausführt, ohne dass die Voraussetzungen des nachfolgenden Absatzes 2 oder 3 vorliegen.

(2) Versicherungsvertreter im Sinn dieses Gesetzes ist, wer von einem Versicherer oder einem Versicherungsvertreter damit betraut ist, gewerbsmäßig Versicherungsverträge zu vermitteln oder abzuschließen.

(3) [1]Versicherungsmakler im Sinn dieses Gesetzes ist, wer gewerbsmäßig für den Auftraggeber die Vermittlung oder den Abschluss von Versicherungsverträgen übernimmt, ohne von einem Versicherer oder von einem Versicherungsvertreter damit betraut zu sein. [2]Als Versicherungsmakler gilt, wer gegenüber dem Versicherungsnehmer den Anschein erweckt, er erbringe seine Leistungen als Versicherungsmakler nach Satz 1.

(4) [1]Versicherungsberater im Sinn dieses Gesetzes ist, wer gewerbsmäßig Dritte bei der Vereinbarung, Änderung oder Prüfung von Versicherungsverträgen oder bei der Wahrnehmung von Ansprüchen aus Versicherungsverträgen im Versicherungsfall berät oder gegenüber dem Versicherer außergerichtlich vertritt, ohne von einem Versicherer einen wirtschaftlichen Vorteil zu erhalten oder in anderer Weise von ihm abhängig zu sein. [2]Die §§ 1a, 6a, 7a, 7b und 7c gelten für Versicherungsberater entsprechend.

§ 60 Beratungsgrundlage des Versicherungsvermittlers

(1) [1]Der Versicherungsmakler ist verpflichtet, seinem Rat eine hinreichende Zahl von auf dem Markt angebotenen Versicherungsverträgen und von Versicherern zu Grunde zu legen, so dass er nach fachlichen Kriterien eine Empfehlung dahin abgeben kann, welcher Versicherungsvertrag geeignet ist, die Bedürfnisse des Versicherungsnehmers zu erfüllen. [2]Dies gilt nicht, soweit er im Einzelfall vor Abgabe der Vertragserklärung des Versicherungsnehmers diesen ausdrücklich auf eine eingeschränkte Versicherer- und Vertragsauswahl hinweist.

(2) [1]Der Versicherungsmakler, der nach Absatz 1 Satz 2 auf eine eingeschränkte Auswahl hinweist, und der Versicherungsvertreter haben dem Versicherungsnehmer mitzuteilen, auf welcher Markt- und Informationsgrundlage sie ihre Leistung erbringen, und die Namen der ihrem Rat zu Grunde gelegten Versicherer anzugeben. [2]Der Versicherungsvertreter hat außerdem mitzuteilen, für welche Versicherer er seine Tätigkeit ausübt und ob er für diese ausschließlich tätig ist.

(3) Der Versicherungsnehmer kann auf die Mitteilungen und Angaben nach Absatz 2 durch eine gesonderte schriftliche Erklärung verzichten.

§ 61 Beratungs- und Dokumentationspflichten des Versicherungsvermittlers

(1) [1]Der Versicherungsvermittler hat den Versicherungsnehmer, soweit nach der Schwierigkeit, die angebotene Versicherung zu beurteilen, oder der Person des Versicherungsnehmers und dessen Situation hierfür Anlass besteht, nach seinen Wünschen und Bedürfnissen zu befragen und, auch unter Berücksichtigung eines angemessenen Verhältnisses zwischen Beratungsaufwand und der vom Versicherungsnehmer zu zahlenden Prämien, zu beraten sowie die Gründe für jeden zu einer bestimmten Versicherung erteilten Rat anzugeben. [2]Er hat dies unter Berücksichtigung der Komplexität des angebotenen Versicherungsvertrags nach § 62 zu dokumentieren.

(2) [1]Der Versicherungsnehmer kann auf die Beratung oder die Dokumentation nach Absatz 1 durch eine gesonderte schriftliche Erklärung verzichten, in der er vom Versicherungsvermittler ausdrücklich darauf hingewiesen wird, dass sich ein Verzicht nachteilig auf die Möglichkeit des Versicherungsnehmers auswirken kann, gegen den Versicherungsvermittler einen Schadensersatzanspruch nach § 63 geltend zu machen. [2]Handelt

es sich um einen Vertrag im Fernabsatz im Sinn des § 312c des Bürgerlichen Gesetzbuchs, kann der Versicherungsnehmer in Textform verzichten.

§ 62 Zeitpunkt und Form der Information

(1) Dem Versicherungsnehmer sind die Informationen nach § 60 Abs. 2 vor Abgabe seiner Vertragserklärung, die Informationen nach § 61 Abs. 1 vor dem Abschluss des Vertrags klar und verständlich in Textform zu übermitteln.

(2) [1]Die Informationen nach Absatz 1 dürfen mündlich übermittelt werden, wenn der Versicherungsnehmer dies wünscht oder wenn und soweit der Versicherer vorläufige Deckung gewährt. [2]In diesen Fällen sind die Informationen unverzüglich nach Vertragsschluss, spätestens mit dem Versicherungsschein dem Versicherungsnehmer in Textform zu übermitteln; dies gilt nicht für Verträge über vorläufige Deckung bei Pflichtversicherungen.

§ 63 Schadensersatzpflicht

[1]Der Versicherungsvermittler ist zum Ersatz des Schadens verpflichtet, der dem Versicherungsnehmer durch die Verletzung einer Pflicht nach § 60 oder § 61 entsteht. [2]Dies gilt nicht, wenn der Versicherungsvermittler die Pflichtverletzung nicht zu vertreten hat.

§ 64 Zahlungssicherung zugunsten des Versicherungsnehmers

Eine Bevollmächtigung des Versicherungsvermittlers durch den Versicherungsnehmer zur Annahme von Leistungen des Versicherers, die dieser auf Grund eines Versicherungsvertrags an den Versicherungsnehmer zu erbringen hat, bedarf einer gesonderten schriftlichen Erklärung des Versicherungsnehmers.

§ 65 Großrisiken

Die §§ 60 bis 63 gelten nicht für die Vermittlung von Versicherungsverträgen über Großrisiken im Sinn des § 210 Absatz 2.

§ 66 Sonstige Ausnahmen

[1]§ 1a Absatz 2, die §§ 6a, 7b, 7c, 60 bis 64, 69 Absatz 2 und § 214 gelten nicht für Versicherungsvermittler in Nebentätigkeit nach § 34d Absatz 8 Nummer 1 der Gewerbeordnung. [2]Versicherungsvermittler in Nebentätigkeit haben dem Versicherungsnehmer vor Abschluss eines Versicherungsvertrags Informationen über ihre Identität und ihre Anschrift sowie über die Verfahren, nach denen die Versicherungsnehmer und andere interessierte Parteien Beschwerden einlegen können, zur Verfügung zu stellen. [3]Das Informationsblatt zu Versicherungsprodukten haben sie dem Versicherungsnehmer vor Abschluss des Vertrags auszuhändigen.

§ 67 Abweichende Vereinbarungen

Von den §§ 60 bis 66 kann nicht zum Nachteil des Versicherungsnehmers abgewichen werden.

§ 68 Versicherungsberater

[1]Die für Versicherungsmakler geltenden Vorschriften des § 60 Abs. 1 Satz 1, des § 61 Abs. 1 und der §§ 62 bis 65 und 67 sind auf Versicherungsberater entsprechend anzuwenden. [2]Weitergehende Pflichten des Versicherungsberaters aus dem Auftragsverhältnis bleiben unberührt.

...

§ 150 Versicherte Person

(1) Die Lebensversicherung kann auf die Person des Versicherungsnehmers oder eines anderen genommen werden.

(2) [1]Wird die Versicherung für den Fall des Todes eines anderen genommen und übersteigt die vereinbarte Leistung den Betrag der gewöhnlichen Beerdigungskosten, ist zur Wirksamkeit des Vertrags die schriftliche Einwilligung des anderen erforderlich; dies gilt nicht bei Lebensversicherungen im Bereich der betrieblichen Altersversorgung. [2]Ist der andere geschäftsunfähig oder in der Geschäftsfähigkeit beschränkt oder ist für ihn ein Betreuer bestellt und steht die Vertretung in den seine Person betreffenden Angelegenheiten dem Versicherungsnehmer zu, kann dieser den anderen bei der Erteilung der Einwilligung nicht vertreten.

(3) Nimmt ein Elternteil die Versicherung auf die Person eines minderjährigen Kindes, bedarf es der Einwilligung des Kindes nur, wenn nach dem Vertrag der Versicherer auch bei Eintritt des Todes vor der Vollendung des siebenten Lebensjahres zur Leistung verpflichtet sein soll und die für diesen Fall vereinbarte Leistung den Betrag der gewöhnlichen Beerdigungskosten übersteigt.

(4) Soweit die Aufsichtsbehörde einen bestimmten Höchstbetrag für die gewöhnlichen Beerdigungskosten festgesetzt hat, ist dieser maßgebend.

§ 151 Ärztliche Untersuchung

Durch die Vereinbarung einer ärztlichen Untersuchung der versicherten Person wird ein Recht des Versicherers, die Vornahme der Untersuchung zu verlangen, nicht begründet.

§ 152 Widerruf des Versicherungsnehmers

(1) Abweichend von § 8 Abs. 1 Satz 1 beträgt die Widerrufsfrist 30 Tage.

(2) [1]Der Versicherer hat abweichend von § 9 Satz 1 auch den Rückkaufswert einschließlich der Überschussanteile nach § 169 zu zahlen. [2]Im Fall des § 9 Satz 2 hat der Versicherer den Rückkaufswert einschließlich der Überschussanteile oder, wenn dies für den Versicherungsnehmer günstiger ist, die für das erste Jahr gezahlten Prämien zu erstatten.

(3) Abweichend von § 33 Abs. 1 ist die einmalige oder die erste Prämie unverzüglich nach Ablauf von 30 Tagen nach Zugang des Versicherungsscheins zu zahlen.

§ 153 Überschussbeteiligung

(1) Dem Versicherungsnehmer steht eine Beteiligung an dem Überschuss und an den Bewertungsreserven (Überschussbeteiligung) zu, es sei denn, die Überschussbeteiligung ist durch ausdrückliche Vereinbarung ausgeschlossen; die Überschussbeteiligung kann nur insgesamt ausgeschlossen werden.

(2) [1]Der Versicherer hat die Beteiligung an dem Überschuss nach einem verursachungsorientierten Verfahren durchzuführen; andere vergleichbare angemessene Verteilungsgrundsätze können vereinbart werden. [2]Die Beträge im Sinn des § 268 Abs. 8 des Handelsgesetzbuchs bleiben unberücksichtigt.

(3) [1]Der Versicherer hat die Bewertungsreserven jährlich neu zu ermitteln und nach einem verursachungsorientierten Verfahren rechnerisch zuzuordnen. [2]Bei der Beendigung des Vertrags wird der für diesen Zeitpunkt zu ermittelnde Betrag zur Hälfte zugeteilt und an den Versicherungsnehmer ausgezahlt; eine frühere Zuteilung kann vereinbart werden.

[3]Aufsichtsrechtliche Regelungen zur Sicherstellung der dauernden Erfüllbarkeit der Verpflichtungen aus den Versicherungen, insbesondere die §§ 89, 124 Absatz 1, § 139 Absatz 3 und 4 und die §§ 140 sowie 214 des Versicherungsaufsichtsgesetzes bleiben unberührt.

(4) Bei Rentenversicherungen ist die Beendigung der Ansparphase der nach Absatz 3 Satz 2 maßgebliche Zeitpunkt.

§ 154 Modellrechnung

(1) [1]Macht der Versicherer im Zusammenhang mit dem Angebot oder dem Abschluss einer Lebensversicherung bezifferte Angaben zur Höhe von möglichen Leistungen über die vertraglich garantierten Leistungen hinaus, hat er dem Versicherungsnehmer eine Modellrechnung zu übermitteln, bei der die mögliche Ablaufleistung unter Zugrundelegung der Rechnungsgrundlagen für die Prämienkalkulation mit drei verschiedenen Zinssätzen dargestellt wird. [2]Dies gilt nicht für Risikoversicherungen und Verträge, die Leistungen der in § 124 Absatz 2 Satz 2 des Versicherungsaufsichtsgesetzes bezeichneten Art vorsehen.

(2) Der Versicherer hat den Versicherungsnehmer klar und verständlich darauf hinzuweisen, dass es sich bei der Modellrechnung nur um ein Rechenmodell handelt, dem fiktive Annahmen zu Grunde liegen, und dass der Versicherungsnehmer aus der Modellrechnung keine vertraglichen Ansprüche gegen den Versicherer ableiten kann.

§ 155 Standmitteilung

(1) [1]Bei Versicherungen mit Überschussbeteiligung hat der Versicherer den Versicherungsnehmer jährlich in Textform über den aktuellen Stand seiner Ansprüche unter Einbeziehung der Überschussbeteiligung zu unterrichten. [2]Dabei hat er mitzuteilen, inwieweit diese Überschussbeteiligung garantiert ist. [3]Im Einzelnen hat der Versicherer Folgendes anzugeben:

1. die vereinbarte Leistung bei Eintritt eines Versicherungsfalles zuzüglich Überschussbeteiligung zu dem in der Standmitteilung bezeichneten maßgeblichen Zeitpunkt,
2. die vereinbarte Leistung zuzüglich garantierter Überschussbeteiligung bei Ablauf des Vertrags oder bei Rentenbeginn unter der Voraussetzung einer unveränderten Vertragsfortführung,
3. die vereinbarte Leistung zuzüglich garantierter Überschussbeteiligung zum Ablauf des Vertrags oder zum Rentenbeginn unter der Voraussetzung einer prämienfreien Versicherung,
4. den Auszahlungsbetrag bei Kündigung des Versicherungsnehmers,
5. die Summe der gezahlten Prämien bei Verträgen, die ab dem 1. Juli 2018 abgeschlossen werden; im Übrigen kann über die Summe der gezahlten Prämien in Textform Auskunft verlangt werden.

(2) [1]Weitere Angaben bleiben dem Versicherer unbenommen. [2]Die Standmitteilung kann mit anderen jährlich zu machenden Mitteilungen verbunden werden.

(3) Hat der Versicherer bezifferte Angaben zur möglichen zukünftigen Entwicklung der Überschussbeteiligung gemacht, so hat er den Versicherungsnehmer auf Abweichungen der tatsächlichen Entwicklung von den anfänglichen Angaben hinzuweisen.

§ 156 Kenntnis und Verhalten der versicherten Person

Soweit nach diesem Gesetz die Kenntnis und das Verhalten des Versicherungsnehmers von rechtlicher Bedeutung sind, ist bei der Versicherung auf die Person eines anderen auch deren Kenntnis und Verhalten zu berücksichtigen.

§ 157 Unrichtige Altersangabe

[1]Ist das Alter der versicherten Person unrichtig angegeben worden, verändert sich die Leistung des Versicherers nach dem Verhältnis, in welchem die dem wirklichen Alter entsprechende Prämie zu der vereinbarten Prämie steht. [2]Das Recht, wegen der Verletzung der Anzeigepflicht von dem Vertrag zurückzutreten, steht dem Versicherer abweichend von § 19 Abs. 2 nur zu, wenn er den Vertrag bei richtiger Altersangabe nicht geschlossen hätte.

§ 158 Gefahränderung

(1) Als Erhöhung der Gefahr gilt nur eine solche Änderung der Gefahrumstände, die nach ausdrücklicher Vereinbarung als Gefahrerhöhung angesehen werden soll; die Vereinbarung bedarf der Textform.

(2) [1]Eine Erhöhung der Gefahr kann der Versicherer nicht mehr geltend machen, wenn seit der Erhöhung fünf Jahre verstrichen sind. [2]Hat der Versicherungsnehmer seine Verpflichtung nach § 23 vorsätzlich oder arglistig verletzt, beläuft sich die Frist auf zehn Jahre.

(3) § 41 ist mit der Maßgabe anzuwenden, dass eine Herabsetzung der Prämie nur wegen einer solchen Minderung der Gefahrumstände verlangt werden kann, die nach ausdrücklicher Vereinbarung als Gefahrminderung angesehen werden soll.

§ 159 Bezugsberechtigung

(1) Der Versicherungsnehmer ist im Zweifel berechtigt, ohne Zustimmung des Versicherers einen Dritten als Bezugsberechtigten zu bezeichnen sowie an die Stelle des so bezeichneten Dritten einen anderen zu setzen.

(2) Ein widerruflich als bezugsberechtigt bezeichneter Dritter erwirbt das Recht auf die Leistung des Versicherers erst mit dem Eintritt des Versicherungsfalles.

(3) Ein unwiderruflich als bezugsberechtigt bezeichneter Dritter erwirbt das Recht auf die Leistung des Versicherers bereits mit der Bezeichnung als Bezugsberechtigter.

§ 160 Auslegung der Bezugsberechtigung

(1) [1]Sind mehrere Personen ohne Bestimmung ihrer Anteile als Bezugsberechtigte bezeichnet, sind sie zu gleichen Teilen bezugsberechtigt. [2]Der von einem Bezugsberechtigten nicht erworbene Anteil wächst den übrigen Bezugsberechtigten zu.

(2) [1]Soll die Leistung des Versicherers nach dem Tod des Versicherungsnehmers an dessen Erben erfolgen, sind im Zweifel diejenigen, welche zur Zeit des Todes als Erben berufen sind, nach dem Verhältnis ihrer Erbteile bezugsberechtigt. [2]Eine Ausschlagung der Erbschaft hat auf die Berechtigung keinen Einfluss.

(3) Wird das Recht auf die Leistung des Versicherers von dem bezugsberechtigten Dritten nicht erworben, steht es dem Versicherungsnehmer zu.

(4) Ist der Fiskus als Erbe berufen, steht ihm ein Bezugsrecht im Sinn des Absatzes 2 Satz 1 nicht zu.

§ 161 Selbsttötung

(1) [1]Bei einer Versicherung für den Todesfall ist der Versicherer nicht zur Leistung verpflichtet, wenn die versicherte Person sich vor Ablauf von drei Jahren nach Abschluss des Versicherungsvertrags vorsätzlich selbst getötet hat. [2]Dies gilt nicht, wenn die Tat in einem die freie Willensbestimmung ausschließenden Zustand krankhafter Störung der Geistestätigkeit begangen worden ist.

(2) Die Frist nach Absatz 1 Satz 1 kann durch Einzelvereinbarung erhöht werden.

(3) Ist der Versicherer nicht zur Leistung verpflichtet, hat er den Rückkaufswert einschließlich der Überschussanteile nach § 169 zu zahlen.

§ 162 Tötung durch Leistungsberechtigten

(1) Ist die Versicherung für den Fall des Todes eines anderen als des Versicherungsnehmers genommen, ist der Versicherer nicht zur Leistung verpflichtet, wenn der Versicherungsnehmer vorsätzlich durch eine widerrechtliche Handlung den Tod des anderen herbeiführt.

(2) Ist ein Dritter als Bezugsberechtigter bezeichnet, gilt die Bezeichnung als nicht erfolgt, wenn der Dritte vorsätzlich durch eine widerrechtliche Handlung den Tod der versicherten Person herbeiführt.

§ 163 Prämien- und Leistungsänderung

(1) [1]Der Versicherer ist zu einer Neufestsetzung der vereinbarten Prämie berechtigt, wenn
1. sich der Leistungsbedarf nicht nur vorübergehend und nicht voraussehbar gegenüber den Rechnungsgrundlagen der vereinbarten Prämie geändert hat,
2. die nach den berichtigten Rechnungsgrundlagen neu festgesetzte Prämie angemessen und erforderlich ist, um die dauernde Erfüllbarkeit der Versicherungsleistung zu gewährleisten, und
3. ein unabhängiger Treuhänder die Rechnungsgrundlagen und die Voraussetzungen der Nummern 1 und 2 überprüft und bestätigt hat.

[2]Eine Neufestsetzung der Prämie ist insoweit ausgeschlossen, als die Versicherungsleistungen zum Zeitpunkt der Erst- oder Neukalkulation unzureichend kalkuliert waren und ein ordentlicher und gewissenhafter Aktuar dies insbesondere anhand der zu diesem Zeitpunkt verfügbaren statistischen Kalkulationsgrundlagen hätte erkennen müssen.

(2) [1]Der Versicherungsnehmer kann verlangen, dass an Stelle einer Erhöhung der Prämie nach Absatz 1 die Versicherungsleistung entsprechend herabgesetzt wird. [2]Bei einer prämienfreien Versicherung ist der Versicherer unter den Voraussetzungen des Absatzes 1 zur Herabsetzung der Versicherungsleistung berechtigt.

(3) Die Neufestsetzung der Prämie und die Herabsetzung der Versicherungsleistung werden zu Beginn des zweiten Monats wirksam, der auf die Mitteilung der Neufestsetzung oder der Herabsetzung und der hierfür maßgeblichen Gründe an den Versicherungsnehmer folgt.

(4) Die Mitwirkung des Treuhänders nach Absatz 1 Satz 1 Nr. 3 entfällt, wenn die Neufestsetzung oder die Herabsetzung der Versicherungsleistung der Genehmigung der Aufsichtsbehörde bedarf.

§ 164 Bedingungsanpassung

(1) [1]Ist eine Bestimmung in Allgemeinen Versicherungsbedingungen des Versicherers durch höchstrichterliche Entscheidung oder durch bestandskräftigen Verwaltungsakt für unwirksam erklärt worden, kann sie der Versicherer durch eine neue Regelung ersetzen, wenn dies zur Fortführung des Vertrags notwendig ist oder wenn das Festhalten an dem Vertrag ohne neue Regelung für eine Vertragspartei auch unter Berücksichtigung der Interessen der anderen Vertragspartei eine unzumutbare Härte darstellen würde. [2]Die neue Regelung ist nur wirksam, wenn sie unter Wahrung des Vertragsziels die Belange der Versicherungsnehmer angemessen berücksichtigt.

(2) Die neue Regelung nach Absatz 1 wird zwei Wochen, nachdem die neue Regelung und die hierfür maßgeblichen Gründe dem Versicherungsnehmer mitgeteilt worden sind, Vertragsbestandteil.

§ 165 Prämienfreie Versicherung

(1) [1]Der Versicherungsnehmer kann jederzeit für den Schluss der laufenden Versicherungsperiode die Umwandlung der Versicherung in eine prämienfreie Versicherung verlangen, sofern die dafür vereinbarte Mindestversicherungsleistung erreicht wird. [2]Wird diese nicht erreicht, hat der Versicherer den auf die Versicherung entfallenden Rückkaufswert einschließlich der Überschussanteile nach § 169 zu zahlen.

(2) Die prämienfreie Leistung ist nach anerkannten Regeln der Versicherungsmathematik mit den Rechnungsgrundlagen der Prämienkalkulation unter Zugrundelegung des Rückkaufswertes nach § 169 Abs. 3 bis 5 zu berechnen und im Vertrag für jedes Versicherungsjahr anzugeben.

(3) [1]Die prämienfreie Leistung ist für den Schluss der laufenden Versicherungsperiode unter Berücksichtigung von Prämienrückständen zu berechnen. [2]Die Ansprüche des Versicherungsnehmers aus der Überschussbeteiligung bleiben unberührt.

§ 166 Kündigung des Versicherers

(1) [1]Kündigt der Versicherer das Versicherungsverhältnis, wandelt sich mit der Kündigung die Versicherung in eine prämienfreie Versicherung um. [2]Auf die Umwandlung ist § 165 anzuwenden.

(2) Im Fall des § 38 Abs. 2 ist der Versicherer zu der Leistung verpflichtet, die er erbringen müsste, wenn sich mit dem Eintritt des Versicherungsfalles die Versicherung in eine prämienfreie Versicherung umgewandelt hätte.

(3) Bei der Bestimmung einer Zahlungsfrist nach § 38 Abs. 1 hat der Versicherer auf die eintretende Umwandlung der Versicherung hinzuweisen.

(4) Bei einer Lebensversicherung, die vom Arbeitgeber zugunsten seiner Arbeitnehmerinnen und Arbeitnehmer abgeschlossen worden ist, hat der Versicherer die versicherte Person über die Bestimmung der Zahlungsfrist nach § 38 Abs. 1 und die eintretende Umwandlung der Versicherung in Textform zu informieren und ihnen eine Zahlungsfrist von mindestens zwei Monaten einzuräumen.

§ 167 Umwandlung zur Erlangung eines Pfändungsschutzes

[1]Der Versicherungsnehmer einer Lebensversicherung kann jederzeit für den Schluss der laufenden Versicherungsperiode die Umwandlung der Versicherung in eine Versicherung

verlangen, die den Anforderungen des § 851c Abs. 1 der Zivilprozessordnung entspricht. [2]Die Kosten der Umwandlung hat der Versicherungsnehmer zu tragen.

§ 168 Kündigung des Versicherungsnehmers

(1) Sind laufende Prämien zu zahlen, kann der Versicherungsnehmer das Versicherungsverhältnis jederzeit für den Schluss der laufenden Versicherungsperiode kündigen.

(2) Bei einer Versicherung, die Versicherungsschutz für ein Risiko bietet, bei dem der Eintritt der Verpflichtung des Versicherers gewiss ist, steht das Kündigungsrecht dem Versicherungsnehmer auch dann zu, wenn die Prämie in einer einmaligen Zahlung besteht.

(3) [1]Die Absätze 1 und 2 sind nicht auf einen für die Altersvorsorge bestimmten Versicherungsvertrag anzuwenden, bei dem der Versicherungsnehmer mit dem Versicherer eine Verwertung vor dem Eintritt in den Ruhestand unwiderruflich ausgeschlossen hat; der Wert der vom Ausschluss der Verwertbarkeit betroffenen Ansprüche darf die in § 12 Abs. 2 Nr. 3 des Zweiten Buches Sozialgesetzbuch bestimmten Beträge nicht übersteigen. [2]Entsprechendes gilt, soweit die Ansprüche nach § 851c oder § 851d der Zivilprozessordnung nicht gepfändet werden dürfen.

§ 169 Rückkaufswert

(1) Wird eine Versicherung, die Versicherungsschutz für ein Risiko bietet, bei dem der Eintritt der Verpflichtung des Versicherers gewiss ist, durch Kündigung des Versicherungsnehmers oder durch Rücktritt oder Anfechtung des Versicherers aufgehoben, hat der Versicherer den Rückkaufswert zu zahlen.

(2) [1]Der Rückkaufswert ist nur insoweit zu zahlen, als dieser die Leistung bei einem Versicherungsfall zum Zeitpunkt der Kündigung nicht übersteigt. [2]Der danach nicht gezahlte Teil des Rückkaufswertes ist für eine prämienfreie Versicherung zu verwenden. [3]Im Fall des Rücktrittes oder der Anfechtung ist der volle Rückkaufswert zu zahlen.

(3) [1]Der Rückkaufswert ist das nach anerkannten Regeln der Versicherungsmathematik mit den Rechnungsgrundlagen der Prämienkalkulation zum Schluss der laufenden Versicherungsperiode berechnete Deckungskapital der Versicherung, bei einer Kündigung des Versicherungsverhältnisses jedoch mindestens der Betrag des Deckungskapitals, das sich bei gleichmäßiger Verteilung der angesetzten Abschluss- und Vertriebskosten auf die ersten fünf Vertragsjahre ergibt; die aufsichtsrechtlichen Regelungen über Höchstzillmersätze bleiben unberührt. [2]Der Rückkaufswert und das Ausmaß, in dem er garantiert ist, sind dem Versicherungsnehmer vor Abgabe von dessen Vertragserklärung mitzuteilen; das Nähere regelt die Rechtsverordnung nach § 7 Abs. 2. [3]Hat der Versicherer seinen Sitz in einem anderen Mitgliedstaat der Europäischen Union oder einem anderen Vertragsstaat des Abkommens über den Europäischen Wirtschaftsraum, kann er für die Berechnung des Rückkaufswertes an Stelle des Deckungskapitals den in diesem Staat vergleichbaren anderen Bezugswert zu Grunde legen.

(4) [1]Bei fondsgebundenen Versicherungen und anderen Versicherungen, die Leistungen der in § 124 Absatz 2 Satz 2 des Versicherungsaufsichtsgesetzes bezeichneten Art vorsehen, ist der Rückkaufswert nach anerkannten Regeln der Versicherungsmathematik als Zeitwert der Versicherung zu berechnen, soweit nicht der Versicherer eine bestimmte Leistung garantiert; im Übrigen gilt Absatz 3. [2]Die Grundsätze der Berechnung sind im Vertrag anzugeben.

(5) ¹Der Versicherer ist zu einem Abzug von dem nach Absatz 3 oder 4 berechneten Betrag nur berechtigt, wenn er vereinbart, beziffert und angemessen ist. ²Die Vereinbarung eines Abzugs für noch nicht getilgte Abschluss- und Vertriebskosten ist unwirksam.

(6) ¹Der Versicherer kann den nach Absatz 3 berechneten Betrag angemessen herabsetzen, soweit dies erforderlich ist, um eine Gefährdung der Belange der Versicherungsnehmer, insbesondere durch eine Gefährdung der dauernden Erfüllbarkeit der sich aus den Versicherungsverträgen ergebenden Verpflichtungen, auszuschließen. ²Die Herabsetzung ist jeweils auf ein Jahr befristet.

(7) Der Versicherer hat dem Versicherungsnehmer zusätzlich zu dem nach den Absätzen 3 bis 6 berechneten Betrag die diesem bereits zugeteilten Überschussanteile, soweit sie nicht bereits in dem Betrag nach den Absätzen 3 bis 6 enthalten sind, sowie den nach den jeweiligen Allgemeinen Versicherungsbedingungen für den Fall der Kündigung vorgesehenen Schlussüberschussanteil zu zahlen; § 153 Abs. 3 Satz 2 bleibt unberührt.

§ 170 Eintrittsrecht

(1) ¹Wird in die Versicherungsforderung ein Arrest vollzogen oder eine Zwangsvollstreckung vorgenommen oder wird das Insolvenzverfahren über das Vermögen des Versicherungsnehmers eröffnet, kann der namentlich bezeichnete Bezugsberechtigte mit Zustimmung des Versicherungsnehmers an seiner Stelle in den Versicherungsvertrag eintreten. ²Tritt der Bezugsberechtigte ein, hat er die Forderungen der betreibenden Gläubiger oder der Insolvenzmasse bis zur Höhe des Betrags zu befriedigen, dessen Zahlung der Versicherungsnehmer im Fall der Kündigung des Versicherungsverhältnisses vom Versicherer verlangen könnte.

(2) Ist ein Bezugsberechtigter nicht oder nicht namentlich bezeichnet, steht das gleiche Recht dem Ehegatten oder Lebenspartner und den Kindern des Versicherungsnehmers zu.

(3) ¹Der Eintritt erfolgt durch Anzeige an den Versicherer. ²Die Anzeige kann nur innerhalb eines Monats erfolgen, nachdem der Eintrittsberechtigte von der Pfändung Kenntnis erlangt hat oder das Insolvenzverfahren eröffnet worden ist.

§ 171 Abweichende Vereinbarungen

¹Von § 152 Abs. 1 und 2 und den §§ 153 bis 155, 157, 158, 161 und 163 bis 170 kann nicht zum Nachteil des Versicherungsnehmers, der versicherten Person oder des Eintrittsberechtigten abgewichen werden. ²Für das Verlangen des Versicherungsnehmers auf Umwandlung nach § 165 und für seine Kündigung nach § 168 kann die Schrift- oder die Textform vereinbart werden.

§ 172 Leistung des Versicherers

(1) Bei der Berufsunfähigkeitsversicherung ist der Versicherer verpflichtet, für eine nach Beginn der Versicherung eingetretene Berufsunfähigkeit die vereinbarten Leistungen zu erbringen.

(2) Berufsunfähig ist, wer seinen zuletzt ausgeübten Beruf, so wie er ohne gesundheitliche Beeinträchtigung ausgestaltet war, infolge Krankheit, Körperverletzung oder mehr als altersentsprechendem Kräfteverfall ganz oder teilweise voraussichtlich auf Dauer nicht mehr ausüben kann.

(3) Als weitere Voraussetzung einer Leistungspflicht des Versicherers kann vereinbart werden, dass die versicherte Person auch keine andere Tätigkeit ausübt oder ausüben kann, die zu übernehmen sie auf Grund ihrer Ausbildung und Fähigkeiten in der Lage ist und die ihrer bisherigen Lebensstellung entspricht.

§ 173 Anerkenntnis

(1) Der Versicherer hat nach einem Leistungsantrag bei Fälligkeit in Textform zu erklären, ob er seine Leistungspflicht anerkennt.

(2) [1]Das Anerkenntnis darf nur einmal zeitlich begrenzt werden. [2]Es ist bis zum Ablauf der Frist bindend.

§ 174 Leistungsfreiheit

(1) Stellt der Versicherer fest, dass die Voraussetzungen der Leistungspflicht entfallen sind, wird er nur leistungsfrei, wenn er dem Versicherungsnehmer diese Veränderung in Textform dargelegt hat.

(2) Der Versicherer wird frühestens mit dem Ablauf des dritten Monats nach Zugang der Erklärung nach Absatz 1 beim Versicherungsnehmer leistungsfrei.

§ 175 Abweichende Vereinbarungen

Von den §§ 173 und 174 kann nicht zum Nachteil des Versicherungsnehmers abgewichen werden.

§ 176 Anzuwendende Vorschriften

Die §§ 150 bis 170 sind auf die Berufsunfähigkeitsversicherung entsprechend anzuwenden, soweit die Besonderheiten dieser Versicherung nicht entgegenstehen.

§ 177 Ähnliche Versicherungsverträge

(1) Die §§ 173 bis 176 sind auf alle Versicherungsverträge, bei denen der Versicherer für eine dauerhafte Beeinträchtigung der Arbeitsfähigkeit eine Leistung verspricht, entsprechend anzuwenden.

(2) Auf die Unfallversicherung sowie auf Krankenversicherungsverträge, die das Risiko der Beeinträchtigung der Arbeitsfähigkeit zum Gegenstand haben, ist Absatz 1 nicht anzuwenden.

...

§ 211 Pensionskassen, kleinere Versicherungsvereine, Versicherungen mit kleineren Beträgen

(1) Die §§ 37, 38, 165, 166, 168 und 169 sind, soweit mit Genehmigung der Aufsichtsbehörde in den Allgemeinen Versicherungsbedingungen abweichende Bestimmungen getroffen sind, nicht anzuwenden auf

1. Versicherungen bei Pensionskassen im Sinn des § 233 Absatz 1 und 2 des Versicherungsaufsichtsgesetzes,
2. Versicherungen, die bei einem Verein genommen werden, der als kleinerer Verein im Sinn des Versicherungsaufsichtsgesetzes anerkannt ist,
3. Lebensversicherungen mit kleineren Beträgen und
4. Unfallversicherungen mit kleineren Beträgen.

(2) Auf die in Absatz 1 Nr. 1 genannten Pensionskassen sind ferner nicht anzuwenden

1. die §§ 6 bis 9, 11, 150 Abs. 2 bis 4 und § 152 Abs. 1 und 2; für die §§ 7 bis 9 und 152 Abs. 1 und 2 gilt dies nicht für Fernabsatzverträge im Sinn des § 312c des Bürgerlichen Gesetzbuchs;

2. § 153, soweit mit Genehmigung der Aufsichtsbehörde in den Allgemeinen Versicherungsbedingungen abweichende Bestimmungen getroffen sind; § 153 Abs. 3 Satz 1 ist ferner nicht auf Sterbekassen anzuwenden.

(3) Sind für Versicherungen mit kleineren Beträgen im Sinn von Absatz 1 Nr. 3 und 4 abweichende Bestimmungen getroffen, kann deren Wirksamkeit nicht unter Berufung darauf angefochten werden, dass es sich nicht um Versicherungen mit kleineren Beträgen handele.

§ 212 Fortsetzung der Lebensversicherung nach der Elternzeit

Besteht während einer Elternzeit ein Arbeitsverhältnis ohne Entgelt gemäß § 1a Abs. 4 des Betriebsrentengesetzes fort und wird eine vom Arbeitgeber zugunsten der Arbeitnehmerin oder des Arbeitnehmers abgeschlossene Lebensversicherung wegen Nichtzahlung der während der Elternzeit fälligen Prämien in eine prämienfreie Versicherung umgewandelt, kann die Arbeitnehmerin oder der Arbeitnehmer innerhalb von drei Monaten nach der Beendigung der Elternzeit verlangen, dass die Versicherung zu den vor der Umwandlung vereinbarten Bedingungen fortgesetzt wird.

…

6.2 Verordnung über Informationspflichten bei Versicherungsverträgen (VVG-Informationspflichtenverordnung – VVG-InfoV)

Verordnung vom 18. Dezember 2007 (BGBl. I S. 3004) mit Geltung ab 1. Januar 2008

Zuletzt geändert durch Artikel 1 der Verordnung vom 6. März 2018 (BGBl. I S. 225)

Auf Grund des § 7 Abs. 2 und 3 des Versicherungsvertragsgesetzes vom 23. November 2007 (BGBl. I S. 2631) verordnet das Bundesministerium der Justiz im Einvernehmen mit dem Bundesministerium der Finanzen und im Benehmen mit dem Bundesministerium für Ernährung, Landwirtschaft und Verbraucherschutz:

– Auszug –

§ 1 Informationspflichten bei allen Versicherungszweigen

(1) Der Versicherer hat dem Versicherungsnehmer gemäß § 7 Abs. 1 Satz 1 des Versicherungsvertragsgesetzes folgende Informationen zur Verfügung zu stellen:

1. die Identität des Versicherers und der etwaigen Niederlassung, über die der Vertrag abgeschlossen werden soll; anzugeben ist auch das Handelsregister, bei dem der Rechtsträger eingetragen ist, und die zugehörige Registernummer;

2. die Identität eines Vertreters des Versicherers in dem Mitgliedstaat der Europäischen Union, in dem der Versicherungsnehmer seinen Wohnsitz hat, wenn es einen solchen Vertreter gibt, oder die Identität einer anderen gewerblich tätigen Person als dem Anbieter, wenn der Versicherungsnehmer mit dieser geschäftlich zu tun hat, und die Eigenschaft, in der diese Person gegenüber dem Versicherungsnehmer tätig wird;

3. die ladungsfähige Anschrift des Versicherers und jede andere Anschrift, die für die Geschäftsbeziehung zwischen dem Versicherer, seinem Vertreter oder einer anderen gewerblich tätigen Person gemäß Nummer 2 und dem Versicherungsnehmer maßgeblich ist, bei juristischen Personen, Personenvereinigungen oder -gruppen auch den Namen eines Vertretungsberechtigten;

4. die Hauptgeschäftstätigkeit des Versicherers;

5. Angaben über das Bestehen eines Garantiefonds oder anderer Entschädigungsregelungen, die nicht unter die Richtlinie 94/19/EG des Europäischen Parlaments und des Rates vom 30. Mai 1994 über Einlagensicherungssysteme (ABl. EG Nr. L 135 S. 5) und die Richtlinie 97/9/EG des Europäischen Parlaments und des Rates vom 3. März 1997 über Systeme für die Entschädigung der Anleger (ABl. EG Nr. L 84 S. 22) fallen; Name und Anschrift des Garantiefonds sind anzugeben;

6. a) die für das Versicherungsverhältnis geltenden Allgemeinen Versicherungsbedingungen einschließlich der Tarifbestimmungen;
   b) die wesentlichen Merkmale der Versicherungsleistung, insbesondere Angaben über Art, Umfang und Fälligkeit der Leistung des Versicherers;

7. den Gesamtpreis der Versicherung einschließlich aller Steuern und sonstigen Preisbestandteile, wobei die Prämien einzeln auszuweisen sind, wenn das Versicherungsverhältnis mehrere selbständige Versicherungsverträge umfassen soll, oder, wenn ein genauer Preis nicht angegeben werden kann, Angaben zu den Grundlagen seiner Berechnung, die dem Versicherungsnehmer eine Überprüfung des Preises ermöglichen;

8. gegebenenfalls zusätzlich anfallende Kosten unter Angabe des insgesamt zu zahlenden Betrages sowie mögliche weitere Steuern, Gebühren oder Kosten, die nicht über den Versicherer abgeführt oder von ihm in Rechnung gestellt werden; anzugeben sind auch alle Kosten, die dem Versicherungsnehmer für die Benutzung von Fernkommunikationsmitteln entstehen, wenn solche zusätzlichen Kosten in Rechnung gestellt werden;

9. Einzelheiten hinsichtlich der Zahlung und der Erfüllung, insbesondere zur Zahlungsweise der Prämien;

10. die Befristung der Gültigkeitsdauer der zur Verfügung gestellten Informationen, beispielsweise die Gültigkeitsdauer befristeter Angebote, insbesondere hinsichtlich des Preises;

11. gegebenenfalls den Hinweis, dass sich die Finanzdienstleistung auf Finanzinstrumente bezieht, die wegen ihrer spezifischen Merkmale oder der durchzuführenden Vorgänge mit speziellen Risiken behaftet sind, oder deren Preis Schwankungen auf dem Finanzmarkt unterliegt, auf die der Versicherer keinen Einfluss hat, und dass in der Vergangenheit erwirtschaftete Beträge kein Indikator für künftige Erträge sind; die jeweiligen Umstände und Risiken sind zu bezeichnen;

12. Angaben darüber, wie der Vertrag zustande kommt, insbesondere über den Beginn der Versicherung und des Versicherungsschutzes sowie die Dauer der Frist, während der der Antragsteller an den Antrag gebunden sein soll;

13. das Bestehen oder Nichtbestehen eines Widerrufsrechts sowie die Bedingungen, Einzelheiten der Ausübung, insbesondere Namen und Anschrift derjenigen Person, gegenüber der der Widerruf zu erklären ist, und die Rechtsfolgen des Widerrufs einschließlich Informationen über den Betrag, den der Versicherungsnehmer im Falle des Widerrufs gegebenenfalls zu zahlen hat;

14. Angaben zur Laufzeit und gegebenenfalls zur Mindestlaufzeit des Vertrages;

15. Angaben zur Beendigung des Vertrages, insbesondere zu den vertraglichen Kündigungsbedingungen einschließlich etwaiger Vertragsstrafen;

16. die Mitgliedstaaten der Europäischen Union, deren Recht der Versicherer der Aufnahme von Beziehungen zum Versicherungsnehmer vor Abschluss des Versicherungsvertrages zugrunde legt;

17. das auf den Vertrag anwendbare Recht, eine Vertragsklausel über das auf den Vertrag anwendbare Recht oder über das zuständige Gericht;

18. die Sprachen, in welchen die Vertragsbedingungen und die in dieser Vorschrift genannten Vorabinformationen mitgeteilt werden, sowie die Sprachen, in welchen sich der Versicherer verpflichtet, mit Zustimmung des Versicherungsnehmers die Kommunikation während der Laufzeit dieses Vertrages zu führen;

19. einen möglichen Zugang des Versicherungsnehmers zu einem außergerichtlichen Beschwerde- und Rechtsbehelfsverfahren und gegebenenfalls die Voraussetzungen für diesen Zugang; dabei ist ausdrücklich darauf hinzuweisen, dass die Möglichkeit für den Versicherungsnehmer, den Rechtsweg zu beschreiten, hiervon unberührt bleibt;

20. Name und Anschrift der zuständigen Aufsichtsbehörde sowie die Möglichkeit einer Beschwerde bei dieser Aufsichtsbehörde.

(2) Soweit die Mitteilung durch Übermittlung der Vertragsbestimmungen einschließlich der Allgemeinen Versicherungsbedingungen erfolgt, bedürfen die Informationen nach Absatz 1 Nr. 3, 13 und 15 einer hervorgehobenen und deutlich gestalteten Form.

§ 2 Informationspflichten bei der Lebensversicherung, der Berufsunfähigkeitsversicherung und der Unfallversicherung mit Prämienrückgewähr

(1) Bei der Lebensversicherung hat der Versicherer dem Versicherungsnehmer gemäß § 7 Abs. 1 Satz 1 des Versicherungsvertragsgesetzes zusätzlich zu den in § 1 Abs. 1 genannten Informationen die folgenden Informationen zur Verfügung zu stellen:

1. Angaben zur Höhe der in die Prämie einkalkulierten Kosten; dabei sind die einkalkulierten Abschlusskosten als einheitlicher Gesamtbetrag und die übrigen einkalkulierten Kosten als Anteil der Jahresprämie unter Angabe der jeweiligen Laufzeit auszuweisen; bei den übrigen einkalkulierten Kosten sind die einkalkulierten Verwaltungskosten zusätzlich gesondert als Anteil der Jahresprämie unter Angabe der jeweiligen Laufzeit auszuweisen;

2. Angaben zu möglichen sonstigen Kosten, insbesondere zu Kosten, die einmalig oder aus besonderem Anlass entstehen können;

3. Angaben über die für die Überschussermittlung und Überschussbeteiligung geltenden Berechnungsgrundsätze und Maßstäbe;

4. Angabe der in Betracht kommenden Rückkaufswerte;

5. Angaben über den Mindestversicherungsbetrag für eine Umwandlung in eine prämienfreie oder eine prämienreduzierte Versicherung und über die Leistungen aus einer prämienfreien oder prämienreduzierten Versicherung;

6. das Ausmaß, in dem die Leistungen nach den Nummern 4 und 5 garantiert sind;

7. bei fondsgebundenen Versicherungen Angaben über die der Versicherung zugrunde liegenden Fonds und die Art der darin enthaltenen Vermögenswerte;

8. allgemeine Angaben über die für diese Versicherungsart geltende Steuerregelung;

9. bei Lebensversicherungsverträgen, die Versicherungsschutz für ein Risiko bieten, bei dem der Eintritt der Verpflichtung des Versicherers gewiss ist, die Minderung der Wertentwicklung durch Kosten in Prozentpunkten (Effektivkosten) bis zum Beginn der Auszahlungsphase.

(2) ¹Die Angaben nach Absatz 1 Nr. 1, 2, 4 und 5 haben in Euro zu erfolgen. ²Bei Absatz 1 Nr. 6 gilt Satz 1 mit der Maßgabe, dass das Ausmaß der Garantie in Euro anzugeben ist.

(3) Die vom Versicherer zu übermittelnde Modellrechnung im Sinne von § 154 Abs. 1 des Versicherungsvertragsgesetzes ist mit folgenden Zinssätzen darzustellen:

1. dem Höchstrechnungszinssatz, multipliziert mit 1,67,

2. dem Zinssatz nach Nummer 1 zuzüglich eines Prozentpunktes und

3. dem Zinssatz nach Nummer 1 abzüglich eines Prozentpunktes.

(4) ¹Auf die Berufsunfähigkeitsversicherung sind die Absätze 1 und 2 entsprechend anzuwenden. ²Darüber hinaus ist darauf hinzuweisen, dass der in den Versicherungsbedingungen verwendete Begriff der Berufsunfähigkeit nicht mit dem Begriff der Berufsunfähigkeit oder der Erwerbsminderung im sozialrechtlichen Sinne oder dem Begriff der Berufsunfähigkeit im Sinne der Versicherungsbedingungen in der Krankentagegeldversicherung übereinstimmt.

(5) Auf die Unfallversicherung mit Prämienrückgewähr sind Absatz 1 Nr. 3 bis 8 und Absatz 2 entsprechend anzuwenden.

…

§ 4 Produktinformationsblatt

(1) Ist der Versicherungsnehmer ein Verbraucher, so hat der Versicherer ihm ein Produktinformationsblatt zur Verfügung zu stellen.

(2) ¹Das Produktinformationsblatt ist nach der Durchführungsverordnung (EU) 2017/1469 der Kommission vom 11. August 2017 zur Festlegung eines Standardformats für das Informationsblatt zu Versicherungsprodukten (ABl. L 209 vom 12.8.2017, S. 19) in ihrer jeweils geltenden Fassung zu erstellen; unter den Überschriften, die nach Artikel 4 Absatz 1 in Verbindung mit dem Anhang oder nach Absatz 4 der Durchführungsverordnung zu verwenden sind, sind die entsprechenden Informationen zu geben. ²Zusätzlich sind bei Versicherungsprodukten, die kein Versicherungsprodukt im Sinne des Anhangs I der Richtlinie 2009/138/EG des Europäischen Parlaments und des Rates vom 25. November 2009 betreffend die Aufnahme und Ausübung der Versicherungs- und der Rückversicherungstätigkeit (Solvabilität II) (ABl. L 335 vom 17.12.2009, S. 1) sind, die Prämie, die Abschluss- und Vertriebskosten und die Verwaltungskosten (§ 2 Absatz 1 Nummer 1) sowie die sonstigen Kosten (§ 2 Absatz 1 Nummer 2) jeweils in Euro gesondert auszuweisen; die Information ist unter der Überschrift „Prämie; Kosten" als letzte Information zu geben.

(3) Diese Regelung gilt nicht für Versicherungsanlageprodukte im Sinne der Verordnung (EU) Nr. 1286/2014 des Europäischen Parlaments und des Rates vom 26. November 2014 über Basisinformationsblätter für verpackte Anlageprodukte für Kleinanleger und Versicherungsanlageprodukte (PRIIP) (ABl. L 352 vom 9.12.2014, S. 1; L 358 vom 13.12.2014, S. 50), die durch die Verordnung (EU) 2016/2340 (ABl. L 354 vom 23.12.2016, S. 35) geändert worden ist.

…

§ 6 Informationspflichten während der Laufzeit des Vertrages

(1) Der Versicherer hat dem Versicherungsnehmer während der Laufzeit des Versicherungsvertrages folgende Informationen mitzuteilen:

1. jede Änderung der Identität oder der ladungsfähigen Anschrift des Versicherers und der etwaigen Niederlassung, über die der Vertrag abgeschlossen worden ist;
2. Änderungen bei den Angaben nach § 1 Abs. 1 Nr. 6 Buchstabe b, Nr. 7 bis 9 und 14 sowie nach § 2 Abs. 1 Nr. 3 bis 7, sofern sie sich aus Änderungen von Rechtsvorschriften ergeben;
3. soweit nach dem Vertrag eine Überschussbeteiligung vorgesehen ist, alljährlich eine Information über den Stand der Überschussbeteiligung sowie Informationen darüber, inwieweit diese Überschussbeteiligung garantiert ist; dies gilt nicht für die Krankenversicherung.

...

6.3 Gesetz über die Beaufsichtigung der Versicherungsunternehmen (Versicherungsaufsichtsgesetz – VAG)

In der Fassung der Bekanntmachung vom 1. April 2015 (BGBl. I S. 434, 1864)

Zuletzt geändert durch Artikel 14 des Gesetzes vom 12. Dezember 2019 (BGBl. I S. 2637)

– Auszug –

§ 8 Erlaubnis; Spartentrennung

(1) Versicherungsunternehmen bedürfen zum Geschäftsbetrieb der Erlaubnis der Aufsichtsbehörde.

(2) Die Erlaubnis darf nur Aktiengesellschaften einschließlich der Europäischen Gesellschaft, Versicherungsvereinen auf Gegenseitigkeit sowie Körperschaften und Anstalten des öffentlichen Rechts erteilt werden.

(3) Der Ort der Hauptverwaltung muss im Inland liegen.

(4) [1]Ein Rückversicherungsunternehmen wird nur zum Betrieb der Rückversicherung zugelassen. [2]Bei Erstversicherungsunternehmen schließen die Erlaubnis zum Betrieb der Lebensversicherung im Sinne der Anlage 1 Nummer 19 bis 24 und die Erlaubnis zum Betrieb anderer Versicherungssparten einander aus; das Gleiche gilt für die Erlaubnis zum Betrieb der Krankenversicherung im Sinne des § 146 Absatz 1 und die Erlaubnis zum Betrieb anderer Versicherungssparten.

(5) [1]Die Aufsichtsbehörde macht die Erteilung und den Widerruf der Erlaubnis im elektronischen Informationsmedium nach § 318 Absatz 3 bekannt und meldet sie der Europäischen Aufsichtsbehörde für das Versicherungswesen und die betriebliche Altersversorgung. [2]Ist ein gemäß § 221 sicherungspflichtiges Versicherungsunternehmen betroffen, informiert sie zusätzlich den Sicherungsfonds.

§ 9 Antrag

(1) Mit dem Antrag auf Erlaubnis ist der Geschäftsplan einzureichen; er hat den Zweck und die Einrichtung des Unternehmens, das Gebiet des beabsichtigten Geschäftsbetriebs sowie die Verhältnisse darzulegen, aus denen sich die künftigen Verpflichtungen des Unternehmens als dauernd erfüllbar ergeben sollen.

(2) Als Bestandteil des Geschäftsplans sind einzureichen:
1. die Satzung, soweit sie sich nicht auf allgemeine Versicherungsbedingungen bezieht;

2. Angaben darüber, welche Versicherungssparten betrieben und welche Risiken einer Versicherungssparte gedeckt werden sollen; bei Unternehmen, die ausschließlich die Rückversicherung betreiben wollen, stattdessen Angaben darüber, welche Risiken im Wege der Rückversicherung gedeckt werden sollen, und über die Arten von Rückversicherungsverträgen, die das Rückversicherungsunternehmen mit den Vorversicherern zu schließen beabsichtigt;

3. die Grundzüge der Rückversicherung und Retrozession;

4. Angaben über die Basiseigenmittelbestandteile, die die absolute Grenze der Mindestkapitalanforderung bedecken sollen sowie

5. eine Schätzung der für den Aufbau der Verwaltung und des Vertreternetzes erforderlichen Aufwendungen; das Unternehmen hat nachzuweisen, dass die dafür erforderlichen Mittel (Organisationsfonds) zur Verfügung stehen; wenn die Erlaubnis zum Geschäftsbetrieb der in der Anlage 1 Nummer 18 genannten Versicherungssparte beantragt wird, Angaben über die Mittel, über die das Unternehmen verfügt, um die zugesagte Beistandsleistung zu erfüllen.

(3) [1]Zusätzlich hat das Versicherungsunternehmen als Bestandteil des Geschäftsplans für die ersten drei Geschäftsjahre vorzulegen:

1. eine Plan-Bilanz und eine Plan-Gewinn-und-Verlustrechnung;

2. Schätzungen der künftigen Solvabilitätskapitalanforderung auf der Grundlage der in Nummer 1 genannten Plan-Bilanz und Plan-Gewinn-und-Verlustrechnung sowie die Berechnungsmethode, aus der sich die Schätzungen ableiten;

3. Schätzungen der künftigen Mindestkapitalanforderung auf der Grundlage der in Nummer 1 genannten Plan-Bilanz und Plan-Gewinn-und-Verlustrechnung sowie die Berechnungsmethode, aus der sich die Schätzungen ableiten;

4. eine Schätzung der jeweiligen finanziellen Mittel, die voraussichtlich zur Verfügung stehen,

   a) um die versicherungstechnischen Rückstellungen zu bedecken,

   b) um die Mindestkapitalanforderung und die Solvabilitätskapitalanforderung einzuhalten;

5. für Nichtlebensversicherungen und Rückversicherungen

   a) eine Übersicht über die voraussichtlichen Verwaltungskosten, insbesondere die laufenden Gemeinkosten und Provisionen, ohne die Aufwendungen für den Aufbau der Verwaltung,

   b) eine Übersicht über die voraussichtlichen Beitragsaufkommen und die voraussichtliche Schadenbelastung sowie

6. für Lebensversicherungen einen Plan, aus dem die Schätzungen der Einnahmen und Ausgaben bei Erstversicherungsgeschäften wie auch im aktiven und passiven Rückversicherungsgeschäft im Einzelnen hervorgehen.

[2]Muss das Unternehmen eine Solvabilitätsübersicht nach Kapitel 2 Abschnitt 2 nicht erstellen, ist die Einschätzung nach Satz 1 Nummer 4 Buchstabe a ausschließlich für die versicherungstechnischen Rückstellungen nach dem Handelsgesetzbuch abzugeben.

(4) Zusätzlich sind einzureichen:

1. Angaben über Art und Umfang der Geschäftsorganisation einschließlich

   a) der Angaben, die für die Beurteilung der in § 24 genannten Voraussetzungen wesentlich sind; dies gilt für Geschäftsleiter, andere Personen, die das Unternehmen tatsächlich leiten, die Mitglieder des Aufsichtsrats, den Verantwortlichen Aktuar sowie für die weiteren Personen, die für andere Schlüsselaufgaben verantwortlich sind,

b) der Angaben zu Unternehmensverträgen der in den §§ 291 und 292 des Aktiengesetzes bezeichneten Art und

c) der Angaben zu Verträgen über die Ausgliederung wichtiger Funktionen oder Tätigkeiten;

2. sofern an dem Versicherungsunternehmen bedeutende Beteiligungen gehalten werden,

a) die Angabe der Inhaber und der Höhe der Beteiligungen,

b) Angaben zu den Tatsachen, die für die Beurteilung der in § 16 genannten Anforderungen erforderlich sind,

c) sofern die Inhaber der bedeutenden Beteiligungen Jahresabschlüsse aufzustellen haben: die Jahresabschlüsse der letzten drei Geschäftsjahre nebst Prüfungsberichten von unabhängigen Abschlussprüfern, sofern solche zu erstellen sind, und

d) sofern diese Inhaber einem Konzern angehören: die Angabe der Konzernstruktur und, sofern solche Abschlüsse aufzustellen sind, die konsolidierten Konzernabschlüsse der letzten drei Geschäftsjahre nebst Prüfungsberichten von unabhängigen Abschlussprüfern, sofern solche Prüfungsberichte zu erstellen sind und der Herausgabe an den Antragsteller nach deutschem Recht keine Hindernisse entgegenstehen;

3. Angaben zu den Tatsachen, die auf eine enge Verbindung zwischen dem Versicherungsunternehmen und anderen natürlichen Personen oder Unternehmen hinweisen;

4. für Pflichtversicherungen die allgemeinen Versicherungsbedingungen;

5. für die Krankenversicherung im Sinne des § 146 Absatz 1

a) die Grundsätze für die Berechnung der Prämien und der versicherungstechnischen Rückstellungen im Sinne der §§ 341e bis 341h des Handelsgesetzbuchs einschließlich der verwendeten Rechnungsgrundlagen, mathematischen Formeln, kalkulatorischen Herleitungen und statistischen Nachweise und

b) die allgemeinen Versicherungsbedingungen sowie

6. bei Deckung der in der Anlage 1 Nummer 10 Buchstabe a genannten Risiken die Angabe von Namen und Anschriften der gemäß § 163 zu bestellenden Schadenregulierungsbeauftragten.

(5) ¹Außer bei Anträgen auf Erteilung der Erlaubnis zum Betrieb von Versicherungsgeschäften als Sterbekasse oder als eine der in § 1 Absatz 4 genannten Einrichtungen hat die Aufsichtsbehörde vor Erteilung der Erlaubnis die zuständigen Stellen der anderen Mitglied- oder Vertragsstaaten anzuhören, wenn das Unternehmen

1. Tochter- oder Schwesterunternehmen eines Versicherungsunternehmens, eines CRR-Kreditinstituts im Sinne des § 1 Absatz 3d Satz 1 des Kreditwesengesetzes, eines E-Geld-Instituts im Sinne des § 1 Absatz 3d Satz 6 des Kreditwesengesetzes oder eines Wertpapierhandelsunternehmens im Sinne des § 1 Absatz 3d Satz 4 des Kreditwesengesetzes ist und wenn das Mutterunternehmen oder das andere Schwesterunternehmen bereits in einem anderen Mitglied- oder Vertragsstaat zugelassen ist oder

2. durch dieselben natürlichen Personen oder Unternehmen kontrolliert wird, die ein Versicherungsunternehmen, CRR-Kreditinstitut, E-Geld-Institut oder Wertpapierhandelsunternehmen mit Sitz in einem anderen Mitglied- oder Vertragsstaat kontrollieren.

[2]Zuständig sind die Behörden der Mitglied- oder Vertragsstaaten, in denen das Mutterunternehmen, das Schwesterunternehmen oder das kontrollierende Unternehmen seine Hauptniederlassung hat oder die kontrollierenden Personen ihren gewöhnlichen Aufenthalt haben. [3]Schwesterunternehmen im Sinne des Satzes 1 Nummer 1 sind Unternehmen, die ein gemeinsames Mutterunternehmen haben. [4]Die Anhörung erstreckt sich insbesondere auf die Angaben, die für die Beurteilung der Zuverlässigkeit und fachlichen Eignung der in § 24 genannten Personen sowie für die Beurteilung der Zuverlässigkeit der Inhaber einer bedeutenden Beteiligung an Unternehmen derselben Gruppe im Sinne des Satzes 1 mit Sitz in dem betreffenden Mitglied- oder Vertragsstaat erforderlich sind sowie auf die Angaben zu den Eigenmitteln.

...

§ 12 Änderungen des Geschäftsplans und von Unternehmensverträgen

(1) [1]Jede Änderung der in § 9 Absatz 2 Nummer 1 und 2 genannten Bestandteile des Geschäftsplans eines Erstversicherungsunternehmens, jede Erweiterung seines Geschäftsbetriebs auf ein Gebiet außerhalb der Mitglied- und Vertragsstaaten sowie die Unternehmensverträge eines Erstversicherungsunternehmens im Sinne des § 9 Absatz 4 Nummer 1 Buchstabe b und deren Änderung, Aufhebung, Kündigung oder Beendigung durch Rücktritt dürfen erst in Kraft gesetzt werden, wenn sie von der Aufsichtsbehörde genehmigt worden sind. [2]Dasselbe gilt für jede Ausdehnung des Geschäftsbetriebs eines Rückversicherungsunternehmens auf ein Gebiet außerhalb der Mitglied- oder Vertragsstaaten oder auf andere Arten der Rückversicherung. [3]Satz 1 gilt nicht für Satzungsänderungen, die eine Kapitalerhöhung zum Gegenstand haben. [4]§ 11 ist entsprechend anzuwenden.

(2) Soll der Geschäftsbetrieb auf andere Versicherungssparten oder auf andere Arten der Rückversicherung ausgedehnt werden, so sind hierfür die Nachweise entsprechend § 9 Absatz 2 bis 4 vorzulegen.

(3) Soll der Geschäftsbetrieb auf ein Gebiet außerhalb der Mitglied- oder Vertragsstaaten ausgedehnt werden, ist

1. anzugeben, welche Versicherungszweige und -arten oder Arten der Rückversicherung betrieben werden sollen, und
2. nachzuweisen, dass das Versicherungsunternehmen
   a) auch nach der beabsichtigten Ausdehnung des Gebiets des Geschäftsbetriebs die Vorschriften über die Kapitalausstattung in den Mitglied- oder Vertragsstaaten erfüllt und
   b) im Falle der Errichtung einer Niederlassung in einem Gebiet außerhalb der Mitglied- und Vertragsstaaten eine dort erforderliche Erlaubnis zum Geschäftsbetrieb erhalten hat oder eine solche Erlaubnis nicht erforderlich ist.

...

§ 23 Allgemeine Anforderungen an die Geschäftsorganisation, Produktfreigabeverfahren

(1) [1]Versicherungsunternehmen müssen über eine Geschäftsorganisation verfügen, die wirksam und ordnungsgemäß ist und die der Art, dem Umfang und der Komplexität ihrer Tätigkeiten angemessen ist. [2]Die Geschäftsorganisation muss neben der Einhaltung der von den Versicherungsunternehmen zu beachtenden Gesetze, Verordnungen und

aufsichtsbehördlichen Anforderungen eine solide und umsichtige Leitung des Unternehmens gewährleisten. [3]Dazu gehören neben der Einhaltung der Anforderungen dieses Abschnitts insbesondere eine angemessene, transparente Organisationsstruktur mit einer klaren Zuweisung und einer angemessenen Trennung der Zuständigkeiten sowie ein wirksames unternehmensinternes Kommunikationssystem.

(1a) [1]Die Unternehmen, die Versicherungsprodukte zum Verkauf konzipieren, haben ein Verfahren für die interne Freigabe zum Vertrieb jedes einzelnen Versicherungsprodukts oder jeder wesentlichen Änderung bestehender Versicherungsprodukte zu unterhalten, zu betreiben und regelmäßig zu überprüfen (Produktfreigabeverfahren). [2]Das Verfahren muss gewährleisten, dass für jedes Versicherungsprodukt, bevor es an Kunden vertrieben wird, ein bestimmter Zielmarkt festgelegt wird. [3]Bei der Festlegung des Zielmarkts sind alle einschlägigen Risiken für den bestimmten Zielmarkt zu bewerten. [4]Es ist sicherzustellen, dass die beabsichtigte Vertriebsstrategie dem bestimmten Zielmarkt entspricht. [5]Die Unternehmen stellen im Rahmen einer angemessenen Geschäftsorganisation sicher, dass die Versicherungsprodukte an den bestimmten Zielmarkt vertrieben werden.

(1b) [1]Die Unternehmen haben die Versicherungsprodukte regelmäßig zu überprüfen. [2]Dabei haben sie alle Ereignisse zu berücksichtigen, die wesentlichen Einfluss auf das potenzielle Risiko für den bestimmten Zielmarkt haben könnten, und zumindest zu beurteilen, ob das Versicherungsprodukt weiterhin den Bedürfnissen des bestimmten Zielmarkts entspricht und die beabsichtigte Vertriebsstrategie immer noch geeignet ist.

(1c) [1]Unternehmen, die Versicherungsprodukte konzipieren, haben allen Vertreibern sämtliche sachgerechten Informationen zu dem Versicherungsprodukt und dem Produktfreigabeverfahren, einschließlich des bestimmten Zielmarkts des Versicherungsprodukts, zur Verfügung zu stellen. [2]Vertreibt ein Unternehmen Versicherungsprodukte, die es nicht selbst konzipiert, oder berät es über solche Versicherungsprodukte, muss es über angemessene Vorkehrungen verfügen, um sich die in Satz 1 genannten Informationen zu verschaffen und die Merkmale und den bestimmten Zielmarkt zu verstehen.

(1d) Die Absätze 1a bis 1c gelten nicht für Versicherungsprodukte, die aus einer Versicherung für Großrisiken im Sinne des § 210 Absatz 2 des Versicherungsvertragsgesetzes bestehen, und nicht für Rückversicherungsunternehmen.

(2) Der Vorstand sorgt dafür, dass die Geschäftsorganisation regelmäßig intern überprüft wird.

(3) [1]Die Unternehmen müssen schriftliche interne Leitlinien aufstellen, die der vorherigen Zustimmung durch den Vorstand unterliegen und deren Umsetzung sicherzustellen ist. [2]Die Leitlinien müssen mindestens Vorgaben zum Risikomanagement, zum internen Kontrollsystem, zur internen Revision und, soweit relevant, zur Ausgliederung von Funktionen und Tätigkeiten machen. [3]Sie sind mindestens einmal jährlich zu überprüfen. [4]Bei wesentlichen Änderungen der Bereiche oder Systeme, auf die sie sich beziehen, sind sie entsprechend anzupassen.

(4) Die Unternehmen haben angemessene Vorkehrungen, einschließlich der Entwicklung von Notfallplänen, zu treffen, um die Kontinuität und Ordnungsmäßigkeit ihrer Tätigkeiten zu gewährleisten.

(5) [1]Die aufbau- und ablauforganisatorischen Regelungen sowie das interne Kontrollsystem sind für Dritte nachvollziehbar zu dokumentieren. [2]Die Dokumentation ist sechs Jahre

aufzubewahren; § 257 Absatz 3 und 5 des Handelsgesetzbuchs ist entsprechend anzuwenden.

(6) Die Unternehmen haben einen Prozess vorzusehen, der es den Mitarbeitern unter Wahrung der Vertraulichkeit ihrer Identität ermöglicht, potenzielle oder tatsächliche Verstöße

1. gegen dieses Gesetz,
2. gegen auf Grund dieses Gesetzes erlassene Rechtsverordnungen,
3. gegen die Verordnung (EU) Nr. 596/2014 des Europäischen Parlaments und des Rates vom 16. April 2014 über Marktmissbrauch (Marktmissbrauchsverordnung) und zur Aufhebung der Richtlinie 2003/6/EG des Europäischen Parlaments und des Rates und der Richtlinien 2003/124/EG, 2003/125/EG und 2004/72/EG der Kommission (ABl. L 173 vom 12.6.2014, S. 1),
4. gegen die Verordnung (EU) Nr. 1286/2014 des Europäischen Parlaments und des Rates vom 26. November 2014 über Basisinformationsblätter für verpackte Anlageprodukte für Kleinanleger und Versicherungsanlageprodukte (PRIIP) (ABl. L 352 vom 9.12.2014, S. 1, L 358 vom 13.12.2014, S. 50) in der jeweils geltenden Fassung

sowie etwaige strafbare Handlungen innerhalb des Unternehmens an eine geeignete Stelle zu melden.

§ 24 Anforderungen an Personen, die das Unternehmen tatsächlich leiten oder andere Schlüsselaufgaben wahrnehmen

(1) [1]Personen, die ein Versicherungsunternehmen tatsächlich leiten oder andere Schlüsselaufgaben wahrnehmen, müssen zuverlässig und fachlich geeignet sein. [2]Fachliche Eignung setzt berufliche Qualifikationen, Kenntnisse und Erfahrungen voraus, die eine solide und umsichtige Leitung des Unternehmens gewährleisten. [3]Dies erfordert angemessene theoretische und praktische Kenntnisse in Versicherungsgeschäften sowie im Fall der Wahrnehmung von Leitungsaufgaben ausreichende Leitungserfahrung. [4]Eine ausreichende Leitungserfahrung ist in der Regel anzunehmen, wenn eine dreijährige leitende Tätigkeit bei einem Versicherungsunternehmen von vergleichbarer Größe und Geschäftsart nachgewiesen wird.

(2) [1]Personen, die das Unternehmen tatsächlich leiten, sind neben den Geschäftsleitern solche, die für das Unternehmen wesentliche Entscheidungen zu treffen befugt sind. [2]Geschäftsleiter sind diejenigen natürlichen Personen, die nach Gesetz oder Satzung oder als Hauptbevollmächtigte einer Niederlassung in einem Mitglied- oder Vertragsstaat zur Führung der Geschäfte und zur Vertretung des Versicherungsunternehmens berufen sind.

(3) [1]Zum Geschäftsleiter kann nicht bestellt werden, wer bereits bei zwei Versicherungsunternehmen, Pensionsfonds, Versicherungs-Holdinggesellschaften oder Versicherungs-Zweckgesellschaften als Geschäftsleiter tätig ist. [2]Wenn es sich um Unternehmen derselben Versicherungs- oder Unternehmensgruppe handelt, kann die Aufsichtsbehörde mehr Mandate zulassen. [3]Die Bestellung als Geschäftsleiter hindert nicht die Ausübung einer Funktion im Sinne des § 7 Satz 1 Nummer 9.

(4) [1]Wer Geschäftsleiter eines Unternehmens war, kann nicht zum Mitglied des Verwaltungs- oder Aufsichtsorgans dieses Unternehmens bestellt werden, wenn bereits zwei ehemalige Geschäftsleiter des Unternehmens Mitglied des Verwaltungs- oder Aufsichtsorgans sind. [2]Zum Mitglied des Verwaltungs- oder Aufsichtsorgans kann auch nicht bestellt werden, wer bereits fünf Kontrollmandate bei Unternehmen ausübt, die unter der

Aufsicht der Bundesanstalt stehen; Mandate bei Unternehmen derselben Versicherungs- oder Unternehmensgruppe bleiben dabei außer Betracht.

...

§ 89 Eigenmittel

(1) [1]Versicherungsunternehmen haben stets über anrechnungsfähige Eigenmittel mindestens in Höhe der Solvabilitätskapitalanforderung zu verfügen. [2]In Höhe der Mindestkapitalanforderung haben sie stets über anrechnungsfähige Basiseigenmittel zu verfügen. [3]Anrechnungsfähig sind Eigenmittel, die den Anforderungen der §§ 94 und 95 entsprechen.

(2) Die Eigenmittel eines Versicherungsunternehmens umfassen die Basiseigenmittel und die ergänzenden Eigenmittel.

(3) Basiseigenmittel sind:
1. der Überschuss der Vermögenswerte über die Verbindlichkeiten abzüglich des Betrags der eigenen Aktien in der Solvabilitätsübersicht und
2. die nachrangigen Verbindlichkeiten.

(4) [1]Die ergänzenden Eigenmittel sind solche, die nicht zu den Basiseigenmitteln zählen und zum Ausgleich von Verlusten eingefordert werden können. [2]Sie können die folgenden Bestandteile umfassen:
1. denjenigen Teil des nicht eingezahlten Grundkapitals, des Gründungsstocks oder des bei öffentlich-rechtlichen Versicherungsunternehmen dem Grundkapital bei Aktiengesellschaften entsprechenden Postens, der nicht eingefordert wurde,
2. bei Versicherungsvereinen auf Gegenseitigkeit mit variabler Nachschussverpflichtung die künftigen Forderungen, die der Verein gegenüber seinen Mitgliedern hat, wenn er innerhalb der folgenden zwölf Monate Nachschüsse einfordert,
3. Kreditbriefe und Garantien sowie
4. alle sonstigen rechtsverbindlichen Zahlungsverpflichtungen Dritter gegenüber dem Versicherungsunternehmen.

(5) Sobald ein Bestandteil der ergänzenden Eigenmittel eingezahlt oder eingefordert wurde, ist er für die Zwecke der Solvabilitätsübersicht als Vermögenswert zu behandeln und zählt zu den Basiseigenmitteln.

...

§ 94 Eigenmittel zur Einhaltung der Solvabilitätskapitalanforderung

(1) Für die Einhaltung der Solvabilitätskapitalanforderung setzen sich die anrechnungsfähigen Eigenmittel zusammen aus Eigenmitteln der Qualitätsklasse 1 und aus anrechnungsfähigen Eigenmitteln der Qualitätsklassen 2 und 3.

(2) Die Eigenmittelbestandteile der Qualitätsklassen 2 und 3 sind nur anrechnungsfähig, soweit zumindest folgende Bedingungen erfüllt sind:
1. die Eigenmittelbestandteile der Qualitätsklasse 1 betragen mindestens ein Drittel der Solvabilitätskapitalanforderung und
2. der anrechnungsfähige Betrag der Eigenmittelbestandteile der Qualitätsklasse 3 ist kleiner als ein Drittel der Solvabilitätskapitalanforderung.

...

§ 124 Anlagegrundsätze

(1) [1]Versicherungsunternehmen müssen ihre gesamten Vermögenswerte nach dem Grundsatz der unternehmerischen Vorsicht anlegen. [2]Dabei sind folgende Anforderungen einzuhalten:

1. Versicherungsunternehmen dürfen ausschließlich in Vermögenswerte und Instrumente investieren, deren Risiken sie
   a) hinreichend identifizieren, bewerten, überwachen, steuern, kontrollieren und in ihre Berichterstattung einbeziehen können,
   b) bei der Beurteilung ihres Solvabilitätsbedarfs gemäß § 27 Absatz 2 Nummer 1 hinreichend berücksichtigen können;
2. sämtliche Vermögenswerte sind so anzulegen, dass Sicherheit, Qualität, Liquidität und Rentabilität des Portfolios als Ganzes sichergestellt werden; außerdem muss die Belegenheit der Vermögenswerte ihre Verfügbarkeit gewährleisten;
3. Vermögenswerte, die zur Bedeckung der versicherungstechnischen Rückstellungen gehalten werden, sind außerdem in einer der Art und Laufzeit der Erstversicherungs- und Rückverbindlichkeiten des Unternehmens angemessenen Weise anzulegen; diese Vermögenswerte sind im Interesse aller Versicherungsnehmer und Anspruchsberechtigten unter Berücksichtigung der Anlagepolitik anzulegen, sofern diese offengelegt worden ist;
4. im Fall eines Interessenkonflikts muss sichergestellt werden, dass die Anlage im Interesse der Versicherungsnehmer und Anspruchsberechtigten erfolgt;
5. die Verwendung derivativer Finanzinstrumente ist nur zulässig, sofern diese zur Verringerung von Risiken oder zur Erleichterung einer effizienten Portfolioverwaltung beitragen; diese Voraussetzung wird nicht erfüllt durch Geschäfte mit derivativen Finanzinstrumenten, die lediglich den Aufbau reiner Handelspositionen (Arbitragegeschäfte) bezwecken oder bei denen entsprechende Wertpapierbestände nicht vorhanden sind (Leerverkäufe);
6. Anlagen und Vermögenswerte, die nicht zum Handel an einem geregelten Finanzmarkt zugelassen sind, sind auf einem vorsichtigen Niveau zu halten;
7. Anlagen sind in angemessener Weise so zu mischen und zu streuen, dass eine übermäßige Abhängigkeit von einem bestimmten Vermögenswert oder Emittenten oder von einer bestimmten Unternehmensgruppe oder einem geographischen Raum und eine übermäßige Risikokonzentration im Portfolio als Ganzem vermieden werden und
8. Vermögensanlagen bei demselben Emittenten oder bei Emittenten, die derselben Unternehmensgruppe angehören, dürfen nicht zu einer übermäßigen Risikokonzentration führen.

(2) [1]Absatz 1 Nummer 5 bis 8 findet auf Lebensversicherungsverträge, bei denen das Anlagerisiko vom Versicherungsnehmer getragen wird, vorbehaltlich Satz 2 Nummer 3 keine Anwendung. [2]Über Absatz 1 Nummer 1 bis 4 hinaus sind bei diesen Verträgen für die betroffenen Vermögenswerte,

1. wenn die Leistungen aus einem Vertrag direkt an den Wert von Anteilen an Organismen für gemeinschaftliche Anlagen in Wertpapieren im Sinne der Richtlinie 2009/65/EG oder an den Wert von Vermögenswerten gebunden sind, die in einem von den Versicherungsunternehmen gehaltenen und in der Regel in Anteile aufgeteilten internen Fonds enthalten sind, die versicherungstechnischen Rückstellungen für diese Leistungen so genau wie möglich durch die betreffenden Anteile oder, sofern keine Anteile gebildet wurden, durch die betreffenden Vermögenswerte abzubilden;

2. wenn die Leistungen aus einem Vertrag direkt an einen Aktienindex oder an einen anderen als den in Nummer 1 genannten Referenzwert gebunden sind, die versicherungstechnischen Rückstellungen für diese Leistungen so genau wie möglich durch die Anteile, die den Referenzwert darstellen, abzubilden; sofern keine Anteile gebildet werden, sind die Rückstellungen durch Vermögenswerte mit angemessener Sicherheit und Realisierbarkeit abzubilden, die so genau wie möglich denjenigen Werten entsprechen, auf denen der jeweilige Referenzwert beruht und

3. wenn die in den Nummern 1 und 2 genannten Leistungen eine Garantie in Bezug auf das Anlageergebnis oder eine sonstige garantierte Leistung einschließen, auf die zur Bedeckung der entsprechenden zusätzlichen versicherungstechnischen Rückstellungen gehaltenen Vermögenswerte Absatz 1 Nummer 5 bis 8 anzuwenden.

(3) Gehören Versicherungsverhältnisse zu einem selbständigen Bestand eines Versicherungsunternehmens in einem Staat außerhalb der Mitglied- oder Vertragsstaaten, sind die Absätze 1 und 2 anzuwenden, soweit nicht ausländisches Recht Abweichendes vorschreibt.

§ 125 Sicherungsvermögen

(1) ¹Der Vorstand eines Erstversicherungsunternehmens hat schon im Laufe des Geschäftsjahres Beträge in solcher Höhe dem Sicherungsvermögen zuzuführen und vorschriftsmäßig anzulegen, wie es dem voraussichtlichen Anwachsen des Mindestumfangs nach Absatz 2 entspricht. ²Wenn Erstversicherungsunternehmen Vermögen in

1. Darlehensforderungen,
2. Schuldverschreibungen und Genussrechten,
3. Schuldbuchforderungen,
4. Aktien,
5. Beteiligungen,
6. Grundstücken und grundstücksgleichen Rechten,
7. Anteilen im Sinne des § 215 Absatz 2 Satz 1 Nummer 6 oder
8. laufenden Guthaben und Einlagen bei Kreditinstituten

anlegen, sind diese Vermögenswerte bis zur Höhe der in Absatz 2 genannten Summe der Bilanzwerte dem Sicherungsvermögen zuzuführen. ³Die in Satz 2 genannten Vermögenswerte sollen insgesamt im Hinblick auf Sicherheit, Liquidität, Rentabilität und Qualität mindestens dem Niveau des Gesamtportfolios entsprechen.

(2) ¹Der Umfang des Sicherungsvermögens muss mindestens der Summe aus den Bilanzwerten folgender Beträge entsprechen:

1. der Beitragsüberträge,
2. der Deckungsrückstellung,
3. der Rückstellung für
   a) noch nicht abgewickelte Versicherungsfälle und Rückkäufe,
   b) erfolgsunabhängige Beitragsrückerstattung und
   c) unverbrauchte Beiträge aus ruhenden Versicherungsverträgen,
4. der Teile der Rückstellung für erfolgsabhängige Beitragsrückerstattung, die auf bereits festgelegte, aber noch nicht zugeteilte Überschussanteile entfallen,
5. der Verbindlichkeiten aus dem selbst abgeschlossenen Versicherungsgeschäft gegenüber Versicherungsnehmern sowie
6. der als Prämie eingenommenen Beträge, die ein Versicherungsunternehmen zu erstatten hat, wenn ein Versicherungsvertrag oder ein in § 2 Absatz 2 genanntes Geschäft nicht zustande gekommen ist oder aufgehoben wurde.

[2]Bilanzwerte im Sinne des Satzes 1 sind die Bruttobeträge für das selbst abgeschlossene Versicherungsgeschäft vor Abzug der Anteile für das in Rückdeckung gegebene Versicherungsgeschäft.

(3) [1]Unbelastete Grundstücke und grundstücksgleiche Rechte sind für das Sicherungsvermögen mit ihrem Bilanzwert anzusetzen. [2]Ist der Bilanzwert höher als der Verkehrswert, so ist der Verkehrswert anzusetzen. [3]Die Aufsichtsbehörde kann eine angemessene Erhöhung des Wertansatzes zulassen, wenn und soweit durch ein Sachverständigengutachten nachgewiesen ist, dass der Verkehrswert den Bilanzwert um mindestens 100 Prozent überschreitet. [4]Für belastete Grundstücke und grundstücksgleiche Rechte setzt die Aufsichtsbehörde den Wert im Einzelfall fest.

(4) [1]Das Sicherungsvermögen ist gesondert von jedem anderen Vermögen zu verwalten und im Gebiet der Mitglied- oder Vertragsstaaten aufzubewahren. [2]Die Art der Aufbewahrung ist der Aufsichtsbehörde anzuzeigen. [3]Diese kann genehmigen, dass die Werte des Sicherungsvermögens an einem anderen Ort aufbewahrt werden.

(5) Für jede Anlageart ist eine Abteilung des Sicherungsvermögens (Anlagestock) zu bilden, soweit Lebensversicherungsverträge Versicherungsleistungen
1. in Anteilen an einem offenen Investmentvermögen im Sinne von § 1 Absatz 4 des Kapitalanlagegesetzbuchs anlegen,
2. in von einer Investmentgesellschaft ausgegebenen Anteilen vorsehen,
3. in Vermögensgegenstände im Sinne von § 2 Absatz 4 des Investmentgesetzes in der bis zum 21. Juli 2013 geltenden Fassung, ausgenommen Geld, vorsehen oder
4. direkt an einen Aktienindex oder andere Bezugswerte binden.

(6) [1]Mit Genehmigung der Aufsichtsbehörde können selbständige Abteilungen des Sicherungsvermögens gebildet werden. [2]Was für das Sicherungsvermögen und die Ansprüche daran vorgeschrieben ist, gilt dann entsprechend für jede selbständige Abteilung.

…

§ 144 Information bei betrieblicher Altersversorgung

(1) Soweit Lebensversicherungsunternehmen Leistungen der betrieblichen Altersversorgung erbringen, gelten für die Information der Versorgungsanwärter und Versorgungsempfänger die §§ 234k bis 234p und 235a entsprechend.

(2) Auf Versicherungsgeschäfte in anderen Mitglied- oder Vertragsstaaten ist Absatz 1 anzuwenden, wenn den Versicherungsverträgen deutsches Recht zugrunde liegt.

…

§ 221 Pflichtmitgliedschaft

(1) Unternehmen, die gemäß § 8 Absatz 1 oder § 67 Absatz 1 zum Geschäftsbetrieb in den in der Anlage 1 genannten Versicherungssparten Nummer 19 bis 23 oder zum Betrieb der substitutiven Krankenversicherung gemäß § 146 zugelassen sind, mit Ausnahme der Pensions- und Sterbekassen, müssen einem Sicherungsfonds angehören, der dem Schutz der Ansprüche ihrer Versicherungsnehmer, der versicherten Personen, der Bezugsberechtigten und der sonstigen aus dem Versicherungsvertrag begünstigten Personen dient.

(2) [1]Pensionskassen können einem Sicherungsfonds freiwillig beitreten. [2]Zur Gewährleistung vergleichbarer Finanzverhältnisse aller Mitglieder kann der Sicherungsfonds die Aufnahme von der Erfüllung bestimmter Bedingungen abhängig machen.

§ 222 Aufrechterhaltung der Versicherungsverträge

(1) Stellt die Aufsichtsbehörde fest, dass die Voraussetzungen des § 314 Absatz 1 Satz 1 bei einem Versicherungsunternehmen erfüllt sind, welches Mitglied eines Sicherungsfonds ist, oder liegt eine Anzeige gemäß § 311 Absatz 1 Satz 1 oder 2 eines solchen Versicherungsunternehmens vor, übermittelt sie diese Feststellung dem Sicherungsfonds und informiert hierüber das betroffene Versicherungsunternehmen.

(2) Sofern andere Maßnahmen zur Wahrung der Belange der Versicherten nicht ausreichend sind, ordnet die Aufsichtsbehörde die Übertragung des gesamten Bestandes an Versicherungsverträgen mit den zur Bedeckung der Verbindlichkeiten aus diesen Verträgen erforderlichen Vermögensgegenständen auf den zuständigen Sicherungsfonds an; § 13 ist nicht anzuwenden.

(3) Die Rechte und Pflichten des übertragenden Unternehmens aus den Versicherungsverträgen gehen mit der Bestandsübertragung auch im Verhältnis zu den Versicherungsnehmern auf den Sicherungsfonds über; § 415 des Bürgerlichen Gesetzbuchs ist nicht anzuwenden.

(4) [1]Der Sicherungsfonds verwaltet die übernommenen Verträge gesondert von seinem restlichen Vermögen und legt über sie gesondert Rechnung. [2]Er ermittelt unverzüglich den für die vollständige Bedeckung der Verpflichtungen aus den Versicherungsverträgen erforderlichen Betrag und stellt geeignete qualifizierte Vermögensgegenstände bereit. [3]§ 15 Absatz 1, die §§ 39, 124, 139, 141, 142, 146 bis 158 und 336 gelten insoweit entsprechend; § 140 Absatz 2 und 3 findet auf die von den Sicherungsfonds verwalteten Versicherungsverträge Anwendung, sobald die Aufsichtsbehörde festgestellt hat, dass die Sanierung eines übernommenen Versicherungsbestandes abgeschlossen ist und das dem Sicherungsfonds hierfür zur Verfügung gestellte Kapital an die einzahlenden Versicherungsunternehmen zurückgewährt wurde.

(5) [1]Ergibt die Prüfung nach Absatz 4, dass die Mittel des Sicherungsfonds gemäß § 226 Absatz 4 bis 6 nicht ausreichen, um die Fortführung der Verträge zu gewährleisten, setzt die Aufsichtsbehörde bei Lebensversicherungsunternehmen die Verpflichtungen aus den Verträgen um maximal 5 Prozent der vertraglich garantierten Leistungen herab. [2]Die Aufsichtsbehörde kann außerdem Anordnungen treffen, um einen außergewöhnlichen Anstieg der Zahl vorzeitiger Vertragsbeendigungen zu verhindern.

(6) [1]Der Sicherungsfonds kann den Versicherungsbestand ganz oder teilweise auf in Deutschland zum Versicherungsgeschäft zugelassene Unternehmen übertragen; auf diese Übertragung ist § 13 entsprechend anzuwenden. [2]Der Sicherungsfonds kann die Versicherungsbedingungen und die Tarifbestimmungen der zu übertragenden Verträge bei der Übertragung ändern, um sie an die Verhältnisse des übernehmenden Versicherers anzupassen, wenn es zur Fortführung der Verträge beim übernehmenden Versicherer zweckmäßig und für die versicherten Personen zumutbar ist. [3]Die Änderung wird wirksam, wenn sie unter Wahrung des Vertragsziels die Belange der Versicherten angemessen berücksichtigt und ein unabhängiger Treuhänder bestätigt, dass diese Voraussetzung erfüllt ist. [4]Für den Treuhänder gelten die §§ 142 und 157 Absatz 3 entsprechend.

(7) Mit der Anordnung der Bestandsübertragung auf den Sicherungsfonds erlischt die Erlaubnis zum Geschäftsbetrieb des übertragenden Versicherungsunternehmens.

(8) Widerspruch und Anfechtungsklage gegen die Anordnung der Aufsichtsbehörde haben keine aufschiebende Wirkung.

§ 223 Sicherungsfonds

(1) ¹Bei der Kreditanstalt für Wiederaufbau werden ein Sicherungsfonds für die Lebensversicherer und ein Sicherungsfonds für die Krankenversicherer als nicht rechtsfähige Sondervermögen des Bundes errichtet. ²Die Sicherungsfonds können im Rechtsverkehr handeln, klagen oder verklagt werden.

(2) ¹Aufgabe der Sicherungsfonds ist der Schutz der Ansprüche der Versicherungsnehmer, der versicherten Personen, der Bezugsberechtigten und der sonstigen aus dem Versicherungsvertrag begünstigten Personen. ²Zu diesem Zweck sorgen die Sicherungsfonds für die Weiterführung der Verträge eines betroffenen Versicherungsunternehmens.

(3) ¹Die Kreditanstalt für Wiederaufbau verwaltet die Sicherungsfonds. ²Für die Verwaltung erhält sie eine kostendeckende Vergütung aus den Sondervermögen.

(4) Über den Widerspruch gegen Verwaltungsakte eines Sicherungsfonds entscheidet die Bundesanstalt.

§ 224 Beleihung Privater

(1) ¹Das Bundesministerium der Finanzen wird ermächtigt, durch Rechtsverordnung im Einvernehmen mit dem Bundesministerium der Justiz und für Verbraucherschutz ohne Zustimmung des Bundesrates Aufgaben und Befugnisse eines oder beider Sicherungsfonds einer juristischen Person des Privatrechts zu übertragen, wenn diese bereit ist, die Aufgaben des Sicherungsfonds zu übernehmen und hinreichende Gewähr für die Erfüllung der Ansprüche der Entschädigungsversicherten bietet. ²Eine juristische Person bietet hinreichende Gewähr, wenn

1. die Personen, die nach Gesetz oder Satzung die Geschäftsführung und Vertretung der juristischen Person ausüben, zuverlässig und geeignet sind,

2. sie über die zur Erfüllung ihrer Aufgaben notwendige Ausstattung und Organisation, insbesondere für die Beitragseinziehung, die Leistungsbearbeitung und die Verwaltung der Mittel, verfügt und dafür eigene Mittel im Gegenwert von mindestens 1 Million Euro vorhält und

3. sie nachweist, dass sie zur Organisation insbesondere der Beitragseinziehung, der Leistungsbearbeitung und der Verwaltung der Mittel im Zeitpunkt der Bestandsübertragung gemäß § 222 Absatz 2 in der Lage ist.

³Auch ein nach § 8 zugelassenes Unternehmen kann beliehen werden. ⁴Durch die Rechtsverordnung nach Satz 1 kann sich das Bundesministerium der Finanzen die Genehmigung der Satzung und von Satzungsänderungen der juristischen Person vorbehalten.

(2) ¹Im Fall der Beleihung nach Absatz 1 tritt die juristische Person des Privatrechts in die Rechte und Pflichten des jeweiligen Sicherungsfonds ein. ²§ 223 Absatz 4 ist entsprechend anzuwenden. ³Eine Übertragung der Vermögensmasse erfolgt nicht.

§ 225 Aufsicht

¹Die Bundesanstalt hat Missständen entgegenzuwirken, welche die ordnungsgemäße Erfüllung der Aufgaben der Sicherungsfonds gefährden können. ²Die Bundesanstalt kann

Anordnungen treffen, die geeignet und erforderlich sind, diese Missstände zu beseitigen oder zu verhindern. ³Der Bundesanstalt stehen gegenüber den Sicherungsfonds die Auskunfts- und Prüfungsrechte nach den §§ 305 und 306 zu. ⁴Im Übrigen gelten für die Sicherungsfonds nur die Vorschriften dieses Kapitels sowie § 332.

§ 226 Finanzierung

(1) ¹Die Versicherungsunternehmen, die einem Sicherungsfonds angehören, sind verpflichtet, Beiträge an den Sicherungsfonds zu leisten. ²Die Beiträge sollen die Fehlbeträge der übernommenen Versicherungsverträge, die entstehenden Verwaltungskosten und sonstige Kosten, die durch die Tätigkeit des Sicherungsfonds entstehen, decken.

(2) ¹Für die Erfüllung der Verpflichtungen aus übernommenen Versicherungsverträgen haftet der Sicherungsfonds nur mit dem auf Grund der Beitragsleistungen nach Abzug der Kosten nach Absatz 1 Satz 2 zur Verfügung stehenden Vermögen sowie den nach § 222 Absatz 2 Satz 1 übertragenen Vermögensgegenständen. ²Dieses Vermögen haftet nicht für die sonstigen Verbindlichkeiten des Sicherungsfonds. ³Ein Sicherungsfonds nach § 224 hat dieses Vermögen getrennt von seinem übrigen Vermögen zu halten und zu verwalten.

(3) Die für die Übernahme von Versicherungsverträgen angesammelten Mittel (Sicherungsvermögen) sind gemäß den Grundsätzen des § 124 Absatz 1 anzulegen.

(4) Der Umfang dieses Vermögens soll 1 Promille der Summe der versicherungstechnischen Netto-Rückstellungen im Sinne der §§ 341e bis 341h des Handelsgesetzbuchs aller dem Sicherungsfonds angeschlossenen Versicherungsunternehmen nicht unterschreiten.

(5) ¹Die angeschlossenen Versicherungsunternehmen sind verpflichtet, Jahresbeiträge zu leisten. ²Die Summe der Jahresbeiträge aller dem Sicherungsfonds für die Lebensversicherer angehörenden Versicherungsunternehmen beträgt 0,2 Promille der Summe ihrer versicherungstechnischen Netto-Rückstellungen im Sinne der §§ 341e bis 341h des Handelsgesetzbuchs. ³Der individuelle Jahresbeitrag jedes Versicherungsunternehmens wird vom Sicherungsfonds nach dem in der Verordnung nach Absatz 7 festgelegten Verfahren jährlich ermittelt. ⁴Erträge des Sicherungsfonds werden an die dem Sicherungsfonds angehörenden Versicherungsunternehmen im Verhältnis ihrer Beiträge ausgeschüttet. ⁵Der Sicherungsfonds hat Sonderbeiträge bis zur Höhe von maximal 1 Promille der Summe der versicherungstechnischen Netto-Rückstellungen im Sinne der §§ 341e bis 341h des Handelsgesetzbuchs der angeschlossenen Versicherungsunternehmen zu erheben, wenn dies zur Durchführung seiner Aufgaben erforderlich ist. ⁶Der Anteil eines Versicherungsunternehmens am Fondsvermögen ist zur Bedeckung seiner versicherungstechnischen Rückstellungen im Sinne der §§ 341e bis 341h des Handelsgesetzbuchs geeignet.

(6) ¹Auf den Sicherungsfonds für die Krankenversicherer sind die Absätze 2 bis 5 nicht anzuwenden. ²Der Sicherungsfonds erhebt nach der Übernahme der Versicherungsverträge zur Erfüllung seiner Aufgaben Sonderbeiträge bis zur Höhe von maximal 2 Promille der Summe der versicherungstechnischen Netto-Rückstellungen im Sinne der §§ 341e bis 341h des Handelsgesetzbuchs der angeschlossenen Krankenversicherungsunternehmen.

(7) ¹Das Nähere über den Mindestbetrag des Sicherungsvermögens, die Jahres- und Sonderbeiträge sowie die Obergrenze für die Zahlungen pro Kalenderjahr regelt das

Bundesministerium der Finanzen im Benehmen mit dem Bundesministerium der Justiz und für Verbraucherschutz durch Rechtsverordnung, die nicht der Zustimmung des Bundesrates bedarf. [2]Hinsichtlich der Jahresbeiträge sind Art und Umfang der gesicherten Geschäfte sowie die Anzahl, Größe und Geschäftsstruktur der dem Sicherungsfonds angehörenden Versicherungsunternehmen zu berücksichtigen. [3]Die Höhe der Beiträge soll auch die Finanz- und Risikolage der Beitragszahler berücksichtigen. [4]Die Rechtsverordnung kann auch Bestimmungen zur Anlage der Mittel enthalten.

(8) [1]Aus den Beitragsbescheiden des Sicherungsfonds findet die Vollstreckung nach den Bestimmungen des Verwaltungs-Vollstreckungsgesetzes statt. [2]Die vollstreckbare Ausfertigung erteilt der Sicherungsfonds.

§ 227 Rechnungslegung des Sicherungsfonds

(1) [1]Die Sicherungsfonds haben für den Schluss eines jeden Kalenderjahres jeweils einen Geschäftsbericht aufzustellen und einen unabhängigen Wirtschaftsprüfer oder eine unabhängige Wirtschaftsprüfungsgesellschaft mit der Prüfung der Vollständigkeit des Geschäftsberichts und der Richtigkeit der Angaben zu beauftragen. [2]Die Sicherungsfonds haben der Bundesanstalt den von ihnen bestellten Prüfer unverzüglich nach der Bestellung anzuzeigen. [3]Die Bundesanstalt kann innerhalb eines Monats nach Zugang der Anzeige die Bestellung eines anderen Prüfers verlangen, wenn dies zur Erreichung des Prüfungszwecks geboten ist; Widerspruch und Anfechtungsklage hiergegen haben keine aufschiebende Wirkung. [4]Der Geschäftsbericht muss Angaben zur Tätigkeit und zu den finanziellen Verhältnissen des Sicherungsfonds, insbesondere zur Höhe und Anlage der Mittel, zur Verwendung der Mittel für Entschädigungsfälle, zur Höhe der Beiträge sowie zu den Kosten der Verwaltung, enthalten.

(2) [1]Die Sicherungsfonds haben der Bundesanstalt den festgestellten Geschäftsbericht jeweils bis zum 31. Mai einzureichen. [2]Der Prüfer hat der Bundesanstalt den Bericht über die Prüfung des Geschäftsberichts unverzüglich nach Beendigung der Prüfung einzureichen. [3]Die Bundesanstalt ist auf Anforderung auch über die Angaben nach Absatz 1 Satz 4 näher zu unterrichten.

§ 228 Mitwirkungspflichten

(1) Die Versicherungsunternehmen sind verpflichtet, dem Sicherungsfonds, dem sie angehören, auf Verlangen alle Auskünfte zu erteilen und alle Unterlagen vorzulegen, welche der Sicherungsfonds zur Wahrnehmung seines Auftrags nach diesem Gesetz benötigt.

(2) [1]Der zur Erteilung einer Auskunft Verpflichtete kann die Auskunft zu solchen Fragen verweigern, deren Beantwortung ihn selbst oder einen der in § 383 Absatz 1 Nummer 1 bis 3 der Zivilprozessordnung bezeichneten Angehörigen der Gefahr strafgerichtlicher Verfolgung oder eines Verfahrens nach dem Gesetz über Ordnungswidrigkeiten aussetzen würde. [2]Der Verpflichtete ist über sein Recht zur Verweigerung der Auskunft zu belehren.

(3) [1]Die Mitarbeiter der Sicherungsfonds sowie die Personen, derer sie sich bedienen, können die Geschäftsräume eines Versicherungsunternehmens innerhalb der üblichen Betriebs- und Geschäftszeiten betreten, sobald die Aufsichtsbehörde die Feststellung gemäß § 222 Absatz 1 getroffen hat. [2]Ihnen sind sämtliche Unterlagen vorzulegen, die sie benötigen, um eine Bestandsübertragung vorzubereiten. [3]Sofern Funktionen des Versi-

cherungsunternehmens auf ein anderes Unternehmen ausgegliedert worden sind, gelten die Sätze 1 und 2 gegenüber diesem Unternehmen entsprechend.

(4) [1]Hat das Unternehmen, dessen Bestand übertragen wird, Verträge über eine Ausgliederung, die der Verwaltung des Bestandes dient, abgeschlossen, kann der Sicherungsfonds anstelle des Unternehmens in den Vertrag eintreten. [2]§ 415 des Bürgerlichen Gesetzbuchs ist nicht anzuwenden. [3]Eine ordentliche Kündigung des Vertrags durch den Dienstleister ist frühestens zum letzten Tag des zwölften Monats nach dem Eintritt des Sicherungsfonds möglich. [4]Fordert der andere Teil den Sicherungsfonds zur Ausübung seines Wahlrechts auf, so hat der Sicherungsfonds unverzüglich zu erklären, ob er in den Vertrag eintreten will. [5]Unterlässt er dies, kann er auf Erfüllung nicht bestehen.

§ 229 Ausschluss

(1) [1]Erfüllt ein Versicherungsunternehmen die Beitrags- oder Mitwirkungspflichten nach § 226 oder § 228 nicht, nicht richtig, nicht vollständig oder nicht rechtzeitig, so hat der Sicherungsfonds die Bundesanstalt zu unterrichten. [2]Ist die Bundesanstalt nicht die zuständige Aufsichtsbehörde, unterrichtet sie diese unverzüglich. [3]Erfüllt das Versicherungsunternehmen auch innerhalb eines Monats nach Aufforderung durch die Bundesanstalt seine Verpflichtungen nicht, kann der Sicherungsfonds dem Versicherungsunternehmen mit einer Frist von zwölf Monaten den Ausschluss aus dem Sicherungsfonds ankündigen. [4]Nach Ablauf dieser Frist kann der Sicherungsfonds mit Zustimmung der Bundesanstalt das Versicherungsunternehmen von dem Sicherungsfonds ausschließen, wenn die Verpflichtungen von dem Versicherungsunternehmen weiterhin nicht erfüllt werden. [5]Nach dem Ausschluss haftet der Sicherungsfonds nur noch für Verbindlichkeiten des Versicherungsunternehmens, die vor Ablauf dieser Frist begründet wurden.

(2) Für Verbindlichkeiten eines Versicherungsunternehmens, die entstanden sind, nachdem seine Erlaubnis zum Geschäftsbetrieb erloschen ist, haftet der Sicherungsfonds nicht.

§ 230 Verschwiegenheitspflicht

[1]Personen, die bei einem Sicherungsfonds beschäftigt oder für ihn tätig sind, dürfen fremde Geheimnisse, insbesondere Betriebs- oder Geschäftsgeheimnisse, nicht unbefugt offenbaren oder verwerten. [2]Sie sind nach dem Verpflichtungsgesetz vom 2. März 1974 (BGBl. I S. 469, 547) von der Bundesanstalt auf eine gewissenhafte Erfüllung ihrer Obliegenheiten zu verpflichten. [3]Ein unbefugtes Offenbaren oder Verwerten liegt nicht vor, wenn Tatsachen an die Bundesanstalt weitergegeben werden.

§ 231 Zwangsmittel

(1) Der Sicherungsfonds kann seine Anordnungen nach den Bestimmungen des Verwaltungs-Vollstreckungsgesetzes durchsetzen.

(2) Die Höhe des Zwangsgeldes beträgt bei Maßnahmen gemäß § 226 Absatz 1 und 5 Satz 1 sowie § 228 Absatz 1 bis zu fünfzigtausend Euro.

§ 232 Pensionskassen

(1) Eine Pensionskasse ist ein rechtlich selbständiges Lebensversicherungsunternehmen, dessen Zweck die Absicherung wegfallenden Erwerbseinkommens wegen Alters, Invalidität oder Todes ist und das

1. das Versicherungsgeschäft im Wege des Kapitaldeckungsverfahrens betreibt,
2. Leistungen grundsätzlich erst ab dem Zeitpunkt des Wegfalls des Erwerbseinkommens vorsieht; soweit das Erwerbseinkommen teilweise wegfällt, können die allgemeinen Versicherungsbedingungen anteilige Leistungen vorsehen,
3. Leistungen im Todesfall nur an Hinterbliebene erbringen darf, wobei für Dritte ein Sterbegeld begrenzt auf die Höhe der gewöhnlichen Bestattungskosten vereinbart werden kann, und
4. der versicherten Person einen eigenen Anspruch auf Leistung gegen die Pensionskasse einräumt oder Leistungen als Rückdeckungsversicherung erbringt.

(2) Pensionskassen dürfen nur Erstversicherungsgeschäft betreiben. Ihnen kann die Erlaubnis ausschließlich in den Versicherungssparten nach Anlage 1 Nummer 19, 21 und 24 erteilt werden.

§ 233 Regulierte Pensionskassen

(1) [1]Pensionskassen können mit Genehmigung der Bundesanstalt reguliert werden (regulierte Pensionskassen). [2]Den Antrag, reguliert zu werden, können stellen
1. Pensionskassen in der Rechtsform des Versicherungsvereins auf Gegenseitigkeit, wenn
   a) die Satzung vorsieht, dass Versicherungsansprüche gekürzt werden dürfen,
   b) nach der Satzung mindestens 50 Prozent der Mitglieder der obersten Vertretung Versicherte oder ihre Vertreter sein sollen oder, wenn nur das Rückdeckungsgeschäft betrieben wird, nach der Satzung ein solches Recht den Versicherungsnehmern eingeräumt wird,
   c) ausschließlich die unter § 17 des Betriebsrentengesetzes fallenden Personen, die Geschäftsleiter oder die Inhaber der Trägerunternehmen versichert werden sowie solche Personen, die der Pensionskasse durch Gesetz zugewiesen werden oder die nach Beendigung des Arbeitsverhältnisses das Versicherungsverhältnis mit der Pensionskasse fortführen, und
   d) keine rechnungsmäßigen Abschlusskosten für die Vermittlung von Versicherungsverträgen erhoben und keine Vergütung für die Vermittlung oder den Abschluss von Versicherungsverträgen gewährt werden und
2. Pensionskassen, bei denen die Bundesanstalt festgestellt hat, dass sie die Voraussetzungen des § 156a Absatz 3 Satz 1 des Versicherungsaufsichtsgesetzes in der Fassung vom 15. Dezember 2004 erfüllen.

[3]Die Bundesanstalt genehmigt den Antrag, wenn die Voraussetzungen des Satzes 2 Nummer 1 oder 2 erfüllt sind.

(2) Separate Abrechnungsverbände nach § 2 Absatz 1, Pensionskassen unter Landesaufsicht und Pensionskassen, die auf Grund eines allgemeinverbindlichen Tarifvertrags errichtete gemeinsame Einrichtungen im Sinne des § 4 Absatz 2 des Tarifvertragsgesetzes sind, gelten immer als regulierte Pensionskassen.

(3) [1]Für regulierte Pensionskassen gelten nicht § 140 Absatz 2 Satz 2 und Absatz 4, § 145 Absatz 2 und 3 sowie § 234 Absatz 2 Satz 2 und 3 und Absatz 6. [2]Entsprechend anzuwenden sind § 210 Absatz 3 Satz 1, § 219 Absatz 2 Satz 2 und Absatz 3 Nummer 1 Buchstabe b und Nummer 2. [3]Soweit Versicherungsverhältnisse vor der Regulierung der Pensionskassen abgeschlossen worden sind und ihnen kein von der Aufsichtsbehörde genehmigter Geschäftsplan zugrunde liegt, gehören die fachlichen Geschäftsunterlagen

im Sinne des § 219 Absatz 3 Nummer 1 Buchstabe b abweichend von Satz 2 nicht zum Geschäftsplan. [4]Entgegen Satz 1 wird in diesem Fall auf die allgemeinen Versicherungsbedingungen § 234 Absatz 2 Satz 2 und 3 weiterhin angewendet.

(4) [1]Auf regulierte Pensionskassen, die mit Genehmigung der Aufsichtsbehörde nach Maßgabe des § 211 Absatz 2 Nummer 2 des Versicherungsvertragsgesetzes von § 153 des Versicherungsvertragsgesetzes abweichende Bestimmungen getroffen haben, findet § 139 Absatz 3 und 4 keine Anwendung. [2]Regulierte Pensionskassen, die nicht nach Maßgabe des § 211 Absatz 2 Nummer 2 des Versicherungsvertragsgesetzes von § 153 des Versicherungsvertragsgesetzes abweichende Bestimmungen getroffen haben, können mit Genehmigung der Aufsichtsbehörde den Sicherungsbedarf aus den Versicherungsverträgen mit Zinsgarantie gemäß § 139 Absatz 4 nach einem abweichenden Verfahren berechnen.

(5) [1]Erfüllt eine regulierte Pensionskasse nicht mehr die Voraussetzungen des Absatzes 1 oder 2, stellt die Bundesanstalt durch Bescheid fest, dass es sich nicht mehr um eine regulierte Pensionskasse handelt. [2]Auf Versicherungsverhältnisse, die vor dem im Bescheid genannten Zeitpunkt in Kraft getreten sind, ist § 234 Absatz 6 entsprechend anzuwenden.

§ 234 Besonderheiten der Geschäftstätigkeit, die nicht die Geschäftsorganisation betreffen

(1) [1]Für Pensionskassen gilt § 341k des Handelsgesetzbuchs; § 36 Absatz 2 findet keine Anwendung. [2]§ 1 Absatz 2 Satz 4, § 35 Absatz 2, § 37 Absatz 2, die §§ 40 bis 42 und 48 Absatz 2a, die §§ 52 bis 56, 141 Absatz 5 Satz 2 und § 144 gelten nicht.

(2) [1]Die allgemeinen Versicherungsbedingungen gehören zum Geschäftsplan als Bestandteil nach § 9 Absatz 2 Nummer 2. [2]Das Genehmigungserfordernis nach § 12 Absatz 1 Satz 1 gilt für sie nicht. [3]Änderungen und die Einführung neuer allgemeiner Versicherungsbedingungen werden erst drei Monate nach Vorlage bei der Aufsichtsbehörde wirksam, falls die Aufsichtsbehörde nicht vorher die Unbedenklichkeit feststellt.

(3) [1]Von § 138 können Pensionskassen mit Genehmigung der Aufsichtsbehörde abweichen. [2]In § 141 Absatz 5 Satz 1 Nummer 1 und 2 treten die Grundsätze der auf Grund des § 235 Absatz 1 Nummer 4 bis 7 erlassenen Rechtsverordnung an die Stelle der Grundsätze der auf Grund des § 88 Absatz 3 erlassenen Rechtsverordnung. [3]Der Treuhänder nach § 142 muss auch über ausreichende Kenntnisse im Bereich der betrieblichen Altersversorgung verfügen. [4]Ist die Pensionskasse ein kleinerer Verein, hat der Verantwortliche Aktuar zu bestätigen, dass die Voraussetzungen der nach § 235 Absatz 1 Satz 1 Nummer 8 oder 9 erlassenen Rechtsverordnung erfüllt sind.

(4) Hängt die Höhe der Versorgungsleistungen von der Wertentwicklung eines nach Maßgabe des Geschäftsplans gebildeten Investmentvermögens ab, ist für dieses Investmentvermögen entsprechend den §§ 67, 101, 120, 135, 148 und 158 des Kapitalanlagegesetzbuchs oder entsprechend § 44 des Investmentgesetzes in der bis zum 21. Juli 2013 geltenden Fassung gesondert Rechnung zu legen; § 101 Absatz 2 des Kapitalanlagegesetzbuchs oder § 44 Absatz 2 des Investmentgesetzes in der bis zum 21. Juli 2013 geltenden Fassung ist nicht anzuwenden.

(5) [1]Abweichend von § 210 Absatz 1 Satz 1 ist § 184 auch dann anzuwenden, wenn die Pensionskasse ein kleinerer Verein ist. [2]Dabei hat die Satzung zu bestimmen, dass der Vorstand vom Aufsichtsrat oder vom obersten Organ zu bestellen ist.

(6) [1]Auf Versicherungsverhältnisse, die vor dem 1. Januar 2006 in Kraft getreten sind, ist § 336 entsprechend anzuwenden, soweit ihnen ein von der Aufsichtsbehörde genehmigter Geschäftsplan zugrunde liegt. [2]§ 142 gilt in diesen Fällen nicht.

§ 234a Ergänzende allgemeine Vorschriften

(1) [1]Die Geschäftsorganisation einer Pensionskasse muss über § 23 Absatz 1 hinaus auch der Größenordnung ihrer Tätigkeiten angemessen sein. [2]Die Geschäftsorganisation ist darauf abzustimmen, ob und auf welche Weise ökologische, soziale und die Unternehmensführung betreffende Faktoren in Bezug auf die Vermögenswerte bei Anlageentscheidungen berücksichtigt werden.

(2) Für Pensionskassen gilt § 23 Absatz 1a bis 1c nicht.

(3) [1]Die internen Leitlinien nach § 23 Absatz 3 haben auch Vorgaben zu einer bestehenden versicherungsmathematischen Funktion zu machen. [2]Abweichend von § 23 Absatz 3 Satz 3 genügt es, wenn Pensionskassen die Leitlinien mindestens alle drei Jahre überprüfen.

(4) Besonderheiten im Hinblick auf eine Besetzung des Aufsichtsrats durch Vertreter der Arbeitgeber und der Arbeitnehmer der Trägerunternehmen sind zu berücksichtigen.

(5) Die Vergütungssysteme im Sinne des § 25 müssen der Größe und der internen Organisation der Pensionskasse sowie der Größenordnung, der Art, dem Umfang und der Komplexität ihrer Geschäftstätigkeiten angemessen sein.

(6) § 28 Absatz 1 ist nicht anzuwenden.

(7) Für das interne Kontrollsystem gilt § 29 Absatz 1 Satz 2 und Absatz 2 bis 4 nicht.

§ 234b Besondere Vorschriften zu Schlüsselfunktionen

(1) Pensionskassen ermöglichen der verantwortlichen Person für eine Schlüsselfunktion, ihre Aufgaben effektiv, objektiv, sachgemäß und unabhängig ausüben zu können.

(2) Die für die interne Revisionsfunktion verantwortliche Person darf keine andere Schlüsselfunktion innerhalb der Pensionskasse ausüben.

(3) [1]Die verantwortliche Person für eine Schlüsselfunktion darf im Trägerunternehmen nur dann eine ähnliche Aufgabe ausüben, wenn
1. dies der Größenordnung, der Art, dem Umfang und der Komplexität der Tätigkeiten der Pensionskasse angemessen ist und
2. die Pensionskasse gegenüber der Aufsichtsbehörde darlegt, wie sie Interessenkonflikte mit dem Trägerunternehmen verhindert oder mit ihnen verfährt.

[2]Die Pensionskasse übermittelt der Aufsichtsbehörde unverzüglich eine Stellungnahme nach Satz 1 Nummer 2, wenn die verantwortliche Person für eine Schlüsselfunktion eine ähnliche Aufgabe im Trägerunternehmen ausübt oder übernehmen soll.

(4) [1]Die für eine Schlüsselfunktion verantwortliche Person hat dem Vorstand alle wesentlichen Feststellungen und Empfehlungen aus ihrem Verantwortungsbereich mitzuteilen. [2]Der Vorstand entscheidet, welche Maßnahmen zu treffen sind. [3]Die verantwortliche Person für die Schlüsselfunktion ist verpflichtet, der Aufsichtsbehörde zu melden, dass der Vorstand nicht rechtzeitig geeignete Maßnahmen getroffen hat, wenn die Pensionskasse
1. dem erheblichen Risiko ausgesetzt ist, wesentliche gesetzliche Anforderungen nicht zu erfüllen, und dies

a) dem Vorstand mitgeteilt wurde sowie

b) wesentliche Auswirkungen auf die Interessen von Versorgungsanwärtern und Versorgungsempfängern haben könnte, oder

2. in einem der Verantwortung der Schlüsselfunktion unterfallenden Bereich in erheblicher Weise gegen geltende Rechts- oder Verwaltungsvorschriften verstößt und dem Vorstand dies mitgeteilt wurde.

[4]Die Pflicht zur Meldung besteht nicht, wenn die verantwortliche Person für die Schlüsselfunktion sich selbst oder einen der in § 383 Absatz 1 Nummer 1 bis 3 der Zivilprozessordnung bezeichneten Angehörigen der Gefahr strafgerichtlicher Verfolgung oder eines Verfahrens nach dem Gesetz über Ordnungswidrigkeiten aussetzen würde. [5]Wegen einer Meldung nach Satz 3 darf die verantwortliche Person für die Schlüsselfunktion weder nach arbeitsrechtlichen noch nach strafrechtlichen Vorschriften verantwortlich gemacht werden. [6]Sie darf nicht zum Ersatz von Schäden herangezogen werden, es sei denn, die Meldung ist vorsätzlich oder grob fahrlässig unwahr abgegeben worden. [7]Ihre Berechtigung zur Abgabe von Meldungen nach Satz 3 darf vertraglich nicht eingeschränkt werden. [8]Entgegenstehende Vereinbarungen sind unwirksam.

(5) [1]Die versicherungsmathematische Funktion hat die Berechnung der versicherungstechnischen Rückstellungen auch zu überwachen. [2]Abweichend von § 31 Absatz 1 Satz 2 Nummer 2 und 4 hat sie

1. die Angemessenheit der für die Berechnung der versicherungstechnischen Rückstellungen verwendeten Methoden und Basismodelle sowie der zu diesem Zweck zugrunde gelegten Annahmen zu beurteilen,

2. die bei der Berechnung der versicherungstechnischen Rückstellungen zugrunde gelegten Annahmen mit den Erfahrungswerten zu vergleichen.

[3]Außerdem trägt die versicherungsmathematische Funktion zur eigenen Risikobeurteilung nach § 234d bei. [4]§ 31 Absatz 1 Satz 2 Nummer 6 sowie Absatz 2 Satz 3 und 4 ist nicht anzuwenden.

(6) Die versicherungsmathematische Funktion kann entfallen, wenn die Pensionskasse

1. keine biometrischen Risiken selbst abdeckt und

2. weder Anlageergebnisse noch eine bestimmte Höhe der Leistungen garantiert.

(7) Personen oder Stellen, an die eine Schlüsselfunktion ausgegliedert wird, müssen die Anforderungen des § 24 Absatz 1 entsprechend erfüllen.

§ 234c Risikomanagement

(1) [1]Das Risikomanagementsystem einer Pensionskasse muss über § 26 Absatz 5 hinaus auch ökologische und soziale Risiken sowie die Unternehmensführung betreffende Risiken abdecken, soweit diese Risiken mit dem Anlageportfolio und dessen Verwaltung in Verbindung stehen. [2]Die vom Risikomanagementsystem erfassten Risiken werden auf eine Weise behandelt, die der Größe und der internen Organisation der Pensionskasse sowie der Größenordnung, der Art, dem Umfang und der Komplexität ihrer Geschäftstätigkeiten angemessen ist.

(2) Das Risikomanagementsystem hat außerdem die Risiken, die die Versorgungsanwärter und Versorgungsempfänger gemäß den Bedingungen eines Altersversorgungssystems tragen, aus der Sicht der Versorgungsanwärter und Versorgungsempfänger zu berücksichtigen.

(3) [1]Pensionskassen haben die Berichterstattung nach § 26 Absatz 1 Satz 1 und 2, die gegenüber dem Vorstand erfolgt, innerhalb eines Monats nach Vorlage beim Vorstand der Aufsichtsbehörde einzureichen. [2]Diese Pflicht entfällt für die Berichterstattung, die dem Vorstand vorgelegt wird im Zeitraum von sechs Monaten vor und nach dem Abschluss einer eigenen Risikobeurteilung nach § 234d, die für das gesamte Risikoprofil durchgeführt wird. [3]Die Aufsichtsbehörde kann Pensionskassen von der Pflicht nach Satz 1 auch ganz oder teilweise befreien, wenn dies mit den Aufsichtszielen vereinbar ist.

(4) § 26 Absatz 3, 4, 6, 7 sowie 8 Satz 2 und 3 ist nicht anzuwenden.

(5) [1]Zum Risikomanagementsystem der Pensionskasse gehört die eigene Risikobeurteilung nach § 234d. [2]§ 27 ist nicht anzuwenden.

§ 234d Eigene Risikobeurteilung

(1) [1]Zum Risikomanagementsystem einer Pensionskasse gehört eine eigene Risikobeurteilung, die zu dokumentieren ist. [2]Die eigene Risikobeurteilung ist mindestens alle drei Jahre für das gesamte Risikoprofil durchzuführen, auf Verlangen der Aufsichtsbehörde auch häufiger. [3]Die Pensionskasse hat unverzüglich eine eigene Risikobeurteilung vorzunehmen, wenn eine wesentliche Änderung

1. in ihrem Risikoprofil oder
2. im Risikoprofil der von ihr betriebenen Altersversorgungssysteme

eingetreten ist. [4]Ist im Fall des Satzes 3 Nummer 2 nur ein Altersversorgungssystem betroffen, kann die eigene Risikobeurteilung auf dieses Altersversorgungssystem beschränkt werden. [5]Die Pensionskassen informieren die Aufsichtsbehörde innerhalb von 14 Tagen nach Abschluss jeder durchgeführten eigenen Risikobeurteilung über das Ergebnis.

(2) [1]Im Rahmen der eigenen Risikobeurteilung hat die Pensionskasse

1. darzustellen, wie die eigene Risikobeurteilung in die Leitungs- und Entscheidungsprozesse der Pensionskasse einbezogen wird;
2. die Wirksamkeit des Risikomanagementsystems zu beurteilen;
3. darzustellen, wie sie Interessenkonflikte mit dem Trägerunternehmen verhindert oder mit ihnen verfährt, wenn die verantwortliche Person für eine Schlüsselfunktion zugleich eine ähnliche Aufgabe im Trägerunternehmen ausübt;
4. den gesamten Finanzierungsbedarf zu beurteilen und gegebenenfalls Maßnahmen zur Deckung des Finanzierungsbedarfs zu beschreiben;
5. die Risiken zu beurteilen, die für die Versorgungsanwärter und Versorgungsempfänger in Bezug auf die Auszahlung ihrer Altersversorgungsleistungen bestehen, sowie die Wirksamkeit von Gegenmaßnahmen einzuschätzen, wobei in die Betrachtung einzubeziehen sind die gegebenenfalls bestehenden
   a) Indexierungsmechanismen,
   b) Mechanismen zur Minderung der Anwartschaften und Ansprüche auf Versorgungsleistungen, wobei auch anzugeben ist, unter welchen Voraussetzungen und in welchem Umfang die Anwartschaften und Ansprüche gemindert werden können und wer die Minderung vornimmt;
6. eine qualitative Beurteilung der Mechanismen vorzunehmen, die zum Schutz der Anwartschaften und Ansprüche auf Versorgungsleistungen bestehen, einschließlich der zugunsten der Pensionskasse oder zugunsten der Versorgungsanwärter und Versorgungsempfänger gegebenenfalls bestehenden
   a) Garantien, bindenden Verpflichtungen oder finanziellen Unterstützung jeglicher anderer Art durch das Trägerunternehmen,

b) Versicherungs- oder Rückversicherungsvereinbarungen mit einem Unternehmen, das unter die Richtlinie 2009/138/EG fällt, oder

c) Abdeckung durch ein Altersversorgungssicherungssystem;

7. die operationellen Risiken qualitativ zu beurteilen;

8. die neu hinzugekommenen und die voraussichtlich hinzukommenden Risiken zu beurteilen, die dadurch bedingt sind, dass die Pensionskasse ökologische, soziale und die Unternehmensführung betreffende Faktoren bei ihren Anlageentscheidungen berücksichtigt.

[2]In die Beurteilung nach Satz 1 Nummer 8 sind unter anderem einzubeziehen Risiken im Zusammenhang mit dem Klimawandel, der Verwendung von Ressourcen und der Umwelt sowie soziale Risiken und Risiken im Zusammenhang mit der durch eine geänderte Regulierung bedingten Wertminderung von Vermögenswerten.

(3) [1]Für die Durchführung der Risikobeurteilung nach Absatz 2 hat die Pensionskasse Methoden zu verwenden, anhand deren sie diejenigen Risiken erkennen und beurteilen kann, die

1. sie kurz- oder langfristig betreffen oder betreffen könnten und

2. sich auf die Fähigkeit der Pensionskasse auswirken könnten, die Verpflichtungen zu erfüllen.

[2]Die Methoden müssen der Größenordnung, der Art, dem Umfang und der Komplexität der Tätigkeiten der Pensionskasse angemessen sein und auch die in Absatz 2 Satz 2 genannten Risiken erfassen. [3]Sie sind in der eigenen Risikobeurteilung darzustellen.

(4) Die eigene Risikobeurteilung fließt in die strategischen Entscheidungen der Pensionskasse ein.

§ 234e Ergänzende Vorschriften zur Ausgliederung

(1) Werden Tätigkeiten ausgegliedert, müssen Pensionskassen einen geeigneten Dienstleister auswählen und kontinuierlich überwachen, dass der Dienstleister die ausgegliederten Tätigkeiten ordnungsgemäß durchführt.

(2) Pensionskassen haben mit dem Dienstleister eine schriftliche, rechtlich bindende Vereinbarung über eine Ausgliederung zu schließen, die die Rechte und Pflichten der Beteiligten festlegt.

(3) § 32 Absatz 3 und § 47 Nummer 8 und 9 sind auch auf die Ausgliederung sonstiger Tätigkeiten, die diesem Gesetz unterliegen, anzuwenden.

§ 234f Allgemeines

(1) Für Pensionskassen gelten nicht die §§ 74 bis 88 und 133, 134 Absatz 4 und 5, die §§ 301 und 304 Absatz 1 Nummer 2 sowie die §§ 341 bis 352.

(2) [1]An die Stelle der §§ 89 bis 123 tritt § 234g Absatz 1 bis 3. [2]Soweit in den auf Pensionskassen anwendbaren Vorschriften auf Basiseigenmittel oder anrechnungsfähige Eigenmittel Bezug genommen wird, treten an deren Stelle die Eigenmittel nach § 234g Absatz 3.

(3) [1]Abweichend von § 134 Absatz 3 Satz 2 kann die Aufsichtsbehörde die Frist nach § 134 Absatz 3 Satz 1 um einen angemessenen Zeitraum verlängern. [2]Sie kann auf Antrag der Pensionskasse die Frist nach § 134 Absatz 2 um einen Monat verlängern. [3]Die Aufsichtsbehörde kann die Frist nach § 135 Absatz 2 Satz 1 um höchstens zwei Monate und die Frist nach § 135 Absatz 2 Satz 2 auf höchstens zwölf Monate verlängern.

(4) [1]Die Aufsichtsbehörde kann die Erlaubnis widerrufen, wenn es der Pensionskasse nicht gelingt, innerhalb von drei Monaten nach Feststellung der Nichtbedeckung der Mindestkapitalanforderung den genehmigten Finanzierungsplan zu erfüllen. [2]Die Aufsichtsbehörde hat die Erlaubnis zu widerrufen, wenn sie der Auffassung ist, dass der vorgelegte Finanzierungsplan offensichtlich unzureichend ist, oder wenn es der Pensionskasse nicht gelingt, innerhalb von zwölf Monaten nach Feststellung der Nichtbedeckung der Mindestkapitalanforderung den genehmigten Finanzierungsplan zu erfüllen.

§ 234g Solvabilitätskapitalanforderung, Mindestkapitalanforderung und Eigenmittel

(1) Pensionskassen müssen stets über Eigenmittel mindestens in Höhe der Solvabilitätskapitalanforderung verfügen.

(2) [1]Die Solvabilitätskapitalanforderung wird durch die Rechtsverordnung zu § 235 Absatz 1 Nummer 1 bestimmt. [2]Ein Drittel der Solvabilitätskapitalanforderung gilt als Mindestkapitalanforderung.

(3) [1]Zur Ermittlung der Eigenmittel ist § 214 mit Ausnahme von Absatz 1 Satz 1 Nummer 8 Buchstabe b anzuwenden. [2]In § 214 Absatz 1 Satz 1 Nummer 8 Buchstabe d treten dabei die nach § 235 Absatz 1 erlassenen Vorschriften an die Stelle der nach § 217 Satz 1 erlassenen Vorschriften.

(4) Pensionskassen haben der Aufsichtsbehörde jährlich eine Berechnung der Solvabilitätskapitalanforderung vorzulegen und ihr die Eigenmittel nachzuweisen.

§ 234h Ergänzende allgemeine Anlagegrundsätze

(1) [1]Pensionskassen haben die Vermögenswerte zum größtmöglichen langfristigen Nutzen der Versorgungsanwärter und Versorgungsempfänger insgesamt anzulegen. [2]Im Fall eines Interessenkonflikts sorgt die Pensionskasse oder die Stelle, die ihr Vermögen verwaltet, dafür, dass die Anlage ausschließlich im Interesse der Versorgungsanwärter und Versorgungsempfänger erfolgt.

(2) Bei Anlagen in derivative Finanzinstrumente ist eine übermäßige Risikokonzentration in Bezug auf eine einzelne Gegenpartei und in Bezug auf andere Derivatgeschäfte zu vermeiden.

(3) Bei ihren Anlageentscheidungen können Pensionskassen im Rahmen des Grundsatzes der unternehmerischen Vorsicht den möglichen langfristigen Auswirkungen auf ökologische, soziale und die Unternehmensführung betreffende Belange Rechnung tragen.

(4) § 124 Absatz 1 Satz 2 Nummer 1 Buchstabe b und Nummer 4 sowie Absatz 2 Satz 1 ist nicht anzuwenden.

§ 234i Anlagepolitik

[1]Pensionskassen haben der Aufsichtsbehörde eine Erklärung zu den Grundsätzen ihrer Anlagepolitik vorzulegen

1. spätestens vier Monate nach Ende eines Geschäftsjahres und
2. unverzüglich nach einer wesentlichen Änderung der Anlagepolitik.

[2]In der Erklärung ist zumindest einzugehen auf das Verfahren der Risikobewertung und der Risikosteuerung, auf die Strategie sowie auf die Frage, wie die Anlagepolitik ökologischen, sozialen und die Unternehmensführung betreffenden Belangen Rechnung trägt.

[3]Pensionskassen müssen die Erklärung öffentlich zugänglich machen. [4]Spätestens nach drei Jahren ist die Erklärung zu überprüfen.

§ 234j Besondere Vorschriften zum Sicherungsvermögen

(1) [1]Das Sicherungsvermögen darf nur angelegt werden in

1. den Anlageformen, die in § 215 Absatz 2 Satz 1 Nummer 1 bis 7 genannt sind, und
2. sonstigen Anlagen, die nach der Rechtsverordnung zu § 235 Absatz 1 Nummer 10 zugelassen sind.

[2]Darüber hinaus darf das Sicherungsvermögen nur angelegt werden, soweit dies die Aufsichtsbehörde bei Vorliegen außergewöhnlicher Umstände im Einzelfall auf Antrag vorübergehend gestattet.

(2) § 125 Absatz 1 Satz 2 und 3 und § 131 sind nicht anzuwenden.

(3) [1]Pensionskassen haben über ihre gesamten Vermögensanlagen, aufgegliedert in Neuanlagen und Bestände, zu berichten. [2]Die Pflichten nach § 126 Absatz 2 bleiben unberührt.

§ 234k Anforderungen an zu erteilende Informationen

(1) Die nach diesem Abschnitt vorgeschriebenen Informationen über ein Altersversorgungssystem müssen

1. in deutscher Sprache gefasst sein;
2. klar, prägnant und verständlich formuliert sein, wobei fachsprachliche Begriffe oder Wendungen nicht verwendet werden, wenn der Sachverhalt auch in Allgemeinsprache dargestellt werden kann;
3. schlüssig sein, wobei Begriffe und Bezeichnungen einheitlich verwendet und beibehalten werden;
4. in lesefreundlicher Form aufgemacht werden;
5. regelmäßig aktualisiert werden.

(2) Die Informationen dürfen nicht irreführend sein.

(3) Die vorgeschriebenen Informationen werden kostenlos zur Verfügung gestellt.

(4) Die Vorschriften dieses Abschnitts sind nicht anzuwenden auf Altersversorgungssysteme, die von der Pensionskasse grenzüberschreitend im Sinne des § 241 betrieben werden.

§ 234l Allgemeine Informationen zu einem Altersversorgungssystem

(1) Für jedes betriebene Altersversorgungssystem stellt die Pensionskasse den Versorgungsanwärtern und Versorgungsempfängern allgemeine Informationen über das Altersversorgungssystem zur Verfügung.

(2) Die Pensionskasse teilt den Versorgungsanwärtern und Versorgungsempfängern innerhalb einer angemessenen Frist alle für sie maßgeblichen Informationen zu geänderten Bestimmungen des Altersversorgungssystems mit.

(3) Werden die Methoden und Annahmen zur Berechnung der versicherungstechnischen Rückstellungen wesentlich geändert, stellt die Pensionskasse eine Erläuterung zu den damit verbundenen Auswirkungen auf die Versorgungsanwärter und Versorgungsempfänger innerhalb einer angemessenen Frist zur Verfügung.

§ 234m Information der Versorgungsanwärter bei Beginn des Versorgungsverhältnisses

(1) Die Pensionskasse stellt dem Versorgungsanwärter bei Beginn des Versorgungsverhältnisses folgende Informationen zur Verfügung:

1. Name, Anschrift, Rechtsform und Sitz der Pensionskasse,

2. die Vertragsbedingungen einschließlich der Tarifbestimmungen, soweit sie für das Versorgungsverhältnis gelten, sowie die Angabe des auf den Vertrag anwendbaren Rechts,

3. Angaben zur Laufzeit des Versorgungsverhältnisses,

4. allgemeine Angaben über die für das Versorgungsverhältnis geltenden Steuerregeln,

5. die mit dem Altersversorgungssystem verbundenen finanziellen, versicherungstechnischen und sonstigen Risiken sowie die Art und Aufteilung der Risiken,

6. allgemeine Angaben darüber, inwieweit die Leistungen im Versorgungsfall der Beitragspflicht in der gesetzlichen Kranken- und Pflegeversicherung unterliegen.

(2) Wurde der Versorgungsanwärter automatisch in das Altersversorgungssystem aufgenommen, erhält er außerdem folgende Informationen:

1. die ihm zustehenden Wahlmöglichkeiten einschließlich der Anlageoptionen,

2. die wesentlichen Merkmale des Altersversorgungssystems einschließlich der Art der Leistungen,

3. Angaben dazu, ob und inwieweit die Anlagepolitik Belangen aus den Bereichen Umwelt, Klima, Soziales und Unternehmensführung Rechnung trägt,

4. Angaben dazu, wo weitere Informationen erhältlich sind.

§ 234n Information vor dem Beitritt zu einem Altersversorgungssystem

Die Pensionskasse stellt sicher, dass Versorgungsanwärtern, die nicht automatisch in das Altersversorgungssystem aufgenommen werden, die in § 234m Absatz 2 bezeichneten Informationen zur Verfügung gestellt werden, bevor sie dem Altersversorgungssystem beitreten.

§ 234o Information der Versorgungsanwärter während der Anwartschaftsphase

(1) [1]Pensionskassen stellen dem Versorgungsanwärter mindestens alle zwölf Monate die für ihn wesentlichen Informationen über den Stand seines Versorgungsverhältnisses zur Verfügung. [2]Die Informationen werden in knapper, präziser Form zusammengestellt und die Überschrift „Renteninformation" vorangestellt.

(2) Die Renteninformation muss den Besonderheiten der gesetzlichen Altersversorgungssysteme und dem Arbeits-, Sozial- und Steuerrecht Rechnung tragen.

(3) [1]Die Pensionskasse hat in die Renteninformation eine Projektion der Altersversorgungsleistungen bis zum voraussichtlichen Renteneintrittsalter aufzunehmen. [2]Sie muss in deutlicher Form darauf hinweisen, dass

1. die Angaben in der Projektion nicht garantiert sind und die endgültige Höhe der Altersversorgungsleistungen von der Projektion abweichen kann sowie

2. der Versorgungsanwärter aus der Projektion keine Ansprüche gegen die Pensionskasse ableiten kann.

(4) Enthält die Renteninformation wesentliche Änderungen gegenüber den Informationen der vorherigen Renteninformation, werden diese deutlich kenntlich gemacht.

(5) [1]Darüber, in welcher Form die Altersversorgungsleistungen bezogen werden können, informiert die Pensionskasse den Versorgungsanwärter rechtzeitig vor Erreichen des Ter-

mins, ab dem voraussichtlich Altersversorgungsleistungen bezogen werden. [2]Sie hat die Informationen auch auf Anfrage des Versorgungsanwärters mitzuteilen.

§ 234p Information der Versorgungsempfänger

(1) Die Pensionskasse unterrichtet den Versorgungsempfänger regelmäßig über die ihm zustehenden Leistungen und über etwaige Wahlrechte, in welcher Form die Leistungen bezogen werden können.

(2) Die Pensionskasse informiert die Versorgungsempfänger über eine Kürzung der ihnen zustehenden Leistungen

1. unverzüglich nach der endgültigen Entscheidung über die Kürzung und
2. drei Monate vor dem Stichtag, an dem die Kürzung wirksam wird.

(3) Tragen die Versorgungsempfänger in der Auszahlungsphase ein wesentliches Anlagerisiko, werden sie von der Pensionskasse regelmäßig angemessen informiert.

§ 235 Verordnungsermächtigung zur Finanzaufsicht

(1) Das Bundesministerium der Finanzen wird ermächtigt, für Pensionskassen durch Rechtsverordnung Vorschriften zu erlassen

1. über die Berechnung und die Höhe der Solvabilitätskapitalanforderung;
2. über den maßgebenden Mindestbetrag der Mindestkapitalanforderung sowie über seine Berechnung;
3. darüber, wie nicht in der Bilanz ausgewiesene Eigenmittel errechnet werden und in welchem Umfang sie auf die Solvabilitätskapitalanforderung und die Mindestkapitalanforderung angerechnet werden dürfen;
4. über einen oder mehrere Höchstwerte für den Rechnungszins bei Versicherungsverträgen mit Zinsgarantie;
5. über weitere Vorgaben zur Ermittlung der Diskontierungszinssätze nach § 341f Absatz 2 des Handelsgesetzbuchs;
6. über die Höchstbeträge für die Zillmerung;
7. über die versicherungsmathematischen Rechnungsgrundlagen und die Bewertungsansätze für die Deckungsrückstellung;
8. darüber, wie bei Pensionskassen, bei denen vertraglich sowohl Arbeitnehmer als auch Arbeitgeber zur Prämienzahlung verpflichtet sind, für Lebensversicherungsverträge, denen kein genehmigter Geschäftsplan zugrunde liegt, der auf die Arbeitnehmer entfallende Teil der überrechnungsmäßigen Erträge zu bestimmen ist und welche Beteiligung der Arbeitnehmer an diesen Erträgen angemessen im Sinne des § 140 Absatz 2 ist;
9. über die versicherungsmathematischen Methoden zur Berechnung der Prämien einschließlich der Prämienänderungen und der versicherungstechnischen Rückstellungen im Sinne der §§ 341e bis 341h des Handelsgesetzbuchs, insbesondere der Deckungsrückstellung, bei Pensionskassen mit kollektiven Finanzierungssystemen für Lebensversicherungsverträge, denen kein genehmigter Geschäftsplan zugrunde liegt, insbesondere darüber wie die maßgeblichen Annahmen zur Sterblichkeit, zur Alters- und Geschlechtsabhängigkeit des Risikos und zur Stornowahrscheinlichkeit, die Annahmen über die Zusammensetzung des Bestandes und des Neuzugangs, der Zinssatz einschließlich der Höhe der Sicherheitszuschläge und die Grundsätze für die Bemessung der sonstigen Zuschläge zu berücksichtigen sind;

10. über Anlagegrundsätze qualitativer und quantitativer Art für das Sicherungsvermögen ergänzend zu § 124 Absatz 1 Satz 1 und 2 Nummer 1 Buchstabe a, Nummer 2, 3, 5 bis 8 sowie § 234h Absatz 1 bis 3, um die Kongruenz sowie die dauernde Erfüllbarkeit des jeweiligen Geschäftsplans sicherzustellen, wobei die Anlageformen des § 215 Absatz 2 Satz 1 Nummer 1 bis 7 und weitere durch diese Verordnung zugelassene Anlageformen sowie die Festlegungen im Geschäftsplan hinsichtlich des Anlagerisikos und des Trägers dieses Risikos zu berücksichtigen sind, sowie über Beschränkungen von Anlagen beim Trägerunternehmen;

11. über den Inhalt der Prüfungsberichte gemäß § 35 Absatz 1, soweit dies zur Erfüllung der Aufgaben der Aufsichtsbehörde erforderlich ist, insbesondere, um einheitliche Unterlagen zur Beurteilung der von den Pensionskassen durchgeführten Versicherungsgeschäfte zu erhalten;

12. über den Inhalt, die Form und die Stückzahl der gemäß § 234g Absatz 4 zu erstellenden Solvabilitätsübersicht und des Berichts über die Vermögensanlagen sowie die Frist für die Einreichung bei der Aufsichtsbehörde und

13. über die Art und Weise der Datenübermittlung, die zu verwendenden Datenformate sowie die einzuhaltende Datenqualität.

(2) [1]Die Ermächtigung kann durch Rechtsverordnung auf die Bundesanstalt übertragen werden. [2]Rechtsverordnungen nach Absatz 1 Satz 1 und nach Satz 1 bedürfen nicht der Zustimmung des Bundesrates. [3]Rechtsverordnungen nach Absatz 1 Satz 1 Nummer 9 und 11 und nach Satz 1, soweit sie die Ermächtigung nach Absatz 1 Satz 1 Nummer 9 und 11 erfassen, ergehen im Einvernehmen mit dem Bundesministerium der Justiz und für Verbraucherschutz.

§ 235a Verordnungsermächtigung zu den Informationspflichten

[1]Das Bundesministerium der Finanzen wird ermächtigt, im Einvernehmen mit dem Bundesministerium für Arbeit und Soziales für Pensionskassen, die nicht der Aufsicht durch die Aufsichtsbehörden der Länder unterliegen, durch Rechtsverordnung Vorschriften zu erlassen

1. über Inhalt, Aufbau und Gestaltung der Informationen nach § 234l Absatz 1,

2. über Inhalt, Aufbau und Gestaltung der Renteninformation nach § 234o Absatz 1 bis 3,

3. über Inhalt und Frequenz der Unterrichtung nach § 234p Absatz 1 und 3,

4. darüber, welche Informationen über § 234m Absatz 1 oder 2 hinaus bei Beginn des Versorgungsverhältnisses zu erteilen sind,

5. darüber, welche Informationen dem Versorgungsanwärter im Fall des § 234n zusätzlich vor dem Beitritt zum Altersversorgungssystem zu erteilen sind,

6. darüber, welche weiteren Informationen die Pensionskasse dem Versorgungsanwärter oder dem Versorgungsempfänger auf Anfrage zu erteilen hat,

7. darüber, wie Informationen dem Versorgungsanwärter oder dem Versorgungsempfänger zur Verfügung zu stellen sind, und

8. über die Festlegung der Annahmen, die den Projektionen nach § 234o Absatz 3 zugrunde zu legen sind.

[2]Rechtsverordnungen nach Satz 1 bedürfen nicht der Zustimmung des Bundesrates.

§ 236 Pensionsfonds

(1) [1]Ein Pensionsfonds im Sinne dieses Gesetzes ist eine rechtsfähige Versorgungseinrichtung, die

1. im Wege des Kapitaldeckungsverfahrens Leistungen der betrieblichen Altersversorgung für einen oder mehrere Arbeitgeber zugunsten von Arbeitnehmern erbringt,

2. die Höhe der Leistungen oder die Höhe der für diese Leistungen zu entrichtenden künftigen Beiträge nicht für alle vorgesehenen Leistungsfälle durch versicherungsförmige Garantien zusagen darf,

3. den Arbeitnehmern einen eigenen Anspruch auf Leistung gegen den Pensionsfonds einräumt und

4. verpflichtet ist, die Altersversorgungsleistung als lebenslange Zahlung oder als Einmalkapitalzahlung zu erbringen.

[2]Eine lebenslange Zahlung im Sinne des Satzes 1 Nummer 4 kann mit einem teilweisen oder vollständigen Kapitalwahlrecht verbunden werden. [3]Pensionsfonds dürfen auch Sterbegeldzahlungen an Hinterbliebene erbringen, wobei das Sterbegeld begrenzt ist auf die Höhe der gewöhnlichen Bestattungskosten.

(2) [1]Pensionsfonds können Altersversorgungsleistungen abweichend von Absatz 1 Satz 1 Nummer 4 erbringen, solange Beitragszahlungen durch den Arbeitgeber auch in der Rentenbezugszeit vorgesehen sind. [2]Ein fester Termin für das Zahlungsende darf nicht vorgesehen werden. [3]Satz 1 gilt nicht für Zusagen im Sinne des § 1 Absatz 2 Nummer 2 des Betriebsrentengesetzes.

(3) [1]Bei Zusagen im Sinne des § 1 Absatz 2 Nummer 2 des Betriebsrentengesetzes können Pensionsfonds lebenslange Zahlungen als Altersversorgungsleistungen abweichend von Absatz 1 Satz 1 Nummer 4 erbringen, wenn

1. die zuständigen Tarifvertragsparteien zustimmen,

2. der Pensionsplan eine lebenslange Zahlung sowie eine Mindesthöhe dieser lebenslangen Zahlung (Mindesthöhe) zur Auszahlung des nach § 1 Absatz 2 Nummer 2 des Betriebsrentengesetzes zur Verfügung zu stellenden Versorgungskapitals vorsieht,

3. eine planmäßige Verwendung dieses Versorgungskapitals sowie der darauf entfallenden Zinsen und Erträge für laufende Leistungen festgelegt ist und

4. der Pensionsfonds die Zusage des Arbeitgebers nachweist, selbst für die Erbringung der Mindesthöhe einzustehen, und die Zustimmung der Tarifvertragsparteien nach Nummer 1 der Aufsichtsbehörde vorlegt.

[2]Absatz 2 Satz 2 gilt entsprechend.

(4) Als Arbeitnehmer im Sinne dieser Vorschrift gelten auch ehemalige Arbeitnehmer sowie die unter § 17 Absatz 1 Satz 2 des Betriebsrentengesetzes fallenden Personen.

(5) Pensionsfonds bedürfen zum Geschäftsbetrieb der Erlaubnis der Aufsichtsbehörde.

(6) [1]Das Bundesministerium der Finanzen wird ermächtigt, durch Rechtsverordnung im Fall des Absatzes 3 nähere Bestimmungen zu erlassen zu

1. einer Auszahlungsbegrenzung des Pensionsfonds für den Fall, dass der Arbeitgeber die Mindesthöhe zu erbringen hat,

2. Vorschriften für die Ermittlung und Anpassung der lebenslangen Zahlung sowie für die Ermittlung der Mindesthöhe,

3. Form und Inhalt der Zusage des Arbeitgebers, selbst für die Erbringung der Mindesthöhe einzustehen, sowie des Nachweises dieser Zusage.

[2]Die Ermächtigung kann durch Rechtsverordnung auf die Bundesanstalt übertragen werden. [3]Diese erlässt die Vorschriften im Benehmen mit den Versicherungsaufsichts-

behörden der Länder. [4]Rechtsverordnungen nach den Sätzen 1 bis 3 bedürfen nicht der Zustimmung des Bundesrates.

§ 237 Anzuwendende Vorschriften

(1) [1]Für Pensionsfonds gelten die auf Lebensversicherungsunternehmen, die Pensionskassen sind, anwendbaren Vorschriften entsprechend, soweit dieser Teil keine abweichenden Regelungen enthält. [2]Dabei treten

1. die Pensionspläne an die Stelle der allgemeinen Versicherungsbedingungen,
2. die Belange der Versorgungsanwärter und Versorgungsempfänger an die Stelle der Belange der Versicherten,
3. die Versorgungsverhältnisse an die Stelle der Versicherungsverhältnisse.

[3]Pensionspläne sind die im Rahmen des Geschäftsplans ausgestalteten Bedingungen zur planmäßigen Leistungserbringung im Versorgungsfall.

(2) Nicht anwendbar sind § 8 Absatz 2, § 10 Absatz 4, § 13 Absatz 2, § 125 Absatz 5 und 6, § 139 Absatz 3 und 4, die §§ 210, 232 und 233, 234 Absatz 3 Satz 1, 2 und 4 sowie Absatz 5 und 6, die §§ 234i und 234j Absatz 1, die §§ 235 und 312 Absatz 4 Satz 1, 3 und 4 sowie Absatz 5 Satz 2 und § 313.

(3) [1]Die Erlaubnis zum Geschäftsbetrieb darf nur Aktiengesellschaften einschließlich der Europäischen Gesellschaft und Pensionsfondsvereinen auf Gegenseitigkeit erteilt werden. [2]Auf Pensionsfondsvereine sind die Vorschriften über Versicherungsvereine auf Gegenseitigkeit entsprechend anzuwenden, soweit nichts anderes bestimmt ist.

(4) [1]In § 140 Absatz 2 tritt die auf Grund des § 240 Satz 1 Nummer 7 erlassene Rechtsverordnung an die Stelle der auf Grund des § 145 Absatz 2 erlassenen Rechtsverordnung. [2]In § 141 Absatz 5 Satz 1 Nummer 1 und 2 treten die Grundsätze der auf Grund des § 240 Satz 1 Nummer 10 bis 12 erlassenen Rechtsverordnung an die Stelle der Grundsätze der auf Grund des § 88 Absatz 3 erlassenen Rechtsverordnung.

§ 238 Finanzielle Ausstattung

(1) [1]Für Pensionsfonds treten die Absätze 2 bis 5 an die Stelle des § 234g. [2]In § 234f Absatz 2 Satz 2 tritt Absatz 4 an die Stelle von § 234g Absatz 3.

(2) Pensionsfonds müssen stets über Eigenmittel mindestens in Höhe der Solvabilitätskapitalanforderung verfügen, die sich nach dem gesamten Geschäftsumfang bemisst.

(3) [1]Die Solvabilitätskapitalanforderung wird durch die Rechtsverordnung zu § 240 Satz 1 Nummer 9 bestimmt. [2]Ein Drittel der Solvabilitätskapitalanforderung gilt als Mindestkapitalanforderung.

(4) Für die Ermittlung der Eigenmittel ist die auf Grund des § 240 Satz 1 Nummer 9 erlassene Rechtsverordnung maßgebend.

(5) Pensionsfonds haben der Aufsichtsbehörde jährlich eine Berechnung der Solvabilitätskapitalanforderung vorzulegen und ihr die Eigenmittel nachzuweisen.

§ 239 Vermögensanlage

(1) [1]Pensionsfonds haben unter Berücksichtigung der jeweiligen Pensionspläne Sicherungsvermögen zu bilden. [2]Sie haben dafür zu sorgen, dass die Bestände der Sicherungsvermögen in einer der Art und Dauer der zu erbringenden Altersversorgung entspre-

chenden Weise unter Berücksichtigung der Festlegungen des jeweiligen Pensionsplans angelegt werden.

(2) [1]Pensionsfonds haben der Aufsichtsbehörde eine Erklärung zu den Grundsätzen ihrer Anlagepolitik vorzulegen

1. spätestens vier Monate nach Ende eines Geschäftsjahres und
2. unverzüglich nach einer wesentlichen Änderung der Anlagepolitik.

[2]Die Erklärung muss Angaben enthalten über das Verfahren zur Risikobewertung und zur Risikosteuerung sowie zur Strategie in Bezug auf den jeweiligen Pensionsplan, insbesondere die Aufteilung der Vermögenswerte je nach Art und Dauer der Altersversorgungsleistungen. [3]Außerdem ist auf die Frage einzugehen, wie die Anlagepolitik ökologischen, sozialen und die Unternehmensführung betreffenden Belangen Rechnung trägt. [4]Pensionsfonds müssen die Erklärung öffentlich zugänglich machen. [5]Spätestens nach drei Jahren ist die Erklärung zu überprüfen.

(3) [1]Die dauernde Erfüllbarkeit eines Pensionsplans kann auch bei einer vorübergehenden Unterdeckung als gewährleistet angesehen werden, wenn die Unterdeckung 5 Prozent des Betrags der versicherungstechnischen Rückstellungen im Sinne der §§ 341e bis 341h des Handelsgesetzbuchs nicht übersteigt und die Belange der Versorgungsanwärter und Versorgungsempfänger gewahrt sind. [2]In diesem Fall ist ein zwischen Arbeitgeber und Pensionsfonds vereinbarter Plan zur Wiederherstellung der Bedeckung des Sicherungsvermögens (Bedeckungsplan) erforderlich, der der Genehmigung der Aufsichtsbehörde bedarf. [3]Der Plan muss folgende Bedingungen erfüllen:

1. aus dem Plan muss hervorgehen, wie die zur vollständigen Bedeckung der versicherungstechnischen Rückstellungen im Sinne der §§ 341e bis 341h des Handelsgesetzbuchs erforderliche Höhe der Vermögenswerte innerhalb eines angemessenen Zeitraums erreicht werden soll; der Zeitraum darf drei Jahre nicht überschreiten, und
2. bei der Erstellung des Plans ist die besondere Situation des Pensionsfonds zu berücksichtigen, insbesondere die Struktur seiner Aktiva und Passiva, sein Risikoprofil, sein Liquiditätsplan, das Altersprofil der Versorgungsberechtigten sowie gegebenenfalls die Tatsache, dass es sich um ein neu geschaffenes System handelt.

[4]Die Genehmigung ist zu erteilen, wenn durch den Arbeitgeber die Erfüllung der Nachschusspflicht zur vollständigen Bedeckung der versicherungstechnischen Rückstellungen im Sinne der §§ 341e bis 341h des Handelsgesetzbuchs durch Bürgschaft oder Garantie eines geeigneten Kreditinstituts oder in anderer geeigneter Weise sichergestellt ist. [5]Der Pensionsfonds hat dem Pensionssicherungsverein die Vereinbarung unverzüglich zur Kenntnis zu geben.

(4) [1]Für Pensionspläne nach § 236 Absatz 2 ist Absatz 3 mit der Maßgabe anzuwenden, dass die Unterdeckung 10 Prozent des Betrags der versicherungstechnischen Rückstellungen im Sinne der §§ 341e bis 341h des Handelsgesetzbuchs nicht übersteigt. [2]Die Frist, bis zu der die vollständige Bedeckung wieder erreicht werden muss, kann von der Aufsichtsbehörde verlängert werden; sie darf insgesamt zehn Jahre nicht überschreiten.

§ 240 Verordnungsermächtigung

[1]Das Bundesministerium der Finanzen wird ermächtigt, für Pensionsfonds, die nicht der Aufsicht durch die Aufsichtsbehörden der Länder unterliegen, durch Rechtsverordnung Vorschriften zu erlassen über

1. den Wortlaut der versicherungsmathematischen Bestätigung, den Inhalt, den Umfang und die Vorlagefrist des Erläuterungsberichts gemäß § 141 Absatz 5 Satz 1 Nummer 2 sowie über den Inhalt, den Umfang und die Vorlagefrist des Berichts gemäß § 141 Absatz 5 Satz 1 Nummer 4, jeweils in Verbindung mit § 237 Absatz 1;

2. die Buchführung, den Inhalt, die Form und die Stückzahl des bei der Aufsichtsbehörde einzureichenden internen Berichts, bestehend aus einer für Aufsichtszwecke gegliederten Bilanz und einer Gewinn- und Verlustrechnung sowie besonderen Erläuterungen zur Bilanz und zur Gewinn- und Verlustrechnung, soweit dies zur Durchführung der Aufsicht nach diesem Gesetz erforderlich ist;

3. den Inhalt, die Form und die Stückzahl des bei der Aufsichtsbehörde vierteljährlich einzureichenden internen Zwischenberichts, bestehend aus einer Zusammenstellung von aktuellen Buchhaltungs- und Bestandsdaten sowie aus Angaben über die Anzahl der Versorgungsfälle, soweit dies zur Durchführung der Aufsicht nach diesem Gesetz erforderlich ist;

4. den Inhalt des Prüfungsberichts nach § 341k des Handelsgesetzbuchs, soweit dies zur Durchführung der Aufsicht nach diesem Gesetz erforderlich ist, insbesondere, um einheitliche Unterlagen zur Beurteilung der von den Pensionsfonds durchgeführten Geschäfte zu erhalten;

5. den Inhalt des Prüfungsberichts gemäß § 35 Absatz 1 Satz 1, soweit dies zur Erfüllung der Aufgaben der Aufsichtsbehörde erforderlich ist, insbesondere, um einheitliche Unterlagen zur Beurteilung der von den Pensionsfonds durchgeführten Geschäfte zu erhalten;

6. die Art und Weise der Datenübermittlung, die zu verwendenden Datenformate sowie die einzuhaltende Datenqualität;

7. die Zuführung zur Rückstellung für Beitragsrückerstattung gemäß § 145 Absatz 2 in Verbindung mit § 237 Absatz 1;

8. Anlagegrundsätze qualitativer und quantitativer Art für das Sicherungsvermögen ergänzend zu § 124 Absatz 1 Satz 1 und 2 Nummer 1 Buchstabe a, Nummer 2, 3, 5 bis 8 sowie § 234h Absatz 1 bis 3, um die Kongruenz und die dauernde Erfüllbarkeit des jeweiligen Pensionsplans sicherzustellen, wobei die Anlageformen des § 215 Absatz 2 Satz 1 Nummer 1 bis 7 sowie weitere durch diese Verordnung zugelassene Anlageformen sowie die Festlegungen im Pensionsplan hinsichtlich des Anlagerisikos und des Trägers dieses Risikos zu berücksichtigen sind, sowie über Beschränkungen von Anlagen beim Trägerunternehmen; Artikel 18 der Richtlinie 2003/41/EG ist zu beachten;

9. die Berechnung und die Höhe der Solvabilitätskapitalanforderung, den für Pensionsfonds maßgeblichen Mindestbetrag der Mindestkapitalanforderung sowie damit zusammenhängende Genehmigungsbefugnisse einschließlich des Verfahrens, darüber, was als Eigenmittel im Sinne des § 238 Absatz 2 anzusehen ist, darüber, dass der Aufsichtsbehörde über die Solvabilitätskapitalanforderung und die Eigenmittel zu berichten ist sowie über die Form und den Inhalt und die Frist für die Einreichung dieses Berichts bei der Aufsichtsbehörde;

10. Höchstwerte für den Rechnungszins bei Verträgen mit Zinsgarantie;

11. weitere Vorgaben zur Ermittlung der Diskontierungszinssätze nach § 341f Absatz 2 des Handelsgesetzbuchs sowie

12. die versicherungsmathematischen Rechnungsgrundlagen und die Bewertungsansätze für die Deckungsrückstellung.

[2]Die Ermächtigung kann durch Rechtsverordnung auf die Bundesanstalt übertragen werden. [3]Rechtsverordnungen nach den Sätzen 1 und 2 bedürfen nicht der Zustimmung des Bundesrates. [4]Rechtsverordnungen nach Satz 1 Nummer 4 und 10 bis 12 und nach Satz 2, soweit sie die Ermächtigungen nach Satz 1 Nummer 4 und 10 bis 12 erfassen, ergehen im Einvernehmen mit dem Bundesministerium der Justiz und für Verbraucherschutz.

§ 241 Grenzüberschreitende Geschäftstätigkeit

(1) [1]Grenzüberschreitende Geschäftstätigkeit einer Einrichtung der betrieblichen Altersversorgung liegt vor, wenn sie ein Altersversorgungssystem betreibt, bei dem der Tätigkeitsstaat ein anderer Mitglied- oder Vertragsstaat als der Herkunftsstaat der Einrichtung ist. [2]Tätigkeitsstaat ist der Mitglied- oder Vertragsstaat, dessen sozial- und arbeitsrechtliche Vorschriften im Bereich der betrieblichen Altersversorgung auf die Beziehung zwischen dem Trägerunternehmen und seinen Versorgungsanwärtern und Versorgungsempfängern angewendet werden.

(2) [1]Auf Pensionskassen und Pensionsfonds sind die §§ 57 bis 60 nicht anwendbar. [2]Für Einrichtungen der betrieblichen Altersversorgung, deren Herkunftsstaat ein anderer Mitglied- oder Vertragsstaat ist, sind die §§ 61 bis 66 nicht anwendbar.

§ 242 Grenzüberschreitende Geschäftstätigkeit von Pensionskassen und Pensionsfonds

(1) [1]Pensionskassen und Pensionsfonds haben ihre Absicht, für ein Trägerunternehmen die betriebliche Altersversorgung im Wege der grenzüberschreitenden Geschäftstätigkeit durchzuführen, der Aufsichtsbehörde anzuzeigen. [2]Dabei haben sie anzugeben
1. den Tätigkeitsstaat,
2. Name und Standort der Hauptverwaltung des Trägerunternehmens und
3. die Hauptmerkmale des Altersversorgungssystems, das für das Trägerunternehmen betrieben werden soll.

[3]Die Aufsichtsbehörde prüft, ob die beabsichtigte Geschäftstätigkeit rechtlich zulässig ist und ob die Verwaltungsstruktur, die Finanzlage sowie die Zuverlässigkeit und die fachliche Eignung der Geschäftsleiter der beabsichtigten grenzüberschreitenden Geschäftstätigkeit angemessen sind. [4]Sie kann verlangen, dass für das zu betreibende Altersversorgungssystem ein gesondertes Sicherungsvermögen einzurichten ist. [5]Auf die grenzüberschreitende Geschäftstätigkeit einer Pensionskasse ist § 232 Absatz 1 Nummer 2 und 3 nicht anzuwenden. [6]Im Fall eines Pensionsfonds sind § 236 Absatz 1 Satz 1 Nummer 2 bis 4 und Satz 2 sowie Absatz 2 und § 239 Absatz 3 und 4 nicht anzuwenden.

(2) [1]Sobald die Anzeige nach Absatz 1 Satz 1 und 2 vollständig vorliegt, entscheidet die Aufsichtsbehörde innerhalb von drei Monaten, ob die Anforderungen nach Absatz 1 Satz 3 erfüllt sind. [2]Sind die Anforderungen erfüllt, übermittelt sie die Angaben nach Absatz 1 Satz 2 den zuständigen Behörden des Tätigkeitsstaats und teilt der Pensionskasse oder dem Pensionsfonds mit, dass diese Behörden informiert wurden. [3]Andernfalls untersagt sie der Pensionskasse oder dem Pensionsfonds die Aufnahme der grenzüberschreitenden Geschäftstätigkeit.

(3) [1]Im Fall des Absatzes 2 Satz 2 übermittelt die Aufsichtsbehörde der Pensionskasse oder dem Pensionsfonds die von den zuständigen Behörden des Tätigkeitsstaats erteilten Informationen über

1. die einschlägigen arbeits- und sozialrechtlichen Vorschriften im Bereich der betrieblichen Altersversorgung, die bei der Durchführung des für das Trägerunternehmen betriebenen Altersversorgungssystems einzuhalten sind, sowie
2. die Vorschriften des Tätigkeitsstaats, die nach Titel IV der Richtlinie (EU) 2016/2341 erlassen worden sind.

[2]Pensionskassen und Pensionsfonds sind berechtigt, die grenzüberschreitende Geschäftstätigkeit im Einklang mit den in Satz 1 Nummer 1 und 2 genannten Vorschriften aufzunehmen, sobald ihnen die Mitteilung der Aufsichtsbehörde nach Satz 1 vorliegt, spätestens aber sechs Wochen, nachdem sie die Mitteilung nach Absatz 2 Satz 2 erhalten haben.

(4) Wird die Aufsichtsbehörde von den zuständigen Behörden des Tätigkeitsstaats über wesentliche Änderungen der in Absatz 3 Satz 1 Nummer 1 und 2 genannten Vorschriften benachrichtigt, hat sie diese Informationen an die Pensionskasse oder an den Pensionsfonds weiterzuleiten.

(5) [1]Die Aufsichtsbehörde trifft in Abstimmung mit den zuständigen Behörden des Tätigkeitsstaats die erforderlichen Maßnahmen, um sicherzustellen, dass die Pensionskasse oder der Pensionsfonds die von den zuständigen Behörden des Tätigkeitsstaats festgestellten Verstöße gegen die in Absatz 3 Satz 1 Nummer 1 und 2 genannten Vorschriften unterbindet. [2]Die Aufsichtsbehörde kann die grenzüberschreitende Geschäftstätigkeit untersagen oder einschränken, wenn die Pensionskasse oder der Pensionsfonds die Anforderungen nach Absatz 3 Satz 1 Nummer 1 nicht einhält.

(6) [1]Bei Pensionskassen und Pensionsfonds, die der Landesaufsicht unterliegen, informiert die zuständige Landesaufsichtsbehörde die Bundesanstalt über eine Anzeige nach Absatz 1 Satz 1 und 2. [2]Die Bundesanstalt unterstützt die Landesaufsichtsbehörde auf Anforderung bei der Durchführung des Verfahrens nach den Absätzen 2 und 3 und bei der Durchführung von Maßnahmen nach Absatz 5.

(7) [1]Die Aufsichtsbehörde informiert die Europäische Aufsichtsbehörde für das Versicherungswesen und die betriebliche Altersversorgung darüber, in welchen Mitglied- und Vertragsstaaten die Pensionskasse oder der Pensionsfonds grenzüberschreitend tätig ist. [2]Sie teilt ihr Änderungen dieser Angaben laufend mit.

§ 243 Grenzüberschreitende Geschäftstätigkeit von Einrichtungen, deren Herkunftsstaat ein anderer Mitglied- oder Vertragsstaat ist

(1) Die Absätze 2 bis 6 sind anzuwenden auf Altersversorgungssysteme,
1. die von einer Einrichtung, deren Herkunftsstaat ein anderer Mitglied- oder Vertragsstaat ist und eine Zulassung im Sinne des Artikels 9 Absatz 1 der Richtlinie (EU) 2016/2341 hat, im Rahmen einer grenzüberschreitenden Geschäftstätigkeit für das Trägerunternehmen betrieben werden und
2. bei denen der Tätigkeitsstaat Deutschland ist.

(2) [1]Hat die Bundesanstalt von den zuständigen Behörden des Herkunftsstaats der Einrichtung die in Artikel 11 Absatz 3 Satz 2 der Richtlinie (EU) 2016/2341 genannten Angaben erhalten, informiert sie innerhalb von sechs Wochen diese Behörden über
1. die einschlägigen arbeits- und sozialrechtlichen Vorschriften im Bereich der betrieblichen Altersversorgung, die einzuhalten sind, wenn in Deutschland Altersversorgungssysteme für ein Trägerunternehmen durchgeführt werden, sowie
2. die Vorschriften, die nach Titel IV der Richtlinie (EU) 2016/2341 erlassen worden sind.

²Die Einrichtung ist berechtigt, die grenzüberschreitende Geschäftstätigkeit im Einklang mit den in Satz 1 Nummer 1 und 2 genannten Vorschriften aufzunehmen, sobald sie von den zuständigen Behörden des Herkunftsstaats die von der Bundesanstalt übermittelten Informationen erhalten hat, spätestens aber nach Ablauf der in Satz 1 genannten Frist.

(3) Die Bundesanstalt stellt fest, welchem Durchführungsweg im Sinne des § 1b Absatz 2 bis 4 des Betriebsrentengesetzes die Einrichtung zuzuordnen ist, und übermittelt die Feststellung an die Einrichtung und den Pensions-Sicherungs-Verein Versicherungsverein auf Gegenseitigkeit.

(4) Die Bundesanstalt benachrichtigt die zuständigen Behörden des Herkunftsstaats über wesentliche Änderungen der in Absatz 2 Satz 1 Nummer 1 und 2 genannten Vorschriften.

(5) ¹Die Bundesanstalt überwacht laufend, ob die Einrichtung die in Absatz 2 Satz 1 Nummer 1 und 2 genannten Vorschriften einhält. ²Bei Verstößen gegen diese Vorschriften unterrichtet sie unverzüglich die zuständigen Behörden des Herkunftsstaats. ³Verstößt die Einrichtung weiterhin gegen die Vorschriften, kann die Bundesanstalt nach Unterrichtung der zuständigen Behörden des Herkunftsstaats selbst geeignete Maßnahmen ergreifen, um die Verstöße zu beenden oder zu ahnden. ⁴Kommt eine andere Lösung nicht in Betracht, kann sie der Einrichtung untersagen, weiter im Inland für das Trägerunternehmen tätig zu sein.

(6) Für die Zwecke des Absatzes 5 Satz 1 ist § 305 Absatz 1 Nummer 1, Absatz 2 Nummer 1 und 2 sowie Absatz 5 entsprechend anwendbar.

(7) Auf Antrag der Aufsichtsbehörde des Herkunftsstaats kann die Bundesanstalt die freie Verfügung über Vermögenswerte untersagen, die sich im Besitz eines Verwahrers oder einer Verwahrstelle mit Standort im Inland befinden.

§ 243a Übertragung von Beständen auf eine Pensionskasse oder einen Pensionsfonds

(1) ¹Jeder Vertrag, durch den der Bestand an Versorgungsverhältnissen eines Altersversorgungssystems, das eine Einrichtung der betrieblichen Altersversorgung mit einem anderen Herkunftsstaat als Deutschland betreibt, ganz oder teilweise auf eine Pensionskasse oder einen Pensionsfonds übertragen werden soll, bedarf der Genehmigung der Aufsichtsbehörde. ²Der Antrag auf Genehmigung wird von der Pensionskasse oder dem Pensionsfonds gestellt. ³Die Aufsichtsbehörde leitet den Antrag unverzüglich an die zuständige Behörde im Herkunftsstaat der Einrichtung weiter.

(2) Der Vertrag nach Absatz 1 Satz 1 muss sicherstellen, dass die Kosten der Übertragung weder von den bisherigen Versorgungsanwärtern und Versorgungsempfängern der Pensionskasse oder des Pensionsfonds noch von den verbleibenden Versorgungsanwärtern und Versorgungsempfängern der Einrichtung getragen werden.

(3) Die Übertragung bedarf der Zustimmung
1. der Mehrheit der betroffenen Versorgungsanwärter und der Mehrheit der betroffenen Versorgungsempfänger des Altersversorgungssystems oder der Mehrheit ihrer Vertreter, wobei die jeweilige Mehrheit nach den maßgebenden nationalen Regelungen ermittelt wird, und
2. des Trägerunternehmens der Einrichtung, sofern dessen Zustimmung erforderlich ist.

(4) Der Antrag nach Absatz 1 Satz 2 muss enthalten

1. die schriftliche Vereinbarung zwischen der Einrichtung und der Pensionskasse oder dem Pensionsfonds, in der die Bedingungen für die Übertragung festgelegt sind;
2. eine Beschreibung der Hauptmerkmale des Altersversorgungssystems des zu übertragenden Bestandes;
3. eine Beschreibung der zu übertragenden Verbindlichkeiten oder versicherungstechnischen Rückstellungen und der anderen Rechte und Pflichten sowie die zugehörigen Vermögenswerte oder die flüssigen Mittel, die ihnen entsprechen;
4. für die Einrichtung und die Pensionskasse oder den Pensionsfonds jeweils Angaben zum
   a) Namen,
   b) Ort der Hauptverwaltung,
   c) Herkunftsstaat;
5. den Namen und den Hauptstandort der betroffenen Trägerunternehmen der Einrichtung;
6. den Nachweis der Zustimmung nach Absatz 3;
7. die Angabe der Mitglied- und Vertragsstaaten, deren sozial- und arbeitsrechtliche Vorschriften im Bereich der betrieblichen Altersversorgung für das Altersversorgungssystem des zu übertragenden Bestands maßgeblich sind.

(5) [1]Hat die Aufsichtsbehörde den Antrag nach Absatz 1 Satz 2 erhalten, prüft sie, ob
1. die nach Absatz 4 vorgeschriebenen Informationen enthalten sind,
2. der beantragten Übertragung angemessen sind
   a) die Verwaltungsstruktur und die Finanzlage der Pensionskasse oder des Pensionsfonds,
   b) die Zuverlässigkeit und die fachliche Eignung der Geschäftsleiter der Pensionskasse oder des Pensionsfonds,
3. die langfristigen Interessen der Versorgungsanwärter und Versorgungsempfänger
   a) der Pensionskasse oder des Pensionsfonds,
   b) des zu übertragenden Bestands
   während und nach der Übertragung angemessen geschützt sind,
4. in dem Fall, dass die Übertragung eine grenzüberschreitende Geschäftstätigkeit der Pensionskasse oder des Pensionsfonds zur Folge hat, die versicherungstechnischen Rückstellungen der Pensionskasse oder des Pensionsfonds im Übertragungszeitpunkt vollständig kapitalgedeckt sind, und
5. die zu übertragenden Vermögenswerte ausreichend und angemessen sind, um die Verbindlichkeiten, die versicherungstechnischen Rückstellungen und die sonstigen zu übertragenden Verpflichtungen und Ansprüche nach den für Pensionskassen und Pensionsfonds geltenden Bestimmungen zu decken.

[2]Die Prüfung nach Satz 1 erfolgt auch mit Blick darauf, ob die Belange der Versorgungsanwärter und Versorgungsempfänger gewahrt sind.

(6) [1]Die Aufsichtsbehörde entscheidet auf Grund der Prüfung nach Absatz 5 innerhalb von drei Monaten über einen Antrag nach Absatz 1 Satz 2. [2]Sie unterrichtet die zuständige Behörde im Herkunftsstaat der Einrichtung über die getroffene Entscheidung innerhalb von zwei Wochen. [3]Eine Genehmigung ist ausgeschlossen, wenn diese Behörde der Übertragung nicht zugestimmt hat.

(7) Wird der Antrag nach Absatz 1 Satz 2 genehmigt, findet § 13 Absatz 5 sowie 7 Satz 1 und 2 Anwendung.

§ 243b Übertragung von Beständen auf eine Einrichtung, deren Herkunftsstaat ein anderer Mitglied- oder Vertragsstaat ist

(1) [1]Jeder Vertrag, durch den der Bestand an Versorgungsverhältnissen eines von einer Pensionskasse oder einem Pensionsfonds betriebenen Altersversorgungssystems ganz oder teilweise auf eine Einrichtung, deren Herkunftsstaat ein anderer Mitglied- oder Vertragsstaat ist, übertragen werden soll, bedarf der Genehmigung der zuständigen Behörde im Herkunftsstaat der Einrichtung. [2]Der Antrag auf Genehmigung wird von der Einrichtung gestellt.

(2) Die Pensionskasse oder der Pensionsfonds stellt sicher, dass die Versorgungsanwärter und Versorgungsempfänger, die bei der Pensionskasse oder beim Pensionsfonds verbleiben, nicht an den Kosten der Übertragung beteiligt werden.

(3) [1]Die Übertragung bedarf der Zustimmung

1. einer Mehrheit von
   a) jeweils drei Vierteln der betroffenen Versorgungsanwärter und der betroffenen Versorgungsempfänger des Altersversorgungssystems oder
   b) drei Vierteln der Mitglieder der Interessenvertretung der Versorgungsanwärter und Versorgungsempfänger, wenn eine Interessenvertretung nach der Satzung der Pensionskasse oder des Pensionsfonds vorgesehen ist, und
2. des Trägerunternehmens der Pensionskasse oder des Pensionsfonds, sofern dessen Interessen berührt sind.

[2]Die Pensionskasse oder der Pensionsfonds hat den betroffenen Versorgungsanwärtern und den betroffenen Versorgungsempfängern oder den Mitgliedern der in Satz 1 Nummer 1 Buchstabe b genannten Interessenvertretung Informationen zu den Bedingungen der Übertragung rechtzeitig zugänglich zu machen, bevor die Einrichtung den Antrag nach Absatz 1 Satz 2 stellt.

(4) [1]Hat die Aufsichtsbehörde von der zuständigen Behörde im Herkunftsstaat der Einrichtung den Antrag nach Absatz 1 Satz 2 erhalten, prüft sie, ob

1. die langfristigen Interessen der Versorgungsanwärter und Versorgungsempfänger, die bei der Pensionskasse oder beim Pensionsfonds verbleiben, angemessen geschützt sind;
2. die individuellen Ansprüche der Versorgungsanwärter und Versorgungsempfänger des zu übertragenden Bestands und des verbleibenden Bestands der Pensionskasse oder des Pensionsfonds nach der Übertragung mindestens so hoch sind wie vorher;
3. die zu übertragenden Vermögenswerte ausreichend und angemessen sind, um die Verbindlichkeiten, die versicherungstechnischen Rückstellungen und die sonstigen Verpflichtungen und Ansprüche nach den inländischen Bestimmungen zu decken.

[2]Die Prüfung nach Satz 1 erfolgt auch mit Blick darauf, ob die Belange der Versorgungsanwärter und Versorgungsempfänger gewahrt sind. [3]Die Aufsichtsbehörde hat innerhalb von acht Wochen der zuständigen Behörde im Herkunftsstaat der Einrichtung mitzuteilen, ob sie auf Grund der Prüfung nach Satz 1 der Übertragung zustimmt oder nicht.

(5) [1]Hat die Übertragung eine grenzüberschreitende Geschäftstätigkeit der Einrichtung zur Folge, informiert die Aufsichtsbehörde die zuständige Behörde im Herkunftsstaat der Einrichtung über die in § 243 Absatz 2 Satz 1 Nummer 1 und 2 genannten Vorschriften. [2]Sie hat die Informationen innerhalb von vier Wochen zu übermitteln, nachdem sie von der zuständigen Behörde über die Genehmigung nach Absatz 1 Satz 1 unterrichtet worden ist. [3]§ 243 Absatz 2 ist nicht anzuwenden.

§ 244

(aufgehoben)

§ 244a Geltungsbereich

(1) Bei der Durchführung reiner Beitragszusagen nach § 1 Absatz 2 Nummer 2a des Betriebsrentengesetzes haben Pensionsfonds, Pensionskassen und andere Lebensversicherungsunternehmen die Vorschriften dieses Teils einzuhalten.

(2) Die auf Pensionsfonds, Pensionskassen und andere Lebensversicherungsunternehmen anwendbaren Vorschriften dieses Gesetzes gelten nur insoweit, als dieser Teil keine abweichenden Regelungen enthält.

§ 244b Verpflichtungen

(1) Pensionsfonds, Pensionskassen und andere Lebensversicherungsunternehmen dürfen reine Beitragszusagen nur dann durchführen, wenn

1. sie dafür keine Verpflichtungen eingehen, die garantierte Leistungen beinhalten,
2. die allgemeinen Versicherungsbedingungen oder die Pensionspläne eine lebenslange Zahlung als Altersversorgungsleistung vorsehen und
3. festgelegt ist, dass das planmäßig zuzurechnende Versorgungskapital sowie die darauf entfallenden Zinsen und Erträge planmäßig für laufende Leistungen verwendet werden.

(2) Pensionskassen und andere Lebensversicherungsunternehmen bedürfen der Erlaubnis für die in Nummer 21 der Anlage 1 genannte Sparte.

§ 244c Sicherungsvermögen

Unter Berücksichtigung der jeweiligen Tarifverträge ist

1. im Fall eines Pensionsfonds ein gesondertes Sicherungsvermögen einzurichten und
2. im Fall einer Pensionskasse oder eines anderen Lebensversicherungsunternehmens ein gesonderter Anlagestock im Sinne des § 125 Absatz 5 einzurichten.

§ 244d Verordnungsermächtigung

[1]Das Bundesministerium der Finanzen wird ermächtigt, im Einvernehmen mit dem Bundesministerium für Arbeit und Soziales durch Rechtsverordnung nähere Bestimmungen zu erlassen bezüglich

1. der Ermittlung und Anpassung der lebenslangen Zahlung,
2. der Anforderungen an das Risikomanagement, insbesondere mit dem Ziel, die Volatilität der Höhe der lebenslangen Zahlungen zu begrenzen,
3. der Informationspflichten gegenüber den Versorgungsanwärtern und Rentenempfängern und
4. der Berichterstattung gegenüber der Aufsichtsbehörde.

[2]Die Ermächtigung kann durch Rechtsverordnung im Einvernehmen mit dem Bundesministerium für Arbeit und Soziales auf die Bundesanstalt übertragen werden. [3]Rechtsverordnungen nach den Sätzen 1 und 2 bedürfen nicht der Zustimmung des Bundesrates.

...

§ 294 Aufgaben

(1) Hauptziel der Beaufsichtigung ist der Schutz der Versicherungsnehmer und der Begünstigten von Versicherungsleistungen.

(2) [1]Die Aufsichtsbehörde überwacht den gesamten Geschäftsbetrieb der Versicherungsunternehmen im Rahmen einer rechtlichen Aufsicht im Allgemeinen und einer Finanzaufsicht im Besonderen. [2]Sie achtet dabei auf die Einhaltung der Gesetze, die für den Betrieb des Versicherungsgeschäfts gelten, und bei Erstversicherungsunternehmen zusätzlich auf die ausreichende Wahrung der Belange der Versicherten. [3]Dabei berücksichtigt sie in angemessener Weise die möglichen Auswirkungen ihrer Entscheidungen auf die Stabilität des Finanzsystems in den jeweils betroffenen Staaten des Europäischen Wirtschaftsraums. [4]Im Fall außergewöhnlicher Bewegungen an den Finanzmärkten berücksichtigt sie die potenziellen prozyklischen Effekte ihrer Maßnahmen.

(3) [1]Gegenstand der rechtlichen Aufsicht ist die ordnungsgemäße Durchführung des Geschäftsbetriebs einschließlich der Einhaltung der aufsichtsrechtlichen, der das Versicherungsverhältnis betreffenden und aller sonstigen die Versicherten betreffenden Vorschriften sowie der rechtlichen Grundlagen des Geschäftsplans. [2]Die rechtliche Aufsicht erstreckt sich auch auf die Einhaltung der im Bereich der betrieblichen Altersversorgung von Pensionskassen zu beachtenden arbeits- und sozialrechtlichen Vorschriften.

(4) Im Rahmen der Finanzaufsicht hat die Aufsichtsbehörde für die gesamte Geschäftstätigkeit auf die dauernde Erfüllbarkeit der Verpflichtungen aus den Versicherungen und hierbei insbesondere auf die Solvabilität sowie die langfristige Risikotragfähigkeit des Versicherungsunternehmens, die Bildung ausreichender versicherungstechnischer Rückstellungen, die Anlage in entsprechenden geeigneten Vermögenswerten und die Einhaltung der kaufmännischen Grundsätze einschließlich einer ordnungsgemäßen Geschäftsorganisation und die Einhaltung der übrigen finanziellen Grundlagen des Geschäftsbetriebs zu achten.

(5) [1]Die Aufsichtsbehörde prüft und beurteilt regelmäßig die Strategien, Prozesse und Meldeverfahren, die ein Versicherungsunternehmen festgelegt hat, um die gemäß der Richtlinie 2009/138/EG oder gemäß der Richtlinie (EU) 2016/2341 erlassenen Rechts- und Verwaltungsvorschriften einzuhalten (aufsichtliches Überprüfungsverfahren). [2]Das aufsichtliche Überprüfungsverfahren umfasst die Bewertung
1. der qualitativen Anforderungen hinsichtlich der Geschäftsorganisation,
2. der Risiken, denen das Unternehmen ausgesetzt ist oder sein könnte, und
3. der Fähigkeit des Unternehmens, diese Risiken unter Berücksichtigung des jeweiligen Geschäftsumfelds zu beurteilen und ihnen standzuhalten.

[3]Die Aufsichtsbehörde legt die Mindesthäufigkeit und den Anwendungsbereich dieser Überprüfungen, Beurteilungen und Bewertungen unter Berücksichtigung von Art, Umfang und Komplexität der Tätigkeiten des betreffenden Versicherungsunternehmens fest. [4]Bei Pensionskassen berücksichtigt sie auch die Größenordnung der Tätigkeiten.

(6) [1]Die Aufsicht erstreckt sich über das Inland hinaus auf die in anderen Mitglied- oder Vertragsstaaten über Niederlassungen oder im Dienstleistungsverkehr ausgeübte Geschäftstätigkeit. [2]Dabei wird die Finanzaufsicht in alleiniger Zuständigkeit, die Aufsicht im Übrigen im Zusammenwirken mit der Aufsichtsbehörde des anderen Mitglied- oder Vertragsstaats wahrgenommen.

(7) Die Aufsicht hat sich auch auf die Liquidation eines Unternehmens und auf die Abwicklung der bestehenden Versicherungen zu erstrecken, wenn der Geschäftsbetrieb untersagt oder freiwillig eingestellt oder die Erlaubnis zum Geschäftsbetrieb widerrufen wird.

(8) Die Aufsichtsbehörden nimmt ihre Aufgaben und Befugnisse nur im öffentlichen Interesse wahr.

...

§ 298 Allgemeine Aufsichtsbefugnisse

[1]Gegenüber Erstversicherungsunternehmen, den Mitgliedern ihres Vorstands sowie sonstigen Geschäftsleitern und den die Erstversicherungsunternehmen kontrollierenden Personen kann die Aufsichtsbehörde alle Maßnahmen ergreifen, die geeignet und erforderlich sind, um Missstände zu vermeiden oder zu beseitigen. [2]Ein Missstand ist jedes Verhalten eines Versicherungsunternehmens, das den Aufsichtszielen des § 294 Absatz 2 widerspricht. [3]Missstände sind auch Schwächen oder Mängel, die die Aufsichtsbehörde im Rahmen des aufsichtlichen Überprüfungsverfahrens festgestellt hat.

(2) Gegenüber Rückversicherungsunternehmen, den Mitgliedern ihres Vorstands sowie sonstigen Geschäftsleitern oder den die Rückversicherungsunternehmen kontrollierenden Personen kann die Aufsichtsbehörde alle Maßnahmen ergreifen, die geeignet und erforderlich sind, um sicherzustellen, dass

1. die Gesetze, die für den Betrieb des Rückversicherungsgeschäfts gelten, und die aufsichtsbehördlichen Anordnungen eingehalten werden,
2. insbesondere die Rückversicherungsunternehmen jederzeit in der Lage sind, ihre Verpflichtungen aus den Rückversicherungsverhältnissen zu erfüllen, und
3. Schwächen oder Mängel beseitigt werden, die die Aufsichtsbehörde im Rahmen des aufsichtlichen Überprüfungsverfahrens festgestellt hat.

(3) Die Aufsichtsbehörde darf einen Rückversicherungs- oder Retrozessionsvertrag, den ein Versicherungsunternehmen mit einem Rückversicherungsunternehmen oder einem nach Artikel 14 der Richtlinie 2009/138/EG zugelassenen Erstversicherungsunternehmen geschlossen hat, nur aus Gründen zurückweisen, die sich nicht unmittelbar auf die finanzielle Solidität des anderen Unternehmens beziehen.

§ 299 Erweiterung der Aufsichtsbefugnisse

Die Aufsichtsbehörde kann Maßnahmen nach § 298 Absatz 1 oder 2 auch unmittelbar ergreifen gegenüber

1. anderen Unternehmen, auf die ein Versicherungsunternehmen Tätigkeiten ausgegliedert hat, und
2. Versicherungs-Holdinggesellschaften im Sinne des § 7 Nummer 31, gemischten Versicherungs-Holdinggesellschaften im Sinne des § 7 Nummer 11 und gemischten Finanzholding-Gesellschaften im Sinne des § 7 Nummer 10 sowie gegenüber den Personen, die die Geschäfte dieser Holdinggesellschaften tatsächlich führen.

§ 300 Änderung des Geschäftsplans

[1]Die Aufsichtsbehörde kann verlangen, dass ein Geschäftsplan vor Abschluss neuer Versicherungsverträge geändert wird. [2]Wenn es zur Wahrung der Belange der Versicherten notwendig erscheint, kann die Aufsichtsbehörde einen Geschäftsplan mit Wirkung für bestehende sowie für noch nicht abgewickelte Versicherungsverhältnisse ändern oder aufheben. [3]Die Sätze 1 und 2 gelten nicht für Rückversicherungsunternehmen.

§ 301 Kapitalaufschlag

(1) Die Aufsichtsbehörde kann einen Kapitalaufschlag auf die Solvabilitätskapitalanforderung für ein Versicherungsunternehmen nur festsetzen, wenn

1. das Risikoprofil des Versicherungsunternehmens erheblich von den Annahmen abweicht, die der Solvabilitätskapitalanforderung zugrunde liegen, die unter Verwendung der Standardformel berechnet wurde, und wenn die Forderung gemäß § 96 Absatz 2, ein internes Modell zu verwenden, unangemessen ist oder erfolglos war oder ein gemäß § 96 Absatz 2 gefordertes internes Voll- oder Partialmodell noch entwickelt wird,

2. das Risikoprofil des Versicherungsunternehmens erheblich von den Annahmen abweicht, die der Solvabilitätskapitalanforderung zugrunde liegen, die gemäß einem als Voll- oder Partialmodell verwendeten internen Modell berechnet wurde, weil bestimmte quantifizierbare Risiken nur unzureichend erfasst wurden und die Anpassung des Modells zwecks einer besseren Abbildung des tatsächlichen Risikoprofils innerhalb eines angemessenen Zeitrahmens fehlgeschlagen ist,

3. die Geschäftsorganisation eines Versicherungsunternehmens erheblich von den in Teil 2 Kapitel 1 Abschnitt 3 festgelegten Standards abweicht und wenn

   a) diese Abweichungen das Unternehmen daran hindern, die Risiken, denen es ausgesetzt ist oder ausgesetzt sein könnte, angemessen zu erkennen, zu messen, zu überwachen, zu steuern und über sie Bericht zu erstatten, und

   b) die Anwendung anderer Maßnahmen die Mängel wahrscheinlich nicht innerhalb eines angemessenen Zeitrahmens ausreichend beheben wird

   oder

4. das Versicherungsunternehmen die Matching-Anpassung gemäß § 80, die Volatilitätsanpassung gemäß § 82 oder die Übergangsmaßnahmen gemäß § 351 oder § 352 anwendet und die Aufsichtsbehörde zu dem Schluss gelangt, dass das Risikoprofil dieses Unternehmens erheblich von den Annahmen abweicht, die dieser Anpassung oder Übergangsmaßnahme zugrunde liegen.

(2) [1]In den in Absatz 1 Nummer 1 und 2 genannten Fällen wird der Kapitalaufschlag so berechnet, dass die Erfüllung der Anforderungen des § 97 Absatz 2 durch das Unternehmen sichergestellt ist. [2]In den in Absatz 1 Nummer 3 genannten Fällen muss der Kapitalaufschlag proportional zu den wesentlichen Risiken sein, die mit den Mängeln einhergehen und die zu der Entscheidung der Aufsichtsbehörde geführt haben, den Kapitalaufschlag festzusetzen. [3]In den in Absatz 1 Nummer 4 genannten Fällen muss der Kapitalaufschlag proportional zu den wesentlichen Risiken sein, die sich aus den dort bezeichneten Abweichungen ergeben.

(3) Die Festsetzung eines Kapitalaufschlags entbindet in den in Absatz 1 Nummer 2 und 3 genannten Fällen das Versicherungsunternehmen nicht davon, die festgestellten Mängel zu beheben; die Aufsichtsbehörde ergreift, soweit erforderlich, weitere Maßnahmen zur Beseitigung des Missstands.

(4) Der Kapitalaufschlag wird von der Aufsichtsbehörde mindestens einmal jährlich überprüft; er wird aufgehoben, sobald das Unternehmen die ihm zugrunde liegenden Mängel beseitigt hat.

(5) [1]Die Solvabilitätskapitalanforderung einschließlich des vorgeschriebenen Kapitalaufschlags ersetzt die unzureichende Solvabilitätskapitalanforderung. [2]Bei der Berechnung

der Risikomarge nach § 78 bleibt ein gemäß Absatz 1 Nummer 3 festgesetzter Kapitalaufschlag außer Betracht.

...

§ 312 Eröffnung des Insolvenzverfahrens

(1) [1]Der Antrag auf Eröffnung des Insolvenzverfahrens über das Vermögen eines Versicherungsunternehmens kann nur von der Aufsichtsbehörde gestellt werden. [2]Die Antragsrechte nach § 3a Absatz 1, § 3d Absatz 2 und § 269d Absatz 2 der Insolvenzordnung stehen ausschließlich der Aufsichtsbehörde zu. [3]Die Einleitung eines Koordinationsverfahrens (§§ 269d bis 269i der Insolvenzordnung) entfaltet für die gruppenangehörigen Versicherungsunternehmen nur dann Wirkung, wenn die Aufsichtsbehörde sie beantragt oder ihr zugestimmt hat.

(2) [1]Zuständig für die Eröffnung eines Insolvenzverfahrens über das Vermögen eines Versicherungsunternehmens sind im Bereich des Europäischen Wirtschaftsraums allein die jeweiligen Behörden des Herkunftsstaats. [2]Wird in einem Mitglied- oder Vertragsstaat ein Insolvenzverfahren über das Vermögen eines Versicherungsunternehmens eröffnet, so wird das Verfahren ohne Rücksicht auf die Voraussetzungen des § 343 Absatz 1 der Insolvenzordnung anerkannt.

(3) [1]Sekundärinsolvenzverfahren oder sonstige Partikularverfahren bezüglich der Versicherungsunternehmen, die ihren Sitz in einem anderen Mitglied- oder Vertragsstaat haben, sind nicht zulässig. [2]Dies gilt nicht in den Fällen des § 65 und nicht hinsichtlich der Niederlassungen von Versicherungsunternehmen eines Drittstaats gemäß § 68.

(4) [1]Das Insolvenzgericht hat den Eröffnungsbeschluss unverzüglich der Aufsichtsbehörde zu übermitteln, die unverzüglich die Aufsichtsbehörden der anderen Mitglied- oder Vertragsstaaten unterrichtet. [2]Erhält die Aufsichtsbehörde eine entsprechende Mitteilung der Aufsichtsbehörden eines Mitglied- oder Vertragsstaats, kann sie diese Entscheidung bekannt machen. [3]Unbeschadet der in § 30 der Insolvenzordnung vorgesehenen Bekanntmachung hat das Insolvenzgericht den Eröffnungsbeschluss auszugsweise im Amtsblatt der Europäischen Union zu veröffentlichen. [4]In den Bekanntmachungen gemäß § 30 der Insolvenzordnung und in der Veröffentlichung im Amtsblatt der Europäischen Union sind das zuständige Gericht, das maßgebliche Recht und der bestellte Insolvenzverwalter anzugeben.

(5) [1]Die Aufsichtsbehörde kann jederzeit vom Insolvenzgericht und vom Insolvenzverwalter Auskünfte über den Stand des Verfahrens verlangen. [2]Die Aufsichtsbehörde ist verpflichtet, die Aufsichtsbehörde eines anderen Mitglied- oder Vertragsstaats auf deren Verlangen über den Stand des Insolvenzverfahrens zu informieren.

(6) [1]Stellt die Aufsichtsbehörde den Antrag auf Eröffnung eines Insolvenzverfahrens über das Vermögen der Niederlassung eines Versicherungsunternehmens eines Drittstaats, so unterrichtet sie unverzüglich die Aufsichtsbehörden der Mitglied- oder Vertragsstaaten, in denen das Versicherungsunternehmen auch eine Niederlassung hat. [2]Die beteiligten Personen und Stellen bemühen sich um ein abgestimmtes Vorgehen.

§ 313 Unterrichtung der Gläubiger

(1) [1]Mit dem Eröffnungsbeschluss ist den Gläubigern ein Formblatt zu übersenden, das mit den Worten „Aufforderung zur Anmeldung und Erläuterung einer Forderung. Fristen beachten!" und den entsprechenden Übersetzungen in sämtlichen Amtssprachen der

Mitglied- oder Vertragsstaaten überschrieben ist. [2]Das Formblatt wird vom Bundesministerium der Justiz und für Verbraucherschutz im Bundesanzeiger veröffentlicht und enthält insbesondere folgende Angaben:

1. welche Fristen einzuhalten sind und welche Folgen deren Versäumung hat;
2. wer für die Entgegennahme der Anmeldung und Erläuterung einer Forderung zuständig ist;
3. welche weiteren Maßnahmen vorgeschrieben sind;
4. welche Bedeutung die Anmeldung der Forderung für bevorrechtigte oder dinglich gesicherte Gläubiger hat und inwieweit diese ihre Forderungen anmelden müssen;
5. die allgemeinen Wirkungen des Insolvenzverfahrens auf die Versicherungsverträge;
6. den Zeitpunkt, ab dem Versicherungsverträge oder -geschäfte keine Rechtswirkung mehr entfalten, und
7. die Rechte und Pflichten der Versicherten in Bezug auf den betreffenden Vertrag oder das entsprechende Geschäft.

(2) Ist ein bekannter Gläubiger mit gewöhnlichem Aufenthalt, Wohnsitz oder Sitz in einem anderen Mitglied- oder Vertragsstaat Inhaber einer Forderung als Versicherungsnehmer, Versicherter, Begünstigter oder geschädigter Dritter mit Direktanspruch gegen den Versicherer, so ist er in einer Amtssprache des Mitglied- oder Vertragsstaats zu unterrichten, in dem er seinen gewöhnlichen Aufenthalt oder seinen Wohnsitz oder Sitz hat.

(3) [1]Gläubiger mit gewöhnlichem Aufenthalt, Wohnsitz oder Sitz in einem anderen Mitglied- oder Vertragsstaat können ihre Forderung in einer Amtssprache dieses anderen Staats anmelden. [2]In diesem Fall muss die Anmeldung in deutscher Sprache mit den Worten „Anmeldung und Erläuterung einer Forderung" überschrieben sein.

(4) Der Insolvenzverwalter hat die Gläubiger regelmäßig in geeigneter Form über den Fortgang des Insolvenzverfahrens zu unterrichten.

§ 314 Zahlungsverbot; Herabsetzung von Leistungen

(1) [1]Ergibt sich bei der Prüfung der Geschäftsführung und der Vermögenslage eines Unternehmens, dass dieses dauerhaft nicht mehr imstande ist, seine Verpflichtungen zu erfüllen, die Vermeidung des Insolvenzverfahrens aber zum Besten der Versicherten geboten erscheint, so kann die Aufsichtsbehörde das hierzu Erforderliche anordnen, auch die Vertreter des Unternehmens auffordern, innerhalb bestimmter Fristen eine Änderung der Geschäftsgrundlagen oder sonst die Beseitigung der Mängel herbeizuführen. [2]Alle Arten von Zahlungen, besonders Versicherungsleistungen, Gewinnverteilungen und bei Lebensversicherungen der Rückkauf oder die Beleihung des Versicherungsscheins sowie Vorauszahlungen darauf, können zeitweilig verboten werden. [3]Die Vorschriften der Insolvenzordnung zum Schutz von Zahlungsabrechnungssystemen, Wertpapierliefersystemen und Wertpapierabrechnungssystemen sowie von dinglichen Sicherheiten der Zentralbanken und von Finanzsicherheiten sind entsprechend anzuwenden.

(2) [1]Unter der Voraussetzung nach Absatz 1 Satz 1 kann die Aufsichtsbehörde, wenn nötig, die Verpflichtungen eines Lebensversicherungsunternehmens aus seinen Versicherungen dem Vermögensstand entsprechend herabsetzen. [2]Dabei kann die Aufsichtsbehörde ungleichmäßig verfahren, wenn besondere Umstände dies rechtfertigen, insbesondere, wenn bei mehreren Gruppen von Versicherungen die Notlage des Unternehmens mehr in einer Gruppe als in einer anderen Gruppe begründet ist. [3]Bei der Herabsetzung werden, soweit Deckungsrückstellungen der einzelnen Versicherungsverträge bestehen,

zunächst die Deckungsrückstellungen herabgesetzt und danach die Versicherungssummen neu festgestellt; ist dies nicht möglich, werden die Versicherungssummen unmittelbar herabgesetzt. [4]Die Pflicht der Versicherungsnehmer, die Versicherungsentgelte in der bisherigen Höhe weiterzuzahlen, wird durch die Herabsetzung nicht berührt.

(3) Die Maßnahmen nach den Absätzen 1 und 2 können auf eine selbständige Abteilung des Sicherungsvermögens (§ 125 Absatz 6) beschränkt werden.

...

§ 329 Zusammenarbeit mit der Europäischen Aufsichtsbehörde für das Versicherungswesen und die betriebliche Altersversorgung

(1) [1]Die Aufsichtsbehörde arbeitet gemäß der Verordnung (EU) Nr. 1094/2010 für die Zwecke der Richtlinien 2009/138/EG und 2003/41/EG mit der Europäischen Aufsichtsbehörde für das Versicherungswesen und die betriebliche Altersversorgung zusammen. [2]Sie berücksichtigt so weit wie möglich deren Leitlinien und Empfehlungen und begründet eventuelle Abweichungen.

(2) Die Aufsichtsbehörde übermittelt jährlich folgende Angaben an die Europäische Aufsichtsbehörde für das Versicherungswesen und die betriebliche Altersversorgung:

1. den durchschnittlichen Kapitalaufschlag je Unternehmen und die Verteilung der von der Aufsichtsbehörde während des Vorjahres festgesetzten Kapitalaufschläge, gemessen in Prozent der Solvabilitätskapitalanforderung und wie folgt gesondert ausgewiesen:
   a) für alle Versicherungsunternehmen,
   b) für Lebensversicherungsunternehmen,
   c) für Nichtlebensversicherungsunternehmen,
   d) für Versicherungsunternehmen, die sowohl in der Lebensversicherung als auch in der Nichtlebensversicherung tätig sind, und
   e) für Rückversicherungsunternehmen;
2. für jede Mitteilung im Sinne der Nummer 1 den Anteil der Kapitalaufschläge, die jeweils nach § 301 Absatz 1 Nummer 1, 2 und 3 festgesetzt wurden;
3. die Zahl der Versicherungsunternehmen, die teilweise von der regelmäßigen aufsichtlichen Berichterstattung befreit sind, und die Zahl der Versicherungsunternehmen, die ganz oder teilweise von der Einzelpostenberichterstattung befreit sind, zusammen mit dem Volumen ihrer Kapitalanforderungen, Beiträge, versicherungstechnischen Rückstellungen und Vermögenswerte, jeweils gemessen als prozentualer Anteil am Gesamtvolumen der Kapitalanforderungen, Beiträge, versicherungstechnischen Rückstellungen und Vermögenswerte der Versicherungsunternehmen, und
4. die Zahl der Gruppen, die teilweise von der regelmäßigen Berichterstattung befreit sind, und die Zahl der Gruppen, die ganz oder teilweise von der Einzelpostenberichterstattung befreit sind, zusammen mit dem Volumen ihrer Kapitalanforderungen, Beiträge, versicherungstechnischen Rückstellungen und Vermögenswerte, jeweils gemessen als prozentualer Anteil am Gesamtvolumen der Kapitalanforderungen, Beiträge, versicherungstechnischen Rückstellungen und Vermögenswerte aller Gruppen.

(3) [1]Die Aufsichtsbehörde unterrichtet die Europäische Aufsichtsbehörde für das Versicherungswesen und die betriebliche Altersversorgung über nationale Aufsichtsvorschriften, die für den Bereich der betrieblichen Altersversorgungssysteme relevant sind, soweit es

sich nicht um nationale sozial- oder arbeitsrechtliche Vorschriften handelt. [2]Änderungen des Inhalts von Angaben, die gemäß Satz 1 übermittelt werden, teilt die Aufsichtsbehörde regelmäßig, mindestens alle zwei Jahre, der Behörde mit.

(4) Die Aufsichtsbehörde stellt der Europäischen Aufsichtsbehörde für das Versicherungswesen und die betriebliche Altersversorgung gemäß Artikel 35 der Verordnung (EU) Nr. 1094/2010 auf Verlangen unverzüglich alle für die Erfüllung ihrer Aufgaben auf Grund der Richtlinie 2003/41/EG und der Verordnung (EU) Nr. 1094/2010 erforderlichen Informationen zur Verfügung.

(5) Die Aufsichtsbehörde unterrichtet die Europäische Aufsichtsbehörde für das Versicherungswesen und die betriebliche Altersversorgung über alle Verwaltungssanktionen und andere Maßnahmen nach Maßgabe von Artikel 32 Absatz 3 und Artikel 36 der Richtlinie (EU) 2016/97.

...

6.4 Verordnung über Informationspflichten in der betrieblichen Altersversorgung, die von Pensionsfonds, Pensionskassen und anderen Lebensversicherungsunternehmen durchgeführt wird (VAG-Informationspflichtenverordnung – VAG-InfoV)

In der Fassung der Bekanntmachung vom 17. Juni 2019 (BGBl. I S. 871)

Eingangsformel[1]

Auf Grund des § 235a Satz 1 Nummer 1 bis 3 und 5 bis 8, auch in Verbindung mit § 144 Absatz 1 und § 62 Absatz 1 Satz 2 Nummer 5 sowie § 237 Absatz 1 Satz 1 des Versicherungsaufsichtsgesetzes vom 1. April 2015 (BGBl. I S. 434), von denen § 235a durch Artikel 1 Nummer 28 des Gesetzes vom 19. Dezember 2018 (BGBl. I S. 2672) eingefügt worden ist sowie § 144 Absatz 1 durch Artikel 1 Nummer 14 des Gesetzes vom 19. Dezember 2018 (BGBl. I S. 2672) und § 237 durch Artikel 1 Nummer 30 des Gesetzes vom 19. Dezember 2018 (BGBl. I S. 2672) geändert worden ist, verordnet das Bundesministerium der Finanzen im Einvernehmen mit dem Bundesministerium für Arbeit und Soziales:

§ 1 Anwendungsbereich

[1]Diese Verordnung gilt für durchführende Einrichtungen, die der Aufsicht durch die Bundesanstalt für Finanzdienstleistungsaufsicht unterliegen. [2]Durchführende Einrichtung im Sinne dieser Verordnung ist ein Pensionsfonds, eine Pensionskasse oder ein anderes Lebensversicherungsunternehmen, soweit es Leistungen der betrieblichen Altersversorgung erbringt.

§ 2 Bereitstellung der Informationen

(1) Die durchführende Einrichtung stellt die Informationen, die nach den §§ 234l bis 234p des Versicherungsaufsichtsgesetzes und nach dieser Verordnung vorgeschrieben sind,

---

1 Diese Verordnung dient der Umsetzung der Richtlinie (EU) 2016/2341 des Europäischen Parlaments und des Rates vom 14. Dezember 2016 über die Tätigkeiten und die Beaufsichtigung von Einrichtungen der betrieblichen Altersversorgung (EbAV) (Neufassung) (ABl. L 354 vom 23.12.2016, S. 37).

den Versorgungsanwärtern und Versorgungsempfängern elektronisch oder in Papierform zur Verfügung.

(2) Der Versorgungsanwärter kann verlangen, die Renteninformation nach § 234o Absatz 1 des Versicherungsaufsichtsgesetzes in Papierform zu erhalten.

(3) ¹Soweit die in den Absätzen 1 und 2 genannten Informationen den Versorgungsanwärtern und Versorgungsempfängern nicht in Textform mitgeteilt werden, stellt die durchführende Einrichtung sicher, dass sie den Versorgungsanwärtern und Versorgungsempfängern dauerhaft auf einfache Weise zugänglich sind. ²Die durchführende Einrichtung teilt den Versorgungsanwärtern und Versorgungsempfängern mit, wo und wie sie diese Informationen erhalten.

§ 3 Allgemeine Informationen zu einem Altersversorgungssystem

(1) Die Informationen nach § 234l Absatz 1 des Versicherungsaufsichtsgesetzes umfassen zumindest

1. die Bezeichnung des Altersversorgungssystems;

2. den Namen, die Anschrift, die Rechtsform und den Sitz der durchführenden Einrichtung, die Kontaktmöglichkeiten für Versorgungsanwärter und Versorgungsempfänger sowie die Angabe
   a) des Mitglied- oder Vertragsstaats, in dem die durchführende Einrichtung die Zulassung erhalten hat, und
   b) des Namens und der Anschrift der zuständigen Aufsichtsbehörde in diesem Mitglied- oder Vertragsstaat;

3. Angaben dazu,
   a) welche Leistungselemente das Altersversorgungssystem umfasst und in welcher Form die jeweiligen Leistungen erbracht werden,
   b) welche Wahlmöglichkeiten den Versorgungsanwärtern und Versorgungsempfängern in Bezug auf die Inanspruchnahme der Leistungen offenstehen;

4. Angaben dazu, ob und welche Garantieelemente das Altersversorgungssystem für den Aufbau der Anwartschaften auf Altersversorgungsleistungen und für die Leistungen vorsieht, wobei die maßgebenden Bestimmungen für die Garantieelemente anzugeben sind;

5. die Vertragsbedingungen des Altersversorgungssystems;

6. Informationen über die Struktur des Anlagenportfolios;

7. Informationen über die mit dem Altersversorgungssystem verbundenen finanziellen, versicherungstechnischen und sonstigen Risiken sowie die Art und Aufteilung dieser Risiken, wobei insbesondere auf die Art der finanziellen Risiken einzugehen ist, die von den Versorgungsanwärtern und Versorgungsempfängern getragen werden;

8. eine Darstellung der gegebenenfalls bestehenden Mechanismen
   a) zum Schutz der Anwartschaften,
   b) zur Minderung der Versorgungsansprüche;

9. Informationen über die Struktur der von den Versorgungsanwärtern und Versorgungsempfängern zu tragenden Kosten, wenn es sich um ein Altersversorgungssystem handelt, bei dem die Versorgungsanwärter und Versorgungsempfänger ganz oder teilweise das Anlagerisiko tragen oder Anlageentscheidungen treffen können;

10. Informationen über die Modalitäten, nach denen Anwartschaften im Fall der Beendigung des Arbeitsverhältnisses auf eine andere durchführende Einrichtung übertragen werden können.

(2) Bei Altersversorgungssystemen, bei denen Versorgungsanwärter ganz oder teilweise das Anlagerisiko tragen oder Anlageentscheidungen treffen können, sind Angaben über die frühere Entwicklung der Investitionen im Zusammenhang mit dem Altersversorgungssystem mindestens über den Zeitraum der letzten fünf Jahre seit Einführung des Altersversorgungssystems zu machen.

(3) ¹Bei Altersversorgungssystemen, bei denen die Versorgungsanwärter ganz oder teilweise das Anlagerisiko tragen und die mehrere Optionen mit verschiedenen Anlageprofilen umfassen, ist auch darüber zu informieren, welche Bedingungen für die angebotenen Anlageoptionen und gegebenenfalls für die Standardanlageoption gelten. ²Werden auf Grund von Bestimmungen des Altersversorgungssystems die Anlageoptionen den einzelnen Versorgungsanwärtern zugewiesen, sind Angaben zu diesen Bestimmungen zu machen.

§ 4 Renteninformation

(1) Die Renteninformation nach § 234o Absatz 1 Satz 2 des Versicherungsaufsichtsgesetzes enthält zumindest folgende Informationen:
1. Stichtag des Informationsstands an hervortretender Stelle;
2. Name und Geburtsdatum des Versorgungsanwärters sowie die Nummer seines Versorgungsverhältnisses, soweit vorhanden;
3. Bezeichnung des Altersversorgungssystems mit dem Zusatz, dass es sich um betriebliche Altersversorgung handelt, sowie Name und Kontaktdaten der durchführenden Einrichtung;
4. Angabe, welche Leistungselemente das Versorgungsverhältnis umfasst;
5. das Alter, ab dem der Versorgungsanwärter nach den Bestimmungen des Altersversorgungssystems Altersversorgungsleistungen erhalten wird, und Angabe des Datums, an dem der Bezug der Altersversorgungsleistungen beginnt;
6. Höhe des gebildeten Versorgungskapitals des Versorgungsanwärters oder Höhe seiner bis zum Stichtag erworbenen Anwartschaft auf Leistungen, wobei den Besonderheiten des Altersversorgungssystems Rechnung getragen wird und zu erläutern ist, in welchem Umfang die angegebenen Beträge garantiert sind;
7. Informationen über die Garantieelemente, die das Altersversorgungssystem für den Aufbau der Anwartschaften auf Altersversorgungsleistungen und für die Leistungen vorsieht;
8. Projektionen der Altersversorgungsleistungen gemäß § 234o Absatz 3 Satz 1 des Versicherungsaufsichtsgesetzes, wobei das in Nummer 5 angegebene Alter als Renteneintrittsalter anzusetzen ist und die Vorgaben des § 8 zu beachten sind;
9. einen Hinweis darauf, dass Leistungen im Versorgungsfall
   a) grundsätzlich steuerpflichtig sind und
   b) grundsätzlich der Beitragspflicht in der gesetzlichen Kranken- und Pflegeversicherung unterliegen;
10. Angabe der Beiträge, die in den vergangenen zwölf Monaten oder in einem längeren Zeitraum in das Versorgungsverhältnis eingezahlt worden sind, soweit dem Versorgungsverhältnis eine beitragsorientierte Leistungszusage, eine Beitragszusage mit Mindestleistung oder eine reine Beitragszusage zugrunde liegt;
11. eine Aufschlüsselung der Kosten in Euro, die die durchführende Einrichtung im maßgebenden Zeitraum von zwölf Monaten einbehalten hat, wenn es sich um ein Altersversorgungssystem handelt, bei dem die Versorgungsanwärter und Versorgungsempfänger ganz oder teilweise das Anlagerisiko tragen;
12. Angaben zur Mittelausstattung des Altersversorgungssystems insgesamt.

(2) Trägt der Versorgungsanwärter ganz oder teilweise das Anlagerisiko, sind zusätzlich anzugeben die Anlagemöglichkeiten und die Struktur des Anlagenportfolios sowie Informationen über das Risikopotenzial, soweit der Versorgungsanwärter das Anlagerisiko trägt.

(3) In der Renteninformation ist anzugeben, wo und wie der Versorgungsanwärter ergänzende Informationen erhalten kann, insbesondere Informationen

1. zu den Wahlmöglichkeiten des Versorgungsanwärters;
2. der folgenden Art:
   a) den Jahresabschluss und den Lagebericht des vorangegangenen Geschäftsjahres,
   b) den Jahresbericht für das Investmentvermögen nach § 234 Absatz 4, auch in Verbindung mit § 237 Absatz 1 Satz 1 des Versicherungsaufsichtsgesetzes, soweit für das Altersversorgungssystem ein derartiges Sondervermögen geführt wird,
   c) die Erklärung zu den Grundsätzen der Anlagepolitik;
3. über die Annahmen, mit denen sich aus dem Versorgungskapital die Leistungen ergeben, wenn die Leistungen in Form einer laufenden Zahlung angegeben werden, insbesondere bezüglich der Rentenhöhe, der Art des Leistungserbringers und der Laufzeit der Zahlungen;
4. zur Höhe der Leistungen im Fall der Beendigung des Arbeitsverhältnisses;
5. über die Modalitäten, nach denen Anwartschaften im Fall der Beendigung des Arbeitsverhältnisses auf eine andere durchführende Einrichtung übertragen werden können;
6. über die Garantieelemente nach Absatz 1 Nummer 7;
7. zu den steuerlichen Regelungen und zur Beitragspflicht in der gesetzlichen Kranken- und Pflegeversicherung.

(4) Wird bei einem Altersversorgungssystem nach § 3 Absatz 3 Satz 2 dem Versorgungsanwärter eine Anlageoption zugewiesen, hat die Renteninformation darüber Angaben zu machen, wo zusätzliche Informationen erhältlich sind.

§ 5 Information der Versorgungsempfänger

(1) Dem Versorgungsempfänger werden mindestens alle fünf Jahre die in § 234p Absatz 1 des Versicherungsaufsichtsgesetzes genannten Informationen übermittelt.

(2) Trägt der Versorgungsempfänger ein wesentliches Anlagerisiko, ist er jährlich zu informieren über

1. die Anlagemöglichkeiten und die Struktur des Anlagenportfolios sowie das Risikopotenzial, soweit der Versorgungempfänger das Anlagerisiko trägt, und
2. die Kosten der Vermögensverwaltung sowie sonstige mit der Anlage verbundene Kosten.

§ 6 Zusätzliche Informationen vor dem Beitritt zu einem Altersversorgungssystem

Versorgungsanwärter, die nicht automatisch in das Altersversorgungssystem aufgenommen werden, erhalten die in § 3 Absatz 1 Nummer 9 und Absatz 2 bezeichneten Informationen vor dem Beitritt zum Altersversorgungssystem.

§ 7 Information auf Anfrage

[1]Die durchführende Einrichtung stellt den Versorgungsanwärtern und Versorgungsempfängern auf Anfrage die in § 4 Absatz 3 Nummer 2 genannten Unterlagen zur Verfügung. [2]Versorgungsanwärter erhalten auf Anfrage auch die Informationen zu den Annahmen, die den Projektionen nach § 234o Absatz 3 Satz 1 des Versicherungsaufsichtsgesetzes zugrunde liegen.

§ 8 Projektion der Altersversorgungsleistungen

(1) Für die Projektion der Altersversorgungsleistungen nach § 234o Absatz 3 Satz 1 des Versicherungsaufsichtsgesetzes müssen angemessene Annahmen verwendet werden, die alle wesentlichen Faktoren berücksichtigen, die sich auf die Höhe der Leistungen an die Versorgungsempfänger auswirken können.

(2) [1]Die Renteninformation enthält die Projektion zum Elementarszenario nach Absatz 3 und

1. die Projektion zu einem Ertragsszenario nach Absatz 4 oder
2. die Projektion zu einem Szenario zum besten Schätzwert nach Absatz 5.

[2]Die Altersversorgungsleistungen werden dabei unter der Voraussetzung bestimmt, dass das Versorgungsverhältnis bis zum Renteneintrittsalter unverändert fortgeführt wird. [3]Beitragsanpassungen, die der durchführenden Einrichtung bereits bekannt sind, werden berücksichtigt. [4]In den Projektionen nach Satz 1 sind die gleichen Annahmen zu treffen, soweit sich aus den Szenarien keine Unterschiede ergeben. [5]Die Projektionen nach Satz 1 Nummer 1 und 2 entfallen, wenn sich in verschiedenen Szenarien keine anderen Werte als im Elementarszenario ergeben können. [6]In die Renteninformation ist zusätzlich die Projektion der Altersversorgungsleistungen im Elementarszenario unter der Voraussetzung eines beitragsfrei gestellten Versorgungsverhältnisses aufzunehmen.

(3) [1]Im Elementarszenario werden der Projektion der Altersversorgungsleistungen die Garantien des Altersversorgungssystems zugrunde gelegt. [2]Soweit der Versorgungsanwärter das Anlagerisiko trägt, wird zur Projektion des entsprechenden Versorgungskapitals eine Verzinsung von null Prozent angesetzt. [3]Können die späteren Altersversorgungsleistungen niedriger ausfallen, als es im Elementarszenario projiziert wird, ist darauf hinzuweisen.

(4) Im Ertragsszenario legt die durchführende Einrichtung eine realistische Einschätzung der künftigen Kapitalerträge zugrunde.

(5) Werden ökonomische Szenarien verwendet, um Altersversorgungsleistungen zu projizieren, ist ein Szenario zum besten Schätzwert zu ermitteln.

(6) In die Renteninformation können weitere Projektionen aufgenommen werden.

§ 9 Inkrafttreten

Diese Verordnung tritt am Tag nach der Verkündung in Kraft.

6.5 Verordnung betreffend die Aufsicht über Pensionsfonds und über die Durchführung reiner Beitragszusagen in der betrieblichen Altersversorgung (Pensionsfonds-Aufsichtsverordnung – PFAV)

In der Fassung der Bekanntmachung vom 18. April 2016 (BGBl. I S. 842)

Zuletzt geändert durch Artikel 14 des Gesetzes vom 25. März 2019 (BGBl. I S. 357)

– Auszug –

§ 16 Anlagegrundsätze und Anlagemanagement

(1) [1]Für die Anlage des Sicherungsvermögens eines Pensionsfonds gelten die besonderen Vorschriften dieses Kapitels. [2]Die Bestimmungen des § 124 Absatz 1 in Verbindung mit § 234h und des § 239 Absatz 1 Satz 2 des Versicherungsaufsichtsgesetzes bleiben unberührt.

(2) [1]Die Anlage des Sicherungsvermögens hat mit der gebotenen Sachkenntnis und Sorgfalt zu erfolgen. [2]Die Einhaltung der allgemeinen Anlagegrundsätze des § 124 Absatz 1 in Verbindung mit § 234h und des § 239 Absatz 1 Satz 2 des Versicherungsaufsichtsgesetzes und die Einhaltung der besonderen Vorschriften dieses Kapitels sind durch ein qualifiziertes Anlagemanagement, durch geeignete interne Kapitalanlagegrundsätze und Kontrollverfahren, durch eine strategische und taktische Anlagepolitik sowie durch weitere organisatorische Maßnahmen sicherzustellen. [3]Hierzu gehören insbesondere die Beobachtung aller Risiken der Aktiv- und Passivseite der Bilanz und des Verhältnisses beider Seiten zueinander sowie eine Prüfung der Elastizität des Anlagebestandes gegenüber bestimmten Kapitalmarktszenarien und Investitionsbedingungen.

(3) [1]Die Pensionsfonds haben sicherzustellen, dass sie jederzeit auf sich wandelnde wirtschaftliche und rechtliche Bedingungen, insbesondere Veränderungen auf den Finanz- und Immobilienmärkten, auf Katastrophenereignisse mit Schadensfällen großen Ausmaßes oder auf sonstige ungewöhnliche Marktsituationen angemessen reagieren können. [2]Bei der Anlage des Sicherungsvermögens in einem Staat, der nicht Staat des Europäischen Wirtschaftsraums (EWR) oder Vollmitgliedstaat der Organisation für wirtschaftliche Zusammenarbeit und Entwicklung (OECD) ist, sind auch die mit der Anlage verbundenen Rechtsrisiken umfassend und besonders sorgfältig zu prüfen.

(4) Nähere Vorgaben zu den besonderen Vorschriften dieses Kapitels und die Darlegungs- und Anzeigepflichten der Pensionsfonds bestimmt die Aufsichtsbehörde.

(5) Anlagen in Versicherungsverträgen mit einem Lebensversicherungsunternehmen nach § 17 Absatz 1 Nummer 5 gelten als angemessen gemischt und gestreut, wenn die Anlagen des Lebensversicherungsunternehmens in sich ausreichend gemischt und gestreut sind.

(6) Die Quoten der §§ 18 und 19 beziehen sich jeweils auf die handelsrechtlich gebotene Bewertung von Vermögensgegenständen (§ 341 Absatz 4, §§ 341b, 341c und 341d des Handelsgesetzbuchs).

§ 17 Anlageformen

(1) Das Sicherungsvermögen darf angelegt werden in
1. Forderungen, für die ein Grundpfandrecht an einem in einem Staat des EWR oder in einem Vollmitgliedstaat der OECD belegenen Grundstück oder grundstücksgleichen

Recht besteht, wenn das Grundpfandrecht die Erfordernisse der §§ 14 und 16 Absatz 1 bis 3 des Pfandbriefgesetzes, im Fall von Erbbaurechten darüber hinaus die Erfordernisse des § 13 Absatz 2 des Pfandbriefgesetzes erfüllt oder wenn das Grundpfandrecht die entsprechenden Vorschriften des anderen Staates erfüllt;

2. Forderungen,

   a) die ausreichend durch Geldzahlung gesichert oder für die Guthaben oder Wertpapiere entsprechend § 200 Absatz 1 bis 3 des Kapitalanlagegesetzbuchs oder gleichwertiger Vorschriften eines anderen Staates des EWR oder eines Vollmitgliedstaates der OECD verpfändet oder zur Sicherung übertragen sind (Wertpapierdarlehen),

   b) für die Schuldverschreibungen nach Nummer 6 oder 7 verpfändet oder zur Sicherung übertragen sind oder

   c) die aus liquiden Abrechnungsforderungen des Pensionsfonds gegenüber einem Rückversicherer, abzüglich etwaiger Abrechnungsverbindlichkeiten aus Prämienforderungen des Rückversicherers gegen den Pensionsfonds, bestehen;

3. Darlehen

   a) an die Bundesrepublik Deutschland, ihre Länder, Gemeinden und Gemeindeverbände,

   b) an einen anderen Staat des EWR oder einen Vollmitgliedstaat der OECD,

   c) an Regionalregierungen und örtliche Gebietskörperschaften eines anderen Staates des EWR oder eines Vollmitgliedstaates der OECD,

   d) an eine internationale Organisation, der auch die Bundesrepublik Deutschland als Vollmitglied angehört,

   e) für deren Verzinsung und Rückzahlung eine der unter Buchstabe a, b oder d genannten Stellen, ein geeignetes Kreditinstitut im Sinne der Nummer 18 Buchstabe b, ein öffentlich-rechtliches Kreditinstitut im Sinne der Nummer 18 Buchstabe c oder eine multilaterale Entwicklungsbank im Sinne der Nummer 18 Buchstabe d die volle Gewährleistung übernommen hat oder ein Versicherungsunternehmen im Sinne des Artikels 14 der Richtlinie 2009/138/EG des Europäischen Parlaments und des Rates vom 25. November 2009 betreffend die Aufnahme und Ausübung der Versicherungs- und der Rückversicherungstätigkeit (Solvabilität II) (ABl. L 335 vom 17.12.2009, S. 1), die zuletzt durch die Richtlinie 2014/51/EU (ABl. L 153 vom 22.5.2014, S. 1) geändert worden ist, das Ausfallrisiko versichert hat, oder

   f) an Abwicklungsanstalten im Sinne des § 8a Absatz 1 des Finanzmarktstabilisierungsfondsgesetzes, soweit eine unter Buchstabe a, b oder d genannte Stelle für diese Abwicklungsanstalt die Verlustausgleichspflicht gemäß § 8a Absatz 4 Satz 1 Nummer 1 Satz 1 und Nummer 1a des Finanzmarktstabilisierungsfondsgesetzes übernommen hat;

4. Darlehen

   a) an Unternehmen mit Sitz in einem Staat des EWR oder in einem Vollmitgliedstaat der OECD mit Ausnahme von Kreditinstituten, sofern auf Grund der bisherigen und der zu erwartenden künftigen Entwicklung der Ertrags- und Vermögenslage des Unternehmens die vertraglich vereinbarte Verzinsung und Rückzahlung gewährleistet erscheinen und die Darlehen ausreichend

      aa) durch erstrangige Grundpfandrechte gesichert sind,

      bb) durch verpfändete oder zur Sicherung übertragene Forderungen oder zum Handel zugelassene oder an einem anderen organisierten Markt nach § 2 Absatz 11 des Wertpapierhandelsgesetzes zugelassene oder in diesen einbezogene Wertpapiere gesichert sind oder

cc) in vergleichbarer Weise gesichert sind; eine Verpflichtungserklärung des Darlehensnehmers gegenüber dem Pensionsfonds (Negativverklärung) kann eine Sicherung des Darlehens nur ersetzen, wenn und solange der Darlehensnehmer bereits auf Grund seines Status die Gewähr für die Verzinsung und Rückzahlung des Darlehens bietet;

b) an Unternehmen im Sinne von Nummer 14 Buchstabe a, an denen der Pensionsfonds als Gesellschafter beteiligt ist (Gesellschafter-Darlehen), wenn die Darlehen die Erfordernisse des § 240 Absatz 1 und Absatz 2 Nummer 1 des Kapitalanlagegesetzbuchs erfüllen;

c) an andere Unternehmen mit Sitz in einem Staat des EWR oder in einem Vollmitgliedstaat der OECD mit Ausnahme von Kreditinstituten, sofern diese Darlehen ausreichend dinglich oder schuldrechtlich gesichert sind;

5. Versicherungsverträgen, die bei Lebensversicherungsunternehmen im Sinne des § 1 Absatz 2 Satz 1 des Altersvorsorgeverträge-Zertifizierungsgesetzes zur Deckung von Verpflichtungen gegenüber den Versorgungsberechtigten eingegangen werden;

6. Pfandbriefen, Kommunalobligationen und anderen Schuldverschreibungen von Kreditinstituten mit Sitz in einem Staat des EWR oder in einem Vollmitgliedstaat der OECD, wenn die Kreditinstitute auf Grund gesetzlicher Vorschriften zum Schutz der Inhaber dieser Schuldverschreibungen einer besonderen öffentlichen Aufsicht unterliegen und die mit der Ausgabe der Schuldverschreibungen aufgenommenen Mittel nach den gesetzlichen Vorschriften in Vermögenswerten angelegt werden, die während der gesamten Laufzeit der Schuldverschreibungen die sich aus ihnen ergebenden Verbindlichkeiten ausreichend decken und die bei einem Ausfall des Ausstellers vorrangig für die fällig werdenden Rückzahlungen und die Zahlung der Zinsen bestimmt sind (kraft Gesetzes bestehende besondere Deckungsmasse);

7. Schuldverschreibungen,

a) die an einer Börse zum Handel zugelassen sind oder an einem anderen organisierten Markt zugelassen oder in diesen einbezogen sind,

b) deren Einbeziehung in einen organisierten Markt nach den Ausgabebedingungen zu beantragen ist, sofern die Einbeziehung dieser Schuldverschreibungen innerhalb eines Jahres nach ihrer Ausgabe erfolgt, oder

c) die in einem Staat außerhalb des EWR an einer Börse zum Handel zugelassen sind oder dort an einem anderen organisierten Markt zugelassen oder in diesen einbezogen sind;

8. anderen Schuldverschreibungen;

9. Forderungen aus nachrangigen Verbindlichkeiten gegen Unternehmen oder aus Genussrechten an Unternehmen, die

a) ihren Sitz in einem Staat des EWR oder in einem Vollmitgliedstaat der OECD haben oder

b) an einer Börse zum Handel zugelassen sind oder an einem anderen organisierten Markt zugelassen oder in diesen einbezogen sind oder in einem Staat außerhalb des EWR an einer Börse zum Handel zugelassen sind oder dort an einem anderen organisierten Markt zugelassen oder in diesen einbezogen sind;

10. Asset Backed Securities (strukturierte Finanzinstrumente, die mit Forderungsrechten besichert sind) und Credit Linked Notes (mit Kreditrisiken verknüpfte Finanzinstru-

mente) sowie andere Anlagen nach § 17 Absatz 1, deren Ertrag oder Rückzahlung an Kreditrisiken gebunden sind oder mittels derer Kreditrisiken eines Dritten übertragen werden,

a) gegen Unternehmen mit Sitz in einem Staat des EWR oder in einem Vollmitgliedstaat der OECD oder

b) die an einer Börse zum Handel zugelassen sind oder an einem anderen organisierten Markt zugelassen oder in diesen einbezogen sind oder in einem Staat außerhalb des EWR an einer Börse zum Handel zugelassen sind oder dort an einem anderen organisierten Markt zugelassen oder in diesen einbezogen sind;

11. Forderungen, die in das Schuldbuch der Bundesrepublik Deutschland, eines ihrer Länder oder in ein entsprechendes Verzeichnis eines anderen Staates des EWR oder eines Vollmitgliedstaates der OECD eingetragen sind oder deren Eintragung als Schuldbuchforderung innerhalb eines Jahres nach ihrer Ausgabe erfolgt, sowie in Liquiditätspapieren im Sinne des § 42 Absatz 1 des Gesetzes über die Deutsche Bundesbank;

12. Aktien, die an einer Börse zum Handel zugelassen sind oder an einem anderen organisierten Markt zugelassen oder in diesen einbezogen sind oder in einem Staat außerhalb des EWR an einer Börse zum Handel zugelassen sind oder dort an einem anderen organisierten Markt zugelassen oder in diesen einbezogen sind;

13. Beteiligungen in Form von

a) anderen Aktien, Geschäftsanteilen an einer Gesellschaft mit beschränkter Haftung, Kommanditanteilen und Beteiligungen als stiller Gesellschafter im Sinne des Handelsgesetzbuchs, wenn das Unternehmen über ein Geschäftsmodell verfügt, unternehmerische Risiken eingeht und

aa) seinen Sitz in einem Staat des EWR oder in einem Vollmitgliedstaat der OECD hat,

bb) dem Pensionsfonds den letzten Jahresabschluss zur Verfügung stellt, der in entsprechender Anwendung der für Kapitalgesellschaften geltenden Vorschriften aufgestellt und geprüft ist,

cc) sich verpflichtet, auch künftig zu jedem Bilanzstichtag einen derartigen Jahresabschluss vorzulegen;

b) Anteilen und Aktien an inländischen geschlossenen Alternativen Investmentfonds (AIF) im Sinne des § 1 Absatz 3 des Kapitalanlagegesetzbuchs,

aa) die direkt oder indirekt in Vermögensgegenstände nach § 261 Absatz 1 Nummer 4 des Kapitalanlagegesetzbuchs, eigenkapitalähnliche Instrumente sowie andere Instrumente der Unternehmensfinanzierung investieren und

bb) die von einer Kapitalverwaltungsgesellschaft verwaltet werden, die über eine Erlaubnis nach § 20 Absatz 1 des Kapitalanlagegesetzbuchs verfügt oder nach § 44 des Kapitalanlagegesetzbuchs registriert ist, oder von einer Verwaltungsgesellschaft mit Sitz in einem Staat des EWR oder in einem Vollmitgliedstaat der OECD, die zum Schutz der Anleger einer öffentlichen Aufsicht unterliegt und über eine Erlaubnis oder Registrierung verfügt, die mit der Erlaubnis nach § 20 Absatz 1 des Kapitalanlagegesetzbuchs oder der Registrierung nach § 44 des Kapitalanlagegesetzbuchs vergleichbar ist,

sowie von Anteilen und Aktien an geschlossenen ausländischen Investmentvermögen, die dem Recht eines Staates des EWR oder eines Vollmitgliedstaates der OECD unterliegen, die die Anforderung nach Doppelbuchstabe aa in vergleichbarer

Weise erfüllen und von einer Gesellschaft im Sinne von Doppelbuchstabe bb verwaltet werden;

14. Immobilien in Form von

a) bebauten, in Bebauung befindlichen oder zur alsbaldigen Bebauung bestimmten, in einem Staat des EWR oder in einem Vollmitgliedstaat der OECD belegenen Grundstücken, dort belegenen grundstücksgleichen Rechten sowie Anteilen an einem Unternehmen, dessen alleiniger Zweck der Erwerb, die Bebauung und Verwaltung von in einem solchen Staat belegenen Grundstücken oder grundstücksgleichen Rechten ist; der Pensionsfonds hat die Angemessenheit des Kaufpreises auf der Grundlage des Gutachtens eines vereidigten Sachverständigen oder in vergleichbarer Weise zu prüfen,

b) Aktien einer REIT-Aktiengesellschaft oder von Anteilen an einer vergleichbaren Kapitalgesellschaft mit Sitz in einem Staat des EWR oder in einem Vollmitgliedstaat der OECD, die die Voraussetzungen des REIT-Gesetzes oder die vergleichbaren Vorschriften des anderen Staates erfüllen,

c) Anteilen und Aktien an inländischen Spezial-AIF im Sinne des § 1 Absatz 6 des Kapitalanlagegesetzbuchs oder von Anteilen und Aktien an inländischen geschlossenen Publikums-AIF im Sinne des § 1 Absatz 3 in Verbindung mit Absatz 6 Satz 2 des Kapitalanlagegesetzbuchs,

aa) die direkt oder indirekt in Vermögensgegenstände nach § 231 Absatz 1 Nummer 1 bis 6 sowie § 235 Absatz 1 des Kapitalanlagegesetzbuchs investieren und

bb) die von einer Kapitalverwaltungsgesellschaft verwaltet werden, die über eine Erlaubnis nach § 20 Absatz 1 des Kapitalanlagegesetzbuchs verfügt, oder von einer Verwaltungsgesellschaft mit Sitz in einem Staat des EWR, die zum Schutz der Anleger einer öffentlichen Aufsicht unterliegt und über eine Erlaubnis verfügt, die mit der Erlaubnis nach § 20 Absatz 1 des Kapitalanlagegesetzbuchs vergleichbar ist,

sowie von Anteilen und Aktien an EU-Investmentvermögen im Sinne des § 1 Absatz 8 des Kapitalanlagegesetzbuchs in Form von Spezial-AIF und geschlossenen Publikums-AIF, die die Anforderung nach Doppelbuchstabe aa in vergleichbarer Weise erfüllen und von einer Gesellschaft im Sinne von Doppelbuchstabe bb verwaltet werden;

15. Anteilen und Anlageaktien an inländischen offenen Publikumsinvestmentvermögen im Sinne des § 1 Absatz 2 des Kapitalanlagegesetzbuchs (OGAW) sowie in Anteilen und Aktien an vergleichbaren EU-Investmentvermögen im Sinne des § 1 Absatz 8 des Kapitalanlagegesetzbuchs, sofern diese Vermögen von einer OGAW-Verwaltungsgesellschaft mit Sitz in einem Staat des EWR verwaltet werden;

16. Anteilen und Anlageaktien an inländischen offenen Spezial-AIF im Sinne des § 1 Absatz 6 Satz 1 des Kapitalanlagegesetzbuchs,

a) die die Anforderungen nach § 284 des Kapitalanlagegesetzbuchs erfüllen und nicht von Nummer 14 Buchstabe c erfasst werden und

b) die von einer Kapitalverwaltungsgesellschaft verwaltet werden, die über eine Erlaubnis nach § 20 Absatz 1 des Kapitalanlagegesetzbuchs verfügt, oder von einer Verwaltungsgesellschaft mit Sitz in einem Staat des EWR, die zum Schutz der Anleger einer öffentlichen Aufsicht unterliegt und über eine Erlaubnis verfügt, die mit der Erlaubnis nach § 20 Absatz 1 des Kapitalanlagegesetzbuchs vergleichbar ist, sowie in Anteilen und Aktien an EU-Investmentvermögen im Sinne des § 1 Absatz 8 des Kapitalanlagegesetzbuchs in Form von offenen Spezial-AIF, die die Anforderung nach Buchstabe a in vergleichbarer Weise erfüllen und von einer Gesellschaft im Sinne von Buchstabe b verwaltet werden;

17. Anteilen und Aktien an inländischen Investmentvermögen im Sinne des § 1 Absatz 1 des Kapitalanlagegesetzbuchs,

    a) die nicht Publikumsinvestmentvermögen in Form von Immobilien-Sondervermögen nach den §§ 230 bis 260 des Kapitalanlagegesetzbuchs sind,

    b) die nicht von Nummer 13 Buchstabe b, Nummer 14 Buchstabe c, Nummer 15 und 16 erfasst werden und

    c) die von einer Kapitalverwaltungsgesellschaft verwaltet werden, die über eine Erlaubnis nach § 20 Absatz 1 des Kapitalanlagegesetzbuchs verfügt, oder von einer Verwaltungsgesellschaft mit Sitz in einem Staat des EWR, die zum Schutz der Anleger einer öffentlichen Aufsicht unterliegt und über eine Erlaubnis verfügt, die mit der Erlaubnis nach § 20 Absatz 1 des Kapitalanlagegesetzbuchs vergleichbar ist,

sowie in Anteilen und Aktien an EU-Investmentvermögen im Sinne des § 1 Absatz 8 des Kapitalanlagegesetzbuchs, die die Anforderung nach Buchstabe a in vergleichbarer Weise erfüllen, nicht von den in Buchstabe b genannten Anlageformen erfasst werden und von einer Gesellschaft im Sinne von Buchstabe c verwaltet werden;

18. Anlagen bei

    a) der Europäischen Zentralbank oder bei der Zentralnotenbank eines Staates des EWR oder eines Vollmitgliedstaates der OECD,

    b) einem Kreditinstitut mit Sitz in einem Staat des EWR, das den Anforderungen der Richtlinie 2013/36/EU des Europäischen Parlaments und des Rates vom 26. Juni 2013 über den Zugang zur Tätigkeit von Kreditinstituten und die Beaufsichtigung von Kreditinstituten und Wertpapierfirmen, zur Änderung der Richtlinie 2002/87/EG und zur Aufhebung der Richtlinien 2006/48/EG und 2006/49/EG (ABl. L 176 vom 27.6.2013, S. 338), die zuletzt durch die Richtlinie 2014/59/EU (ABl. L 173 vom 12.6.2014, S. 190) geändert worden ist, unterliegt, wenn das Kreditinstitut dem Pensionsfonds schriftlich bestätigt, dass es die an seinem Sitz geltenden Vorschriften über das Eigenkapital und die Liquidität der Kreditinstitute einhält (geeignetes Kreditinstitut),

    c) öffentlich-rechtlichen Kreditinstituten, die nach Artikel 2 Absatz 5 der Richtlinie 2013/36/EU vom Geltungsbereich dieser Richtlinie ausgenommen sind,

    d) multilateralen Entwicklungsbanken, die nach Artikel 117 Absatz 2 der Verordnung (EU) Nr. 575/2013 des Europäischen Parlaments und des Rates vom 26. Juni 2013 über Aufsichtsanforderungen an Kreditinstitute und Wertpapierfirmen und zur Änderung der Verordnung (EU) Nr. 646/2012 (ABl. L 176 vom 27.6.2013, S. 1), die zuletzt durch die Delegierte Verordnung (EU) 2015/62 (ABl. L 11 vom 17.1.2015, S. 37) geändert worden ist, ein Risikogewicht von 0 Prozent erhalten;

als Anlagen gelten auch laufende Guthaben.

(2) Das Sicherungsvermögen kann darüber hinaus in Anlagen angelegt werden, die in Absatz 1 nicht genannt sind oder die Voraussetzungen nach Absatz 1 nicht erfüllen (Öffnungsklausel).

(3) Die Aufsichtsbehörde kann auch Anlagen in Vermögenswerten, die in den vorangehenden Absätzen nicht genannt sind oder die Voraussetzungen der vorangehenden Ab-

sätze nicht erfüllen, sowie Überschreitungen der in § 18 Absatz 1 Satz 2 und § 19 Absatz 1 bis 4 genannten Begrenzungen gestatten, wenn

1. die Belange der Versorgungsanwärter und Versorgungsempfänger (Versorgungsberechtigte) dadurch nicht beeinträchtigt werden und
2. die Mitgliedstaaten diese Abweichungen zulassen können nach Artikel 19 der Richtlinie (EU) 2016/2341.

(4) Nicht zulässig sind direkte und indirekte Anlagen

1. in Konsumentenkrediten, Betriebsmittelkrediten, beweglichen Sachen oder Ansprüchen auf bewegliche Sachen sowie in immateriellen Werten,
2. die gemäß Artikel 19 der Richtlinie (EU) 2016/2341 nicht zulässig sind,
3. in Beteiligungen bei Konzernunternehmen des Pensionsfonds im Sinne des § 18 des Aktiengesetzes mit Ausnahme von Anlagen nach Absatz 1 Nummer 5 sowie von Unternehmen, an denen der Pensionsfonds nur passiv beteiligt ist, ohne operativ auf das Geschäft Einfluss zu nehmen oder laufende Projektentwicklung zu betreiben, und
4. bei Unternehmen, auf die der Pensionsfonds oder seine Konzernunternehmen im Sinne des § 18 des Aktiengesetzes ihren Geschäftsbetrieb ganz oder teilweise im Wege der Ausgliederung (§ 7 Nummer 2 des Versicherungsaufsichtsgesetzes) von Funktionen übertragen hat oder die in unmittelbarem Zusammenhang mit dem Betrieb von Pensionsfondsgeschäften stehende Tätigkeiten für den Pensionsfonds oder seine Konzernunternehmen im Sinne des § 18 des Aktiengesetzes ausführen, wenn bei diesen Unternehmen der Umfang des Geschäftsbetriebes wesentlich vom Gegenstand der Ausgliederung von Funktionen oder der Dienstleistungstätigkeit bestimmt wird.

§ 18 Mischung

(1) [1]Die angemessene Verteilung des Sicherungsvermögens auf verschiedene Anlageformen (Mischung) bestimmt sich vorbehaltlich der weiteren Regelungen dieser Bestimmung nach dem jeweiligen Pensionsplan. [2]Anlagen nach § 17 Absatz 2 sind auf jeweils 10 Prozent des Sicherungsvermögens beschränkt. [3]Direkte und indirekte Anlagen nach § 17 Absatz 1 Nummer 17 sind auf ein vorsichtiges Maß zu beschränken.

(2) [1]Die Aufsichtsbehörde kann den Anteil der direkt und indirekt gehaltenen Anlagen nach § 17 Absatz 1 Nummer 2 Buchstabe a, Nummer 9, 10, 12 und 13 herabsetzen, wenn es zur Wahrung der Belange der Versorgungsberechtigten erforderlich ist. [2]Die gleiche Befugnis steht der Aufsichtsbehörde zu für direkt und indirekt gehaltene Anlagen nach § 17 Absatz 1 Nummer 15, 16 und 17 sowie andere direkte und indirekte Anlagen nach § 17 Absatz 1, deren Ertrag oder Rückzahlung an Hedgefonds- oder Rohstoffrisiken gebunden ist.

§ 19 Streuung

(1) [1]Vorbehaltlich des Absatzes 2 sind alle auf ein und denselben Schuldner entfallenden Anlagen auf jeweils 5 Prozent des Sicherungsvermögens zu begrenzen. [2]Hat ein Schuldner gegenüber dem Pensionsfonds für Verbindlichkeiten eines Dritten die Gewährleistung übernommen, so ist auch diese Gewährleistungsverbindlichkeit auf die Quote nach Satz 1 anzurechnen. [3]Anlagen in Anteilen oder Aktien an einem offenen Investmentvermögen nach § 17 Absatz 1 Nummer 15 bis 17 gelten nicht als Anlagen bei ein und demselben Schuldner, wenn das Investmentvermögen in sich ausreichend gestreut ist.

(2) [1]Für Anlagen bei ein und demselben in § 17 Absatz 1 Nummer 3 Buchstabe a, b oder d genannten Schuldner gilt abweichend von Absatz 1 eine Quote von 30 Prozent des Sicherungsvermögens. [2]Für die folgenden Anlagen gilt abweichend von Absatz 1 eine Quote von 15 Prozent des Sicherungsvermögens:

1. Anlagen in Schuldverschreibungen, die von ein und demselben Kreditinstitut mit Sitz in einem Staat des EWR oder in einem Vollmitgliedstaat der OECD in Verkehr gebracht worden sind, wenn diese Schuldverschreibungen durch eine kraft Gesetzes bestehende besondere Deckungsmasse gesichert sind,

2. Anlagen bei ein und demselben geeigneten Kreditinstitut nach § 17 Absatz 1 Nummer 18 Buchstabe b, wenn und soweit die Anlagen durch eine umfassende Institutssicherung des Kreditinstituts oder durch ein Einlagensicherungssystem tatsächlich abgesichert sind; der satzungsmäßige Ausschluss eines Rechtsanspruchs auf Leistung der Einlagensicherungseinrichtung schließt eine tatsächliche Absicherung nicht aus,

3. Anlagen bei ein und demselben öffentlich-rechtlichen Kreditinstitut nach § 17 Absatz 1 Nummer 18 Buchstabe c und

4. Anlagen bei ein und derselben multilateralen Entwicklungsbank nach § 17 Absatz 1 Nummer 18 Buchstabe d.

(3) Bei der Berechnung der Quoten nach den Absätzen 1 und 2 sind Anlagen beim Schuldner und bei seinen Konzernunternehmen im Sinne des § 18 des Aktiengesetzes zusammenzurechnen.

(4) Bei Anteilen im Sinne des § 17 Absatz 1 Nummer 9, 12 und 13 an einem Unternehmen, dessen alleiniger Zweck das Halten der in § 17 Absatz 1 Nummer 9, 12 und 13 genannten Anlagen an anderen Unternehmen ist, bezieht sich Absatz 1 Satz 1 auf die durchgerechneten Anlagen des Pensionsfonds bei den anderen Unternehmen.

(5) [1]Bis zu jeweils 10 Prozent des Sicherungsvermögens können in einem einzelnen Grundstück oder grundstücksgleichen Recht oder in Anteilen an einem Unternehmen angelegt werden, dessen alleiniger Zweck der Erwerb, die Bebauung und Verwaltung von in einem Staat des EWR oder in einem Vollmitgliedstaat der OECD belegenen Grundstücken oder grundstücksgleichen Rechten ist. [2]Dieselbe Grenze gilt für mehrere rechtlich selbständige Grundstücke zusammengenommen, wenn sie wirtschaftlich eine Einheit bilden.

(6) [1]Anlagen in einem Trägerunternehmen des Pensionsfonds im Sinne des § 7 Absatz 1 Satz 2 Nummer 2 des Betriebsrentengesetzes dürfen 5 Prozent des Sicherungsvermögens nicht überschreiten. [2]Ist das Trägerunternehmen Teil eines Konzerns im Sinne des § 18 des Aktiengesetzes, dürfen die Anlagen in den Unternehmen, die derselben Unternehmensgruppe wie das Trägerunternehmen angehören, 10 Prozent des Sicherungsvermögens nicht überschreiten. [3]Wird ein Pensionsfonds von mehreren Unternehmen getragen, so sind Anlagen in diese Unternehmen mit der gebotenen Vorsicht zu tätigen und angemessen zu streuen.

§ 20 Kongruenz

[1]Das Sicherungsvermögen ist nach Maßgabe der Kongruenzregeln in Anlage 3 zu dieser Verordnung in Vermögenswerten anzulegen, die auf dieselbe Währung lauten, in der die Verpflichtungen gegenüber den Versorgungsberechtigten erfüllt werden müssen. [2]Dabei gelten

1. Grundstücke und grundstücksgleiche Rechte als in der Währung des Landes angelegt, in dem sie belegen sind,

2. Aktien und Anteile als in der Währung angelegt, in der sie in einen organisierten Markt einbezogen sind, und

3. nicht in einen organisierten Markt einbezogene Aktien und Anteile als in der Währung des Landes angelegt, in dem der Aussteller der Wertpapiere oder Anteile seinen Sitz hat.

...

§ 33 Anwendungsbereich

[1]Die Vorschriften dieses Teils gelten, soweit eine durchführende Einrichtung reine Beitragszusagen nach § 1 Absatz 2 Nummer 2a des Betriebsrentengesetzes durchführt. [2]Durchführende Einrichtung im Sinne dieser Verordnung ist ein Pensionsfonds, eine Pensionskasse oder ein anderes Lebensversicherungsunternehmen.

§ 34 Vermögensanlage

[1]Die Beiträge, die zur Finanzierung von Leistungen der betrieblichen Altersversorgung eingezahlt werden, sind anzulegen. [2]Für die Anlage dieser Beiträge sind die §§ 16 bis 20 entsprechend anzuwenden.

§ 35 Deckungsrückstellung

(1) [1]In der Ansparphase ist die Deckungsrückstellung das planmäßig zuzurechnende Versorgungskapital auf der Grundlage der gezahlten Beiträge und der daraus erzielten Erträge. [2]Dabei kann ein kollektives Versorgungskapital gebildet werden, das den Versorgungsanwärtern insgesamt planmäßig zugerechnet ist.

(2) In der Rentenbezugszeit ist die Deckungsrückstellung nach der retrospektiven Methode zu bilden, wobei die Deckungsrückstellung bei Rentenbeginn dem vorhandenen Versorgungskapital des Versorgungsanwärters entspricht.

(3) Mit Zusatzbeiträgen nach § 23 Absatz 1 des Betriebsrentengesetzes und daraus erzielten Erträgen kann eine zusätzliche Deckungsrückstellung gebildet werden, die den Versorgungsberechtigten insgesamt zugeordnet ist.

§ 36 Kapitaldeckungsgrad

(1) [1]Der Kapitaldeckungsgrad ist das Verhältnis der Deckungsrückstellung, die nach § 35 Absatz 2 für die Rentenempfänger zu bilden ist, zum Barwert der durch die durchführende Einrichtung an diese Rentenempfänger zu erbringenden Leistungen, gegebenenfalls einschließlich damit verbundener Anwartschaften auf Hinterbliebenenleistungen. [2]Bei der Berechnung des Barwertes ist § 24 Absatz 2 Satz 2 bis 4 entsprechend anzuwenden.

(2) Der Kapitaldeckungsgrad darf 125 Prozent nicht übersteigen.

§ 37 Anfängliche Höhe der lebenslangen Zahlung

(1) [1]Die anfängliche Höhe der lebenslangen Zahlung ergibt sich durch Verrentung des bei Rentenbeginn vorhandenen Versorgungskapitals des Versorgungsanwärters. [2]Bei der Verrentung sind die planmäßigen Verwaltungskosten zu berücksichtigen. [3]Im Übrigen sind die Rechnungsgrundlagen zu verwenden, mit denen der Barwert nach § 36 Ab-

satz 1 Satz 2 berechnet wird. [4]Abweichend von Satz 3 kann der Rechnungszins nach Maßgabe des Absatzes 2 vorsichtiger gewählt werden.

(2) Der Rechnungszins zur Verrentung des bei Rentenbeginn vorhandenen Versorgungskapitals darf nur insoweit vorsichtiger gewählt werden, als sich für das Versorgungsverhältnis bei entsprechender Anwendung von § 36 Absatz 1 ein Kapitaldeckungsgrad ergibt, der die Obergrenze nach § 36 Absatz 2 nicht übersteigt.

§ 38 Anpassung der lebenslangen Zahlungen

(1) [1]Der Kapitaldeckungsgrad nach § 36 Absatz 1 darf 100 Prozent nicht unterschreiten und die Obergrenze nach § 36 Absatz 2 nicht übersteigen. [2]Fällt der Kapitaldeckungsgrad unter 100 Prozent, sind die durch die durchführende Einrichtung an die Rentenempfänger zu erbringenden Leistungen zu senken; bei einem zu hohen Kapitaldeckungsgrad sind diese Leistungen zu erhöhen. [3]Nach der Anpassung der Leistungen muss die Anforderung nach Satz 1 wieder erfüllt sein.

(2) Eine Erhöhung der Leistungen darf nur insoweit vorgenommen werden, als ein Kapitaldeckungsgrad von 110 Prozent nicht unterschritten wird.

(3) [1]Die durchführende Einrichtung hat zu gewährleisten, dass die Anforderung nach Absatz 1 Satz 1 jederzeit eingehalten wird. [2]Mindestens einmal jährlich hat sie die an die Rentenempfänger zu erbringenden Leistungen zu überprüfen und gegebenenfalls anzupassen.

§ 39 Risikomanagement

(1) Im Rahmen des Risikomanagements sind die Vorgaben des Betriebsrentengesetzes sowie die zugrunde liegenden Vereinbarungen, insbesondere zur Begrenzung der Volatilität des Versorgungskapitals und der lebenslangen Zahlungen, zu berücksichtigen.

(2) [1]Zu den Vereinbarungen im Sinne des Absatzes 1 gehören die den Zusagen zugrunde liegenden Tarifverträge nach § 1 Absatz 2 Nummer 2a des Betriebsrentengesetzes sowie die der Durchführung dieser Zusagen zugrunde liegenden schriftlichen Vereinbarungen mit der durchführenden Einrichtung. [2]Die durchführende Einrichtung hat vor dem Abschluss einer Vereinbarung zur Durchführung von Zusagen nach § 1 Absatz 2 Nummer 2a des Betriebsrentengesetzes zu prüfen, ob die Durchführung dieser Zusagen in der vorgesehenen Form mit den bestehenden aufsichtsrechtlichen Regelungen vereinbar ist.

(3) Die Risikostrategie im Sinne von § 26 Absatz 2 des Versicherungsaufsichtsgesetzes hat Art, Umfang und Komplexität des Geschäfts der Durchführung reiner Beitragszusagen und der mit diesem Geschäft verbundenen Risiken ausdrücklich zu berücksichtigen.

(4) [1]Das Risikomanagement hat Verfahren zur Messung, Überwachung, Steuerung und Begrenzung der Volatilität der lebenslangen Zahlungen vorzusehen. [2]Die Festlegungen der Tarifvertragsparteien sind dabei zu berücksichtigen.

(5) [1]Das Risikomanagement muss konsistent sein mit den Informationen der durchführenden Einrichtung gegenüber den Versorgungsanwärtern, Rentenempfängern und Tarifvertragsparteien. [2]Dies betrifft insbesondere die Informationen zur erwarteten Höhe der lebenslangen Zahlungen und zu ihrer erwarteten Volatilität sowie zu der erwarteten Volatilität des Versorgungskapitals.

§ 40 Risikoberichte

[1]In den unternehmensinternen Risikoberichten im Sinne des § 26 Absatz 1 Satz 1 und 2 des Versicherungsaufsichtsgesetzes, die der Berichterstattung gegenüber dem Vorstand dienen, ist darzulegen, wie im Rahmen des Risikomanagements die Durchführung reiner Beitragszusagen berücksichtigt wurde. [2]Dabei ist insbesondere auf die Vorgaben des § 39 einzugehen.

§ 41 Laufende Informationspflichten gegenüber den Versorgungsanwärtern und Rentenempfängern

(1) Über die sonstigen verpflichtenden Informationen hinaus stellt die durchführende Einrichtung den Versorgungsanwärtern mindestens einmal jährlich folgende Informationen kostenlos zur Verfügung:

1. die Höhe des planmäßig zuzurechnenden Versorgungskapitals des Versorgungsanwärters und die Höhe der lebenslangen Zahlung, die sich ohne weitere Beitragszahlung allein aus diesem Versorgungskapital ergäbe, jeweils mit dem ausdrücklichen Hinweis, dass diese Beträge nicht garantiert sind und sich bis zum Rentenbeginn verringern oder erhöhen können,
2. die Höhe der bisher insgesamt eingezahlten Beiträge und gesondert die Höhe der während des letzten Jahres eingezahlten Beiträge,
3. die jährliche Rendite des Sicherungsvermögens nach § 244c des Versicherungsaufsichtsgesetzes, zumindest für die letzten fünf Jahre, und
4. Informationen über Wahlrechte, die der Versorgungsanwärter während der Anwartschaftsphase oder bei Rentenbeginn ausüben kann.

(2) Über die sonstigen verpflichtenden Informationen hinaus stellt die durchführende Einrichtung den Rentenempfängern mindestens einmal jährlich folgende Informationen kostenlos zur Verfügung:

1. Informationen über die allgemeinen Regelungen zur Anpassung der Höhe der lebenslangen Zahlung mit dem ausdrücklichen Hinweis, dass die aktuelle Höhe der lebenslangen Zahlung nicht garantiert ist und sich verringern oder erhöhen kann,
2. die Höhe des zuletzt ermittelten Kapitaldeckungsgrads,
3. eine Einschätzung darüber, ob und gegebenenfalls wann mit einer Anpassung der Höhe der lebenslangen Zahlungen zu rechnen ist.

§ 42 Berichterstattung gegenüber der Aufsichtsbehörde

(1) Schließt eine durchführende Einrichtung eine Vereinbarung zur Durchführung reiner Beitragszusagen ab, so hat sie der Aufsichtsbehörde unverzüglich die folgenden Unterlagen vorzulegen:

1. die Vereinbarung,
2. den zugrunde liegenden Tarifvertrag nach § 1 Absatz 2 Nummer 2a des Betriebsrentengesetzes sowie
3. das Ergebnis ihrer Prüfung nach § 39 Absatz 2 Satz 2.

(2) [1]Die durchführende Einrichtung hat der Aufsichtsbehörde spätestens sieben Monate nach dem Ende eines Geschäftsjahres Folgendes mitzuteilen:

1. die Höhe des Kapitaldeckungsgrads und die Höhe der maßgebenden Obergrenze,
2. die Annahmen und Methoden zur Festlegung der anfänglichen Höhe der lebenslangen Zahlung,

3. das Ausmaß der Anpassungen der lebenslangen Zahlungen sowie die den Anpassungen zugrunde liegenden Annahmen und Methoden.

[2]Bei Pensionsfonds haben diese Ausführungen im Rahmen des versicherungsmathematischen Gutachtens nach § 10 Absatz 1 Nummer 4 zu erfolgen, bei Pensionskassen im Rahmen des versicherungsmathematischen Gutachtens nach § 17 der Versicherungsberichterstattungs-Verordnung.

Kapitel 7: Rechengrößen in der Sozialversicherung 2020

Schwerpunkt betriebliche Altersversorgung

Seit Januar 2020 gelten folgende Grenz- und Rechenwerte:

		Alte Bundesländer (Angaben in EUR)		Neue Bundesländer (Angaben in EUR)	
Rechengrößen		2019	2020	2019	2020
BBG in der Renten- und	p. a.	80.400,00	82.800,00	73.800,00	77.400,00
Arbeitslosenversicherung	p. m.	6.700,00	6.900,00	6.150,00	6.450,00
BBG in der Kranken- und	p. a.	54.450,00	56.250,00	Bundeseinheitlich	
Pflegeversicherung	p. m.	4.537,50	4.687,50		
Bezugsgröße nach	p. a.	37.380,00	38.220,00	34.440,00	36.120,00
§ 18 SGB IV	p. m.	3.115,00	3.185,00	2.870,00	3.010,00
Allgemeine Jahresarbeits-entgeltgrenze	p. a.	60.750,00	62.550,00		
(§ 6 Abs. 6 SGB V)	p. m.	5.062,50	5.212,50	Bundeseinheitlich	
Besondere Jahresarbeits-entgeltgrenze	p. a.	54.450,00	56.250,00		
(§ 6 Abs. 7 SGB V)	p. m.	4.537,50	4.687,50		
4 % der BBG (Recht auf Entgeltumwandlung § 1a	p. a.	3.216,00	3.312,00		
BetrAVG)	p. m.	268,00	276,00		
8 % BBG gem.	p. a.	6.432,00	6.624,00		
§ 3 Nr. 63 EStG	p. m.	536,00	552,00		
Neuer Vervielfältiger (§ 3 Nr. 63 S. 3 BetrAVG)		max. 32.160,00	max. 33.120,00		
Neue Nachholregelung bei entgeltlosen Zeiten (§ 3 Nr. 63 S. 4 EStG)		max. 64.320,00	max. 66.240,00	Bundeseinheitlich	
Förderbetrag für Niedrig-verdiener (§ 100 EStG) Maximales Bruttogehalt	p. m.	2.200,00	2.200,00		
Arbeitgeberzuschuss	p. a.	mind. 240,00	mind. 240,00		
Arbeitgeberzuschuss	p. a.	max. 480,00	max. 480,00		
Abfindung nach § 3 BetrAVG					
max. Kapital		3.738,00	3.822,00	3.444,00	3.612,00
max. Monatsrente		31,15	31,85	28,70	30,10

Rechengrößen		Alte Bundesländer (Angaben in EUR)		Neue Bundesländer (Angaben in EUR)	
		2019	2020	2019	2020
PSV-Schutz bis zu					
einem Kapital (§ 7 Abs. 3 Satz 2 BetrAVG) von		1.121.400,00	1.146.600,00	1.033.200,00	1.083.600,00
einer monatlichen Rente (§ 7 Abs. 3 Satz 1 BetrAVG) von		9.345,00	9.555,00	8.610,00	9.030,00
Freigrenze für Betriebsrenten (§ 226 Abs. 2 SGB V) 1/20 der monatlichen Bezugsgröße		155,75	159,25		
Freibetrag für betriebliche Altersversorgung (§ 226 Abs. 2 Satz 2 SGB V) Rente (1/20 der monatlichen Bezugsgröße)	p. m.	155,75	159,25		
1/160 der Bezugsgröße (§ 1a Abs. 1 Satz 4 BetrAVG)	p. a.	233,63	238,88	Wert der alten Bundesländer	
Höchstgrenze des Übertragungswertes für das Recht auf Portabilität (§ 4 Abs. 3 Satz 1 Nr. 2 BetrAVG)	p. a.	80.400,00	82.800,00		
Höchstgrenze für externe Teilung (§ 17 VersAusglG)	p. a.	80.400,00	82.800,00		
Wertgrenze externe Teilung (§ 14 Abs. 2 VersAusglG)	Kapital	7.476,00	7.644,00		
	Rente p. m.	62,30	63,70		

Sonstige Werte (bundeseinheitlich; Angaben in EUR)

Lohnsteuer-Pauschalierung bei Direktversicherungen (§ 40b EStG)	Höchstbetrag im Kalenderjahr je Arbeitnehmer	p. a.	1.752,00
		p. m.	146,00
	bei Durchschnittsberechnung möglich bis zu (je Arbeitnehmer)	p. a.	2.148,00
		p. m.	179,00

Freibetrag für freiwillige zusätzliche Altersversorgung (§ 82 SGB XII):

Sockelbetrag	100,00 EUR
Erweiterter Freibetrag	30 % des 100,00 EUR übersteigenden Betrages
Maximal	50 % der Regelbedarfsstufe 1, d. h. max. 216,00 EUR

Werte für die Basisrente:

		Alte Bundesländer (Angaben in EUR)		Neue Bundesländer (Angaben in EUR)	
		2019	2020	2019	2020
Höchstbetrag Ledige:	p. a.	24.305,00	25.046,00		
davon steuerlich absetzbar:		21.388,40	22.541,40	Bundeseinheitlich	
Höchstbetrag Verheiratete:	p.a.	48.610,00	50.092,00		
davon steuerlich absetzbar:		42.776,80	45.082,80		